Rita Bake

Ein Gedächtnis der Stadt

Nach Frauen und Männern benannte Straßen, Plätze, Brücken in Hamburg

BAND 2 Wer steckt dahinter?
Nach **Frauen** benannte Straßen, Plätze, Brücken:
Biographien von A bis Z

Rita Bake

Das Gedächtnis der Stadt

**Nach Frauen und Männern benannte
Straßen, Plätze, Brücken in Hamburg**

BAND 2 Wer steckt dahinter?
Nach **Frauen** benannte Straßen, Plätze,
Brücken: Biographien von A bis Z

Landeszentrale
für politische Bildung
Hamburg

Freie und
Hansestadt Hamburg
Behörde für Schule und Berufsbildung
Landeszentrale für politische Bildung

Impressum

Die Landeszentrale für politische Bildung ist Teil der Behörde für Schule und Berufsbildung der Freien und Hansestadt Hamburg. Ein pluralistisch zusammengesetzter Beirat sichert die Überparteilichkeit der Arbeit. Zu den Aufgaben der Landeszentrale gehören:

- Herausgabe eigener Schriften
- Erwerb und Ausgabe von themengebundenen Publikationen
- Koordination und Förderung der politischen Bildungsarbeit
- Beratung in Fragen politischer Bildung
- Zusammenarbeit mit Organisationen und Vereinen
- Finanzielle Förderung von Veranstaltungen politischer Bildung
- Veranstaltung von Rathausseminaren für Zielgruppen
- Öffentliche Veranstaltungen

Unser Angebot richtet sich an alle Hamburgerinnen und Hamburger. Die Informationen und Veröffentlichungen können Sie während der Öffnungszeiten des Informationsladens abholen. Gegen eine Bereitstellungspauschale von 15 € pro Kalenderjahr erhalten Sie bis zu 5 Bücher aus einem zusätzlichen Publikationsangebot.

Die Landeszentrale für politische Bildung Hamburg arbeitet mit den Landeszentralen der anderen Bundesländer und der Bundeszentrale für politische Bildung zusammen. Unter der gemeinsamen Internet-Adresse www.hamburg.de/politische-bildung werden alle Angebote erfasst.

Die Büroräume befinden sich in der Dammtorstraße 14, 20354 Hamburg; Ladeneingang Dammtorwall 1

Öffnungszeiten des Informationsladens:
Montag bis Donnerstag: 12.30 Uhr bis 17.00 Uhr,
Freitag: 12.30 Uhr bis 16.30 Uhr

Erreichbarkeit:

Telefon: (040) 428 23-48 08
Telefax: (040) 428 23-48 13
E-Mail: PolitischeBildung@bsb.hamburg.de
Internet: www.hamburg.de/politische-bildung

Titel-Illustration: Dr. Birgit Kiupel
Montage: Andrea Orth
Gestaltung, Herstellung: Andrea Orth
Druck: Hartung Druck + Medien GmbH, Hamburg

ISBN: 978-3-929728-91-0

Inhalt

Vorwort und Gebrauchshinweise

In Band 1 finden Sie die nach Frauen und Männern benannten Straßen nach Stadtteilen aufgelistet sowie graphische Darstellungen der räumlichen Häufung dieser Straßen in Hamburgs Bezirken und Stadtteilen.

Wenn ein Straßenname nicht einer realen Person zuzuordnen ist – daher auch keine Abbildung eingefügt werden konnte, helfen Ihnen kleine Symbole am Rand, den Straßennamen einer der in dieser Publikation eröffneten Rubriken zuzuordnen.

Sie finden

 Märchenfiguren

 Sagenfiguren

 Romanfiguren

 Opernfiguren

 frei vergebene Frauen- und Flurnamen

 Göttinnen

 Volks-/Aberglaube

Dieser zweite Band* der dreibändigen Publikation „Ein Gedächtnis der Stadt. Nach Frauen und Männern benannte Straßen, Plätze, Brücken in Hamburg" beschäftigt sich mit den Biographien der Frauen, nach denen Straßen benannt wurden. Da bislang in Hamburg nur 358 (Stand: Juni 2015) Straßen nach Frauen heißen, konnten all diese Frauen mit einer Kurzvita – soweit recherchierbar – in diesem Band berücksichtigt werden.

Bei den einzelnen Biographien werden mittels Verweisen auch Verbindungen hergestellt zu Männern, die ebenfalls mit Straßennamen geehrt werden und die in verwandtschaftlichen, beruflichen oder anderen Beziehungen zu diesen Frauen standen. Längst vergessene und unerwartete Verbindungen und Netzwerke haben ihre Spuren in der Stadt hinterlassen.

Allerdings konnte nur eine Auswahl von solchen Männern präsentiert werden, denn viele Frauen waren Meisterinnen der Kommunikation und pflegten eine Vielzahl von Kontakten. Näheres zu diesen Männern ist in Band 3 online unter www.hamburg.de/maennerstrassennamen nachzulesen, wo alle nach Männern benannten Straßen alphabetisch aufgelistet sind. Schwerpunkte dieser Kurzbiographien liegen, entsprechend der Intention dieser Publikation, auf dem Beziehungsgeflecht dieser Männer zu den Frauen, nach denen Straßen benannt wurden, und zu Frauen, die das Leben dieser Männer kreuzten. Die beruflichen Werdegänge dieser Männer werden deshalb meist nur gestreift.

Im Band 2 aufgenommen und gezählt wurden alle Straßen benannt nach

- dem **Vor- und Zunamen von Frauen,**
- dem **Nachnamen von Frauen,**
- weiblichen **Roman-, Märchen- und Opernfiguren,**
- **weiblichen Heiligen,**
- **Flurnamen** oder **Namen in Anlehnung an ein sich in der Nähe befindendes Gebäude,** wenn diese Straßen den Namen einer weiblichen realen Person tragen und somit auf diese Person hinweisen (z. B. „Bei St. Annen": Hinweis auf die an dieser Stelle abge-

Hinweis 1: Die mit ** gekennzeichnete Fußnote weist auf Band 3 online: www.hamburg.de/maennerstrassennamen hin und erscheint auf jeder Seite als Fußnote, wenn auf der Seite im Text verwiesen wird „in Bd. 3 online**".

Hinweis 2: Fußnoten in diesem alphabetisch geordneten Band sind bei jedem neuen Buchstaben wieder mit „1)" beginnend durchnummeriert.

*) Dieser zweite Band ist eine erweiterte, ergänzte und aktualisierte Auflage der 6. akt. Auflage erschienenen Publikation von Rita Bake: Wer steckt dahinter? Nach Frauen benannte Straßen, Plätze und Brücken

brochene St. Annen-Kapelle, die nach der Heiligen Anna benannt wurde), oder wenn der Straßenname (Flurname) auf eine
reale weibliche Person zurückzuführen ist (z. B. „Poppenpriel",
Wasserloch der alten Frau Meta Popp),
- der „Spezies" Frau (z. B. Jungfernstieg oder Jungfernmühle).

Im Band 2 wurden auch diejenigen Straßen aufgenommen, die **sowohl nach Männern als auch nach Frauen mit demselben Nachnamen** benannt
wurden, z. B. Herschelstraße (benannt nach William Herschel und seiner
Schwester Caroline Herschel); Ackermannstraße (benannt nach Konrad
Ernst A. und seinen Töchtern Dorothea und Charlotte Ackermann); Levi-
sohnweg (benannt nach der jüdischen Familie L, dem Vater, der Mutter,
dem Sohn).

Die Entscheidung, diese Straßennamen den Frauenstraßennamen zuzurechnen, ergibt sich aus der Fragestellung der Gesamtpublikation, die
sich u. a. den Ursachen für die geringe Anzahl von weiblichen Straßennamen widmet. Vor diesem Hintergrund sollten diejenigen Straßen, die
sowohl nach Frauen als auch nach Männern mit demselben Nachnamen
benannt wurden, nicht auch noch den Männerstraßennamen zugeschla-
gen werden, da durch sie – wenigstens zu einer Hälfte – doch auch eine
Frau geehrt wird.

Aufgenommen, aber nicht gezählt

wurden Straßennamen, die auf Frauenorte bzw. Frauenaktivitäten/arbeiten
hinweisen, die aber in keinem Zusammenhang mit konkreten weiblichen
Personen stehen (z. B. Hinweis auf Abteistraße, auf das hier gelegene Zisterzienserinnenkloster. Hinweis auf Am Botterbarg: Rastplatz für vom Melken kommende Mägde oder Große Bleichen: Bleichplatz. Das Bleichen
der Wäsche war meist Frauenarbeit). Diese Texte wurden farbig unterlegt.

**Welche Straßen generell nicht berücksichtigt wurden, also weder bei den
Frauen noch bei den Männerstraßennamen, entnehmen Sie der Auflistung im
Band 1 auf Seite 35.**

*Dank und Mitautorinnen
und -autoren*

Verschiedene Texte sind
im Band 2 von folgenden
Autorinnen und Autoren
verfasst. Ihre Namen sind
unter den Texten aufge-
führt:

Benedikt Behrens,
Anja Bögner,
Ingo Böhle,
Barbara Brix,
Maike Bruchmann,
Björn Eggert,
Birgit Gewehr,
Dr. Cornelia Göksu,
Helene Götschel,
Barbara Günther,
Ulla Hinnenberg,
Dr. Birgit Kiupel,
Kerstin Klingel,
Maria Koser,
Nina Krienke,
Kirsten Leppert,
Christian Masuth (†),
Klaus Möller,
Namensausschuss der
Gesamtschule Bergedorf,
Peter Offenborn,
Brita Reimers,
Alexander Reinfeldt,
Dr. Roswitha Rogge,
Stefanie Rückner,
Schülerinnen und
Schüler des Gymnasi-
ums Lerchenfeld,
Carmen Smiatacz,
Ulrike Sparr,
Stadtteilarchiv
Eppendorf,
Frauke Steinhäuser,
Stolpersteininitiative
Hamburg-Winterhude,
Hildegard Thevs,
Jürgen Timm,
Ingo Wille

A

Abteistraße*

Harvestehude, seit 1870: nach dem hier gelegenen Zisterzienserinnenkloster Hervardeshude

Siehe auch ➤ Cäcilienstraße, Elebeken, Frauenthal, Heilwigbrücke, Innocentiastraße, Jungfrauenthal, Nonnenstieg, *in diesem Band.*

Ackermannstraße

Hohenfelde, seit 1899; benannt nach Konrad Ernst Ackermann (1.2.1712 oder 1710 Schwerin–13.11. 1771 Hamburg), Schauspieler, und seinen Töchtern Dorothea (12.2.1752 Danzig–21.10.1821 Altona) und Charlotte (23.8.1757 Straßburg–14.5.1775 Hamburg) Ackermann, Schauspielerinnen

Konrad Ernst Ackermann (1.2.1712 oder 1710 Schwerin–13.11.1771 Hamburg) gründete die erste stehende Schauspielbühne in Hamburg und erhielt 1753 das Preußische Privileg zum Bau eines eigenen Theaters. 1755 eröffnete er sein erstes Theater in Königsberg, das erste größere Privattheater in Deutschland mit ca. 800 Plätzen. Ein Jahr später war Ackermann schon wieder auf Wanderschaft. Von 1764 bis 1767 hauptsächlich in Hamburg. Dort eröffnete er 1765 das Comödienhaus an der Stelle des alten Opernhauses am Gänsemarkt. Doch das Publikum zeigte sich desinteressiert. Ackermann ging wieder auf Gastspielreisen. *(Siehe mehr bei Sophie Charlotte Ackermann, S. 11 f.)*

Marie Magdalena Charlotte Ackermann (23.8. 1757 Straßburg–14.5.1775 Hamburg), Tochter von Konrad Ernst Ackermann, wurde von ihrem Halbbruder Friedrich Ludwig Schröder die „erste Schauspielerin Deutschlands" genannt. Begann im Alter von vier Jahren in Kinderrollen aufzutreten. Als knapp Zwölfjährige spielte sie jugendliche Liebhaberinnen. Außerdem tanzte sie Solopartien in mimischen Balletten. Sie galt als schön, blond und schlank und „hatte im Gegensatz zu ihrer kleinäugigen Schwester [Dorothea Caroline] große, lebhafte Augen, die von Geist und Feuer sprühten".[1] Ihren größten Erfolg erzielte Charlotte Ackermann 1772 als Vierzehnjährige in der Titelrolle

Charlotte Ackermann

von Lessings *(siehe ➤ Lessingstraße, in Bd. 3 online**)* „Emilia Galotti". Damit feierte sie im Hamburger Comödienhaus große Erfolge.

Friedrich Ludwig Schröder beschrieb die Schwester: „Alles trieb sie bis zur Extravaganz. Sie biß wirklich in die Kette, und raufte sich wirklich das Haar aus, wenn der Dichter es vorgeschrieben hatte."[2] Und in einem Brief an die Mutter schrieb Charlotte Ackermann selbst über ihre Glanzrolle, die sie 1772 zuerst verkörperte: „Ich darf die Emilia Galotti nicht oft spielen, so gewaltsam wirket dieses Stück auf meine Empfindungen. Unter hundert Rollen bekomme ich kaum eine, worin ich so wenig Schauspielerin zu seyn nöthig habe. Du weißt, daß ich die Emilia mache. Ich habe sie gestern gemacht und bin noch schwach davon. Ich habe den Gram der Emilia gefühlt, wie sie ihren Vater reizet, sie zu tödten; ich habe den Dolchstoß gefühlt, wie er

Abb.: Hamburg Museum (Kupferstich von C.Fritzsch nach Vorlage von Wehrs, undatiert)

* Straßennamen auf unterlegtem Feld verweisen auf Frauenorte, Frauenarbeiten und -aktivitäten.

** Band 3 online unter: www.hamburg.de/maennerstrassennamen

1) Herbert Eichhorn: Konrad Ernst Ackermann. Emsdetten 1965.
2) Zit. nach Willy Krogmann: Wilhelm Meister in Hamburg. Ein Epilog zur Eröffnung des Hamburger Stadttheaters Ostern 1827. Hamburg 1965.

nicht schmerzte, wie er Labsal in meinem be-drängten Herzen war."[3]

Allerdings wurde ihr „unweibliches" Reiten „getadelt", auf das ein Epigramm in Hamburg zirkulierte: „Das war Emilia, Galottis Tochter? Nein, es kann Emilia nicht sein. Sie, die jüngst andachtsvoll, Um sich nicht sehn'n zu lassen, Im Schleier hin zur Messe schlich, Setzt öffentlich aufs Pferd sich. Und reitet männlich durch die Gassen."[4]

Charlotte starb bereits im Alter von siebzehn Jahren. Ganz Hamburg trauerte. Selbst das Börsengeschäft wurde bei der Nachricht ihres Todes unterbrochen. Im Trauerhaus im Opernhof wurde die Leiche aufgebahrt und eine Menge von leidtragenden und Neugierigen drängte sich zum Sarg. Nach ihrem Tod erschien eine nicht enden wollende Anzahl von Publikationen, so dass der Senat schließlich ein Verbot aussprach.

Den realen Tod der Charlotte Ackermann, über den unmittelbar danach Spekulationen einsetzten – von Anklagen wegen des unerbittlichen Schröders bis zur Selbsttötung wegen einer Schwangerschaft oder anderer Ursachen – erklärte die Familie mit einem Schlagfluss (Schlaganfall) infolge eines Sturzes vom Pferd wenige Monate zuvor. „Ein langes Lebensziel hätte sie ohnehin gewiß nicht erreicht, sie war zu nervös, zu reizbar, voll romanhafter Ideen"[5] urteilte der Bruder. Zu der psychischen Anstrengung waren die physischen gekommen. Das junge Mädchen hatte von 1771 bis zu ihrem Tod 116 neue Rollen gespielt, in den letzten eineinhalb Jahren ihres Lebens allein 39.

Als das Hamburger Rathaus Ende des 19. Jahrhunderts gebaut wurde, sollten die Säulen in der Rathausdiele mit Medaillons berühmter Hamburger bestückt werden. Bürgermeister Johann Georg Mönckeberg *(siehe* ➤ Mönckebergstraße, *Bd. 3 online**)* setzte Charlotte Ackermanns Na-

men auf die Vorschlagliste für solch ein Medaillon, doch ließ er ihn später wieder streichen. Der Grund hierfür ist typisch für die damalige Sicht des Bürgertums auf den Stand der Schauspieler und insbesondere der Schauspielerinnen. Letztere entsprachen nicht nur nicht dem bürgerlichen Ideal von einer Frau, sie entsprachen auch nicht den bürgerlichen Vorstellungen von dem, was eine Frau geleistet haben müsse, damit man ihr in der Öffentlichkeit ein Denkmal setze. Frauen als Wohltäterinnen, das war etwas, was einem weiblichen Idealbild entsprach, denn in dieser Aufgabe kamen die so genannten weiblichen Eigenschaften wie das Aufopfern für Andere, Hilfsbereitschaft und Mütterlichkeit besonders gut zum Tragen. Die Verehrung, die das Publikum den Schauspielerinnen zu Teil werden ließ, reichte indes nicht für eine öffentliche Ehrung, denn eine Schauspielerin und ein Schauspieler waren weiter nichts als Personen, die dem Bürgertum einige Stunden auf eine angenehme Art zu vertreiben wussten. Bei den Schauspielerinnen erschwerend hinzu kam, dass sie vom Bürgertum sexualisiert wurden. Weil die Schauspielerin in der Öffentlich agierte, was in Augen des Bürgertums für Frauen als unschicklich galt, erhielt sie das Stigma einer „leichtfertigen", sexuell freizügigen Person. Mit ihrem Spiel sorgte sie also nicht nur für das Theatervergnügen, sondern das männliche Publikum fühlte sich oft auch in seinen Sinnesfreuden gereizt, was wohl gern „gelitten" wurde, was aber nicht dem Moralkodex des Bürgertums entsprach. So schämten sich die Männer für ihre Gefühle und gaben den Schauspielerinnen die Schuld daran. Deshalb war in Augen des Bürgertums der Beruf der Schauspielerin kein ehrbarer und auf alle Fälle kein Verdienst, das öffentlich geehrt werden sollte, schon gar nicht in einem Rathaus.

**   Band 3 online unter: www.hamburg.de/maennerstrassennamen

3)   Ebenda.
4)   Barbara Becker-Cantarino: Von der Prinzipalin zur Künstlerin und Mä-

tresse. In: Renate Möhrmann (Hrsg.): Die Schauspielerin. Frankfurt a. M. 1989.
5)   Zit. nach Willy Krogmann, a. a. O.

Dorothea Caroline Ackermann (12.2.1752 Danzig–21.10.1821 Altona), Tochter von Konrad Ernst Ackermann, ebenfalls Schauspielerin, auch sie spielte bereits als Zwölfjährige junge Liebhaberinnen. „Sie spielte die Minna von Barnhelm und die Sara Sampson unter den etwa 80 (!) neuen Rollen vom März 1759 bis Ende 1771; davon waren 13 im Singspiel."[6]

Dorothea Ackermann

Trotz ihrer großen Begabung behielt Dorothea Ackermann lebenslang einen unüberwindlichen Abscheu gegen die Bühne. Diese Abneigung, die sich nur verlor, wenn sie auf der Bühne stand, lässt sich vielleicht vor allem aus dem Verhalten des Publikums erklären. Die Schwierigkeiten und Unbeholfenheiten der Anfängerin bedachten die Kritiker zum Teil mit herben Worten. Und selbst als sie nach einem ersten Erfolg 1769 in Braunschweig auch in Hamburg zunehmend Beachtung fand, schwiegen die Stimmen nicht. Die schlichte Natürlichkeit der in Augen des Publikums wenig attraktiven Dorothea erschien den Kritikern als dürftig. Ihr Gesicht war von Pockennarben entstellt. Lessing nannte sie „kleinäugiges Dortchen". Und der Hamburger Albrecht Wittenberg schrieb 1774 im zweiten Teil des „Allgemeinen Deutschen Wochenblatts": „Mlle. Dorothea Ackermann hat für ein Frauenzimmer eine schöne Länge, sie hat sehr schöne weiße Hände, einen kleinen niedlichen Fuß, eine sehr weiße Haut, und wie sie noch im Aufblühen war; schien es, als wenn ihr Busen einst dem Busen (...) der Helena nicht nachgeben würde. Doch diese schöne Frucht scheint, bevor sie zur völligen Reife gelangt ist, leider schon zu welken; das gute Mädchen scheint sich durch gar zu starke Anstrengung der Leibes- und Seelenkräfte bereits die Schwindsucht zugezogen zu haben, und vermutlich wird die Bühne diese Schauspielerin, die in einem gewissen Fache unter Deutschlands besten Schauspielerinnen genannt zu werden verdient, nicht lange behalten."[7]

Die Anforderungen an ihre Leistungsfähigkeit waren ungeheuer gewesen. Jährlich musste sie zwanzig bis dreißig Rollen spielen. Dazu kamen pantomimische, tänzerische und musikalische Einlagen sowie zahlreiche Prologe und Epiloge, die alle ihr zufielen. Eine große tragische Rolle, eine erste Partie im Singspiel oder ein anstrengendes Solo im Ballett und ein Prolog an einem Abend waren nichts Seltenes. Johann Friedrich Schütze setzte ihr das folgende Denkmal: „Die ältere Dem. Ackermann, erste Liebhaberin im rezitierenden und musikalischen Schauspiel, hatte damals sich zu einem hohen Grade als Kunst- und Darstellungstalent ausgebildet. Sanfte, zärtliche Liebhaberinnen im Trauer- und Lustspiel waren ihr Hauptfach; doch zeugte jede von ihr übernommene Rolle durchdachtes Spiel, Verstand, Einsicht, Sinn für das Schöne und Geschmack. Sie hatte Figur für die Bühne, und wußte ihren schönen Wuchs durch graziöse körperliche Bewegungen und mahlerische Stellungen, und durch ein oft zum Erstaunen bedeutsames Theaterspiel zu heben. Sie deklamierte wahr und rein und traf, war gleich ihre Brust nicht die stärkste, den Ausdruck der Empfindung und Leidenschaft auch in heftigen tragischen Rollen. Der ächte, damals noch auf mehern Bühnen seltene Konversationston war ihr so sehr eigen, daß sie ihrer Mitgängerinnen auch darin Muster war. Unbegränzt war ihr Kunsteifer, unermüdet ihr Fleiß. (...)"[8]

Am 2. Juli 1778 heiratete Dorothea Ackermann, nachdem sie eine frühere Verlobung ge-

Abb. v.l.n.r.: Hamburg Museum | Staatsarchiv Hamburg

6)   Zit. nach Willy Krogmann, a. a. O., S. 27 f.
7)   Barbara Becker-Cantarino, a. a. O.
8)   Johann Friedrich Schütze: Hamburgische Theater-Geschichte. Hamburg 1794.

löst hatte, den Arzt und Schriftsteller Johann Christoph Unzer, den Neffen von Charlotte Unzer *(siehe ➤ Unzerstraße, in diesem Band)*. 1790 wurde die Ehe geschieden. Danach trat Dorothea Ackermann nicht mehr als Schauspielerin auf. In ihrem Alter hätte sie die „Alte" spielen müssen, „die auch schauspielerisch wenig attraktiv war, weil es nur wenige Partien in der dramatischen Literatur gab (und gibt). Um als Berufsschauspielerin Erfolg zu haben, musste die Frau (…) eine ‚junge Schöne' sein, die den Wünschen des (männlichen) Publikums entsprach".[9]

Auch die Ehefrau von Konrad Ernst Ackermann und Mutter der beiden oben genannten Schauspielerinnen und des Schauspielers Ludwig Schröder, **Sophie Charlotte Ackermann** (10.5. 1714 Berlin–13.10.1792 oder 1793 Hamburg), geb. Biereichel, verwitwete Schröder, ist von Bedeutung. Nach ihr wurde die Ackermannstraße allerdings (noch) nicht mitbenannt.

Die Tochter eines Goldstickers hatte den Organisten Schröder in Berlin geheiratet, sich jedoch 1738 von ihm getrennt, weil der trunksüchtige Mann sie nicht ernähren konnte. In Hamburg suchte sie mit Näharbeiten ihr Auskommen, bis der berühmte Schauspieler Konrad Ekhof sie 1740 mit zur Schönemannschen Truppe nach Lüneburg nahm. Ob es um einen Rollenstreit oder eine unerfüllte Geldforderung ging, 1741 packte Madame Schröder kurz entschlossen ihre Habe zusammen und gründete eine eigene Truppe, wobei sie die Kollegen Konrad Ernst Ackermann, ihren späteren zweiten Ehemann, und das Ehepaar Starke mit sich nach Hamburg zog. Schönemann reiste ihr nach, um seine Privilegien in Hamburg zu sichern. Nach einem sechswöchigen Prozess erhielt jedoch Madame Schröder die Genehmigung, in Hamburg zu spielen. Wie Caroline Neuber (1697–1760) versuchte sie, das Niveau des Schauspiels

auf der Bühne des Opernhauses zu heben. Aber wie diese hatte sie wenig Erfolg. Ihre Truppe war zu schwach und das Publikum wollte sich vor allem amüsieren. 1744 musste sie das Vorhaben wieder aufgeben. So wanderte sie, nachdem sie an anderen Orten in der Stadt wie im „Hof von Holland" und in der „Fuhlentwietenbude" an der Fuhlentwiete 10 ihr Glück versucht hatte, mit Konrad Ernst Ackermann bis nach Moskau, wo sie ihn nach dem Tode ihres ersten Ehemannes 1749 heiratete. Von jetzt an hatte Konrad Ernst Ackermann die führende Rolle inne. 1753 übernahm er eine reisende Gesellschaft, mit der er 1755 in Königsberg und von 1760 bis 1763 in Mainz spielte. Danach kehrte das Paar mit der Truppe nach Hamburg zurück, wo Ackermann auf eigene Rechnung an der Stelle des Opernhofes das Comödienhaus bauen ließ, das 1765 eröffnet wurde. Nach zwei Jahren war er ruiniert. Die Bühne ging an Abel Seyler und zwei weitere Kaufleute über, die das erste deutsche Nationaltheater gründeten. Nach Seylers Scheitern übernahm Ackermann 1769 die Bühne erneut auf eigene Rechnung. Ein halbes Jahr vor seinem Tod übergab er sie 1771 offiziell an seine Frau und seinen Stiefsohn Friedrich Ludwig Schröder (1744–1816), der aus einer kurzzeitigen Wiedervereinigung Sophie Charlotte Schröders mit ihrem ersten Ehemann stammte. 1772 trat die Schauspielerin zum letzten Mal auf die Bühne und kümmerte sich fortan um die Finanzverwaltung, um Übersetzungen und die Bearbeitungen von Theaterstücken. Den Kostümen widmete sie eine bis dahin nicht dagewe-

Sophie Ackermann

9) Barbara Becker-Cantarino, a. a. O.

sene Sorgfalt und zog auch ihre Töchter zum Nähen, Sticken und Vergolden heran. Bei Gastspielen hielt sie mitreißende Begrüßungsreden über die Aufgabe des Theaters und die Würde des Schauspielerberufes. Vor allem aber war sie Repetitorin der Truppe und studierte nicht nur mit Frauen und Kindern, sondern häufig auch mit den Männern die Rollen ein. Ihr Sohn Friedrich Ludwig Schröder hatte die künstlerische Leitung der Bühne inne.

Text über Sophie Ackermann: Brita Reimers

> *Siehe auch* ▸ Unzerstraße, *in diesem Band.*

> *Siehe auch* ▸ Lessingstraße, *Hohenfelde, seit 1863: Gotthold Ephraim Lessing (1729– 1781), Schriftsteller, in Bd. 3 online**.*

> *Siehe auch* ▸ Mönckebergstraße, *Altstadt, seit 1908 und* Mönckebergkai, *Steinwerder, seit 1902: Johann Georg Mönckeberg (1839–1908), Jurist, Abgeordneter der Rechten in der Hamburgischen Bürgerschaft, Senator (1876–1908), Bürgermeister von Hamburg (ab 1890 wiederholt), in Bd. 3 online**.*

Agathe-Lasch-Weg

Othmarschen, seit 1971; vorher Othmarscher Kirchenweg, benannt nach Agathe Lasch (4.7.1879 Berlin–am 12.8.1942 deportiert), *erste Lehrstuhlinhaberin an der Universität Hamburg, als Jüdin von den Nationalsozialisten deportiert*

Vor dem Wohnhaus Gustav-Leo-Straße 9 *und vor dem Hauptgebäude der Universität Hamburg,* Edmund-Siemers-Allee 1, *liegen Stolpersteine für Agathe Lasch.*

Im Garten der Frauen *auf dem Ohlsdorfer Friedhof befindet sich ein Erinnerungsstein für Agathe Lasch.*

Am 12. August 1942 wurde die 63-jährige Agathe Lasch in Berlin zusammen mit ihren beiden Schwestern von der Polizei abgeholt. Der Transport jüdischer Bürgerinnen und Bürger aus Ber-

lin ging am 15. August ab, kam aber nie am Bestimmungsort, dem Konzentrationslager Theresienstadt an. Ob sie in einem anderen Vernichtungslager ums Leben kam, ob sie den Transport nicht überstand oder ob sie ihrem alten Lungenleiden erlag, ist unbekannt.

„Ich wurde am 4. Juli 1879 in Berlin geboren und erhielt meine Ausbildung auf dem damals für Mädchen allein üblichen Weg der höheren Mädchenschule und des Lehrerinnenseminars."[10] So nüchtern beschrieb Agathe Lasch in ihrem Lebenslauf für die Personalakten der Hamburger Universität den Ausschluss der Frauen von Abitur und akademischer Bildung. Sie war das dritte von fünf Kindern einer jüdischen Berliner Kaufmannsfamilie. Die Familie lebte in wirtschaftlich beschränkten Verhältnissen.

Im Herbst 1898 bestand die 19-Jährige die Lehrerinnenprüfung, konnte als Jüdin jedoch an keiner staatlichen Schule eine Anstellung finden und musste an Privatschulen unterrichten. Ihre Nachmittage waren mit der Erteilung von Privatunterricht ausgefüllt, da das Gehalt für den Lebensunterhalt nicht ausreichte.

1906 machte sie, nun 27 Jahre alt, ihr Abitur an einem Charlottenburger Gymnasium. Als 1908 in Preußen endlich Frauen zum Studium zugelassen wurden, weigerte sich der Berliner Germanist Roethe weiterhin, Frauen in seine Seminare aufzunehmen. Er lehnte die Zulassung von Agathe Lasch ab und kam damit durch. Sie konnte erst ab ihrem 30. Lebensjahr in Halle und Heidelberg Germanistik studieren. Nach all den Jahren der Entbehrungen und Demütigungen bekam sie durch Vermittlung Prof. Wilhelm Braunes an der Heidelberger Universität ein einjähriges Stipendium. 1909 schrieb die 30-Jährige bei Prof. Braune ihre Doktorarbeit über die „Berliner Schriftsprache". Aussichten auf eine wissenschaftliche Karriere bestanden im deutschen

**   Band 3 online unter: www.hamburg.de/maennerstrassennamen

10) Akte Agathe Lasch in der Hamburger Bibliothek für Universitätsgeschichte.

Kaiserreich für Agathe Lasch als Frau und Jüdin jedoch nicht. So ging sie 1910 an das führende amerikanische Frauencollege Bryn Mawn in Pennsylvania und unterrichtete dort deutsche Philologie. Trotz der in ihrem Geburtsland erlebten Benachteiligung litt Agathe Lasch unter der antideutschen Stimmung, die in den USA nach Ausbruch des Ersten Weltkrieges herrschte, und war deshalb nicht gewillt, ihren Lehrvertrag zu verlängern. Sie kehrte nach Deutschland zurück und erhielt 1917 in Hamburg eine Stelle als Wissenschaftliche Hilfsarbeiterin am Deutschen Seminar. Als sie diese Stelle antrat, hatte sie bereits einen überragenden Ruf in der Germanistik, den sie sich 1914 mit ihrem Buch über die Mittelniederdeutsche Grammatik erworben hatte. Das Buch ist bis heute ein Standardwerk. Am Deutschen Seminar erhielt sie Arbeit am Hamburgischen (niederdeutschen) Wörterbuch und überarbeitete das Mittelniederdeutsche Wörterbuch. Sie untersuchte die Entwicklung der Sprache in Abhängigkeit von sozialen Faktoren. Sprachgeschichte sah sie eng verknüpft mit der politischen Geschichte. Für das Hamburger Wörterbuch untersuchte sie die Gegenwartssprache und führte zahllose direkte Befragungen durch.

Nach Eröffnung der Universität Hamburg im Jahre 1919 habilitierte Agathe Lasch und erwarb damit die Lehrberechtigung für die Hochschule. Am 29. Juni 1923 wurde die nun 44-Jährige durch Senatsbeschluss „zum Professor" ernannt. Als 1926 ein Extra-Lehrstuhl für Niederdeutsche Philologie eingerichtet wurde, stand sie als einzige Kandidatin auf der Berufungsliste.

Nach der Ernennungsfeierlichkeit zur außerordentlichen Professur, bei der die Erwartung ausgesprochen wurde, dass sie sich weiterhin um die Wörterbücher kümmern werde, klagte Agathe Lasch, dass sie sich durch die zeitintensive Tätigkeit eingeengt fühle.

Wie kompliziert es für Frauen war, sich in der Männerdomäne Universität adäquat zu verhalten, und wie sie es bei allen Versuchen der Anpassung offensichtlich doch nie recht machen konnten, zeigt der aus Wahrheit und männlicher Dichtung bestehende Nachruf des Direktors des Germanischen Seminars, Conrad Borchling (siehe zu Borchling in Bd. 1 im Kapitel: Der Umgang mit der nationalsozialistischen Vergangenheit): „Fernerstehenden mochte Agathe Lasch wohl als das Urbild einer gelehrten Dame erscheinen, die sich mit fast mönchischer Strenge auf ihre wissenschaftliche Arbeit eingestellt hatte, allen Freuden dieser Welt abhold war und sich scheu vor der allzu engen Berührung mit anderen auf sich selbst und ihre Bücher zurückzog. Es war gewiss nicht leicht, ihr näher zu kommen; aber wenn der Bann erst einmal gebrochen war, merkte man bald, dass bei dieser strengen Wissenschaftlerin doch auch die weicheren, mehr weiblichen Charakterzüge nicht zu kurz gekommen waren (…). Ich will aber auch die Schattenseiten dieses Charakters nicht verschweigen: eine leichte Reizbarkeit und eine starke Empfindlichkeit, die wohl aus ihrer zarten körperlichen Konstitution zu erklären sind. So empfand sie auch in der wissenschaftlichen Kontroverse den Widerspruch viel stärker, als er in Wirklichkeit gemeint war. Dann konnte sie sich wohl hinsetzen und im ersten Zorn einen ihrer fulminanten Briefe schreiben, der ihr vielleicht

Agathe Lasch

schon am nächsten Tag leid getan haben mag, denn sie pflegte solche Dinge nie länger nachzutragen."[11]

11) Conrad Borchling: Agathe Lasch zum Gedächtnis. Ansprache auf der Jahresversammlung des Vereins für niederdeutsche Sprachforschung zu Goslar am 28. September 1946, in: Niederdeutsche Mitteilungen, Jg. 2, 1946.

Das Portrait wirft wenig Licht auf die Person Agathe Lasch, zeigt dafür aber recht deutlich die Geisteshaltung des Verfassers und seine patriarchal geprägte Erwartungshaltung an die Wissenschaftlerin.

Bei Machtantritt der Nationalsozialisten drohte der jüdischen Professorin auf Grund des „Gesetzes zur Wiederherstellung des Berufsbeamtentums" die sofortige Entlassung. Eingaben ihrer Schülerinnen und die Stellungnahme skandinavischer Germanisten verhinderten dies zunächst, aber zum 30. Juni 1934 wurde sie, nun 55 Jahre alt, endgültig in den „Ruhestand" versetzt. Über die Atmosphäre am Germanischen Seminar im ersten Jahr der NS-Diktatur gibt ein Brief Agathe Laschs an ihren Nachfolger Auskunft: „Im übrigen war sie [die Bibliothekarin Marie Luise Winter] viele Monate hindurch der einzige Mensch, der die Tätigkeit im Seminar für mich überhaupt möglich machte. Es wäre ihr leicht genug gewesen, in den Ton der anderen einzustimmen, sie hat es damals nicht getan."[12]

Agathe Lasch erhielt zwar ihre volle Pension, durfte aber nicht mehr in Deutschland publizieren. 1937 siedelte sie zu ihren Schwestern nach Berlin über. Als ihr 1938 der Zutritt zur Bibliothek verboten wurde, beschaffte ihr ihre letzte Schülerin Martta Jaatinen einige Bücher aus der Bibliothek. Agathe Lasch, die, wie sie selbst einmal sagte, „niemals einen Menschen leidenschaftlich geliebt" hat, sondern „die zwei Abstrakta (...) Germanistik und Deutschland",[13] empfand diese Beschränkung ihrer wissenschaftlichen Tätigkeit als großen Verlust, denn die Wissenschaft war ihr Lebensinhalt. Bemühungen um Lektorenstellen in Lund und Oslo sowie um einen Lehrstuhl an der estnischen Universität in Dorpat scheiterten trotz positiver Beurteilungen von Seiten Conrad Borchlings an Interventionen des Deutschen Auswärtigen Amtes.

1941 bat Agathe Laschs ehemalige Schülerin Claudine de L'Aigle den Leiter der Landesunterrichtsbehörde, Witt, zugunsten der Professorin eine Eingabe bei der Geheimen Staatspolizei Berlin zu machen. Aus den Unterlagen der Staatsverwaltung lässt sich ersehen, wie Schulbehörde, Rektorat der Universität und das Germanische Seminar die Eingabe mit dem Verweis auf die jeweilige Nichtzuständigkeit hin und her schoben. Borchling beendete den Vorgang: „Wie die Dinge einmal liegen, bin ich außerstande, von mir persönlich aus Schritte in der Angelegenheit von Frl. Prof. Lasch zu unternehmen, so sehr ich auch ihre wissenschaftliche Arbeit hochschätze und ihr charakterliches Verhalten anerkennen muss."[14]

Die Pensionszahlungen wurden eingestellt. Als Claudine de L'Aigle ihre ehemalige Lehrerin im Juli 1942 ein letztes Mal besuchte, hatten die Nationalsozialisten deren persönliche Bibliothek beschlagnahmt. Sie ließ sich aber nicht entmutigen. In ihrem letzten Brief freute sie sich noch, dass ihre handschriftlichen Zettel nicht fortgenommen worden waren: „Es ist wie eine kleine handschriftliche Bibliothek, und ich bin nun dabei, sie zu ordnen."[15]

Die Hansestadt Hamburg ehrt heute das Andenken ihrer ersten Universitätsprofessorin. Im Dezember 1992 wurde der vom Hamburger Senat mit 5000 DM ausgestattete Agathe-Lasch-Preis zur Förderung des wissenschaftlichen Nachwuchses auf dem Gebiet der norddeutschen Sprachforschung zum ersten Mal vergeben. Um 1970 wurde ein Weg nach ihr benannt.

Aber der erste Eindruck, das Nachkriegsdeutschland gehe vernünftig mit seiner Vergangenheit um, täuscht. Schon 1948 hatte die Bibliothekarin des Germanischen Seminars, Marie Luise Winter, vorgeschlagen, eine Straße in Hamburg nach Agathe Lasch zu benennen. Auf die

12) Wolfgang Bachofer, Wolfgang Beck: Deutsche und niederdeutsche Philologie. Das Germanische Seminar zwischen 1933 und 1945, in: Eckart Krause u. a. (Hrsg.): Hochschulalltag im „Dritten Reich". Die Hamburger Universität 1933–1945. Teil II: Philosophische Fakultät. Rechts- und Staatswissenschaftliche Fakultät. Berlin, Hamburg 1991
13) Claudine de l'Aigle: Agathe Lasch. Aus ihrem Leben, in: Jahrbuch des Vereins für niederdeutsche Sprachforschung. Jg. 82. 1959; Jürgen Meier: Gedenken an Agathe Lasch, in: Uni-hh, Nr. 5, 1979.
14) Wolfgang Bachofer, a. a. O.
15) Claudine de L'Aigle, a. a. O.

entsprechende Anfrage der Behörde teilte Agathe Laschs angeblich nur zu seinem Schutz in die NSDAP eingetretener Schüler, inzwischen an ihrer Stelle amtierender Seminardirektor Niekerken mit: „Bei einer Erfragung im Kollegenkreise (…) war man geteilter Meinung. Die Gegner des Gedankens vertraten die Ansicht, dass man Straßennamen nicht zum Gegenstand politischer Zwistigkeiten machen sollte und dass es nicht im Sinne dieser bescheidenen, stillen Frau sei, wenn sie auf diese Weise an die Öffentlichkeit gezerrt würde." Weiter wurde gesagt, „die Zahl der um Hamburgs Kulturleben ebenso verdienten Männer und Frauen sei so groß, dass es nicht genug [Straßen] gäbe, sie alle zu ehren". Die Straßenbenennung nach Agathe Lasch wurde abgelehnt.

Solche Bedenken hatte der Kollegenkreis offensichtlich nicht, als es darum ging, den 1946 verstorbenen Direktor des Germanischen Seminars, Conrad Borchling, zu ehren. Borchling, der schon im Ersten Weltkrieg den flämischen Teil Belgiens als deutsche Provinz reklamiert hatte, hielt es auch 1933 mit den neuen Machthabern. Er wurde bereits im Mai 1933 NSDAP-Mitglied und richtete seine in einer großgermanischen Ideologie wurzelnde Wissenschaft ganz auf das NS-Regime aus. Nach dem Krieg wurde er von der britischen Militärverwaltung seines Amtes enthoben und zu Lebzeiten nicht rehabilitiert.

All dies hinderte die Stadt Hamburg nicht, des Verstorbenen öffentlich zu gedenken. Seit dem 26.7.1950 gibt es in Hamburg einen „Borchlingweg", der sich in der Nähe des „Agathe-Lasch-Weges", einer an der Autobahn endenden Sackgasse, befindet.

Bis November 1993 trug das Straßenschild neben den Lebensdaten lediglich den Zusatz „Philologin". Auf Anregung des Historischen Seminars der Universität Hamburg und einer engagierten Bürgerin, Charlotte Rehn, wurde das Schild schließlich ergänzt. Es weist nun ausdrücklich darauf hin, dass Agathe Lasch die erste Professorin auf einem Lehrstuhl an der Hamburger Universität war und als Jüdin Opfer des Nationalsozialismus wurde.

Text: Ingo Böhle

> *Siehe auch* ❯ **Borchlingweg**, *Othmarschen, seit 1950: Prof. Dr. Conrad Borchling (1872–1946), Erforschung der niederdeutschen Sprache. Näheres dazu im Bd. 1. im Kapitel: Straßenbenennungen: Der Umgang mit der nationalsozialistischen Vergangenheit.*

Agathenstraße

Eimsbüttel, seit 1899. Frei gewählter Name

Agnes-Gierck-Weg

Langenhorn-Nord, seit 1997. Vorher Peter-Mühlens-Weg, umbenannt wegen Peter Mühlens NS-Belastung (siehe in Bd. 1 im Kapitel „Der Umgang mit der nationalsozialistischen Vergangenheit") nach **Agnes Gierck**, *geb. Höhne (28.2.1886 Weimar–1944 Hamburg), Widerstandskämpferin gegen das NS-Regime, Hausfrau*

Besuchte eine Hamburger Volksschule bis zur Selekta, anschließend Arbeit als Hausangestellte und Plätterin. 1909 Heirat mit dem Arbeiter Karl Gierck, drei Kinder. In den 1920er-Jahren trat das Ehepaar in die KPD ein. In der Zeit des Nationalsozialismus

Agnes Gierck um 1914 mit den Kindern Wilma und Herbert

sammelte **Agnes Gierck** Spenden für Familien von Verfolgten, kassierte Parteibeiträge und „stand Schmiere". 1. Oktober 1934 Verhaftung durch die Gestapo, April 1935 wegen Volksverhetzung und

**   **Band 3 online** unter: www.hamburg.de/maennerstrassennamen

Vorbereitung zum Hochverrat zu zwei Jahren Zuchthaus – ihr Mann, ihr Sohn und ihr Schwiegersohn zu je anderthalb Jahren Kerker – verurteilt. Nach ihrer Entlassung nahm sie die illegale Widerstandstätigkeit wieder auf.

Durch die Jahre der Verfolgung und Haft sowie den Kummer über den Tod beider Söhne erlebte Agnes Gierck das Kriegsende nicht mehr. Sie starb 1944 nach langer Krankheit.

Agnesstraße

Winterhude, seit 1866, benannt nach Agnes Ahrens, geb. Repsold. Schwägerin des Unternehmers Adolph Sierich – Besitzer des Geländes

Tochter des Eichmeisters Georg Repsold (1804–1885), dem zweiten Sohn von Johann Georg Repsold *(siehe ➤ Repsoldstraße, in Bd. 3 online**)*, Enkelin von Johann Georg Repsold, Schwester von Adolph Sierich *(siehe ➤ Sierichstraße, in Bd. 3 online**)* zweiter Ehefrau Clara Octavia *(siehe ➤ Klärchenstraße, in diesem Band)*.

> *Siehe auch ➤ Dorotheenstraße, Klärchenbrücke, Klärchenstraße, Maria-Louisen-Brücke, Maria-Louisen-Stieg, Maria-Louisen-Straße, in diesem Band.*
>
> *Siehe auch ➤ Repsoldstraße, St. Georg, seit 1843: Johann Georg Repsold (1771–1830), Feinmechaniker, Spritzenmeister, Firma Repsold & Söhne: Werkstatt für astronomische Instrumente, in Bd. 3 online**.*
>
> *Siehe auch ➤ Sierichstraße, Winterhude, seit 1863: Adolph Sierich (1826–1889), Grundeigentümer, in Bd. 3 online***

Agnes-Wolffson-Straße

Bergedorf, seit 1985, benannt nach Agnes Wolffson (30.11.1849 Hamburg–18.3.1936 Hamburg), Mäzenin, Wohltäterin, Stifterin. Gründerin von Haushaltungsschulen. Motivgruppe: Verdiente Frauen

**   Band 3 online unter: www.hamburg.de/maennerstrassennamen

Geboren wurde Agnes Wolffson als Tochter von Johanna Wolffson, geb. Hirsch und deren Ehemann Dr. Isaak Wolffson *(siehe ➤ Wolffsonbrücke, Wolffsonstieg und Wolffsonweg, in Bd. 3 online**)*, einem Rechtsanwalt und Reichstagsabgeordneten.

Agnes Wolffson hatte noch vier weitere Geschwister (eins starb im Kleinkindalter). Als ihr Vater Witwer wurde, führte sie ihm bis zu seinem Tode 1895 den Haushalt.

Durch ihre Mutter und die im Wolffsonschen Hause als Hausdame tätige Minna Leppoc bekam Agnes Wolffson Zugang zum Frauenverein zur Unterstützung der Armenpflege, in dem sich Frauen der bürgerlichen Revolution von 1848 zusammengeschlossen hatten, um auf freisinniger und humanitärer Basis den Armen zu helfen und ihnen Hilfe zur Selbsthilfe anzubieten.

Agnes Wolffson lernte von ihren Eltern selbstständiges Handeln, das Entwickeln eigener Ideen und deren Umsetzung, aber auch das Dienen und Sorgen für andere. Bereits mit siebzehn Jahren unterrichtete sie unentgeltlich deutschen Aufsatz und Gedichte in der Schule des Paulsenstifts. Später pflegte sie zu Hause ihre beiden Schwestern und ihre Mutter bis zu deren Tod.

Da Agnes Wolffson unverheiratet blieb, wurde sie auch von ihrem Bruder, einem Rechtsanwalt, als verfügbare und sorgende Tante seiner vier Kinder beansprucht. Erst nach dem Tod des Vaters, nun bereits 46-jährig, begann sie ihr eigenes Leben zu leben, das durch ihren bisherigen Lebensweg bereits stark vorgezeichnet war. So adoptierte sie 1896 ein neunjähriges Mädchen, dessen Eltern bei der Cholera gestorben waren.

Besonders wichtig erschien ihr der Haushaltungsunterricht für Volksschülerinnen. Hier sollten junge Frauen sparsame Wirtschaftsführung lernen, was für Arbeiterhaushalte sehr notwendig war. Da solch ein Unterricht nicht an den staatlichen Volksschulen angeboten wurde, gründete

Agnes Wolffson, die durch ihr väterliches Erbe über ein beträchtliches Vermögen verfügte, eine eigene Haushaltungsschule – sprich Schulküche. Ihre Schule startete am 15. September 1896 mit sechs Kursen mit je 20 Schülerinnen. Ostern 1897 kam an der Kieler Straße 7 eine zweite Schule hinzu und um 1900 eine dritte an der Humboldtstraße. Schulgeld wurde nicht genommen. Die Schülerinnen lernten Kochen und Backen, Waschen und Plätten, Einmachen und Reinmachen, Kinder- und Krankenpflege sowie Wirtschaften mit Hilfe eines zu führenden Wirtschaftsbuches. 1899/1900 gab es achtzehn Kurse mit 465 Schülerinnen.

Als 1906 an zwei staatlichen Mädchenvolksschulen Haushaltungsunterricht versuchsweise obligatorisch eingeführt wurde, schenkte Agnes Wolffson dem Hamburger Staat ihre drei Schulküchen und sah damit ihre Arbeit auf diesem Gebiet als beendet an.

Nun wandte sie sich den Töchtern der Oberschicht zu und errichtete 1902 in der Tesdorpfstraße eine Lehranstalt für alle Zweige der Haushaltungskunde. Agnes Wolffson stellte die Lehrerinnen ein und entwickelte den Lehrplan, der sich von dem der Volksschülerinnen wesentlich unterschied. Hier ging es z. B. um die Kunst der feinen Küche. Auch mussten die Eltern für ihre Töchter ein hohes Schulgeld zahlen.

Doch obwohl die Schule gut angenommen wurde und Agnes Wolffson für den Fortbestand der Schule einen beträchtlichen finanziellen Zuschuss beigesteuert hatte, schrieb die Schule wegen des zu geringen Startkapitals und der allgemeinen Teuerung rote Zahlen. Agnes Wolffson musste schließlich den Hamburger Staat um einen Zuschuss bitten – solches tat sie nicht gern.

1901 gehörte sie dem Vorstand des Vereins für Ferien-Wohlfahrts-Bestrebungen an. Dieser gründete die Ferienkolonie Waltershof, in der sich

Volksschülerinnen und -schüler, die in schlechten Wohnverhältnissen lebten, zwei Wochen lang tagsüber erholen konnten. 1911 wurde die Kolonie wegen der anstehenden Hafenerweiterung nach Moorwerder verlegt. Agnes Wolffson beaufsichtigte die Küche der Ferienkolonie und stellte den Küchenzettel zusammen.

1910 gründete sie in der Norderstraße ein Arbeiterinnenheim: Das Martha-Helenen-Heim, das nach Agnes Wolffsons verstorbenen beiden Schwestern benannt war. Das Heim bot 60 erwerbstätigen Frauen Unterkunft in Einzelzimmern sowie die Teilnahme an Lehrkursen, die der Förderung der Allgemeinbildung dienten. Am 3. August 1914 richtete Agnes Wolfsson im Martha-Helenen-Heim die erste Hamburger Kriegsküche ein.

Durch die Inflation verlor Agnes Wolffson einen beträchtlichen Teil ihres Vermögens, musste das Heim schließen und ihr Haus in der Badestraße verkaufen. Fortan lebte sie in engen finanziellen Verhältnissen. 1925 entschloss sich der Senat, ihr eine Ehrenrente auszuzahlen.

Agnes Wolffson

Agnes Wolffson war weiterhin in vielen Gremien und Vorständen tätig, so im Kuratorium des Vereins Soziale Frauenschule, des Sozialpädagogischen Instituts und des Paulsen Stifts, war ehrenamtliches Mitglied im Armenkollegium der Allgemeinen Armenanstalt und im Vorstand der Hamburger Rentnerhilfe tätig. Noch im Alter von 80 Jahren führte sie als Bezirksausschussmitglied für den Stadtteil St. Georg die Rentnerfürsorge fort. So verteilte sie einmal in der Woche die Essensmarken.

Geehrt wurde sie 1922 wegen ihrer Verdienste um die Haushaltungsschule mit der Anna-

Wohlwill-Gedenkmünze *(siehe* ➤ **Wohlwillstraße,** *in diesem Band).* Zu ihrem 80. Lebensjahr benannte der Senat die Haushaltungsschule in der Humboldtstraße 99 in Agnes-Wolffson-Schule um. Da Agnes Wolffson Jüdin war, wurde ihr die Ehrenrente nach der Machtübernahme der Nationalsozialisten gekürzt.[16]

> *Siehe auch* ➤ **Wohlwillstraße,** *in diesem Band.*
>
> *Siehe auch* ➤ **Wolffsonbrücke,** *Alsterdorf, seit 1947;* **Wolffsonstieg,** *Alsterdorf, seit 1947 und* **Wolffsonweg,** *Alsterdorf, seit 1947: benannt nach dem Vater von Agnes Wolffson: Isaak Wolffson (1817–1895), Jurist, Reichstagsabgeordneter, Mitglied der Hamburgischen Bürgerschaft (1859–1883), Präsident der Hamburgischen Bürgerschaft (1861 und 1862), ab 1879 Präsident der Hanseatischen Rechtsanwaltskammer, in Bd. 3 online**.*

Albertine-Assor-Straße

Schnelsen, seit 1993, benannt nach **Albertine Assor** *(22.3.1863 Zinten/Ostpreußen–22.2.1953 Hamburg), Gründerin und langjährige Leiterin, erste Oberin der später nach ihr benannten, in der Nähe der Albertine-Assor-Straße gelegenen evangelischen Diakonie- und Krankenanstalten*

Albertine Assor wuchs mit vier Geschwistern auf. Ihr Vater gab, nachdem er 44 Jahre als Maurerpolier gearbeitet hatte, seinen Beruf auf, um Prediger in verschiedenen Baptistengemeinden zu werden. Ab Januar 1891 wohnte Albertine Assor in Berlin, um dort eine Ausbildung im Schneiderhandwerk zu absolvieren. Doch das große soziale Elend ließ sie sich anders entscheiden. Sie wandte sich der Gemeindediakonie zu, wurde ab Juli 1891 Gemeindeschwester in Berlin-Moabit und kümmerte sich um arbeitslose junge Frauen und Straßenkinder. 1894 arbeitete sie in einem Bochumer Wohnheim für junge Frauen, ab 1895 als Gemeindeschwester im Berliner Norden und

ab Oktober 1901 in Stade. Im November 1902 wurde sie Oberin des Diakonissenhauses Tabea in Altona. Ihre selbstbewussten Ansichten kollidierten mit der Weltfremdheit des Hausvorstandes des Diakonissenhauses, und es kam zum Bruch. Albertine Assor verließ ihre Stelle, gründete am 1. Mai 1907 zusammen mit sieben weiteren abtrünnigen Schwestern in einer kleinen Mietwohnung in der Fettstraße 20 im Hamburger Stadtteil Eimsbüttel ein baptistisches Diakonissen-Mutterhaus mit dem Namen

Albertine Assor

Siloah (stille Sendung). Nach eineinhalb Jahren hatte der Verband schon 22 Schwestern. 1908 erfolgte der Umzug in den Schulweg 35/37.

Die Schwestern, die eine qualifizierte Ausbildung an einer Krankenpflegeschule erhielten und dort auch ihr Staatsexamen ablegten, arbeiteten anfangs hauptsächlich in der häuslichen Krankenpflege. Von wohlhabenden PatientInnen wurden Honorare verlangt, arme kostenlos betreut. Siloah-Schwestern waren auch in Privatkliniken tätig. Das verdiente Geld kam in eine Gemeinschaftskasse, aus der alle Kosten bestritten wurden. Für ihren vierwöchigen Jahresurlaub stand den Schwestern ein Haus in Malente und später in Bad Pyrmont zur Verfügung.

Weil Albertine Assor nicht wollte, dass Schwestern im Alter von ihren jungen Mitschwestern finanziell abhängig wurden, wurden die Schwestern sozialversichert. Diese Einstellung wurde ihr von anderen Diakonissenhäusern als „mangelndes Gottvertrauen" ausgelegt.

Wichtiges Anliegen von Albertine Assor war: Frauen helfen Frauen, ein neues Selbstwertgefühl zu entwickeln. Deshalb übernahm Albertine Assor im Januar 1901 auch ein Mädchen-

Abb. v.l.n.r.: Albertinen-Diakoniewerk e. V. | bpk Nr.: 70007051/Hanns Hubmann

**   **Band 3 online** unter: www.hamburg.de/maennerstrassennamen

16) Vgl. Renate Hauschild-Thiessen: Agnes Wolffson, in: Hamburgische Geschichts- und Heimatblätter. Bd. 10.

1981. H. 9. Hamburg 1980.

heim für alleinstehende erwerbstätige Mädchen in Hamburg-Eilbek. 1911 erfolgte der Umzug des Heimes in die Alexanderstraße 25 in der Nähe des Hauptbahnhofes. Dort fanden notleidende Frauen Unterkunft.

1910 gründete Albertine Assor den Schwesternverband und kaufte 1918 ein Haus in der Tornquiststraße 50, welches sie zum Mutterhaus umbauen ließ.

Eifersucht, Ehrgeiz und Unverstand von Seiten ihrer Vorgesetzten und Mitschwestern führten im Oktober 1919 zur Suspendierung Albertine Assors von ihrem Amt als Oberin bei Siloah. Sie reiste daraufhin zu Verwandten nach Ostpreußen, organisierte aber bereits ein Jahr später die Wanderfürsorge. 1921 wurde sie zur ersten Vorsitzenden des Schwesternverbandes gewählt und wurde 1922 Leiterin eines christlichen Erholungsheimes in Schorborn/Solling.

Als Siloah in eine Krise geriet, entschlossen sich die Schwestern, Albertine Assor zurückzuholen. Im März 1925 wurde sie wieder als Oberin eingesetzt. 1927 pachtete sie für Siloah das Krankenhaus Am Weiher, das ab 1928 eine eigene Krankenpflegeschule erhielt.

Weitere Einrichtungen der Schwesternschaft waren: 1928 Kauf des Hauses Tornquiststraße 48 als Altenheim, Kauf des Erholungsheims Helenenquelle in Bad Pyrmont, 1930 Umzug des Mädchenheims in die Heimhuderstraße 78, dort Einrichtung eines Leichtkrankenhauses für Frauen. Hier wurden u. a. erkrankte Dienstmädchen untergebracht, die bei ihrer „Herrschaft" nicht ausreichend versorgt wurden. 1935 Kauf des Hauses Mittelweg 111 als Leichtkrankenhaus für Männer. Hier konnten u. a. erkrankte Seeleute Unterkunft finden. 1938 Kauf der Klinik Johnsallee.

1941 legte Albertine Assor ihr Amt nieder. Kurz darauf wurde auf staatliches Drängen der jüdische Name Siloah „gelöscht" und das Werk in Albertinen-Haus umbenannt. Heute trägt das Werk zu Ehren seiner Gründerin den Namen Albertinen-Diakoniewerk e. V. Es gehört zum Bund Evangelisch-Freikirchlicher Gemeinden. Alle Einrichtungen – das Albertinen-Krankenhaus und die Altenwohnanlage Albertinen-Haus – befinden sich in Hamburg-Schnelsen.

Albertinenstieg

Schnelsen, seit 1993, benannt nach dem von **Albertine Assor** *gegründeten Diakonissenhaus Siloah – heute das nahegelegene Albertinen-Haus*

Alexandra-Stieg

Rothenburgsort, seit 2006, benannt nach **Alexandra Doris Nefedov**, *geb. Treitz (19.5.1942 Heydekrug, jetzt Silute–31.7.1969 Tellingstedt), populäre deutschsprachige Sängerin der 1960-er Jahre unter ihrem Namen Alexandra*

Doris Treitz wuchs mit ihren zwei Schwestern im Memelland auf. Ihre Familie flüchtete 1944 vor der Roten Armee in den Norden Westdeutschlands und ließ sich in Kiel nieder, wo Doris Treitz ein Mädchengymnasium besuchte. Sie erhielt Klavierunterricht, brachte sich das Gitarrenspiel bei und schrieb schon früh eigene Lieder und Gedichte. 1962 nahm sie an der Miss-Germany-Wahl teil und belegte den neunten Platz. Kurz vor dem Abitur verließ sie die Schule; sie wollte Modedesignerin werden und begann ein Graphikstudium an der Muthesius-Werkkunstschule.

Alexandra Doris Nefedov, geb. Treitz

1961 zog sie mit ihrer geschiedenen Mutter und

einer ihrer Schwestern nach Hamburg in ein Mehrfamilienhaus im Stadtteil Rothenburgsort. Alexandra besuchte als 19-Jährige die Meisterschule für Mode, lernte aber bald schon den 30 Jahre älteren, russischen Emigranten Nikolai Nefedov kennen, der bei ihnen zur Untermiete wohnte. Sie heirateten und wollten in die USA auswandern. Doch bevor es dazu kam, gebar die damals Zwanzigjährige ihren Sohn Alexander. Damit schien ihr eine Karriere als Sängerin und Schauspielerin nicht mehr realisierbar. Schließlich scheiterte die Ehe und Nikolai Nefedov emigrierte allein in die USA. Alxeandra Doris Nefedov nahm den Künstlerinnennamen Alexandra an, versuchte ihr Studium zu beenden und arbeitete nebenbei als Zeichnerin. Ihre Mutter versorgte das Kind.

Nach dem Abschluss an der Margot-Höpfner-Schauspielschule in Hamburg bekam Alexandra ein Engagement an einem Theater in Neumünster. Sie nahm Gesangsunterricht und wurde von dem Schallplattenproduzenten Fred Wyrich entdeckt. Alexandras Manager wurde Hans R. Beierlein. Es folgten erste Tourneen mit dem Orchester Hazy Osterwald.

Alexandra bediente mit ihrer rauchigen, tiefen Stimme und ihrem Aussehen ein neues Format in der Schlagerindustrie: Russland.

Im Alter von 25 Jahren hatte sie ihren beruflichen Durchbruch. Ihre ersten beiden Erfolge waren „Zigeunerjunge" und „Sehnsucht".

Doch Alexandra wollte sich nicht auf das slawisch-folkloristische Format einengen lassen. Sie bekam Kontakt zu den französischsprachigen Chansonniers wie Yves Montand und Gilbert Bécaud und arbeitete in Brasilien mit dem Musiker und Sänger Antonio Carlos Jobim zusammen. In Deutschland befreundete sie sich mit Udo Jürgens.

1969 zog sie nach München und entschied sich im selben Jahr auf Grund physischer und psychischer Belastungen für eine Auszeit. Damals wollte sie mit ihrer Mutter und ihrem Sohn auf Sylt Urlaub machen. Am 31. Juli fuhr sie mit ihrem ersten eigenen Wagen, einem Mercedes 220 SE Coupé, von Hamburg, wo sie noch einen Termin bei ihrer Plattenfirma wahrgenommen hatte, auf den Landstraßen Richtung Sylt. Mit der Technik des Autos soll sie noch nicht vertraut gewesen sein, denn am Armaturenbrett war ein Notizzettel angeheftet mit Bedienungsanleitungen für das Fahrzeug. Auf der Bundesstraße 203 bei Tellingstedt kam es an einer schwer einsehbaren Kreuzung zu einem Unfall mit einem Lastwagen, da Alexandra das Stoppschild übersehen hatte. Alexandra starb noch am Unfallort, ihre Mutter wenig später im Krankenhaus. Der sechsjährige Sohn Alexander, der auf der Rückbank geschlafen hatte, wurde nur leicht verletzt. Die genauen Umstände des Unfalls wurden bis heute nicht geklärt. Selbsttötungs- und Sabotagetheorien kursierten immer wieder.

Warum nach Alexandra eine Straße in Hamburg benannt wurde, berichtete das Hamburger Abendblatt 2007 kurz vor der Einweihung am 19. Mai 2007. Da Alexandra einige Jahre im Stadtteil Rothenburgsort gewohnt hatte, war dies der Grund für die SPD-Fraktion Hamburg-Mitte gewesen, in diesem Stadtteil eine Straße nach Alexandra zu benennen. „Den Stein ins Rollen brachte SPD-Mitglied Jan Oppermann: Vor etwa drei Jahren machte er einen Fahrradausflug durch Schleswig-Holstein. Oppermann kam an der Kreuzung vorbei, auf der die gebürtige Litauerin den tödlichen Verkehrsunfall hatte. (…) An der Unfallstelle ‚kam ihm die Idee', erinnert sich Oppermanns Parteifreund Axel Wieder, der ebenfalls von Beginn an dabei war. Denn: Kurz zuvor war eine Flutschutzmauer in Rothenburgsort verbreitert worden, auf der Spaziergänger und Radfahrer nun Platz hatten – doch die neue Promenade brauchte noch einen Namen. Als ein SPD-Fraktionsmitglied während eines Treffens auch noch sagte, dass er in der früheren Wohnung von Alexandra und ihrer Mutter lebt, war die Entscheidung gefallen."

Alma-Wartenberg-Platz

Ottensen, seit Nov. 1996, vorher als Friedenseichenplatz bekannt, aber ohne offizielle Bezeichnung, benannt nach Alma Wartenberg, geb. Stähr (22.12.1871 in Ottensen–25.12.1928 in Altona), Frauenrechtlerin, sozialdemokratische Politikerin aus Ottensen, Vorkämpferin für Geburtenregelung und Mutterschutz

Geboren wurde Alma Stähr in „Mottenburg", dem ärmeren Teil von Ottensen, als eines von zwölf Kindern einer traditionell sozialdemokratischen Zigarrenmacherfamilie. Schon ihre Mutter Maria Stähr betätigte sich unter dem Sozialistengesetz in getarnten Frauenbildungsorganisationen.

Als junge Frau nahm Alma Stähr Arbeit als Dienstmädchen an, bis sie den Schlosser Ferdinand Wartenberg heiratete, mit dem sie vier Kinder bekam. Politisch trat sie in die Fußstapfen ihrer Mutter und baute vor Ort die proletarische Frauenbewegung maßgeblich mit auf. Von 1902 bis 1906 wurde sie auf Frauenversammlungen jährlich wieder zur sozialdemokratischen Vertrauensfrau im Wahlkreis Ottensen/Pinneberg gewählt.

Um das politische Engagement von Arbeiterfrauen zu fördern – auch gegen den Widerstand vieler männlicher Parteigenossen –, bereiste Alma Wartenberg als Agitatorin schleswig-holsteinische Wahlkreise und erweiterte zu einer Zeit, als Frauen per Reichsgesetz die Mitgliedschaft in politischen Organisationen noch verboten war, das Netz weiblicher Vertrauenspersonen und Frauenversammlungen parallel zur Parteistruktur, aber mit relativer Autonomie. Als Delegierte nahm sie an Frauenkonferenzen und Parteitagen teil.

1905 gehörte sie mit zu den Initiatorinnen einer Protestkampagne gegen ein skandalöses Urteil des Altonaer Schwurgerichtshofes, als vier junge Männer aus bürgerlichen Kreisen wegen Vergewaltigung eines Dienstmädchens überführt, aber dennoch freigesprochen wurden.

Alma Wartenberg

Entgegen der sozialdemokratischen Parteilinie und auch im Widerspruch zur Führung der proletarischen Frauenbewegung befürwortete Alma Wartenberg eine Zusammenarbeit mit den „Radikalen" innerhalb der bürgerlichen Frauenbewegung. Ausgestattet mit einer gehörigen Portion Eigensinn und einem starken Willen, die Interessen der Frauen nicht denen der Partei unterzuordnen, geriet Alma Wartenberg schon 1906 in Konfrontation mit führenden Funktionären: Ein Parteiausschlussverfahren gegen sie musste zwar eingestellt werden, aber als Vertrauensfrau wurde sie trotz Unterstützung ihrer Genossinnen abgesetzt.

Von nun an legte Alma Wartenberg den Schwerpunkt ihres politischen Engagements auf das Thema Mutterschutz und Geburtenkontrolle. Ihr lag an der Verbesserung der Lebensverhältnisse und der Gesundheit von Frauen. Die hohe Säuglingssterblichkeit, die weite Verbreitung der „Frauenleiden" infolge der vielen Geburten und Fehlgeburten und auch der häufig praktizierten Abtreibungen sowie auch die erschreckende Unkenntnis der Arbeiterfrauen über körperliche und sexuelle Vorgänge hatten sie alarmiert. Sie forderte einen besseren Schutz der Mütter und der schwangeren Arbeiterinnen. Ihr Spezialgebiet wurde die Aufklärung der proletarischen Frauen. Dabei kamen ihr Kenntnisse zugute, die sie als Dienstmädchen in einer Arztfamilie beim Aushelfen in der Sprechstunde gesammelt hatte. Sie zog mit Lichtbilder-Vorträgen über den weiblichen Körperbau, über Empfängnisverhütung und Mutterschutz von Stadt zu Stadt. Im Anschluss an ihre stark besuchten Vorträge – mehrere Hundert Zuhörerinnen waren keine Seltenheit – verkaufte sie öffentlich Verhütungsmittel. Damit brachte sie die Justiz, die Beamtenärzteschaft und kirchliche Kreise im konservativen Kaiserreich gegen sich auf. Mehrfach drohten ihr Gefängnisstrafen wegen „Vergehens gegen das sittliche Empfinden".

Auch innerhalb der Partei blieb Alma Wartenberg sehr umstritten. Als kurz vor dem Ersten Weltkrieg die Gesetze gegen Verhütungsmittel und das Abtreibungsverbot verschärft werden sollten, erklärte Alma Wartenberg, dass allein die Frau das Recht habe, über ihren Körper und die Zahl ihrer Geburten zu bestimmen. Entgegen der offiziellen Parteilinie unterstützte sie innerhalb der Sozialdemokratie die heftig debattierte Idee eines „Gebärstreiks" als Protest gegen den staatlichen „Gebärzwang", eine Idee, die vor allem bei Arbeiterfrauen auf Zustimmung stieß.

In der neuen Republik ließ sich Alma Wartenberg als Abgeordnete für die SPD in das Altonaer Stadtverordnetenkollegium wählen und saß ab 1925 als einzige Abgeordnete im schleswig-holsteinischen Provinziallandtag. 1927 legte sie nach einem Schlaganfall alle Ämter nieder und starb 1928 im Alter von nur 57 Jahren.

Ihr unerschrockenes Engagement für das Recht der Frauen auf Selbstbestimmung und freien Zugang zu Verhütungsmitteln war wegweisend und ist immer noch aktuell.

*   Straßennamen auf unterlegtem Feld verweisen auf Frauenorte, Frauenarbeiten und -aktivitäten

**   **Band 3 online** unter: www.hamburg.de/maennerstrassennamen

Die Benennung des Alma-Wartenberg-Platzes geht auf historische Forschung und Initiative der Frauengeschichtsgruppe im Stadtteilarchiv Ottensen zurück.

Text: Birgit Gewehr von der Frauengeschichtsgruppe im Stadtteilarchiv Ottensen

Am Botterbarg*

Iserbrook, seit 1932: Flurbezeichnung. Rastplatz für vom Melken kommende Mägde, die in großen Kannen Milch transportierten.

Am Elisabethgehölz

Hamm-Nord, seit 1924, benannt nach dem dort sich befindenden Elisabethgehölz im ehemaligen Sievekingschen Park

Elisabeth Sieveking war die Tochter des Syndikus Dr. Karl Sieveking *(siehe ➤ **Sievekingdamm** und **Sievekingsallee**, in Bd. 3 online**)* und dessen Ehefrau Caroline Henriette, geb. de Chapeaurouge (1797–1858). Das Paar hatte sechs Kinder. Die Familie lebte auf dem Hammer Hof, einem Erbe von Caroline Henriette.

Carl Julius Milde: Kinder des Syndikus Karl Sieveking auf dem Hammerhofe, 2. von links Johanna Elisabeth

*Siehe auch ➤ **Sievekingdamm**, Hamm-Nord seit 1945 und **Sievekingsallee**, Hamm-Nord, seit 1929: Dr. Karl Sieveking (1787–1847), Senatssyndikus, in Bd. 3 online**.*

Am Feenteich

Uhlenhorst, seit 1948, benannt nach der angren-zenden Alsterbucht Feenteich

„Die alten heidnischen Götter und Göttinnen, Stammesvorfahren und PriesterInnen verwandelten sich im französischen, deutschen und britischen Volksglauben in ‚Feen‘. (…) Waliser-Innen wie Irinnen nannten die Feen ‚Mütter‘ oder ‚Segen der Mutter‘, das Feenland galt ihnen als das Land der Frauen – eine Reminiszenz an die matriarchale Gesellschaftsform ihrer Stammesahnen. (…) Im Book of the Dun Cow beschrieb die Feenkönigin ihr Reich ‚als das Land des ewigen Lebens, ein Ort, an dem es weder Tod noch Sünde noch Missetaten gibt. Jeder Tag ist ein Festtag. Wir verrichten jedes wohltätige Werk ohne kleinliches Gezänk.‘ (…) Feenhügel galten als Eingänge zum heidnischen Paradies, das angeblich unter der Erde, dem Wasser oder den Hügeln entfernter, irgendwo im westlichen Ozean liegender Inseln verborgen war, dort, wo die Sonne erlosch.“[17]

Am Luisenhof

Farmsen-Berne, seit 1927. Weiblicher Hofname, benannt nach dem der Straße benachbarten Luisenhof

Am Mariendom

St. Georg, seit 2012, benannt nach dem dortigen St. Marien-Dom

Der Mariendom wurde im 11. Jahrhundert erbaut, erhielt in den folgenden Jahrhunderten Erweiterungen und stand bis zu seinem Abriss im Jahre 1806/07 am heutigen „Domplatz" in Hamburgs Innenstadt, wo sich nun eine Grünfläche befindet.

Nachdem Hamburg 1522 lutherisch geworden war, war der Marien-dom bis zu seinem Abriss eine katholische Enklave in Hamburg.

Domkirche St. Marien im Stadtteil St. Georg

Im 19. Jahrhundert kam es im Hamburger Stadtteil St. Georg zu einem Neubau der St. Marien-Kirche und zwar im Hinterhof des von Ordensschwestern 1861 gegründeten Waisenhauses. „Die St. Marien-Kirche ist der erste katholische Kirchenneubau in Hamburg seit der Reformation und steht für ein Wiedererwachen katholischen Selbstbewusstseins in der Diaspora."[18] 1995 wurde die St. Marien-Kirche zur Domkirche erhoben.

Zur Namensgeberin des Doms – zur heiligen Maria: Hamburgs Schutzpatronin hieß nicht immer Hammonia. Im Mittelalter wachte die Heilige Maria über Hamburg. Die Herren Senatoren hatten zu ihr ein sehr enges Verhältnis. Jeden Morgen vor Beginn der Ratssitzung gingen sie in die der Heil. Maria geweihten Ratskapelle im St. Marien-Dom auf dem Domplatz, um die Messe zu hören und die Heil. Maria um Beistand bei künftigen politischen Entscheidungen zu bitten.

Für die damaligen Politiker war Maria die himmlische Schutzfrau, der man zutraute, einzelnen Menschen, Städten, Ländern und Nationen in weltlichen Belangen wirksam zu helfen. Den Bürgerinnen und Bürgern – so glaubte man – half Maria in Nöten und bei Gebrechen. Sie schützte vor Krankheit, Hunger und der Pest. Sie bewegte Gott, die Menschen nicht zu bestrafen. Unter ihrem Mantel fanden die Menschen Zuflucht.

Überall in der Stadt Hamburg waren Marienstatuen zu finden, so etwa in der Nähe des

---

17) Barbara G. Walker: Das geheime Wissen der Frauen. Ein Lexikon. Frankfurt a. M. 1993, S. 248 f.
18) www.mariendomhamburg.de Stand: 26.4.2014.

Mariendoms auf der Trostbrücke und auch an den Stadttoren. Selbst auf zahlreichen Hamburger Münzen war ihr Portrait abgebildet. Auf dem silbernen Doppelschilling von 1463 stand sogar: „Conserva nos, Domina – spes nostra virgo Maria." „Erhalt uns Herrin, unsere Hoffnung Jungfrau Maria."

Der Hamburger Reformator Johannes Bugenhagen (siehe ❯ Bugenhagenstraße, in Bd. 3 online**) äußerte sich 1529 über den Marienkult allerdings wie folgt: „Diese Lobpreisung soll sie haben. Doch das ist auch genug. Die aber Maria anrufen und aus ihr eine Mittlerin machen, die uns mit Gott und Christo versöhnen soll, die mögen zusehen, womit sie dies verteidigen können."

Auch heute hat die Heilige Maria Bedeutung. Der brasilianische Befreiungstheologe Leonardo Boff wird nicht müde, immer wieder Maria als Anwältin, der nach Gerechtigkeit Hungernden anzurufen.[19] Und auch für heutige Frauen spielt Maria wieder zunehmend eine Rolle. Sie ruft jede Frau aufzuwachen, sich zu erheben und für die Realisierung ihrer eigenen Würde als Tochter Gottes zu arbeiten. Die kritische Theologin Dorothee Sölle interpretierte Maria so: „Maria spielt die Rolle einer subversiven Sympathisantin, die die Macht der Herrschenden zersetzt."[20]

Siehe auch ❯ Conventstraße, St. Annenufer, in diesem Band.

Siehe auch ❯ Bugenhagenstraße, Altstadt, seit 1909: Prof. Dr. Johannes Bugenhagen (1484–1558), Theologe, Freund Luthers, Reformator, in Bd. 3 online**.

Amália-Rodrigues-Weg

Bahrenfeld, seit 2003, benannt nach Amália Rodrigues (23. oder 1. Juli 1920 Lissabon–6.10.1999 Lissabon), Portugiesische Fado-Sängerin

Geboren wurde Amália Rodrigues 1920 als eines von zehn Kindern einer armen Familie. Ihr Vater war Schuster und Musiker. Die Familie stammte aus einem Bergdorf und versuchte in Lissabon ihr Auskommen zu sichern. Als dies misslang, kehrte sie zurück, ließ aber die damals vier Monate alte Amália bei den Großeltern zurück.

Erst im Alter von neun Jahren, begann Amália die Grundschule zu besuchen. Drei Jahre später erhielt sie ihr Abschlusszeugnis.

Als Amália vierzehn Jahre alt war, zogen die Eltern mit den Geschwistern erneut nach Lissabon und nahmen Amália wieder auf. Amália musste nun mithelfen, den kargen Lebensunterhalt der Familie aufzubessern und verkaufte mit ihrer Mutter und Schwester Obst in den

Amàlia Rodrigues

Docks der Cais da Rocha im Lissaboner Stadtteil Alcantara.

Das Singen war schon früh zu ihrer Leidenschaft geworden. Als sie fünfzehn Jahre alt war, war sie in ihrer Nachbarschaft schon eine kleine berühmte Sängerin und erntete dafür ersten Lohn in Form von Bonbons.

Mit neunzehn Jahren hatte sie ihr erstes Engagement als Fado-Sängerin im Nachtclub Retiro da Severa in Lissabon.

1940 heiratete sie den Gitarristen Francisco da Cruz. Diese Ehe hielt nicht. 1961 ehelichte sie den brasilianischen Ingenieur César Seabra, mit dem sie bis zu seinem Tod 1997 zusammen blieb.

Amália Rodrigues wurde schnell berühmt. 1943 und 1945 ging sie schon auf Auslandstourneen. So reiste sie 1945 nach Brasilien und nahm dort auch ihre erste Schallplatte auf. Es folgten

Abb.: Fundação Amália Rodrigues

**   Band 3 online unter: www.hamburg.de/maennerstrassennamen

20) Klaus Schreiner, a. a. O., S. 8.

19) Klaus Schreiner: Maria. Leben, Legenden, Symbole. München 2003, S. 71.

weitere Tourneen durch Europa und Amerika; selbst nach Japan und auch weitere Schallplattenaufnahmen. Ihre Anzahl wird auf rund 170 geschätzt. Auch wirkte sie in Filmen mit. Spätestens 1956, als sie im L'Olympia, dem damals berühmtesten Varieté-Theater in Paris, auftrat, war sie ein international gefeierter Star. Besonders ihre Lieder „Coimbra" und „Avril au Portugal" wurden ein Welterfolg.

Neben traditionellen portugiesischen Fado-Liedern gehörten auch Flamencostücke, italienische und französische Schlager und Jazzlieder zu ihrem Repertoire. Viele bekannte portugiesische Dichter und Komponisten schrieben Lieder für sie.

Musikalisch war sie unumstritten. Ihre unpolitische Haltung gegenüber der Diktatur Salazars, unter dessen Einparteiensystem es z. B. Streikverbot, Pressezensur sowie Einschränkung des Versammlungsrechts gab und Oppositionelle von der Geheimpolizei ins Gefängnis gebracht oder auch ermordet wurden, wurde ihr allerdings häufiger übel genommen. Auf der anderen Seite arbeitete sie aber auch mit erklärten Regimegegnern zusammen, und als 1966 ihr Freund Alain Oulman von der Geheimpolizei verhaftet worden war, setzte sie sich für ihn ein und es gelang ihr, ihn frei zu bekommen und ins Ausland zu bringen.

Amália Rodrigues, die – wie ein portugiesischer Politiker zu ihrem Tod schrieb – „Stimme Portugals", wurde 1999 als bisher einzige Frau im Pantheon neben bedeutenden portugiesischen Politikern und Künstlern beigesetzt. Zuvor war anlässlich ihres Todes eine dreitägige Staatstrauer ausgerufen und der damals laufende Wahlkampf für diese Zeit eingestellt worden.

Der Bezirk Altona, in dem viele der in Hamburg lebenden Portugiesinnen und Portugiesen eine zweite Heimat gefunden haben, benannte

im Mai 2003 eine Straße nach Amália Rodrigues, um den deutsch-portugiesischen Beziehungen Rechnung zu tragen, die durch zahlreiche kulturelle und gastronomische Angebote gerade in Hamburg-Altona intensiv gepflegt werden.

Amalie-Dietrich-Stieg

Barmbek-Nord, seit 1968, benannt nach Amalie Dietrich, geb. Nelle (21.5.1821 Siebenlehn/Sachsen– 9.3.1891 Rendsburg), Botanikerin, Forschungsreisende, Kustodin des Museums für Natur- und Völkerkunde in Hamburg

Nach alten Stadtplänen muss das Kontorhaus der Firma Godeffroy (*siehe* ▶ Godeffroystraße, *in Bd. 3 online***) gegenüber dem heutigen Speicher W in der Hamburger Speicherstadt gestanden haben, bevor es 1886 im Zuge des Baus der Speicherstadt der Spitzhacke zum Opfer fiel. Hier konnte man in den 1870-er Jahren die Naturforscherin Amalie Dietrich treffen, deren Lebensarbeit das „Museum Godeffroy" bewahrte.

„Wir Aeltere kennen sie ja noch alle, die bescheidene Frau in dem dürftigen Kleide, mit dem verwetterten Gesicht und den gescheiten, so überaus guten Augen, die ständige Zuhörerin unserer öffentlichen Vorlesungen in den achtziger Jahren, die fleißige Arbeiterin an den Sammlungen des Museums Godeffroy und des Botanischen Museums. Über ihre eigenen Schicksale hörte man manches; vielerlei daran in der Form alberner und herzlos verdrehter und weiter verbreiteter Legenden; einer so seltsamen Frau, die ein Jahrzehnt lang das Leben eines Hinterwäldners geführt hatte (...), der konnte Herz- und Verständnislosigkeit manches anhangen. Wer sich aber um die Wahrheit über Frau Dietrich bekümmerte – und ihr beredtester Anwalt war unser Neumayer –, der fand für manche Eigenart und Absonderlichkeit der Frau die Erklärung in ihrer Lebensgeschichte", schrieb der hauptamtliche Kustos des Hamburger Zoologischen Museums, Dr. Johann Georg Pfeffer, am 27. November 1909 im „Hamburgischen Correspondenten" anlässlich des Erscheinens des Buches „Amalie Dietrich. Ein Leben erzählt von Charitas Bischoff". Doch bereits 1912 äußerte der Direktor des Botanischen Gartens in Melbourne, J. H. Maiden, Zweifel an der Wahrheit der von Amalie Dietrichs Tochter Charitas Bischoff (1848–1925) (siehe ➤ Charitas-Bischoff-Treppe, in diesem Band) aufgezeichneten Lebensgeschichte, die ein Bestseller geworden war, der auch in Schulen gelesen und immer wieder aufgelegt wurde; zuletzt auf Betreiben von Anna Seghers und Günter Wirth 1979 in der DDR: „Jeder, der das australische Leben und die Flora kennt, wird feststellen, dass die Briefe, wie sie publiziert worden sind, von einer Person stammen, die Australien nicht gesehen hat."[21] Diese Zweifel wurden von der australischen Forscherin Ray Sumner bestätigt, die 1988 nachwies, dass die Briefe zahlreiche botanische Fehlinformationen enthalten, die Amalie Dietrich nicht unterlaufen wären. Stattdessen entdeckte Ray Sumner zum Teil wörtliche Zitate aus dem populären Buch „Unter Menschenfressern" von Carl Sophus Lumholtz. Aber nicht nur die angeblich authentischen Briefe von Amalie Dietrich sind erfunden, auch der übrige Text erscheint häufig wie die Projektion einer unglücklichen, bei fremden Leuten herumgereichten Tochter. Dennoch wird bis zum heutigen Tage immer wieder – wenn auch mit aller Vorsicht – aus dem Buch zitiert und so die Sichtweise Charitas Bischoffs auf ihre Eltern weitergetragen.

1846 heiratete die Nellen Malle, wie die Tochter des Beutlermeisters Gottlieb Nelle aus dem sächsischen Siebenlehn genannt wurde,

den Apotheker und Naturaliensammler Wilhelm August Salomon Dietrich. Der kenntnisreiche Mann, der mit Professoren und Studenten der Forstakademie Tharandt und Seminaristen und ihren Lehrern Exkursionen in den Zellaer Wald machte und mit den Hauslehrern der benachbarten Güter verkehrte, leitete auch seine junge Frau zum Pflanzen- und Insektensammeln an. Bald beherrschte die gelehrige Schülerin die Erstellung von Herbarien, das Trocknen, Bestimmen, Aufkleben und Beschriften der Pflanzen ebenso wie den Umgang mit Kunden und ihren Bestellungen. Als Anschauungsmaterial waren Herbarien bei Universitäten und wissenschaftlichen Instituten, Schulen, Apotheken, Botanischen Gärten, aber auch bei Privatgelehrten und Sammlern begehrt. Das Interesse an unbekannten Pflanzen war groß und das Ordnen der Fülle seit Carl von Linné (1707–1778) zum Hauptziel der Botanik geworden. Dennoch war das Leben des Paares finanziell und körperlich beschwerlich. Und als Wilhelm Dietrich mit dem aus guten Gründen entlassenen Hausmädchen nach Berlin reiste, floh Amalie Dietrich mit ihrer kleinen Tochter Charitas zu ihrem Bruder Karl nach Bukarest. Bei dem angesehenen Handschuhmacher hätte sie ein sorgenfreies Leben gehabt, aber es trieb sie nach Hause zurück, und die gemeinsame Arbeit begann aufs Neue. Doch schon bald zog Wilhelm Dietrich sich von den wochenlangen, anstrengenden Fußmärschen immer mehr zurück. 1857 reiste Amalie Dietrich zum ersten Mal alleine. Elf Wochen lang wanderte sie mit ihrem Hund Hektor, dem sie einen Handwagen vorspannte, bergauf und bergab durchs Salzburger Land, um seltene Alpenpflanzen zu sammeln. Als sie 1861 von einer Reise nach Holland, wo sie Meerespflanzen gesammelt hatte, wegen eines schweren Nervenfiebers verspätet zurückkam, hatte Wilhelm Dietrich

21) Zit. aus dem Anhang von: Amalie Dietrich: Ein Leben erzählt von Charitas Bischof. Mit einem Nachwort hrsg. Von Günther Wirth. Berlin 1977.

sich beim Grafen Schönberg als Hauslehrer verdingt. Er glaubte, seine Frau sei gestorben. Man trennte sich zum zweiten Mal.

Auf einer Verkaufsreise nach Hamburg lernte Amalie Dietrich durch einen ihrer Kunden, den Kaufmann Dr. Heinrich Adolf Meyer *(siehe ➤ Meyerstraße, in Bd. 3 online**)*, Johan Cesar Godeffroy kennen. Der wohlhabende Kaufmann und Kryptogamenspezialist Dr. Heinrich Adolf Meyer hatte sich ihrer angenommen und sie an den Überseehändler Caesar Godeffroy vermittelt, der ein Museum für Natur- und Völkerkunde errichten wollte.

Der „König der Südsee", wie er genannt wurde, besaß umfangreiche Sammlungen aus Naturalien und ethnographischen Objekten, die er anfänglich von seinen Kapitänen, später auch von speziell zu diesem Zweck engagierten Forschern und Sammlern zusammentragen ließ. Die zunächst auf einem Speicher seines Kontorhauses eingelagerten Sammlungen ließ Godeffroy 1860/61 von dem jungen Naturforscher Eduard Graeffe aus Zürich ordnen und machte sie öffentlich zugänglich. Amalie Dietrich erbot sich, für ihn zu arbeiten. Und während die Tochter unter der Obhut des Ehepaares Dr. Meyer in Hamburg zurückblieb, landete Amalie Dietrich am 7. August 1863 auf dem Segelschiff „La Rochelle" in Brisbane.

Zehn Jahre lang sollte sie die Nordostküste Australiens erforschen und Pflanzen, Tiere und ethnographisches Material sammeln, präparieren und nach Hamburg schicken. Allein in der Umgebung von Brisbane sammelte sie über 600 Pflanzen in so vielen Exemplaren, dass Caesar Godeffroy nach drei Jahren Herbarien zum Verkauf erstellen lassen konnte: „Neuholländische Pflanzen, gesammelt von Amalie Dietrich am Brisbane river, Col. Queensland im Auftrage der Herren Joh. Ces. Godeffroy & Sohn in Hamburg". Geworben wurde dafür in der „Flora": „Ausgabe I enthält sämtliche Farren und Polypetalen, außerdem die Monochlamyden und Gamopetalen, von Prof. Dr. H. G. Reichenbach fil. bestimmt. Es können Sammlungen bis cirka 350 Arten geliefert werden und ist der Preis einer Centurie auf zehn Thaler preuss. Crt. festgesetzt." Und nach Australien schrieb Godeffroy am 31. Dezember 1868 drängend: „Frau Amalie Dietrich! Wir schrieben Ihnen am 3. ds. lfd. eine Abschrift und empfingen

Amalie Dietrich

seitdem Ihren lieben Brief vom Lake Elphinstone vom 29. August. Sie scheinen dort recht fleißig zu sein und viel zu sammeln, was uns große Freude macht und sehen wir verlangend Ihren Sendungen entgegen.

Die Herren Rabone Jeez (oder Feez – unleserlich. G. W.) u. Co. in Sydney melden uns mit uns. Schiffe ‚Cesar Godeffroy' 4 Kisten von Ihnen an uns abgeschickt zu haben, die Herren erwähnen aber nicht der lebenden Eidechsen.

Mit der ‚Viktoria' sandten wir, wie auch bereits früher berichtet, ein ansehnliches Quantum Verpackungsmaterial aller Art für Sie an die Herren B. Amsberg u. Co. und werden wir mit dem ersten Frühjahrsschiffe eine ferner große Sendung an Sie abrichten.

Wir werden überhaupt dafür sorgen, daß Sie nie Mangel an Material haben und versprechen wir uns viel von Ihren Forschungen am Lake Elphinstone und dessen Umgebung. Zu viel können Sie uns nicht senden, also nur immer tapfer gesammelt, und Sie müssen besonders den Süßwasserfischen und Krebsen Ihre Aufmerksamkeit schenken.

**   **Band 3 online** unter: www.hamburg.de/maennerstrassennamen

Abb.: Amalie-Dietrich-Gedenkstätte Siebenlehn

Der Katalog IV [1864–1884 erschienen in 14 Heften 9 Verkaufskataloge aus Doubletten] macht immer noch viel Arbeit. Über die Hälfte ist aber bereits gedruckt und zu Anfang Februar wird er sicherlich fertig sein. Der Katalog wird über 7.000 Nummern enthalten, wovon Sie wohl den dritten Teil geliefert haben. Für den folgenden Katalog liefern Sie hoffentlich die Hälfte, so muß es kommen, gute Frau Dietrich!

Ihre Vogelbälge sind schon recht gut und werden Sie ferner bemüht bleiben, es noch immer besser zu machen. Zum Jahreswechsel senden wir Ihnen unsere besten Glückwünsche und grüßen Sie aufs freundlichste Joh. Ces. Godeffroy."[22]

Neben H. G. Reichenbach, dem Direktor des Botanischen Gartens in Hamburg, bestimmten renommierte Wissenschaftler aus Leipzig, Halle, Berlin, Kopenhagen und London die Ausbeute von Amalie Dietrichs Expeditionen. Immer wieder wurden dabei auch Pflanzen oder Tiere nach ihr benannt wie Drosera dietrichiana, der Sonnentau, oder die Wespenarten Nortonia amaliae und Odynerus dietrichianus. Zum Teil verlief die Bestimmung der von Amalie Dietrich gesammelten Objekte allerdings auch recht schleppend, so dass viele von ihr entdeckte Pflanzen anderen Sammlern zugeschrieben wurden, auch wenn diese sie erst später mitgebracht hatten.

Amalie Dietrich erhielt von Herrn Godeffroy auch den Auftrag, Schädel und Skelette der australischen Ureinwohner mitzubringen. Um an die Knochen und Schädel heranzukommen, ließ Amalie Dietrich Grabstätten von Aborigine plündern und sogar einen Aborigine erschießen. „Amalie Dietrich stiehlt für Cesar [Godeffroy] Leichen von Totenbäumen und von Friedhöfen. Kinderskelette könne sie leicht bekommen, ‚denn die Leichen der Kinder werden meist nur in einem hohlen Baum gesteckt, der mit rot und weißer Farbe bestrichen wird', schreibt sie ihrer

Tochter Charitas. Krieger dagegen werden sehr feierlich in Baumwipfeln aufgebahrt. Die Ureinwohner fürchten, daß ihre toten Angehörigen in Europa weiße Männer werden und als solche schwer arbeiten müssen. Sie begraben sie jetzt versteckt in flachen Hügeln, ‚häufig in Ameisenhaufen, vor deren Eingang sie dann einige große Steine legen'."[23] Amalie Dietrich nahm auch getrocknete menschliche Haut der Aborigines mit nach Hamburg.[24]

1873 kehrte Amalie Dietrich auf der „Susanne Godeffroy" nach Hamburg zurück – im Gepäck einen Keilschwanz und einen australischen Seeadler, die sie dem Zoo schenkte. Sie erhielt im „Museum Godeffroy" eine Anstellung auf Lebenszeit und betreute ihre Sammlungen.

Als Joh. Ces. Godeffroy & Sohn 1879 auf Grund fehlgeschlagener Investitionen in Minenaktien Konkurs anmelden mussten, wurden die Sammlungen des Museums verkauft, die Sammlung Dietrich dabei auseinander gerissen. „Das Naturhistorische Museum zu Hamburg übernahm die zoologische Sammlung (...), später auch die Mineralien und die Schädel und Skelette. Waffen, Geräte, Kanus kaufte das Museum für Völkerkunde Leipzig. (...) Amalie Dietrich zog in ein städtisches Stift. Das Botanische Museum stellte sie als Kustodin ein. Doch als sie zu einem Kongreß der Anthropologischen Gesellschaft in Berlin fuhr, ließ der Pförtner sie nicht ins Gebäude – für Frauen verboten. Sie blieb am Eingang, gab nicht nach, schließlich holte er den Vorsitzenden der Gesellschaft. Die Forscher feierten sie stehend mit Ovationen."[25]

Die anthropologische Sammlung von Amalie Dietrich wurde im Zweiten Weltkrieg vernichtet. Erhalten blieben die Katalogzettel. Auch die zoologische Sammlung erlitt erhebliche Einbußen. Hamburg erwarb die Herbarien, die zoologische Sammlung sowie Reste der ethnogra-

22) Zit. aus dem Anhang, a.a.O.
23) Gabriele Hoffmann: Das Haus an der Elbchaussee. Die Godeffroys – Aufstieg und Niedergang einer Dynastie. Hamburg 1998, S. 299 und S. 435.
24) http://www.jcu.edu.au/aff/history/articles/turnbull.htm – The Electronic Journal of Australian and New Zealand History, Ancestors, not Specimens: Reflections on the Controversy over the Remains of Aboriginal People in European Scientific Collec-
tions, by Paul Turnbull, Department of History and Politics, James Cook University of North Queensland, P. O. Q4811. Freundlicher Hinweis von HMJoniken.
25) Gabriele Hoffmann, a.a.O.

phischen Sammlung. Auch hier wurde vieles im Krieg zerstört. Erhalten blieb vor allem das Herbarium des Botanischen Museums, das heute im Institut für Allgemeine Botanik verwahrt wird, und die entomologische Sammlung im Zoologischen Institut.

Die größte Ehrung, die Amalie Dietrich vermutlich zuteil wurde, war die Ernennung zum ordentlichen Mitglied des entomologischen Vereins in Stettin im Jahre 1867. Frauen konnten in dieser Zeit eigentlich noch kein Mitglied in wissenschaftlichen Vereinen werden.

Die „Acacia Dietrichiani" und die „Bonomia Dietrichiana" sowie zwei Algenarten wurden nach ihr benannt.

Amalie Dietrich starb am 9. März 1891 an einer Lungenentzündung, als sie bei ihrer Tochter in Rendsburg zu Besuch weilte.

Wesentlicher Text: Brita Reimers

> *Siehe auch* ➤ **Charitas-Bischoff-Treppe, Traunweg,** *in diesem Band.*

> *Siehe auch* ➤ **Godeffroystraße,** *Blankenese, vor 1928: Joh. Caesar Godeffroy (1813–1885), Reeder, Kaufmann. Präses der Handelskammer (1845), Mitglied der Hamburgischen Bürgerschaft (1859–1864); Kolonialakteur, in Bd. 3 online**.*

> *Siehe auch* ➤ **Meyerstraße,** *Heimfeld, seit 1890: Heinrich Christian Meyer (1832–1886), Stockfabrikant, Kolonialakteur, in Bd. 3 online**.*

Amalienstraße

Harburg, seit 1875, benannt nach **Amalie Wensthoff,** *geb. Kort, Frau des Kaufmanns Ludwig Wensthoff*

Amalie-Schoppe-Weg

Barmbek-Nord, seit 1930, benannt nach **Emma Sophie Katharina Amalia Schoppe,** *geb. Weise, Pseudonym: Adalbert von Schonen (9.10.1791*

Burg/Fehmarn–25.9.1858, laut Brockhaus, Schenectady/New York), Erzählerin, Redakteurin und Autorin von Frauenratgebern. Gönnerin Friedrich Hebbels

Amalie Schoppe entstammte einer Arztfamilie und verlebte eine glückliche Kindheit, in der sie sich voll entfalten durfte. Doch als sie sieben Jahre alt war, starb ihr Vater. Die Mutter konnte sie aus finanziellen Gründen nicht behalten und gab ihre Tochter zu einem Onkel nach Hamburg. Dort ging es Amalie nicht gut. Sie wurde von ihrem Onkel – einem „Lüstling" und Trinker misshandelt und vernachlässigt. Sie flüchtete sich in die Literatur – drei Bücher hatte sie zur Verfügung, die sie immer wieder las – schließlich begann sie selbst Gedichte zu schreiben. Doch selbst Papier wurde ihr nur knapp zugeteilt.

Amalie Schoppe

1803 konnte Amalie endlich zurück zu ihrer Mutter, denn diese, die zuvor als Haushälterin bei einem Kaufmann gearbeitet hatte, war nun mit diesem verheiratet, so dass sie in die Lage versetzt war, ihre Tochter in das neue Heim zu holen. Nachdem der Stiefvater sein Vermögen in den Napoleonischen Kriegen verloren hatte, nahm die fünfzehnjährige Amalie Schoppe 1806 eine Hauslehrerinnenstelle an und sorgte fortan für sich selbst.

Ein Jahr zuvor hatte die damals Vierzehnjährige ihren künftigen, vier Jahre älteren, Ehemann, den Juristen Friedrich Heinrich Schoppe kennengelernt. Er war ganz vernarrt in sie, sie jedoch liebte ihn nicht, gab aber schließlich doch seinem Drängen nach und verlobte sich heimlich mit ihm. Diese Verlobung gab sie auch dann nicht auf, als sie sich wirklich in einen Mann verliebte.

1809 erlebte die 17-jährige Amalie Schoppe einen ganz besonderen Sommer. Dazu schreibt Hargen Thomsen: „Der aus (…) Ludwigsburg stammende Justinus Kerner (…) kam im Mai 1809 nach Hamburg, um bei seinem Bruder Georg, der hier als Armenarzt angestellt war, ein Praktikum zu absolvieren. Er lernte dort den gleichaltrigen Assur/Assing kennen und traf [Karl August] Varnhagen wieder (…). Dieser brachte aus Berlin Adalbert von Chamisso *[siehe ▶ Chamissoweg, in Bd. 3 online**]* mit und vermittelte die Bekanntschaft zu seiner Schwester Rosa Maria, die wiederum ihre um acht Jahre jüngere Freundin Amalia in den Kreis einführte. (…) [Amalie Schoppe] war [nun] Mitglied einer Gruppe junger Menschen, die sich als poetische Widerstandsgruppe gegen eine trostlos prosaische Zeit verstand und in der es die üblichen gesellschaftlichen Barrieren zwischen Stand, Religion, Herkunft und Geschlecht nicht geben sollte.“[26]

1813 flüchtete Amalie Schoppe nach Fehmarn, denn sie war unverheiratet schwanger und gebar dort am 7. Juli 1813 ihren Sohn Carl Adalbert. Der Kindsvater war Friedrich Heinrich Schoppe. Das Kind war nicht das Ergebnis einer Liebesnacht, denn, so Amalie Schoppe, „nicht eine Stunde der Lust und der Vergessenheit setzte es ins Dasein, sondern eine körperliche Hinfälligkeit von meiner Seite“.[27]

Nun war sie moralisch gezwungen, den ungeliebten „Kindsvater“ zu heiraten. „Die Ehe wurde am 19. August 1814 in Burg vollzogen – oder vielmehr nicht vollzogen, ‚denn er hatte mir versprechen müssen, noch die Nacht über den Sund zu gehen, damit in den Augen der Welt unsre Verbindung auch als das erschiene,

was sie war – nur eine rein geistige, nur eine welche die Redlichkeit und Pflicht gebot‘.“[28]

Amalie Schoppe kehrte erst 1817 nach Hamburg zurück und verließ ihren Ehemann wenige Zeit später wieder. Allerdings hatte diese Zeit ausgereicht, um ein zweites Mal schwanger zu werden. Dieser zweite Sohn kam am 18. Mai 1818 zur Welt.

Dann erfolgte erneut eine Trennung vom Ehemann. Amalie Schoppe versuchte nun, mit ihrer Freundin Fanny Tarnow in Wandsbek eine Mädchenschule zu gründen. Doch dieses Vorhaben scheiterte, weil das Zusammenwirken mit Fanny Tarnow nicht gelang. Amalie Schoppe hatte Schulden aufgenommen, um die Schule einzurichten und stellte Fanny Tarnow kostenlos eine Wohnung zur Verfügung. Doch diese war mehr an sexuellen Affären interessiert als am Zustandekommen der Schule und war – wie Amalie Schoppe schreibt – „der Großsprecherei zugethan und log, daß ihr völlig der Dampf aus dem Halse stieg“.[29]

So blieb Amalie Schoppe auf einem Berg Schulden sitzen und sah in dieser Situation keine andere Möglichkeit, als zu ihrem Ehemann zurückzukehren. Sie blieben ein Jahr zusammen, und der dritte Sohn Alphons wurde am 17. Februar 1821 geboren. Über den weiteren Fortgang ihrer Ehe schreibt Amalie rückblickend: „Ein feiles Geschöpf gewann endlich sein Herz gänzlich – er verließ mich und unsre drei Kinder, die ich jetzt vom Ertrage meiner Schriften ernährte; später konnte ich ihn noch unterstützen, als er mich um Hülfe bat. Er hat, trotz seiner Verirrungen, nie aufgehört, mich zu lieben, zu achten; seine Buhlerin musste sogar, seltsam genug, meinen Vornamen annehmen. An seinem 40sten Geburtstag, den 7. Juli 1829, ging er heiter und glücklich zur Elbe, um, was er im Sommer täglich that, zu baden, und vor

** **Band 3 online** unter: www.hamburg.de/maennerstrassennamen

26) Hargen Thomsen: „Ich bin auf einen verlorenen Posten gestellt worden.“ Amalia Schoppe zum 150. To-

destag S. 12f. unter: www.hargen-thomsen.de/.../Amalia+Schoppe,+aus+Hebbel-Jb+2008.pdf
27) Zit. nach Hargen Thomsen, a. a. O., S. 18.
28) Ebenda.

29) Zit. nach Hargen Thomsen, a.a.O., S. 20.

den Augen des Knaben, der seine Kleidung am Ufer bewachte, erfaßte ihn ein Krampf und zog ihn in die Tiefe hinab, (…). Seine Maitresse brachte mir die Todesbotschaft."[30]

Amalie Schoppe wurde eine sehr produktive Schriftstellerin. So war sie die Autorin der Schrift „Briefstellerin für Damen", die in der zweiten Hälfte des 19. Jahrhunderts in jeden gut situierten Haushalt gehörte Ab 1822 veröffentlichte sie fast jährlich Erzählungen und Romane. Sie schrieb für über vierzig Journale, u. a. für das Morgenblatt für gebildete Stände, für die Dresdner Abendzeitung, für die Zeitschrift für die elegante Welt. Sie verfaßte mehr als 130 Unterhaltungsromane, meist für das weibliche Publikum, Kinder- und Jugendliteratur, Sachbücher und Sagen. Daneben gab sie u. a. die Pariser Modeblätter (1827–1845) und die Jugendzeitschrift „Iduna" (1831–1839) heraus.

Als Redakteurin hatte sie den Schriftsteller Friedrich Hebbel *(siehe* ▸ Hebbelstraße, *in Bd. 3 online**)* kennengelernt, den sie förderte und dessen Gedichte sie in ihrer Zeitschrift „Neue Pariser Modeblätter" abdrucken ließ. Mit ihrer Hilfe lebte Hebbel zwischen März 1835 und März 1836 in Hamburg. Sie verschaffte ihm ein kleines Stipendium. Doch fünf Jahre später kam es zu einem schweren Zerwürfnis zwischen den beiden. Er brach schließlich mit ihr, weil er sich durch sie verletzt fühlte. So schrieb er am 25. Mai 1840 an sie: „Aus Dithmarschen sandte ich an die Redaktion der ‚Neuen Pariser Modeblätter' mehrere Gedichte. Sie nahmen dieselben auf und sprachen sich in Ihrem Blatt über diese Gedichte auf eine, dem damals sehr jungen Verfasser schmeichelnde Weise aus. (…) Was von mir einging, wurde gedruckt, war also willkommen. Bald erhielt ich von Ihnen einen Brief, worin Sie mir über meine Produktion mehr Freundliches sagten, als sie in ihrer embryonischen Gestalt verdienen mochten. Sie er-

suchten mich zugleich, meine Sendungen nicht länger an die Redaktion, sondern an Sie selbst zu adressieren. So knüpfte sich zwischen Ihnen und mir nach und nach ohne vorhergegangene persönliche Bekanntschaft ein Verhältnis an. (…)

Sie kamen mir menschlich und freundlich entgegen und gaben mir Versprechungen, die ich, so fern auch die Erfüllung lag, noch jetzt gern als wahre Wohltaten anerkenne, da sie mir eine Perspektive eröffneten (…).

Inzwischen waren Sie tätig für mich, ohne Erfolg irgendeiner Art. Endlich meldeten Sie mir, Sie hätten Aussichten zum Studieren für mich und teilten mir das Tatsächliche, daß das Fräulein Jenisch, jetzige Frau Gräfin von Redern, hundert Taler hergeben wolle und daß außerdem noch ein paar Beiträge aus Tönning sowie aus Hamburg zu erwarten stünden, mit. (…)

Ich war zweiundzwanzig Jahre alt, hatte äußerlich und innerlich viel erlebt und durfte mich selbständig fühlen. Welcher Art aber waren die Verhältnisse, in die ich jetzt eintrat? Jeder Unparteiische, der sie prüft, wird bekennen, daß sie sehr trübe waren. Den Bedienstetentisch in Wesselburen vertauschte ich mit den Freitischen bei allerlei Leuten, den schlechten Tisch also mit dem Gnadentisch. Auf einer Schulbank, wo Knaben saßen, mußte ich, da ich mich Ihren Anordnungen nicht widersetzen durfte, mir einen Platz gefallen lassen, um Dinge zu treiben, die, wenn ich sie nicht auf Gravenhorsts, meines Freundes und Lehrers, diktatorischen Imperativ beiseite geworfen hätte, mir das gründlicherere Studium des Lateins, worauf doch zunächst alles ankam, unmöglich gemacht haben würden. Als ich indes die Mathematik aufgab, machte der Mann, dessen Stunden ich notgedrungen versäumte, mir auch den Tisch bei sich unleidlich. Ein anderer meiner Gönner, in dem Sie mir einen Ihrer erprobten vieljährigen Hausfreunde

** **Band 3 online** unter: www.hamburg.de/maennerstrassennamen

30) Hargen Thomsen, a. a. O., S. 21.

vorstellten, war plötzlich als S… berüchtigt, so daß ich sein Haus mit Abscheu und Ekel fliehen mußte. Ein dritter, Wilhelm Hocker, mir früher als rein und hochbegabt angepriesen, war aus Ihrer Gunst gefallen; desungeachtet bestimmten Sie mich, von ihm die versprochenen zehn Taler sowie einen Tisch bei seinen Eltern anzunehmen und mich einem Menschen, dessen Bild Sie auf der einen Seite nicht nachteilig genug auszumalen wußten, auf der andern zu verpflichten. So in den meisten Stücken das Widersinnige, was Mut, Lust und Erfolg aufhob und mich zu Menschen, die ich nicht kennen konnte und die sich nachher als kleinlich oder wie der angeführte S… als verächtlich auswiesen, in die bedenklichste aller Stellungen brachte, in die unfreie des für Armseligkeiten zu Dank Verschuldeten. (…) Außerdem muteten Sie mir zu, daß ich, der Sparsamkeit wegen, die paar Tropfen Milch, die ich täglich brauchte, in eigener Person über die Straße holen und auch wohl je zuweilen einen kleinen Eßwarenrest mitnehmen mußte und für Hochmut wurde es mir ausgelegt, wenn ich diese Indelikatessen, durch die ich vor der ganzen Nachbarschaft zum Bettler gestempelt worden wäre, wenn Sie nicht schon vor meiner Ankunft mich dem Stadtdeich durch mehrere bei Ihnen aus- und eingehende Personen als solchen angekündigt hätten, auch nur mit einer Miene zurückzuweisen wagte. Dieses alles ist tatsächlich, ja stadtkundig. Raisonnements [Einwendungen, Urteil] will ich mir nicht erlauben, aber ich will jedes Herz fragen, ob ein Mensch und noch dazu einer, in dem das stets mit unendlicher Sensibilität verbundene, dichterische Talent vorwaltet, sich in einer gleichen oder auch ähnlichen Lage wohlfühlen kann. Daß ich mich aber nicht wohlfühlte, war in Ihren Augen ein Verbrechen, dies ist ebenfalls tatsächlich. Ein Teil des Drückenden und Ersti-

ckenden lag in den Umständen und war als ein unumgängliches Notwendiges, wenn auch nicht leicht, so doch leichter zu tragen; der größere Teil ging von Ihrer Willkür aus und wäre bei einiger Rücksicht von Ihrer Seite zu vermeiden gewesen.

Sie haben mir durch das Vorbereitungsjahr geholfen, aber nicht weiter; an meinem eigentlichen Studieren haben Sie, was dennoch die ganze Welt zu glauben scheint, keinen Anteil. (…)"[31]

Hargen Thomsen schreibt über dieses Zerwürfnis, dass Amalie Schoppe „(…) mit vielen derjenigen, die sie zunächst zu unterstützen versuchte, später in Streit geriet. (…) Aber dasselbe gilt (…) auch für Hebbel, dessen Biographie ebenfalls durchsetzt ist mit Streitigkeiten und großen Abrechnungen. (…) Was die Heftigkeit des Temperaments angeht, waren die beiden sich durchaus ebenbürtig, und es ist schade, daß Amalias Antwort auf Hebbels große Anklageschrift sich nicht erhalten hat. Daß es eine solche Antwort gegeben hat, ergibt sich aus einem Begleitbrief an einen unbekannten Adressaten vom 8. Juni 1840 und in diesem spricht sie davon, daß Hebbel ‚noch weit empfindlicher gegen Beleidigungen ist, als ich es bin'. (…)"[32]

1842 zog Amalie Schoppe mit ihrer Mutter nach Jena. Dies war, wie Hargen Thomsen schreibt, „mehr eine Flucht vor den Problemen in Hamburg".[33] In Hamburg war 1833 ihr Sohn Carl gestorben, 1840 ihre Freundin Rosa Maria Assing und ihr zweiter Sohn hatte mit ihr gebrochen. Dieser verschwand nach Java, „wo er 1847 an einem Fieber starb".[34]

Aber auch in Jena war Amalie Schoppe vom Unglück verfolgt. 1843 starb ihre Mutter und 1844 erhielt sie „die Nachricht, daß ihr jüngster Sohn Alphons in Hamburg wegen Unterschlagungen verhaftet wurde".[35]

---

31) Zitiert nach: Diethard H. Klein: Hausbuch der Hansestädte. Freiburg im Breisgau 1983, S. 242 ff.
32) Hargen Thomsen, a. a. O., S. 5 f.
33) Hargen Thomsen, a. a. O., S. 26.
34) Ebenda.
35) Ebenda.

Amalie Schoppe kehrte 1845 zurück nach Hamburg und kümmerte sich um ihren Sohn, der bis 1850 inhaftiert blieb.

Als 1848 die bürgerliche Revolution ausbrach, unterstützte und befürwortete Amalie diese demokratische Bewegung und schrieb und veröffentlichte darüber.

„Nach dem Scheitern der Revolution war ihre Energie aber keineswegs erschöpft. Sie schloß sich dem ‚Frauenverein für Armenpflege' und ihrer Gründerin Charlotte Paulsen an (…), war mit den Planungen für die ‚Hochschule für das weibliche Geschlecht' beteiligt (…)."[36] *(Siehe auch* ➤ Bertha Traun *bei Traunweg, in diesem Band.)*

Nachdem ihr Sohn 1850 aus der Haft entlassen worden war, wanderte er nach Amerika aus. 1851 folgte Amalie Schoppe ihrem Sohn Alphons in die USA. Über ihre Beweggründe äußerte sie: „Es duldet mich nicht länger in dem verwitterten und verfaulten Europa, und mit den letzten Atemzügen will ich die Freiheit in mich einsaugen, für die ich lebte, strebte und litt."[37] In Amerika gab sie, um etwas Geld zu verdienen, befreundeten Frauen Unterricht in Deutsch und Französisch.

„Der Ruhm der einstigen Erfolgsschriftstellerin verblaßte bald, und nur die Rolle, die sie in Hebbels Biographie spielt, sicherte ihr ein kleines Stückchen Unsterblichkeit und einige Zeilen in den Enzyklopädien."[38]

Siehe auch ➤ Elise-Lensing-Weg, *Geliebte von Friedrich Hebbel, in diesem Band.*

Siehe auch ➤ Chamissoweg, *Nienstedten, seit 1936: Adalbert von Chamisso (1781–1838), Dichter und Naturforscher, in Bd. 3 online**.*

Siehe auch ➤ Hebbelstraße, *Uhlenhorst, seit 1899: Friedrich Hebbel (1813–1863), Dichter, in Bd. 3 online**.*

Amalie-Sieveking-Weg

Volksdorf, seit 1957, benannt nach Amalie Sieveking *(25.7.1794 Hamburg–1.4.1859 Hamburg), gründete 1832 den weiblichen Verein für Armen- und Krankenpflege*

Amalie Sieveking war eine Senatorentochter und -enkelin. Ihre Eltern starben früh und hinterließen kein Vermögen. Nach dem Tod der Eltern wurde Amalie von ihren beiden Brüdern getrennt und kam zu Verwandten, bei denen sie den kranken Sohn des Hauses pflegen und durch Handarbeiten und deren Verkauf zu ihrem Lebensunterhalt beitragen musste. In diesem Haushalt wurde Amalie vertraut gemacht mit Religion und Frömmigkeit.

Amalie Sieveking

Ihre berufliche Laufbahn führte sie in die pädagogische Richtung. Sie beteiligte sich an der 1815 gegründeten Freischule für Mädchen und richtete eigene Schulkurse ein. Durch sittliche und religiöse Erziehung wollte sie die Mädchen zu tüchtigen Hausfrauen und Müttern erziehen.

„Umschreibend gestand sie sich im Tagebuch geheime Sehnsüchte ein, die glücklichste Erfüllung jeder Frau an der Seite eines geliebten Mannes zu erreichen. Später beteuerte sie, an Gelegenheit habe es ihr nicht gefehlt, es wird aber nicht klar, worin die Barriere bestand, ob in ihrem eckigen, schroffen Wesen und ihrer wenig charmanten Erscheinung oder in ihrer finanziellen Blöße? Darüber grübelte Amalie Sieveking nicht weiter, sondern rang sich die Disziplin ab, je länger desto entschiedener das Faktum der Ehelosigkeit anzunehmen und es ins Positive zu wenden. Als sie mit sich darüber im

** Band 3 online unter: www.hamburg.de/maennerstrassennamen

36) Hargen Thomsen, a.a.O., S. 29f.
37) Zit. nach: Hargen Thomsen, a.a.O. S. 3.
38) Hargen Thomsen, a.a.O., S. 4.

Reinen war, bekannte sie sich nachdrücklich zu dem allgemein verspotteten und gewiss nicht erstrebenswerten sozialen Stand der ‚alten Jungfer'.[39] „Ihr Vetter Karl Sieveking [siehe ▸Sievekingdamm und Sievekingsallee, in Bd. 3 online**], der ihre Liebe nicht erwiderte, blieb zeitlebens ihr Freund und Berater."[40]

Religiös wurde Amalie Sieveking durch Pastor Rautenberg (siehe ▸ Rautenbergstraße, in Bd. 3 online**) und Karl Sieveking in die Gemeinschaft der Erweckten (Erwecktenbewegung) eingeführt. „Die Elemente ihres ‚lebendigen' Glaubens waren Sünde, Buße, Versöhnung, Heilung, Erleuchtung. So sehr sich Amalie zur Gemeinschaft mit diesen Menschen hingezogen fühlte, so wach blieb ihre Kritik. Über die Erleuchtung schrieb sie: ‚Ist sie nicht nur der Schimmer einer trügerischen Aufklärung, die ihre Fackel nur gezündet am Licht der eigenen Vernunft?'"[41]

Die Hinwendung zur Armenpflege war die Folge ihrer Entscheidung, ehelos zu bleiben. Es erwuchs der Plan, ähnlich den katholischen Frauenorden, eine Gemeinschaft von Protestantinnen zu gründen. Der Ausbruch der Cholera in Hamburg im Jahre 1831 gab den entscheidenden Ausschlag, auf dem Gebiet der tätigen Nächstenliebe zu arbeiten. Amalie Sieveking meldete sich als Pflegerin in der Cholera-Quarantäne des St. Ericus-Hospitals; beließ es jedoch nicht beim Pflegen der Kranken, sondern machte sich an die Organisation des chaotischen Krankenhauswesens und entwarf gleichzeitig die Statuten für einen zu gründenden Weiblichen Verein für Armen- und Krankenpflege. Armen, die unschuldig in Armut geraten waren, sollte geholfen werden. So genannte verwahrloste Arme erhielten keine Zuwendung.

Um sich über den Zustand der Armen ins Bild zu setzen, machte Amalie Sieveking als Vereinsvorsteherin – diese Position hatte sie 27 Jahre lang inne – den ersten Besuch bei der empfohlenen Armenfamilie.

Amalie Sievekings Helferinnen kamen aus dem gehobenen Bürgertum, hatten genügend Zeit und auch die finanzielle Unabhängigkeit, sich unentgeltlich solch einer Tätigkeit zu widmen. Voraussetzung für die Aufnahme in den Kreis der Helferinnen war eine evangelische Glaubenshaltung und die Überzeugung, dass der Unterschied zwischen Arm und Reich gottgewollt sei. Arme sollten als Unmündige angesehen werden, denen durch Mitgefühl und Zuspruch geholfen werden sollte. Sie erhielten Naturalien, Kleidung, Haushaltungsgegenstände und es wurde ihnen Arbeit vermittelt. Finanzielle Unterstützung bekamen die Armen nur selten. Wer besonders fromm war, erhielt zusätzliche kleine Zuwendungen. „Die bestehende Kluft zwischen Armen und Reichen meinte sie [Amalie Sieveking] in persönlicher Zuwendung zu den Unterschichten überbrücken zu können, indem sie auf die Gleichheit aller Menschen vor Gott hinwies. Gleichwohl nahm sie ‚ihren' Armen gegenüber eine paternalistische Haltung ein, so wie sie auch den Verein für Armen- und Krankenpflege hierarchisch gliederte. Die ständisch verfasste Gesellschaftsordnung galt ihr als gottgewollt. Aus dieser sozialkonservativen Überzeugung heraus hielt sie alle demokratischen Ansätze und gar revolutionären Umstürze für friedensgefährdend."[42]

1840 gründete sie ein Armenwohnstift, das Amalienstift, welches neun Wohnungen und ein Kinderkrankenhaus mit zwei Zimmern und vierzehn Betten enthielt. Die ehrenamtlichen Helferinnen kontrollierten die Stiftsbewohnerinnen und -bewohner. Hielten diese sich nicht an die strenge Hausordnung, besuchten nicht die täglichen Andachten, schickten ihre Kinder nicht regelmäßig zur Schule oder hielten ihre Woh-

** Band 3 online unter: www.hamburg.de/maennerstrassennamen

39) Ulrich Heidenreich, Inge Grolle: Wegbereiter der Diakonie. Johann Wilhelm Rautenberg, Amalie Sieveking. O. O. 2005, S. 72. (Hamburgische Lebensbilder in Darstellungen und Selbstzeugnissen. Hrsg. vom Verein für Hamburgische Geschichte, Bd. 18.)
40) Ulrich Heidenreich, Inge Grolle, a. a. O., S. 82.
41) Ulrich Heidenreich, Inge Grolle, a. a. O., S. 80.
42) Ulrich Heidenreich, Inge Grolle, a. a. O., S. 66.

nung nicht genügend sauber, mussten sie mit Strafe rechnen.

„Das von ihr begründete Werk lebt bis heute fort in einer Stiftung, die ihren Namen trägt. Das Verwaltungsgebäude befindet sich in dem 1840 erbauten ‚Ersten Amalienstift' in der Stiftstraße 65. Hier und in drei weiteren benachbarten Häusern in St. Georg – Minenstraße 11, Alexanderstraße 28 und Brennerstraße 77 – wohnen 165 bedürftige Menschen zu den günstigen Bedingungen der Stiftung. (...) Die Trägerschaft lag bis 1978 beim ‚Weiblichen (Sievekingschen) Verein für Armen- und Krankenpflege' und ging dann auf die Nachfolgeeinrichtung, die ‚Amalie-Sieveking-Stiftung' über. Die Zweckbestimmung der Einrichtungen als Wohnstifte ist unter veränderten Zeitläuften erhalten geblieben.

Im Gedenken an die von Amalie Sieveking gegründete Krankenpflege ist auch das Krankenhaus in Volksdorf benannt worden,"[43] schreibt die Historikerin Inge Grolle. Auch wird Amalie Sieveking mit einem Medaillon in der Rathausdiele geehrt.

Von der 1848 ausbrechenden bürgerlichen Revolution hielt Amalie Sieveking überhaupt nichts. Sie empfand es als völlig widersinnig, der Arbeiterschicht zu erklären, dass diese sich selbst aus ihrem Elend befreien solle. Demokratie bedeutete für Amalie Sieveking Anarchie. Ebenso war sie wenig begeistert von der sich im Zuge der bürgerlichen Revolution formierenden religiös-demokratischen Glaubensbewegung, die gegen Priesterherrschaft und engen Dogmatismus anging. Diese Bewegung „erschien ihr in höchstem Maße verderblich. Denn die Anhänger beriefen sich auf eine Religion der Humanität, auf ein von traditionellen Dogmen gelöstes Christentum der Tat, das allein auf Mitmenschlichkeit im Hier und Jetzt baute und sich vehement gegen die Vertröstung auf ein ungewisses

Jenseits richtete. (...) Mit Beklemmung beobachtete Amalie Sieveking, wie attraktiv für Frauen die deutsch-katholische Bewegung war. In deren Zukunftsentwürfen wurde der Weiblichkeit eine erlösende Funktion zugeschrieben; die Befreiung der Menschheit aus den Fesseln weltlicher und geistlicher Herrschaft sollte mit der Emanzipation des Weibes beginnen. In den neu gebildeten freikirchlichen Gemeinden erhielten Frauen volle Mitbestimmungsrechte.

Im Spätherbst 1846 entstand in Hamburg eine deutsch-katholische Gemeinde. Um ihr die Finanzierung eines Predigers und des Gottesdienstraums zu gewährleisten, bildeten Hamburger Frauen aus gutbürgerlichen Familien um Emilie Wüstenfeld und Bertha Traun *[siehe ➤ Traunweg, in diesem Band]* einen Unterstützungsverein"[44]

Amalie Sieveking verurteilte u. a. Bertha Trauns und Emilie Wüstenfelds Einstellung zur Ehe. Dass Bertha Traun sich scheiden ließ und Emilie Wüstenfeld diesen Schritt guthieß, sogar selbst Scheidungsabsichten hegte, stieß nicht nur bei Amalie Sieveking auf heftige Kritik.

Amalie Sievekings Armenverein wurde zu einer festen Institution der hamburgischen Armenpflege und von den wohlhabenden Bürgern Hamburgs mit reichen Spenden bedacht. Viele Städte in Deutschland und im Ausland gründeten ähnliche Vereine.

Siehe auch ➤ **Conventstaße, Elise-Averdieck-Straße, Traunweg, Wichernsweg,** *in diesem Band.*

Siehe auch ➤ **Rautenbergstraße,** *St. Georg, seit 1899: Johann Wilhelm Rautenberg (1791–1865), Pastor in St. Georg, in Bd. 3 online**.*

Siehe auch ➤ **Sievekingdamm,** *Hamm-Nord, seit 1945 und* **Sievekingsallee,** *Hamm-Nord, seit 1929: Dr. Karl Sieveking (1787–1847), Senatssyndikus, Cousin von Amalie Sieveking, in Bd. 3 online**.*

**   Band 3 online** unter: www.hamburg.de/maennerstrassennamen

43) Ulrich Heidenreich, Inge Grolle, a. a. O., S. 64.
44) Ulrich Heidenreich, Inge Grolle,

a. a. O., S. 115 ff. Vgl. auch: Inge Grolle: „Auch Frauen sind zulässig". Die Frauensäule in der Hamburger Rathausdiele, in: Rita Bake, Birgit Kiupel: Auf den zweiten Blick. Streifzüge durch das Hamburger Rathaus.

Hamburg 1997.

Amandastraße

*Eimsbüttel, seit 1865. Vermutlich frei gewählter
Name*

An der Marienanlage

*Marienthal, seit vor 1907, benannt nach einer
hier sich befunden habenden Lehmkuhle, die
nach der Zuschüttung in eine Grünanlage umgewandelt wurde und die nach dem Stadtteil Marienthal benannt war*

Siehe zur Frage der Namensherkunft „Marienthal" unter ➤ Marienthaler Straße, in diesem Band.
Nach Michael Pommerening soll „als sicher angenommen werden, dass die Bezeichnung der
Marienanlage (…) ihren Ursprung in dem Namen der ältesten Tochter [des Grundstücksspe-
kulanten Johann Carstenn] haben dürfte".[45]

> *Siehe auch ➤ Marienthaler Straße, in diesem
> Band.*

Angelikaweg

Fuhlsbüttel, seit 1946. Frei gewählter Name

Anita-Rée-Straße

*Bergedorf, seit 1984, benannt nach Anita Rée
(9.2.1885 Hamburg–12.12.1933 Kampen auf
Sylt), jüdische Malerin der Hamburger Sezession.
Motivgruppe: Verdiente Frauen
Stolperstein vor dem Wohnhaus Fontenay 11.*

„Mein Schmerz, dieser wühlende, nicht zu lin-
dernde Schmerz, wird grösser von Tag zu Tag
und untergräbt meine Gesundheit."[46] Diese
Klage, die Anita Rée am Silvestertag des Jahres
1930 an Emmy Ruben richtet, kennzeichnet keinen vorübergehenden Zustand, sie könnte als
Leitmotiv über ihrem gesamten Leben stehen.

Anita Rée war eine Fremde in der Welt. Der Ma-
lerkollege Friedrich Ahlers-Hestermann erinnert
sich an ihr Leben im Elternhaus: „Darüber
schwebte ihre Malerei als eine seltsame Landschaft, ebenso wie – später – oben auf dem Dachboden sich ihr Atelier befand als ein fremder
und zu diesem Hause eigentlich nicht gehöriger
Raum, ein Raum, der gar nicht so sehr günstig
zum Malen war, für sie aber doch nun das eigentliche Lebenszentrum wurde. Als sie ihn hatte
aufgeben müssen, hat sie ihn beklagt wie einen
unersetzlichen Toten."[47] Als das Haus am Als-
terkamp 13, ihr Refugium, einziger wirklicher
Halt in einer Welt, in der sie sich nicht zurechtfinden konnte, verkauft wurde, lebte sie in ständig wechselnden Wohnungen, ärmlich und mö-
bliert, ohne dass ihre finanziellen Verhältnisse das
erfordert hätten. Schließlich floh sie 1932 nach
Sylt, wo sie am 12. Dezember 1933 ihrem qualvollen Leben mit Veronal ein Ende setzte.

Geboren wurde Anita Rée am 9. Februar
1885 als zweite Tochter des jüdischen Kaufmannes Israel Rée, der im Deutsch-Französischen
Krieg gekämpft, als Unterhändler fungiert und
bei der Reichsgründung 1871 die deutsche
Staatsbürgerschaft erhalten hatte. Die Mutter
war Anna Clara Hahn, die in Venezuela geboren
und katholisch erzogen worden war.

Die beiden Mädchen, Emilia und Anita,
wuchsen als „höhere Tochter" in einer kultivierten Sphäre liberalen Bürgertums auf. Sie gingen
auf eine Privatschule und wurden protestantisch
getauft und konfirmiert.

1905 wurde Anita Rée Schülerin des Hamburger Malers Arthur Siebelist. Er unterhielt seit
1899 eine Malschule, in der Anita Rée die Frei-
lichtmalerei und die klassischen Genres lernte.
Doch bald stellten sich die immer wieder an ihr
nagenden Zweifel an ihrem Können ein, auch
hielt sie die Ausbildung bei Siebelist für unzu-

Abb.: Aus: Carsten Meyer-Tönnesmann, Der Hamburgische Künstlerclub von 1897, Hamburg 1985, S. 242, Abb. 68.

45) Michael Pommerening: Wandsbek. Ein historischer Rundgang. 2. erweiterte u. vollständig überarbeitete
Auflage. Hamburg o. J., S. 66. (1. Aufl.
erschienen 2000.)
46) Mappe „Nachlass Ruben".

Staats- und Universitätsbibliothek
Hamburg. Handschriftenabteilung.
47) Hildegard und Carl Georg Heise
(Hrsg.): Anita Rée 1885 Hamburg
1933. Ein Gedenkbuch von ihren
Freunden, mit Beiträgen von Carl

Georg Heise, Friedrich Ahlers-Hester-
mann, Fritz Schumacher und Gustav
Pauli. Hamburg 1969. Vgl. auch:
Maike Bruhns: Leben und Werk einer
Hamburger Malerin 1885–1933. Ham-
burg 1986.

reichend. Ihre Versuche, auswärts einen Lehrer zu finden, schlugen fehl. Max Liebermann (siehe ➤ Liebermannweg, in Bd. 3 online**) bestätigte sie zwar in ihrer Begabung, nahm sie jedoch nicht als Schülerin an. Daraufhin schloss sie sich 1910 dem Siebelist-Schüler Franz Nölken (siehe ➤ Nölkensweg, in Bd. 3 online**) an, der gerade aus Paris zurückgekommen war, wo er bei Matisse gearbeitet hatte, und malte mit ihm zusammen in seinem Atelier. Nölken, der ein leidenschaftli-

Anita Rée

cher Pädagoge war, freute sich zunächst, in Anita Rée jemanden gefunden zu haben, dem er die neu erworbenen, ihn völlig erfüllenden Erkenntnisse und Überlegungen mitteilen konnte. Anita Rée wurde in den elitär gesinnten Kreis ehemaliger Siebelist-Schüler der ersten Generation, zu dem Nölken und Ahlers-Hestermann gehörten, aufgenommen, die eigentlich auf ihre, die zweite Generation, herabsahen, glaubten sie doch zeitweilig, sie seien die neue Generation, von Lichtwark dazu bestimmt, den Hamburgischen Künstlerclub von 1897 abzulösen, eine Kontinuität hamburgischer Maler zu verbürgen und Lichtwarks Ideen reiner zu verkörpern als der Künstlerclub mit seiner überwiegend landschaftlichen Betätigung. Doch bald fühlte sich Nölken in seiner Freiheit bedroht. Er reiste ab und ließ eine tief gekränkte Anita Rée zurück. Im Winter 1912/13 ging sie, angeregt durch die Erfahrungen Nölkens und Ahlers-Hestermanns, nach Paris und wurde Schülerin von Fernand Léger.

Von 1913 bis 1922 lebte sie dann als freischaffende Künstlerin in Hamburg im Haus ihrer Eltern. Die einzige längere Unterbrechung war 1916 ein Aufenthalt in Blankenheim in Thüringen in einer Erholungsstätte für Künstler und Wissenschaftler. 1913 nahm Anita Rée an einer Ausstellung bei Commeter teil, gehörte fortan zur Hamburger Avantgarde. Gustav Pauli, der damalige Direktor der Hamburger Kunsthalle, erwarb bereits 1915 Arbeiten der jungen Malerin für die Kunsthalle. Sie wurde Gründungsmitglied der Hamburgischen Sezession und stellte selbst regelmäßig aus. Der dreijährige Aufenthalt in Positano in Italien von 1922 bis 1925 wurde für sie zum Schlüsselerlebnis. Hier verfestigte sich ihre zunächst vom Impressionismus und dann von den französischen Malern Cézanne und Matisse beeinflusste Malerei zu einem neusachlichen Stil. Sie wurde bekannt, erhielt nach ihrer Rückkehr nach Hamburg zahlreiche Portraitaufträge sowie um 1930 von Fritz Schumacher (siehe ➤ Fritz-Schumacher-Allee, in Bd. 3 online**) Aufträge für zwei Monumentalwerke. Das Wandbild der „klugen und törichten Jungfrauen" in der Gewerbeschule für weibliche Angestellte in der Uferstraße wurde 1942 zerstört, während das in der Oberrealschule für Mädchen in Hamm in der Caspar-Voght-Straße gemalte „Orpheus und die Tiere" heute noch zugänglich ist.

Mehrere Auszeichnungen (35 zu Lebzeiten, davon sieben Einzelausstellungen) mit ungewöhnlich guten Kritiken und hohe Preise dokumentieren ihre erstrangige Stellung. Die Malerkollegen und -kolleginnen, das Ehepaar Friedrich Ahlers-Hestermann und Alexandra Povorina, Alma del Banco (siehe ➤ Del-Banco-Kehre, in diesem Band) und Gretchen Wohlwill (siehe ➤ Gretchen-Wohlwill-Platz, in diesem Band) waren ebenso ihre Freunde wie Magdalene und Gustav Pauli, Hildegard und Carl Heise, Nachfolger von Gustav Pauli als Direktor der Kunsthalle, Ida und Richard Dehmel (siehe ➤ Richard-Dehmel-Straße, in

** Band 3 online unter: www.hamburg.de/maennerstrassennamen

Bd. 3 online**) und die Familie Warburg *(siehe* ❯ Warburgstraße, *in Bd. 3 online**)*. Doch weder der berufliche Erfolg noch der große Freundeskreis, in dem sie zuweilen ausgelassen und fröhlich war, konnten ihr zerrissenes Wesen heilen. Hinzu kam das Scheitern der Liebe zu dem Buchhändler und Künstler Christian Selle, die ihren Aufenthalt in Italien begleitet hatte. Sie endete 1926 ebenso unglücklich wie die unerwiderte frühe Liebe zu Franz Nölken und die zu dem Hamburger Kaufmann Carl Vorwerk Anfang der 1930-er Jahre. Die Kompromisslosigkeit und Verletzbarkeit Anita Rées wird in folgender Episode besonders deutlich: Als die auch von Gretchen Wohlwill als „katastrophal" empfundene Jury der Sezessionsausstellung von 1927 ihr Bild „Weiße Bäume", das sie für ihr bestes hielt, nicht ausstellen wollte, zog sie alle Bilder zurück, stellte bis 1932 gar nicht mehr in der Sezession aus und auch dann nur ein einziges Bild.

Das Aufkommen nationalsozialistischer Tendenzen kann ihr Weltverhältnis nur bestätigt haben. 1932 wurde ihr für den Neubau der Ansgarkirche in der Langenhorner Chaussee gemaltes Altarbild aufgrund „kultischer Bedenken" vom Kirchenvorstand der Ansgargemeinde abgelehnt. Im selben Jahr verlor sie ihre Wohnung in der Badestraße. „Ich musste da zu meinem größten Kummer das Zimmer aufgeben, wusste in meiner Not nicht wohin mit all meinen Sachen, (die nun sehr provisorisch im Keller lagern) u. da ich in Hbg. Keine Bleibe mehr hatte, begab ich mich hierher in tiefste Einsamkeit und ohne je zu malen oder daran zu denken",[48] schreibt sie am 14. November 1932 von Sylt aus an Emmy Ruben. Ein Jahr später, am 2. Dezember 1933, zehn Tage vor ihrem Suizid, heißt es in einem Geburtstagsbrief an eine Schweizer Freundin: „Ich bin Dir sehr, sehr dankbar, daß Du mir die Basler Zeitung schicktest, die sowohl

Lesenswertes, das man sonst nie zu Gesicht bekommt, aber auch so viel Tiefergreifendes, Trostloses enthält, daß ich beim Lesen dieses entsetzlichen Aufsatzes aus Berlin bitterlich geweint habe. Diese Dinge bringen mich um alle Fassung; ich kann mich in so einer Welt nie mehr zurechtfinden und habe keinen einzigen anderen Wunsch, als sie, auf die ich nicht mehr gehöre, zu verlassen. Welchen Sinn hat es – ohne Familie und ohne die einst geliebte Kunst und ohne irgendeinen Menschen – in so einer unbeschreiblichen, dem Wahnsinn verfallenen Welt weiter einsam zu vegetieren und allmählich an ihren Grausamkeiten innerlich zugrundezugehen? (…) Wenn ich nicht ans Sterben denke (und Muttis Todestag verdoppelt diese Sehnsucht) so kenne ich nur noch den einen, ständigen Gedanken: fort, fort aus diesem Land! Aber wohin?? Und wo ist es besser?? (…) Den Töchtern herzliche Grüße von Deinem jetzt ganz weißhaarigen, nicht wiederzuerkennenden Reh."[49]

Die aparte, exotisch aussehende Frau, die ebenso liebenswürdig und bezaubernd wie schwermütig, unglücklich und hart sein konnte, setzte ihrem Leben am 12. Dezember 1933 ein Ende. Liest man die einfühlsamen Worte des Freundes Gustav Pauli an ihrem Grab, so wird einmal mehr deutlich, dass ihr, wie Heinrich von Kleist in seinem eigenen Abschiedsbrief an die Schwester schreibt, „auf Erden nicht zu helfen war": „Dem praktischen Leben und seinen Forderungen stand sie hilflos gegenüber, so hilflos, daß sie schließlich das Leben fürchtete. – Im Norden geboren, doch südlichen Geblüts, verzehrte sie sich in Sehnsucht nach Sonne und der heiteren Sorglosigkeit des Lebens südlicher Völker. Und doch liebte sie das Leben. Wir wissen es, sie konnte froh sein mit den Fröhlichen, scherzen und lachen bis zur Ausgelassenheit

---

**   **Band 3 online** unter: www.hamburg.de/maennerstrassennamen

48) Mappe „Nachlass Ruben", a.a.O.
49) Zit. nach: Maike Bruhns, a. a. O., S. 172.

und auf Stunden vergessen, was im Grunde ihrer Seele als Schwermut ruhte."[50]

Die Kunsthalle besitzt die größte Sammlung der Arbeiten Anita Rées.

Text: Brita Reimers

Siehe auch ➤ **Del-Banco-Kehre, Gretchen-Wohl-will-Platz, Rosa-Schapiere-Weg,** *in diesem Band.*

Siehe auch ➤ **Fritz-Schumacher-Allee,** *Langenhorn, seit 1920: Prof. Dr. Fritz Schumacher (1869–1947), Oberbaudirektor, in Bd. 3 online**.*

Siehe auch ➤ **Liebermannstraße,** *Othmarschen, seit 1947: Max Liebermann (1847–1935), Maler, Radierer, Graphiker, in Bd. 3 online**.*

Siehe auch ➤ **Nölkensweg,** *Barmbek-Nord, seit 1927: Franz Nölken (1884–1918), Maler, in Bd. 3 online**.*

Siehe auch ➤ **Richard-Dehmel-Straße,** *Blankenese, seit 1928: Richard Dehmel (1863–1920), Schriftsteller, in Bd. 3 online**.*

Siehe auch ➤ **Warburgstraße,** *Rotherbaum, seit 1947: Max Warburg (1867–1946), Bankier, in Bd. 3 online**.*

Anita-Sellenschloh-Ring

Langenhorn, seit 2002, benannt nach **Anita Sellenschloh** *(6. 12. 1911 Hamburg–4.11.1997 Hamburg), Lehrerin, Widerstandskämpferin gegen den Nationalsozialismus*

Anita Sellenschloh war die Tochter eines Eimsbüttler Bäckers, der wegen einer schweren Kriegsverletzung, die er sich im Ersten Weltkrieg zugezogen hatte, seinen Beruf nicht mehr ausüben konnte und die meiste Zeit arbeitslos war. Anita wuchs in sehr armen Verhältnissen auf. Der Verdienst der Mutter als Straßenbahn-Kassiererin reichte nicht aus, um die Familie zu ernähren. So musste Anita bereits als Kind mitarbeiten. Die Familie wohnte damals in der Satoriusstraße und später am Rellinger Weg.

Anita Sellenschloh bekam die Möglichkeit, die damalige „Reformschule" in der Telemannstraße, die die Selbstständigkeit und individuelle Entwicklung der Schülerinnen und Schüler förderte, zu besuchen.

Im Alter von sechzehn Jahren trat sie zunächst den „Falken", der sozialistischen Arbeiterjugend, bei, wechselte aber bald zum Kommunistischen Jugendverband Deutschlands (KJVD), nahm an Demonstrationen teil, spielte politisches Straßentheater, so in der Agit-Prop-Truppe „Rote Kolonne" und lernte in dieser Zeit Kurt von Appen *(siehe* ➤ **Von-Appen-Straße,** *in Bd. 3 online**)* kennen. Die beiden verliebten sich ineinander und verlobten sich.

Im Rahmen ihrer Tätigkeit im KJVD wurde Anita Sellenschloh 1929 ausgewählt für eine Delegation in die Sowjetunion. „Vier Monate arbeitete sie in einer Leningrader Zigarettenfabrik und fand engen Kontakt zu den russischen Arbeiterinnen. Zu dieser Zeit schien ihr Traum von einer sozialen Gleichheit in der Sowjetunion verwirklicht: Sie schlief mit der Betriebsleiterin in einem kleinen Zimmer auf dem Fabrikgelände und fühlte sich wie in einer Familie aufgenommen."[51]

Anita Sellenschloh

Zurück in Deutschland wurde sie 1930 beauftragt „mit dem Aufbau der Antifa-Jugend in Hamburg. Sie sammelte in dieser Tätigkeit wichtige Erfahrungen, die zu ihrem klugen Verhalten in der illegalen Arbeit während der NS-Zeit beigetragen haben.

Obwohl Anita 1928 nach der mittleren Reife die Aufnahmeprüfung für eine Ausbildung als

Abb.: Privatbesitz Petra Fabig

** **Band 3 online** unter: www.hamburg.de/maennerstrassennamen

50) Hildegard und Carl Georg Heise, a.a.O. Und: Anita Rée 1885 Hamburg 1933. Ein Gedenkbuch von ihren Freunden, mit Beiträgen von Carl Georg Heise, Friedrich Ahlers-Hestermann, Fritz Schumacher und Gustav Pauli. Hamburg 1969. Und: Maike Bruhns: Leben und Werk einer Hamburger Malerin 1885–1933. Hamburg

1986.

51) Rundbrief 1998 der Willi-Bredel-Gesellschaft, Geschichtswerkstatt e. V.

Sozialarbeiterin als Zweitbeste bestanden hatte, bekam sie keine Ausbildungsstelle: ein frühes, politisch motiviertes Ausbildungsverbot. Erst nach dem Zweiten Weltkrieg konnte sie Lehrerin werden. Zwanzig Jahre lang hielt sie sich mit Jobs als Bürokraft in den unterschiedlichsten Hamburger Betrieben über Wasser. Die einzige politisch interessante Tätigkeit war ihre Arbeit im Verlag ‚Der Arbeitslose‘ unter dem Chefredakteur Hermann Beuck. Die Zeitung mit dem Untertitel ‚Kampforgan der Erwerbslosen, Pflicht- und Fürsorgearbeiter‘ sollte die Arbeitslosen politisch informieren und aktivieren, gleichzeitig umfaßte sie einen umfangreichen Inseratenteil.

Nach Verbüßung seiner Haft in der Festung Bergedorf traf Anita in der Redaktion auch Willi Bredel, der Artikel für die Zeitung verfaßte.

Ende 1931 wurde der Hamburger Verlag aufgelöst und die Anzeigenwerbung in Berlin zentralisiert. (…) Vier bis fünf Akquisiteure besorgten aus dem ganzen Reich Anzeigen, meist von kleinen Geschäftsleuten. In der Verwaltung arbeiteten acht bis neun Mitarbeiter. Anita leitete zusammen mit Martha Bleckmann die Mahnabteilung. Hier arbeitete Anita mit der Hamburgerin Lucie Suhling [siehe ➤ Lucie-Suhling-Weg, in diesem Band] zusammen. Zwischen den beiden entwickelte sich eine enge Freundschaft, (…).“[52]

Nach der Machtübernahme der Nationalsozialisten im Januar 1933 wurde die Zeitung verboten und Anita Sellenschloh kehrte nach Hamburg zurück. Bis 1943 wurde sie neun Mal verhaftet, während der Verhöre im „Stadthaus“ – dem Gestapo-Hauptquartier – brutal misshandelt und mehrere Male inhaftiert.

Das erste Mal wurde sie im Juni 1933 verhaftet und kam in Einzelhaft ins UG Hamburg: „‚Kurt und ich hatten einen Liedanfang. Ich saß im obersten Stockwerk in der Zelle. So oft es möglich war, kam Kurt unten die Wallanlagen

entlang und pfiff dieses Lied. Ich ging dann an das Zellenfenster, und so konnten wir uns sehen und heimlich zuwinken. Natürlich war es verboten und ich mußte sehr aufpassen. Aber irgendwie schafften wir es immer. (…) Das letztemal sah ich ihn vom Zellenfenster aus …‘ Während Anita von diesem letzten Blick, den beide tauschten, spricht, sucht sie Fotos heraus. ‚Nur wenige Fotos sind mir geblieben.‘ Sie bewahrt sie sorgfältig in einem wunderschönen Holzkästchen auf. ‚Eine Intarsienarbeit. Kurt hat sie mir gemacht – eine kunstvolle Arbeit. Er war ein hervorragender Kunsttischler.‘ In diesem Kästchen hütet sie auch seine Briefe.“[53]

Sofort nach ihrer Freilassung schrieb und verteilte sie wieder Flugblätter und unternahm Kuriertätigkeiten zwischen verschiedenen Widerstandsgruppen.

1937 wurde Anita Sellenschloh erneut verhaftet. Nachdem die Gestapo erfahren hatte, dass sie Briefe aus Spanien erhalten hatte, wohin Kurt von Appen gegangen war, um dort in den internationalen Brigaden gegen den Faschismus zu kämpfen, teilte „ihr der Chef der Gestapo, Kraus, mit zynischem Lächeln mit: ‚Kurt von Appen ist vor Madrid gefallen.‘ Sie wird abgeführt – in eine dunkle Einzelzelle gesperrt und weiß nicht, soll sie glauben, was er sagte, oder ist es eine Lüge, um sie einzuschüchtern. Sie ist 25 Jahre alt und will es nicht glauben.“[54] Doch Kurt kam nicht zurück. Er starb 1936 im Spanischen Bürgerkrieg.

1943 heiratete sie den Gewerbeoberlehrer Sellenschloh, ein politisch Gleichgesinnter. Das Paar bekam eine Tochter. Aus dem durch die Bombenangriffe schwer zerstörten Hamburg floh Anita Sellenschloh mit ihrem Baby aufs Land nach Schleswig-Holstein.

Nach Kriegsende absolvierte Anita Sellenschloh eine Ausbildung im Seminar von Anna

---

52) Rundbrief 1998, a. a. O.
53) Gerda Zorn: Rote Großmütter, gestern und heute. Köln 1989, S. 28f.
54) Gerda Zorn, a. a. O., S. 29

Siemsen (siehe ➤ Anna-Siemsen-Gang, *in diesem Band*) zur Lehrerin, ein langgehegter Berufswunsch. Ab 1948 unterrichtete sie an der Fritz-Schumacher-Schule, bis sie 1952 an der Volks- und Realschule Am Heidberg Lehrerin wurde. Hier arbeitete sie bis zu ihrer Pensionierung 1974. In dieser Zeit war sie für fast zwei Jahre (1952–1954) mit ihrer Tochter „zu ihrem seit 1947 in La Paz/Bolivien lebenden kranken Mann (…) gezogen. Anita lehrt – in der deutschen Kolonie, einem Hort von aus Deutschland geflohenen, ‚ausgewanderten' Nazis – an der deutschen Schule. (…) Die Familie kehrt nach Deutschland zurück, die Eltern trennen sich.

Anita Sellenschloh vertieft ihre Zuneigung zu ihrem alten (Schul-)Freund Albert-Ali-Bedekow, der selbst 3 Jungen in die neue Lebensgemeinschaft einbringt. Ali ist Verfolgter des Naziregimes, war Häftling im KZ Sachsenhausen (…).

Ali ist leidenschaftlicher Lehrer an der Peter-Petersen-Schule. Voller Engagement widmen sich beide ihrer pädagogischen Arbeit, sitzen nächtelang zusammen, besprechen ihren Unterricht (…), unterstützen sich gegenseitig. Im Zentrum stehen die ihnen anvertrauten Schülerinnen und Schüler und das große soziale Engagement beider.

Diese gegenseitige Unterstützung und gemeinsame Planung wird immer wichtiger, denn mit der Verschärfung des Kalten Krieges bläst der Gegenwind für mutige, engagierte und geschichtsbewusste Lehrerinnen und Lehrer an den Schulen immer stärker. Ansätze zur Aufarbeitung des Holocaust, offene Diskussionen über den Nationalsozialismus sind verdächtig."[55]

„Eine bittere Erfahrung mußte sie mit ihrer eigenen Partei machen: 1951 wurde sie aus der KPD ausgeschlossen. Ihr angebliches Vergehen gegen die Parteidisziplin: eine nicht ‚genehmigte' Fahrt zu Genossen nach Dänemark. Dieser Ausschluß traf sie tiefer als alle Erniedrigungen in der NS-Zeit: grundlos von den eigenen Freunden und Genossen geschnitten zu werden, ist weit schlimmer als zu wissen, wofür man kämpft und Opfer auf sich nimmt. Trotzdem blieb Anita bis zu ihrem Tode eine überzeugte Kommunistin."[56]

Nach ihrer Pensionierung widmete sie sich verstärkt ihrem sozialen Engagement, trat als Zeitzeugin an Schulen und Universitäten auf, war eine der Gründerinnen der Willi-Bredel-Gesellschaft e. V., Mitglied bei der Vereinigung der Verfolgten des Naziregimes (VVN), und Mitglied des Auschwitz-Komitees.

Siehe auch ➤ Anna-Siemsen-Gang, Lucie-Suhling-Weg, *in diesem Band.*

Siehe auch ➤ Von-Appen-Straße, *Eidelstedt, seit 1996: Kurt von Appen (1910–1936), Kunsttischler aus Stellingen, in Bd. 3 online**.*

Annaberg

Billstedt, seit vor 1938. Frei gewählter Name

Anna-Hollmann-Weg

Blankenese, seit 1942. Romanfigur aus Gustav Frenssens Roman „Der Untergang der Anna Hollmann", Berlin 1912 [siehe zur Person Gustav Frenssen in Bd. 1 im Kapitel: Straßennamen als Spiegel der Geschichte: Der Umgang mit der nationalsozialistischen Vergangenheit.]

Der Roman, der in der zweiten Hälfte des 19. Jahrhunderts spielt, behandelt eine tragische Schicksalsgeschichte. Er beginnt mit dem Tod eines jungen Blankeneser Seemanns, der auf dem Dampfer „Anna Hollmann" der Reederei Hollmann erkrankt und stirbt.

Das Schiff befördert Menschen aus Mecklenburg, die vor der dort wieder eingeführten

** **Band 3 online** unter: www.hamburg.de/maennerstrassennamen

55) http://www.grundschule-am-heidberg.de/anita-sellenschloh.html
56) Rundbrief 1998, a. a. O.

Leibeigenschaft fliehen oder von der Strelitzer Abteilung zur Unterstützung der Südstaaten in den amerikanischen Bürgerkrieg beordert wurden.

Als die schlechten Unterbringungsmöglichkeiten und Arbeitsbedingungen auf den Hollmann-Schiffen bekannt werden, verlagert die Reederei ihre Aktivitäten in den 1870-er Jahren auf den Transport afrikanischer Sklaven nach Brasilien – auch dort war Sklaverei zu diesem Zeitpunkt schon verboten. Die Hollmanns sind in zahlreiche solcher illegalen Tätigkeiten involviert.

Auch auf der Anna Hollmann herrschen schlechte Arbeitsbedingungen und die Verpflegung ist ungenügend. Der Koch bereichert sich an den Vorräten, verkauft sie in verschiedenen Häfen.

Auf der letzten Fahrt der Anna Hollmann heuert der Protagonist der Erzählung, Jan Guldt (siehe ▶ Guldtweg, in Bd. 3 online**) an, um den Tod seines Vaters und den vermeintlichen Tod seines Großvaters auf dem Schiff zu rächen. Er erfährt durch den Bootsmann, dass am Zielort auf Madeira der Chefreeder Hans Hollmann an Bord kommen wird. Diesen will Guldt mit dem Tod seiner Familienangehörigen konfrontieren.

Auch der Bootsmann hat mit Hans Hollmann noch eine Rechnung offen: Seit einer Fahrt durch die Biscaja, auf der ein Mädchen, nachdem es von Hans Hollmann sexuell bedrängt worden war, Suizid begangen hatte, kann der Bootsmann das Schiff nicht mehr verlassen, da er sich mitschuldig am Tod des Mädchens fühlt. Er hofft, mit Hollmann zusammen auf der Anna Hollmann in der Biscaja unterzugehen, nur so denkt er im Jenseits Frieden finden zu können.

Auf Madeira geht aber nicht der Chefreeder Hans Hollmann, sondern sein schöngeistiger Enkel und Namenvetter an Bord. Dieser ist Erbe der Reederei und will die Machenschaften seiner Familie mit der Übernahme der Reederei been-

den. Guldt klärt ihn daher genau über die Missstände auf.

Als die Anna Hollmann dennoch in der Biscaja sinkt – verschuldet durch ihren schlechten Zustand und die mangelnden Sicherheitsvorkehrungen –, verliert Guldt seinen Glauben an Gott. Der Bootsmann und die gesamte Mannschaft sowie der junge Hans Hollmann sterben, Guldt verliert sein Bewusstsein und als Folge dessen sein Gedächtnis. Letzteres findet er zwar nach einigen weiteren Jahren auf See wieder; bei einem Besuch in seinem Herkunftsort Blankenese wird aber klar, dass er nicht mehr derselbe ist. Er war dort für seinen Gerechtigkeitssinn und seinen festen Glauben an einen gerechten Gott und sein impulsives Wesen bekannt gewesen, nun erscheint er den dortigen Freunden als müde und gleichgültig.

Im Zustand „geistiger Umnachtung" direkt nach dem Untergang der Anna Hollmann sieht Guldt zudem seinen Großvater und dessen ehemaligen Kapitän Heinrich Hollmann, wie sie auf einer brasilianischen Insel gefangen sind. Sein Großvater, so stellt sich heraus, war ein gleichgültiger und grausamer Mensch und quälte den naiven Heinrich Hollmann mit seinem schlechten Gewissen. Weiterhin sieht Guldt den Chefreeder Hans Hollmann, der den Tod seines Enkels beinahe wohlwollend empfängt, da er ihn nicht als tauglich für die Übernahme der Firma gesehen hatte.

Das alte, morsche, verfluchte Schiff, auf dem drei Menschen mit guten Absichten untergehen, scheint für Guldt eine Parabel zur Gesellschaft darzustellen. Er verzweifelt an der Untätigkeit Gottes, der seine Hoffnung war.

Erst Jahre nach dem traumatischen Ereignis erinnert er sich an seinen eigenen Namen. Weitere Jahre vergehen, ehe er zu der Einsicht gelangt, dass Gott die Menschen zum eigenen Handeln ge-

**   Band 3 online unter: www.hamburg.de/maennerstrassennamen

schaffen hat. Daraufhin schließt er sich, mit neuer Abenteuerlust, einer Expedition nach Alaska an.

Der Untergang der Anna Hollmann steht symbolisch für die Desillusionierung eines jungen, idealistischen Menschen beim Zusammentreffen mit der manchmal grausamen Realität.

Text: Nina Krienke

Siehe auch ➤ Guldtweg, *Blankenese, seit 1947: Romanfigur aus Gustav Frenssens Buch „Der Untergang der Anna Hollmann, in Bd. 3 online**. Weitere Romanfiguren von G. Frenssen* ➤ Badendiekstraße, Jörn-Uhl-Weg, *in Bd. 3 online**.*

Zur Person des Schriftstellers Frenssen siehe in Bd.1 im Kapitel: Straßenbenennungen als Spiegel der Geschichte: Der Umgang mit der nationalsozialistischen Vergangenheit und bei ➤ Emmy-Beckmann-Weg, *in diesem Band.*

Anna-Lühring-Weg

Horn, seit 1929, benannt nach Anna Lühring *(3.8.1796 Bremen–25.8.1866 Hamburg), Lützower Jäger, Heldenmädchen*

Geboren wurde Anna Lühring als fünftes Kind eines Bremer Zimmermeisters. In der Nacht vom 13. auf den 14. Februar 1814 verließ sie in Kleidern ihres Bruders ihr Elternhaus in der Bremer Brautstraße, um zu den Lützower Jägern zu gelangen, die vorher durch Bremen gezogen waren. Sie trat unter dem Namen Eduard Kruse als freiwilliger Jäger in das Lützower Korps ein und zog mit ihm in den Krieg. Die Motive zu diesem Schritt sind nicht eindeutig zu ermitteln. Vielleicht waren es verklärte Vorstellungen vom Heldenruhm, die damals stark verbreitet waren, oder die Sehnsucht nach Abenteuer und Freiheit. Ihr Vater glaubte an ein Liebesverhältnis zu einem Soldaten, das seine Tochter dazu veranlasst habe, sich als Mann verkleidet in das Lützower Jägerkorps einzuschleichen.

Niemand merkte, dass „Eduard Kruse" eine junge Frau war. Anna Lühring gab sich mutig und züchtig, nahm an der Belagerung Jülichs teil, zog mit nach Frankreich. Durch einen Brief des Vaters an das Korps wurde die Identität des Jägers Kruse entdeckt. Inständige Bitten Anna Lührings und ihr vorbildlicher Lebenswandel waren ausschlaggebend, sie in der Kompanie zu belassen. Allerdings wurden ihre Kameraden nicht in das Geheimnis um den Soldaten Kruse eingeweiht, nur der Hauptmann und der Kompaniechef wussten Bescheid.

Nach dem Einmarsch des Korps in Frankreich und der Verkündung des Kriegsendes am 8. April 1814 kehrten die Lützower zurück nach Berlin und das Korps löste sich auf. Anna Lühring wurde von Wilhelm von Preußen empfangen und von der Fürstin Radziwill ausgezeichnet und beschenkt.

Anna Lühring

Doch Vater Lühring wollte seine Tochter nicht zurückhaben, grollte mit ihr, hatte sie sich in seinen Augen doch zu unanständig verhalten. Der Hofrat und Schriftsteller Karl Gottlob Heun intervenierte beim Bremer Senator Johann Smidt *(siehe* ➤ Smidtstraße, *in Bd. 3 online**).* Daraufhin versprach der Bremer Senat, Anna Lühring gebührend zu ehren. Dadurch wurde auch Vater Lühring umgestimmt. Anna Lühring kehrte 1815 in triumphaler Begleitung nach Bremen zurück. Neben dem Wagen ritten ehemalige Lützower Jäger, an den Straßenrändern standen jubelnde Menschen.

Doch schon bald wurde es still um Anna Lühring. 1820 ging sie nach Hamburg, arbeitete dort in einem Geschäft für weibliche Industrieartikel, heiratete 1823 den Kellner Lucks und wurde 1832 Witwe. Sie lebte an der Horner Landstraße in äußerst bescheidenen Verhältnissen, versuchte sich mit Näharbeiten über Wasser zu halten, erhielt gelegentlich private Spenden und später ab 1860, nachdem sich ehemalige Lützower Jäger für sie eingesetzt hatten, eine kleine Pension von ihrer Mutterstadt Bremen.

Nach ihrem Tod wurde sie auf dem Kirchhof zu Hamm in Hamburg beigesetzt. 43 Jahre nach ihrem Tod erhielt die Grabstätte einen neuen Grabstein. Man erinnerte sich an Anna Lühring immer dann, wenn patriotische Gesinnung gefragt war – so im Ersten Weltkrieg, als auch die weibliche Bevölkerung zu vaterländischen Taten aufgerufen wurde.

Siehe auch ➤ Smidtstraße, Hamm-Nord, seit 1929: Johann Smidt (1773–1857), Bremer Bürgermeister, begründete Bremerhaven, Ehrenbürger von Hamburg, in Bd. 3 online**.

Anna-Siemsen-Gang

Bergedorf, seit 1984, benannt nach Dr. Anna Siemsen (18.1.1882 Mark/Westf.–22.1.1951 Hamburg), Pädagogin und Frauenrechtlerin. Motivgruppe: Verdiente Frauen

Anna Siemsen wuchs mit vier Geschwistern in einem Pastorenhaushalt auf, wurde schon als Kind mit den sozialen Spannungen der damaligen Zeit konfrontiert und machte sich genauso wie ihre Geschwister Gedanken um soziale Gerechtigkeit. Anna Siemsens Leitspruch hieß: „Nach der Vollkommenheit und nach der Glückseligkeit der anderen" zu trachten. So zu leben wurde ihr nicht leicht gemacht, denn sie wurde Zeit ihres Lebens von den politisch herrschenden Schichten ungerecht behandelt, verfolgt und unterdrückt.

Anna Siemsens beruflicher Lebensweg: Seit ihrer Kindheit war sie schwerhörig und litt lange

Zeit unter Migräne. Wegen ihrer Krankheit musste sie den Besuch einer höheren Mädchenschule abbrechen. Auf autodidaktischem Wege bereitete sie sich auf das Lehrerinnenexamen vor und war daneben als Privatlehrerin tätig, um die Familie finanziell zu unterstützen.

Anna Siemsen

1909 promovierte sie nach dem Studium der Pädagogik und Nationalökonomie und arbeitete dann zehn Jahre als Lehrerin am staatlichen Düsseldorfer Mädchengymnasium. Dort, in Düsseldorf wurde sie nach dem Ersten Weltkrieg zur ersten weiblichen Beigeordneten für Erziehungsfragen ernannt. Anna Siemsen widmete sich hauptsächlich dem Berufsschulwesen und wurde 1919 Leiterin des Düsseldorfer Fach- und Berufsschulwesens. Im selben Jahr holte der preußische Kultusminister Haenisch sie in sein Ministerium nach Berlin. Von 1921 bis 1923 war sie Oberschulrätin. 1923 erfolgte die Berufung an die Universität Jena als Dozentin und später als Honorarprofessorin für Pädagogik. Sie bekam die Aufgabe übertragen, das höhere Schulwesen zu organisieren, konnte aber ihre Tätigkeit nur kurz ausüben, da die dortige demokratisch gewählte Arbeiterregierung durch die Reichswehr aufgelöst worden war. An eine demokratische Schulreform war somit nicht mehr zu denken. 1932 entzog ihr der thüringische nationalsozialistische Innenminister Frick die Professur.

Anna Siemsens politischer Lebensweg: 1918 wurde sie Mitglied der Unabhängigen Sozialdemokratischen Partei (USPD), trat während des Ersten Weltkrieges in den Bund Neues Vaterland ein, woraus später die Deutsche Liga für Men-

Abb.: Archiv der sozialen Demokratie (AdSD) der Friedrich-Ebert-Stiftung

schenrechte entstand. Sie kämpfte mit Marie Stritt für die rechtliche Gleichstellung der Frau im Bürgerlichen Gesetzbuch, wurde 1919 Stadtverordnete und stellvertretende Bürgermeisterin von Düsseldorf und trat 1923 in die SPD über. Nach ihrer Jenaer Zeit gehörte sie bis 1929 dem Präsidium der Liga für Menschenrechte an und war ebenso im Vorstand der Deutschen Friedensgesellschaft und der deutschen Sektion der Internationalen Frauenliga für Frieden und Freiheit tätig.

Von 1928 bis 1930 saß sie für die SPD im Preußischen Reichstag, musste ihr Mandat aus gesundheitlichen Gründen jedoch vorzeitig (1932) abgeben. Anna Siemsen trat vehement gegen den Panzerkreuzerbau auf, wurde 1931 Mitglied der Sozialistischen Arbeiterpartei (SAP) und setzte sich für einen europäischen Zusammenschluss ein. Bereits 1924 hatte sie ihr Buch „Literarische Streifzüge durch die Entwicklung der europäischen Gesellschaft" veröffentlicht. Auch schrieb sie die Bücher „Parteidisziplin oder sozialistische Überzeugung" und „Auf dem Weg zum Sozialismus". In diesem Buch übte sie Kritik am sozialdemokratischen Parteiprogramm.

Anna Siemsen, Pazifistin und Sozialistin, emigrierte 1933 nach dem Reichstagsbrand in die Schweiz und blieb dort bis 1946. Auch ihre Brüder August und Hans verließen Deutschland. Nur ihr Bruder Karl blieb als Rechtsanwalt in Düsseldorf zurück.

In Zürich heiratete sie den Sekretär der Schweizer Arbeiterjugend, Walter Vollenweider. Es war eine politische Heirat, durch die Anna Siemsen die Schweizer Staatsbürgerschaft erhielt. Sie schrieb im Exil viele Artikel über die Friedens-, Frauen-, Europa- und Arbeiterbewegung, wurde Redakteurin der Zeitschrift „Die Frau in Leben und Arbeit" und fuhr nach Spanien, als dort der Bürgerkrieg ausbrach, um den Widerständlern gegen das Franco- und Hitlerregime Mut zu machen. Außerdem richtete sie im Auftrag der Zentralstelle für Flüchtlinge internationale und deutsche pädagogische Kurzlehrgänge ein.

Ende 1946 kehrte sie gegen den Widerstand ihres Mannes zurück nach Deutschland. Schulsenator Landahl (siehe ➤ Landahlweg, in Bd. 3 online**) holte sie nach Hamburg. Sie sollte die Stelle einer Oberstudiendirektorin unter Anrechnung ihrer Dienstjahre und mit gleichzeitiger Übertragung eines Lehrauftrags für neue Literatur an der Universität Hamburg erhalten.

Am 1. Januar 1947 übernahm sie zuerst einmal die Leitung des Notausbildungslehrgangs, des, wie es später hieß, Sonderlehrgangs für die Ausbildung von Volksschullehrern.

Von ihren Studentinnen und Studenten wurde Anna Siemsen geliebt und verehrt. Sie war damals schon sehr weitschauend, auch was die Überforderung der Menschen durch zu viel Arbeit anbelangte und regte gesetzliche und soziale Maßnahmen zur Sicherung der lebensnotwendigen Muße, die Voraussetzung für weitere Aufnahmefähigkeit ist, an.

Während ihrer Tätigkeit als Leiterin des Notausbildungslehrgangs hatte Anna Siemsen auf das Einlösen des Versprechens Landahls, ihr eine Planstelle zu geben, gewartet. Am 6. März 1947 teilte ihr das Organisationsamt lapidar mit: Wegen der angespannten Haushaltslage könne die Planstelle nicht genehmigt werden. Damit war Anna Siemsens Tätigkeit nach Abschluss des Sonderlehrgangs Anfang Januar 1948 beendet. Sie durfte nicht mehr am Entwurf eines Schulprogramms und am Aufbau eines neuen demokratischen Schulwesens mitwirken. Im selben Jahr, als sie aus dem Schuldienst entlassen wurde, erschien in Neuauflage eines ihrer Hauptwerke „Die gesellschaftlichen Grundlagen der Erziehung".

**   Band 3 online unter: www.hamburg.de/maennerstrassennamen

Ihre pädagogischen Ideen konnte sie fortan lediglich noch in der Arbeitsgemeinschaft Sozialdemokratischer Lehrer (ASL) Hamburgs vorbringen.

Daneben war sie in der Sozialistischen Bewegung für die Vereinigten Staaten von Europa aktiv. Die deutsche Sektion erhielt später den Namen Anna-Siemsen-Kreis.

Gleich nach ihrem Tod am 22. Januar 1951 regte Schulsenator Landahl an, eine Schule nach Anna Siemsen zu benennen. Noch im selben Jahr wurde die Schule am Zeughausmarkt nach ihr benannt.

*Siehe auch ➤ **Anita-Sellenschloh-Ring,** in diesem Band.*

*Siehe auch ➤ **Landahlweg,** Hummelsbüttel, seit 1975: Heinrich Landahl (1895–1971), Senator in Hamburg, in Bd. 3 online**.*

Anna Susanna,
Sta up un böet Füer.
,Och nä, myn lewe Moder,
Dat Holt is so düer.'

Schüer my den Grapen
Un fäg' my dat Hues,
Hüet Avent kaemt hier
Dre Junggesellen int Hues.

Wöllt se nich kamen,
So wöllt wy se halen
Mit Päer un mit Wagen,
Mit Isern beflagen.

Könnt se nich danzen,
So wöllt wy se leren;
Wy wöllt se de Scho
In Botter umkeren.

*Siehe auch ➤ **Müllenhoffweg,** Groß Flottbek, seit 1950: Prof. Karl Viktor Müllenhoff (1818–1884), Germanist, Herausgeber der Sagen, Märchen und Lieder der Herzogtümer Schleswig-Holstein und Lauenburg, in Bd. 3 online**.*

Anna-Susanna-Stieg

*Schnelsen, seit 1948, vorher Mittelweg. Gestalt aus einem Reimgedicht aus Karl Müllenhoffs (siehe auch ➤ **Müllenhoffweg,** in Bd. 3 online**) Buch: Sagen, Märchen und Lieder, 1845, S. 483. Motivgruppe: Holsteinische Geschichte, Sagen und Märchen*

Im Zuge des Großhamburg-Gesetzes, wodurch z. B. Altona, Ottensen und andere Gebiete Hamburger Stadtteile wurden, ergaben sich bei den Straßennamen häufig Doppelungen. Aus diesem Grund entschloss sich 1938 das NS-Regime, den Mittelweg in Anna-Susanna-Stieg umzubenennen, denn „insbesondere Namen aus dem niederdeutschen Raum" und „Personen der schleswig-holsteinischen Geschichte" sollten bei der neuen Straßennamensvergabe berücksichtigt werden. Zu der Umbenennung kam es erst nach dem Zweiten Weltkrieg.

Anna-von-Gierke-Ring

*Bergedorf, seit 1992, benannt nach **Anna von Gierke** (14.3.1874 Breslau–3.4.1943 Berlin), Kinderfürsorgerin, leitende Mitarbeiterin verschiedener Kinderfürsorge- und Jugendwohlfahrtsorganisationen. Mitglied der Nationalversammlung 1919. Motivgruppe: Verdiente Frauen*

Sie war die Tochter von Lili von Gierke, geb. Loening, und deren Ehemann Otto von Gierke, Sozialpolitiker, Rechtshistoriker und Jurist sowie Begründer des Genossenschaftsrechts in Deutschland.

Anna von Gierke wuchs mit fünf Geschwistern auf. Nach dem Besuch der Höheren Töchterschule wurde sie in einem von Hedwig Heyl gegründeten Jugendheim in Berlin Charlottenburg als Helferin tätig. 1892 übernahm sie die Leitung eines Mädchenhortes und 1898 berief Hedwig Heyl sie zur Leiterin des Vereins „Jugendheim". Zuvor hatte sich Anna von Gierke einige Zeit im

Berliner Pestalozzi-Fröbel-Seminar in Kindergartenpädagogik und Hauswirtschaft weitergebildet.

Aus diesen Leitungsfunktionen „entwickelte sie eine umfassende sozialpädagogische Arbeit mit Horten für sozial gefährdete Jungen und Mädchen an den 17 Charlotter Gemeindeschulen, angegliederten Kindergärten und Kinderkrippen, einer Schulspeisung für insgesamt 1000 Kinder und Aus- und Fortbildungskursen für die rund 50 angestellten Mitarbeiterinnen, 200 ehrenamtlichen Helferinnen und etwa 15 Schulpflegerinnen, die eine frühe Form der Schulsozialarbeit entwickelten. In den Ausbildungskursen legte sie einen besonderen Schwerpunkt auf die sozialen und politischen Fächer. Sie schuf so den eigenständigen Beruf der Hortnerin für die außerschulische Arbeit mit älteren Kindern und Jugendlichen, der 1914 staatlich anerkannt und dem der Kindergärtnerin gleichgestellt wurde.

1910 eröffnet sie auf einem von der Stadt zur Verfügung gestellten Grundstück eine Zentrale für die Kinder- und Jugendfürsorge in Charlottenburg, das ‚Jugendheim‘, in dem sie die von ihr geleiteten Einrichtungen zusammenfasste. Das Haus wurde zu einer Musteranstalt für die Hortarbeit und andere Einrichtungen der Kinder- und Jugendfürsorge, beherbergte das ‚Sozialpädagogische Seminar‘, eine Ausbildungsstätte, an der Hortnerinnen, Kindergärtnerinnen, Jugendleiterinnen und Wohlfahrtspflegerinnen unterrichtet wurden und zugleich in den verschiedenen Einrichtungen des Jugendheimes unter Anleitung praktische Erfahrungen sammeln konnten, und ein Zentralbüro für die verschiedenen Vereine, denen Anna von Gierke vorstand, darunter der Verein Jugendheim, der Charlottenburger Hausfrauenverein, der Stadtverband Berliner Frauenvereine und der Verband Deutscher Kinderhorte.“[57]

Während des Ersten Weltkriegs, als die Horte besonders benötigt wurden, weil viele der Mütter in der Rüstungsindustrie arbeiteten, bereiste Anna von Gierke im Auftrag des preußischen Kultusministeriums die preußischen Provinzen, inspizierte die dortigen Horte und organisierte Fortbildungen für die in den Horten arbeitenden Kindergärtnerinnen. Gleichzeitig wurde Anna von Gierke Vorsitzende der vom Kriegsamt eingesetzten Kommission für Kinderfürsorge.

Auch parteipolitisch engagierte sich Anna von Gierke. Sie war Gründungsmitglied der 1918 ins Leben gerufenen Deutschnationalen Volkspartei (DNVP) und wurde ab 1919/20 Mitglied der Weimarer Nationalversammlung. Ihre politischen Schwerpunkte lagen bei der Familien- und Sozialpolitik. 1920 wurde sie von ihrer Partei für die nächsten Reichstagswahlen wegen ihrer jüdischen Herkunft nicht wieder aufgestellt.

Anna von Gierke

1921 gründete sie in Finkenkrug bei Berlin ein Landjugendheim. Dort fanden Angestellte, Schülerinnen und Kinder Erholung.

„Eine wichtige Rolle für ihr Engagement spielte der Einfluß ihres Vaters, des Rechtsgelehrten Otto von Gierke, und ihre Herkunft aus dem gebildeten, protestantischen, wertkonservativen Bürgertum, zu dessen Ethos es gehörte, durch Sozialreform und Wohlfahrtspflege dem Sozialismus entgegen zu treten und die negativen Auswirkungen des Kapitalismus zu begrenzen.“[58]

Anna von Gierke „schuf (…) aus den ihr verbundenen Verbänden der Jugendhilfe und der Frauenbewegung einen in sich gegliederten Wohlfahrtsverband für die freien Träger und Ver-

57) http://www.familiewegener.de/
anna.htm
58) Ebenda.

eine, die bislang nicht einen konfessionellen oder politischen Spitzenverband angeschlossen waren. Sie nannte diesen Verband, in Abgrenzung zur Caritas, Humanitas. Es gelang ihr aber nicht, die staatliche Anerkennung als eigenständiger Spitzenverband zu erreichen. 1925 fusionierte sie die ‚Humanitas‘ deshalb mit Verbänden aus dem Gesundheitsbereich zum ‚Fünften Verband‘, dem späteren Deutschen Paritätischen Wohlfahrtsverband und war bis 1933 dessen zweite Vorsitzende.“[59]

1933 wurde Anna von Gierke wegen ihrer jüdischen Abstammung aus allen ihren Tätigkeiten entlassen. Ihr blieb nur das Landjugendheim in Finkenkrug. Dort nahm sie auch Kinder auf, deren Eltern sich verstecken mussten, im KZ waren oder getötet worden waren.

Anna von Gierke engagierte sich auch in der Bekennenden Kirche. In ihrer Wohnung in der Carmerstraße 12 hielt sie einen Hauskreis ab. „An diesen Abenden wurden Informationen über die Aktivitäten der Bekennenden Kirche ausgetauscht und biblische Texte oder Werke der modernen Literatur besprochen. Es wurden Adressen ausgetauscht, über die Schicksale von Menschen informiert, die inhaftiert waren oder Deutschland verlassen wollten, sowie Lebensmittelkarten für Untergetauchte gesammelt und vorübergehende Unterkünfte besorgt.“[60]

Zu diesem Kreis gehörten u. a. Theodor Heuss (siehe ➤ Theodor-Heuss-Platz, in Bd. 3 online**) und Elly Heuss-Knapp (siehe ➤ Elly-Heuss-Knapp-Ring, in diesem Band) sowie Elisabeth von Thadden (siehe ➤ Elisabeth-von-Thadden-Kehre, in diesem Band), die bei Anna von Gierke zur Miete wohnte.

Von Anna von Gierke stammt die Wortschöpfung „Sozialpädagogik“.

Siehe auch ➤ Elisabeth-von-Thadden-Kehre und Elly-Heuss-Knapp-Ring, in diesem Band.

**   Band 3 online unter: www.hamburg.de/maennerstrassennamen

59) Ebenda.
60) Ebenda.

Siehe auch ➤ Theodor-Heuss-Platz, Rotherbaum, seit 1965: Theodor Heuss (1884–1963), Bundespräsident, in Bd. 3 online**.

Anne-Barth-Weg

Stellingen, seit 2006, benannt nach Anne Marie Barth, geb. Ehlers (10.9.1899 Altona-Stellingen– 25.6.1986 Wennigsen), Verfolgte des Nationalsozialismus

Anne Marie Barth wurde 1899 in Stellingen geboren und lebte dort bis 1984 im Brunckhorstweg 2. Nach dem Besuch der Volksschule war sie von 1914 bis 1920 „in Stellung“ und arbeitete von 1920 bis 1924 im Fernsprechamt. 1925 heiratete sie den acht Jahre älteren Schlosser Johann Barth. Das Ehepaar bekam drei Kinder, das jüngste wurde 1931 geboren.

Anne Barth gehörte mit ihrem Mann den in der NS-Zeit verbotenen Zeugen Jehovas an. Wegen ihrer religiös motivierten Verweigerungshaltung als Zeugen Jehovas geriet das Ehepaar ins Visier der Verfolger. 1935 wurde Johann Barth, der als Stellwerksführer bei der Reichsbahn tätig war, wegen der Verweigerung des Diensteides auf Hitler mit 4/5 der Pension entlassen. 1936 erfolgten mehrere Hausdurchsuchungen. Am 26. August 1936 wurde Anne Barth verhört. In dem Verhörprotokoll wurde vermerkt: „Seit dem Jahre 1932 gehöre ich den ‚Ernsten Bibelforschern‘ an. (…) Wenn mir vorgehalten wird, daß in unserer Wohnung noch jetzt immer Anhänger der Bibelforscher verkehren, so kann ich darauf erwidern, dass es stimmt. Es verkehren bei uns die Brüder (…) und die Schwestern (…). Mit diesen unterhalten wir uns über das Wort Gottes. Wenn mir vorgehalten wird, daß ich doch gewusst habe, daß die ‚Ernsten Bibelforscher‘ verboten sind, so kann ich auch darauf erwidern, dass ich von dem Verbot wußte. Wir werden aber von dem Wort Gottes geleitet und darum haben wir die Bibel zur Hand genommen. Wenn ich über die weiteren Brüder und Schwestern, die bei uns verkehren, eine Auskunft geben kann, so muß ich sagen, dass ich es nicht tue. Wir wissen ganz genau, dass die Verfolgung so groß ist. Ich mache auch weiter keine Angaben. Ich will kein Judas sein und wir haben auch eine viel zu große Verantwortung." Anne Barth wurde nach der Vernehmung entlassen, weil sie drei unmündige Kinder hatte.

Johann Barth wurde im August 1936 wegen „fortgesetzter Betätigung für die verbotenen ‚Ernsten Bibelforscher' (Zeugen Jehovas)" festgenommen und kam ins Gefängnis Altona in Untersuchungshaft. Am 1. September 1936 kam es wegen oben genannter Beschuldigung vor dem Schleswig-Holsteinischen Sondergericht in Altona zur Anklage. Angeklagt wurden nun auch Anne Barth und vier weitere Zeugen Jehovas, denen vorgeworfen wurde, an den Zusammenkünften in der Wohnung der Eheleute Barth teilgenommen zu haben. Am 24. September 1936 erfolgte der Freispruch für die Angeklagten. Hierzu kam es, weil das Ehepaar Barth in der Verhandlung den Mut aufbrachte, deutlich zu machen, dass ihre Angaben – in ihrer Wohnung hätte es Zusammenkünfte mit den Brüdern (…) und der Schwester (…) gegeben – nicht aus freien Stücken erfolgt waren, sondern unter Androhung massiver Schläge. Da der Kriminalangestellte, der das Ehepaar verhört hatte, nicht beschwören wollte, dass es sich nicht so zugetragen hatte und er weitere Aussagen zu diesem Punkte verweigerte, kam das Gericht zum Freispruch „mangels ausreichender Beweise".

Anfang 1937 kam Johann Barth für ein halbes Jahr in „Schutzhaft". Im November 1937 wurde er zu zweieinhalb Jahren und Anne Barth zu einem Jahr Gefängnis wegen verbotener Bi-

Anne Marie Barth

belforschertätigkeit verurteilt. Für Anne Barth wurde die Strafe zu einer dreijährigen Bewährung ausgesetzt.

Die Familie stand weiterhin unter Staatskontrolle. Johann Barth wurde eine Zeit lang die väterliche Gewalt über die beiden älteren Kinder entzogen, und man bedrohte Anne Barth, ihr das jüngste Kind zu nehmen, wenn es nicht in den BDM eintrete. 1965 starb Johann Barth bei einem Unfall. 1984 zog Anne Barth zu ihrer Tochter nach Wennigsen.

Die Zeugen Jehovas, wie sich die Angehörigen der Internationalen Bibelforscher-Vereinigung seit 1931 nannten, wurden 1933 als erste Glaubensgemeinschaft verboten. Die Nationalsozialisten sahen in ihnen „Wegbereiter des jüdischen Bolschewismus", angegriffen wurde ihr Bekenntnis zur Gleichheit der Rassen und ihre „Fremdlenkung" aus den USA. Die Zeugen Jehovas gerieten in scharfen Gegensatz zum nationalsozialistischen Staat. Sie verweigerten den Hitlergruß, nach ihrem Verständnis war nur Gott „Heil" zuzusprechen. Sie traten nationalsozialistischen Vereinigungen nicht bei, gaben ihre Kinder nicht in die Hitlerjugend und übten keinen Kriegsdienst aus wegen des biblischen Gebots, nicht zu töten. Nach dem Verbot der Organisation führten sie ihre Religionsgemeinschaft illegal weiter. Die Geschlossenheit der Gruppe und ihr starker Glaube führten zu einer hohen Beteiligung an Widerstandsaktionen. Dagegen gingen Gestapo und Justiz hart vor. Mit Kriegsbeginn nahm die Verfolgung noch zu. Zwischen 1933 und 1945 wurden über 1300 Zeuginnen Je-

hovas in den Konzentrationslagern gefangen gehalten und dort wie die rund 3000 männlichen Gefangenen in einer eigenen Häftlingskategorie gekennzeichnet mit dem „lila Winkel".
Text: Birgit Gewehr

Anne-Frank-Straße

Blankenese und Sülldorf, seit 1986; vorher seit 1928 Frenssenstraße, umbenannt nach Anne Frank (12.6.1929 Frankfurt a. M.–März 1945 KZ-Bergen-Belsen), Opfer des Nationalsozialismus

Anna Frank war das Kind einer 1934 aus Deutschland emigrierten und 1940 in Amsterdam untergetauchten jüdischen Familie. Zwischen 1942 und 1944 schrieb sie auf dem Dachboden des Hauses in der Prinzengracht, wo sie sich mit ihrer Familie vor der Gestapo versteckt hielt, Tagebuch. Anne Frank beschrieb ihr Leben in dem Hinterhofversteck und ihre Angst vor Entdeckung. Die Familie wurde entdeckt und nach Auschwitz deportiert. Anne Frank und ihre Schwester starben

Anne Frank um 1940

im Konzentrationslager Bergen-Belsen an Typhus. Anne Franks Tagebuchaufzeichnungen wurden nach dem Zweiten Weltkrieg unter dem Titel „Das Tagebuch der Anne Frank" publiziert und als Theaterstück umgeschrieben. Am 1. Oktober 1956 fand im Hamburger Thalia Theater die Premiere des Stückes statt. Das Stück wurde über hundert Mal aufgeführt.

1986 wurde die nach dem Schriftsteller Gustav Frenssen benannte Frenssenstraße wegen Frenssens NS-Belastung in Anne-Frank-Straße umbenannt. (*Siehe zu* ❯ Gustav Frenssen *im Bd. 1,*

dort im Kapitel: Der Umgang mit der nationalsozialistischen Vergangenheit.)

> *Siehe auch* ❯ **Anna-Hollmann-Weg**, *zur Person von Gustav Frenssen bei* ❯ **Charitas-Bischoff-Treppe, Emmy-Beckmann-Weg**, *in diesem Band und in Bd. 1 im Kapitel: Der Umgang mit der nationalsozialistischen Vergangenheit.*

Annemarie-Ladewig-Kehre

Bergedorf, seit 1987, benannt nach Annemarie Ladewig (5.6.1919 Neidenburg–21.4.1945 KZ Neuengamme), Widerstandskämpferin gegen den Nationalsozialismus. Motivgruppe: Verdiente Frauen
Stolperstein vor dem Wohnhaus Blumenstraße 32.

Annemarie Ladewig war die Tochter von Hildegard Ladewig, geb. Bucka, und Rudolf Wilhelm Emil Ladewig, Architekt.

Hildegard Ladewig, deren Eltern jüdischer Abstammung waren, hatte Architektur und Kunstgeschichte studiert.

Die Familie Ladewig lebte zunächst in Neidenburg/Ostpreußen, wo Tochter Annemarie am 5. Juni 1919 geboren wurde. 1919 wurde Rudolf Ladewig Stadtarchitekt in Waldenburg/Oberschlesien. Die Familie zog dorthin, Sohn Rudolf Karl wurde am 19. Februar 1922 geboren. Beide Kinder wurden als Einjährige evangelisch getauft. Von November 1925 bis September 1926 war der vom Bauhaus beeinflusste Rudolf Wilhelm Ladewig bei der Stadt Reichenbach im Vogtland als Erster Architekt angestellt und lebte dort mit seiner Familie. Laut des Berichts seiner Schwester Charlotte konnte Rudolf Ladewig ab 1934 aus „rassischen" und politischen Gründen nicht mehr ungehindert seiner Arbeit nachgehen. Er verließ Deutschland und arbeitete kurzzeitig in Sofia/Bulgarien. Die Familie zog am 1. September 1935 nach Hamburg und wohnte

Abb. v.l.n.r.: Aus: Ruud van der Rol, Rian Verhoeven, Anne Frank, Anne Frank Stiftung Amsterdam (Hrsg.), Amsterdam 1992. | Archiv. Maike Bruhns

in der Thielengasse 4, der heutigen Georg-Thielen-Gasse. Das Haus hatte Rudolf Ladewig mit erbaut. Er wurde Mitarbeiter der bekannten Architekten Professor Fritz Höger *(Erbauer des Chilehauses, siehe* ➤ Högerdamm, *in Bd. 3 online**)* und Rudolf Klophaus *(siehe* ➤ Klophausring, *in Bd. 3 online**)*. Außerdem war er für die Deutsche Akademie für Wohnungswesen in Berlin tätig. Sein Büro lag in der Armgartstraße 4. Die Tochter Annemarie Ladewig wurde 1934 konfirmiert und beendete in Reichenbach die Realschule. 1936 wurde ihr wegen der jüdischen Abstammung ihrer Mutter der Zugang zur Hansischen Hochschule verwehrt. Daher besuchte sie von November 1936 bis Januar 1939 die Kunstschule von Gerda Koppel, die nach deren Emigration von Gabriele Stock-Schmilinsky weitergeführt wurde. Annemarie Ladewig bildete sich bis zum 1. Dezember 1940 in freier Malerei und Gebrauchsgraphik aus, sie war eine sehr begabte Künstlerin. In der Werbeabteilung der Zigarettenfabrik Reemtsma fand Annemarie Ladewig 1940/41 eine erste Anstellung. Ihr Vorgesetzter Hans Domizlaff schützte sie durch Zurückhaltung ihrer Papiere. Obwohl sie dort sehr gerne arbeitete, versuchte sie sich im Oktober 1942 als Werbezeichnerin in ihrer Wohnung selbstständig zu machen. Da dies nicht gelang, arbeitete sie später als Reklamezeichnerin bei der Firma Montblanc-Simplo. Von Freunden wurde Annemarie Ladewig als charmant, warmherzig, fröhlich, mutig und – ebenso ihr Bruder – sehr verschwiegen in Bezug auf die aktuelle Politik beschrieben. 1941 verlobte sie sich mit dem Blankeneser Arzt Dr. Hermann Sartorius.

Rudolf Ladewig sen. galt als konservativer Sozialdemokrat und war seit einem unbekannten Zeitpunkt in der „KdF-Gruppe" aktiv. Das Namenskürzel deckte sich absichtlich mit der nationalsozialistischen Parole „Kraft durch Freu-

de", stand aber für „Kampf dem Faschismus". Ihr Ziel war die Bekämpfung des Nationalsozialismus, die Schaffung einer demokratischen Regierung und später die Beendigung des Krieges. Die KdF-Gruppe entstand bereits vor dem Krieg aus einem losen Freundeskreis in Hamburg, zu dem nach und nach weitere Gegner des NS-Regimes aus allen gesellschaftlichen Schichten stießen. 1939/1940 entstand eine

Annemarie Ladewig

Verbindung zu Widerstandskreisen in Leipzig, die neue Impulse nach Hamburg brachte und zur Bildung von Gruppen in den Betrieben, u. a. AEG und HEW, führte. Ab 1942 wurden auch Zwangsarbeiter und Kriegsgefangene in die Gruppe integriert. Später kamen Luftschutzbeauftragte und Männer des Volkssturms dazu.

Aus konspirativen Gründen gab es untereinander meistens nur Kontakte zu wenigen Mitgliedern. Die Gruppe versteckte verfolgte Widerstandskämpfer ebenso wie jüdische Kinder, half Ausländern mit Lebensmittelkarten und verübte verschleierte Produktionssabotagen.

Familie Ladewig zog im August 1943 in die Blumenstraße 32. Laut Aussage seiner Schwester Charlotte fühlte sich Rudolf Ladewig im Sommer 1944 bedroht, weshalb er sich nach Ludwigslust absetzte und bei ihr arbeitete. Die Geschwister Annemarie und Rudolf Karl ließen ihre zärtliche, aber verängstigte und verwirrte Mutter Hildegard 1944 durch Hermann Sartorius in die Psychiatrische und Nervenklinik der Universität Eppendorf bei Prof. Bürger-Prinz einweisen. Da sie dort schwer erkrankte, kehrte ihr Ehemann nach Hamburg zurück. Ab dem 23. Oktober 1944 wurde er als Bauarbeiter bei einem

**   Band 3 online unter: www.hamburg.de/maennerstrassennamen

Architekten arbeitsverpflichtet.

Hildegard Ladewig starb am 30. November 1944 in der Psychiatrischen Klinik Eppendorf. Offizielle Todesursache war Suizid, doch kann Euthanasie nicht ausgeschlossen werden. Rudolf Ladewig war zutiefst schockiert. Es gab heftige Auseinandersetzungen mit seinen Kindern, so dass er aus der gemeinsamen Wohnung auszog. Er lebte nun bei seiner Freundin Anna Elisabeth Rosenkranz in der Armgartstraße 4.

Annemarie Ladewig wurde in den Jahren 1944/45 aufgrund ihrer zunehmend schwerer werdenden Lage immer deprimierter, blieb aber lebensbejahend. Im Dezember 1944 wurde in die Wohnung in der Blumenstraße das Ehepaar Schacht, vermutlich zur Überwachung, einquartiert. Die Geschwister mussten ab Januar 1945 Zwangsarbeit auf der Howaldtswerft leisten. Rudolf Karl Ladewig musste im Freihafen Trümmer von Bombenangriffen räumen.

Rudolf Ladewig sen. und Elisabeth Rosenkranz wurden am 22. März 1945 verhaftet. Die Gestapo durchsuchte die Wohnung der Geschwister Ladewig, riss die Tapeten ab, schlitzte Möbel auf, fand nichts und verhaftete sie dennoch. Alle vier wurden in das Gestapogefängnis Fuhlsbüttel gebracht. Ihre Namen standen auf der so genannten Liquidationsliste, auf der 71 Menschen zur Vernichtung vorgemerkt waren. Sie wurden am 20. April 1945 aufgrund eines Räumungsplanes für den Fall der Annäherung alliierter Streitkräfte zusammen mit anderen Gefangenen der KdF-Gruppe in das Konzentrationslager Neuengamme überführt. Unter den dreizehn Frauen befanden sich auch Hanne Mertens (siehe ➤ **Hanne-Mertens-Weg,** in diesem Band) und Erika Etter (siehe ➤ **Erika-Etter-Kehre,** in diesem Band). Da es keinen Gerichtsbeschluss gab, dachten die Frauen, dass sie entlassen würden und freuten sich. Sie zeigten sich Familien-

fotos und richteten ihre Kleidung her. Annemarie Ladewig konnte an diesem Tag noch einen Brief an ihren Verlobten schreiben. Darin erwähnte sie, dass ihr Vater auf einen Spitzel hereingefallen war.

Im Gang des Häftlingsbunkers befand sich ein langer Balken unter der Decke, der als Galgen diente. In der Nacht vom 21. auf den 22. April 1945 wurden die Frauen dorthin geführt. Sie mussten sich nackt ausziehen, auf einen Stuhl steigen, die Schlinge wurde um den Nacken gelegt, der Stuhl weggezerrt. Es wurde 30 Minuten gewartet, dann wurde die nächste Frau gehenkt, die das Schicksal ihrer Vorgängerin hatte mit ansehen müssen.

Die 58 Männer, unter ihnen Vater und Sohn Ladewig, wurden zwischen dem 21. und 24. April 1945 ermordet.

Ob Annemarie und ihr Bruder Rudolf Karl tatsächlich Mitglieder der KdF-Gruppe waren, ist nicht geklärt. Da es das oberste Gebot der Gruppe war, Familienangehörige herauszuhalten, hatten sie eventuell keine Kenntnisse über die Aktivitäten ihres Vaters und Elisabeth Rosenkranz'. Allerdings besuchte Annemarie häufig einen Buchladen in der Dammtorpassage, bei dem es sich um die „Fundgrube für Bücherfreunde am Dammtor" gehandelt haben könnte. Der Besitzer Berthold Neidhard gehörte zur KdF-Gruppe.[61]

Text: Maike Bruchmann, entnommen aus www.stolpersteine-hamburg.de

Siehe auch ➤ **Erika-Etter-Kehre, Erna-Behling-Kehre, Hanne-Mertens-Weg, Helene-Heyckendorf-Kehre, Margarete-Mrosek-Bogen, Margit-Zinke-Straße,** *in diesem Band.*

Siehe auch ➤ **Högerdamm,** *Hammerbook, seit 1956: Fritz (vollst. Johann Friedrich) Höger (1877–1949), Architekt, in Bd. 3 online** und in der Datenbank „Die Dabeigewesenen. Hamburg Topographie der NS-TäterInnen, MitläuferInnen, DenunziantInnen, ProfiteurInnen. www.hamburg.de/ns-dabeigewesene*

Abb.: Bürgerverein Rahlstedt e. V.

**   Band 3 online** unter: www.hamburg.de/maennerstrassennamen

61) Benutzte Quellen: Amt für Wiedergutmachung) AfW 050619; AfW 190222; AfW 300493; AfW 230583;

Ursel Hochmuth/Gertrud Meyer: Streiflichter aus dem Hamburger Widerstand 1933–1945, Berichte und Dokumente, Frankfurt am Main 1980, S. 379, 449–464; Herbert Dierks: Gedenkbuch „Kola-Fu", Für die Opfer

aus dem Konzentrationslager, Gestapogefängnis und KZ-Außenlager Fuhlsbüttel, KZ-Gedenkstätte Neuengamme, Hamburg 1987, S. 46, 52–53; www.reichenbach-vogtland.de (eingesehen am 19.8.2007); Gertrud

Siehe auch ➤ **Klophausring**, *Bergedorf, seit 1979: Rudolf Klophaus (1885–1957), Architekt, in Bd. 3. online**; siehe auch in der Datenbank Die Dabeigewesenen. Hamburg Topographie der NS-TäterInnen, MitläuferInnen, Denunzi- antInnen, ProfiteurInnen. www.hamburg.de/ ns-dabeigewesene*

Annenstraße

St. Pauli, seit 1856. Vermutlich frei gewählter Name in Anschluss an die im Norderteil der Vor- stadt St. Pauli schon vorhandenen, mit weib- lichen Vornamen belegten Straßennamen

Anny-Tollens-Weg

Rahlstedt, seit 2002, benannt nach Anny (Anna) Tollens (3.12.1911 Hildesheim–10.4.1989 Ham- burg), Kommunalpolitikerin, Leiterin und Ge- schäftsführerin der Kinderstube Rahlstedt

Anny Tollens kam bereits als Kind mit ihren Eltern nach Hamburg. Bald nach dem Zweiten Welt- krieg begann ihr kommunalpolitisches Enga- gement. Anny Tollens wurde Mitglied im Orts- ausschuss Rahlstedt und in der Wandsbeker Bezirksversammlung. 1964 gründete sie im Rah- men ihrer aktiven Mitgliedschaft im Bürgerverein Rahlstedt e. V. und als Leiterin des Arbeitskreises „Soziales", den bis heute bestehenden Seni- orenkreis „Du und ich". 1969 rief sie zusammen mit der Vereinigung Ju- gendheim die Kinder- stube Rahlstedt, deren Leitung und Geschäfts- führung sie bis zu ihrem Tod übernahm, ins Le- ben.

1976 erhielt Anny Tollens das Bundesver-

Anny Tollens

dienstkreuz verliehen und 1989 die Wandsbeker Medaille.

Text: Kerstin Klingel

Antonie-Möbis-Weg

Eidelstedt, seit 1991, benannt nach Clara Hedwig Antonie Möbis, geb. Schmidt (5.3.1898 Sprem- berg/Niederlausitz–16.8.1976 Hamburg), Wider- standskämpferin gegen den Nationalsozialis- mus, Arbeiterin, Kommunistin, Mitglied der Hamburgischen Bürgerschaft von 1931–1933

Antonie Schmidt war das sechstes und jüngste Kind einer Arbeiterfamilie. Der Vater, ein Lokomotiv- führer, starb 1910; zwei Jahre später verstarb auch die Mutter.

Antonie Schmidt musste gleich nach dem Abschluss der Hauptschule ihren Lebensunter- halt selbst verdienen. Sie arbeitete von 1912 bis 1917 als Hausmädchen, dann als Industriearbei- terin auf der Deutschen Werft in Kiel. Hier setzte sie sich für gewerkschaftspolitische Ziele ein, trat im Januar 1919 in die Gewerkschaft ein und war von 1920 bis Juni 1923 Mitglied der SPD und seit Juni 1923 Mitglied der KPD.

Wegen ihres politischen Engagements wur- de sie arbeitslos und auf die „schwarze Liste" ge- setzt. Das bedeutete: Sie fand in Kiel keine Arbeit mehr. Deshalb zog sie 1925 nach Hamburg. Hier arbeitete sie in verschiedenen Bereichen, z. B. als Hilfspflegerin in der, wie es damals hieß, „Irren- anstalt Friedrichsberg" und als Reinmachefrau. Dazwischen wurde sie immer wieder arbeitslos.

Am 1. August 1931 wurde Antonie Schmidt wegen „Zersetzungshochverrats" inhaftiert. Weil sie aber im September 1931 in die Hamburgische Bürgerschaft gewählt worden war und deshalb politische Immunität besaß, wurde sie am 4. No- vember 1931 aus dem Untersuchungsgefängnis entlassen.

Meyer: Nacht über Hamburg, Berich- te und Dokumente 1933–1945, Frank- furt/Main 1971, S. 84–116; Maike Bruhns: Ausstellungskatalog: Anne- marie Ladewig 1919–1945, Erinne- rung an eine Vergessene, Ausstellung

2007 in Blankenese; www.uke. uni- hamburg.de/kliniken/psychatrie (eingesehen am 3.2.2008)

** **Band 3 online** unter: www.ham- burg.de/maennerstrassennamen

Bis 1933 war Antonie Schmidt KPD-Abgeordnete der Hamburgischen Bürgerschaft. Während der NS-Diktatur befand sie sich im Widerstand. Vom 16. September 1933 bis 20. März 1934 war sie im Hamburger Untersuchungsgefängnis inhaftiert, anschließend vom 21. März 1934 bis 12. Mai 1936 im Zuchthaus Lauerhof bei Lübeck, davon fünfzehn Monate in Einzelhaft. Nach der Strafverbüßung kam sie ins KZ Mooringen und wurde dort am 27. August 1936 entlassen.

Im November 1939 wurde sie denunziert und daraufhin von der Gestapo verhört. Eine Inhaftierung konnte abgewendet werden. Fünf Jahre später erfolgte eine erneute Inhaftierung: vom 22. August 1944 bis 24. Oktober 1944 war Antonie Schmidt im KZ-Fuhlsbüttel.

Nach der Befreiung vom Nationalsozialismus stellte Antonie Schmidt, die durch Heirat den Nachnamen Möbis angenommen hatte, im Dezember 1946 einen „Antrag auf Ausstellung eines Ausweises für politisch, rassisch und religiös durch den Nazismus Verfolgte". Die darin gestellten Fragen: „Wurden Sie in den Konzentrationslagern misshandelt? beantwortete sie mit: „Ja, getreten und gestoßen."– „Haben Sie gesundheitliche Schäden erlitten?" – „Ja. Nervenleiden im rechten Arm."

Nach dem Zweiten Weltkrieg fand Antonie Möbis Arbeit als Stationsfrau im Hamburger Hilfskrankenhaus am Weidenstieg. Politisch trat sie nicht mehr hervor.

Armgartstraße

*Hohenfelde, seit 1872, benannt nach **Armgart de Komolressche**. Älteste bekannte Müllerin der dortigen Kuhmühle. 1481 wird sie in der Mitgliederliste der Hausdiener Bruderschaft genannt.*

Arnemannweg

*Barmbek-Nord, seit 1930, benannt nach **Mathilde Arnemann,** geb. Stammann (26.3.1809 Hamburg– 21.8.1896 Hamburg), Patriotin, Mäzenin, Wohltäterin, Ehrenbürgerin von Karlsbad*

Mathilde Stammann wuchs mit vielen Geschwistern am Neuen Wall 50 als Tochter des Zimmermeisters und Architekten Johann Christoph Stammann und seiner Ehefrau Sophia Margarethe, geb. Paetz, auf. Der Vater starb früh.

„In der Privatschule des Lehrers Unbehagen an der Langen Reihe wurde Mathilde gemeinsam mit Jungen unterrichtet. Möglicherweise hat diese Koedukation das ‚knabenhafte' Wesen Mathildes mitgeprägt; mit den Schulkameraden blieb sie lebenslang in Kontakt.

In die Zwanzigjährige verliebte sich der vier Jahre ältere hochtalentierte Altonaer Kaufmann und schwedische Konsul Carl Theodor Arnemann [siehe ➤ Arnemannstraße, in Bd. 3 online**]; als Witwer und Vater einer kleinen Tochter war er auf der Suche nach einer zweiten Frau. Seine Eltern waren jedoch gegen eine Verbindung mit Mathilde Stammann und verboten ihm den Umgang mit ihr. Als Sohn und Mitinhaber der Firma war er von ihnen abhängig. Um sie günstiger zu stimmen, maß er ihnen gegenüber den Charakter seiner Erwählten an dem Klischee der züchtigen Hausfrau und wies auf ihre inneren Werte hin: ‚Daß Mathilde im Äußeren oft knabenhaft munter ist, tadele ich sehr und wünsche es anders – im Innern sieht es viel, viel schöner aus. – Ein liebes, treues Herz, ein offener Kopf, den besten Willen und regsten Trieb, recht gut zu werden – dabei gesund, lebensfroh und mit, ganz gewiß, der tiefsten Liebe zu mir und dem lieben Kinde zugetan – kann ich mehr verlangen?'"[62]

„Im Dezember 1829 konnte die Ehe geschlossen werden, und Mathilde löste die in sie gesetz-

---

** **Band 3 online** unter: www.hamburg.de/maennerstrassennamen

Hamburg 1935, S. 30.

62) Paul Theodor Hoffmann: Der Altonaer Kaufmann und Patriot Carl Theodor Arnemann. Ein Lebensbild.

ten Erwartungen, ‚recht gut zu werden', im Laufe eines langen Lebens ein; zu der Tochter aus erster Ehe kamen sechs Söhne aus der zweiten. Den ungewöhnlichen Reichtum, den ihr Mann durch Erwerb riesiger Ländereien in Norwegen mit ausgedehntem Holzhandel erwarb, nutzte sie für großzügige Wohltätigkeit. Sie gestaltete das Arnemannsche Haus an der Palmaille zum geselligen Mittelpunkt und das ländliche Anwesen in Nienstedten zum ‚anmutigen Tusculum' für Künstler aller Art. Doch war es nicht der Glanz des Reichtums allein, der Frau Arnemann bekannt machte. Er war beim Tod Carl Theodors 1866 längst verflogen; die Witwe bezog danach in Hamburg an der Fruchtallee eine kleine Wohnung, in der sie nicht mehr ‚Hof halten' konnte. Es muss der Charme ihrer Persönlichkeit gewesen sein, ihre natürliche Unmittelbarkeit, schlichte Menschenliebe und unprätentiöse Bescheidenheit und nicht zuletzt die bis ins Alter bewahrte Lebendigkeit des Geistes und Herzens, was Hamburgs Zeitgenossen faszinierte und in Mathilde Arnemann eine vorbildliche Frau verehren ließ.

Obwohl Mathilde Arnemann im Umgang mit Menschen so unkonventionell war, mit den Leuten Platt sprach und gesellschaftliche Etikette ablehnte, gibt es doch kein Zeichen dafür, dass sie die bestehende Gesellschaft verändern und die Rolle der Frau neu bestimmen wollte wie die Freisinnigen. Sie hat in Hamburg kein Werk hinterlassen, das ihren Namen trägt, hat sich keiner politischen, religiösen, frauenemanzipatorischen Richtung, keinem Verein ganz verschrieben, sondern mit spontanem individuellem Handeln auf jeweilige Situationen reagiert.

Dabei zeichnen sich drei Bereiche ab: Als Patriotin war sie in Kriegszeiten immer zur Stelle, um Hilfsdienste für Verwundete und Hinterbliebene zu organisieren und selbst zu leis-

Abb.: Staatsarchiv Hamburg

**   Band 3 online** unter: www.hamburg.de/maennerstrassennamen

ten. Als Mäzenin ermunterte und unterstützte sie junge Künstler und vermittelte Kontakte zwischen ihnen. Als Wohltäterin half sie in unzähligen Einzelfällen gegen dringendste Not; außerdem entstanden auf ihre Initiative hin einige wohltätige Stiftungen. (…)

Mathilde Arnemann war eine glühende Patriotin. (…) Sie widmete sich im ersten und noch umfassender im zweiten dänischen Krieg auf ihre Weise der patriotischen Sache, nämlich der Pflege von Verwundeten. (…) Spontan fanden sich überall in Deutschland Frauen zusammen, bildeten Ausschüsse, organisierten Unterstützungsaktionen für die notleidende schleswig-holsteinische Bevölkerung (…). Mathilde Arnemann schloss sich dem Vaterländischen Frauenverein (…) an. (…) Sie richtete zwei Lazarette ein. (…) Im sogenannten deutschen Krieg von 1866 kümmerte sie sich um die österreichischen Verwundeten. (…) Es ist nicht ersichtlich, wie stark die ‚große Patriotin' von den politischen Hintergründen

Mathilde Arnemann

tangiert war. Sie griff ein, wo Hilfe not tat. Ihr Patriotismus umfasste sowohl die kriegerisch-nationale als auch die friedlich-gemeinnützige Seite. Während einer Überschwemmung organisierte sie ebenso spontan wie im Kriege eine Hilfsaktion für die Opfer.

Sie verstand sich als hamburgische Republikanerin und lehnte deshalb den Adelstitel ab, der ihr von Kaiser Wilhelm I. *[siehe ▶ Kaiserhöft, in Bd. 3 online**]* als ‚Kriegsauszeichnung' angeboten wurde. Statt dessen nahm sie gerne den selten verliehenen preußischen Louisenorden I. Klasse entgegen, denn er ehrte auf augenfällige Weise ihren weiblichen Patriotismus.

Den Ruf als Wohltäterin verdankte Frau Arnemann noch einer ganz anderen Seite ihres Wesens und ihrer Möglichkeiten. Der Reichtum gestattete ihr und ihrem Mann den Erwerb von Kunstschätzen. Mit dem Sammeln von Kunst verband das Ehepaar die Förderung junger Künstler. (…) Ihre Kunstliebe und -förderung bezog sich auch auf Musik und Dichtung. Wie der Dichter Thorwaldsen logierten bei Arnemanns Felix Mendelssohn Bartholdy *[siehe ➤ Geschwister-Mendelssohn-Stieg, in diesem Band]*, die ‚schwedische Nachtigall‘ Jenny Lind und viele andere (…), gelegentlich auch Politiker wie der spätere Reichskanzler v. Bülow (…). Mathilde Arnemanns Ansprechpartner in Hamburg bei Hilfs- und Unterstützungsaktionen war Senator Versmann *[siehe ➤ Versmannstraße, in Bd. 3 online**]*, die Familien waren verwandtschaftlich und als Nachbarn miteinander verbunden.

Bei ihren alljährlichen Kuren in Karlsbad fasste Mathilde Arnemann den Plan, eine solche Erholung auch Menschen zu ermöglichen, die sich das finanziell nicht leisten konnten und initiierte eine Stiftung. Diese erhielt den klingenden Namen ‚Elisabeth-Rosen-Stiftung‘ nach der Legende von der heiligen Elisabeth, wonach sich die Gaben in deren Korb, die sie den Armen bringen wollten, in Rosen verwandelten, als ihr über die Wohltätigkeit erzürnter Gatte den Deckel hob. Bei der Einweihung 1866 und so auch in den kommenden Jahren verkauften junge Mädchen Rosen an die begüterten Kurgäste, die sich zum eifrigen Spenden angeregt fühlten. (…)

Mathilde Arnemann erschloss finanzielle Ressourcen für die Unterstützung ärmerer Menschen, verstand dies jedoch nicht als Almosen. Es schien ihr wichtig, die Hausfrauen zur Selbsthilfe anzuleiten. In Altona richtete sie deshalb eine Nähstube ein, freilich ohne großen Erfolg. (…)

In jungen Jahren entwarf sie einen Kleiderschnitt, um von der beengenden Mode loszukommen. Sie hat selbst bis ins Alter Kleider dieser Art getragen. Durch ihre eigene Haltung propagierte sie eine Lebensreform, jedoch ohne diese zum verbindlichen Prinzip zu erheben. Von Frauenemanzipation hielt sie nichts, wenn diese dazu führte, ‚daß die jungen Damen zu Juristen etc. werden‘. Dagegen ermunterte sie dazu, ‚daß wir wieder ordentliche Weiber bekommen, die nähen, stopfen und flicken können‘“. [63] [64]

An einer Säule in der Hamburger Rathausdiele befindet sich ihr Medaillon-Portrait.

Siehe auch ➤ Geschwister-Mendelssohn-Stieg, *in diesem Band.*

Siehe auch ➤ Arnemannstraße, *Ottensen, seit 1892 und* Karl-Theodor-Straße, *Ottensen, seit 1878: Karl Theodor Arnemann (1804–1866), Bankier, Kaufmann, Geländebesitzer, Konsul, in Band 3 online**.*

Siehe auch ➤ Bülowstraße, *Ottensen, seit 1909: Bernhard Fürst von Bülow (1849–1929), Reichskanzler, in Bd. 3 online**.*

Siehe auch ➤ Kaiserhöft, *HafenCity, seit 1888: Kaiser Wilhelm I (1797–1888);* Kaiserkai, *HafenCity, seit 1871;* Kaiser-Wilhelm-Höft, *Steinwerder, seit 1902;* Kaiser-Wilhelm-Platz, *Bergedorf, seit 1888;* Kaiser-Wilhelm-Straße, *Neustadt, seit 1890, in Bd. 3 online**.*

Siehe auch ➤ Versmannkai, *HafenCity, seit 1890: Johannes Versmann (1820–1899), Senator, Bürgermeister von Hamburg, und* Versmannstraße, *HafenCity, seit 1935, in Bd. 3 online**.*

Aschenputtelstraße

Billstedt, seit 1952. Märchen

„Ein Mädchen, sanftmütig und gut, verliert seine Mutter. Es sieht sich eines Tages einer schlimmen Stiefmutter gegenüber und außerdem zwei unguten Stiefschwestern.“ [65] Aber Ende gut, alles

** **Band 3 online** unter: www.hamburg.de/maennerstrassennamen

63) Auszüge aus dem Text von Inge Grolle über Mathilde Arnemann, in: Rita Bake, Birgit Kiupel (Hrsg.): Auf den zweiten Blick. Streifzüge durch das Hamburger Rathaus. Hamburg 1997, S. 101–106.
64) Staatsarchiv Hamburg: Nachlass Eilse Davids 622-1, Briefe von Mathilde Arnemann, Brief vom 11. Juni 1883.
65) Ulf Diederichs: Who's who im Märchen. München 1995.

gut: Ein Königssohn verliebt sich in Aschenputtel, und beide werden ein glückliches Paar – die falschen Schwestern bestraft. Ulf Diederichs schreibt: „Die folgenreichste Adaption gelang Walt Disney mit dem Zeichentrickfilm ‚Cinderella' (1950). Wie schon mit ‚Snow White' 1937 (Schneewittchen) gelang ihm die Kreation eines amerikanischen Idols, einer Leitfigur, die Hoffnungen, Ängste, Möglichkeiten auf sich vereinte. Für die einen ein Aufstiegsmodell, wurde es für andere zum Triumpf des Guten, zur Belohnung und Anerkennung braven Verhaltens. (…) Furore machte Colette Dowling mit der Enthüllung des ‚Cinderella-Complex' (1981) als einer regelrecht antrainierten weiblichen Angst vor Unabhängigkeit. Das ‚Aschenputtel-Syndrom', Kennzeichnung einer bestimmten Verhaltensstörung, ging als Terminus in den psychologischen Wortschatz ein."[66]

Assorweg

Schnelsen, seit 1993, benannt nach Albertine Assor. *Siehe* ➤ Albertine-Assor-Straße, *in diesem Band.*

Augustastraße

Bergedorf, seit vor 1936, benannt nach der Frau eines Grundeigentümers

Auguste-Baur-Straße

Blankenese, seit vor 1903, benannt nach Auguste Caecilie Baur *(14.6.1821 Hamburg–20.4.1895 Hamburg), Wohltäterin und Stifterin*

Auguste Baur war das jüngste Kind von elf Kindern des Konferenzrates Georg Friedrich Baur (siehe ➤ Baurs Park *und* Baurs Weg, *in Bd. 3 online**). Sie blieb ledig und übernahm nach dem*

Tod der Mutter die Haushaltung und Pflege ihres Vaters.

Seit früher Kindheit litt sie unter eine Verbiegung des Rückens und unter Wachstumsstörungen. „Als Kind kränkelte sie stets, als Erwachsene kam sie wegen ihrer Verwachsung niemals auf Bälle und hatte nur Verkehr in der Familie. Sie liebte und pflegte ihre Eltern und wurde zum Segen für ihre Geschwister und für deren Kinder. (…). [Sie] war musikalisch und spielte hübsch (…), sie hatte ständigen Unterricht (…). Ungeachtet dessen, daß sie so wenig unter Menschen kam, hatte sie viele Freier. Unter diesen war jedoch einer, den sie wirklich liebte, aber den durfte sie nicht haben. (…) Es wurde gesagt, daß er sich aus ihr nichts mache, daß es nur eine Finanzspekulation sei (…). Da – gerade als sein Konkurs vor

Auguste Baur

der Tür steht – bringt er seinen Antrag an und wird natürlich von ihrem Vater abgewiesen, zu ihrem großen Kummer. Man suchte ihr begreiflich zu machen, der junge Mann habe deutlich gezeigt, daß er sie nur als Kapital ansehe (…). Sie gab dem ganzen eine andere Deutung: ihrer Meinung nach hatte er mit seinem Antrag gezeigt, daß er das Zutrauen zu ihr habe, sie werde ihm helfen, und das sei nett von ihm. (…)

Als Tante Guste etwa vierzig Jahre alt war, hatte sie wieder Herzenskummer: sie gewann einen Mann lieb, dem (…) auch sie gefiel und der jedenfalls um sie freite. Ihr Vater war damals hoch in den Achtzigern und sehr hinfällig, so daß man beständig mit seinem Ableben rechnete, und die Tochter konnte ihn unmöglich verlassen. Das erklärte sie dem Geliebten und bat

**   Band 3 online unter: www.hamburg.de/maennerstrassennamen

66) Ebenda.

ihn zu warten, bis der Vater tot sei, was er auch versprach. (…) Sie bat ihn nur, mit seinen fast wöchentlichen Teebesuchen fortzufahren, und dafür lebte sie und war viele Jahre glücklich – ihr Vater lebte ja noch immer. Plötzlich kam der Liebhaber [ein Witwer mit Kindern] immer seltener, zuletzt blieb er ganz weg – sie litt sehr darunter – und eines Tages las sie in der Zeitung, daß er jemand anderes geheiratet hatte. (…)

Diese Geschichte hatte Tante Gustes Charakter völlig verändert, machte sie reizbar, launisch und schwierig. (…) Sie brauchte viele Jahre, um zur Ruhe zu kommen, dann wurde sie ihren Mitmenschen gegenüber wieder zugänglich.

Sie war schon immer religiös, nun verstärkte sich dies noch; sie tat viel Gutes. (…). Ihr Unglück war, daß sie niemals andere um Rat fragte, sondern nur nach ihrem eigenen Gutdünken handelte und keine Ahnung davon hatte, wie wenig sie die Welt und die Menschen kannte. Daher kam es oft, daß sie Leute vor den Kopf stieß und es war nicht immer leicht, mit ihr zusammenzuleben.“[67]

Nach dem Tod des Vaters wurde der Baur'sche Besitz in Blankenese (heute Baurs Park) an den ältesten Sohn übergeben. Auguste sollte eine Art Mitbesitzerin sein. „(…) nun, auf den zweiten Platz geschoben zu werden in einem Haus, in dem sie immer die erste Rolle gespielt hatte, das behagte ihr gar nicht. Deshalb zog sie es vor, sich auf dem Grundstück (…) eine eigene Villa zu bauen (…). Als Winterwohnung bezog sie eines der zehn Häuser des Großvaters in der Palmaille *[siehe dazu ➤ Georg Friedrich Baur, in Bd. 3 online** unter* Baurs Park*]*. Sie hatte einen großen Troß dienstbarer Geister, Kutscher und Diener, Kammerzofe und natürlich eine Gesellschafterin.“[68]

Auguste Baur gab zum Bau der Blankeneser Kirche eine namhafte Summe und spendete Geld zur Errichtung einer Siechenanstalt, die als Tochteranstalt der Diakonissenanstalt in Altona 1884 eingeweiht und nach ihr „Augustenstift“ benannt wurde.

> *Siehe auch ➤* Baurs Park, *Blankenese, seit 1922 und* Baurs Weg, *Blankenese, seit vor 1903: Georg Friedrich Baur (1768–1865), Grundstückseigentümer, Kaufmann, in Bd. 3 online**.*

Augustenhöh

Bahrenfeld, seit 1892, benannt nach der Frau des Grundeigentümers und Hausmaklers Richard Sagermann, der 1892 diese Straße als Privatstraße anlegte.

Augustenpassage

Sternschanze, seit 1954, benannt nach Auguste Viktoria *(22.10.1858 Dolzig/Kr. Sorau–11.4.1921 Haus Doorn/Niederlande), Deutsche Kaiserin und Königin von Preußen, Gemahlin Kaiser Wilhelm II.*

Auguste Viktoria Friederike Luise Feodora Jenny, Dona genannt war die älteste Tochter des Herzogs Friedrich VIII. zu Schleswig-Holstein-Sonderburg-Augustenburg und dessen Ehefrau Prinzessin Adelheid zu Hohenlohe-Langenburg.

Auguste Viktoria „entstammt keinem der regierenden Fürstenhäuser, gilt als verarmt, und auch in Sachen Bildung fehlt ihr Einiges. Sie ist ein Mädchen vom Land, das plötzlich ins Rampenlicht gerät. Liebe auf den ersten Blick ist Kronprinz Wilhelm wenigsten für sie. Von ihm ist das so nicht mit Sicherheit zu sagen. Die Zustimmung des Kaiserhofs zur Hochzeit gilt als Geste der Wiedergutmachung gegenüber ihrem Vater (…). Preußen hatte ihm seine Erbansprüche auf Schleswig und Holstein verweigert. Die Mutter des Kronprinzen freut sich auf Dona. Sie ‚ist so gut und liebenswürdig (…). Sie besitzt

---

**   Band 3 online unter: www.hamburg.de/maennerstrassennamen

67) Julie Grüner geb. Raeder: Erinnerungen an das Haus meiner Großeltern Baur im Dänischen Altona. Hamburg 1965, S. 132 f.

68) Julie Grüner, a.a.O., S. 132 ff.

einen sanften, versöhnlichen Charakter, und das ist bei einer so großen Familie so unendlich viel wert (…).' Zugleich erhofft sie von der zukünftigen Schwiegertochter liberale Einflussnahme auf ihren Sohn. Darin wird sie die Prinzessin aus Pimkenau enttäuschen, deren Markenzeichen Anpassungsfähigkeit und konservative Frömmigkeit ist. Sie wird die Kreise der Hofgesellschaft nicht stören."[69]

Am 27. Februar 1881 fand die Heirat zwischen Dona und Wilhelm, Prinz von Preußen, dem späteren Kaiser Wilhelm II. statt. „Das politische Berlin hatte die Kronprinzessin in spe und künftige Kaiserin damals nicht sonderlich höflich empfangen; sie war ihnen zu provinziell, zu ungebildet und sie war drei Monate älter als ihr Bräutigam – damals

Auguste Victoria

ein Skandal! Außerdem wurde die Wahl des Prinzen als unpassend empfunden, da Auguste Viktorias Familie nach dem Verlust Schleswig-Holsteins an Ansehen verloren hatte. (…). Am Hof nennt man sie wegen ihrer strengen protestantischen Frömmigkeit ,Kirchen-Guste'. Reichskanzler ,Otto von Bismarck' *[siehe* > **Bismarckstraße,** *in Bd. 3 online**]* nannte sie gar die ,holsteinische Kuh' – gut genug, um frisches Blut in das von Erbkrankheiten heimgesuchte Haus Hohenzollern zu bringen!"[70]

Im Volk war Auguste Viktoria dagegen sehr beliebt und als Idealbild der Mutter verehrt. Das Kaiserpaar hatte sieben Kinder und lebte im Marmorpalast des Potsdamer Neuen Garten.

Familiäre und eheliche Krisen versuchte Auguste Viktoria auszugleichen. Doch im Laufe der Zeit lebte sich das Paar immer mehr auseinan-

Abb.: Bundesarchiv

der. Kaiser Wilhelm II. hatte häufiger amouröse Abenteuer, so z. B. mit der spanischen Tänzerin und Sängerin Carolina Otero (1868–1965). Carolina Otero, durch eine brutale Vergewaltigung im Alter von elf Jahren unfruchtbar geworden, war die Geliebte vieler gekrönter Häupter, die sie einander weiterempfahlen. Der sich nach außen hin sittenstreng gebende Kaiser Wilhelm II. schrieb für Carolina das Stück „Das Modell".

Verließ Auguste Viktoria den Palast in Potsdam und fuhr durch die Dörfer der näheren Umgebung, so z. B. durch Nowawes „sieht sie das Elend in den Arbeiterquartieren der Maschinenspinnereien und -webereien. Auf dem Rückweg ins Marmorpalais fühlt sie sich schuldig. Das hindert sie nicht, den Luxus am Hof und einen luxuriösen Lebensstil zu lieben. Georg Hinzpeter, den Erzieher Wilhelms und späteren Geheimen Regierungsrat des Kaiser, fragt sie: ,Worin besteht die Hilfe, die ich in meiner augenblicklichen Stellung diesen unteren Klassen gegenüber beweisen kann?' Er bremst sie: die sozialen Reformen könnten nicht von einer Einzelnen durchgeführt werden. Einer ihrer Bündnispartner, Pastor Friedrich von Bodelschwingh *[siehe* > **Bodelschwinghstraße,** *in Bd. 3 online**]*, sieht sofort, von welch großer Bedeutung ihr Engagement für die Entwicklung der sozialen Frage sein wird."[71]

Auguste Viktoria übernahm die Protektorate über die Deutsche Rot-Kreuz-Gesellschaft und den Vaterländischen Frauenverein. Unter ihrer Schirmfrauschaft gründete sich 1890 der Evangelisch-Kirchliche Hilfsverein zur Bekämpfung des religiös-sittlichen Notstände in den Städten. Durch den Verein wurden mehr Geistliche eingestellt, denn allein in Berlin gab es auf über 10 000 Menschen nur einen Pastoren.

1899 firmierte sie als Stifterin der Frauenhilfe des Evangelisch-Kirchlichen Hilfsvereins.

** **Band 3 online** unter: www.hamburg.de/maennerstrassennamen

69) Cornelia Radeke-Engst: Kaiserin Auguste Viktoria, in: Antje Leschonski (Hrsg.): Anna, Lily und Regine.

Frauenportraits aus Brandenburg-Preußen. Berlin 2010, S.86.
70) www.welt-der-rosen.de/namen_der_rosen/kaiserin_auguste_...
71) Cornelia Radeke-Engst, a. a. O., S. 87.

„Dabei geht es um konkrete Aufgaben innerhalb der Gemeinden, häusliche Krankenpflege, Familienhilfe, Kinderbetreuung, Verteilung von Liebesgaben und Besuche bei Alten und Einsamen. (…) breit gefächert sind die sozial-diakonischen Hilfsangebote. Spannend ist jedoch auch das geistige und geistliche Profil, das sich mitentwickelt. ‚Der Boden des Evangeliums‘, von dem sie [Auguste Viktoria] im Gründungsaufruf schreibt, ist Nährboden für emanzipatorische Frauenarbeit. Diese Entwicklung lag nicht in ihrer Absicht.“[72]

Im selben Jahr wurde die evangelische „Kaiserin Auguste Victoria Stiftung" in Jerusalem gegründet, ein Krankenhaus in erster Linie für die arabische Bevölkerung und eine Begegnungsstätte für Israelreisende.

Außerdem unterstützte Auguste Viktoria Diakonissen-Stationen. „(…) Nur mit einem Taschengeld versehen waren die Frauen in Tracht kostengünstige Arbeitskräfte, mit denen eine unentgeltliche kontinuierliche häusliche Krankenpflege zunächst in Berlin aufgebaut werden konnte.“[73]

Und es wurden unter der Kaiserin viele neue Kirchen in Berlin erbaut, was erhebliche kritische Stimmen hervorrief.

Auguste Victoria war mehrmals in Hamburg, so am 18. Juni 1898 zur Enthüllung des Reiterstandbilds Kaiser Wilhelms I. vor dem Altonaer Rathaus und am 5. September 1904 im Rahmen der Herbstmanöver.

Auch der „Vaterländische Frauenhilfsverein zu Hamburg" (VFV) stand unter dem Protektorat von Auguste Viktoria. Der Vereinszweck lautete: „In Kriegszeiten Fürsorge für die im Felde Verwundeten und Erkrankten, indem der Verein alle dazu dienenden Einrichtungen unterstützt und die von ihm ausgebildeten Krankenpflegerinnen dem Zentralkomitee der Vereine vom Roten Kreuz zur Verfügung stellt. In Friedenszeiten Krankenpflege und Ausbildung von Krankenpflegerinnen sowohl in dem Vereinshospital und Pflegerinnen-Asyl, als auch in der Privat- und Armenkrankenpflege, sowie Beteiligung an der Vorbereitung von Reservelazaretten für den Kriegsfall und an der Linderung außerordentlicher Notstände innerhalb des Deutschen Reiches.

Zu ordentlichen Mitgliedern sind unbescholtene Frauen und Jungfrauen befähigt gegen einen jährlichen Beitrag und unentgeltlicher Ausführung weiblicher Handarbeiten für den Zweck des Vereins, sowie sonstiger Tätigkeit für denselben.“[74]

Der VFV wurde vom Adel dominiert. Auch in Hamburg war die erste Vorsitzende eine Adlige: Gräfin Susanne von Oeynhausen, geb. Kahler (geb. 8.4.1850–nach 1935), die einer alteingesessenen Hamburger Kaufmannsfamilie entstammte. Im Alter von 18 Jahren hatte sie Graf Julius von Oeynhausen geheiratet, der Zeremonienmeister am preußischen Hof war. Gräfin Susanna von Oeynhausen soll der geistige Mittelpunkt der berühmten Donnerstags-Teeabende in den Salons der Kaiserin gewesen sein. 1886, nach dem Tod ihres Gatten, kehrte die Gräfin nach Hamburg zurück und nahm bald in der Organisation der Wohltätigkeit eine führende Stellung ein. Ihre Stellvertreterin war eine Bürgerliche aus Senatorenkreisen: Frau Senator Dr. Mönckeberg (siehe ▶ Mönckebergstraße, in Bd. 3 online**).

Das 1878 erbaute Vereinshospital befand sich Beim Schlump 85 und verfügte über 80 Betten. Im Pflegerinnen-Asyl war Platz für 60 Pflegerinnen.

Während des Ersten Weltkriegs unterstützte die Kaiserin die Pflege von Verwundeten.

Nach dem Ersten Weltkrieg ging sie mit ihrem Mann ins niederländische Exil und lebte mit ihm im Haus Doorn in der Provinz Utrecht,

Abb.: Aus: Anna Plothow, Die Begründerinnen der deutschen Frauenbewegung, Leipzig 1907, S. 28a (Photograph Georg Brokesch).

** Band 3 online unter: www.hamburg.de/maennerstrassennamen

72) Cornelia Radeke-Engst, a. a. O., S. 89.
73) Cornelia Radeke-Engst, a. a. O., S. 87.
74) Hermann Joachim: Handbuch der Wohltätigkeit in Hamburg, 1909.

wo sie nach der Selbsttötung ihres Kindes Joachim am 11. April 1921 verstarb. Ein halbes Jahr nach dem Tod seiner Frau heiratete Wilhelm II. die verwitwete Prinzessin von Schönaich-Carolath.

> *Siehe auch* ➤ Auguste-Victoria-Kai, Helenenstraße, *in diesem Band.*
>
> *Siehe auch* ➤ Adalbertstraße, *Osdorf, seit vor 1934: Prinz Adalbert von Hohenzollern (1884– 1948), Sohn von Kaiserin Auguste Victoria und ihrem Ehemann, dem letzten deutschen Kaiser Wilhelm II., in Bd. 3 online**.*
>
> *Siehe auch* ➤ Bismarckstein, *Blankenese, seit 1890 und* Bismarckstraße, *Eimsbüttel, seit 1869: Fürst Otto von Bismarck (1815–1898), Reichskanzler, in Bd. 3 online**.*
>
> *Siehe auch* ➤ Bodelschwinghstraße, *Alsterdorf, seit 1908: Friedrich von Boldeschwingh (1831– 1910), Pastor, Gründer der „Anstalt" Bethel, in Bd. 3 online**.*

Auguste-Schmidt-Weg

Bergedorf, seit 1987, benannt nach Auguste Schmidt *(3.8.1833 Breslau–10.6.1902 Leipzig), Deutsche Frauenrechtlerin. Mitbegründerin des Allgemeinen Deutschen Frauenvereins. Motivgruppe: Verdiente Frauen*

Tochter eines Hauptmanns der Artillerie. Ausbildung als Lehrerin. Im Alter von 28 Jahren Leiterin einer privaten höheren Mädchenschule in Leipzig, danach Leiterin des Erziehungsinstituts von Ottilie von Steyber. Hier wurde sie u. a. auch Lehrerin von Clara Zetkin. Zusammen mit Luise Otto-Peters *(siehe* ➤ Luise-Otto-Peters-Weg, *in diesem Band)* und Henriette Goldschmidt gründete sie 1865 den Leipziger Frauenbildungsverein. Auf der ersten deutschen Frauenkonferenz, die 1865 in Leipzig stattfand, rief Auguste Schmidt gemeinsam mit Luise Otto-Peters und Marie Loeper-Housselle den Allgemeinen Deut-

schen Frauenverein (ADF) ins Leben. In ihrer Rede auf der Gründungsveranstaltung des ADF sagte Auguste Schmidt, die „Frauenbewegung müsse weniger den Widerstand egoistischer Männer als vielmehr die Teilnahmslosigkeit von Frauen fürchten, die sich in dem Zustand ewiger Kindheit und Unterordnung glücklich und zufrieden fühlten".[75]

1869 war Auguste Schmidt Mitbegründerin des Vereins deutscher Lehrerinnen und Erzieherinnen und 1890 zusammen mit Helene Lange *(siehe* ➤ Helene-Lange-Straße, *in diesem Band)* des Allgemeinen Deutschen Lehrerinnenvereins. Von 1866 bis 1895 gab sie zusammen mit Luise Otto-Peters die Vereinszeitschrift des Allgemeinen Deutschen Frauenvereins „Neue Bahnen" heraus, danach fungierte sie als alleinige Herausgeberin dieser Zeitschrift.

Von 1894 bis 1899 saß sie dem die bürgerliche Frauenbewegung vertretenen Bund Deutscher Frauenvereine vor.

Charakterisiert wird Auguste Schmidt als die-

Auguste Schmidt

jenige, die stets die „rechte Hand" anderer Aktivistinnen war, weil diese mehr das Licht liebten. Auguste Schmidt hingegen war die Unauffälligere, jedoch stets unentbehrlich.[76]

Auguste Schmidt setzte sich besonders für die freie Berufswahl von Frauen aus allen sozialen Schichten ein und nahm sich neben ihren vielfältigen Vereinsaktivitäten noch die Zeit, Novellen zu schreiben, so die von „Tausendschönchen und Veilchen" (1868) und 1895 die Erzählung „Aus schwerer Zeit".

> *Siehe auch* ➤ Helene-Lange-Straße, Luise-Otto-Peters-Weg, *in diesem Band.*

**   Band 3 online unter: www.hamburg.de/maennerstrassennamen

http://www.fembio.org/biographie.php/frau/biographie/auguste-sc...

75) http://de.wikipedia.org/wiki/Auguste_Schmidt (Stand: 19.3.015)
76) Vgl: Auguste Schmidt in

Auguste-Victoria-Kai

Steinwerder, seit 1902. Als Kai des Kaiser-Wilhelm-Hafens nach der deutschen Kaiserin Auguste Victoria benannt, siehe ➤ Augustenpassage, in diesem Band

Siehe auch ➤ Adalbertstraße, *Osdorf, seit vor 1934: Prinz Adalbert von Hohenzollern (1884–1948), Sohn von Auguste Victoria und ihrem Ehemann, dem letzten deutschen Kaiser Wilhelm II., in Bd. 3 online**.*

B

Bacherweg

Niendorf, seit 1982, benannt nach Clara Bacher (15.10.1898 Hamburg–am 19.7.1942 deportiert nach Theresienstadt) und Dr. Walter Bacher (30.6. 1893–am 19.7.1942 deportiert nach Theresienstadt), politisch und rassisch verfolgtes Ehepaar. Motivgruppe: Opfer des Nationalsozialismus Stolpersteine für beide vor dem Wohnhaus Gottschedstraße 4; Stolperstein für Clara Bacher vor ihrer Wirkungsstätte Gymnasium Klosterschule, Westphalenweg 7. Stolperstein für Walter Bacher vor seiner Wirkungsstätte Talmud Tora Schule, Grindelhof 30. Mahnmal: Tisch mit 12 Stühlen, siehe dazu bei ➤ Georg-Appel-Straße, in Bd. 3 online**.

Clara Bacher: Lehrerin an der Privatschule Hofweg 88, Mitglied der SPD. Dr. Walter Bacher: Studienrat an der Klosterschule, SPD-Mitglied.

Clara Bacher: Geboren in der Overbeckstraße 4a, Parterre. Tochter des Kaufmanns Gustav Haurwitz und seiner Frau Bertha, geb. Hauer. Die Eltern gehörten der jüdischen Religionsgemeinschaft an, ließen aber ihre fünfjährige Tochter Clara am 29. Juli 1903 evangelisch taufen. Mit sieben Jahren trat Clara in die erste Klasse der angesehenen „Unterrichtsanstalten des Klosters St. Johannis" ein, der ersten Höheren Mäd-

chenschule der Stadt Hamburg, und machte dort zehn Jahre später ihren Lycealabschluss. Noch im selben Jahr (1915) wechselte sie in das der Schule angegliederte Lehrerinnenseminar über. Als sie es 1920 verließ, standen die Zeiten schlecht für die frisch examinierte Lehrerin: in den politischen und wirtschaftlichen Krisen der Nachkriegszeit war es fast aussichtslos, eine Anstellung zu finden. So taucht Clara Haurwitz' Name erst 1922 in der Personalliste einer Schule, des Lyceums von Fräulein Predöhl am Hofweg 88, auf – mit einem inflationsbedingten Gehalt von 2256,55 Reichsmark.

An dieser kleinen, neunklassigen Privatschule unterrichtete Clara Haurwitz in den folgenden Jahren verschiedene naturwissenschaftliche Fächer. Eine spätere Schülerin ihres Mannes schilderte sie als „lebenslustig und gut aussehend". Schmal sei sie gewesen, schwarze Haare hätte sie gehabt und blaue Augen. Im Jahre 1929 erscheint sie auf der Gehaltsliste ihrer Schule mit einem neuen Familiennamen: Clara hatte den Studienrat Dr. Walter Bacher geheiratet, der seit einigen Jahren an ihrer alten Schule Latein und Griechisch unterrichtete.

Auch er hatte jüdische Eltern, war evangelisch getauft, war – wie Clara – Mitglied der SPD und teilte ihre politischen Überzeugungen: Zu-

**   Band 3 online unter: www.hamburg.de/maennerstrassennamen

sammen mit Claras Bruder Rudolph nahmen die Bachers Ende der 1920-er, Anfang der 1930-er Jahre aktiv an den Veranstaltungen und Ausflügen der sozialdemokratischen Volksheimbewegung und der Sozialistischen Arbeiterjugend teil. Dann endeten mit einem Schlag die guten Jahre. Wenige Wochen vor dem Machtantritt der Nationalsozialisten war Clara Bacher noch in den Vorstand der neugegründeten Vereinigung ehemaliger Klosterschülerinnen gewählt worden. Ein dreiviertel Jahr später vermeldet das Protokoll, dass „Herr Dr. Bacher (...) beurlaubt" und „Frau Dr. Bacher aus der Vereinigung ausgetre-

Clara und Walter Bacher

ten" sei. Die sofort mit Hitlers Ernennung einsetzende Repression gegen politische Gegner und Jüdinnen und Juden hatte auch das Ehepaar Bacher nicht verschont: Walter Bacher wurde, möglicherweise auf Grund einer Denunziation aus Kollegenkreisen, im Mai 1933 beurlaubt und im Juli aus dem Schuldienst entlassen; Clara Bacher musste ihren Sitz im Vorstand räumen, während sich die restlichen Mitglieder noch bei derselben Zusammenkunft „rückhaltlos zu der Staatsauffassung (bekennen), wie sie von der Regierung des Reiches und des hamburgischen Staates vertreten wird". Ein halbes Jahr später – ihr Mann hatte sich vergeblich um eine Anstellung an der jüdischen Knabenschule Talmud Tora beworben – verlor auch Clara Bacher ihre Arbeit: Das Lyceum von Fräulein Predöhl schloss wegen finanzieller Schwierigkeiten seine Pforten.

In den folgenden Jahren lebte Clara Bacher mit ihrem Mann, der infolge der Auswanderung

Abb.: Gymnasium Klosterschule

anderer jüdischer Lehrerinnen und Lehrer schließlich doch an der Talmud-Tora-Schule angenommen worden war, und ihrer kranken Schwiegermutter in der Gottschedstraße 4 im Stadtteil Winterhude. Zeitweilig unterrichtete sie nebenamtlich Rechnen und Mathematik in der Fortbildungsschule, aber ihre Bemühungen um eine reguläre Anstellung blieben erfolglos.

Auch ihre Auswanderungspläne – wohl zu spät verfolgt – zerschlugen sich. Ihr Bruder, Dr. Rudolph Haurwitz, der ihr und ihrem Mann eng verbunden war, musste sein Anwaltsbüro schließen. Er hielt sich noch einige Zeit mit einem Radiogeschäft über Wasser. Eines Tages nahm er sich mit einem Pistolenschuss das Leben. Auch seine und Claras Mutter schied 1941 durch Freitod aus dem Leben.

Nachdem im Juni 1942 alle jüdischen Schulen in Deutschland geschlossen worden waren, war auch die letzte Frist für das Ehepaar Bacher abgelaufen. Am 19. Juli, einem heißen Sommersonntag, brachte sie der Deportationszug in das Konzentrationslager Theresienstadt. Das letzte schriftliche Zeugnis, das in Hamburg zurückblieb, war das Protokoll des Gerichtsvollziehers über die Versteigerung von vier Silberbestecken aus dem Besitz der „Clara Sara Bacher" zu einem Erlös von 65,65 Reichsmark.

In Theresienstadt überlebte Clara Bacher, in den Listen als „Arbeiterin" geführt, noch zweieinhalb Jahre, bis sie zusammen mit 1549 weiteren Männern und Frauen den Zug nach Auschwitz besteigen musste. Dort traf der Transport am 9. Oktober 1944 ein, eine Woche vor Claras 46. Geburtstag.

Ihr Mann war einige Tage vor seiner Frau in eine der Gaskammern von Auschwitz-Birkenau geschickt worden.

Falls Clara nicht in dem Güterwaggon gestorben ist, wurde sie auf dieselbe Weise umgebracht. Nur 76 Häftlinge tschechischer Herkunft überlebten diesen Transport.

Text: Barbara Brix

Behnkenkammer

Wandsbek, seit 1950, benannt nach der Kammerdame der Gemahlin Herzog Johann Adolphs. Er schenkte 1613 der Kammerdame auf diesem Gelände ein Stück Land

Bei der St. Gertrudkirche

Uhlenhorst, seit 1913, benannt nach der Lage der Straße, die an drei Seiten der St. Gertrudkirche entlangläuft

> Siehe Erklärung für St. Gertrud unter ❯ **Gertrudenstraße,** *in diesem Band.*

St. Gertruden-Kapelle

St. Annen-Kapelle

Bei St. Annen

HafenCity, seit 1869, benannt nach der damals abgebrochenen St. Annen-Kapelle

Bezug zur Heiligen St. Anna: „Lange bevor die Bibel geschrieben wurde, war die Göttin Anna bereits als Großmutter Gottes bekannt. Deshalb ist die Wahl ihres Namens für die Mutter der Gottesmutter nicht besonders überraschend. (…)

Die Römer verehrten sie als Anna Perenna, ‚Ewige Anna‘ (…). In ihrer christianisierten Form hatte Anna drei Ehemänner, gebar viele Heilige und wurde die Schutzpatronin der Hebammen und Bergleute. Neumann [Erich Neumann: Art and the Creative Unconscious. Princeton, 1959] sagt dazu: ‚All dies zeugt von ihrem ursprünglichen Fruchtbarkeitsaspekt als Mutter Erde.‘ Die heilige Anna war für das Dogma der unbefleckten Empfängnis der Jungfrau Maria, das 1854 nach sieben Jahrhunderten der Kontroverse als Glaubensartikel angenommen wurde, von entscheidender Bedeutung. In der offiziellen katholischen Sicht wurde die Erbsünde durch den Sexualakt übertragen. Damit Maria ohne den Makel der Erbsünde geboren sein konnte, mußte die heilige Anna deshalb selbst von Sexualität frei sein. In Übereinstimmung damit stellte Johannes Trithemius die These auf, daß Anna ‚von Gott für ihren Dienst vor der Erschaffung der Welt erwählt wurde‘. Sie empfing ‚ohne die Tat eines Mannes und war so rein wie ihre Tochter‘.

Zuerst akzeptierte die Kirche diese Lehre, weil sie versprach, das Problem der Sündenlosigkeit Marias zu lösen. Später wurde sie verworfen. Zwei jungfräuliche Geburten waren eine zuviel. Schließlich wurde gesagt, die heilige Anna habe Maria ganz normal empfangen, aber das Kind sei noch im Mutterleib von der Erbsünde befreit worden."[1]

> *Siehe auch* ❯ **St. Annenbrücke, St. Annenplatz, St. Annenufer,** *in diesem Band.*

Beim Schillingstift

Iserbrook, seit 1982, nach der Lage beim Schillingstift

Dieses Stift heißt korrekt „Hermann und Lilly Schilling-Stift" und wird getragen von der „Hermann und Lilly Schilling Stiftung".

[1]   Barbara G. Walker: Das geheime Wissen der Frauen. Frankfurt a. M. 1983, S. 40f.

Da das Stift sowohl den Namen des Stifters als auch den der Stifterin trägt, wurde dieser Straßenname in dieser Publikation aufgenommen.

Das Stift ist ein christlich geführtes Senioren- und Pflegeheim, 1958 gegründet von dem ehemaligen Staatsfinanzrat der Preußischen Staatsbank und Teilhaber (von 1947–1956) des Bankhauses Brinckmann, Wirtz & Co. in Hamburg sowie Träger des Großen Verdienstkreuzes der Bundesrepublik Deutschland (verliehen 1953) Hermann Schilling (1893–1961). Gemeinsam mit seiner Ehefrau Aloysia (Lilly) Schilling (gest. 1978) wollte er alten Menschen eine preiswerte und im christlichen Sinne geleitete Unterkunft bieten. Das Altenheim wurde 1960 an der Isfeldstraße im Stadtteil Iserbrook eingeweiht und 2013 modernisiert.

Neun Jahre nach dem Tod Hermann Schillings gründete Aloysia Schilling 1970 die Hermann und Lilly Schilling Stiftung für medizinische Forschung. Mit ihr wird kliniknahe Grundlagenforschung an neurologischen Universitätskliniken finanziert.

Hermann Schilling, gelernter Bankkaufmann und von 1923 bis 1933 Leiter der Frankfurter Filiale der Commersbank, arbeitete von 1932 bis 1945 als Staatsfinanzrat unter dem preußischen Finanzminister Johannes Popitz (1884 – hingerichtet in Berlin-Plötzensee am 2.2.1945). Ab 1933 war Hermann Schilling Mitglied der Generaldirektion der Preußischen Staatsbank (Seehandlung). Die Preußische Staatsbank „verwaltete und verwertete ab 1938 im großen Umfang von antisemitisch Verfolgten zwangsweise veräußerte oder zur Begleichung der ‚Judenvermögensabgabe' in Zahlung gegebene ‚börsengängige Aktien und Kuxe'".[2] 1941 wurden alle „zum amtlichen Börsenhandel oder zum geregelten Freiverkehr zugelassenen deutschen Aktien, Kuxe und Kolonialanteile"[3] Reichseigentum

und an die Preußische Staatsbank abgeführt. „Diese veräußerte die Wertpapiere zunächst zu Gunsten des Oberfinanzpräsidenten Berlin und später für die jeweiligen Finanzämter".[4]

Außerdem wurde Schilling 1933 „Vorstandsmitglied der Vereinigten Elektrizitäts- und Bergwerks AG (= Preußische Gesellschaften), der Holding-Gesellschaft für den Industriebesitz des Landes Preußen".[5]

Popitz, der 1937 Mitglied der NSDAP geworden war, begann, ebenso wie Hermann Schilling, sich 1937/1938 gegen das NS-Regime aufzulehnen. „Popitz reichte daher 1938 ein Rücktrittsgesuch ein, das jedoch abgelehnt wurde. Daraufhin begann sich der monarchistisch und nationalkonservativ geprägte Popitz in Widerstandskreisen zu engagieren, unter anderem mit einzelnen Mitgliedern der Mittwochsgesellschaft, einer konservativ-oppositionellen Gruppe von hohen Beamten und Wissenschaftlern."[6]

Popitz stand in Beziehung zum Widerstandskreis um Claus Schenk Graf von Stauffenberg und den „Männern des 20. Juli 1944" und wurde nach dem gescheiterten Attentat auf Hitler verhaftet, vom Volksgerichtshof unter Roland Freisler zum Tode verurteilt und in Plötzensee gehängt.

Hermann Schilling bekam über Popitz Kontakt zu diesem Widerstandskreis. Auch er wurde nach dem gescheiterten Attentat vom 20. Juli 1944 verhaftet. Er kam in das Berliner Zellengefängnis Lehrter Straße 3, wurde dort Sprecher der Gefangenen und versuchte noch am selben Tag seiner Entlassung, dem 21.4.1945, aus dem Gefängnis, die Entlassung der Gestapo-Häftlinge zu erreichen.[7]

1947 wurde Schilling nach dem Tod von Paul Wirtz – in Absprache mit Erich Warburg (siehe ➤ Warburgstraße, in Bd. 3 online**) – als persönlich haftender Gesellschafter im Bankhaus Brinck-

** Band 3 online unter: www.hamburg.de/maennerstrassennamen

2) Susanne Meinl, Jutta Zwilling: Legalisierter Raub. Die Ausplünderung der Juden im Nationalsozialismus durch die Reichsfinanzverwaltung in Hessen. Frankfurt a. M. 2004, S. 256.
3)   Ebenda.
4)   Ebenda.
5)   Eckart Kleßmann: M. M. Warburg & Co. Die Geschichte eines Bankhauses. Hamburg 1998, S. 122.
6)   Wikipedia: Johannes Popitz. Stand: 28.12.2014.
7)   Vgl: Johannes Tuchel: „.... und ihrer aller wartete der Strick." Das Zellengefängnis Lehrter Straße 3 nach dem

mann, Wirtz & Co. eingestellt. In dieser Zeit ging es auch um die Wiedergutmachungsleistungen des Bankhauses an die Warburgs. Die Verhandlungen hierzu führten Brinckmann und Schilling mit den Warburgs.

1938 hatte die Warburgbank die Firma zwar an die Vertrauten Rudolf Brinckmann und Paul Wirtz, aber unter dem Zwang des Nationalsozialismus, abgegeben, d. h. Brinckmann und Wirtz wurden persönlich haftende Gesellschafter und die Bank in eine Kommanditgesellschaft umgewandelt. Nun stritten sich die Warburgs mit Brinckmann und Schilling um die Entschädigungssumme. „Im Mittelpunkt stand die Bewertung der Goodwill- und Nutzungsschäden. Weitgehende Einigung herrschte darüber, dass den Warburgs als Entschädigungsleistung eine Unterbeteiligung an dem Bankhaus Brinckmann, Wirtz & Co. eingeräumt werden sollte. Lediglich die Höhe der Beteiligung war umstritten. Während Siegmund und Erich Warburg einen 30-prozentigen Anteil an dem Kapital der Bank von rund 15,5 Millionen RM einforderten, hielt Brinckmann zehn Prozent für ausreichend, um die Ansprüche der Geschädigten angemessen abzudecken. Dem Hinweis der Warburgs, dass das Bankhaus 1938 zwar an einen Vertrauten, dennoch aber unter Zwang abgegeben worden sei und sie selbst nie eine Gegenleistung für den immateriellen Firmenwert des 150-jährigen Traditionsunternehmens erhalten hatten, stellte Brinckmann entgegen, dass trotz alledem nicht von einer ‚Arisierung' im eigentlichen Sinne gesprochen werden könne. Da das Bankhaus bereits durch die Bankenkrise geschwächt war und sich 1938 weitere Geschäftseinbußen ergaben, war laut Brinckmann zum Zeitpunkt der Übergabe längst kein Goodwill mehr vorhanden. In fast schon klassischer Art und Weise übernahm er das weit verbreitete Argumentationsmuster,

dass er als Erwerber erst durch eigenes Engagement ein krisengeschütteles ‚jüdisches' Bankhaus wieder auf Erfolgsspur gebracht habe. Ihm und nicht den ehemaligen Inhabern müsse somit auch ein Großteil der von dem Unternehmen in der Entziehungszeit erwirtschafteten Gewinne zugestanden werden."[8] Schließlich kam es 1949 zu einem Rückerstattungsvergleich, der „weitestgehend die ursprünglichen Forderungen der Geschädigten bestätigte".[9] Warburgs erhielten eine 25-prozentige Kommanditbeteiligung. Gleichzeitig wurde ihnen eine Aufstockung der Beteiligungsquote innerhalb der nächsten fünf Jahre auf 50 % angeboten, wovon die Warburgs – wahrscheinlich aus finanziellen Gründen – keinen Gebrauch machten. Dies sollte sich in den folgenden Jahren 1950-er Jahren als Handycap erweisen, als nämlich Erich Warburg den Wunsch äußerte, als aktiver Partner in das Bankhaus wieder einsteigen und der Bank den alten Namen wiedergeben zu wollen. „Insbesondere Hermann Schilling plädierte wiederholt gegen eine Aufnahme Warburgs in die Geschäftsleitung und versuchte die Kommanditisten für seine Position zu mobilisieren. Zu einem vollständigen Bruch zwischen Schilling und Erich Warburg kam es 1952, als jener, unterstützt von einem Teil der Anteilseigner, jedoch ohne Abstimmung mit Brinckmann, eine vertrauliche Erklärung vorlegte, in der die Warburg-Familie aufgefordert wurde, ihren Geschäftspartnern nicht noch weitere Wiedergutmachungslasten abzuverlangen. In einem höchst provozierenden Tonfall hieß es u. a.: ‚Für die Kommanditisten bedeuteten die bisherigen Leistungen bereits ein erhebliches Opfer, da sie – anders als die Familie Warburg [sic!] – vermögensmäßig bereits unter den Kriegs- und Kriegsfolgeschäden schwer zu leiden haben'. Hiermit stilisierten sich die eigentlichen Nutznießer der Verfolgung selbst zu

20. Juli 1944. Berlin 2014, S. 193 u. 196.
8)   Ingo Köhler: Die „Arisierung" der Privatbanken im Dritten Reich. Verdrängung, Ausschaltung und die Frage der Wiedergutmachung. München 2005, S. 515. (Schriftenreihe zur Zeitschrift für Unternehmensgeschichte Bd. 14.)
9)   Ingo Köhler, a. a. O., S. 516.

Opfern von Krieg und Wiedergutmachung und taten die Vermögensverluste der Geschädigten im Vergleich als vernachlässigbar ab. Ebenso unverständlich musste Erich Warburg die Argumentation erscheinen, dass der Name Warburg für die Bank keinen Goodwill mehr darstellen, sondern sich im Gegenteil die Aufgabe der Firmenbezeichnung Brinckmann, Wirtz & Co. negativ auf das Geschäft auswirken würde, weil sie nun den erfolgreichen Aufstieg der Bank nach 1945 symbolisiere. Während die Auseinandersetzung zwischen Warburg und Schilling in einer gegenseitigen Androhung rechtlicher Schritte eskalierte, zog sich Brinckmann auf die Position zurück, dass er über einen Beitritt eines Warburg-Vertreters und die Frage der Namensgebung verhandeln würde, ihm aber durch die ablehnende Haltung der Gesellschafter-Gruppe um Schilling die Hände gebunden seien (…)."[10] Schilling wollte offenbar „den offenen Bruch mit den Warburgs. (…) 1956 verließ Hermann Schilling angesichts der unüberbrückbaren Differenzen das Bankhaus. Die frei werdende Position wurde Erich Warburg angeboten, der damit sein langjähriges Ziel verwirklichen konnte",[11] schreibt der Wirtschaftshistoriker Ingo Köhler.

Hermann Schilling widmete sich fortan anderen Aufgaben, verstarb jedoch bereits im Alter von 68 Jahren.

Die Wochenzeitschrift „Die Zeit" schrieb 1961 in einem Nachruf über Hermann Schilling: „Mit ihm verliert die deutsche Wirtschaft einen Mann, der sich nach dem Kriege an maßgeblicher Stelle innerhalb der Kreditwirtschaft um ihren Wiederaufbau bemüht und – dies ist jetzt keine Phrase – dabei einen großen Teil seiner Gesundheit geopfert hat. Seine Doppelstellung, er war von 1947 bis 1956 persönlich haftender Gesellschafter im Bankhaus Brinckmann, Wirtz & Co, Hamburg, und fühlte sich als Hüter des noch übrig gebliebenen preußischen Staatsbesitzes, hat letzten Endes seine Arbeitskraft verzehrt. Als er 1956 bei Brinckmann, Wirtz & Co ausschied, tat er es, um sich nur noch den Gesellschaften zu widmen, denen er sich entweder in seiner Eigenschaft als Vorstand oder als Aufsichtsrat verbunden fühlte. Dazu zählen u. a. die Vereinigte Elektrizitäts- und Bergwerks AG (VEBA), die Muttergesellschaft der Preußischen Elektrizitäts AG (Preag), die Bergwerksgesellschaft Hibernia und auch die Preußische Staatsbank (Seehandlung). (…) Schilling war ein sozial denkender Mann im besten Sinne des Wortes. Ein Jahr vor seinem Tode schuf er in Hamburg die ‚Hermann und Lilly Schilling-Stiftung', (…). Unvergessen sind die von ihm abgehaltenen Pressekonferenzen, in denen er mit ungewöhnlich großer Offenheit Einblick in die von ihm geleiteten Betriebe gab (…), weil er sich der Öffentlichkeit verantwortlich fühlte."[12]

Siehe auch ➤ **Warburgstraße**, *Rotherbaum, seit 1947: Max Warburg (1867–1946), Bankier, in Bd. 3 online***.

Berta-Kröger-Platz

Wilhelmsburg, seit 1982, benannt nach **Berta Maria Sophie Kröger**, *geb. Bischoff (24.9.1891 Harburg– 14.1.1962 Hamburg), Bürgerschaftsabgeordnete, Einzelhändlerin, Hausangestellte*

Berta Kröger kam aus einem Arbeiterhaushalt – der Vater war Maschinist/Heizer. Nach dem Besuch der Volksschule arbeitete sie als Hausangestellte. Seit 1912 war sie Mitglied der SPD, von 1919 bis 1927 Mitglied des Gemeinderats Wilhelmsburg, von 1919 bis 1921 Mitglied des Kreistages Harburg und von 1921 bis 1933 Mitglied des Preußischen Landtags, Wahlkreis Hannover-Ost. Von 1928–1933 fungierte sie als Beisitzerin im Präsidium des Preußischen Landtages.

**   **Band 3 online** unter: www.hamburg.de/maennerstrassennamen

www.zeit.de/1961/04/staatsfinanzrat-hermann-schilling

10) Ingo Köhler, a. a. O., S. 517 f.
11) Ingo Köhler, a. a. O., S. 518.
12) Die Zeit vom 20. Januar 1961.

Berta Kröger

Im Preußischen Landtag war sie hauptsächlich im Rechtsausschuss und bei der Beratung sozialpolitischer Fragen tätig. Während der Zeit des Nationalsozialismus betrieb sie als Einzelhändlerin ein Brotgeschäft am Vogelhüttendeich, das sie auch noch nach dem Zweiten Weltkrieg neben ihrer politischen Arbeit weiterführte. Gleich nach der Machtübernahme durch die Nationalsozialisten kam Berta Kröger für kurze Zeit in so genannte Schutzhaft.

Nach dem Zweiten Weltkrieg wurde Berta Kröger Mitglied des Vorstandes des SPD-Bezirks Hamburg Nord-West, Vorsitzende des SPD-Bezirksfrauenausschusses Hamburg Nord-West, Leiterin der sozialdemokratischen Frauen im Distrikt Wilhelmsburg, Zweite Vorsitzende der Hamburger Arbeiterwohlfahrt, Beiratsmitglied des Hauptausschusses der Arbeiterwohlfahrt, Kuratoriumsmitglied des Wilhelmsburger Krankenhauses und Mitglied der Hamburgischen Bürgerschaft von Oktober 1946 bis Januar 1962. Ihre politischen Schwerpunkte lagen bei den Themen Gefängnisfragen und Wiedergutmachung.

Seit 1957 war Berta Kröger auch Mitglied des Präsidiums der Hamburgischen Bürgerschaft, seit 1952 Mitglied des Bürgerausschusses und vierzehn Jahre Deputierte der Gefängnisbehörde.

Bertha-Keyser-Weg

St. Pauli, seit 1983, benannt nach Bertha Keyser (24.6.1868 Maroldsweisach b. Coburg–21.12.1964 Hamburg), Helferin der Armen. Gründerin eines eigenen Missionswerkes

Ihr Grabstein steht im Garten der Frauen auf dem Ohlsdorfer Friedhof.

Bertha Keyser wuchs mit vier Geschwistern in einfachen Verhältnissen auf. Nachdem der Vater, ein Schmiedemeister, gestorben war, geriet die Familie in finanzielle Nöte. Deshalb wurde Bertha zu einem Onkel nach Nürnberg geschickt, wo sie in dessen Bäckerei mitarbeiten musste. 1885 folgte die Mutter mit den restlichen Kindern. Bertha arbeitete in einer Spielzeugfabrik, um zum Lebensunterhalt der Familie beizutragen. Später ging sie nach Wien, 1902 nach England, arbeitete dort zunächst als Hausangestellte, dann als Reisebegleiterin. Nach dem Tod der Mutter gab Bertha diese Tätigkeit auf und widmete sich ihrer Berufung, der Arbeit in wohltätigen Einrichtungen. Sie arbeitete in einem Diakonissenhaus, schied dort jedoch ein Jahr später wegen unterschiedlicher Auffassung über die Art und Weise wie Hilfe zu leisten sei, wieder aus.

Bertha Keyser wollte den Kranken nicht nur mit Rat und Tat zur Seite stehen, sondern ihnen auch kleine materielle Wünsche erfüllen. Nach einem Gastspiel als Kammerzofe bei einer französischen Gräfin, zog es sie wieder zu den Armen. Sie ging in die Armenwohnviertel von Paris, lebte dort in einer Kürschnerwerkstatt, half beim Fellespannen und Pelznähen, malte Bilder und verkaufte sie für fünf Francs das Stück. Dann erhielt sie das Angebot, als Aufseherin in einem Frauengefängnis zu arbeiten. Bertha Keyser führte dort einige Neuerungen ein: Sie sang mit den weiblichen Häftlingen, hielt mit ihnen Andacht und betete mit ihnen. Weil sich einige Mädchen dabei nicht gut betrugen, wurden Bertha Keyser diese Tätigkeiten verboten. Sie kündigte, wurde Erzieherin in einem Mädchenheim im Elsass. Die Anstaltsleitung monierte Bertha Keysers zu große Nachsichtigkeit gegenüber den Mädchen.

Abb. v.l.n.r.: Staatsarchiv Hamburg | Barbara Lüders: Mutter der Heimatlosen, o. J.

Berthas Weg führte sie nun zur Heilsarmee. Doch auch dort schied sie bald wieder aus, weil ihr die Heilsarmee zu reglementiert arbeitete. Sie zog nach Nürnberg, um im dortigen Armenviertel eine eigene Missionsarbeit aufzubauen. Dreieinhalb Jahre später (1912) übergab sie diese Arbeit der Landeskirche und zog 1913, dem Ruf des Leiters der Hamburger Strandmission folgend, nach Hamburg. Dort arbeitete sie ehrenamtlich im Missionshaus in der Richardstraße. Aber auch hier kam es zu Konflikten, denn Bertha Keyser behandelte alle Insassen gleich. Das widersprach allerdings der üblichen Praxis. Neid und Missgunst erschwerten ihr obendrein noch die Arbeit und so kam Bertha Keyser auf die Idee, eine eigene Mission aufzubauen. Die ersten Räume fand sie dazu am Alten Steinweg 25. Hier schuf sie die Mission unter der Straßenjugend, hinzu kamen die Betreuung von Obdachlosen und Prostituierten, Armenspeisungen, Straßengottesdienste und Gefängnis- und Krankenbesuche. Die Finanzierung erfolgte durch Spenden reicher Kaufleute, Firmen oder Privatpersonen, die Bertha Keyser persönlich aufsuchte.

Im letzten Kriegsjahr des Ersten Weltkriegs zog Bertha Keyser in eine größere Wohnung am Neuen Steinweg, in der ca. 60 Menschen übernachten konnten. Da sich jedoch die Hausbewohner über den lauten Betrieb beschwerten, wurde es Bertha Keyser verboten, Obdachlose zu beherbergen. Sie musste ausziehen und fand in der Jugendherberge in der Böhmkenstraße ein neues Zuhause mit 80 Betten.

In den Jahren der Wirtschaftskrise richtete Bertha Keyser drei Feldküchen ein, über die täglich 600 Portionen Mittagskost an die Armen verteilt wurden.

1925 fand Bertha Keyser für ihre Obdachlosenmission eine neue Bleibe in der Winkelstraße, (die Straße ist heute nicht mehr vorhanden; ihr Standort war damals dort, wo heute das Emporio-Hochhaus steht) nahe der Musikhalle. Nun hatte die Mission ein Haus für sich allein.

1927 richtete Bertha Keyser ein Frauenobdachlosenheim in der Winkelstraße 7 ein, das den Namen „Fels des Heils" erhielt. Für obdachlose Männer fand sie in der Nähe des Hauptbahnhofes – in der Stiftstraße – ein neues Domizil.

Als die Hamburger Behörden aus der Winkelstraße eine Bordellstraße machten mit Eisentoren am Ein- und Ausgang der Straße, fand Bertha Keyser in der Rothesoodstraße eine neue Unterkunft.

Bertha Keyser

1929 gründete sie einen Evangelisch-Sozialen Hilfsverein. Die Beiträge der Mitglieder dienten zur Unterstützung der Mission.

Während des Zweiten Weltkrieges konnten, trotz der schwierigen Umstände, die Armenspeisungen in Kellern und Bunkern weiterhin durchgeführt werden. Als 1943 ihr dreistöckiges Heim „Fels des Heils" in der Rothesoodstraße den Bomben zum Opfer fiel, suchte Bertha Keyser sofort nach einem neuen Haus. 1945 konnte sie ein kleines Zimmer in der Langen Reihe 93 mieten. Dort wohnte sie mit Schwester Anna Bandow, die ihr den Haushalt führte, und dort wurden auch die zahlreichen Essensgäste beköstigt. Mehrere Großküchen hatten sich bereit erklärt, für Bertha Keysers Missionswerk mit zu kochen.

Unter Hamburgs Firmen und Kaufleuten erwarb sich Bertha Keyser viele Freunde und Gönner, die sie regelmäßig mit Sach- und Geldspenden unterstützten. Eine große Hamburger Kaffeefirma zahlte die Miete ihrer kleinen Ladenwohnung im Bäckerbreitergang 7, wohin sie gezogen war, nachdem sich die Nachbarschaft aus der Langen Reihe über sie beschwert hatte.[13]

Berthastraße

Barmbek-Süd, seit 1866, benannt nach der Tochter des Grundeigentümers F. H. D. Wagner

> Siehe auch ➤ **Wagnerstraße**, *Barmbek-Süd, seit 1877: Hans Heinrich David Wagner (1816–1872), Bauer und Grundstücksbesitzer, über dessen Grundstück die Straße verlief, in Bd. 3 online**.*

Bertha-Uhl-Kamp

Groß Flottbek, seit 1979, benannt nach **Bertha Uhl** *(25.12.1867–30.3.1955 Hamburg), Leiterin der ehemaligen Kuratoriumsschule in Groß Flottbek, heute Gebäude der Volkshochschule West, Waitzstraße 31*

Viele Menschen in Flottbek und Othmarschen erinnern sich noch an das Bertha-Lyzeum, die frühere höhere Schule für Mädchen, die heute fortgeführt wird als Koedukationsschule Gymnasium Hochrad. Doch kaum jemand weiß etwas über die Frau, die mit dem Namen Bertha-Lyceum geehrt wird. Selbst ehemalige Schülerinnen schütteln den Kopf, wenn sie danach gefragt werden, ob sie etwas über Bertha Uhl

Bertha Uhl 1903

wissen. Es ist das Verdienst des Bürgervereins Flottbek-Othmarschen, dass die Stadt eine neue Straße in Groß Flottbek nach ihr benannte. Seit 1979 gibt es den Bertha-Uhl-Kamp, eine kleine Sackgasse, in einer Siedlung von Stadthäusern, abgehend von der Baron-Voght-Straße in der Nähe der Flottbeker Reithalle.

Um die Jahrhundertwende entstand im aufstrebenden Dorf Groß Flottbek, das sich zu einem Villenvorort entwickelt hatte, der Wunsch nach einer angemessenen Schulbildung für die Kinder der bessergestellten Bevölkerung. Der Pinneberger Landrat Scheiff und der Blankeneser Propst Paulsen beriefen zum 22. Januar 1901 die Groß Flottbeker Gemeindeversammlung ein und baten die Gemeindevertreter um finanzielle Unterstützung für die Einrichtung von so genannten Vorschulklassen, die die Flottbeker Kinder auf die höheren Schulen der Nachbarorte Altona und Blankenese vorbereiten sollten. Gebildet wurde eine Schule mit einem Kuratorium als Aufsichtsgremium, das nicht der Gemeinde zugehörte. Die enge Verbindung wurde aber dadurch deutlich, dass der Gemeindevorsteher Lüdemann *(siehe ➤* **Lüdemannstraße**, *in Bd. 3 online**)* gleichzeitig auch zum Kuratoriumsvorsitzenden gewählt wurde. Das Kuratorium bestand aus angesehenen Männern der Gemeinde und hatte u. a. die Aufgabe, die Schulkonzession zu beantragen und die Schulleiterin zu berufen. Die ersten Lehrerinnen kamen von einer gescheiterten Privatschule, offizieller Schulleiter wurde zunächst Propst Paulsen. Die intern eingesetzte Schulleiterin, Fräulein Stehn, konnte aus „äußeren Gründen nicht dauernd für die Schulleitung gewonnen werden". So übertrug das Kuratorium zu Ostern 1902 die Schulleitung an Fräulein Bertha Uhl, die zuvor zwölf Jahre lang an einer Schule in Eberswalde gearbeitet hatte. Mit 34 Jahren kam sie nach Groß Flottbek. Auf Grund der guten Arbeit der ersten drei Lehrerinnen konnte sie die Schule mit großem Erfolg weiter ausbauen. Aus der dreiklassigen Vorschule wurde durch jährlichen Aufbau einer weiteren Klasse eine zehnklassige Höhere Mäd-

Abb. v.l.n.r.: Gedenkschrift Gymnasium Hochrad/Johann Eitmann | akg-images/bilwissedition

**   **Band 3 online** unter: www.hamburg.de/maennerstrassennamen

13) Vgl. Bertha Keyser: Mutter der Heimatlosen. Nach der Lebensbeschreibung von Schwester Bertha Keyser bearb. von Barbara Lüders. Hamburg o. J.

chenschule mit Knabenvorschule, die im Jahre 1909 die Anerkennung als Lyceum erhielt. 1915 übernahm die Gemeinde Groß Flottbek die bisherige Kuratoriumsschule als öffentliches Lyceum und erkannte damit auch die hervorragende Arbeit der Direktorin Bertha Uhl an. Doch eine ernstliche Erkrankung führte dazu, dass Bertha Uhl vom Sommer 1915 bis Ostern 1916 beurlaubt werden musste und anschließend ihr Amt niederlegte. Ihr zu Ehren erhielt die Schule den Namen Bertha-Lyzeum. Diesen Namen behielt sie bis zur Eingemeindung in die Stadt Hamburg 1938. Doch was nun offiziell Oberschule für Mädchen in Hamburg-Groß Flottbek hieß, blieb im Bewusstsein der Bevölkerung noch über Jahre hindurch das Bertha-Lyceum. Bertha Uhl zog nach Berlin, kehrte aber nach dem Zweiten Weltkrieg nach Groß Flottbek zurück und wohnte in der Hölderlinstraße. Sie brachte ihrer alten Schule reges Interesse entgegen und hielt Kontakte zu früheren Schülerinnen aufrecht.

Text: Jürgen Timm

*Siehe auch ➤ **Lüdemannstraße**, Groß Flottbek, seit 1926: Joachim Lüdemann (1861–1934), Gemeindevorsteher in Groß Flottbek, in Bd. 3 online**.*

Bettinastieg

*Osdorf, seit 1953, benannt nach **Elisabeth Catharina Bettina(e) von Arnim** (4.4.1785 Frankfurt/M.– 20.1.1859 Berlin), Schriftstellerin*

Bettina wurde als siebtes Kind des Großkaufmanns Pietro Antonio und der Maximiliane La Roche, Enkelin von Sophie von La Roche und Schwester von Clemens Brentano *(siehe ➤ **Brentanostraße**, in Bd. 3 online**)*, geboren. Nach dem Tod der Mutter 1793 wurde sie mit ihren Schwestern bis zu ihrem dreizehnten Lebensjahr in ei-

nem Klosterinternat in Fritzlar erzogen, dann bei ihrer Großmutter La Roche in Offenbach. Später lebte sie bei ihrer Schwester Gunda in Marburg, wo sie auch Karoline von Günderrode (1780–1806) kennenlernte und sich mit ihr befreundete. 1806 brach Karoline von Günderrode die Beziehung zu Bettina ab und nahm sich wegen Liebeskummer das Leben. 34 Jahre später, 1840, gab Bettina von Arnim ihren Briefwechsel mit der Freundin heraus.

Bettina galt in ihrer Kindheit als „äußerst lebhaftes, den Konventionen trotzendes Mädchen, das bildungshungrig versuchte, die ihm gesetzten Schranken zu umgehen. Sie studierte Musik, komponierte, arbeitete im Garten, interessierte sich für Naturbeobachtungen und setzte durch, hebräisch lernen zu dürfen."[14]

1806 befreundete sich Bettina mit Goethes Mutter. Aus deren Erzählungen über Goethes Kindheit entstanden Bettinas „Briefbücher". Bettina besuchte Goethe *(siehe ➤ **Goethestraße** und **Goetheallee**, in Bd. 3 online**)* öfter in Weimar. Goethe brach später die Beziehung wegen eines Streits zwischen Bettina und Christiane von Goethe ab.

Bettina von Arnim

1811 heiratete Bettina den Dichter Achim von Arnim *(siehe ➤ **Arnimstraße**, in Bd. 3 online**)*. Dieser hatte mit Bettinas Bruder Clemens die Liedersammlung „Des Knaben Wunderhorn" herausgegeben. Sieben Kinder wurden geboren. Das Ehepaar stritt sich oft über die Erziehung der Kinder sowie über Geld und Wohnsitz. Die Familie wohnte auf Achims Gut Wiepersdorf in der Mark und in Berlin, Bettina bevorzugte die Großstadt Berlin. „Ihre sieben Kinder erzog sie

**   Band 3 online unter: www.hamburg.de/maennerstrassennamen

14) Florence Hervé, Ingeborg Nödinger: Lexikon der Rebellinnen. Von A bis Z. Dortmund 1996, S. 18.

nach modernen Erziehungsidealen. Sie forderte öffentliche Schulen anstelle der Hauslehrer und Sportunterricht."[15]

Bettina von Arnims Leben wurde charakterisiert als „unaufhörliche Bewegung, immer im Gegensatz zu sich selber und zu anderen (…), ständige Ortswechsel (…), Reisewut (…). Bald lauscht (…) Bettina in Frankfurt zu Füßen der Frau Rath Goethe den Erzählungen der mütterlichen Freundin, bald plant sie mit der Schwester Lulu in Kassel eine Reise nach Berlin – in Männerkleidern. Eben noch hing sie auf dem Brentanoschen Landgut zu Winkel im Rheingau auf mitternächtlichen Spaziergängen melancholischen Gedanken nach, wenige Tage später, und sie bringt auf dem Starnberger See aus Zorn und Mutwillen das Boot der Familie Jacobi fast zum Kentern (…). Wilhelm von Humboldt bescheinigt ihr: ‚Solche Lebhaftigkeit, solche Gedanken- und Körpersprünge (…), so viel Geist und so viel Narrheit ist unerhört.‘ Bettina weiß den Schüchternsten anzuziehen und den Gutwilligsten abzustoßen, sie ist die stillste und die lauteste, die verträumteste und die bizarrste, die feinfühligste und die taktloseste, ein Engel und ein Irrwisch."[16]

Nachdem Achim von Arnim 1831 gestorben war, lebte Bettina fortan ausschließlich in Berlin, dort in der Straße Unter den Linden 21. Auch begann sie nun „als Schriftstellerin an die Öffentlichkeit zu gehen – nicht nur als Goetheverehrerin, sondern vor allem mit ihrem sozialen und politischen Engagement".[17]

Bettina veröffentlichte in den nächsten dreizehn Jahren fünf Bücher. Außerdem pflegte sie Cholerakranke, kümmerte sich um Arme, setzte sich für die schlesischen Weber und für die Gebrüder Grimm ein (siehe ➤ Grimmstraße, in Bd. 3 online**) und hielt einen literarischen Salon. Unter den Gästen waren u. a. Alexander von Humboldt (siehe ➤ Humboldtstraße, in Bd. 3 online**), Fürst Pückler-Muskau, Caroline und Dorothea Schlegel (siehe ➤ Schlegelsweg, in diesem Band), das Ehepaar Varnhagen von Ense (siehe ➤ Rahel-Varnhagen-Weg, in diesem Band), die Geschwister Tieck (siehe ➤ Tiecksweg, in Bd. 3 online**).

Mit ihrem Buch „Dies Buch gehört dem König", eine empirische Studie über die Armut, die sie dem preußischen König Friedrich Wilhelm IV. widmete, wurde Bettina zur Sozialkämpferin. In diesem Band machte sie die Obrigkeit verantwortlich für das Elend der Untertanen. Am 15. Mai 1844 ließ Bettina von Arnim in allen großen Zeitungen Deutschlands die Veröffentlichung ihres „Armenbuches" ankündigen.

Auch forderte Bettina den König auf, die Todesstrafe abzuschaffen.

Die Folge ihres sozialen und demokratischen Engagements war: Bettina von Arnim wurde bespitzelt, ihre Briefe von der Polizei aufgebrochen.

Die dauernden Zusammenstöße mit der Zensur veranlassten sie, einen eigenen Verlag zu gründen: die Arnim'sche Verlagsexpedition. Um Bettina von Arnim auch bei diesem Unterfangen zu behindern, beschuldigte sie 1847 der Berliner Magistrat der Steuerhinterziehung, weil sie bei der Gründung ihres Verlages versäumt hatte, die Bürgerrechte zu erwerben. Bettina von Arnim wurde zu zwei Monaten Gefängnis verurteilt. Doch durch Intervention seitens einflussreicher Leute wurde die Strafe nicht vollstreckt.

Bettina von Arnim erkannte, dass man sie mundtot machen wollte. Bereits in ihrem Günderrode-Buch (1840) hatte sie über die Fürstendiener geschrieben: „Je dringender die Forderungen der Zeit ihnen auf den Hals rücken, je mehr glauben sie sich mit Philistertum verschanzen zu müssen und suchen sich Notstützen an alten, wurmsti-

** Band 3 online unter: www.hamburg.de/maennerstrassennamen

15) Ebenda.
16) Helga Haberland, Wolfgang Pehnt: Frauen der Goethezeit in Brie-

fen, Dokumenten und Bildern. Stuttgart 1961, S. 500f.
17) Florence Hervé, a. a. O., S. 19.

chigen Vorurteilslasten und erschaffen Räte aller Art, geheime und öffentliche, die weder heimlich noch öffentlich anders als verkehrt sind – denn das rechte Wahre ist so unerhört einfach, daß schon deswegen es nie an die Reihe kommt."[18]

Bettina von Arnim „begrüßte und unterstützte energisch die 48er Revolution, ließ nicht ab, ‚jenen Traum' ernstzunehmen, ‚indem eine menschliche, eine versöhnte Welt beschworen wird'".[19]

1852 erschien die Fortsetzung ihres Romans „Dies Buch gehört dem König", in der Bettina den König auffordert, demokratische Tendenzen zu fördern und ein Volkskönig zu werden. Das Buch wurde in Bayern verboten, Bettina von Arnim als „Communistin" beschimpft.

1854 erlitt Bettina von Arnim einen Schlaganfall und starb fünf Jahre später.

„Zeit ihres Lebens [hatte Bettina von Arnim] heftige Kritik erfahren, und gerade von denen, vor die sie mit dem ganzen Überschwang ihrer Verehrung trat. Der Lieblingsbruder Clemens, zum gläubigen Katholiken geworden, schreibt 1824 nach einem Wiedersehen mit der Schwester, er fühle sich ‚sehr traurig in der Nähe dieses großartigen, reichstbegabten, einfachsten, krausesten Geschöpfes' und ihrem ‚steten Reden, Singen, Urteilen, Scherzen, Fühlen, Helfen, Bilden, Zeichnen, Modellieren, alles in Beschlag nehmen und mit Taschenspielerfertigkeit sich alle und jede platte Umgebung gewalttätigen'. Und Goethes negative Urteile über Bettina reichen bis zu jenem, in dem er die Arnims schlechtweg als ‚Tollhäusler' bezeichnet.

Bettina nahm diese Kränkungen und Abweisungen, so sehr sie trafen und verletzten, mit erstaunenswerter Geduld hin. ‚Soll ich klagen, wenn Du nicht wieder liebst', fragt sie in Goethes Briefwechsel mit einem Kinde. (…) Es sucht jeder in der Liebe nur sich, und es ist der höchste Gewinn, sich in ihr zu finden. (…) Du liebst in dem Geliebten nur den eigenen Gewinn.' (…) Der Zwang, aus sich selber bestreiten zu müssen, was die Welt versagt – das scheint der bittere Preis zu sein für den Zauber dieser zierlichen Person (…), der dunkle Grund, vor dem sich dieses Feuerwerk von Übermut und Witz, von leicht entzündbarer Begeisterung und pathetischer Gefühlskraft entfalten konnte."[20]

Siehe auch ➤ Fanny-Lewald-Ring, Geschwister-Mendelssohn-Stieg, Rahel-Varnhagen-Weg, Schlegelsweg, Schumannstraße, *in diesem Band.*

Siehe auch ➤ Arnimstraße, *Osdorf, seit 1941: Achim von Arnim (1781 Berlin–1831 Wiepersdorf), Dichter, in Bd. 3 online**.*

Siehe auch ➤ Beethovenallee, *Lokstedt, seit vor 1934 und* Beethovenstraße, *Barmbek-Süd, seit 1863. Ludwig von Beethoven (1770–1827), Komponist, in Bd. 3 online**.*

Siehe auch ➤ Brentanostraße, *Osdorf, seit 1941: Clemens Brentano (1778 Ehrenbreitstein/Koblenz–1842 Aschaffenburg), Dichter, Bruder von Bettina von Arnim, in Bd. 3 online**.*

Siehe auch ➤ Geibelstraße, *Winterhude, seit 1888: Emanuel Geibel (1815–1884), in Bd. 3 online**.*

Siehe auch ➤ Goetheallee, *Altona-Altstadt, seit 1928: Johann Wolfgang von Goethe (1749–1832), Dichter. 1782 geadelt, seitdem „von" G, in Bd. 3 online**.*

Siehe auch ➤ Grimmstraße, *Iserbrook, seit 1930: Brüder Grimm, Jacob (1785–1863) und Wilhelm Grimm (1786–1859), in Bd. 3 online**.*

Siehe auch ➤ Tiecksweg, *Eilbek, seit 1904: Ludwig Tieck (1773–1853), Dichter, Dramaturg, in Bd. 3 online**.*

Betty-Levi-Passage

Ottensen, seit Nov. 1996, benannt nach Betty Levi (1882–11.7.1942 Deportation ins KZ Auschwitz, Todesdatum unbekannt), Altonaer Bürgerin jüdischen Glaubens

---

** **Band 3 online** unter: www.hamburg.de/maennerstrassennamen

18) Bettina von Arnim: Die Günderrode. Kapitel 11, unter: www.gutenberg.spiegel.de/buch/-3944/11

19) Florence Hervé, a. a. O., S. 19.
20) Helga Haberland, a. a. O., S. 502.

*Stolperstein vor dem Wohnhaus Rissener Land-
straße 127.*

Betty Levi, als Betty Lindenberger 1882 in Ostpreußen geboren (und amtlich unter dem „deutschen" Namen Berta registriert), wuchs in Berlin
auf. Der Vater war im Fischgeschäft tätig; es

mögen verwandtschaftli-
che Beziehungen zu den
Altonaer Fischhandelsfir-
men Lindenberg bestan-
den haben. Betty war
musikalisch begabt und
erhielt eine profunde pia-
nistische Ausbildung. Sie
liebte die Beschäftigung
mit textilen Handarbeiten.
Anlässlich einer Hoch-
zeitsfeier begegnete sie
dem Altonaer Juristen Dr.

Betty Levi

Moses Levi, Mitglied der alteingesessenen Familie Cohn/Levi und heiratete ihn 1905. Sie wurde
Hausfrau und Mutter von vier Kindern, geboren
zwischen 1908 und 1916. Das Ehepaar erwarb
das Haus in der Klopstockstraße 23 in Ottensen.

Hervorstechende Charakterzüge Betty Levis
waren: höchste Ansprüche an Genauigkeit in
künstlerischen und hauswirtschaftlichen Belangen und Unbeugsamkeit in für Jüdinnen und
Juden schwieriger Zeit.

1938 verlor Betty Levi ihren Ehemann. Die
Tochter Elisabeth und der Sohn Walter hatten
1932 und 1936 das Elternhaus durch Heirat nach
Dänemark bzw. Emigration nach England verlassen. 1939 emigrierten die Töchter Käthe und Herta ebenfalls nach England. Bemühungen, auch für
die Mutter eine Einreisegenehmigung zu erhalten,
scheiterten. Nach erzwungenem Verkauf ihres
Wohnhauses wurde die Witwe Betty Levi in ein
jüdisches Altersheim eingewiesen und von dort

aus am 11. Juli 1942 ins Vernichtungslager Auschwitz deportiert. Sie starb vermutlich wenig später.

Betty Levi steht für viele jüdische Altonaer
und Altonaerinnen, die in selbstverständlicher
Gemeinschaft mit den übrigen Einwohnerinnen
und Einwohnern ein alltägliches, gänzlich un-
spektakuläres Leben führten, bis ihre Religions-
zugehörigkeit zum todeswürdigen Makel wurde.
Seit 1999 informiert eine (vom Stadtteilarchiv
Ottensen initiierte und gestaltete) Gedenktafel
am Straßenschild unter dem Titel „Eine Altonaer
Familie" über Schicksal, Stammbaum und Stadt-
geschichte.[21]

*Text: Ulla Hinnenberg, entnommen aus: www.stolper-
steine-hamburg.de*

Blättnerring

*Langenbek, seit 1988, benannt nach Georgine
Blättner, geb. Goldschmidt (2.11.1871 Weener, am
15. 7.1942 deportiert nach Theresienstadt, dort
am 9.12.1942 verstorben), Opfer des Nationalsozialismus*

*Stolperstein vor dem Wohnhaus Bansenstraße 13
in Heimfeld.*

Georgine und Arondine Blättner (4.7.1875 Wee-
ner–20.10.1943 KZ Theresienstadt) wuchsen als
Töchter des jüdischen Ehepaares Aron und Lina
Goldschmidt, geb. Rosenblatt, in ihrem Geburts-
ort Weener an der deutsch-niederländischen
Grenze auf.

Georgines späterer Ehemann Martin Blättner (geb. 16.6.1863) war acht Jahre älter als sie
und Inhaber eines Schuhwarengeschäfts in Harburg. Die Ehe blieb kinderlos. Martin Blättner
starb im Alter von 69 Jahren am 7. Juli 1932 und
wurde auf dem Jüdischen Friedhof in Harburg
begraben.

Auch Arondine Blättner lebte später in Harburg a. d. Elbe. Ihr Ehemann, der Kaufmann Le-

Abb.: Vereinigung der Verfolgten des Naziregimes (VVN)

21) Quellenangaben für den gesam-
ten Text: Staatsarchiv Hamburg
(StaH), 522-1, jüdische Gemeinden,
99b, Kultussteuerkartei der Deutsch-
Israelitischen Gemeinde Hamburg;
Hamburger jüdische Opfer des
Nationalsozialismus. Gedenkbuch,
Veröffentlichung aus dem Staatsar-
chiv Hamburg, Bd. XV, bearbeitet von
Jürgen Sielemann unter Mitarbeit von
Paul Flamme, Hamburg 1995; Infor-
mationen von M. Edelmann, Enkel;
Familiäre Dokumente; Gespräche und
Korrespondenz mit Herta Grove, geb.
Levi; Broschüre „Unauslöschliche Er-
innerungen" (von Herta Grove) des
Gymnasiums Allee, Altona, 1998; Amt
für Wiedergutmachung (AfW), Akte

opold Blättner (geb. 22.7.1876), führte zwar den gleichen Nachnamen wie sein Schwager, war aber nach bisherigen Erkenntnissen nicht direkt mit ihm verwandt. Am 11. Juli 1901 wurden Arondine und Leopold Blättner Eltern eines Sohnes namens Albert. Leopold Blättner starb mit 48 Jahren, und wurde wie seine Eltern auf dem Jüdischen Friedhof in Harburg begraben.

Nach dem Tod ihrer Ehemänner bewohnten die beiden Schwestern Arondine und Georgine Blättner offenbar eine gemeinsame Wohnung in der Bansenstraße 13.

Ab 1933 litten sie unter den Folgen der nationalsozialistischen Machtübernahme. Am 1. April 1933 standen Posten der Harburger SA auch vor dem Schuhwarengeschäft Blättner in der Bansenstraße, das Georgine Blättner nach dem Tod ihres Mannes weiterzuführen versuchte. Die Auswirkungen dieses Boykotts und der wachsende politische Druck trugen vermutlich dazu bei, dass das Geschäft in den folgenden Jahren geschlossen wurde.

Als nicht weniger schmerzlich dürfte Georgine Blättner den Abschied von ihrem einzigen Sohn Albert empfunden haben, der im September 1938 seine Wohnung in der Eißendorfer Straße 15 aufgab und mit seiner Frau Frieda nach Argentinien auswanderte. Andere Verwandte hatten bereits vorher den Weg ins Exil angetreten.

Eine weitere Folge der zunehmenden Bedrohung war der Umzug der beiden Schwestern in die Großstadt Hamburg, wo sie in den folgenden Monaten und Jahren immer wieder ihre Wohnung wechselten – oder vermutlich wechseln mussten. Schnell schmolzen ihre Ersparnisse dahin, von denen sie weitgehend ihre Lebenshaltungskosten zu bestreiten hatten, sofern nicht Verwandte ihnen gelegentlich etwas zukommen ließen.

Im Juli 1942 wurden Arondine und Georgine Blättner ins KZ Theresienstadt deportiert.

Arondine Blättners Leben endete am 9. Dezember 1942. Ihre jüngere Schwester Georgine starb zehn Monate später am 20. Oktober 1943, angeblich an Herzschwäche, wie es in ihrer Todesfallanzeige heißt.[22]

Text: Klaus Möller, entnommen aus www.stolpersteine-hamburg.de

Bozenhardweg

*Hohenfelde, seit 1958, benannt nach **Albert Bozenhard**. Ergänzt 2001/2002 um die ebenso bedeutende Ehefrau **Karli B.** Neuer Erläuterungstext: benannt nach dem Schauspielerehepaar Karli (Karoline) B., geb. Hükker (11.6.1866 Wien– 1.2.1945 Hamburg), als erste Frau Ehrenmitglied des Thalia-Theaters, und Albert B. (1860–1939), Ehrenmitglied des Deutschen Schauspielhauses und des Thalia-Theaters.*

Der Grabstein steht im Garten der Frauen auf dem Ohlsdorfer Friedhof.

Der Name Bozenhard ist aus der Geschichte des Thalia-Theaters nicht wegzudenken. Über 40 Jahre gehörten **Albert und Karli Bozenhard** dem Ensemble des Thalia-Theaters an, hier lernten sie sich kennen und standen oft gemeinsam auf der Bühne.

Ihren Werdegang soll die gebürtige Wienerin im folgenden selbst erzählen, da ihre Worte viel von ihrer frischen und volkstümlichen Art und Begabung verraten: „Ich bin wie jeder Mensch geboren, und zwar in Wien, im Josefstädter Theater, somit ein richtig gehendes (d. h. gehend erst nach 11 Monaten) Theaterkind; mein Vater war am k. k. priv. Theater in der Josefstadt Hausinspektor, und ich war das, verzeihen Sie, zwölfte, aber dafür auch das letzte Kind meiner Eltern, gerade gewachsen, nicht hässlich, nicht

100382 Berta Levi geb. Lindenberger. 22) Quellenangaben für den gesamten Text: Staatsarchiv Hamburg (StaH), 522-1, jüdische Gemeinden, 99b, Kultussteuerkartei der Deutsch-Israelitischen Gemeinde Hamburg; StaH,

314-15, Akten des Oberfinanzpräsidenten (F149); Hamburger jüdische Opfer des Nationalsozialismus. Gedenkbuch, Veröffentlichung aus dem Staatsarchiv Hamburg, Bd. XV, bearbeitet von Jürgen Sielemann unter

Mitarbeit von Paul Flamme, Hamburg 1995; Gedenkbuch. Opfer der Verfolgung der Juden unter der nationalsozialistischen Gewaltherrschaft in Deutschland 1933–1945, Bd. I-IV, herausgegeben vom Bundesarchiv Ko-

schüchtern – und schon mit 2½ Jahren spielte ich meine erste Rolle, einen Ritter in dem Kindermärchen ‚Der verzauberte Apfelbaum'; nach 5 Jahren sang ich schon Couplets, spielte alle Hauptrollen in den Kindervorstellungen und war in meinem 7. und 8. Jahr gleichzeitig an drei Wiener Bühnen engagiert. Es kam einmal vor, dass ich an einem Abend an allen drei Theatern spielte, im Josefstädter den kleinen Hamlet in ‚Therese Krones', im Burgtheater das blutige

Karli Bozenhard

Kind in ‚Macbeth' und im Carltheater den kleinen Gottlieb in ‚Mein Leopold' – immerzu im Fiaker hin und her – es war ein richtiges ‚Geriss' um die kleine Hücker. Später reise ich dann als so genanntes Wunderkind mit Soloszenen und Vorträgen und erspielte mir ein Vermögen; Nicht wie andere Kinder mit Puppen und Spielzeug verbrachte ich meine Jugend – mein Tummelplatz war immer das Theater! Trotzdem war ich eine Muster- und Vorzugsschülerin und durfte nach einer Extraprüfung die Schule ein Jahr früher verlassen – um gastieren zu können. Als erwachsener Mensch blieb mir nichts erspart in meiner Laufbahn, ich habe die Misere des Meerschweinchens (sprich: Schmiere) kennengelernt und könnte darüber Dramen und Humoresken schreiben – vielleicht tue ich's auch noch. Dann kamen zwei herrliche Jahre mit dem Münchener Ensemble unter Max Hofpauer – das waren fortwährend Triumphzüge. Von da weg war wieder einmal das ‚Geriss' um mich: Maurice engagierte mich für das Hamburger Thalia-Theater, gleichzeitig wollte mich Anno für das

königliche Schauspiel in Berlin, und Förster vom Wiener Burgtheater bot Maurice eine Entschädigung, wenn er mich freiließ, aber Maurice bestand auf meinem Kommen und – ich bin froh – denn wie hätte ich sonst meinen Mann gekriegt? Was ich in den 28 Jahren meines Hamburger Wirkens teils gut, teils weniger gut, teils schlecht gemacht – ich weiß es nicht. Als ich herkam waren es die Louisen, die Galottis und Heros, später die Anzengruber-Jungfrauen, noch später die Röss'l-Wirtin, dann Gina (Wildente) und jetzt sind's die melierten, grauen und weißköpfigen guten und bösen Mütter – aber nur auf den Brettern –, sonst fühle ich mich noch wie in der Zeit meiner Wunderkindreisen, von denen ich immer noch meinem Mann erzählen muss."[23]

Diesem autobiographischen Text aus dem Jahre 1917 ist nur noch hinzuzufügen, dass Karli Bozenhard anlässlich ihres 40. Bühnenjubiläums 1929 als erste Frau am Thalia-Theater zum Ehrenmitglied ernannt wurde. 1930 trat das Ehepaar Bozenhard in den Ruhestand und verließ die Stadt, um sich in Stuttgart niederzulassen. Am 13. Januar 1939 starb Albert Bozenhard. Seine Frau kehrte nach Hamburg zurück und trat von 1941 bis 1943 erneut am Thalia-Theater auf.

Text: Brita Reimers

Brigittenstraße

St. Pauli, seit 1897. Frei gewählter Name

Brunhildstraße

Rissen, seit 1939, benannt nach der Brunhild im Nibelungenlied um 1200

Straßenschilder nach mythologischen Figuren erzählen viel über Sehnsüchte und Wunschträume, die in der jeweiligen Zeit ihrer Einwei-

Abb.: Staatsarchiv Hamburg

blenz. Koblenz 2006; Theresienstädter Gedenkbuch. Die Opfer der Judentransporte aus Deutschland nach Theresienstadt 1942–1945. Prag 2000; Yad Vashem, The Central Database of Shoa Victims' Names: www.yadvash-

em.org; StaH, 430-5 Dienststelle Harburg, Ausschaltung jüdischer Geschäfte und Konsumvereine, 1810–08, Bl. 89 ff.; Matthias Heyl (Hrsg.): Harburger Opfer; Matthias Heyl: „Vielleicht steht die Synagoge noch" Jüdi-

sches Leben in Harburg 1933–45. Norderstedt 2009; Amtlicher Anzeiger des Hamburgischen Gesetz- und Verordnungsblattes vom 16.2.1988. 23) Zitiert nach: Richard Ohnsorg: Fünfundsiebzig Jahre Hamburger Tha-

hung lebendig waren. Aber es erfordert Feinarbeit, die Hintergründe für diese Benennungen und ein Who's who, also knappe Personenbeschreibungen dieser sagenhaften Männer und Frauen aus den vielen unterschiedlichen Fassungen der Sagen herauszuarbeiten. Oft bleibt unklar, auf welche Quellen sich die Vorschläge und Entscheidungen für die Straßennamen berufen haben – waren es z. B. aktuelle Romane, Theaterstücke, Opern oder Filme?

Die Brunhildstraße ist dafür ein anschauliches Beispiel, denn möglicherweise wird hier an mindestens zwei imposanten Frauengestalten gleichen Namens erinnert, die in den mythologischen und historischen Quellen unterschiedliche Rollen spielen.

So gibt es die mächtige und kämpferische isländische Königin Brünhild aus dem Nibelungenlied, einem Heldenepos aus dem Mittelalter, das um 1200 in Deutschland aufgezeichnet wurde, in diversen Sagenüberlieferungen auch in Skandinavien weit verbreitet war. „Die Nibelungensage umfasst 1. die Jung-Siegfried-Abenteuer, 2. die Siegfried-Brünhild-Sage [Siegfrieds Tod], 3. den Untergang der Burgunden und 4. Atlas Tod."[24] Es ist in 35 Handschriften überliefert und eine Rekonstruktion der ursprünglichen Textgestalt scheint nicht möglich.

Als mögliches reales Vorbild gilt Brunichild (geb. um 545/550–613), eine politisch einflussreiche Frankenkönigin westgotischer Herkunft, Tochter des Westgotenkönigs Athanagild und der Königin Goswintha (Goiswintha), die Sigibert I. (535–575), den König des fränkischen Ostreichs, heiratete. (Dieser galt lange als reales Vorbild für den Drachentöter Siegfried.)

Die Schreibweise ihres Namens wandelt sich in den Erzählungen der Nibelungensage: In den deutschen Texten wird später aus dem u ein ü, und in den nordischen Texten ein y. Daher heißt es in neuhochdeutscher Orthographie Brünhild, in altnordischen Texten hingegen Brynhildr, heutzutage Brynhild, da die alte Nominativendung -r weggelassen wird.

In diesen Erzählungen ist Brünhild eine mit übernatürlichen Kräften ausgestattete isländische Königin, die nur einen ihr ebenbürtigen, ja stärkeren Mann heiraten würde. Der König der Burgunder, Gunther, wirbt um sie, konnte sie aber nicht bezwingen und gewinnt Siegfried von Xanten zu einem Betrug. Dieser junge Held darf Kriemhild (siehe ➤ Kriemhildstraße, in diesem Band), Gunthers Schwester, heiraten, aber nur unter der Bedingung, dass er Gunther bei der Brautwerbung und den kämpferischen Freierproben beisteht, also ihn mit einer Tarnkappe unterstützt. Der Plan gelingt, Brünhild muss als Ehefrau Gunthers und Königin von Burgund nach Worms ziehen.

Das Interesse am Nibelungenlied wuchs vor dem Hintergrund der nationalen Bewegungen im 19. Jahrhundert und wurde auch für die Bühne bearbeitet, etwa von Friedrich Hebbel (siehe ➤ Hebbelstraße, in Bd. 3 online**) in seinem Trauerspiel in drei Abteilungen „Die Nibelungen" (1861). Auch hier verliebt sich der burgundische König Gunther in die Königin Brunhild von Isenland, die im Lied eines Spielmanns als schön, aber unbesiegbar geschildert wird. Doch Brunhild will nur einen Mann, der stärker ist als sie. Zweimal täuscht Siegfried (siehe ➤ Siegfriedstraße, in Bd. 3 online**) sie in Gestalt Gunthers mit einer Tarnkappe, um ihren Willen zu brechen: Bei Kampfspielen während der Braut-Werbung besiegt Siegfried sie, worauf sie samt Gefolge an den Hof Gunthers zieht. Und beim Beischlaf setzt Siegfried als vermeintlicher Gunther seinen Willen durch, beraubt sie aber ihres Gürtels. Den entdeckt Siegfrieds Gattin Kriemhild. Sie entlockt Siegfried das Geständnis seines

lia-Theater. Vergangenheit und Gegenwart. Festschrift zum 9. November 1918. Hamburg 1918.
24) Joachim Bumke: Geschichte der deutschen Literatur im hohen Mittelalter. München 2004, S. 196.

**   Band 3 online unter: www.hamburg.de/maennerstrassennamen

Betruges. Am Haupteingang des Wormser Doms kommt es zu Rangstreitigkeiten um den Vortritt, in dessen Verlauf Kriemhild, die Schwester Gunthers, ihre Schwägerin Brunhild als „Kebsweib" (Hure/Mätresse) ihres Gatten Siegfried beschimpft. Die gedemütigte Brunhild fordert von König Gunther den Tod Siegfrieds, den Hagen, Gefolgsmann Gunthers, ausführt.

Richard Wagner verarbeitete diverse Figuren und Erzählstränge der Nibelungen-Sagenwelt mit nordischen Göttermythen zu seiner Tetralogie „Ring des Nibelungen (UA 1876), die sehr populär wurde. In „Die Walküre" („Erster Tag") spielt Brünnhilde, Tochter des Götterpaares Erda und Wotan, eine bedeutende Rolle. Als Walküre sorgt sie mit ihren Schwestern dafür, die getöteten Krieger per Pferd nach Walhalla zu tragen. Zunächst ist Brünnhilde die selbstbewusste Lieblingstochter Wotans, wird dann aber, nachdem sie sich für das liebende Zwillingspaar Siegmund und Sieglinde eingesetzt hat, von Wotan auf einem Berg in einen „wehrlosen Schlaf" versetzt. Sie kann Wotan aber noch die Zusage abringen, dass sie vor den vorbeiziehenden Männern durch einen Feuerring geschützt werde, den nur ein Held durchschreiten könnte. Diesen überwindet dann der junge und unerfahrene Held Siegfried in der folgenden Oper „Siegfried" („Zweiter Tag") – und er und Brünnhilde verlieben sich ineinander.

Nach Wagners Angaben setzt sich ihr Name zusammen aus „Brünne" für ihren Brustpanzer und „Hilde" in Anlehnung an „hild", eine althochdeutsche/altsächsische Bezeichnung für „Kampf."

Text: Birgit Kiupel

Siehe auch ➤ **Kriemhildstraße, Siegrunweg, Uteweg,** *in diesem Band.*

Siehe auch ➤ **Alberichstieg,** *Rissen, seit 1951; Gestalt aus der Nibelungensage, in Bd. 3 online.*

Siehe auch ➤ **Gernotstraße,** *Rissen, seit 1949: Gernot, Gestalt aus der Nibelungensage, in Bd. 3 online***.*

Siehe auch ➤ **Hildebrandtwiete,** *Rissen, seit 1951: Gestalt aus den Nibelungenlied, in Bd. 3 online***.*

Siehe auch ➤ **Mimeweg,** *Rissen, seit 1951: Mime der weise Schmied im Nibelungenlied, in Bd. 3 online***.*

Siehe auch ➤ **Rüdigerau,** *Rissen, seit 1949: Sagenmotiv aus der Nibelungensage, in Bd. 3 online***.*

Siehe auch ➤ **Siegfriedstraße,** *Rissen, seit 1933: Gestalt aus dem Nibelungenlied, in Bd. 3 online***.*

Siehe auch ➤ **Tronjeweg,** *Rissen, seit 1985: Hagen von Tronje, Gestalt aus der Gudrun- und Nibelungensage, in Bd. 3 online***.*

Siehe auch ➤ **Volkerweg,** *Rissen, seit 1949: Volker von Alzey Nibelungensage, in Bd. 3 online***.*

Bussestraße

Winterhude, seit 1876, benannt nach Johanna Magdalena(e) Busse (10.9.1828–19.11.1886), Ehefrau des Geländebesitzers Claes Joachim Rippens

**   Band 3 online** unter: www.hamburg.de/maennerstrassennamen

C

Cäcilienstraße

Winterhude, seit 1914, benannt nach Caecilia von Oldessem. Um 1522 erste protestantische Domina des Klosters St. Johannis

Die Äbtissin des Klosters Harvestehude, später dann Kloster St. Johannis, Caecilia von Oldessem (Äbtissin von 1522–1543), war die Tochter des Wandschneiders und Flandernfahrers Cord von Oldessem und Schwester des Domherrn Johann von Oldessem (1524–1542). Caecilia hatte dreizehn Geschwister. Auch ihre Schwester Gertrud und ihre Cousine Alleke von Oldessem traten ins Kloster Harvestehude ein. „45 % der Harvestehuder Nonnen [fanden] Verwandte ersten oder zweiten Grades im Kloster [vor]. Die Familien der Hamburger Oberschicht waren auf vielfältige Weise miteinander verschwägert, so daß eine nähere oder fernere Verwandtschaft vieler Hamburger Nonnen angenommen werden muß."[1]

Im Zuge der Reformation wurde im Kloster Harvestehude ein „Zwist über den rechten Glauben"[2] ausgetragen, in den auch die Äbtissin Caecilia von Oldessem involviert war. Zur selben Zeit kam der Reformator Johannes Bugenhagen *(siehe ➤ Bugenhagenstraße, in Bd. 3 online**)* nach Hamburg. Er wurde in der Hansestadt von 1528 bis 1529 tätig und beschäftigte sich u. a. mit den sich der Reformation widersetzenden Zisterziensernonnen. So verfasste er 1529 „die Schrift ,Wat me van dem Closter leuende holden schal allermeyst vor de Nunnen vnde Bagynen geschreuen' (…), in der er das Klosterleben als nicht vom Evangelium her begründete Form der Lebensge-

staltung kritisierte"[3] und die Auflösung des Klosters empfahl.

Bugenhagen hatte klare Vorstellungen von der Rolle der Frau. „Die Frau sollte jene versorgen, die Gott ihr als Nächste gab. (…) Wer sich diesem durch den Gang ins Kloster widersetze, sei des Teufels. (…) Er pries das Eheleben, aber keine Frau sollte dazu gezwungen werden. Mädchen, die zum Jungfernsein taugten, sollten sich in der Familie nützlich machen und ihre Eltern versorgen. Er nahm nicht an, daß dies häufig vorkäme. Vorsichtig empfahl er die Ehe, sie wäre besser als ein unwillkommener Versuch der Keuschheit. (…) Bugenhagen schrieb, man solle keiner Frau mehr erlauben, Begine oder Nonne zu werden,"[4] so Silke Urbanski in ihrem Buch über das Kloster Harvestehude. Und sie schreibt weiter: „Im Langen Rezeß von 1529 wurde die Verwaltung [des Klosters] durch einen Bürger festgeschrieben" und „den Nonnen anempfohlen, das Kloster zu verlassen."[5] Doch Bürgermeister Salsborch riet den Nonnen, „der Reformation zu widerstehen. Mit dem Argument, die neue Lehre müsse vom Teufel kommen, wenn sie

Äbtissinnensiegel des Zisterzienserklosters Harvestehude

Nonnen das Heiraten erlaube, soll er die Nonnen zum Widerstand aufgestachelt haben. (…) Das Kloster hielt sich außerdem nicht an die für Hamburg entwickelte Bugenhagensche Kirchenordnung, welche nur evangelischen Gottesdienst

Abb.: Aus: Heinrich Reincke, Hamburg am Vorabend der Reformation, Hamburg, 1966.

**   **Band 3 online** unter: www.hamburg.de/maennerstrassennamen

1)   Silke Urbanski: Geschichte des Klosters Harvestehude „In valle virginum". Münster 1996, S. 68.

2)   Silke Urbanski, a. a. O., S. 46 ff.
3)   wikipedia: Bugenhagen, Stand: 27.9.2014.
4)   Silke Urbanski, a. a. O., S. 101.
5)   Silke Urbanski, a. a. O., S. 46 ff.

erlaubte. Aus diesen Gründen beschlossen Rat und Bürgerschaft (...), das Kloster abzureißen." Nach dem Abriss war sich der „Konvent (...) uneins. Etliche Nonnen wollten das Kloster verlassen. Wohl blieb aber eine Gruppe übrig, die weiter als Konvent unter derselben Äbtissin [Caecilia] weiterleben wollte. Auch sie wechselten bald zur lutherischen Konfession. (...)

1531 wurde im Rezeß über die Zukunft der Konventualinnen verfügt: Sie sollten in das leere St. Johanniskloster ziehen. Wollten sie nicht, so täten dies andere ehrbare Frauen. ‚Nonnen‘ durften sie sich nicht mehr nennen. Wer auch immer im St. Johanniskloster lebte, der sollte von den Einkünften der ehemaligen Klostergüter profitieren. Eine Wahlmöglichkeit war nicht vorhanden, denn die Verfügungsmöglichkeit über die Güter des Klosters bestand weder für die Ausgetretenen noch für die Konventualinnen. Sollten die ehemaligen Nonnen dort nicht leben wollen, so würden sie nur ihre Aussteuer erhalten. (...) Trotzdem haben die Konventualinnen mit dem Rat verhandelt und sich einige Zusicherungen geben lassen. Davon und gleichzeitig von deren Nichteinhaltung erfahren wir durch einen Beschwerdebrief der Caecilia von Oldessem. In ihm fordert sie einen Ratsbeschluß wegen mehrerer Übertretungen der Klosterverwalter und wegen der ihr zugesicherten Besitzstände."[6]

1531 zogen neunzehn ehemalige Nonnen mit ihrer Äbtissin Caecilia von Oldessem in einem Teil der von den Mönchen geräumten Klosteranlage St. Johannis am heutigen Rathausmarkt ein. Die Räumlichkeiten entsprachen „aber nicht ihren Ansprüchen. Sie mußten die hohen Kosten der Renovierung der ‚drechlike(n)‘ Räumlichkeiten tragen. Weiterhin beschwerte sich die ehemalige Äbtissin [Caecilia] darüber, Rechenschaft über die Geschäfte vor der Auflösung des Klosters vor dem Rat ablegen zu sollen. Sie forderte

auch ein, daß sie wie zuvor an der Geschäftsführung beteiligt werde."[7] Doch man kam den Forderungen der Äbtissin nicht nach. „Viele Bequemlichkeiten, Möglichkeiten und Verfügungsgewalten waren [nun] dem Zugriff der Konventualinnen vollends entzogen. Sie selbst erfüllten hingegen viele der ihnen gestellten Bedingungen (...). Zu den Bedingungen für ein Weiterleben als Konvent gehörte unter anderem, weiterhin in Keuschheit zu leben und Unterricht zu geben. Caecilia von Oldessem hat bis in die vierziger Jahre versucht, ihre Lage durch Anfragen bei den Drosten von Pinneberg, den Statthaltern der Grafen von Schauenburg in der Grafschaft Holstein-Pinneberg zu ändern."[8]

1536 kam es zur Gründung des „Evangelischen Conventualinnenstiftes für unverheiratete Hamburger Patrizier- und Bürgertöchter". Es existiert heute noch als „Evangelisches Damenstift Kloster St. Johannis" an der Heilwigstraße in Eppendorf. Viele Straßennamen erinnern an das alte Frauenkloster im Harvestehuder Jungfrauenthal.

Siehe auch ❯ Abteistraße, Elebeken, Frauenthal, Heilwigbrücke, Heilwigstraße, Innocentiastraße, Jungfrauenthal, Nonnenstieg, *in diesem Band.*

Siehe auch ❯ Bugenhagenstraße, *Altstadt, seit 1909: Prof. Dr. Johannes Bugenhagen (1484–1558), Theologe, Freund Luthers, Reformator, in Bd. 3 online**.*

Catharina-Fellendorf-Straße

Bergedorf/Allermöhe, seit 1995, benannt nach Catharina Fellendorf, *geb. Elsäßer (7.11.1884–31.3.1944, hingerichtet im Zuchthaus Berlin-Plötzensee), Widerstandskämpferin gegen den Nationalsozialismus. Stand der Widerstandsgruppe Bästlein-Jacob-Abshagen nahe*

Catharina Fellendorf kam aus einer Arbeiterfamilie. Nach dem Abschluss der Volksschule arbeitete

** Band 3 online unter: www.hamburg.de/maennerstrassennamen

6) Silke Urbanski, a. a. O., S. 46ff.
7) Ebenda.
8) Ebenda.

sie als Plätterin und lebte in Hamburg in der Richterstraße 3. Sie wurde Mitglied der KPD, opponierte gegen den aufkommenden Nationalsozialismus.

Auch ihr Sohn Wilhelm (Willi), ein Kraftfahrer, war Mitglied der KPD. Gleich nach der Machtübernahme durch die Nationalsozialisten war er 1933 in die Sowjetunion emigriert. Im Mai 1942 kehrte er als Fallschirmagent nach Deutschland zurück, landete mit dem Fallschirm bei Allenstein in Ostpreußen und sollte nach Berlin zu einer ihm angegebenen Anlaufstelle. Da diese nicht mehr existierte, begab er sich ohne Geld und Lebensmittelkarten nach Hamburg zu seiner Mutter, die versuchte, für ihren Sohn illegale Quartiere zu besorgen. Dadurch kam sie in Kontakt mit der Widerstandsgruppe Bästlein-Jacob-Abshagen.

Ein Mitbewohner aus der Richterstraße 3 denunzierte Wilhelm Fellendorf, der daraufhin am 15. Oktober 1942 verhaftet wurde. Ohne ihm einen Prozess zu machen, wurde Wilhelm Fellendorf in der Hamburger Gestapohaft am 28.10.1942 ermordet.

Auch Catharina Fellendorf wurde verhaftet und wegen „Feindbegünstigung" zum Tode verurteilt. Am 31. März 1944 wurde sie im Gefängnis Berlin-Plötzensee hingerichtet.

Siehe auch ❯ Erna-Behling-Kehre, Gertrud-Meyer-Straße, Helene-Heyckendorf-Kehre, Katharina-Jacob-Weg, Lisbeth-Bruhn-Stieg, Margit-Zinke-Straße, Marie-Fiering-Kehre, Thüreystraße, Tennigkeitweg, in diesem Band.

Siehe auch ❯ Bittcherweg, Wilstorf, seit 1984: Herbert Bittcher (1908–1944), Mitglied der SPD, Widerstandskämpfer gegen den Nationalsozialismus. Herbert Bittcher: Verwandter von Katharina Fellendorf, in Bd. 3 online**.

Siehe auch ❯ Ernst-Mittelbach-Ring, Niendorf, seit 1982: Ernst Mittelbach (1903–1944), Gewerbeoberlehrer, Widerstandskämpfer gegen den Nationalsozialismus, und Ernst-Mittelbach-Stieg, Niendorf, seit 1987, in Bd. 3 online**.

Siehe auch ❯ Karl-Kock-Weg, Wilstorf, seit 1988: Karl Kock (1908–1944), Gummifacharbeiter aus Harburg, Kommunist, Widerstandskämpfer gegen den Nationalsozialismus, in Bd. 3 online**.

Siehe auch ❯ Kurt-Schill-Weg, Niendorf, seit 1982: Kurt Schill (1911–1944), KPD-Widerstandskämpfer gegen den Nationalsozialismus, in Bd. 3 online**.

Siehe auch ❯ Rudolf-Klug-Weg, Niendorf, seit 1982: Rudolf Klug (1905–1944), Lehrer, kommunistischer Widerstandskämpfer gegen den Nationalsozialismus, in Bd. 3 online**.

Siehe auch ❯ Werner-Schroeder-Straße, Allermöhe, seit 2002: Werner Schroeder (1916–1993), Bäcker, Kommunist, Widerstandskämpfer gegen den Nationalsozialismus, in Bd. 3 online**.

Charitas-Bischoff-Treppe

Blankenese, seit 1928, benannt nach Charitas Bischoff, geb. Dietrich (7.3.1848 Siebenlehn/Sachsen–24.2.1925 Blankenese), Schriftstellerin

Charitas Bischoff war die Tochter der Botanikerin und Forschungsreisenden Amalie Dietrich (siehe ❯ Amalie-Dietrich-Stieg, in diesem Band). Sie erlebte in ihrer Kindheit viel Strenge. Während ihre Eltern auf Forschungsreisen gingen, blieb Charitas bei Verwandten oder auch Fremden und litt unsäglich unter der Trennung von ihrer Mutter, der die häufigen Trennungen ebenso schwerfielen. Kehrten die Eltern nach Hause zurück, musste Charitas beim Präparieren von Pflanzen und In-

Charitas Bischoff

sekten helfen. Dazu schreibt Charitas Bischoff in ihren Lebenserinnerungen: „Wenn ich mein Leben mit dem Leben anderer Kinder verglich, so sah ich schon früh, daß ich andere Pflichten, aber auch andere Freuden und Genüsse hatte als meine Gefährtinnen. Äußerlich und innerlich war ein großer Unterschied. Fast alle waren besser gekleidet als ich. Wenn die anderen die Schule und die Schularbeiten hinter sich hatten, so waren sie frei (…) und konnten nach Herzenslust herumspielen. Sie brauchten nicht wie ich zu anderen Leuten, sie durften Kinder mit in ihr Heim bringen, sie bekamen gelegentlich kleine Geldgeschenke, die sie in Lakritzen oder Süßholz anlegten. Bei mir kam das nicht vor. Kinder durfte ich nur mit nach Hause bringen, wenn wir alle Gefäße voller Pflanzen hatten und viele Hände brauchten, die das Gesammelte in Papier legten. Zu dieser eigentümlichen Art ‚Kindergesellschaft' drängten sich meine Gefährtinnen, obgleich sie still sitzen und stundenlang unter der strengen Aufsicht des Vaters arbeiten mußten. Die Bewirtung fiel nur mager aus, denn sie bekamen nach der Arbeit eine Sirupsbemme von der Mutter. Was lockte sie? Vielleicht das Außergewöhnliche, was ihnen durch die Eltern und die ganze Umgebung geboten wurde, vielleicht aber auch mehr das Erzähltalent des Vaters. Um die Kinder willig zu machen, erzählte der Vater an solchen Tagen Märchen aus dem Tier- und Pflanzenleben, und er erzählte so spannend, so lebendig, daß wir jede Störung wie einen häßlichen Mißton empfanden, und doch musste dann und wann neues Arbeitsmaterial und Anweisungen gegeben werden. Wie gern hörte ich es, und wie stolz war ich, wenn die Kinder beim Nachhausegehen zu mir sagten: ‚O du, aber die Vater kann scheen derzählen!'"[9]

Der Vater stellte höchste Ansprüche an das Können seiner Tochter und wenn sie ihm nicht gut genug arbeitete, wurde er zornig. „Wie lange saß ich da oft an einer einzigen Pflanze. Ich beschwerte die einzelnen Zweige mit rechteckigen Eisenstücken, bis ich der ganzen Pflanze die Form gab, die sie im frischen Zustand hatte. Wenn sie am nächsten Tage aus der ersten Presse kamen und sie trugen Spuren oberflächlichen Einlegens, so nahm der Vater die betreffende Pflanze, riß sie mitten durch und warf sie mir zornig vor die Füße. ‚Untersteh dich und bring mir solche schlampige Arbeit unter die Augen', rief er entrüstet. O, wie ich unter seinen Worten zitterte, was für Angst ich hatte, wie ich mich nach solchem Zornausbruch bemühte, die Pflanzen gut einzulegen! Diese Strenge ließ keine Vertraulichkeit meinerseits aufkommen. Ich konnte ihn bewundern, ich konnte stolz auf ihn sein, aber ich konnte mich nicht unbefangen hingeben. Meine kindlichen Angelegenheiten waren seiner Beachtung nicht wichtig genug, ich wagte mich ihm gegenüber gar nicht damit hervor."[10]

Mit ihrer Mutter Amalie Dietrich ging Charitas oft zum Pflanzensammeln und Insektenfangen in die Natur. „Den wohltuendsten Gegensatz zu den Stunden stiller Arbeit bildeten die botanischen Wanderungen mit der Mutter. Meine Ausrüstung war ebenso vollständig wie die ihrige. Ich hatte eine Botanikerkapsel, ein Schmetterlingsnetz, ein Käferglas mit Spiritus und eine Schachtel mit durchlöchertem Deckel für Raupen. So ausgerüstet wanderte ich an der Seite der Mutter weit herum im sächsischen Lande. Wie reich und glücklich fühlte ich mich an solchen Tagen! Mir war zumute, als würde mir durch die Mutter die ganze Welt mit ihren Schätzen und Freuden erschlossen. Daß auch sie herb und streng sein konnte, das vergaß ich an solchen Tagen, da entfaltete sie eine Fülle reichen, sonnigen Innenlebens. Sie ging auf alles ein, was mich beschäftigte, sie ermunterte mich zum Singen, sie lobte mein tapferes Wandern, sie rezitierte lange Balladen, die sich der Stimmung der Gegend einfügten, sie hatte Bewunderung für Wolkenbildung und den feurigen

---

9)   Charitas Bischoff: Bilder aus meinem Leben. Berlin 1922, Kapitel 8.
http://gutenberg-spiegel.de/buch/
bilder-aus-meinem-leben-2298/8
10) Ebenda.

Sonnenuntergang. Mit wie vielerlei Menschen kamen wir zusammen, und mit allen wußte die Mutter den rechten Ton zu treffen. Mir prägte sie ein, mich von niemand und vor nichts zu fürchten. Wo sich nur Gelegenheit bot, sollte ich hilfreich zufassen."[11]

Als die Mutter einmal sehr lange auf Reisen war, kein Geld schickte und sich auch nicht meldete – sie lag schwer erkrankt in einem holländischen Krankenhaus –, schickte der Vater, der zu Hause geblieben war, seine Tochter zu fremden Menschen und nahm eine Hauslehrerstelle in einem anderen Ort an. Charitas lebte nun bei einem fremden Ehepaar und musste nach der Schule für dieses arbeiten. Da sie nicht gut behandelt wurde, wechselte sie die Stelle.

Als ihre Mutter zurückkehrte, fand sie in ihrem Haus fremde Menschen vor. Sie kannte weder den Aufenthaltsort ihrer Tochter noch den des Ehemannes. Nachdem sie ihre Tochter dennoch wiedergefunden hatte, kam Charitas abermals zu fremden Leuten, denn die Mutter musste Geld verdienen. Ihre Arbeit ließ es nicht zu, ihre Tochter bei sich zu haben.

Als Amalie Dietrich nach Hamburg fuhr, um dort Geld mit ihren Pflanzen zu verdienen, konnte sie vorerst ihre Tochter nicht mitnehmen. Erst als sie dort einen neuen Arbeitgeber fand – den Kaufmann Cäsar Godeffroy (*siehe* ▸ **Godeffroystraße**, *in Bd. 3 online***) – und der Elfenbeinimporteur/kaufmann Heinrich Adolph Meyer (*siehe* ▸ **Meyerstraße** *und* **Stockmeyerstraße**, *in Bd. 3 online***), der Godeffroy Amalie Dietrich empfohlen hatte, sich bereit erklärte, gemeinsam mit seiner Ehefrau Marie die Aufsicht über die damals 15-jährige Charitas zu übernehmen, wenn Amalie Dietrich für zehn Jahre nach Australien ginge, konnte Amalie Dietrich ihre Tochter nach Hamburg nachholen. Nun lebte Charitas bei dem kinderlosen Ehepaar Meyer, das in einem hochherrschaftlichen Haus in der Straße „An der Alster" 24a wohnte.

Als Amalie Dietrich ihre Tochter zu den Meyers brachte und ihr mitteilte, dass sie einen Vertrag mit Cäsar Godeffroy hätte, wonach sie sich verpflichtet habe, zehn Jahre lang als Botanikerin nach Australien zu gehen, fragte Charitas ihre Mutter, ob sie mitkönne. Darauf Amalie Dietrich: „Nein, ich nehme dich nicht mit! (…) jede Reise hast du mir durch dein Jammern extra schwer gemacht! Glaubst du etwa, daß nur du leidest? Du bist ja noch zu jung, als daß du einen Begriff haben könntest von Kämpfen, die mir auferlegt sind. Ich konnte ja nicht zu Hause bleiben, und das was mich immer so niederdrückte, das war, daß ich trotz der größten Anstrengung nichts für deine Erziehung tun konnte. Das ist von nun an anders! Ich bin fest angestellt, habe eine bestimmte Einnahme, und das kommt in erster Linie jetzt dir zugute. Du hast immer den Wunsch gehabt, etwas zu lernen, ich biete dir jetzt die Möglichkeit! Leichter wäre es mir, dich mitzunehmen, richtiger ist es auf alle Fälle, daß du hier bleibst."[12]

Charitas, die von Kind an weder eine äußere noch eine innere Heimat hatte, wohnte nun bei den Meyers und verbrachte die Sommer mit ihnen in deren Villa „Haus Forsteck" am Kieler Fördeufer. Später wurde sie von den Meyers zur Ausbildung nach Eisenach und Wolfenbüttel geschickt.

In Wolfenbüttel arbeitete Charitas einige Jahre als Lehrerin, ging dann für zwei Jahre nach London und kehrte im Alter von 23 Jahren nach Deutschland zu den Meyers, die in der Zwischenzeit nach Kiel gezogen waren, zurück.

Charitas lernte den Kandidaten der Theologie, Christian Bischoff, kennen. Als ihre Mutter aus Australien zurückkehrte, war Charitas bereits verlobt. Die Mutter war sehr enttäuscht da-

---

** **Band 3 online** unter: www.hamburg.de/maennerstrassennamen

11) Ebenda.
12) Charitas Bischoff, a. a. O., Kapitel 20.

rüber, hatte sie sich doch vorgestellt, dass ihre Tochter ihr nun wieder beim Präparieren der Pflanzen und Insekten helfen würde. Doch Charitas heiratete ihren Pastor (Hochzeit 1873), zog mit ihm nach Roagger in Nordschleswig und bekam drei Kinder (1874, 1876, 1886).

Aber auch in der Ehe fand Charitas keine Heimat, die ihr das Gefühl gab, sich aufgehoben und zugehörig zu fühlen; Charitas litt an Vereinsamung.

Als verheiratete Frau begann Charitas schriftstellerisch zu wirken. Durch ihre 1886 in den Kieler Nachrichten veröffentlichten Skizzen aus Nordschleswig wurde sie so bekannt, dass von nun an selbstständige Veröffentlichungen möglich waren. Charitas Bischoff arbeitete als Schriftstellerin, Journalistin und Übersetzerin aus dem Dänischen.

1890 zog das Ehepaar Bischoff mit seinen Kindern nach Rendsburg. Ein Jahr später starb Amalie Dietrich, die ihre Tochter in den letzten Jahren immer mal wieder für längere Zeit besucht hatte. 1884 verunglückte Charitas' Mann tödlich.

Charitas Bischoff begab sich wieder auf die Suche nach Heimat und reiste eine Zeitlang mit ihren Kindern durch Sachsen, die Heimat ihrer Kindheit, kehrte aber schließlich in die Großstadt Hamburg zurück, wo sie mit ihrem jüngsten Kind – das Älteste, eine Tochter, hatte geheiratet, die Mittlere hatte eine Stelle in einem Landpastorat angenommen – in einem Etagenhaus lebte. Aber auch dort fühlte sich Charitas Bischoff einsam und verlassen. „Es waren soviel Menschen, daß der eine sich vor dem andern wehrte, daß er sich abschloss. Man legte die eiserne Kette vor die Tür – vielleicht auch ums Herz!"[13]

Charitas Bischoffs bekanntesten Bücher sind ihre Biographie über ihre Mutter „Amalie Diet-

rich" und ihre Autobiographie „Bilder aus meinem Leben" (1914).

Siehe auch ▶ Amalie-Dietrich-Stieg, Traunweg, in diesem Band.

Siehe auch ▶ Godeffroystraße, Blankenese, vor 1928: Joh. Caesar Godeffroy (1813–1885), Reeder, Kaufmann, Präses der Handelskammer (1845), Mitglied der Hamburgischen Bürgerschaft (1859–1864), in Bd. 3 online**.

Siehe auch ▶ Meyerstraße, Heimfeld, seit 1890: Heinrich Christian Meyer (1832–1886), Stockfabrikant (Stuhlrohr- und Spazierstockfabrik), Bruder von Heinrich Adolph Meyer. Kolonialakteur, in Bd. 3 online**.

Siehe auch ▶ Stockmeyerstraße, HafenCity, seit 1854: Heinrich Christian Meyer (1797–1848), genannt Stockmeyer. Stockfabrikant, Vater von Heinrich Adolph Meyer und Christian Meyer. Kolonialakteur, in Bd. 3 online**.

Charlotte-Mügge-Weg

Jenfeld, seit 2014, benannt nach Charlotte Mügge (15.2.1912–1993 Köln), Widerstandskämpferin gegen den Nationalsozialismus, wurde 1942 verhaftet wegen Beihilfe zur Fahnenflucht und Unterstützung von Deserteuren, war von Januar bis November 1943 an verschiedenen Stellen inhaftiert, Mutter von sieben Kindern; verzog 1978 nach Köln und starb dort 1993

Charlotte Mügge wurde am 24. August 1942 von der Gestapo verhaftet. Sie hatte zwei Frauen unterstützt, die den Sohn einer dieser Frauen versteckten, nachdem er als Soldat desertiert war. Charlotte Mügge, die den jungen Mann kannte, versteckte ihn ebenfalls.

Zum Zeitpunkt ihrer Verhaftung war Charlotte Mügge verlobt und hochschwanger. Aus ihrer ersten Ehe hatte sie sechs Kinder, damals im Alter von zehn Monaten bis zu zehn Jahren. Ihr ehemaliger Ehemann saß wegen Desertion in der Festung Torgau ein.

**   Band 3 online unter: www.hamburg.de/maennerstrassennamen

13) Charitas Bischoff, a. a. O., Kapitel 47.

Weil sie ihre sechs Kinder zu versorgen hatte, wurde Charlotte Mügge während des Ermittlungsverfahrens auf freien Fuß gesetzt. Eine Woche nach ihrer Verhaftung kam es am 31. August 1942 zur Anklage wegen Verstoßes gegen § 5, Abs. 3 KSSVO. Die Staatsanwaltschaft beantragte ein Schnellverfahren, d. h. ohne Rechtsvertretung, da die Angeklagte schon früher Deserteuren geholfen hatte, sich zu verstecken. Charlotte Mügge erhielt noch nicht einmal einen Pflichtverteidiger. Am 19. September 1942 kam es zum Hauptverfahren. Die Staatsanwaltschaft forderte zehn Monate Gefängnis. Das Urteil lautete: acht Monate Gefängnis. Die daraufhin erfolgten Gnadengesuche wurden abgelehnt.

Am 7. Januar 1943 trat Charlotte Mügge ihre Haft im Frauengefängnis Hamburg-Fuhlsbüttel an. Ihr Verlobter trennte sich von ihr, und ihre sechs Kinder wurden während der Haftzeit ihrer Mutter in einem Waisenhaus untergebracht.

Charlotte Mügges Wunsch, ihr Kind zu Hause zu gebären und ihre anderen Kinder aus dem Waisenhaus zu holen, wurde nicht stattgegeben. Weil das Jugendamt die Kinder nicht freigeben wollte, wurde das Gnadengesuch zur Strafunterbrechung nicht befürwortet. Auch weitere Gnadengesuche, gestellt von den Eltern und Großeltern Charlotte Mügges, wurden abgelehnt. Am 23. Juni 1943 gebar Charlotte Mügge in der Frauenklinik Finkenau ihr siebtes Kind. Gut zwei Wochen später, am 9. Juli, wurde Charlotte Mügge ins Frauengefängnis zurückverlegt.

Nach den Bombenabgriffen im Juni und August 1943 auf Hamburg, bei denen das Frauengefängnis Fuhlsbüttel zerstört worden war, wurde Charlotte Mügge am 1. August 1943 in das Frauenzuchthaus Lübeck-Lauerhof und von dort am 31. August in das Frauenstrafgefängnis Wittlich verlegt. In Wittlich blieb sie nur zwei Tage und wurde am 2. September 1943 in das Straf- und Arbeitslager Flußbach bei Köln transportiert. Hier hatte sie unter erschwerten Haftbedingungen zu leiden, musste schwere Arbeit verrichten und bekam nur wenig zu essen. Am 6. November 1943 wurde Charlotte Mügge entlassen.

Siehe auch zu hingerichteten Deserteuren der NS-Militärjustiz ▶ **Erich-Hippel-Weg, Kurt-Elvers-Weg, Kurt-Oldenburg-Straße,** *in Bd. 3 online**.*

Charlotte-Niese-Straße

Osdorf, seit 1929, benannt nach Charlotte Niese (7.6.1851 Burg/Fehmarn–8.11.1935 Altona). Heimatdichterin

Charlotte Niese entstammte einer Pastorenfamilie. Ihr Vater Emil August Niese war Pastor in Burg auf Fehmarn, ihre Mutter Benedicte Marie Niese, geb. Matthiessen, war Hausfrau und Mutter.

Charlotte Niese hatte sieben Geschwister. Bis zu ihrem neunten Lebensjahr durfte sie mit ihren sechs Brüdern spielen, lernte so die Welt der Jungen kennen und brauchte noch nicht nach den Regeln, die für Mädchen als schicklich galten, zu agieren. Dazu Charlotte Niese: „Ich bin wohl anders aufgewachsen wie viele andere Mädchen. Zunächst wurde ich im Hause von einer sehr alten, sehr klugen Dame unterrichtet, und spielte bis zu meinem neunten Jahr ausschließlich mit meinen Brüdern und deren Freunden. Mädchen galten bei ihnen wie bei mir für ‚falsch‘.“[14]

Doch dann trennten sich die Wege der Geschwister. Die sechs Brüder gingen mit dem Vater, der nach Eckernförde versetzt worden war, um dort als Seminardirektor zu arbeiten. Charlotte musste bei ihrem Großvater, dem Justizrat Matthiessen bleiben. Die Brüder erhielten Latein- und Griechischunterricht und schlugen eine wissenschaftliche Laufbahn ein. Solch ein wissenschaftlicher Weg war für Charlotte Niese nicht vorgesehen, war sie doch „nur“ eine Frau.

**   **Band 3 online** unter: www.hamburg.de/maennerstrassennamen unter: www.gutenberg.spiegel.de/buch/mamsell-van-ehren-3607/1.

14) Über Charlotte Niese. Von Hermann Krüger-Westend, in: Charlotte Niese: Mamsell van Ehren – Kapitel 1

Für sie als bürgerliches Mädchen musste der Lehrerinnenberuf ausreichen. Und so begann Charlotte Niese nach der Konfirmation das Lehrerinnenseminar zu besuchen. Warum sie schon so jung diese Ausbildung beginnen musste, erklärt Charlotte Niese folgendermaßen: „Hernach [nach der Konfirmation] trat dann bald an mich die Frage heran, wie es mit der Selbstständigkeit werden sollte. Die Verhältnisse zwangen zu Erwägungen solcher Art. Mein Vater wurde nämlich plötzlich kränklich und starb im Alter von zweiundfünfzig Jahren. Ich kam danach sehr früh zum Lehrerinnenberuf – vor dreißig Jahren der einzige Frauenerwerb, von dem die Rede sein konnte. Schon in sehr jungen Jahren machte ich das Examen für den Unterricht an höheren Töchterschulen, und ich kann wohl sagen, dass ich danach gern und freudig unterrichtet habe."[15]

Charlotte Niese

Charlotte unterrichtete in mehreren Familien in Nordschleswig, in der Rheinprovinz und als Internatserzieherin in Montreux.

Als dann die Mutter, die damals in Plön wohnte, die Tochter „wieder nötig hatte", zog Charlotte Niese zu ihr und gab ihren Beruf auf. Fortan lebte Charlotte Niese mit ihrer Mutter bis zu deren Tod im Jahre 1907 zusammen.

Nicht mehr als Lehrerin tätig, schaffte sich Charlotte Niese den Freiraum, um ihrem lang gehegten Wunsch zu schreiben, nachzugehen. Ihre ersten Prosatexte veröffentlichte sie unter dem männlichen Pseudonym „Lucian Bürger" in der Kieler Zeitung.

Zwischen 1873 und 1876 wohnte Charlotte Niese mit ihrer Mutter in Plön. Dann verbrachten die beiden ein Jahr bei einem Bruder von Charlotte Niese in New York. Als sie nach Deutschland zurückkehrten, zogen die beiden Frauen auf Rat eines Bruders nach Altona, denn dort wohnte ein Teil der Verwandtschaft. Hier in Altona lebte Charlotte Niese bis 1900 zusammen mit ihrer Mutter und der jüngeren Schwester im Philosophenweg. Hier begann auch der schriftstellerische Erfolg. Charlotte Niese wurde eine der bekanntesten Holsteinischen Heimatdichterinnen, sogar in Schulbüchern wurden ihre Erzählungen abgedruckt. „In meinen Geschichten muss immer etwas Schleswig-Holsteinisches sein, sonst fühle ich mich selbst darin fremd", äußerte sie.

Charlotte Niese befasste sich auch mit der Frauenfrage. So war sie eine Zeit lang erste Vorsitzende der Altonaer Ortsgruppe des Verbandes Norddeutscher Frauenvereine. Ziel dieses konservativen Vereins waren bessere Bildungs- und Berufschancen für Frauen.

Auch in ihren Romanen setzte sich Charlotte Niese mit der Rolle der Frau auseinander. Sie zeigte immer wieder die gesellschaftspolitischen Grenzen auf, an die Frauen stießen. Jedoch trat sie, die selbst unter diesen Gegebenheiten litt, nicht für eine Überwindung dieser Verhältnisse ein. Charlotte Niese akzeptierte den Status quo. Die traditionellen Geschlechtsrollenmuster zu durchbrechen, entsprach nicht ihrem Temperament und Weltbild.

Charlottenstraße

*Eimsbüttel, seit 1865. Verschiedene Versionen: Benannt wahrscheinlich nach Charlotte Fett, geb. Hellberg, Schwiegermutter des Sohnes des Geländevorbesitzers Alexander Bentalon Tornquist (siehe ▸ Tornquiststraße, in Bd. 3 online**)*

**   Band 3 online unter: www.hamburg.de/maennerstrassennamen

15) Ebenda.

Abb. v.l.n.r.: Stadtteilarchiv Ottensen/OBV-Archiv | Ohnsorg Theater

Siehe auch ❯ **Emilienstraße, Henriettenstraße, Henriettenweg,** *in diesem Band.*

Siehe auch ❯ **Maxstraße,** *Eilbek, seit 1867: nach dem Sohn des Grundeigentümers Alexander B. Tornquist in Bd. 3 online**.*

Siehe auch ❯ **Tornquiststraße,** *Eimsbüttel, seit 1868: Alexander Bentalon Tornquist (1813–1889), Großgrundbesitzer, Grundstücksbesitzer, in Bd. 3 online**.*

Christinenstraße

Bergedorf/Lohbrügge, seit 1865, benannt nach **Christina Johanna Georgine Ohl,** *geb. Petersen (20.6.1834 Flensburg–20.2.1894 Hamburg), Ehefrau des Geländebesitzers Heinrich Albrecht Ohl*

Cilli-Cohrs-Weg

Finkenwerder, seit 1941, Romanfigur von Gorch Fock

„Weibliche Hauptfigur des gleichnamigen einaktigen ‚irnsthaftig Spill' von Gorch Fock *[siehe* ❯ **Gorch-Fock-Straße** *und* **Gorch-Fock-Wall,** *in Bd. 3 online**]*, am 24. Januar 1914 uraufgeführt von dem Laienensemble, ‚Gesellschaft für dramatische Kunst' unter der Leitung des Hamburger Bibliothekars Dr. Richard Ohnsorg *[siehe* ❯ **Ohnsorgweg,** *in Bd. 3 online**]*. Die titelgebende Rolle ist eine Hommage des Autors an die von ihm tief bewunderte Aline Bußmann, die schon einige Zeit zum Ohnsorg-Spielkreis gehörte. Thema und Handlungsaufbau des Einakters waren in Absprache mit Ohnsorg entstanden, der den Autor zum schnellen Abschluss der Niederschrift drängte. Fock schrieb nach der Uraufführung euphorisch an die Bußmann: ‚Die Sonnenkraft Ihrer Seele gab mir die Kraft, die ‚Cili Cohrs' zu entwerfen.'

Die Figur der ‚Cili Cohrs' ist der von der Heimatkunst inspirierten Vorstellung geschuldet, dass sich in dieser zugleich harten und heldi-

schen Frau besondere Stammesmerkmale verkörpern.

Nach der Uraufführung von Focks ‚Doggerbank' (1912) bedeutete die Inszenierung und Aufführung der ‚Cili Cohrs' schon kurze Zeit später so etwas wie den ‚Durchbruch' des Versuches von Richard Ohnsorg, Niederdeutsches Theater als ein Segment von kultureller Öffentlichkeit in Hamburg zu etablieren. Die Uraufführung wurde nicht nur im engeren Zirkel der ‚Niederdeutschen' mit viel Zustimmung rezensiert."[16]

Im Theaterstück wird der Vorname von Frau Cohrs mit einem „l" geschrieben.

In Finkenwerder erzählt man sich über Cilli Cohrs, die hier mit zwei „l" geschrieben wird, eine andere Geschichte: Cilli Cohrs war das älteste Kind von Greta Cohrs, geb. Horstmann, die bereits im Alter von 30 Jahren, wenige Tage vor der Geburt ihres fünften Kindes Maria, welches ihr Leben lang kränklich bleiben sollte, Fischerswitwe geworden war. Um sich und ihre fünf kleinen Kinder zu ernähren, nähte Greta Cohrs für andere Leute Festtagskleidung. Ihre Tochter Cilli war das blühende Leben und sehr schön. Gorch Fock verliebte sich in sie. Cilli Cohrs starb jedoch bereits im Alter von achtzehn Jahren an einer Mandelent-

Heidi Kabel als Cilli Cohrs, Ohnsorg Theater 1954

zündung. Gorch Fock setzte ihr mit seinem Roman „Cilli Cohrs" ein bleibendes Denkmal.

Siehe auch ❯ **Gorch-Fock-Straße,** *Eimsbüttel, seit 1921, und* **Gorch-Fock-Wall,** *Neustadt, seit 1933. Johann Kinau (Gorch Fock, Pseudonym) (1880–1916), Dichter, in Bd. 3 online**.*

Der Gorch-Fock-Wall wurde 1933 von den Nationalsozialisten benannt, die dafür die dort verlaufende Friedrich-Ebert-Straße umbenannten.

**   **Band 3 online** unter: www.hamburg.de/maennerstrassennamen

16) Mitteilung von Ulf-Thomas Lesle, Institut für niederdeutsche Sprache.

Siehe auch ➤ Ohnsorgweg, *Groß Flottbek, seit 1950: Dr. Richard Ohnsorg (1876–1947), Gründer der Niederdeutschen Bühne, später benannt: Ohnsorg-Theater, in Bd. 3 online**.*

Conventstraße

Eilbek seit 1866: nach dem dortigen alten Convent, einem Jungfrauenstift, das aus dem Beginenkonvent in der Steinstraße hervorging

Um 1255 wurde in der Steinstraße gegenüber der St. Jakobi Kirche ein Teil des zum Schauenburger Hofs gehörenden Apfelgartens mit einem von einer hohen Mauer umgebenen zweigeschossigen Beginenkonvent bebaut, gestiftet vor dem 8. Januar 1255 von den Schauenburger Grafen Johann und Gerhard von Holstein *(siehe* ➤ Schauenburgerstraße, *in Bd. 3 online**)* und ihrer Mutter, der Ehefrau *(siehe* ➤ Heilwigstraße *und* Heilwigbrücke, *in diesem Band)* des Grafen Adolfs IV. *(siehe* ➤ Adolphsplatz *und* Adolphsbrücke, *in Bd. 3 online**).* Die Beginenbewegung war die größte Frauenbewegung des Mittelalters und entstand in der ersten Hälfte des 13. Jahrhunderts in mehreren Regionen Nordeuropas. „Ursache für die Entstehung dieser Bewegung ist der Wunsch zahlreicher Frauen, ein geistliches Leben zu führen. Die alten Orden nehmen jedoch meist nur Adlige auf, und die neuen Bettelorden sind dem Ansturm der interessierten Frauen nicht gewachsen. So entsteht der Wunsch, eine neue geistliche Lebensform für Frauen zu finden (...)",[17] heißt es in der „Chronik der Frauen" aus dem Jahre 1982.

Zur Zeit der Konventsgründung lebten zehn, und in seiner Blütezeit während des 15. Jahrhunderts zwanzig bis 27 Frauen im Beginenkonvent. Das Gebäude bestand aus vier übereinanderliegenden Böden, die in große Gemeinschaftsräume und einen großen Gemeinschaftsschlafsaal

aufgeteilt waren. Im 14. Jahrhundert wohnten einige Beginen auch im Hospital zum Heiligen Geist am Ende des Großen Burstahs, und es gab für einige Zeit noch eine zweite Beginen-Wohngemeinschaft am Pferdemarkt.

Da ein hohes Eintrittsgeld gezahlt werden musste, kamen die Beginen meist aus der Mittel- und Oberschicht. Sie legten kein Gelübde ab, konnten also jederzeit aus dem Konvent austreten. Doch Austritte waren selten. Die wegen ihrer blauen Tracht mit weißem Schleier auch „blaue Süstern" genannten Beginen erhielten eine Leibrente. Über ihr Vermögen konnten sie zur Hälfte testamentarisch frei verfügen. Die andere Hälfte fiel nach ihrem Tod dem Konvent zu.

Die hierarchische Einstufung einer Begine erfolgte nach deren Lebensalter und ihrer Dauer im Beginenkonvent. Der Vorsitz lag bei der Meisterin. Ihr unterstanden als nächste die Ältesten, die u. a. über das Eintrittsbegehren einer jeden Begine entschieden. Auf den absteigenden Hierarchiestufen standen die Schwestern, dann die Schülerinnen. Die Beginen waren der Meisterin zum Gehorsam verpflichtet. Verstöße wurden zunächst mit Entzug des Almosens bestraft. Half dies nicht, erfolgte der Ausschluss aus dem Konvent.

Selbst die Meisterin, die vom Rat der Ältesten gewählt wurde und vom Domdekan bestätigt werden musste, war dem Domdekan zu Gehorsam verpflichtet. Er beriet sie bei ihren Entscheidungen und konnte sie ihres Amtes entheben, wenn sie nicht nach den Konventsstatuten handelte.

Im 14. Jahrhundert formierte sich in Deutschland Widerstand gegen die Beginen. Man unterstellte „ihnen sämtliche moralische Verfehlungen, weil sie durch keinen Orden kontrolliert werden. (...) Dazu kommen Anklagen, die den Beginen religiöse Abweichungen und Häresien unterstel-

---

* Straßennamen auf unterlegtem Feld verweisen auf Frauenorte, Frauenarbeiten und -aktivitäten.

** Band 3 online unter: www.hamburg.de/maennerstrassennamen

17) Annette Kuhn (Hrsg.): Die Chronik der Frauen. Dortmund 1982, S. 180.

len. Bereits 1311 hebt das Konzil von Vienne den Stand der Beginen wegen Häresie und Ketzerei auf. 1397 kommt es in Köln zu ersten Beginenverfolgungen".[18] Um die Beginen vor der Inquisition zu schützen, legte 1360 die Hamburger Kirche für den Beginenkonvent, der bis dahin ohne Verordnungen ausgekommen war, Statuten fest. Es wurde die gesellschaftliche, rechtliche und religiöse Stellung der Beginen festgeschrieben und die Gestaltung des täglichen Lebens festgelegt.

Ein Jahrhundert später verbot Papst Eugen IV. (um 1383–1447) zwar weitere Inquisitionen, forderte aber eine strengere Aufsicht über die Beginen. In Hamburg oblag dem Domdekan nun die oberste Strafgewalt über die Meisterin und jede Begine.

In den ersten hundert Jahren des Bestehens des Konventes waren die Beginen nicht auf die monastischen Vorschriften der Keuschheit, Armut und des Gehorsams verpflichtet worden. Erst mit dem Statut von 1360 bekam das Keuschheitsgebot große Wichtigkeit. Um sich in ihrem Verhalten gegenseitig zu kontrollieren, hatten die Beginen den kurzen morgendlichen Weg zur Frühmesse in die St. Jakobi Kirche zu zweit zu gehen. Besonders auf die unter dreißigjährigen Beginen wurde ein scharfes Auge geworfen. Ihnen war das Herumlaufen auf Plätzen und der Besuch von Schauspielen verboten. Verletzte eine Begine das Keuschheitsgebot, drohte ihr die Ausweisung aus dem Konvent.

Leitfigur der Beginen wurde die Heilige Maria *(siehe ➤ Am Mariendom, in diesem Band)*. „Die Konventsordnung aus dem Jahre 1490 empfahl den Beginen und den von ihnen betreuten Schülerinnen die reine Jungfrau als Vorbild für ein keusches Leben. (...) Die Beginen verehrten Maria als Mutter Christi, als Gottesgebärerin, als Mitleidende am Kreuz, als Mittlerin zwischen der gläubigen Seele und Christus",[19] schrieb die Geschichtsprofessorin Hedwig Röckelein.

Anders als die Nonnen unterlagen die Beginen jedoch keinen strengen Klausurvorschriften. Wann und aus welchem Grund die Frauen den Konvent verlassen durften, bestimmten die Statuten und die von der Meisterin festgelegten Schließzeiten. Nächtliches Ausgehen wurde nur dann erlaubt, wenn Beginen zum Totendienst oder zu einem Krankenlager gerufen wurden.

Obwohl rechtlich seit 1360 von der Kirche abhängig, blieb der Konvent wirtschaftlich selbständig. Die Meisterin musste zwar Buch führen und am Ende eines Jahres dem Rat die Bilanzen vorlegen. Dieser mischte sich jedoch nicht in die Wirtschaftsführung ein. Da sich die Beginen nicht wie die Nonnen als Bräute Christi verstanden, die in der Meditation ihr Heil suchten, sondern als Dienerinnen und Haushälterinnen Gottes, verdienten sie ihren Lebensunterhalt z. B. mit Unterrichten, Stricken und durch das Aufsetzen von Schriftstücken. Auch leisteten sie in fremden Haushaltungen Krankenpflege und Totenwache. Das meiste Geld verdienten sie aber als Kreditgeberinnen auf dem Rentenmarkt. Sie besaßen so viel Geld, dass sie sogar dem Rat der Stadt Kredit geben konnten. Neben diesen Einkünften erhielt der Konvent Spenden von Hamburger Familien.[20]

Mit Inkrafttreten der Bugenhagenschen Kirchenordnung *(siehe ➤ Bugenhagenstraße, in Bd. 3 online**)* im Jahre 1529 und dem Durchbruch der Reformation sollte der Konvent aufgelöst werden. Im Gegensatz zu anderen Konventen in Deutschland durfte er jedoch bestehen bleiben, wurde aber 1537 ein Jungfrauenstift für unverheiratete Frauen. Bis 1866 blieb er in der Steinstraße, seit Ende des 18. Jahrhunderts jedoch in einem kleinen Haus, in dem nur sieben Frauen wohnten. Im 19. Jahrhundert wurde das Ge-

** Band 3 online unter: www.hamburg.de/maennerstrassennamen

18) Ebenda.
19) Hedwig Röckelein: Marienverehrung im Mittelalterlichen Hamburg,

in: Die Kunst des Mittelalters in Hamburg. Hrsg. von Volker Plagemann für die Stiftung Denkmalpflege Hamburg. Hamburg. o. J.
20) Vgl. auch: Rita Bake, Karin Gröwer, Andrea Kammeier-Nebel, Sabine

Lorenz, Beatrix Piezonka, Heidi Reiling, Gordon Uhlmann, Gisela Jaacks: „Finsteres Mittelalter"? – „Gute alte Zeit"? Zur Situation der Frauen bis zum 19. Jahrhundert, in: Hamburg Porträt. Heft 21/85. Museum für Hamburgi-

bäude abgerissen und 1867 ein Neubau an der Wandsbeker Chaussee 34 bezogen. Hier erhielten ledige über 40-jährige Töchter aus Hamburger Bürgerfamilien gegen ein hohes Eintrittsgeld eine Wohnung und eine jährliche Rente. Elf abgeschlossene 2-Zimmer-Wohnungen mit Küche, Keller- und Bodenraum standen zur Verfügung. Im Parterre befand sich ein Versammlungssaal, im Keller eine Waschküche und ein Badezimmer. 1943 wurde das Gebäude zerstört, ein neues Gebäude wurde nicht mehr errichtet. Die Erträge der Stiftung „Convent" fließen heute in die Amalie Sieveking-Stiftung (siehe ➤ **Amalie-Sieveking-Weg,** *in diesem Band*).

Siehe auch ➤ **Am Mariendom, Amalie-Sieveking-Weg, Heilwigstraße, Heilwigbrücke,** *in diesem Band.*

Siehe auch ➤ **Adolphsplatz,** *Altstadt, seit 1821: Graf Adolph IV. von Holstein, Gründer des am Adolphsplatz gelegenen Maria-Magdalenen-Klosters, und* **Adolphsbrücke,** *Altstadt, seit 1843, in Bd. 3 online**.*

Siehe auch ➤ **Bugenhagenstraße,** *Altstadt, seit 1909: Prof. Dr. Johannes Bugenhagen (1484– 1558), Theologe, Freund Luthers, Reformator, in Bd. 3 online**.*

Siehe auch ➤ **Schauenburgerstraße,** *Altstadt, seit 1843: nach den Grafen von Schauenburg, in Bd. 3 online**.*

D

Del-Banco-Kehre

Bergedorf, seit 1985, benannt nach **Alma del Banco** *(Alina Henriette del Banco) (24.12.1862 Hamburg–8.3.1943 Blankenese), Malerin der Hamburgischen Sezession. Motivgruppe: Verdiente Frauen*
Stolperstein vor dem Wohnhaus Hasenhöhe 95.

„1933 war sie in Hamburg eine geachtete selbständige Künstlerin, frei von Eklektizismen, kompromißlos ihren Intentionen folgend"[1], schrieb die Kunsthistorikerin Maike Bruhns über **Alma del Banco** im Katalog zur Ausstellung der drei jüdischen Malerinnen der Hamburgischen Sezession Alma del Banco, Anita Rée (*siehe* ➤ **Anita-Rée-Straße,** *in diesem Band*) und Gretchen Wohlwill (*siehe* ➤ **Gretchen-Wohlwill-Platz,** *in diesem Band*), die 1995 im BAT KunstFoyer in Hamburg gezeigt wurde. Erst heute kehren die drei Künstlerinnen, nicht zuletzt dank der Bemühungen von Maike Bruhns, ins Bewusstsein der Öffentlichkeit zurück. Mit der Machtübernahme durch die Nationalsozialisten wurde ihr Werk verfehmt, zum Teil zerstört, vergessen.

Alma del Banco entstammte einer alten portugiesisch-jüdischen, zum Christentum konvertierten großbürgerlichen Kaufmannsfamilie. Erst um 1895, als gut Dreißigjährige, begann Alma del Banco ihre künstlerische Ausbildung. Ernst Eitner (*siehe* ➤ **Eitnerweg,** *in Bd. 3 online**) und Arthur Illies (*siehe* ➤ **Illiesweg,** *in Bd. 3 online**) waren ihre Lehrer an der Malschule Valesca Röver. In Paris, kurz vor dem Ersten Weltkrieg, waren es dann Fernand Léger und Jacques Simon. Nach der Auseinandersetzung mit ihnen fand die Künstlerin um 1918 zu einem eigenständigen Malstil. „Die formale Gestaltung wurde ihr wichtig wie die Strukturierung und Organisation der

sche Geschichte zur Ausstellung: Hammonias Töchter. Frauen und Frauenbewegung in Hamburgs Geschichte. Und vgl.: Rita Bake, Julia Bartelt, Tanja Bethan, Eva Gelhar, Stephanie Hoffmann, Ulrike Maris: Frauen ohne Geschichte – Geschichte ohne Frauen? Hamburgs Museen – kein Ort für Frauengeschichte? Hamburg 1997. Und vgl.: Marina Boese, Kathrin Tiedemann: Der Beginenkonvent im spätmittelalterlichen Hamburg, in: Zeitschrift des Vereins für Hamburgische Geschichte. Bd. 3. Hamburg 1996.

** **Band 3 online** unter: www.hamburg.de/maennerstrassennamen

Bildfläche. Aus Kubismus und Expressionismus übernahm sie ein eckiges, spitzes Lineament sowie gedehnte, ausfahrende Formen. Grundierung und zeichnerische Anlage bleiben unter einem dünnen Kolorit stets erkennbar, wodurch die Malerei einen zarten, aquarellhaften Charakter annahm, während die Bildgestalt leicht, gelegentlich improvisiert wirkt. Die Heiterkeit der Malerin fand in diesen Bildern äquivalenten Ausdruck",[2] beschrieb die Kunsthistorikerin Maike Bruhns.

Ab 1919 wohnte Alma del Banco bei ihrem Halbbruder, dem Kaufmann Siegmund del Banco, in verschiedenen Wohnungen in Hamburg, am Neuen Jungfernstieg 2, am Gänsemarkt 61 und am Jungfernstieg 50. Als Atelier hatte ihr der Bruder Räume in der nahegelegenen Großen Theaterstraße 34/35 gemietet. Dies wurde bald ein beliebter Künstlertreffpunkt. Ab 1934 wohnte Alma del Banco auch in diesem Atelier.

1919 wurde Alma del Banco Gründungsmitglied der Hamburgischen Sezession, die sich zum Ziel setzte, in Hamburg ein geistig lebendiges Klima zu schaffen, wie es in Paris, Berlin und München herrschte, in dem die Künstler „geistige Reibung, Verständnis und damit Unterstützung zum mindestens bei Gleichgesinnten" fänden. Es ging nicht um ein neues künstlerisches Programm, sondern um „Duldsamkeit gegenüber jeder Richtung", Unduldsamkeit dagegen gegenüber „leichtfertigem Schlendrian, (…) geistlos herabgeleiertem Handwerk, (…) gewissenlosem Sichgehenlassen", eine Absage an die Mittelmäßigkeit also und zugleich eine Spitze gegen den 1897 gegründeten Hamburgischen Künstlerclub, der mit seiner weitgehend impressionistischen Ausrichtung eine führende Rolle in der bildenden Kunst der Hansestadt spielte. Die Hamburgische Sezession entwickelte dagegen einen eigenständigen Malstil mit expressio-

nistischen, fauvistischen und kubistischen Tendenzen.

Mit den Sezessionskolleginnen und -kollegen Kurt Löwengard, Karl Kluth, Erich Hartmann, Willem Grimm, Lore Feldberg-Eber, Gretchen Wohlwill *(siehe* ➤ Gretchen-Wohlwill-Platz, *in diesem Band)*, Friedrich Ahlers-Hestermann und Alexandra Povorina verband Alma del Banco bald Freundschaft. Man traf sich zum gemeinsamen Modellzeichnen und beteiligte sich an den Jahresausstellungen der Sezession. Ihre Studienreisen führten die Künstlerin nach Frankreich, Italien, Jugoslawien, Dalmatien und Rumänien.

1929 bekam Alma del Banco eine schwere Lungenentzündung und geriet zunehmend in wirtschaftliche Bedrängnis, zumal sie bald nicht mehr ausstellen durfte. 1933 wurde sie aus der Hamburgischen Künstlerschaft ausgeschlossen, vor Juni 1938 dann auch aus der Reichskulturkammer. Sechs Bilder und acht Graphiken wurden bei der Aktion „Entartete Kunst" in der Hamburger Kunsthalle beschlagnahmt. weitere im Deutschen Reich.

Nach dem Tod des Bruders musste Alma del Banco Wohnung und Atelier aufgeben. Sie zog 1938 zu ihrem Schwager Dr.

Alma del Banco

Hans Lübbert nach Dockenhuden in die Hasenhöhe 95. Als Richthofen-Flieger konnte er sie zunächst vor der Deportation bewahren, nicht jedoch vor dem Hausarrest. Als dann aber doch der Deportationsbescheid ins KZ Theresienstadt kam, nahm Alma del Banco sich mit Morphium das Leben. Zur Auswanderung hatte sie sich zu alt gefühlt.

Text: Brita Reimers

1)   Maike Bruhns: Kunst in der Krise.
2 Bde. Bd. 2. Hamburg 2001, S. 50.
2)   Maike Bruhns, a. a. O., S. 49.

Siehe auch ➤ Anita-Rée-Straße, Gretchen-Wohl-will-Platz, Rosa-Schapire-Weg, in diesem Band.

Siehe auch ➤ Eitnerweg, Hummelsbüttel, seit 1965: Prof. Ernst Eitner (1867–1955), Maler, in Bd. 3 online**.

Siehe auch ➤ Illiesbrücke, Ohlsdorf, seit 1956: Artur Illies (1870–1952), Maler, Lehrer an der Landeskunstschule, und Illiesweg, Steilshoop, seit 1955, in Bd. 3 online**.

Dethlefstwiete

Bergedorf/Lohbrügge, seit 1948, benannt nach Sophie Auguste Dethlefs *(10.2.1809 Heide– 13.3.1864 Hamburg). Im Sterberegister der Katharinenkirche wird sie „Dethleffs" geschrieben.[3] Niederdeutsche Dichterin*

„Der Ruhm der ersten plattdeutschen Dichterin von Bedeutung gebührt Sophie Dethlefs", schrieb Albrecht Janssen am 7. Oktober 1925 in seinem Artikel „Plattdeutsche Dichterinnen" im „Hamburger Fremdenblatt", und Klaus Groth (siehe ➤ Klaus-Groth-Straße, in Bd. 3 online**), der neben Fritz Reuter (siehe ➤ Fritz-Reuter-Straße, in Bd. 3 online**) und John Brinckmann als Begründer der neuniederdeutschen Lyrik gilt, sah in Sophie Dethlefs seine bedeutendste Wegbereiterin.

Nicht nur, weil die begeisterte Aufnahme ihres Gedichtes „De Fahrt na de Isenbahn" ihn darin bestärkte, dass die plattdeutsche Sprache doch noch nicht vergessen und die Tradition der plattdeutschen Dichtung wieder zu beleben war, sondern besonders deshalb, weil Sophie Dethlefs einen anderen Ton anschlug als die Kollegen, die sich nur über die Dummheit der Bauern lustig machten: „… dar weer wat Smucks in dat Gedicht, de Welt, de se beschreev, weer doch lebenswert."[4] Einen tiefer gehenden Einfluss auf sein eigenes Schaffen weist er jedoch zurück: Als Sophie Dethlefs erster Gedichtband erschien, sei sein zwei Jahre später veröffentlichter „Quick-

born", mit dem er seinen Ruhm als neuniederdeutscher Dichter begründete, schon sehr weit fortgeschritten gewesen, schreibt er in seinem Aufsatz „Sophie Dethlefs un ik". Was aus der Distanz so sachlich vorgetragen ist, hat zur Zeit des Erscheinens des „Quickborn" eine ganz andere Heftigkeit. In einem Brief an E. F. Chr. Griebel heißt es: „Schon öfter habe ich den Vergleich mit der Dethlefs ertragen müssen. Ich will aber mein Buch sogleich verbrennen, wenn ich mit ihr auf gleicher Linie stehe. Ihre Sachen sind durchaus Dilettantenarbeit. Sie hat keinen Vers mit Kunstbewußtsein geschrieben. Plattdeutsch versteht sie nicht; einige läppische Worte wie Petzen und Detzen sind noch kein Plattdeutsch. Ihre ‚Fahrt na de Isenbahn' empört mich. Harms sagt mit Recht davon, daß sie eigentlich etwas auf die Finger haben müßte, weil sie das Volk so erbärmlich ansehe, so erbärmlich zeichne. Denn das ist eben der Grundmangel: Achtung vor dem Volke! Und darum kann sie keine feste Konzeption fassen und harmonisch, ohne Abschweifung, zu Ende führen. Ich verlange natürlich nicht, daß sie gegen die Dethleffs polemisieren sollen. Allein ich könnte es nicht ertragen, wenn meine Arbeit als Dilettantenwerk dargestellt würde."[5]

Sophie Dethlefs teilte den Ehrgeiz und das Konkurrenzdenken Klaus Groths in keiner Weise. Nach der Lektüre des „Quickborn" schickte sie ihm ein rührendes Widmungsgedicht.

Sophie Dethlefs wurde am 10. Februar 1809 in Heide geboren, wo auch der um zehn Jahre jüngere Klaus Groth aufwuchs. Trotz der Gemeinsamkeiten kam es nie zu einer ernsthaften Annäherung zwischen den beiden. Sophie Dethlefs und Klaus Groth sprachen in Heide nur ein einziges Mal miteinander, etwa im Jahre 1845 auf einem Polterabend, auf dem sie plattdeutsche und er hochdeutsche Gedichte vortrug. Dieses

Abb.: wikipedia.org/Aus: Gedichte in hochdeutscher und plattdeutscher Mundart, 5., verm. Aufl., Kittler, Hamburg 1898, Frontispiz.

**   Band 3 online unter: www.hamburg.de/maennerstrassennamen

3)   Die Schreibweise des Namens ist unterschiedlich. In einem in der Handschriftenabteilung der Staats-

und Universitätsbibliothek aufbewahrten Brief unterschreibt sie selbst mit ff.
4)   Klaus Groth: Sophie Dethlefs un ik, in: Sämtliche Werke. Hrsg. von Ivo Braak und Richard Mehlem. Bd. 4.

Heide/Holstein 1981.
5)   Zitiert nach: Sophie Dethleffs Gedichte. Hrsg. von Michael Töteberg. Heide/Holstein 1989. (Der Band enthält ein Werkverzeichnis.)

Ausbleiben eines näheren Kontaktes war wohl nicht nur im Altersunterschied begründet, sondern vor allem in einem Standesunterschied, denn Sophie Dethlefs gehörte den so genannten besseren Kreisen an. Sophie war die Tochter des Branddirektors Dethlefs. Die Mutter starb bei ihrer Geburt. Der Vater engagierte eine Haushälterin und lebte mit seinen drei Töchtern und dem Sohn sehr zurückgezogen in einem schönen Haus mit großem Garten. Nur manchmal gingen die Schwestern auf dem Dorfplatz spazieren. Klaus Groth erinnert sich: „Oewer den

Sophie Dethlefs

groten Plaats voer min Vaderhus in de Heid spazeern mitto gegen Abend, wen't warm un still Wedder weer, twee öllerhafte Mädens, ‚Mamselln‘ war wul seggt, denn se hören nich recht to de Handwarkers, Arbeiders, lütt Hüerslüd un wat dar sunst um den Lüttenheid, as de grot Gemeenplaats het, wahn (…). Wenn de beiden Mamselln achter rutgungn, so blev en lütten oln Mann torügg un mak de Port wedder to.“[6]

Noch deutlicher wird der Abstand, den Klaus Groth empfindet, wenn er lapidar formuliert: „Dat awer Glück un Freden dar ok nich blot regeer, dat keem mi al glik to Ohrn, as man mit Schrecken vertell, Branddirektor Dethlefs weer afsett. Sin Kaß weer in Unordnung, sin lütt Gehalt harr nich reckt voer de Familje. Hus un Garn warn verkofft. Wat war ut de armen Lüd? Se verswunn voer uns Börgerslüd, dat weer allns.“[7]

Das war im Jahre 1835, Sophie war 26 Jahre alt. Nach der Entlassung ging der Vater zu seinem Sohn, der Kirchspielvogt in Delve war. Sophie musste alleine zurechtkommen. Dazu kam

noch das Unglück einer unerfüllten Liebe. Eine höhere Schul- oder gar eine Ausbildung hat sie vermutlich nie genossen. Den Mädchen wurde laut Heider Schulordnung eine „zweckmäßige Ausbildung für das häusliche Leben“ zuteil. Sophie fand eine Stellung im Haus des Justizrats Paulsen. Das Ehepaar Paulsen war kinderlos, und da Frau Paulsen ebenso gerne las wie Sophie Dethlefs, freundeten die beiden sich an. Sie „weer mehr er Fründin as er Herrschaft“.[8] Sophie Dethlefs machte Gelegenheitsgedichte, „oft drullig un nich ahn en beten dristen Humor“.[9] Wenn es in Heide ein Fest gab, holte man sie. Sie trug Widmungsgedichte vor und gestaltete die Auftritte der Gratulanten zu kleinen Theaterrollen, indem sie veranlasste, sich als Zigeuner, Fischersfrau u. ä. zu verkleiden. Manchmal entwarf sie ganze Szenarien. Für einen Polterabend ließ sie in einem Lokal einen ganzen Jahrmarkt aufbauen.

Mit ihrem Gedicht „De Fahrt na de Isenbahn“ wurde sie, für sie selbst offenbar ganz überraschend, mit einem Schlag in ganz Schleswig-Holstein bekannt. Das Gedicht ging von Mund zu Mund und von Hand zu Hand, bevor es in Karl Biernatzkis „Volksbuch auf das Jahr 1850 für Schleswig, Holstein und Lauenburg“, in dem Theodor Storms (siehe ➤ Theodor-Storm-Straße, in Bd. 3 online**) „Immensee“ zu finden war, zum ersten Mal gedruckt wurde. Damit war ihr der Schritt von der dilettierenden Verseschmiede in die literarische Öffentlichkeit gelungen. Durch den Zuspruch von Freunden ermuntert, ließ sie im selben Jahr den Band „Gedichte“ drucken. Die erste Auflage war so schnell vergriffen, dass schon 1851 die zweite erschien und 1857 eine dritte. Die vierte erweiterte Auflage (1861) trug den Titel „Gedichte in hochdeutscher und plattdeutscher Mundart“. Die Gedichtbände enthalten neben der „Fahrt na de Isenbahn“ weitere

---

**   Band 3 online** unter: www.hamburg.de/maennerstrassennamen

6) Klaus Groth, a. a. O.
7) Ebenda.
8) Ebenda.
9) Ebenda.

epische Gedichte, die auch von den Menschen ihrer Heimat erzählen, lyrische Klagen über das erfahrene Liebesleid und patriotische Gedichte, die Sophie Dethlefs 1848 während des Krieges zwischen Schleswig-Holstein und Dänemark verfasst hatte. Die fünfte, mit einem Vorwort und einem Lebensabriss versehene Auflage gab Klaus Groth im Jahre 1878 heraus. Nun, nachdem er seines eigenen Ruhmes längst sicher war, konnte er entspannt mit dem Werk Sophie Dethlefs umgehen. Im Vorwort nannte er „De Fahrt an de Isenbahn" ihr Hauptwerk, mit dem sie ihren Ruf begründet habe: „Das Idyll erwarb sich allein durch seinen inneren Wert seine zahlreichen Freunde und der Verfasserin einen Namen, der nicht ausgelöscht werden kann, so lange eine plattdeutsche Literatur und Sprache bestehen."[10]

Der Herausgeber des 1989 erschienenen Bandes „Sophie Dethleffs Gedichte", Michael Töteberg, beurteilt ihr Werk folgendermaßen: „Mit Kunstbewußtsein hat Sophie Dethleffs keinen Vers geschrieben. Sie war eine naive Poetin. Doch finden sich in ihrem Gedichtband nicht bloß Juxgedichte für Polterabend, Taufe und Konfirmation. Die ernsten und wehmütigen Töne sind unüberhörbar; häufig wiederkehrende Motive sind soziale Not und unerfüllte Liebe – Weiberthemen nach damaligem Verständnis. Das Stichwort Frauenlyrik ist bereits gefallen, es hat einen abfälligen Beiklang. Mit männlicher Arroganz wurde den in den Gedichten zum Ausdruck kommenden Empfindungen und Gefühlen höherer Wert abgesprochen. Sophie Dethleffs war privates Glück versagt geblieben; in ihren Versen flüchtete sie oft ins Sentiment oder setzte als Schlußmoralität christliches Gottvertrauen.

Gewiß ist manches, was sie zu Papier brachte, lediglich konventionelle Erbauungsliteratur, wirkt weder originell noch sonderlich inspiriert.

Sie konnte eine alte Tasse, ein ausgedientes Kleid oder das erste Stiefmütterchen andichten; es gibt unfreiwillig komische Wendungen, so daß man manchmal denkt, hier sei eine plattdeutsche Friederike Kempner am Wirken. Und doch ist es ihr gelungen, in schwermütigen Versen individuelles Schicksal zu artikulieren. Ein unruhiges Herz, einsam und traurig, spricht sich hier aus."[11]

Zu dem privaten Elend kam die Bedrängnis durch den Krieg gegen Dänemark. Auch wenn Sophie Dethlefs' patriotische Gedichte häufig recht plakativ sind, ist ihr politisches Engagement doch bemerkenswert, zumal sich die allgemeine Begeisterung für die Befreiungskriege in Dithmarschen sich in Grenzen hielt.

Nach dem Tode des Justizrats Paulsen im Jahre 1849 wurden Sophie Dethlefs' Lebensverhältnisse immer drückender. Pastor Rehhoff von der Hamburger Michaeliskirche nahm sich ihrer an und brachte sie 1853 zusammen mit ihrer blinden Schwester Annette Dorothea im neu eröffneten Schröder-Stift in Hamburg unter (siehe ▶ Schröderstiftstraße, in Bd. 3 online**), das sein Erbauer, der Kaufmann und Freiherr Schröder, ausdrücklich für „Hilfsbedürftige aus besseren Ständen" bestimmt hatte. Die Wohnung war mietfrei, und jeder Bewohner erhielt 120 Mark im Jahr für den Lebensunterhalt.

Klaus Groth hat Sophie Dethlefs 1857 dort besucht: „Ik söch er in Hamborg int Schröderstift op, wo se ja wenigstens mit er Swester Opnahm un Pfleg funn harr. Dat harrn er Gedichte makt. Awer trurig, möd in sik, eensam, as man seggt, dalknickt, seet se dar mit er blinde Swester. Klag' weer de Anfang. Klag' weer allns, wat ik to hörn kreeg. All min Trost weer as Waterdrippens op en hitten Stehn. Wer will er't oewelnehm? Wo weer de Welt, wo wi na opkeken harrn as na en Märkenwelt, wo se in levt harr? Kaspelvagt, Landvagt, Landschriwer, Pennmeister,

** Band 3 online unter: www.hamburg.de/maennerstrassennamen

10) Zitiert nach: Sophie Dethleffs Gedichte. Hrsg. von Michael Töteberg, a. a. O.

11) Ebenda.

– wo weern se?"[12] In seiner Bitterkeit gegenüber den sogenannten Honoratiorenskreisen übersieht Klaus Groth ganz offenbar, dass die Lebensverhältnisse der Sophie Dethlefs niemals märchenhafte Züge getragen hatten. Es ist geradezu folgerichtig, wenn dieses einsame und dürftige Leben in der anonymen Großstadt unter fremden Menschen endete. „Vor nur wenigen Wochen ist eine Holsteinische Dichterin, Sophie Dethlefs, verschieden, und unsere Tagesblätter sind mit zwei Zeilen flüchtig darüber hingegangen", schrieben die Itzehoer Nachrichten am 4. April 1864. Sophie Dethlefs wurde auf dem Friedhof St. Katharinen beigesetzt.
Text: Brita Reimers

> *Siehe auch ➤ Fritz-Reuter-Straße, Bramfeld, seit 1890: Fritz Reuter (1810–1874), Schriftsteller, in Bd. 3 online**.*
>
> *Siehe auch ➤ Klaus-Groth-Straße, Borgfelde, seit 1899: Klaus Groth (1819–1899), niederdeutscher Dichter, in Bd. 3 online**.*
>
> *Siehe auch ➤ Schröderstiftstraße, Rotherbaum, seit 1858: Johann Heinrich Schröder (1784–1883), Gründer des Schröderstiftes. Kaufmann, Bankier, Gründer der Firmen J. Henry Schröder & Co., London und J. H. Schröder & Co. Liverpool, in Bd. 3 online**.*
>
> *Siehe auch ➤ Theodor-Storm bei: Stormsweg, Uhlenhorst, seit 1903: Theodor Storm (1817–1888), Schriftsteller, in Bd. 3 online**.*

Dianaweg

Lokstedt, seit 1952, benannt nach der Göttin der Jagd. 1599 stand hier ein Eichenwald, und es wurde darin Jagd betrieben

In Rom hieß Diana „Himmelsgöttin", in Griechenland „Artemis". Diana war die Schutzgöttin der gebärenden und stillenden Frauen und der Krankenpflege. Diana galt auch als Göttin des Mondhains und als Jägerin (Zerstörerin). „In ihren Heiligtümern fanden regelmäßig Kämpfe zwischen geweihten Königen statt. Der Verlierer starb als der Gott Hippolytos, der Sieger wurde mit dem Beinamen Verbius als Priester der Diana eingesetzt. (…) Der Dianakult war in der vorchristlichen Zeit so weit verbreitet, daß die ersten Christen sie als die Hauptrivalin ihres Gottes betrachteten. Deshalb wurde sie später die ‚Königin der Hexen' [siehe ➤ Hexenberg, Hexenstieg, Hexentwiete, in diesem Band] genannt. Die Evangelien verlangten die völlige Zerstörung aller Tempel der Diana, der Großen Göttin, die ‚von der ganzen Provinz Asien und von der ganzen Welt verehrt wird' (Apostel 19, 27). (…). In Ephesos wurde die Göttin auch Mutter der Tiere, Gebieterin der wilden Geschöpfe und vielbrüstige Artemis genannt. Letztere wurde mit einem von Brüsten bedeckten Körper dargestellt, um sie als Ernährerin aller Geschöpfe der Welt zu zeigen. Im 4. Jahrhundert n. Chr. übernahm die Kirche das Heiligtum in Ephesos und weihte es der Jungfrau Maria. (…) Einige Christen hielten Diana sogar für die Dreifache Gottheit, die vormals die Welt beherrscht hatte. (…) Die Beamten der Inquisition hielten Diana jedoch für die ‚Göttin der Heiden', mit deren Hilfe die Hexen ihre nächtlichen Reisen durch die Lüfte unternahmen (…)".[13] Trotz alledem blieb Diana „das ganze Mittelalter hindurch die Gebieterin der dichten und dunklen Wälder Europas."[14]

> *Siehe auch ➤ Hexenberg, Hexenstieg, Hexentwiete, in diesem Band.*
>
> *Siehe auch zu Frauen, die als Hexen beschuldigt wurden ➤ Mette-Harden-Straße, in diesem Band und im Nachtrag Albeke-Bleken-Ring.*

Dornröschenweg

Schnelsen, seit 1950. Märchen

Eine Königstochter fällt, nachdem sie sich mit der Nadel einer Spindel in den Finger gestochen

---

** **Band 3 online** unter: www.hamburg.de/maennerstrassennamen

12) Klaus Groth, a. a. O.
13) Barbara G. Walker: Das geheime Wissen der Frauen. Ein Lexikon.
Frankfurt a. M. 1983, S. 165 ff.
14) Barbara G. Walker, a. a. O., S. 167.

hat, in einen hundertjährigen Tiefschlaf. Auch alles um sie herum versinkt in einen tiefen Schlaf. Um das Schloss wächst mit der Zeit eine Dornenhecke, die für alle Königssöhne, die zur schönen Königstochter wollen, zur Todesfalle wird. Nach genau hundert Jahren kommt der richtige Königssohn; er küsst Dornröschen wach.

Ricarda Huch (siehe ➤ Ricarda-Huch-Ring, in diesem Band) machte ein lyrisches Spiel aus dem Dornröschentext. „Der Tiefenpsychologie bot Dornröschen zahlreiche Ansätze. Der lange Schlaf im Schutz der Dornenhecke, die scheinbare Passivität der Heldin wurden als Latenzphase im Entwicklungs- und Reifungsprozeß gesehen, die lustig springende Spindel, der Stich in den Finger als sexuelles Erwachen gedeutet."[15]

Siehe auch ➤ Ricarda-Huch-Ring, in diesem Band.

Dorothea-Bernstein-Weg

Uhlenhorst, seit 2010, benannt nach Dr. Dorothea Henriette Bernstein *(geb. 10.8.1893, am 25.10.1941 nach Lodz deportiert, dort gestorben am 5.6. 1942), jüdische Lehrerin. 2014 wurde die Julius-Fresselstraße, die 2010 benannt worden war, wegen Fressels NS-Belastung umbenannt in Dorothea-Bernstein-Weg, der in den ehemaligen Julius-Fresselstieg mündet und damit verlängert wurde (siehe dazu in Bd. 1 im Kapitel Der Umgang mit der nationalsozialistischen Vergangenheit).*
Motivgruppe: Opfer des Nationalsozialismus Stolpersteine vor der Schule Lerchenfeld 10 und vor dem Wohnhaus Hauersweg 16.

Dorothea Bernstein wurde in Tilsit geboren. Seit ungefähr 1919 lebte sie in Hamburg. Als Lehrerin unterrichtete sie von März 1927 bis September 1933 an der Oberrealschule für Mädchen am Lerchenfeld, dem heutigen Gymnasium Lerchen-

feld. Aus Anlass des 90-jährigen Bestehens des Gymnasiums setzten sich Schülerinnen und Schüler in einer Arbeitsgemeinschaft, die von Schulleiter Hans-Walter Hoge geleitet wurde, mit der Geschichte ihrer Schule von 1933 bis 1945 auseinander. In diesem Rahmen erforschten sie auch das Schicksal von Dorothea Bernstein. Auf Initiative der Schule wurde ein Stolperstein für sie vor ihrer ehemaligen Wirkungsstätte verlegt.

Anlässlich der Einweihung des Stolpersteins am 14. November 2005 hielt die damalige Schülerin Maris Hubschmid folgende Rede: „Die Geschichte unserer Schule während der schrecklichen Jahre von 1933 bis 1945 ist lange im Dunkeln geblieben. Kaum einem lag daran, in den Nachkriegsjahren und bis in die Sechziger- und Siebzigerjahre hinein das Licht auf die dunklen Flecken deutscher Vergangenheit zu richten. Flecken, die da heißen: Wegschauen, Schweigen, die Gefahr nicht erkennen wollen, Verdrängen. Den Schülern unserer Generation hat man in der Schulchronik große Lücken hinterlassen. Die Zeit von 1933 bis 1945 wird darin nur äußerst spärlich behandelt. Einige Anekdoten, einige Daten, viel über Kinderlandverschickung und einiges über die Bombardierung 1943 – mehr nicht. Nichts, was darin hinweist auf die Veränderungen des Schulalltags am Lerchenfeld während dieser Zeit, kein Vermerk über Schicksale einzelner Schülerinnen, nur ungenaue Angaben über das Aus-dem-Dienst-Scheiden einiger Lehrer und Lehrerinnen. Vor zwei Jahren haben einige von uns es sich gemeinsam mit unserem Schulleiter Herrn Hoge zur Aufgabe gemacht, diese Lücken zu füllen. Wir wollten mehr wissen über die Geschichte des Gymnasiums Lerchenfeld, mehr wissen über eine Generation, die einmal im selben Alter und am selben Ort eine so andere Schulzeit erlebt hat, als wir es heute tun. Also haben wir uns auf die Suche begeben.

15) Ulf Diederichs: Who's who im Märchen. München 1995.

Informationen gesucht, Zeitzeugen gesucht, Antworten gesucht. Der ‚Stolperstein', den wir heute einweihen, ist Symbol für ein Ergebnis unserer Suche. Er soll erinnern an Frau Dr. Dorothea Bernstein, die von 1927 bis 1933 Lehrerin unserer Schule war, und die 1942 im Konzentrationslager (…) ermordet wurde, weil sie Jüdin war. Er soll aufmerksam machen darauf, dass unsere Schule Vergangenheit hat, dass wir alle eine Vergangenheit haben. Er soll mit seinen 10 x 10 cm eine erste Lücke füllen.

Dorothea Henriette Bernstein wurde am 10. August 1893 in Tilsit in Ostpreußen geboren. Ihre Eltern Aaron und Sophie Bernstein waren beide jüdischen Glaubens. 1914 legte sie ihre Reifeprüfung in Danzig ab, studierte Deutsch, Französisch und Philosophie in Königsberg, München und Hamburg und legte hier 1922 ihre Prüfung für das höhere Lehramt ab. Im gleichen Jahr promovierte sie zum Doktor der Philosophie.

An die Mädchen-Oberrealschule am Lerchenfeld kam sie zunächst als Vertretung für eine erkrankte Lehrkraft, im März 1927, nachdem sie am Oberlyzeum in Altona und an der Helene-Lange-Schule einen Vorbereitungsdienst absolviert hatte. Zweieinhalb Jahre später wurde sie zur außerplanmäßigen Beamtin ernannt. Fräulein Bernstein unterrichtete Französisch und Deutsch in allen Klassenstufen. Zeitzeugen beschreiben sie als sozial engagierte Lehrerin, deren Unterricht streng, aber ausgezeichnet war. Sie gehörte zu den jüngsten Kolleginnen und stand den Problemen ihrer Schülerinnen sehr aufgeschlossen gegenüber. Eine ehemalige Schülerin erinnerte sich daran, dass Frau Bernstein jeden Morgen einem Mädchen, dessen alkoholkranker Vater sie stark vernachlässigte, ein Frühstück mitbrachte.

Die Schüler schätzten ihre Art. Es heißt, man erlaubte sich in ihrer Gegenwart Bemerkungen, die man gegenüber anderen Lehrern nicht zu äußern gewagt hätte.

Am 25. September 1933 wurde Dr. Dorothea Bernstein auf Grund § 3 des Reichsgesetzes zur Wiederherstellung des Berufsbeamtentums vom 7. April desselben Jahres ohne jedes Gehalt in den Zwangsruhestand versetzt (…). Am 1. Juni 1939 wurde sie an der letzten jüdischen Schule Hamburgs eingestellt, die aus der Zusammenlegung der Mädchenschule der Deutsch-Israelitischen Gemeinde mit der Talmud-Tora-Oberrealschule für Jungen hervorgegangen war und sich ‚Volks- und Höhere Schule für Juden' nennen musste. Diese Schule wurde von der Reichsvereinigung der Juden in Deutschland unterhalten (…). Diese war allerdings kaum noch zahlungsfähig und sah sich gezwungen, viele der letzten jüdischen Lehrer zu entlassen. So bekam Dr. Dorothea Bernstein im Juni 1941 das Kündigungsschreiben und schied am 16. Juli 1941 aus dem Schuldienst aus.

Eine Lehrerin namens Dr. Duhne, zu der Frau Bernstein engen Kontakt hatte, berichtet von einem Anruf, in dem Dorothea Bernstein ihren Abtransport für den kommenden Tag ankündigte. Sie soll gesagt haben, sie habe noch einmal eine warme, menschliche Stimme hören wollen.

Am 25. Oktober 1941 wurde Frau Dr. Bernstein mit dem ersten Deportationszug und 1033 anderen Juden nach Lodz (ehemals Litzmannstadt) in Polen deportiert (…). Seit dem Jahr 2000 verlegt der Künstler Gunter Demnig so genannte Stolpersteine und erinnert so an die Opfer der NS-Zeit, indem er vor ihrem letzten selbstgewählten Wohnort Gedenktafeln aus Messing ins Trottoir einlässt (…). Der ‚Stolperstein', den wir heute für Dorothea Bernstein einweihen, unterscheidet sich etwas von den meisten anderen. Statt der üblichen Zeile ‚Hier wohnte' sind auf ihm die Worte ‚Hier lehrte' eingraviert.

Wir haben ihn bewusst hier verlegen lassen, um auszudrücken, dass Frau Bernstein als Lehrerin und Mensch an unserer Schule unvergessen ist. Und um deutlich zu machen, dass sie für uns hier hergehörte, an diese Schule, und dass sie damit für immer ein Teil unserer Schule und der Geschichte des Gymnasiums Lerchenfeld bleiben wird.

,Ein Mensch ist erst vergessen, wenn sein Name vergessen ist', sagt Günter Demnig. Mit diesem Stein vor unserem Schuleingang wollen wir die Erinnerung an diesen Menschen, Frau Dr. Dorothea Bernstein, die einst hier lehrte, lebendig halten (...)."

Ein weiterer Stolperstein für Dorothea Bernstein liegt im Hauersweg 16, vor ihrer letzten Wohnung, die sie selbst wählen konnte. Ihre allerletzte Adresse in Hamburg vor ihrer Deportation war die Klosterallee 11, wo sie zur Untermiete wohnte. Dorothea Bernstein starb am 5. Juni 1942 in Lodz.
Text: Schülerinnen und Schüler des Gymnasiums Lerchenfeld

Dorothea-Gartmann-Straße

Wilhelmsburg, seit 2012, benannt nach Dorothea Gartmann (4.2.1891 Wilhelmsburg–1961 Wilhelmsburg), freiberuflicher Malerin, bevorzugte Wilhelmsburger Motive und setzte damit dem Stadtteil ein wertvolles Denkmal; ihre Arbeiten wurden 1999 erstmalig im Bürgerhaus Wilhelmsburg ausgestellt

Die Malerin Dorothea Katharina Mary Gartmann wurde am 4. Februar 1891 am Ernst-August-Deich in Wilhelmsburg als Tochter der alteingesessenen Familie Wolkau geboren. Mit vierzehn Jahren verließ sie die Schule Fährstraße und fand eine Anstellung beim Postkartenmaler Witthoff in den Großen Bleichen. Gern wäre sie zur weiteren Ausbildung auf die Kunsthochschule gegangen, aber dazu fehlte ihr das Geld. 1910 heiratete sie den Elektromeister Franz Gartmann und bekam mit ihm zwei Söhne, 1911 Franz und 1912 Friedrich.

Während ihrer Ehe begann Dorothea Gartmann freiberuflich als Malerin zu arbeiten. Nachdem ihre Ehe 1928 geschieden war, musste sie ihre Söhne und sich durch ihre Malerei finanziell unterhalten. Sie strebte die Ausbildung zur technischen Zeichnerin an, um so eine regelmäßige Anstellung zu erhalten. Sie nahm Aufträge für Ölgemälde an; ihr Œvre umfasst mehr als 1000 Aquarelle, die inzwischen mit Hilfe der Hochschule für Bildende Künste Hamburg katalogisiert wurden.

Dorothea Gartmann

Als ihre Söhne zum Kriegseinsatz im Zweiten Weltkrieg eingezogen wurden, ging sie aus Protest gegen diesen Krieg barfuß. Sie wollte erst wieder Strümpfe anziehen, wenn die Söhne zurückkämen. Ihr Sohn Friedrich, Studienreferendar am Wilhelm-Gymnasium, wurde 1942 als Soldat getötet.

Auch in den im Bunker verbrachten Kriegsnächten zeichnete Dorothea Gartmann: „Eines Nachts erschien eine Dame der Frauenschaft der NSDAP in Begleitung eines Polizeibeamten im 7. Stock des Bunkers, in dem ich zeichnete, und schrie durch den großen Raum, indem sie auf mich zeigte: ,Diese Frau ist in höchstem Grade der Spionage verdächtig! Sie muß sofort verhaftet werden! Reißen sie ihr das Buch weg!'

Da alle Leute, die im 7. Stock diese Worte hörten, dagegen protestierten, weil sie mich als Wilhelmsburgerin kannten, sah der Polizeibeamte von der Festnahme ab und nahm nur meine

Abb.: Privatbesitz Iris Dehning-Bargmann

letzte Zeichnung mit. Am folgenden Tag war Verhandlung bei der Polizei über die Anzeige der Dame. Man erkannte die Haltlosigkeit der Verdächtigung und gab mir meine Zeichnung zurück."[16)]

Noch während des Krieges studierte Dorothea Gartmann, bereits 50-jährig, bei Carl Otto Czeschka an der Landeskunstschule Hamburg. Dieses Studium wurde jäh durch die Bomben im Sommer 1943 beendet, als auch das Atelier Czeschkas in der Hochschule am Lerchenfeld zerstört wurde.

Sooft es ihr ihre bescheidenen Einkünfte erlaubten, besuchte sie in den 1950-er Jahren Italien. Besonders in Rom, Neapel und Taormina auf Sizilien fand sie Motive für ihre Malerei. Kurz nach ihrer letzten Ausstellung im Wilhelmsburger Rathaus 1961 starb sie im Alter von 70 Jahren.

Text: Maria Koser

Dorothea-Kasten-Straße

Alsterdorf, seit 1993, benannt nach Dorothea Kasten (6.3.1907 Hamburg–2.5.1944 in der Heil- und Pflegeanstalt „Am Steinhof" in Wien), Opfer der NS-Euthanasiemaßnahmen. Eine der 629 behinderten Bewohnerinnen und Bewohner der Alsterdorfer Anstalten, die deportiert wurden und von denen nur 79 die Deportation überlebten Stolperstein vor dem Wohnhaus Caspar-Voght-Straße 79.

„Wenn mich jetzt keiner wegbringt, bringe ich mich selber weg." Mit diesen Worten drückte Dorothea Kasten aus, wo sie sich zu Hause fühlte: in den Alsterdorfer Anstalten. Dort war sie wegen einer geistigen Behinderung untergebracht. Wurde ihr ein Urlaub zu lang, forderte sie die Rückkehr auf ihre Weise.

Dorothea Alma Elise Marie Kasten wurde am 6. März 1907 in der Wohnung ihrer Eltern in der Sachsenstraße 96 in Hamburg-Hammerbrook geboren. Sie war das erste Kind von Friedrich Adolf Heinrich Kasten, Buchhalter von Beruf, und seiner Ehefrau Dorothee Margarete Karoline, geb. Lange. Beide Eltern stammten aus kinderreichen Familien und gehörten der evangelisch-lutherischen Kirche an. Im Alter von drei Monaten wurde Dorothea in der St. Katharinen-Kirche getauft. Ein Jahr nach ihr kam die Schwester Hildburg zur Welt.

Dorothea, genannt Thea, war von Geburt an krank, doch lernte sie mit eineinhalb Jahren Laufen und mit zwei Jahren Sprechen. An Infektionskrankheiten machte sie Masern und Keuchhusten durch. Sie wurde in die Volksschule eingeschult und besuchte sie bis zur dritten Klasse, was der heutigen sechsten entspricht. Sie ging gern zur Schule. Außer Rechnen gefielen ihr alle Fächer. Sie behielt den Stoff und konnte das Gelernte anwenden.

Als sie acht war, machte sich eine Wirbelsäulenerkrankung bemerkbar, die trotz einer zweijährigen orthopädischen Behandlung zur Bildung eines Buckels führte.

Nach ihrer Entlassung aus der Schule im Jahr 1921 lernte sie ein halbes Jahr lang in einem Kinderheim in Springe am Deister Hauswirtschaft: Kochen, Backen, Schneidern. Im Anschluss daran arbeitete sie ein Jahr lang unter der Leitung einer Schwester Hedwig in einer Kinderkrippe in Hannover, eine Tätigkeit, die sie sehr befriedigte und zu der sie gern zurückgekehrt wäre, als sie wieder zuhause lebte. Dorothea wollte gern, wie ihre Schwester, die als Krankenschwester im Allgemeinen Krankenhaus Eppendorf lebte, einen „freien Beruf" haben, in dem sie mit Kindern arbeiten könne. Sie gab ihren Eltern die Schuld, dass sie dafür nicht genug gelernt habe.

---

16) Staatsarchiv Hamburg 351-11 Amt für Wiedergutmachung, 12912; Ursula Falke: Dorothea Gartmann, Eine Wilhelmsburger Künstlerin, in: DIE INSEL, Zeitschrift des Vereins für Heimatkunde in Wilhelmsburg, Jahrgang 1999/2000.

Dorothea spielte Klavier und Harmonium und schloss sich dem Jungmädchenverein von Pastor Hagedorn in Dulsberg an, wo die Familie nun in der Angelnstraße lebte. Während sie im Umgang mit anderen Personen sehr freundlich war, war sie gegenüber ihren Eltern aufsässig bis dahin, dass sie ihre Mutter tätlich angriff. Ihre Stimmung schwankte zunehmend, sie wurde unselbstständig und musste ständig beaufsichtigt werden, um Selbstverletzungen zu vermeiden. Als die Belastung für ihre Mutter zu groß wurde, kam als Ausweg Dorotheas Unterbringung in einer Anstalt in Frage.

Am 15. Juli 1931, 24 Jahre alt, wurde sie erstmals in den damaligen Alsterdorfer Anstalten aufgenommen. Die ärztliche Untersuchung ergab eine Mikrocephalie, eine Kleinköpfigkeit und einen „Schwachsinn mittleren Grades". Trotz ihrer geistigen Behinderung konnte sie kleine Arbeiten verrichten, z. B. half sie den Schwestern beim Frühstück und spielte gern Harmonium. Ihre Mutter besuchte sie häufig, und Dorothea wurde regelmäßig nach Hause beurlaubt. Zunächst trug der Vater die Kosten von drei Reichsmark täglich für die Unterbringung. Da er aber auch noch für seine Mutter und die Tochter Hildburg aufzukommen hatte, bat er im September unter Hinweis auf Dorotheas Arbeitsfähigkeit um eine Ermäßigung auf zwei Mark. Der Antrag wurde genehmigt. Im Mai 1932 holten die Eltern Dorothea auf eigenen Wunsch nach Hause.

Zehn Monate später, einen Tag nach ihrem 26. Geburtstag, kehrte Dorothea in die damaligen Alsterdorfer Anstalten zurück. Im Mädchenheim, wo sie nun untergebracht wurde, arbeitete sie in der Küche beim Abwasch und Kartoffelschälen, ganz zur Zufriedenheit des Pflegepersonals. Gern spielte sie auch hier Harmonium. Dem Erbgesundheitsgesetz entsprechend, erstellte der Oberarzt der Anstalt, Gerhard Krey-

enberg, ein Erbgesundheitsgutachten, bei dem es auch um die Frage der Sterilisierung ging. Es hatte keine persönlichen Folgen für Dorothea, da sie ständig unter Aufsicht stand, entweder in der Anstalt oder Zuhause. Ihr Weihnachtsbesuch 1933 bei den Eltern, die inzwischen nach Hamburg-Hamm gezogen waren, wurde ihr trotz einer allgemeinen Urlaubssperre gestattet, wenn auch verkürzt.

Gute Phasen wechselten mit schlechten, in denen sie widerspenstig war und sich selbst Scheuerwunden zufügte. Dann wurde sie zu ihrem Selbstschutz in den Wachsaal

Dorothea Kasten

gebracht, wo es eine Aufsicht gab. Sie schaffte dann auch ihre Körper- und Kleiderpflege nicht mehr allein. Am 15. August 1934 holten ihre Eltern sie wieder nach Hause.

Dorothea äußerte Anfang des Jahres 1935 großes Heimweh nach Alsterdorf und wurde am 20. März zum dritten Mal aufgenommen. Ihr Verhalten blieb unausgeglichen, sie wurde wie zuvor behandelt. Am 12. Oktober 1936 wurde sie noch einmal nach Hause entlassen, kehrte aber bereits vor Monatsende in die Anstalt zurück.

Am 16. August 1943 wurde Dorothea Kasten zusammen mit 227 anderen Frauen und Mädchen direkt aus den Alsterdorfer Anstalten in die Heilanstalt Wagner-von-Jauregg-Heil- und Pflegeanstalt der Stadt Wien, den früheren Steinhof, verlegt. Der Anstaltsleitung ging es neben der Erfüllung der erbhygienischen Vorgaben der Reichsführung konkret darum, Platz für Bombenopfer zu schaffen. Als sich herausstellte, dass die ausgebombten Hamburger im Umland unterkamen, war die Transportmaschinerie schon angelaufen und wurde nicht mehr gestoppt. Die Wiener Heilanstalt diente der „stillen Euthanasie", nachdem die erste Phase der Euthanasie 1941 wegen öffentlicher Proteste beendet worden war. Nicht zwangsläufig alle Neuzugänge aus Hamburg wurden der „Euthanasie" unterworfen; wer arbeitsfähig war, blieb am Leben.

Wie aus einem Brief ihrer Schwester Hildburg hervorgeht, den diese 1985 an die Evangelische Stiftung Alsterdorf schrieb, fuhr im Mai 1944 Dorothea Kastens Mutter nach Wien, um ihre Tochter zu besuchen. Sie habe sie in einem erbarmungswürdigen Zustand vorgefunden. Von 49 kg Körpergewicht bei ihrer Abreise sei sie auf 33 kg abgemagert gewesen. Dorothea habe gewollt, dass ihre Mutter sie mit zurück nach Hamburg nähme. Die Anstaltsärzte hätten das nicht zugelassen. Sie hätten der Mutter erklärt, dass Dorothea an einer Darmfistel leide und am besten eingeschläfert würde. Am 2. Mai 1944 hat „nach hartem Kampf … meine Mutter eingewilligt, ihr Kind in die geistige Welt zurückzuschicken. (Sie) kaufte für alle Kuchenmarken Süßigkeiten und Kuchen. Sie tranken zusammen Kaffee. Um 14.00 Uhr, … nachdem sie mit Freude und Vergnügen ihren Kuchen aufgegessen hatte, meinte sie: ,Jetzt bin ich müde und will schlafen, vergiss nicht, mich mitzunehmen.'"

Frau Kasten konnte ihre Tochter im Sarg mit nach Hamburg nehmen und beerdigen.[17]

Text: Hildegard Thevs, entnommen der Datenbank www.stolpersteine-hamburg.de

Dorotheenstraße

*Winterhude, seit 1863, benannt nach Anna Dorothea Sierich, geb. Meyer. Mutter des Unternehmers und Grundeigentümers Adolph Sierich (siehe ➤ Sierichstraße, in Bd. 3 online**)*

Siehe auch ➤ Agnesstraße, Klärchenbrücke, Klärchenstraße, Maria-Louisen-Brücke, Maria-Louisen-Stieg, Maria-Louisen-Straße, in diesem Band.

*Siehe auch ➤ Andreasstraße, Winterhude, seit 1866, Andreas Meyer (?–?), benannt nach dem Freund und Helfer des Grundstücksbesitzers Adolph Sierich, in Bd. 3 online**.*

*Siehe auch ➤ Sierichstraße, Winterhude, seit 1863: Adolph Sierich (1826–1889), Grundeigentümer, in Bd. 3 online**.*

Dorotheenstraßenbrücke

Winterhude, seit 1904, benannt in Anlehnung an die Dorotheenstraße

Droste-Hülshoff-Straße

Osdorf, seit 1929, benannt nach Annette (Anna Elisabeth) Freiin Droste zu Hülshoff (10.1.1797 Schloß Hülshoff bei Münster/Westf.–24.5.1848 im äußeren Gartenturm des Alten Schlosses Meersburg/Bodensee), Dichterin

Annette von Droste-Hülshoff entstammte einer adligen, katholischen, streng konservativen Familie. Sie war die Tochter des Gutsbesitzers Clemens August II. von Droste-Hülshoff (1760–1826) und der Freiin Therese Luise, geb. von Haxthausen (1772–1853) und wurde auf dem Wasserschloss Hülshoff bei Münster geboren. „Die Pflege des kaum lebensfähigen Siebenmonatskind übernahm die Amme Catharina Plettendorf, der Droste zeitlebens eng verbunden blieb. Wohlbehütet wuchs sie auf, wurde erzogen in der Enge und Abgeschlossenheit der westfälischen Adelswelt."[18] Annette erhielt gemeinsam mit ihren drei Geschwistern einen häuslichen Unterricht: den Elementarunterricht durch die Mutter, später ab 1807 dann Unterricht durch einen Theologen.

** Band 3 online unter: www.hamburg.de/maennerstrassennamen

17) Quellen für den gesamten Text: Ev. Stiftung Alsterdorf, Archiv, V 184; Michael Wunder, Ingrid Genkel, Harald Jenner: Auf dieser schiefen Ebene gibt es kein Halten mehr, Hamburg, 2. Aufl., 1988, S. 231f.; Michael Wunder: Die Euthanasie-Morde im Steinhof am Beispiel der Hamburger Mädchen und Frauen, in: Spurensuche Irma, zusammengestellt von Antje Kusemund, Hrsg.: VVN, 2. Aufl. 2005, S. 32–42.
18) Droste-Portal www.lwl.org/LWL/Kultur/Droste/Biographie/leben

Schon im Alter von sieben Jahren begann Annette mit ersten literarischen Versuchen (kleine Gelegenheitsgedichte, Stammbuchverse). Die Familie war begeistert. Ihr Onkel Werner von Haxthausen nannte sie eine „zweite Sappho". Zwischen 1812 und 1819 erfuhr sie literarische Beratung und Unterricht durch Anton Matthias Sprickmann, einem ehemaligen Mitglied des Göttinger Hainbundes und Professor für Staatsrecht in Münster. 1814 entstand das Fragment „Berta".

Ein Jahr später erkrankte Annette schwer. „Es ist überliefert, daß Droste schon als Kind immer wieder von beständigen Krankheiten heimgesucht wurde, insbesondere konstatierte man schon früh eine starke nervliche Überreiztheit. Die lebenslange Krankengeschichte der Dichterin, die literarisches Arbeiten manchmal monatelang unmöglich machte, läßt sich in ihren Briefen nachverfolgen. (…)

In ihrer Jugendzeit hatte Droste nur selten Gelegenheit, den engen Grenzen des Elternhauses zu entfliehen. Neben kleineren Ausflügen in die Umgebung sorgten nur einige Besuche in Bökendorf bei Brakel für Abwechslung. Hier (…) hatte die Verwandtschaft ihrer Mutter, die Familie von Haxthausen, ihren Wohnsitz. Auf Schloß Bökelhof traf sich der ‚Bökendorfer Märchenkreis' um die Brüder August und Werner von Haxthausen und Wilhelm Grimm *[siehe ▸* Grimmstraße, *in Bd. 3 online**]*. Auch Droste beteiligte sich in dieser Zeit an der Sammlung von Sagen, Märchen und literarischem Volksgut.

Im Jahr 1820 wurde der Bökerhof Schauplatz der sogenannten Jugendkatastrophe der Annette von Droste-Hülshoff, ihrer unglücklichen Beziehung zu dem Göttinger Jura-Studenten Heinrich Straube. In Absprache mit Straube hatte August von Arnswaldt versucht, die Liebe Drostes auf die Probe zu stellen und auch kurzfristig ihre Zuneigung gewonnen. Hierauf kündigten beide in einem gemeinsam verfaßten Brief der Droste die Freundschaft. Das so durch eine Intrige herbeigeführte Scheitern der Verbindung zu Straube war für die 23jährige ein mit vielerlei Demütigung verbundenes traumatisches Erlebnis."[19]

Annette von Droste-Hülshoff

Neben der Schriftstellerei beschäftigte sich Annette von Droste-Hülshoff auch mit Musik und Komposition. Auch ihr Vater war ein begeisterter Musiker und spielte Violine. Mit zwölf Jahren erhielt Annette Klavierunterricht und gab 1820 ihr erstes öffentliches gesangliches Konzert. Durch ihren Onkel Maximilian-Friedrich von Droste, der Komponist war, erhielt sie 1821 eine Ausgabe seiner Kompositionslehre – und begann ebenfalls zu komponieren. 74 Lieder für Singstimme und Klavier sind von ihr erhalten.

Nach dem Tod des Vaters im Jahre 1826 übernahm Annettes Bruder den Familienbesitz und Annette zog mit ihrer älteren Schwester Jenny und der Mutter auf deren Witwensitz Rüschhaus – einer Mischung aus Bauernhaus und Herrensitz – bei Münster. Hier lebte sie zurückgezogen in ihrem Schneckenhäuschen, wie sie ihr Wohnzimmer nannte, las, träumte, dichtete und schrieb.

Auch wenn sich Annette von Droste-Hülshoff als Dichterin berufen fühlte, unterbrach sie stets ihre literarische Arbeit, wenn sie von der Familie als Krankenpflegerin gebraucht wurde.

1838 erschien in Münster/Westfalen ihr erster, aus Rücksicht auf die Familie anonymer Gedichtband mit dem Titel „Gedichte von Annette Elisabeth von D… H…". Nur 74 von 500 Exemplaren wurden verkauft.

Abb.: akg-images (Gemälde Wilhelm Stiehl, 1820)

**   Band 3 online unter: www.hamburg.de/maennerstrassennamen

19) Ebenda.

Um der häuslichen Zurückgezogenheit, in der sie mit ihrer Mutter auf Rüschhaus lebte, zu entfliehen, unternahm Annette Reisen, so z. B. an den Rhein, wo ihr Cousin Clemens-August von Droste zu Hülshoff lebte. Dort befreundete sie sich u. a. mit Johanna und Adele Schopenhauer *(siehe* ➤ Schopenhauerweg, *in diesem Band)* an und lernte in Bonn August Wilhelm Schlegel kennen *(siehe* ➤ Schlegelsweg, *in diesem Band).*

Nachdem ihre Schwester Jenny den Freiherrn Joseph von Laßberg geheiratet hatte und in den Kanton Thurgau auf Schloss Eppishausen gezogen war, besuchte Annette 1835 dort ihre Schwester.

Hauptansprechpartner in Literaturfragen war für Annette von Droste-Hülshoff in den 1830-er Jahren der Münsteraner Philosophiedozent Christoph Bernhard Schlüter. Später wurde der siebzehn Jahre jüngere Levin Schücking, der Sohn ihrer Freundin Catharina Busch, ihr literarischer Vertrauter und engster Freund. Er kannte sich im Literaturbetrieb aus, knüpfte für sie Verbindungen, spannte sie aber auch für eigene Projekte ein.

Besonders literarisch produktiv wurde Annette, als sie 1841/42 ihre Schwester besuchte, die seit 1838 mit ihrem Mann auf Schloss Meersburg am Bodensee lebte. „Meersburg wurde für Annette von Droste-Hülshoff zum Dreh- und Angelpunkt einer neuen Welt. Hier konnte sie freier atmen, hier war sie befreit von vielen Pflichten und Drangsalierungen unter denen sie in der Heimat litt, hier erholte sie sich gesundheitlich und fand mannigfache Anregungen und Abwechslung."[20]

Auch Schücking war auf Meersbusch, da er dort, durch Vermittlung von Annette von Droste-Hülshoff, bibliothekarische Aufgaben übernommen hatte. Annette von Droste-Hülshoff verbrachte insgesamt drei Mal längere Zeit auf Schloss Meersburg. In dieser Zeit schrieb sie über 50 Gedichte.

1842 wurde in den Cottaschen Morgenblättern die Novelle „Die Judenbuche" veröffentlicht. Im selben Jahr erschienen bei Cotta „Gedichte".

Von dem Vorschusshonorar, das der Verlag ihr gezahlt hatte, kaufte sich Annette von Droste-Hülshoff während ihres zweiten Aufenthalts auf Meersburg, der von September 1843 bis September 1844 dauerte, im November 1843 das „Fürstenhäuschen" mit Rebgut oberhalb Meersburgs.

Im Mai 1844 besuchte Schücking Meersburg in Begleitung seiner jungen Frau Louise von Gall. Annette von Droste-Hülshoff soll wohl in Schücking verliebt gewesen sein, so dass „die Heirat Schückings [sie] nicht unbeeindruckt gelassen [hatte] – in ihren Briefen hat sie ihn immer wieder vor einer überstürzten Heirat gewarnt. Obwohl die Beziehung zwischen Droste und Schücking nun abkühlte und eine Entfremdung eintrat, blieb er bis 1845 wichtiger Anreger und Initiator weiterer literarischer Texte."[21] 1844 gaben sie sogar zusammen eine Sammlung lyrischer Gedichte heraus. Im selben Jahr verließ Annette von Droste-Hülshoff Schloss Meersburg und kehrte nach Westfalen zurück. „Obwohl gesundheitlich stark angeschlagen, hat sie dort literarisch noch einiges schaffen können. Belastend war die Pflege ihrer Amme, die inzwischen im Rüschhaus wohnte und 1845 dort starb."[22] Im selben Jahr bat die Komponistin und Pianistin Clara Schumann *(siehe* ➤ Schumannstraße, *in diesem Band)* Annette um ein Libretto, damit ihr Mann, der bereits ein Gedicht von ihr vertont hatte, auch dieses vertonen könne.

Mit ihren Musikwerken war Annette von Droste-Hülshoff nie öffentlich aufgetreten. Erst knapp dreißig Jahre nach ihrem Tod – sie starb 1848 auf Schloss Meersburg – veröffentlichte Christoph Bernhard Schlüter einige Werke aus ihrem Nachlass.

20) Ebenda.
21) Ebenda.
22) Ebenda.

Als Annette von Droste-Hülshoff starb, waren ihre Werke kaum bekannt. Sie selbst hatte zu Lebzeiten einmal formuliert: „Ich mag und will jetzt nicht berühmt werden, aber nach hundert Jahren möchte ich gelesen werden." Das scheint gelungen zu sein. Besonders die „Judenbuche" wurde ein viel gelesenes Werk.

Ihr Portrait, gemalt von ihrer Schwester Jenny, zierte später die Vorderseite des 20-DM-Scheins. Auch auf zwei Briefmarken aus den Jahren 1961 und 2002 wurde sie abgebildet. Außerdem gibt es u. a. den Droste-Preis der Stadt Meersburg und die Annette von Droste zu Hülshoff-Stiftung.

Siehe auch ❯ **Schlegelsweg, Schopenhauerweg, Schumannstraße,** *in diesem Band.*

Siehe auch ❯ **Grimmstraße,** *Iserbrook, seit 1930:* *Brüder Grimm, Jacob (1785–1863) und Wilhelm Grimm (1786–1859), in Bd. 3 online**.*

E

Ebner-Eschenbach-Weg

Bergedorf, seit 1984, benannt nach **Marie Freifrau von Eber-Eschenbach, geb. Gräfin Dubsky, Freiin von Trebomyslyce** *(13.9.1830 Zdislawitz/Mähren– 2.3.1916 Wien), österreichische Schriftstellerin*

1898 erhielt **Marie von Ebner-Eschenbach** als erste Frau den höchsten Zivilorden Österreichs: das Ehrenabzeichen für Kunst und Wissenschaft. 1900 wurde sie als erste Frau in Österreich zum Dr. h. c. der Philosophischen Fakultät der Universität Wien ernannt.

Marie von Ebner-Eschenbach wurde auf Schloss Zdislawitz bei Kremsier in Mähren als Freiin Dubský geboren. Ihre Mutter war Baronesse Marie von Vockel, die zweite Ehefrau ihres Vaters Baron Franz Dubský (ab 1843 Graf).

Kurz nach der Geburt von Marie verstarb die Mutter. Marie bekam eine Stiefmutter, zu der sie ein gutes Verhältnis hatte. Diese verstarb, als Marie sieben Jahre alt war. Im Alter von zehn Jahren bekam Marie eine neue Stiefmutter, die Gräfin Xaverine Kolowrat-Krakowsky. Auch zu ihr soll Marie ein gutes Verhältnis gehabt haben. Die Gräfin förderte das schriftstellerische Talent von Marie und machte sie bekannt mit der Theaterwelt, indem sie sie oft ins Wiener Burgtheater mitnahm. Durch ihre Stiefmutter lernte Marie auch den Schriftsteller Franz Grillparzer kennen *(siehe* ❯ **Grillparzerstraße,** *in Bd. 3 online**).*

Marie wurde von Gouvernanten und anderen Hauslehrern erzogen und erlernte mehrere Sprachen. Auch bekam sie bereits im Alter von elf Jahren die Aufgabe übertragen, den Büchernachlass ihrer verstorbenen Großmutter in die Bibliothek auf Schloss Zdislawitz einzuarbeiten.

1848, im Alter von achtzehn Jahren, heiratete sie ihren fünfzehn Jahre älteren Cousin Moritz von Ebner-Eschenbach, einen Physiker, Professor an der Ingenieur-Akademie in Wien, später Feldmarschallleutnant und Mitglied der Akademie der Wissenschaften. Das Paar hatte keine Kinder und wohnte zwischen 1848 und 1850 in Wien, dann bis 1856 in Klosterbruck bei Znaim, danach in Wien und Zdislawic. Moritz von Ebner-Eschenbach soll seine Frau stets in

**   Band 3 online unter: www.hamburg.de/maennerstrassennamen

ihrer schriftstellerischen Entwicklung unterstützt haben.

1879 machte Marie von Ebner-Eschenbach, die leidenschaftlich Uhren sammelte, eine Uhrmacher-Ausbildung. Damals ungewöhnlich für Frauen. 1900 wurde sie in die Zunft der Wiener Uhrmacher aufgenommen und 1908 sogar „Fahnenmutter" der Innung. Ihr Faible für Uhren verarbeitete sie auch in ihrer bekannten Erzählung „Lotti, die Uhrmacherin".

Später wandte sie sich dann ganz der Literatur zu und schrieb über zwanzig Jahre lang Dramen. Doch als Dramatikerin hatte Marie von Ebner-Eschenbach wenig Erfolg. So wandte sie sich schließlich der Prosa zu.

Franz Grillparzer hatte sie sowohl in ihren Bemühungen als Dramatikerin als auch als Schriftstellerin ermutigt. Marie von Ebner-Eschenbach schreibt darüber: „(…) Ich habe Grillparzer, den ich erst vor kurzem persönlich kennengelernt hatte, gefragt: ‚Herr Hofrat, darf ich Ihnen ein Theaterstück, das ich geschrieben habe, vorlesen?' Ob er ein Zeichen des Unwillens gegeben, ob er mich nur erstaunt angesehen hat, weiß ich nicht mehr. Aber die Erlaubnis, vorzulesen, erhielt ich und erschien denn auch schon am folgenden Tage mit meinem Manuskript. Und nun, nicht um einen Hauch weniger deutlich als damals, sehe ich ihn vor mir am Schreibtisch sitzen, klein und schmal in seinem alten Lehnsessel, mit dem Rücken gegen das Fenster. In seinem ehrwürdigen Gesicht alle Zeichen überstandener Leiden, einer schmerzvollen Ergebung. Mit ein paar gütigen Worten hatte er mich ermutigt anzufangen, und ich las und las und wagte kein einziges Mal, ihn fragend anzusehen. Er hatte ein blaues Taschentuch in seinen feinen, schlanken Händen, mit dem er sich fortwährend beschäftigte, das er auf den Schoß legte, entfaltete, zusammenknüllte, wieder entfaltete. Und gerade nur

bis zu diesem Taschentuch erhoben sich manchmal meine Augen. Aber mein Herz schwoll vor Entzücken, wenn er von Zeit zu Zeit ‚gut' oder sogar ‚sehr gut' sagte. Mehr als einmal fragte ich, ob ich ihn nicht ermüde und aufhören solle. Nein, er wollte das Ganze hören. Am Schluß schlug er einige geringe Veränderungen vor, fällte aber ein Urteil über die Arbeit nicht. Mit sehr gemischten Gefühlen trat ich den Heimweg an. Sehr bald aber gab es keine Mischung mehr. Die Reue über das Wagnis, das ich unternommen hatte, stellte sich nicht langsam ein, sie kam plötzlich, stürzte über mich her wie ein wildes Tier über einen träumend Dahinwandelnden. Grillparzer hatte mein Stück gewiß miserabel gefunden, und es ist ja miserabel. Wie konnte ich darüber in Zweifel sein? … Ich weiß, daß ich jeden Bettler, dem ich begegnete, um sein gutes Bewußtsein beneidete. Ihm wäre es doch nicht eingefallen, dem größten jetzt lebenden Dichter ein selbstverfaßtes Drama vorzulesen. (…) Nie mehr ist es mir eingefallen, seine Teilnahme für eine meiner Arbeiten anzurufen, und er wußte, daß es aus Ehrfurcht und Schonung geschah. (…) In seiner Güte fühlte er sich von Zeit zu Zeit bewogen, mich zu fragen, was ich denn jetzt arbeite, gab sich aber stets mit einer ausweichenden Antwort zufrieden. Ich erinnere mich, ihm einmal erwidert zu haben: ‚Weiß nicht, weiß selbst nicht, vielleicht eine Novelle. Einige meiner Freunde behaupten, ich hätte mehr Talent zur Novelle als zum Drama.' Er lächelte. (…)

Zwei Dinge hatte ich bei ihm nie gesehen. Nie die Spur eines Stäubchens und nie eine Zeitung; vielleicht liest er gar keine und weiß nichts von den Strafpredigten, die mir gehalten worden sind. So faßte ich Mut und stieg eines Vormittags die vier Treppen des lieben Hauses Nummer 1097 in der Spiegelgasse, wie immer mit einigem Herzklopfen, empor. Bald darauf gehörte ich zu den Glücklichen der Erde, denn Grillparzer begrüßte mich mit den Worten: ‚Sie sind's. Nun endlich. Ich hätt Ihnen gern schon lange gesagt, daß sich niemand in ganz Wien über den Erfolg von Ihrem Doktor Ritter so gefreut hat wie ich.' Ich hätte ihm am liebsten die Hand geküßt, wagte es nicht, kam in Verlegenheit und brachte nur kleinlaut: ‚Ach, Herr Hofrat, aber die Kritik!' hervor. Das war albern und heuchlerisch, denn in diesem Augenblick lag mir wirklich nichts an der Kritik. ‚So? hab nichts gelesen.' Ein Achselzucken, eine wegwerfende Handbewegung. Machen Sie sich nichts daraus, sagte er nicht, er wußte zu gut, daß man sich was draus macht (…)."[1]

Mit ihren Erzählungen hatte die inzwischen 40-jährige Marie von Ebner-Eschenbach Erfolg. „Die Ebner-Eschenbach ist sicherlich keine Revolutionärin, aber in ihrer Beschreibung von Lieblosigkeit, Dummheit, Gedankenlosigkeit, Arroganz und Unbildung, auch von Güte, Verzicht, von Liebesfähigkeit und Glück, besitzt sie eine solch kritische Radikalität, daß die LeserInnen ihrer Werke in ungewöhnliche Spannung versetzt werden. In der Schilderung menschlicher Stärken und Schwächen macht sie nicht halt vor Adel und Klerus, bürgerlichen und bäuerlichen Schichten, sondern zeigt, erfüllt von liberalem Geist, die Brüchigkeit der ständischen Gesellschaft,"[2] heißt es bei Susanne Gretter und Luise Pusch in ihrem Buch „Berühmte Frauen 2".

Marie von Ebner-Eschenbach

1879/1880 erschienen Ebner-Eschenbachs „Aphorismen"; es folgten Sprüche, Parabeln, Märchen, Erzählungen, Novellen und 1887 ihr bekanntester Roman „Das Gemeindekind", in dem es um soziale Probleme geht.

Nachdem 1898 ihr Ehemann verstorben war, unternahm Marie von Ebner-Eschenbach noch mehrere Reisen, die sie nach Italien führten. 1906 veröffentlichte sie ihre Erinnerungen „Meine Kinderjahre".

Siehe auch ▸ Grillparzerstraße, *Uhlenhorst, seit 1948, und* Grillparzerbrücke, *Uhlenhorst, seit 1960. Franz Grillparzer (1791–1872), Dichter, in Bd. 3 online**.*

Edith-Stein-Platz

Bergedorf, seit 1993, benannt nach Edith Stein, *Ordensname* Theresa Benedicta a Cruce *(12.10. 1891 Breslau–vermutlich ermordet am 9.8.1942 im KZ Auschwitz), Philosophin und Karmeliterin*

Geboren wurde Edith Stein als eines von elf Kindern (vier Kinder waren, als Edith geboren wurde, bereits verstorben) einer jüdischen Familie. Als Edith ein Jahr alt war, starb der Vater, und die Mutter Auguste Stein, geborene Couran, führte den Holzhandel ihres verstorbenen Mannes allein weiter und konnte somit finanziell ihren Kindern eine gute Bildung ermöglichen.

Bereits als Kind entwickelte Edith Stein eine große Sensibilität: „Was ich am Tag sah und hörte, das wurde dort [in ihrem Innern] verarbeitet. Der Anblick eines Betrunkenen konnte mich tage- und nächtelang verfolgen und quälen. (…) Es blieb mir immer unbegreiflich, wie man über so etwas lachen konnte, und ich habe in meiner Studentenzeit angefangen, ohne einer Organisation beizutreten oder ein Gelübde abzulegen, jeden Tropfen Alkohol zu meiden, um nicht durch eigene Schuld etwas von meiner Geistesfreiheit und Menschenwürde zu verlieren. (…) Ja, ein etwas derber Ausdruck, den meine Mutter in meiner Gegenwart erregt aussprach, schmerzte

Abb. v.l.n.r: Schwester Teresia Renata de Spiritu Sanctu, Edith Stein, Philosophin und Karmeliterin, Ein Lebensbild gewonnen aus Erinnerungen und Briefen, Nürnberg 1948. | Aus: Schwester Teresia Renata de Spiritu Sanctu, Edith Stein, Philosophin und Karmeliterin, Ein Lebensbild gewonnen aus Erinnerungen und Briefen, Nürnberg 1948. | bpk-Nr. 10009426

**   Band 3 online unter: www.hamburg.de/maennerstrassennamen

1) Marie von Ebner-Eschenbach: Gesammelte Werke in drei Bänden. Bd. 3: Erzählungen. Autobiographische Schriften. München 1956–1958, S. 886–917.
2)   Susanne Gretter, Luise F. Pusch: Berühmte Frauen 2. Frankfurt a. M. 2001, S. 92.

mich so, daß ich die kleine Szene (eine Auseinandersetzung mit meinem Bruder) nie vergessen konnte."[3]

Edith Stein, die nach eigener Einschätzung als Kleinkind sprunghaft, immer in Bewegung, übersprudelnd, zornig, wenn es nicht nach ihrem Willen ging und eigenwillig gewesen sein soll, wurde ab ca. dem siebten Lebensjahr gehorsam und so Edith Stein: „(…) Zornesausbrüche kamen kaum noch vor; ich erreichte schon früh eine so große Selbstbeherrschung, daß ich fast ohne Kampf eine gleichmäßige Ruhe bewahren konnte. Wie das geschah, weiß ich nicht; ich glaube aber, daß der Abscheu und die Scham, die ich bei Zornesausbrüchen anderer empfand, das lebhafte Gefühl für die Würdelosigkeit eines solchen Sich-gehen-lassens mich geheilt haben."[4]

Edith Stein, die in der Schule zu den „Besten" gehörte, verließ die Schule, als sie vierzehn Jahre alt war. Ihr damaliges Desinteresse am Unterricht erklärte sie so: „ zum Teil [lag es] wohl daran, daß mich mancherlei Fragen, vor allem weltanschauliche, zu beschäftigen begannen, von denen in der Schule wenig die Rede war. Hauptsächlich ist es aber wohl durch die körperliche Entwicklung zu erklären, die sich vorbereitete."[5]

Mit Erlaubnis ihrer Mutter zog Edith Stein für fast ein Jahr nach Hamburg zu ihrer ältesten, verheirateten Schwester Else Gordon, um ihr im Haushalt und bei der Erziehung ihrer zwei Kinder zu helfen. Dazu Edith Stein: „Die Zeit in Hamburg kommt mir, wenn ich jetzt darauf zurückblicke, wie eine Art Puppenstadium vor. Ich war auf einen sehr engen Kreis eingeschränkt und lebte noch viel ausschließlicher in meiner inneren Welt als zu Hause. Soviel die häusliche Arbeit es erlaubte, las ich. Ich hörte und las auch manches, was mir nicht guttat. Durch das Spezialfach meines Schwagers [Dermatologe] kamen

manche Bücher ins Haus, die nicht gerade für ein Mädchen von 15 Jahren berechnet waren. Außerdem waren Max und Else völlig ungläubig, Religion gab es in diesem Hause überhaupt nicht. Hier habe ich mir auch das Beten ganz bewußt und aus freien Stücken abgewöhnt."[6]

Nach ca. zehn Monaten in Hamburg entschloss sich Edith Stein nach Breslau zurückzukehren und wieder zur Schule zu gehen. 1911 legte sie das Abitur ab. Anschließend begann sie an der Universität Breslau ein Lehramtsstudium und belegte die Fächer Geschichte, Germanistik, Psychologie und Philosophie. Nach vier Semestern wechselte sie an die Universität Göttingen und studierte fortan Phänomenologie bei dem Philosophen Professor Husserl. Sie promovierte mit summa cum laude, folgte Husserl an die Freiburger Universität und arbeitete dort als seine Assistentin. 1917 begann sie mit ihrer Habilitation. Da Frauen damals dieser akademische Abschluss verwehrt wurde, nützte auch die Unterstützung durch Husserl nichts. Edith Steins Antrag auf Habilitation wurde abgelehnt. Durch diese bittere Erfahrung, als Frau diskriminiert zu werden, wandte sie sich dem Thema Gleichberechtigung und Frauenrechte zu und engagierte sich fortan für die Emanzipation der Frauen in der Gesellschaft und Kirche. Edith Stein setzte sich für das Frauenstimmrecht ein und thematisierte auch das Priestertum für Frauen.

Edith Stein 1925

Sie kehrte nach Breslau zurück und verbrachte 1921 einige Monate bei ihrer Freundin Hedwig Conrad-Martius in Bergzabern auf deren Obstplantage, die ein PhänomenologInnentreffpunkt

3) Zit. nach: http://www.karmel.at/edith/gg/gg1.htm
4) Ebenda.
5) Ebenda.
6) Ebenda.

war. In dieser Zeit wandte sich Edith Stein, die sich seit ihrem fünfzehnten Lebensjahr als Atheistin bezeichnete, dem Christentum zu, ausgelöst auch durch die Begegnung mit den Schriften von Teresa von Avila. 1921 konvertierte sie zum Katholizismus, wurde 1922 getauft und ging 1923 als Lehrerin an die Mädchenbildungsanstalt der Dominikanerinnen nach Speyer. Dort arbeitete sie acht Jahre lang und hielt Vorträge und Seminare zum Thema „qualifizierte Bildung für Frauen". Im Jahre 1932 lehrte sie am Deutschen Institut für wissenschaftliche Pädagogik in Münster.

1933, nach der Machtübernahme der Nationalsozialisten, erhielt sie Berufsverbot und durfte auch nicht mehr veröffentlichen. Dies gab den Ausschlag, nur noch ihrem Glauben zu leben, und so trat sie am 15. April 1934 in den Kölner Karmeliterorden ein. 1935 empfing sie den von ihr gewählten Namen Teresia Benedicta a Cruce.

Edith Stein fühlte sich auch nach ihrem Glaubenswechsel dem jüdischen Volk zugehörig und so schrieb sie einen Brief an den damaligen Papst Pius XI. und bat ihn, sich öffentlich gegen die Judenverfolgung zu wenden. Eine Antwort erhielt sie nicht.

In ihre Zeit im Kloster schrieb sie ihr Hauptwerk „Endliches und unendliches Sein". Als ihr Klosteraufenthalt zu einer Gefährdung des Klosters wurde, floh sie 1938 in das holländische Karmeliterkloster Echt. Aber auch dort war sie bald nicht mehr sicher. Nachdem die Niederlande von den Nationalsozialisten besetzt worden waren und holländische Bischöfe einen Hirtenbrief gegen die Verfolgung der Juden verlesen hatten, wurden am 2. August 1942 244 zum katholischen Glauben konvertierte Menschen jüdischer Herkunft von der Gestapo verhaftet und in das Durchgangslager Westerbork verbracht – darunter auch Edith Stein.

Von dort wurde Edith Stein einige Tage später in das Vernichtungslager Auschwitz-Birkenau deportiert und dort am 9. August 1942 in der Gaskammer ermordet.

1987 wurde Edith Stein von Papst Johannes Paul II. in Köln selig- und 1998 in Rom heiliggesprochen.

Elebeken

Winterhude, seit 1906, benannt nach Margaretha Elebeke (gest. 26.3.1701), Domina des Nonnenklosters Harvestehude im St. Johanniskloster, damals schon ein Damenstift

Seit dem 27. Februar 1671 fungierte Margaretha Elebeke als Domina des Nonnenklosters Harvestehude im St. Johanniskloster. Sie bestand auf der Anrede „Domina", galt als erste Dame der Hansestadt und wollte ihre Souveränität über das Klostergelände nicht mit dem Rat der Stadt teilen.

Im Oktober 1699 starb der Klosterbürger Kronenburg, der von Seiten der Hansestadt über Klosterfragen mitzubestimmen hatte und damit die Position eines Klosterverwalters und die eines Verbindungsmanns zwischen dem Hamburger Rat und dem Kloster inne hatte. Domina Elebeke ernannte den Oberalten Albert Kohlbrand zum Nachfolger Kronenburgs, ohne jedoch zuvor die beiden Bürgermeister, die laut Hamburgischer Verfassung über die Besetzung dieses Postens mitzuentscheiden hatten, gefragt zu haben. Der Hamburger Rat war empört und überlegte sich entsprechende Schritte. Kurt Grobecker und Kerstin von Stürmer schreiben dazu in ihrem Buch „Hamburg skandalös": „Als die Domina das merkte, wurde sie übermütig (…), und setzte dem Skandal die Krone auf, indem sie einen regelrechten Staatsstreich inszenierte. Der Trumpf, den sie dafür in der Hand hielt, lag in den Kellergewölben ihres Klosters. Dort nämlich unterhielt die Hamburger Artillerie (...) ein Kanonen- und Munitionslager. (…)

Als (…) die Bürger des Artillerie-Departments am 20. Oktober des Jahres 1700 zu einer Routinekontrolle in das Arsenal wollten, (…) [hatte] die Jungfer Elebeck das Magazin-Gewölbe mit einem neuen Schloß ausstatten lassen. (…) Das war ein Affront gegen die Staatsgewalt (…). Und auch diesmal schätzte der Rat die Lage offenbar falsch ein: denn wieder zog das erlauchte Gremium den Schwanz ein, in der Hoffnung, daß sich alle Beteiligten schon wieder irgendwie beruhigen würden. (…)

Die Domina Elebeck wurde im Bewußtsein ihres vermeintlichen Sieges über Hamburgs wohlweisen Rat übermütig. Sie verlangte (…) zur Äbtissin befördert zu werden und darüber hinaus noch als Zeichen ihrer Würde den Krummstab führen zu dürfen. Das allerdings war ein Rechtsakt, zu dessen Durchführung man wichtige Dokumente aus der Klosterlade benötigte. Die aber war fest verschlossen und durfte nicht ohne weiteres geöffnet werden."[7]

Margaretha Elebeke wollte die Lade gewaltsam öffnen lassen. Der Rat kam ihr zuvor und ließ die Lade an einen sicheren Ort abtransportieren. Margaretha Elebeke wandte sich nun hilfesuchend an den Kaiser, der aber nicht reagierte. Der Rat der Stadt Hamburg forderte Margaretha Elebeke auf, ihre Forderungen zurückzunehmen und den Schlüssel für das Artilleriemagazin herauszugeben. Letzteres tat sie, ihre Forderungen, zur Äbtissin befördert zu werden und den Krummstab führen zu dürfen, nahm sie aber nicht zurück. Bevor der Rat nun weitere Schritte unternehmen musste, um den Skandal zu beenden, verstarb Margaretha Elebeke.

Das St. Johannis Kloster, in dem Margaretha Elebeke lebte, war einst ein Dominikanerkloster

gewesen, das um 1236 begründet worden war und sich auf dem Gelände des heutigen Rathausmarktes befand.

Zu Beginn des 16. Jahrhunderts lebten in dem Kloster 41 Mönche und 13 Novizen. Nach der Reformation wurde die Klostergemeinschaft 1529 aufgelöst, und die Mönche mussten das Kloster verlassen. In die Gebäude zogen die Gelehrtenschule des Johanneums und 1531 die zum Luthertum übergetretenen Nonnen des 1247 gestifteten Klosters Harvestehude ein *(siehe dazu ▸ Cäcilienstraße, in diesem Band)*. Fünf Jahre später, 1536, wurde diese Gemeinschaft der Frauen in das Evangelische Conventualinnenstift für unverheiratete Hamburger Patrizier- und Bürgertöchter umgewandelt.

Hamburger Bürger ließen ihre Töchter bereits in deren jungen Jahren ins „Jungfrauenstift" einschreiben, um ihnen dort einen Platz zu sichern, falls sie nicht verheiratet werden konnten. Blieben die Töchter ledig und war eine Wohnung im Kloster frei, konnten die „Jungfrauen" in das Kloster aufgenommen werden. Durch Verheiratung, Tod oder Verzicht erloschen die Ansprüche auf einen Platz im Stift.

Im 19. Jahrhundert zog das Stift in die zwischen 1835 und 1836 erbauten Gebäude am Klosterwall und 1914 in die Heilwigstraße 162, in eine, für diese Zeit großzügige Wohnanlage mit großem Garten direkt bis zur Alster.

Heute ist das Kloster St. Johannis an der Heilwigstraße ein Evangelisches Damenstift mit 69 abgeschlossenen Wohnungen, in denen alleinstehende Frauen im Alter von über 60 Jahren leben.

Die Leitung des Klosters St. Johannis hat seit der Reformation ein vom Hamburger Senat genehmigter ehrenamtlich tätiger Vorstand, der aus den beiden Patronen, das sind der/die jeweils amtierende Erste und Zweite Bürgermeis-

---

7) Kurt Grobecker, Kerstin von Stürmer: Hamburg skandalös. Chronik der Peinlichkeiten. Erweiterte Neuausgabe. Hamburg 2005, S. 60ff.

terIn, den drei Vorständen und der Vorsteherin, der Domina, besteht.

Siehe auch ➤ **Abteistraße, Cäcilienstraße, Frauenthal, Heilwigbrücke, Heilwigstraße, Innocentiastraße, Jungfrauenthal, Nonnenstieg,** *in diesem Band.*

Siehe auch ➤ **Große Johannisstraße,** *Altstadt, seit dem 13. Jahrhundert. In der Nähe vom St. Johanniskloster: 1231 begründet als Dominikanerkloster, in Bd. 3 online***.*

Siehe auch ➤ **Jarrestraße,** *Winterhude, seit 1892: Lic. Nikolaus Jarre (1603–1678), 28 Jahre Bürgermeister der Stadt Hamburg, Senator, Patron des Klosters St. Johannis-Kloster (des Jungfrauenstiftes), in Bd. 3 online***.*

Siehe auch ➤ **Johanniswall,** *Altstadt, seit 1922, nach dem neuen, von 1834 bis 1836 erbauten Jungfrauenstift „Kloster St. Johannis", das auf den Heiligen St. Johannis hinweist, in Bd. 3 online***.*

Siehe auch ➤ **Kleine Johannisstraße,** *Altstadt, seit dem 13. Jahrhundert, das auf das Dominikanerkloster St. Johannis hinweist, in Bd. 3 online***.*

Eleonorenweg

Wilhelmsburg, seit 1956, benannt nach Eleonore Olbreuse (1639 d'Olbreuse/Südfrankreich–1722), seit 1665 Gattin des Herzogs Georg Wilhelm von Braunschweig-Lüneburg. Madame d'Harbourg

Herzog Georg Wilhelm (1624–1705) besaß die Fürstentümer Hannover, Calenberg und Göttingen. Er soll nicht gerade ein Kind von Traurigkeit gewesen sein. Lieber vergnügte er sich, als zu regieren.

Seine zukünftige Frau, die Hofdame und Hugenottin **Eleonore Desmier d'Olbreuse,** die von niederem Adel war und in Holland lebte, lernte er am Hofe des Landgrafen von Hessen in Kassel kennen, als sie dort zu Besuch war. Herzog Georg Wilhelm verliebte sich in sie und folgte ihr bald

nach Holland. Ihren Eltern schlug er eine morganatische Ehe vor, eine Heirat zur linken Hand. Eine andere Heiratsform war nicht möglich, denn der Herzog hatte, nachdem er seine Verlobung mit Lieselotte von der Pfalz gelöst und seinen Bruder Ernst August gebeten hatte, seine ehemalige Braut zu heiraten, versprochen, künftig im Zölibat zu leben und seinen Bruder bzw. dessen Kinder zu Thronerben zu machen. Eleonores Eltern willigten in eine Heirat ihrer Tochter zur linken Hand ein, und das Paar zog in das Celler Schloss.

Eleonore Desmier d'Olbreuse

Da Eleonore von der Familie des Herzogs nicht als ihresgleichen anerkannt wurde, bot ihr der Herzog einen höheren Titel und neuen Besitz an. Eleonore durfte wählen zwischen einer „Frau von Hoya" oder der „Frau von Harburg". Sie entschied sich für Harburg. Als dem Paar eine Tochter geboren wurde, bemühte sich Herzog Georg Wilhelm um eine weitere Rangerhöhung für seine Frau. So erwirkte er, dass seine Gevatterschaft der Groten aus Stillhorn ihm ihre Besitzungen auf den Elbinseln abtraten, wofür sie als Gegenleistung die Insel Kirchhof (Neuhof) und eine große Geldsumme erhielten. Herzog Georg Wilhelm ließ die an ihn abgetretenen drei Inseln Stillhorn, Georgswerder und Reiherstieg/Rotehaus, aus denen das heutige Wilhelmsburg besteht, zu einer Insel zusammendeichen, nannte sie Wilhelmsburg und ließ Eleonore und ihre damals achtjährige Tochter in Wien durch Kaiser Leopold zu Gräfinnen zu Wilhelmsburg ernennen. Fortan durfte sich Eleonore Reichsgräfin von Wilhelmsburg nennen. 1675 fand dann doch eine offizielle Heirat mit Eleonore statt und

Abb.: Vicomte H. de Beaucaire, Die letzte Herzogin von Celle Eleonore Desmier d'Olbreuse 1665–1725, Hannover 1886.

**   Band 3 online** unter: www.hamburg.de/maennerstrassennamen

Eleonore wurde Herzogin von Braunschweig-Lüneburg.

Damit Herzog Georg Wilhelms Bruder Ernst August nicht um seine Erbrechte fürchten musste, verheirateten sie ihre Kinder Sophie Dorothea (siehe ➤ Sophie-Dorothea-Stieg, in diesem Band) und Georg Ludwig, der spätere König Georg I. von England, miteinander. Damit blieb das Erbe in der Familie.

> Siehe auch ➤ Sophie-Dorothea-Stieg, in diesem Band.
>
> Siehe auch ➤ Georg-Wilhelm-Straße, Wilhelmsburg, seit 1947: Herzog Georg Wilhelm von Braunschweig-Lüneburg (1665–1705), in Bd. 3 online**.

Elfenwiese

Marmstorf, seit 1950. Motivgruppe: Märchengeister

„Elfen wurden für verstorbene Ahnen gehalten, die in ihren Grabhügeln weiterlebten. Im Elfenland herrschte das Matriarchat. Hier wohnten die weiblichen Lichtgeister, die die Sonne schufen."[8] Die Elfen konnten „sowohl wunderschön als auch häßlich sein und damit einerseits die Geburt und das Leben, andererseits den Tod verkörpern. Die Christen lehnten diese alte Theologie, die das weibliche Geschlecht in den Mittelpunkt stellte, ab. Dies belegen christliche Berichte, die die Feste zu Ehren der Elfen als Dämonensabbate beschrieben, bei denen ‚Tänzer und Tänzerinnen mit Pferdefüßen' ihre Feenreigen stampfen würden."[9]

Elfriede-Lohse-Wächtler-Weg

Barmbek-Süd, seit 2008, benannt nach Elfriede Lohse-Wächtler (4.12.1899 Dresden-Löbtau–31.7.1940 Pirna), Malerin, Opfer des Nationalsozialismus

Ein Erinnerungsstein steht im Garten der Frauen auf dem Ohlsdorfer Friedhof.

Aufgewachsen in einem bürgerlichen Elternhaus, der Vater kaufmännischer Angestellter und Versicherungsagent, versuchten die Eltern die künstlerische Laufbahn ihrer Tochter als Malerin zu verhindern. 1915 begann Elfriede Lohse-Wächtler ein Studium an der Königlichen Kunstgewerbeschule Dresden. Der Vater wollte, dass sie „Mode und weibliche Handarbeiten" studiere, um Kostüm- und Modellschneiderin zu werden, was einem „züchtigen Weibe" in seinen Augen entsprach. Doch Elfriede Lohse-Wächtler hatte ihren eigenen Kopf und wechselte 1916 das Fach, studierte nun „Angewandte Graphik", um freischaffende Künstlerin zu werden. Daraufhin gab es Streit mit dem Vater, und Elfriede Lohse-Wächtler verließ ihr Elternhaus im Alter von sechzehn Jahren. Sie teilte sich nun ein Zimmer mit ihrer Freundin Londa Freiin von Berg, der späteren Ehefrau des Malers Conrad Felixmüller. Ihren Lebensunterhalt verdiente sie sich mit Batikarbeiten. Außerdem belegte sie von 1916 bis 1919 Mal- und Zeichenkurse an der Dresdner Kunstakademie.

Elfriede Lohse-Wächtler verkehrte in der Dresdner Boheme, war eine Anhängerin des Dadaismus, bildete sich politisch und sozial und besuchte Veranstaltungen des Spartakusbundes. Sie schnitt sich die Zöpfe ab, trug Herrenhüte und Männerhosen, rauchte Pfeife und Zigarren und gab sich den männlichen Namen „Nikolaus", um dem Makel der damaligen verpönten „Frauenkunst" entgegenzuwirken. Sie fand Anschluss bei der Dresdner „Sezession Gruppe 1919" und lernte den Freundeskreis um Otto Dix, Otto Griebel und Conrad Felixmüller kennen. Im Atelier von Conrad Felixmüller mietete sie sich ein und finanzierte ihren Lebensunterhalt mit Batiken, Postkarten- und Illustrationsarbeiten.

** **Band 3 online** unter: www.hamburg.de/maennerstrassennamen

8) Barbara G. Walker: Das geheime Wissen der Frauen. Ein Lexikon. Frankfurt a. M. 1993, S. 214.

9) Ebenda.

1921 heiratete sie den Maler und Opernsänger Kurt Lohse. Sie zogen in die Sächsische Schweiz oberhalb von Wehlen und führten dort ein ungebundenes Leben. Doch Kurt Lohse soll verschwenderisch und rücksichtslos gewesen sein und nicht nur sein Geld, sondern auch das seiner Frau ausgegeben haben, so dass Armut und Schulden der Wegbegleiter des Paares wurden. Das Paar trennte sich. Kurt Lohse zog 1925 nach Hamburg, wo er eine Stelle als Chorsänger annahm. Dort erkrankte er, und Elfriede Lohse-Wächtler folgte ihm, um ihn zu pflegen. Bald hatte Kurt Lohse eine andere Frau. 1926 trennte man sich erneut. Kurt Lohse zog zu seiner Freundin, die 1927 das erste von fünf Kindern mit Kurt Lohse bekam. Für Elfriede Lohse-Wächtler, die aus wirtschaftlichen Gründen ihre Schwangerschaften abgebrochen und darüber hinaus auch noch eine Fehlgeburt erlitten hatte, ein tiefer Schock.

Elfriede Lohse-Wächtler

Elfriede Lohse-Wächtler lebte weiterhin in finanziell sehr engen Verhältnissen. Dennoch hatte sie in Hamburg eine ihrer kreativsten Schaffenszeiten. Zwischen 1927 und 1931 entstanden einige ihrer Hauptwerke in Öl, Pastell und Aquarell. Sie malte Portraits, Paarbeziehungen, Bilder aus dem Prostituierten- und Arbeitermilieu.

Im Jahre 1928 hatte sie mit dem „Bund Hamburger Künstlerinnen und Kunstfreundinnen" ihre erste, viel beachtete Ausstellung im Stil der Neuen Sachlichkeit. Ein Kritiker lobte sie als „eine der stärksten Hamburger Begabungen" und hob besonders die „ausgezeichneten Aquarelle" der bis dahin unbekannten Malerin hervor.

Auf Grund ihrer materiellen Schwierigkeiten und emotionalen Vereinsamung erlitt Elfriede Lohse-Wächtler 1929 einen Nervenzusammenbruch. Sie kam für sieben Wochen in die psychiatrische Klinik Hamburg-Friedrichsberg. Ihr Bruder und der gemeinsame Freund Johannes A. Baader – bekannt geworden als Dadaist – hatten sie dorthin gebracht. Im März 1929 schrieb Johannes A. Baader an Otto Dix: „Wären Geld und Haus und Menschen, die sich ihr ausschließlich widmen könnten, vorhanden gewesen, so hätte sich die Einweisung in die psychiatrische Klinik (vielleicht) erübrigt. Das Einschnappen in die pathologische Situation ist ausgelöst worden durch das allmählich eintretende völlige Versagen der Existenzmöglichkeit; dazu kam das Ringen zwischen Kurt Lohse und ihr, und die Notwendigkeit, den Besitz von K. L. (dem sie zutiefst und unaufhörlich verknüpft ist) mit einer anderen Frau zu teilen. So rettete sie sich, wie der psychologische Terminus lautet, in die Krankheit."

In der Klinik malte sie die „Friedrichsberger Köpfe", ca. 60 Zeichnungen und Pastelle als Kopf- und Körperstudien von psychisch Kranken.

Diese Bilder wurden in einem Hamburger Kunstsalon gezeigt und erhielten gute Kritiken. Elfriede Lohse-Wächtler wurde bekannt, was sich allerdings finanziell nicht positiv auswirkte. Bis 1931 nahm Elfriede Lohse-Wächtler an zahlreichen Ausstellungen teil, u. a. in der Hamburger Kunsthalle. Die Hamburger Kritikerin Anna Banaschewski widmete der Künstlerin den ersten monographischen Aufsatz in der Zeitschrift „Der Kreis". Sie hob insbesondere die „eminente psychologische Intuitionsgabe" von Elfriede Lohse-Wächtler hervor. Im Anschluss an die Ausstellung im Kunstsalon Maria Kunde erwarb die Hamburger Kunsthalle im Jahr 1929 zwei Bilder der „Friedrichsberger Köpfe". Die meisten dieser

Abb.: Aus: Georg Reinhardt (Hrsg.), Im Malstrom des Lebens versunken, Elfriede Lohse-Wächtler 1899–1940, Leben und Werk, Köln 1996.

Bilder sind heute verschollen, einige sind in Privatbesitz.

Die Stabilisierungsphase nach dem ersten Aufenthalt in der psychiatrischen Klinik war nicht von langer Dauer. Innerlich zerfahren, rastlos arbeitend, in größter Armut – es fehlte manchmal sogar an Geld für das Briefporto –, trieb es die Künstlerin zu anderen gesellschaftlichen Außenseiterinnen und Außenseitern. Vorübergehend lebte sie als Obdachlose im Hamburger Prostituiertenmilieu. Bahnhofswartehallen, der Hafen, die Straßen wurden zu ihren häufigsten Aufenthaltsorten und zu Themen großartiger Bilder. Ihre Selbstportraits, aber auch die Bilder von Arbeitern, Marktfrauen, Prostituierten und „Zigeunern" sind einerseits geprägt von fast schon übersteigertem Realismus, andererseits von ihrer schonungslosen Anteilnahme an der Not anderer Menschen.

Im Jahr 1931 kehrte sie vollkommen mittellos und psychisch stark angegriffen in ihr Elternhaus nach Dresden zurück. Sehr bald schon kam es hier zu erneuten heftigen Auseinandersetzungen mit ihrem Vater. Als sie im darauf folgenden Frühjahr wegen einer Fußverletzung im Krankenhaus in Dresden behandelt werden musste, nutzte der Vater diese Gelegenheit, sie von dort ohne Umweg über das Elternhaus in die Krankenanstalt Arnsdorf bringen zu lassen. Die dortige Diagnose lautete: Schizophrenie.

Das war im Juni 1932, ein gutes halbes Jahr vor der Machtübernahme durch die Nationalsozialisten. Als der Vater die Aufnahme seiner Tochter in Arnsdorf erwirkte, konnte er nicht ahnen, dass er sie damit letztlich ihren Mördern auslieferte. Schon nach wenigen Wochen in der Krankenanstalt Arnsdorf flehte sie ihre Eltern an, sie wieder heimzuholen. Doch alle ihre verzweifelten Bitten blieben vergebens. Acht Jahre, bis zu ihrer Ermordung in der Tötungsanstalt Pirna-Sonnenstein, sollte sie die Klinik Arnsdorf nicht mehr verlassen. Nur in der Anfangszeit ihres Aufenthaltes in Arnsdorf hatte sie das Recht, gemeinsam mit ihren Eltern Ausflüge in die Umgebung zu machen, wo sie gerne skizzierte und zeichnete; u. a. zum Schloss Wesenstein in der näheren Umgebung von Pirna.

Anfangs konnte sie in der Anstalt noch schöpferisch tätig sein. Sie hielt z. B. mit dem Farbstift die Frauen in der Krankenstube fest. Doch nachdem sich Kurt Lohse 1935 von ihr wegen ihrer „unheilbaren Geisteskrankheit" hatte scheiden lassen und sie entmündigt und zwangssterilisiert worden war, zerbrach vollends ihre Schaffenskraft.

1937 wurde Elfriede Lohse-Wächtlers Werk von den Nationalsozialisten als „Entartete Kunst" diffamiert und zum Teil zerstört. 1940 kam sie in die Landes-Heil- und Pflegeanstalt Pirna-Sonnenstein und wurde dort im Rahmen der nationalsozialistischen Euthanasie-Aktion T4 getötet.

1989 erfuhren ihre Werke bei einer Präsentation in Reinbek bei Hamburg eine Rehabilitation. 1994 wurde der Förderkreis Elfriede Lohse-Wächtler gegründet. 1996 kam eine Monographie über sie heraus: „Elfriede Lohse-Wächtler 1899–1940. Leben und Werk von Georg Reinhardt". Es folgten Ausstellungen u. a. in Dresden, Hamburg-Altona und Aschaffenburg.

Elfriede Lohse-Wächtlers Zeichnungen und Aquarelle werden als kunsthistorisch einmalig gelobt. Die Kunsthistorikerin Hildegard Reinhardt schreibt: „Es ist kein anderer Fall bekannt, in dem eine Malerin während der eigenen Hospitalisierung die Verbildlichung psychisch Kranker zu ihrem Thema erhob."

Der im Allgemeinen Krankenhaus Eilbek wiederhergestellte Rosengarten ist nach Elfriede Lohse-Wächtler benannt.[10]

---

10) Einige Textpassagen sind dem Artikel von Marianne und Rolf Rosowski, Nachlassverwaltung von Elfriede Lohse-Wächtler entnommen. Auch die hier aufgeführten Zitate sind diesem Artikel entnommen, der erschienen ist in der Publikation: Rita Bake: Der Garten der Frauen. Hamburg 2013, S. 143 ff.

Elfriedenweg

Fuhlsbüttel, seit 1946. Frei gewählter Name

Elisabeth-Flügge-Straße

Alsterdorf, seit 2002, benannt nach Elisabeth Flügge (4.2.1895 Hamburg–2.2.1983 ebd.), Schulleiterin, Gegnerin des NS-Regimes, leistete Hilfe für NS-Opfer

Als Nachkommin einer Familie mit Freimaurer-Tradition wuchs Elisabeth Flügge in einer Umgebung auf, die geprägt war von Toleranz, Vorurteilslosigkeit und sozialem Engagement. Ihr Vater, ein Kaufmann, sorgte dafür, dass seine drei Töchter eine Berufsausbildung absolvierten. Elisabeth machte das Lehrerinnenexamen, was sie 1916 an der Klosterschule abschloss. 1916 bis 1919 unterrichtete sie an einer privaten Vorschule für Jungen.

Als Jugendliche, noch während ihrer Ausbildung, hatte sie sich den „Wandervögeln" angeschlossen, und genoss diese Zeit der Naturverbundenheit und der damit verbundenen individuellen Freiheit sehr. Bei diesem Verein lernte sie auch ihren zukünftigen Mann kennen, vor dem sie ihr Vater wegen dessen deutsch-nationaler Einstellung vergebens gewarnt hatte: Elisabeth Flügge heiratete ihn nach dem Tod des Vaters 1919. 1920 wurde Sohn Herrmann, 1922 Tochter Maria geboren. Die Ehe hielt jedoch nicht lange: 1924 trennte sich Elisabeth Flügge von ihrem Mann, 1926 folgte die Scheidung. Aufgrund ihres Berufs als Lehrerin war es Elisabeth Flügge auch als alleinerziehender Mutter Zeit ihres Lebens möglich, ein finanziell unabhängiges und selbstbestimmtes Leben zu führen.

Ab 1926 unterrichtete sie an der Ria-Wirth-Schule, einer privaten Realschule für Mädchen am Mittelweg, die ihren Unterricht nach liberalen, reformpädagogischen Gesichtspunkten gestaltete. Alle Konfessionen waren zugelassen, und nach der Schließung einer benachbarten jüdischen Schule 1932 wuchsen die von dort kommenden jüdischen Mädchen ganz selbstverständlich mit den nicht-jüdischen auf. Elisabeth Flügge machte die im Laufe der 1930-er Jahre beginnende Ausgrenzung der jüdischen Mitbürgerinnen und Mitbürger nicht mit: Sie pflegte Freundschaften zu den Eltern der jüdischen Kinder und nahm ihre jüdischen Schülerinnen, als ihnen Reisen verboten war, mit in die Ferien in ein von ihr gemietetes Haus in der Lüneburger Heide. Elisabeth Flügge setzte sich sehr für ihre jüdischen Freunde ein, so dass ihre Familie in ständiger Angst vor ihrer Verhaftung lebte. Von dieser blieb sie jedoch verschont.

Elisabeth Flügge

Elisabeth Flügge gab auch nicht dem Druck der Schulbehörde nach, in die NSDAP einzutreten.

Mit wachsender Besorgnis hatte Elisabeth Flügge die Veränderung der Gesellschaft nach der Machtübernahme der Nationalsozialisten im Januar 1933 beobachtet. Sie wollte die politischen Zusammenhänge verstehen und begann im Februar 1933, Zeitungsartikel vorwiegend der Frankfurter Zeitung und des Hamburger Fremdenblattes auszuschneiden und diese, um eigene Notizen ergänzt, in schwarzen Kladden zu sammeln. So entstand bis 1935 eine eindrucksvolle Darstellung der öffentlich dokumentierten Facetten der beginnenden Schreckensherrschaft der Nationalsozialisten, die die kritische Elisabeth Flügge bereits damals klarsichtig erkannte.[11]

Abb.: Privatbesitz Holst

11) Rita Bake (Bearb.): Wie wird es weitergehen ... Zeitungsartikel und Notizen aus den Jahren 1933 und 1934 gesammelt und aufgeschrieben von Elisabeth Flügge. Hamburg 2001.

Nachdem die Ria-Wirth-Schule 1938 aufgelöst worden war, arbeitete Elisabeth Flügge an einer öffentlichen Mädchen-Volksschule in St. Pauli. In dieser Zeit wehrte sie sich erfolgreich gegen einen Einsatz in der Kinderlandverschickung *(siehe zum Thema Einsatz in der Kinderlandverschickung auch die Vita von Yvonne Mewes* ❭ Yvonne-Mewes-Weg, *in diesem Band)*.

„Als der Deportationsbefehl im Herbst 1941 zwei befreundete Ehepaare traf, half Elisabeth Flügge ihnen tage- und nächtelang beim Packen und Aufstellen von Inventarlisten. Mehr noch gefährdete sie sich später durch ihre – letztlich vergebliche – Intervention bei der Gestapo, um die Rückstellung einer jüdischen Freundin von der Deportation zu erreichen. 1943 nahm sie den ausgebombten, in so genannter ‚Mischehe' lebenden jüdischen Arzt Dr. Bernhard Hannes mit seiner Frau und seinem Sohn in ihrem Haus [in der Erikastraße] auf. Die Familie überlebte."[12]

Von seiner Mutter nach demokratischen Gesichtspunkten zum überzeugten Gegner des nationalsozialistischen Regimes erzogen, lehnte Sohn Herrmann Ende 1944 während eines Lehrgangs eine Beförderung zum Leutnant ab. Seiner zwangsläufig drohenden Hinrichtung entging er durch die Äußerung seines unwissenden Vaters, sein Sohn habe eine psychische Störung. Die darauf folgende Abkommandierung in den Kurlandkessel in Russland überlebte Hermann nur um wenige Wochen: er wurde im Januar 1945 als Soldat getötet. Für Elisabeth Flügge war dies die „schmerzlichste Konsequenz der Erziehung ihrer Kinder".

Nach 1945 war Elisabeth Flügge bis zu ihrer Pensionierung 1958 Schulleiterin an einer Hamburger Volksschule.

1976 verlieh ihr der israelische Staat die höchste Auszeichnung für Nichtjüdinnen und -juden, die Medaille „Gerechte unter den Völkern".

1981 bekam sie das Bundesverdienstkreuz.
Text: Kerstin Klingel

Siehe auch ❭ Geschwister-Beschütz-Bogen, *in diesem Band.*

Elisabeth-Lange-Weg

Langenbek, seit 1988, benannt nach **Elisabeth Lange** *(7.7.1900 in Detmold–28.1.1944 im KZ Hamburg-Fuhlsbüttel), Gegnerin des Nationalsozialismus*
Stolperstein vor dem Wohnhaus Hoppenstedtstraße 76.

Anton und Luise Höppner, die Eltern Elisabeth Langes, stammten aus Thüringen und Berlin. Nach ihrer Heirat im Jahre 1890 zogen sie nach Detmold. Dort eröffneten sie zunächst eine Wollmanufaktur. Ihre Kinder verbrachten einen Teil ihrer ersten Lebensjahre in einer „Kinderbewahranstalt", die von Nonnen geführt wurde.

1921 heiratete Elisabeth Höppner den Obersteuersekretär Friedrich Wilhelm Obenhaus. Ihr gemeinsamer Sohn Karl-Friedrich wurde am 1. November 1921 in Geestemünde (heute Bremerhaven) geboren.

Zehn Jahre später heiratete Elisabeth ein zweites Mal. Ihr Mann Alexander Lange, geb. am 8. Juli 1903 in Eisenach, arbeitete als Handelsvertreter im Dienste der Firma Maggi. Ihr neuer Lebensabschnitt war verbunden mit einem Umzug nach Harburg, wo sie mit ihrem Mann und ihrem Sohn in der Hoppenstedtstraße 76 eine modern eingerichtete 3½-Zimmer-Wohnung in einer Neubausiedlung bezog.

Elisabeth Lange wird von früheren Freunden und Bekannten als eine attraktive, freundliche Frau mit gepflegtem Aussehen beschrieben, die viele Nachbarschaftskontakte unterhielt und immer Rat wusste. Sie haben sie als liebevolle

12) Ursula Randt: Elisabeth Flügge, in: Franklin Kopitzsch, Dirk Brietzke (Hrsg.): Hamburgische Biografie. Personenlexikon. Bd. 1. Hamburg 2001, S. 100.

und hilfsbereite Frau in Erinnerung, die am politischen Tagesgeschäft nicht sonderlich interessiert war, aber in menschlichen Grundsatzfragen durchaus klar Stellung bezog.

Elisabeth Lange

Unbeeindruckt von der antisemitischen Politik der Nationalsozialisten hielt sie zu ihrer jüdischen Freundin Katharina Leipelt *(siehe ➤ Leipeltstraße, in Bd. 3 online**)*. Die beiden Frauen hatten sich über ihre Kinder kennengelernt, die zeitweilig gemeinsam eine Klasse der Harburger Oberschule für Jungen am Alten Postweg in Heimfeld (ehemals: Stresemann-Realgymnasium, heute: Friedrich-Ebert-Gymnasium) besuchten. Diese Freundschaft der beiden Mütter hatte für Elisabeth Lange tragische Folgen. Als Hans Leipelt im April 1943 seine Familie zu Ostern besuchte, gelangte auch das sechste Flugblatt der „Weißen Rose" nach Hamburg, das hier bei Freunden und Verwandten lebhafte Diskussionen auslöste. Viele beteiligten sich an der Geldsammlung für die Familie Professor Kurt Hubers, der mit den Geschwistern Scholl *(siehe ➤ Geschwister-Scholl-Straße, in diesem Band)* zusammengearbeitet hatte und drei Monate später ebenfalls zum Tod verurteilt wurde.

Nachdem Hans Leipelt verhaftet worden war, wurden bald darauf auch viele seiner Hamburger und Münchener Freunde festgenommen. Elisabeth Lange wurde am 10. Dezember 1943, drei Tage nach der Festnahme ihrer Freundin Katharina Leipelt, verhaftet. Ob sie das Flugblatt der „Weißen Rose" überhaupt kannte und sich an der Geldsammlung für Professor Hubers Familie in irgendeiner Form beteiligt hat, ist ungeklärt.

Ihr wurde wie anderen „Vorbereitung zum Hochverrat, Wehrkraftzersetzung, Feindbegünstigung und das Abhören und Verbreiten von Nachrichten ausländischer Rundfunksender" vorgeworfen. Nach Auffassung des Generalstaatsanwalts reichte der „zersetzende Einfluss" der Verhafteten weit über ihren engeren Kreis hinaus.

Die polizeilichen Voruntersuchungen lagen in den Händen der Gestapo- und SS-Männer Hans Reinhardt und Paul Stawitzki, die beide wegen ihres Zynismus und ihrer Brutalität gefürchtet waren und als erfahrene Spezialisten im Umgang mit politischen Gegnern des NS-Regimes galten. Auch Willi Tessmann, der Kommandant des Polizeigefängnisses Fuhlsbüttel, schaltete sich aktiv in die Ermittlungen ein und beteiligte sich persönlich an zahlreichen Verhören und vielen Misshandlungen.

Nach ihrer Festnahme wurde Elisabeth Lange in das Gestapo-Gefängnis Fuhlsbüttel überführt und dort in eine enge Einzelzelle in der Station B 2 eingewiesen, in der sich außer einem Holzhocker nur noch das tagsüber hochgeklappte Metallbettgestell befand. Häufig wurden die Frauen tief in der Nacht, wie eine Überlebende später berichtete, aus dem Schlaf gerissen, geschlagen und gefoltert, um weitere Aussagen von ihnen zu erpressen. Viele wurden in den ersten Wochen Tag für Tag mit der „Grünen Minna" (Polizeiauto) zur Gestapo-Zentrale im Stadthaus gebracht und dort weiter gefoltert und verhört. Unter diesen Haftbedingungen verlor Elisabeth Lange bald auch ihre letzten Hoffnungen. In der Nacht vom 27. zum 28. Januar 1944 erhängte sie sich am Fensterkreuz ihrer Zelle – einen Monat, nachdem auch ihre Freundin Katharina Leipelt sich das Leben genommen hatte.

Elisabeth Langes Leiche wurde anschließend verbrannt, und die Asche später ihrem Sohn in einer Urne übergeben. Sie wurde auf der

Abb. v.l.n.r.: Archiv KZ-Gedenkstätte Neuengamme | Hagemann/Kolossa, Gleiche Rechte – Gleiche Pflichten? Ein Bilder-Lese-Buch zu Frauenalltag und Frauenbewegung in Hamburg, Hamburg 1990, S. 73.

** **Band 3 online** unter: www.hamburg.de/maennerstrassennamen

Grabstätte seiner Großeltern Anton und Luise Höppner auf dem Landfriedhof an der Blomberger Straße in Detmold beigesetzt.

An ihr Schicksal erinnern die Gedenktafeln für die Harburger und Wilhelmsburger Opfer des Nationalsozialismus im Harburger Rathaus und für die Detmolder Opfer der nationalsozialistischen Gewaltherrschaft an der Gedenkstätte „Alte Synagoge" in Detmold sowie die beiden Gedenktafeln für die Toten des Hamburger Zweiges der „Weißen Rose" vor der einstigen evangelischen Buchhandlung Anneliese Tuchel am Jungfernstieg 50, einem der damaligen Treffpunkte der oppositionellen Freundesgruppen, und am Weiße-Rose-Mahnmal in Hamburg-Volksdorf.[13]
Text: Klaus Möller, entnommen aus www.stolpersteine-hamburg.de

> *Siehe auch* ▶ Geschwister-Scholl-Straße, Margarete-Mrosek-Bogen, *in diesem Band.*

> *Siehe auch* ▶ Leipeltstraße, *Wilhelmsburg, seit 1964: Hans Leipelt (1921–1945), Student, Mitglied des nach der Zeit des Nationalsozialismus bezeichneten Hamburger Kreis der Widerstandsgruppe „Weiße Rose", in Bd. 3 online**.*

Elisabeth-Seifahrt-Weg

Ohlsdorf, seit 2007, benannt nach Elisabeth Seifahrt *(2.9.1860 Homberghausen bei Homberg– 17.1.1933 Hamburg), Volksschullehrerin, von 1919 bis 1927 für die DDP (Deutsche Demokratische Partei)-Fraktion Mitglied der Hamburgischen Bürgerschaft, stellvertretende Bundesvorsitzende des Allgemeinen Deutschen Lehrerinnenvereins Ein Erinnerungsstein steht im Garten der Frauen auf dem Ohlsdorfer Friedhof.*

Elisabeth Seifahrt wurde auf Gut Homberghausen bei Homberg geboren. Ihr Vater war Landwirt. Als sie fünf Jahre alt war, kam sie mit ihren Eltern und ihrer jüngeren Schwester Bertha (geb.

1863) nach Hamburg und besuchte eine Privatschule, dann von 1877 bis 1879 die Präparandinnen-Anstalt und 1879/80 das staatliche Lehrerinnenseminar in Hamburg. Im Alter von 20 Jahren begann sie ihre Tätigkeit als Volksschullehrerin. Fünf Jahre später wurde Elisabeth Seifahrt von der Oberschulbehörde als Volksschullehrerin fest angestellt und arbeitete in dieser Position bis zu ihrer Pensionierung im Jahre 1924.

Elisabeth Seifahrt

Elisabeth Seifahrt heiratete nicht; eine Heirat hätte auch die Entlassung aus dem Staatsdienst bedeutet. Sie lebte mit ihrer Schwester, auch eine Lehrerin, die sich ebenfalls 1924 hatte pensionieren lassen, in der Schröderstiftstraße 20 im Stadtteil Hamburg-Rotherbaum.

Neben ihrer Tätigkeit als Lehrerin war Elisabeth Seifahrt ständepolitisch tätig. So war sie 1894 eine der Gründerinnen des Vereins Hamburger Volksschullehrerinnen, dessen Vorsitzende sie bis 1924 war. Gleichzeitig war sie von 1921 bis 1927 stellvertretende Bundesvorsitzende des Allgemeinen Deutschen Lehrerinnenvereins (ADLV) und von 1921 bis 1926 Erste Vorsitzende im Landesverband Hamburger Lehrerinnenvereine. Sie arbeitete in der staatlichen Kommission für Leibesübungen mit, war Mitglied fast aller Schulausschüsse, engagierte sich für die Gestaltung des modernen Hamburger Schulwesens und half bei der Verstaatlichung einer Reihe höherer Mädchenschulen (Bergedorf, Cuxhaven, Emilie-Wüstenfeld-Schule) mit.

Auf sozialem und frauenpolitischem Gebiet engagierte sie sich im Vorstand der Sozialen Hilfsgruppen, eines 1900 gegründeten Zweigvereins

** Band 3 online unter: www.hamburg.de/maennerstrassennamen

13) Quellenhinweise zum Text: Staatsarchiv Hamburg (StaH), 331-5 Polizeibehörde, unnatürliche Todesfälle, 3

1944, 148; StaH, 351-11, AfW, Abl. 2008/1, 070700; VVN-BdA Hamburg (Hrsg.): candidates of humanity. Dokumentation zur Hamburger Weißen Rose anlässlich des 50. Geburtstags von Hans Leipelt, bearbeitet von

Ursel Hochmuth. Hamburg 1971; Martin Brunckhorst u. a.: Elisabeth Lange und ihr Weg. Hamburg 1993; Micheline Prüter-Müller: Elisabeth Lange. Eine Frau aus Detmold im Umfeld der „Weißen Rose, in: Stadt Detmold

der Hamburger Ortsgruppe des Allgemeinen Deutschen Frauenvereins (ADF), dem sie von 1906 bis 1919 angehörte.

Darüber hinaus arbeitete sie auch parteipolitisch. Von 1919 bis 1927 war sie für die DDP-Fraktion Mitglied der Hamburgischen Bürgerschaft und damit die erste Frau, die diese Partei in die Bürgerschaft geschickt hatte. Elisabeth Seifahrt kam auf den aussichtsreichen Listenplatz 18, denn 33 Mitglieder der DDP wurden in die Bürgerschaft gewählt. In der Bürgerschaft beschäftigte sich Elisabeth Seifahrt hauptsächlich mit Erziehungs- und Bildungsfragen. 1927 ließ sie sich nicht wieder für die Bürgerschaftswahl aufstellen.

Elisabeth-Thomann-Weg

Bergedorf, seit 1949, benannt nach Elisabeth Thomann, geb. Harmsen (10.3.1856 Bergedorf– 27.11.1919 Bergedorf), Heimatdichterin

Geboren als Tochter aus zweiter Ehe des Sattlers, Tapezierers und Kunstmalers Johannes Nikolaus Harmsen. Da ihre Mutter krank war, wuchs Elisabeth Thomann bei ihrem Onkel, dem Ratsherrn Julius Behrens, und dessen Frau auf.

Elisabeth Thomann besuchte mit der Schriftstellerin Ida Boy-Ed (siehe ▶ Ida-Boy-Ed-Straße, in diesem Band) die höhere Töchterschule von Dr. Mager in Bergedorf. Im Alter von 25 Jahren heiratete sie ihren Jugendfreund, den Lohgerber Paul Thomann. Er wurde arbeitslos, als die Technisierung in dieses Gewerbe einzog. Um die materielle Existenz des Ehepaares zu sichern, übergab Elisabeth Thomanns Onkel den beiden sein Lebensmittelgeschäft in der Bergedorfer Großen Straße 26.

1899 verpachtete Paul Thomann das Geschäft und wurde Kassierer bei der „Bergedorfer

Sparkasse von 1850“. Elisabeth Thomann begann zu schreiben. Zum 50-jährigen Stiftungsfest des Bergedorfer Bürgervereins verfasste sie das Festspiel „Dat ole Bardörp“. Sie schrieb Prologe und Heimatgedichte in plattdeutscher Sprache. Auch verfasste sie das Lied „Uns Bardörp is doch schön“, das von der Bergedorfer Bevölkerung als Nationallied gesungen wurde. Zu aktuellem Ruhm gelangte das Lied zu Beginn des 21. Jahrhunderts, nachdem der Bergedorfer Bürgerverein die Melodie 2003 auf seine Internetseite gesetzt hatte. Die Melodie wurde als Filmmusik genutzt und von Musikgruppen interpretiert.

Elisabeth Thomann

Elisabeth Thomann kümmerte sich auch intensiv um die Gründung eines Bergedorfer Heimatmuseums. So stellte sie Einnahmen aus den Aufführungen ihres Stückes „Ein Bergedorfer Zunftmeister“ für den Aufbau des Museums zur Verfügung. Das Projekt scheiterte an der Inflation.

Neben ihrer schriftstellerischen Arbeit engagierte sich Elisabeth Thomann – wie viele bürgerliche Frauen – auch auf sozialem Gebiet. Sie war ehrenamtliche Armenpflegerin, beriet in Fragen der Jugendfürsorge und bei Eheschwierigkeiten – und war bitter enttäuscht, wenn ihre Ratschläge nicht auf fruchtbaren Boden fielen. Bis zu ihrem Lebensende war sie 1. Vorsitzende des Vaterländischen Frauenvereins und betreute im Ersten Weltkrieg Kriegerfrauen und -waisen.

Siehe auch ▶ Ida-Boy-Ed-Straße, in diesem Band.

(Hrsg.): Nationalsozialismus in Detmold. Bielefeld 1998, S. 849 ff.

Elisabeth-von-Thadden-Kehre

Bergedorf, seit 1987, benannt nach Elisabeth von Thadden (29.7.1890 Mohrungen/Ostpreußen–8.9.1944 hingerichtet), Gegnerin des Nationalsozialismus. Motivgruppe: Verdiente Frauen

Elisabeth von Thadden war die Tochter von Ehrengard von Gerlach, die mit dem Gutsbesitzer Dr. jur. Adolf von Thadden, königlich preußischer Landrat des Kreises Greifenberg, Mitglied des pommerschen Provinz-Landtags sowie Vorsitzender des Verbands pommerscher Landkreise, verheiratet war.

1905 zog die Familie auf das Gut Trieglaff in Pommern. Als die Mutter starb, war Elisabeth 20 Jahre alt. Sie führte nun den Gutshaushalt und erzog die jüngeren Geschwister. „Beflügelt von den Ideen der Helene Lange *[siehe ➤* **Helene-Lange-Straße**, *in diesem Band]*, wußte sie, daß ihr mehr zukam, als die Enge des bürgerlichen Frauendaseins."[14] Nachdem der Vater 1920 eine zweite Ehe eingegangen war, ergriff Elisabeth von Thadden den Erzieherinnenberuf und machte bei Anna von Gierke (*siehe ➤* **Anna-von-Gierke-Ring**, *in diesem Band)* das Jugendleiterinnenexamen. Danach arbeitete sie im Jugendlager Heuberg auf der Schwäbischen Alb und in der Schlossschule Salem. „Geprägt von christlicher Ethik und den pädagogischen Vorstellungen Kurt Hahns, gründete sie 1927 ein Internat für Mädchen in der Nähe von Heidelberg. Das Heim gewinnt Anerkennung, die Unternehmung ist erfolgreich. Elisabeth von Thaddens pädagogische Prinzipien ,Verantwortlichkeit', ,Vertrauen' und ,Gemeinschaft' machten sie zunächst für nationalsozialistische Ideen empfänglich (...). Erste Konflikte treten auf, als sie von einer Schülerin wegen ,mangelnder Erziehung im neuen Sinne' denunziert wird."[15]

1941 nahmen ihr die nationalsozialistischen Machthaber die Heimleitung. Elisabeth von Thad-

den arbeitete nun beim Roten Kreuz und musste dort erleben, dass auf Hitlers Befehl hin Briefe von deutschen, sich in Russland befindenden Kriegsgefangenen vernichtet wurden.

1943 arbeitete sie in verschiedenen Soldatenheimen in Frankreich.

Elisabeth von Thadden

Elisabeth von Thadden gehörte den christlich-konservativen Kreisen Berlins an. Als sie am 10. September 1943 Mitglieder dieser Kreise zu einer Teegesellschaft lud, war auch ein junger Mann dabei, den ihr eine Freundin aus der Schweiz ans Herz gelegt hatte, weil er schlechte Erfahrungen mit dem NS-Regime gemacht hätte. Es stellte sich jedoch später heraus, dass er ein Spitzel war, der die bei der Teegesellschaft geführten Gespräche an die Gestapo weitergeleitet hatte. Daraufhin wurden alle Gäste in der Folgezeit verhaftet. Elisabeth von Thadden wurde am 1. Juli 1944 vom Volksgerichtshof wegen „Wehrkraftzersetzung und Hochverrats" zum Tode verurteilt und enthauptet.

1986 wurden die Namen Lilo Gloeden, Marie Terwiel, Gertrud Seele und Elisabeth von Thadden für die Benennung von Straßen vorgeschlagen. Das Staatsarchiv Hamburg nahm dazu Stellung: „Die vier für Straßenbenennungen vorgeschlagenen Frauen (...) waren während des Dritten Reiches oppositionellen Kreisen in Berlin zuzurechnen, unterstützten zum Teil Verfolgte und wurden vom Volksgerichtshof bzw. Reichsgericht zum Tode verurteilt und hingerichtet. Dem Bezirksamt Bergedorf wurde im Rahmen einer Vorabstimmung mitgeteilt, dass bisher Personen, nach denen Straßen benannt wurden, ent-

14) Susanne Gretter, Luise F. Pusch (Hrsg.): Berühmte Frauen 2. Frankfurt a. M. 2001, S. 286.
15) Ebenda.

Abb. v.l.n.r.: Archiv Ludwig Uphoff | Annedore Leber, Das Gewissen steht auf, 64 Lebensbilder aus dem deutschen Widerstand 1933–1945, Berlin, Frankfurt/M. 1956, S. 49.

weder eine Beziehung zu Hamburg oder über-örtliche Bedeutung hatten. Letzteres mag bei den hier vorliegenden Namen auch eine Frage der politischen Wertung sein, die die Bezirks-sammlung mit ihren Vorschlägen getroffen hat."

Siehe auch ➤ **Anna-von-Gierke-Ring, Helene-Lange-Straße,** *in diesem Band.*

Elise-Averdieck-Straße

Borgfelde, seit 1896, benannt nach **Elise Aver-dieck** *(26.2.1808 Hamburg–4.11.1907 Hamburg), Leiterin des Diakonissenhauses „Bethesda", Kinderbuchschriftstellerin*

Elise Averdieck war das zweitältestes von zwölf Kindern einer Hamburger Kaufmannsfamilie. Sie half ihrer Mutter im Haushalt und bei der Erzie-hung der jüngeren Geschwister. Als 1827 das Geld in der Familie knapp wurde, ging Elise als Gesellschafterin zu Madame Schmilinsky nach St. Georg. Dabei wurde ihr klar: „Es ist doch was einzig Liebliches um das alte, schmutzige Geld, wenn man es so selbst verdient hat. (…) Bald könnte ich eine Frau ernähren, wenn ich ein Mann wäre."[16]

Zur Stellung von Frau und Mann machte sich Elise Averdieck auch einige Zeit später so ihre Gedanken. So schrieb sie 1829: „Ein Weib soll nichts gründlich lernen als den Hausstand, und allenfalls deutsche Sprache; Naturgeschichte und Geographie oberflächlich, und fremde Spra-chen gar nicht!! (…) Das Weib hat eine schöne, herrliche Bestimmung, und die ist nicht allein, den Hausstand zu führen; das Weib soll den Mann fesseln, soll ihn die Sorgen vergessen ma-chen. Das kann sie nicht allein durch Hausstand führen und deutsche Sprache. Sie fesselt ihn durch ersteres vielleicht bei Tisch, und wenn es hochkommt, beim Kaffee, aber dann hat er ge-nug vom Hausstand und dessen Erzählungen; dann geht er aus und sucht sich bessere Unter-haltung, und die arme Frau sitzt mit ihrem stu-dierten Hausstand allein.

Aber so sind die Männer; sie verlangen viel und erfüllen wenig!

Was willst du, Weibertyrann, denn eigent-lich? Laß einmal hören, willst du wirklich nur eine Frau, um deinen Hausstand zu führen? Da nimm dir eine Haushälterin, die du bezahlst![17]

Nach ihrer Tätigkeit als Gesellschafterin pflegte sie fünf Jahre lang kranke Kinder in der Privatklinik des Arztes Dr. Günther am Borgesch, wo man versuchte, verwachsene Mädchen ohne Streckbetten oder sons-tige Hängevorrichtungen zum Gebrauch ihrer Glie-der zu bewegen.

Als Dr. Günther als Professor nach Kiel beru-fen wurde, eröffnete Elise Averdieck in St. Georg ei-ne Vorschule für Knaben, die sie dreizehn Jahre lang leitete. In dieser Zeit ent-wickelte sie „aus der Pra-xis heraus (…) eine eige-ne originelle Leselernmethodenfibel. Weil ihr die üblichen Fibeln ‚die die Silben ganz ohne Zu-sammenhang aneinanderreihen', nicht geeignet schienen, stellte sie ein Lesebuch, ‚Gott schuf die Welt' aus lauter kurzen Sätzen zusam-men"[18] und verfasste selbst Kinderbücher, weil ihr die angebotenen nicht kindgerecht erschie-nen. Elise Averdieck wollte Stoffe, die die Le-benswelt des Kindes ansprachen. So schrieb sie Kinderbücher, die im Hamburger Milieu spielten und die Alltagswelt des Kindes darstellten. Ihre Bücher hießen z. B. „Karl und Marie" oder „Ro-land und Elisabeth".

Elise Averdieck

Abb.: Staatsarchiv Hamburg

16) Zit. nach: Frieda Radel: Lebens-aufzeichnungen von Elise Averdieck. Hamburg o. J.
17) Zit. nach: Hannah Gleiss (Hrsg.): Lebenserinnerungen von Elise Aver-dieck. Hamburg 1908.

18) Inge Grolle: Auch Frauen sind zu-lässig. Die Frauensäule in der Ham-burger Rathausdiele, in: Rita Bake, Birgit Kiupel: Auf den zweiten Blick. Streifzüge durch das Hamburger Rat-haus. Hamburg 1997, S. 83.

Am 3. November 1835, als bereits 27-Jährige, erlebte Elise Averdieck ihre „Bekehrung". Der Glaube wurde das Fundament ihres Lebens. Gott führte und liebte sie.

„Elise Averdiecks äußere Biographie wurde von einer sehr bewußt empfundenen inneren Entwicklung begleitet, die im Zusammenhang mit der Erweckungsbewegung steht. Entscheidend wurde die Begegnung mit Pastor Rautenberg, [siehe ❯ **Rautenbergstraße,** *in Bd. 3 online**]* dem Begründer und Mittelpunkt der ‚Kapellengemeinde' in St. Georg. Anders als die rationalistischen Kanzeltheologen wollte er gemeindenah arbeiten. Seit 1825 sammelte er Kinder der ärmeren Schichten, die sonst keinen Unterricht erhielten, um ihnen in der ‚Sonntagsschule' biblische Geschichten zu erzählen und ihnen das Lesen beizubringen."[19]

1843 wurde Elise Averdieck Lehrerin der Mädchenklasse in Pastor Rautenbergs Sonntagsschule. Bei ihm arbeitete als Lehrer auch der Theologe Johann Hinrich Wichern *(siehe ❯ **Wichernsweg,** in diesem Band).*

„Der Sonntagsunterricht fand in ärmlichen Hinterhofräumen statt. 1852 gelang es den Mitarbeitern, an der Stiftstraße eine eigene ‚Kinderkirche' zu bauen.

Im religiösen ‚Fundamentalismus' der Kapellenbewegung um Pastor Rautenberg fand Elise Averdieck ihre geistliche Heimat. Wie viele ‚Erweckte' hatte auch sie ihr Bekehrungserlebnis, das sie ganz genau auf einen Tag, den 3. November 1835, datieren konnte. Bis in alle Einzelheiten zeichnete sie den seelischen Vorgang auf. Er führte vom Bekenntnis der Sünden – Versäumnis und Nachlässigkeit – bis zur Gewißheit der erlösenden Liebe: ‚Da hatte ich den Herrn! Oder nein, er hatte mich, und ich schlief selig in seinem Arm.' Die psychologische Deutung liegt nahe: eine Frau hat durch Sublimierung ihrer Gefühle statt eines irdischen den himmlischen Bräutigam gewonnen und überträgt auf ihn alle ihre Gefühle. Wird aber eine solche Interpretation dem Gehalt einer Bekehrung in der erweckungsgläubigen Zeit gerecht? Noch heute beeindruckt, zu welchem Lebensmut und zu welchen Taten der ‚geschenkte' kindliche Glaube Elise Averdieck befähigte. Was ihr auch begegnete, vor welchen Entscheidungen sie auch immer gestellt war, sie fühlte sich ‚geführt vom Herrn', bezog die kleinsten Freuden und Widrigkeiten jeden Tag auf diesen ganz persönlichen Freund ihres Lebens",[20] formuliert Inge Grolle.

Und weiter schreibt Inge Grolle über Elise Averdiecks Aktivitäten: „Außer zur Lehrtätigkeit fühlte sich Elise Averdieck nach wie vor zur Krankenpflege berufen. Sie freute sich deshalb, als die von ihr bewunderte Amalie Sieveking *(siehe ❯ **Amalie-Sieveking-Weg,** in diesem Band)* sie als Leiterin der weiblichen Abteilung des Allgemeinen Krankenhauses vorschlug. Gerne hätte sie diese Aufgabe übernommen, wollte aber ihre Knabenschule nicht im Stich lassen (…)."[21]

Schließlich kam sie auf den Gedanken, selbst ein christliches Krankenhaus zu gründen. Der Zufall wollte es, dass ein Bekannter seine notwendige Krankenhausbehandlung nicht bezahlen konnte. Elise Averdieck nahm ihn bei sich zu Hause auf und pflegte ihn zusammen mit ihrer Freundin Dora Anderssohn. Ein Arzt untersuchte den Kranken unentgeltlich. Bald kamen weitere Kranke aus der Armutsschicht, und Elise Averdiecks Zimmer, das sie als Krankenzimmer zur Verfügung gestellt hatte, wurde zu eng. Und wieder eine Fügung: Zur selben Zeit zog ein Großteil ihrer Schüler aus Hamburg weg oder wurde aus der Schule entlassen, so dass Elise Averdieck kaum noch Kinder zu unterrichten hatte. Außerdem wurde das Haus frei, in dem sie ehemals die kranken Kinder von Dr. Günther

---

**   **Band 3 online** unter: www.hamburg.de/maennerstrassennamen

19) Inge Grolle, a. a. O., S. 84.
20) Ebenda.
21) Inge Grolle, a. a. O., S. 85.

gepflegt hatte. Damit war der weitere Lebensweg Elise Averdiecks vorbestimmt. Sie widmete sich von nun an ausschließlich der Krankenpflege. Am 30. Oktober 1856 erfolgte der Umzug in die neuen Räume des ehemaligen Kinderkrankenhauses von Dr. Günther. Das Haus wurde „Bethesda" (Haus der Barmherzigkeit) genannt. Es finanzierte sich über Spenden. Außerdem schenkte der reiche Kaufmann August Behn das Kapital zum Ankauf eines Grundstückes bei der Stiftskirche, auf dem zwei Häuser standen und Valentin Lorenz Meyer stiftete 30 neue Bettstellen.

Es gründete sich ein Komitee; den Vorsitz übernahmen zwei Geistliche. Elise Averdieck wurde als Vorsteherin für das zu erbauende Krankenhaus gewählt und sie bildete Schwestern aus. Dafür wurden eigens neue Räume errichtet. 1860 fand dann „die Einsegnung der ersten Hamburger Diakonissin durch Pastor Rautenberg statt. Sie hatte ein Gelöbnis zu Treue, Demut, Selbstverleugnung und Gehorsam abzulegen.

Trotz Elise Averdiecks eifrige Werbung drängten sich junge Frauen nicht gerade nach der Unterordnung unter die strengen Diakonissengebote, und die Frage des Nachwuchses wurde zu einem größeren Problem."[22]

Zur Krankenpflege kam die Gemeindepflege hinzu. „1869 verfaßte Elise Averdieck Instruktionen für die Gemeindepflegerinnen. Sie sollten nicht bloße Dienstleisterinnen, sondern ‚Mütter der Armen' sein, denn: ‚Eine Mutter dient ihren Kindern sicher treuer, hingebender, aufopfernder als eine Dienerin, aber sie hat dabei das geistige Wohl der Kinder mehr im Auge als das leibliche. Sie ist nicht allein Helferin und Trösterin, sondern Ratgeberin, Erzieherin; sie mahnt die Ungezogenen und übt auch – in Mutterliebe – das Strafamt, was wahrlich in unserer zuchtlosen Zeit nicht fehlen darf. (…) Eine Mutter arbeitet nicht allein mit den Armen und Beinen,

mit Händen und Füßen, – die schwerste Arbeit hat das Herz."[23]

Im Jahre 1881 legte Elise Averdieck die Leitung der Anstalt aus Altersgründen nieder.

Siehe auch ➤ **Wichernsweg,** *Johann Heinrich Wichern und Amanda Wichern, in diesem Band.*

Siehe auch ➤ **Rautenbergstraße,** *St. Georg, seit 1899: Johann Wilhelm Rautenberg (1791– 1865), Pastor in St. Georg, in Bd. 3 online**.*

Elise-Lensing-Weg

Barmbek-Nord, seit 1948, benannt nach **Maria Dorothea Elisabeth Lensing** *(14.10.1804 Lenzen an der Elbe–18.11.1854 Hamburg), Förderin und Freundin Friedrich Hebbels*

Ende März 1835 lernte die damals 31-Jährige den 22-jährigen Friedrich Hebbel *(siehe* ➤ **Hebbelstraße,** *in Bd. 3 online**)* kennen. Hebbel war von der in Hamburg lebenden Schriftstellerin Amalie Schoppe *(siehe* ➤ **Amalie-Schoppe-Weg,** *in diesem Band)* aus der Enge seiner Heimatstadt Wesselburen in Nord-Dithmarschen nach Hamburg geholt und vor dem Steintor bei **Elise Lensing,** ihrer Mutter und Elises Stiefvater Ziese untergebracht worden. Elise war die Tochter des Chirurgen Johann Friedrich Arnold Lensing und seiner Ehefrau Karoline Maria. Elise verlebte unglückliche Kindertage: der Vater, alkoholkrank, cholerisch, prügelte seine Kinder. Nachdem ihn seine Frau hatte entmündigen lassen, heiratete diese einen Schiffer. Aber auch er behandelte Elise schlecht.

Elise war es nicht gewohnt, dass man ihr etwas Gutes tat, und so konnte sie sich auch nicht darüber freuen – vielleicht misstraute sie auch Männern, da sie diese bisher nur als gewalttätig kennengelernt hatte –, als ein Hauptmann, dem ihr schüchternes Wesen gefiel, sich

---

**   **Band 3 online** unter: www.hamburg.de/maennerstrassennamen

1931, S. 35.

22) Ebenda.
23) Inge Grolle, a. a. O., S. 86 und zit. nach: 75 Jahre Bethesda. Hamburg

entschloss, sie ausbilden zu lassen und nach Magdeburg ins Pensionat des Pädagogen J. C. A. Heyse zu geben.

Mit neunzehn Jahren kehrte sie als junge Pädagogin nach Hamburg zurück, lebte wieder bei ihren Eltern und verdiente ihren Lebensunterhalt mit Privatstunden, Nähkursen und als Gesellschafterin. Eine kleine Erbschaft von ihrem leiblichen Vater gab ihr eine gewisse finanzielle Freiheit.

Als Hebbel auftauchte, entwickelte sich schnell ein Liebesverhältnis zwischen den beiden. Nach sechs Wochen zog Hebbel in ein Nachbarhaus, vermutlich, um den Klatsch zur Ruhe zu bringen. Beide liebten jedoch nicht gleich intensiv. Elise liebte Hebbel stets mehr.

Hebbel blieb nur ein Jahr in Hamburg. Im März 1836 zog er nach Heidelberg, um dort Jura zu studieren. Als er feststellte, dass er dazu keine Berufung hatte, ging er im September desselben Jahres nach München, weil er sich dort mehr Möglichkeiten für seine schriftstellerische Tätigkeit erhoffte. Elise unterstützte nicht nur ihn aus ihren geringen finanziellen Mitteln, sondern auch seine Mutter – ohne einen anderen Lohn zu fordern als einen nicht gar zu unfreundlichen Brief.

Nur wenn Hebbel sich einsam und unglücklich in einer fremden Umgebung fühlte, liebte er Elise, schrieb sehnsuchtsvolle Briefe an sie. Sobald er aber wieder festen Boden unter den Füßen hatte, verblasste seine Zuneigung. Aus München kam z. B. eine drastische Klarstellung seinerseits an Elise: Freundschaft sei es, was ihn mit Elise verbinde, alles andere sei ein Irrtum gewesen. Wenig später dann ein völlig anders ausgerichteter Brief an Elise, in dem er ihr seine Liebe gestand.

Elise ertrug diese Stimmungsschwankungen mit unendlicher Geduld. Immer wieder bedankte sich Hebbel für ihre Festigkeit und Teilnahme. Als er im März 1839 vollkommen mittellos war,

kehrte er nach Hamburg und zu Elise zurück. Bald wurde Elise schwanger. Hebbels Tagebuch aus dieser Zeit ist voller Liebe, Zärtlichkeit und Anerkennung für Elise. Aber auch Selbstanklagen und Reue fehlen nicht, denn das Verhältnis war nicht wirklich harmonisch. Wie im Finanziellen war Elise auch im Emotionalen die Gebende und Ausgleichende. Am 5. November 1840 wurde der gemeinsame Sohn Max geboren, geheiratet wurde nicht. Hebbel hatte bereits in seinem Brief vom 19. Dezember 1836 aus München ausführlich auseinandergesetzt, dass und warum eine Ehe für ihn undenkbar sei: „Ich kann alles, nur das nicht, was ich muß. Das liegt zum Teil in meiner Natur, zum Teil in der Natur des Künstlers überhaupt. Wenn ein Genie sich verheiratet, so geschieht immer ein Wunder, so gut, als wenn ein anderer sich nicht verheiratet. Nimm es als den höchsten Beweis meiner Achtung auf, daß ich Dir diese dunkelste Seite meines Ichs entschleiere; es ist zugleich unheimlich und gefährlich, wenn ein Mensch zum Fundament seines Wesens hinuntersteigt und er tut gar wohl, wenn er niemals daran rüttelt, denn drunten lauern die Finsternis und der Wahnsinn."[24]

Als Elises Ersparnisse aufgebraucht waren und die spärlichen Einnahmen kein Auskommen mehr ermöglichten, reiste Hebbel im November 1842 nach Kopenhagen, um seinem Leben eine Wendung zu geben. Er erbat vom dänischen König eine Professur für Ästhetik an der Universität Kiel. Die Professur erhielt er nicht, aber ein Reisestipendium für zwei Jahre. Das Ziel hieß Paris, wo Hebbel nach einem Zwischenstopp in Hamburg im September 1843 eintraf. Und hier begann wieder, was schon auf der ersten Reise deutlich geworden war: Einsam in einem Land, das ihm fremd war, sehnte er sich nach Elise.

Als Elise ihm den Tod des Sohnes Max meldete, der am 2. Oktober 1843 nach einem Sturz

24) Friedrich Hebbel: Werke. Hrsg. von Gertrud Fricke, Werner Keller und Karl Pörnbacher. Bd. 3 und 4. Darmstadt 1966 und 1967; Elise Lesing: Briefe an Friedrich und Christine Hebbel. Hrsg. von Rudolf Kardel. Berlin. Leipzig 1928; siehe auch unter: www.gutenberg.spiegel.de/deutsche-liebesbriefe-7648/64

auf den Kopf an einer Gehirnentzündung ver-storben war, und zugleich ihre erneute Schwan-gerschaft, die sie durch Fußbäder abzubrechen versucht hatte, war Hebbel außer sich vor Kummer und Sorge und wollte sofort heiraten. Aber schnell stellten sich Zweifel ein. Als Elise die Koffer schon gepackt hatte, kam die Anweisung: Bleibe, wo Du bist, hier verhungern wir beide!

Hebbel führte immer wieder die finanzielle Lage an, die eine Heirat unmöglich machte. Er sprach davon, eine Geschwister-Ehe mit Elise zu führen. Eine Trennung im wahren Sinne des Wortes könne nie stattfinden. Auch das zweite Kind solle selbstverständlich auf seinen Namen getauft werden, aber heiraten …

Als Elise ihre alles erduldende Haltung aufgab, Vorschläge machte, wie eine Heirat auch bei der finanziellen Misere möglich sei, und ihr wahres Verhältnis zu Hebbel nicht länger verleugnete, indem sie sich dem dänischen König als Hebbels Verlobte vorstellte, antwortete er: „Warum mußtest Du? Hundert Mal in ähnlichen Fällen warst Du nur meine Cousine" (Brief vom 16.12.1844).

Am Ende des Jahres 1844, dem Jahr, in dem der zweite Sohn Ernst am 14. Mai geboren wurde, gab Hebbel sich selbst wie an jedem Jahresende Rechenschaft: „Kann ich, muß ich heiraten? Kann ich, muß ich einen Schritt tun, der mich auf jeden Fall unglücklich und dich! Nicht glücklich machen wird? (…) Elise ist das beste Weib der Erde, das edelste Herz, die reinste Seele, aber sie liebt, was sie nicht wiederlieben kann, die Liebe will besitzen, und wer nicht liebt, kann sich nicht hingeben, sondern sich höchstens opfern!" (Tagebuch 31.12.1844). Später verstieg er sich dazu, Liebe als „die höchste Spitze des Egoismus" (Brief vom 6.12.1845) zu interpretieren – ein Selbstschutz vermutlich! Als er nach Wien ging, wurden die Worte noch schroffer, ja drohend: „(…) das mußt Du doch fühlen, daß die

Verhältnisse von ehemals jetzt unmöglich sind und daß mein Leben entweder einen höheren Schwung oder – ein Ende nehmen muß. So steht die Sache, täusche Dich nicht" (Brief vom 6.12. 1845).

Sein Leben nahm „einen höheren Schwung": In Wien wurde ihm Anerkennung zuteil, und hier verliebte er sich 1846 in die Burgschauspielerin Christine Enghaus. Elise verlor jetzt die Geduld, sie hatte seine Reisen und Liebschaften lang genug ertragen. Bitter beklagte sich Hebbel in seinem Tagebuch über ihr ungewohntes Aufbegehren: „(…) kaum aber nannte ich ihren [Christine Enghaus] Namen, in einem Brief nach Hamburg, als Elise, die sich schon über mein bloßes Verweilen in Wien auf die rücksichtsloseste Weise geäußert hatte, mir die ärgsten Schmählichkeiten über sie schrieb, und in einem Ton gemachter Naivität, der mich noch mehr verdroß, als die Sache selbst" (Tagebuch, 29.12. 1846). Am 26. Mai heiratete Hebbel Christine Enghaus. Elise blieb nur der gemeinsame Sohn Ernst. Aber auch den musste sie hergeben. Ernst starb wie sein Bruder im Alter von knapp drei Jahren am 12. Mai 1847. Christine Enghaus' Reaktion, die auch gerade ein Kind verloren hatte: „Laß sie – die Mutter – zu uns kommen" (Tagebucheintragung 4170).

Elise lebte eineinhalb Jahre bei Hebbel und Christine Enghaus in Wien. Christine begegnete ihr schwesterlich. Elise übertrug all ihre Liebe zu Hebbel auf seine Frau und das Kind Tinchen, das am 25. Dezember 1847 geboren wurde.

Im August 1849 reiste Elise zurück nach Hamburg, weil sie die ständige Gegenwart Christines und Hebbels wohl doch nicht ertragen konnte. Mit ihr fuhr der uneheliche Sohn Christines, Carl, den Christine Enghaus aus einer anderen Beziehung hatte. Ihn sollte Elise erziehen, was sie auch mit aufopfernder Hingabe tat. Carl wurde zu Elises ganzer Freude in ihrer Einsamkeit.

Die Briefe, die Elise nach ihrer Rückkehr aus Wien an Christine und Friedrich Hebbel schrieb, wobei der größte Teil an Christine gerichtet war, dokumentieren ein Leben allein in Bezug auf Hebbel, übertragen auf dessen Ehefrau Christine und die Tochter Tinchen. Die Briefe vermitteln auch den Eindruck, dass es wieder einmal Elise war, die mehr liebte, als sie geliebt wurde.

Elise Lensing starb nach einem qualvollen Lungenleiden. Sie erhielt ein Armengrab auf dem Friedhof in St. Georg. Als der Friedhof eingeebnet wurde, kaufte ihr Christine Hebbel eine Grabstätte auf dem Friedhof Ohlsdorf.

Text, im Wesentlichen von Brita Reimers

> *Siehe auch* ➤ **Amalie-Schoppe-Weg,** *in diesem Band.*

> *Siehe auch* ➤ **Hebbelstraße,** *Uhlenhorst, seit 1899, Friedrich Hebbel (1813–1863), Dichter, in Bd. 3 online**.*

Elisenstraße

Hohenfelde, seit 1866. Vermutlich benannt nach Anna Catharina Elisabeth, geb. Diebenau (1808–1836), Ehefrau des Grundeigners H. F. Stuckenberg

Ellmenreichstraße

St. Georg, seit 1948, benannt nach Franziska Ellmenreich (28.1.1847 Schwerin–20.10.1931 Herrsching am Ammersee), Schauspielerin

Franziska Ellmenreich stammte aus einer der großen deutschen Schauspielerfamilien des 19. Jahrhunderts: die Großmutter Friederike Ellmenreich, eine Hamburger Schauspielerin, der Vater, Albert Ellmenreich, Sänger und Theaterdirektor, der Großvater Johann Baptiste, Schauspieler und Bassist.

Bereits mit fünfzehn Jahren stand Franziska auf der Bühne, debütierte 1862 in Meiningen unter der Regie ihres Vaters, kam 1867 nach Hannover und trat erstmals am 31. März 1876 in Hamburg am Altonaer Stadttheater auf. Franziska Ellmenreichs Wirkungskreis in Hamburg waren das Stadttheater und das Deutsche Schauspielhaus. Ab 1881 spielte sie zeitweilig mit einer eigenen Truppe in Amerika und England und kam 1887 nach Hamburg zurück, gastierte in den 1890-er Jahren viel in Berlin und Wien. Franziska Ellmenreich beteiligte sich an der Gründung des Schauspielhauses, sie gehörte zu den vier Künstler-Sozietairen, denen als Aktionäre auch ein künstlerisches Mitspracherecht eingeräumt war. 1913 verabschiedete sich Franziska Ellmenreich von der Bühne. Sie war Hamburgs beliebteste Schauspielerin – spielte alles, von der sentimentalen Liebhaberin und jugendlichen Heldin bis zu reifen Frauengestalten der Klassiker.

Franziska Ellmenreich

Als sie 1913 die Bühne am Schauspielhaus verließ, wurde sie als erstes Mitglied des Ensembles mit der Ernennung zum Ehrenmitglied ausgezeichnet.

Der große Theatermann Paul Möhring berichtet auch von gewissen Allüren der Franziska Ellmenreich. So soll sie sich, nachdem sie durch Heirat mit dem Dramatiker Richard Freiherr von Fuchs-Nordhoff in den Stand einer Baronin gesetzt worden war, geweigert haben, als Ekdals Frau Gina in Ibsens „Wildente" mit einer Schürze auf der Bühne aufzutreten. Darsteller kleinerer Rollen mussten, wenn sie aus ihrer Garderobe kam, zur Seite springen und der Dame Platz machen.

Nach ihrem Abgang von der Bühne im Jahre 1913 zog sich Franziska Ellmenreich auf ihren

Abb.: Staatsarchiv Hamburg

** **Band 3 online** unter: www.hamburg.de/maennerstrassennamen

Besitz in Herrsching am Ammersee zurück, spielte jedoch in späteren Jahren noch einige Male am Hamburger Schauspielhaus.

Franziska Ellmenreich hatte einen Sohn, der später Kunstmaler wurde (Felix Freiherr von Fuchs-Nordhoff, später verheiratet mit der Kunstmalerin Irene von Fuchs-Nordhoff, geb. Lührsen).

Elly-Heuss-Knapp-Ring

Bergedorf, seit 1991, benannt nach Elly Heuss-Knapp (25.1.1881 Straßburg–19.7.1952 Bonn), Sozialpolitikerin, Gründerin des Müttergenesungswerkes. Tochter des Nationalökonomen Georg-Friedrich Knapp. Lehrerin, dann Studium der Volkswirtschaft bei Friedrich Naumann in Berlin. Ehefrau des Bundespräsidenten Theodor Heuss. Motivgruppe: Verdiente Frauen

Kurz nach der Geburt von Elly Knapp erlitt deren Mutter eine psychische Erkrankung und lebte seitdem in einem Sanatorium. Elly Knapp wurde deshalb von ihrem Vater allein großgezogen. Nach dem Lehrerinnenexamen 1899 gründete Elly Knapp in Straßburg eine Fortschrittsschule für Mädchen mit, die nur die siebenjährige Volksschule besucht hatten. Ab 1905 studierte sie Volkswirtschaftslehre in Freiburg und Berlin. Ihr politisches Vorbild war Friedrich Naumann *(siehe ➤ Friedrich-Naumann-Straße, in Bd. 3 online**).* Sie hielt Vorträge zu den Themen Tarifverträge und Mindestlöhne.

1908 heiratete sie den damaligen Journalisten und Mitarbeiter Friedrich Naumanns Theodor Heuss *(siehe ➤ Theodor-Heuss-Platz, in Bd. 3 online**),* der später Bundespräsident wurde. Getraut wurde das Paar in Straßburg von Elly Heuss-Knapps Jugendfreund Albert Schweitzer *(siehe ➤ Albert-Schweitzer-Ring, in Bd. 3 online**).*

**   Band 3 online unter: www.hamburg.de/maennerstrassennamen

25) Wikipedia: Elly Heuss-Knapp: Stand 19.10.2014

Elly Heuss-Knapp unterstützte ihren Mann in seiner publizistischen Tätigkeit. Ihr Arbeitsschwerpunkt lag aber bei der Sozialarbeit. 1910 wurde ihr Sohn Ernst Ludwig geboren. Wegen der sehr schweren Geburt, konnte sie danach keine Kinder mehr bekommen.

Elly Heuss-Knapp unterrichtete auch nach der Heirat weiter, so in Berlin an sozialen Frauen- und Fortbildungsschulen die Fächer Bürgerkunde und Volkswirtschaftslehre. Außerdem arbeitete sie ehrenamtlich als Wohlfahrtspflegerin. Während des Ersten Weltkrieges gründete sie in Heilbronn die erste Arbeitsbeschaffungsstelle des Roten Kreuzes. 1919 ließ sie sich als Kandidatin der Deutschen Demokratischen Partei (DDP) zum Reichstag aufstellen.

In den 1920-er Jahren verstärkte sich ihr Interesse an theologischen Fragen. Sie arbeitete in der evangelischen Gemeinde von Pastor Otto Dibelius mit.

Mit der Machtübernahme durch die Nationalsozialisten wurde ihr Mann seiner Ämter enthoben. Elly Heuss-Knapp übernahm nun das Geldverdienen für die Familie. Sie wurde im Bereich Werbung tätig und hier eine Wegbereiterin der Schallplatten- und Rundfunkwerbung. „Elly Heuss-Knapp

Elly Heuss-Knapp

gilt als Erfinderin des Jingles als akustisches Warenzeichen eines Unternehmens. Diese Idee ließ sich Heuss-Knapp patentieren und setzte sie auch für andere Unternehmen und Produkte ein: etwa für Nivea, Erdal, Kaffee Hag, Blaupunkt und Persil.“[25]

Während der NS-Zeit trafen sich im Hause Heuss-Knapp Verfolgte und GegnerInnen des

Abb.: Deutsches Müttergenesungswerk

NS-Regimes, unter ihnen z. B. auch Pastor Martin Niemöller.

Nach dem Abwurf der Atombombe auf Hiroshima am 6. August 1945 entwickelte Elly Heuss-Knapp zusammen mit der Atomphysikerin Freda Wuesthoff und anderen Frauen ein Netzwerk von Friedensgruppen. Zwischen 1945 und 1949 war sie – wie ihr Mann – Mitglied des württembergisch-badischen Landtages und zwar zunächst für die DVP (Deutsche Volkspartei) und dann für die FDP. Politisch war sie im sozialpolitischen Ausschuss tätig. Als ihr Mann Bundespräsident wurde, legte sie ihr Landtagsmandat nieder und wurde Deutschlands erste First Lady. Gemeinsam mit ihrem Mann wirkte sie 1949 auch an der Gründung des Deutschen Rates der Europäischen Bewegung mit, dessen Vizepräsidentin sie wurde.

1950 gründete sie zusammen mit Antonie Nopitsch – mit einem Anfangskapital von 20 000 DM – das Deutsche Müttergenesungswerk (Elly-Heuss-Knapp-Stiftung – Deutsches Müttergenesungswerk). Der Ehrenname Elly Heuss-Knapps lautet: Mutter der Mütter.

Siehe auch > Anna-von-Gierke-Ring, *in diesem Band.*

Siehe auch > Albert-Schweitzer-Ring, *Tonndorf, seit 1975: Albert Schweitzer (1875–1965), Arzt, ev. Theologe, Musiker, Kulturphilosoph. Friedenpreis des deutschen Buchhandels, 1952 Friedensnobelpreis, in Bd. 3 online**.*

Siehe auch > Friedrich-Naumann-Straße, *Heimfeld, seit 1929: Dr. Friedrich Naumann (1860–1919), Mitbegründer der DDP (Deutsche Demokratische Partei), Mitglied der Weimarer Nationalversammlung, Reichstagsabgeordneter, in Bd. 3 online**.*

Siehe auch > Theodor-Heuss-Platz, *Rotherbaum, seit 1965: Theodor Heuss (1884–1963), Bundespräsident. Bundespräsident von 1949 bis 1959, in Bd. 3 online**.*

Elsa-Bauer-Weg

Alsterdorf, seit 1985, benannt nach Elsa Bauer *(9.5.1875 Hamburg–6.3.1942 Hamburg), jüdisches Opfer des Nationalsozialismus. Lehrerin an der Schule Curschmannstraße*

Als rassisch Verfolgte nahm sie sich wegen der bevorstehenden Deportation das Leben.

Elsa-Brändström-Straße

Jenfeld, seit 1936. (Von 1936 bis 1965: Elsa-Brandström-Straße. Seit 1965: Elsa-Brändström-Straße), benannt nach Elsa Brändström *(26.3. 1888 St. Petersburg–4.3.1948 Cambridge/Mass., USA), schwedische Wohltäterin deutscher Kriegsgefangener, „der Engel von Sibirien", Erfinderin der „Care-Pakete"*

Elsa Brändström war die Tochter von Anna Wilhelmine Brändström, geb. Eschelsson und deren Ehemann, dem schwedischen Militärattaché in Russland, Pehr Edvard Brändström. Bis zu ihrem dritten Lebensjahr lebte Elsa mit ihren Eltern in St. Petersburg, dann verbrachte sie ihre weitere Kindheit und Jugend in Schweden. Nach ihrem Schulabschluss besuchte sie ein Lehrerinnenseminar und kam im Alter von zwanzig Jahren nach St. Petersburg zurück, wo ihr Vater als schwedischer Gesandter amtierte. Dort wurde Elsa in die Gesellschaft eingeführt, amüsierte sich auf Bällen, nahm an Reitpartien teil. „Als der Erste Weltkrieg ausbrach, absolvierte sie gemeinsam mit ihrer Freundin Ethel (…) einen Schnellkurs in Krankenpflege. Solche Kurse wurden damals für die Damen der oberen Gesellschaft angeboten, um die Berufsschwestern zu unterstützen. Viele Frauen bekundeten hieran ihr Interesse, doch die meisten von ihnen beließen es dabei, für einige Zeit in den Spitälern Kissen zurechtzurücken und

Verwundeten die Stirn zu trocknen, um dann bei der nächsten Soirée davon zu berichten."[26]

Doch bei Elsa Brändström und ihrer Freundin war das anders. Nachdem sie 1914 als junge Schwesternhelferinnen den vielen verwundeten deutschen Kriegsgefangenen begegnet waren, die im Nikolaihospital in Petograd unter schlimmsten Bedingungen untergebracht waren und kaum versorgt wurden – nur ein russischer Zahnarzt war für die Gefangenen zuständig – wussten sie, sie müssen helfen. So half Elsa Brändström unter Gefahren den Kriegsgefangenen in Sibirien mit Decken, Lebensmitteln und medizinischer Versorgung. Mit Hilfe des Roten Kreuzes organisierte Elsa Brändström gemeinsam mit ihrer Freundin Hilfsgütertransporte nach Sibirien und überwachte vor Ort in den Lagern die Austeilung der Güter. In diesen Jahren besuchte sie ca. 700 000 Kriegsgefangene – und wurde dafür „Engel von Sibirien" genannt.

Nach der Oktoberrevolution 1917 wurde ihr die Arbeit erschwert, sie erhielt keine Arbeitserlaubnis mehr und wurde sogar 1920 in Sibirien verhaftet.

Elsa Brändström kehrte nach Schweden zurück und arbeitete von dort aus. So war sie den heimkehrenden Kriegsgefangenen beim Neuanfang behilflich. 1922 ließ sie in Marienborn in Sachsen ein Sanatorium und bei Dresden eine Einrichtung für Kinder von Kriegsgefangenen errichten. Von ihrer Reise 1923 nach Amerika brachte sie Spenden in nicht unerheblicher Höhe mit.

1927 erhielt sie die Ehrendoktorwürde der Universitäten Uppsala und Tübingen.

1929 heiratete die damals 41-Jährige den Pädagogikprofessor Robert Ulrich. Sie zog zu ihm nach Dresden und gebar 1932 eine Tochter.

Robert Ulrich, christlicher Sozialist und als Hochschullehrer an der TU Dresden beschäftigt, bekam schon bald nach dem Machtantritt der NSDAP mit dem Regime Schwierigkeiten. Die wohltätige Arbeit seiner Frau hingegen wurde vom NS-Regime hoch gelobt, das die Popularität Elsa Brändströms für sein Winterhilfswerk nutzen wollte. Doch als Elsa Brändström die Anfrage Hitlers, ob sie für sein Winterhilfswerk Propaganda machen wolle, telegraphisch mit einem entschiedenen und knappen „Nein" beantwortete, musste auch sie mit Repressalien rechnen. Als das Telegramm von Hitler kam, lebte das Ehepaar Brändström-Ulrich in einer Villa der Hamburger Bankiersfamilie Warburg (siehe ➤ Warburgstraße, Bd. 3 online**) an der Elbe. Elsa Brändström war mit den Warburgs befreundet, besonders mit Anna Warburg, Eric Warburgs Tante. Diese, gebürtige Schwedin und Mitbegründerin des Pestalozzi-Fröbel-Verbandes in Hamburg, kannte Elsa Brändström seit Jugendzeiten und war ihr in den 1920-er Jahren, als Elsa Brändström Erziehungsprobleme in ihrem Kinderheim hatte, mit Rat behilflich gewesen.

Als die Warburgs 1938 Deutschland verlassen mussten, weil sie als Juden in größter Gefahr waren, emigrierten sie nach Schweden, England und in die USA. Max und Eric Warburg nutzten von New York aus alle Möglichkeiten, um Verfolgten die Flucht aus Nazi-Deutschland zu ermöglichen. Eric Warburgs Schwestern Anita und Gisela bemühten sich um die Eingliederung der Flüchtlinge in Amerika. Durch dieses Engagement entstand eine intensive Zusammenarbeit mit Elsa Brändström.

Nach Elsa Brändströms „Nein" zu Hitlers Ansinnen verließ das Ehepaar Deutschland und emigrierte nach Amerika. Auch dort führte Elsa Brändström ihre Hilfstätigkeit fort. Sie bemühte sich intensiv um Einreisegenehmigungen für politisch Verfolgte aus Deutschland.

Elsa Brändström erfand auch die „Care-Pakete". Sie waren in den Hungerjahren der Nach-

**   Band 3 online unter: www.hamburg.de/maennerstrassennamen

26) Annette Kerckhoff: Heilende Frauen. Ärztinnen, Apothekerinnen, Krankenschwestern, Hebammen und Pionierinnen der Naturheilkunde. Berlin 2014, S. 108.

kriegszeit ein Segen für tausende Hamburger Familien.

Am 4. März 1948 starb Elsa Brändström an einem Krebsleiden.

Die Benennung einer Straße nach Elsa Brändström hat eine lange Geschichte. Bereits 1932 und 1933 forderte die Reichsvereinigung ehemaliger Kriegsgefangener den Hamburger Senat auf, eine Straße nach Elsa Brändström zu benennen.

Elsa Brändström, 1929

Da nichts geschah, wurde am 14. April 1936 ein erneutes Schreiben an den Senat gerichtet. Diesmal antwortete das Hamburgische Staatsamt prompt. In seinem Schreiben vom 23. April 1936 sicherte das Staatsamt der Reichsvereinigung zu, bei passender Gelegenheit eine Straße nach Elsa Brändström zu benennen. Gleichzeitig richtete es ein Schreiben an die Behörde für Technik und Arbeit, aus dem deutlich wird, warum es dem Staatsamt nun so dringlich wurde, eine Straße nach Elsa Brändström zu benennen: 1937 sollte der Heldengedenktag gefeiert und Elsa Brändströms Verdienste damit in den Dienst der Nationalsozialisten gestellt werden. Deshalb erfolgte auch bald eine Straßenbenennung nach Elsa Brändström. Allerdings hatten dies wohl nicht alle Behördenvertreter mitbekommen. Obwohl bereits eine Straße nach Elsa Brändström benannt worden war, sollte Anfang 1937 auf Vorschlag des Ingenieurswesens und im Rahmen der Umbenennungen von Straßennamen, die nach Menschen jüdischer Herkunft benannt waren, die Löwenstraße in Hamburg-Eppendorf, die 1879 auf Antrag des jüdischen Grundeigentümers Samuel Ephraim so benannt worden war,

in Elsa-Brandström-Weg umbenannt werden. Als Begründung heißt es: „Da die Straße nahe dem Eppendorfer Krankenhaus liegt, so erscheint die gewählte Bezeichnung hier geeignet." Die Baubehörde teilte daraufhin eine Woche später dem Staatsamt mit, dass es bereits eine Elsa-Brandström-Straße gäbe, und schlug für die Umbenennung der Löwenstraße *(siehe ➤ Löwenstraße, in Bd. 3 online**)* den Namen Wiesingerstraße vor, nach dem früheren Oberarzt Dr. Wiesinger vom Allgemeinen Krankenhaus St. Georg.[27] Die Löwenstraße wurde jedoch weder in Elsa Brändström noch in Wiesingerstraße umbenannt. Es gibt sie glücklicherweise heute noch.

Seit 1949 gibt es an der Kösterbergstraße 62 das Elsa-Brändström-Haus. Vor dem Zweiten Weltkrieg hatte die jüdische Bankiersfamilie Warburg am Kösterberg zwei große Villen bewohnt, die während des Zweiten Weltkriegs als Lazarett genutzt wurden.

Als Eric Warburg nach dem Zweiten Weltkrieg als US-Soldat nach Hamburg zurückkam, fand er die Häuser in einem baufälligen Zustand. Er ließ sie wieder herrichten und Kinder dort unterbringen, die zuvor von den Alliierten aus den Konzentrationslagern befreit worden waren und deren Eltern und Verwandte gesucht wurden. Drei Jahre später wohnten hier keine Kinder mehr. Die Familie Warburg entschloss sich aber, die Häuser für soziale Arbeiten weiterhin zur Verfügung zu stellen. 1949, ein Jahr nach Elsa Brändströms Tod, wurde unter dem Vorsitz von Baronin Louise Sophie Freifrau von Knigge der Verein „Elsa-Brändström-Haus" im deutschen Roten Kreuz gegründet. In den beiden Häusern, dem „Weißen Haus" und dem „Roten Haus", wurden im Laufe der Zeit verschiedene Aufgaben verfolgt. So gab es hier eine Zeit lang ein Müttergenesungsheim und den Bildungsverein an Müttern sowie Kurse zur Fort-

**   **Band 3 online** unter: www.ham-   weg.
burg.de/maennerstrassennamen

27) Nach Prof. Dr. August Wiesinger ist seit 1848 bereits eine Straße in Hoheluft-West benannt: Wiesinger-

Abb.: Bundesarchiv

bildung sozialpädagogischer Kräfte. Auch junge Mädchen wurden hier untergebracht, die einen pflegerischen Beruf erlernen wollten, dazu aber noch nicht das geforderte Alter erreicht hatten und so die Zeit bis zu drei Jahren mit einer allgemeinen theoretischen und praktischen Einführung überbrückten. Auch wurde eine Tagungsstätte des Roten Kreuzes hier installiert und Jugendliche untergebracht und unterrichtet, die das freiwillige soziale Jahr absolvierten. Auch heute ist das Elsa Brändström Haus eine internationale Bildungs- und Tagungsstätte und bietet u. a. das freiwillige soziale Jahr an.

Siehe auch ➤ **Löwenstraße,** *Hoheluft-Ost, seit 1879: Samuel Ephraim, Grundeigentümer, in Bd. 3 online**.*

Siehe auch ➤ **Warburgstraße,** *Rotherbaum, seit 1947: Max Warburg (1867–1946), Bankier, in Bd. 3. online**.*

Elsa-Bromeis-Kanal

Wilhelmsburg, seit 2012, benannt nach Elsa Bromeis (1.10.1914 Hamburg–1992), deutsche Kanutin, wurde im Einer-Kajak 1934 in Kopenhagen Vize-Europameisterin, dann 1935 über 500 Meter-Einer-Kajak Deutsche Meisterin sowie 1949 in dieser Disziplin deutsche Vize-Meisterin

Nach der Kanutin **Elsa Bromeis,** verheiratete von Staden, wurde 2012 in Hamburg-Wilhelmsburg ein Kanal für kleine Kanu-Touren benannt. Er führt durch das neu erschlossene Wohngebiet auf dem Gelände der Bau- und Garten-Ausstellung von 2013.

Elsa Bromeis entstammte einer Hamburger Kaufmannsfamilie. Schon im Alter von fünf Jahren kam sie, wie sie in ihrem handschriftlichen Lebenslauf – entnommen der Akte des Rasse- und Siedlungshauptamtes – schreibt, „zum Sport und habe auf allen Sportgebieten viele schöne

Erfolge erzielt, und habe die Ehre gehabt Deutschlands-Farben wiederholt international vertreten zu dürfen, Kopenhagen, Zappot, Prag etc. etc. u. a. konnte ich auch einen Ehrenpreis des Reichssportführers gewinnen".[28]

Elsa Bromeis war Mitglied im 1923 gegründeten Hamburger „Alstereck Verein für Wassersport", ansässig in Hamburg-Fuhlsbüttel. Auf einer Regatta in Kopenhagen 1934 erreichte sie den zweiten Platz über 500 Meter im Einer-Kajak. 1935 wurde Elsa Bromeis im Einer-Kajak schnellste Deutsche. „Zu dieser Zeit gab es noch keine offizielle Deutsche Meisterschaft für Frauen. Die Rennen wurden bei den Sportveranstaltungen der Männer mitgefahren. Durch weitere Erfolge, wie einem Sieg bei einer internationalen Regatta im polnischen Sopot (…), die wohl heute am ehesten mit einer Europameisterschaft gleichzusetzen

Elsa Bromeis

ist, und Siegen und Platzierungen auch im Mannschaftsboot und bedeutenden Regatten, förderte sie [Elsa Bromeis] durch ihre sportlichen Erfolge mit die Bedeutung der Frauen im Kanu-Rennsport. Ab 1937 wurden dann auch endlich Titelkämpfe für die Damen ausgetragen."[29]

Elsa Bromeis' schulischer und beruflicher Werdegang ist aus ihrem Lebenslauf zu ermitteln. In Hamburg besuchte sie das Emilie-Wüstenfeld-Lyceum, „und später die Realschule Ria Wirth bis zur Obersekunda-Reife. Anschließend war ich dann im Haushalt bei meinen Eltern tätig, besuchte ein Jahr das Konservatorium für Musik, und war dann während einer Saison zur besseren Ausbildung in den Hauswirtschaften,

Abb. v.l.n.r.: Tiemo Krüger, Alstereck VfW e. V. | Privatbesitz Werner Brügmann

sport e. V. 2/2013 August, S. 27.

28) BArch R 9361 III/197662.
29) Die Alsterecke. Vereinszeitung des Alstereck Vereins für Wasser-

besonders im Kochen, im Ostseebad Scharbeutz als Haustochter tätig.

Anschließend lernte ich Stenographie, Maschinenschreiben etc. um auch kaufmännisch gebildet zu sein. Als Stenotypistin habe ich dann verschiedene Stellungen inne gehabt. Von Hamburg wurde ich beruflich nach Berlin versetzt, später kam ich nach München und auch heute bin ich noch als Stenotypistin bei der Steyr-Daimler-Puch (…) Wien, [zu dem damaligen Zeitpunkt ihrer Beschäftigung ein Rüstungskonzern] beschäftigt.[30]

Elsa Bromeis trat Ende 1935 der NS-Frauenschaft bei. Dazu schreibt sie in ihrem Lebenslauf: „Im Jahre 1935 bin ich in die Frauenschaft eingetreten und wurde von hier aus als Obergaufachwartin in den BDM gerufen."[31]

Bis zum 19. Mai 1938 war Elsa Bromeis Mitglied der NS-Frauenschaft und trat dann am 19. Mai 1938 in die Hitlerjugend ein.[32]

Nach dem Zweiten Weltkrieg, mittlerweile verheiratet, war Elsa von Staden 1949 Deutsche Vize-Meisterin über 500 Meter-Einer-Kajak.

Elsastraße

Barmbek-Süd, seit 1886, soll auf die Ehefrau des Grundbesitzers F. H. D. Wagner zurückzuführen sein, nach dem die Wagnerstraße benannt wurde

> *Siehe auch* ▶ **Wagnerstraße**, *Barmbek-Süd, seit 1877: Hans Heinrich David Wagner (1816– 1872), Grundstücksbesitzer, in Bd. 3 online**.*

Else-Rauch-Platz

Eimsbüttel, seit 1995, benannt nach **Else Rauch,** *geb. Meyer (28.6.1888 Lüneburg–am 25.10.1941 deportiert nach Lodz, am 10.5.1942 deportiert ins Vernichtungslager Chelmno, vergast), jüdisches Opfer des Nationalsozialismus. Lehrerin an der*

Grundschule für Knaben, Lutterothstraße 78 Stolperstein vor dem Wohnhaus Grindelallee 152 und vor der Wirkungsstätte Schule Lutterothstraße 78.

Else Rauch wurde in Lüneburg geboren und war das ältestes von drei Kindern von Emma Rauch, geb. Rosenbaum und Gustav Meyer, ein Produktenhändler. 1890 zog die Familie nach Hamburg, wo der Vater als Kaufmann für Elektroartikel arbeitete. 1903 traten die Eltern zum evangelischlutherischen Glauben über. Else wurde 1904 konfirmiert und gleichzeitig getauft.

Nach dem Abschluss des Lyceums, besuchte Else Rauch von 1911 bis 1913 das Lehrerinnenseminar und arbeitete danach als Lehrerin, so an der Volksschule Humboldtstraße 78. Bis zu ihrer Heirat wohnte sie in der Wagnerstraße 23. 1922 heiratete sie den Ingenieur Gustav Rauch. Das Paar lebte an der Stadthausbrücke 3, wo Gustav Rauch auch seine Firma betrieb. 1923 trat Else Rauch aus dem Schuldienst aus, 1926

Else Rauch

aber wieder ein. 1928/29 wurde die kinderlose Ehe geschieden; Else Rauch ließ sich fortan wieder als „Fräulein" ansprechen.

Von 1926 bis zur Entlassung aus dem Schuldienst im Jahre 1933 arbeitete sie als Lehrerin an der Grundschule für Knaben, Lutterothstraße 78 und unterrichtete in allen damals in der Unterstufe üblichen Fächern.

1933 wurde Else Rauch nach Einführung des „Arierparagraphen" aus dem Schuldienst entlassen. Sie wohnte damals in einer kleinen Zweizimmerwohnung der Grindelallee, zurückgezogen und einsam.

**   **Band 3 online** unter: www.hamburg.de/maennerstrassennamen

gliederkartei der NS-Frauenschaft, Bromeis, Elsa, geb. 01.10.1914.

30) BArch R 9361 III/197662.
31) Ebenda.
32) Vgl: BArch (Sammlung BDC), Mit-

Am 25. Oktober 1941 wurde Else Rauch ins Getto Lodz nach Polen deportiert. „Frau Rauch verließ das Haus [Grindelallee] ganz allein und ging ohne Begleitung zuerst zum Polizeirevier, um den Schlüssel abzugeben, und dann zum Logenhaus an der Moorweidenstraße [Sammelplatz für die Deportationen]. Niemand in ihrem Haus fühlte sich stark genug, um sie zu verabschieden. Das mag für Else Rauch besonders bitter gewesen sein", schreibt ihr ehemaliger Schüler Arthur Riegel, der ein Buch über Else Rauch verfasste.

Von dort wurde sie am 10. Mai 1942 ins Vernichtungslager Chelmno transportiert und vergast.[33]

Emilie-Günther-Weg

Bergedorf/Lohbrügge, seit 1942, benannt nach Emilie Günther, *geb. Siemers (1.2.1870 Lohbrügge–10.2.1942, Heimatschriftstellerin*

Geboren wurde Emilie Siemers als Tochter der alteingesessenen Lohbrügger Bauernfamilie Siemers. 1892 heiratete sie den Ziegeleibesitzer Hermann Günther aus Havighorst. Er unterstützte die schriftstellerische Arbeit seiner Frau und ließ ihre in platt- und hochdeutscher Sprache verfassten Gedichte drucken. Zudem erschienen heimatliche Forschungsartikel, Erzählungen und Gedichte in der Oldesloer und Bergedorfer Zeitung und im plattdeutschen Blatt „De Eckboom". Für Veranstaltungen des Vaterländischen Frauenvereins und für das Rote Kreuz verfasste Emilie Günther Märchenspiele. Ihr Weihnachtsmärchen „Die beiden Schneiderlein" wurde sogar im Hamburger Operettenhaus aufgeführt. Auch der Rundfunk sendete einige ihrer Märchen.

Neben ihrer schriftstellerischen Tätigkeit malte Emilie Günther. Anregungen dazu holte sie sich auf Reisen im In- und Ausland.

Durch Emilie Günthers Bemühungen erhielt der heutige Stadtteil Lohbrügge, der durch die Zusammenlegung der Orte Sande und Lohbrügge entstanden war, seinen Namen.

1917 wurde sie Witwe, und auch ihre erwachsene Tochter starb. Durch die Inflation verlor Emilie Günther ihr Vermögen.

Emilienstraße

Eimsbüttel, seit 1865, benannt nach Emilie Tornquist *(19.11.1846 Hamburg–25.11.1905 Bremen), Tochter von Alexander Bentalon Tornquist (siehe ▶* Tornquiststraße, *in Bd. 3 online**). Besitzer des Geländes*

> *Siehe auch ▶* Charlottenstraße, Henriettenstraße, Henriettenweg, *in diesem Band.*

> *Siehe auch ▶* Maxstraße, *Eilbek, seit 1867: nach dem Sohn des Grundeigentümers Alexander B. Tornquist, in Bd. 3 online**.*

> *Siehe auch ▶* Tornquiststraße, *Eimsbüttel, seit 1868: Alexander Bentalon Tornquist (1813–1889), Großgrundbesitzer, Grundstücksbesitzer, in Bd. 3 online**.*

Emmastraße

Stellingen, seit vor 1915, benannt nach Emma Wieck. *Tochter des damaligen Grundeigentümers und Erbauers Johann Ad. Wieck*

Emmy-Beckmann-Weg

Niendorf, seit 1980, benannt nach Emmy Beckmann *(12.4.1880 Wandsbek–24.12.1967 Hamburg), Hamburgs erste Oberschulrätin, Bürgerschaftsmitglied vor und nach dem Zweiten Weltkrieg (DDP und FDP), maßgeblich an der bürgerlichen Frauenbewegung beteiligt*

Ihr Grabstein steht im Garten der Frauen auf dem Ohlsdorfer Friedhof. Auf ihm ist auch der Name ihrer Schwester verewigt. Der Grabstein ihres Bruders liegt vor dem Garten der Frauen.

**   Band 3 online unter: www.hamburg.de/maennerstrassennamen   S. 23.

33) Arthur Riegel: Else Rauch. Das Schicksal einer Hamburger Lehrerin und ihrer Familie. Hamburg 1995,

Neben ihrer Zwillingsschwester Hanna hatte Emmy Beckmann noch einen Bruder, der später als Pastor arbeitete. Ihre Mutter starb nach der Geburt der Zwillinge am Kindbettfieber. Der Vater ging eine neue Ehe ein, zu den drei Kindern kamen im Laufe der Zeit noch vier Geschwister hinzu.

Trotz zweier Dienstmädchen mussten die Zwillingsschwestern im Haushalt stark mithelfen und die jüngeren Geschwister hüten. In die Berufslaufbahn der drei Geschwister aus erster Ehe griff der Vater allerdings nicht ein. Die leibliche Mutter hatte für den Zweck der Ausbildung und Bildung der beiden Mädchen eine Erbschaft hinterlassen. Nach dem dreijährigen Besuch des Seminars der Klosterschule in Hamburg bestand Emmy Beckmann im Jahre 1900 das Examen für die Lehrbefähigung an mittleren und höheren Schulen. Danach arbeitete sie fast drei Jahre lang als Erzieherin in England. Nach einem dreimonatigen Studienaufenthalt in Paris wurde sie 1903 Lehrerin an der Töchterschule in Husum. Ihr Bruder arbeitete damals als zweiter Pastor der Gemeinde Hennstedt bei Heide.

In dieser Zeit lernte Emmy Beckmann „durch eine kritische Auseinandersetzung mit Peter Moors ‚Fahrt nach Südwest', in der es unter anderem um die Frage geht, wie sich Kolonialpolitik und Glaube ans Evangelium vertragen oder nicht vertragen können",[34] den Schriftsteller und ehemaligen Pastor Gustav Frenssen (1863–1945) kennen. Nach ihm, der lange Zeit in Blankenese gelebt hatte, wurde dort nach seinem Tod eine Straße benannt. In den 1980-er Jahren wurde die Straße wegen Frenssens nationalsozialistischer Nähe umbenannt. *(Siehe dazu in Band 1 im Kapitel: Über den Umgang mit der nationalsozialistischen Vergangenheit.)*

Frenssen, der als Gegenpol seiner schriftstellerischen Arbeit „(…) das Spiel mit einem gesunden jungen Weib"[35] liebte, war, als er Emmy

Beckmann kennen lernte, bereits seit 1890 mit Anna, geb. Warft, verheiratet. Das hielt Frenssen jedoch nicht davon ab, mehr mit Emmy Beckmann „im Sinn" zu haben, wie Helmut Stubbe da Luz in seinem Aufsatz über Emmy Beckmann schreibt. „Ein Jahr lang diskutierten er und Emmy Beckmann (…), ob es moralisch vertretbar sei (…), daß ein ‚edles Weib' sich ‚ihrem Helden' hingebe, wobei Frenssen darauf brannte, die Rolle dieses Helden zu übernehmen und auch Wendungen genug fand, den beabsichtigten Ehebruch (einem von vielen, wie er 1941 in seinem Lebensbericht angegeben hat) in schönstem Licht erscheinen zu lassen: ‚Wenn ‚dieser Held' in das Leben eines Weibes nicht hineintritt, so wird sie mit Recht meinen, daß es ihr Schicksal ist, ohne Liebe durchs Leben zu gehen. Wenn er aber kommt und bittet sie um Liebe (…), so soll sie ihm ihre Liebe geben (…). Es ist wahr, daß sie [die Frau, wenn sie Liebe gibt] sich auch Leid und Not schafft; aber ich bin der Meinung, daß diese Not für die Seele fruchtbar ist, während die Not lebenslänglicher Jungfernschaft nach dem, was wir sehen, auf die Weiberseele verdorrend wirkt.' (…) Frenssen hoffte ganz allgemein, daß die gebildeten, berufstätigen Frauen, denen die Gesellschaft (…) formal oder informell den Ehestand bis zur Unmöglichkeit erschwerte, sich gegen diese ‚Unnatürlichkeit und Ungesundheit und ungeheure Ungerechtigkeit' wenden und ‚sich ein Liebesglück außerhalb der Ehe suchen' würden. Die ‚Lehrerinnen, Künstlerinnen, Krankenschwestern' hätten dafür nach Frenssens abstruser Erwartung auch bald weitgehende Billigung erwarten dürfen, ‚weil damit die Schweinerei der Prostitution so ziemlich abgeschafft sein' würde."[36]

Bei Emmy Beckmann sah Frenssen die „Gefahr, ihr ‚Schönstes und Bestes als Schuld' anzusehen und ‚darüber zum Krüppel' zu werden.

---

34) Kay Dohnke, Dietrich Stein (Hrsg.): Gustav Frenssen in seiner Zeit. Von der Massenliteratur im Kaiserreich zur Massenideologie im NS-Staat. Heide 1997, S. 44.
35) Kay Dohnke, Dietrich Stein, a. a.

O., S. 37.
36) Helmut Stubbe-da Luz: Emmy Beckmann, Hamburgs einflussreichste Frauenrechtlerin, in: Zeitschrift des Vereins für Hamburgische Geschichte 73, 1987, S. 105 f.

Diese mag ihrerseits in dem Dichter (…) jenen Typus des ‚ewigen' Mannes erblickt haben, den sie fast zwei Jahrzehnte später unter freilich fast ausschließlich politischem Aspekt geißeln sollte (…). ‚Der ‚ewige Mann' ist unbeirrbar eitel auf seine Überlegenheit als Mann, unbelehrbar durch eigenes Fiasko und skrupellos in der Behauptung seiner Machtstellung'".[37]

Frenssen stellte auch pubertierenden Mädchen nach, weil er meinte, sich einer so genannten ‚Jungmädchennot' annehmen zu müssen. Er fragte sie nach ihren Vorstellungen von Liebe und Sexualität aus, ohne dabei auf ihre meist schamhaften Gefühle Rücksicht zu nehmen. Derartige „Beschäftigungen" mit jungen Mädchen dienen oft der Befriedigung männlicher sexueller Lust und werden von jungen Frauen als sexuelle Übergriffe empfunden, über die sie aber oft schweigen.

1906 ging Emmy Beckmann nach Göttingen und Heidelberg und studierte sieben Semester Geschichte, Englisch und Philosophie. Gustav Frenssen, der nun doch gemerkt hatte, dass Emmy Beckmann mit ihm keine sexuelle Beziehung wünschte, stellte 1907 resigniert fest: „‚Ich sehe, daß da nichts zu machen ist (…). Es sind verschiedene Geister in uns. (…) Sie sind mehr Kultur, ich mehr wilde Natur (…).'"[38]

1909 machte Emmy Beckmann Examen. Von Ostern 1910 bis Ostern 1912 arbeitete sie als Oberlehrerin an der Privatschule von Fräulein Schneider und dann bis Ostern 1914 an der Schule des Paulenstifts *(siehe zum Paulenstift auch ➤ Wohlwillstraße, in diesem Band)* als Vertretung einer studierenden Lehrerin. 1914 bewarb sie sich an der privaten Hamburger Gewerbeschule für Mädchen. Sie erhielt eine Anstellung und blieb dort bis 1924.

Zwei Jahre vor Emmy Beckmanns Ausscheiden, 1922, wurde die Schule verstaatlicht, erhielt den Namen Schule für Frauenberufe, und Emmy Beckmann wurde deren stellvertretende Direktorin. 1924 ging sie als Studienrätin an eine der neu eingerichteten Aufbauschulen für begabte Volksschülerinnen. Zwei Jahre später berief sie das Kollegium der staatlichen Oberrealschule Hansastraße, der späteren Helene-Lange-Schule, zur Schulleiterin. Dort führte Emmy Beckmann die Schülerselbstverwaltung ein und sorgte dafür, dass die Schule 1927 in Helene-Lange-Oberrealschule umbenannt wurde. Im selben Jahr wurde Emmy Beckmann Hamburgs erste Oberschulrätin. Ihre Nachfolgerin an der Oberrealschule wurde ihre Schwester Hanna, mit der sie zusammen in der Oberstraße 68 lebte.

Die Kontakte zu Frenssen waren in der Zeit immer seltener geworden, nicht nur wegen Zeitmangels, sondern auch, weil ihre politischen Meinungen und Wege auseinandergingen.

1933 wurden Emmy Beckmann und ihre Schwester Hanna wegen „nationaler Unzuverlässigkeit" von den Nationalsozialisten vorzeitig pensioniert. Die Schwestern zogen sich in die innere Emigration zurück.

„Den alternden Frenssen des Dritten Reiches, der sich nun selbst als Vorläufer des Nationalsozialismus ausgab, überging die zwangspensionierte Emmy Beckmann forthin mit Schweigen."[39]

Nach 1945 setzte die Schulbehörde Emmy Beckmann wieder in ihrem Amt als Oberschulrätin mit dem Ressort Mädchenschulwesen ein. Dort blieb sie, obwohl sie eigentlich nur bis 1948 arbeiten wollte, bis 1949 tätig. Für ihre Verdienste in der Frauen- und Mädchenbildung erhielt sie 1953 als erste Hamburgerin das Große Bundesverdienstkreuz, und 1955 verlieh ihr der Senat den Professorentitel. 1961 erhielt Emmy Beckmann als erste Frau vom Hamburger Senat die Bürgermeister-Stolten-Medaille.

Einen Teil ihrer Lebenszeit hatte sich Emmy Beckmann stets auch der Literatur gewidmet. So

---

37) Helmut Stubbe-da Luz, a. a. O., S. 106.
38) Helmut Stubbe-da Luz, a. a. O., S. 107.
39) Helmut Stubbe-da Luz, a. a. O., S. 110.

war sie von ca. 1914 bis in die 1950-er Jahre Mitglied literarisch-philosophischer Kreise, in denen sie auch Vorträge hielt. Zudem trat sie vor allem in den 1920-er Jahren mit der Veröffentlichung von Aufsätzen und Literaturkritiken hervor. Meistens schrieb sie über Dichter, die die Themen Krieg, Niederlage und Revolution behandelten.

Ihre ersten Berührungspunkte mit der bürgerlichen Frauenbewegung hatte sie 1906 in Göttingen in den von ihr besuchten Oberlehrerinnenseminaren. 1914 gründete sie in Hamburg den Verband der akademisch gebildeten Lehrerinnen mit und wurde bald dessen Vorsitzende. Auch war sie 1915 Gründungsmitglied des Stadtbundes Hamburgischer Frauenvereine, dessen stellvertretende Vorsitzende sie bis 1918 und in dessen Vorstand sie bis 1933 war.

Ihre pädagogischen Fähigkeiten stellte sie der Frauenbewegung durch stundenweisen Unterricht an der Sozialen Frauenschule zur Verfügung.

Außerdem war sie in der 1912 gegründeten Vereinigung für Frauenstimmrecht aktiv, der es in erster Linie um die Gleichstellung von Frau und Mann im vorgegebenen Wahlrecht ging. Die Forderung nach Einführung des allgemeinen und gleichen Wahlrechts stand erst an nächster Stelle.

Emmy Beckmann wurde Helene Langes (siehe ➤ Helene-Lange-Straße, in diesem Band) Nachfolgerin als Bundesvorsitzende des Allgemeinen Deutschen Lehrerinnenvereins. Dieser Verband forderte neben dem gleichberechtigten Zugang von Mädchen zu allen Bildungseinrichtungen auch die gesonderte Mädchenschule, denn er war der Überzeugung, dass nur in gesonderten Mädchenschulen dem „spezifischen Wesen der Frau" Rechnung getragen werden könne. 1933 löste sich der ADLV auf.

Emmy Beckmann schrieb weit über 100 Zeitungs- und Zeitschriftenartikel, u. a. für die Zeitschrift der bürgerlichen Frauenbewegung „Die Frau". Zudem verfasste sie Broschüren, und zwischen 1926 und 1936 gab sie zusammen mit Irma Stoß die Reihe „Quellenhefte zum Frauenleben in der Geschichte" (26 Bände) heraus. 1955 setzte sie die Arbeit auf diesem Gebiet fort und gab, zusammen mit der Vorsitzenden der Arbeitsgemeinschaft für Mädchen- und Frauenbildung, Dr. Elisabeth Kardel, die „Quellen zur Geschichte der Frauenbewegung" heraus, die vornehmlich für Schulen gedacht waren. 1956 und 1957 veröffentlichte sie die Briefsammlungen von Gertrud Bäumer (siehe ➤ Gertrud-Bäumer-Stieg, in diesem Band).

1945 bildete Emmy Beckmann u. a. auch mit Olga Essig den Frauenausschuss. 1946 gehörte sie zu den Mitbegründerinnen des Hamburger Frauenringes, in dem sie bis 1952 im Vorstand tätig war. 1947 war sie an der Bildung der Arbeitsgemeinschaft für Mädchenbildung beteiligt. 1948 gründete sie den Hamburger Akademikerinnenbund mit. Von 1949 bis 1952 leitete sie den Deutschen Akademikerinnenbund.

Emmy Beckmann

Ihren politischen Weg schlug Emmy Beckmann wohl erst ein, nachdem sie in der bürgerlichen Frauenbewegung führende Positionen errungen hatte. Durch ihren Bruder lernte sie die Schriften des Liberalen Friedrich Naumann (siehe ➤ Friedrich-Naumann-Straße, in Bd. 3 online**) kennen. 1914 besuchte sie eine Veranstaltung der Hamburger Vereinigten Liberalen, und 1918 nahm sie an einer außerordentlichen Mitgliederversammlung der Fortschrittlichen Volkspartei (FVP) teil. Als Mitglied der Deutschen Demokratischen Partei

Abb.: Staatsarchiv Hamburg

**   Band 3 online unter: www.hamburg.de/maennerstrassennamen

(DDP) wurde sie 1921 in die Hamburgische Bürgerschaft gewählt. Dort war sie hauptsächlich für Schul- und Bildungsfragen zuständig. Sie wehrte sich auch gegen die Kampagne gegen das Doppelverdienertum, die forderte, dass Beamtinnen nach der Hochzeit ihre Stellung kündigen sollten. Von verheirateten Beamten, wenn deren Ehefrauen einen gut besoldeten Posten im öffentlichen Dienst hatten, wurde dies nicht verlangt.

Emmy Beckmann erreichte sogar, dass in Hamburg eine Widerspruchskommission zur Prüfung von Härtefällen eingerichtet wurde. Außerdem sprach sie sich für Frauen in leitenden Positionen aus und forderte, dass analog zu Männern auch Frauen im gleichen Maße verbeamtet werden sollten. Bis 1932 stieg sie innerhalb ihrer Bürgerschaftsfraktion auf den zweiten Platz. Nach 1933 saß Emmy Beckmann nicht mehr in der Bürgerschaft. 1949 nahm sie ihre Tätigkeit aber wieder auf, diesmal für die FDP.

Als 1952 über die einzelnen Abschnitte der neuen Hamburger Verfassung abgestimmt wurde, beantragte Emmy Beckmann, den Artikel 33 um den Satz „Dem Senat müssen Frauen angehören" zu erweitern. Damit forderte sie schon damals das, was später mit der Frauenquote erreicht werden sollte. Diese Forderung löste jedoch damals nur „allgemeine Heiterkeit" im hauptsächlich männlich besetzten Parlament aus.

1957 schied Emmy Beckmann aus Altersgründen aus der Bürgerschaft aus. Ihre Bitte, als Politikerin ihre Nachfolgerin bestimmen zu dürfen, wurde von der FDP-Bürgerschaftsfraktion ignoriert.

Siehe auch ▶ Gertrud-Bäumer-Stieg, Helene-Lange-Straße, in diesem Band.

Siehe auch zur Person Gustav Frenssens in Bd. 1. im Kapitel: Der Umgang mit der nationalsozialistischen Vergangenheit. Siehe zu

Gustav Frenssen auch ▶ Anna-Hollmann-Weg, Anne-Frank-Straße in diesem Band.

Siehe auch ▶ Babendiekstraße, Guldtweg, Jörn-Uhl-Weg, in Bd. 3 online**.

Siehe auch ▶ Friedrich-Naumann-Straße, Heimfeld, seit 1929: Dr. Friedrich Naumann (1860–1919), Mitbegründer der DDP, Mitglied der Weimarer Nationalversammlung, Reichstagsabgeordneter, in Bd. 3 online**.

Erika-Etter-Kehre

Bergedorf, seit 1985, benannt nach Erika Ilse Etter, geb. Schulz (22.9.1922 Hamburg–erschlagen am 23.4.1945 im KZ Neuengamme), Widerstandskämpferin. Mitglied der Widerstandsgruppe Etter-Rose-Hampel
Stolpersteine vor dem Wohnhaus Alsterdorfer Straße 40.

Während des Zweiten Weltkrieges gehörte Erika Etter, die Hausfrau aus der Alsterdorfer Straße 40, mit ihrem Mann Werner Etter einer Hamburger Widerstandsorganisation an, die nach Kriegsende als Gruppe Etter-Rose-Hampel bezeichnet wurde (Etter: Werner Etter; Rose: Elisabeth (Liesbeth) Rose; Hampel: Ernst Hampel).

„Erika Schulz entstammte einer sozialdemokratischen Familie aus Barmbek, der Vater Adolf war Tischler, die Mutter Charlotte Hausfrau. Erika besuchte die Versuchsschule Tieloh und die Mädchenschule Langenfort und war Mitglied im Sportverein USC Paloma. Nach dem hauswirtschaftlichen ‚Pflichtjahr' absolvierte sie eine Lehre als Verkäuferin. Beim Sport lernte sie den neun Jahre älteren Orthopädie-Mechaniker Werner Etter kennen und lieben. Dieser gehörte nach 1933 zur illegalen Leitung des KJVD-Unterbezirks Uhlenhorst-Winterhude und wurde deshalb 1935 zu zwei Jahren Haft verurteilt.

Erika Schulz und Werner Etter heirateten im September 1941 und zogen in die Alsterdorfer

**   Band 3 online unter: www.hamburg.de/maennerstrassennamen

Straße 40. Gemeinsam arbeiteten sie in der Widerstandgruppe ‚Etter-Rose-Hampel' gegen die Nationalsozialisten.

Nach der Bombardierung Hamburgs 1943 verließ Erika Etter die Stadt und brachte am 8. März 1944 im Mütterheim Wittenburg ihren Sohn Jan zur Welt, am gleichen Tag erhielt sie auch Besuch von ihrer Mutter und Werner Etter. Ebenfalls am 8. März wurde in Hamburg ihr Vater verhaftet und nach Fuhlsbüttel gebracht. Am 21. März 1944 wurden ihre Mutter und ihr Ehemann inhaftiert.

Erika Etter

Erika Etter kehrte daraufhin nach Hamburg zurück und erfuhr, dass man ihren Eltern und ihrem Mann vorwarf, den (ehemals zur Gruppe um Werner Etter gehörigen und jetzt zu Spitzeldiensten erpressten) Wehrmachtsdeserteur Herbert Lübbers beherbergt zu haben. In den letzten Märztagen wurden auch ihr Bruder Erich Schulz und seine Verlobte Lotte Becher festgenommen. Erika Etter war nun jedes menschlichen und wohl auch materiellen Rückhalts beraubt. Als ihr erst wenige Wochen altes Kind an Diphterie erkrankte, schrieb sie einen Brief an die Gestapo, und bat um Haftunterbrechung für ihren Mann. Das Kind starb am 7. Mai 1944, ohne dass sein Vater es noch einmal gesehen hatte.

Am 17. Mai suchte Erika Etter das Ziviljustizgebäude auf, um sich für ihre Verwandten zu verwenden. Dort traf sie zufällig auf den Verräter Lübbers und fuhr ihn unbedacht an: ‚Du hast meine Familie auf dem Gewissen!' Sie wurde auf der Stelle festgenommen und nach Fuhlsbüttel gebracht. Sie blieb ohne Prozess und ohne Anklage in Haft. Als Hamburg kurz vor der Übergabe an die Engländer stand, wurde ihr ihre Verlegung angekündigt und sie glaubte an ihre baldige Freilassung. Tatsächlich stand sie mit 12 weiteren Frauen und 58 Männern auf einer Liste von Häftlingen, die noch vor der Kapitulation exekutiert werden sollten. Sie wurde mit ihren Leidensgefährten nach Neuengamme gebracht. Über das, was dort folgte schreibt Gertrud Meyer: ‚Aus den Aussagen von Beteiligten geht folgendes hervor: Die Morde fanden in den Nächten zwischen dem 21. und 24. April 1945 statt. Die Frauen waren die ersten Opfer. Sie mussten sich völlig entkleiden. Dann wurden sie in zwei Gruppen, je sechs nebeneinander, gehängt. Erika Etter, die jüngste, war noch übriggeblieben, da für sie kein Haken mehr frei war. [Es gelang ihr zunächst, sich unter einer Bank zu verstecken.]

Die Männer wußten, was ihnen bevorstand. Sie verbarrikadierten die Bunkertüren und setzten sich zur Wehr, als die Türen gewaltsam von der SS geöffnet wurden. [...] Die SS warf schließlich Handgranaten durch die Bunkerfenster [...]. Dann fand man Erika Etter, deren Fuß unter Mauerstücken hervorragte. Man zerrte sie heraus. Erika Etter lebte noch. Mit einem Steinbrocken wurde sie erschlagen.'

Nach dem Krieg wurde die Urne mit der Asche Erika Etters im Ehrenhain der Widerstandskämpfer auf dem Ohlsdorfer Friedhof beigesetzt.

Werner Etter wurde in Hamburg geboren. Sein Vater fiel 1915 in Frankreich, die Mutter zog ihn und seinen Bruder Ewald allein auf. Er erlernte den Beruf des Orthopädie-Mechanikers, schloss sich dem Kommunistischen Jugendverband Deutschland (KJVD) an und wurde in Arbeitersportvereinen aktiv. Nach 1933 leitete er zusammen mit Werner Stender den illegalen KJVD-Unterbezirk Uhlenhorst-Winterhude. Er wurde deshalb am 16. Juni 1934 verhaftet und im Januar 1935 zu zwei Jahren Haft verurteilt, die er im Jugendgefängnis auf Hahnöfersand absaß. Nach seiner Entlassung nahm er wieder Kontakt zu seinen Freunden auf, u. a. Willy Haase, Max Kristeller, Ernst Hampel, Lisbeth Rose ('Gruppe Etter-Rose-Hampel'). Man traf sich im Sportclub USC Paloma oder auf Wanderungen. In dieser Zeit lernte er auch seine spätere Frau Erika Schulz kennen. Überlebende der Gruppe beschrieben ihn später als frohe, starke Persönlichkeit mit klaren politischen Vorstellungen und Führungsqualitäten. Die Gruppenmitglieder schulten sich politisch und entwickelten Strategien, wie mit Einberufungen zum Kriegsdienst umzugehen sei: 'Wenn sich 'Soldatsein' nicht mehr vermeiden lässt, ist die Truppe unser politischer Arbeitsplatz.' Ziel der Gruppe war eine möglichst schnelle Beendigung des Krieges und der Sturz des Hitler-Regimes.

Im September 1941 heirateten Werner Etter und Erika Schulz. Sie bezogen eine Wohnung in der Alsterdorfer Straße 40. Werner wurde im Februar 1943 als Sanitäter zur Wehrmacht einberufen, aber bald wieder freigestellt, weil er in seinem Zivilberuf als Prothesenbauer gebraucht wurde. Er unterstützte seine Schwiegereltern, als diese Erwin Ebhardt, ein Mitglied der Gruppe Bästlein-Jakob-Abshagen, versteckten und ahnungslos den von der Gestapo 'umgedrehten' Herbert Lübbers aufnahmen. Am 21. März 1944, kurz nach der Geburt seines Sohnes (8. März) wurde Werner Etter aufgrund von Lübbers' Denunziation gemeinsam mit Willy Haase und seiner Schwiegermutter Charlotte Schulz festgenommen und ins Polizeigefängnis Fuhlsbüttel eingeliefert. Am 31. Mai 1944 wurde er ins KZ Neuengamme überstellt, im Dezember 1944 befand er sich im Landgerichtsgefängnis Potsdam. Der Prozess gegen Werner Etter, Ernst Hampel

und Lisbeth Rose endete für alle Angeklagten mit dem Todesurteil. Am 19. Februar 1945 wurde Werner Etter im Zuchthaus Brandenburg-Görden enthauptet."[40]

Text: Ulrike Sparr, entnommen aus der Datenbank: www.stolpersteine-hamburg.de

> *Siehe auch* ➤ **Annemarie-Ladewig-Kehre, Erna-Behling-Kehre, Hanne-Mertens-Weg, Helene-Heyckendorf-Kehre, Liesbeth-Rose-Stieg, Margarete-Mrosek-Bogen, Margit-Zinke-Straße, Wilhelmine-Hundert-Weg,** *in diesem Band.*

Erika-Mann-Bogen

Barmbek-Süd, seit 2006, benannt nach **Erika Mann** *(9.11.1905 München–27.8.1969 Zürich), erste Tochter des Schriftstellers Thomas Mann, dessen Nachlassverwalterin und Biographin; selbst ebenfalls Schriftstellerin, aber auch Journalistin und Korrespondentin, Rallyefahrerin, Schauspielerin und Kabarettistin; Verfolgte des Nationalsozialismus*

Erika Julia Hedwig Mann war die älteste Tochter des Schriftstellers Thomas Mann *(siehe* ➤ **Thomas-Mann-Straße,** *in Bd. 3 online**)* und dessen Frau Katia, geb. Pringsheim.

Erika Mann war „das Allroundtalent der Familie [Mann]: Schriftstellerin, Journalistin, Schauspielerin, Kinderbuchautorin und politische Rednerin – eine eigenständige Figur, deren Talente auch ohne Protektion des Vaters ausgereicht hätten, Karriere zu machen, wenngleich Erika Mann auch nie ganz darauf verzichten wollte, seinen Namen für ihre Zwecke zu nutzen. (...) Erika Mann war der eigentliche Dreh- und Angelpunkt der Familie, der Motor, der die Firma Mann am Laufen hielt."[41]

1919 gründete sie mit ihrem Lieblingsbruder Klaus Mann eine Kindertheaterbühne, den „Laienbund deutscher Mimiker". Nach dem Abitur 1924 begann sie eine Ausbildung zur Schauspie-

** **Band 3 online** unter: www.hamburg.de/maennerstrassennamen

40) Quellen zum Text: AfW (Amt für Wiedergutmachung) 220184; Rita Bake u. Brita Reimers: Stadt der toten

Frauen, Hamburg 1997, S. 309 f.; Herbert Diercks: Gedenkbuch Kola-Fu, Hamburg, 1987; Ursel Hochmuth: Niemand und nichts wird vergessen, Biogramme und Briefe Hamburger Widerstandskämpfer 1933–1945, Hamburg

2005; Ursel Hochmuth u. Gertrud Meyer: Streiflichter aus dem Hamburger Widerstand 1933–1945 Frankfurt 1980, S. 422 ff.; Gertrud Meyer: Nacht über Hamburg, Berichte und Dokumente 1933–1945, Frankfurt 1971,

lerin in Berlin. Nach ihren ersten Engagements spielte sie 1925 in Hamburg in Klaus Manns Stück „Anja und Esther" an den Kammerspielen mit. Dabei lernte sie, die Frauen und Männer liebte, den Schauspieler Gustav Gründgens *(siehe* ➤ Gründgensstraße, *in Bd. 3 online**)* kennen. In Juli 1926 heirateten die beiden, obwohl sie wussten, dass ihre Ehe nicht von Dauer sein würde. Erika Mann, die zu Gründgens nach Hamburg zog, behielt inoffiziell ihren Geburtsnamen Mann weiter.

1927/28 gingen die Geschwister Klaus und Erika Mann als „Literary Mann Twins" auf eine neunmonatige Welttournee. Als sie nach Deutschland zurückkehrten, trennten sich 1928 Erika Mann und Gründgens. Anfang 1929 ließen sie sich scheiden. *(Siehe zur Ehe von Erika Mann und Gustav Gründgens bei* ➤ Gründgensstraße, *in Bd. 3 online**.)*

Erika und Klaus Mann gehörten vor 1933 zu den enfants terribles der Münchener Künstlerszene. 1930 lernte Erika Mann Annemarie Schwarzenbach kennen, die sich in Erika verliebte. Die Liebe blieb unerwidert.

1931 gewann Erika Mann, die eine begeisterte Autofahrerin war, eine Rallye durch Europa.

1932 beteiligte sie sich an einer von der „Internationalen Liga für Frieden und Freiheit" organisierten pazifistischen Veranstaltung. Im Juni desselben Jahres verhinderten Nationalsozialisten Erika Manns Auftreten bei den „Weißenburger Festspielen", indem sie die Veranstalter unter Druck setzten. Es folgten weitere massive Angriffe, so dass dies das Ende der Theaterlaufbahn von Erika Mann bedeutete.

Anfang 1933 gründete Erika Mann mit Therese Giehse *(siehe* ➤ Therese-Giehse-Bogen, *in diesem Band)* das literarisch-politische Kabarett „Die Pfeffermühle", das allerdings mit der Macht-

übernahme durch die Nationalsozialisten verboten wurde.

Im März 1933 flüchtete Erika Mann mit einem Teil ihrer Familie in die Schweiz. Von dort machte sie die „Pfeffermühle", die ihren Spielbetrieb im September 1933 in Zürich wieder aufnahm, zum wichtigsten deutschsprachigen Exilkabarett.

1935 wurde ihr als der „geistigen Urheberin" der „deutschfeindlichen Pfeffermühle" die deutsche Staatsangehörigkeit aberkannt. Um einen englischen Pass zu bekommen, heiratete sie 1935 den homosexuellen Dichter Wystan H. Auden (1907–1973).

Erika Mann

1936 emigrierte sie in die USA. Dort ging sie bis Ende des Zweiten Weltkrieges auf viele Vortragsreisen, um über das Hitler-Regime aufzuklären. Zu diesem Zweck veröffentlichte sie 1938 ihre Dokumentation über das NS-Erziehungswesen: „School for Barbarians. Education under the Nazis" und 1940 „Wahre Geschichten aus dem dritten Reich: the lights go down".

Mit Beginn des Zweiten Weltkrieges war Erika Mann als Kriegsberichterstatterin für amerikanische Zeitungen tätig. Unter persönlicher Gefahr fuhr sie immer wieder nach Europa, so 1938 nach Spanien, um über den Bürgerkrieg zu berichten. Auch rief sie in Sendungen der Londoner BBC zum Widerstand gegen das Hitler-Regime auf.

Ab 1937 lebte Erika Mann einige Jahre mit dem Schauspieler Martin Gumpert (1897–1955) zusammen und unterzog sich im selben Jahr einem Schwangerschaftsabbruch.

Abb.: bpk 10008564

S. 106; Totenliste Hamburger Widerstandskämpfer und Verfolgter 1933–1945, Hamburg 1968.
41) Anja Maria Dohrmann: Erika Mann – Einblicke in ihr Leben. Diss. zur Erlangung der Doktorwürde der Philosophischen Fakultäten der Albert-Ludwigs-Universität zu Freiburg i. Br. 2003, S. 6.

**   Band 3 online unter: www.hamburg.de/maennerstrassennamen

In den 1940-er Jahren verliebte sich Erika Mann in den dreißig Jahre älteren Dirigenten Bruno Walter, zeitweilig hatte sie eine lesbische Beziehung zu Betty Knox, die wie Erika Mann Kriegskorrespondentin war.

Die Zeit von 1933 bis 1943, dem „„kritischsten Zeitraum der modernen Geschichte'" war „ihr eigenes stärkstes Jahrzehnt, in dem sie das meiste erreicht hat: Kabarett, Reden, persönlicher Einsatz in Kriegsgebieten, gefährliche Reisen nach London, um für die BBC zu sprechen".[42]

1945/46 berichtete Erika Mann als einzige Frau über die Nürnberger Kriegsverbrecherprozesse. Ab 1947 wurde sie die engste Mitarbeiterin ihres Vaters, der mit seiner Frau und der Tochter Elisabeth 1938 in die USA emigriert war. Schon in Amerika war Erika Mann seine Dolmetscherin gewesen. Sie redigierte seine Texte, organisierte seine Reisen und war seit 1936 die Triebkraft für seine politischen Stellungnahmen.

Nachdem ihr Bruder Klaus Mann sich 1949 das Leben genommen hatte, verwaltete sie dessen literarischen Nachlass.

1952 zog sie mit ihren Eltern in die Nähe von Zürich. Hauptgrund für die Übersiedlung war die Kampagne des Senators Joseph McCarthy gegen Liberale und Kommunisten, von der auch Erika Mann und ihr Vater betroffen waren. Erika Mann wurde in dieser Zeit des Kalten Krieges vier Jahre lang vom FBI verfolgt, der ihr „kommunistische Umtriebe" nachweisen wollte.

„Der Tod Thomas Mann am 12. August 1955 markiert den letzten großen Einschnitt in Erika Manns Leben.

Noch vieles hatten sie miteinander geplant, allein der Tod kam ihnen zuvor. Gemeinsam wollten sich Vater und Tochter für einen weltweiten Appell [gegen den Atomkrieg] engagieren, den ‚eine kleine Anzahl führender Geister – Dichter, Historiker, Philosophen, Träger großer Namen auf humanistischer Ebene – (…) an die Regierungen und Völker der Erde (richten sollten). (…) Ein Stück Prosa, so kurz wie eindringlich, war zu entwerfen – mit dem Ziel, den Einzelnen, die vielen Millionen von Einzelnen, die der Ruf erreichte, nicht nur zu warnen vor der finalen Gefahr (gewarnt waren sie längst), sondern sie zur Stellungnahme, zur Tat zu bestimmen, auf Grund der Verantwortung, die wir alle tragen und zu deren Unabdingbarkeit das Manifest sich bekennen sollte.'

Um die notwendigen Vorbereitungen zu treffen, war Erika Mann noch im Juli 1955 nach London geflogen. Dass über die Gefahren des Atomkrieges endlich auch von intellektueller Seite ein klares Wort fallen müsse, darin bestand Einigkeit zwischen allen, die sich dem Komitee anzuschließen bereit waren. Doch man musste auch Absagen hinnehmen. Das Argument von dieser Seite lautete, ‚der Geist solle sich nicht in Dinge mischen, für die er – beruflich – nicht zuständig sei und die er also in keinem Ernstfall', würde zu verantworten haben.'

Erika Mann führt diesen Plan des Vaters nicht mehr aus, das Projekt wird nach seinem Tode abgebrochen. Ihre Aktivitäten konzentrieren sich jetzt auf die Nachlassverwaltung."[43] Und so wurde Erika Mann nach Thomas Manns Tod Bevollmächtigte seines Nachlasses und setzte sich vehement für die Anerkennung der Werke ihres Bruders Klaus ein. Sie selbst bezeichnete sich einmal als „bleicher Nachlassschatten". Von 1961 bis 1965 gab sie die dreibändige Ausgabe der Briefe ihres Vaters heraus.

Nachdem Gustav Gründgens sich im Oktober 1963 das Leben genommen hatte, versuchte sein Adoptivsohn Peter Gorski gegen die Veröffentlichung von Klaus Manns Roman „Mephisto" gerichtlich anzugehen und hatte damit Erfolg. Erika Mann versuchte daraufhin vergeblich

Abb. v.l.n.r: Illustration Birgit Küpel | Einladung der Gesamtschule Bergedorf zu einer öffentlichen Schulveranstaltung zu „Frauen im Widerstand während des Krieges" von 1989.

42) Anja Maria Dohrmann, a. a. O., S. 18.
43) Anja Maria Dohrmann, a. a. O., S. 168.

vom damaligen Bundespräsidenten Gustav Heinemann Unterstützung zu bekommen, um das Urteil rückgängig zu machen.

1969 starb Erika Mann an einem Gehirntumor.

Siehe auch ▸ **Therese-Giehse-Bogen,** *in diesem Band.*

Siehe auch ▸ **Gründgensstraße,** *Steilshoop, seit 1971: Gustaf Gründgens (1899–1963), Schauspieler, Regisseur, Intendant, in Bd. 3 online**.*

Siehe auch ▸ **Thomas-Mann-Straße,** *Bramfeld, seit 1961: Thomas Mann (1875–1955), Schriftsteller, in Bd. 3 online**.*

Die 1885 in Hamburg-Eppendorf benannte Erikastraße heißt nach keiner Frau, sondern nach der Heidepflanze Erika.

Erna-Behling-Kehre

Bergedorf, seit 1987, benannt nach **Erna Behling** *(5.10.1884–21.4.1945 KZ Neuengamme), Widerstandskämpferin der Gruppe Bästlein-Jacob-Abshagen*
Stolperstein vor dem Wohnhaus Löwenstraße 5.

Erna Behling, geb. Behncke, entstammte einer Arbeiterfamilie und wuchs mit ihren drei Geschwistern am Borstelmannsweg 137 auf. Nach dem Tod des Vaters kam die fünfjährige Erna mit ihrer elf Jahre alten Schwester Bertha ins Waisenhaus, denn die schwerkranke Mutter konnte ihre vier Kinder nicht allein ernähren.

Im Alter von neun Jahren nahm eine Pflegefamilie Erna auf. Dort blieb sie sechs Jahre, bis die Pflegefamilie Erna ins Waisenhaus zurückbrachte. Es folgten viele neue Stationen. Nach dem Abschluss ihrer Schulausbildung war Erna Behncke in verschiedenen Stellungen als Dienstmädchen/Plätterin tätig.

Im Alter von 20 Jahren heiratete Erna den vier Jahre älteren Arbeiter Johann Carl Bogumil, den sie im Waisenhaus kennengelernt hatte. Das Paar bekam ein Kind, das aber nur wenige Wochen alt wurde. Nach dem Tod des Kindes trennte sich das Paar und ließ sich 1910 scheiden.

Erna arbeitete als Krankenpflegerin. Sie soll 1923 am Hamburger Aufstand der KPD teilgenommen und sich einen Namen als „Rote Krankenschwester" gemacht haben. Leider ist die Aktenlage für den Lebenszeitraum Erna Behlings zwischen 1910 und 1940 sehr lückenhaft, so dass die dokumentarischen Belege fehlen.

1940 heiratete Erna den Witwer, Kommunisten und Schneider August Friedrich Behling, der aus seiner ersten Ehe neun Kinder hatte. In seiner Wohnung in der Löwenstraße 5 A trafen sich in der NS-Zeit u. a. die Widerständler Franz Reetz und das Ehepaar Zinke *(siehe* ▸ **Margit-Zinke-Straße,** *in diesem Band),* die später im KZ Neuengamme ermordet wurden. Sie hörten die „Feindsender" und besprachen ihre Widerstandsformen.

Erna Behling

Ende 1944 wurden Friedrich und Erna Behling denunziert. Erna Behling kam ins KZ Hamburg-Fuhlsbüttel. Sie gehörte zu den dreizehn Frauen, die ohne Urteil auf Anweisung der Ge-

** **Band 3 online** unter: www.hamburg.de/maennerstrassennamen

stapo in den Nächten vom 21. bis 23. April 1945 im KZ Neuengamme erdrosselt wurden.[44]

Siehe auch ➤ **Annemarie-Ladewig-Kehre, Catharina-Fellendorf-Straße, Erika-Etter-Kehre, Gertrud-Meyer-Straße, Hanne-Mertens-Weg, Helene-Heyckendorf-Kehre, Katharina-Jacob-Weg, Lisbeth-Bruhn-Stieg, Margarete-Mrosek-Bogen, Margit-Zinke-Straße, Marie-Fiering-Kehre, Thüreystraße, Tennigkeitweg,** *in diesem Band.*

Siehe auch ➤ **Ernst-Mittelbach-Ring,** *Niendorf, seit 1982: Ernst Mittelbach (1903–1944), Gewerbeoberlehrer, Widerstandskämpfer gegen den Nationalsozialismus, und* **Ernst-Mittelbach-Stieg,** *Niendorf, seit 1987, in Bd. 3 online**.*

Siehe auch ➤ **Karl-Kock-Weg,** *Wilstorf, seit 1988: Karl Kock (1908–1944), Gummifacharbeiter aus Harburg, Kommunist, Widerstandskämpfer gegen den Nationalsozialismus, in Bd. 3 online**.*

Siehe auch ➤ **Kurt-Schill-Weg,** *Niendorf, seit 1982: Kurt Schill (1911–1944), KPD-Widerstandskämpfer gegen den Nationalsozialismus, in Bd. 3 online**.*

Siehe auch ➤ **Rudolf-Klug-Weg,** *Niendorf, seit 1982: Rudolf Klug (1905–1944), Lehrer, kommunistischer Widerstandskämpfer gegen den Nationalsozialismus, in Bd. 3 online**.*

Siehe auch ➤ **Werner-Schroeder-Straße,** *Allermöhe, seit 2002: Werner Schroeder (1916–1993), Bäcker, Kommunist, Widerstandskämpfer gegen den Nationalsozialismus, in Bd. 3 online**.*

Erna-Mohr-Kehre

Bergedorf, seit 1984, benannt nach **Erna Mohr** *(11.7.1894 Hamburg–10.9.1968 Hamburg), Zoologin. Kustodin im Zoologischen Museum. Dr. h. c., Mitglied der „Leopoldina"*

Ihr Grabstein und daneben eine, vom Verein Garten der Frauen in Auftrag gegebene, Skulptur einer Baumratte – Erna Mohr hatte u. a. das Verhalten der Baumratten erforscht – stehen im Garten der Frauen auf dem Ohlsdorfer Friedhof.

Als Tochter eines Lehrers schlug **Erna Mohr** ebenfalls die Lehrerinnenlaufbahn ein, obwohl ihre Liebe der Natur und den Tieren galt. Ihre Schulferien verbrachte sie auf dem Lande in Wischreihe bei Siethwende (Kreis Steinburg) und half dort in Hof und Stall. Im Alter von achtzehn Jahren nahm sie am 1843 gegründeten, weltberühmten Zoologischen Museum am Steintorplatz eine Tätigkeit als Spinnenzeichnerin auf. Auch während ihrer Ausbildung und später als Lehrerin – von 1914 bis 1919 war sie an der Volksschule für Mädchen am Rhiemsweg, von 1919 bis 1930 in den gemischten Klassen der Hilfsschule Bramfelder Straße und von 1930 bis 1934 in der Volksschule am Alten Teichweg tätig – arbeitete sie weiterhin am Zoologischen Museum. So wurde sie 1913 Mitarbeiterin in der Fischereibiologischen Abteilung bei Professor Ehrenbaum. Hier gelang es ihr, Altersbestimmungen bei Fischen anhand von Ctenoidschuppen durchzuführen – eine wissenschaftliche Pionierleistung. Nach einiger Zeit wechselte Erna Mohr in die Abteilung für niedere Wirbeltiere, wo sie sich in die Systematik der Fische einarbeitete und auf diesem Gebiet viele wertvolle Arbeiten veröffentlichte, die ihr internationale Anerkennung einbrachten.

In der Museumsabteilung für niedere Wirbeltiere wurde Erna Mohr vertraut mit der Anlage von Sammlungen und deren Ordnung. Sie erkannte die Wichtigkeit dieser Arbeiten für die Wissenschaft und setzte sich das Ziel, möglichst viele Bestände dem Museum zuzuführen. Dabei halfen ihr ihre plattdeutschen Sprachkenntnisse, denn dadurch kam sie schnell mit den Menschen auf dem Lande in Kontakt, von denen sie so manches Stück für ihre Sammlung erhielt.

Als 1934 ihr Chef, Professor Duncker, in Pension ging, wurde Erna Mohr aus dem Schuldienst beurlaubt, um die Abteilung für niedere

Abb.: Archiv des Biozentrums Grindel und des Zoologischen Museums Hamburg

** **Band 3 online** unter: www.hamburg.de/maennerstrassennamen

44) Siehe auch: Johannes Grossmann: Erna Behling in der Stolpersteindatenbank www.stolpersteine-

Wirbeltiere zu übernehmen. Dort bewies sie enormes didaktisches Talent, als sie die öffentliche Schausammlung neu gestaltete. Überhaupt war es Erna Mohr ein großes Anliegen, ihr Fachwissen so verständlich wie möglich zu vermitteln, um auch einer breiten Öffentlichkeit Zugang zu ihren Forschungen zu verschaffen.

1936 folgte ein neuer Schritt: Erna Mohr erhielt auch die Abteilung für höhere Wirbeltiere und damit die Verantwortung für entscheidende Teile der Schausammlung des alten Zoologischen Museums.

Erna Mohr war so fasziniert von ihrer Arbeit, dass sie selbst während des Zweiten Weltkrieges  ihre als Soldaten eingezogenen Kollegen bat, im Feld Mäuse zu sammeln und sie ihr zwecks Bestimmung der verschiedenen Arten zu schicken.

Erna Mohr 1942

1943 zerstörten Bomben Erna Mohrs Werk. Sie ließ sich jedoch nicht entmutigen und machte sich sofort nach dem Krieg an den Wiederaufbau der Sammlungen. Als Anerkennung für ihren Einsatz wurde sie an 1. Januar 1946 von der Hochschulverwaltung als Kustos der Wirbeltierabteilung des Zoologischen Museums übernommen.

Prof. Wolf Herre schrieb in einem Nachruf auf Erna Mohr: „Sie hat eine schwere Aufgabe gemeistert, weil sich damals in der Zeit der Raumnot in der Öffentlichkeit, aber auch in der Wissenschaft, eine Strömung breit zu machen versuchte, welche in der Hortung von Beständen für spätere Arbeiten keine Aufgabe oder gar Verpflichtung sah. Erna Mohr war in ihrem Idealismus von der Notwendigkeit des Sammelns

von Material für spätere Arbeiten anderer Forscher durchdrungen. Sie empfand, dass Zeugnisse tierischer Mannigfaltigkeit in wissenschaftlichen Sammlungen eine der entscheidenden Grundlagen für die Zoologie als einer sicher fundierten Wissenschaft sind. (…) Erna Mohr hat ihre Überzeugung nicht nur in Hamburg durchzusetzen gewusst. Sie arbeitete in Museen vieler Städte und wies auch dort auf die Notwendigkeit des Sammlungsausbaus hin. Erna Mohr suchte auch kleine alte Museen auf, welche dem Untergang geweiht schienen. Dort hob sie die Schätze und verstand die Verantwortlichen mit schlichten, eindringlichen Worten über die Bedeutung dieser Bestände für die Geschichte der Wissenschaft und für zukünftige Forschungen zu überzeugen"[45].

Noch heute besteht der von ihr zusammengetragene Grundstock der wissenschaftlichen Sammlung. Und auch darin lebt sie weiter: in den Etiketten an den Sammlungsstücken. Die ließ sie nicht schreiben, das machte sie lieber selbst. Aber sie lebt auch weiter in ihren ca. 400 Veröffentlichungen. Gekleidet in einen Lodenmantel, mit Wanderschuhen an den Füßen und einer Einkaufstasche aus Plastik am Arm, in der ihre Manuskripte lagen, begab sie sich zu ihren Verlegern. Zuhause in ihrer Wohnung am Kraemerstieg warteten ihre Dackel und eine große Menagerie aus Porzellantieren auf sie.

Erna Mohr erhielt hohe Auszeichnungen und Ehrungen: 1944 wurde sie zum Mitglied der Kaiserlichen-Leopoldinisch-Karolinischen Akademie der Naturforscher in Halle berufen. 1950 erhielt sie von der Universität München die Ehrendoktorwürde, und 1954 wurde sie Ehrenmitglied des „Verbandes deutscher Zoodirektoren". Letztere Ehrung begründete sich auf dem engen Kontakt, den Erna Mohr zu den Zoodirektoren Deutschlands hielt.

Bereits als Zwanzigjährige hatte sie die Zoologischen Gärten bereist und photographiert. Daraus entstand eine umfangreiche Dokumentensammlung über die Entwicklung der Zoologischen Gärten Deutschlands. Diese Zoobesuche waren für Erna Mohrs Forschungen sehr wichtig: „Bedeutsam waren die Anregungen, welche sie durch die Besuche erhielt: die Säugetiere und ihre Biologie rückten immer stärker in der wissenschaftlichen Tätigkeit von Erna Mohr nach vorn. Sie nahm sich mancher Merkmale an, welche andere Forscher vernachlässigten, weil sie spürte, dass sich Großes auch im Kleinen verbergen kann. Kennzeichnend dafür ist schon ihre erste Arbeit über Säugetiere, die im Biologischen Zentralblatt 1917 erschien und sich mit dem ‚Knacken' der Rentiere beim Laufen befasste",[46] berichtete Professor Wolf Herre.

Und um noch ein weiteres „kleines" Thema zu nennen: Erna Mohr schrieb auch über „Ohrtaschen" und andere taschenähnliche Bildungen am Säugetierohr (1952).

Erna Mohr leistete viel für den Naturschutz, aber nicht auf einer sentimentalen Ebene, wie Prof. Schliemann vom Zoologischen Institut, der Erna Mohr noch persönlich kennengelernt hatte, betont. Sie kämpfte für einen wissenschaftlich begründeten Naturschutz. So setzte sie sich für das vom Aussterben bedrohte europäische Wisent ein und arbeitete im Vorstand der „internationalen Gesellschaft zur Erhaltung des Wisents". Einer ihrer Spitznamen war „Wisent-Mama". Sie wurde die erste Zuchtbuchführerin aller in den Zoos lebenden Wisente und erreichte dadurch, dass die europäischen Wisente nicht mit ihren nordamerikanischen „Verwandten" gekreuzt wurden.

Auch den Fledermäusen widmete sie sich. Sie war der erste Mensch, dem es gelang, verwaiste Fledermausbabys mit einem Puppenschnuller großzuziehen. Daneben waren auch Ratten, Birkenmäuse, Kängurus, Schlitzrüssler, Leoparden und Robben ihre Schützlinge.

Erna Mohr befasste sich auch intensiv mit der Tierwelt Schleswig-Holsteins. Im Rahmen dieser Studien begann Erna Mohr, Tiere zu halten. Professor Wolf Herre schrieb dazu: „Ich erinnere mich noch immer, wie Erna Mohr mit ihren dicken, großen Baumratten auf der Galerie des alten Zoologischen Museums umherwandelte, diese seltsamen Tiere belauschte und in ihren Eigenarten kennenlernte. (…) Erna Mohr hat als einer der Pioniere auf dem Gebiet der Verhaltensforschung der Säugetiere zu gelten. Erna Mohr hat stets auf Experimente verzichtet und Einsichten vom unbeeinflussten Tier erstrebt. Daß dies ein Verfahren von außerordentlichem Wert ist, wird heute immer klarer anerkannt"[47].

Als Erna Mohr 1968, im Alter von 74 Jahren, starb, trafen aus ganz Europa Kranzspenden und Kondolenzschreiben ein. Vertreter zoologischer Gesellschaften und von Tiergärten der Bundesrepublik nahmen am feierlichen Abschied teil.

Erna-Stahl-Ring

Ohlsdorf, seit 2007, benannt nach Erna Stahl (15.2.1900 Hamburg–13.6.1980 Hamburg), Reformpädagogin, Gründerin der Albert-Schweitzer-Schule; Widerstandskämpferin gegen den Nationalsozialismus
Ein Erinnerungsstein befindet sich im Garten der Frauen auf dem Ohlsdorfer Friedhof.

Erna Stahl entstammte einer musischen Familie. Ihr Vater war Inhaber einer Konzertagentur, ihre Mutter, eine Wienerin, kam aus dem Arbeitermilieu und war vor ihrer Heirat zeitweise als

46) Ebenda.
47) Ebenda.

Musikerin tätig gewesen. Die musikalische Welt der Mutter faszinierte die Tochter, aber ebenso faszinierten sie von Kindesbeinen an Bücher.

Ab dem sechsten Lebensjahr besuchte Erna Stahl zehn Jahre lang eine Privatschule. Ihre frühe Eigenwilligkeit und sehr große Selbstständigkeit führten in der Schule hin und wieder zu Auseinandersetzungen. Nach dem Schulabschluss mit dem so genannten Einjährigen besuchte Erna Stahl das Lehrerseminar, was sie aber nicht zum Abschluss brachte, denn schon bald hörte sie an der Universität Gastvorlesungen. Zu einem richtigen Universitätsstudium bedurfte es aber des Abiturs, das sie 1925 nach dem Besuch der Helene-Lange-Schule ablegte. Eine Unterstützung von zu Hause bekam sie nicht. Erna Stahl verdiente ihren Lebensunterhalt selbst, durch Unterricht oder aber, was sehr häufig geschah: Sie spielte zum Tanz auf bei Freunden, in Gesellschaften oder bei Veranstaltungen. Ganz besonders gerne gab sie auch Kurse für Arbeiter in Deutsch und Geschichte.

1928 begann sie an der Hamburger Lichtwark-Schule zu unterrichten. Diese Schule war keine klassische Lehranstalt, sondern eine Modellschule der Reformpädagogik. Mädchen und Jungen erhielten gemeinsamen Unterricht, den musischen Fächern wurde breiter Raum gewährt. Es wurde Englisch und Französisch gelehrt und ein Kurssystem eingeführt, um unterschiedlichen Begabungen und Neigungen entsprechen zu können. Schülerinnen und Schüler bekamen ein Mitbestimmungsrecht, es gab einen Schülerinnen- und Schülerrat und eine Schulzeitung. Die bis dahin übliche, autoritär geführte Schulleitung wurde abgelöst, und es bildete sich eine Zusammenarbeit zwischen Schülern, Schülerinnen, Eltern und Lehrkräften. Zum ersten Mal standen Klassenreisen auf dem Schulplan. Leistungssport oder vormilitärische Ausbildung waren verpönt, stattdessen standen spielerisches Miteinander auf der Grundlage von Fairness und Toleranz im Mittelpunkt. Trotzdem wurde auf Disziplin und Leistungsbereitschaft nicht verzichtet. Kein Wunder, dass die Schule mit diesem Konzept den Nationalsozialisten ein Dorn im Auge war. 1933 wurde der Schuldirektor, Heinrich Landahl (siehe ➤ Landahlweg, in Bd. 3 online**), entlassen. Man ersetzte ihn durch einen Nationalsozialisten und hob 1937 auch die Koedukation auf. Von dem Konzept der Lichtwark-Schule blieb nichts mehr übrig.

1935 wurde auch Erna Stahl entlassen. Sie hatte sich mutig den „neuen Kräften" entgegengestellt. Nationalsozialistische Ideen fanden in ihrem Unterricht keinen Platz. Den Hitlergruß in der Schule lehnte sie ab und las in ihrer Wohnung mit ihren Schülerinnen und Schülern die „verbotene Literatur". Auf diesen Leseabenden machte sie ihre Schüler und Schülerinnen bekannt mit Werken verbotener Dichter und Schriftsteller wie Werfel (siehe ➤ Werfelring und Werfelstieg, in diesem Band), Hofmannsthal, Georg Kaiser und Thomas Mann (siehe ➤ Thomas-Mann-Straße, in Bd. 3 online**) und stellte auch die Malerei des Expressionismus vor, wies auf Werke vom Marc (siehe ➤ Franz-Marc-Straße, in Bd. 3 online**), Kandinsky (siehe ➤ Kandinskyallee, in Bd. 3 online**) und Münter (siehe ➤ Münterweg, in diesem Band) hin. Erna Stahl wurde an das Alstertalgymnasium strafversetzt und musste in der Klasse von Hilde Ahlgrimm, die Biologie, Mathematik und Chemie gab, den Deutsch-, Geschichts- und Religionsunterricht übernehmen. Was zunächst in einem negativen Licht erschien, erwies sich als Glücksfall, denn zwischen beiden Frauen entwickelte sich eine Lebensfreundschaft. Gelegentlich unterschrieben die beiden Freundinnen ihre gemeinsamen Briefe mit „Stahl-Grimm".

Aber auch am Alstertal-Gymnasium hielt sich Erna Stahl nicht streng an den von den Nationalsozialisten vorgeschriebenen Lehrplan.

An vielen Abenden trafen sich Erna Stahls ehemalige Schülerinnen und Schüler der Lichtwark-Schule weiterhin bei ihrer alten Lehrerin. Unter ihnen waren auch Heinz Kucharski und seine Freundin Margaretha Rothe *(siehe* ❯ **Margaretha-Rothe-Weg,** *in diesem Band)*, die einen Widerstandskreis bildeten, der nach dem Krieg als Hamburger Zweig der Widerstandgruppe „Weiße Rose" bezeichnet wurde.

Als die Bespitzelungen durch die Nationalsozialisten immer schärfer wurden, stellte Erna Stahl ihre Leseabende ein. Dennoch wurde sie am 4. Dezember 1943 verhaftet, nachdem einige Monate zuvor bereits vier Mitglieder der Hamburger „Weißen Rose" verhaftet worden waren – darunter Heinz Kucharski und Margaretha Rothe. Erna Stahl wurde des „Hochverrats" beschuldigt, sie hätte in „staatsfeindlichem Sinne" die ihr anvertrauten Jugendlichen verführt und für ihre Anschauungen missbraucht.

Erna Stahl erhielt zehn Monate lang Einzelhaft im Hamburger Gestapogefängnis-Fuhlsbüttel. Dann begann ein langer Leidensweg durch mehrere Gefängnisse. Zunächst kam sie nach Cottbus, dann wurde sie über Berlin und Leipzig nach Bayreuth verlegt. Erna Stahl verlor in diesen Wochen in Bayreuth die Sprache, sie konnte keinen Satz mehr herausbringen. Man brauchte aber ihre Aussage, man musste ein Geständnis haben. Deswegen, und nur deswegen, erhielt sie Schreibwerkzeug und Papier. Nun aber brach es aus ihr

Erna Stahl

heraus. Zwanzig Seiten schrieb sie, zwanzig Seiten Anklage, ihre große Anklage gegen den derzeitigen Verbrecherstaat und die nationalsozialistischen Machthaber. Doch damit hatte sie selbst ihre Verurteilung heraufbeschworen. Doch die Kriegsereignisse nahmen einen stürmischen Verlauf. Von Berlin aus setzte sich am 12. April 1945 der Volksgerichtshof nach Bayreuth ab. Am 15. April 1945 besetzten die Amerikaner die Stadt. Die Freiheit war wieder gewonnen.

Nach der Befreiung nahm Erna Stahl ihre Tätigkeit als Lehrerin wieder auf. Mit ihrer Freundin übernahm sie die Leitung der Oberschule für Mädchen im Alstertal. Da Schulbücher fehlten, schrieb Erna Stahl ein Lesebuch für den Deutschunterricht mit dem Titel „Im Kreislauf des Jahres", das 1947 erschien.

Erna Stahl stellte auch einen Antrag auf Koedukation an ihrer Schule. Sie musste lange darum kämpfen – aber 1949 war es soweit. Als man ihr anbot, die Lichtwark-Schule neu zu eröffnen, lehnte sie ab, ebenso das Angebot, die Odenwaldschule zu leiten. Ihr schwebte inzwischen ein anderes, eigenes Schulmodell vor, das u.a. Elemente der Lichtwark-Schule mit denen der Waldorfschule verbanden. Nach vier Jahren erhielt Erna Stahl 1950 endlich grünes Licht für ihren pädagogischen Modellversuch. Diesen begann sie im Albert-Schweitzer Gymnasium *(siehe* ❯ **Albert-Schweitzer-Ring,** *in Bd. 3 online**)* mit zwei Klassen, die nach dem zehnten Schuljahr ihren Abschluss machten.

1954 konnte Erna Stahl die erste Gesamtschule Hamburgs, die Albert-Schweitzer-Schule, gründen, die bis zum Abschluss der zehnten Klasse führte.

Vor dem Hintergrund der Erfahrungen in der Zeit des Nationalsozialismus nahmen Erna Stahls pädagogische Ideen eine neue Wendung, die sie in ihrer Gesamtschule verwirklichen wollte. Die

Abb.: Privatbesitz

**   **Band 3 online** unter: www.hamburg.de/maennerstrassennamen

Reformpädagogik der Weimarer Zeit hatte zwar viele Neuerungen gebracht; sie hatte aber nicht vermocht, junge Menschen im Denken und Handeln so zu leiten, dass „sie später der politischen Verführung aktiv begegnen" konnten. Deshalb plädierte Erna Stahl für folgenden pädagogischen Ansatz: „Versuchen wir das im Kinde anzusprechen, was ewig und unzerstörbar ist, binden wir es damit – ohne viel davon zu reden – an eine höhere Welt. Es ist die einzige Bindung, aus der alles rechte Maß, alle rechte Kraft, alle rechte Liebe und alle rechte Freiheit fließt. Wer dieses Maß hat, oder doch als Ziel anstrebt, kann überall – ganz gleich in welchem Beruf, in welcher Partei, in welcher Konfession er einmal stehen will und wird, ein ganzer Mensch sein. Dazu sollten wir erziehen, nicht zum Beruf, nicht zu weltanschaulicher oder politischer Verfestigung. Welcher Art auch immer."

Erna Stahls Erziehung war eine Erziehung ohne Auslese. In den ersten Schulklassen wurden keine Noten erteilt. Dies sollte die Individualität stärken. Von der ersten Klasse an fanden die musischen Fächer besondere Betonung.

Ein anderer Schwerpunkt war der Weg nach außen, hin zu anderen Völkern. So wurde z. B. Englisch schon ab der ersten Klasse, Französisch ab der fünften Klasse unterrichtet. Erna Stahl stellte sich gegen den „hochgezüchteten Intellekt" der so genannten „wissenschaftlichen Oberschule", die die seelische Entwicklung der Kinder vernachlässige. In ihrer Schule sollte der Mensch im Mittelpunkt stehen und jeder im Rahmen seiner Möglichkeiten gefördert werden. Natürlich war es selbstverständlich, dass Mädchen und Jungen gemeinsam unterrichtet wurden. In der Wirtschaftswunderzeit wuchs bei Erna Stahl die Sorge „vor einer heraufkommenden Bildungspolitik, die alles streicht, was nicht unmittelbar das Rädchen Kind zu einem funk-

tionierenden Rad in der Industriegesellschaft präpariert". Der übersteigerte Leistungswahn erschien Erna Stahl als Bedrohung des Kindes und der Zukunft überhaupt.

Im März 1965 legte Erna Stahl die Schulleitung nieder. Zum Ende ihrer Abschiedsfeier stand Erna Stahl mit ihrer Freundin Hilde Ahlgrimm auf, hielt dann jedoch einen Augenblick inne und, so heißt es in einem auf sie gehaltenen Nachruf, „wandte sich um und, die Hand leicht erhebend, rief sie: ‚Singt mir noch einmal zum Schluss. Viele verachten die edle Musik'. Festen Schrittes durcheilte sie den Raum, verharrte aber kurz vor dem Ausgang noch einmal, hob den Kopf und sprach in den Gesang: ‚Vergesst die Kinder nicht.'"[48]
Text: Kirsten Leppert

Siehe auch ➤ **Margaretha-Rothe-Weg, Münterweg, Werfelring,** *in diesem Band.*

Siehe auch ➤ **Albert-Schweitzer-Ring,** *Tonndorf, seit 1975: Albert Schweitzer (1875–1965), Arzt, ev. Theologe, Musiker, Kulturphilosoph. Friedenpreis des deutschen Buchhandels, 1952 Friedensnobelpreis, in Bd. 3 online**.*

Siehe auch ➤ **Franz-Marc-Straße,** *Billstedt, seit 1971: Franz Marc (1880–1916), Maler, in Bd. 3 online**.*

Siehe auch ➤ **Kandinskyallee,** *Billstedt, seit 1971: Wassili Kandinsky (1866–1944), Maler, in Bd. 3 online**.*

Siehe auch ➤ **Landahlweg,** *Hummelsbüttel, seit 1975: Heinrich Landahl (1895–1971), Senator in Hamburg, in Bd. 3 online**.*

Siehe auch ➤ **Thomas-Mann-Straße,** *Bramfeld, seit 1961: Thomas Mann (1875–1955), Schriftsteller, in Bd. 3 online**.*

Ernastraße

Wilhelmsburg, vor 1928. Frei gewählter Name

** **Band 3 online** unter: www.hamburg.de/maennerstrassennamen

48) Quellen: Zwei Ansprachen bei der Trauerfeier für Erna Stahl am 27. Juni 1980. (Unveröffentl. Manuskript); Al-

bert-Schweitzer-Schule Hamburg 1950–1975. Festschrift zum fünfundzwanzigsten Bestehen; Angela Bottin: Katalog zur Ausstellung „Enge Zeit" im Auditorium Maximum der Universität Hamburg vom 23. Februar

bis 4. April 1991; Erna Stahl (Hrsg.): Jugend im Schatten von Gestern. Aufsätze Jugendlicher zur Zeit. Hamburg 1948; Erna Stahl: Ansprache anlässlich des Besuches von Albert Schweitzer in Hamburg. Unveröffentl. Manu-

Erste Luisenbrücke

Hamm-Mitte, seit 1930, siehe Luisenweg

Eva-König-Bogen

Bergedorf, seit 2003, benannt nach Eva König, geb. Hahn (22.3.1736 Heidelberg–10.1.1778 Wolfenbüttel), verheiratet in erster Ehe 1756–1769 mit dem Hamburger Kaufmann Engelbert König, in zweiter Ehe 1776–1778 mit Gotthold Ephraim Lessing, berühmt wegen ihres Briefwechsels mit Lessing 1770–1776

Geboren wurde Eva Hahn in einem dreigeschossigen Wohn- und Geschäftshaus in der Heidelberger Hauptstraße 169. Ihr Vater Heinrich Caspar Hahn war Tuchhändler, ihre Mutter Eva Catharina Hahn, geb. Gaub, Tochter eines Hutmachers. Das Ehepaar bekam sieben Kinder, von denen zwei nur kurz lebten. Heinrich Caspar Hahn starb, als seine Tochter Eva zwei Jahre alt war. Aus dieser Erfahrung heraus schrieb sie Lessing zum Tod seines Vaters: „Sie haben ein Glück gehabt, das wenig Menschen zu Theil wird: Ihren Vater so lange zu behalten, bis es nach dem Lauf der Natur fast nicht mehr möglich ist. Ich Unglückliche! Habe den meinigen gar nicht gekannt. Ich muß nun hiervon abbrechen." (30.9.1770).[49]

Eva Hahn erfuhr eine gute Erziehung und Bildung. Trotz des frühen Todes des Vaters blieb die Familie in vermögenden Verhältnissen. Im Alter von achtzehn Jahren lernte Eva Hahn auf der Hochzeitsfeier ihrer drei Jahre älteren Schwester ihren ersten Mann Engelbert König (21./22. 10.1728 Lüttringhausen–20.12.1769 Venedig) kennen. Er war in Hamburg Samt- und Seidenhändler und besaß in Wien eine Samt- und eine Tapetenmanufaktur. Das Paar wohnte in Hamburg zuerst in der Nähe der Börse, später am Neuen Wall, und bekam zwischen 1757 und 1768 sieben Kinder. Drei von ihnen starben bald nach der Geburt. Das Paar führte ein gastfreundliches Haus, in das es regelmäßig Künstlerinnen und Künstler, Dichter und Schauspielerinnen und Schauspieler einlud, so auch Lessing *(siehe* ➤ *Lessingstraße, in Bd. 3 online**).* Zwischen ihm und dem Hausherrn entwickelte sich eine enge Freundschaft. Als Engelbert König unerwartet während einer Geschäftsreise in Venedig an einer Darmerkrankung mit Darmverschluss starb, kümmerte sich Lessing um Eva König. In geschäftlichen Dingen vermochte er ihr jedoch nicht zu helfen. Eva König übernahm die Geschäfte ihres Mannes, reiste auf Messen,

Eva König

führte die Seiden- und Tapetenlager und leitete die Wiener Samt- und Tapetenmanufaktur. Damit war sie eine der wenigen Manufakturbesitzerinnen des 18. Jahrhunderts. Die Manufaktur war in der zweiten Hälfte des 18. Jahrhunderts mit 64 Gesellen, Seidenwinderinnen und Lehrjungen und mit 36 Stühlen und 15 Maschinen die zweitgrößte Seidenmanufaktur Österreichs. Eva König legte allen unternehmerischen Geist daran, die Manufaktur noch weiter auszubauen.

Lessing und Eva König verliebten sich ineinander. Doch wegen der vielen Geschäfte, die Eva König in Wien tätigen musste, sahen sich die beiden Liebenden nur sehr selten. Ebenso wegen der Geschäfte musste Eva König ihre Kinder oft sehr lange in fremde Obhut geben.

1771, als sie sich während einer Rückreise von Wien nach Hamburg bei Lessing in Braunschweig aufhielt, machte er ihr einen Heiratsantrag. Allerdings nahmen sie sich vor noch vor

Abb.: Staatsarchiv Hamburg

skript 1959.
49) Brief vom 30.9.1770, in: Lessings sämtliche Schriften, Hrsg. von Karl Lachmann, Bd. 13, Berlin 1840, S. 241f.

**   Band 3 online unter: www.hamburg.de/maennerstrassennamen

der Hochzeit, ihre finanziell ungesicherten Verhältnisse zu bereinigen. So versuchte Eva bei ihrem letzten Wienaufenthalt, der drei Jahre dauerte und in denen sie weder ihre Kinder noch ihren Geliebten sah, die gewinnbringende Samt- und Tapetenmanufaktur zu verkaufen, was auch gelang. In diesen drei Jahren hielt das Liebespaar den Kontakt zueinander über Briefe aufrecht. Allerdings vergingen oft Monate, bis Lessing einen Brief von Eva König erwiderte.

Lessing hielt das Getrenntsein nicht aus. Er verfiel immer mehr in eine schon lange währende Melancholie, bekam Schreibblockaden und ging noch lustloser seiner Arbeit als Bibliothekar in Wolfenbüttel nach. 1775 setzte er sich kurzentschlossen in eine Postkutsche und reiste zu Eva König nach Wien. Ein Jahr später heirateten sie endlich. Die Hochzeit fand in York im Haus ihres Freundes Johannes Schuback (1732–1817) (siehe ➤ Schubackstraße, in Bd. 3 online**) statt. Danach zog das Paar mit dreien von Eva Königs Kindern aus erster Ehe nach Wolfenbüttel, wo es eine glückliche Ehe führte, die durch den Tod Eva Königs jäh beendet wurde. Sie starb am 10. Januar 1778 am Kindbettfieber, nachdem sie am 25. Dezember 1777 mittels einer Zangengeburt einen Sohn geboren hatte. Das Kind lebte nur einen Tag.

Nach dem Tod seiner Frau schrieb Lessing an Elise Reimarus (siehe ➤ Reimarusstraße, in diesem Band): „Ich muß ein einziges Jahr, das ich mit einer vernünftigen Frau gelebt habe, theuer bezahlen (…). Wie oft möchte ich es verwünschen, daß ich auch einmal so glücklich seyn wollen, als andere Menschen!"[50]

Siehe auch ➤ Klopstockstraße, Reimarusstraße, in diesem Band.

*Siehe auch ➤ Claudiusstraße, Marienthal, seit 1890: Matthias Claudius (1740–1815), Dichter, in Bd. 3 online**.*

*Siehe auch ➤ Lessingstraße, Hohenfelde, seit 1863: Gotthold Ephraim Lessing (1729–1781), in Bd. 3 online**.*

*Siehe auch ➤ Schubackstraße, Eppendorf, seit 1910: Familie Schuback, Bürgermeister Nikolaus Schuback (1700–1783), seinen Söhnen Jakob (1728–1784), Syndikus; Johannes Schuback & Söhne (1732–1817), Firmengründer, in Bd. 3 online**.*

Evastraße

Eilbek, seit 1887. Frei gewählter Name

F

Fanny-David-Weg

Bergedorf/Lohbrügge, seit 1964, benannt nach Fanny David (2.12.1892 Berlin–ermordet im Mai 1944 in Auschwitz), jüdisches Opfer des Nationalsozialismus. Fürsorgeinspektorin, seit 1933 in der Jüdischen Beratungsstelle für Auswanderer tätig

Stolperstein vor dem Wohnhaus Haynstraße 5.

Geboren in Berlin als ältestes Kind des Kaufmanns Max David und Martha, geborene Brach. Ca. um 1900 zog die Familie nach Altona, wo Max David einen Importhandel mit Wein- und Spirituosen betrieb. Die Familie lebte in schwierigen finanziellen Verhältnissen.

** Band 3 online unter: www.hamburg.de/maennerstrassennamen

50) Brief vom 9.8.1778, in: Lessings sämtliche Schriften. Hrsg. von Karl Lachmann. Bd. 12. Berlin 1840, S. 508. Vgl. Eva Horvath: Die Frau im gesellschaftlichen Leben Hamburgs, Meta Klopstock, Eva König, Elise Reimarus, in: Wolfenbütteler Studien zur Aufklärung. Bd. III. Wolfenbüttel 1976.

Nach dem Tod ihres Vaters im Jahre 1929 wohnte Fanny David mit ihrer Mutter zusammen. Als der Hamburger Senat 1921 auf Beschluss der Bürgerschaft ein Wohlfahrtsamt einrichtete, wurde Fanny David dort tätig. Ihre Menschenkenntnis, Geduld, Verständnis, innere Ausgeglichenheit und Fachkompetenz bereiteten ihr den Weg in Leitungsfunktionen. Von 1930 bis 1933 stand sie einer der wichtigsten Wohlfahrtsstellen in Hamburg vor, der Wohlfahrtsstelle Barmbek-Nord, und war damit in den elf damals vorhandenen Wohlfahrtsstellen die einzige Frau in solch einer Leitungsposition. Die engagierte Sozialdemokratin wurde außerdem enge Beraterin des Präsidenten des Wohlfahrtsamtes, Oskar Martini. Nach der Machtübernahme durch die Nationalsozialisten wurde Fanny David sofort entlassen. Die Jüdische Gemeinde bat sie, in der neugegründeten Beratungsstelle für jüdische Wirtschafts-

Fanny David

hilfe mitzuarbeiten. 1939 wurde Fanny David dort verantwortliche Leiterin des gesamten Wohlfahrtswesens. Obwohl auch sie in den Jahren von 1938 bis 1943 in ständiger Angst um ihr Leben war, blieb sie äußerlich ruhig und war damit Stütze für viele andere Leidende.

Nachdem die Jüdische Gemeinde im Juni 1943 aufgelöst worden war, wurde Fanny David mit den meisten ihrer KollegInnen am 23. Juni 1943 ins KZ Theresienstadt deportiert. Unter den Deportierten waren auch Fannys Mutter und Schwester.

Im KZ Theresienstadt mussten die Frauen schwere körperliche Arbeiten verrichten. Die Mutter verstarb dort am 12. Oktober 1944. Im selben Monat wurden die Namen von Fanny und ihrer Schwester auf die Transportliste ins Vernichtungslager Auschwitz gesetzt. Am 28. Oktober 1944 erfolgte der Abtransport. Dort wurden die Schwestern gleich nach der Ankunft in der Gaskammer ermordet.

Fanny-Elßler-Bogen

Bergedorf, seit 1987, benannt nach Fanny, eigentlich Franziska Elßler (23.6.1810 Gumpendorf bei Wien–27.11.1884 Wien), österreichische Balletttänzerin. Motivgruppe: Verdiente Frauen

Tochter von Johannes Elßler, dem Kammerdiener und Notenkopisten Joseph Haydns. Die Mutter war Modistin. Zusammen mit ihrer Schwester Therese besuchte Fanny Elßler in Wien die Kinderballettschule von Friedrich Horschelt. Im Alter von zwölf Jahren tanzte sie ihre ersten Solopartien. Bei ihrem ersten Engagement am Teatro San Carlo in Neapel lernte sie 1827 Leopold von Neapel-Sizilien, Prinz von Salerno, kennen und lieben. Aus dieser Liebesbeziehung stammte Fannys Sohn Franz. Er wuchs in Eisenach auf und nahm sich 1873 das Leben.

1829 lernte Fanny Elßler den 46 Jahre älteren Friedrich von Gentz, den Sekretär von Metternich, kennen, mit dem sie zwischen 1830 bis zu Gentz' Tod 1832 eine enge Beziehung pflegte. Gentz förderte sie, führte sie an Bildung heran und machte sie mit einflussreichen Leuten bekannt.

1830 debütierte Fanny Elßler in Berlin. Damit begannen ihre Erfolge. In Berlin wurde sie besonders als Schweizer Milchmädchen gefeiert, und dort begegnete sie ihrem Jugendfreund Anton Stuhlmüller wieder. Die beiden bekamen die Tochter Therese, geboren 1833, verstorben 1870. Im Jahr der Geburt der Tochter ging Fanny Elßler nach London. Dann folgte Paris, wo sie 1836 ihren größten Erfolg in der Rolle Florindas, der

Chachucha-Tänzerin, in J. Corallis B. Le Diable boiteux hatte. Damit führte sie den spanischen Volkstanz auf der Ballettbühne ein. Ihretwegen stürzten sich junge Aristokraten in Schulden, duellierten sich. Sehr erfolgreich trat Fanny Elßler auch in Amerika auf. 1842 nach Europa zurückgekehrt, tanzte sie in Wien, Berlin, Brüssel, Dublin und Hamburg. Am 30. September 1843 gab sie in Hamburg ihr erstes Gastspiel am Hamburger Stadttheater. Im selben Jahr erhielt sie von

Fanny Elßler

der Universität Oxford den Titel „Docteur en l'art de la danse". 1851 gab sie, die eine Vertreterin des romantischen Stils war, in Wien zwölf Abschiedsvorstellungen, obwohl sie noch auf der vollen Höhe ihres Könnens war.

Mit ihrer Tochter Therese wohnte sie nach 1850 zunächst in Hamburg, kehrte aber 1855 nach Wien zurück, wo sie bis zu ihrem Tode lebte. Fanny Elßler war eine der größten Ballerinen der romantischen Epoche.

Fanny-Lewald-Ring

Bergedorf, seit 1984, benannt nach Fanny Lewald, geb. Markus. Lewald: angenommener Name. Verh. Stahr. Pseudonym Iduna, Adriana (24.3.1811 Königsberg–5.8.1889 Dresden), Schriftstellerin, Erzählerin. Motivgruppe: Verdiente Frauen

Tochter des jüdischen Kaufmanns David Markus und Zipora Marcus. Später nahm die Familie den Nachnamen Lewald an, um die jüdische Herkunft zu verbergen.

Der Vater bestimmte den Werdegang seiner Tochter, schickte sie in eine pietistische Schule und befahl, als Fanny siebzehn Jahre alt war, dass sie vom jüdischen zum protestantischen Glauben übertreten müsse.

Mit knapp vierzehn Jahren war ihre Schulzeit beendet. Sie hatte nun, wie es sich für junge Mädchen ihrer Schicht gehörte, ihre Zeit bis zur Verheiratung mit Malen, Musizieren und Handarbeiten auszufüllen.

Fanny Lewald widersetzte sich jedoch allen Heiratsplänen ihres Vaters. Sie interessierte sich für die emanzipatorischen Ideen der 1848-er Revolution und beschäftigte sich vor allem auch mit der Frauenfrage. Besonders ihr Erinnerungsbuch „Meine Lebensgeschichte" ist eine wichtige Dokumentation der Lebensverhältnisse bürgerlicher Frauen im 19. Jahrhundert. Dieses, den Frauen vorgeschriebene eingeschränkte Leben, war für Fanny Lewald Anlass, sich intensiv mit der Frauenfrage zu beschäftigen. Ihr Cousin August Lewald, der die Zeitschrift „Europa" herausgab, unterstützte sie in ihren literarischen Bemühungen. In ihrem ersten Roman „Clementine" (1843) schrieb Fanny Lewald über das Problem der Konvenienzehe, in ihrem zweiten „Jenny" (1843) über die Unterdrückung von Juden und Frauen, in ihrem dritten „Eine Lebensfrage" (1845) über die Ehescheidung und in ihrem vierten Roman „Der dritte Stand" (1846) forderte sie, dass der Lebensstandard der Armutsschicht auf Kosten der besitzenden Schichten zu heben sei. Das Manuskript ihres ersten Romans legte sie ihrem Bruder und Vater

Fanny Lewald

vor und erhielt nur unter der Bedingung die Erlaubnis zur Publizierung, wenn sie ihn anonym veröffentlichen würde.

Erst nach der Herausgabe ihres ebenfalls anonym erschienenen zweiten Romans entschloss sie sich, unter ihrem Namen zu veröffentlichen.

Durch ihre schriftstellerischen Erfolge konnte sie sich 1845 eine eigene Wohnung in Berlin leisten. Während einer Italienreise im selben Jahr lernte sie ihren späteren Ehemann, den Gymnasiallehrer und Philologen Adolf Stahr, kennen, der damals noch mit Marie, geb. Kraetz (1813–1879), verheiratet war, die nach der Scheidung als Lehrerin in Halle arbeitete. Erst zehn Jahre später, nachdem Stahrs Frau die Scheidung eingereicht hatte, gingen Fanny Lewald und Adolf Stahr eine Ehe ein. Sie lebten nun in Fanny Lewalds Berliner Wohnung zusammen mit den beiden Söhnen Stahrs aus erster Ehe und unternahmen viele Reisen durch Europa.

Nach dem Tod ihres Vaters 1846 entschloss sich Fanny Lewald, ganz die schriftstellerische Laufbahn einzuschlagen und ihr Berufs- und Privatleben öffentlich zu machen.

Nach der bürgerlichen Revolution von 1848 gründete sie, die auch als „deutsche George Sand" bezeichnet wurde, einen politisch-literarischen Salon in Berlin. Er zählte zwischen 1850 und 1860 zu den dreizehn großen Berliner Salons, in denen Menschen verkehrten, die den liberalen bis demokratischen politischen Tendenzen zugeneigt waren. Das Ehepaar Lewald-Stahr fühlte sich „nach anfänglichem Zögern zu den von Bismarck eingenommenen Nationalliberalen"[1] hingezogen.

Fanny Lewald verkehrte u. a. mit Heinrich Heine *(siehe ➤ Heinrich-Heine-Straße und Heinrich-Heine-Weg, in Bd. 3 online**)*, Theodor Fontane *(siehe ➤ Fontanestraße, in Bd. 3 online**)*, Gottfried Keller *(siehe ➤ Gottfried-Keller-Straße, in Bd. 3 online**)* und Bettina von Arnim *(siehe ➤ Bettinastieg, in diesem Band)*. Sie „glaubt an eine androgyne Menschlichkeit, nach der jede Person

streben sollte. In ihrer Fiktion sind die interessantesten Figuren die wandlungsfähigen Frauen, die eine ungewöhnliche Laufbahn wählen, oder mütterliche Männer".[2]

1863 und 1870 veröffentlichte Fanny Lewald zwei Schriften zur Frauenfrage: „Osterbriefe für die Frauen" und „Für und wider die Frauen". In ihnen forderte sie das Recht der Frauen auf Erwerb und bessere Arbeitsbedingungen. Beide Publikationen riefen ein großes Echo hervor.

Obwohl sich Fanny Lewald für die Rechte der Frau einsetzte, tastete sie den männlichen Herrschaftsanspruch nicht an. Im Alter wurde sie politisch konservativer. So meinte sie, in der Monarchie Vorzüge entdecken zu können.

Siehe auch ➤ Bettinastieg, in diesem Band.

Siehe auch ➤ Fontanestraße, Osdorf, seit 1928/29: Theodor Fontane (1819–1898), Dichter, in Bd. 3 online**.

Siehe auch ➤ Gottfried-Keller-Straße, Groß Flottbek, seit 1928: Gottfried Keller (1819–1890). Schweizer Dichter, in Bd. 3 online**.

Siehe auch ➤ Heinrich-Heine-Straße, Wilstorf, seit 1945, und Heinrich-Heine-Weg, Bergedorf, seit 1945: Heinrich Heine (1797–1856), Dichter, Schriftsteller, in Bd. 3 online**.

Fanny-Mendelssohn-Platz

Eimsbüttel, seit 2004, benannt nach Fanny Mendelssohn-Bartholdy (1805–1847), Komponistin und Pianistin, Schwester des Komponisten Felix Mendelssohn Bartholdy

Siehe Vita bei ➤ Geschwister-Mendelssohn-Stieg, in diesem Band.

Siehe auch ➤ Mendelssohnstraße,

Fanny Mendelssohn-Bartholdy

**   Band 3 online unter: www.hamburg.de/maennerstrassennamen

1)   Krimhild Stöver: Leben und Wirken der Fanny Lewald. Oldenburg 2004, S. 77.

2)   www.fembio.org/biographie.php /frau/biographie/fanny-lewald/

Bahrenfeld, seit 1952: Jacob Ludwig Felix Men-
delssohn-Bartholdy (1809–1847), Komponist,
in Bd. 3 online**.

Feenteichbrücke

Uhlenhorst, seit 1904, benannt nach der Lage. Im
Zuge des Weges „Schöne Aussicht" über den
Ausfluss des Feenteiches führend (siehe bei ➤ Am
Feenteich, in diesem Band)

Flora-Neumann-Straße

St. Pauli, seit 2010, benannt nach **Flora Neumann**
(23.3.1911 Hamburg–19.9.2005 Hamburg), jüdi-
sche Widerstandskämpferin gegen den National-
sozialismus

Flora Neumann hat an den Hamburger Schulen
bis ins hohe Alter als Zeitzeugin Tausende von
Schülerinnen und Schülern über die NS-Zeit und
den Holocaust aufgeklärt; zugleich zur Erinnerung an ihren Ehemann Rudolf N. (1908–1999),
Elektriker, Widerstandskämpfer gegen den Nationalsozialismus, sowie an ihren Sohn Bernd,
der mit den Eltern Auschwitz überlebte. Die jüdische Widerstandskämpferin Flora Neumann
wurde 1911 in Hamburg geboren und war Schülerin an der Israelitischen Töchterschule in der
Karolinenstraße 35 (das Hauptgebäude ist unzer-
stört erhalten geblieben. In einigen Klassenräu-
men hat die Hamburger Volkshochschule eine
Gedenkstätte als Museum Dr. Albert-Jonas-Haus
eingerichtet). 1938 floh Flora Neumann mit ihrem Sohn nach Belgien und Frankreich und war
im Widerstand gegen Hitler aktiv. Das Ehepaar
wurde verraten und auf der Flucht getrennt. Ihren Sohn Bernhard konnten sie in einem belgi-
schen Kloster verstecken. 1943 wurde Flora Neumann verhaftet und in das Konzentrationslager
Auschwitz bei Krakau (Polen) deportiert. Sie
überlebte nicht nur das KZ Auschwitz, sondern

auch den Todesmarsch 1945 Richtung Westen
in das KZ Ravensbrück (damaliger brandenbur-
gischer Landkreis Templin-Uckermark). Nach
der Befreiung traf sie ihren Mann, der das KZ
Buchenwald überlebt hatte, in Brüssel wieder.

1951 kehrte sie gemeinsam mit ihrem Mann
nach Hamburg ins Karolinenviertel zurück. Für
jeden Tag, den sie im KZ hatten verbringen müssen, erhielten sie eine Entschädigung von 5 DM.
Mit dem Betrag eröffneten sie in der Karolinenstraße eine Wäscherei.

Flora Neumann war ein außerordentlich aktives Mitglied der Jüdischen Gemeinde in Hamburg. 2005 starb Flora Neumann im Alter von 94
Jahren. Im November 2010 wurde ein Teil der bisherigen Grabenstraße im Karolinenviertel nach
ihr benannt. Im Rahmen des städtebaulichen Er-
neuerungskonzeptes St. Pauli-Nord/Karolinen-
viertel ist mit dem Richtfest für das jüdische Kulturhaus Karolinenviertel in der Turnhalle der
ehemaligen Israelitischen Töchterschule an der
Flora-Neumann-Straße „ein weiterer Schritt gegen das Vergessen getan".[3]

Flora Neumanns Lebenserinnerungen mit
dem Titel „Erinnern, um zu leben" (mit einem
Nachwort von ihrer Nichte Peggy Parnass. Hamburg 2006) sind ein bewegendes und seltenes
autobiographisches Zeugnis jüdischen Wider-

Flora Neumann und ihr Ehemann Rudolf

**   **Band 3 online** unter: www.ham-
burg.de/maennerstrassennamen

3)   QN-Karolinenviertel, Nr. 61/Juni
2011, S. 5.

standes während der NS-Zeit sowie des Überlebens in Vernichtungslagern. Peggy Parnass beschrieb in ihrem Nachwort zu den Lebenserinnerungen Flora Neumann so: „Die kleine, große Widerstandskämpferin. Klein, kulleräugig, sinnlich, lebenslustig, liebevoll, charmant, fröhlich, warm, spontan, unendlich großzügig. Ihre KZ-Nummer: 74559. Hübsch und leserlich am linken Arm. Nicht auszuradieren. Flora, ihr Mann und ihr Sohn sind die einzigen Hamburger Juden, die als Familie überlebt haben. Die Bilder von Auschwitz haben Flora nie losgelassen. Bis zuletzt hat sie politisch Stellung bezogen, gegen Gleichgültigkeit und Ungerechtigkeit gekämpft. Wer sie kannte, liebte sie."[4]

Text: Cornelia Göksu

Frapanweg

Iserbrook, seit 1965, benannt nach Elise Therese Levien, Pseudonym: Ilse Frapan-Akunian

(3.2.1849 Hamburg–2.12.1908 Genf), Schriftstellerin. Motivgruppe: Jugendschriftstellerin

Tochter des Instrumentenmachers und späteren Pianofortefabrikanten Carl Heinrich Eduard Levien und dessen Ehefrau Marie Therese Antoinette, geb. Gentzsch. Ilse Frapan wurde evangelisch-lutherisch getauft. Um nicht als Jüdin erkannt zu werden, nahm sie den Namen Ilse Frapan an und ergänzte ihn später um den zweiten Namen Akunian. Bevor Ilse Frapan Schriftstellerin wurde, arbeitete sie vierzehn Jahre lang als Lehrerin an verschiedenen Hamburger Schulen, so auch im Paulsenstift *(siehe zum Paulsenstift auch* ➤ Wohlwillstraße, *in diesem Band)*. Der Beruf der Lehrerin befriedigte sie aber nicht. Deshalb begann sie neben ihrer Tätigkeit als Lehrerin, die ihre finanzielle Unabhängigkeit garantierte, schriftstellerisch tätig zu werden. Ermutigt

durch einen wohlwollenden Brief Theodor Vischers, dem sie einige Manuskripte geschickt hatte, quittierte sie 1883 den Schuldienst und ging mit ihrer Freundin, der Malerin Esther Mandelbaum, nach Stuttgart, um dort am Polytechnikum Theodor Vischers Vorlesungen über Ästhetik zu hören. Ilse Frapan avancierte zunächst zur Hausautorin der renommierten Zeitschrift „Deutsche Rundschau". Aber bald stellten sich Misserfolge ein. Zurückgekehrt nach Hamburg, schrieb sie den sozialkritischen Roman „Erich Helebrink", der im Hamburger Arbeitermilieu des ausgehenden 19. Jahrhunderts spielt. Er wurde jedoch nicht angenommen und kam erst kurz vor ihrem Tod heraus. Finanziell ruiniert, zogen die beiden Freundinnen 1892 nach Zürich und blieben dort zehn Jahre. In Zürich hatten Frauen seit den 70-er Jahren des 19. Jahrhunderts die Möglichkeit, an der Universität zu studieren. Ilse Frapan nahm im Wintersemester 1892/93 das Studium der Botanik und der Zoologie auf. Ihr Wunsch war es, zu promovieren und in Hamburg irgend ein kleines Pöstchen zu bekommen, wo sie ihr finanzielles Auskommen hätte

Ilse Frapan

und nebenher schreiben könnte. Aber die Studiengebühren waren enorm hoch, die Anfeindungen gegen studierende Frauen unerträglich. Ilse Frapan brach ihr Studium ab und zog daraus die politischen Konsequenzen, was für sie bedeutete, sich der sozialistischen Bewegung anzuschließen. In ihrem Kurzroman „Wir Frauen haben kein Vaterland" (1899), in dem sie über die Heimatlosigkeit der Frauen in einer patriarchalen Gesellschaft schreibt, lässt sie ihre Roman-

Abb.: Staatsarchiv Hamburg

---

4)   Flora Neumann: Erinnern, um zu leben. Vor Auschwitz, in Auschwitz, nach Auschwitz. Hamburg 2006.

heldin die Sätze sagen: „Ich sollte eine Bitte an die Behörde schreiben, an irgend einen Senator bei uns und ihn fragen, ob es nicht irgend eine Staatshülfe für mich giebt. (…) Mir bleibt kein andrer Weg. Bin ich nicht ein Hamburger Kind? Gibt es nicht Stipendien für arme Studierende? Bin ich nicht arm genug? Ich werde ihnen alles schildern und alles beilegen: meine Studienausweise, mein Aufnahmezeugnis an der Zürcher Universität, die Zeugnisse über meine Befähigung zur Matura. Und ich werde herzlich bitten: ‚Verhelfen Sie mir zur Matura, zur Vollendung meiner Studien, zur Promotion. Ich werde alles zurückzahlen, wenn es mir möglich ist. Ich habe den dringenden Wunsch, etwas Nützliches zu leisten, ich werde meiner Vaterstadt keine Unehre machen, ich fühle die Kräfte in mir, etwas für andere zu sein.' Ist das zu stolz gesprochen? darf ich mir das nicht getrauen? Ist die Bitte unbescheiden? Die Stadt ist ja reich, voller Wohlthätigkeitsanstalten, voller Stiftungen. ‚Leben und leben lassen', das ist der Hamburger Wahlspruch. Eine große hülfsbereite Gutmütigkeit geht durch alle Klassen. (…) Wir sind ja auch eine Republik, der einzelne Bürger steht nicht so weit vom Zentrum wie in den monarchischen Staaten."[5]

Aufgrund ihrer Erfahrungen an der Universität in Zürich beschränkte Ilse Frapan ihren Kampf nicht auf die Emanzipation der Frau, sondern erweiterte ihn auf das große Feld der Unterdrückung und Ausbeutung. Sie befreundete sich mit dem Armenier Iwan Akunoff, der nach Zürich emigriert war, und engagierte sich fortan in der armenischen Freiheitsbewegung. 1901 wurden sie und Iwan Akunoff aus politischen Gründen aus Zürich ausgewiesen. Zusammen mit Esther Mandelbaum – die drei führten eine ménage à trois – gingen die beiden nach Genf. Als Ilse Frapan sich von Iwan Akunoff trennte, blieb sie dennoch in der armenischen Freiheitsbewegung und unterstützte sie nicht nur politisch, sondern auch finanziell. Um das Geld hierfür aufzubringen, schrieb sie Novellen, die sehr erfolgreich waren. So erschienen z. B. die „Hamburger Novellen" in drei, die „Hamburger Bilder für Hamburger Kinder" in zehn Auflagen. Ihre sozialkritischen Theaterstücke, die 1902 und 1905 am Altonaer Stadttheater und am Ernst-Drucker-Theater aufgeführt wurden, waren dagegen ein Misserfolg.

Ilse Frapans naturalistisch-sozialkritischen Schriften beleuchten die Lebensbedingungen der Hamburger Unterschicht des ausgehenden 19. Jahrhunderts. Dieses Engagement für die Arbeiterklasse, ihre Arbeit in der armenischen Freiheitsbewegung und ihre jahrelange lesbische Lebensgemeinschaft mit einer Frau bewogen Hamburgs Politische Polizei, sie zu bespitzeln. Im Staatsarchiv Hamburg befindet sich eine entsprechende Akte, die den Zeitraum von 1900 bis 1927, also weit über den Tod Ilse Frapans hinaus, durch Texte und Zeitungsausschnitte abdeckt.

Als Ilse Frapan im November 1908 erfuhr, dass sie unheilbar an Krebs erkrankt sei, nahm sie sich zusammen mit ihrer Freundin am 2. Dezember 1908 das Leben.

Frauenthal

Harvestehude, seit 1870, benannt nach dem Nonnenkloster

Das Nonnenkloster Herwardeshude, das in der Nähe des heutigen Stadtteils St. Pauli lag, besaß viel Grundbesitz. Dazu gehörten Eppendorf, Winterhude, Alsterdorf, Groß-Borstel, Niendorf, Lokstedt, Ohlsdorf, Eimsbüttel, Bahrenfeld, Ottensen, Othmarschen, Rissen. Im August 1295 wurde das Kloster in die Gegend der heutigen Straßen

5)   Ilse Frapan: Wir Frauen haben kein Vaterland. Monologe einer Fledermaus. Berlin 1899, S. 89.

Harvestehuder Weg, Abteistraße, Heilwigstraße und Krugkoppel verlegt. Das neue Kloster erhielt den Namen Vrouwendal. Dieser Name findet sich in dem Straßennamen Frauenthal wieder. Gleichzeitig nahm das Kloster seinen alten Namen, Herwardeshude, mit. Nach ihm wurde später der Stadtteil, in dem das neue Kloster stand, benannt.

Siehe auch ➤ *Abteistraße, Cäcilienstraße, Elebeken, Heilwigbrücke, Heilwigstraße, Innocentiastraße, Jungfrauenthal, Nonnenstieg, in diesem Band.*

Friedastraße

Marienthal, seit 1909. Frei gewählter Name

Frieda-Wieking-Stieg

Uhlenhorst, seit 2010, benannt nach Frieda Hertha Martha Wieking (1893–1988), Schwester, Gewerkschafterin, Betriebsrätin bis 1933, 1933 als politisch unzuverlässig entlassen, 1935 wieder eingestellt als Schwesternaushilfe, 1945 erneut Gewerkschafterin, 1946/47 Vertreterin der Belange des Bundes freier Schwestern im Hamburger Bezirksvorstand, Provisorin an der Frauenklinik Finkenau, 1948 Betreuung der Schwestern als Bezirksschwester, 1951–1960 im Bezirksfrauenausschuss, 1958 pensioniert

„Als die Pionierin in der freiberuflichen Pflege, Agnes Karll (1868–1927), 1903 die erste Berufsorganisation der Krankenpflegerinnen in Deutschland (BO; nach Verbot 1933 Neugründung als Deutscher Berufsverband für Pflegekräfte) gründete, gab es bereits gewerkschaftlich organisierte Pflegekräfte. Schon im Jahr 1900 wurde das erste Mal eine ‚Sektion Gesundheitswesen' in einer Gewerkschaft gebildet. Waren es zunächst vorwiegend ‚Wärterinnen' und ‚Irrenpfleger', schlossen sich zunehmend auch Krankenschwestern der Gewerkschaft an. Diese gründeten 1928 die ‚Schwesternschaft der Reichssektion Gesundheitswesen' innerhalb der Gewerkschaft der Gemeinde- und Staatsarbeiter. (...) Die gewerkschaftlich organisierten Schwestern, seit 1949 im ‚Bund freier Schwestern' in der Gewerkschaft Öffentliche Dienste, Transport und Verkehr (ÖTV) zusammengeschlossen, wuchsen schnell zur größten freien Organisation heran. Im Jahr 1962 zählte der Bund bereits über 10.000 Mitglieder, während der nächst- größere Berufsverband, der ‚Agnes Karll-Verband' (heute: Deutscher Berufsverband für Pflegeberufe) 1961 weniger als 9.000 Mitglieder hatte. Seither hatten Pflegekräfte ihren festen Platz in der Gewerkschaft ÖTV, wo sie zunächst in den Abteilungen ‚Bund freier Krankenschwestern und Krankenpfleger' (...) ihre beruflichen und fachlichen Interessen vertreten konnten."[6] Frieda Wiedeking war möglicherweise Mitglied der BO; nach 1945 engagierte sie sich weiterhin politisch ehrenamtlich im Bezirksvorstand ihres Berufsverbands, dem „Bund freier Schwestern". Die ehemalige Frauenklinik Finkenau wurde 1911/14 als „Institut für Geburtshilfe" gegründet (geschlossen 2000). Die Klinik war auch Lehranstalt für Schwestern- und Hebammenschülerinnen. Frieda Wieking hatte mit ihrer Position einer Provisorin vermutlich die Verantwortung als Verwalterin der Apotheke inne.

Text: Cornelia Göksu

---

6) Artikel „Gewerkschaftliche Tradition im Gesundheitswesen" unter: www.ausbildung.info/ausbildung-a-z/letter_g.

G

Gänselieselweg

*Billstedt, seit 1952. Motivgruppe: Märchen-
gestalten*

Die Gänseliesel ist eine Gestalt aus dem Märchen
„Die Gänsemagd" der Gebrüder Grimm *(siehe ▶
Grimmstraße, in Bd. 3 online**)* und „stellt eine
Entwicklungs- und Erziehungsgeschichte" zum
Erwachsen- und Selbstständig-Werden dar.[1] Da-
bei „wird ein Erziehungsweg gezeigt, der den
Wert der Erziehung in einer flexiblen und le-
bendigen Wandlung in der Anpassung an neue
Gegebenheiten deutlich machen soll. (…)

Eine Kind-Prinzessin erfährt (…) den Weg
der Erziehung zur Königin (…), eine Prinzessin
(…), die von ihrer Mutter bisher aus aller Eigen-
verantwortlichkeit herausgehalten wurde. Stattdessen erhält sie in einer entscheidenden Le-
benssituation von ihrer Mutter Gaben, derer sie
sich aber nicht zu bedienen weiß: Sie begreift
sie nämlich zunächst nur als äußere Gaben. Sie
erfasst diese Gaben – die drei Blutstropfen wie
auch das Pferd Falada – nicht in ihrer symbolischen Bedeutung, nämlich als Lebens entscheidende Hinweise, sondern lediglich als materielle, für sie nicht weiter verständliche Beigaben.
Hätte sie diese Gaben in ihrer symbolischen Bedeutung verstanden, dann hätte sie diese mit
großer Sorgfalt aufbewahrt und dementspre-
chend behandelt.

(…) die drei Blutstropfen [lassen] sich als
eine Weitergabe des Lebens von der Mutter an
die Tochter verstehen. Das Pferd Falada steht in
seiner symbolischen Bedeutung für das Tragen
ins Leben, als lebendes Pferd, aber auch als ab-
geschlagner Kopf unter dem Torbogen hängend,
als Hüter und Wächter.

Durch die anschließenden Erfahrungen findet für die Prinzessin ein Erziehungsprozess zu
einer eigenverantwortlichen Lebensgestaltung
statt. (…)

Die ungetreue Magd ist als eine erste Her-
ausforderung durch das ‚andere' der Welt anzusehen, nämlich das Böse und Feindliche. (…)

Bruno Bettelheim bezieht den Erziehungs-
faktor der drei Blutstropfen leider ausschließlich
auf den biologischen Anteil des Lebens, nämlich
auf die sexuelle Reifung einer jungen Frau. (…)
Bettelheim ist der Ansicht, dass diese drei Blutstropfen im Märchen ‚Die Gänsemagd' vor allem
ein Hinweis auf das Erwachsenwerden der Prinzessin sind: auf ihre werdende sexuelle Reife als
Sinnbild für die Menstruation. Dies ist sicherlich
ein Hinweis, aber ein eingeschränkter, der an
einer erziehungsrelevanten Aussage vorbeigeht,
es sei denn, der Erziehungssinn läge nur darin,
das junge Mädchen auf die kommenden Veränderungen ihres Körpers vorzubereiten. Sicherlich ist es ein Hinweis, der zu beachten ist, zu
der gesamten Sinngeschichte des Märchens aber
schlecht passt. (…) Keine wirkliche Mutter jedenfalls könnte so einfältig sein (…) und sich in
ihren Gedanken und Wünschen für ihre Tochter
nur mit deren Funktionsfähigkeit als weiblich-
sexuelles Wesen beschäftigen. (…)

Als der Hütejunge im weiteren Verlauf des
Märchens [die Königstochter] bedrängt, er würde ihr gerne einen Teil ihrer schönen goldenen
Haare ausreißen – und Haare sind Sinnbild sexueller Lebenskraft (…) – weiß sie sich zu weh-

** Band 3 online unter: www.ham-
burg.de/maennerstrassennamen

1)   Rose Marie Feyen-Müllhausen:
Märchen – erlebte und gelebte Erziehung. Diss. zur Erlangung der Doktor-

würde der Philosophischen Fakultät
der Rheinischen Friedrich-Wilhelms-
Universität zu Bonn. Bonn 2001,
S. 163 bis 174.

ren, weil sie an den Schwierigkeiten bzw. den Aufgaben schon gewachsen ist. Ihre Entwicklung und Erziehung hat inzwischen in ihr zu einer solchen Klarheit und Entschiedenheit geführt, dass sie die (sexuelle) Bedrängung des Hütejungen ablehnt und abwehrt. Nicht zuletzt lernt sie dabei, eigene Wünsche zu erkennen und danach zu handeln (...).“[2]

Siehe auch ➤ Grimmstraße, Iserbrook, seit 1930: Brüder Grimm, Jacob (1785–1863) und Wilhelm Grimm (1786–1859), in Bd. 3 online**.

Gandersheimer Weg

Niendorf, seit 1948, benannt nach der Abtei, in der Ende des 10. Jahrhunderts die Nonne Roswitha von Gandersheim wirkte. Motivgruppe: Personen und Orte aus der altniedersächsischen Geschichte

Roswitha oder Hrotsvith von Gandersheim, lateinisch Hrotsvitha Gandeshemensis (um 935–nach 973), deren Vorname im Althochdeutschen „die sehr Ruhmreiche“ bedeutet, gilt als erste nachantike Dichterin im Frühmittelalter, wurde als Mystikerin und erste weibliche Schriftstellerin im deutschsprachigen Raum und der gesamten christlichen Welt bekannt.

Vermutlich entstammte sie einem niedersächsischen Adelsgeschlecht. Früh – ca. um 945 – fand sie Aufnahme im Stift Gandersheim (Bad Gandersheim in Niedersachsen). Sie lebte nicht im Stand einer Nonne, sondern als „Kanonisse“ oder „Stiftsfräulein“ und genoss deshalb mehr Freiheiten als die Nonnen. So verfügte sie z. B. über Eigentum und Bedienstete. Als ihre Lehrerinnen nannte sie eine Rikkardis sowie Gerberga II (940–1001), Tochter des Herzogs Heinrich von Bayern und Nichte Ottos des Großen, die ab 949 Äbtissin des Stiftes war.

Roswitha von Gandersheim wurde in Arithmetik, Musik, Astronomie, Dialektik, Grammatik und Rhetorik unterrichtet. Gerberga las mit ihr die römische Literatur von Ovid und Tacitus.

Im Stift Gandersheim schrieb Roswitha von Gandersheim ab 960 ihre Dichtungen in lateinischer Sprache nieder. Ihre Werke entstanden etwa zwischen 950 und 970. Es wird angenommen, dass sie nach 973 verstarb.

Roswitha von Gandersheim schrieb acht Heiligenlegenden und sechs Dramen. Inhaltlich ging es dabei um den Sieg der Reinheit über die Verführung. Darüber hinaus verfasste sie die „Gesta Ottonis“: Loblieder auf Otto I. (912–973) und eine Abhandlung über die Geschichte des Stiftes. Mit ihren Loblieder auf Otto I. wollte sie ihn dafür gewinnen, sich Gandersheim hinzuwenden, doch Otto I. kam nie nach Gandersheim.

„In ihren Dramen verarbeitete Roswitha das Thema des Heiligen und der Dirne, das schon in der vorchristlichen Literatur von den Griechen und auch in der Bibel aufgegriffen worden war. Meist wurde die sinnliche Gier des Mannes nach dem keuschen Weib dramatisiert. Roswitha war sich offensichtlich klar darüber, welches Wagnis sie einging, als sie dieses Problem in Verse übertrug. So stellte sie den Dramen ein ausführliches Vorwort zur Seite: ‚Doch daß dabei nicht selten ich blöde vor tiefem Schamgefühl erröte, zwingt mich des Stoffs Natur und Art: verbuhlter Buben wüste, wirre Verrücktheit und verliebt Gegirre, des sonst sich selbst die Ohren schämen, in Geist und Griffel aufzunehmen.‘“[3]

Je nach Zeitgeschmack wurde die Gestalt der Roswitha von Gandersheim entweder als außergewöhnliche Figur stilisiert oder als Fälschung „entlarvt“. Die Stadt Gandersheim erkor die dichtende Stiftsdame zu ihrer Werbeträgerin. 1952 feierte Gandersheim sein 1100-jähriges Bestehen, unter anderem mit einem Hrotsvit gewidmeten Dichterinnentreffen. Seit 1959 finden

---

**   **Band 3 online** unter: www.hamburg.de/maennerstrassennamen   2007, S. 143.

2) Ebenda.
3) Manfred Below: Literarische Ausflüge rund um Hannover. Cadolzburg

vor der romanischen Stiftskirche die Gandersheimer Domfestspiele statt.

Im 20. Jahrhundert entdeckte die Frauenbewegung Hrotsvit als „gleichgesinnte Schwester", denn „sie war vom Selbstwert des Frauseins zutiefst überzeugt und setzte sich für ihre Überzeugung ein. In ihren Texten ließ sie ihre Frauen immer die Oberhand gewinnen".[4]

Gerda-Gmelin-Platz

HafenCity, seit 2013, benannt nach Gerda Gmelin (23.6.1919 Braunschweig–14.4. 2003 Hamburg), Schauspielerin, Intendantin, Prinzipalin des Theaters im Zimmer.
Ihr Grab befindet sich im Garten der Frauen auf dem Ohlsdorfer Friedhof.

Brief von Gerda Gmelin an ihren Vater, 2. November 1949.

„Lieber Vati!

Seit Langem habe ich vor Dir zu schreiben, aber es fehlt mir wirklich die Zeit, ich muss mich auch jetzt kurz fassen. Aber ich habe das Gefühl, als müsste ich doch noch etwas von mir hören lassen, trotzdem ich von Dir gar nichts mehr höre, höchstens mal von der Aussenwelt, aber es ist anzunehmen, dass es Dir gut geht.

Wenn ich es äusserlich nehme, kann ich von mir dasselbe behaupten. Aber wenn ich Dir schreibe was ich im Moment tue, wirst Du wirklich staunen. Ich fungiere seit 8 Wochen als Bardame, und zwar in einem der verrufensten Lokale von Koblenz. Es verkehrt bei mir zum grössten Teil die Unterwelt u. Leute, die Geld haben zum bummeln.

In den ersten 8 Tagen hatte ich das Gefühl in der Hölle zu sein, ich kam hier hin, als es neu eröffnet wurde u. der Betrieb war unheimlich, allmählich hat es etwas nachgelassen, aber ich verdiene immer noch soviel, dass ich meine Kinder u. mich ganz gut durchbringen kann, u. uns das Notwendigste kaufen kann. Ich könnte das in keinem anderen Beruf verdienen. Es gibt natürlich Tage, die sind grauenvoll u. zum Davon-Laufen, andere Tage sind wieder ganz amüsant u. inhaltsreich, d. h. es sind ja die Nächte, ich fange nachmittags um 4 Uhr an u. komme vor 4 oder 5 Uhr früh morgens nicht raus hier. Der Sturm setzt erst um 12 Uhr ein. Zuweilen verlaufen sich auch Menschen unserer Klasse nach hier, u. ich darf sagen, dass ich wohl beliebt bin u. das Lokal, seit ich hier bin, einen etwas besseren Ruf hat! Nun wäre es ja auch traurig, wenn das nicht so wäre, denn ich bleibe trotz allem was ich bin, ich fasse alles rein geschäftlich auf u. habe den Bogen schon ganz gut raus, da, wo ich sehe, dass etwas ist, tüchtig zu kassieren. Im Trinken bin ich

Gerda Gmelin

ja sehr fest u. kann viel vertragen. Äusserlich muss ich mich wohl sehr verändert haben, denn es heisst, ich sei eine ‚schöne Frau', u. ‚sehr charmant'. Jetzt lachst Du! Ich bin allerdings durch das Nachtleben sehr schmal u. schlank geworden u. Kleider machen Leute. Ich habe jetzt einen Locken-Wuschelkopf, wie Theklachen.

Mein Mann [Leo Masuth] (…) hat eine Gage von 250 M u. so habe ich von ihm auch für die Kinder kaum etwas zu erwarten, aber so lange ich es schaffe, ist es mir ebenso recht, wenn ich sie selber durchbringen kann. Verzweiflung u. Träumereien gibt es jetzt nicht mehr. Z. zt. geht es mir um's Verdienen. Ich denke bewusst nicht mehr an irgendwelche Ideale, denn sowie ich diesen Gedanken nachgehe, habe ich keine Energie mehr u. es muss ja weitergehen. Es wird

4) Ebenda.

Abb.: Privat

schon einmal der Tag kommen, wo man wieder sich selbst leben kann.

Ich muss dankbar sein, dass ich nach all den Ereignissen noch die Kraft habe, auf diese nervenaufreibende Art mein Geld verdienen zu können. Einen besonderen Verehrer habe ich hier in einem älteren Herrn, der früher Sänger u. Theaterhase war, er kennt Stiebner u. die Laja sicher gut von Berlin, u. hat soviel Ähnlichkeit mit Dir, ein netter Komödiant u. Bohèmiens geblieben, trotzdem er jetzt in der Industrie ist. Es ist sehr gut, dass ich an ihm einen Halt hab', er ist vielleicht nur ein paar Jahre jünger wie Du u. besorgt u. grosszügig zu mir.

Im Laufe der nächsten Zeit werde ich es wohl auch zu einer Wohnung bringen u. die Kinder zu mir nehmen können, u. diesen Winter muss ich durchhalten, bis zur nächsten Saison, vielleicht gibt's dann ein Engagement.

Nun schreib' mir doch endlich auch einmal. Ich hätte schon so oft Gelegenheit gehabt mit Geschäftsleuten nach Hambg. fahren zu können, aber wenn ich ein paar Tage aussetze, verliere ich zuviel. Also schreib' endlich mal. Es ist doch zu traurig, wenn wir so auseinanderkommen. (...) Es grüsst u. küsst Dich herzlich Dein Gerdachen.“[5]

Der Name Gerda Gmelins und ihre Person sind untrennbar mit dem Theater im Zimmer in Hamburg verbunden. Die Gründung des kleinen Theaters geht auf ihren Vater Helmuth Gmelin zurück. Er eröffnete das Theater am 24. März 1948 in seiner Wohnung an der Alsterchaussee 5 und verwirklichte damit seine lang gehegte Idee, ein „Theater ohne Vorhang und Rampe“ zu gründen – in einer zwanglosen, privaten Umgebung, im direkten Kontakt zu den Zuschauerinnen und Zuschauern.

Brief Helmuth Gmelins an seine Tochter Gerda, Hamburg Sonnabend 23. Februar 1952

„Mein liebes, gutes Gerdalein!

Der verfluchte Hetzvater dankt Dir mal wieder für alle Deine lieben Briefchen und besonders für den letzten, woraus ich wieder ersehe, wie tapfer Du Dich durchschlägst durch Dein schweres Leben.

Ich fände es für unsere Beziehung sehr, sehr schön, wenn Du mit den Enkeln i. Lüneburg landen würdest u. habe darum gleich meine Fühler bei Arnemann ausgestreckt. (...) Arnemann wird, ohne daß Deine Sache berührt wird, dieser Tage bei Schmidt vortasten, wen er für die nächste Spielzeit wieder engagieren will u. meint daß es im Falle Masuth so sein wird. Ich schreibe Dir sofort, wenn ich es weiß. Feste Verträge laufen allerdings nur für eine 6 Monate Spielzeit, woraus sich aber nachher meistens noch 1–2 Monate Vor od. Nachspielzeit ergibt. Ich würde an deiner Stelle mich noch nicht selbst bewerben. Da könnte Schmidt stutzig werden wegen Doppelengagement u.s.w. So was mögen die Intendanten im allgemeinen nicht gerne. Aber nach Arnemanns Beschreibung fehlt i. so einem kleinen Ensemble oft eine Kraft so daß dann doch gute Aussicht besteht, daß Du für ein Stück geholt wirst.

Vor allem aber wäre es, wenn Du so nahe bei Hamburg stationiert bist, für mich viel eher möglich, Dich auch mal bei mir auszuprobieren. Ich kenne Dich ja garnicht mehr in deiner Schauspielerei u. würde mich riesig freuen, wenn es mal klappte. (...) Ganz davon abgesehen, freue ich mich auch so, wenn ich Dich u. die Jungens öfters mal zu Besuch haben könnte. (...)

Ich lebe z. Z. in sehr gemischter Stimmung. Mein Theater hat schöne Erfolge, die ich aber innerlich garnicht so als echten Erfolg sehe, da sie meinem Wesen nicht entsprechen. Aber seit ungefähr 1 Jahr habe ich i. d. Presse immer dann Ablehnung, wenn ich selbst etwas inszeniere

5)   Briefe in Privatbesitz.

od. spreche. Es ist schwer darüber hinwegzuse-hen – trotzdem die Zeitungsleute ja nicht immer u. in allem recht haben. Der Ärger ist nicht ge-kränkte Eitelkeit, sondern die Tatsache, daß man sich mit dem, was man eigentlich will, nicht durchsetzt. – Nun, es muß durchgestanden wer-den. Jedenfalls wird ab 6. März angefangen mit dem Umbau des neuen Hauses und wenn Gott will steht es Mitte Mai zum Besprechen frei.

Herzliche Grüße von allen.

Sei innigst umarmt vom bösen Vati.

Vielen Dank für Christians schönen Brief. Küsse ihn u. Mathias vom Opa.“[6]

Im März 1955 – das Theater im Zimmer hatte inzwischen sein neues Domizil in der Alster-chaussee 30 bezogen – holte Helmuth Gmelin seine Tochter mit ihren beiden Söhnen an sein Theater. Gerda Gmelin war inzwischen Schau-spielerin geworden und hatte ein Engagement an einer Wanderbühne in Neuwied. Sie war ver-heiratet mit dem Schauspieler Leo Masuth, des-sen Namen sie nach der Scheidung 1958 ablegte, um wieder ihren Geburtsnamen anzunehmen. In Hamburg wohnte Gerda Gmelin mit ihren bei-den Söhnen über dem Theater in den Gardero-ben. Der ältere Sohn Christian kam bald auf ein Internat, Matthias, der Jüngere, blieb in Ham-burg und schlief hinter einem Paravent. Auch Gerda Gmelin lebte sehr beschränkt. Der Begriff des Wohnens konnte hierfür kaum angewendet werden. Gerda Gmelin lernte den Theaterbetrieb in allen seinen Facetten kennen und musste auch alles, was zum reibungslosen Ablauf da-zugehörte, mitmachen. So äußerte sie sich ein-mal dazu: „Schauspielerin war ich zu aller-, allerletzt, zu 99 Prozent war ich halt Regieassis-tentin, Requisiteuse, Souffleuse, Tonmeister, In-spizientin – alles, was es so gab.“ Ihre ersten kleinen Rollen bekam sie nach Vater Helmuths Motto: „Och, das kann Gerdachen spielen, die

ist ja sowieso da.“ Zehn Jahre arbeitete Gerda Gmelin unter diesen aufgezeigten Bedingungen rund um die Uhr. Sie betonte, dass sie weder von großen Rollen noch von Regieführung träumte. Sie fühlte sich wohl in der Verantwor-tung für einzelne Bereiche, freute sich, guten Re-gisseuren zu assistieren, war weit entfernt von dem Gedanken, das Theater eines Tages selbst zu leiten. Allmählich veränderte sich die Sicht Helmuth Gmelins auf das schauspielerische Ta-lent seiner Tochter. Gerda Gmelin bekam grö-ßere Rollen und wurde von den Assistenz- und Inspizienzaufgaben befreit. Nach dem plötz-lichen Weggang einer engen Mitarbeiterin übte sie sich nun in ersten Engagements. In diese Zeit fiel eine schwere Erkrankung Helmuth Gmelins, die 1959 zu seinem Tode führte. Von dieser Zeit an begann für Gerda Gmelin ein neuer Lebens-abschnitt. Ohne dass sie es je beabsichtigt hatte, war sie nun die Prinzipalin, die Intendantin des Theaters im Zimmer. Zuerst fühlte sie sich nicht wohl mit dieser neuen Aufgabe, wollte „gehen“, doch die nächsten Aufführungen (z. B. von An-ouilh) waren solch ein großer Erfolg, dass sie sich dem Publikum verpflichtet fühlte. So wuchs sie in die größere Verantwortung hinein – unter-stützt vom Freundeskreis des Theaters, von der Volksbühne und von langjährigen Theaterweg-gefährtinnen und -gefährten, weiterhin geleitet von der Idee Helmuth Gmelins. Gerda Gmelin pflegte einen familiären Stil im Umgang mit ihren Mitarbeiterinnen und Mitarbeitern. Jede und jeder war ihr wichtig für das Gelingen der Theaterarbeit. Sie zeigte ein ausgesprochenes Gespür für avantgardistische, wenn auch nicht immer publikumswirksame Stücke, gute Regis-seure und Schauspielerinnen und Schauspieler. Brecht, Miller, de Sade u. a. standen auf dem Spielplan. Im Winter 1967 begann sie eine er-folgreiche jährliche Agatha-Christie-Krimireihe,

6) Ebenda.

später folgte ein sonntäglicher Jazz-Frühschoppen, inspiriert durch Gottfried Böttger (Piano) und Andreas von der Meden (Banjo) – eigentlich der Beginn der Hamburger Musik-Szene, wie Gerda Gmelin einmal betonte. In dieser Zeit des Erfolgs hatte Gerda Gmelin einen schweren Unfall mit langer Rekonvaleszenz. Sie musste „kürzertreten", erhielt aber viel Unterstützung für das Theater, besonders durch Friedrich Schütter *(siehe* ▸ **Friedrich-Schütter-Platz,** *in Bd. 3 online**)* und sein Ensemble. Sohn Christian Masuth, bis dahin zur See gefahren, kam zurück, übernahm die handwerklichen Arbeiten und entwickelte sich zum anerkannten Bühnenbildner des Theaters im Zimmer. Mit der Spielzeit 1977/78 übernahm Gerda Gmelin wieder die ganze Theaterarbeit mit der Aufführung „Gaslicht" und weiteren Stücken von Ayckbourn, Pinter u. a. Die Volksbühne ehrte Gerda Gmelin mit der Silbernen Maske. 1982 begann Gerda Gmelin mit einem neuen Projekt: einer Musical-Tradition. Bis zur Schließung des Theaters im Zimmer im Jahre 1999 steuerte Gerda Gmelin immer wieder mit großem Elan, mit eigenen erfolgreichen Rollen in Stücken von Pinter, Beckett, Kroetz u. a. durch alle Fährnisse des Theaterlebens. Für ihre Verdienste erhielt sie die Medaille für Kunst und Wissenschaft des Hamburger Senats, die Biermann-Ratjen-Medaille und den Max-Brauer-Preis. Ihre letzte in der Winterhuder Komödie gespielte Rolle der „Winnie" in Becketts „Glückliche Tage" war eine ihrer Lieblingsrollen. Gerda Gmelin starb am 14. April 2003 in Hamburg.

Text: Christian Masuth (†), Sohn von Gerda Gmelin

Siehe auch ▸**Friedrich-Schütter-Platz,** *Uhlenhorst, seit 2001: Friedrich Schütter (1921–1995), Schauspieler, Intendant des Ernst-Deutsch-Theaters, Gründer des Jungen Theaters, in Bd. 3 online**.*

Gerlindweg

Rissen, seit 1957. Gestalt aus der Gudrunsage. Anonymes Heldenepos um 1240. Motivgruppe: Gestalten aus der Gudrunsage

Gerlind ist die Mutter von Hartmut von Ormanie und lebt mit ihm auf einer Burg. Sie überredet ihn, um Gudrun zu werben und falls diese ihn ablehnen sollte, sie gewaltsam zu entführen.

Tatsächlich weist Gudrun Hartmut ab, und Hartmut tut, was seine Mutter ihm für diesen Fall geraten hat und entführt Gudrun auf seine Burg.

Doch Gudrun gibt nicht auf; standhaft weigert sie sich, Hartmut zum Mann zu nehmen. Ganz „böse Stiefmutter in spe" tyrannisiert und erniedrigt Gerlind sie deshalb, lässt sie niedere Dienste verrichten und am Strand Wäsche waschen.

Siehe auch ▸ **Gudrunstraße, Hildeweg,** *in diesem Band.*

Siehe auch ▸ **Hartmutkoppel, Herwigredder, Ortwinstieg, Wateweg,** *in Bd. 3 online**.*

Gertrud-Bäumer-Stieg

Bergedorf, seit 1984, benannt nach **Gertrud Bäumer** *(12.9.1873 Hohenlimburg–25.3.1954 Bethel), Frauenrechtlerin, Politikerin. Motivgruppe: Verdiente Frauen*

Gertrud Bäumer entstammte einer protestantischen Theologenfamilie und hatte noch zwei Geschwister. „Entsprechend den sozial-liberalen Ansichten ihres Vaters besucht Bäumer (…) statt der höheren Töchterschule die Volksschule, wo sie mit Kindern aus allen Schichten in Berührung kommt."[7]

Nach dem Tod des Vaters im Jahre 1883 geriet die Familie in finanzielle Schwierigkeiten.

**   **Band 3 online** unter: www.hamburg.de/maennerstrassennamen

7)   Margit Göttert: Macht und Eros. Frauenbeziehungen und weibliche Kultur um 1900 – ein neue Perspektive auf Helene Lange und Gertrud Bäumer. Königstein/Taunus 2000, S. 29 f.

Die Mutter zog mit ihren drei Kindern zur Großmutter nach Halle an der Saale, wo die damals zehnjährige Gertrud „ihre weitere Kindheit im Kreis einer Großfamilie mit ‚matriarchalem Charakter' (so Bäumer selbst) und protestantisch-konservativer, asketischer Grundhaltung unter großmütterlichem Regiment verbringt".[8]

Nach dem Besuch einer höheren Mädchenschule absolvierte Gertrud Bäumer ein Lehrerinnenseminar und unterrichtete ab 1892 an Mädchenvolksschulen. Sie engagierte sich im Allgemeinen Deutschen Lehrerinnenverein und bekam durch ihn Kontakt zur bürgerlichen Frauenbewegung. In diesen Kreisen lernte sie auch die Frauenrechtlerin Helene Lange kennen *(siehe ➤* Helene-Lange-Straße, *in diesem Band).* Als sie 1898 von deren Augenkrankheit erfuhr, bot sie sofort ihre Hilfe an. „Innerhalb kürzester Zeit wird sie zu Langes engster Mitarbeiterin und zieht schon 1899 zu ihr in die [Berliner] Wohnung, die Helene Lange damals noch mit ihrer Lebensgefährtin Dora Sommer teilte."[9]

1900 bestand Gertrud Bäumer die Oberlehrerinnenprüfung und begann daraufhin ein Studium der Philosophie und Theologie. Vier Jahre später schloss sie das Studium mit der Promotion ab.

Während des Studiums und danach schrieb sie für die von Helene Lange herausgegebene Zeitschrift „Die Frau" und übernahm ab 1907 die Redaktion der Zeitschrift „Neue Bahnen".

1910 wurde Gertrud Bäumer Vorsitzende des Bundes Deutscher Frauenvereine (BDF). Als der Erste Weltkrieg begann, gehörte Gertrud Bäumer zu den Befürworterinnen des Krieges. Unter ihrer Leitung wurde gleich nach der Mobilmachung 1914 der Nationale Frauendienst gegründet. „Er soll die soziale Arbeit im Innern des Reiches koordinieren, die Folgen der Mobilmachung auffangen und die Umstellung auf die

Kriegswirtschaft mit organisieren. Den internationalen Frauenfriedenskongress *[siehe dazu ➤* Heymannstraße, *in diesem Band],* der 1915 im Haag stattfindet, lehnt Bäumer wie viele ihrer Vorstandskolleginnen ab und ist maßgeblich an dem Beschluss beteiligt, den Funktionsträgerinnen des Bundes die Teilnahme zu untersagen."[10]

In (Hamburg)-Altona übernahm Bäumer 1916 die Leitung des „Frauenreferates des Kriegsamtes, das 1916 wie in allen Städten des Deutschen Reichs gegründet worden war, um Frauen für die Industrie und die Übernahme von fürsorgerischen Maßnahmen zu rekrutieren. Unter ihrer Führung fordert der BDF 1917 auf seiner Kriegskonferenz das Stimmrecht [Wahlrecht für Frauen] mit dem Hinweis auf die Leistungen, die die Frauen an der ‚Heimatfront' erbrächten."[11] Selbst noch im Jahre 1918 verfasste Gertrud Bäumer Durchhalteparolen für die Frauenorganisationen.

Als im Kriegsjahr 1917 in Hamburg die Doppelinstitution Soziale Frauenschule und Sozialpädagogisches Institut gegründet wurde, wurde Gertrud Bäumer als Leiterin eingesetzt. Die Frauenschule bot eine zweijährige allgemeine soziale Ausbildung, das Institut eine fachliche Ausbil

Gertrud Bäumer

dung für Sozialarbeiterinnen. Neben Gertrud Bäumer unterrichtete am Sozialpädagogischen Institut auch ihre Freundin Helene Lange.

1918 gründete Gertrud Bäumer mit Friedrich Naumann *(siehe ➤* Friedrich-Naumann-Straße, *in Bd. 3 online**)* die Deutsche Demokratische Partei (DDP). Zwei Jahre später wurde sie als erste Frau in Deutschland zu einer Ministerialrätin ernannt und betreute im Reichsinnenmi

Abb.: Aus: Agnes von Zahn-Harnack, Die Frauenbewegung, Berlin 1928, S. 24/Bestand Stiftung Archiv der deutschen Frauenbewegung.

8) Margit Göttert, a. a. O., S. 30.
9) Margit Göttert, a. a. O., S. 31.
10) Margit Göttert, a. a. O., S. 33.
11) Ebenda.

nisterium das Schulreferat. Gleichzeitig fungierte sie zwischen 1919 und 1933 als Abgeordnete (DDP) des deutschen Reichstages. In dieser Zeit lebte sie mit Helene Lange wieder in Berlin. „Als Lange, mit der sie zuletzt zusammengelebt hat, 1930 stirbt, zieht Bäumer mit ihrer Freundin Gertrud Hamer, geb. von Sanden, die sie seit 1922 kennt, in eine gemeinsame Wohnung in Berlin. Am 14. März 1933, kurz nach dem Machtantritt der Nationalsozialisten, wird sie beurlaubt und am 21. April 1933 wegen ‚politischer Unzuverlässigkeit‘ aufgrund des Gesetzes zur Wiederherstellung des Berufsbeamtentums mit verkürztem Ruhegeld aus dem Staatsdienst entlassen. Sie mietet sich daraufhin zusammen mit von Sanden ein kleines Schloss in Gießmannsdorf bei Bunzlau in Niederschlesien, wo sie sich fortan vor allem ihrer schriftstellerischen Tätigkeit widmet, aber weiterhin auch Vorträge in privatem Rahmen und in christlichen Kreisen hält. (…) Bis 1944, als Papiermangel eintritt, kann sie ihre Zeitschrift ‚Die Frau‘ mit Genehmigung der Nationalsozialisten weiterführen. Darin kommen nicht nur Frauen aus der alten Frauenbewegung zu Wort, sondern auch aktive Nationalsozialistinnen, häufig ehemalige Schülerinnen, die unter dem neuen Regime Karriere gemacht haben. (…) Während der letzten Jahre in Gießmannsdorf betreut Bäumer den Enkel ihrer 1940 an Krebs verstorbenen Freundin Gertrud von Sanden und tritt mit ihm 1945, als sich die russischen Soldaten nähern, die Flucht in den Westen an. (…) Bäumer kommt (…) bei einer Bekannten in Bamberg unter (…). Sie führt ihre schriftstellerische Tätigkeit weiter und reist (…) mit Vorträgen durch Deutschland, die vor allem die christlich-soziale Erneuerung im Nachkriegsdeutschland und die umstrittene Verteidigung der Frauenbewegung zum Inhalt haben (…). 1947 erhält Bäumer (…) zusammen mit ihrer Schwester Else (…)

eine gemeinsame Wohnung in Bonn/Bad-Godesberg.“[12]

1949 wurde Bäumer Mitbegründerin der Partei der CSU.

Siehe auch ➤ **Emmy-Beckmann-Weg, Helene-Lange-Straße, Ricarda-Huch-Weg, Suttner-straße,** *in diesem Band.*

Siehe auch ➤ **Friedrich-Naumann-Straße,** *Heimfeld, seit 1929: Dr. Friedrich Naumann (1860–1919), Mitbegründer der DDP, Mitglied der Weimarer Nationalversammlung, Reichstagsabgeordneter, in Bd. 3 online**.*

Gertrudenkirchhof

Altstadt, seit dem 18. Jahrhundert. Benennung erfolgte durch Übertragung der Bezeichnung des angrenzenden Kirchhofes der St. Gertrud-Kapelle (vgl. Abb. S. 64)

Gertrudenstraße

Altstadt, seit 1843, benannt nach Gertrud von Nivelles *(geb. um 626 in Nivelles, ursprünglich ein Landsitz der Pippiniden in Brabant, 20 km südlich von Brüssel, gest. 17.3.659), Patronin der während des Großen Brandes 1842 ausgebrannten und danach abgerissenen St. Gertrud-Kapelle, zu der die Straße führt*

Die heilige Gertrud von Nivelles war die Tochter Pippins von Landen, dem Älteren, und der sel. Itta oder Iduberga. Durch den Einfluss ihrer Mutter legte sie bereits im Alter von zwölf Jahren das Keuschheitsgelübde ab und schlug später eine Heirat mit dem Sohn des Herzogs von Austrasien aus. Nach dem Tod des Vaters führte sie bei ihrer Mutter ein sehr zurückgezogenes Leben. Auf Rat des Bischofs von Maastricht ließ Itta ihren Landsitz und die Ländereien in Nivelles in ein Kloster umwandeln, in das Mutter und Tochter eintraten.

** **Band 3 online** unter: www.hamburg.de/maennerstrassennamen

12) Margit Göttert, a. a. O., S. 35 f.

Nach dem Tod der Mutter wurde Getrud zur ersten Äbtissin des Klosters ernannt. Sie hielt ihre Nonnen zu Spinn- und Webarbeiten an, ließ sie von irischen Priestern unterrichten, richtete eine Klosterbibliothek ein und begründete neben dem Kloster eine Herberge für Wanderer und Pilger.

Einen Großteil ihres Vermögens gab sie auch für den Bau von Kirchen aus, weshalb sie oft mit einer Kirche im Arm dargestellt ist (z. B. auf einem Bild in der Hamburger St. Jacobi-Kirche).

Ihre Gesundheit hielt jedoch die starke Arbeitsbelastung nicht aus. Getrud starb während der Heiligen Messe im Alter von 33 Jahren.

Nach ihrem Tod wurde sie zur Schutzpatronin der Reisenden und Kaufleute. Fast alle Hansestädte besaßen im 14. Jahrhundert eine Kapelle oder einen Altar zu Ehren der Heiligen Gertrud. Außerdem war sie die Schutzpatronin gegen Ratten- und Mäuseplage. Im Volksglauben gehört sie zu den Frühlingsbotinnen und wird als „Sommerbraut" oder „erste Gärtnerin" bezeichnet.

Eine Holzfigur (geschaffen um 1520), vermutlich die der heiligen Gertrud, kam aus der Gertrudenkirche an die Sammlung der Hamburgischen Altertümer. Da allerdings die Attribute fehlen, war eine Identifizierung der Heiligen schwierig.

Gertrud von Nivelles, Altarrelief, St. Jacobi-Kirche, Hamburg

Abb.: Hauptkirche St. Jacobi/Hagen Wehrend

13) Mathijs C. Wiessing (Hrsg.): Gertrud Meyer – Die Frau mit grünen Haaren. Erinnerungen von und an G. Meyer. Hamburg 1978, S. 7.

Gertrud-Meyer-Straße

Ohlsdorf, seit 2014, benannt nach Gertrud Meyer (21.1.1898 Köln–21.12.1975 Hamburg), Autorin, KPD-Mitglied ab 1920, Stadtverordnete in Köln 1924–1925, Umzug mit Familie nach Moskau 1930, Verhaftung 1936, Abschiebung aus Russland nach Deutschland 1938, dort Verhaftung, 1940 entlassen, Zwangsarbeit als Laborantin, gehörte der Widerstandsgruppe „Bästlein-Jacob-Abshagen" an, erneut Verhaftung 1944, baute nach dem Krieg ein antifaschistisches Archiv des Widerstandes auf und publizierte die Ergebnisse; Widerstandskämpferin gegen den Nationalsozialismus

Gertrud Meyer, die den größten Teil ihres Lebens in Hamburg verbrachte, war eine überzeugte Kommunistin und wurde von den Nationalsozialisten verfolgt und inhaftiert – doch trotz oder gerade wegen der erlittenen Qualen gründete sie gleich nach Kriegsende ein Archiv für antifaschistischen Widerstand.

Am 21. Januar 1898 wurde Gertrud Meyer in Köln als Tochter eines engagierten sozialdemokratischen Handwerkerehepaares geboren. Als Gertrud Meyer zwölf Jahre alt war, starb ihr Vater an Schwindsucht. Die Familie zog nach Hamburg. „Schon dieser erste Schicksalsschlag (der Tod des Vaters und die daraus resultierende Verarmung der Familie) hatte sie tief verwundet, zugleich aber ihr Bedürfnis nach Selbstbehauptung, ihren Widerstand und ihre Energie ungemein gesteigert. So fand sie den Weg zur aktiven Teilnahme an der sozialistischen Jugendbewegung,"[13] schreibt die Herausgeberin von Gertrud Meyers Autobiographie.

Gertrud Meyer war begabt, sie besuchte die Selekta, was nur den besten Schülerinnen aus den letzten Volksschulklassen Hamburgs erlaubt wurde. Ihr Wunsch, Lehrerin zu werden, wurde jedoch von der Armenverwaltung mit einer unglaublichen Begründung abgelehnt: „Ich war damals vierzehn Jahre alt (...). Aus der Selekta konnten zu jener Zeit Volksschülerinnen ein Stipendium bekommen und konnten eine höhere Lehranstalt besuchen, entweder ein Lehrerseminar oder ein Lyzeum und hatten damit die Möglichkeit eines qualifizierten Berufes. Bei mir gab es zwei Möglichkeiten. Ich zeichnete sehr gut, meine Zeichnungen wurden ausgestellt in der Kunstgewerbeschule am Lerchenfeld (...). Ich konnte Zeichenlehrerin oder Lehrerin werden. Auf alle Fälle mußte ich dazu das Lehrerseminar besuchen und nebenbei die Kunstgewerbeschule im Lerchenfeld. (...) Nun ging die Verhandlung, ob ich aufs Lehrerseminar soll. Da schaltete sich die Armenverwaltung bzw. die Gemeinde ein und bestimmte: wenn die Gertrud nicht Dienstmädchen wird, wörtlich: ‚Dann ziehen wir die milde Hand zurück und Frau Meyer bekommt ihre fünf Mark nicht mehr.' So mußte ich Dienstmädchen werden und mich auch konfirmieren lassen.“[14]

Nach einiger Zeit kündigte Gertrud Meyer ihre Dienstmädchenstelle und begann eine Tätigkeit in einer Schraubenfabrik im Hamburger Stadtteil Hammerbrook, wo sie sehr anstrengende Arbeiten verrichten musste.

Nachdem sie dort gekündigt hatte, arbeitete sie eine Zeit lang auf dem Gut des Barons von Ohlendorff (siehe ▶ Heinrich-von-Ohlendorff-Straße, in Bd. 3 online**). Nachdem sie auch diese Stellung verlassen hatte, versuchte sie eine neue Anstellung zu finden und sprach deshalb in Hamburg beim Vaterländischen Frauenverein vor, der als Arbeitsvermittlungsstelle fungierte. Diesem Verein: „gehörten u. a. die Damen Sieveking, Heydorn und Mönckeberg, also die Hautevolee von Hamburg [an]. Die machten auf diese Weise Vaterlandsverteidigung, indem sie uns Mädchen

vershanghaiten. Ich wurde von ihnen nach Quickborn in Holstein, fünfzig Kilometer von Hamburg entfernt, vermittelt. Da war ein Komplex von Munitionsfabriken, der der Dynamit-Nobel-AG und der Norddeutschen Sprengstoff-AG gehörte. Dort habe ich an der Presse gearbeitet – Schwarzpulver –, wir haben Leuchtkörper hergestellt. Es gab keine Verbindung mit den Jugendorganisationen. (...) In Quickborn, wo ich arbeitete, war nicht eine Stelle, war kein Gewerkschafter, der sich darum kümmerte, daß wir Milch haben mußten, da wir doch dieses Gift schlucken mußten.“[15]

Die Arbeit in der Munitionsfabrik machte Gertrud Meyer krank – sie brach zusammen – kehrte nach Hamburg zurück und musste sich einige Zeit auskurieren und: „nachher wiederum zum ‚Vaterländischen Frauenverein'. Die feinen Damen mit den reingewaschenen Hälsen haben uns dann im Mai 1917 nach Leverkusen geschickt. In Leverkusen habe ich in einem Geschoßfüllwerk gearbeitet“.[16] Dort lernte sie Mitglieder der sozialdemokratischen Arbeiterbewegung kennen. 1917 trat sie der USPD bei, 1920 dann der KPD.

In der Munitionsfabrik in Leverkusen erkrankte sie durch ihre Arbeit mit Piktrinsäure, die Gertrud Meyers Haare grün und ihre Haut gelb werden ließ. „Es kam die Revolution vom November 1918 – die Munitionsarbeit war vorbei, und allmählich verschwand nicht nur Gertruds widerliche Färbung, sondern auch der damit verbundene Minderwertigkeitskomplex. Gertrud spielte eine wesentliche Rolle im Arbeiter- und Soldatenrat und später auch in der Kommunistischen Partei in Köln,“[17] so Gertrud Meyers Biographin Mathijs C. Wiessing.

Nachdem Gertrud Meyer die Munitionsfabrik in Leverkusen verlassen hatte, zog sie zu Verwandten nach Köln. Dort lernte sie in ihrem

Abb.: Aus: Mathijs C. Wiessing (Hrsg.), Gertrud Meyer ..., VSA Verlag, Hamburg 1978.

**   Band 3 online unter: www.hamburg.de/maennerstrassennamen

14) Mathijs C. Wiessing, a. a. O., S. 23.
15) Mathijs C. Wiessing, a. a. O.,

S. 30.
16) Mathijs C. Wiessing, a. a. O., S. 37 und 41.
17) Mathijs C. Wiessing, a. a. O., S. 7.

politischen Umfeld Kurt Meyer kennen, einen Mann aus bürgerlichen Kreisen, Architekt von Beruf und Mitbegründer der Zeitung „Sozialistische Republik". Am 14. April 1920 heirateten die beiden. Zusammen mit ihrem Mann setzte Gertrud Meyer ihre politische Arbeit fort, so als Angestellte in der Expedition der „Sozialistischen Republik". Mit dieser Arbeit verdiente sie ihr Geld, nebenher war sie als Referentin der USPD, ab 1920 dann der KPD tätig. Außerdem wurde Gertrud Meyer in Köln zur Stadtverordneten gewählt und arbeitete in verschiedenen Ausschüssen, auch in der Bezirksleitung der KPD für die Frauenarbeit, mit. Gleichzeitig hatte sie noch ihren kleinen Sohn zu versorgen.

Gertrud Meyer

Da Gertrud Meyers Gesundheit bereits sehr angeschlagen war, stand sie diese vielfältigen Tätigkeiten nicht durch – neue Erkrankungen stellten sich ein: „Ich hatte eine ganze Zeit das Stadtverordnetenmandat, aber dann wurde meine Stirnhöhlenentzündung immer schlimmer. Das wurde dann so furchtbar, daß es passierte, daß ich während der Stadtverordnetenversammlung einfach zusammenbrach und diese entsetzlichen Kopfschmerzen hatte, an denen ich tagelang litt und mich wie ein totgeschlagener Hund fühlte. Es wurde so schlimm, daß ich gar keine Funktion mehr richtig ausüben konnte, weil ich einfach keine Termine einhalten konnte, so daß ich damals dann alle Funktionen niederlegen mußte, mit Ausnahme der Stadtteilleitung."[18]

Ihr Mann war in dieser Zeit Stadtarchitekt. 1929 zogen sie von Deutz nach Köln. Nachdem es Gertrud Meyer gesundheitlich wieder ein we-

nig besser ging, übernahm sie die „Rote Hilfe" und die Frauenarbeit der KPD. Als ihr Mann 1930 zum Städtebaudirektor befördert werden sollte, ließ Adenauer ihn zu sich kommen und forderte ihn und seine Frau auf, aus der KPD auszutreten – ansonsten könne er die Beförderung nicht unterschreiben. Kurt Meyer bat um Bedenkzeit, um sich mit seinen Genossen zu beraten. Bei diesen handelte es sich um Vertreter der Sowjetischen Handelsgesellschaft und des Obersten Volkswirtschaftsrates. Sie rieten ihm, sich für mindestens zwei Jahre beurlauben zu lassen und nach Moskau zu gehen – um sich somit Adenauers Forderung elegant zu entziehen.

1930 folgte das Ehepaar Meyer diesem Rat und zog mit ihrem neunjährigen Sohn nach Moskau. Dort arbeitete Gertrud Meyer in einem Dynamowerk, wollte aber eigentlich Biologie studieren. Man schlug ihr jedoch vor, ein Politikstudium aufzunehmen, und zwar an der Westuniversität, einer Hochschule für ausländische Studentinnen und Studenten, die auch einen deutschen Sektor besaß. Kurt Meyer wurde zum Leiter eines der Moskauer Bezirksämter ernannt und erhielt die Einbürgerung.

Doch auch in der Sowjetunion waren der Familie nur knapp neun Jahre gegönnt, denn in die politischen Auseinandersetzungen innerhalb der KPdSU, die sich ab 1934 zuspitzten, wurden auch die Emigranten einbezogen. Gertrud Meyers Biographin schreibt zu den politischen Ereignissen: „Kirow, Parteisekretär von Leningrad, seit dem XI. Parteitag 1922 Kandidat des ZK der KPdSU, seit 1927 Mitglied des Politbüros, wird am 1. Dezember 1934 ermordet. Noch am Abend des Mordtages gibt Stalin, ohne Konsultation des Politbüros, eine Verordnung zur beschleunigten Aburteilung sogenannter Terroristen und zur unverzüglichen Hinrichtung aller bislang zum Tode verurteilten Oppositionellen heraus. Die Ermor-

18) Mathijs C. Wiessing, a. a. O., S. 67.

dung Kirows wird so zum Auftakt einer immensen Repressionswelle, in deren Verlauf tausende Kommunisten verhaftet und verschleppt werden."[19] Von diesen politischen Spannungen war auch das Ehepaar Meyer betroffen. Gertrud und Kurt Meyer wurden 1936 aus der Partei ausgeschlossen, Kurt Meyer am 26. November 1936 verhaftet. Er starb 1942 und wurde später posthum in der Sowjetunion rehabilitiert. Weil Gertrud Meyer deutsche Staatsbürgerin war und zu den Kadern der Komintern gehörte, erfolgte 1938 ihre Ausweisung aus der SU. Ihr Sohn blieb zurück und wuchs in einem Kinderheim auf. Die beiden sollten sich erst nach dem Krieg wiedersehen.

So kehrte Gertrud Meyer 1938 in ein Deutschland zurück, in dem die Nationalsozialisten regierten. Als sie über Polen kommend Berlin erreichte, wurde sie in Gestapo-Haft genommen und mehrere Tage verhört. Im Oktober 1938 kam sie ins Gefängnis Moabit in „Schutzhaft". Im März 1939 wurde sie zu zwei Jahren Zuchthaus wegen „Vorbereitung zum Hochverrat" verurteilt. Die Strafe saß sie in Cottbus ab und kam, da die Untersuchungshaft angerechnet worden war, endlich Ende September 1940 nach Hamburg zu ihrer Mutter und Schwester.

Kurz nach ihrer Ankunft in Hamburg nahm Gertrud Meyer Kontakt zur illegalen Organisation der KPD auf, deren Angehörige sie zum Teil von früher kannte. Sie wurde Mitglied der Bästlein-Jacob-Abshagen-Gruppe, der illegalen Bezirksleitung der KPD Hamburg und begann als Laborantin in der Rüstungsfabrik des Valvo-Werkes in Hamburg-Lokstedt tätig zu werden. Hier arbeiteten auch viele „Ost"-Arbeiterinnen aus besetzten Gebieten. Sie waren unterernährt, unter primitivsten Umständen untergebracht, und ihr Lohn war meist geringer als ein Taschengeld. Da sich Gertrud Meyer wegen ihrer Labortätig-

keit relativ frei in den Valvo-Werken bewegen konnte, wurde sie von ihrer Partei zur Kontaktperson für die Zwangsarbeiterinnen und -arbeiter gewählt. Gertrud Meyer setzte sich für diese ein und überzeugte die restliche Belegschaft der Valvo-Werke, sich solidarisch mit den „Ost"-Arbeitern und -arbeiterinnen zu zeigen. So wurde ihnen mehr oder weniger offen geholfen. Gleichzeitig versuchte Gertrud Meyer ihre Kolleginnen und Kollegen zum Widerstand gegen das NS-Regime aufzurufen.

Als Hamburg im Sommer schwer bombardiert wurde, entwarf Gertrud Meyer ein Flugblatt, das in den Betrieben Hamburgs verteilt werden sollte. Es lautete: „An die Bevölkerung der Stadt Hamburg! Das vierte Kriegsjahr nimmt seinen Lauf. Es begann mit der Niederlage von Stalingrad. Mehr als hunderttausend deutsche Männer und Söhne mußten dort elend für eine verlorene Sache zugrunde gehen. Unaufhaltsam folgen die Rückschläge an allen Fronten. Jeder kann jetzt erkennen: Dieser Krieg ist nicht mehr zu gewinnen! Verbreitet die Wahrheit über diesen Krieg! Arbeitet langsamer! Macht keine Überstunden! Blockiert die Lieferungstermine! Alles, was Ihr tut, um den Krieg zu beenden, dient der Rettung der Heimat und unzähliger Menschenleben!"

Für die Verteilung des Flugblattes blieb jedoch keine Zeit mehr. Die Gestapo war der Widerstandsgruppe auf den Fersen. Im Jahre 1944 begannen die Verhaftungswellen. Gertrud Meyer wurde am 25. Februar 1944 in ihrem Betrieb verhaftet, nachdem sie noch einige Freunde hatte warnen können. Weil sie keine Freunde und Genossen verriet, wurde sie gefoltert. Ihr Prozess sollte im März 1945 vor dem Volksgerichtshof stattfinden. Da sich ihr Prozess jedoch immer wieder durch Bombenangriffe und andere Umstände, z. B. durch den Tod des Vorsitzenden des

---

19) Mathijs C. Wiessing, a. a. O., S. 79.

Volksgerichtshofs verzögerte, wurde Gertrud Meyer der Prozess nicht mehr gemacht. Am 1. Mai 1945 wurde Hamburg den Engländern übergeben, Gertrud Meyer aber erst am 26. Mai 1945 aus dem Gefängnis entlassen.

Trotz dieser schweren Erlebnisse baute Gertrud Meyer gleich einen Monat nach ihrer Entlassung aus der Haft zusammen mit anderen früheren Widerstandskämpferinnen und -kämpfern das Komitee ehemaliger politischer Gefangener auf, das der britischen Militärregierung bei der Entnazifizierung half. Außerdem hatte das Komitee die Aufgaben, sich um ehemals Verfolgte und ihre Familienangehörigen zu kümmern, bei der Arbeitssuche zu helfen, Trümmeraufräumarbeiten zu organisieren und andere soziale Hilfe zu leisten. Gertrud Meyer sammelte Berichte und Dokumente über die Verfolgung in der NS-Zeit und war maßgeblich an den Kriegsverbrecherprozessen in Hamburg beteiligt.

In der Zeit des Kalten Krieges wurde das Komitee verboten. Aber nicht nur das war ein harter Schlag für Gertrud Meyer. Ihr und ihrem neuen Lebensgefährten, dem österreichischen Sozialdemokraten und ersten Sekretär des Komitees, Hans Schwarz, wurde von den eigenen Genossen vorgeworfen, dass sie mit den Engländern, den ehemaligen Verbündeten, die nun zu Feinden geworden waren, zusammengearbeitet hatten. Gertrud Meyer wurde aus der KPD ausgeschlossen. Kurze Zeit später wurde die KPD verboten und Gertrud Meyer vom ZK der nun illegalen KPD wieder aufgenommen. Gertrud Meyer organisierte die Parteiarbeit in der Illegalität, erstellte ein neues Archiv des Widerstandes und half beim Aufbau des KZ Neuengamme als Gedenkstätte. Außerdem schrieb sie mehrere Bücher über die NS-Zeit, z. B. „Nacht über Hamburg", „Frauen gegen Hitler" und „Streiflichter aus dem Hamburger Widerstand".

** **Band 3 online** unter: www.hamburg.de/maennerstrassennamen

Gesundheitlich war Gertrud Meyer sehr angeschlagen. Aufgrund der erlittenen Qualen unter der Folter und während der Haft hatte sie sich ein schweres Herzleiden zugezogen. Gertrud Meyer starb am 21. Dezember 1975 in ihrer Hamburger Wohnung in der Maria-Louisen-Straße 65 im Stadtteil Winterhude.
Text: Anja Bögner

Siehe auch ➤ Catharina-Fellendorf-Straße, Erna-Behling-Kehre, Helene-Heyckendorf-Kehre, Katharina-Jacob-Weg, Lisbeth-Bruhn-Straße, Margit-Zinke-Straße, Marie-Fiering-Kehre, Tennigkeitweg, Thüreystraße, *in diesem Band.*

Siehe auch ➤ Heinrich-von-Ohlendorff-Straße, *Bergstedt, seit 1936: Christian Heinrich Freiherr von Ohlendorff (1836–1928), und* Ohlendorffs Tannen, *Volksdorf, seit 1948: Kaufmann, Besitzer des Gutshofes Volksdorf, in Bd. 3 online**.*

Gertrud-Pardo-Weg

Alsterdorf, seit 1985, benannt nach Gertrud Henriette Pardo *(10.7.1883 Hamburg–am 25.10.1941 deportiert nach Lodz, am 3.6.1942 weiter deportiert ins Vernichtungslager Chelmno), jüdisches Opfer des Nationalsozialismus. Gewerbeoberlehrerin an der staatlichen allgemeinen Berufsschule für die weibliche Jugend, Bezirksschule III, Schrammsweg 34. Leiterin der Haushaltungsschule Heimhuder Straße 70*
Stolperstein vor dem Wohnhaus Rainweg 9 und vor der Wirkungsstätte der Schule an der Kellinghusenstraße 11.

Im Jahre 2013 beschäftigten sich zwei Klassen (HH11/1 und HH11/2) der Höheren Handelsschule der Beruflichen Schule Eppendorf mit dem Schicksal der an der Gewerbeschule Eppendorf tätig gewesenen jüdischen Lehrerin Gertrud Pardo, die 1942 ins Vernichtungslager Chelmno deportiert wurde. Dieses Schulprojekt mündete in einer Ausstellung, die vom 27. Mai bis zum 7. Juni 2013 im Erdgeschoss der Beruflichen Schule Eppendorf gezeigt wurde, und in .einem Begleitheft zur Ausstellung.[20]

Gertrud Pardo war das älteste Kind von fünf Kindern der Eheleute Isaac (1858–1938) und Sophie (1853–1931), geb. Fränckel. Isaac Pardo ernährte seine Familie durch seine Regen- und Sonnenschirmfabrik.

Gertrud Pardo besuchte die Höhere Mädchenschule, danach das Lehrerinnenseminar, welches sie 1903 mit dem Lehrerinnenexamen für höhere und mittlere Schulen abschloss. Anschließend unterrichtete sie zwei Jahre in einer Privatschule und ging dann für ein Jahr als Lehrerin in ein Internat nach Paris.

Zurück in Hamburg war sie von 1906 bis 1919 an einer Volksschule angestellt. Gleichzeitig absolvierte sie auf Veranlassung der Schulbehörde eine Ausbildung zur Gewerbelehrerin. Nach Abschluss dieser Ausbildung war sie dann dreizehn Jahre bis 1933 als Gewerbelehrerin an der Gewerbeschule Eppendorf am Schrammsweg 34 tätig.

Um die Interessen der Gewerbelehrerinnen zu vertreten, war Gertrud Pardo im Verein der Lehrerinnen an beruflichen Schulen in Hamburg aktiv tätig. So war sie z. B. eine Zeitlang auch dessen erste Vorsitzende.

Nach der Machtübernahme der Nationalsozialisten wurde Gertrud Pardo im April 1933 aufgrund des „Gesetzes zur Wiederherstellung des Berufsbeamtentums" als Jüdin aus dem Staatsdienst entlassen.

Nach der Entlassung richtete sie im Oktober 1933 „auf Veranlassung der Beratungsstelle für jüdische Wirtschaftslehre eine jüdische Haushaltsschule in Hamburg ein, die es sich zur Aufgabe setzte, jüdische Frauen und Mädchen für die Auswanderung vorzubereiten".[21]

Bevor Gertrud Pardo die Leiterin der Haushaltungsschule in der Heimhuder Straße 70 wurde, hatte sie bereits den Haushaltungskursus der Beratungsstelle für jüdische Wirtschaftshilfe, ebenfalls in der Heimhuder Straße 70, geführt.

Das Ziel der jüdischen Wirtschaftshilfe war es, berufliches Wissen und Können zu vermitteln, damit sich die Auswanderungswilligen in den Kibuzim von Palästina oder in den Emigrationsländern eine neue Existenz aufbauen konnten.

Die Häuser Heimhuder Straße 70 und 68 hatte die Deutsch-Israelitische Gemeinde von Privatleuten zur Verfügung gestellt bekommen. In Nr. 70 richtete die Beratungsstelle für jüdische Wirtschaftshilfe zwei Ausbildungslehrgänge ein: im Keller einen hauswirtschaftlichen Kurs, und im zweiten Stock fanden Nähkurse statt.

Um 1937 wurden die beiden Ausbildungslehrgänge zu Schulen erweitert: in die jüdische Haushaltungsschule, Abt. B: Externat, und in die jüdische Fachschule für Schneiderinnen. Die Haushaltungsschule bot hauswirtschaftliche und hauswirtschaftlich-gewerbliche Jahreskurse an. Ausbildungsziele waren a) Grundlagenkenntnisse für soziale und pflegerische Berufe sowie für den Beruf der Hausgehilfin zu vermitteln und b) Frauen auf handwerkliche Berufe vorzubereiten (z. B. durch Zeichnen, Schneidern, Wäschenähen). Diese Ausbildung wurde als Hachscharah anerkannt, d. h. als Vorbereitung jüdischer Jugendlicher auf ein Leben in Palästina.

Gertrud Pardo, die während ihrer Tätigkeit als Gewerbelehrerin an der Beruflichen Schule Eppendorf in der Eppendorfer Landstraße 12 gewohnt hatte, zog 1937 in den Rainweg 9, dorthin, wo sie nach dem Tod der Mutter 1931 bereits mit ihrem Vater gelebt hatte. Zwei Jahre später zog auch ihre Schwester Angela Pardo, die bis dahin in Leipzig als Oberin in einem Krankenhaus gearbeitet hatte, zu ihr in den Rainweg.

20) Vgl.: Die Pardos. Vom osmanischen Reich über die neue Welt nach Hamburg. Begleitheft zur Ausstellung Spurensuche. Ein Stolperstein für Gertrud Pardo. Bearbeiter: Nicol Trepka, Maria Koser. Michael Halévy, Lutz Thalacker. Hamburg 2013.
21) Handschriftlicher Lebenslauf von Gertrud Pardo, erstellt am 30.12.1938, abgedruckt in: Die Pardos, a. a. O., S. 29.

Am 1. Juni 1941 wurde die Haushaltungsschule auf Anweisung der Gestapo geschlossen. Vier Monate später, am 25.10.1941, wurden die Schwestern Pardo ins Ghetto Lodz deportiert, wo sie mit elf weiteren Personen in einem Zimmer in der Rauchgasse 27 wohnen mussten. Acht Monate später wurden die Schwestern ins Vernichtungslager Chelmno deportiert.

Gertrud-Seele-Kehre

*Bergedorf, seit 1987, benannt nach **Gertrud Seele** (22.9.1917 Berlin–12.1.1945 hingerichtet in Berlin-Plötzensee), Gegnerin des Nationalsozialismus. Motivgruppe: Verdiente Frauen*

Gertrud Seele entstammte einer sozialdemokratischen Arbeiterfamilie mit zwölf Kindern. Ihre Mutter war Luise, ihr Vater Ferdinand Seeler.

Sie besuchte die Volksschule, später die Elbe-Aufbauschule in Neukölln. Dort kam Gertrud Seele „kurz nach der Machtübernahme der Nationalsozialisten (…) in Konflikt mit den neuen politischen Verhältnissen. Die mit einem ausgeprägten Gerechtigkeitssinn ausgestattete selbstbewusste junge Frau wird der Elbe-Schule verwiesen, da sie sich spöttisch gegenüber ihrem vormals sozialdemokratischen, nun nationalsozialistisch eingestellten Rektor äußert."[22]

Im Alter von achtzehn Jahren begann Gertrud Seele eine Ausbildung zur Krankenpflegerin, später absolvierte sie noch ein Fürsorgerinnenexamen. Nach Abschluss der Ausbildung arbeitete sie als Krankenschwester und Fürsorgerin am Robert-Koch-Krankenhaus in Berlin.

Gertrud Seele war eine entschiedene Gegnerin des Naziregimes. Sie „unterstützt ihren Bruder Paul bei der Hilfe verfolgter jüdischer Menschen, die in ihrer unmittelbaren Nähe leben".[23]

1941 wurde ihre Tochter Michaela geboren. Ihr Bruder Paul war inzwischen als Soldat eingezogen worden.

„Nach den wochenlangen schweren Luftangriffen auf Berlin reist Gertrud auf Einladung der Landwirtin Mose zu Ostern 1943 in den Ort Merke in der Lausitz. Die beiden Frauen verstehen sich gut und Gertrud darf im August, als Berlin erneut von schweren Angriffen betroffen ist, gemeinsam mit ihrer Tochter für einige Zeit nach Merke übersiedeln. (…) Gegenüber der Hausherrin macht Gertrud Seele in den nächsten Wochen ebenso wenig einen Hehl aus ihrer Abneigung gegen Krieg und nationalsozialistische Regierung wie in Gesprächen mit Besuchern oder Angestellten der Landwirtin. (…). Während Gertrud im Oktober 1943 nach Britz zurückkehrt, hat sich der Bürgermeister in Merke bereits ein umfassendes Bild über die junge Berlinerin gemacht. Frau Mose hat gegenüber dem Amts-

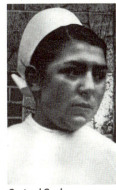

Gertrud Seele

vorstand und der örtlichen Polizei die Äußerungen Gertruds gemeldet und Zeugen benannt. Der Nachbar Lindner bestätigt die Aussagen."[24]

Als Gertrud Seele Ende 1943 noch einmal nach Merke fuhr, um nach ihrer dort gelagerten Aussteuerwäsche zu schauen, wurde sie im Januar 1944 von der Gestapo verhaftet und in die Untersuchungshaftanstalten nach Frankfurt/Oder und später ins Frauengefängnis Barnimstraße nach Berlin überführt.

Am 6. Dezember 1944 wurde Gertrud Seele vom Volksgerichtshof wegen „gehässiger und kriegshetzerischer Äußerungen, Wehrkraftzersetzung und Feindbegünstigung" zum Tode ver-

22) Museum Neukölln: Das tragische Leben der Gertrud Seele, unter: www.museum-neukoelln.de/blog/'?p=2640
23) Museum Neukölln, a. a. O.
24) Museum Neukölln, a. a. O.

urteilt. Ihr Vater, der bei der Urteilsverkündung im Gerichtssaal anwesend war, erlitt daraufhin einen Schlaganfall, an dem er wenig später verstarb.

Ihr Wunsch, noch einmal ihr Kind sehen zu dürfen, wurde Gertrud Seele nicht erfüllt. Der Abschiedsbrief an ihre damals dreijährige Tochter blieb erhalten:

„Meine liebe kleine Tochter Michaela!

Heute muß deine Mutti durch … sterben. Ich habe nun eine große Bitte an Dich, kleines Dirndlein. Du mußt ein braver und tüchtiger Mensch werden und den Großeltern viel Freude machen. Dein Vater ist … geboren am 5. März 1907 in Leipzig. Durch die Großeltern wirst Du alles Nähere erfahren. Ich gebe Dir alle lieben Wünsche mit auf Deinen Lebensweg und möchte Dich bitten, mich immer lieb zu behalten und mich nie zu vergessen. Ich weine innerlich heiße Tränen um Dich und die Eltern, sei immer lieb zu ihnen und mache ihnen recht viel Freude, indem Du ein tüchtiger und aufrechter Mensch wirst. Lebe wohl, geliebtes kleines Töchterchen, in Gedanken umarme und küsse ich Dich.

Deine verzweifelte Mutti.“[25]

Das Urteil wurde am 12. Januar 1945 in Berlin-Plötzensee vollstreckt.

„Im Jahr 1948 werden die Landwirtin Mose und der Nachbar Lindner wegen Verbrechens gegen die Menschlichkeit vom Landgericht Cottbus gemäß Kontrollratsrecht zu Zuchthausstrafen von zehn beziehungsweise acht Jahren verurteilt.“[26]

Siehe auch ▶ Elisabeth-von-Thadden-Kehre, *in diesem Band.*

Gertrud-von-Thaden-Platz

Wilhelmsburg, seit 2012, benannt nach Gertrud von Thaden (1913–16.3.1998), Ehefrau des Verle-

gers und Herausgebers der Wilhelmsburger Zeitung, Willi Thaden, führte nach dessen Tod in den 1950-er Jahren die Geschäfte des Verlages bis 1981 fort, galt als bedeutende Persönlichkeit des kulturellen und öffentlichen Lebens in Wilhelmsburg, engagiert in und verdient um Wilhelmsburg

Gertrud von Thaden, 1913 in Wilhelmsburg geboren, war eine bedeutende Person des öffentlichen und kulturellen Lebens der Elbinsel. Als ihr Mann Willy von Thaden 1958 starb, führte sie die Geschäfte des Verlages der Wilhelmsburger Zeitung weiter und setzte dessen journalistische Arbeit fort, zunächst mit nur wenigen, meist ehrenamtlichen Mitarbeiterinnen und Mitarbeitern, später auch mit ihrer Tochter Anke. Ihre Zeitung kommentierte kritisch die Veränderungen Wilhelmsburgs von den 1950-er bis in die 1980-er Jahre.

Das Redaktionsbüro der Wilhelmsburger Zeitung in der Fährstraße war Anlaufstelle für politisch engagierte Bewohnerinnen und Bewohner der Elbinsel. 1981 konnte sich die Zeitung gegen die Konkurrenz der aufkommenden Wochenblätter,

Gertrud von Thaden

die umsonst verteilt wurden, nicht mehr durchsetzen. Die Wilhelmsburger Zeitung war durch Anzeigen nicht mehr finanzierbar und musste eingestellt werden. Gertrud von Thaden hielt das Redaktionsbüro aber weiterhin regelmäßig geöffnet und veranstaltete nach wie vor die von vielen sehr geliebten Leserreisen.[27]

Text: Maria Koser

25) http://www.gerechte-der-pflege.net/wiki/index.php/Gertrud_Seele (Hinweis: die in diesem Brief fehlenden Worte wurden von der Zensurstelle des Volksgerichtshof herausgeschnitten, zitiert nach: Bracher 1984).

26) Museum Neukölln, a.a.O.

27) Geschichtswerkstatt Wilhelmsburg; Museum Elbinsel Wilhelmsburg. Und: Wilhelmsburger Inselrundblick, 4. Jg. Ausgabe April 1998, S. 3

Gertrud-Werner-Weg

*Bergedorf, seit 1984, benannt nach Gertrud
Werner (31.1.1887 Bromberg–August 1971),
von 1912–1957 Hebamme in Allermöhe. Motivgruppe: Verdiente Frauen*

Gertrud Marie Charlotte Werner wuchs in Schneide-
mühl, heute Pila, auf und ließ sich zur Lehrerin
ausbilden. Eine Liebesbeziehung zum Schuldirektor ihrer Schule beendete ihre Karriere als
Lehrerin: sie wurde aus dem Schuldienst entlassen, als ihre Schwangerschaft bekannt wurde.
Gertrud Werner zog nach Hamburg, wo ihr Sohn
Hubert Franz im Januar 1912 zur Welt kam.

Da Hamburg in der Zeit vor dem Ersten
Weltkrieg Hebammen zur Versorgung der Land-
bevölkerung suchte, erlernte Gertrud Werner
diesen Beruf. 1913 stellte ihr der Hamburgische
Staat ein kleines Haus in den Marschlanden am
Allermöher Deich zur Verfügung und bezahlte
ihr ein geringes Grundgehalt. Gertrud Werner
war nun als Hebamme für die Gebiete Allermöhe, Reitbrook, Moorfleet und einen Teil von
Fünfhausen zuständig.

Wenn bei einer Frau die Geburt eines Kindes anstand, musste Gertrud Werner bei jedem
Wetter und zu jeder Tageszeit zu Fuß in die Häuser der Gebährenden. Nach der Entbindung kam
sie noch zehn Mal zu den Wöchnerinnen, um sie
zu untersuchen und die Entwicklung der Säuglinge zu überwachen.

Frauen, die keine Möglichkeit hatten, bei
sich zu Hause zu entbinden oder ledige schwan-
gere Frauen – auch aus dem weiteren Umkreis – kamen zur Geburt ins Haus von „Mudder
Griebsch" – wie Gertrud Werner auch genannt
wurde. Dort durften sie nach der Entbindung
noch zehn Tage bleiben. Für die Säuglinge der
ledigen Frauen konnte Gertrud Werner auf
Wunsch Pflegeeltern vermitteln. So kam 1929

auch Erna Fedde aus Nordfriesland zu Gertrud
Werner, um bei ihr ihren Sohn zur Welt zu brin-
gen. Die beiden Frauen wurden Freundinnen,
Erna Fedde blieb und versorgte den Haushalt.
Sie kochte für die Kinder und die Frauen, die zur
Geburt und Nachsorge gekommen waren.

Da Hebammen auch damals für Geburt und
Nachsorge nur wenig Geld erhielten, nahmen die
beiden Frauen Pflegekin-
der auf. So lebten, nach-
dem die Söhne von Ger-
trud und Erna im Zweiten
Weltkrieg getötet worden
waren, bis Ende der 1940-
er Jahre Pflegekinder am
Allermöher Deich.

1946 ging Erna Fedde
zurück nach Nordfries-
land, um ihre kranke Mut-

Gertrud Werner

ter zu pflegen. Gertrud Werner verschrieb sich
ganz ihrem Beruf und bot auch in der Nachkriegszeit vielen ledigen schwangeren Frauen
eine Zuflucht.

Nachdem sie das Rentenalter erreicht hatte,
arbeitete sie noch weitere fünf Jahre als Hebamme. 1957, inzwischen 70 Jahre alt, gab sie ihren
Beruf auf.

Geschwister-Beschütz-Bogen

*Groß-Borstel, seit 1993, benannt nach Olga und
Marie Beschütz. (Olga: 28.6.1876 Hamburg–de-
portiert am 6.12.1941 nach Riga, genaues Todes-
datum unbekannt), (Marie: 11.2.1882 Hamburg–
deportiert am 6.12.1941 nach Riga, genaues
Todesdatum unbekannt), jüdische Opfer des
Nationalsozialismus. Lehrerinnen
Stolpersteine vor dem Wohnhaus Husumer
Straße 37 und für Olga Beschütz vor der Wir-
kungsstätte Schule Schwenckestraße 100.*

Seit 2002 heißt die Grundschule an der Schott-müllerstraße 23 nach Marie Beschütz.

Olga und Marie sowie Clara Beschütz waren die Töchter von Bertha (1850–13.12.1941 Hamburg) und Dr. jur. Siegmund Beschütz (1840–1912). Seit 1880 waren sie getaufte Christen.

Als Siegmund Beschütz starb, hinterließ er seiner Witwe ein Villengrundstück in der Werderstraße 63. Bertha Beschütz lebte nun von einer Beamtenwitwenrente und zog 1931 mit ihren unverheirateten Töchtern in die Hochallee 123.

1939 musste Bertha Beschütz das Grundstück Werderstraße 63 verkaufen; damals lebte sie schon mit ihren Töchtern in der Husumer Straße 37. Olga Beschütz war seit 1904 im Hamburger Schuldienst tätig. Von 1908 bis 1911 arbeitete sie als Lehrerin an der privaten höheren Mädchenschule Elsa Weis-Mann, von 1911 bis 1920 an der Schule Marie Busse, dann an der Volksschule Dehnhaide 60, ab 1926 an der Schule Schwenckestraße 100.

Marie Beschütz war zwischen 1903 und 1908 als Lehrerin an der privaten höheren Mädchenschule Margarethe Fleck, Milchstraße, tätig, von 1908 bis 1919 an der Mädchenschule Hübbe in der Maria-Louisen-Straße, ab 1922 an der Schule Koppel 18 und ab 1928 an der Schule Erikastraße 23. Marie Beschütz war auch mit der Lehrerin Elisabeth Flügge befreundet *(siehe ➤ Elisabeth-Flügge-Straße, in diesem Band).*

Die Geschwister Olga und Marie Beschütz wurden nach der Machtübernahme der Nationalsozialisten 1933 wegen ihrer jüdischen Herkunft aus dem Schuldienst entlassen. Am 6. November 1941 wurden sie zusammen mit ihrer Schwester Clara, die im Kinderschutzverein tätig gewesen war, nach Riga deportiert.

Kurz vor der Deportation gaben die Schwestern ein Abschiedsessen. Dabei verabreichten sie ihrer Mutter, die sie hätten zurücklassen müssen, ein Schlafmittel. Es war jedoch nicht stark genug. Frau Beschütz kam, nachdem ihre Töchter deportiert worden waren, in das Jüdische Heim an der Schäferkampsallee, wo sie bald darauf verstarb.

Clara, Mutter Bertha und Marie Beschütz (v. l. n. r.)

Siehe auch ➤ Elisabeh-Flügge-Straße, *in diesem Band.*

Geschwister-Mendelssohn-Stieg

Neustadt, seit 1999, benannt nach Fanny Mendelssohn, *verh. Hensel (14.11.1805 Hamburg–14.5.1847 Berlin), und ihrem Bruder* Felix Mendelssohn-Bartholdy *(3.2.1809 Hamburg–4.11.1847 Leipzig). Fanny M.: Komponistin, Pianistin, Dirigentin. Felix M.: Komponist*

Im Park an der Ludwig-Ehrhard-Straße gegenüber dem Michel, in der Nähe, wo das im Zweiten Weltkrieg zerstörte Geburtshaus des Geschwisterpaares in der Michaelisstraße 19a gestanden hat, steht ein Doppeldenkmal für Felix und Fanny Mendelssohn. Eigens hierfür wurde dort ein Weg mit dem Namen „Geschwister-Mendelssohn-Stieg" angelegt.

Fanny und Felix Mendelssohn stammten aus einem Bankiershaushalt (Vater: Abraham Mendelssohn, Bankier). Die Mutter, Lea, geb. Salomon (1777–1842), war eine hervorragende Pianistin. Sie entdeckte die Begabung ihrer ältesten Kinder Fanny und Felix und erteilte ihnen schon früh Klavierunterricht.

Fanny, eines der vier Kinder des Ehepaares Mendelssohn, begann bereits als Kind zu komponieren und erhielt mit ihrem vier Jahre jüngeren Bruder Kompositionsunterricht bei Carl Friedrich Zelter. 1811 zog die Familie nach Berlin. 1816 wurden die Kinder, 1822 die Eltern, protestantisch getauft. Die Familie nahm den Beinamen „Bartholdy" an. Die musikalischen Wege der Geschwister trennten sich, als Felix begann, sich auf den Musikerberuf vorzubereiten, wozu u. a. weite Reisen durch halb Europa gehörten.

Fanny hingegen musste zu Hause bleiben. Ihr war nur die Laufbahn einer Hausfrau und Mutter vergönnt. Obwohl sie professionell ausgebildete Musikerin war, sollte „die Musik immer nur Zierde, niemals aber Grundbaß ihres Tuns und Seins werden",[28] bestimmte ihr Vater. So beschränkten sich ihre musikalischen Aktivitäten auf die „Sonntagsmusiken" im elterlichen Hause in der Leipziger Straße 3 in Berlin. Ursprünglich für Felix gedacht, damit er vor einem geladenen Publikum seine Kompositionen aufführen konnte, nahm sich Fanny dieser jeden Sonntag stattfindenden Matineen an. Sie stellte die Programme zusammen, ließ Sängerinnen und Sänger der königlichen Oper und Mitglieder der Hofkapelle auftreten, spielte und dirigierte selbst und baute sich einen eigenen Chor auf. Auf diese Weise bestimmte sie entscheidend das Berliner Musikleben mit.

Aber auch diese musikalischen Aktivitäten waren dem Vater ein Dorn im Auge. Er ermahnte Fanny immer wieder mit den Worten: „Du musst Dich mehr zusammennehmen, mehr sammeln. Du musst Dich ernster und emsiger zu Deinem eigentlichen Beruf, zum einzigen Beruf eines Mädchens, zur Hausfrau, bilden."[29]

Doch trotz aller Behinderungen: es gab auch Glück in Fannys Leben. Glück hatte sie zum Beispiel mit der Wahl ihres Ehemannes. Er, der acht Jahre ältere Maler Wilhelm Hensel, den sie 1829 geheiratet hatte, unterstützte seine Frau mit all seinen Kräften. Er glaubte an sie und hatte deshalb auch nichts dagegen, dass sie in ihrer gemeinsamen Wohnung Chor- und Orchesterwerke aufführte.

Glück hatte sie eigentlich auch mit ihrem Bruder Felix. Sie liebte ihn inniglich, und die beiden Geschwister beeinflussten sich künstlerisch gegenseitig. Doch obwohl ihr Bruder ihr Können schätzte, konnte er es nicht lassen, ihr die einer Frau vorgeschriebenen Rolle zu verdeutlichen – aus Angst vor Konkurrenz oder im Bewusstsein männlicher, gesellschaftlich legitimierter Rollendominanz? So ermahnte er seine Schwester: „Deine Komposition ist herrlich, aber wenn Du so weitermachst, was wird dann aus Deiner Familie?" Und als Fanny ihm nach der Geburt ihres Sohnes einmal klagte, dass sie keine musikalischen Einfälle mehr hätte, erwiderte er nur, sie könne schließlich nicht alles haben – ein Kind auf dem Arm und musikalische Gedanken.

Die Geschwisterliebe blieb dennoch bestehen. Fanny füllte die damals gesellschaftlich vorgeschriebene Frauenrolle aus, doch manchmal rebellierte ihr Herz und sie äußerte unmutig: „Dass man übrigens seine elende Weibsnatur jeden Tage, auf jedem Schritt seines Lebens von den Herren der Schöpfung vorgerückt bekömmt, ist ein Punkt, der einen in Wut, und somit um die Weiblichkeit bringen könnte."[30] (22. März 1839 an Carl Klingemann, Freund der Familie).

Dennoch, Fanny Mendelssohn komponierte über 400 Lieder, Kammermusikwerke, den Klavierzyklus „Das Jahr", ein Oratorium, die Symphoniekantaten „Hiob" und „Lobgesang" etc. Einige davon gab jedoch ihr Bruder unter seinem

28) Sebastian Hensel (Hrsg.): Die Familie Mendelssohn 1729 bis 1847. Frankfurt a. M. 1991, S. 52 Frankfurt a. M. 1995, S. 124.
29) Sebastian Hensel, a. a. O., S. 126.
30) Zit. nach: Eva Weissweiler: Fanny Mendelssohn. Ein Portrait in Briefen.

Namen heraus. Ob es ihm unangenehm gewesen war, als er 1846 England besuchte und dort bei einer privaten Audienz bei Queen Victoria gebeten wurde, eines der Lieblingslieder der Queen zu spielen, von dem sie meinte, es sei von Felix komponiert, er aber, nachdem das Lied verklungen war, der Queen gestehen musste, dieses Lied habe seine Schwester komponiert?

Geschwister Fanny Hensel und Felix Mendelssohn-Bartholdy

Erst kurz vor ihrem Tod begann Fanny Hensel gegen den Willen ihres Bruders, aber mit Unterstützung ihres Mannes ihre Werke zu publizieren. Im Alter von 41 Jahren starb sie an einem Gehirnschlag. Ein Großteil ihres kompositorischen Nachlasses befindet sich im Mendelssohn-Archiv der Berliner Staatsbibliothek.

Felix Mendelssohn hatte vielfältige Beziehungen zu Frauen. So waren z. B. seine Schwestern Rebecca (1811–1859) und Fanny Zeit seines Lebens seine wichtigsten weiblichen Vertrauten. Besonders zu Fanny gab es eine innige Beziehung. Verheiratet war Felix seit 1837 mit Cécile Jeanrenaud (1817–1853), Tochter eines früh verstorbenen Pastors der reformierten Gemeinde in Frankfurt. „Alle Freunde Felix' durften von dieser Wahl Beruhigung seiner Reizbarkeit, behagliche Arbeitsstille seines häuslichen Lebens hoffen.“[31]

Und das bekam er auch. Er fühlte sich mit Cécile, wie damals bei seiner Mutter, zu Hause und so schreibt er an seinen Freund Ferdinand Hiller 1837: „Denke Dir es nur, wenn ich als Ehemann in einer netten, bequemen Wohnung mit freier Aussicht über Garten und Felder und die Stadttürme wohne, mich so behaglich glücklich, so ruhig, froh fühle, wie niemals wieder seit dem elterlichen Hause – wenn ich dabei gute Mittel und guten Willen von allen Seiten zu Gebote stehen habe, ob es mir hier nicht gefallen muß? (…)“[32]. Diese von Felix geliebte Häuslichkeit in der Ehe behinderte den fünffachen Vater „nicht bei seinen diversen Tätigkeiten. Er war ja auch die Hälfte dieser Jahre auf Reisen. Fern der Familie sehnte er sich nach zu Hause.“[33]

Problematisch für die neun Jahre jüngere Ehefrau war wohl das weitere Verhältnis zwischen Felix und Fanny. „Er schreibt niemals einen Gedanken nieder, ohne ihn meinem Urteil unterworfen zu haben“, äußerte Fanny.

Felix Mendelssohn lernte in seinem kurzen Leben viele Frauen kennen: „Gönnerinnen in Kindertagen wie die legendäre ‚Rahel‘ [siehe ➤ Rahel-Varnhagen-Weg, in diesem Band] oder Ottilie von Goethe, die Schwiegertochter des Dichters. Adele Schopenhauer [siehe ➤ Schopenhauerweg, in diesem Band], die Schwester des Philosophen, Bettina von Arnim [siehe ➤ Bettinastieg, in diesem Band], die er nicht ausstehen konnte. Die fünf Jahre ältere Wilhelmine Schröder-Devrient, Beethovens berühmte ‚Leonore‘ und spätere Wagner-Sängerin, lernte Mendelssohn bereits im Berliner Elternhaus kennen.“[34]

Auf seinen vielen Bildungs- und Auftrittsreisen und durch seine ab 1835 ausgeführte Tätigkeit als Gewandhauskapellmeister in Leipzig lernte Felix Mendelssohn viele Sängerinnen und Pianistinnen kennen. So begegnete er vor seiner Ehe mit Cécile Jeanrenaud in Mailand 1831 „der fünfzigjährigen Klavierspielerin Dorothea von Ertmann (…). Eine andere, weitaus jüngere Pianistin (…) war erst sechzehn, als er sie 1830 in München kennenlernte: Delphine von Schauroth. Aus seiner Verliebtheit befreite sich der Zwanzigjährige, indem er ihr sein Klavierkonzert g-Moll op. 25 widmete. Andere Berühmtheiten kreuzten seinen Lebensweg: die spanische Mezzosopranistin Maria

Abb.: Gemeinfrei über Wikimedia Commons

31) Zit. nach: Hans-Peter Rieschel: Komponisten und ihre Frauen. Düsseldorf 1994, S. 153.
32) Ebenda.
33) Hans-Peter Rieschel, a. a. O., S. 160.

34) Brigitte Richter: Frauen um Felix Mendelssohn-Bartholdy. Frankfurt a. M. 1997, S. 115; S. 8ff.

Malibran (…), Jenny Lind, (…) Clara Schumann (…).“[35] (siehe ➤ Schumannstraße, in diesem Band)

Mit einigen trat er gemeinsam auf, musizierte mit ihnen, bewunderte sie und ging so manche Künstlerfreundschaft mit ihnen ein, so z. B. mit der Sopranistin Pauline von Schätzel (1811–1882). Er unterrichtete auch einige sehr begabte Pianistinnen wie Josephine Caroline Lang (1815–1880). Er, damals 21 Jahre alt, Josephine 15 Jahre. In seiner gesicherten und anerkannten Stellung als Gewandhauskapellmeister förderte er auch viele weibliche Talente. Meist waren diese noch sehr jung: 14, 15 Jahre alt, wie die Sopranistin Libia Virginia Frege (1818–1891). Konkurrenzneid und die gegenüber Fanny vertretene Einstellung zur Rolle der Frau, spielten hier keine Rolle. Mit diesen Frauen kommunizierte er auf einer anderen Ebene. Er „hatte ein ganz ursprüngliches Talent, dem schönen Geschlecht zu gefallen: Er geizte nicht mit Komplimenten, verstand zu flirten, mit Gefühlen zu spielen (…), verlor aber wohl kaum je die Kontrolle über sich selbst. Er wußte sich durch spöttisch-überlegene Bemerkungen zu schützen vor allzu aufdringlicher Anhimmelei (…). Die verschiedenen Verhaltensweisen, das perfekt beherrschte gesellschaftliche Rollenspiel gehörten zu Mendelssohns Persönlichkeit. (…)“[36] Seine „Trilogie der Leidenschaft“ waren „Musik, hübsche Lieder und junge Mädchen. ‚Die drei Sachen kann ich gut leiden‘“ äußerte er einmal.

Wen Felix Mendelssohn nicht mochte, war die Schriftstellerin und Salonniere Rahel Varnhagen. Er und seine Freunde sowie Geschwister „betrachteten das gesellige, geistig elitäre Treiben und die Zusammenkünfte solch’ überwitz’ger Leute, die Gott und die Welt und was sie selbst bedeuten, begriffen längst mit Hegelschem Verstande‘, wie Heinrich Heine dichtete, zunehmend kritisch.“[37] Felix Mendelssohn hatte „be-

rühmte Frauen nie leiden können, die immer wie auf dem Dreifuß säßen und deren Orakelsprüche umhergetragen würden; auch für Bettina [von Arnim] konnte er später keine Sympathie gewinnen.“[38] „Eine andere, ebenfalls berühmte Berlinerin im Mendelssohnschen Freundeskreis, Henriette Herz [siehe ➤ Henriette-Herz-Ring und Henriette-Herz-Garten, in diesem Band] (…) hatte Mendelssohn stets ohne Einschränkung bewundert. Es beeindruckte ihn, daß sie noch im Alter, statt von neuesten Erziehungsidealen nur zu reden, sich aufopfernd und tatkräftig der Ausbildung junger Mädchen widmete“[39] eine dem gesellschaftlichen Rollenverhalten für Frauen gemäße Beschäftigung, im Gegensatz zu den intellektuellen Gesprächen, die eine Rahel Varnhagen mit dem „Verstand eines Mannes“ führte.

Befreundet war Felix Mendelssohn auch mit Clara Schumann (siehe ➤ Schumannstraße, in diesem Band). Beide begegneten sich zum ersten Mal 1835 in Leipzig. Er wurde Clara Wiecks, wie die damals noch ledige Pianistin hieß, Freund und Förderer.

Siehe auch ➤ Arnemannweg, Bettinastieg, Fanny-Mendelssohn-Platz, Henriette-Herz-Ring, Henriette-Herz-Garten, Königskinderweg, Rahel-Varnhagen-Straße, Schopenhauerweg, Schumannstraße, in diesem Band.

Siehe auch ➤ Mendelssohnstraße, Bahrenfeld, seit 1952: Jacob Ludwig Felix Mendelssohn-Bartholdy (1809–1847), Komponist, in Bd. 3 online**.

Siehe auch ➤ Moses-Mendelssohn-Brücke, Harburg, seit 1998: Moses Mendelssohn (1729–1786), Philosoph, Großvater von Fanny und Felix, in Bd. 3 online**.

Geschwister-Scholl-Straße

Eppendorf, seit 1947, benannt nach Sophie und Hans Scholl (Sophie: 9.5.1921 Forchtenberg/ Kocher–hingerichtet am 22.2.1943 in München-

---

** **Band 3 online** unter: www.hamburg.de/maennerstrassennamen

38) Ebenda.
39) Ebenda.

35) Ebenda.
36) Hans-Peter Rieschel, a. a. O.
37) Brigitte Richter, a. a. O., S. 56f.

Stadelheim, (Hans: 22.9.1918 Ingersheim/Jagst– hingerichtet am 22.2.1943 in München-Stadel- heim). Gegner des Nationalsozialismus, die für die Freiheit des Geistes kämpften, Widerstands- kreis „Weiße Rose"

Sophie und Hans Scholl waren die Kinder von Mag- dalena, geb. Müller (1881–1958), und Robert Scholl (1891–1973). Die Eltern hatten sich wäh- rend des Ersten Weltkriegs 1915 in einem Laza- rett kennen und lieben gelernt, wo Magdalena als Diakonisse und Krankenschwester tätig war und der Jurist Robert Scholl wegen zivilen Un- gehorsams eine Strafe abarbeiten musste. Mag- dalena trat aus dem Haller Mutterhaus aus und das Paar heiratete 1916. Während ihrer Ehe be- kam es sechs Kinder.

Der politisch liberal eingestellte Robert Scholl wurde Bürgermeister in Ingersheim an der Jagst, dann in Forchtenberg, später ab 1930 Leiter der Handelskammer in Stuttgart und ab 1932 be- trieb er in Ulm, wohin er mit seiner Familie ge- zogen war, eine Kanzlei für Wirtschaftsprüfung und Steuerberatung.[40)]

Die Eltern, die ihre Kinder stets liberal und christlich erzogen hatten und von Anfang an das NS-Regime ablehnten, hatten größte Schwierig- keiten mit der anfangs begeisterten Haltung ihrer Kinder Hans und Sophie zum Nationalsozialis- mus. Hans Scholl war in der Hitlerjugend (HJ), Sophie Scholl Mitglied im Bund Deutscher Mädel (BDM) und hatte dort auch Führungsaufgaben.

1937 wurden beide zum ersten Mal von der Gestapo kurzzeitig verhaftet, weil sie, bestärkt durch ihre Eltern, ihre „bündische Jugendarbeit" fortgesetzt hatten. (Die Bündische Jugend war von den Nationalsozialisten verboten worden.) „Ein Jahr später verliert Sophie ihren Rang als Gruppenführerin. Zunehmend entdeckt sie Wider- sprüche zwischen der parteigesteuerten Fremd-

bestimmung und dem eigenen liberalen Den- ken."[41)] So schrieb sie wenige Tage nach Kriegs- beginn im September 1939 an ihren Freund Fritz Hartnagel, den sie als 16-Jährige kennengelernt hatte und der nun angehender Berufssoldat war: „Ich kann es nicht begreifen, daß nun dauernd Menschen in Lebensgefahr gebracht werden von anderen Menschen. Ich kann es nie begreifen und ich finde es entsetzlich. Sag nicht, es ist für's Vaterland."[42)]

Sophie erlangte immer mehr eine Abnei- gung gegen den NS-Staat, hilfreich waren dabei der Einfluss ihrer Eltern und die Eindrücke, die Sophie während ihres Arbeits- und Kriegshilfs- dienstes gewann. Sophie Scholl, die nach dem Abitur im März 1940 eine Ausbildung zur Kinder-

Hans und Sophie Scholl

gärtnerin begann, und damit hoffte, nicht zum Reichsarbeitsdienst eingezogen zu werden, mus- ste dennoch den Reichsarbeitsdienst absolvieren und „durfte erst im Mai 1942 zum Biologie- und Philosophiestudium nach München ziehen. Dort wird Sophie schnell in den Freundeskreis ihres Bruders Hans [der Medizin studiert] aufgenom- men."[43)] Auch dieser musste erst den Krieg mit- erleben und in einem Feldlazarett arbeiten, um sich in den Widerstand zu begeben.

„Die jungen Leute besuchen die Vorlesun- gen des Philosophieprofessors Kurt Huber und

Abb.: picutre alliance/dpa (2)

40) Vgl. und zit. nach: www.ge- rechte-der.pflege.net/wiki/index.php /Magdalena_Scholl,_geb._Müller
41) Kirsten Schulz: Sophie Scholl und die „Weiße Rose", Dosier Bundeszentrale für politische Bil-

dung, unter: www.bpb.de/ge- schichte/nationalsozialismus/weisse -rose/60995/sophie-scholl
42) Kirsten Schulz, a. a. O.
43) Kirsten Schulz, a. a. O.

diskutieren philosophische und religiöse Fragen, etwa inwiefern Christen als politisch denkende und handelnde Menschen gefordert sind. Die Gruppe, aber besonders Sophie wird von den Arbeiten des katholischen Publizisten Theodor Haecker beeinflusst, der unter den Nationalsozialisten nicht mehr veröffentlichen darf. Und schließlich eint die Freunde, dass sie Hitler und sein Regime ablehnen. Inwieweit Sophie im Sommer 1942 bereits an den Flugblatt-Aktionen ihres Bruders und seines Freundes Alexander Schmorell beteiligt ist, ist heute ungewiss."[44]

In der leidenschaftlichen Sprache der Empörung riefen die Geschwister Scholl und ihre Mitstreiter in ihren Flugblättern zum Sturz des NS-Regimes und zur Beendigung des Krieges auf.

Als im Mai und Juni 1942 die ersten vier Flugblätter der „Weißen Rose" herausgebracht wurden, die dann im November 1942 an der Münchener Universität verteilt wurden, wurde Robert Scholl, der Vater der Geschwister Scholl, wegen einer kritischen Äußerung über Hitler zu vier Monaten Haft verurteilt und erhielt Berufsverbot.

„Im Januar 1943 engagiert Sophie sich bei der Herstellung und Verbreitung des fünften Flugblatts; ihr Freund Fritz kämpft derweil in Stalingrad. Das sechste ist bereits gedruckt, als sie von einem Eltern-Besuch nach München zurückkehrt. Am 18. Februar legt sie gemeinsam mit ihrem Bruder Hans Flugblätter in der Uni aus und wirft dabei einen Stoß Blätter von einer Brüstung in den Lichthof hinab. Beide werden entdeckt und verhaftet. In den Verhören kann Sophie den Gestapo-Beamten Robert Mohr zunächst von ihrer Unschuld überzeugen, doch dann ist die Beweislast erdrückend.

Sie gesteht ihre Mitarbeit und versucht, sich und Hans als Hauptakteure darzustellen. Vier Tage nach ihrer Festnahme findet die Verhandlung vor dem Volksgerichtshof statt."[45] Der Präsident des Volksgerichtshofes Roland Freisler fällte um 12.45 Uhr das Todesurteil. Die Eltern Scholl stellten daraufhin sofort das Gnadengesuch:

„Robert und Lisa Scholl
München, den 22. Februar 1943
Betrifft: Gnadengesuch für Hans und Sofie Scholl und Christoph Probst.
An den
Volksgerichtshof
z.Zt. München 35
Wir, die Eltern, der beiden zum Tode Verurteilten Geschwister Scholl kamen heute hierher, um unsere beiden Kinder zu besuchen. Zu unserem Entsetzen erfuhren wir, dass bereits die Verhandlung gegen unsere Kinder vor dem Volksgerichtshof stattfand.

Wir bitten, die so schwere Strafe in eine Freiheitsstrafe umzuwandeln. Dadurch ist unsern Kindern und dem anderen Angeklagten doch noch die Möglichkeit geboten, sich in Zukunft als nützliche Glieder der Volksgemeinschaft zu erweisen. Bei unseren Kindern handelt es sich um arglose Idealisten, die noch nie in ihrem Leben irgend jemand etwas Unrechtes zugefügt haben. Sowohl in der Schule waren sie als beste Schüler immer wohl gelitten und auch nachher haben sie überall ihre Pflicht erfüllt. Was das jetzige Unglück über sie herbeigeführt hat, ist allein der Umstand, dass sie weltanschaulich andere Ideale hegten, als es heute gut ist. Die Erregung meiner Kinder ist vielleicht auch dadurch etwas verständlich, dass der Bräutigam unserer Tochter Sophie als aktiver Hauptmann in Stalingrad lag.

Wir bitten doch zu berücksichtigen, dass es sich bei den Verurteilten noch um blutjunge Menschen ohne Lebenserfahrung handelt. Unsere Familie hatte innerhalb der letzten Jahre schwere

44) Kirsten Schulz, a. a. O.
45) Kirsten Schulz, a. a. O.

Schicksalsschläge durchzumachen. Der Ernährer der Familie kam wegen einer unbedachten, unter vier Augen einer vertrauten Angestellten gegenüber, gemachten Äusserung vor das Sondergericht. Daraufhin wurde ihm dann die Zulassung zu seinem Beruf entzogen und dadurch die Existenzgrundlage für die ganze Familie genommen. Da die Familie unter sich sehr verbunden ist, liessen sich die Geschwister Scholl in eine Erbitterung hineinsteigern, die wahrscheinlich das Motiv ihrer jetzigen Verfehlungen bildete.

Unserem Sohn Hans hat während seiner aktiven Militärdienstzeit sein Schwadronchef H. Rittmeister Skubin in Stuttgart-Cannstadt das Zeugnis ausgestellt, er sei der beste Soldat seiner Schwadron. Unser jüngster Sohn Werner liegt als Gefreiter im Mittelabschnitt der Ostfront. Er kam vorgestrigen Samstag überraschend zu einem dreiwöchigen Heimaturlaub nach Hause. Auch für ihn ist es furchtbar, was er jetzt über seine beiden so geliebten Geschwister heute erfahren musste. Er war auch bei der Gerichtsverhandlung zugegen und schliesst sich als Frontsoldat gleichfalls dem Gnadengesuch an.

Durch eine Begnadigung wäre unserem Sohn Hans die Möglichkeit geboten, sich freiwillig an die Ostfront zu melden. Er stand während des Westfeldzugs im Jahre 1940 an der Seite des Obersten SA-Arztes von Deutschland im Felde. Dieser war begeistert von ihm, und nannte ihn nur seinen ‚Schatten‘. Soviel wir wissen, steht er auch heute noch mit ihm im Briefwechsel. Seine militärische Führung, sowie seine militärische Qualifikation seiner jeweiligen Dienstvorgesetzten sind ein Beweis dafür, dass er seine ganze Person einsetzte, um sich als echt Deutscher zu erweisen und dies auch in Zukunft stets tun würde. Gleichzeitig bitten wir um eine Sprecherlaubnis für unsere beiden Kinder Hans und Sofie Scholl.

Robert Scholl
Vater
Lisa Scholl
Mutter
Werner Scholl
Bruder u. Gefr. der Einheit Feldpostnummer: 32 063.“[46]

Das Gnadengesuch fand kein Gehör. Noch am selben Tag, vier ¼ Stunden nach der Verkündung des Gerichtsurteils, wurden um 17 Uhr die Geschwister Scholl durch das Fallbeil hingerichtet.

„Zurück bleiben die Eltern Scholl bei Kriegsende mit ihren Töchtern Inge und Elisabeth. Thilde ist im Kindesalter verstorben, Hans und Sophie sind hingerichtet worden und Werner ist seit 1944 in Russland vermisst. Einzig der Stolz auf den Mut ihrer Kinder kann ihnen ein Trost sein. Noch am Morgen des 22. Februars 1943, kurz bevor ihn die Gefängniswärter in Fesseln zum Gerichtssaal bringen, hat Hans mit einem Bleistift eine Notiz an der Zellenwand hinterlassen: ‚Allen Gewalten zum Trutz sich erhalten‘. Das Goethe-Zitat ist ein letzter Gruß von Hans und gilt seinen Eltern. Es ist die Losung der Familie Scholl.“[47]

Nach der Verhaftung seiner Kinder wurde Robert Scholl wegen Hörens ausländischer Sender zu 18 Monaten Gefängnis verurteilt.

Siehe auch ➤ **Elisabeth-Lange-Weg, Margarete-Mrosek-Bogen**, *in diesem Band.*

Siehe auch ➤ **Leipeltstraße**, *Wilhelmsburg, seit 1964: Hans Leipelt (1921–1945), Student, Mitglied des nach der Zeit des Nationalsozialismus bezeichneten Hamburger Kreis der Widerstandsgruppe „Weiße Rose“, in Bd. 3 online**.*

**   Band 3 online** unter: www.hamburg.de/maennerstrassennamen

46) Vgl. und zit. nach: www.gerechte-der.pflege.net/wiki/index.php/Magdalena_Scholl,_geb._Müller

hier: BArch, ZC 13267/Bd. 12
47) Karoline Kuhla: Geschwister Scholl. Erzogen zum Widerstand, in: spiegel online. Eines Tages, vom 21.2.2013, unter: www.spiegel.de/einestages/hinrichtung-von-hans-

und-sophie-scholl-erzogen-zum-widerstand-a-951049.html

Geschwister-Witonski-Straße

Schnelsen, seit 1993, benannt nach Eleonora Witonska (5 Jahre alt) und Roman Witonski (7 Jahre alt), Opfer des Nationalsozialismus. In der Nacht vom 20. auf den 21. April 1945 im Keller der Hamburger Schule am Bullenhuser Damm ermordet

Eleonora und ihr Bruder Roman waren die Kinder des Kinderarztes Dr. Seweryn Witonski aus der polnischen Industriestadt Radom. „Nach der Besetzung Polens durch die deutsche Wehrmacht wurden die Witonskis am 21. März 1943 gemeinsam mit anderen Juden zum Erschießen auf den Friedhof des Nachbarortes Szydlowiec gebracht. Die Mutter, Rucza Witonska, konnte sich und ihre beiden Kinder Roman und Eleonora hinter Grabsteinen verstecken. Von dort aus sahen sie die Erschießung des Vaters. Als sie entdeckt wurden, war die ‚Aktion‘ bereits beendet. Mutter und Kinder wurden ins Konzentrationslager Auschwitz transportiert. Dort wurden die Kinder von ihr getrennt und mit achtzehn anderen ins KZ Neuengamme gebracht (...).“[48] Dort führte der SS-Arzt Dr. med. Kurt Heißmeyer an den Geschwistern Witonski und weiteren achtzehn Kindern Impfversuche mit Tuberkulosebazillen durch, mit dem Ziel, nachzuweisen, dass eine zusätzlich gespritzte Dosis Tuberkelbazillen in einen bereits erkrankten Körper die Immunität des an TBC Erkrankten erhöhen würde. Diese Methode war allerdings längst als äußerst gefährlich erkannt und verworfen worden. Die Kinder erlitten durch die Impfung starke Schmerzen und gesundheitliche Schäden. Sie bekamen hohes Fieber, wurden bettlägerig, verloren den Appetit. Die durch die injizierten Tuberkulosebazillen angeschwollenen Drüsen wurden operativ entfernt. Die SS war sich der Unmenschlichkeit dieser Experimente durchaus bewusst. Um sie geheim zu halten, wurden die Kinder in einer Geheimaktion in die Schule am Bullenhuser Damm gebracht. Diese Schule war am 1. Oktober 1944 zu einem Außenkommando des KZ Neuengamme erklärt und mit elektrisch geladenem Stacheldraht umzäunt worden. 592 Häftlinge wurden hier von sechzehn SS-Männern bewacht. Als die Kinder dorthin kamen, war die Schule wegen der vier Kilometer vor Hamburg verlaufenden Front bereits geräumt. 20 Jungen und Mädchen im Alter zwischen fünf und zwölf Jahren, ihre beiden französischen Häftlingsärzte, ihre zwei holländischen Häftlingspfleger und etwa 30 sowjetische Kriegsgefangene wurden, nachdem sie Morphiumspritzen bekommen hatten, im Keller der Schule an Schlingen erhängt, die an an der Decke befestigten Fleischerhaken hingen.

Die Mutter der Geschwister Witonski überlebte das Lager. Nach ihrer Befreiung vom Nationalsozialismus suchte sie nach ihren beiden Kindern. „Erst 1982 erfuhr sie vom Kindermord am Bullenhuser Damm in Hamburg. (…) Als sie zum ersten Mal in der Hamburger Gedenkstätte war und hörte, in Burgwedel werde eine Straße nach ihren Kindern benannt, sagte sie: ‚Ich bin all diesen Menschen so dankbar, daß meine Kinder nicht vergessen sind.‘“[49]

Roman mit seiner Mutter, 1940

Zu verdanken ist die Gedenkstätte am Bullenhuser Damm dem Hamburger Journalisten Günther Schwarberg *(siehe > Günther-Schwarberg-Weg, in Bd. 3 online**)*. Dieser hatte intensiv nach den Schicksalen der Kinder vom Bullenhuser Damm recherchiert und nach den Angehörigen der Kinder geforscht.

Abb.: KZ-Gedenkstätte Neuengamme/Sammlung Schwarberg

**   **Band 3 online** unter: www.hamburg.de/maennerstrassennamen

48) Günther Schwarberg: Straßen der Erinnerung. Hrsg. von der Vereinigung „Kinder vom Bullenhuser Damm

e. V.“, Hamburg 1992.

49) Günther Schwarberg, a. a. O.

Siehe auch ➤ **Jacqueline-Morgenstern-Weg, Lelka-Birnbaum-Weg, Mania-Altmann-Weg, Riwka-Herszberg-Stieg, Wassermannpark, Zylberbergstieg, Zylberbergstraße,** *in diesem Band.*

Siehe auch ➤ **Brüder-Hornemann-Straße,** *Schnelsen, seit 1993: Alexander und Eduard Hornemann, acht und zwölf Jahre alt, niederländische Opfer des Nationalsozialismus, in Bd. 3 online**.*

Siehe auch ➤ **Eduard-Reichenbaum-Weg,** *Schnelsen, seit 1993: Eduard Reichenbaum (1934–1945), zehnjähriges polnisches Kind, Opfer des Nationalsozialismus, in Bd. 3 online**.*

Siehe auch ➤ **Georges-André-Kohn-Straße,** *Schnelsen, seit 1992, zwölfjähriges Opfer des Nationalsozialismus, in Bd. 3 online**.*

Siehe auch ➤ **Jungliebstraße,** *Schnelsen, seit 1995, zwölfjähriger Jugoslawe, Opfer des Nationalsozialismus, in Bd. 3 online**.*

Siehe auch ➤ **Marek-James-Straße,** *Schnelsen, seit 1995: Marek James, sechs Jahre alter Pole, Opfer des Nationalsozialismus, in Bd. 3 online**.*

Siehe auch ➤ **Marek-Steinbaum-Weg,** *Schnelsen, seit 1993: Marek Steinbaum, zehn Jahre alter Pole, Opfer des Nationalsozialismus, in Bd. 3 online**.*

Siehe auch ➤ **Roman-Zeller-Platz,** *Schnelsen, seit 1995: Roman Zeller, zwölfjähriger Pole, Opfer des Nationalsozialismus, in Bd. 3 online**.*

Siehe auch ➤ **Sergio-de-Simone-Stieg,** *Schnelsen, seit 1993: sieben Jahre alter Italiener. Opfer des Nationalsozialismus, in Bd. 3 online**.*

Siehe auch ➤ **Günther-Schwarberg-Weg,** *Schnelsen, seit 2013: Günther Schwarberg (1926–2008), Autor, Journalist, recherchierte und schrieb über das Schicksal der 20 jüdischen Kinder, die am 20.4.1945 in der Schule Bullenhuser Damm ermordet wurden, in Bd. 3 online**.*

Giselaweg

Fuhlsbüttel, seit 1951. Frei gewählter Name

**　**Band 3 online** unter: www.hamburg.de/maennerstrassennamen

Goldmariekenweg

Schnelsen, seit 1948. Märchengestalt. Aus: Karl Müllenhoff [siehe ➤ **Müllenhoffweg,** *in Bd. 3 online**]: Sagen, Märchen und Lieder. Kiel 1845. Motivgruppe: Holsteinische Geschichte, Sagen und Märchen*

Goldmariken ist eine Gestalt aus dem Märchen „Goldmariken und Goldfeder". Sie ist die wunderschöne Tochter eines Edelmannes.

Als sich ihre Eltern bei einer Ausfahrt verirren, hilft ihnen ein Pudel, den rechten Weg nach Hause zu finden. Als Belohnung fordert er, das zu bekommen, was den Eltern beim Nachhausekommen zuerst begegnen würde. Als die Eltern zu Hause eintreffen, läuft ihnen ihre Tochter Goldmariken freudig entgegen, die ihre Eltern schon vermisst hatte.

Bevor Goldmariken nun aber zum Pudel muss, der in Wirklichkeit eine Hexe ist, lehrt sie eine Nachbarin „das Wünschen". Mit dieser Fähigkeit ausgestattet, hat es Goldmariken bei der Hexe leicht. Alle Arbeit, die ihr aufgetragen wird und zu der sie gar nicht fähig ist, gelingt ihr. Denn sie braucht sich nur die Erledigung dieser Arbeit wünschen.

Eines Tages bringt die Hexe einen Prinzen mit Namen Goldfeder, der sich im Wald verirrt hat, ins Hexenhaus. Goldmariken und Goldfeder freunden sich an, und Goldmariken ist ihm stets behilflich. Schließlich gelingt es ihnen, zu fliehen und zu Goldfeders väterlichem Schloss zu gelangen. Bevor jedoch Goldfeder das Schloss betritt, beschwört ihn Goldmariken, sich ja von niemandem küssen zu lassen, denn sonst würde er sie auf der Stelle vergessen.

Es kommt, wie es kommen muss, um die Spannung dieser Handlung aufrechtzuhalten: Goldfeders ehemalige Freundin begrüßt ihn mit einem Kuss, und Goldfeder vergisst Goldmariken auf der Stelle. Die todunglückliche Goldmariken zieht in ein Haus ganz in der Nähe des Schlosses. Ihren Lebensunterhalt verdient sie mit Nähen.

Da Goldmariken von schöner Gestalt ist, versuchen die drei Brüder von Goldfeder, mit ihr anzubandeln. Nacheinander erscheinen sie einzeln bei Goldmariken und bringen ihr Kleidung zum Nähen. Und jedes Mal bittet Goldmariken sie, über Nacht zu bleiben – was die jungen Herren natürlich mit Freuden annehmen. Aber in diesen Nächten kommt es nicht zu dem, was sich die jungen Männer erhoffen. Statt eine zauberhafte Liebesnacht zu erleben, erfahren die liebestollen Jünglinge einen anderen Zauber. Goldmariken zaubert den einen an der Haustür, den anderen an der Gartentür fest und lässt den dritten jungen Prinzen die ganze Nacht mit einem Kalb an der Leine durch die Gegend laufen.

An dem Tag, an dem Goldfeder mit seiner Freundin Hochzeit halten will, fährt das Paar mit der Kutsche an Goldmarikens Haus vorbei. In diesem Moment wünscht sich Goldmariken, die Kutsche möge vor ihrer Tür in einem tiefen Morast versinken. Und so geschieht es dann auch.

Da die Leute nicht wissen, dass Goldmariken diesen Unfall verursacht hat, sie aber mitbekommen haben, dass Goldmariken wünschen kann, bitten sie sie zu helfen. Als Lohn für ihre Dienste wünscht sich Goldmariken, an der Hochzeitsfeier teilnehmen zu dürfen. Zur Feier erscheint sie mit ihren zwei Tauben, setzt sich an die gedeckte Festtafel, isst aber nichts und blickt nur traurig. Als man sie fragt, was sie habe, antwortet sie: „Täubchen, Täubchen mag nicht essen, Goldfeder hat Goldmariken auf dem Stein vergessen." Daraufhin erkennt Goldfeder endlich Goldmariken, lässt seine Braut sitzen und heiratet sein Goldmariken.

Siehe auch ▸ Müllenhoffweg, Groß Flottbek, seit 1950: Prof. Karl Viktor Müllenhoff (1818–1884), Germanist, Herausgeber der Sagen, Märchen und Lieder der Herzogtümer Schleswig-Holstein und Lauenburg, in Bd. 3 online**.

Gordonkehre

Bergedorf, seit 1985, benannt nach Klara Gordon (20.11.1866–20.12.1937 Hamburg), Oberin des Israelitischen Krankenhauses. Motivgruppe: Verdiente Frauen

1893 gehörte Klara Gordon „zu den ersten in Frankfurt am Main ausgebildeten jüdischen Krankenschwestern. Den Frankfurter jüdischen Schwesternverein hat sie mitbegründet."[50] Am 1. März 1898 kam Klara Gordon an das Israelitische Krankenhaus in Hamburg. 1908 wurde sie dort Oberin und leitete die krankenhauseigene Krankenpflegeschule und das Schwesternheim, das seit 1902 als unabhängige Stiftung geführt wurde. Klara Gordons Ziel war es, „eine Pflegerinnenschule in Anlehnung an das Krankenhaus zu errichten, um jüdische Mädchen und Frauen zu tüchtigen Krankenpflegerinnen heranzubilden, die in der Schule übernommenen Krankenpflegerinnen (Schwestern) sowohl in Kranken- und Siechenanstalten zu beschäftigen als auch der Pflege von Kranken aller Konfessionen in Familien (gegen ein der Stiftung zu entrichtendes Honorar) und in die Armenpflege unentgeltlich zu entsenden, den Schwestern in Krankheitsfällen bei Erwerbsunfähigkeit und im Alter eine auskömmliche Versorgung zu sichern."[51] Für alte Schwestern war durch einen Pensionsfonds gesorgt.

Während des Ersten Weltkrieges wurde das Israelitische Krankenhaus zum Reservelazarett. Klara Gordon tat „in der Verwundetenpflege Dienst für Deutschland; sie wurde mit der ‚Rot-Kreuz-Medaille' ausgezeichnet".[52]

** **Band 3 online** unter: www.hamburg.de/maennerstrassennamen

50) www.juedische-pflegegeschichte.de. Biographien und Institutionen in Frankfurt am Main. Hier

unter: Recherche.
51) Mary Lindemann (Hrsg.): 140 Jahre Israelitisches Krankenhaus in Hamburg, Hamburg 1981.
52) www.juedische-pflegegeschichte.de. Ebenda.

Nach 1933 war das Krankenhauspersonal starken Repressalien ausgesetzt. Klara Gordon verhielt sich in all diesen Zeiten vorbildlich und aufopfernd gegenüber ihren Kranken. Bei ihrer Verabschiedung sagte der Kuratoriumsvorsitzende Dr. Fritz Warburg (siehe ➤ Warburgstraße, in Bd. 3 online**): „Sie war eine aufrechte Jüdin, allgemein anerkannt als vorzügliche Vertreterin ihres Berufes, die voll tiefem Mitgefühl für alle körperlichen und seelischen Schmerzen ihrer Glaubensgenossen für sie sorgte und doch auch gern Liebestätigkeit den Nichtjuden zuwandte, damit jeder den Segen unseres Krankenhauses empfinde. (…). Stolz und bescheiden, aufrecht und anspruchslos, überlegt und zurückhaltend, streng gegen sich selbst und andere, aber voll Nachsicht und Verständnis für die Schwächen und Fehler ihrer Mitmenschen, trat uns Clara Gordon entgegen. Indem sie mit ihrer Würde und unermüdlichen Willenskraft das innere Leben im Krankenhaus leitete, straffte sie auch den Willen der Kranken und war allen eine Quelle des Trostes und des Lebensmutes. (…) Wir wollen uns ihre wundervolle Hingabe an unser Krankenhaus, dessen wahre Mutter sie war, die Charakterstärke und Energie, in der sie eine schöne Tradition aufrecht erhielt, zum Muster nehmen."[53]

Klara Gordon

*Siehe auch ➤ Warburgstraße, Rotherbaum, seit 1947: Max Warburg (1867–1946), Bankier, in Bd. 3 online**.*

Gottschedstraße

Winterhude, seit 1910, nach Johannes Christoph Gottsched benannt.

Ergänzt 2001/2002 um die ebenso bedeutende Ehefrau Luise Adelgunde Gottsched, geb. Kulmus. Neuer Erläuterungstext: benannt nach dem Schriftstellerehepaar Luise Adelgunde Victoria Gottsched, geb. Kulmus (11.4.1713 Danzig– 26.6. 1762 Leipzig), erste vollbeschäftigte Journalistin Deutschlands, und Prof. Johannes Christoph Gottsched (1700–1766), Literaturtheoretiker

„Nie mehr würde ich einen berühmten Mann heiraten", soll die „Frau Professor Gottsched" kurz vor ihrem Tod geäußert haben.

Den berühmten Literaturtheoretiker, Spracherzieher und geistigen Führer der Frühaufklärung, Johannes Christoph Gottsched, hatte die Tochter des königlich-polnischen Leibarztes Johann Georg Kulmus und seiner Frau Katharina Dorothea, geb. Schwenk, bereits im Alter von siebzehn Jahren kennengelernt. Da war sie, die zwei Fremdsprachen beherrschte, schon schriftstellerisch tätig. Fünf Jahre später heiratete das Paar. „,Verliebte Schwachheiten', wie sie es nannte, erwartete er von ihr allerdings vergeblich, und die lange Verlobungszeit erklärt sich vor allem daher, dass sie die Eheschließung solange es ging hinauszögerte. Als aber ihre Eltern gestorben waren, stimmte sie der Versorgungsehe mit dem 13 Jahre älteren Johann Christoph zu",[54] schreibt Luise Pusch.

Luise Gottsched wurde nun die „Gottschedin" und zur „geschickten Freundin" ihres Mannes, der in Leipzig eine Professur hatte und Herausgeber von „Die vernünftigen Tadlerinnen", der ersten Wochenschrift für Frauen, war. Das Ehepaar setzte sich für eine bessere Frauenbildung ein, was jedoch nicht implizierte, dass Herr Gottsched die berufliche Laufbahn seiner Frau wohlwollend unterstützte. Recht war es ihm zwar, dass seine Frau für ihn wissenschaftliche Hilfsarbeiten verrichtete – „Galeerenarbeit" –

Abb. v.l.n.r.: Aus: Mary Lindemann, 140 Jahre Israelitisches Krankenhaus in Hamburg, Vorgeschichte und Entwicklung, Hamburg 1981, S.V. | Staats- und Universitätsbibliothek Hamburg, Handschriftensammlung CS 9 : Gottsched : 3.

**   Band 3 online unter: www.hamburg.de/maennerstrassennamen   phie/php/frau/biographie/luise-adelgunde-victorie-gottsched/

53) Mary Lindemann, a. a. O.
54) Luise Pusch: Luise Gottsched, in: Fembio. www.fembio.org/biogra-

wie sie diese Tätigkeiten einmal in einem Brief an ihre Freundin bezeichnete.

„Das Paar hatte keine Kinder, und so entwickelte [Luise] Gottsched sich unter der Aufsicht ihres Gatten zum Inbegriff der gelehrten Frau der frühen Aufklärung. Auf Wunsch Johann Christophs lernte sie Latein und lauschte hinter der geöffneten Tür des Vorlesungssaals seinen Vorlesungen über Rhetorik und Dichtkunst. So präpariert, plagte sich Gottsched jahrzehntelang im Dienste der literarischen und wissenschaft-

Luise Gottsched

lichen Projekte ihres Mannes, bis zu ihrem Tod im Jahre 1762 im Alter von nur 49 Jahren."[55]

Ihre selbstständigen Arbeiten wie das Übersetzen von Voltaire, Molière, J. Addison und A. Pope und ihre schriftstellerischen Arbeiten – sie veröffentlichte mit Erfolg Dramen und Lustspiele – waren dem Gatten wohl ein Dorn im Auge. So beschwerte sich Luise Gottsched in Briefen an ihre Freundin über seine Bevormundungen.

Besonders die Molière Übersetzungen hatten auch wesentlichen Einfluss auf Lessings *(siehe* ➤ *Lessingstraße, in Bd. 3 online**)* Minna von Barnhelm. Aber auch dieser Mann dankte dies nicht der Gotteschedin, sondern verriss die Lustspiele der großen Dichterin.

Luise Gottsched wurde Deutschlands erste vollberufliche Journalistin und schrieb viele Artikel in den unter dem Namen ihres Mannes herausgegebenen Zeitschriften. Allerdings waren nur wenige ihrer Artikel mit ihrem Namen gezeichnet. Die meisten erschienen unter seinem Namen, „als Teil der von ihm herausgegebenen Zeitschriften und literarischen Monumentalpro-

jekte ‚Die deutsche Schaubühne' (1741–1745) und ‚Die deutsche Sprachkunst' (1748)".[56]

Nach dem Tod von Luise Gottsched brachte deren Freundin Dorothea von Runckel zwischen 1770 und 1771 Gottscheds Lieblingsdrama „Panthea" und ihre Briefe heraus. „‚Nach 28jähriger Produktion literarischer Werke für die Projekte ihres Gatten, von denen die meisten ihm zugeschrieben wurden, war es Runckel, die endlich – unter dem Namen der Autorin – die Werke publizierte, die Gottsched schreiben wollte – ihre Tragödie und ihre Briefe' (Kord 1989:164)."[57]

„Die neun Meilen entfernt wohnende, elf Jahre jüngere Runckel war für Gottsched während ihrer letzten zehn Jahre der Mittelpunkt ihres Lebens. Sie schickte ihr Liebesgedichte und ein Bild von sich (was sie Johann Christoph in der Verlobungszeit verweigert hatte), die ‚feurigste Umarmung' und ‚tausend Küsse'. Sie schrieb von ‚ewiger Liebe' und war eifersüchtig auf andere Frauen in Runckels Leben.

Nach Gottscheds Tod heiratete Johann Christoph eine Neunzehnjährige und schrieb eine Biographie seiner ‚fleißigen Gehülfin', die für die nächsten 200 Jahre sein Bild von ihr in der Literaturgeschichte festschrieb. Erst mit der jüngeren feministischen Forschung (vor allem Goodman, Heuser und Kord) erfährt diese bedeutende Autorin und Gelehrte der Frühaufklärung späte Gerechtigkeit und die ihr gebührende Anerkennung", so Luise Pusch in ihrer Biografie über Luise Gottsched, veröffentlicht in Luise Pusch' biographischer Datenbank www.fembio.org/

Siehe auch ➤ *Lessingstraße, Hohenfelde, seit 1863: Gotthold Ephraim Lessing (1729–1781), Dichter, Schriftsteller, in Bd. 3 online**.*

Gretchenkoppel

Poppenbüttel, seit 1947. Flurname und volkstümliche Bezeichnung „Gretgen-Coppl"

**   **Band 3 online** unter: www.hamburg.de/maennerstrassennamen

55) Luise Pusch, a. a. O.
56) Luise Pusch, a. a. O.
57) Luise Pusch, a. a. O. und Zitat von: Susanne Kord: Luise Gottsched (1713–1762), in: Frederiksen, Elke (Hrsg.): Women writers of Germany, Austria, and Switzerland. An annotated bio-bibliographical guide. New York u. a. 1989, S. 164. (Bibliographies and indexes in women's studies, 8.)

Gretchen-Wohlwill-Platz

HafenCity, seit 2013, benannt nach Gretchen Wohlwill (27.11.1878 Hamburg–17.5.1962 Hamburg), jüdische Malerin und Mitglied der Hamburgischen Sezession, deutsche Schülerin der Académie Matisse In Paris, 1933 Entlassung aus dem Schuldienst, 1940 Emigration nach Portugal, 1952 Rückkehr nach Hamburg; Verfolgte des Nationalsozialismus
Ihr Grabstein steht im Garten der Frauen auf dem Ohlsdorfer Friedhof.

Gretchen Wohlwill wurde als viertes Kind des Chemikers Emil Wohlwill und seiner Frau Luise, geb. Nathan, in Hamburg geboren. Der Vater, und durch seinen Einfluss auch die Mutter, wandten sich vom jüdischen Glauben ab und ließen auch in die Geburtsscheine ihrer Kinder „konfessionslos" eintragen. Emil Wohlwill lehnte als Liberaler und Arbeiterfreund auch die so genannten Standesschulen ab, so dass Gretchen die Privatschule von Robert Meisner besuchte. Nach einem Jahr Selecta erfüllte sich 1894 Gretchen Wohlwills größter Wunsch: Sie wurde an der Kunstschule von Valeska Röver angemeldet und bekam eine Ausbildung bei Ernst Eitner *(siehe ➤ Eitnerweg, in Bd. 3 online**)* und Arthur Illies *(siehe ➤ Illiesweg, in Bd. 3 online**)*. 1904/5 ging sie zur Fortsetzung ihrer Studien nach Paris und besuchte die Privatakademien Stettler und Dannenberg bei Lucien Simon und Jacques Emile Blanche. Wirklichen Gewinn aber zog sie erst aus einem zweiten Parisaufenthalt 1909/10, und das nicht nur, weil sie in der Matisse-Schule arbeiten konnte, sondern auch, weil ihr „endlich die Augen aufgegangen waren für die Großen der Gegenwart und die Kunst vergangener Zeiten"[58]. Das stimmt allerdings nicht ganz – hatte sie doch schon früh den Ende des 19. Jahrhunderts wiederentdeckten Vermeer als ihren Lieblingsmaler auserkoren, eine

Vorliebe, die viel über ihre künstlerische Auffassungsgabe und ihr Wesen aussagt. Nach der Rückkehr von ihrem ersten Parisaufenthalt richtete Gretchen Wohlwill sich im elterlichen Haus in der Johnsallee 14 ein Atelier ein. Da sie, selbstkritisch wie sie ihre Leben lang blieb, überzeugt war, es nicht zu außerordentlichen Leistungen zu bringen und das Gelernte praktisch anwenden wollte, begann sie zu unterrichten und bereitete sich selbstständig auf das Zeichenlehrerexamen vor, das sie 1909 in Berlin ablegte. In Hamburg hätte sie dafür ein dreijähriges Studium an der Gewerbeschule absolvieren müssen. Ihr Sinn fürs Praktische zeigt sich auch darin, dass sie 1897 ihre Malstudien ganz bewusst für ein halbes Jahr unterbrach, um eine Haushaltsschule zu besuchen. 1910 wurde Gretchen Wohlwill als Kunsterzieherin an der Emilie-Wüstenfeld-Schule eingestellt. Diese Tätigkeit schien ideal. Sie verschaffte ihr eine finanzielle Grundlage, die sie selbstbewusst und noch in den Zeiten der Weltwirtschaftskrise einigermaßen unabhängig machte, und da sie nur vier Tage in der Woche unterrichtete, blieb ihr Zeit für das eigene Schaffen. Doch im Unterricht machte ihr nur die Arbeit mit den Begabten wirklich Freude, und die Reduktion ihrer künstlerischen Existenz auf eine Dreitagewoche und die Reisen während der Schulferien führten dazu, da sie sich ständig gehetzt fühlte. Kurz nach dem Tode des Vaters im Jahre 1912 wurde der Familie das Haus in der Johnsallee gekündigt, weil es verkauft werden sollte. Man erwarb das Haus Magdalenenstraße 12, wo Gretchen Wohlwill sich wiederum ein Atelier einrichtete, das sie auch nach dem aus wirtschaftlichen Gründen notwendigen Umzug in den Mittelweg nach dem Tod der Mutter behielt. Es wurde zum Treffpunkt junger Künstlerinnen und Künstler. 1928 zogen Gretchen und ihre Schwester Sophie, die Pianistin war, aus der riesigen kalten Wohnung am Mittelweg in die Flemingstraße 3. 1933 wurde

---

**   Band 3 online unter: www.hamburg.de/maennerstrassennamen

Hamburg 1984.

58) Gretchen Wohlwill: Lebenserinnerungen einer Hamburger Malerin. Bearbeitet von Hans-Dieter Loose.

Gretchen Wohlwill wie die meisten Beamten und Beamtinnen jüdischer Herkunft aus dem Schuldienst entlassen. Doch obwohl sie 1933 aus der Hamburgischen Künstlerschaft ausgeschlossen wurde und miterlebt hatte, dass die Hamburgische Sezession sich auflöste, um ihre jüdischen Mitglieder nicht ausschließen zu müssen, blieb sie wie viele andere seltsam sorglos. Sie war mit ihrer Kündigung „nicht unzufrieden"[59], konnte sie doch

Gretchen Wohlwill

endlich ihrer eigentlichen Arbeit frei nachgehen. Eine Emigration zog sie zunächst nicht in Erwägung. Stattdessen fasste sie den Plan, sich auf der Fischer- und Bauerninsel Finkenwerder ein Haus neben dem des Malers Bargheer zu bauen, den sie 1926 kennengelernt hatte und mit dem sie seitdem eng befreundet war. Gretchen Wohlwill besuchte den Freund oft und baute sich bald einen Anbau an sein Atelier, um in den Ferien und am Wochenende hier zu leben und zu arbeiten. Gemeinsam unternahmen die beiden Reisen nach Holland und Belgien (1928), England (1929) sowie Italien und Paris (Dezember 1930 bis Ostern 1931, Gretchen Wohlwill war von der Schulbehörde ein Studienaufenthalt und ein Zuschuss von 400 M zu ihrem Gehalt gewährt worden). 1933 fuhren sie erneut nach Paris, und 1936 mit dem Motorrad nach Dänemark. Sie besuchten auf ihren Reisen Museen, in denen sie auch zeichneten und kopierten, und quartierten sich an Orten ein, wo sie tagsüber in der Natur arbeiteten und abends über das Gemalte diskutierten, sich korrigierten und – keineswegs unwichtig – aßen und tranken. Bis zum Frühjahr 1939, als das von der Stadt gepachtete Gelände, auf dem sie ihr Haus

gebaut hatte, gekündigt wurde, weil dort eine Flugzeugwerft entstehen sollte, verbrachte Gretchen Wohlwill die Sommer auf Finkenwerder, malte und segelte mit Bargheer auf dem gemeinsamen Boot. Auf Dauer konnte sie jedoch nicht an den Tatsachen vorbeisehen. 1937 wurden vier ihrer Arbeiten als entartet beschlagnahmt, 1938 ihre 1931 im Auftrag Fritz Schumachers *(siehe* ➤ Fritz-Schumacher-Allee, *in Bd. 3 online**)* für die Emilie-Wüstenfeld-Schule gemalten Wandbilder mit Bildern im Stil der nationalsozialistischen Propaganda übermalt.[60] Die Verordnungen der Nazis gegen die Juden machten das Leben „schwer und schwerer", bis es „fast unerträglich geworden war"[61]. Sie begann mit der Schwester das Für und Wider der Auswanderung zu erörtern. Sophie konnte sich nicht entschließen. Sie wurde ins KZ Theresienstadt deportiert und starb dort, wie auch der Bruder Heinrich, ehemaliger Direktor der Norddeutschen Affinerie. Gretchen emigrierte, nachdem sie eine frühere Einreiseerlaubnis hatte verfallen lassen, quasi im letzten Moment, im März 1940, im Alter von 61 Jahren, nach Portugal. In Lissabon konnte sie bei der Familie ihres Bruders Fritz, Professor der Medizin, unterkommen, bis er in die USA emigrierte. Da sie so schnell wie möglich unabhängig werden wollte, versuchte sie, ihren Lebensunterhalt mit Stoffmalerei, Taschennähen und Sprach-, Literatur- und Malunterricht zu verdienen. Es war schweres Emigrantendasein in unbeheizbaren, primitiven Behausungen, voll Einsamkeit und Krankheit. Nach dem Krieg änderte sich das. Gretchen Wohlwill errang als Künstlerin nicht nur Anerkennung, sondern sogar Auszeichnungen: 1948 und 1952 erhielt sie den „Premio Francisco da Holanda". Sie hatte eigene Ausstellungen und nahm an Gruppenausstellungen in Lissabon und Porto teil. Nach zwei Besuchen in Hamburg in den Jahren 1950 und 1951 entschloss

---

59) Ebenda.
60) Die Wandbilder wurden 1993 freigelegt und restauriert.

61) Gretchen Wohlwill: Lebenserinnerungen, a. a. O.

sie sich 1952 zur Rückkehr. Am Ende ihre Lebens bezeichnet sie diese Hamburger Jahre, in denen sie in den Grindelhochhäusern eine Wohnung hatte, als die schönsten ihres Lebens, weil die Politik sie nicht mehr direkt berührte. Wie Kritiken und Rezensionen zeigen, war Gretchen Wohlwill in den 1920-er und frühen 1930-er Jahren eine geschätzte Malerin und Graphikerin. Sie gehörte zu den Gründungsmitgliedern der Hamburgischen Sezession und beteiligte sich an deren jährlichen Ausstellungen. Bis 1933 nahm sie an mindestens 15 Ausstellungen im In- und Ausland teil. Die Hamburger Kunsthalle und das Altonaer Museum kauften Bilder von ihr. Heute existiert ihr Werk nur noch in Fragmenten. Vieles, was sie bei ihrer Auswanderung Freunden zur Aufbewahrung gegeben hatte, fiel den Bomben zum Opfer. Der Teil ihrer Arbeiten aber, den sie für den wesentlichsten hielt, ging aus dem Versandlift verloren, der nach Kriegsende nach Portugal geschickt werden sollte. Arbeiten von Gretchen Wohlwill befinden sich in der Kunsthalle, im Altonaer Museum und im Museum für Hamburgische Geschichte. Der im Staatsarchiv aufbewahrte Nachlass ist 1989 an die Familie zurückgegangen.

Text: Brita Reimers

Siehe auch ➤ **Anita-Rée-Straße, Rosa-Schapire-Weg,** *in diesem Band.*

Siehe auch ➤ **Eitnerweg,** *Hummelsbüttel, seit 1965: Prof. Ernst Eitner (1867–1955), Maler, in Bd. 3 online**.*

Siehe auch ➤ **Fritz-Schumacher-Allee,** *Langenhorn, seit 1920: Prof. Dr. Fritz Schumacher (1869–1947), Oberbaudirektor, in Bd. 3 online**.*

Siehe auch ➤ **Illiesbrücke,** *Ohlsdorf, seit 1956, und* **Illiesweg,** *Steilshoop, seit 1955: Artur Illies (1870–1952), Maler, Lehrer an der Landeskunstschule, in Bd. 3 online**.*

Gretelstieg

Schnelsen, seit 1970. Märchengestalt, im Anschluss an die Motivgruppe: Holsteinische Geschichte, Sagen und Märchen

Der Germanist und Erzählforscher Heinz Rölleke schreibt über die Rolle der Gretel im Märchen „Hänsel und Gretel" der Brüder Grimm *(siehe* ➤ **Grimmstraße,** *in Bd. 3 online**),* dass dort jener Typus Frau als Heldin vorkommt, der sich sowohl passiv als auch aktiv verhält. „(…) Gretel beginnt als die ängstliche, passive, bloß duldende, die vorläufige Rettung durch Hänsel nur tatenlos bewundernde Heldin. Sobald aber ihr männliches Bruder-Pendant hilflos und auch nicht mehr zur Hilfe für die Schwester fähig im Hexenkäfig sitzt, da verändert sich ihre Haltung sozusagen um 180 Grad. Sie wird aktiv, sie wird listig, bewirkt die Befreiung. Sie kennt sozusagen ihren Kairos, den Augenblick, in dem dieser Umschlag sinnvoll, ja im wörtlichsten Sinn notwendig ist."[62]

Und Elke Feustel charakterisiert Gretel als die „tapfere Erlöserin".[63] „Als solche läuft sie Hänsel insofern den Rang ab, als er im Laufe der Handlung auf die Rolle des rettungsbedürftigen Nebenakteurs zurückfällt, während sie sich durch besondere Charakterstärke hervortut", resümiert Madelaine Neumayr in ihrer Diplomarbeit über „Hänsel und Gretel"[64]

Siehe auch ➤ **Königskinderweg,** *in diesem Band.*

Siehe auch ➤ **Grimmstraße,** *Iserbrook, seit 1930: Brüder Grimm, Jacob (1785–1863) und Wilhelm Grimm (1786–1859), in Bd. 3 online**.*

Siehe auch ➤ **Hänselstieg,** *Schnelsen, seit 1970: Märchengestalt, in Bd. 3 online**.*

Grete-Nevermann-Weg

Rissen, seit 1981, benannt nach Grete Nevermann, geb. Faden (14.1.1907 Klein-Flottbek–

** **Band 3 online** unter: www.hamburg.de/maennerstrassennamen

62) Heinz Rölleke: Die Märchen der Brüder Grimm: Quellen und Studien. Gesammelte Aufsätze. Trier 2000,

S. 206.
63) Elke Feustel: Rätselprinzessinnen und schlafende Schönheiten. Hildesheim 2004, S. 245.
64) Madelaine Neumayr: Hänsel und Gretel im zeitgenössischen Märchen-

bilderbuch. Diplomarbeit an der Universität Wien 2012, S.46.

25.12.1973 Hamburg/Rissen),Vorsitzende des
Ortsausschusses Blankenese

Grete Faden wurde als zweite Tochter der Eheleute
Wilhelm und Ida Faden geboren. Ihr Vater war
Handwerker (Maler) und nach dem Zweiten Welt-
krieg als Betriebshandwerker bei Oetker tätig.

Nach dem Besuch der achtjährigen (preußischen) Volksschule absolvierte Grete Nevermann
eine Lehre als Verkäuferin bei der Konsum-Ge-
nossenschaft (Produktion) und engagierte sich
in der SPD. 1930 heiratete sie den Rechtsanwalt
Dr. jur. Paul Nevermann *(siehe* > **Paul-Nevermann-**
Platz, *in Bd. 3 online**).* Das Ehepaar wurde
während der Zeit des Nationalsozialismus von
jeglicher politischer Arbeit ausgeschlossen. 1935
wurde der Sohn Jan, 1937 die Tochter Anke und
1944 der Sohn Knut geboren.

Gleich nach Ende des Nationalsozialismus
kehrte Grete Nevermann in die aktive Kommu-
nalpolitik zurück. So war sie von 1950 bis 1972
SPD-Mitglied im Ortsausschuss Blankenese: von
1958 bis 1961 stellvertretende Vorsitzende und

von 1969 bis 1972 Vorsit-
zende. Sie engagierte sich
besonders in der Woh-
nungs- und Baupolitik.
Vier Jahre lang, von 1961
bis zur Trennung von ih-
rem Mann 1965, fungierte
sie als Frau des Ersten Bürgermeisters Dr. Paul Ne-
vermann als „First Lady"
der Hansestadt.

Am 25. Dezember 1973
verstarb Grete Nevermann
an einer Lungenembolie
in ihrem Haus in der Ris-

Grete Nevermann mit
Tochter Anke

sener Landstraße 17, in dem die Familie seit
1939 wohnte.

** **Band 3 online** unter: www.ham-
burg.de/maennerstrassennamen

Siehe auch > **Paul-Nevermann-Platz,** *Altona-*
Altstadt, seit 1984: Paul Nevermann (1902–
1979), Erster Bürgermeister von Hamburg, in
Bd. 3 online**.

Grete-Zabe-Weg

Barmbek-Süd, seit 2008, benannt nach Grete
Marie Zabe, *geb. Tischowski (18.3.1877 Danzig–*
1.12.1963 Hamburg), Mitglied der Hamburgi-
schen Bürgerschaft von 1919–1933; Verfolgte
des Nationalsozialismus
Ihr Grabstein steht im Garten der Frauen auf dem
Ohlsdorfer Friedhof.

Grete war fünf Jahre alt, als ihre Eltern, der Vater
ein Schiffszimmerergeselle, die Mutter ein Dienstmädchen, verstarben. Sie kam in ein Waisenhaus, später zu Pflegeeltern.

Sie besuchte die Volksschule, wurde Dienstmädchen, später Arbeiterin in einer Zigarrenfa-
brik. Mit 20 Jahren heiratete sie einen Malerge-
hilfen. Ein Jahr später wurde das erste Kind, drei
Jahre darauf das zweite und nach weiteren vier
Jahren das dritte Kind geboren. Da das Gehalt
ihres Mannes nicht für den Lebensunterhalt der
Familie ausreichte, übernahm Grete Zabe zwischenzeitlich Aushilfsarbeiten. 1906 zog das Ehepaar nach Hamburg.

1907, nach dem Umzug der Familie nach
Hamburg, wurde Grete Zabe auf Anregung ihres
Mannes, einem aktiven Sozialdemokraten und
Gewerkschafter, Mitglied der SPD. Grete Zabe, die
großes Redetalent besaß, machte Parteikarriere:
1913 wurde sie in den SPD-Distriktvorstand Ham-
burg-Uhlenhorst gewählt und leitete während des
Ersten Weltkrieges die Kriegsküche dieses Stadt-
teils. Von 1919 bis 1933 war sie Mitglied der Ham-
burgischen Bürgerschaft und im Ausschuss für
Wohnungsfragen sowie in der Behörde für das
Gefängniswesen als einzige Frau in der Deputa-

tion vertreten. Dort machte sie sich für eine Reform des Strafvollzuges stark. Zwischen 1922 und 1933 agierte sie als Mitglied des Landesvorstandes und des Frauenaktionsausschusses der SPD. Von 1922 bis 1927 war sie Vorsitzende des Frauenaktionsausschusses. Dieser hatte sich das Ziel gesetzt, möglichst viele Wählerinnen zu gewinnen. Allerdings erreichten die Genossinnen mit ihren Frauenversammlungen, Plakaten und Flugblättern nicht die breite Masse. Die bürgerlichen Parteien hingegen hatten schon länger erkannt, wie die „Frau von der Straße" am besten anzusprechen sei – nämlich mit Angeboten im Freizeitbereich. So wurde ab 1924 auch die SPD in dieser Richtung aktiv, bot „Frauenfeierstunden" und Film- und Lichtbildabende mit kurzen politischen Referaten an.

Grete Zabe

Die zentralen Forderungen der SPD und des Frauenaktionsausschusses waren u. a.: Gleicher Lohn für gleiche Arbeit, Verbesserung des Arbeits- und Mutterschutzes für erwerbstätige Frauen, gleiches Recht auf Erwerbstätigkeit für Mann und Frau, Reform des Paragraphen 218.

1933 und 1944 wurde Grete Zabe von der Gestapo mehrere Tage inhaftiert, und auch Hausdurchsuchungen musste ihre Familie über sich ergehen lassen.

Nach 1945 war Grete Zabe wieder für die SPD und die Arbeiterwohlfahrt aktiv.

Große Bleichen*

Neustadt, seit 1718/29: Wiesen auf denen die Bürgerinnen ihre Wäsche bleichen konnten. Das Bleichen der Wäsche auf den Wiesen war meist

Frauentätigkeit und Frauenerwerbsarbeit, wenn diese Arbeit für die Kattundruckereien getätigt wurde.

Die Bleicherinnen legten die Tücher im Gras aus und spannten sie zwischen Pflöcken. Mehrmals am Tag begossen sie die Tücher mit Wasser, das sie in Gießkannen oder Eimern vom Fleet zur Rasenfläche herbeischleppen mussten.

Die Erfindung eines Röhrensystems brachte große Erleichterung. Von der Wasserstelle wurden halbrunde Holzröhren zum Rasen geleitet. Dort stand ein großer Bottich, in dem das Wasser aufgefangen und dann mit Schöpfkellen auf die Kattunstücke gegossen werden konnte. Diese Erleichterung und „Technisierung" machte anscheinend diese Arbeit auch für Männer attraktiv. Wenigstens sind auf den entsprechenden technischen Abbildungen des 18. Jahrhunderts nur noch Arbeiter mit dieser Tätigkeit beschäftigt zu sehen.

Gudrunstraße

Rissen, seit 1949, benannt nach Kudrun (Anonymes Heldenepos, entst. um 1240)

„Gudrun (Kudrun) ist die Tochter von König Hetel *[siehe ➤ Hettelstieg, in Bd. 3 online**]* von Hegelingen und seiner Frau Hilde [der Hildeweg ist nicht nach dieser Hilde benannt, sondern nach deren Mutter Hilde von Indien]. Sie wird von Hartmut von Ormanie entführt *[siehe ➤ Hartmutkoppel, in Bd. 3 online**]*, gibt aber seiner Werbung nicht nach. Sie muß deshalb [bei Hartmuts Mutter Gerlind *(siehe ➤ Gerlindweg, in diesem Band)]* 13 Jahre Magddienst tun."[65] Bei solch einer Tätigkeit, Gudrun muss am Strand Wäsche waschen, wird sie von Herwig von Selant *(siehe ➤ Herwigredder, in Bd. 3 online**)*, der auch um Gudrun geworben und mit dem sie sich

*   Straßennamen auf unterlegtem Feld verweisen auf Frauenorte, Frauenarbeiten und -aktivitäten.

**   **Band 3 online** unter: www.hamburg.de/maennerstrassennamen

65) Annemarie und Wolfgang van Rinsum: Lexikon literarischer Gestalten, Stuttgart 1988.

verlobt hatte, und ihrem Bruder Ortwin *(siehe* ➤ **Ortwinstieg,** *in Bd. 3 online**)* entdeckt. Sie sind auf Geheiß von Gudruns Mutter Hilde mit einem großen Heer gekommen, um Gudrun zu befreien. Gudrun wirft die Wäsche ins Meer. Daraufhin droht ihr Gerlind mit Strafe. Dieser entgeht Gudrun nur, indem sie vorgibt, nun doch Hartmut heiraten zu wollen. Während der Hochzeitsfestvorbereitungen rückt das Heer mit Ortwin und Herwig vor. Es kommt zu einem schweren Kampf, in dem Herwig den Vater (Ludwig) von Hartmut, tötet, und Wate (Bote: Verwandter von Hilde und ihrem Mann König Hetel) *(siehe* ➤ **Wateweg,** *in Bd. 3 online**)* die Mutter (Gerlind) von Hartmut umbringt. Hartmut wird verschont, aber mit in Hildes Land genommen. Gudrun ist befreit.

Als alle wieder in Hildes Land sind, möchte Gudrun die Feinde miteinander versöhnen und arrangiert deshalb eine Großhochzeit: Sie heiratet Herwig. Ihr Bruder Ortwin vermählt sich mit Ortrun, der Schwester, von Hartmut und Hartmut ehelicht Hildburg, die Gefährtin Gudruns. Siegfried von Morlant heiratet die Schwester Herwigs.

Die Figur Gudruns wird unterschiedlich interpretiert: von wankelmütig und undiszipliniert, über sich den Idealen der Treue und Aufrichtigkeit verpflichtenden Braut bis zur selbstbewussten, über ihr Leben selbst entscheidenden, modernen Frau.

Siehe auch ➤ **Gerlindweg,** *in diesem Band.*

Siehe auch ➤ **Hartmutkoppel,** *Rissen, seit 1952. Nach einer Gestalt aus der Gudrunsage: der Entführer Gudruns, in Bd. 3 online**.*

Siehe auch ➤ **Herwigredder,** *Rissen, seit 1949. Nach einer Gestalt aus der Gudrunsage: Herwig von Selant, Bewerber um Gudrun, den sie erhört und heiratet, in Bd. 3 online**.*

Siehe auch ➤ **Hettelstieg,** *Rissen, seit 1954. Nach einem Motiv aus der Gudrunsage: Vater (auch „Hetel" geschrieben) von Gudrun, in Bd. 3 online**.*

** **Band 3 online** unter: www.hamburg.de/maennerstrassennamen

Siehe auch ➤ **Ortwinstieg,** *Rissen, seit 1955. Nach einer Gestalt aus der Gudrunsage: Ortwin ist der Bruder von Gudrun, in Bd. 3 online**.*

Siehe auch ➤ **Wateweg,** *Rissen, seit 1949. Nach Wate, dem Held aus der Gudrunsage: Bote von König Hetel von Hegelingen, in Bd. 3 online**.*

Guttmannring

Langenbek, seit 1988, benannt nach **Helene,** *geb. Goldberg, und* **Jacob** *(im Amtlichen Anzeiger: Jakob, im Jüdischen Gedenkbuch: Jacob)* **Guttmann** *(Helene: 24.8.1877 Pölitz–am 8.11. 1941 deportiert nach Minsk, im KZ umgekommen, genaues Todesdatum unbekannt), (Jacob: 19.2.1877 Stewnitz–am 8.11.1941 deportiert nach Minsk, im KZ umgekommen, genaues Todesdatum unbekannt), jüdische Opfer des Nationalsozialismus. Kaufmannsehepaar aus Wilhelmsburg Stolpersteine vor dem „Judenhaus" Bornstraße 18 und dem Wohnhaus Veringstraße 47.*

Jacob (genannt James) Guttmann wurde in Stewnitz im Kreis Flatow in Westpreußen (heute: Stawnica, Polen) als Sohn von Johanna und Hermann Guttmann geboren. Er heiratete **Helene Goldberg,** die aus Pölitz in Pommern (heute: Police, Polen) stammte. Jacob und Helene Guttmann lebten seit dem 2. März 1908 in Wilhelmsburg. Am 21. November 1909 wurde dort ihr einziges Kind, Edith, geboren.

Edith Guttmann heiratete am 9. Oktober 1931 den Kaufmann Fritz Rosenschein aus Harburg. Das Paar konnte am 23. Februar 1938 in die USA emigrieren.

Jacob Guttmann betrieb seit 1908 eine Weißwarenhandlung in Wilhelmsburg. Sein Woll- und Wäschewarengeschäft befand sich zuerst im Haus Fährstraße 45 und ab dem 1. November 1927 in der Veringstraße 47, wo die Familie auch lebte. Neben dem Ehepaar arbeiteten im „Kaufhaus" zwei bis drei Verkäuferinnen. 1925 oder 1926 trat Jacob Guttmann aus der jüdischen Gemeinde in Harburg aus, blieb jedoch in Hamburg weiter Gemeindemitglied. Aufgrund der Folgen der Weltwirtschaftskrise 1929/1930 entließen viele Firmen in Wilhelmsburg und im Hamburger Hafen ihre Arbeiter. Diese Situation hatte Folgen für die ansässigen Gewerbetreibenden, deren Umsätze zurückgingen. Neben den gesunkenen Umsätzen führte eine Herzerkrankung von Helene Guttmann, die „der führende Teil im Geschäft gewesen" war, schließlich 1932 zum Konkurs.

In der vom Magistrat angefertigten Aufstellung der jüdischen Geschäfte und Warenhäuser der Stadt Harburg-Wilhelmsburg vom 6. April 1933 findet sich zwar noch der Eintrag für „J. Guttmann, Kaufmann, Veringstr. 47", am 12. Dezember 1934 wurde die Firma allerdings aus dem Handelsregister gelöscht.

Seinen Textilwarenhandel betrieb Jacob Guttmann weiter. Doch 1936 musste das Geschäft an der Veringstraße, auch aufgrund der „starken antisemitischen Strömungen in Wilhelmsburg", schließen. Käufer Hermann Johannsen hatte vorher ein Geschäft in der Kanalstraße betrieben. Die „Arisierung" war damit vollzogen.

Am 1. Juli 1936 lösten die Eheleute Guttmann den Haushalt in Wilhelmsburg auf und zogen nach Hamburg. Im Haus Rutschbahn 3 im 2. Stock hatten sie eine Wohnung gefunden. Jacob Guttmann arbeitete als Vertreter für Textil- und Kurzwaren. Ende September 1937 wechselte das Ehepaar Guttmann ins Erdgeschoss des „Judenhauses" Bornstraße 18. Es bereitete seine Auswanderung in die USA vor und gab im April 1941 an, ein Gesamtvermögen von nur noch 827 RM zu besitzen. Das Paar hatte fast alle Ersparnisse aufgebraucht.

Am 8. November 1941 wurden Helene und Jacob Guttmann, beide im Alter von 64 Jahren, deportiert. Dieser Transport Hamburger Jüdinnen und Juden kam am 11. November 1941 in Minsk an. Die Menschen wurden im Getto unter menschenunwürdigen Umständen untergebracht. Die Insassen mussten Zwangsarbeit leisten. Viele überstanden den Winter 1941/42 nicht. Wie lange das Ehepaar Guttmann unter diesen Umständen überlebte, wissen wir nicht. Nach dem Ende des Zweiten Weltkrieges wurden beide für tot erklärt.[66]
Text: Barbara Günther

H

Hanne-Darboven-Ring

Eißendorf, seit 2011, benannt nach Hanne Darboven (29.4.1941 München–9.3.2009 Hamburg), international renommierte Harburger Konzeptkünstlerin, die sich in ihren Werken insbesondere mit dem Sichtbarmachen von Zeiträumen beschäftigte

Als Tochter von Kirsten und Caesar Darboven 1941 in München geboren, wuchs die mittlere von drei Töchtern in einer Harburger Kaufmannsfamilie auf. Der Vater war Inhaber der Kaffeefirma Johann Wilhelm Darboven. (Diese Firma bestand bis 1972 und ist nicht zu verwechseln mit der Kaffeefirma von Johann Joa-

Abb.: Aus: Ortrud Westheider, Sebastian Giesen mit Elke Pippus und Constance Vogelsang, Hanne Darboven, Das Frühwerk, Hamburger Kunsthalle, Ausstellungskatalog, Hamburg 1999, S. 140/ Foto: Bernd V. Lewandowski

66) Benutzte Literatur: Staatsarchiv Hamburg (StaH), 430-64 Amtsgericht Harburg, VII B 1001; StaH 430-5 Magistrat der Stadt Harburg Wilhelmsburg, 1810-08; StaH, 351-11, AfW, 35142; StaH, 430-64 Amtsgericht Harburg, VII B 101; StaH, 332-8 Meldewesen, K 4439; StaH, Wilhelmsburger Adressbücher; Beate Meyer: Die Verfolgung und Ermordung der Hamburger Juden 1933–1945. Hamburg 2006, S. 175; Eberhard Kändler, Gil Hüttenmeister: Der jüdische Friedhof Harburg. Hamburg 2004, S. 213f.; Linde Apel (Hrsg.): In den Tod geschickt. Die Deportation von Juden, Roma und Sinti aus Hamburg 1940–1945. Ausstellungskatalog. Hamburg

chim Darboven, gegründet 1886 in Hamburg. Dessen erhalten gebliebene kostbare historische Einrichtung der Dampf-Kaffeerösterei mit Ladengeschäft von 1895 in der Lüneburger Straße 7 befindet sich im Bestand des Helms-Museums Harburg.[1)]

Schon als Kind bekam sie in ihrem Elternhaus Klavier- und Zeichenunterricht. Zwischen 1962 und 1965 studierte sie an der Hamburger Hochschule für Bildende Künste bei Willem Grimm und Almir Mavignier. Von 1966 bis 1968 lebte und arbeitete sie in New York. Dort begegnete sie Künstlern der Minimal Art wie Sol LeWitt oder Carl André. In dieser Zeit entstanden die ersten seriellen Zeichnungen auf Millimeterpapier. Im Rahmen einer extremen Konzept- und Minimal-Kunst

Hanne Darboven 1969

entwickelte Hanne Darboven Systeme einfacher Zahlenabläufe und Zahlenkolonnen und Kästchen aus scheinbar beliebigen Kalenderdaten in streng vorbestimmten Strukturen (zum Beispiel 3-5-7-5-3) mit komplexen Variationsfolgen. Ihre erste Einzelausstellung hatte sie 1967 in Düsseldorf bei dem Maler und Galeristen Konrad Fischer (vertrat die wegweisende Kunstrichtung des „Kapitalistischen Realismus"). 1973 stellte Hanne Darboven ihre Arbeiten bei Leo Castelli in New York aus.

Nach dem Tod ihres Vaters kehrte sie 1969 nach Hamburg zurück und lebte in ihrem Atelier in Rönneburg, hielt aber weiterhin Kontakt zu der New Yorker Szene. Ihre Werke wurden dort, aber auch in anderen Städten der USA sowie in Europa regelmäßig ausgestellt.

In Rönneburg begann nun ihre Schreibzeit: „Ich schreibe, aber ich beschreibe nichts" oder „ich schreibe, aber ich lese nicht", so die Künstlerin über das Ritual ihres Schreibwerks, welches schließlich zehntausende Seiten umfasste, gefüllt „mit nimmer enden wollenden Schriftzeilen (...), Kästchen und Linien, Abschreiben aus dem Brockhaus, aus ‚Spiegel'-Magazinen, Gedichten und Schriften von Lao Tse über Martin Luther zu Charles Baudelaire und Friedrich Hölderlin."[2)] Sie bezog Monumentalwerke, etwa Homers „Odyssee" oder Heinrich Heines Fragment „Atta Troll", in ihre kulturgeschichtlichen Diagramme ein. In ihnen dokumentierte sich vor allem eines: der unbewusste Zeitfluss – auf dem Hintergrund historischer und damals aktueller geistesgeschichtlicher Parameter. Frühe akustische und optische Eindrücke fanden Eingang in ihr Œvre: Verlesen von Kaffeebohnen, Bildungsbürgerliches, Buchhalterisches. In der Arbeit „Friedrich II, Harburg 1986" verwendete sie vierhundert Mal das Motiv einer Postkarte von 1910, auf der in Harburgs Zentrum der Kaffeeladen der Darbovens zu sehen ist. Auf 19 Blättern schrieb sie die Biographie Friedrichs II. von Preußen (1712–1786) ab. Vier Blätter ermöglichen die Überleitung zum Heute, sieben nimmt sie für die Jahresrechnungen und 365 für Tagesrechnungen. Das von ihr entwickelte „Konzept zur Fortschreibung der Zeit" besteht aus dem Weiterrechnen von Quersummen, so dass am Ende jeder Tag seine eigene Zahl, seine eigene Einmaligkeit erhält.

Als begabte Pianistin setzte sie ab 1980 ihre Zahlensysteme in Notationen um, die sie für Instrumente arrangieren ließ. 1994 erhielt die Künstlerin in Hamburg u. a. den angesehenen Lichtwark-Preis. Zuletzt auf der documenta 11-2002 (sie nahm mehrmals an der documenta in Kassel teil) auch in Filmdokumentationen zu erleben, versetzte sie dort drei Stockwerke des Fridericianums mit mehr als 4000 einzeln gerahmten

2008, S 115.
1) Christian Bittcher, hanonline.de.
2) Mirja Rosenau in art-magazin 13.3.2009.

Photokopien von Zahlenfolgen ihres Opus „Kontrabassolo, opus 45 (1998–2000) in optische Schwingungen. Zwei Jahre zuvor hatte sie eine nach ihr benannte Stiftung begründet, die „das umfangreiche Schaffen ihrer Stifterin als international anerkannter Künstlerin bewahren und der Öffentlichkeit zugänglich machen" sowie junge Künstlerinnen und Künstler unterstützen soll. Vorsitzender ist ihr Cousin Albert Darboven. Die resolute, stets politisch wachsame Künstlerin verstarb 2009 mit 67 Jahren an Lymphdrüsenkrebs. Ihr Credo ist zugleich Schlüssel für ihr Lebenswerk: „Eins und eins ist eins zwei. Das ist meine Urthese für alle Gesetze, die bei mir mathematisch durchlaufen. Ich schreibe mathematische Literatur und mathematische Musik."[3]
Text: Cornelia Göksu

Hanne-Mertens-Weg

Niendorf, seit 1982, benannt nach Hanne Mertens (13.4.1909 Magdeburg–22.4.1945 KZ Neuengamme), Schauspielerin
Stolpersteine vor dem Wohnhaus Sierichstraße 66 und vor der Wirkungsstätte Thalia-Theater, Alstertor 1. Mahnmal: Tisch mit 12 Stühlen (siehe dazu ➤ Georg-Appel-Straße, in Bd. 3 online**).

„Die Schauspielerin Hanne Mertens war das zweite von vier Kindern einer evangelischen Magdeburger Rechtsanwaltsfamilie. Dort wurde sie als Hanna Hermine am 13.4.1909, ihr Bruder Knut am 5.11.1912 geboren. Ihre Mutter Johanna war gebürtige Hamburgerin. Der Vater Hermann Mertens wurde 1914 als Hauptmann im Ersten Weltkrieg getötet. Die Mutter zog mit den Kindern 1915 nach Berlin. Hanne Mertens besuchte dort bis 1928 das Lyzeum.

Am 15. Oktober 1932 heiratete Hanne Mertens in Düsseldorf-Oberkassel Heinz Gustav Adolf

Alfred Beller (geb. 20.12.1907 in Berlin-Steglitz). Er war Rechtsassesor und Scharführer der SA. Die Ehe wurde bereits am 8. November 1933 wieder geschieden.

Hanne Mertens

Ihre Ausbildung absolvierte Hanne Mertens von 1928 bis Oktober 1930 an der staatlichen Schauspielschule in Berlin. Von 1930 bis 1932 war sie am Berliner Staatstheater engagiert und spielte kleine Rollen. Im August 1932 ging sie nach Düsseldorf und war dort bis 1934 am Schauspielhaus und Städtischen Theater beschäftigt. Ab 1934 war sie in Berlin am Theater am Nollendorfplatz und der Volksbühne engagiert. 1938 spielte sie erstmals eine kleine Nebenrolle im Film ‚Unsere kleine Frau', 1938/1939 dann ‚Ich verweigere die Aussage' mit Olga Tschechowa. 1941 drehte sie mit Liesel Karlstadt ‚Alarmstufe V'.

1938 ging Hanne Mertens an die Münchner Kammerspiele unter dem Intendanten Otto Falckenberg. Ihre erste Rolle dort hatte sie in Friedrich Schillers ‚Kabale und Liebe'. Sie war beim Münchner Publikum sehr beliebt, bekannt als Lady Milford, Königin Elisabeth und Zarin Katharina.

Bereits am 9. März 1940 kam es zu einer Auseinandersetzung mit Otto Falckenberg. Eine Premiere, ‚Das Einhorn von den Sternen' von William Butler Yeats, endete in einer Massenschlägerei. Hanne Mertens war nicht besetzt worden, saß aber im Publikum und äußerte sich gegen das Stück. Dies hatte eine Abmahnung von Falckenberg zur Folge, und die Gestapo legte eine Karteikarte für sie an. Die Gestapo beließ es jedoch nach dem Eingreifen von Martin Bormann, dem damaligen Sekretär der NSDAP-

Abb.: Archiv der KZ-Gedenkstätte Neuengamme

**   **Band 3 online** unter: www.hamburg.de/maennerstrassennamen

3)   wikipedia, NetPalnet Harburg, Stiftungs-Website.

Kanzlei, bei dem Eintrag ‚Störung des Betriebs-
friedens'. Ab diesem Zeitpunkt gab es ständige
Streitereien zwischen der Intendanz und Hanne
Mertens. Im Juni 1942 bot Falckenberg ihr die
Vertragsauflösung an.

Unter ihren Kollegen galt Hanne Mertens als
Nazispitzel, unter anderem wegen des Kontakts
zu NSDAP-Reichsleiter Martin Bormann, den sie
1939 kennengelernt hatte. Andererseits war sie
mehrfach von der Gestapo vorgeladen und ver-
warnt worden, da sie sich offen gegen den Krieg
und den Nationalsozialismus ausgesprochen hatte
und immer wieder über Hitler und Goebbels spottete. Laut Falckenberg äußerte sie sich ‚heute gegen die Nazis, morgen gegen die Alliierten' und
stand wohl seit 1937 unter Gestapo-Beobachtung,
auch wegen häufiger Reisen nach Prag zu einem
Bekannten, einem tschechischen Offizier.

Hanne Mertens wurde immer als sehr begabt
und ehrgeizig beschrieben, aber auch als Unruhe-
stifterin und durch ihr Temperament in politischen Äußerungen unberechenbar. Einige En-
semble-Mitglieder hielten sie auch für intrigant.

Im Januar 1943 war Hanne Mertens über
die Besetzung einer Hauptrolle, der Orsina, in Lessings ‚Emilia Galotti' erbost, da sie die von Falckenberg vorgesehene Schauspielerin für nicht
qualifiziert genug hielt. Sie versuchte ihre Kollegen davon zu überzeugen, die bevorstehende
Premiere zu sprengen und einen Theaterskandal
zu inszenieren. Intendant Otto Falckenberg erfuhr davon. Es folgten gegenseitige schwere An-
schuldigungen politischer Natur. Hanne Mertens
wandte sich an den Oberbürgermeister Mün-
chens. Auch die Gestapo und der Leiter der Lan-
destheaterkammer wurden einbezogen. Am 17.
Februar 1943 bat Hanne Mertens um fristlose
Vertragslösung.

Als im Frühjahr 1943 Robert Meyn, der Intendant des Thalia Theaters, zum 100-jährigen

Bestehen das Ensemble aufstockte, nahm sie
sein Angebot zum Wechsel nach Hamburg gerne
an. Sie sah darin auch die Chance, weiteren Konflikten mit der Gestapo in München zu entge-
hen. Die Spielzeit 1943/44 eröffnete das Thalia
Theater im September mit einer Tournee. Da die
Staatsoper bei Luftangriffen zerstört worden
war, bezog diese die Räume des Thalia Theaters.
Das Sprechtheater wich in das ehemalige jüdische Kulturhaus in der Hartungstraße aus, welches Robert Meyn ‚Kammerspiele des Thalia
Theaters' nannte. Ihren ersten Auftritt hatte
Hanne Mertens am 6. Oktober 1943 in der Komödie ‚Das unterschlug Homer'. Es folgte die
Mutter Wolffen in der Komödie ‚Der Biberpelz'
von Gerhart Hauptmann und die Hauptrolle in
Henrik Ibsens ‚Hedda Gabler'.

Hanne Mertens galt in Hamburg als große
Neuentdeckung und spielte sich in die Herzen
des Publikums. Sie erwarb sich einen Ruf als
starke Persönlichkeit, die auch langweilige Rollen in unverwechselbare Figuren verwandelte.
Intendant Meyn bezeichnete sie als hochgradig
nervös, gereizt, unbeherrscht in ihren Äußerungen und bat sie öfters, sich zusammenzunehmen.
Auch in Hamburg sagte sie ihre Meinung, widersetzte sich gesellschaftlichen Zwängen und schien
sich dabei aufgrund ihrer Prominenz und vermeintlich guten Beziehungen sicher zu fühlen.

Ab August 1943 bis Ende 1944 gab sie
Schauspielunterricht in ihrer Wohnung. Zu ihren
Schülerinnen zählten: Angelica Krogmann (Tochter des damaligen Hamburger NS-Bürgermeisters,
später Schriftstellerin), Susanne von Almassy
(später Filmschauspielerin) und Margund Sommer (später u. a. bei Gründgens am Schauspielhaus).

Am 1. September 1944 wurden die Theater
und Schauspielschulen auf Grund eines Erlasses von Goebbels geschlossen, Schauspieler und

Techniker in der Rüstungsindustrie oder mit Heimarbeit beschäftigt. Hanne Mertens sollte Putzfrauenarbeiten im Theater verrichten. Sie teilte Robert Meyn mit, dass sie dazu gesundheitlich nicht in der Lage sei. Bereits seit der Lyzeumszeit war sie lungenkrank. Am 22. September 1944 unterzog sie sich im Krankenhaus Eppendorf einer überfälligen Unterleibsoperation und wurde am 31. Oktober in den Erholungsurlaub entlassen. Im Dezember 1944 wurde das Ausweich-Theater in der Hartungstraße in ein Kino umgewandelt, die UFA-Kammerspiele. Das Thalia Theater nahm seine Arbeit im Januar 1945 in seinem eigenen Haus mit dem Stück ,Der Biberpelz' wieder auf.

Als Hanne Mertens eines Abends im Januar 1945 noch spät bei einer Nachbarin vorbeischaute, hatte diese Besuch. Es entwickelte sich schnell eine gesellige Runde und Hanne Mertens spottete über Hitler und andere Parteigrößen und sang ein Lied: ,Es geht alles vorüber, es geht alles vorbei ... erst Adolf Hitler und dann die Partei'. Doch wusste sie nicht, dass zwei der Gäste von der Gestapo und nicht, wie behauptet, Beamte des Wirtschaftsamtes waren. Der Schlager ,Es geht alles vorüber' war in dieser Zeit sehr beliebt. Er wurde nicht mehr im Rundfunk gespielt, da folgende Version kursierte: ,Es geht alles kopfüber, es geht alles entzwei; erst fliegt Adolf Hitler, dann seine Partei.'

Hanne Mertens wurde am 6. Februar 1945 auf der Straße verhaftet und mit der Hochbahn in das Gestapogefängnis Fuhlsbüttel gebracht. Der Grund: ,Wehrkraftzersetzung'.

Es folgten Verhöre mit Beschimpfungen, Misshandlungen und der Drohung, die ,Akte aus München' liege vor, sie käme unter keinen Umständen davon. Sie wurde ohne Schutzhaftbefehl festgehalten. Gertrud Meyer [siehe > **Gertrud-Meyer-Straße,** *in diesem Band*], eine Mitge-

fangene, bezeugte später: Hanne Mertens habe angegriffen ausgesehen, ein Bein nachgezogen und Dunkelarrest im Käfig erhalten. Der Grund war, dass Hanne Mertens sich Soldatenstrümpfe übergezogen hatte, die sie stopfen sollte. Für Gertrud Meyer rezitierte sie Gedichte."[4]

Über die Begegnung mit Hanne Mertens schrieb Gertrud Meyer: „Es ist ein eisiger Tag, dieser 5. Februar 1945. Soeben trifft im Gestapo-Gefängnis Hamburg-Fuhlsbüttel der Transport mit den heute verhafteten Frauen ein. Man hört das Schließen der Außentür, Tritte von vielen Füßen. Mit grellen Kommandostimmen jagen die SS-Aufseherinnen die Angekommenen die Kellertreppe hinunter. Erschreckt und beklommen drängen sich die Ankömmlinge in dem fast dunklen Keller zusammen. Während eine SS-Aufseherin mit der Taschenlampe leuchtet, hakt die andere auf der Transportliste die aufgerufenen Namen ab. Die andere Aufseherin stochert mit einer Stricknadel in den Haaren und sucht nach Läusen. Danach befiehlt sie den Frauen, die Schuhe auszuziehen und diese ausgerichtet nebeneinander an die Wand zu stellen. Nun müssen sie sich ausziehen. Wäsche, Kleider, Mäntel zu einem Bündel zusammenrollen. Dann schließt die Aufseherin den Duschraum auf und schaltet das Licht ein. Zwei Frauen haben blutunterlaufene Striemen und Flecke. Jetzt sehe ich auch die Frau, die mir auf dem Flur schon aufgefallen ist und auf den Namen Mertens antwortet, gut gewachsen, dunkelhaarig, ein herbschönes Gesicht. Ihre Bewegungen sind fast hölzern, entweder ist sie krank oder sie wurde bei der Gestapo mißhandelt. Sie streckt die Arme nach oben, dreht und wendet sich und läßt das warme Wasser mit sichtbarem Genuß an sich herunterrieseln (...). Nach mehrtägigen Verhören im Gestapohaus erscheint Frau Mertens heute zum erstenmal in der Freistunde. Wir wissen inzwi-

4) Text: Maike Bruchmann; von ihr benutzte Literatur: Herbert Diercks: Gedenkbuch „Kola-Fu", Für die Opfer aus dem Konzentrationslager, Gestapogefängnis und KZ-Außenlager Fuhlsbüttel, Hamburg 1987, S. 46, 56–57; Ursel Hochmuth/Gertrud Meyer: Streiflichter aus dem Hamburger Widerstand 1933–1945, Berichte und Dokumente, Frankfurt am Main 1980, S. 462; www.filmportal.de (eingesehen am 19.8.2007); Ernst Klee: Das Kulturlexikon zum Dritten Reich, Wer war was vor und nach 1945, Frankfurt a. M. 2007, S. 406–407; Andreas Klaus: Gewalt und Widerstand in Hamburg-Nord während der NS-Zeit, Hamburg 1986, S. 35; VVN-BdA

schen, dass sie die Schauspielerin Hanne Mertens vom Thalia Theater ist. Für uns Politische ist sie die Kameradin Hanne, um die wir uns Sorgen machen.

Hanne sieht angegriffen aus und zieht ein Bein nach. Die SS-Weiber treiben Hanne mit Schlägen und Fußtritten vor sich her. Die Hauptwachtmeisterin schließt die Käfigzelle auf, stößt Hanne hinein. Ein anderes SS-Weib geht um den Käfig herum zum Fenster und zieht das schwarze Rollo herunter – also Dunkelarrest! Der Riegel knallt vor, die Zellentür wird verschlossen.

Wir alten Häftlingshasen wissen, was dieser Arrest bedeutet: als Nahrung täglich zwei Schnitten trockenes Brot und einen Becher Wasser, jeden vierten Tag eine warme Mahlzeit, im Käfig das Klosett und eine nackte Pritsche ohne Decke. Die Haftdauer ist verschieden, mindestens aber eine Woche."[5]

„Für das Gestapogefängnis Fuhlsbüttel existierte seit 1944 für den Fall der Annäherung alliierter Streitkräfte ein Räumungsplan, der sich 1945 als undurchführbar erwies. Die Gefangenen wurden in drei Gruppen geteilt. Die erste Gruppe wurde entlassen, die zweite musste nach Kiel-Hassee marschieren. Die dritte Gruppe umfasste 71 Menschen, die auf der sogenannten Liquidationsliste zur Ermordung vorgemerkt waren. Sie enthielt vorwiegend politische Gefangene, welche am 20. April 1945 in das Konzentrationslager Neuengamme überführt wurden. Unter den dreizehn Frauen waren außer Hanne Mertens auch Annemarie Ladewig *[siehe ➤ Anne-marie-Ladewig-Kehre, in diesem Band]*, Elisabeth Rosenkranz und Erika Etter *[siehe ➤ Erika-Etter-Kehre, in diesem Band]*. Da es keinen Gerichtsbeschluss gab, dachten die Frauen, dass sie entlassen würden. Doch sie wurden in der Nacht vom 21. auf den 22. April 1945 ermordet. Sie wurden im Gang des Häftlingsbunkers an einem langen Balken unter der Decke erhängt. Eine der Frauen hatte sich unter einer Bank versteckt, wurde entdeckt, brutal an den Haaren hervorgezogen und von einem SS-Mann erschlagen oder erschossen. Dabei soll es sich um Hanne Mertens gehandelt haben.

Die Ermordung der 71 Menschen löste später mehrere Prozesse aus. Auf welche Weise aber das gesungene Lied bei der Gestapo gemeldet und ob der Vorfall absichtlich provoziert worden war, konnten die Gerichte nie aufklären."

Wesentlicher Text: Maike Bruchmann aus www.stol-persteine-hamburg.de

Siehe auch ➤ Annemarie-Ladewig-Kehre, Erika-Etter-Kehre, Erna-Behling-Kehre, Gertrud-Meyer-Straße, Helene-Heyckendorf-Kehre, Marga-rete-Mrosek-Bogen, Margit-Zinke-Straße, in diesem Band.

Heidi-Kabel-Platz

St. Georg, seit 2011, benannt nach Heidi Kabel (27.8.1914 Hamburg–15.6.2010 Hamburg), bundesweit beliebte Volksschauspielerin am Ohnsorg-Theater von 1932 bis 1996, erlangte Popularität durch die ab 1954 gesendeten Fernsehübertragungen, bereits zu Lebzeiten eine hochverehrte „Hamburger Legende"

Heidi Bertha Auguste Kabel kam aus „gutem Hause": Ihre Wiege stand in den Großen Bleichen 30, direkt gegenüber dem ehemaligen Gebäude des Ohnsorg-Theaters. Ihr Vater war der Druckereibesitzer Ernst Kabel *(siehe ➤ Ernst-Kabel-Stieg, in Bd. 3 online**)*, zeitweilig Vorsitzender des Vereins geborener Hamburger. Der von ihm begründete Betrieb Kabel Druck sowie sein Kabel-Verlag existieren bis heute. Heidi Kabels Mutter war Hausfrau.

Heidi Kabel kam eher durch Zufall zum Theaterspielen. 1932 begleitete sie eine Freundin

---

Kreisvereinigung Hamburg-Nord, Willi-Bredel-Gesellschaft-Geschichtswerkstatt e. V. (Hrsg.), Gestapo-Gefängnis Fuhlsbüttel, Erinnerungen – Dokumente – Totenliste, Initiativen für eine Gedenkstätte, Hamburg 1997, S. 58–60; Schüler des Gymnasiums Ohmoor informieren, Gedenken heißt: Nicht schweigen, 11 neue Straßen in Niendorf zu Ehren von Frauen und Männern des Widerstandes, Hamburg 1984, S. 37–39; GET, Akte „Hanne Mertens", darin u. a. Gerichtsakten 14 Js. 191/48 und Az. (50) 27/49 14 Js. 259/47; ...

** Band 3 online unter: www.hamburg.de/maennerstrassennamen

zum Vorsprechen in die „Niederdeutsche Bühne Hamburg" (gegründet 1902 im Restaurant Kersten am Gänsemarkt als „Dramatische Gesellschaft Hamburg" durch den Philologen, Bibliothekar und Schauspieler Dr. Richard Ohnsorg) *(siehe* ➤ Ohnsorgweg, *in Bd. 3 online**)*. Dabei wurde sie von Ohnsorg entdeckt und erhielt 1933 ihr erstes Engagement in dem Stück „Ralves Carstens".

Heidi Kabel nahm Schauspielunterricht. Dass sie ursprünglich Konzertpianistin werden wollte, geriet bald in Vergessenheit. 1937 heiratete sie ihren Kollegen, den Schauspieler und Regisseur Hans Mahler *(siehe* ➤ Hans-Mahler-Straße, *in Bd. 3 online**)*. Der Ehe entstammten drei Kinder (geboren 1938, 1942 und 1944); Tochter Heidi Mahler wurde ebenfalls Volksschauspielerin und trat mit ihrer Mutter häufig gemeinsam auf.

Die erste Zeit ihrer Ehe war für Heidi Kabel sehr anstrengend: Nun erging es ihr so wie den meisten berufstätigen Ehefrauen: Sie wurde doppelt belastet, musste einen eigenen Haushalt und einen Mann versorgen und darüber hinaus noch ihre Rollen lernen. Das „Los", dass ihre hausfraulichen Bemühungen nicht genügend gewürdigt und als Zeitvertreib beurteilt wurden, teilte sie mit den meisten Hausfrauen. Dazu Heidi Kabel in ihren Erinnerungen über ihren Ehemann Hans Mahler: „Glaubte er wirklich, ich koche und schrubbe aus Zeitvertreib? Merkte er nicht, wie schwer es mir fiel, unseren winzigen Haushalt am Laufen zu halten? Heute weiß ich, daß Mahler keine Ausnahme war. Noch heute wissen die meisten Männer nicht, welche Anstrengungen es kostet, Hausarbeit zu verrichten."[6]

Erst nach dem Tod seiner Mutter, der ihn sehr getroffen hatte, änderte sich seine Einstellung zu häuslichen Verrichtungen. Mahler „vergrub sich noch mehr in seine Bücher, in seine Rollen und beschäftigte sich immer mehr mit seinem Sohn. Plötzlich wurde er ein besorgter Familienvater. Er half mir mit im Haushalt, ohne daß ich ihn dazu auffordern musste, und es machte ihm nichts mehr aus, wenn ich nach der Theatervorstellung noch tingeln musste, Jan [der Sohn] von meinen Eltern abzuholen und ihn im Kinderwagen in die Steinstraße [die dortige Wohnung] zu schieben, ihn sauber zu machen und ins Bett zu bringen".[7]

Dann kam die Zeit des Nationalsozialismus. „(...) auch die beiden Jungvermählten spürten die widrigen Zeiten. Immer offensichtlicher wurde das grausame Regiment der Nationalsozialisten. Juden wurden deportiert. Menschen aus dem Bekanntenkreis waren urplötzlich wie vom Erdboden verschwunden. Doch Heidi Kabel schloss die Augen vor dem politischen Horror, wie so viele andere auch. Im privaten wie im Berufsleben bewies die junge Frau Rückgrat. In übergeordneten Dingen nicht unbedingt. Eine Revolutionärin war das spätere SPD-Mitglied nie. Es passt ins Bild, dass Hans Mahler und Heidi Kabel [1936] gemeinsam in die NSDAP [Heidi Kabel war kein Mitglied der NSDAP; sie war Mitglied der NS-Frauenschaft, die Verf.] eintraten. Vielleicht nicht unbedingt aus ideologischer Überzeugung, der Karriere wegen schon. Für die ansonsten couragierte Künstlerin spricht wiederum, dass sie die Verantwortung nicht anderen zuschob. ‚Ich habe Hänschen dazu gedrängt', erklärte sie".[8] Heidi Kabel schreibt dazu in ihren Erinnerungen, sie habe ihren Mann nur deshalb zur Mitgliedschaft in der NSDAP gedrängt, weil sie ihn endlich habe heiraten wollen. Dazu benötigte das Paar aber finanzielle Mittel, z. B. um Möbel kaufen und eine Wohnung mieten zu können. Deshalb erschien ihr die 1936 ausgeschriebene Stelle des Intendanten am Lüneburger Theater als Hoffnungsschimmer und sie drängte ihren Mann, sich zu bewerben. Voraussetzung für die Stelle war allerdings die Mitgliedschaft in

** **Band 3 online** unter: www.hamburg.de/maennerstrassennamen

... Ute Kiehn: Theater im „Dritten Reich": Volksbühne Berlin, Berlin 2001, S. 175, 245; Hans Daiber: Schaufenster der Diktatur. Theater im Machtbereich Hitlers, Stuttgart 1995, S. 253; Friedjof Trapp u. a. (Hrsg.): Handbuch des deutschsprachigen Exiltheaters 1933–1945, Biographisches Lexikon der Theaterkünstler, Teil 2, L–Z, München 1999, S. 661; Gertrud Meyer: Nacht über Hamburg, Berichte und Dokumente 1933–1945, Frankfurt/Main 1971, S. 103–109, 113–114, 131–132; Franklin Kopitzsch/ Dirk Brietzke (Hrsg.): Hamburgische

der NSDAP. Mahler war damals aber kein NSDAP-Mitglied und wollte dies auch nicht sein. Doch Heidi Kabel empfand solch eine Mitgliedschaft nur als Formsache: „Es war alles eine Formsache. Es wurden nun mal eben Parteimitglieder bei der Vergabe von Anstellungen bevorzugt. (…) ich kam nur immer zu demselben Schluß, Mahler musste der NSDAP beitreten, um Intendant in Lüneburg zu werden. Nur wenn er den Posten bekäme, wäre unsere gemeinsame Zukunft gesichert. (…)

Hans Mahler trat 1936 der NSDAP bei. Um ihm meine Verbundenheit zu zeigen, trat ich in die NS-Frauenschaft ein. Für mich war dieser Beitritt zu einer NS-Organisation nichts weiter, als wenn ich irgendeinem Verein beigetreten wäre. (…)"[9]

Doch Mahler bekam die Stelle nicht, denn andere Bewerber, die schon seit Längerem in der NSDAP waren, wurden bevorzugt. „Damals keimte in mir ein Gefühl, mich rechtfertigen zu müssen. Nachträglich wollte ich Mahler und mir beweisen, daß ich Recht hatte, ihn zu diesem Schritt gedrängt zu haben. Ich ertappte mich dabei, daß ich immer öfter den politischen Teil in der Zeitung las, mir die vorfabrizierte Meinung zu eigen machte und schönredete. (…) Mahler wich jedem Gespräch mit mir über Politik aus (…). "[10]

„Am Morgen des 10. November 1938 bemerkte ich auf dem Weg ins Theater Menschenansammlungen vor Geschäften, (…) auf denen zu lesen war ‚Jude‘ oder ‚kauft nicht beim Juden‘. (…) Im Theater erwischte ich eine Morgenzeitung, und da war zu lesen, daß der deutsche Gesandtschaftsrat in Paris von einem jungen Juden ermordet worden war und daraufhin im ganzen Deutschen Reich das Volk Synagogen und jüdisches Eigentum angezündet und zerstört hätte. Leise sagte Rudolf Beiswanger *[zu dem Kommunisten Beiswanger, siehe bei* ❯ **Horst-Mahler-Straße** *und* **Ohnsorg-Weg***, in Bd. 3 online**]* zu mir: ‚Das glaubst du doch wohl nicht (…)?‘ Ich wußte nun überhaupt nicht mehr, was ich noch glauben sollte. Für mich war eine Regierung immer das Symbol für Gerechtigkeit und Ordnung gewesen, und ich konnte mir nicht vorstellen, daß derartige gewaltsame Zerstörungen mit staatlicher Duldung vor sich gegangen waren. Sicher war es wieder nur die SA gewesen, diese Truppe junger Raufbolde, die immer übers Ziel hinausschoß (…). Zu Hause (…) sprach ich mit Mahler darüber (…). Zum erstenmal hörte ich nun, was ich nicht in der Zeitung lesen konnte: Daß es Lager gab, in die man Andersdenkende einsperrte, daß es eine Presse-Zensur gab (…), und hätte mir nicht all' das mein Mann erzählt, ich hätte es nicht geglaubt. In mir sperrte sich immer noch etwas. (…) Millionen in unserem Land konnten sich doch nicht so sehr irren. (…)"[11]

Der im August 1938 geschlossene Nichtangriffspakt zwischen Hitler und Stalin erschütterte Heidi Kabel: „(…) über Nacht wurden aus unseren Erzfeinden, den bolschewistischen Untermenschen, unsere Freunde. (…) Ich war erschüttert. Wie konnte ein deutscher Staatsmann, der uns allen immer wieder als höchste Tugenden Ehre, Glaube und Treue gepredigt hatte, über Nacht mit unseren Erzfeinden paktieren. (…) Abends nach der Vorstellung saß ich mit Mahler in unserem Wohnzimmer. Es fiel mir schwer, mit ihm in ein Gespräch zu kommen (…). Dann platzte ich damit heraus, (…) ‚Hans, ich will raus aus dem Verein!‘ Ich sagte wirklich Verein und meinte die Partei. ‚Ich will mit den Leuten nichts mehr zu tun haben, deren Ziele sind nicht meine. Die belügen uns von morgens bis abends (…). Ich will keinen Krieg, ich will in Ruhe und im Frieden leben (…). Ich möchte nicht immer vor vollendete Tatsachen gestellt werden, und

Biografie Personenlexikon, Band 3, Göttingen 2006, S. 250–251; Dokumente aus dem Privatbesitz von Gernot Sommer; Universität Hamburg, Zentrum für Theaterforschung, Hamburger Theaterarchiv: Heiratsurkunde, Fragebogen Reichsfachschaft Film, Fragebogen Reichstheaterkammer/Fachschaft Bühne, sowie H. H. Kräft, Die Haken am Kreuz, Gedanken zu Hanne Mertens. Schauspielerin am Thalia Theater 1943–1945, nach 1983; Erik Verg: Hamburg 1945 – 20 Tage zwischen Tod und Leben, Hamburg 1945, S. 10.
5) Gertrud Meyer: Begegnung mit der Schauspielerin Hanne Mertens, in: Gerda Zorn, Gertrud Meyer: Frauen

ich möchte meine Meinung wenigstens sagen dürfen. Durch meinen Austritt möchte ich erklären, daß ich mit vielem nicht einverstanden bin. Das Recht habe ich doch?' Er sprach leise und langsamer als sonst (...): ,Vielleicht hast du das Recht, deinen Austritt zu erklären, aber was dann kommen wird, hat mit dem Recht, das du zu haben glaubst, nicht mehr viel zu tun. Du wirst vielleicht für einige Zeit verschwinden, verhört werden, aber auf jeden Fall Arbeitsverbot bekommen, man wird uns die Existenzgrundlage nehmen (...). Man kann heute nicht mehr von diesem fahrenden Zug springen (...).'"[12]

Den Verlust der Existenzgrundlage hätte Heidi Kabel nicht zu fürchten brauchen. Trat jemand in der Zeit des Nationalsozialismus aus der NSDAP aus, kam es in der Regel zu Nachfragen oder Schikanen durch die Partei, nicht aber zum Verlust der bürgerlichen Existenz.[13]

Nach dem Ende der NS-Herrschaft wurde Heidi Kabel mitgeteilt, ein Komitee habe beschlossen, dass sie wegen ihrer Mitgliedschaft in der NS-Frauenschaft und Hans Mahler wegen seiner Zugehörigkeit zur NSDAP nicht mehr auf der Ohnsorg-Bühne stehen dürften. Dazu Heidi Kabel in ihren Erinnerungen: „Wir wurden zu den Proben eingeteilt, es war Mitte Juli 1945. Wir standen in den Startlöchern.

Als wir dann eines Morgens pünktlich zu den Proben erschienen, trafen wir schon vor der Tür auf Dr. Ohnsorg, der wohl auf uns gewartet hatte. (...) ,Kinners, es tut mir furchtbar leid, aber ihr könnt nicht proben, die Kollegen haben sich geweigert, sie wollen nicht mehr mit euch auf der Bühne stehen.' (...)

Als wir zu unseren Männern ins Wohnzimmer zurückkamen, hatte ich meine Sprache wiedergefunden. Ausgerechnet die Kollegen! Mit denen ich fast dreizehn, mein Mann zwanzig Jahre auf der Bühne gestanden hatte, die wuß-

ten, was wir dachten, was wir fühlten, genauso, wie wir es von ihnen wußten.

Oder es nur zu wissen glaubten? Denn wie sonst konnte sich die Mehrzahl von ihnen weigern, mit uns auf der Bühne zu stehen. Wir waren ja nicht die beiden einzigen Parteimitglieder des Ensembles gewesen, und wie oft hatten wir mit allen darüber gesprochen. Ich war ja diejenige gewesen, die mit allen mir zur Verfügung stehenden Mitteln meinen Mann überredet hatte, 1936 in die NSDAP einzutreten. Gegen seine Überzeugung. Mir zuliebe. (...) Jede Kollegin und jeder Kollege kannte meine damaligen, egoistischen Beweggründe und wie oft hatten wir vor allen offen bekannt, daß wir die Rechnung ohne den Wirt gemacht hatten! So kam ich darauf, daß noch andere Gründe eine Rolle gespielt haben mußten. Wem standen wir im Weg? Wer wollte unsere Rollen? Wer witterte für sich eine Chance, wenn wir ausgeschaltet waren? Da fielen mir dann etliche ein, auch Parteimitglieder wie wir, Kollegen, die wir für Freunde gehalten hatten, die es vielleicht sogar waren bis zu diesem Tag, als sie die Gelegenheit nutzten, ihren Vorteil zu unseren Lasten wahrzunehmen.'"[14]

Im Hamburger Staatsarchiv befindet sich eine Copy eines Schreibens vom Richard Ohnsorg-Theater an Herrn Stadtamtmann Cousin Hamburg, Rathaus vom 6. September 1945. Aus diesem Schreiben geht hervor, wer die Entscheidung traf, dass Heidi Kabel und Hans Mahler Auftrittsverbot bekamen.

In diesem Schreiben wird mitgeteilt, dass am 25. August 1945 ein Treffen – gemeint ist das Treffen des Entnazifizierungs-Kommitees – stattfand unter dem Vorsitz von Captain Davies und dem Beisitz von Mr. Olden (John Olden war damals der britische Theateroffizier, späterer Ehemann der Schauspielerin Inge Meysel). In Vertre-

gegen Hitler. Frankfurt a. M. 1974.
6)   Heidi Kabel: Manchmal war es nicht zum Lachen. Hamburg 1979, S. 145.
7)   Heidi Kabel, a. a. O., S. 166.
8)   Jens Meyer-Odewald: Abendblatt

Serie über Heid Kabel Teil 3: Familienmensch in guten und schlechten Zeiten, Hamburger Abendblatt vom 19.6.2010.
9)   Heidi Kabel, a. a. O., S. 119.
10)   Heidi Kabel, a. a. O., S. 121.

11)   Heidi Kabel, a. a. O., S. 161.
12)   Heidi Kabel, a. a. O., S. 174.
13)   Siehe dazu Wolfgang Benz (Hrsg.): Wie wurde man Parteigenosse? Frankfurt a. M. 2009.
14)   Heidi Kabel, a. a. O., S. 202 ff.

tung für die Deutsche Schauspieler Vereinigung waren vertreten Frau Ida Ehre *(siehe* ➤ Ida-Ehre-Platz, *in diesem Band)* und Herr Cecil Goericke. Die Schauspielerin Ida Ehre hatte in der gesamten Zeit des Nationalsozialismus wegen ihrer jüdischen Herkunft Auftrittsverbot gehabt und im Sommer 1945 das Haus an der Hartungstraße 9 als neues Theater erhalten (Hamburger Kammerspiele). Die Niederdeutsche Bühne war vertreten durch Herrn Beiswanger und Herrn Streblow.

Weiter heißt es in dem Schreiben: In der Versammlung wurden alle Fälle individuell behandelt und Captain Davies fällte folgende Entscheidung: Magda Bäumken-Bullerdiek, Heidi Mahler-Kabel, Otto Lüthje und Hans Mahler werden für 12 Monate suspendiert, danach werde eine neue Diskussion stattfinden. Irmgard Deppisch-Harder und Christina Hansen dürfen spielen.[15]

Nach der Suspendierung vom Ohnsorg-Theater tourte Heidi Kabel, um die Familie finanziell durchzubringen, über Land und sang Seemannslieder.

Da ihnen, wie Heidi Kabel in ihren Lebenserinnerungen schreibt, die Auftrittssperre nicht schriftlich mitgeteilt worden sei, erkundigte sich das Ehepaar Kabel bei dem Besatzungsoffizier, der die Rechte der Theaterkammer wahrnahm und erfuhr – so erinnert sich Heidi Kabel –, dass es gar kein Auftrittsverbot gäbe. Heidi Kabel dazu in ihren Erinnerungen: „Der Offizier (…) lächelte freundlich und sagte: ‚Gehen sie sofort in die großen Bleichen ins Theater. Sie können beide sofort wieder arbeiten. (…) Sie können mir glauben, es liegt nichts gegen sie vor.‘ ‚Ja, aber könnten sie mir [sagte Heidi Kabel] nicht vielleicht einen Brief, einen Zettel mitgeben, wo dann …‘, ich kam nicht mehr weiter, denn er sagte: ‚Sie müssen wissen, ich kann kein Berufsverbot aufheben, das gar nicht bestanden hat.‘"[16]

Abb.: Ohnsorg Theater

Damit war der Weg für die beiden Schauspieler, die im Entnazifizierungsverfahren als Mitläufer (Hans Mahler) und als Entlastete (Heidi Kabel) eingestuft worden waren, wieder frei für die Bühne.

1949 wurde Hans Mahler Intendant des Ohnsorg-Theaters. Von da an hatte er großen Einfluss auf die Karriere Heidi Kabels. Über 66 Jahre blieb sie auf der Bühne. Mehr als 80 Fernsehübertragungen der vom Niederdeutschen ins „Missingsch" („Hamburgisch" mit plattdeutschem Satzbau) adaptierten Theaterstücke aus dem Hamburger Ohnsorg-Theater machten sie überregional bekannt. Die Volksschauspielerin wurde zum Markenzeichen des guten, tapferen Nachkriegsdeutschlands – Trümmerfrau im Wirtschaftswunder. Populäre Bühnenstücke aus dem TV mit Kolleginnen wie Erna Raupach-Petersen, Christa Wehling, Gisela Wessel, Anni Hartmann, Herma Koehn oder den Kollegen Werner Riepel, Jochen Schenk, Heini Kauffeld, Jürgen Pooch, Edgar Bessen, um nur einige zu nennen, sind etwa: Tratsch im Treppenhaus – Mein Mann, der fährt zur See – Verteufelte Zeiten – Das Hörrohr (alle mit Henry Vahl) – Kein Auskommen mit dem Einkommen – Die Kartenlegerin – Mensch sein muss der Mensch – Wenn der Hahn kräht – Der Bürgermeisterstuhl – Amanda Voss wird 106. Ihre Dramatik zwischen Klamauk,

Heidi Kabel 1970

Schwank und Tiefgang hat Heidi Kabel 1992 so charakterisiert: „Boulevard ist sehr schwierig. Die meisten verwechseln Heiterkeit mit Oberflächlichkeit". Geprägt hat die markante Stimme Heidi Kabels auch zahllose Hörspiele und den Schulfunk des N(W)DR seit

15) Staatsarchiv Hamburg: Bestandsnummer: 131-14 (Verbindungsstelle zur Militärregierung), Signatur der Archiguteinheit: III 1 Band 1 29.6.–29.9.1945.
16) Heidi Kabel, a. a. O., S. 214 f.

den 1950-er Jahren. Ihre Bäuerin Emma Piepenbrink ist ebenso wie die Schulfunkreihe „Neues aus Waldhagen" längst Radio-Kult.

Ihre Karriere als Filmschauspielerin lief über ein dreiviertel Jahrhundert. Auch dort verkörperte sie die „einfache Hausfrau" mit Ehrlichkeit, Naivität und einer gehörigen Portion Mutterwitz; eine „gute Seele, die mit hanseatischem Charme als liebenswerte, aber auch pfiffige Dame das Publikum vereinnahmte. Zu ihren bekanntesten Filmen zählen der Heimatkrimi ‚Wenn die Heide blüht‘ (1960), der hanseatische Witzklassiker ‚Klein Erna auf dem Jungfernstieg‘ und ‚Auf der Reeperbahn nachts um halb eins‘ (beide 1969) sowie die TV-Mehrteiler ‚Rummelplatzgeschichten‘ (1983/84) und ‚Tante Tilly‘ von 1987", in dem sie die Miss Marple von Altona gibt." (Zitat nach WHO's Who online). Für ihre mehr als 100 Fernsehauftritte – in Serien wie „Hafenpolizei" bis „Großstadtrevier" – wurde sie mit den renommiertesten Preisen der deutschen Medien bedacht, z. B. „Goldener Bildschirm" 1967 und 1972, „Bambi" 1984 sowie 2004 für ihr Lebenswerk, „Goldene Kamera" und 1985 sowie 1994 sogar zur „Ehrenkommissarin der Hamburger Polizei" ernannt.

Am Silvesterabend 1998 nahm die mittlerweile 84-jährige Schauspielerin mit einer Aufführung des Stückes „Mein ehrlicher Tag" im Hamburger Kongresszentrum CCH Abschied von der Bühne. Als Schauspielerin und Persönlichkeit war sie längst Legende. 2003 verschlechterte sich ihr Gesundheitszustand. Sie zog in eine Seniorenresidenz in Hamburg-Othmarschen. Obwohl Heidi Kabel sich seit 2002 zunehmend aus der Öffentlichkeit zurückgezogen hatte, übernahm sie im Alter von 92 Jahren in Detlev Bucks Verfilmung „Hände weg von Mississippi" eine kleine Rolle an der Seite ihrer Tochter Heidi Mahler.

Auch als Sängerin wurde Heidi Kabel bekannt. Sie nahm einige Schallplatten mit meist Hamburger Liedern auf. Die bekanntesten sind „Hammonia – Mein Hamburg, ich liebe dich", „In Hamburg sagt man Tschühüß", „An de Eck steiht'n Jung mit'n Tüdelband", „Hamburg ist ein schönes Städtchen", „Tratschen, das tu ich nich", „Der Junge von St. Pauli", „Kleine Möwe, flieg nach Helgoland" und „Ich bin die Oma aus dem Internet", wobei Letzteres nur als Werbeslogan bekannt wurde.

Heidi Kabel war ebenfalls für ihr soziales Engagement bekannt. Sie sammelte 1992 im Hamburger Hafen Geld für die Aktion Sorgenkind und wandte sich 1994 mit einer Petition an den Hamburger Senat, um auf das Schicksal einer vor dem Krieg geflohenen und nun von Abschiebung bedrohten jugoslawischen Familie aufmerksam zu machen. Sie unterstützte unter anderem Hamburger Obdachlosenprojekte, das Kinderheim von St. Pauli und den Verein der Freunde des Tierparks Hagenbeck. Sie starb am 15. Juni 2010 im Alter von 95 Jahren. Die „Botschafterin des Herzens" und „Göttin des trockenen Humors" (Nachruf Hauke Brost in Bild, 25.6.2010) wurde auf dem Nienstedtener Friedhof in Hamburg neben ihrem Ehemann beigesetzt. Auf dem Grabstein steht eingemeißelt: To'n Leben hört de Dood.

Text: Rita Bake und Cornelia Göksu

Siehe auch ➤ Ernst-Kabel-Stieg, Hohenfelde, seit 1957: Ernst Kabel (1879–1955), Vorsitzender des Vereins „Geborene Hamburger e. V.", in Bd. 3 online**.

Siehe auch ➤ Hans-Mahler-Straße, Steilshoop, seit 1977: Hans Mahler (1900–1970), Schauspieler, in Bd. 3 online**.

Siehe auch ➤ Ohnsorgweg, Groß Flottbek, seit 1950: Dr. Richard Ohnsorg (1876–1947), Gründer der Niederdeutschen Bühne (heute: Ohnsorg-Theater), in Bd. 3 online**.

Heilwigbrücke

Harvestehude, seit 1904, siehe Heilwigstraße.

Siehe auch ➤ Abteistraße, Cäcilienstraße, Elebeken, Frauenthal, Heilwigstraße, Innocentiastraße, Jungfrauenthal, Nonnenstieg, *in diesem Band.*

Heilwigstraße

Harvestehude, seit 1870, benannt nach Heilwig *(1200–1248), Gemahlin des Grafen Adolf IV. von Holstein und Schauenburg*

Heilwig von der Lippe, auch Heilwig von Schaumburg (1200–1248), Tochter von Hermann II. von der Lippe und Oda von Tecklenburg, war verheiratet mit Graf Adolf IV. *(siehe* ➤ Adolphsplatz, *in Bd. 3 online**)* von Holstein und Schauenburg (vor 1205–1261). Das Paar hatte vier Kinder.

Heilwig gab 1246 den Ausschlag für die Errichtung des Klosters Harvestehude. Die „religiöse Orientierung [ihres Gatten Adolf IV.] mag [sie] dazu bewogen haben, ein Kloster in der Nähe Hamburgs zu gründen, um ihr Leben als Nonne weiterzuführen. Naheliegend ist aber auch, daß sie selbst Nähe zur ‚vita contemplativa' verspürte", schreibt Silke Urbanksi in ihrem Buch über das Kloster Harvestehude.[17] Das Zisterzienserinnenkloster befand sich in der Nähe des Dorfes Herwardeshude bei dem heutigen Stadtteil St. Pauli. Die Gebäude scheinen ca. 1250 fertiggestellt worden zu sein. Heilwig war bis 1258 Äbtissin des Klosters.

„Vom Domkapitel wurde für die Neugründung zur Bedingung gemacht, daß sich Äbtissin und Propst dem Erzbischof von Hamburg-Bremen und eben dem Hamburger Kapitel unterordnen. (…) Unterstützung erhielt das Kloster bis zu seinem Umzug an die Alster hauptsächlich von den Grafen von Holstein und Schauenburg und dem Adel aus deren Umfeld."[18] Eine päpst-

liche Bestätigung der Güter wurde eingeholt, und der Erzbischof von Bremen gewährte allen, die beim Bau der Abtei halfen, einen Ablass.

Geistlich versorgt wurden die Nonnen durch ihren Propst und drei Kaplane, die von den Nonnen entlohnt wurden.

Siehe auch ➤ Abteistraße, Cäcilienstraße, Elebeken, Frauenthal, Heilwigbrücke, Innocentiastraße, Jungfrauenthal, Nonnenstieg, *in diesem Band.*

Siehe auch ➤ Adolphsbrücke, *Altstadt, seit 1843, und* Adolphsplatz, *Altstadt, seit 1821: benannt nach Graf Adolph IV. von Holstein, Gründer des am Adolphsplatz gelegenen Maria-Magdalenen-Klosters, in Bd. 3 online**.*

Heimburgstraße

Osdorf, seit 1928, benannt nach Wilhelmine Heimburg, Pseudonym für Bertha Behrens *(7.9.1848 Thale/Harz–9.9.1912 Kötzschenbroda), volkstümliche Erzählerin. Hauptmitarbeiterin der „Gartenlaube"*

Bekannt wurde Bertha Behrens unter ihrem Pseudonym Wilhelmine Heimburg als wichtigste Mitarbeiterin der Zeitschrift „Die Gartenlaube". Sie war aber nicht „nur" Mitarbeiterin; sie war eine eigenständige Schriftstellerin, die ihre Romane vorab in der „Die Gartenlaube" veröffentlichte. Ende des 19. und Anfang des 20. Jahrhunderts galt Wilhelmine Heimburg als eine der meist gelesenen deutschen Schriftstellerinnen. Doch nach ihrem Tod wurde sie schnell vergessen. So wurde denn auch erst 2001 ihr genaues Geburtsjahr bekannt. Nicht 1850, wie allgemein veröffentlicht wurde, so auch

Wilhelmine Heimburg

** Band 3 online unter: www.hamburg.de/maennerstrassennamen

politische Entwicklung eines Nonnenklosters bei Hamburg 1245–1530. Münster 1996, S. 16.

17) Silke Urbanski: Geschichte des Klosters Harvestehude „In valle virginum". Wirtschaftliche, soziale und

18) Silke Urbanski, a. a. O., S. 20.

im Hamburger Amtlichen Anzeiger, sondern 1848 ist ihr Geburtsjahr.

Bertha Behrens war die Tochter des praktischen Arztes und Schriftstellers Hugo Behrens und seiner Frau Karoline, geb. Daude, und wurde in Thale geboren. 1852 zog die Familie nach Quedlinburg. Dort machte der Vater als Militärarzt Karriere, und dort verbrachte Bertha ihre Schulzeit. Schon damals interessierte sie sich in erster Linie für Literatur und deutsche Sprache und wenig für andere Schulfächer. Nach der Konfirmation bekam Bertha Privatunterricht. In dieser Zeit begann sie mit größter Faszination die Bücher von Marlitt zu lesen.

1868 wurde der Vater nach Glogau und 1873 nach Salzwedel versetzt. Dort machte Bertha Behrens ihre ersten literarischen Gehversuche, unterstützt von ihrem Vater, der ebenfalls eine Vorliebe für die Literatur hegte. Als sie ihm zu Weihnachten 1875 eine von ihr verfasste Novelle schenkte, bot er diese – ohne Absprache mit seiner Tochter – der Frauenzeitschrift „Viktoria" in Berlin an. Die Novelle erschien im folgenden Jahr. Danach folgte der erste Roman. Auch für diesen nahm der Vater die Vermarktung in die Hand und sandte ihn an die Redaktion der „Die Gartenlaube". Doch das Manuskript „Aus dem Leben meiner alten Freundin" wurde abgelehnt, weil es für die Veröffentlichung in einem Wochenblatt als ungeeignet erschien. Es wurde schließlich dann doch als Buch herausgegeben und zu einem großen Erfolg.

Nun öffentlich bekannt, erhielt Wilhelmine Heimburg einen festen Vertrag bei der Zeitschrift „Die Gartenlaube" und fortan wurden dort ihre Romane als Vorabdruck veröffentlicht.

Nachdem die Familie nach der Pensionierung des Vaters 1881 nach Kötzschenbroda bei Dresden gezogen war, bekam Wilhelmine Heimburg Kontakt zu der von ihr verehrten Marlitt.

Nach deren Tod vollendete sie deren begonnenen Roman „Das Eulenhaus".

Wilhelmine Heimburg, die Zeit ihres Lebens ledig blieb, konnte gut von ihrem Honorar leben und dazu noch ihre Familie finanziell unterstützen. 1889 erlitt sie jedoch ein Nervenleiden. Auf Anraten ihres Arztes zog sie aus dem Elternhaus aus und gründete mit 41 Jahren in Dresden erstmals einen eigenen Haushalt, in dem sie allein lebte.

Sie verfasste gut 20 Werke, von denen viele in mehrere Sprachen übersetzt (englisch, französisch, holländisch, italienisch, tschechisch, dänisch, schwedisch) und bis in die 1980-er Jahre verlegt wurden. Obwohl sie in ihren Familiengeschichten – häufig Dramen – die gesellschaftlichen Veränderungen der Zeit realistisch beschrieb, wurden ihre erstklassigen Unterhaltungsromane oftmals als Trivialliteratur abgetan.[19]

Helene-Heyckendorf-Kehre

Bergedorf, seit 1987, benannt nach Helene Heyckendorf, geb. Bendixen (15.11.1893 Hamburg–21.4.1945 KZ Neuengamme), Widerstandskämpferin der Bästlein-Jacob-Abshagen-Gruppe. Schneiderin. Motivgruppe: Verdiente Frauen Stolperstein vor dem Wohnhaus Vereinsstraße 59.[20]

Helene Bendixen wurde am 15. November 1893 in Hamburg geboren. Sie war seit dem 28. August 1920 mit Max Heyckendorf (geb. 11.7.1896 in Hamburg) verheiratet, der von Beruf Maschinenschlosser war. Das Ehepaar wohnte lange Jahre in der Susannenstraße 8. Später zog es in die Vereinsstraße 59 II. Helene und Max Heyckendorf waren Mitglieder der KPD. Sie war gelernte Schneiderin. In den Gedenkbüchern wird sie in der Liste der Opfer aus der Widerstandsorganisation um Bästlein u. a. aufgeführt. Über ihre Ver-

19) Vgl: Urszula Bonter: Der Populärroman in der Nachfolge von E. Marlitt. Wilhelmine Heimburg, Valaska Gräfin Bethasy-Huc, Eufemia von Adlersfeld-Ballestrem. Würzburg 2005.
20) Benutzte Literatur für den gesamten Beitrag zu Heyckendorf: Staatsarchiv Hamburg (StAH) 213-9 Staatsanwaltschaft Oberlandesgericht OJs 1016/43g, Band 1–5; Informationen der KZ-Gedenkstätte Neuengamme; Forschungsstelle für Zeitgeschichte Hamburg (FZH) 11/O 1 (Geert Otto): Gemeinschaftsbriefe der Turnerschaft Armin von 1893 e.V.; FZH 12 A/Ahrens (Personalakten); FZH 12 K/Kaufmann (Personalakten), Bl 243, 248 und 257; FZH 12 D/Drescher (Per-

haftung liegen aber nur wenige Informationen vor. Sie stand im Zusammenhang mit der Verhaftung ihres Mannes, der am 18. November 1942 mit Angehörigen der Bästlein-Organisation festgenommen wurde.

Bevor es in Hamburg zur Prozesseröffnung gegen die inhaftierten Mitglieder der Widerstandsgruppe kam, wurde die Stadt vom 23. Juli bis 3. August 1943 von alliierten Luftstreitkräften in Tages- und Nachtangriffen bombardiert und großflächig zerstört; auch das Untersuchungsgefängnis wurde bei diesen Angriffen, in Mitleidenschaft gezogen. Die Generalstaatsanwaltschaft in Hamburg entschied, am Holstenglacis einsitzende Untersuchungsgefangene „auf Urlaub" für sechs bis acht Wochen freizulassen, damit sie ihren Angehörigen in der Not zur Hilfe kommen konnten. Unter den Freigelassenen befand sich auch Max Heyckendorf. Er kam mit anderen Beurlaubten überein, sich nach dem Hafturlaub nicht wieder im Untersuchungsgefängnis zurückzumelden, so dass die Gestapo nach Ablauf der Frist (Oktober 1943) die Suche nach ihm und anderen Untergetauchten aufnahm. Es gelang ihm jedoch, sich nach seinem Untertauchen bis Kriegsende der Verhaftung durch die Gestapo zu entziehen. Diese konzentrierte sich auf die Beobachtung seiner Ehefrau Helene, da sie sich erhoffte, über sie eine Spur zu Max Heyckendorf ausfindig zu machen. Am 22. Dezember 1944 wurde Helene Heyckendorf verhaftet. Auch in den dann folgenden Vernehmungen machte sie keine Angaben zum Aufenthalt ihres Mannes.

Helene Heyckendorf saß ab dem 22. Dezember 1944 (nach anderen Angaben ab 12. Dezember 1944) im Gefängnis Fuhlsbüttel ein. Der Vorwurf lautete auf Vorbereitung zum Hochverrat – eine Beschuldigung, die die Todesstrafe nach sich ziehen konnte. Im April 1945 entschied die Gestapo, eine Gruppe der Inhaftierten, deren

Abb.: Forschungsstelle für Zeitgeschichte Hamburg

Prozessvorbereitungen so weit vorangetrieben waren, dass mit einer Prozesseröffnung in Berlin gerechnet werden konnte, den vorrückenden britischen Truppen zu entziehen und in das Gefängnis Kiel-Hassee zu überstellen; andere waren bereits früher in das Untersuchungsgefängnis Hamburg-Stadt eingeliefert worden und standen zur Verfügung der Hamburger Staatsanwaltschaft. In Fuhlsbüttel zurückgeblieben war eine Gruppe von 71 inhaftierten politischen Gefangenen (13 Frauen und 58 Männer). Über sie verfügte weiterhin die Gestapo. Da durch den Reichsführer der SS und Chef der deutschen Polizei, Himmler, angeordnet worden war, für den Fall der Annäherung alliierter Streitkräfte politische Häftlinge zu liquidieren, wurden die verbliebenen 71 Gefangenen jetzt auf Befehl des Höheren SS- und Polizeiführers Georg Henning Graf von Bassewitz-Behr am 18. April – nach anderen Informationen – am 20. April 1945 in das Konzentrationslager Neuengamme überführt. Am 21. oder 23. April 1945 wurden sie dort ermordet.

Helene Heyckendorf

Michael Müller, als Mitglied der KPD am 7. Januar 1937 wegen Vorbereitung zum Hochverrat zu sechs Jahren Zuchthaus und anschließender dauernder Polizeiaufsicht verurteilt, befand sich bis Kriegsende im Konzentrationslager Neuengamme. Er überlieferte Helene Heyckendorfs letzte Worte für ihre Angehörigen.

Sowohl die Ermordung der Frauen aus dieser Gruppe als auch der verzweifelte Aufstand der Männer und ihre anschließende Hinrichtung wurden beobachtet und in Zeugenaussagen festgehalten. Das „Komitee ehemaliger politischer

sonalakten); FZH 12 H/Helms (Personalakten): Aussagen von Hildegard Lembke und Ursula Prüssmann; Anzeige Max Heyckendorf/Mertens (Personalakten); FZH 13-3-1-2 (Gestapo in Hamburg); FZH 13-3-3-2 (Frauen im Widerstand 1933–1945); Ab; Sammlung VVN-BdA (Hamburg); Ursula Puls: Die Bästlein-Jacob-Abshagen-Gruppe, Berlin 1959, S. 135; Ursel Hochmuth/Gertrud Meyer: Streiflichter aus dem Hamburger Widerstand, Hamburg 1969, S. 351/369 f.; Herbert Diercks: Gedenkbuch „Kola-Fu". Hamburg 1987; Klaus Bästlein: „Hitlers Niederlage ist nicht unsere Niederlage, sondern unser Sieg!" Die Bästlein-Organisation. Zum ...

Gefangener" (Hamburg) erstellte darüber am 12. August 1945 einen Bericht, in dem das brutale Vorgehen der Henker im Konzentrationslager Neuengamme dokumentiert ist. Zu den Toten gehörte auch Helene Heyckendorf.

Text: Peter Offenborn, aus www.stolpersteine-hamburg.de

Siehe auch ➤ *Annemarie-Ladewig-Kehre, Catharina-Fellendorf-Straße, Erika-Etter-Kehre, Erna-Behling-Kehre, Gertrud-Meyer-Straße, Hanne-Mertens-Weg, Katharina-Jacob-Weg, Lisbeth-Bruhn-Stieg, Margarete-Mrosek-Bogen, Margit-Zinke-Straße, Marie-Fiering-Kehre, Thüreystraße, Tennigkeitweg, in diesem Band.*

Siehe auch Mitglieder der Widerstandsgruppe Bästlein-Jacob-Abshagen ➤ *Ernst-Mittelbach-Ring, Niendorf, seit 1982: Ernst Mittelbach (1903–1944), Gewerbeoberlehrer, Widerstandskämpfer gegen den Nationalsozialismus, und Ernst-Mittelbach-Stieg, Niendorf, seit 1987, in Bd. 3 online**.*

Siehe auch ➤ *Karl-Kock-Weg, Wilstorf, seit 1988: Karl Kock (1908–1944), Gummifacharbeiter aus Harburg, Kommunist, Widerstandskämpfer gegen den Nationalsozialismus, in Bd. 3 online**.*

Siehe auch ➤ *Kurt-Schill-Weg, Niendorf, seit 1982: Kurt Schill (1911–1944), KPD-Widerstandskämpfer gegen den Nationalsozialismus, in Bd. 3 online**.*

Siehe auch ➤ *Rudolf-Klug-Weg, Niendorf, seit 1982: Rudolf Klug (1905–1944), Lehrer, kommunistischer Widerstandskämpfer gegen den Nationalsozialismus, in Bd. 3 online**.*

Siehe auch ➤ *Werner-Schroeder-Straße, Allermöhe, seit 2002: Werner Schroeder (1916–1993), Bäcker, Kommunist, Widerstandskämpfer gegen den Nationalsozialismus, in Bd. 3 online**.*

Helene-Lange-Straße

Harvestehude, seit 1950, benannt nach Helene Lange (9.4.1848 Oldenburg–13.5.1930 Berlin), Pädagogin und Frauenrechtlerin der bürgerlichen Frauenbewegung, Bürgerschaftsabgeordnete

Als Helene Lange sieben Jahre alt war, starb ihre Mutter, neun Jahre später auch der Vater, ein Kaufmann. Helene Lange erhielt einen Vormund, der ihren Wunsch, Lehrerin zu werden, untersagte. Deshalb arbeitete sie bis zur Volljährigkeit als Au Pair-Mädchen in einer Elsässer Erziehungsanstalt. Autodidaktisch bereitete sie sich auf das Lehrerinnenexamen vor, das sie 1871 in Berlin bestand. Zwischen 1875 und 1890 war sie Leiterin des Lehrerinnen-Seminars in Berlin, von 1890 bis 1900 Leiterin der Realschulkurse und ab 1893 auch von Gymnasialkursen für Frauen.

Helene Lange setzte sich für die Verbesserung der Bildungs- und Ausbildungsmöglichkeiten von Frauen ein. 1890 gründete sie mit Auguste Schmidt den Allgemeinen Deutschen Lehrerinnenverein (ADLV), dessen Vorsitzende sie bis 1921 war.

Ungefähr in den 1880-er Jahren fand Helene Lange „Eingang in die Kreise des politischen Liberalismus (…). Hier findet sie ihre politische Heimat".[21]

Gemeinsam mit anderen Frauen richtete sie 1887 eine Petition an das preußische Kultusministerium und das Abgeordnetenhaus, „in der verschiedene Forderungen zur Verbesserung des Mädchenschulwesens gestellt werden. Die von der 39-jährigen Lange verfasste Begleitschrift, die sogenannte ‚Gelbe Broschüre', erscheint 1887, erregt großes öffentliches Aufsehen und verschafft ihr auch außerhalb der pädagogisch interessierten Öffentlichkeit mit einem Schlag einen unerwartet hohen Bekanntheitsgrad. Für sie selbst markiert dieses Jahr den Beginn ihrer eigentlichen ‚Kampfzeit', in der die Frauenbewegung und vor allem die Fragen der Frauenbildung im Vordergrund stehen".[22]

„Aufgrund ihrer Initiativen machen 1896 erstmals sechs Frauen die Reifeprüfung in Berlin. Helene Lange hat entscheidend dazu beige-

**   Band 3 online unter: www.hamburg.de/maennerstrassennamen

... Widerstand aus der Arbeiterbewegung in Hamburg und Nordwestdeutschland während des Krieges (1939–1945), in: Beate Meyer (Hrsg.): Vom Zweifeln und Weitermachen. Fragmente der Hamburger KPD-Geschichte. Festschrift für Helmuth Warnke zum 80. Geburtstag. Hamburg 1988, S. 44 ff.; http://dielinke.

Heyckendorf.de (Durchblick von links: ‚Helene Heyckendorf – am 20. April 1945 im KZ-HH-Neuengamme ermordet') vom 15.8.2010.
21) Margit Göttert: Macht und Eros. Frauenbeziehungen und weibliche

tragen, Frauen bürgerlicher Schichten das Studium in Deutschland zu ermöglichen und ihnen Berufschancen zu eröffnen,"[23] schreibt die Autorin Hiltrud Schroeder über Helene Lange.

1893 gründete Helene Lange die Zeitschrift „Die Frau, Monatsschrift für das gesamte Frauenleben unserer Zeit", die sie ab 1916/17 gemeinsam mit Gertrud Bäumer (1873–1954) *(siehe ➤ Gertrud-Bäumer-Stieg, in diesem Band)* herausgab und die bis 1944 erschien. 1894 wurde sie Mitbegründerin des Bundes Deutscher Frauen (BDF), in dessen Vorstand sie bis 1906 tätig war.

1898 lernte Helene Lange Gertrud Bäumer kennen. Damals war bei Helene Lange ein altes Augenleiden wieder ausgebrochen, so dass sie Hilfe benötigte, die sie in der damals 25-jährigen Gertrud Bäumer fand. „Innerhalb kurzer Zeit entwickelt sich eine enge Arbeits- und Lebensgemeinschaft zwischen den beiden Frauen, die bis zum Tod Langes 1930 Bestand hat. Bereits von 1901 an teilen sie sich eine gemeinsame Wohnung."[24]

1902 wurde Helene Lange Leiterin des Allgemeinen Deutschen Frauenvereins, dem sie bis 1921 vorstand. Eine Zusammenarbeit mit der proletarischen Frauenbewegung lehnte sie ab, auch kritisierte sie den radikalen Flügel der bürgerlichen Frauenbewegung *(siehe dazu ➤ Heymannstraße, in diesem Band)*.

Helene Lange sah in der Mütterlichkeit „die Wesensbestimmung der Frau, auch der kinderlosen. Als Ziel schwebt ihr vor, die männlich geprägte Welt mit all ihren Fehlentwicklungen durch den weiblichen Kultureinfluß zu verbessern. Sie leistet allerdings damit der Gefahr Vorschub, Frauen auf Ehe und Familie oder auf die typisch weiblichen Lehr- und Sozialberufe zu beschränken",[25] so Hiltrud Schroeder.

„Zu Beginn des Ersten Weltkrieges bezog sie militaristische Positionen, sie war für die Beteiligung am ‚Nationalen Frauendienst' (…), dessen Gründerin Gertrud Bäumer [war], die als [Langes] Nachfolgerin im BDF die Gleichschaltung der bürgerlichen Frauenbewegung im Nationalsozialismus maßgeblich verantwortete",[26] schreiben Florence Hervé und Ingeborg Nödinger in ihrem „Lexikon der Rebellinnen".

1916 zogen Helene Lange und Gertrud Bäumer nach Hamburg, wo Gertrud Bäumer die Leitung der neugegründeten Sozialen Frauenschule und Helene Lange dort als Lehrerin den Psychologieunterricht übernahmen.

Helene Lange

In Hamburg lernte Helene Lange Emmy Beckmann *[siehe ➤ Emmy-Beckmann-Weg, in diesem Band]* kennen, „die sie zu ihrer Nachfolgerin im ADLV kürt und zu der sie in ihrem letzten Lebensjahrzehnt eine ähnlich enge Beziehung wie zu Gertrud Bäumer unterhält".[27]

Helene Lange betätigte sich auch parteipolitisch. Von März 1919 bis Dezember 1920 war sie für die Deutsche Demokratische Partei (DDP) Mitglied der Hamburgischen Bürgerschaft und hielt dort am 24. März 1919 als Alterspräsidentin die Eröffnungsrede. 1920 legte sie ihr Mandat nieder, weil sie Gertrud Bäumer nach Berlin folgte. Dort publizierte sie weiterhin Artikel in Zeitschriften und Zeitungen. 1922 wurde sie Ehrenbürgerin ihrer Geburtsstadt Oldenburg; etliche Mädchenschulen wurden nach ihr benannt, und 1928 verlieh ihr die Preußische Regierung die große Staatsmedaille.

In ihren letzten Lebensjahren klagte Helene Lange in ihren Briefen an Emmy Beckmann oftmals über ihre Einsamkeit. „Mitgehen will ich; ich habe die Einsamkeit so schrecklich satt. G. B.

Kultur um 1900 – eine neue Perspektive auf Helene Lange und Gertrud Bäumer. Königstein/Ts., 2000, S. 24.
22) Margit Göttert, a. a. O., S. 25.
23) Hiltrud Schroeder: Helene Lange, in: Luise Pusch, Susanne Gretter (Hrsg.): Berühmte Frauen. Dreihundert Porträts. Frankfurt a. M. 1999, S. 167.
24) Margit Göttert, a. a. O., S. 27.
25) Hiltrud Schroeder, a. a. O., S. 167.
26) Florence Herve, Ingeborg Nödinger: Lexikon der Rebellinnen. Dortmund 1996, S. 151.
27) Margit Göttert, a. a. O., S. 28.

kommt erst morgen, und es war so mancherlei wenig Behagliches dieser Tage, so daß ich mich sehr allein fühlte! (…)"[28]

„Dass die Beziehung von Lange und Bäumer so gut funktionierte, mag unter anderem an den klaren Grenzen gelegen haben, die beide für sich zogen – so betont Bäumer, häufiger die ‚feine Distanz', die zwischen ihr und Lange trotz aller Innigkeit geherrscht habe –, und die, trotz allem Zusammenspiel, jede ihr eigenes Arbeits- und Tätigkeitsfeld behalten ließ. Der Respekt und die Bewunderung, die eine für die andere aufbrachte, ließen offensichtlich selbst im hohen Alter Langes nie nach."[29]

Siehe auch ➤ Auguste-Schmidt-Weg, Emmy-Beckmann-Weg, Gertrud-Bäumer-Stieg, Heymannstraße, in diesem Band.

Helenenstieg

Altona, seit 1953, benannt nach Helene Donner, geb. Schröder. Wohltäterin. In Anlehnung an die Helenenstraße

Helenenstraße

Altona-Nord, seit 1893, benannt nach Helene Donner, geb. Schröder (27.12.1819 Hamburg– 30.11.1909 Hamburg), Etatsrätin, Wohltäterin

Helene Donner stammte aus der Hamburger Familie des Freiherrn von Schröder (siehe➤ Schröderstiftstraße, in Bd. 3 online**). Mit achtzehn Jahren heiratete sie den damaligen Chef des großen Handelshauses C. H. Donner (siehe➤ Donnerstraße, in Bd. 3 online**), den dänischen Etatsrat Bernhard Donner (1808–1865), Sohn von Conrad Hinrich Donner, und wurde fortan „Etatsrätin Donner" genannt. Das Paar bekam sieben Kinder. Ihr Haus, das Donner-Schloss an der Flottbeker Chaussee, welches nach dem von Bernhard

Donner veranlassten Abriss des Sieveking'schen Landhauses erbaut worden war, wurde der Mittelpunkt der Gesellschaft. Offiziere, Künstler, Gelehrte und Adlige waren dort zu Gast, so z. B. General Helmuth Karl Bernhard Graf von Moltke (siehe➤ Moltkestraße, in Bd. 3 online**), Kaiser Wilhelm I. (siehe➤ Kaiser-Wilhelm-Straße, in Bd. 3 online**), Kaiserin Auguste Viktoria (siehe➤ Augustenpassage und Auguste-Victoria-Kai, in diesem Band).

Nachdem Helene Donners Ehemann 1865 verstorben war, widmete sich die damals 46-Jährige verstärkt der Wohltätigkeit. So stiftete sie die Sonntagsschule in Altona, gründete 1882 an der Allee, der heutigen Max-Brauer-Allee das Helenenstift – ein Krankenpflegerinnenheim und eine Ausbildungsstätte für Krankenschwestern – und ließ 1894 auf dem Gelände des Helenenstiftes eine Kapelle (heute: Kirche der Stille) einweihen, die einen eigenen Seelsorger bekam. Als die Stadt Altona 1885 mit dem Ausbau des Neumühlener Strandweges begann, gab Helene Donner den benötigten Teil ihres Geländes ab.

Helene Donner

Helene Donner gehörte dem Vorstand der Ottensener Krippe an und wurde 1870 in den Vorstand des Vaterländischen Frauenvereins gewählt. Sie wurde Ordensdame des Luisenordens am Band und Besitzerin des Wilhelm-Ordens am Band. Letzteren Orden überreichte ihr Kaiser Wilhelm II. am 18. Juni 1889 anlässlich der Enthüllung des Denkmals seines Großvaters in Altona. Außerdem erhielt sie den Orden des Roten Kreuzes.

Abb.: Staatsarchiv Hamburg

29) Margit Göttert, a. a. O., S. 137.

28) Brief von 1924 an Emmy Beckmann, zit. nach: Margit Göttert, a. a. O., S. 136.

Siehe auch ➤ Augustenpassage, Auguste-Victoria-Kai, *in diesem Band.*

Siehe auch ➤ Babendiekstraße, *Blankenese, seit 1947. Roman von Gustav Frenssen, in Bd. 3 online**.*

Siehe auch ➤ Donnerstraße, *Ottensen, seit 1865, nach der Familie Donner, besonders nach Conrad Hinrich Donner (1774–1854), gründete 1798 die Handelsfirma „Conrad Hinrich Donner" und dann die „Conrad Hinrich Donner Bank" in Bd. 3 online**.*

Siehe auch ➤ Kaiserhöft, *HafenCity, seit 1888,* Kaiserkai, *HafenCity, seit 1871,* Kaiser-Wilhelm-Höft, *Steinwerder, seit 1902,* Kaiser-Wilhelm-Platz, *Bergedorf, seit 1888,* Kaiser-Wilhelm-Straße, *Neustadt, seit 1890, benannt nach Kaiser Wilhelm I., in Bd. 3 online**.*

Siehe auch ➤ Moltkestraße, *Hoheluft-West, seit 1873: Helmuth Graf von Moltke (1800–1891), Generalfeldmarschall, in Bd. 3 online**.*

Siehe auch ➤ Schröderstiftstraße, *Rotherbaum, seit 1858, und* Schröderstiftweg, *Rotherbaum, seit 1973: Johann Heinrich Schröder (1784–1883), Gründer des Schröderstiftes, Kaufmann, Bankier, Gründer der Firmen J. Henry Schröder & Co., London und J. H. Schröder & Co. Liverpool, in Bd. 3 online**.*

Helgaweg

Fuhlsbüttel, seit 1946. Frei gewählter Name

Helma-Steinbach-Weg

Horn, seit 1929, benannt nach Helma Steinbach *(1.12.1847 Hamburg–7.7.1918 Glünsing/Lauenburg), Gründungsmitglied der „Produktion"*
Ein Erinnerungsstein steht im Garten der Frauen auf dem Ohlsdorfer Friedhof.

Helma Steinbach wurde geboren als Tochter der verarmten Hamburger Kaufmannsfamilie Steiner. Da die Familie den wirtschaftlichen Bankrott vor der Gesellschaft verbergen wollte, wuchs Helma unter großen Opfern und Entbehrungen auf. Eine

vermutlich aus finanziellen Gründen geschlossene Ehe verlief unglücklich; schon nach kurzer Zeit ließ Helma Steinbach sich scheiden.

Wie die meisten bürgerlichen Mädchen ihrer Zeit hatte auch Helma Steinbach eine Erziehung in Haushaltsführung und Handarbeit erhalten, konnte rechnen, lesen und schreiben. Daher war sie nach ihrer Scheidung in der Lage, sich ihren Lebensunterhalt als Wirtschafterin, Schneiderin, Näherin, Plätterin (Bügelfrau) und Vorleserin bei den Hamburger Zigarrenarbeitern selbst zu verdienen. Anfang der 1880-er Jahre lernte Helma Steinbach den aus dem Exil in den USA zurückgekehrten Zigarrensortierer Adolf von Elm *(siehe* ➤ Adolf-von-Elm-Hof, *in Bd. 3 online**)* kennen, den späteren Gewerkschaftsführer, sozialdemokratischen Reichstagsabgeordneten (1894–1907), Mitbegründer der Genossenschaft „Produktion" und der Versicherungsgesellschaft „Volksfürsorge". Zwischen ihnen entwickelte sich eine fast dreißig Jahre dauernde tiefe Freundschaft.

In den 1880-er Jahren schloss sich Helma Steinbach der politischen Bewegung der Arbeiter und Arbeiterinnen an. Besonders aktiv war sie im Verein der Hand-, Weiß- und Maschinennäherinnen Hamburgs, einem 1887 ins Leben gerufenen Fachverein, der aus dem 1885 gegründeten Verein für Vertretung der gewerblichen Interessen der Frauen und Mädchen Hamburgs (mit 150 Mitgliedern) hervorgegangen war. Dort wurden die Arbeiterinnen nicht nur in ihren gewerblichen Interessen unterstützt, es fand auch Aufklärungs- und Erziehungsarbeit im Sinne der Sozialdemokratie statt. Helma Steinbach bekam jedoch Schwierigkeiten mit den Genossinnen wegen ihres „unweiblichen" Auftretens und wurde bereits 1888 wegen „Eigenmächtigkeit" aus dem Verein ausgeschlossen. Im Februar 1890 gründete sie den Zentralverein der Plätterinnen, der ca. 1000 Mitglieder besaß.

Als 1890 das Sozialistengesetz aufgehoben wurde, konnte in Halle der erste sozialdemokratische Parteitag abgehalten werden. Von den fünf weiblichen Delegierten ergriffen nur Emma Ihrer und Helma Steinbach das Wort. Als eine von vier Frauen unter 208 Delegierten nahm die 55-jährige Helma Steinbach 1892 am ersten Gewerkschaftskongress in Halberstadt teil und vertrat dort die Interessen der Arbeiterinnen. In einer Resolution, die gegen eine Stimme angenommen wurde, vertrat sie die Ansicht, Frauen sollten gemeinsam mit Männern in einer Organisation arbeiten. Außerdem forderte sie die Gewerkschaften auf, auch Frauen als Mitglieder aufzunehmen und gezielt um sie zu werben.

Helma Steinbach

Helma Steinbach hielt nicht viel von Frauengewerkschaften und Arbeiterinnen- und Frauenbildungsvereinen, ihrer Ansicht nach „Klatsch- und Zankvereine". Sie wollte, dass Frauen und Männer Seite an Seite marschieren. Auch forderte sie die Aufgabe des Sonderrechtes, wonach Frauen spezielle Frauenvertreterinnen zu den Parteitagen entsenden konnten.

Als im November 1896 ein wilder Streik unter Hamburgs Hafenarbeitern ausbrach, wurden auch für die Frauen der streikenden Hafenarbeiter und Seeleute Versammlungen organisiert, um die vom Streik genauso hart betroffenen Frauen zu unterstützen und für den Streik zu gewinnen. An der Frauenagitation beteiligte sich auch Helma Steinbach. Als das Geld in der Streikkasse knapp wurde, entstand die Idee, die Streikenden künftig durch Lebensmittel zu unterstützen, die en gros und damit preisgünstig eingekauft werden sollten. Der Streik musste zwar mangels

finanzieller Mittel erfolglos aufgegeben werden, die Idee einer Großeinkaufsmöglichkeit blieb jedoch bestehen, und es entwickelte sich daraus eine Initiative für einen Konsum- und Sparverein. Im August 1897 wurde ein Ausschuss von neun Personen, darunter Helma Steinbach als einzige Frau, gewählt, den Satzungsentwurf für eine Kosumgenossenschaft auszuarbeiten. Am 3. Februar 1899 wurde die „Produktion" ins Handelsregister eingetragen. Als die Nationalsozialisten die Macht übernahmen, war ihnen der 1929 benannte Helma-Steinbach-Weg ein Dorn im Auge. Helma Steinbach war in ihren Augen eine Marxistin. Aus diesem Grunde machten im Januar 1937 das Ingenieurwesen und das Hamburgische Staatsamt im Rahmen der Aktion „Umbenennung der nach Juden oder Marxisten benannten Straßen in Hamburg" den Vorschlag, den Helma-Steinbach-Weg in Souchonstraße umzubenennen, denn: „Admiral Souchon, der die ‚Goeben' und ‚Breslau' durch die Straße von Messina nach Konstantinopel führte [hat] (…) dadurch mit (…) [beigetragen], daß die Türkei auf die Seite der Mittelmächte trat." Auch wurde der Vorschlag unterbreitet, den Helma-Steinbach-Weg in Oskar-König-Weg umzubenennen, einem Opfer der „nationalen Erhebung" – also den Nationalsozialisten zuzurechnen. Eine Umbenennung fand nicht statt.

Text: Helene Götschel

> Siehe auch ▶ **Adolf-von-Elm-Hof,** *Eißendorf, seit 1925,* **Von-Elm-Stieg,** *Horn, seit 1945, und* **Von-Elm-Weg,** *Horn, seit 1929: Adolf von Elm (1857–1916), Sozialpolitiker und Mitbegründer der „Volksfürsorge" und der „Produktion" (Pro), in Bd. 3 online**.*

Henny-Schütz-Allee

Langenhorn, seit 2010, benannt nach **Henriette Wilhelmine Schütz,** *geb. Winkens (1.6.1917–*

** **Band 3 online** unter: www.hamburg.de/maennerstrassennamen

Abb.: Aus: Gerd von Borstel, Die 111 Horner Straßennamen und ihre Bedeutung. Komplett überarbeitete 1. Buchauflage, Geschichtswerkstatt Horn (Hrsg.), S. 31.

2001), *Sozialdemokratin, Sozialistische Arbeiter Jugend (SAJ) Winterhude bis 1933, 1935/36 ein Jahr Schutzhaft Fuhlsbüttel, Untersuchungshaft Hamburg, wegen Vorbereitung zum Hochverrat (Prozess Winkens, SAJ Winterhude), KZ Moringen/Solling, seit 1945 Wohnbezirkskassiererin der SPD Langenhorn-Nord. Motivgruppe: Verfolgte des Nationalsozialismus*

Henriette Winkens wurde am 1. Juni 1917 in Hamburg-Langenhorn geboren. Als Jugendliche war sie Mitglied der Sozialistischen Arbeiterjugend

(SAJ, Jugendorganisation der SPD) bis zu deren Verbot 1933. Als weiterhin widerstandspolitisch Aktive wurde sie 1935/36 in so genannte Schutzhaft genommen. Diese Willkürhaft wurde seit der so genannten Reichsbrandverordnung, der „Verordnung zum Schutz von Volk und Staat vom 28.2.1933",

Henny Schütz

eingesetzt und diente der Verfolgung missliebiger Personen. Rechtsanwälte waren für die Wahrnehmung der Rechte ihrer Mandantinnen und Mandanten ausgeschlossen.

Moringen liegt ca. 100 südlich von Hannover und 20 km nordwestlich von Göttingen. Zwischen 1933 und 1945 bestanden – mitten im Ortskern – drei Konzentrationslager, darunter zwischen 1933 und 1938 ein Frauen-KZ, in dem viele Frauen des politischen Widerstands „einsitzen" mussten. Dort war auch die Sozialdemokratin Henny Schütz inhaftiert.
Text: Cornelia Göksu

Abb.: Hamburger Wochenblatt/Biehl/Willi Bredel Gesellschaft

Henriette-Herz-Garten

Bergedorf, seit 1984, benannt nach Henriette Julie, geb. de Lemos. Schriftstellerin. In Anlehnung an den Namen Henriette-Herz-Ring

Henriette-Herz-Ring

Bergedorf, seit 1984, benannt nach Henriette Julie, geb. de Lemos (5.9.1764 Berlin–22.10.1847 Berlin), Schriftstellerin

Henriette Herz war die Tochter des sephardischen Arztes und Leiter des jüdischen Krankenhauses Benjamin de Lemos aus Berlin und seiner Frau Esther, geb. Charleville. Ihr Vater gab seiner Tochter eine gute Bildung. Henriette lernte Hebräisch, Griechisch und Latein und las sehr viel. Im Alter von zwölf Jahren wurde sie – entsprechend dem jüdischen Brauch – verlobt und zwar mit dem ihr unbekannten und siebzehn Jahre älteren Arzt und Philosophen Markus Herz. Drei Jahre später, 1779, war für die Fünfzehnjährige Hochzeit. Henriette empfand damals die Ehe als Befreiung und freute sich auf das „reiche und schöne Leben". Ihr Mann hielt als Mediziner und Philosoph in seinem Haus Vorlesungen über Kants Philosophie und über Experimentalphysik ab. Dadurch kamen viele Menschen ins Haus – meist älteren Semesters. Auch Henriette nahm zunächst als Zuhörerin an diesen Vorlesungen teil, sammelte aber bald einen Kreis junger, literaturbegeisterter Menschen um sich. „Während man in Marcus' Räumen einen aufklärerisch-wissenschaftlichen Diskurs pflegte, versammelte sich [in einem Nebenraum des Wohnhauses an der Spandauer Straße 35, später in der Neuen Friedrichstraße [heute: Littenstraße] die jüngere Generation der RomantikerInnen um Henriette."[30]

Damit war um 1780 der erste Berliner Salon gegründet. Bisher gab es im Zeitalter der Auf-

30) Katharina von Hammerstein: Henriette Herz, in: Luise F. Pusch, Susanne Gretter (Hrsg.): Berühmte Frauen. Dreihundert Porträts. Frankfurt a. M. 1999, S. 126.

klärung, in dem viele der gebildeten Menschen das Bedürfnis hatten, sich über die unterschiedlichsten Themen auszutauschen, zwar viele Gesellschaften, wie z. B. die Montags- und Mittwochsgesellschaft. An solchen Gesellschaften nahmen aber nur Männer teil. Mit Henriette Herz' Salon war das nun anders. Hier verkehrten Frauen wie auch Männer, so z. B. neben den Brüdern Humboldt *(siehe ➤ Humboldtbrücke und Humboldtstraße, in Bd. 3 online**)* u. a. Ludwig Börne *(siehe ➤ Börnestraße, in Bd. 3 online**)*, Schiller *(siehe ➤ Schillerstraße, in Bd. 3 online**)*, Friedrich Schleiermacher, Rahel Varnhagen *(siehe ➤ Rahel-Varnhagen-Weg, in diesem Band)*, Madame de Stael und Dorothea Schlegel *(siehe ➤ Schlegelsweg, in diesem Band)*. Letztere verliebte sich in Henriette Herz' Salon in Friedrich Schlegel und Wilhelm von Humboldt traf hier seine spätere Ehefrau Caroline von Dacheröden.

„Geprägt von den Idealen der Aufklärung und inspiriert von der aufkommenden Literatur des Sturm und Drang herrscht hier eine frühromantische Aufbruchstimmung, die einen gesellschaftlichen Freiraum schafft, den Henriette Herz selbstbewusst zu nutzen weiß, um ihren Salon als genuin weiblicher Form der Geselligkeit zu etablieren."[31]

Grundvoraussetzung für solche literarischen Salons, die ausschließlich von Frauen initiiert wurden, war das Vorhandensein geeigneter Räumlichkeiten, d. h. ein großes Haus, wie man es im begüterten Bürgertum oder im Adel besaß. Die Salonnieren mussten also über einen wirtschaftlichen Rückhalt verfügen, den sie meist über ihre gut situierten Ehemänner besaßen und der es ihnen auch erlaubte – z. B. angesichts des Vorhandenseins von Dienstpersonal –, genügend Freizeit zu haben, um sich zu bilden, eine Voraussetzung, um solch einen Salon führen zu können.

Die Salonnieren taten damit nicht nur etwas für sich und ihr Renommee. Das Geld ihrer Ehemänner, das zur Aufrechterhaltung solcher Salons notwendig war, war gut angelegt, brachte solch ein Salon auch für die Ehegatten ein Gewinn an gesellschaftlichem Ansehen.

Henriette Herz

Eine besonders enge Freundschaft pflegte Henriette Herz mit dem protestantischen Theologen Friedrich Schleiermacher, den sie 1794 kennen lernte. Sie wurde „seine engste Vertraute bei der Abfassung seiner ,Reden über die Religion'. Er vermittelt ihr die Übersetzung zweier Reiseberichte aus dem Englischen, die um 1800 erscheinen. Das äußerlich so ungleiche Paar erregt Aufsehen, und Schleiermacher wird in Berlin als ,Parasol de Madame Herz' verspottet."[32]

Gemeinsam mit Dorothea Schlegel war Henriette Herz auch Mitbegründerin eines Tugendbundes „zur Übung werktätiger Liebe", dem u. a. Alexander und Wilhelm von Humboldt und später auch F. D. E. Schleiermacher angehörten. Dass mehrere Männer in Henriette Herz, die als äußerst schön und mit prächtigem Haar beschrieben wird, verliebt waren, beobachtete verständnisvoll die Schauspielerin Karoline Bauer (1807–1877). Sie konnte es verstehen, dass der damals siebzehnjährige Börne „die um volle zweiundzwanzig Jahre ältere Henriette Herz bis zum Wahnsinn – ja bis zum projektierten Rattengift unglücklich lieben konnte, und daß der Staatsminister Graf Dohna-Schlobitten aller gesellschaftlichen und höfischen Vorurteile nicht achtete und der Witwe des jüdischen Arztes Markus Herz, Hand und Namen bot. Sie aber dankte

Abb.: bpk/Nationalgalerie, SMB/Andres Kilger, Nr.:00017690 (Öl auf Leinwand von Anton Graff 1792)

**   **Band 3 online** unter: www.hamburg.de/maennerstrassennamen

31) Kerstin Reimers: Henriette Herz, in: www.fembio.org/biographie.php/ frau/biographie/henriette-herz/

32) Kerstin Reimers, a. a. O.

ihm herzlich für beides und – blieb Schleiermachers geistige Freundin".[33] Auch der siebzehnjährige Wilhelm von Humboldt war in die mehr als zwanzig Jahre ältere Henriette Herz verliebt.

Nach dem frühen Tod ihres Mannes im Jahre 1803 und der napoleonischen Besetzung Berlins 1806 „ging die Blütezeit ihres Salons" zur Neige. Henriette Herz musste sich nun finanziell einschränken und konnte sich solch ein Haus und einen entsprechenden Salon nicht mehr leisten. Fortan war sie auf einen Nebenverdienst angewiesen, arbeitete als Erzieherin junger Mädchen, Übersetzerin und Sprachlehrerin und ließ sich, um nicht auf die Salonkultur verzichten zu müssen, in die Salons der Freundin Fanny von Arnstein in Wien und der Herzogin Dorothea von Kurland einführen.

Auch begab sie sich auf Reisen, so verbrachte sie einige Zeit in Rom bei den Brüdern Veit, den Söhnen von Dorothea Schlegel, in deren deutschen Künstlerkolonie.

„Zusammen mit dem Schriftsteller Joseph Fürst erarbeitet sie in den 1830er Jahren ein Manuskript ihrer Erinnerungen, das 1850 posthum veröffentlicht wird und bis heute zusammen mit ihrer Niederschrift eine wertvolle Quelle über die frühe Berliner Romantik darstellt. Scharfsichtig beschreibt sie den Einfluss von Frauen auf das geistige Leben ihrer Zeit und stellt angesichts restaurativer Entwicklungen nach dem Wiener Kongress enttäuscht fest: ‚die Frauen herrschen nicht mehr in der Gesellschaft.'"[34]

Im hohen Alter erhielt sie auf Anregung von Alexander von Humboldt eine Pension vom Preußischen König Friedrich Wilhelm IV.

> Siehe auch ➤ Rahel-Varnhagen-Weg, Schlegelsweg, in diesem Band.

> Siehe auch ➤ Börnestraße, Eilbek, seit 1866: Ludwig Börne (1786–1837), Schriftsteller, in Bd. 3 online**.

> Siehe auch ➤ Humboldtstraße, Barmbek-Süd, seit 1859, und Humboldtbrücke, Uhlenhorst, seit 1970: Alexander von Humboldt (1769–1859), Gelehrter, Naturforscher, in Bd. 3 online**.

> Siehe auch ➤ Schillerstraße, Altona-Altstadt, seit 1859 und 1950: Friedrich von Schiller (1759–1805), Dichter, Bd. 3 online**.

Henriettenstraße

Eimsbüttel, seit 1865, benannt nach Henriette Tornquist (27.3.1843–10.4.1914), Tochter von Alexander Bentalon Tornquist, Geländevorbesitzer

Anlässlich ihrer Hochzeit 1865 benannte ihr Vater Alexander Bentalon Tornquist die Straße nach ihr. Auch nach seinen Kindern Emilie und Max ließ Herr Tornquist Straßen in der Umgebung benennen. Alle diese Straßen verliefen über Tornquist's Grundstücke.

> Siehe auch ➤ Charlottenstraße, Emilienstraße, Henriettenweg, in diesem Band.

> Siehe auch ➤ Maxstraße, Eilbek, seit 1867: nach dem Sohn des Grundeigentümers Alexander B. Tornquist, in Bd. 3 online**.

> Siehe auch ➤ Tornquiststraße, Eimsbüttel, seit 1868: Alexander Bentalon Tornquist (1813–1889), Großgrundbesitzer, Grundstücksbesitzer, in Bd. 3 online**.

Henriettenweg

Eimsbüttel, seit 1961. Siehe Henriettenstraße.

Hermine-Albers-Straße

Jenfeld, seit 2014, benannt nach Dr. Hermine Albers (21.7.1894 Bitburg–24.4.1955 Hamburg), seit 1928 Aufbau einer behördenübergreifenden Familienfürsorge in der Sozialverwaltung Hamburgs, Mitglied der SPD, 1933 aus dem öffent-

** Band 3 online unter: www.hamburg.de/maennerstrassennamen

33) Walther G. Oschilewski (Hrsg.): Frauen in Berlin. Berlin 1959, S. 22.
34) Kerstin Reimers, a. a. O.

lichen Dienst entlassen, nach dem Krieg Führung des Landesjugendamtes und Neuaufbau der Jugendfürsorge; seit 1955 wird ihr zu Ehren der Hermine-Albers-Preis (heute: deutscher Jugendhilfepreis) vergeben. Verfolgte des Nationalsozialismus

Hermine Albers wurde 1894 als einziges Kind von Klara Helene, geb. Linden und Hermann Albers geboren. Ihr Vater, ein Kreisschulrat, starb kurze Zeit vor Hermines Geburt. Klara Helene Albers gab ihrer Tochter eine sorgfältige Erziehung mit auf den Weg. Als Hermine zwölf Jahre alt war, zog ihre Mutter mit ihr nach Köln, wo Hermine das humanistische Mädchengymnasium besuchte. Nach dem Abitur studierte sie zwischen 1914 und 1917 Sozial- und Staatswissenschaften.

Als im Ersten Weltkrieg Frauen im stärkeren Maße als Arbeitskraft zur Aufrechterhaltung der „Heimatfront" z. B. in den Rüstungsbetrieben arbeiten mussten, stellte sich die junge Volkswirtschaftslehrerin Hermine Albers dem Frauenreferat der Kriegsamtsstelle Koblenz als Hilfsreferentin zur Verfügung. Dabei lernte sie die praktischen Notwendigkeiten und Möglichkeiten der Arbeitsfürsorge an Frauen kennen.

Nach Kriegsende übernahm Hermine Albers als Geschäftsführerin den Verein für Säuglingsfürsorge und Wohlfahrtspflege in Düsseldorf. Ab 1921 unterrichtete sie auch Volkswirtschaft und Rechtswesen am Frauenseminar für soziale Berufsarbeit in Frankfurt am Main und leitete von 1923 bis 1926 eine Abteilung des Wohlfahrtsamtes in Solingen. Gleichzeitig setzte sie ihre sozialwissenschaftlichen Studien an den Universitäten in Köln und Bonn fort und promovierte 1926 zum Dr. rer. pol. der Staatswissenschaften.

1927 ging sie als Dozentin an die Wohlfahrtsschule für Hessen und Hessen-Nassau nach Frankfurt am Main.

1928 verlegte sie ihre berufliche Tätigkeit nach Hamburg. Dort erhielt sie eine Anstellung in der Sozialbehörde. Hermine Albers wurde Regierungsrätin und beriet in dieser Funktion auch den Stadtbund Hamburger Frauenvereine.

1933, nach der Machtübernahme durch die Nationalsozialisten, wurde Hermine Albers wegen ihrer Mitgliedschaft in der SPD – sie war seit 1919 Mitglied der SPD – und der Arbeiterwohlfahrt (AWO) aus ihrem Amt als Regierungsrätin entlassen. Fortan arbeitete sie, eingesetzt von der Handelskammer wegen ihrer fachlichen Kenntnisse – als Wirtschaftsprüferin und Treuhänderin in verschiedenen Wirtschaftsunternehmen. Hermine Albers wohnte damals im Wiesenkamp 9 und unterstützte ihre Freundin Hilde Wulff (*siehe* > **Hilde-Wulff-Weg**, *in diesem Band*), die das Kinderheim „Im Erlenbusch" betrieb, in der Gegnerinnenschaft gegen den Nationalsozialismus. Bereits 1930 hatte sich Hermine Albers als Sprecherin der Sozialbeamtinnen für die Frauenfront gegen den Nationalsozialismus engagiert.

Gleich nach Ende der Herrschaft des Nationalsozialismus wurde Hermine Albers Mitglied des Entnazifizierungskomitees. Beruflich wurde sie zur Senatsrätin ernannt und mit dem Aufbau und der Leitung des Hamburger Landesjugendamtes betraut. Drei Jahre später ernannte der Senat sie zur Regierungsdirektorin.

In den Jahren 1945 bis 1948 waren rund 20 000 Jugendliche unter achtzehn Jahren, die durch die Bunker zogen, in Erdhöhlen schliefen, keine Lehrstellen und oft kein Elternhaus mehr hatten, zu betreuen. Hermine Albers versuchte den jungen Menschen Obdach und Nahrung zu verschaffen und die Eltern wiederzufinden. Wie dieses Chaos in den Griff zu bekommen war, wurde als Hermine Albers' Geheimnis und das ihrer Mitstreiterinnen und -streiter bezeichnet.

Als sich die Wirtschaftslage gebessert hatte, Eltern für ihre Kinder Erziehungshilfen bekamen, Übernachtungs- und Tagesheime sowie Schulen wieder aufgebaut waren, kümmerte sich Hermine Albers um arbeitslose Jugendliche und um eine sinnvolle Freizeitgestaltung für Jugendliche.

Durch Hermine Albers' langjährige Erfahrungen in der Jugend- und Wohlfahrtshilfe entstand der Grundgedanke

Hermine Albers

für den späteren Bundesjugendplan, an dem Hermine Albers einen großen Anteil hatte.

Mittlerweile war ihre Arbeit über den Rahmen Hamburgs hinausgewachsen. In ganz Westdeutschland fand sie Beachtung und Würdigung. Als Mitbegründerin und Mitarbeiterin der Arbeitsgemeinschaft für Jugendpflege und Jugendfürsorge übernahm sie von 1952 bis 1955 auch die Arbeit der zweiten Vorsitzenden. Zwischen 1949 bis zu ihrem Tod 1955 arbeitete sie als Mitherausgeberin der Zeitschrift für Jugendhilfe in Wissenschaft und Praxis, „Unsere Jugend", München, Forum der Jugendämter in Stadt und Land. Hier nahm sie vor allem laufend zu den wichtigsten Gesetzesvorschlägen in Fragen der Erziehung und Wohlfahrt Stellung und vertrat ihre Idee des lebendigen Jugendamtes. Darüber hinaus war Hermine Albers Mitglied des deutschen Landesausschusses der UNESCO.

Hermine Albers starb 1955 im Alter von 60 Jahren. In einem der Nachrufe hieß es ganz der Rollencharaktere der Frau folgend über sie: „Sie konnte beides – mit männlich scharfem Verstand planen und mit einem unbestechlich nüchternen Blick für das Sachliche abwägen. Dabei war sie gleichzeitig ganz Frau mit starker Gefühlsbetei-

ligung und dem Vermögen, die Dinge von der Wurzel her zu erfassen." (Gedenkwort von Stadtarzt Marx, Nürnberg)

Pastor Wilhelm Engelmann, Direktor des Centralausschusses für die Innere Mission, Bethel, fasste Hermine Albers' Leben wie folgt zusammen: „Sie gehörte zu denen, die Glück und Qual dieses Zeitalters in sich aufgenommen und verarbeitet haben, die wissend geworden sind. Diese Menschen sind äußerlich nicht leicht begeisterungsfähig, vielleicht scheinen sie verschlossen, zurückhaltend und manchmal auch hart. Aber in ihnen wohnt – oft nur dem Kundigen erkennbar – eine stille Güte und Barmherzigkeit, die die Not und das Leid des Bruders und der Schwester mitträgt, und die recht zu helfen wissen. Diese Menschen wissen es auch, daß sie dazu bestimmt sind, daß von ihnen gefordert wird, ihre Erkenntnisse und Erfahrungen, ihren Verstand und ihre Fähigkeiten und nicht zuletzt ihre Liebe ganz darzubringen. Dies wird eine selbstverständliche Haltung. Diese Menschen verzehren sich im Dienst. Sie hassen das Laute und Vordergründige, denn sie kennen die Hintergründe des Lebens. In ihnen lebt das Wissen um das Wesentliche."

Seit 1955 vergibt die Arbeitsgemeinschaft für Kinder- und Jugendhilfe alle zwei Jahre den Hermine-Albers-Preis (auch Deutscher Jugendhilfepreis genannt).

Siehe auch ▶ **Hilde-Wulff-Weg,** *in diesem Band.*

Herschelstraße

Rahlstedt, seit 1958, nach William Herschel. *Ergänzt 2001/2202 um die ebenso bedeutende Schwester* Caroline Herschel

Neuer Erläuterungstext: benannt nach dem Geschwisterpaar Caroline Lucretia H. (16.3.1750

Hannover–9.1.1848 Hannover), *Astronomin, Ehrenmitglied der Royal Astronomical Society, und Sir William H. (1738–1822), Astronom, Entdecker des Planeten Uranus*

Sie war immer „die kleine Schwester", die „liebe Lina", die Tochter des Militärmusikers Isaak Herschel, der ihr Gesangsunterricht gegeben hatte, und seiner Frau Anna Ilse Moritzen.

Caroline Herschel sah stets voller Bewunderung auf ihren Bruder, den Regimentsmusiker und Astronomen William Herschel. Ihre eigenen Leistungen leugnete sie, obwohl sie ebenso wie ihr Bruder große Verdienste auf dem Gebiet der Astronomie erlangte. „Bis an das Ende ihres Lebens versucht sie jeglichen Hinweis auf eine eigene Leistung lediglich als das Verdienst ihres berühmten Bruders herauszustellen. […] Sie wagt zu wissen, will aber dieses Wagnis nicht öffentlich eingestehen. Fortgesetzt betont sie, wie nichtsnutzig, wie unfähig, wie untauglich sie sei. Dies ist ihre lebenslängliche Demutsgeste und Entschuldigung dafür, dass sie sich erkühnt, leise, aber nachhaltig gegen die Gewalt von Gewohnheiten anzugehen und sich auf ihre Weise zu nehmen, was einem menschlichen Wesen zusteht: das Recht auf Erkenntnis."[35]

Neider nannten Caroline Herschel auch „die Kometenjägerin".

Carolines Eltern bekamen zehn Kinder. Vier von ihnen starben im Kleinkindalter. Der Vater wollte allen seinen sechs überlebenden Kindern (vier Jungen und zwei Mädchen) eine gute Ausbildung in Musik, Mathematik und Französisch zukommen lassen. Die Mutter empfand dies für ihre Töchter jedoch als Zeitverschwendung. Durch ihren Vater bekam Caroline aber dennoch Zugang zur Astronomie. Er sah für seine Tochter, die auf Grund einer im Alter von zehn Jahren zugezogenen Typhuserkrankung eine Wachstums-

störung erlitten hatte und schließlich nur 140 cm groß wurde, nicht die Laufbahn einer Hausfrau und Mutter vor, sondern die einer Konzertsängerin. Doch die Mutter beanspruchte ihre Tochter stark im Haushalt.

Nachdem ihr Vater 1760 aus dem Krieg zurückgekehrt war, pflegte ihn Caroline bis zu seinem Tod im Jahre 1767. Inzwischen war ihr Bruder William (Friedrich Wilhelm), der um 1757 nach England gezogen war, 1766 Organist und Konzertleiter in Barth geworden. 1772 holte er seine Schwester nach England, um ihr dort eine Gesangskarriere zu ermöglichen. Hierfür musste er sie von seiner Mutter um den mehrjährigen Lohn einer Hausangestellten „abkaufen".

In England führte Caroline ihrem Bruder den Haushalt; er unterrichtete sie in Gesang, Mathematik und Englisch. Schon bald avancierte sie zur ersten Sängerin bei den von ihrem Bruder aufgeführten Oratorien.

Caroline Herschel

In seiner Freizeit wandte sich William Herschel immer mehr der Astronomie zu. Caroline wurde seine wissenschaftliche Hilfsarbeiterin. Gemeinsam bauten sie Teleskope. Damit entdeckte er 1781 den Planeten Uranus, wurde auf einem Schlag berühmt und erhielt in Slough eine Stelle als Astronom König Georg's III. Caroline gab ihre erfolgreiche Laufbahn als Konzertsängerin auf und folgte ihrem Bruder. Der englische Hof stellte sie für ein Jahresgehalt von 50 Pfund Sterling als Gehilfin ihres Bruders ein. Doch schon bald wurde auch Caroline zu einer Entdeckerin. Zwischen 1786 und 1797 entdeckte sie acht Kometen, vierzehn Nebel, berechnete

35) Renate Feyl: Caroline Herschel (1750–1848). Aufbruch in die nicht gewollte Selbständigkeit, in: Sophie & Co. Bedeutende Frauen Hannovers. Biographische Portraits. Herausgegeben von Hiltrud Schroeder. Hannover 1990, zitiert nach: wikipedia: Caroline Herschel (Stand: 28.11.2014).

diese und erstellte einen Katalog für Sternhaufen und Nebelflecke. Außerdem schrieb sie einen Ergänzungskatalog und ein Gesamtregister zu Flamsteeds Atlas, in dem 561 Sterne aufgeführt sind. Für diese Leistung bekam sie höchste Anerkennung. Sie wirkte an 63 Publikationen mit – ohne dass ihr Name dort erwähnt wurde.

Während Caroline Kometen und Nebelflecke entdeckte, hatte ihr Bruder 1788 geheiratet und 1792 einen Sohn bekommen. Es schmerzte Caroline, dass sie nun nicht mehr so eng mit ihm zusammen sein konnte, denn William interessierte sich schließlich nun auch für seine Frau Mary, geb. Pitt und den gemeinsamen Sohn John. Als dieser geboren wurde, gab es aber auch für Caroline fortan noch etwas anders als nur Himmelskörper: Sie widmete sich der Erziehung ihres Neffens und konzentrierte sich nicht mehr so intensiv auf ihre eigenen Forschungen, half ihrem Bruder aber weiterhin bei seinen Forschungen. Durch seine Tante wurde John an die Naturwissenschaften herangeführt und später Mathematiker und Astronom.

Nach dem Tod ihres Bruders im Jahre 1822 zog Caroline Herschel nach Deutschland zurück und lebte wieder in ihrer Heimatstadt Hannover, wo sie weiterhin astronomische Studien betrieb und von berühmten Gelehrten besucht wurde.

Caroline Herschel erhielt viele Auszeichnungen. So bekam sie 1828 als erste Frau von der „Royal Astronomical Society" die Goldmedaille verliehen. 1835 wurde sie deren Ehrenmitglied. 1846 erhielt sie vom preußischen König Friedrich Wilhelm IV. die Goldene Medaille der Preußischen Akademie der Wissenschaften. Ein Mondkrater im Sinus erhielt den Namen Caroline Herschel, und der Kleinplanet Lucretia wurde nach Carolines zweitem Vornamen benannt.

Hertha-Feiner-Asmus-Stieg

Winterhude, seit 1992, benannt nach Hertha-Feiner-Asmus (8.5.1896 Hamburg–vermutlich am 12.3.1943 Selbsttötung während des Transports nach Auschwitz), jüdisches Opfer des Nationalsozialismus. Lehrerin an der Schule Meerweinstraße
Stolperstein vor dem Wohnhaus Stammannstraße 27.

Hertha Feiner war die Tochter von Josef Feiner, Rektor der Anton-Rée-Schule. Sie studierte Pädagogik und arbeitete bis 1933 als Lehrerin an der Schule Meerweinstraße. Mit 25 Jahren heiratete sie Johannes Asmus und bekam mit ihm zwei Töchter, geboren 1925 und 1927.

Nach der Machtübernahme durch die Nationalsozialisten wurde Hertha Feiner-Asmus 1933 wegen ihrer jüdischen Herkunft aus dem Schuldienst entlassen. Ihr Mann ließ sich von ihr scheiden. Hertha Feiner-Asmus arbeitete nun als Hilfslehrerin an einer jüdischen Schule.

Hertha Feiner-Asmus

„Im April 1935 bot sich ihr die Möglichkeit einer Anstellung an einer jüdischen Schule in Berlin, und sie wagte gemeinsam mit ihren Kindern den Umzug. Bis Mitte 1938 konnte sie an der ‚Jüdischen Waldschule' in Grunewald tätig sein, danach wechselte sie an eine Schule in der Nähe des jüdischen Gemeindezentrums in der Fasanenstraße. Sie versuchte weiter, mit ihren Töchtern ein halbwegs normales Leben zu führen und die wachsenden Repressionen der Nationalsozialisten von ihrer Welt fernzuhalten. Der Novemberpogrom 1938 veranlasste sie allerdings, nach einer Möglichkeit zu suchen, ihre Kinder außer Landes zu bringen. Durch die Vermittlung des Vaters konnten die Mädchen ab Anfang 1939 auf ein Internat in der Schweiz wechseln. Im Sommer 1939 besuchten sie noch einmal ihre Mutter in Berlin, danach waren nur noch Briefkontakte und gelegentliche Telefonate möglich. Dennoch nahm sie aus der Ferne lebhaften Anteil am Wohlergehen der Töchter, erkundigte sich, wie es ihnen auf der Schule erging und versuchte, ihnen Rat und Hilfe mit auf den Lebensweg zu geben.

Die Lebensumstände von Hertha Feiner in Berlin wurden weiter erschwert, insbesondere seit dem Kriegsbeginn im September 1939: Über jüdische Bürgerinnen und Bürger wurde eine abendliche und nächtliche Ausgangssperre verhängt, und sie durften nur noch in bestimmten Läden einkaufen. Die jüdische Gemeinde konnte Hertha Feiner ihr knappes Gehalt nicht immer pünktlich zahlen, sodass sie Untermieter in ihre Wohnung aufnahm. Bei alledem genoss sie noch das ‚Privileg‘ ihre Wohnung behalten zu dürfen, da ihre ‚halbjüdischen‘ Kinder weiterhin zu ihrem Haushalt zählten. Seit dem Frühjahr 1940 begann sie, ihre Auswanderung in die USA vorzubereiten – zu spät, um noch vor dem im Oktober 1941 verhängten Auswanderungsverbot Deutschland verlassen zu können.

Das jüdische Schulwesen wurde zu Beginn der 1940-er Jahre stark eingeschränkt, sodass zahlreiche Lehrer und Lehrerinnen entlassen werden mussten. Im November 1941 traf dies auch Hertha Feiner, die daraufhin zur Arbeit in der jüdischen Gemeinde zwangsverpflichtet wurde. Dort musste sie bei den administrativen Vorbereitungen der Deportationen mitarbeiten. Seit dem Sommer 1942 versuchte sie zu erreichen, dass zumindest die jüngere ihrer Töchter zu ihr zurückkehrte, da sie sich Schutz vor der

Deportation durch das ‚halbjüdische‘ Kind erhoffte. Gleichzeitig erkannte sie, dass ihr Ex-Mann mit Hilfe von Harald Baruschke, dem Internatsleiter in der Schweiz, versuchte, ihren Briefkontakt zu den Töchtern zu behindern oder gar zu unterbinden. (…)

Anfang 1943 unterbanden der Vater und seine zweite Frau Hermine Asmus jeden Briefkontakt zwischen Hertha Feiner und ihren Kindern, ihre letzten Briefe aus Berlin wurden den Mädchen vorenthalten.

Am 10. März 1943 wurde Hertha Feiner verhaftet und am 12. März 1943 auf den Transport nach Auschwitz geschickt. Während der Zugfahrt nahm sie sich das Leben mit einer Zyankalikapsel, die ihr ein befreundeter Apotheker beschafft hatte.

An der Schule Meerweinstraße erinnern eine Gedenktafel und das ‚Denk-Mal gegen Ausgrenzung‘ an Hertha Feiner und ihre ebenfalls ermordete Kollegin Julia Cohn *[siehe ➤ Julia-Cohn-Weg, in diesem Band].*"[36)]
Text: Ulrike Sparr

Siehe auch ➤ Julia-Cohn-Weg, *in diesem Band.*

Herthastraße

Bramfeld, um 1887, benannt nach der Tochter des Bramfelder Bauern Siemers

Hexenberg

Altona, früher Wilhelminenstraße, 1950 umbenannt in Hexenberg. Flurname

Hexenstieg

Rissen, seit 1980. Benennung in Anlehnung an Hexentwiete

36) Benutzte Literatur: Hertha Feiner: Vor der Deportation, Briefe an die Töchter Januar 1939–Dezember 1942, Frankfurt 1993; Hertha Feiner-Asmus (Dokumentation einiger Briefe, zusammengestellt von Schülerinnen und Schülern der Schule Meerweinstraße, ca. 1990); Auskünfte von Frau Dr. Inge Flehmig, August 2008.

Hexentwiete

*Rissen, seit 1928, benannt nach dem Hohlweg,
der durch einen dunklen Tannenwald führt. Dem
Volksglauben entsprechend sollen sich dort
Hexen aufgehalten haben*

> *Siehe auch* ➤ **Dianaweg**, *in diesem Band.*
>
> *Siehe auch* ➤ *zu Frauen, die als Hexen beschul-
> digt wurden:* **Mette-Harden-Straße**, *in diesem
> Band und im Nachtrag* **Albeke-Bleken-Ring.**
>
> *Siehe auch* ➤ **Teufelsbrück**, *Nienstedten, seit
> 2003. Nach der benachbarten Landungsbrücke
> Teufelsbrück, siehe Bd. 3 online**.*

Heymannstraße

*Eimsbüttel, seit 1950, benannt nach Lida Gustava
Heymann (15.3.1868 Hamburg–31.7.1943 im Exil
in Zürich), Frauenrechtlerin der radikalen bürgerlichen Frauenbewegung*

Lida Gustava Heymann wuchs mit vier Geschwistern in einem reichen Hamburger Kaufmanns-
haus auf. Sie besuchte eine Höhere Töchterschule
und später fünf Jahre lang ein Mädchenpensionat in Dresden. Zurückgekehrt ins Elternhaus,
weigerte sie sich, das Dasein einer höheren Tochter zu führen und unterrichtete stattdessen an
einer Armenschule. Von ihrem Vater wurde sie
als Verwalterin seines Sechs-Millionen-Nach-
lasses bestimmt. Als er starb, bedurfte es immen-
ser Auseinandersetzungen mit dem Hamburger
Staat, bis Lida Gustava Heymann dieses Amt an-
treten konnte.

In ihrer Funktion als Nachlassverwalterin
versuchte sie soziale Not zu lindern und sich für
Fraueninteressen einzusetzen. 1896 gründete sie
einen Mittagstisch für erwerbslose Frauen mit
angegliedertem Kindergarten. 1897 richtete sie in
der Paulstraße 9 (heute steht hier die Europapas-
sage, in der eine Tafel an Lida Gustav Heymann

und ihr Frauenhaus erinnert) eine Art Frauenhaus
ein, wo sich Frauen Rat und Schutz holen konnten. 1899 eröffnete sie eine Handelsschule für
Mädchen.

Ab ihrem 35. Lebensjahr studierte sie in Berlin und München sechs Semester Sozialwissen-
schaften. Gleichzeitig engagierte sie sich in der
radikalen bürgerlichen Frauenbewegung und
gründete 1896 mit Helene Bonfort die Ortsgruppe
Hamburg des Allgemeinen Deutschen Frauenvereins. Hier stellten sich
Differenzen zwischen den
„Gemäßigten", zu denen
Helene Bonfort gehörte,
und den „Radikalen" ein.
Die „Radikalen", zu denen
Lida Gustava Heymann
zählte, wollten sich nicht
nur mit Wohlfahrtsange-
legenheiten beschäftigen,
sondern forderten ein stär-
keres politisches Engage-
ment. Vehement traten sie für die volle staatsbürgerliche Gleichstellung der Frau ein. 1898 kam
es zur Abspaltung der „Radikalen". Lida Gustava
Heymann gründete 1900 mit den Abtrünnigen
eine Ortsgruppe des Vereins Frauenwohl, der
1888 in Berlin entstanden war. Um der Forderung nach der staatsbürgerlichen Gleichstellung
der Frau Nachdruck zu verleihen, gründeten 1902
Lida Gustava Heymann, Dr. Anita Augspurg und
Minna Cauer in Hamburg den Deutschen Verein
für Frauenstimmrecht. Hamburg wurde damit
zum Zentrum der Stimmrechtsbewegung. Der
Verein, der 1903 in Deutscher Verband für Frauenstimmrecht umbenannt worden war, organisierte 1904 in Berlin den Gründungskongress
des Weltbundes für Frauenstimmrecht.

Die Frauenstimmrechtsbewegung war zunächst sehr erfolgreich. Als aber infolge der preu-

Lida Gustava Heymann

Abb.: Bundesarchiv

** **Band 3 online** unter: www.ham-
burg.de/maennerstrassennamen

ßischen Wahlrechtsreformbestrebungen der Deutsche Verband für Frauenstimmrecht seine Forderung konkretisierte und auf der zweiten Generalversammlung im Jahre 1907 das allgemeine und gleiche Stimmrecht für alle einklagte, kam es zu heftigen Kontroversen. Ein Teil der Frauen meinte, diese Forderung widerspräche der „Neutralität" der Frauenbewegung und schlösse sich der SPD an, die sich auch zum gleichen und allgemeinen Wahlrecht für Frauen und Männer bekannte. Es kam zur Spaltung der Frauenstimmrechtsbewegung. Lida Gustava Heymann und ihre Lebensgefährtin Dr. Anita Augspurg gründeten daraufhin 1913 zusammen mit Minna Cauer den Deutschen Frauenstimmrechtsbund.

Seit Beginn des Ersten Weltkrieges stand in der radikalen bürgerlichen Frauenbewegung der Kampf für Frieden an erster Stelle. Die Frauenstimmrechtsfrage wurde dabei aber nicht vergessen. Vielmehr wurde ein enger Zusammenhang zwischen der politischen Gleichberechtigung der Frauen und der Friedensfrage gesehen. Man war der Überzeugung, dass erst dann, wenn Frauen Einfluss auf die Politik hätten, Kriege vermeidbar würden. Lida Gustava Heymann und zahlreiche andere Frauen aus vielen Ländern der Welt organisierten den ersten internationalen Friedenskongress, der vom 28. April bis 1. Mai 1915 in Den Haag stattfand.

Lida Gustava Heymann und Dr. Anita Augspurg waren auch Mitbegründerinnen der Internationalen Frauenliga für Frieden und Freiheit (IFFF), die im Mai 1919 in Zürich gegründet wurde und im Juni 1919 in Frankfurt am Main eine deutsche Sektion erhielt, in der Heymann und Augspurg führend tätig waren.

Lida Gustava Heymann wohnte mit ihrer Lebensgefährtin Dr. Anita Augspurg, die sie 1896 auf dem Internationalen Frauenkongress in Berlin kennengelernt hatte, zusammen. Zuerst leb-

ten und arbeiteten sie in Hamburg und Berlin, ab 1907 waren München und Berlin ihre Hauptwirkungsstätten. Im März 1916 erhielt Lida Gustava Heymann vom bayerischen Kriegsministerium ein Schreiben, aus dem hervorging, dass die von der Deutschen Friedensgesellschaft, der Friedensvereinigung München und dem Bund Neues Vaterland betriebene pazifistische Agitation die öffentliche Sicherheit gefährde. Das Ministerium drohte Lida Gustava Heymann, ihr den Aufenthalt in Bayern zu verbieten. 1917 wurde sie ausgewiesen. Zwei Jahre später kehrte sie zurück und nahm am Münchner Rätekongress teil. Von 1919 bis 1933 gab sie zusammen mit Dr. Anita Augspurg die Zeitschrift „Die Frau im Staat" heraus. Schwerpunktthemen waren: Friedenspolitik und Völkerverständigung. Ein parteipolitisches Engagement lehnten beide Frauen ab. Sie hatten 1908 ihre negativen Erfahrungen mit der liberalen deutschen freisinnigen Partei gemacht. Männerpolitik und Männerparteien kamen für sie nicht mehr in Frage.

Als sich Lida Gustava Heymann und Dr. Anita Augspurg Ende Januar 1933 im Ausland befanden, wurde Lida Gustava Heymanns nicht unerheblicher materieller Besitz beschlagnahmt und sie selbst expatriiert. Die beiden Frauen blieben in der Schweiz im Exil. Auch in der Emigration ging ihr Kampf für den Frieden weiter, immer wieder riefen sie zum Boykott gegen Hitler-Deutschland auf.

Beide starben kurz nacheinander im Jahre 1943.[37]

Siehe auch ❯ Gertrud-Bäumer-Stieg, *in diesem Band.*

Hilda-Monte-Weg

Bergedorf, seit 1986, benannt nach Hilde Meisel. *Pseudonym:* Hilda Monte *(31.7.1914 Wien – 18.4. 1945 Tisis bei Feldkirch), Schriftstellerin, Wider-*

Abb.: Aus: Annedore Leber, Das Gewissen steht auf, 64 Lebensbilder aus dem deutschen Widerstand 1933–1945, Berlin, Frankfurt/Main 1956, S.19.

---

37) Vgl.: Lida Gustava Heymann in Zusammenarbeit mit Anita Augspurg: Erlebtes und Erschautes. Hrsg. v. Margrit Twellmann. Frankfurt a. M. 1982; Kirsten Heinsohn: Politik und Geschlecht: Zur politischen Kultur bürgerlicher Frauenvereine in Hamburg. Hamburg 1997.

standskämpferin gegen den Nationalsozia-
lismus. Motivgruppe: Verdiente Frauen

Hilde Meisel, so ihr richtiger Namen, war jüdischer
Herkunft. Im Alter von fünfzehn Jahren schrieb
sie für das Berliner Blatt des Internationalen
Sozialistischen Kampfbundes „Der Funke". Als
die Nationalsozialisten die Macht übernahmen,

Hilda Monte

war sie in England und
nahm von dort ihre Wider-
standstätigkeit gegen Hitler-Deutschland auf. Über
den Internationalen So-
zialistischen Kampfbund
fand sie Kontakt zu poli-
tischen Freunden in ver-
schiedenen Ländern. Un-
ter dem Decknamen Hilda
Monte brachte sie ihren
GesinnungsgenossInnen
in Deutschland Literatur

und Informationen und half auch so manchem
bei der Flucht aus Deutschland. Während des
Krieges schrieb sie in englischer Sprache die
Novelle „Where Freedom Perished". Mit dieser
Schrift wollte sie im Ausland die Lage der Deutschen, die unter der nationalsozialistischen
Diktatur litten, verständlich machen. Sie veröffentlichte außerdem das Buch „The Unity of Eu-
rope".

Selbst während des Krieges versuchte sie
immer wieder, nach Deutschland zu kommen.
1939 unternahm sie diesen Versuch über Lissabon, musste jedoch auf halbem Wege umkehren
und nach England zurückkehren. 1944 gelang
es ihr, über die Schweiz und Österreich nach
Deutschland zu kommen. Im Frühjahr 1945
wurde sie auf dem Rückweg von Deutschland
in die Schweiz von einer SS-Patrouille beim illegalen Grenzübertritt erschossen.

38) Vgl. Thomas Nowotny, Enkel von
Berthold Walter, zu Berthold Walter,
in: Rita Bake: Verschiedene Welten II.
109 historische und aktuelle Stationen in Hamburgs Neustadt. Hamburg
2010, S. 192.

Nachdem der jüdische Händler Berthold Walter (19.3.1877 München–7.8.1935 Suizid Hamburg) wegen der ihm durch die Nationalsozialisten zugefügten Repressalien und Schikanen aus
dem siebten Stock des Gebäudes der Hamburger
Finanzbehörde am Gänsemarkt in den Tod ge-
sprungen war,[38] schrieb Hilda Monte aus Betrof-
fenheit über seinen Tod das nachstehende Gedicht.

Hamburg 1935

Von dieser Brüstung werde ich gleich springen.
Gleich wird mein Körper auf dem Hof
                              zerschellen.
Ich höre noch den Bettler drüben singen,
Ich höre einen Hund ein Pferd anbellen.
Bleich werde ich gestorben sein.

Ich sterbe mitten im Gewühl der Stadt,
und nicht im Kämmerlein mit Veronal,
denn wer den Todessprung verschuldet hat,
wer schuldig ist an meiner Lebensqual,
soll ihren schreckensvollen Ausgang sehn.

Zwei Jahre lebte ich als Emigrant
Und konnte Frau und Kinder nicht ernähren,
und sehnte mich nach meinem Heimatland.
Schließlich entschloss ich mich, zurückzu-
                              kehren,
verzweifelt, und verängstigt, und verzagt.

Ein alter Jude, schwach und hoffnungslos,
Kehrt' ich zurück ins Deutschland der Barbaren.
Ich wollte arbeiten. Ich wollte bloß
den Kindern, die so lange hungrig waren,
ein wenig Brot und Kleidung noch verschaffen.

Ihr ließet es nicht zu. Ihr seid so roh!
Ach, wüsstet ihr, wie meine Kinder froren,
als ich von ihnen ging. Sie weinten so …
Doch ihr habt eure Seelen längst verloren, seit
euch das Hitlerreich die Freiheit nahm.

Er ist so mächtig! Kann ich meine Kinder
                              schützen
vor Banden, die sich frech Regierung nennen?
Was kann ich alter Jud den Kleinen nützen?

Vielleicht, wenn sie mich nicht mehr kennen,
wird ihnen irgendwo ein Tor zur Welt.

Drum geh ich fort. Doch geh ich nicht im Stillen.
SA-Mann dort: in einem Augenblick
hörst du die aufgeschreckte Masse brüllen:
„Ein Mann fiel, und er brach sich das Genick.
Und dieser Mann – es war ein armer Jude."
                    JUDE

Man drängt um seinen Leichnam. Zieht den Hut.
Doch wenn du kommst, weicht angstvoll man
                                  zurück.
Dein braunes Hemd, es riecht so stark nach Blut –
und aus dem toten Körper saugt ein Blick
anklagend sich an deinem Auge fest.

Beklommen starrst du auf den toten Mann,
siehst Kinder um den alten Juden weinen,
und selbst die arischdeutsche Marktfrau kann,
so sehr sie sich bemüht, nicht teilnahmslos
                              erscheinen –
Barsch forderst du zum Weitergehen auf.

Man geht. Man wendet sich noch einmal um –
ein letzter Blick – birgt er nicht ein Verstehen?
Birgt er die Frage nicht an diese Zeit: Warum
müssen wir über dieses Juden Leiche gehen?
Und das Geständnis: Unser ist die Schuld?

Ich bin ein Jude. Und ich sterbe hier,
damit ihr denken möget an das Leben
der Abertausend, über die, gleich mir,
ihr euer Todesurteil abgegeben.
Wer seid ihr, dass ihr unsere Richter seid?

Hildburgweg

*Lokstedt, seit 1965, benannt nach der Sagenge-
stalt aus dem Wolfdietrich-Epos B (von Saloniki).
13. Jahrhundert*

Der Stoff des „Wolfdietrich"-Epos wird auf eine
fränkisch-merowingische Tradition zurückgeführt
und ist in mehreren Fassungen überliefert, die
sich inhaltlich unterscheiden. Im „Wolfdietrich
B" wird der Held als Frucht eines Liebesabenteu-
ers von Hugdietrich, König von Konstantinopel,
und Hildburg geschildert. Hildburg wurde von
ihrem Vater in einen Turm eingeschlossen, um
sie vor sexuellen Abenteuern und Übergriffen zu
schützen. Doch Hugdietrich verschaffte sich, verkleidet als seine Schwester, Zutritt zu Hildburg.
Sie wurde schwanger und gebar Wolfdietrich
(siehe ➤ Wolfdietrichweg, *in Bd. 3 online**).* Dieser wurde im Wald ausgesetzt und von Wölfen
als Wolfskind angenommen und aufgezogen.

Eines Tages wurde Wolfdietrich von seinem
Großvater gefunden, der das Kind zu seiner
Tochter Hildburg brachte. Nun hatte Hildburg
ihren Sohn wieder. Und damit alles seine Ordnung hatte, wurde ihr erlaubt, ihren Schwänge-
rer, den Vater Wolfdietrichs, zu heiraten.

Siehe auch ➤ Wolfdietrichweg, *Lokstedt, seit
1956, Wolfdietrichsage, in Bd. 3 online**.*

Hildegardweg

Fuhlsbüttel, seit 1951. Frei gewählter Name

Hildeweg

Rissen, seit 1954, benannt nach Hilde von Indien. *Gestalt aus der Gudrunsage, anonymes
Heldenepos um 1240*

„Es gab eine germanische Hildesage, die durch
skandinavische Quellen bezeugt ist. Danach ist
Hilde, König Högnis (Hagens) Tochter, mit Hedin
entflohen, wurde von Högni verfolgt, und es
kam zur Schlacht, in der Högni und Hedin [Het-
tel] sich gegenseitig töteten. Hilde soll die am
Tag Gefallenen nachts wieder zum Leben erweckt haben, so dass der Kampf immer von
neuem begann. Ob es daneben eine eigene Kud-
runsage gab oder ob der ,Kudrun'-Dichter die
Handlung des Hauptteils selbständig komponiert
hat, ist umstritten."[39]

**   **Band 3 online** unter: www.ham-
burg.de/maennerstrassennamen

39) Joachim Bumke: Geschichte der
deutsche Literatur im hohen Mittelalter. München 2004, S. 272.

Hagen, Sohn des irischen Königs Sigbant, wird im Alter von sieben Jahren von einem Greif auf eine Insel entführt, auf der bereits drei entführte Königstöchter leben. Hagen besiegt den Greif und kehrt mit den Mädchen, darunter Hilde von Indien, nach Irland zurück. Hagen und Hilde heiraten und bekommen eine Tochter, die sie ebenfalls Hilde nennen. Hilde juniora wird von König Hetel (siehe ➤ Hettelstieg, in Bd. 3 online**) von Dänemark begehrt. Er läßt sie durch seinen Lehnsmann, den Sänger und Krieger Horand (siehe ➤ Horandstieg, in Bd. 3 online**) und dessen Freund Frute (siehe ➤ Fruteweg, in Bd. 3 online**), die sich als Kaufleute verkleiden, entführen. König Hagen versucht seine Tochter zu befreien, doch wird nach heftigem Kampf Frieden geschlossen: Hagen gibt seine Zustimmung zur Eheschließung seiner Tochter Hilde mit dem Entführer Hetel. Die Tochter des Paares ist Kudrun (siehe ➤ Gudrunstraße, in diesem Band), um deren Hand später drei Könige kämpfen: Siegfried von Morland, Hartmut von Ormanie (siehe ➤ Hartmutkoppel, in Bd. 3 online) und Herwig von Seeland (siehe ➤ Herwigredder, in Bd. 3 online**), die zunächst alle abgewiesen werden. Daraus ergeben sich andauernde kriegerische Auseinandersetzungen.

Text: Birgit Kiupel

> *Siehe auch ➤ Gerlindweg, in diesem Band.*
>
> *Siehe auch ➤ Fruteweg, Rissen, seit 1949: Heldengestalt aus der Gudrunsage, in Bd. 3 online**.*
>
> *Siehe auch ➤ Hartmutkoppel, Rissen, seit 1952, nach einer Gestalt aus der Gudrunsage, in Bd. 3 online**.*
>
> *Siehe auch ➤ Herwigredder, Rissen, seit 1949, Gestalt aus der Gudrunsage, in Bd. 3 online**.*
>
> *Siehe auch ➤ Hettelstieg, Rissen, seit 1954, König Hettel, Gestalt aus der Gudrunsage, in Bd. 3 online**.*

Abb.: Aus: Petra Fuchs, Hilde Wulff 1898–1972. Leben im Paradies der Geradheit, Münster 2003.

**   Band 3 online unter: www.hamburg.de/maennerstrassennamen

Hilde-Wulff-Weg

Jenfeld, seit 2014, benannt nach Hilde (Hildegard) Wulff (7.1.1898 Dortmund–23.7.1972 Hamburg), Gründerin und langjährige Leiterin des Heimes „Im Erlenbusch" in Volksdorf; Verfolgte des Nationalsozialismus (Text laut Amtlichem Anzeiger vom 14.11.2014). Da Hilde Wulff Gegnerin des Nationalsozialismus war und Widerstand leistete, wurde sie in dieser Publikation in die Kategorie „Widerstandskämpferinnen/Gegnerinnen des Nationalsozialismus" eingeordnet.

Ihr Grabstein steht im Garten der Frauen auf dem Ohlsdorfer Friedhof.

Hildegard Wulff zählt zu jenen Hamburger Persönlichkeiten, die Bereiche des öffentlichen Lebens maßgeblich beeinflusst und die Geschichte der Stadt entscheidend mitgeprägt haben. Trotz ihres beruflichen Engagements für Kinder, die von der Gesellschaft als behindert eingestuft wurden, weil sie nicht der gesellschaftlichen Norm entsprachen, und ihrer entschiedenen Ablehnung des

Hildegard Wulff

NS-Regimes ist sie in der Öffentlichkeit jedoch nur einem kleineren Kreis bekannt.

Geboren wurde sie als Tochter eines begüterten Kaufmanns in Dortmund. Im Alter von zwei Jahren erkrankte Hildegard Wulff, die mit ihren Eltern und den zwei Schwestern nun in Düsseldorf wohnte, an Kinderlähmung und entsprach ab diesem Zeitpunkt nicht mehr der gesellschaftlichen Norm. 1920 begann sie eine Ausbildung zur Heilpädagogin. Nach Abschluss der Ausbildung übernahm sie eine leitende Funktion in der von ihr und ihrem Vater ins Leben gerufenen Stiftung „Glückauf für Kinderfürsorge Düsseldorf". 1923 wurde sie Mitglied im „Selbsthilfebund der Körperbehinderten" in Düsseldorf und Berlin. Hildegard Wulff engagierte sich stark für die Autonomie von Menschen mit „Behinderung". Außerdem belegte sie in dieser Zeit Vorlesungen in Psychologie und Pädagogik an den Universitäten Frankfurt a. M. und Hamburg.

Hildegard Wulff setzte sich in den 1920-er Jahren zunächst in Düsseldorf und später in Berlin insbesondere für eine gute Schulbildung für Kinder mit körperlicher so genannter Behinderung ein und für die gemeinsame Erziehung „behinderter" und „gesunder" Kinder. 1931 gründete sie die „Krüppelhilfe und Wohlfahrt GmbH" in Düsseldorf, die sie aus der Erbschaft ihres Vaters finanzierte. Hildegard Wulff war die alleinige Gesellschafterin und Geschäftsführerin dieser Einrichtung, deren Ziel es war, „unentgeltliche Hilfe für Krüppel" zu leisten. Von 1933 bis 1935 führte Hildegard Wulff ein Heim für Kinder mit „körperlicher Behinderung" und sozial benachteiligte Kinder in Berlin-Charlottenburg. Dieses Heim bot Platz für zehn Kinder.

Nachdem 1935 der Mietvertrag für das Heim ausgelaufen war, zog Hilde Wulff mit diesen Kindern in die Klöppersche Villa nach Hamburg-Volksdorf. Dieses Haus hatte sie bereits 1931 erworben, nachdem sie in Düsseldorf für ihre „Krüppelhilfe und Wohlfahrt GmbH" keine Baugenehmigung für einen Neubau erhalten hatte. Doch sie hatte das Haus wegen finanzieller Probleme zunächst noch nicht genutzt und es unentgeltlich der Hamburger Wohlfahrtsbehörde für die Kinder- und Jugendfürsorge überlassen. Nun aber, im Oktober 1935, bezog sie mit ihren Kindern die Villa in Volksdorf, der sie wegen der die Villa umgebenden Landschaft den Namen „Im Erlenbusch" gab.

Noch im selben Jahr erhielt Hildegard Wulff für den „Erlenbusch" die staatliche Anerkennung als privat geführtes Kinderheim für Kinder und Jugendliche mit „Behinderung".

1937 gründete Hildegard Wulff, in deren Heim rund 25 als „körperbehindert", „psychisch krank" sowie „schwer erziehbar" eingestufte Kinder lebten, eine Heimschule und stellte dazu eine staatlich finanzierte Lehrerin ein.

Gemeinsam mit ihrer in unmittelbarer Nachbarschaft lebenden Freundin und Vertrauten Hermine Albers (1884–1955) *(siehe ➤* **Hermine-Albers-Straße,** *in diesem Band),* die in der Hamburger Jugendhilfe arbeitete, leistete Hildegard Wulff Widerstand gegen den Nationalsozialismus. Ihr Heim wurde Zufluchtsort für Kinder kommunistischer, inhaftierter Eltern. Auch half Hildegard Wulff vielen jüdischen Emigrantinnen und Emigranten und kommunistischen Widerstandskämpferinnen und -kämpfern.

1941 konnte sie durch hartnäckiges Verhandeln mit den Hamburger Behörden verhindern, dass ihr Heim beschlagnahmt wurde.

1945, nach dem Ende des NS-Regimes, übergab Hildegard Wulff die Schule an die Schulbehörde. Ihr Volksdorfer Heim führte sie noch bis 1964 selbst und übergab es dann der Martha-Stiftung, die ihre Lebensarbeit seitdem weiterführt.

Siehe auch ➤ **Hermine-Albers-Straße,** *in diesem Band.*

Himmelstraße

Winterhude, seit 1877, benannt nach der Ehefrau des Grundbesitzers, die mit ihrem Geburtsnamen **Maria Himmel** *hieß*

Hohe Bleichen*

Neustadt, seit 18. Jahrhundert (siehe ▸ Große Bleichen, in diesem Band). Wiesen, auf denen die Bürgerinnen ihre Wäsche bleichen konnten.

I

Ida-Boy-Ed-Straße

Bergedorf, seit 1927, benannt nach Ida Boy-Ed, geb. Ed (17.4.1852 Bergedorf–13.5.1928 Travemünde), Schriftstellerin

Ida Ed wurde als Tochter des Reichstagsabgeordneten und Verlegers Christoph Marquard Ed und seiner Frau Friederike Amalie, geb. Seltzam, die vor ihrer Ehe als Putzmacherin gearbeitet hatte, in Bergedorf geboren. Als Ida dreizehn Jahre alt war, zog die Familie nach Lübeck. Ihr Vater gab die Eisenbahn-Zeitung (Vorläuferin der Bergedorfer Zeitung) heraus und veröffentlichte Romane und Erzählungen. Das Wohn- und Verlagshaus in der Petersgrube 29 wurde zu einem literarischen Mittelpunkt. Vater Marquard Ed unterstützte die literarischen Ambitionen seiner Tochter.

Als Ida Ed achtzehn Jahre alt war, heiratete sie den Großkaufmann Karl J. Boy. Ein Jahr nach der Hochzeit kam das erste Kind zur Welt; es folgten bis 1877 noch weitere drei Kinder. Da Idas literarisches Schaffen im Haus ihrer Schwiegereltern belächelt und dann sogar verboten wurde und darüber hinaus die Ehe nicht harmonisch verlief, trennte sich Ida Boy-Ed 1878, ein Jahr nach der Geburt des vierten Kindes, von ihrem Mann und zog mit ihrem ältesten Sohn (geb. 1872) nach Berlin, während ihre drei anderen Kinder bei ihrer verwitweten Schwester blieben.

In Berlin versuchte Ida Boy-Ed sich als Journalistin eine Existenz aufzubauen. Auch begann sie Theaterkritiken zu schreiben und sich wieder ihrer schriftstellerischen Arbeit zu widmen. Doch ihre Freiheit währte nur ca. zwei Jahre. Ihr Ehemann willigte nicht in die Scheidung ein und die Lübecker Familie nötigte sie zur Rückkehr nach Lübeck. So kam sie 1880 zurück, wurde aber fortan nicht mehr am Schreiben gehindert. 1882 veröffentlichte Ida Boy-Ed ihr erstes Buch, die Novellensammlung „Ein Tropfen". Bis zu ihrem Tod schrieb und veröffentlichte sie ca. 70 Bücher.

Ida Boy-Ed

Ihre Romane spielen hauptsächlich in Kreisen des hanseatischen Bürgertums, so z. B. der Roman „Ein königlicher Kaufmann" (1910) und „erweisen sich als typisch kultivierte Frauenliteratur, als literarisch gehobene Abwandlungen der Motive der Marlitt und ihrer Nachfolgerinnen, gekennzeichnet durch Schwanken zwischen Konservativismus der Moralregeln und Liberalismus des Handelns", heißt es in der Neuen Deutschen Biographie über Ida Boy-Eds literarisches Schaffen.

Abb.: Aus: Michael Holzinger (Hrsg.), Ida Boy-Ed: Essays und Autobiographisches, Umschlagfoto.

*   Straßennamen auf unterlegtem Feld verweisen auf Frauenorte, Frauenarbeiten und -aktivitäten.

Nach dem Tod ihres Vaters wurde Ida Boy-Ed Mitherausgeberin der Eisenbahn-Zeitung, in der z. B. auch Heinrich Mann veröffentlichte. Durch ihn lernte sie Heinrichs jüngeren Bruder Thomas Mann *(siehe* ▸ Thomas-Mann-Straße, *in Bd. 3 online**)* kennen, den sie in seinen jungen Jahren auf seinem Weg zum Schriftsteller förderte. Bis zu ihrem Tod 1928 standen beide in Korrespondenz miteinander. Er besuchte sie auch des Öfteren in ihrer Lübecker Wohnung im Zöllnerhaus am Burgtor, in der sie einen kulturellen Salon führte und in der sie dauerhaftes Wohnrecht besaß. Dieses hatte ihr der Lübecker Senat 1912 anlässlich ihres 60. Geburtstages als Dank für ihre Verdienste eingeräumt.

„Ida Boy-Eds politisches Weltbild hat Thomas Mann glücklicherweise nicht lange geteilt. Mit den ‚Betrachtungen eines Unpolitischen' bewegte er sich noch auf ihrer Wellenlänge, und so hat sich die alte Dame, als diese im Oktober 1918 erschienen, denn auch beeilt, das Buch in den ‚Lübeckischen Blättern' mit den Worten: ‚Dies Werk ist in höchstem Grade aktuell', anzuzeigen und als Beleg dafür Thomas Mann zu zitieren: ‚Ich bekenne mich tief überzeugt, daß das deutsche Volk die politische Demokratie niemals wird lieben können, (...) daß der vielverschriene ‚Obrigkeitsstaat' die dem deutschen Volke angemessene, zukömmliche und von ihm im Grunde gewollte Staatsform ist und bleibt.'"[1]

Ida Boy-Ed, die 1904 Witwe geworden war, förderte auch den Dirigenten Wilhelm Furtwängler und machte sich für seine Berufung nach Lübeck stark.

Seit 1906 war Ida Boy-Ed gehörleidend. Häufig weilte sie in den Wintermonaten in Ägypten. Am 13. Mai 1928 starb sie in einem Travemünder Sanatorium.

Siehe auch ▸ Thomas-Mann-Straße, *in Bd. 3 online**.*

** **Band 3 online** unter: www.hamburg.de/maennerstrassennamen

1) Matthias Wegner: Hanseaten. Von stolzen Bürgern und schönen Legenden. München 2008, S. 267.

Ida-Ehre-Platz

Altstadt, ab Mitte 2000. Umbenennung des Teils des Gerhart-Hauptmann-Platzes, welcher von der Mönckebergstraße zur Steinstraße führt. Benannt nach Ida Ehre *(9.7.1900 Prerau/Mähren–16.2.1989 Hamburg), Schauspielerin, Regisseurin und Prinzipalin der Hamburger Kammerspiele in der Hartungstraße. Erste Ehrenbürgerin Hamburgs*

Ihr Grab befindet sich auf dem Ohlsdorfer Friedhof Lage: O 6,6.

Ida Ehre wuchs mit fünf Geschwistern auf und musste durch den frühen Tod ihres Vaters, einem Oberkantor, „äußeren" Mangel erfahren. Ihre Mutter Berta Ehre versuchte mit Nähen den Lebensunterhalt zu verdienen. Eine Wiederverheiratung kam für sie nicht in Frage, sie wollte ihren Kindern keinen zweiten Vater geben. Die Mutter verstand es, ihre Kinder mit Einfühlungsvermögen, Herzenswärme und Toleranz zu freien Menschen zu erziehen und ihnen „viele, viele Tugenden" zu vermitteln, um deren Erhalt Ida Ehre sich zeitlebens bemühte. Besonders wurde ihr der Satz zum Leitfaden, den ihr die Mutter am Abend vor ihrem Abtransport nach Theresienstadt, als sie schon in einer Schule interniert war, durchs Fenster zugerufen hatte: „Mein geliebtes Kind, die Welt kann nur miteinander leben, wenn das Wort Liebe großgeschrieben ist. Liebe und Toleranz – nicht hassen, nur lieben." Die Mutter und eine Schwester wurden im KZ ermordet.

Die Mutter war es auch, die Ida Ehres schauspielerische Begabung, die schon in der Schulzeit auffiel, ernst nahm.

Ida Ehre erhielt in Wien, wohin die Mutter mit ihren Kindern gezogen war, ein Stipendium an der K. u. K.-Akademie für Musik und darstellende Kunst. Nach der dreijährigen Ausbildung und den folgenden vielen Aufenthalten an verschiedenen Bühnen kam Ida Ehre 1931 nach Berlin, wo sie für den Rundfunk arbeitete und einen Filmvertrag erhielt. Doch der Film wurde nicht mehr gedreht. Mit der Machtübernahme durch die Nationalsozialisten erhielt Ida Ehre Berufsverbot.

Ihr Mann, der Arzt Dr. Bernhard Heyde, den sie geheiratet hatte, als die gemeinsame Tochter Ruth (geb. 1928) unterwegs war, kündigte seine Stellung als Oberarzt. Gemeinsam ging die Familie nach Böblingen und eröffnete dort eine Praxis. Doch die NS-Ideologie machte auch vor dem Privatleben des Paares nicht halt. Als überzeugter Deutschnationaler erklärte Bernhard Heyde seiner Frau 1934, er werde zwar sie und die Tochter nicht verlassen, als deutscher Mann könne er aber nicht mehr mit ihr intim sein. Er erwarte von ihr keine Treue, und wenn sie schwanger werden sollte, so würde er das Kind als das seine akzeptieren.

Ida Ehre lernte Wolfgang (der Nachname ist nicht bekannt) kennen. Und es begann ein Dreier- bzw. Viereckverhältnis, denn auch Bernhard Heyde ging eine außereheliche Liebesbeziehung ein.

Während Bernhard Heyde als „wehruntüchtig" galt, da er sich zum Schutze seiner Frau weigerte, sich scheiden zu lassen, und so die Familie mit Praxisvertretungen über Wasser halten konnte, wurde Wolfgang als Soldat eingezogen. Als ihn sein Bruder unter Druck setzte, das Verhältnis mit einer Jüdin aufzugeben, verließ Wolfgang seine Geliebte und heiratete die Freundin Bernhard Heydes, Maria, um, wie er sagte, bei der Rückkehr von der Front, jemanden zu haben, mit dem er reden könne.

1943 kam Ida Ehre für sechs Wochen ins KZ Fuhlsbüttel.

Nach dem Krieg, 1948, tauchte Wolfgang wieder in Hamburg auf, das Verhältnis begann

von neuem. Siebzehn Jahre lang lebten Bernhard Heyde, Ida und Wolfgang in einer gemeinsamen Wohnung in der Hallerstraße. Dann stellte Wolfgang ein Ultimatum. Ida Ehre bat ihren Mann, sie gehen zu lassen. Er jedoch weigerte sich mit der Begründung, wer so lange verheiratet sei wie sie beide, solle sich nicht mehr trennen. Ida Ehre blieb aus Nibelungentreue.

Ida Ehre

1945 gründete Ida Ehre die Kammerspiele in der Hartungstraße. Das Haus hatte ihr der damalige britische Theateroffizier John Olden, später verheiratet mit der Schauspielerin Inge Meysel, verschafft. Ein Jahr später fand hier die legendäre Uraufführung von Wolfgang Borcherts *(siehe* ➤ Borchertring, *in Bd. 3 online**)* „Draußen vor der Tür" statt. „Bei der Verwirklichung des Programms, das sich die Prinzipalin vorstellte, standen ihr zwei wunderbare, unbezahlbare Helfershelfer zur Seite. Der britische Theateroffizier John Olden, der sie schon bei der Erteilung der Theaterlizenz unterstützt hatte, und, etwas später, Hugh Carlton Greene *[siehe* ➤ Hugh-Greene-Weg, *in Bd. 3 online**]*, der 1946 Chief-Controller des Nordwestdeutschen Rundfunks (NWDR) wurde. John Olden liebte das Theater, und er öffnete Ida Ehre immer wieder neue Türen auf ihrer Suche nach den Stücken, die während des Dritten Reiches in Deutschland nicht gespielt werden durften.

Mindestens ebenso wichtig als Gesprächspartner, Helfer und Freund war für Ida Ehre Hugh Carlton Greene, der später, in den sechziger Jahren, als Generaldirektor der BBC zum Sir geadelt wurde. (...)[2] Und auch Bürgermeister Max Brauer *(siehe* ➤ Max-Brauer-Allee, *in Bd. 3 online**)*

**   Band 3 online unter: www.hamburg.de/maennerstrassennamen

und Gerd Bucerius)

2)   Anna Brenken: Ida Ehre. Hamburg 2002, S. 51. (Hamburger Köpfe. Hrsg. von der ZEIT-Stiftung Ebelin

unterstützte Ida Ehre und „sorgte auf Drängen Ida Ehres dafür, daß das Haus in der Hartungstraße von der Stadt angekauft und der Prinzipalin zur Verfügung gestellt wurde".[3]

Einer ihrer Kinderdarsteller war der spätere Schriftsteller Hubert Fichte (siehe ➤ Hubert-Fichte-Weg, in Bd. 3 online**). Er war damals zwölf Jahre alt und „gleich bei den ersten Aufführungen dabei. ‚Wie sollten wir leben ohne das Geld, das ich dazuverdiente?' Der Kinderdarsteller sauste zwischen Schule und Theater hin und her (…)."[4]

„Ida Ehre war von 1946 bis 1948 Vizepräsidentin des Deutschen Bühnenvereins."[5] Als dessen Vertreterin saß sie auch im Entnazifizierungs-Komitee, das sich mit der NS-Belastung von SchauspielerInnen beschäftigte. In diesem Komitee wurde am 25. August 1945 entschieden, dass u. a. Heidi Kabel (siehe ➤ Heidi-Kabel-Platz, in diesem Band) und ihr Mann Hans Mahler (siehe ➤ Hans-Mahler-Straße, in Bd. 3 online**) eine zwölfmonatige Auftrittssperre bekamen.

Ida Ehre „gehörte von 1948 bis 1952 dem Hauptausschuß des Nordwestdeutschen Rundfunks an, war 13 Jahre Mitglied des Verwaltungsrates des Norddeutschen Rundfunks. Sie setzte sich mit all der Kraft, die ihr zur Verfügung stand, jahrelang für die Interessen sämtlicher Privattheater in Hamburg ein. (…) Sie hatte zwei Weltkriege durchlitten. Und sie hatte daraus gelernt, sich einzumischen. Laut zu schreien gegen den Krieg, für den Frieden, für Freiheit, für Toleranz, nicht opportunistisch zu handeln, sondern mutig und gradlinig."[5]

Für ihre Verdienste um den kulturellen Wiederaufbau der Stadt erhielt sie 1970 die Medaille für Kunst und Wissenschaft, 1975 den Professorentitel, 1983 das große Bundesverdienstkreuz und 1985 die Ehrenbürgerschaft Hamburgs.

Text im Wesentlichen: Brita Reimers

Siehe auch ➤ Heidi-Kabel-Platz, *in diesem Band.*

Siehe auch ➤ Borchertring, *Steilshoop, seit 1973: Wolfgang Borchert (1921–1947), Schriftsteller, in Bd. 3 online**.*

Siehe auch ➤ Hans-Mahler-Straße, *Steilshoop, seit 1977: Hans Mahler (1900–1970), Schauspieler, Theaterleiter, in Bd. 3 online**.*

Siehe auch ➤ Hubert-Fichte-Weg, *Lokstedt, seit 2012: Hubert Fichte (1935–1988), Schriftsteller, in Bd. 3 online**.*

Siehe auch ➤ Hugh-Greene-Weg, *Lokstedt, seit 2001: Sir Hugh Carleton Greene (1910–1987), Journalist, Chef des Nordwestdeutschen Rundfunks in Hamburg in der Nachkriegszeit, in Bd. 3 online**.*

Siehe auch ➤ Max-Brauer-Allee, *Altona-Altstadt/Altona-Nord, seit 1975: Max Brauer (1887–1973), Erster Bürgermeister von Hamburg, in Bd. 3 online**.*

Ilse-Fromm-Michaels-Weg

Othmarschen, seit 2008, benannt nach Ilse Fromm-Michaels, *geb. Bauch (30.12.1888 Hamburg–22.1.1986 Detmold), Pianistin, 1946 an die Hamburger Schule für Musik und Theater und später als Professorin an die Musikhochschule Hamburg berufen. 1959 als erste Frau in die freie Akademie der Künste in Hamburg gewählt, seit 1964 Trägerin der Johannes-Brahms-Medaille, Verfolgte des Nationalsozialismus*

Ilse Fromm-Michaels, als ältestes Kind eines Mathematikers und Schuldirektors in Hamburg-Barmbek geboren, war eine musikalische Doppelbegabung, deren außergewöhnliches Talent sich in so früher Kindheit zeigte, dass sie leicht als Wunderkind hätte verschlissen werden können. Die Eltern ließen ihre Tochter jedoch gründlich ausbilden. Bereits mit fünf Jahren bekam das kleine Mädchen, das schon bevor es lesen und schreiben konnte, Lieder nach Gehör gespielt

---

** **Band 3 online** unter: www.hamburg.de/maennerstrassennamen

Vgl. auch: Ida Ehre: Gott hat einen größeren Kopf, mein Kind … 5. Aufl. München, Hamburg 1989.

3) Anna Brenken, a. a. O., S. 53.
4) Anna Brenken, a. a. O., S. 57.
5) Anna Brenken, a. a. O., S. 11.

und sich zu den Melodien Harmonien gesucht hatte, die ersten Klavierstunden. Mit neun erhielt sie zusätzlich Unterricht in Harmonielehre. Im Jahr zuvor hatte sie ihr erstes Stück komponiert, eine Polka, die „Formsinn", „Phantasie" und „Humor" verriet. Einige Jahre später entstand ihre c-moll-Fantasie, die der Dreizehnjährigen bei der Aufnahme in die Hochschule half. Da es in Hamburg keine wirklich guten Ausbildungsmöglichkeiten gab, ging sie an die Hochschule für Musik nach Berlin. Sie wohnte bei einer Tante, studierte Klavier bei Prof. Bender und Komposition bei H. van Eyken. Mit sechzehn wechselte sie innerhalb Berlins ans Sternsche Konservatorium, als sich ihr die Chance bot, in die Klavierklasse von James Kwast, eines der bedeutendsten Pädagogen seiner Zeit, aufgenommen zu werden. Er förderte auch ihr Verständnis und Interesse für neue Musik. Kompositionsunterricht erhielt sie bei Hans Pfitzner. 1908 verließ sie das Sternsche Konservatorium, schloss ihre Ausbildung endgültig aber erst 1913 nach einem zweijährigen Studium an der Kölner Musikhochschule ab. Schon während ihrer letzten Studienzeit begann sie mit dem Aufbau einer pianistischen Laufbahn. Da ihr der Name Ilse Bauch als ungeeignet für eine Künstlerin erschien, nahm sie den Geburtsnamen ihrer Mutter an und nannte sich künftig Ilse Fromm. Bedeutende Dirigenten verpflichteten sie zu Konzerten. Zudem veranstaltete sie – zumeist in Berlin – eigene Klavierabende, bei denen sie sich vor allem für zeitgenössische Musik einsetzte, die allgemein erst nach dem Ersten Weltkrieg größere Beachtung fand. Sie stellte Werke von Reger (siehe ➤ Regerstraße, in Bd. 3 online**), Pfitzner, Hindemith, Busoni, Strawinsky, Schönberg, Bartok und Berg vor. Bereits als 18-Jährige hatte sie 1906 Max Regers Bach-Variationen op. 81, die zu den schwierigsten damals komponierten Klavierwerken gehörten,

mühelos auswendig vorgespielt, und das war umso erstaunlicher, als diese wegen ihrer extrem weitgriffigen Anforderungen gerade für Frauen als fast unspielbar galten. Ilse Fromm gelang es jedoch, dieses Problem spieltechnisch zu überwinden – insbesondere auch durch die Verwendung speziell erdachter Fingersätze.

Bei einem ihrer Konzerte lernte die junge Pianistin in Cuxhaven den Richter Dr. Walter Michaels kennen. Er stammte aus einer musikalischen jüdischen Familie und hatte bis zum Verlust eines Armes ausgezeichnet Gei-

Ilse Fromm-Michaels

ge gespielt. 1915 heiratete das Paar. Doch es folgten keine unbeschwerten Jahre, der Erste Weltkrieg überschattete ihr Leben. Ilse Fromm hatte kaum Auftrittsmöglichkeiten, zudem erkrankte sie aufgrund der schlechten Versorgungslage an Hungertyphus. Nach Kriegsende zog das Paar nach Bergedorf, wo 1922 der gemeinsame Sohn Jost geboren wurde. Er wurde später ein weltbekannter Klarinettist. Zwischen den Jahren 1923 und 1924 wirkte Ilse Fromm-Michaels regelmäßig in Hamburg bei dem von Hans Heinz Stuckenschmidt und Josef Rufer veranstalteten Konzertzyklus „Neue Musik" mit. Unter Arnold Schönberg spielte sie den Klavierpart in seinem wunderbaren „Pierrot Lunaire". Daneben erwarb sie sich einen hervorragenden Ruf als Klavierpädagogin. 1925 zog die Familie nach Hamburg in die Enzianstraße. 1933 wurde Walter Michaels aus „rassischen Gründen" aus dem Staatsdienst entlassen. Ilse Fromm-Michaels hatte als seine Ehefrau in der Folgezeit nicht minder unter den sich zunehmend verschärfenden Ausgrenzungen zu leiden, anfangs „nur" als „unerwünschte"

**   Band 3 online unter: www.hamburg.de/maennerstrassennamen

Künstlerin. Später erhielt sie Auftrittsverbot, und ihre Werke durften nicht mehr gespielt werden.

In dieser Zeit tiefster Bedrängnis schuf Ilse Fromm-Michaels ihre bedeutendsten Werke, die ihren Ruf als Komponistin begründeten. So entstand 1938 die c-Moll-Symphonie, mit der sie 1961 bei einem von der GEDOK (Gemeinschaft deutscher und österreichischer Künstlerinnen) in Mannheim veranstalteten Wettbewerb in Konkurrenz mit 150 in- und ausländischen Komponistinnen zusammen mit der Kanadierin Sonja C. Eckhardt-Grammaté den ersten Preis erhielt. Die Symphonie wurde bereits 1946 durch das Symphonie-Orchester des NWDR unter Hans Schmidt-Isserstedt in Hamburg uraufgeführt. Ihr letztes großes Werk war die „Musica Larga" für Streichquartett und Klarinette, die sie 1944 für ihren Sohn Jost komponierte. Danach trat eine Lähmung im Schaffen der Künstlerin ein. Jahrelange Kränkungen, Ängste und Entbehrungen, die räumliche Enge durch Einquartierungen nach dem Krieg, die schmerzliche Trennung oder gar der endgültige Verlust vieler ihr geistig verwandter Freunde und Bekannter, 1946 schließlich der Tod von Walter Michaels als Folge der Inhaftierung ein Jahr vor Kriegsende – all das hatte die Energie dieser starken Frau gebrochen. Dazu kamen neue Tendenzen in der Musik, wie z. B. die Aleatorik und andere Kompositionsrichtungen, deren Charakter und Zielsetzungen sie mit ihren eigenen Ideen und Vorstellungen nicht mehr in Einklang bringen konnte. 1948/49 komponierte sie ein letztes großes Werk, „Drei Rilke-Gesänge", das in zwei verschiedenen Fassungen für Bariton und Klavier sowie für Orchesterbegleitung vorliegt.

Ihre Konzerttätigkeit nahm Ilse Fromm-Michaels nach dem Krieg nicht wieder auf. Das war ein Grund, weshalb es ihr nicht gelang, eine SchülerInnenschaft um sich zu versammeln, wie sie ihren Fähigkeiten entsprochen hätte, als sie 1946 an der Hamburger Schule für Musik und Theater als Dozentin tätig wurde. Die jungen Pianisten und Pianistinnen wussten oft nichts von der Bedeutung und dem Ruhm, die Ilse Fromm-Michaels besessen hatte, und wählten lieber Lehrer, die noch konzertierten. Sie selbst hatte keine Kraft mehr, sich stark zu machen. Nach dreizehn Jahren beendete sie 1959 ihre Dozentinnentätigkeit.

Auch wenn Ilse Fromm-Michaels zu Lebzeiten manche Anerkennung und Ehrung erfuhr, wie durch die Akademie der Freien Künste, die sie als erste Frau als Mitglied wählte und ihr 1956 die Ehrenplakette verlieh, oder durch die Stadt Hamburg, die sie anlässlich ihres 75. Geburtstages mit der Brahmsmedaille auszeichnete, so ist ihr als Komponistin doch nicht die Würdigung zuteil geworden, die sie verdient gehabt hätte.[6]

Text: Brita Reimers

Siehe auch ➤ **Regerstieg,** *Bahrenfeld, seit 1970,* *und* **Regerstraße,** *Bahrenfeld, seit 1950:* *Max Reger (1873–1916), Komponist, in Bd. 3 online**.*

Ilsenweg

Sasel, seit 1941, benannt nach Ilse, geb. Terfloth (geb. 7.4.1904), Ehefrau des Besitzers Lind

Innocentiastraße

Harvestehude, seit 1870

Für die Straßenbenennung auf dem ehemaligen Landsitz des Nonnenklosters Harvestehude gibt es zwei Deutungen: Die Benennung erfolgte entweder nach Papst Innocenz IV., der dem 1247 erbauten Nonnenkloster seine Rechte bestätigte, oder nach einer Sage um 1350. Danach wurde eine Nonne beschuldigt, das Keuschheitsgelübde

**　**Band 3 online** unter: www.hamburg.de/maennerstrassennamen

6)　Vgl.: Karl Grebe: Lebenswerk einer Komponistin, in: Zwanzig. Jahrbuch. Freie Akademie der Künste in Hamburg. Hamburg 1968; Frank Wohlfahrt: Eigenständige Phantasie. Ilse Fromm-Michaels zur Vollendung ihres 75. Lebensjahres, in: Antworten. Jahrbuch. Freie Akademie der Künste in Hamburg 1963.

gebrochen zu haben, weil sie sich heimlich mit ihrem ehemaligen Verlobten getroffen hatte. Die Nonne beteuerte vergeblich ihre Unschuld. Sie wurde zum Tode verurteilt und sollte auf freiem Felde in ungeweihter Erde bestattet werden. Vor ihrer Hinrichtung bat sie, dass ihr Leib im Hügel auf dem Klosterfelde begraben und darauf ein Lindenbaum gesetzt werde. Dazu sprach sie die Worte: „Ich verwünsche den Lindenbaum, daß er niemals höher wachsen werde, als er jetzt ist, und das soll als Zeugnis gelten für meine Unschuld; denn so gewißlich er hinfort nicht mehr höher wachsen wird, so gewißlich sterbe ich, wie ich gelebt, als eine reine und unschuldige Braut Christi."

Siehe auch ➤ **Abteistraße, Cäcilienstraße, Elebeken, Frauenthal, Heilwigbrücke, Heilwigstraße, Jungfrauenthal, Nonnenstieg,** *in diesem Band.*

Irma-Sperling-Weg

Alsterdorf, seit 1985, benannt nach **Irma Sperling** *(20.1.1930 Hamburg–getötet am 8.1.1944 in der Heilanstalt „Am Steinhof" in Wien), Opfer der Euthanasiemaßnahmen des Nationalsozialismus. Gehörte zu den 228 Mädchen und Frauen, die am 16.8.1943 aus den Alsterdorfer Anstalten in als „Reichspost" getarnten Bussen in die Tötungsanstalt „Am Steinhof" in Wien gebracht wurde Stolperstein vor dem Wohnhaus Adolph-Schönfelderstraße 31.*

Irma Sperling wurde nur dreizehn Jahre alt. Da sie eine geistige Behinderung hatte, wurde sie von Ärzten in der Heilanstalt „Am Steinhof" in Wien ermordet und somit ein Opfer der Euthanasie.

Bei ihrer Geburt deutete alles auf ein gesundes Kind hin, laut Bericht der Geburtsklinik Finkenau war sie 50 cm groß, 3200 gr. schwer und hatte keine weiteren Auffälligkeiten. Als siebtes von zwölf Kindern wuchs sie in ärmlichen Verhältnissen auf. Ihr Vater, Bruno Sperling, arbeitete als Angestellter bei der „Allgemeinen Ortskrankenkasse Hamburg". Da er aktiv in der Arbeiterbewegung tätig gewesen war, wurde er am 5. Mai 1933 von der Gestapo verhaftet und verlor während der Haft seine Anstellung. Danach geriet die Familie in immer größere finanzielle Not.

Die Mutter, Anna Katharina Helene Sperling, geb. Pappermann, war zu dem Zeitpunkt schon lange krank und musste unter anderem wegen einer Herzbeutelentzündung und Rheumatismus auch stationär behandelt werden.

Trotz der schwierigen Verhältnisse, in denen sich Familie Sperling befand, blieb zu Hause immer noch Zeit für schöne Momente. Die Kinder und ihre Eltern sangen und musizierten gemeinsam, und auch Irma zeigte als kleines Mädchen eine musikalische Begabung. Ihre zwei Jahre ältere Schwester Antje Kosemund erinnerte sich später daran, dass Irma oft in ihrem Bettchen saß, sich zur Musik wiegte und im Takt zu klatschen versuchte.

Damit Irma Sperlings Behinderung behandelt werden konnte, wurde sie für mehrere Monate ins Krankenhaus Rothenburgsort eingeliefert. Dort entwickelte sie sich gut, erlernte das Sitzen, Stehen und Laufen. Ihr Vater schickte sie danach in eine Tageskrippe. Im August 1933 attestierte ihr jedoch ein Arzt „Schwachsinn" und forderte die Eltern auf, Irma Sperling in die damaligen Alsterdorfer Anstalten zu verlegen. Die Einweisung erfolgte dann am 21. Dezember 1933. Dort bekam das kleine Mädchen weder die Förderung noch die Zuwendung, die sie dringend benötigte. Deshalb dauerte es auch nicht lange, bis sie ihre Fähigkeiten wieder verlernte und sogar aggressive Züge zeigte. Für Antje Kosemund blieb Irma immer wie folgt in Erinnerung:

„Lange braune Locken hatte sie und schöne braune Augen – ein ausdrucksvolles Gesicht. Heute würde man so ein Kind auf die Förderschule schicken, wo sie sich hätte entwickeln können."

Zusammen mit 227 anderen Mädchen und Frauen wurde Irma Sperling am 16. August 1943 in als „Reichspost" getarnten Bussen in die Heilanstalt „Am Steinhof" in Wien gebracht. Dort be-

gannen ihre Qualen. Das Mädchen wurde kaum noch ernährt und erhielt stattdessen eine Überdosierung der Medikamente. Nach acht Wochen wog sie statt 40 nur noch 28 Kilogramm. In ihrer Krankenakte vom 26. September 1943 wurden zudem auch ihre zunehmenden Aggressionen vermerkt:

Irma Sperling

„[Sie] schlägt eine große Fensterscheibe ein, ohne sich zu verletzen. Zwangsjacke."

Mit dreizehn anderen Kindern wurde Irma Sperling schließlich in die Kinderfachabteilung „Am Spiegelgrund", Pavillon 15, verlegt. Keines der Kinder überlebte die „Behandlung".

Zwischen 1942 und 1945 wurden mehr als 300 Kinder in der Heilanstalt „Am Steinhof" in Wien getötet. Ihre Gehirne wurden gesammelt und nach 1945 von Dr. Heinrich Gross, der bis in die achtziger Jahre hinein nahezu unbehelligt praktizierte, für gehirnanatomische Forschungen weiterverwendet.

Irma Sperling starb am 8. Januar 1944. In der Sterbeurkunde wurde die damals übliche Todesursache angegeben: Grippe und Lungenentzündung, sowie zusätzlich angeborene zerebrale Kinderlähmung.

Tatsächlich starben die meisten Kinder an den Folgen des Medikaments Luminal. Auch

Irma Sperlings Gehirn wurde nach ihrem Tod präpariert und zu anderen Präparaten in eine Gehirnkammer gestellt. Erst 1996 erreichte ihre Schwester Antje Kosemund eine Überführung der Überreste nach Hamburg.

Am 8. Mai 1996 wurden die sterblichen Überreste von Irma, sieben weiteren Kindern bzw. Jugendlichen und zwei Frauen feierlich auf dem Ehrenfeld der Geschwister-Scholl-Stiftung auf dem Friedhof Ohlsdorf bestattet.

2002 erreichte Antje Kosemund die Nachricht, dass die Krankenakte von Irma aufgetaucht sei. Jahrelang hatte sie nach dieser Akte immer wieder gefragt. Man hatte in Wien einen verschlossenen Metallschrank aufgebrochen und dort vier Akten von Opfern noch aus der Alsterdorfer Zeit entdeckt. Auch fanden sich weitere präparierte Gehirnschnitte von Irma und unzähligen weiteren Menschen auf einem Dachboden des Wiener Institutes, die am 28. April 2002 in der Gedenkstätte auf dem Wiener Zentralfriedhof beigesetzt wurden.[7]

Text: Stefanie Rückner/Carmen Smiatacz

Isoldeweg

Rissen, seit 1972. Gestalt aus Richard Wagners Oper „Tristan und Isolde" (1859). Motivgruppe: Werke von Richard Wagner

Sie galten bis in das 19. Jahrhundert als ein Liebespaar, das vom Schicksal und Zaubertrank untrennbar und tragisch verbunden war: Tristan *(siehe ▸ Tristanweg, in Bd. 3 online**)* und Isolde. In Gottfried von Straßburgs Dichtung um 1200 wird Isolde, eine irische Königstochter, an ihren Onkel, den englischen König Marke, zwangsverheiratet. Sein Brautwerber ist Markes Neffe Tristan, Vollwaise, begabter Musiker und Drachentöter. Auf der Fahrt nach England trinken

---

7) Vgl.: Antje Kosemund: Spurensuche Irma; persönliche Gespräche mit Frau Antje Kosemund, Hamburg 2009; Michael Wunder (Hrsg.): Auf dieser schiefen Ebene gibt es kein Halten mehr. Hamburg 2002, S. 23 ff., S. 222; Spiegelgrund – ein Film von Angelika Schuster und Tristan Sindelgruber, Österreich 2000; Antje Kosemund: Sperlingskinder. Faschismus und Nachkrieg: Vergessen ist Verweigerung der Erinnerung! Hamburg 2011.

Tristan und Isolde versehentlich einen Liebestrank, der eigentlich für Marke und Isolde bestimmt war. Auch nach der Eheschließung Isoldes mit König Marke lebt sie ihre Liebe zu Tristan weiter. Eifersüchtig beäugt vom alten König und der Hofgesellschaft können die beiden listigen Liebenden alle täuschen, bis es keinen Ausweg mehr gibt und Tristan aus England in das Herzogtum Arundel flieht. Hier verliebt er sich in die „Isolde mit den weißen Händen" und ist hin und hergerissen zwischen seinen Lieben zu den zwei Isolden.

Richard Wagner nutzte Gottfrieds Tristan-Epos als Vorlage, nimmt aber dem Paar „aus der Unmöglichkeit dieseitiger Liebeserfüllung eben diesen Lebenswillen. Solche schopenhauerisch inspirierte, pessimistische Weltsicht eröffnet Tri-

stan und Isolde einen weltabgewandten Freiraum, dessen Glücksversprechen sich den Liebenden zeichenhaft in Nacht und Tod kundtut."[8] Aber Isolde ist eine durchsetzungsfähige Heilerin und bekennt sich zu Tristan. Ruth Berghaus hat in ihrer bahnbrechenden „Tristan und Isolde"-Inszenierung, die am 13. März 1988 an der Hamburgischen Staatsoper Premiere hatte, neue Perspektiven auf das Paar herausgearbeitet. So stirbt Isolde nicht wie oft üblich über Tristan drapiert den Liebestod, sondern umarmt als eine machtvolle Königin, vor dem Bühnenvorhang stehend, den Mond.

Text: Birgit Kiupel

Siehe auch ➤ Tristanweg, *Rissen, seit 1972, nach der Oper von Richard Wagner, in Bd. 3 online**.*

J

Jacqueline-Morgenstern-Weg

Schnelsen, seit 1993, benannt nach Jacqueline Morgenstern, zwölf Jahre alte Französin aus Paris. Opfer des Nationalsozialismus. Kindermord in der Schule am Bullenhuser Damm

Jacqueline Morgenstern war die Tochter des jüdischen Friseurs vom Place de la Republique in Paris, Charles Morgenstern. Ihre Eltern stammten aus Czernowitz in der rumänischen Bukowina und waren nach dem Ersten Weltkrieg nach Frankreich gekommen.

Nachdem im Zweiten Weltkrieg die deutsche Wehrmacht Paris besetzt genommen hatte, flüchtete das Ehepaar Morgenstern mit seiner Tochter nach Marseille. Aber auch dort waren sie nicht

sicher. Nach dem Einmarsch der deutschen Wehrmacht in Marseille und der beginnenden Hatz auf die Juden, wurden die Morgensterns denunziert. Die Familie wurde an Jacquelines Geburtstag, dem 26. Mai 1944, durch die französische Polizei verhaftet und ins KZ Auschwitz deportiert. Dort wurde Jacqueline von ihren Eltern getrennt und in einer Kinderbaracke untergebracht. Die Mutter starb

Jacqueline Morgenstern

in Auschwitz, der Vater wurde „im Januar 1945 in einem offenen Güterwagen nach Dachau trans-

**   Band 3 online unter: www.hamburg.de/maennerstrassennamen

8)   Leopold, Silke; Maschka, Robert: Who's who in der Oper. Kassel 1997, S. 152.

portiert, erlebte noch die Befreiung und starb am 23. Mai 1945 im Krankenhaus Feldafing".[1] Jacqueline Morgenstern „wurde vom KZ-Arzt Josef Mengele zu den Tuberkulose-Versuchen ausgesucht, nach Neuengamme gebracht und als Zwölfjährige erhängt".[2]

Siehe auch ➤ **Geschwister-Witonski-Straße, Lelka-Birnbaum-Weg, Mania-Altmann-Weg, Riwka-Herszberg-Stieg, Wassermannpark, Zylberbergstieg, Zylberbergstraße,** *in diesem Band.*

Siehe auch ➤ **Brüder-Hornemann-Straße,** *Schnelsen, seit 1993: Alexander und Eduard Hornemann, acht und zwölf Jahre alt, niederländische Opfer des Nationalsozialismus, in Bd. 3 online**.*

Siehe auch ➤ **Eduard-Reichenbaum-Weg,** *Schnelsen, seit 1993: Eduard Reichenbaum (1934–1945), zehnjähriges polnisches Kind, Opfer des Nationalsozialismus, in Bd. 3 online**.*

Siehe auch ➤ **Georges-André-Kohn-Straße,** *Schnelsen, seit 1992, zwölfjähriges Opfer des Nationalsozialismus, in Bd. 3 online**.*

Siehe auch ➤ **Jungliebstraße,** *Schnelsen, seit 1995, zwölfjähriger Jugoslawe, Opfer des Nationalsozialismus, in Bd. 3 online**.*

Siehe auch ➤ **Marek-James-Straße,** *Schnelsen, seit 1995: Marek James, sechs Jahre alter Pole, Opfer des Nationalsozialismus, in Bd. 3 online**.*

Siehe auch ➤ **Marek-Steinbaum-Weg,** *Schnelsen, seit 1993: Marek Steinbaum, zehn Jahre alter Pole, Opfer des Nationalsozialismus, in Bd. 3 online**.*

Siehe auch ➤ **Roman-Zeller-Platz,** *Schnelsen, seit 1995: Roman Zeller, zwölfjähriger Pole, Opfer des Nationalsozialismus, in Bd. 3 online**.*

Siehe auch ➤ **Sergio-de-Simone-Stieg,** *Schnelsen, seit 1993: sieben Jahre alter Italiener. Opfer des Nationalsozialismus, in Bd. 3 online**.*

Siehe auch ➤ **Günther-Schwarberg-Weg,** *Schnelsen, seit 2013: Günther Schwarberg (1926–2008), Autor, Journalist, recherchierte und* schrieb über das Schicksal der 20 jüdischen Kinder, die am 20.4.1945 in der Schule Bullenhuser Damm ermordet wurden, in Bd. 3 online**.

Jeanette-Wolff-Ring

Bergedorf, seit 1992, benannt nach **Jeanette Wolff***, geb. Cohen (22.6.1888 Bocholt–19.5.1976 Berlin), Widerstandskämpferin, Bundestagsabgeordnete (SPD), führende Mitarbeiterin in verschiedenen jüdischen Organisationen Deutschlands. Motivgruppe: Verdiente Frauen*

Geboren wurde **Jeanette Wolff** als Tochter von Dina Cohen, geb. Wolf (1859–1938) und Isaac Cohen (1855–1929). Isaac Cohen, Mitglied der Sozialistischen Arbeiterpartei Deutschlands und Anhänger August Bebels „hatte, statt sich den Sozialistengesetzen zu beugen, seinen Lehrerberuf aufgegeben. Beide Eltern handelten mit Textilien und zogen mit ihrer Ware über Land, um sie auf den Bauernhöfen der Region zu verkaufen. Nach Jeanettes Geburt eröffneten sie einen Laden in ihrer Wohnung (…) im Bocholter Armenviertel (…). Die Symbiose von Judentum und Sozialismus in ihrem Elternhaus prägte Jeanette Wolff zeitlebens. Von Mutter Dina [Mutter von acht Kindern] häufig mit Esswaren zu armen Wöchnerinnen entsandt, wurde zudem [Jeanette Wolffs] frauenpolitischer Sinn früh geschärft".[3]

Nach dem Besuch der jüdischen Elementarschule ging Jeanette Cohen als Sechzehnjährige nach Brüssel, „wo bessergestellte kinderlose Verwandte ihr eine einjährige Kindergärtnerinnen-Ausbildung ermöglichten".[4] Nach dem Examen arbeitete sie als Kindergärtnerin und später als Erzieherin in einer Unternehmerfamilie.

Auch politisch begann sich Jeanette Cohen zu engagieren und trat 1905 in Brüssel der Sozialdemokratie bei. Gleichzeitig wandte sie sich der

**   Band 3 online** unter: www.hamburg.de/maennerstrassennamen

1)   Günther Schwarberg: Straßen der Erinnerung. Hamburg 1992.
2)   Ebenda.

3)   Birgit Seemann: Jeanette Wolff. Politikerin und engagierte Demokratin (1888–1976). Frankfurt a. M. 2000, S. 11 und S. 15.
4)   Birgit Seemann, a. a. O., S. 17.

Frauenpolitik zu, besuchte neben ihrer Erwerbsarbeit das Abendgymnasium, bestand das „außerordentliche Abitur" und heiratete, bereits schwanger, 1908 den Gemüsehändler Philip Fuldauer (1887–1909). Ihre 1908 geborene Tochter starb im Alter von neun Monaten, wenige Wochen später verstarb auch der Ehemann. Ihre zweite Ehe ging Jeanette Cohen 1911 mit dem Diplomkaufmann Hermann Wolff (1888–1945) ein.

Noch „am Vorabend der Hochzeit [entschloss] sich Hermann Wolff zum SPD-Beitritt. Dass sich der mittelständische Unternehmer aus national-liberalem, jüdischen Elternhaus (...) aus Liebe sozialistischen Ideen öffnete, markiert aus Geschlechterperspektive einen eher untypischen Weg der Politisierung: Diesmal näherte sich nicht die Frau, sondern der Mann der politischen Überzeugung des Lebenspartners an".[5]

Jeanette Wolff bekam drei Kinder, engagierte sich politisch unvermindert weiter und organisierte die Büroarbeit in der von ihrem Mann in Bocholt aufgebauten kleinen Textilfabrik. Während des Ersten Weltkriegs leitete Jeanette Wolff die Fabrik, ihr Mann war als Soldat an der Front. „Trotz ihres kriegsversehrten Mannes – Hermann Wolff war mit einer schweren Verwundung von der Front zurückgekehrt und bedurfte bis 1924 der Pflege – und der 1920 geborenen dritten Tochter Käthe – zog es Jeanette Wolff zu Beginn der Weimarer Republik noch stärker in die Politik."[6] 1919 wurde sie Stadtverordnete und Stadträtin in Bocholt. Außerdem war sie Vorstandsmitglied des SPD-Bezirks Westliches Westfalen. Damit gehörte die „Sozialistin religiöser Prägung" zu den ersten deutschen Kommunal- und Regionalpolitikerinnen.

Seit 1920 in der Funktion eines Vorstandsmitgliedes des Zentralvereins deutscher Staatsbürger jüdischen Glaubens und des Jüdischen Frauenbundes trat sie gegen den Antisemitismus ein.

Ihre Kinder bezog sie stets in ihr kommunalpolitisches Leben mit ein. Dadurch „vermied Jeanette Wolff die besonders von männlichen Politikern gezogene Grenze zwischen ‚Privatheit' und ‚Öffentlichkeit'".[7]

Gleich am Tag der Reichstagswahl, dem 5. März 1933, wurde Jeanette Wolff „als eine der ersten weiblichen Oppositionellen in so genannte ‚Schutzhaft'"[8] genommen und erst zwei Jahre später entlassen. Sie betätigte sich fortan in der illegalen Parteiarbeit der von den Nationalsozialisten verbotenen SPD. Ihr Mann wurde als „führendes Mitglied der SPD" und wegen angeblicher „Verbreitung unwahrer Gerüchte" für einige Wochen

Jeanette Wolff

im Duisburger Zuchthaus inhaftiert. Seine Firma durfte er nicht mehr betreten. 1938 kam er für ein knappes Jahr ins KZ Sachsenhausen. „Eine Emigration schien auch jetzt nicht möglich: Die bekannte Regimegegnerin Jeanette Wolff durfte Deutschland nicht verlassen."[9] 1942 wurden Jeanette Wolff, ihr Mann und zwei ihrer drei Kinder ins Getto Riga deportiert. Ihr Ehemann und die zwei Kinder kamen im KZ um. Jeanette Wolff wurde 1945 aus dem KZ Stutthof befreit und kehrte mit ihrer Tochter Edith nach Berlin zurück.

Jeanette Wolff widmete sich fortan ganz der Politik. Für die Berliner SPD-Zeitung arbeitete sie als Hilfsredakteurin; kurze Zeit war sie auch Mitglied einer Spruchkammer zur Entnazifizierung. Gemeinsam mit Kurt Schumacher *(siehe ▶* Kurt-Schumacher-Allee, *in Bd. 3 online**)* „berieten sie Maßnahmen gegen die geplante ‚Zwangsvereinigung' von SPD und KPD".[10] Von 1946 bis 1952 fungierte sie als SPD-Stadtverordnete in

Abb.: Aus: Gunter Lange, Jeanette Wolff, 1888 bis 1976, Eine Biografie, Bonn 1988, S. 105.

**   Band 3 online unter: www.hamburg.de/maennerstrassennamen

5)   Birgit Seemann, a. a. O., S. 21.
6)   Birgit Seemann, a. a. O., S. 24.
7)   Birgit Seemann, a. a. O., S. 28.

8)   Birgit Seemann, a. a. O., S. 30.
9)   Birgit Seemann, a. a. O., S. 35
10)   Birgit Seemann, a. a. O., S. 67.

Groß-Berlin. „Ihr entschlossener Einsatz gegen die Verfechter einer staatssozialistischen Diktatur machte Jeanette Wolff in ganz Berlin bekannt."[11] „Gemeinsam mit Kurt Schumacher, Annemarie Renger, Otto und Susanne Suhr, Ernst Reuter, Louise Schroeder *[siehe ▶ Louise-Schroeder-Straße, in diesem Band]*, Klara und Paul Löbe und vor allem dem Freund Franz Neumann (1904–1974) war Jeanette Wolff von Berlin aus an der Errichtung der jungen deutschen Demokratie beteiligt."[12]

Besonders die Entnazifizierungspraxis lag Jeanette Wolff am Herzen. Hierfür wünschte sie eine Verbesserung. „Für wenig ergiebig hielt Jeanette Wolff (…) die Klassifizierung in NS-Tätergruppen: ‚Ob jemand das Volk mit dem Wort, mit dem Lied oder mit der Schrift vergiftet hat, oder ob jemand mit dem Dolch einen Menschen umgebracht hat – sie haben die Atmosphäre geschaffen, aus der die menschlichen und baulichen Ruinen entstanden sind (…)'. Um aus eigener Kraft demokratisch zu werden, dürfe Deutschland die Entnazifizierung nicht allein den alliierten Behörden überlassen, sondern müsse sich selbst von der NS-Diktatur befreien. Doch vergebens: Die Mehrheit der nichtjüdischen Deutschen lehnte die Entnazifizierungs-Spruchkammern ab, teils wegen ihrer Distanz zu den ‚Besatzungsmächten', teils aus Furcht vor einer Aufdeckung ihrer eigenen NS-Verstrickung."[13]

Auf dem SPD-Parteitag 1949 in Berlin forderte „Jeanette Wolff ein neues Entschädigungsamt, das alle NS-Verfolgten gleich behandelte und Missbrauch durch Unberechtigte ahndete: ‚(…) wir werden in der Lage sein, die Spreu vom Weizen zu scheiden, und dann wird das Märchen ad acta gelegt werden, dass nur die Kommunisten Kämpfer gegen den Nationalsozialismus gewesen wären'."[14]

1952 wurde Jeanette Wolff Abgeordnete des Deutschen Bundestages (Vertretung Berlins). Das Mandat hatte sie fast ein Jahrzehnt bis 1961 inne. Im Bundestag setzte sie sich hauptsächlich für die so genannten Randgruppen ein: Jugendliche, ältere Menschen, Kranke, NS-Opfer. Bereits 1948 forderte sie eine Frauenquote bei der Verteilung der politischen Mandate. Zum Thema Gleichberechtigung sagte sie einmal: „(…) es gab eine ganze Anzahl von [Frauen], die sich gegen eine gesetzliche Gleichschaltung der beiden Geschlechter wandte. Manche taten es aus Gründen politischer Beeinflussung anderer, weil sie in glücklichen und materiell gesicherten Ehen lebten oder weil sie ohnehin zu Hause ‚die Hosen anhatten'. Jene Frauen, die beruflich tätig waren und im Leben ihre eigenen Belange erringen mussten, erklärten sich alle für eine uneingeschränkte Gleichberechtigung."[15]

Besonders lag ihr daran, dass das Bundesentschädigungsgesetz voranschritt. Doch auch nach seiner Verabschiedung 1953 schleppte sich die Wiedergutmachung weiter hin, was Jeanette Wolff empörte. Wenn sie im Bundestag in ihren Reden auf dieses Thema zu sprechen kam, sprach sie häufig vor halbleeren Parlamentsrängen. „Oft musste sie sich mit Verharmlosungsargumenten gerade seitens konservativer Abgeordneter auseinandersetzen. In den ‚Wiedergutmachungsdebatten' scheute Jeanette Wolff dann auch keineswegs den Vergleich materiell abgesicherter pensionierter Hitler-Generäle mit bedürftigen NS-Opfern, die auf den Abschluss ihrer Anerkennungsverfahren warteten. In diesem Zusammenhang warnte sie vehement vor allem vor einem Wiederaufleben ehemaliger NS-Organisationen (…). Angesichts eines seit den neunziger Jahren ansteigenden Rechtsextremismus haben ihre 1955 dem deutschen Bundestag vorgetragenen Bedenken, ‚dass in Bezug auf die

11) Birgit Seemann, a. a. O., S. 70.
12) Birgit Seemann, a. a. O., S. 72.
13) Birgit Seemann, a. a. O., S. 77.
14) Birgit Seemann, a. a. O., S. 79.
15) Birgit Seemann, a. a. O., S. 96 f.

Abwehr neofaschistischer Elemente und der ewig Unbelehrbaren etwas zu wenig in der Bundesrepublik und seitens der Bundesregierung getan' würde, nicht an Aktualität verloren."[16]

Neben ihrer Abgeordnetentätigkeit für den Bundestag leistete Jeanette Wolff auch Gewerkschaftsarbeit. Nach ihrem Ausscheiden aus dem Bundestag im Jahre 1961 verstärkte sie ihre Verbandsarbeit. So war Jeanette Wolff Ehrenvorsitzende der Zentralwohlfahrtsstelle der Juden in Deutschland, Vorsitzende des Jüdischen Frauenbundes, Mitglied der Repräsentantenversammlung der Jüdischen Gemeinde zu Berlin (zeitweise deren Vorsitzende). Als sie diesen Sitz aus Altergründen aufgab, übergab sie ihn an Hans Rosenthal, vielen bekannt als Fernsehentertainer. Sie war u. a. stellvertretende Vorsitzende des Direktoriums des Zentralrats der Juden in Deutschland, Vorsitzende der Gesellschaft für christlich-jüdische Zusammenarbeit, Vorstandsmitglied der Liga für Menschenrechte sowie Rundfunkratsmitglied der Deutschen Welle.

> Siehe auch ➤ Louise-Schroeder-Straße, in diesem Band.

> Siehe auch ➤ Kurt-Schumacher-Allee, St. Georg, seit 1962: Dr. Kurt Schumacher (1895–1952), SPD Parteivorsitzender, SPD-Fraktionsvorsitzender, Mitglied des Reichstages, Mitglied des Bundestages, in Bd. 3 online**.

Jette-Müller-Weg

Ohlsdorf, seit 2007, benannt nach Johanne Henriette Marie Müller (18.7.1841 Dessau–8.7.1916 Hamburg). Als „Zitronenjette" bekannt, verkaufte sie tagsüber am Graskeller und nachts in den Kneipen Hamburgs Zitronen; ihre Lebensgeschichte wurde noch zu ihren Lebzeiten in ein Theaterstück gefasst, dadurch wurde sie zu einem Hamburger Original

** Band 3 online unter: www.hamburg.de/maennerstrassennamen

16) Ebenda.

Ein Erinnerungsstein steht im Garten der Frauen auf dem Ohlsdorfer Friedhof.

Zitronenjette wurde zum Hamburger Original, weil sie nicht der gesellschaftlichen Norm entsprach. Über ihre Kleinwüchsigkeit, ihren so genannten Schwachsinn und ihre Alkoholerkrankung belustigte sich Hamburgs Bevölkerung. Menschen, die anders sind als die Masse, ob gewollt oder auch ungewollt, scheinen beim Gros der Bevölkerung sowohl Faszination als auch Ablehnung hervorzurufen. Mit der Etikettierung solcher „ungewöhnlicher" Menschen als „Originale" kann die Bevölkerung ihnen einen Platz zuweisen. Gibt sie dem Original gar noch den Zusatz ihrer Heimatstadt – z. B. Hamburg –, lässt die Bevölkerung ein Stück Integration dieser Person zu. Damit wird dem Gefühl der Faszination Rechnung getragen. Gleichzeitig bleiben diese „anderen" Menschen durch den ihnen zugewiesenen Platz als „Original" außerhalb der Gesellschaft. Dies wiederum ist Ausdruck der ablehnenden Haltung ihnen gegenüber.

Geboren wurde Johanne Henriette Müller als uneheliches Kind. Wenige Monate nach der Geburt zog ihre Mutter mit ihr nach Hamburg. Die Mutter heiratete und die Familie wohnte im Gängeviertel. Als der Vater an einem Schlaganfall starb, zog Johanne Henriette mit ihrer jüngeren Schwester zusammen. Sie lebten zuerst in der Rothesoodstraße und zuletzt am Teilfeld, Ecke Herrengraben.

In ihrer Kindheit war sie bereits von ihrer Mutter zum Handeln mit Zitronen angehalten worden. Diese Tätigkeit übte sie bis zu ihrer Einweisung in die „Irrenanstalt Friedrichsberg" aus. Zu diesem Zeitpunkt war sie 53 Jahre alt. Zitronenjette hatte ein leidvolles Leben ertragen müssen. Johanne Henriette Müller war kleinwüchsig, 130 cm lang und 35 Kilo leicht, und fiel damit aus dem Rahmen des als normal angesehenen Erscheinungsbildes. Aber damit nicht genug: Johanne Müller galt auch als geistig ein wenig zurückgeblieben. Das führte dazu, dass viele Kundinnen und Kunden sie übers Ohr hauten, wenn sie in den Gassen und Straßen der Innenstadt ihre Zitronen feilbot. Niemand machte sich Gedanken über Zitronenjettes desolate wirtschaftliche Situation: sie war arm. Und kaum jemand dachte daran, was man ihr seelisch antat, wenn sie zum Gespött der Straßenjugend wurde, die grölend hinter ihr herlief. Wenn Zitronenjette abends in den Kneipen ihre Zitronen anbot, machten sich Kneipenbesucher einen Spaß daraus, ihr ein großes Glas Schnaps bringen zu lassen, welches sie zur allgemeinen Belustigung auf einen Zug leerte. Die Folge war: sie wurde alkoholkrank und trank nun auch schon am Tage eine Flasche Kümmelschnaps aus. Danach fand sie oft kaum noch den Heimweg in die Neustadt zum Teilfeld 56.

1894 wurde Zitronenjette schließlich von der Polizei in die „Irrenanstalt Friedrichsberg" eingeliefert. Dort lebte sie fast zwanzig Jahre lang und wurde mit Kartoffelschälen und Gemüseputzen beschäftigt. Zeitungsberichten und Erzählungen zufolge soll sie dort einen „friedlichen Lebensabend" genossen haben. Kein Wort von schmerzhaften Entzugserscheinungen, denn dort wurde ihr der Alkohol selbstverständlich vorenthalten. Berühmt und zum Hamburger Original wurde die Zitronenjette, weil sie „anders" war und weil Menschen sich auf Kosten dieses Umstandes belustigten. Ihrem Leiden wurde kaum Aufmerksamkeit geschenkt. Stattdessen gab sie den Stoff für eine Lokalposse, die um 1900, also noch zu Lebzeiten der Zitronenjette, von Theodor Francke geschrieben und im Ernst-Drucker-Theater auf St. Pauli aufgeführt wurde. In der Hauptrolle der damals als Darsteller weib-

licher Rollen dieser Art berühmte Wilhelm Seybold. 1940 schrieb Paul Möhring eine neue „Zitronenjette". Er wollte keine Lokalposse auf Kosten der Zitronenjette, sondern ein Stück, das die Zuschauerinnen und Zuschauer sowohl zum Lachen als auch zum Weinen bringen sollte. Mehrere Hundert Male wurde seine „Zitronenjette" aufgeführt.[17]

Johanne-Reitze-Weg

Ohlsdorf, seit 2007, benannt nach Johanne Reitze (16.1.1878 Hamburg–22.2.1949 Hamburg), von 1919 bis 1921 Mitglied der Hamburgischen Bürgerschaft, von 1919 bis 1933 Mitglied des reichsweiten SPD-Parteiausschusses, 1919 eine von 35 weiblichen Mitgliedern der deutschen Nationalversammlung

Siehe Vita von Johanne Reitze unter ➤ **Reitzeweg,** in diesem Band.

Julia-Cohn-Weg

Alsterdorf, seit 1985, benannt nach Julia Cohn, geb. Cohen (14.10.1888 Hamburg–am 6.12.1941 deportiert nach Riga, gestorben zwischen Dezember 1941 und 1944 in einem Lager bei Riga), jüdisches Opfer des Nationalsozialismus. Lehrerin an der Schule Meerweinstraße und an der Schule für Sprach- und Handelskurse für Auswanderer in der Beneckestraße 6

Stolperstein vor dem Wohnhaus Lattenkamp 82.

Jacob Cohn kam als Sohn von Moritz und Frumet (Flora) Cohn, geb. Schwartz, in Hamburg zur Welt.[18] Sein Vater starb, als er zwölf Jahre alt war. Als einziger Mann im Haushalt – er hatte noch vier Schwestern – musste Jacob Cohn schon früh durch eigene Arbeit zum Lebensunterhalt der Familie beitragen. Später wurde er Kaufmann und nach seiner Heirat mit Julia Mathilde Cohen

---

17) Vgl. Paul Möhring: Die Hamburger Originale. Hamburg o. J.; Emilie Weber: Meine Jugenderinnerungen von 1836 bis 1851. Leipzig 1901.
18) Für die gesamte Darstellung zu Julia Cohn vgl.: AfW (Amt für Wieder-

gutmachung) 080124; Forschungsstelle für Zeitgeschichte in Hamburg/Werkstatt der Erinnerung, WdE/FZH 095 Cohn, Paul M.: „Es ist ganz klar, daß sie noch 'ne Hoffnung hatten ...", Gesamtschule Meerwein-

straße (Hrsg.) Hamburg 1983; Frank Bajohr: ,Arisierung' in Hamburg. Die Verdrängung der jüdischen Unternehmer 1933–1945, Hamburg 1997 (Hamburger Beiträge zur Sozial- und Zeitgeschichte, Band 35); Rüdiger

am 18. Februar 1921 zunächst Gesellschafter, ab 1926 dann Inhaber der von seinem Schwiegervater mitbegründeten Zigarren-Großhandels-Firma Maass & Cohen. Seine spätere Ehefrau Julia Mathilde Cohn wurde als Tochter des Kaufmanns Ferdinand Siegmund Cohen und der Rebecca Cohen, geb. Seeler, in Hamburg geboren. Sie arbeitete als Volksschullehrerin seit dem 1. Oktober 1914 im Hamburger Staatsdienst und unterrichtete unter anderem an der Schule Humboldtstraße 30. 1924 wurde das einzige Kind des Ehepaares, Paul Moritz Cohn, geboren. Die Familie lebte zunächst in der Isestraße in der Wohnung von Julia Cohns Mutter und bezog nach deren Tod 1925 eine Neubauwohnung am Lattenkamp 82.

Das Unternehmen von Jacob Cohn florierte indes nicht, „die Zeiten waren schlecht für ihn", erinnert sich der Sohn Paul Cohn. Laut der Handelskammerakte war die Firma bereits seit 1923 nicht mehr im Großhandels- und Export-/Importgeschäft tätig; seit 1926 habe nur noch der Firmenmantel bestanden, und es seien keine Geschäfte mehr getätigt worden. Jacob Cohn soll während dieser Zeit teilweise krank gewesen sein. 1933 wurde die Firma stillgelegt, 1938 schließlich aufgelöst und am 6. Januar 1939 im Handelsregister gelöscht. Zwischen 1933 und 1938 arbeitete Jacob Cohn verschiedentlich als Buchhalter, zuletzt bei der Transithandelsfirma J. Jacobi & Co. Dem Inhaber der Firma wurde am 13. März 1938 von der Hamburger Devisenstelle durch eine Sicherungsanordnung die Geschäftsführungs- und Vertretungsbefugnis für seine Firma entzogen. Die Firma wurde schließlich liquidiert und das noch vorhandene Vermögen einem „arischen" Kaufmann überlassen. Der Angestellte Jacob Cohn wurde entlassen. Danach fand er nur noch Gelegenheitsarbeiten, so etwa bei der Jüdischen Gemeinde.

Julia Cohn

Auch Julia Cohn verlor infolge der nationalsozialistischen Machtergreifung ihre Arbeitsstelle. 1930 war sie an die neu gebaute Schule Meerweinstraße versetzt worden. Auf Grundlage des „Reichsgesetzes zur Wiederherstellung des Berufsbeamtentums" wurde sie jedoch mit Ablauf des 31. Oktober 1933 wegen ihrer jüdischen Herkunft entlassen. Danach konnte sie keiner regelmäßigen beruflichen Tätigkeit mehr nachgehen, gab lediglich gelegentlich Privatstunden. Auf ihr Ersuchen hin und wohl auch, nachdem sich einige Schulräte, die sie aus ihrer Tätigkeit an der Schule Humboldtstraße kannten, für sie eingesetzt hatten, gestand die Landesunterrichtsbehörde ihr ein geringes Ruhegeld zu, das ihr vom 1. November 1933 bis zum 30. November 1941 gezahlt wurde. Die Familie war auf diese Pension angesichts der Arbeitslosigkeit von Jacob Cohn angewiesen; auch mussten sie von ihren Ersparnissen leben.

Bis Ende der 1930er Jahre diente den Cohns ein kleiner Schrebergarten in Groß Borstel als Rückzugsort von den Sorgen und Nöten des Alltags. Hier verbrachten sie ihre Wochenenden und ihren Urlaub, hier trafen sie sich mit Verwandten und Bekannten, und hier konnte Jacob Cohn zumindest etwas Gartenarbeit verrichten. Auch schrieb er gelegentlich kleine Gedichte. Den Schrebergarten gaben die Cohns schließlich auf, nicht auf spezifischen Druck hin, aber – so erinnert sich Paul Cohn – „es schien eben so besser, daß man das aufgab".

Nach Paul Cohns Erinnerung waren seine Eltern keine religiösen Juden, obwohl zumindest

Wersebe: Julia Cohn. Eine Kollegin verschwand spurlos, in: Ursel Hochmuth/Hans Peter de Lorent (Hrsg.), Hamburg: Schule unterm Hakenkreuz. Beiträge der ‚Hamburger Lehrerzeitung' (Organ der GEW) und der Landesgeschichtskommission der VVN/Bund der Antifaschisten, mit einem Geleitwort von Professor Joist Grolle, Hamburg 1985, S. 201f.

Abb.: Stadtteilschule Winterhude/Winterhuder Reformschule

der Vater in seiner Kindheit religiös erzogen worden und mit den religiösen Bräuchen vertraut gewesen sei: „Wir waren bewußte Juden, aber wir waren nicht religiös." An hohen Feiertagen seien die Cohns in die Synagoge am Bornplatz gegangen. Auch politisch sei der Vater nicht besonders aktiv gewesen, habe jedoch nach seinen Erfahrungen während des Ersten Weltkrieges, in dem er als Frontkämpfer mehrfach verwundet worden war, Krieg abgelehnt. In der Reichspogromnacht im November 1938 wurde Jacob Cohn verhaftet und in das Konzentrationslager Sachsenhausen verbracht. Nach mehreren Wochen wurde er entlassen und man legte ihm dringend nahe, Deutschland zu verlassen. Jacob Cohn ist wohl seine Vergangenheit als Frontkämpfer im Ersten Weltkrieg zugute gekommen; er war unter anderem mit dem Eisernen Kreuz ausgezeichnet worden. Es sollte indes nur eine Entlassung auf Zeit werden.

Als die Nationalsozialisten an die Macht kamen, glaubten Jacob und Julia Cohn zunächst nicht daran, auswandern zu müssen. Sie fühlten sich ganz selbstverständlich als Deutsche – und sie fühlten sich sicher. Das Gefühl der Sicherheit nahm jedoch in der Folgezeit ab: Im Sommer 1937 zogen die Cohns in die Klosterallee um, eine jüdisch geprägte Gegend, in der sie sich besser aufgehoben fühlten als in Winterhude. Parallel bemühten sie sich seit dieser Zeit – und besonders nach der Inhaftierung Jacob Cohns – dann um Auswanderungsmöglichkeiten – auch um den Preis, all ihren Besitz und ihr gesamtes Vermögen zurücklassen zu müssen. Zwar erhielten sie im Mai 1939 die Genehmigung zur Emigration, doch mehrere Faktoren hinderten sie anscheinend, umgehend auszureisen: So fand sich kein Land, in das sie hätten einreisen können, zumal ihnen die finanziellen Mittel fehlten; auch soll Jacob Cohn erkrankt gewesen sein. Es

gelang ihnen jedoch, den 15-jährigen Sohn im Mai 1939 mit einem Kindertransport nach England zu schicken. In England angekommen, bemühte sich Paul Cohn vergebens beim dortigen Flüchtlingskomitee (Refugee Committee) um eine Ausreisemöglichkeit für seine Eltern. Nach dem Beginn des Krieges war ein solches Unterfangen aussichtslos.

Jacob und Julia Cohn hatten zunächst noch Briefkontakt mit ihrem Sohn; auch versuchte Jacob Cohn, seinem Sohn das Fahrrad nach England nachzuschicken. Doch selbst der Briefkontakt wurde in der Folgezeit zusehends schwieriger. Einige Zeit, so erinnert sich Paul Cohn, sei es möglich gewesen, Briefe über Freunde oder Bekannte in die USA zu schicken – wobei diese Briefe so geschrieben werden mussten, dass aus dem Inhalt nicht ersichtlich wurde, von wem und woher die Briefe eigentlich kamen.

Seit dem 19. September 1941 waren Jacob und Julia Cohn verpflichtet, den „Judenstern" zu tragen. Im Oktober 1941, so erinnert sich Paul Cohn, habe er das letzte Mal durch das Rote Kreuz Nachricht von seinen Eltern erhalten. Er sah sie nicht wieder. Am 6. Dezember 1941 wurden Jacob und Julia Cohn auf Anordnung der Geheimen Staatspolizei, Leitstelle Hamburg, vom 4. Dezember 1941 nach Riga deportiert. Sie überlebten nicht.

Paul Cohn erfuhr erst nach Kriegsende vom Tod seiner Eltern, auch wenn er vorher bereits mit dieser Nachricht gerechnet hatte. Über die genauen Todesumstände von Jacob und Julia Cohn ist nichts bekannt, ihr Todesdatum wurde auf den 8. Mai 1945 festgesetzt.

Text: Alexander Reinfeldt aus www.stolpersteine-hamburg.de

Siehe auch ▶ Hertha-Feiner-Asmus-Stieg *(Kollegin von Julia Cohn), in diesem Band.*

Abb.: Aus: Hildegard von Marchtaler, Die Gayen, Hamburg 1955.

Julienstraße

Bahrenfeld, seit 1898, benannt nach Julie Gayen, geb. von Lenz (28.8.1832 Hamburg–29.11.1886 Altona-Ottensen), Ehefrau von Th. A. Gayen

Mit knapp 21 Jahren heiratete Julie von Lenz 1853 den acht Jahre älteren Kaufmann, Reeder und  Konsul Theodor Alexander Gayen *(siehe ➤ Gayens Weg, in Bd. 3 online**).* Innerhalb von zehn Jahren, im Alter zwischen 23 und 33 Jahren gebar Julie Gayen sechs Kinder. Das erste kam knapp zwei Jahre nach der Hochzeit, im September 1855 zur Welt. Gustav Carl Heinrich wurde nur drei Jahre alt. Das

Julie Gayen

zweite Kind (Thekla 1856–1901) wurde ein Jahr nach dem Tod des ersten Kindes geboren. Es folgten 1860: Theodor; 1861: Amalie; 1863: Olga und 1865 Jan Peter Albert.

> Siehe auch ➤ Gayens Weg, *Bahrenfeld, seit 1939, und* Theodorstieg, *Bahrenfeld, seit 1995, und* Theodorstraße, *Bahrenfeld, seit 1890: Theodor Alexander Gayen (1824–1900), Kaufmann, Reeder, Konsul, hatte in Bahrenfeld großen Grundbesitz. Kolonialakteur, in Bd. 3 online**.*

Jungfernbrücke

HafenCity, seit 1887, Name ohne Bezug

Ganz unspezifisch nach Jungfern wurden vier Straßen in Hamburg benannt. Nach dem Pendant: den Jünglingen, heißen keine Straßen.

Mit der Benennung von Verkehrsflächen nach Jungfern begann es 1887. Damals wurde die Jungfernbrücke eingeweiht. 1944 endeten solche Benennungen, als eine Straße den Namen Jungfernmühle bekam.

**   Band 3 online unter: www.hamburg.de/maennerstrassennamen

Im Begriff „Jungfer" spiegelt sich die Bedeutung weiblicher Jugend und Keuschheit für eine patriarchale Gesellschaft wider. „Rein" und öffentlich verehrungswürdig erschienen nur diejenigen jungen Frauen, die noch keine sexuellen Kontakte hatten, keinem Mann „gehörten", also potenziell von allen Passanten umworben werden konnten, wie z. B. die Jungfern, die es liebten, auf dem mit Bäumen bepflanzten Reesendamm an der Binnenalster zu promenieren, so dass der Volksmund im 17. Jahrhundert begann, den Damm Jungfernstieg zu nennen *(siehe ➤* Jungfernstieg, *in diesem Band).* (Offiziell wurde er aber erst 1931 so benannt.)

Doch auch Jünglinge gelten als verführerisch, unerfahren und frei von sexuell konnotierter Sünde. Ihre Androgynie, ihre vermeintlich „weiblichen" Anteile, ihre Bartlosigkeit wecken auch das Begehren von älteren Männern. Dies darf in den vorherrschenden Künsten allerdings nur andeutungsweise thematisiert werden. Möglicherweise ist das einer der Gründe dafür, dass flanierende und Straßen benennende Männer den heterosexuellen Normen entsprechend die Jünglinge als Sehnsuchtsnamen ausklammerten. Hinzu kommt, dass es ein Kriterium von patriarchaler Männlichkeit ist, eben nicht als Objekt des Begehrens zu gelten. Diese Rolle wird den Mädchen und Frauen zugewiesen. Männer hingegen, die sich als Subjekte setzten, werden nicht angeschaut – sondern schauen. Ältere Frauen, die verliebt Jünglingen nachschauten, galten eh als lächerlich und saßen auch nicht in den entsprechenden Straßennamensvergabe-Gremien, von den Jungfern und Jünglingen ganz zu schweigen.

Text: Birgit Kiupel

Jungfernmühle

Hausbruch, seit 1944

Eine ehemalige Mühlenbesitzerin soll sich an dieser Stelle ein Haus in Form einer Windmühle ohne Flügel gebaut haben. Im Volksmund wurde das Haus „Jungfernmühle" genannt, weil die Hausbesitzerin unverheiratet gewesen war.

Jungfernstieg

Altstadt, offiziell benannt seit 1931

Seit dem 17. Jahrhundert im Volksmund Jungfernstieg genannt, nachdem der Reesendamm 1665 mit Bäumen bepflanzt worden war und diese Straße bevorzugt vom weiblichen Geschlecht als Promenade genutzt wurde.

Jungfrauenthal

Harvestehude, seit 1870. Hochdeutsche Form eines der mittelalterlichen Namen des Frauenklosters Harvestehude

Als 1295 die Zisterzienserinnen des Klosters Harvestehude von der Elbe an die Alster zogen, erhielt das Kloster den Namen „Frauenthal" nach seiner Patronin Maria.[19]

Siehe auch ▶ **Abteistraße, Cäcilienstraße, Elebeken, Frauenthal, Heilwigbrücke, Heilwigstraße, Innocentiastraße, Nonnenstieg,** *in diesem Band.*

Juttaweg

Fuhlsbüttel, seit 1961. Frei gewählter Name. Motivgruppe: Weibliche Vornamen

K

Käte-Latzke-Weg

Bergedorf/Allermöhe, seit 1996, benannt nach **Käte Latzke** *(8.5.1899 Königsberg–31.3.1945 KZ Ravensbrück), Stenotypistin, Widerstandskämpferin gegen den Nationalsozialismus*

Käte Latzke entstammte einer Arbeiterfamilie. Nach dem Besuch der Volksschule in Königsberg wurde sie Stenotypistin. 1916 lernte sie den Hamburger Schneider und Bürgerschaftsabgeordneten Hans Westermann (KPD) kennen, durch den sie 1918 dem Kommunistischen Jugendverband Deutschlands (KJVD) beitrat.

Um 1919 ging sie mit Westermann nach Hamburg. Hier lebten die beiden zusammen.

1924 wurde Käte Latzke Mitglied der KPD und des Zentralverbandes der Angestellten (ZdA). In dieser Zeit wurde sie wegen der Teilnahme an einer nicht genehmigten Demonstration zu einem Monat Gefängnis verurteilt. Zwischen 1926 und 1930 arbeitete sie im Büro der Roten Hilfe Hamburg. 1929 oder 1930 wurde sie von der Partei wegen „Versöhnlertums" ausgeschlossen und arbeitslos.

Durch ihre Verbindung mit Hans Westermann gehörte Käte Latzke der Westermann-Gruppe an, einem Zusammenschluss ehemaliger KPD-Mitglieder, die sich schon vor der Machtübernahme durch die Nationalsozialisten organisiert hatten und von der KPD als „Versöhner"

---

19) Vgl.: Silke Urbanski: Geschichte des Klosters Harvestehude „In valle virginum". Wirtschaftliche, soziale und politische Entwicklung eines Nonnenklosters bei Hamburg 1245–1530. Münster 1996, S. S. 22..

bezeichnet wurden, weil sie für eine Verständigung mit der SPD eintraten. Aus diesem Grunde waren die Mitglieder der Westermann-Gruppe auch aus der KPD ausgeschlossen worden. Nach der Machtübernahme durch die Nationalsozialisten leistete die Gruppe illegale Widerstandstätigkeit.

1933 wurde Hans Westermann von der Gestapo verhaftet und im August 1934 wieder freigelassen. Er versuchte die Wiederaufnahme seiner MitstreiterInnen in die KPD zu erreichen, was 1935 nach Verhandlungen mit Funktionären der illegalen KPD schließlich auch gelang. Wenig später, in der Nacht vom 5. auf den 6. März 1935, wurden die Mitglieder der Westermann-Gruppe verhaftet. Hans Westermann starb am 16. März im Gestapogefängnis Fuhlsbüttel an den Folgen der Misshandlungen.

Käte Latzke wurde am 26. Juni 1935 vom Oberlandesgericht zu einer mehrjährigen Zuchthausstrafe wegen Hochverrats verurteilt. Sie musste die Strafe zuerst in Lübeck-Lauerhof und anschließend im KZ Moringen verbüßen.

Käte Latzke

Abb.: Gedenkstätte Ernst Thälmann

Im Gefängnis musste sie unsäglich leiden. Sie hatte Ödeme an den Beinen, Hungertyphus und Herzanfälle. 1940 wurde sie aus der Haft entlassen, es wurde ihr aber verboten, in Hamburg zu bleiben. So zog sie nach Stralsund, wo sie als Buchhalterin Arbeit fand.

Am 14. Dezember 1943 wurde sie auf Veranlassung der Hamburger Gestapo wegen ihres Kontaktes zu ihrer früheren Hamburger Genossin Magda Thürey *(siehe ➤ Thüreystraße, in diesem Band)* und Hamburger Mitgliedern der Bästlein-

** **Band 3 online** unter: www.hamburg.de/maennerstrassennamen

Jacob-Abshagen-Gruppe verhaftet und ins KZ Ravensbrück deportiert. Dort starb sie infolge der erlittenen Folterungen und der Schwerstarbeit, die sie verrichten musste, an Typhus.

Siehe auch ➤ Thüreystraße, in diesem Band.

Karolinenplatz
St. Pauli, seit 2009, benannt in Anlehnung an die Karolinenstraße

Karolinenstraße
St. Pauli, seit 1841, benannt nach Caroline Lucie Spalding, geb. Reuter. Vermutlich nach der Mutter des damaligen Patrons der Vorstadt St. Pauli, Senator Spalding

Andere Quellen nennen den Vornamen: Christina, geboren 1744, gestorben 1804. Pastorentochter aus Westfalen. Verheiratet mit dem Kaufmann Thomas Heinrich Spalding (1728–1803) *(siehe ➤ Spaldingstraße, in Bd. 3 online**)*. Das Paar hatte neun Kinder, geboren: 1766, 1767, 1768, 1770, 1772, 1773, 1774, 1778 und 1780.

*Siehe auch ➤ Spaldingstraße, Hammerbrook, seit 1842: Andreas Friedrich Spalding (1778–1859), Senator, in Bd. 3 online**.*

Katharina-Jacob-Weg
Groß-Borstel, seit 1992, benannt nach Katharina Jacob, geb. Emmermann (6.3.1907 Köln–23.8.1989 Hamburg), Widerstandskämpferin gegen den Nationalsozialismus. Mitglied der Widerstandsgruppe Bästlein-Jacob-Abshagen. Kaufmännische Angestellte, Lehrerin

Katharina Emmermann war ein Kölner Arbeiterkind. Sie hätte gern die höhere Schule besucht, doch die Familie besaß dazu nicht die finanziellen Mittel. Katharina Emmermann wurde Kontoristin und engagierte sich in der Jugendgruppe der Gewerkschaft der Angestellten (GDA). Wegen politisch linksgerichteter Tendenzen wurde die Jugendgruppe bald verboten. Katharina Emmermann gründete daraufhin mit anderen Jugendlichen die Jugendgruppe „Florian Geyer". 1926 trat Katharina Emmermann dem Kommunistischen Jugendverband Deutschlands bei – ab 1927 in Hamburg – und 1928 der KPD.

Im kommunistischen Jugendverband hatte sie Walter Hochmuth kennen- und lieben gelernt. Das Paar heiratete 1927 und zog von Köln nach Hamburg, wo Walter Hochmuth 1931 Mitglied (KPD) der Hamburgischen Bürgerschaft wurde. Im selben Jahr wurde ihre gemeinsame Tochter Ursel Hochmuth geboren.

Nach der Machtübernahme durch die Nationalsozialisten befand sich das Ehepaar Hochmuth im illegalen Widerstand. Walter Hochmuth wurde daraufhin steckbrieflich gesucht und ging in den Untergrund. Katharina Hochmuth wurde im Juli 1933 wegen Verteilens von Flugblättern verhaftet und am 20. Dezember 1934 zu einem Jahr Gefängnis wegen Vorbereitung zum Hochverrat verurteilt. Sie war bis zum 20. Dezember 1935 in der Haftanstalt Lübeck-Lauerhof, zusammen u. a. mit Lucie Suhling (siehe ➤ Lucie-Suhling-Weg, in diesem Band) inhaftiert.

1938 kam es zur nächsten Festnahme; Katharina Hochmuth wurde im Polizeigefängnis Fuhlsbüttel inhaftiert.

1939 ließ sich das Ehepaar Hochmuth scheiden. 1940 begegnete Katharina, gesch. Hochmuth, ihrem späteren zweiten Ehemann, dem ehemaligen KPD-Bürgerschaftsabgeordneten Franz Jacob, wieder, der 1940 nach langjähriger „Schutzhaft" aus dem KZ Sachsenhausen entlassen worden war und nun nach Hamburg zurückkehrt war. Die beiden kannten sich schon aus Zeiten, als sie Mitglieder im Kommunisti-

schen Jugendverband Deutschlands gewesen waren. Das Paar heiratete im Dezember 1941.

Mit ihrem Mann und anderen Genossen führte Katharina Jacob die illegale KPD weiter und baute die Widerstandsorganisation „Bästlein-Jacob-Abshagen-Gruppe" mit auf. In über dreißig Betrieben und Werften entstanden illegale Gruppen, um den Kampf gegen das Nazi-Regime zu führen. Katharina Jacobs Arbeit bestand u. a. darin, Treffs zu vereinbaren, Geld zu sammeln und Geldspenden an die Organisation zu überbringen, mit denen ausländische Zwangsarbeiter und Kriegsgefangene unterstützt wurden.

1942 bekam das Ehepaar Jacob die Tochter Ilse Jacob.

Als Franz Jacob steckbrieflich gesucht wurde, tauchte er unter und setzte den Widerstand in Berlin mit Bernhard Bästlein und Anton Saefkow fort. Dort bauten diese eine große Widerstandsorganisation auf. Katharina Jacob belieferte sie mit Nachrichten aus Hamburg.

Nachdem Franz Jacob entdeckt und am 4. Juli 1944 verhaftet worden war, wurde Katharina Jacob zwei Tage später ebenfalls verhaftet. Die beiden wurden in der Prozessserie gegen die Bästlein-Jacob-Abshagen-Gruppe vor den Volksgerichtshof gestellt. Franz Jacob wurde am 5. September 1944 zum Tode verurteilt und am 18. September 1944 hingerichtet. Katharina Jacob wurde am 20. September 1944 aus Mangel an Beweisen freigesprochen, dennoch von der Gestapo als „Schutzhäftling" ins Frauenkonzentrationslager Ravensbrück gebracht, wo sie bis zur Befreiung vom Hitlerfaschismus inhaftiert war.

Katharina Jacob

Abb. v.l.n.r.: KZ-Gedenkstätte Neuengamme | Aus: Hauptkirche St. Katharinen (Hrsg.): St. Katharinen. Die Hauptkirche und ihr Viertel – eine Wiederentdeckung. Hamburg 2013, S. 137 /
Fotograf: Heinz-Joachim Hettchen (Holzfigur um 1500, in der Kirche St. Katharinen)

1947 besuchte Katharina Jacob einen Sonderlehrgang bei Anna Siemsen (siehe ▶ Anna-Siemsen-Gang, in diesem Band), um Lehrerin zu werden. Ab 1948 unterrichtete sie 25 Jahre lang an der Schule Winterhuder Weg in Hamburg. Außerdem war sie in der Friedensarbeit aktiv, war Vorsitzende des Kuratoriums Ehrenhain Hamburger Widerstandskämpfer, im Landesvorstand der Vereinigung der Verfolgten des Naziregimes (VVN), Mitglied der DKP und Seniorenvertreterin in der Lehrergewerkschaft GEW.

Siehe auch ▶ Anna-Siemsen-Gang, Catharina-Fellendorf-Straße, Erna-Behling-Kehre, Gertrud-Meyer-Straße, Helene Heyckendorf-Kehre, Lisbeth-Bruhn-Stieg, Lucie-Suhling-Weg, Margit-Zinke-Straße, Marie-Fiering-Kehre, Thüreystraße, Tennigkeitweg, in diesem Band.

Siehe auch ▶ Bittcherweg, Wilstorf, seit 1984: Herbert Bittcher (1908–1944), Mitglied der SPD, Widerstandskämpfer gegen den Nationalsozialismus, in Bd. 3 online**.

Siehe auch ▶ Ernst-Mittelbach-Ring, Niendorf, seit 1982: Ernst Mittelbach (1903–1944), Gewerbeoberlehrer, Widerstandskämpfer gegen den Nationalsozialismus, und Ernst-Mittelbach-Stieg, Niendorf, seit 1987, in Bd. 3 online**.

Siehe auch ▶ Karl-Kock-Weg, Wilstorf, seit 1988: Karl Kock (1908–1944), Gummifacharbeiter aus Harburg, Kommunist, Widerstandskämpfer gegen den Nationalsozialismus, in Bd. 3 online**.

Siehe auch ▶ Kurt-Schill-Weg, Niendorf, seit 1982: Kurt Schill (1911–1944), KPD-Widerstandskämpfer gegen den Nationalsozialismus, in Bd. 3 online**.

Siehe auch ▶ Rudolf-Klug-Weg, Niendorf, seit 1982: Rudolf Klug (1905–1944), Lehrer, kommunistischer Widerstandskämpfer gegen den Nationalsozialismus, in Bd. 3 online**.

Siehe auch ▶ Werner-Schroeder-Straße, Allermöhe, seit 2002: Werner Schroeder (1916–1993), Bäcker, Kommunist, Widerstandskämpfer gegen den Nationalsozialismus, in Bd. 3 online**.

** Band 3 online unter: www.hamburg.de/maennerstrassennamen

Katharinenbrücke

Altstadt, seit der 2. Hälfte des 13. Jahrhunderts, benannt nach Katharina von Alexandrien, Prinzessin aus Zypern (im 4. Jahrhundert am 25.11. in Alexandria den Märtyrertod gestorben). Ihr wurde die benachbarte St. Katharinen-Kirche geweiht.

Katharina von Alexandrien hatte sich geweigert, an dem heidnischen Opferfest des Kaisers Maxantius teilzunehmen. Sie warf dem König Abgötterei vor und bekannte sich mit gelehrten Worten zum Christentum. 50 Philosophen sollten Katharina widerlegen – sie überzeugte jedoch alle. Die Folge: Die Philosophen bekannten sich zum christlichen Glauben, und auch die Kaiserin und 200 Ritter ließen sich von Katharina bekehren. Daraufhin wurden alle auf kaiserlichen Befehl gemartert und enthauptet. Katharina wurde an ein Rad genagelt und gefoltert. Als das Rad zerbrach, wurde Katharina mit dem Schwert enthauptet.

Die Legende erzählt, dass Engel ihren Leib zum Berg Sinai trugen und ihn dort bestatteten. Auf diesem Platz steht ein Katharinenkloster.

Dargestellt wird Katharina oft in fürstlicher Bekleidung, mit einem zerbrochenen Rad und einem Schwert.

Katharina gilt für Nonnen, Schülerinnen, Mägde, Konfektionsarbeiterinnen und Krankenpflegerinnen als Vorbild der Reinheit. Wegen ihrer gelehrten Disputation war sie Schutzherrin der Philosophie, der Universitäten, der Bib-

Heilige Katharina

liotheken und der Studierenden. Durch die erlittenen Folterungen am Rad wurde Katharina die Schutzpatronin der Spinnerinnen, Wagner, Müller, Scherenschleifer, Chirurgen und Barbiere. Als Nothelferin wurde sie u. a. angerufen gegen das „Gehemmtsein der Zunge".

Da Katharina sehr bekannt und beliebt war, wurde sie die Patronin der St. Katharinen-Kirche.

Katharinenfleet

Altstadt, seit 1960, benannt nach dem ehemals sich dort befindenden Katharinenfleet

Katharinenkirchhof

Altstadt, seit dem 15. Jahrhundert, benannt nach dem Kirchhof der St. Katharinen-Kirche

Katharinenstraße

Altstadt, seit dem 14. Jahrhundert, benannt nach der Patronin der St. Katharinen-Kirche

Kattunbleiche*

Wandsbek, seit 1951, benannt nach den Bleichflächen der Kattundruckerei im 18. und 19. Jahrhundert

Das Bleichen wurde oft von Frauen ausgeführt. Die Bleicherinnen wuschen die Tücher, breiteten sie dann auf den Bleichflächen, die sich stets im Freien und am Wasser befanden, aus und spannten die Tücher an Pflöcken fest. Das Tuch wurde mehrmals am Tag mit Wasser begossen.

Siehe auch ➤ *Große Bleichen und Hohe Bleichen, in diesem Band.*

Klabundeweg

Bergstedt, seit 1962, benannt nach Erich Klabunde. 2001/2002 ergänzt um die ebenso bedeu-

tende Ehefrau *Clara Klabunde. Neuer Erläuterungstext: benannt nach dem Ehepaar Clara K. (30.12. 1906 Hamburg–7.7.1994 Hamburg), Rechtsanwältin, Richterin, 1966 erste Gerichtspräsidentin in der Bundesrepublik Deutschland als Präsidentin des Landesarbeitsgerichts Hamburg, und Erich K. (1907–1950), Journalist und Bürgerschaftsabgeordneter (SPD) Ihr Grab befindet sich auf dem Ohlsdorfer Friedhof, Lage: Z 11, 169.*

Ein Urteil müsse tragbar sein – ob es richtig ist, lasse sich nicht immer eindeutig sagen, äußerte Clara Klabunde über ihre Tätigkeit als Richterin.

Clara Klabunde

Anfang des 20. Jahrhunderts geboren, gehörte Clara Klabunde zu den wenigen Frauen, die in einem seit Jahrhunderten den Männern vorbehaltenen Beruf tätig wurden: der Juristerei. In diesem Bereich brachte sie es zur ersten Gerichtspräsidentin der Bundesrepublik Deutschland.

Verheiratet war sie mit dem Journalisten Erich Klabunde, dem unter den Nationalsozialisten verboten wurde, zu publizieren, und der seine Arbeit aufgeben musste. Zwischen 1933 und Anfang der 1950-er Jahre arbeitete sie als Rechtsanwältin. Gemeinsam mit Wilhelm Drexelius *(siehe* ➤ *Wilhelm-Drexelius-Weg, in Bd. 3 online**)* führte sie eine Kanzlei am Neuen Wall.

Nach dem Zweiten Weltkrieg wurde Clara Klabunde, deren Mann nun Vorsitzender der SPD-Bürgerschaftsfraktion war, ehrenamtliches Mitglied in einer Reihe von Gremien. Im Rahmen der Entnazifizierungsverfahren war sie als

Abb. v.l.n.r.: Staatsarchiv Hamburg (2)

---

* Straßennamen auf unterlegtem Feld verweisen auf Frauenorte, Frauenarbeiten und -aktivitäten.

** Band 3 online unter: www.hamburg.de/maennerstrassennamen

Spruchkammervorsitzende, außerdem im beratenden Ausschuss für das Pressewesen, im Vorstand des Hamburgischen Anwaltsvereins und der Vereinigung weiblicher Juristen und Volkswirte tätig. Nachdem ihr Mann 1950 gestorben war, ging Clara Klabunde in den Staatsdienst und wurde Richterin.

Neben dieser Tätigkeit fungierte sie 25 Jahre als Verfassungsrichterin am Hamburgischen Verfassungsgericht und gehörte außerdem lange dem Vorstand des Hamburgischen Richtervereins an.

1952 wurde Clara Klabunde zur Vorsitzenden am Landesarbeitsgericht Hamburg und zur Landesarbeitsgerichtsdirektorin berufen und war entscheidend bei der Entwicklung des damals nur teilweise kodifizierten Arbeitsrechts beteiligt, welches den sozialen Gegebenheiten der Nachkriegszeit angepasst werden musste.

Am 1. September 1966 wurde Clara Klabunde als erste Frau in der Bundesrepublik Deutschland zur Präsidentin eines Landesarbeitsgerichtes ernannt. Fünf Jahre wirkte sie als Gerichtspräsidentin und trat 1971 in den Ruhestand. Für ihre Verdienste um das Rechtswesen erhielt Clara Klabunde die Medaille für Treue Arbeit im Dienste des Volkes in Silber.

Siehe auch ➤ **Wilhelm-Drexelius-Weg,** *in Bd. 3 online**.*

Klärchenbrücke

Winterhude, seit 1904, benannt in Anlehnung an die Klärchenstraße. (Im Zuge der Klärchenstraße über den Leinpfadkanal führend)

Siehe auch ➤ **Agnesstraße, Dorotheenstraße, Klärchenstraße, Maria-Louisen-Brücke, Maria-Louisen-Stieg, Maria-Louisen-Straße,** *in diesem Band.*

Siehe auch ➤ **Andreasstraße,** *Winterhude, seit 1866, Andreas Meyer (?–?), benannt nach dem*

Freund und Helfer des Grundstücksbesitzers Herrn Sierich, in Bd. 3 online**.

Siehe auch ➤ **Sierichstraße,** *Winterhude, seit 1863: Adolph Sierich (1826–1889), Grundeigentümer, in Bd. 3 online**.*

Klärchenstraße

Winterhude, seit 1866, benannt nach **Clara Octavia,** *geb. Repsold. Zweite Frau des Unternehmers und Grundeigentümers Adolph Sierich*

Clara Octavia Sierich

Mit ihm hatte sie drei Kinder. **Clara Octavia** war die Enkelin von Johann Georg Repsold sowie Schwester von Agnes Ahrens, geb. Repsold *(siehe* ➤ **Agnesstraße,** *in diesem Band).*

Siehe auch ➤ **Agnesstraße, Dorotheenstraße, Klärchenbrücke, Maria-Louisen-Brücke, Maria-Louisen-Stieg, Maria-Louisen-Straße,** *in diesem Band.*

Siehe auch ➤ **Andreasstraße,** *Winterhude, seit 1866, Andreas Meyer (?–?), benannt nach dem Freund und Helfer des Grundstücksbesitzers Adolph Sierich, in Bd. 3 online**.*

Siehe auch ➤ **Repsoldstraße,** *St. Georg, seit 1843: Johann Georg Repsold (1771–1830), Feinmechaniker, Spritzenmeister, besaß die Firma Repsold & Söhne, eine Werkstatt für astronomische Instrumente, in Bd. 3 online**.*

Siehe auch ➤ **Sierichstraße,** *Winterhude, seit 1863: Adolph Sierich (1826–1889), Grundeigentümer, in Bd. 3 online**.*

Kleine Marienstraße

Altona, vor 1737, benannt nach **Anna Maria Eiffler,** *geb. Kupferschmidt (gest. 1715) aus Marschacht. Ehefrau des Bürgermeisters Hans Christian Eiffler (siehe* ➤ **Eifflerstraße,** *in Bd. 3 online**)*

Siehe auch ➤ **Eifflerstraße**, *Sternschanze, seit 1950: Hans Christian Eiffler (1630–1703), Bürgermeister in Altona, in Bd. 3 online**.*

Klopstockstraße

Ottensen, seit 1846, benannt nach dem Dichter Friedrich Gottlieb Klopstock. 2001/2002 ergänzt um die ebenso bedeutende Ehefrau Meta Moller. Neuer Erläuterungstext: benannt nach Friedrich Gottlieb K. (1724–1803), Dichter, und dessen Ehefrau Margaretha, genannt Meta K. (16.3.1728 Hamburg–28.11.1758 Hamburg), unter dem Namen Meta Moller bekannt, Schriftstellerin

Meta Moller, Tochter aus gutem Hause, wurde im Alter von acht Jahren Halbwaise, als ihr Vater Peter Moller, ein Kaufmann, verstarb. Ein Jahr später heiratete Metas Mutter Catharina Margaretha, geb. Persent, ein zweites Mal. Doch das Verhältnis zu dem Stiefvater Martin Hulle war so schlecht, dass Meta zu ihrer Schwester Elisabeth Schmidt in die Große Reichenstraße zog.

Meta Moller war „eine sprachenkundige und literarisch interessierte junge Frau, die im Kreise des Dichters Friedrich von Hagedorn *[siehe* ➤ **Hagedornstraße**, *in Bd. 3 online**]* verkehrte und eine Reihe der Mitarbeiter der ‚Bremer Beiträge‘ persönlich kannte. Für die 1744 gegründeten ‚Neuen Beyträge zum Vergnügen des Verstandes und Witzes‘, die wegen ihres Erscheinungsortes kurz die ‚Bremer Beiträge‘ genannt wurden, war Klopstock eine Zentralfigur, zumal, seitdem er dort 1748 die ersten drei Gesänge des ‚Messias‘ veröffentlicht hatte. Um dieses Zentralgestirn herum kreisten Namen wie Nikolaus Dietrich Giseke, Karl Christian Gärtner oder Johann Andreas Cramer, mit denen Meta Moller in Kontakt war. Eben jene ersten drei Gesänge des ‚Messias‘ aber sollten der jungen 23-jährigen Frau gewissermaßen zum Schicksal werden. Von ihrer

Schwester Elisabeth Schmidt ist ein Bericht erhalten, der auf eindrückliche Weise die Vorgeschichte ihrer Begegnung mit Klopstock darstellt. Diese hält im Rückblick eine Geschichte fest, die uns auch einen Eindruck in gelegentlich seltsame Zugangswege von Frauen zur Literatur verschaffen kann: ‚Meta hat den Messias dadurch zuerst kennen lernen, daß sie etwas von den 3 ersten Gesängen, in Papilloten (Haarwickler) zerschnitten, auf der Toilette einer ihrer Freundinnen gefunden, welches sie zusammen geklebt, und mit großem Beyfall gelesen; Giseke vielem Feuer gefragt: Ist mehr von diesen (!) göttlichen Gedicht zu haben und wo? Und wer ist der Verfasser. Gisekens Antwort war: Es sind erst 3 Gesänge heraus in den Beyträgen ich will sie mitbringen; und der Verfasser heißt Klopstock, ja wen sie den kennen lernten, so würde ich ganz ausgethan das wäre ganz der Freund für die Mollern (…)‘[1]

Giseke vermittelte die Begegnung, nach der Meta verlangte. Bei seinem nächsten Zusammentreffen mit Klopstock in Braunschweig sagte er: „Höre Klopstock du must in Hamburg: ein Mädchen besuchen die heist Mollern. Ich gehe nicht nach Hamburg: um Mädchen zu sehen, nur Hagedorn will ich sehen; ach Klopstock das Mädchen must du sehen daß ist so ein ganz ander Mädchen als andere, sie ließt den Messias mit Entzücken, sie kent dich schon, sie erwartet dich, nun noch lang und breit Meta beschrieben Klopstock: geräth dabey in tiefes Nachsinnen.“[2]

Über ihre erste Begegnung mit Klopstock im April 1751 schrieb Meta: „Nun mache ich die Thür auf, nun sehe ich ihn – Ja hier mußte ich Empfindungen malen können. – Ich hatte schon so viele Fremde gesehen, aber niemals hatte ich einen solchen Schrecken, einen solchen Schauer empfunden. Auch hatte gar nicht die Meynung, daß ein ernsthafter Dichter finster und mürrisch

---

**   Band 3 online unter: www.hamburg.de/maennerstrassennamen

1)   Franziska und Hermann Tiemann: Es sind wunderschöne Dinger, meine Briefe, Meta Klopstocks Briefwechsel

1751–1785. München 1980, S. 15.
2)   Franziska und Hermann Tiemann, a. a. O., S. 13.

aussehen, schlecht gekleidet seyn und keine Manieren haben müsse aber ich stellte mir doch auch nicht vor daß der Verfasser des Messias so süß aussehe, und so bis zur Vollkommenheit schön wäre (Denn das ist Klopstock in meinen Augen, ich kanns nicht helfen, daß ichs sage)."[3]

Meta Moller

Nach dieser Begegnung fuhr Klopstock nach Kopenhagen, wohin ihn der dänische König Friedrich V. eingeladen hatte, um dort den „Messias zu vollenden". Dafür erhielt Klopstock eine Pension von 400 Reichstalern.

Im Sommer 1752 verlobten sich Meta Moller und Klopstock, allerdings gegen den Willen von Metas Familie. Zwei Jahre später fand die Hochzeit statt. Das Paar zog nach Dänemark, wo es in Lyngby bei Kopenhagen lebte.

Meta unterstützte ihren Mann bei seiner schriftstellerischen Tätigkeit, war seine erste Kritikerin. Da sie mehrere Sprachen sprach, vermittelte sie ihm auch englische Literatur. Selbst war auch sie schriftstellerisch tätig. Ihre Briefe sind später veröffentlicht worden. So schrieb sie z. B. das Drama „Abels Tod".

Als Meta, die bereits zwei Fehlgeburten durchlitten hatte, erneut schwanger wurde, zog sie nach Hamburg, um dort zu entbinden. Sie starb 1758 nach der Entbindung ihres ersten Kindes, das tot geboren wurde. Beide wurden auf dem Kirchhof von Ottensen an der Christianskirche beerdigt. Das Grab befindet sich heute noch dort.

Vor der Liebe zu Meta hatte Klopstock, der empfindsame Schriftsteller, der sich mit seinen Werken bewusst an Frauen wandte, „wohl wissend, daß bei ihnen die Empfänglichkeit für die ‚Bewegung der ganzen Seele' besonders ausgeprägt vorhanden war, und am ehesten ‚verstehend empfinden' konnten, was er meinte", im Alter von 23 Jahren seine erste Liebe erlebt. Klopstock, der „nach dem Erscheinen der ersten drei ‚Messias'-Gesänge sein Theologiestudium abgebrochen [hatte] und (..) im Frühjahr 1748 Hauslehrer bei einer entfernt verwandten Familie eines Kaufmannes (…) in Langensalza geworden [war]," glaubte, da er über ein gewisses dichterisches Selbstbewusstsein verfügte, „er könne seine geliebte Kusine Maria Sophia Schmidt in Langensalza, (…) über den tiefen materiellen Standesunterschied hinweg für sich gewinnen".[4] Doch seine Liebe wurde nicht erwidert: einen Dichter zu heiraten, war eine unsichere materielle Basis für eine junge Frau. Klopstocks unerwiderte Liebe „enttäuschte ihn nicht nur (…), sondern verunsicherte tief sein religiöses Selbst- und Weltverständnis, sein göttliches Auserwähltheitsbewußtsein. (…) Die Liebe war für den Liebenden (…) vor allem eine Sache zwischen dem Liebenden und dem allerhöchsten Verursacher dieser Liebe: Gott. (…) Seine unerfüllt gebliebene Liebe störte (..) die harmonische Weltordnung Gottes, deren Getriebe nur Liebe, nicht auch Hunger (…) zusammenhält".[5]

Aber zurück zu Meta: Der Tod Metas war für Klopstock eine Katastrophe, an dem er noch Jahre zu tragen hatte. „Das Gefühl für Meta blieb in Klopstock, auch nach ihrem Tod offensichtlich unvermindert lebendig, sie blieb der Maßstab für eine neue Beziehung. Die Überlieferungen geben Auskunft, dass er diese neue Beziehung gesucht hat, sie ihm aber nicht gelungen ist. Wir wissen von zwei Beziehungen, die beide nach fast gleichem Muster abgelaufen zu sein scheinen. Das ist einmal 1762 die Begegnung mit der 18 Jahre jüngeren Sidonie Diede-

3) F. u. H. Tiemann, a. a. O., S. 9.
4) Klaus Hurlebusch: Friedrich Gottlieb Klopstock. Hamburg 2003, S. 30.
5) Klaus Hurlebusch, a. a. O., S. 31ff.

rich [sie 20 Jahre, er 38 Jahre alt] aus Blankenburg."[6] „Es ist eine Liebe zu dritt (…), die geliebte Frau, die nicht mehr lebt, wird gleichsam mitgenommen in die neue Beziehung, weil noch immer sie das Maß ist. Soll die verlorene Liebe in der neuen fortleben? (…)"[7] Oder musste der Dichter „Schuldgefühle gegenüber der toten Geliebten" haben, „wenn er sich einer neuen Liebe zuwendet?"[8]

Aber auch diese Liebe kam nicht zum Ziel: der Vater der Angebeteten hatte schon einen anderen Mann für seine Tochter ausersehen.

Auch eine weitere Liebe zu einer sehr viel jüngeren Frau, die ebenfalls einem anderen Mann versprochen war, scheiterte.

Doch das Jahr 1770 brachte eine Wende in Klopstocks Leben. Klopstock, der in Dänemark gelebt hatte, zog, nachdem sein Gönner und Freund, der dänische Minister Graf von Bernstorff, 1770 durch Struensee (siehe ➤ Struenseestraße, in Bd. 3 online**) aus seinem Amt verdrängt worden war, mit ihm nach Hamburg. Dort nahm Klopstock bei dem Kaufmann Johann Martin von Winthem Quartier auf. Dieser war mit Klopstock durch die 1769 geschlossene Heirat mit dessen angeheirateter Nichte Johanna Elisabeth, geb. Dimpfel (1747–1821) (eine Nichte von Meta), verwandt. Klopstock kannte Johanna Elisabeth seit ihrer Kindheit im Alter von fünf Jahren. Nun war sie Mitte zwanzig, verheiratet; Mutter von vier Kindern, und führte einen aufwendigen Lebensstil. Als Johann Winthem 1773 Bankrott machte, fühlte sich Klopstock verpflichtet, seiner Nichte mit Rat und Tat zur Seite zu stehen. Er teilte mit ihr sein Geld und zog auch mit der Familie, die sich nun räumlich verkleinern musste, in die Königstraße (heute Poststraße). Hier war Klopstock der eigentliche Hausherr (die Ehe der Winthem verlief nicht glücklich). Er empfing viele Besuche, und hier wurde seine legendäre Lesegesellschaft (Klopstock-Büsch'sche Lesegesellschaft) abgehalten, die er kurz nach seiner Ankunft in Hamburg 1770 gegründet hatte. Lessing (siehe ➤ Lessingstraße, in Bd. 3 online**) schrieb darüber am 12. Februar 1770 in einem Brief an Eva König (siehe ➤ Eva-König-Bogen, in diesem Band) nach Wien: Klopstock habe viele Frauen und Mädchen in Hamburg beredet: „auf den Schrittschuhen laufen zu lernen, um ihm Gesellschaft zu leisten. Aber das ist noch gar nichts gegen eine Lesegesellschaft, die er bei der Frau von Winthem errichtet hat, und von der alle unsere Freundinnen sind".[9] Eva König antwortete darauf: „Die Klopstockischen Schrittschuh- und Lesegesellschaften haben mich herzlich zu lachen gemacht. Meine Imagination stellte mir gleich den ganzen Kreis von Damen vor, und ihn mitten darinnen voller Entzückung, in dem er bei einer rührenden Stelle die Tränen von den Wangen seiner Zuhörerinnen herunterrollen sah." (16.3.1771).[10]

Johanna von Winthem stand an der Spitze dieses schöngeistigen Kreises, über den Lessing und Eva König spotteten. In diesem Kreis war es nicht nur vorgeschrieben, dass die Damen in der Überzahl zu sein hatten, sie hatten auch allein über die zu lesenden Texte zu befinden, „damit nicht unmoralische Sachen zu Gehör gebracht wurden. (…) Vor allem die Empfindung für Klopstocks eigene Dichtung sollte geschult werden".[11] Und es musste für die Abende Eintrittsgeld bezahlt werden. Damit war die Lesegesellschaft, von der nicht genau gesagt werden kann, wie lange sie bestand (nachweisbar bis 1784), auch eine gute Einnahmequelle für Klopstock.

Als Eva König zurück nach Hamburg kam, konnte sie feststellen, dass ihre Freundinnen Klopstocks Lesegesellschaft mit Begeisterung aufgenommen hatten. Die Damen trafen sich zuerst bei von Winthems, später gingen sie zu Madame

** Band 3 online unter: www.hamburg.de/maennerstrassennamen

6) Heidi Ritter: Klopstocks (Ver)Bindungen zu Frauen, in: Klopstocks (Ver)Bindungen zu Frauen „… wenn

man von liebenswürdigen Leserinnen verehrt wird." Sonderausstellung im Klopstockhaus Quedlinburg vom 14. März 2003 bis 31. Dezember 2003. Hrsg. Städtisches Museum Quedlinburg. Quedlinburg 2003, S. 12. (Bd.

VII: Schriftenreihe des Klopstockhauses.)
7) Heidi Ritter, a. a. O., S. 13.
8) Ebenda.
9) Paul Raabe: Eva König. Hamburg. 2005, S. 67.

Büsch, „die sich für diese Vorlesegesellschaft engagierte (…)".[12]

Den Versammlungsraum der Lesegesellschaft schmückte das große Bild jener Leserin, das Tischbein 1773 für die Gesellschaft gemalt hatte. Auf ihm ist in repräsentativer Haltung die Muse der Deklamation zu sehen, gekleidet in einem antikisierenden Gewand; der Muse zur Seite: ein aufgeschlagenes Buch mit Klopstocks Ode „Teone".

Johanna von Winthem und ihre älteste Tochter Meta wurden die Sängerinnen der Klopstock Oden, die die Hamburgerin Luise Reichardt *(siehe ▶ Reichardtstraße, in diesem Band)* in Musik umgesetzt hatte.

Klopstock widmete der damals 23-jährigen Johanna von Winthem das Lied „Ich bin ein deutsches Mädchen". Beide übersetzten es auch ins Plattdeutsche.

Johanna besuchte mit Klopstock auch die Hamburger Gesellschaften und übernahm seine Korrespondenz.

Nachdem Johannas Mann 1789 gestorben war, wartete Klopstock noch zwei Jahre, bis er 1791 im Alter von 67 Jahren seine „Windeme", wie er Johanna zärtlich nannte, heiratete.

Sie und ihre Tochter Meta wurden Klopstocks treueste Pflegerinnen, als er in seinen letzten Lebensjahren zunehmend an Kraft verlor und von Fieberschüben geplagt wurde.

Johanna Klopstock überlebte ihren zweiten Mann um achtzehn Jahre. Sie starb am 19. Januar 1821 und wurde neben Klopstock beigesetzt. Auf ihrem Grabstein steht: „Klopstocks zweite Gattin Johanna Elisabeth – Seine geliebte Gefährtin und Trösterin auf dem letzten Lebenswege. Metas Liebling. An Herz und Geist ihr ähnlich."

Bei Klopstocks Verhältnis zu Frauen fällt auf, dass hierfür kennzeichnend „der Kontakt zu Frauen der oberen, bürgerlichen oder auch adligen Gesellschaft [ist], die eine hohe Bildung, meist eine große Fähigkeit zu eigenem künstlerischen Ausdruck hatten. Es fällt auf, dass er sich nicht abwertend über dieses weibliche künstlerische Bemühen äußert, es nicht Dilettantismus nennt, wie später Goethe *[siehe ▶ Goetheallee, in Bd. 3 online**]* und Schiller *[siehe ▶ Schillerstraße, in Bd. 3 online**]*. Die dichterischen Versuche Metas (…) sind von Klopstock nach ihrem Tod mit Hochachtung herausgegeben worden, die Kunst der Angelica Kauffmann hat er bewundert, die Sängerin Johanna Elisabeth v. Winthem geschätzt. (…) Klopstock hat es offensichtlich vermocht, mit den Frauen, deren Begabungen ihn überzeugten, ganz partnerschaftlich umzugehen. Sein eigenes hohes Selbstverständnis vom Dichter und seinem Beruf, in dem er sich als Mittler zwischen Gott und den Menschen verstanden wissen wollte, gab ihm ein Gefühl von Unabhängigkeit und Freiheit, das auch in seinem gesellschaftlich-sozialen Handeln sich ausdrückte".[13] Durch solch ein seelisches Rüstzeug ausgestattet, waren Frauen keine Konkurrenz für ihn.

Siehe auch ▶ Eva-König-Bogen, Reichardtstraße, *in diesem Band.*

Siehe auch ▶ Claudiusstraße, *Marienthal, seit 1890: Matthias Claudius (1740–1815), Dichter, in Bd. 3 online**.*

Siehe auch ▶ Goetheallee, *Altona-Altstadt, seit 1928: Johann Wolfgang von Goethe (1749–1832), Dichter, in Bd. 3 online**.*

Siehe auch ▶ Hagedornstraße, *Harvestehude, seit 1870: Friedrich von Hagedorn (1708–1754), Dichter, in Bd. 3 online**.*

Siehe auch ▶ Lessingstraße, *Hohenfelde, seit 1863: Gotthold Ephraim Lessing (1729–1781), in Bd. 3 online**.*

Siehe auch ▶ Schillerstraße, *Altona-Altstadt, seit 1859 und 1950: Friedrich von Schiller (1759–1805), Dichter, in Bd. 3 online**.*

** **Band 3 online** unter: www.hamburg.de/maennerstrassennamen

10) Ebenda.
11) Paul Raabe, a. a. O., S. 71f.
12) Ebenda.
13) Heidi Ritter, a. a. O., S. 27f.

Siehe auch ❯ **Struenseestraße**, *Altona-Altstadt, seit 1950: Johann Friedrich von Struensee (1737–1772), Stadtphysikus in Altona, in Bd. 3 online**.*

Klosterallee*

Harvestehude/Hoheluft-Ost, seit 1870: nach dem Landsitz des Nonnenklosters Harvestehude

Klosteralleebrücke*

Harvestehude, seit 1904: siehe Klosterallee

Klostergarten*

Harvestehude, seit 1896: In Erinnerung an den Klostergarten des Zisterzienserinnen-Klosters Harvestehude

Klosterstern*

Harvestehude, seit 1884: nach dem benachbarten Zisterzienserinnen-Kloster Harvestehude

Klostertor*

Hammerbrook, seit 1856: benannt nach dem benachbarten Kloster St. Johannis, dass in dieser Zeit und an diesem Ort als Damenstift genutzt wurde

Siehe auch ❯ **Abteistraße, Cäcilienstraße, Elebeken, Frauenthal, Heilwigbrücke, Heilwigstraße, Innocentiastraße, Jungfrauenthal,** *in diesem Band.*

Königskinderweg

Schnelsen, seit 1948, Märchenmotiv

Antike Ahninnen der „Königskinder" sind zwei Liebende aus der griechischen Mythologie, wie sie der Dichter Musaios im 6. Jahrhundert v. Chr.

aufgezeichnet hat: Hero, die Priesterin der Aphrodite in Sestos an der Meerenge Hellespont, heute als Dardanellen bekannt, und Leander aus Abydos, einer damals bedeutenden Hafenstadt. Da sie ihre Liebe nur heimlich leben konnten, durchschwamm Leander jede Nacht diese Meerenge, geleitet durch Lichter, die Hero heimlich aufgestellt hatte. Doch eines Nachts löschte der Sturm diese kleinen Leuchtfeuer der Liebe, Leander verlor die Orientierung und ertrank. Als Hero am nächsten Morgen seine Leiche entdeckte, stürzte sie sich ins Meer.

Dieses kleine Epos über eine tragisch endende, große Liebe wurde seither in etlichen Kunstwerken neu erzählt, in einigen Variationen des Stoffes ist es eine neidische Priesterin oder Nonne, die das Licht verlöschen und Leander ertrinken lässt, wie etwa in einer Volksballade, in der es in der ersten Strophe heißt:

> Es waren zwei Königskinder,
> die hatten einander so lieb,
> sie konnten zusammen nicht kommen,
> das Wasser war viel zu tief.

Das Schicksal dieser Königskinder wird zeittypisch bearbeitet, z. B. in Friedrich Schillers (*siehe* ❯ **Schillerstraße**, *in Bd. 3 online***) Ballade „Hero und Leander", in Franz Grillparzers (*siehe* ❯ **Grillparzerstraße**, *in Bd. 3 online***) Trauerspiel „Des Meeres und der Liebe Wellen" oder in Fanny Hensels (*siehe* ❯ **Geschwister-Mendelssohn-Stieg**, *in diesem Band*) dramatischer Szene für Singstimme und Orchester „Hero und Leander."

Dabei werden den Liebenden geschlechtsspezifische Handlungsräume zugewiesen: Hero muss als Priesterin eingeschlossen und keusch leben – und auf den Geliebten warten. Dieser muss erst eine lebensgefährliche Mutprobe wagen, also in der Nacht durch die Meerenge schwimmen, um Liebe und Sexualität zu genießen.

---

* Straßennamen auf unterlegtem Feld verweisen auf Frauenorte, Frauenarbeiten und -aktivitäten.

** **Band 3 online** unter: www.hamburg.de/maennerstrassennamen

Eine andere Perspektive auf dieses sagenhafte Paar entwickelt Elsa Bernstein alias Ernst Rosmer (1866–1949) in ihrer Dichtung „Königskinder", die sie für Engelbert Humperdinck *(siehe ➤ Humperdinckweg, in Bd. 3 online**)* zu einem Libretto für die Oper „Königskinder" umarbeitete.

Als Tochter des Wagnermitarbeiters, Dirigenten und Musikschriftstellers Heinrich Porges (1837–1900) kam sie früh mit Wagners Mythenwelten und antisemitischer Haltung in Berührung. Ihre Eltern waren jüdischer Herkunft und ließen ihre zwei Töchter protestantisch taufen. Verheiratet war sie mit dem Rechtsanwalt und späteren Justizrat Max Bernstein (1854–1925), der Sozialisten verteidigte und das Sozialistengesetz bekämpfte, sich für Demokratie, Rechtsstaat und soziale Gerechtigkeit einsetzte und gegen den „Völkerwahnsinn genannt Krieg".

Das Ehepaar Bernstein veranstaltete in München einen „kultivierten, intellektuellen Salon", wie sich Katia Mann erinnert, die dort ihre Bekanntschaft mit Thomas Mann *(siehe ➤ Thomas-Mann-Straße, in Bd. 3 online**)* festigte. Außerdem trafen sich hier Prominente wie Rainer Maria Rilke *(siehe ➤ Rilkeweg, in Bd. 3 online**)*, Ricarda Huch *(siehe ➤ Ricarda-Huch-Ring, in diesem Band)*, Ludwig Ganghofer, Franz von Stuck etc.

Märchenhaft waren die Entstehungsbedingungen der Königskinder nur bedingt. Heinrich Porges hatte seinem Freund Engelbert Humperdinck, mit dem er zusammen etliche Wagner-Opern auf die Bühne gebracht hatte, das neueste Mädchendrama von Elsa zum Lesen gegeben mit der Frage, ob er dazu nicht Musik komponieren wolle. Humperdinck, der gerade zu einer Aufführung von Hänsel *(siehe ➤ Hänselstieg, in Bd. 3 online**)* und Gretel *(siehe ➤ Gretelstieg, in diesem Band)* unterwegs war, las das Buch in der Bahn und war sehr angetan. Als Melodram

mit gesprochenen Texten wurden die Königskinder 1897 im Münchner Hoftheater mit Erfolg uraufgeführt; es folgten darauf noch Aufführungen an rund 130 Bühnen. Als durchkomponierte Oper gingen die Königskinder dann am 28. Dezember 1910 in der Metropolitan Opera in New York über die Bühne und wurden gefeiert als „die Krone des nachwagnerianischen Opernschaffens". Engelbert Humperdinck war dazu eigens mit Frau Hedwig mit dem Dampfer „Kaiser Wilhelm der Große" angereist.

Geraldine Farrar, die Sängerin der Gänsemagd, wurde auch sehr gelobt wegen ihrer virtuos dressierten Gänse.

Im künstlich märchenhaft gewebten Königskinder-Stoff, in dem sich auch Elemente des Jugendstils und Symbolismus nachweisen lassen, wird auch Gesellschaftskritik deutlich: Ein junges Mädchen, uneheliches Kind einer Henkerstochter und eines Henkersknechtes, der ihren Beinahe-Vergewaltiger umgebracht und dafür zum Tode verurteilt wurde, wächst bei einer alten, weisen und zauberkundigen Frau im Wald auf. Das junge Mädchen, das diese Frau für ihre Großmutter hält, hütet Gänse. Als eines Tages ein Königssohn im Jägerdress vorbeikommt, erfahren beide die Liebe auf den ersten Blick. Der Königssohn schenkt der Gänsemarkt eine Krone; sie will ihn begleiten, doch der Zauber der Hexe hält sie zurück. Er zieht verständnislos weiter. Kurz darauf erscheinen drei Bürger der Stadt Hellabrunn, um die Hexe um Rat zu fragen, denn eine Königin oder ein König werden gesucht. Die Hexe rät:

So macht Eure Ohren lang!
Solche Wahrworte mögt Ihr den Bürgern sagen:
Wenn morgen die Mittagsglocken schlagen,
und Ihr zum Hellafeste bereit
auf Anger und Wiese versammelt seid –
der erste, der schlendert zum Stadttor herein,

**   **Band 3 online** unter: www.hamburg.de/maennerstrassennamen

er sei ein Schalk
oder Wechselbalg,
der mag Euer König sein.

In Hellabrunn wird der Königssohn von der Wirtstochter umworben und verdingt sich als Schweinehirt. Unterdessen hat der Spielmann die Gänsemagd über ihre wahre Herkunft aufgeklärt, worauf sie die Hexe verlässt, die sie verflucht. Hellabrunn erwartet die Ankunft des Königs, doch die Wut ist groß, als um zwölf im Stadttor die Gänsemagd, die Gänse und der Spielmann erscheinen. Königssohn und Gänsemagd, die sich endlich wiederhaben, werden verjagt, der Spielmann ins Gefängnis geworfen und die Hexe verbrannt. Am Schluss sterben die vertriebenen Königskinder. Sie hatten im verlassenen Hexenhaus ihre Krone gegen ein Brot eingetauscht, – das ihnen die zufällig anwesenden Holzhacker und Besenbinder reichen. Es handelt sich jedoch um ein tödliches Zauberbrot, das den beiden schönste Träume beschert. Mit Bildern höchsten Glücks schlafen sie miteinander im Schnee ein und erfrieren, wo sie vom klagenden Spielmann entdeckt werden.

Das Operntextbuch Königskinder war ein großer buchhändlerischer Erfolg. Doch mit Beginn der Herrschaft der Nationalsozialisten geriet die betagte und erblindete Dichterin Elsa Bernstein in den Fokus der Verfolger. Ihr Pseudonym Ernst Rosmer schützte das Büchlein, 1941 war das 191 000ste Exemplar erschienen, bis 1943 sind noch Opernaufführungen nachweisbar. Nach der Machtübernahme durch die Nationalsozialisten wurde Elsa Bernstein zusammen mit ihrer Schwester Gabriele Porges aus der Münchener Wohnung in der Brienner Straße vertrieben. Sie kamen in kleineren Wohnungen unter und wurden schließlich 1942 in das KZ Dachau verschleppt und von da aus in die Prominentenhäuser im KZ Theresienstadt. Gerhart Hauptmann (siehe ➤ Gerhart-Hauptmann-Platz, in Bd. 3 online**), in dessen Arbeitszimmer eine Adolf-Hitler-Büste stand, wie etliche ZeitzeugInnen berichten, sah sich nicht veranlasst, sich für seine Bekannte – er hatte im literarischen Zirkel der Bernsteins verkehrt – und angeheirateten Verwandten Elsa Bernstein einzusetzen. Elsa Bernsteins Tochter Eva (1894–1986), Geigerin und nach dem Zweiten Weltkrieg Professorin an der Musikhochschule in Hamburg, war verheiratet mit Klaus Hauptmann, einem Sohn von Gerhart Hauptmann.[14]
Text: Birgit Kiupel

Siehe auch ➤ **Geschwister-Mendelssohn-Stieg, Gretelstieg, Reichardtstraße, Ricarda-Huch-Ring,** *in diesem Band.*

Siehe auch ➤ **Gerhart-Hauptmann-Platz,** *Altstadt, seit 1946: Gerhart Hauptmann (1862–1946), Schriftsteller, in Bd. 3 online.*

Siehe auch ➤ **Grillparzerbrücke,** *Uhlenhorst, seit 1960: Franz Grillparzer (1791–1872), Dichter, in Bd. 3 online.*

Siehe auch ➤ **Hänselstieg,** *Schnelsen, seit 1970: Märchengestalt, in Bd. 3 online**.*

Siehe auch ➤ **Humperdinckweg,** *Bahrenfeld, seit 1957: Engelbert Humperdinck (1854–1921), Opernkomponist, in Bd. 3 online.*

Siehe auch ➤ **Rilkeweg,** *Groß Flottbek, seit 1950: Rainer Maria Rilke (1875–1926), Dichter, in Bd. 3 online.*

Siehe auch ➤ **Schillerstraße,** *Altona-Altstadt, seit 1859 und 1950: Friedrich von Schiller (1759–1805), Dichter, in Bd. 3 online**.*

Siehe auch ➤ **Thomas-Mann-Straße,** *Bramfeld, seit 1961: Thomas Mann (1875–1955), Schriftstelle, in Bd. 3 online**.*

Kösterstraße

Eppendorf, seit 1901, benannt nach den dort liegenden Stiftswohnungen der Heinrich und Caroline Köster-Testament-Stiftung

**   Band 3 online unter: www.hamburg.de/maennerstrassennamen

14) Rita Bake, Birgit Kiupel (Hrsg.): Elsa Bernstein – Das Leben als Drama. Erinnerungen an Theresienstadt. 3. Auflage, Hamburg 2011. Siehe auch: Elke Liebs: Königskinder, in: Helga W. Kraft, Dagmar C. G. Lorenz (ed): From Fin-de-Siècle to Theresienstadt. New York 2007, S. 45–56.

Heinrich Köster (13.1.1803 Hamburg–30.8.1884 Hamburg) vermachte 1 Million Goldmark für eine wohltätige Stiftung, die den Namen „Heinrich und Caroline Köster Testament-Stiftung" tragen sollte. Vorgesehen war der Bau von Wohnungen für bedürftige kinderreiche Familien und alte Menschen, die diesen zu einer geringen Miete überlassen werden sollten.

Nach dem Tod von Heinrich Köster nahm seine **Witwe Caroline,** geb. Benjamin (16.9.1824–10.9.1894), seine Wünsche und Anordnungen in ihr Testament auf und rief damit die Stiftung rechtswirksam ins Leben. Die Verwirklichung dieser testamentarischen Anordnungen wurde gleich nach ihrem Tod in Angriff genommen. „Schon zu seinen Lebzeiten, in den Siebzigerjah-

Caroline Köster

ren des [19. Jahrhunderts] unterhielt Heinrich Köster 16 kleine einstöckige Häuschen mit 2- und 3-Zimmer-Wohnungen an der (…) heutigen Kellinghusenstraße (…). Er überließ diese Wohnungen in Not Geratenen und Bedürftigen kostenlos oder zu geringer Miete. Da er auch in der Nähe (…) heute Ludolfstraße sein Privathaus hatte, sammelte Heinrich Köster durch den engen Kontakt mit den Bewohnern Erfahrungen, die sich später in den Abordnungen seines Testamentes niederschlugen. Die 16 kleinen Häuschen in Eppendorf waren sein Modell für die Stiftung, (…) [es] sollten (…) nach dem Tode der Eheleute ‚kleine Häuser mit Gärten, für die Arbeiterbevölkerung günstig gelegen, zum halben Mietwert wie ähnliche Wohnungen in der gleichen Gegend gebaut werden (…).‘"[15] So wurden ab 1901 an der heutigen Kösterstraße 23 Reihenhäuser im Stil der Häuser

Abb.: Heinrich und Caroline Köster-Stiftung

gebaut, die an der heutigen Kellinghusenstraße standen (damals Kirchentwiete) und die dort später abgerissen wurden.

Heute unterhält die Stiftung am Amalie-Dietrich-Stieg 2 eine Altenwohnheimanlage. Im 1995 errichteten Neubau wurde die Skulptur von Margarethe Elisabeth Milow, geb. Hudtwalcker *(siehe* ▶ **Hudtwalckerstraße,** *in Bd. 3 online**)* aufgestellt. Sie war die Großmutter des Stifters Heinrich Köster.

Sein Vermögen hatte Heinrich Köster als Kaufmann und Reeder hauptsächlich mit Auslandsgeschäften vornehmlich nach der Karibikinsel St. Thomas gemacht, von der auch seine Frau Caroline stammte.

St. Thomas bildete von 1666 bis 1917 zusammen mit den beiden anderen Jungferninseln St. John und St. Croix die dänische Kolonie Dänisch-Westindien. Diese spielte eine große Rolle im atlantischen Dreieckshandel. Bei diesem lieferten europäische Kaufleute v. a. Branntwein, Pulver und Gewehre nach Guinea (Westafrika) und tauschten die Waren dort gegen Sklavinnen und Sklaven, Gold und Elfenbein. Die Sklavinnen und Sklaven verschifften sie in die Karibik nach St. Thomas, wo sie auf den dortigen Tabak-, Zuckerrohr- und Indigoplantagen grausame Sklavenarbeit leisten mussten. Diese war so unbarmherzig hart, dass die meisten Versklavten jung starben. Im Tausch gegen die Afrikanerinnen und Afrikaner erhielten die Kaufleute Waren wie Zucker, Baumwolle, Indigo, Tabak und Kautschuk, die sie wiederum mit Gewinn auf dem europäischen Märkten verkauften.[16]

Text zur Berufstätigkeit Kösters: Frauke Steinhäuser

Siehe auch ▶ **Hudtwalckerstraße,** *Winterhude, seit 1899: Dr. Martin Hironymus Hudtwalcker (1787–1865), Senator, und Johann Michael Hudtwalcker (1747–1818), in Bd. 3 online**.*

** **Band 3 online** unter: www.hamburg.de/maennerstrassennamen

15) Heinrich und Caroline Köster Testament-Stiftung in Hamburg. Hamburg 1996, S. 5.

16) Christopher Nwanaga: Flensburg im Transatlantischen Dreieckshandel, in: Heiko Möhle (Hrsg.): Branntwein, Bibeln und Bananen, Neuaufl., Berlin 2011, S. 15 f.

Kollwitzring

Billstedt, seit 1971, benannt nach Käthe Kollwitz, geb. Schmidt (8.7.1867 Königsberg–22.4.1945 Moritzburg bei Dresden), Graphikerin, Bildhauerin, Malerin

Käthe Kollwitz entstammte einem sozial engagierten Elternhaus. Der Vater Karl Schmidt (1825–1898) gab sein Jurastudium auf, um sich als Maurermeister sozial engagieren zu können. Die Mutter Katharina, geb. Rupp kam aus einer undogmatischen, freireligiösen Theologenfamilie.

Käthe Kollwitz' Maltalent wurde von ihren Eltern sehr gefördert. Von 1885 bis 1886 studierte sie an der Künstlerinnenschule Karl Stauffer-Berns in Berlin; zwischen 1888 und 1889 absolvierte sie ein Malstudium bei Ludwig Herterich in München. 1890 kehrte sie in ihre Heimatstadt Königsberg zurück. Durch realistische Darstellungen, vor allem des Arbeitermilieus, ergriff sie für das Proletariat Partei. 1891 heiratete sie ihren langjährigen Verlobten, den sozialdemokratischen Kassenarzt Karl Kollwitz, und zog mit ihm nach Berlin. 1892 und 1896 wurden ihre beiden Söhne geboren.

Käthe Kollwitz' Arbeitsbereiche waren die der Mutter, Hausfrau, Arzthelferin in der Praxis ihres Mannes und die der Künstlerin. Ein wesentliches Thema ihres künstlerischen Schaffens war die Frau, die Menschlichkeit und Gefühl vermittelt und Partei ergreift. Käthe Kollwitz kämpfte mit ihrer Malerei für Frieden und soziale Gerechtigkeit. Sie stellte immer wieder Menschen in Not dar. Nach der Uraufführung von Gerhart Hauptmanns Drama *(siehe* ➤ **Gerhart-Hauptmann-Platz,** *in Bd. 3 online**)* „Die Weber" entstand 1898 ihr Zyklus „Ein Weberaufstand". Hier ist, wie in ihrem Zyklus „Bauernkrieg" (1901–1907), die arme, verhärmte, aber nicht resignierende Frau die zentrale Figur.

**　**Band 3 online** unter: www.hamburg.de/maennerstrassennamen

Max Liebermann *(siehe* ➤ **Liebermannstraße,** *in Bd. 3 online**)* war sehr beeindruckt von diesem Werk und schlug vor, Käthe Kollwitz die Kleine Goldene Medaille zu verleihen. Kaiser Wilhelm II. lehnte dies jedoch ab mit der Begründung, er wolle die Auszeichnung nicht durch eine weibliche Preisträgerin herabwürdigen.

Käthe Kollwitz

1899 erfolgte Käthe Kollwitz' Aufnahme in die Berliner Secession, einer oppositionellen Künstler-Innengruppe. 1907 erhielt sie den „Villa-Romana-Preis" und mit ihm ein Atelier in Florenz. Durch ihren Zyklus „Bauernkrieg" hatte Käthe Kollwitz internationale Bedeutung gewonnen und stellte in London, Paris, Wien und Moskau aus.

Als sie nach Berlin zurückkehrte, entwarf sie Plakate, Aufrufe und Flugblätter. 1910 begann sie mit der Bildhauerei.

Käthe Kollwitz vertrat den Standpunkt, dass Kunst die sozialen Bedingungen darzustellen hätte. So arbeitete sie auch für die sozialistische Internationale Arbeiterhilfe (IAH).

Im Ersten Weltkrieg wurde einer ihrer beiden Söhne als Soldat im Krieg getötet. Dadurch wandelte sich Käthe Kollwitz patriotische Einstellung in eine pazifistische.

1932 setzte sie ihrem Sohn durch das von ihr geschaffene Mahnmal „Eltern", das auf dem Soldatenfriedhof in Roggevelde/Belgien aufgestellt wurde, ein Denkmal.

1919 wurde sie als erste Frau Professorin und zum ersten weiblichen Mitglied an der Preußischen Akademie der Künste ernannt. Ebenfalls als erste Frau erhielt sie 1929 den preußischen Orden Pour le Mérite. In den 1920-er Jahren schuf sie diverse Plakate gegen den Krieg und 1924 das sehr bekannt gewordene Plakat gegen den Abtreibungsparagraphen 218.

1933 wurde sie von den Nationalsozialisten aus der Preußischen Akademie der Künste entlassen und ihres Amtes als Leiterin der Meisterklasse für Grafik enthoben – sie hatte Aufrufe gegen den Nationalsozialismus unterschrieben. Auch ihr Mann verlor seine Stellung als Arzt. 1936 erhielt Käthe Kollwitz Ausstellungsverbot; ihre Arbeiten wurden als „entartet" aus der Akademie und dem Kronprinzenpalais entfernt. Käthe Kollwitz zog sich in die innere Emigration zurück. In dieser Zeit war sie voller Resignation. Besonders schlimm wurde es für sie, als 1940 ihr Mann starb, 1942 ihr Enkel in Russland als Soldat getötet und 1943 ihre Wohnung in Berlin ausgebombt wurde. 1944 zog Käthe Kollwitz auf Einladung von Ernst Heinrich von Sachsen in den Rüdenhof nach Moritzburg bei Dresden.

Siehe auch ➤ Vera-Brittain-Ufer, *in diesem Band.*

Siehe auch ➤ Barlachstraße, *Harburg, seit 1947: Ernst Barlach (1870–1938), Bildhauer, in Bd. 3 online**.*

Siehe auch ➤ Gerhart-Hauptmann-Platz, *Altstadt, seit 1946: Gerhart Hauptmann (1862–1946), Schriftsteller, in Bd. 3 online**.*

Siehe auch ➤ Liebermannstraße, *Othmarschen, seit 1947: Max Liebermann (1847–1935), Maler, Radierer, Graphiker, in Bd. 3 online**.*

Kriemhildstraße

Rissen, seit 1933, Gestalt aus dem Nibelungenlied, anonymes Heldenepos um 1200

In der Nibelungensage ist Kriemhild die Schwester von Gunther, dem König von Burgund, und mit dem Helden Siegfried (*siehe* ➤ Siegfriedstraße, *in Bd. 3 online***) verheiratet, der noch dazu der Hüter eines sagenhaften Schatzes ist, des „Nibe-

lungenhortes". Nach der Ermordung von Siegfried, auf Betreiben von Hagen und Kriemhilds Bruder Gunther, versenkt Hagen den Nibelungenhort im Rhein. Die Witwe sinnt auf Rache. Nach ihrer erneuten Eheschließung mit dem Hunnenkönig Etzel/Attila lädt sie ihre Brüder ein. Doch das Wiedersehen mit Kriegsgefolge endet in einem Gemetzel. Kriemhild enthauptet Hagen nach seiner Weigerung, das Versteck des Hortes preiszugeben, ehe sie dann von Hildebrand (*siehe* ➤ Hildebrandtwiete, *in Bd. 3 online***), dem Waffenmeister von Dietrich von Bern, umgebracht wird.

Text: Birgit Kiupel

Siehe auch ➤ Brunhildstraße, *in diesem Band.*

Siehe auch ➤ Alberichstieg, *Rissen, seit 1951: Gestalt aus der Nibelungensage, in Bd. 3 online**.*

Siehe auch ➤ Gernotstraße, *Rissen, seit 1949: Gernot, Gestalt aus der Nibelungensage, in Bd. 3 online**.*

Siehe auch ➤ Hildebrandtwiete, *Rissen, seit 1951: Gestalt aus den Nibelungenlied, in Bd. 3 online**.*

Siehe auch ➤ Mimeweg, *Rissen, seit 1951: Mime der weise Schmied im Nibelungenlied, in Bd. 3 online**.*

Siehe auch ➤ Rüdigerau, *Rissen, seit 1949: Sagenmotiv aus der Nibelungensage, in Bd. 3 online**.*

Siehe auch ➤ Siegfriedstraße, *Rissen, seit 1933: Gestalt aus dem Nibelungenlied, in Bd. 3 online**.*

Siehe auch ➤ Tronjeweg, *Rissen, seit 1985: Hagen von Tronje, Gestalt aus der Gudrun- und Nibelungensage, in Bd. 3 online**.*

Siehe auch ➤ Volkerweg, *Rissen, seit 1949: Volker von Alzey, Gestalt aus der Nibelungensage, in Bd. 3 online**.*

**   **Band 3 online** unter: www.hamburg.de/maennerstrassennamen

L

Lagerlöfstraße

Wellingsbüttel, seit 1947, früher Buchenweg, benannt nach Selma Lagerlöf (20.11.1858 auf Gut Marbacka/Värmland–16.3.1940 auf Gut Marbacka), schwedische Schriftstellerin. Nobelpreisträgerin für Literatur (1909)

Selma Lagerlöf war das zweitjüngste von fünf Kindern von Louise Lagerlöf, geb. Wallroth, und ihrem Mann, dem Gutsbesitzer Leutnant Erik Gustaf Lagerlöf.

Selma Lagerlöf, die mit einem Hüftleiden zur Welt gekommen war, wurde mit ihren Schwestern von einer Gouvernante erzogen; die Brüder durften zur Schule gehen. Doch Selma Lagerlöf, die schon als Kind gern gelesen hatte und sich für die Sagen und Geschichten ihrer Heimat interessierte – mehr als für Hausarbeit –, setzte gegen den Willen ihres Vaters durch, dass sie 1881 nach Stockholm ziehen durfte, um dort bis 1882 ein Mädchengymnasium zu besuchen. Nach Abschluss der Schulausbildung absolvierte sie zwischen 1882 und 1885 eine Ausbildung zur Volksschullehrerin und war dann von 1885 bis 1895 in Landskrona als Pädagogin in einem Mädchenpensionat tätig.

1890, der Vater war 1885 verstorben, musste das elterliche Gut verkauft werden. Diesen Heimatverlust verarbeitete Selma Lagerlöf später in ihren Werken.

Sie hatte das Glück, einer Mäzenin zu begegnen. Die Baronin Sophie Lejonhufvud Adlersparre hatte einige Sonetten von Selma Lagerlöf gelesen und verhalf ihr nicht nur zu einer Veröffentlichung in „Dagny", einem literarischen Blatt der Frauenrechtlerinnen, sondern lud Selma Lagerlöf auf ihr Gut ein, damit sie dort – ein Jahr lang von der Tätigkeit als Lehrerin befreit – schriftstellerisch tätig werden konnte. Ein Jahr darauf erschien ihr Roman „Gösta Berling" (1891). Er wurde Selma Lagerlöfs erster großer literarischer Erfolg. Der Roman wurde verfilmt und kam 1929 mit Greta Garbo als Gräfin Dohna in die deutschen Kinos.

Selma Lagerlöf

1895 gab Selma Lagerlöf ihre Tätigkeit als Lehrerin auf und widmete sich nun ganz der Schriftstellerei. Zum Welterfolg wurde Selma Lagerlöfs Roman „Nils Holgerssons wunderbare Reise" (in Schwedisch 1906/07, in Deutsch 1907/08 erschienen). 1909 erhielt sie als erste Frau den Nobelpreis für Literatur „in Würdigung des hochstrebenden Idealismus, der reichen Phantasie und der vergeistigten Darstellung, die sich in ihrer Dichtung offenbaren". 1914 wurde Selma Lagerlöf als erste Frau in die Schwedische Akademie gewählt.

1908 war Selma Lagerlöf finanziell in der Lage gewesen, den Gutshof von Marbacka zurückzukaufen. Mit dem Geld des Nobelpreises konnte sie dann auch noch das Land zurückerwerben. Nun lebte sie wieder an ihrem Geburtsort, betrieb dort Landwirtschaft und eine Fabrik zur Produktion von Hafermehl.

Eine enge Freundschaft verband sie mit zwei Frauen, Sophie Elkan und Valborg Olander. Mit Valborg Olander scheint Selma Lagerlöf eine Lie-

Abb. v.l.n.r.: Bundesarchiv | KZ-Gedenkstätte Neuengamme/Sammlung Schwarberg

besbeziehung gehabt zu haben. Sie nannte sie, die ihr beim Redigieren von Manuskripten half, eine „richtige Schriftsteller-Ehefrau".

In ihren Romanen stellte Selma Lagerlöf häufig starke, selbstbewusste Frauen dar, die sich gegen schwache und unfähige Männer durchsetzten.

1907 nahm Selma Lagerlöf einen sechsjährigen Jungen als Pflegesohn auf, der später Bauarbeiter wurde und in die USA auswanderte.

Selma Lagerlöf war in der Frauenstimmrechts- und Friedensbewegung aktiv. Während der Zeit des Nationalsozialismus half sie politischen und jüdischen Flüchtlingen.

Leinpfad*

Winterhude, seit 1866: In Erinnerung an das Treideln der Alsterschuten, was Frauenarbeit war. Beiderseits des Leinpfades wurden die Schuten mit Leinen flussaufwärts gezogen. Vier Frauen zogen einen Kahn vom Leinpfad bis zum Treudelberg in Lehmsahl-Mellingstedt.

Leinpfadbrücke

Winterhude, seit 1904: Siehe Leinpfad

Leiserweg

Langenbek, seit 1988, benannt nach Hedwig und Julius Leiser, Jüdisches Ehepaar aus Harburg-Wilhelmsburg.
Hedwig, geb. Goldberg (27.11.1879 Straßburg–am 6.12.1941 deportiert nach Riga). Julius (24.12.1876 Köln–am 6.12.1941 deportiert nach Riga) Stolperstein vor dem Wohnhaus Hansastraße 47. Ihr Grabstein befindet sich auf dem Jüdischen Friedhof in Hamburg-Harburg.

Lelka-Birnbaum-Weg

Schnelsen, seit November 1996, benannt nach Lelka Birnbaum, zwölf Jahre, Polin; gehörte zu den 20 fünf bis zwölf Jahre alten jüdischen Kindern aus fünf Nationen, die in der Nacht vom 20. auf den 21. April 1945 im Keller der Schule Bullenhuser Damm von Angehörigen der SS erhängt wurden, nachdem an ihnen im KZ Neuengamme medizinische Experimente vorgenommen worden waren

Lelka Birnbaum

*Siehe auch ➤ **Geschwister-Witonski-Straße, Jacqueline-Morgenstern-Weg, Mania-Altmann-Weg, Wassermannpark, Riwka-Herszberg-Stieg, Zylberbergstieg, Zylberbergstraße,** in diesem Band.*

*Siehe auch ➤ **Brüder-Hornemann-Straße,** Schnelsen, seit 1993: Alexander und Eduard Hornemann, acht und zwölf Jahre alt, niederländische Opfer des Nationalsozialismus, in Bd. 3 online**.*

*Siehe auch ➤ **Eduard-Reichenbaum-Weg,** Schnelsen, seit 1993: Eduard Reichenbaum (1934–1945), zehnjähriges polnisches Kind, Opfer des Nationalsozialismus, in Bd. 3 online**.*

*Siehe auch ➤ **Georges-André-Kohn-Straße,** Schnelsen, seit 1992: zwölfjähriges Opfer des Nationalsozialismus, in Bd. 3 online**.*

*Siehe auch ➤ **Jungliebstraße,** Schnelsen, seit 1995: zwölfjähriger Jugoslawe, Opfer des Nationalsozialismus, in Bd. 3 online**.*

*Siehe auch ➤ **Marek-James-Straße,** Schnelsen, seit 1995: Marek James, sechs Jahre alter Pole, Opfer des Nationalsozialismus, in Bd. 3 online**.*

*Siehe auch ➤ **Marek-Steinbaum-Weg,** Schnelsen, seit 1993: Marek Steinbaum, zehn Jahre alter Pole, Opfer des Nationalsozialismus, in Bd. 3 online**.*

*Siehe auch ➤ **Roman-Zeller-Platz,** Schnelsen, seit 1995: Roman Zeller, zwölfjähriger Pole,*

---

*   Straßennamen auf unterlegtem Feld verweisen auf Frauenorte, Frauenarbeiten und -aktivitäten.

**   **Band 3 online** unter: www.hamburg.de/maennerstrassennamen

Opfer des Nationalsozialismus, in Bd. 3 online**.

Siehe auch ➤ Sergio-de-Simone-Stieg, Schnelsen, seit 1993: sieben Jahre alter Italiener. Opfer des Nationalsozialismus, in Bd. 3 online**.

Siehe auch ➤ Günther-Schwarberg-Weg, Schnelsen, seit 2013: Günther Schwarberg (1926–2008), Autor, Journalist, recherchierte und schrieb über das Schicksal der 20 jüdischen Kinder, die am 20.4.1945 in der Schule Bullenhuser Damm ermordet wurden, in Bd. 3 online**.

Levisohnweg

Barmbek-Süd, seit 2014, benannt nach der jüdischen Familie Levisohn; dem Vater Albert L. (17.3.1891–18.2.1942), Kaufmann, 1941 nach Lodz deportiert und 1942 dort verstorben; der Mutter Cilly L. (31.12.1894–Mai 1942) sowie dem Sohn Rolf L. (11.9.1920–Mai 1942), Schlosserlehrling; beide wurden mit dem Vater 1941 nach Lodz deportiert und 1942 in Chelmno ermordet Stolperstein vor dem Wohnhaus Gluckstraße 22–26.

Albert Levisohn wurde als Sohn des jüdischen Ehepaares William und Bertha Levisohn in Hamburg geboren. Seine spätere Ehefrau war die gebürtige Hamburger Jüdin **Cilly Magnus,** die Tochter von Adolf und Jenny Magnus.

Albert und Cilly Levisohn lebten allein in ihrer Wohnung in der Gluckstraße 24, bis im September 1920 ihr erstes gemeinsames Kind **Rolf** geboren wurde. Ihr Sohn war von Geburt an körperlich behindert, er litt an Kleinwuchs. Acht Jahre später kam im Februar ihre Tochter Ruth zur Welt. Die wirtschaftlichen Verhältnisse der Familie waren bescheiden. Albert Levisohn war als Frontkämpfer im Ersten Weltkrieg aktiv gewesen und mit dem Hanseatenkreuz ausgezeichnet worden. Nach dem Krieg machte er

sich als Kaufmann selbstständig. Dann arbeitete er als Buchhalter und später als Bücherrevisor bei der Firma Siegfried Halberstadt, Hohe Bleichen 31, und verdiente dort durchschnittlich 350 RM im Monat, mit denen er seine Familie zu ernähren versuchte.

Bis März 1935 besuchte Rolf Levisohn die Lichtwarkschule, eine bekannte reformpädagogische Schule, die er verlassen musste, weil er jüdisch war. Seine ehemaligen Schulkameraden erinnerten sich später zwar noch an ihn, doch wirkliche Freunde besaß er dort nicht. Nach seiner Entlassung aus der Lichtwarkschule wechselte er zur Talmud Tora Schule, der orthodoxen jüdischen Volks- und Oberrealschule in Hamburg.

Im November 1938, kurz nach dem Novemberpogrom, wurde der 18-jährige Rolf Levisohn festgenommen und zusammen mit rund 6000 jüdischen „Schutzhäftlingen" aus dem gesamten Reich ins Konzentrationslager Oranienburg-Sachsenhausen gebracht. Dort erwarteten ihn zahllose Quälereien und Schikanen. So musste er unter anderem 24 Stunden lang regungslos in eisiger Kälte ausharren oder im Laufschritt schwere Steine transportieren. Bei „Ungehorsam" wurden die Häftlinge zu stundenlangem Stehen vor einem elektrisch geladenen Stacheldrahtzaun gezwungen. Rolf Levisohn berichtete, dass sich viele Häftlinge in den Zaun stürzten, nur um nicht mehr stehen zu müssen. Nach sechs Wochen Haft kehrte er nach Hamburg zurück. Spätestens seit diesen Erfahrungen konzentrierte sich Rolf Levisohn darauf, Deutschland zu verlassen.

Da er schon über 18 Jahre alt war, bestand für ihn nicht mehr die Möglichkeit, mit einem Kindertransport auszureisen. Insbesondere seine Mutter Cilly Levisohn bemühte sich sehr, Verwandte und Bekannte in der ganzen Welt zu kontaktieren, um ihren Sohn irgendwo unterzubringen. Mehr Glück hatte seine damals elfjäh-

**   **Band 3 online** unter: www.hamburg.de/maennerstrassennamen

rige Schwester Ruth. Sie gelangte im Juni 1939 mit einem Kindertransport nach England und entging so weiterer Verfolgung. Zeitweise schien es so, als könne auch Rolf Levisohn mit Hilfe eines Schülerzertifikats zu Bekannten über Basel nach Palästina fliehen, doch alle unternommenen Schritte scheiterten.

Das letzte Abitur an der Talmud Tora Schule fand im Schuljahr 1939/40 statt. Nur noch zwei Schüler waren übrig geblieben, die sich den Prüfungen stellten: Oskar Judelowitz und Rolf Levisohn. Im Fach Deutsch absolvierte Rolf Levisohn sein schriftliches Abitur zum Thema: „Unglück selber taugt nicht viel, doch es hat drei gute Kinder: Kraft, Erfahrung, Mitgefühl". Die Erinnerungen an seine Internierung im KZ Sachsenhausen, die Stigmatisierung durch seine Behinderung und das Leben als Jude im Deutschen Reich beeinflussten seinen Abituraufsatz sicherlich zutiefst. Das Fazit seines Aufsatzes zeigt dies deutlich: „So dürfen wir wohl zusammenfassend sagen, dass wohl das Unglück für den Menschen im Augenblick etwas Entsetzliches ist, dass aber gerade durch das Unglück ein Mensch zur Vollkommenheit gelangt." Am 12. Januar 1940 bestand Rolf Levisohn die Reifeprüfung, die unter dem Vorsitz von Oberschulrat Oberdörffer abgenommen wurde.

Nach seinem Abitur bemühte sich Rolf Levisohn weiterhin um seine Auswanderung. Aus diesem Grund gehörte er dem zionistischen Jugendbund Habonim an, mit dem er auch an Sommerlagern teilnahm und so etwas Abwechslung und Hoffnung erhielt. Zudem begann Rolf Levisohn eine Lehre in einer Lehrwerkstatt für Schlosserei, die zu der „Volks- und Höheren Schule für Juden" gehörte und ihren Sitz in der Weidenallee 10b hatte. Dies war eine jüdische Einrichtung zur Förderung und Vorbereitung der Auswanderung nach Palästina.

Bevor Rolf Levisohn mit seiner Ausbildung beginnen konnte, musste er dort zunächst eine Probezeit überstehen. Doch am 4. März 1940 erhielt sein Vater die Benachrichtigung, dass sein Sohn eine Ausbildung zum Schlosser beginnen könne. Henry Halle, ebenfalls Auszubildender in der Schlosserei und ein Freund Rolfs, berichtete später, dass es Rolf Levisohn mit seiner Behinderung in der Schlosserei oft nicht leicht fiel. Er sei wesentlich zierlicher und zerbrechlicher gewesen als die anderen Jungen dort. Deswegen habe man ihn an einen Schraubstock in der hintersten Ecke gestellt, so dass er nicht von den anderen Auszubildenden angerempelt werden konnte.

Im Oktober 1941 kam die Wende im Leben der Familie Levisohn. Sie erhielten die Aufforderung, sich am 24. Oktober in der „Provinzialloge für Niedersachsen" in der Moorweidenstraße einzufinden, von wo aus sie einen Tag später mit dem ersten Transport von Hamburg nach Lodz deportiert wurden. Die Fahrt dauerte insgesamt zwei Tage und führte in ein völlig überfülltes Getto, in dem katastrophale Lebensbedingungen herrschten. Die Häuser, in denen die BewohnerInnen leben mussten, besaßen keine sanitären Einrichtungen und waren zum größten Teil baufällig. Die hygienischen Bedingungen waren erschreckend; es herrschten Hunger, Typhus und rote Ruhr. Zudem fehlte es an Medikamenten, Kleidung und Heizmaterial. Familie Levisohn wohnte in der Rubensgasse 2, und Rolf Levisohn wurde als Schlosser in den Listen geführt. Vier Wochen nach der Ankunft der Familie in Lodz, am 18. Februar 1942, starb Albert Levisohn im Alter von 51 Jahren. Die Todesursache ist nicht bekannt.

Ein Großteil der Gettobewohner erhielt im April die Aufforderung, sich zu medizinischen Untersuchungen einzufinden. Diese Nachricht löste Aufruhr unter den BewohnerInnen aus, weswegen sich auch nicht genügend Personen meldeten. Als Konsequenz daraus holte die SS einzelne EinwohnerInnen gewaltsam aus ihren Wohnungen. Am 25. April wurden auch Rolf und Cilly Levisohn abgeholt und zu einer Sammelstelle gebracht. Dort blieben sie acht Tage lang, wurden untersucht und erhielten einen Stempel auf den Brustkorb und eine Suppe.

Am 4. Mai 1942 wurden Cilly und Rolf Levisohn nach Chelmno „ausgesiedelt", was für sie den sicheren Tod durch Giftgas bedeutete. Zusammen mit anderen BewohnerInnen des Gettos Lodz wurden die beiden auf Lastwagen verladen und auf den Schlosshof von Chelmno gefahren. Dort wurde den Deportierten erzählt, sie würden in ein Arbeitslager nach Österreich kommen und müssten vorher noch entlaust und gebadet werden, weswegen sie sich zu entkleiden hätten.

Nach der Entkleidung wurden sie durch den Keller auf eine hölzerne Rampe geführt, an deren Ende ein Gaswagen stand. Die Möglichkeit zur Flucht war ausgeschlossen. Nachdem 30 bis 40 Personen in den Wagen gezwängt waren, wurden die Flügeltüren geschlossen. Schließlich wurde die Verbindung von Auspuff und Wageninnerem hergestellt und der Motor angestellt. Daraufhin waren Schreie und Stöhnen der Kinder, Frauen und Männer zu hören. Nach zehn Minuten verstummten diese Geräusche. Die Opfer wurden später in einem Massengrab in den Wäldern rund um Chelmno vergraben. Cilly Levisohn war 46 Jahre, ihr Sohn Rolf 21, als sie auf diese Art getötet wurden. Ihr wahrscheinliches Todesdatum ist der 5. Mai 1942.[1]
Text: Carmen Smiatacz, entnommen: www.stolpersteine-hamburg.de

Liesbeth-Rose-Stieg

Bergedorf/Allermöhe, seit Ende 1995. Vorher: Elisabeth-Rose-Stieg, benannt nach Liesbeth Rose

(8.11.1910–am 2.2.1945 in Berlin-Plötzensee hingerichtet), Widerstandskämpferin, Mitglied der Widerstandsgruppe Etter-Hampel-Rose, Schneidermeisterin

Die Schneidermeisterin Liesbeth Rose wohnte in der Gärtnerstraße 5 und gehörte in der Zeit des Nationalsozialismus der Widerstandsgruppe Etter-Rose-Hampel an, benannt nach dem Orthopädie-Mechaniker Werner Etter, der Schneidermeisterin Liesbeth Rose und dem Maler Ernst Hampel. Die Gruppe war 1936 aus einem Kreis junger befreundeter Menschen entstanden, „die sich nicht in die nationalsozialistischen Jugendverbände integrierten, sondern stattdessen gemeinsam über Fragen des wissenschaftlichen Sozialismus, Probleme der internationalen Arbeiterbewegung und Methoden des illegalen Kampfes diskutierten. Sie nutzten Wander- und Sportgruppen, um sich treffen zu können."[2] Einige dieser Gruppe gehörten auch dem Kommunistischen Jugendverband (KJVD) an.

„Ab Mitte 1942 wurde die Staatspolizeileitstelle Hamburg auf die Gruppe aufmerksam. Man betrachtete sie als Nachfolgeorganisation der zerschlagenen Bästlein-Jacob-Abshagen-Gruppe (siehe ▶ Katharina-Jacob-Weg, in diesem Band) und nannte sie Gruppe der Nichtvorbestraften. Ein V-Mann der Gestapo namens Alfons Pannek wurde in die Gruppe eingeschleust, doch obwohl deren Mitglieder ihn nicht als Spitzel enttarnten, konnte er keine relevanten Informationen weitergeben. Im Mai 1943 setzte dennoch eine erste Verhaftungswelle gegen die Gruppe ein und die Gestapo nahm Max Kristeller als Anführer sowie einige weitere Personen fest, in der Hoffnung nähere Informationen über diesen Zusammenschluss zu erhalten. Anfang 1944 setzte die Polizei den Wehrmachtshäftling Herbert Lübbers ein, der in früheren Jahren dem Kreis

Abb. v.l.n.r.: Gedenkstätte Ernst Thälmann | Aus: Annedore Leber, Das Gewissen steht auf, 64 Lebensbilder aus dem deutschen Widerstand 1933–1945, Berlin, Frankfurt/M. 1956, S. 77.

1)   Benutzte Literatur: Staatsarchiv Hamburg 362-2/20, Lichtwarkschule, 45; Ursel Hochmuth, Hans-Peter de Lorent: Hamburg: Schule unterm Hakenkreuz. Hamburg 1985, S. 98; Astrid Louven: Stolpersteine in Hamburg-Wandsbek mit den Walddörfern. Biographische Spurensuche. Hamburg 2008, S. 120; Peter Offenborn: Jüdische Jugend in Hamburg 1933–1941. Privatdruck, 2. Aufl. Hamburg 2008, S. 837, S. 1211; Christiane Pritzlaff: Entrechtet – ermordet – vergessen. Jüdische Schüler in Hamburg. Hamburg 1996, S. 16 ff.
2)   http://de.wikipedia.org/wiki/Etter-Rose-Hampel-Gruppe (Stand: 9.4.2015)

ebenfalls angehört hatte. Es wurde eine Desertation fingiert, auf der vermeintlichen Flucht nahm er die Hilfe ehemaliger Freunde in Anspruch. Diese und ihre Familien wurden in der Folge von der Gerstapo wegen ‚aktiver Beihilfe zur Desertation' verhaftet (…).“[3]

Liesbeth Rose mit ihrer Tochter

Liesbeth Rose wurde am 20. Mai 1944 verhaftet. Sie hatte Soldatenbriefe mit antifaschistischem Inhalt an die Front geschickt und illegales Widerstandsmaterial verteilt. Sie kam in die Sonderhaftanstalt Potsdam und hoffte bis zuletzt, dass sie nur wegen „aktiver Beihilfe zur Desertion" angeklagt werden würde. Doch noch bevor das Gericht zusammenkam, war ihr Todesurteil gefällt. Begründung: „Wehrkraftzersetzung, Feindbegünstigung und Vorbereitung zum Hochverrat". In ihrem Todesurteil heißt es: „Die Angeklagte hat gemeinsam mit dem halbjüdischen kommunistischen Funktionär Kristeller kommunistische Propaganda betrieben und insbesondere junge Wehrmachtsangehörige mit diesem Gift verseucht."[4]

In ihrem Abschiedsbrief an ihre Mutter schrieb sie: „Nun ist es doch vorbei. Behüte mein Kind und seid alle tapfer, wie ich es auch sein will. Macht aus Ursel einen starken, tapferen Menschen. Hoffentlich kann sie mir einmal verzeihen, dass ich sie allein lasse. Ich habe nichts Schlechtes gewollt. Seid mir nicht böse. Sagt allen Menschen, die mich trotzdem noch lieb haben, einen letzten Gruß. Ich denke an Euch bis zum letzten Atemzug."[5]

Mit Liesbeth Rose wurden auch Ernst Hampel und Werner Etter zum Tode verurteilt und hingerichtet. *(siehe ➤ Erika-Etter-Kehre, in diesem Band).*

Zu den Angehörigen dieser Gruppe, die ebenfalls verhaftet wurden, gehörte u. a. auch Wilhelmine Hundert *(siehe ➤ Wilhelmine-Hundert-Weg, in diesem Band).*

Siehe auch ➤ Erika-Etter-Kehre, Wilhemine-Hundert-Weg, in diesem Band.

Lilo-Gloeden-Kehre

Bergedorf, seit 1987, benannt nach Dr. jur. Elisabeth Charlotte, genannt Lilo, geb. Kusnitzky (19.12.1903 Köln–am 30.11.1944 in Berlin hingerichtet), Gegnerin des Nationalsozialismus. Motivgruppe: Verdiente Frauen

Tochter des Kölner Sanitätsrats Kusnitzky und seiner Ehefrau, geb. Freiin von Liliencron. 1938 Heirat mit dem Architekten Erich Gloeden. Das Ehepaar lebte in Berlin, war entschiedener Gegner des NS-Regimes und half WiderstandskämpferInnen und jüdischen Bekannten und Verwandten, im Untergrund zu leben.

Nach dem missglückten Anschlag auf Hitler am 20. Juli 1944 flüchtete der an dem Anschlag beteiligt gewesene General der Artillerie Fritz Lindemann, *(siehe ➤ Fritz-Lindemann-Weg, in Bd. 3 online**)* zum Ehepaar Gloeden. Lindemann wurde denunziert und am 3. September 1944 in der Wohnung der Gloedens in der Kastanienallee 23 verhaftet, mit ihm auch Erich und Charlotte Gloeden sowie Elisabeth Kusnitzky, Charlotte Gloedens Mutter. Die drei wurden am 27. November vom Volksgerichtshof verurteilt und am 30. November 1944 hingerichtet. Bis zuletzt hatte Erich Gloeden versucht, seine

Lilo Gloeden

**   Band 3 online** unter: www.hamburg.de/maennerstrassennamen

3) Ebenda.
4) Zit. nach: Bernhard Röhl: „Ich denke an Euch bis zum letzten Atem-

zug", in TAZ.de vom 26.2.2005 unter: www.taz.de/1/archiv/?dig=2005/02/26/a0097
5) Ebenda.

Frau und seine Schwiegermutter zu schützen, indem er aussagte, die beiden Frauen hätten nicht gewusst, wen sie beherbergten, zumal der General einen falschen Namen führte. Nach der Verhängung des Todesurteils gegen Erich Gloeden, erklärte Lilo Gloeden jedoch, dass sie sehr wohl über die Identität des Generals Bescheid wusste. Auch ihre Mutter bekannte sich zu der politischen Überzeugung ihrer Kinder. In Zeitabständen von je zwei Minuten wurden Erich und Lilo Gloeden sowie Elisabeth Kusnitzky in Berlin-Plötzensee enthauptet.

Siehe auch ▶ **Fritz-Lindemann-Weg,** *Bergedorf/Lohbrügge, seit 1964: Fritz Lindemann (1894–1944), Widerstandskämpfer gegen den Nationalsozialismus, Schriftsteller, General, in Bd. 3 online**.*

Lily-Braun-Straße

Bergedorf, seit 1985, benannt nach **Lily Braun,** *geb. als Amalie v. Kretschmann, verw. Gizycki (2.7.1865 Halberstadt–9.8.1916 Berlin-Zehlendorf, laut Brockhaus), Schriftstellerin und Frauenrechtlerin*

Amalie von Kretschmann war die Tochter von Jenny von Kretschmann, geb. von Gustedt, und deren Gatten, dem preußischen General Hans von Kretschmann. Amalie war mütterlicherseits die Enkelin der Baronin Jenny von Gustedt, illegitime Tochter von Jérôme Bonaparte, König von Westphalen.

Lily lebte das standesgemäße Leben einer Aristokratin, übte aber schon früh heftige Kritik an dieser Lebensweise, was sehr missbilligt wurde. „Bei den privaten Unterrichtsstunden, die sich für ein Mädchen aus adligen Kreisen schickten, sitzt die Mutter immer dabei und unterbindet jeden Anflug von kritischem Bewusstsein. Lilys Wissensdrang und ihre Lesesucht sieht sie

gar nicht gerne und hält sie durch häusliche Aufgaben so oft wie möglich davon ab. Immerhin darf Lily sich in der väterlichen Bibliothek bedienen und findet Mittel und Wege, sich in anderen Bibliotheken und Archiven ihr Wissen zusammenzusuchen. (…)

Eine besondere Prüfung war der quälende Aufenthalt bei einer Tante, die ihr den letzten Schliff geben sollte. Dazu wollte sie [die Tante] Lily von Kretschmanns Wissensdrang brechen, denn zu denken und zu wissen hat eine Frau nicht, sie hat nur dem Mann zu dienen. Verzweifelt beugt sich Lily in ihrer Jugendzeit immer wieder solchen Forderungen, flieht in schwere psychosomatische Erkrankungen, gebrochen wird sie nicht. (…)

Schon in ihrer Kindheit und Jugend war ihr soziales Gewissen erwacht, sie lehnt sich auf gegen Unterdrückung, erkennt Ausbeutung und Heuchelei, verurteilt Rassismus und Standesdünkel."[6] Mit Mitte zwanzig kam Lily zu der Erkenntnis: „Die Macht des Kapitalismus muß gebrochen werden."[7]

Als der Vater den Kaiser im Manöver beinahe geschlagen hätte, musste er seinen Abschied nehmen. Dadurch änderte sich das Leben der Familie von Kretschmann schlagartig, denn nun musste sie sich finanziell einschränken.

Nach einer unglücklichen Liebe, die Lily von Kretschmann erleiden musste, fragte sie sich: „Ist wirklich das Schicksal des Weibes nur der Mann? Und hat es kein Recht auf eigenes Leben?"[8]

Im Alter von 28 Jahren heiratete sie den 47 Jahre älteren und gelähmten Universitätsprofessor Georg von Gizycki, Nationalökonom, Kathedersozialist, Herausgeber der Zeitschrift „Ethische Kultur" und schwerkrank. Dass sie mit ihm die richtige Wahl getroffen hatte, davon war sie überzeugt: „Im übrigen bin ich sehr glücklich durch meine innige Verbindung mit dem Mann,

Abb.: Aus: Lily Braun, Gesammelte Werke, hrsg. von Julie Vogelstein, Bd. 1, Berlin-Grunewald o., S., O/Bestand Stiftung Archiv der deutschen Frauenbewegung.

6) Eva Geber: Lily Braun. „Hätten wir die Frauen – wir hätten die Welt!", in: Eva Geber (Hrsg.): „Der Typus der kämpfenden Frau" Frauen schreiben über Frauen in der Arbeiter-Zeitung von 1900–1933. Wien 2013, S. 155.
7) Lily Braun: Memoiren einer Sozialistin. Lehrjahre. Bremen 2010, S. 245.
8) Zit. nach: Monika Kubrova: Vom guten Leben. Adelige Frauen im 19. Jahrhundert. Berlin 2011, S. 264.

dessen unglücklichen Körper ich über seinem herrlichen Geist ganz vergessen habe, während ich früher über dem herrlichen Körper den Geist vergaß und erst erkannte, wenn es zu spät war."[9] Und weiter urteilte sie über ihre Ehe mit Gizycki: „Wir würden keine Liebes-, sondern eine Freundschafts- und Arbeitsehe führen; wir würden wie die Zukunftsmenschen leben, wo auch die Frau sich durch eigene Arbeit erhält."[10] Und

Lily Braun 1902

so brauchte Lily Braun auch keine Hausarbeit verrichten und die Mahlzeiten wurden in einer Gaststätte eingenommen.

Durch ihren Mann lernte sie die sozialistischen Theorien kennen, und durch ihn wurde sie mit führenden Männern der sozialdemokratischen Partei und mit amerikanischen Frauenrechtlerinnen bekannt. Knapp zwei Jahre nach der Hochzeit starb Georg von Gizycki.

Lily Braun engagierte sich im Verein Frauenwohl, der zum radikalen Zweig der bürgerlichen Frauenbewegung gehörte, und wollte zwischen der bürgerlichen Frauenbewegung und den Arbeiterinnen vermitteln. „‚Wer vorurteilslos und logisch denkt und sich eingehend mit der Frauenfrage – wohlgemerkt, der ganzen Frauenfrage, nicht mit der Damenfrage – beschäftigt, der muss notwendig zur Sozialdemokratie gelangen!' Mit diesen Worten schockiert sie beim Berliner Frauenkongress der bürgerlichen Frauenbewegung 1896, wüste Beschimpfungen folgen, drohend erheben sich behandschuhte Damenfäuste – ihr Abgang wird zum Spießrutenlauf. Sie bekennt sich nun offen zum Sozialismus, wird Mitglied der sozialdemokratischen Partei und schließt die Türe zu ihrer Herkunft, ihre Familie distanziert sich von ihr, und die reiche Tante enterbt sie. Sie trennt sich auch von der bürgerlichen Frauenbewegung und arbeitet zunächst gemeinsam mit Clara Zetkin an der Herausgabe der Zeitschrift Gleichheit. Dennoch bemüht sie sich immer wieder, die bürgerliche und die proletarische Frauenbewegung zu vereinigen. Damit scheitert sie und zieht sich Zetkins Feindschaft zu. Diese besteht auf einer ‚reinlichen Scheidung', Kooperation mit bürgerlichen Frauen ist grundsätzlich auszuschließen. Clara Zetkin befürchtet die Verwässerung ihrer Ziele: um Reformen würde es gehen, nicht um Klassenkampf."[11]

Ein Jahr nach dem Tod ihres Mannes heiratete Lily Braun 1896 den vermögenden, aus Wien stammenden Sozialdemokraten und Chefredakteur des „Vorwärts", Dr. Heinrich Braun. Das Paar bekam ein Kind und gründete später die Zeitschrift „Die Neue Gesellschaft". Heinrich Braun zählte zu den Revisionisten. Sie wollten die bestehende Gesellschaftsordnung durch Reformen verändern. Auch Lily Braun verfolgte dieses Ziel, und so blieb Clara Zetkin ihre entschiedene Feindin. Ihre Auseinandersetzungen wurden zu einem offenen Machtkampf. Clara Zetkin erreichte es, dass Lily Braun aus der Redaktion der „Gleichheit" ausgeschlossen wurde und auch keine Artikel mehr von ihr dort erscheinen durften.

Lily Braun reagierte darauf 1901 mit ihrem bedeutendsten Buch „Die Frauenfrage, ihre geschichtliche Entwicklung und wirtschaftliche Seite". Darin befasste sie sich „mit der Doppelbelastung der Frauen und den daraus entstehenden Schwierigkeiten, sich gewerkschaftlich zu organisieren; und sie bot Lösungen an, die noch heute revolutionär klingen. Sie untersuchte Probleme wie zum Beispiel die Minderqualifikation von Frauen und die Konkurrenz der Geschlech-

9) Eva Geber, a. a. O., S. 157.
10) Ebenda.
11) Eva Geber, a. a. O., S. 158.

ter auf dem Arbeitsmarkt. Sie forderte gleichen Lohn für gleichwertige Arbeit",[12] schreibt Inge Stolten.

Durch ihr Muttersein veränderte sich Lily Brauns Einstellung zur Frauenarbeit. Und so schrieb sie: „Indem sich die Frauenarbeit ausdehnt, untergräbt sie zu gleicher Zeit die alte Form der Familie, erschüttert die Begriffe der Sittlichkeit, auf denen der Moralkodex der bürgerlichen Gesellschaft beruht, und gefährdet die Existenz des Menschengeschlechts, deren Bedingung gesunde Mütter sind. Es bleibt der Menschheit schließlich nur die Wahl: entweder sich selbst oder die kapitalistische Wirtschaftsordnung aufzugeben.' Als Konsequenz aus dieser Erkenntnis plant Lily die Gründung einer Mutterschaftsversicherung. Diese Versicherung sollte Mutter und Kind zumindest für einige Wochen vor und nach der Geburt schützen",[13] so Asta von Oppen in einem Kurzporträt über Lily Braun.

Lily Brauns Ideen machten sie zur Außenseiterin. Sie stellte die traditionelle Familienform in Frage, forderte Zentralküchen und „für bestimmte Häusergruppen (…) Turn- und Spielplätze, mit Kindergärtnerinnen und Erzieherinnen, die von den Eltern gemeinsam bezahlt werden",[14] so Inge Stolten. Und sie forderte eine Herabsetzung der Erwerbsarbeitszeit, damit sich sowohl die Mütter als auch die Väter ihren Kindern widmen können.

August Bebel *(siehe ➤ August-Bebel-Park, August-Bebel-Straße und Bebelallee, in Bd. 3 online**)* rezensierte Lily Brauns Buch über die Frauenfrage sehr positiv, Clara Zetkin hingegen verriss es.

Lily und ihr Mann lebten finanziell in bescheidenen Verhältnissen, denn sein Vermögen gab Heinrich Braun für seine ideellen Ziele aus. Er war Mitbegründer der „Neuen Zeit" und des Archivs für soziale Gesetzgebung und Statistik.

Nachdem er 1903 Reichstagsabgeordneter geworden war, gab er mit seiner Frau die Wochenzeitschrift „Die Neue Gesellschaft" heraus, „die unabhängig von der offiziellen Partei den Diskurs mit der deutschen Intelligenz anstrebt. Beim Dresdner Parteitag 1903 erfolgt der Angriff auf die Revisionisten, besonders Lily Braun wird heftig und beleidigend attackiert. Der neuen Zeitschrift wird mit Polemik und Ablehnung (…) der Garaus gemacht. 1905 unternehmen die Brauns einen neuen Versuch, diesmal hält sich die Zeitschrift zwei Jahre. Lily Braun weist darin auf das Recht der persönlichen Entwicklung jedes einzelnen Menschen hin: ‚Der Sozialismus ist ebenso die Voraussetzung des Individualismus, wie der Individualismus die notwendige Ergänzung des Sozialismus sein muss.' Das bringt weitere entscheidene Anfeindungen. Die Neue Gesellschaft wird eingestellt, und die Familie befindet sich in einer verzweifelten wirtschaftlichen Lage."[15] Um diese zu verbessern, begann Lily Braun die Kriegsbriefe ihres Vaters herauszugeben, und sie schrieb auch die Lebensgeschichte ihrer Großmutter auf, der außerehelichen Tochter des Königs von Westphalen. Mit dieser Veröffentlichung hatte sie großen Erfolg. Auch ihre Publikation „Memoiren einer Sozialistin" wurde zu einem Bestseller, so dass die finanziellen Probleme vorübergehend gelöst waren. „Nur die Parteigenossen kritisierten sie. Lily bemerkt dazu: ‚Ich weiß jetzt, dass sie mir in Wahrheit nichts anhaben können und ich gräme mich nicht mehr über Urteile wie diese, weil ich sie verstehe. Ja, ich verstehe sie, uns trennt ein unüberbrückbarer Abgrund, der der inneren Kultur. Wie die Genossinnen sich ständig über mein Äußeres ärgerten, weil ich eben anders war als sie, so muss der Durchschnitt der Genossen an meinem Wesen Anstoß nehmen.' "[16]

**   **Band 3 online** unter: www.hamburg.de/maennerstrassennamen

12) Inge Stolten: Frauen, Porträts aus zwei Jahrhunderten". Hrsg. v. Hans Jürgen Schultz, Stuttgart 1981.

13) Asta von Oppen: Lily Braun, in: Antje Leschonski (Hrsg.): Anna, Lily und Regine. Frauenporträts aus Brandenburg-Preußen, Berlin 2010, S. 102 f.

14) Inge Stolten, a. a. O.

15) Eva Geber, a. a. O., S. 159 f.

16) Asta von Oppen, a. a. O., S. 104.

Lily Braun wurde schließlich wegen angeblicher Unzuverlässigkeit aus der Berliner Frauenorganisation ausgeschlossen und zog sich allmählich aus der aktiven Politik zurück. Sie arbeitete nun vorwiegend literarisch – und trat für die freie Liebe ein. „Ihre erotischen Wünsche, die über die monogame Einschränkung hinausgehen, lassen sie (…) die Ehe kritisieren."[17] So schreibt sie an ihren Mann: „Ich glaube, dass ich nicht für die Ehe geschaffen bin, jedenfalls nicht für die gut bürgerliche mit ihrem Gebot unbedingter körperlicher Treue. Dass ich diese Treue nie verletzte, war eine Vergewaltigung meiner Natur. Ich habe viel Glück verpasst, viel Jugendkraft aufgegeben. Ich war ‚treu' nicht aus moralischen, sondern mehr […] aus Angst, Angst vor meines Sohnes hellem Blick, Angst vor Dir, der es nie verstehen würde, dass ich ihm gar nicht untreu sein kann, auch wenn ich die ‚Treue' bräche. Ich habe, ohne dass Du es ahntest, im Laufe unserer Ehe oft starke sinnliche Leidenschaft empfunden, ohne dass der Gegenstand den Wunsch in mir erweckt hätte, mit ihm zu leben. Wahrscheinlich hätte ich Dich sogar lieber gehabt, wäre froher, frischer gewesen, wenn ich meinen starken Instinkten gefolgt wäre."[18] Einmal, als Lily Braun Ende vierzig ist, geht sie ein Verhältnis ein.

Als der Erste Weltkrieg ausbrach, „gehörte sie – ganz im Widerspruch zu ihrem früheren Engagement – zu den Befürwortern des Ersten Weltkriegs und des deutschen Nationalismus".[19] „Ihr Buch ‚Die Frauen und der Krieg' enthält schauderhafte Appelle an die Frauen als Gebärerinnen, wie auch deren höhere Pflicht, sich für Kranken- und Verwundetenpflege zur Verfügung zu stellen, als sich für ihr Stimmrecht einzusetzen, dass sie auch konservative Ansichten weit rechts überholt."[20]

Lily Braun starb 1916, ihr Sohn Otto als Soldat zwei Jahre später.

Abb.: Gedenktafel in der Schule Beim Pachthof, Fotograf unbekannt

Siehe auch ➤ **August-Bebel-Park**, *St. Georg, seit 2006: August Bebel (1840–1913), Reichstagsabgeordneter (SPD)*, **August-Bebel-Straße**, *Bergedorf, seit 1927*, **Bebelallee**, *Alsterdorf, Winterhude, seit 1945, in Bd. 3 online***.

Lisa-Niebank-Weg

Horn, seit 2001, benannt nach Lisa Catarina Niebank *(22.7.1913 Hamburg–4.4.1980 Peking), Lehrerin, Widerstand gegen den Nationalsozialismus, verdient um demokratische staatsbürgerliche Erziehung und Förderung internationaler Verständigung*

Lisa Niebank besuchte als Schülerin die „Reformschule" in der Telemannstraße. Während der Zeit des Nationalsozialismus war sie in einer schulischen/studentischen Widerstandsgruppe aktiv, die Flugblätter gegen die Nationalsozialisten verteilte und Plakate an Hauswände klebte. Nachdem die Gruppe von den Nationalsozialisten zerschlagen und mehrere Gruppenmitglieder inhaftiert worden waren, unterstützte Lisa Niebank politisch verfolgte Mitglieder, besorgte ihnen Geld, Unterkünfte oder Lebensmittelkarten.

Nach dem Zweiten Weltkrieg arbeitete Lisa Niebank ab 1950 als Lehrerin in Bergedorf, zwischen 1954 und 1965 an der Volks- und Realschule Beim Pachthof und an der Grundschule Stengelestraße. Dann ging sie nach Peking und unterrichtete Deutsch am dortigen Fremdspracheninstitut bis zu ihrem Tod 1980. In Peking wurde sie in einem Ehrengrab beigesetzt.

Die überzeugte Demokratin setzte sich aktiv für die Völkerverständi-

Lisa Niebank

**   **Band 3 online** unter: www.hamburg.de/maennerstrassennamen

17) Eva Geber, a. a. O., S. 160.
18) Zitiert nach: Eva Geber, a. a. O., S. 160 f.

19) Florence Herve, Ingeborg Nödinger: Lexikon der Rebellinnen. Dortmund 1996, S. 48.
20) Julia Braun-Vogelstein: Lily Braun. Ein Lebensbild, in: Gesammelte Werke, Band 1, 5. Kapit. CIV. Zitiert nach:

Eva Geber, a. a. O., S. 162.

gung und insbesondere für die Versöhnung mit Israel ein.

Text: Kerstin Klingel

Lisbeth-Bruhn-Straße

Bergedorf, seit 1985, benannt nach Elisabeth Bruhn, geb. Holz (26.12.1893 Nesserdeich bei Groven Lunden/Norderdithmarschen–ermordet am 14.2.1944 im KZ Neuengamme). Widerstandskämpferin Mitglied der Widerstandsgruppe Bästlein-Jacob-Abshagen. Hausfrau.
Stolperstein vor dem Wohnhaus Schellingstraße 16 und vor dem Wohnhaus Bogenstraße 23, in dem sie Unterschlupf gefunden hatte.

Mit der Benennung einer Straße in Bergedorf – also unweit des ehemaligen KZ Neuengamme – nach Lisbeth Bruhn wurde eine Frau geehrt, die für ihre politische Überzeugung und ihren Widerstand gegen die Nazi-Diktatur ermordet wurde. Für ihren Ehemann Gustav Bruhn, ebenfalls Widerstandskämpfer und an demselben Tag wie Lisbeth im KZ Neuengamme ermordet, fehlt bisher eine vergleichbare Ehrung.[21]

Das Ehepaar Bruhn war seit seiner Jugend politisch tätig. 1942 schloss sich Gustav Bruhn (16.3.1889 Angermünde–ermordet am 14.2.1944) der Bästlein-Jacob-Abshagen-Widerstandsgruppe an. Elisabeth und Gustav Bruhn wurden am 14. Februar 1944 ohne Gerichtsurteil im KZ Neuengamme erhängt.

Gustav Bruhn stammte aus einer Eisenbahnerfamilie in Angermünde in der Uckermark. Sein Vater war der Stellwerksmeister Wilhelm Bruhn, seine Mutter Minna, geborene Ziegler. Gustav besuchte die Volksschule. Nach dem Abschluss der Tischlerlehre arbeitete er in mehreren Städten Deutschlands in seinem Beruf. 1909 wurde er zum dreijährigen Militärdienst bei der I. Marinedivision in Kiel einberufen. 1912 trat er in Hannover in die SPD ein und war seitdem in der Arbeiterbewegung politisch aktiv.

Elisabeth Bruhn, geborene Holz, stammte aus einer Arbeiterfamilie. Ihre Eltern, der Landarbeiter Johann Heinrich Holz und Catharina Margaretha, geborene Peters, fühlten sich der Arbeiterbewegung zugehörig. Sie lebten mit ihren sechs Kindern lange in Lunden nahe Groven in Dithmarschen. 1921 war Elisabeths Vater Leiter der KPD-Ortsgruppe Lunden.

Elisabeth musste schon früh als Kindermädchen zum Lebensunterhalt der Familie beitragen. Nach der Schulzeit ging sie nach Kiel. Dort fand sie eine Anstellung als Haushaltshilfe. Später verdiente sie ihren Lebensunterhalt als Arbeiterin.

Gustav Bruhn und Elisabeth Holz lernten sich in Kiel kennen. Sie heirateten am 25. Januar 1913 in Lunden. Ihr Sohn Heinrich, der spätere Hochschullehrer in Leipzig, wurde am 29. Januar 1913 in Lunden geboren. Ihre spätere Schwiegertochter berichtete nach dem Zweiten Weltkrieg von einem zweiten Sohn, der Otto hieß und als Soldat der Wehrmacht bei Stalingrad verschollen sei. Über diesen Sohn ist Näheres nicht überliefert.

Zu Beginn des Ersten Weltkriegs wurde Gustav Bruhn zur Matrosen-Division nach Wilhelmshaven eingezogen. Bis 1915 fuhr er auf dem Linienschiff „Woerth". Dann wurde er dem „Marinecorps Flandern" zugeteilt und diente bis Kriegsende in einer Pionierkompanie in Flandern. Der Kriegsgegner Gustav Bruhn entwickelte sich in einem längeren Prozess zum Anhänger des Spartakusbundes. Dahin führten ihn nicht zuletzt die Nachrichten vom Sturz des Zarenregimes in Russland und von den Matrosenaufständen auf dem Schlachtschiff „SMS Prinzregent Luitpold" Anfang August 1917.

21) Für den gesamten Text zu Elisabeth Bruhn: Bundesarchiv SAPMO Ry 1/I3/16/36; Gedenkstätte deutscher Widerstand, Anklageschrift des Oberrechtsanwalts beim Volksgerichtshof vom 1. November 1943 gegen Bäst-lein, Reincke, Abshagen, Bohne und Bruhn (10 J 423/43g); Gedenkstätte Ernst Thälmann – Archiv; Gedenkstätte Sachsenhausen, Archiv, Haftdaten Gustav Bruhn im KZ Sachsenhausen; Hamburger Adressbücher; Klaus Bästlein: „Hitlers Niederlage ist nicht unsere Niederlage, sondern unser Sieg!" Die Bästlein-Organisation. Zum Widerstand aus der Arbeiterbewegung in Hamburg und Nordwestdeutschland während des

Elisabeth Bruhn teilte die politischen Überzeugungen ihres Mannes und nahm zeitlebens an seinen politischen Kämpfen teil. Sie war seit 1919 politisch organisiert. Während der Kriegszeit zog Elisabeth Bruhn nach Hannover. Sie verdiente ihren Lebensunterhalt als Kolonnenarbeiterin bei der Eisenbahn. In dieser Zeit kam auch sie in Kontakt mit dem Spartakusbund.

Nach dem Ersten Weltkrieg fand die Familie Bruhn wieder zusammen. Sie bekam in Heide/Holstein in der Westerstraße eine Wohnung. Noch in den Tagen der Novemberrevolution 1918 sprach Gustav Bruhn in Soldatenuniform zur Heider Bevölkerung und war bald als „Roter" in Dithmarschen bekannt. Er wechselte noch während des Krieges von der SPD zur USPD, anderen Quellen zufolge erst 1919. Zusammen mit dem Redakteur Carl Metze und dem Kaufmann Paul Burmähl war er in Heide und Umgebung einer der bekanntesten USPD-Vertreter. Im Oktober 1920 gründete er die Ortsgruppe Heide der Kommunistischen Partei Deutschlands mit. 1921, auf dem VII. KPD-Parteitag in Jena, zählte er bereits zu den Delegierten. 1923 wurde er Vorsitzender der KPD in Heide.

Elisabeth Bruhn

Auch Elisabeth Bruhn trat 1920 in die KPD ein. Sie leitete in Heide zunächst den Jung-Spartakus-Bund, in dem Kinder von 10 bis 14 Jahren organisiert und an die Ziele der KPD herangeführt werden sollten.

Als am 13. März 1920 unter Leitung von Wolfgang Kapp und Walther von Lüttwitz Reichswehrangehörige und ehemalige Angehörige der alten Armee und Marine versuchten, die legale

Abb.: Gedenkstätte Ernst Thälmann

Reichsregierung zu stürzen (Kapp-Putsch), unterstützte in Heide der Garnisonsälteste Hauptmann von Liliencron zusammen mit dem örtlichen Postdirektor die Putschisten. Der Bürgermeister verhielt sich unentschieden. Der Heider Arbeiterrat verhaftete von Liliencron in der Nacht vom 13. auf den 14. März. Während der am Sonntag, dem 14. März, im Heider Tivoli abgehaltenen großen Volksversammlung sprachen Carl Metze und Gustav Bruhn. Bruhn: „Man sucht uns zu entreißen, was wir an Freiheit errungen haben. Die neue Regierung bringt uns weder Frieden noch Brot, dafür aber Krieg! Und das Volk soll geknebelt und geknutet werden." Gustav Bruhn wurde in einen neuen Arbeiterrat gewählt und zum Beigeordneten für den nationalkonservativen Landrat bestimmt. Unbeschadet seiner zunehmend auch überregionalen Wirksamkeit konzentrierten sich Gustav Bruhns politische Aktivitäten in den nächsten Jahren auf Heide und Dithmarschen. Als exponierter Kommunist hatte Gustav Bruhn bald kaum noch eine Chance auf einen Arbeitsplatz. Es wird berichtet, dass Arbeitgeber, die ihn einstellen wollten, davon abgehalten wurden. Also versuchte Elisabeth Bruhn, den Lebensunterhalt für die Familie zu verdienen.

Als am frühen Morgen des 23. Oktober 1923 der Hamburger Aufstand begann, standen von Gustav Bruhn und seinen Genossen geführte Arbeiter und Bauern auch in Heide bereit einzugreifen. Dazu kam es jedoch nicht. Die Polizei verhaftete Gustav Bruhn und einen Teil seiner politischen Freunde. Angesichts von drei Hundertschaften der „Roten Arbeiterwehr" der Maschinenfabrik Köster, die die Freilassung notfalls erzwingen wollten, wurden die Gefangenen von Heide nach Flensburg überführt und in „Schutzhaft" genommen. Eine Inhaftierung ohne Verurteilung oder dringenden Tatverdacht wurde schon

Krieges (1939–1945), in: Beate Meyer (Hrsg.): Vom Zweifeln und Weitermachen. Fragmente der Hamburger KPD-Geschichte. Festschrift für Helmuth Warnke zum 80. Geburtstag. Hamburg 1988, S. 44 ff.; Georg Gerchen: Vom Heider Marktplatz bis zum KZ Neuengamme, Heide 1993; Ursel Hochmuth: Niemand und nichts wird vergessen, Hamburg 2005, S. 43 ff.; Ursel Hochmuth, Gertrud Meyer: Streiflichter aus dem Hamburger Widerstand 1933–1945, Frankfurt/M. 1980, S. 344 f., S. 369 ff.; Knappe: Meuterei im Jugendgefängnis, in: Gerda Zorn, Gertrud Meyer: Frauen gegen Hitler, Frankfurt/M. 1974, S. 41 ff.; Gertrud Meyer: Die Frau mit

in der Weimarer Republik als „Schutzhaft" bezeichnet. In den ersten Krisenjahren der Weimarer Republik wurden „Schutzhäftlinge", wobei es sich meist um Kommunisten handelte, in Lagern untergebracht.

Nach seiner Haftentlassung 1924 setzte Gustav Bruhn seine politische Tätigkeit fort. Er wurde zum Stadtverordneten in Heide und zum Kreistagsabgeordneten von Norderdithmarschen gewählt. Außerdem war er Abgeordneter des Provinzíallandtages in Kiel. 1924 delegierte ihn die KPD zum V. Weltkongress der Kommunistischen Internationale nach Moskau. Ab 1925 arbeitete er als Parteisekretär und Unterbezirksleiter in Heide und Itzehoe.

Am 30. Januar 1926 gründete sich die Ortsgruppe Heide der NSDAP im Heider Tivoli. Bereits vorher hatten sich mehrere NSDAP-Ortsgruppen in Dithmarschen gebildet, darunter auch in Lunden, dem früheren Wohnort der Familie Bruhn. Diese Entwicklung erfüllte Gustav Bruhn mit großer Sorge. In einem Bericht des damaligen Ortsgruppenleiters in der Festschrift zum zehnjährigen Bestehen der NSDAP wird Gustav Bruhns oppositionelles Auftreten in der Gründungsversammlung erwähnt.

Ab 1927 arbeitete Gustav Bruhn als Parteisekretär und Unterbezirksleiter der KPD in Lübeck. Seine Familie blieb in Heide. Als Gustav Bruhn von einer Versammlung aus Meldorf kam, wurde er auf dem Heider Bahnhof verhaftet. Ihm wurde der Vertrieb einer illegalen Broschüre (Willy Sachse: Anti-Nautikus – Deutschlands revolutionäre Matrosen) vorgeworfen. Der 4. Strafsenat des Reichsgerichts verurteilte Gustav Bruhn am 25. September 1927 zu neun Monaten Festungshaft und 100 Mark Geldstrafe wegen Vorbereitung zum Hochverrat in Tateinheit mit Vergehen gegen § 7 des Republikschutzgesetzes. Ziel dieses Gesetzes aus dem Jahre

1922 war es, alle republikfeindlichen monarchistischen Organisationen zu verbieten oder handlungsunfähig zu machen, es richtete sich in der Praxis zugleich gegen linke Bestrebungen. Gustav Bruhn sollte die Haftstrafe auf der Festung Gollnow in der damaligen preußischen Provinz Pommern in der Nähe von Stettin (heute: Szczecin) verbüßen.

Während der Festungshaft erhielt Gustav Bruhn zwei Tage Hafturlaub für die Teilnahme an der Jugendweihe seines Sohnes. Über die Haftbedingungen ist nur wenig bekannt. Am 20. Mai 1928 wurde Gustav Bruhn für die KPD als Abgeordneter des Preußischen Landtags gewählt, dem er bis 1932 angehörte. Die durch das Landtagsmandat gewonnene parlamentarische Immunität beendete seine Festungshaft. Nun zog die Familie in das damals preußische Altona. Der Sohn Heinrich wechselte nach Beendigung der Schulzeit nach Berlin und begann dort 1928 eine kaufmännische Lehre bei der Firma „Derutra" (Deutsch-Russische Transport-Aktiengesellschaft).

Gustav Bruhn übernahm nun zusätzlich die Funktion des Unterbezirkssekretärs in Kiel, später in Hamburg. 1930 lautete seine Adresse Kiel, Annenstraße 59. Er gehörte dem Plenum und der Bezirksleitung Wasserkante der KPD an. In den Akten der Kriminalpolizei Lübeck ist für Ende 1931 als Adresse die Beckergrube 29 in Lübeck festgehalten.

Es kann davon ausgegangen werden, dass Gustav Bruhn unter polizeilicher Beobachtung stand. Eine „Nachrichtensammelstelle" des Reichsministeriums des Innern zog Informationen über „KPD-Zersetzung – Tätigkeit in der Reichswehr und Polizei" in der gesamten Republik ein. Die Kriminalpolizei Lübeck hatte einen V-Mann auf Gustav Bruhn angesetzt und berichtete ab Anfang Oktober 1931 nach Berlin. Danach soll Gustav Bruhn mit einer in einem Ministerium be-

den grünen Haaren, Hamburg 1978, S. 114 ff.; Gertrud Meyer: Nacht über Hamburg, Frankfurt/M. 1971, S. 92 f.; Ursula Puls: Die Bästlein-Jacob-Abshagen-Gruppe, Berlin 1959; Johann Wilhelm Thomsen: Landleben in der

Weimarer Republik, Heide 1989, S. 19 f.; VAN-Totenliste S. 18 f.; Hermann Weber, Andreas Herbst: Deutsche Kommunisten, Berlin 2004, S. 128 f.; Ulrich Pfeil: Die KPD im ländlichen Raum – Die Geschichte der

Heider KPD 1920–1935, in: Demokratische Geschichte X – Jahrbuch zur Arbeiterbewegung und Demokratie in Schleswig-Holstein, Bd. 10, (1996), S. 171–206; Anni Wadle: Mutti, warum lachst du nie? Erinnerungen an

schäftigten weiblichen Person befreundet gewesen sein, die ihm Zuträgerdienste geleistet habe. Wenig später wurde berichtet, „die Ermittlungen über die ‚Freundin' des Bruhn und die angebliche Villa in Tempelhof [seien] ergebnislos verlaufen".

In Erwartung der Machtübernahme der NSDAP traf die KPD Vorsorge für den Fall ihres Verbots und des dann folgenden illegalen Widerstands in Hamburg und Schleswig-Holstein. Daran beteiligt waren viele Funktionäre der Bezirksleitung Wasserkante, darunter auch Gustav Bruhn.

Vom 26. April bis zum 17. Juni 1933 wurde Gustav Bruhn in so genannte Schutzhaft im KZ Fuhlsbüttel genommen. Nach seiner Entlassung nahm er die Parteiarbeit für die KPD sofort wieder auf. Sein Aktionsfeld erweiterte sich jetzt bis nach Hannover. Überliefert ist auch ein Aufenthalt in Minden mit dem Ziel, Verbindung zur dortigen illegalen KPD-Organisation aufzunehmen.

Im September 1933 wurde er erneut verhaftet. Seine Haftkarteikarte weist aus, dass er am 13. Oktober 1933 in das Untersuchungsgefängnis Hamburg eingeliefert und am 27. Juni 1934 nach Hannover überstellt wurde. Der Grund dafür ist nicht bekannt. Am 9. August 1934 brachte man Gustav Bruhn nach Hamburg in das Untersuchungsgefängnis zurück. Er wurde am 1. März 1935 nach Berlin überstellt. Am 14. März 1935 verurteilte ihn der Volksgerichtshof in Berlin wegen „Vorbereitung zum Hochverrat" zu drei Jahren Zuchthaus. Unter Anrechnung der bereits erlittenen Untersuchungshaft endete diese Haftzeit 1937. Es ist nicht bekannt, wo Gustav Bruhn die Haftzeit verbrachte. Sein Sohn Heinrich berichtete später, Gustav Bruhn habe die Zuchthausstrafe in Rendsburg abgesessen. Dafür lassen sich Belege jedoch nicht finden.

Anschließend an die Zuchthausstrafe wurde Gustav Bruhn am 16. April 1937 im Konzentra-tionslager Sachsenhausen als „rückfälliger Schutzhäftling" eingeliefert. Zu derselben Zeit befanden sich dort auch andere führende Kommunisten, u. a. aus Hamburg Bernhard Bästlein, Robert Abshagen, Hans Christoffers, Franz Jacob, Adolf Wendt.

Auch Elisabeth Bruhn bekam die Verfolgung durch die Nationalsozialisten zu spüren. Sie wurde verhaftet und am 5. April 1934 in das KZ Fuhlsbüttel eingeliefert. Als ihre Adresse wurde Heinrich-Dreckmannstraße 1 (heute: Susannenstraße im Stadtteil Sternschanze) notiert. Es folgten Untersuchungshaft und die Verurteilung zu zwei Jahren Gefängnis wegen Wiederaufbaus der verbotenen Kommunistischen Partei. Die Haftstrafe begann am 25. September 1934. Vollzugsanstalt war das Frauengefängnis Lauerhof in Lübeck. Lina Knappe, eine ebenfalls in Lübeck-Lauerhof einsitzende junge Kommunistin, äußerte sich später: „Wir hatten das Gefühl, als wären sie [Elisabeth Bruhn und die weitere Gefangene Maria Cords] unsere Mütter, die sich um uns sorgten. Das gab uns Kraft und Zuversicht, und wir holten auch gesundheitlich wieder auf." Am 5. April 1936 wurde Elisabeth Bruhn entlassen und nahm die politische Arbeit unverzüglich wieder auf. Schon im Herbst 1936 wurde sie erneut verhaftet und wieder ins KZ Fuhlsbüttel eingeliefert. Mit ihr wurden auch ihr Sohn Heinrich und dessen Ehefrau gefangen genommen. Aus Mangel an Beweisen kam Elisabeth Bruhn am 18. Januar 1937 wieder frei.

Das nationalsozialistische Regime fühlte sich in den Jahren 1937 bis 1940 seiner Macht sehr sicher. Nur so lässt sich erklären, dass in dieser Zeit eine Anzahl führender Kommunisten aus der KZ-Haft freigelassen wurden, darunter im April 1939 auch Gustav Bruhn. Nach seiner Entlassung aus dem KZ Sachsenhausen war Gustav Bruhn erneut im Widerstand gegen die

Zeiten der Verfolgung und des Krieges, Drensteinfurt 1988; Herbert Diercks: Der Einsatz von V-Leuten im Sachgebiet „Kommunismus" der Hamburger Gestapo, in: Polizei, Verfolgung und Gesellschaft im National-sozialismus, Bremen 2013, S. 124; http://www.bildung-brandenburg.de /schulportraets/index.php?id=stam mdaten&schulnr=100638 (Zugriff 11.9.2012); http://www.preussen-chronik.de/begriff_jsp/key=begriff_ schutzhaft.html (Zugriff 8.5.2012).

Nationalsozialisten aktiv. Auch die anderen Freigelassenen suchten die Verbindung zu Hamburger Kommunisten und anderen Widerständlern. Im Herbst 1941 konstituierte sich eine Widerstandsgruppe unter Einbeziehung bereits vorhandener illegaler Zirkel und Widerstandsgruppen. Sie sollte hauptsächlich in den Hamburger Großbetrieben verankert sein und wurde als Bästlein-Jacob-Abshagen-Gruppe bekannt. Robert Abshagen gewann Gustav Bruhn laut Anklageschrift des Oberreichsanwalts am Volksgerichtshof im Frühjahr 1942 zur Mitarbeit. Zum inneren Kern der Gruppe zählten etwa 210 Männer und Frauen, darunter auch einige SPD-Leute und Gewerkschafter. In den Jahren 1943 bis 1945 wuchs die Gruppe auf mindestens 300 Personen an. Sie unterhielt u. a. Kontakte zum Widerstand der Schulze-Boysen/Harnack-Gruppe in Berlin und bildete einen bedeutenden Schwerpunkt des Widerstandes in Deutschland.

Die Bästlein-Jacob-Abshagen-Gruppe war zunächst in Einzelgruppen in diversen Großbetrieben organisiert, bald schon wurden Industriegruppen für einzelne Branchen, z. B. Bauindustrie, Metallindustrie, gebildet. Gustav Bruhn übernahm die Leitung der Industriegruppe „Metall" von Oskar Reincke, einer der Leitungspersonen der Bästlein-Jacob-Abshagen-Gruppe, und lernte wenig später Paul Thürey *(siehe ➤ Thüreystraße, in diesem Band)* kennen, der die Widerstandsarbeit bei den Conz-Elektromotoren-Werken in Hamburg-Bahrenfeld organisierte. Gustav Bruhn erhielt Informationen über Belegschaftsstärke, Produktion, Stimmung unter der Belegschaft, Lohnverhältnisse und Akkordsystem. Auf diesem Wege beschaffte er auch Informationen über russische Zwangsarbeiterinnen bei den Conz-Werken. Über die Klöckner Flugmotorenbau GmbH in Hamburg-Billbrook erhielt er Informationen von dem Maschinenschlosser Hans Köpke, der am 26. Juni 1944 nach einem Todesurteil des Volksgerichtshofes im Untersuchungsgefängnis Hamburg hingerichtet wurde.

Die Aktivitäten der Bästlein-Jacob-Abshagen-Gruppe blieben den Nationalsozialisten nicht verborgen. Sie starteten eine umfangreiche Verhaftungswelle, deren erste Opfer am 18. Oktober 1942 neben anderen Gustav und Elisabeth Bruhn wurden. Beide waren intensiven Verhören und schweren Folterungen ausgesetzt. Ihr Sohn Heinrich erfuhr von der Gefangennahme dadurch, dass Post zurückkam mit dem Vermerk: „Verhaftet". Ein Mithäftling (Heinz Gerhard Nilsson) berichtete später, Gustav Bruhn sei während der Vernehmungen misshandelt worden.

Am 23. März 1943 waren die Voruntersuchungen der Gestapo gegen Gustav und Elisabeth Bruhn so weit fortgeschritten, dass beide aus dem inzwischen in Polizeigefängnis umbenannten KZ Fuhlsbüttel in das Untersuchungsgefängnis Hamburg überstellt wurden. Ihre Adresse auf beiden Haftkarteikarten lautete Schellingstraße 33.

Es wird angenommen, dass die Prozesse gegen das Ehepaar Bruhn und weitere Angehörige der Hamburger Widerstandsorganisation im Frühsommer 1943 beginnen sollten. Doch dazu kam es nicht. Elisabeth und Gustav Bruhn saßen während der verheerenden Luftangriffe der englischen Luftwaffe Ende Juli 1943 im Untersuchungsgefängnis an der Straße Holstenglacis. Durch diese als „Aktion Gomorrha" bezeichnete Luftoffensive, die große Teile Hamburgs Ende Juli/Anfang August 1943 in Schutt und Asche legte, entstand auch in den staatlichen Sicherheitsorganen ein Chaos. Das Stadthaus, die Hamburger Gestapozentrale, wurde zerstört. Die Gestapo und der Justizapparat waren vorübergehend nicht arbeitsfähig. Unter dem Eindruck der Verwüstungen beschloss die Hamburger Staatsanwaltschaft, etwa

2000 Hamburger Untersuchungshäftlingen Haftverschonung zu gewähren. Rund 70 Mitglieder der Bästlein-Jacob-Abshagen-Gruppe erhielten zwei Monate Hafturlaub vom 31. Juli 1943 bis 1. Oktober 1943, verbunden mit der Auflage, keine „Verbindung mit Tatgenossen" aufzunehmen. Gustav Bruhn kam am 2. August 1943 frei. Er hatte seinen Genossen noch vor der Entlassung vorgegeben, sich in den nächsten Tagen zu einer Beratung über die neue Situation zusammenzufinden. Etwa 20 der Beurlaubten beschlossen dabei, sich nach Ablauf der Frist nicht wieder verhaften zu lassen, sondern sich bis zum Kriegsende verborgen zu halten.

Gustav und Elisabeth Bruhn tauchten unter und wechselten fortlaufend die Quartiere. Gustav Bruhn wohnte illegal bei Käthe und Richard Tennigkeit *(siehe* ➤ Tennigkeitweg, *in diesem Band)* in Hamburg-Berne, die ihren Widerstand gegen die NS-Diktatur mit dem Leben bezahlten. Adolph Kummernuß, der spätere ÖTV-Vorsitzende, berichtete nach dem Kriege, er habe Gustav Bruhn ein- oder zweimal bei Tennigkeits getroffen. Gustav Bruhn nahm die illegale politische Arbeit wieder auf, u. a. mit seinen kommunistischen Freunden Walter Bohne und Hans Hornberger. Walter Bohne wurde bei seiner Verhaftung am 5. Januar 1944 von Gestapobeamten erschossen.

Zwischen Ende September und Ende Oktober 1943 hielt sich Gustav Bruhn in Hannover auf. Zurück in Hamburg wohnte er zunächst bei dem Kommunisten Friedrich (Fiete) Löhn in der Kanalstraße 33, den er durch Adolf Schröder, einen illegal bei Klara Dworznick in der Bogenstraße 23 lebenden Kommunisten, kennengelernt hatte. Bei Fiete Löhn wurde Gustav Bruhn mit dem verdeckt arbeitenden früheren Kommunisten, Spanienkämpfer und späteren Gestapo-Agenten Alfons Pannek bekannt. Dieses Zusammentreffen sollte ihm schließlich zum Verhängnis werden.

Elisabeth Bruhn fand Unterschlupf bei ihrer Freundin, der Kommunistin Klara Dworznick in der Bogenstraße 23 in Hamburg-Eimsbüttel, die sie schon viele Jahre kannte. Auch Gustav Bruhn hielt sich tageweise in der Bogenstraße 23 auf. Alfons Pannek erschlich sich Gustav Bruhns Vertrauen und verschaffte ihm ein Quartier in seiner und Else Panneks Wohnung im Eppendorfer Weg 256. Hier glaubte Gustav Bruhn, sicher zu sein. Sein Vertrauen in Pannek ging so weit, dass er ihn und seine Frau mehrmals in die Wohnung von Klara Dworznik mitnahm.

Im Dezember 1943 wollte Gustav Bruhn ganz nach Hannover übersiedeln und dort untertauchen. Pannek hatte ihm falsche Papiere beschafft. Als Gustav Bruhn Hamburg am Abend des 13. Dezember 1943 mit dem Zug verlassen wollte, wurde er bei einer scheinbar zufälligen Fahrkarten- und Ausweiskontrolle verhaftet. Gustav Bruhns Haftkarteikarte im Untersuchungsgefängnis enthält die Notiz „15.12.43 18.00 vom Urlaub zurück".

Am 3. Februar 1944 wurde auch Elisabeth Bruhn verhaftet und zwar zusammen mit Rudolf Steinfatt und Klara Dworznick in deren Wohnung in der Bogenstraße 23 sowie mit dem am 6. Januar 1945 im KZ Neuengamme umgekommenen Adolf Schröder. Der Oberreichsanwalt beim Volksgerichtshof Berlin hatte ungeachtet des Untertauchens von Mitgliedern der Bästlein-Jacob-Abshagen-Gruppe bereits am 1. November 1943 eine Anklageschrift gegen Bernhard Bästlein, Oskar Reincke, Robert Abshagen, Walter Bohne und Gustav Bruhn fertig gestellt.

Bevor der Strafprozess gegen Gustav Bruhn stattfinden konnte, veranlasste der Gestapomann Henry Helms dessen Liquidierung. Dies geschah auf Betreiben von Alfons Pannek, dessen Tätigkeit als Gestapo-Spitzel bei der Verhaftung von Gustav Bruhn aufgedeckt worden war.

Pannek wollte offenbar durch Gustav Bruhns Tod seine Rolle als Gestapo-Spitzel sichern. Am 14. Februar 1944 wurden Elisabeth und Gustav Bruhn in das KZ Neuengamme verschleppt und ohne Gerichtsurteil gehenkt. Über die Geschehnisse dort schrieb Alfred Baumbach, ein Freund der Familie Bruhn: „Als wir am 14. Februar 1944 morgens in den Transportwagen stiegen, der uns von Fuhlsbüttel nach Neuengamme brachte, sah ich, wie Gustav und Lisbeth Bruhn und einige andere Häftlinge in einem schrecklichen Zustand von begleitender SS und den Gestapomännern Helms und Litzow in den Wagen getrieben wurden. Ich ahnte, dass etwas Furchtbares bevorstand. Im Wagen versuchte ich, neben Lisbeth zu gelangen, um ihr durch eine freundliche Geste mein Mitgefühl auszudrücken. Sie war vollkommen verstört. Beim Aussteigen in Neuengamme wollte Gustav sich neben uns stellen. Er wurde von Helms und den anderen SS-Männern mit höhnischen Bemerkungen: ‚Das könnte euch so passen!' und durch Faustschläge und Fußtritte von uns getrennt. Die Gruppe Gustav und Lisbeth Bruhn, Hans Hornberger und Kurt Schill (siehe ➤ Kurt-Schill-Weg, in Bd. 3 online**), den Fünften kannten wir nicht, wurde dann von der SS abgeführt. Helms und Litzow gingen mit. Am gleichen Abend wussten schon alle Genossen im Lager, dass die fünf im Bunker gehängt worden waren."

Die Morde an Elisabeth und Gustav Bruhn, Hans Hornberger, Kurt Schill und Walter Bohne wurden sofort an den Reichsführer SS und Chef der Deutschen Polizei gemeldet. Von dort wurde der Reichsjustizminister unterrichtet.

Im Ehrenhain Hamburger Widerstandskämpfer auf dem Friedhof Hamburg-Ohlsdorf liegt ein Gedenkstein für Elisabeth und Gustav Bruhn.

Die Namen von Elisabeth und Gustav Bruhn finden sich auch auf der Gedenkmauer des Zentralfriedhofs in Berlin-Friedrichsfelde. In Angermünde trägt eine Grundschule den Namen von Gustav Bruhn.

Text: Ingo Wille, aus: www.stolpersteine-hamburg.de

*Siehe auch ➤ Ernst-Mittelbach-Ring, Niendorf, seit 1982: Ernst Mittelbach (1903–1944), Gewerbeoberlehrer, Widerstandskämpfer gegen den Nationalsozialismus, und Ernst-Mittelbach-Stieg, Niendorf, seit 1987, in Bd. 3 online**.*

*Siehe auch ➤ Karl-Kock-Weg, Wilstorf, seit 1988: Karl Kock (1908–1944), Gummifacharbeiter aus Harburg, Kommunist, Widerstandskämpfer gegen den Nationalsozialismus, in Bd. 3 online**.*

*Siehe auch ➤ Kurt-Schill-Weg, Niendorf, seit 1982: Kurt Schill (1911–1944), KPD-Widerstandskämpfer gegen den Nationalsozialismus, in Bd. 3 online**.*

*Siehe auch ➤ Rudolf-Klug-Weg, Niendorf, seit 1982: Rudolf Klug (1905–1944), Lehrer, kommunistischer Widerstandskämpfer gegen den Nationalsozialismus, in Bd. 3 online**.*

*Siehe auch ➤ Werner-Schroeder-Straße, Allermöhe, seit 2002: Werner Schroeder (1916–1993), Bäcker, Kommunist, Widerstandskämpfer gegen den Nationalsozialismus, in Bd. 3 online**.*

Liseistieg

Rahlstedt, seit 1971. Gestalt aus Theodor Storms Erzählung „Pole Poppenspäler". Motivgruppe: Theodor Storms Werke

Lisei ist die neunjährige Tochter eines Puppenspielers. Paul (Pole Poppenspäler) (siehe ➤ Poppenspälerweg, in Bd. 3 online**), die Hauptfigur der Erzählung, und Lisei lernen sich als Kinder kennen. Paul macht aus Versehen die Mechanik einer Puppe kaputt, und Lisei wird dafür beschuldigt. Aus Angst vor Strafe verstecken sich die beiden nach einer Puppenspielaufführung im Aufführungsraum. Es entwickelt sich zwischen ihnen eine Kinderliebe. Lisei muss jedoch mit ihren Eltern weiterziehen. Erst zwölf Jahre später sehen sich beide durch Zufall wieder. Sie heiraten, bekommen ein Kind und führen bis zu ihrem Lebensende eine harmonische Ehe.

> *Siehe auch* ➤ **Poppenspälerweg**, *Rahlstedt, seit 1964, nach einer Novelle von Theodor Storm, in Bd. 3 online**.*

> *Siehe auch* ➤ **Stormsweg**, *Uhlenhorst, seit 1903: Theodor Storm (1817–1888), Schriftsteller, und* **Theodor-Storm-Straße**, *Rahlstedt, vor 1949, in Bd. 3 online**.*

Liselotte-von-Rantzau-Platz

HafenCity, seit 2013, nach Liselotte von Rantzau *(9.10.1918–25.1.1993), übernahm als Tochter von John T. Essberger 1959 die Tankreederei Essberger, die Anfang der 1920er-Jahre in Hamburg gegründet wurde und die Reederei Deutsche Afrika-Linien hinzukaufte; wirkte auch als Mäzenin*

Liselotte von Rantzau-Essberger wurde 1918 in Kiel als Tochter des Korvettenkapitäns John T. Essberger geboren, der der Gründer der gleichnamigen Tankreederei war. In den 1930er-Jahren kaufte er von den Godeffroys (siehe ➤ **Godeffroystraße**, *in Bd. 3 online***) die Villa an der Elbchaussee 547.

Seine Tochter Liselotte wurde nach dem Abitur am Realgymnasium in Hamburg in einem Pensionat bei Lausanne als Höhere Tochter ausgebildet. 1942 heiratete sie Cuno von Rantzau, ebenfalls aus einer Reederfamilie stammend. Damit waren zwei Reederfamilien verbunden worden.

Nach dem Tod ihres Vaters im Jahre 1959 übernahm Liselotte von Rantzau das Kommando über die Doppelreederei: Deutsche Afrika-Linien/Tankreederei John T. Essberger *(zu den Deutschen Afrika-Linien siehe* ➤ **Woermannstieg**,

in Bd. 3 online**)*. Zuvor hatte sie schon zu Lebzeiten ihres Vaters bei ihm die Geschäfte erlernt. „‚Inspiration für diese Arbeit war mein Vater'. Beim ihm lernte sie von der Pieke auf das Reedereigeschäft kennen. Erst als Lehrling, später als seine Sekretärin und ständige Begleiterin. Seine Arbeitshaltung, sein zielbewusster Einsatz für das Familienunternehmen und für Afrika waren (…) für Frau von Rantzau Vorbild und Verpflichtung zugleich.“[22] 1989 stand „sie einer Flotte von 456 Schiffen vor. Die Reedereigruppe beschäftigte [damals] rund 360 Mitarbeiter an Land und 920 Leute auf See. ‚Die Seeleute sagten am Anfang, sie würden mich nicht akzeptieren …, aber sie taten es dann doch.' Von starkem Willen geprägt, platzte Liselotte von Rantzau mit Energie und Durchsetzungsvermögen in traditionell männliche Stammplätze hinein. (…)“[23] Sie galt „als hervorragende Afrika-Kennerin, und alle Bundesregierungen suchten ihren Rat und ihre Hilfe als Vermittlerin und Botschafterin (…).“[24] Liselotte von Rantzau war vom Zeitpunkt der Gründung 1971 bis zu ihrem Tode Vorsitzende der Afrika-Stiftung, gleichzeitig Stellvertretende Vorsitzende des 1934 gegründeten Afrika-Vereins und dessen Vorsitzende von 1988 bis 1990 sowie im Vorstand

Liselotte von Rantzau-Essberger

des Afrika-Kollegiums und Mitglied in mehreren deutsch-afrikanischen Gesellschaften. „Ein Drittel ihrer Arbeitszeit verbrachte sie auf Reisen. Niederlassungen wollten besucht, Geschäftsbeziehungen aufrechterhalten werden. Neue technische Entwicklungen und den Fortschritt im Geist der Zeit begriff sie als Chance. Und so war sie die erste, die auf den Schiffen das Satelliten-

Abb.: Hans W. Wulff

** **Band 3 online** unter: www.hamburg.de/maennerstrassennamen

22) Helga Mack (†): Portrait über Liselotte von Rantzau, in: Rita Bake, Jutta Dalladas-Djemai, Martina

Gedai, Birgit Kiupel: Leinen los! Eine Expedition zur neuen und alten Geschichte der Frauenarbeit im und für den Hamburger Hafen. Hamburg 1989, S. 122f.
23) Helga Mack (†), a. a. O., S. 122 ff.

24) Ebenda.

Navigationssystem einführte und den Afrika-Terminal als modernsten seiner Zeit erbauen ließ."[25] Die Aktivitäten des Afrika-Vereins und der Deutschen Afrika-Linie in den 1980er-Jahren werden von postkolonialen Initiativen allerdings kritisch gesehen. So schreibt Heiko Möhle: „Obwohl sich der Hamburger Senat in den achtziger Jahren wiederholt für Boykott und Sanktionen gegenüber Südafrika [wegen dessen Apartheid-Politik] aussprach, setzte der Hafen seine Entwicklung zum ‚Tor zu Südafrika‘ fort. Ein Großteil des Handels wurde weiter mit den Schiffen der Deutschen Afrika-Linie abgewickelt, deren Vorsitzende Liselotte Rantzau-Essberger in den achtziger Jahren den Vorsitz des Afrika-Vereins übernahm. Ihre Schiffe transportierten nicht nur Äpfel und Orangen, sondern auch Uran aus Namibia, das von Südafrika wie eine Kolonie verwaltet wurde. Der Abbau in der ‚Rössing-Mine‘, der größten Uranmine der Welt, führte zu schwersten gesundheitlichen Schädigungen der Minenarbeiter und Umweltzerstörungen im Abbaugebiet."[26]

„Anerkennungsprobleme hatte [Liselotte von Rantzau-Essberger] nur am Anfang bei der Übernahme der Reederei. (…) Ihre Kenntnisse, ihre sachlich-bestimmte Art, Verhandlungen zu führen, und ihr zielbewusstes Voranschreiten ließen das männliche Gemurmel auf Konferenzen und in den Vorständen der vielen Gremien, in denen sie tätig war, bald verstummen."[27]

Liselotte von Rantzau war z. B. auch Mitglied der internationalen Versicherungsorganisation Lloyd's of London, stellvertretende Vorsitzende des Aufsichtsrats der Nord-Deutschen Versicherungs-Aktiengesellschaft, Mitglied des Aufsichtsrats der Hamburgischen Landesbank, Mitglied des Präsidiums des Verbandes Deutscher Reeder. „Ihre drei Söhne, geboren 1943, 1944 und 1948, erzog sie allein, denn die Ehe wurde [1957] geschieden. Während ihrer zehn-jährigen ‚Familienphase‘ war sie nur zeitweise im Reedereigeschäft tätig. (…)".[28]

In ihrer Freizeit sammelte Liselotte von Rantzau Nilpferd-Plastiken. Die Reederin war auch Mäzenin. So baute sie u. a. die Hamburger Musikfeste mit auf und mitbegründete 1985 den Förderkreis der Philharmonie, förderte die Ziele der Stiftung Hamburgische Kunstsammlungen, deren langjährige Vorsitzende sie war, und engagierte sich in der Städtepartnerschaft zwischen Hamburg und Dresden. Liselotte von Rantzau erhielt das Große Bundesverdienstkreuz; den Order of Good Hope des Verdienstordens der Republik Südafrika; den Ordre du Mono des Verdienstordens der Republik Togo und noch andere Auszeichnungen.

Siehe auch **>** **Godeffroystraße**, *Blankenese, vor 1928: Joh. Caesar Godeffroy (1813–1885), Reeder, Kaufmann, Präses der Handelskammer (1845), Mitglied der Hamburgischen Bürgerschaft (1859–1864), in Bd. 3 online***.*

Siehe auch **>** **Woermannstieg**, *Ohlsdorf, seit 1948: Adolph Woermann (1847–1911), Reichstagsabgeordneter, Kolonialer Handelsherr, und* **Woermannsweg**, *Ohlsdorf, seit 1922, in Bd. 3 online***.*

Lise-Meitner-Park

Bahrenfeld, seit 1997, umbenannt nach der jüdischen Kernphysikerin Prof. Dr. Lise Meitner (7.11.1878 Wien–27.10.1968 Cambridge), vorher hieß das ehemalige Landschaftsschutzgebiet „Flottbeker Drift"

Seit 1997 wird westlich des DESY-Geländes die bedeutende österreichische Physikerin Lise Meitner gewürdigt.

Lise Meitner wurde in Wien als drittes Kind des jüdischen Ehepaares Hedwig Meitner-Skovran und Philipp Meitner, Rechtsanwalt, geboren. Lise Meitner besuchte eine Bürgerschule, weil

** **Band 3 online** unter: www.hamburg.de/maennerstrassennamen

25) Ebenda.
26) Heiko Möhle (Hrsg.): Branntwein, Bibeln und Bananen. Der deutsche Kolonialismus in Afrika. Eine Spurensuche. Neuaufl. Berlin 2011, S. 154f.
27) Helga Mack (†), a. a. O., S. 122ff.
28) Ebenda.

sie auf dem Mädchengymnasium nicht angenommen worden war. Nach dem Schulabschluss absolvierte sie eine Ausbildung am Lehrerinnenseminar; nach diesem Examen holte sie das Abitur nach und begann Physik, Mathematik und Philosophie zu studieren. 1906 promovierte sie im Hauptfach Physik.

1907 zog die protestantisch erzogene Lise Meitner nach dem Studium in Wien nach Berlin, wo sie sich wissenschaftlich weiterbildete und Vorlesungen von Max Planck besuchte. Dieser hielt wenig von Frauen in der Wissenschaft und äußerte sich abfällig über „die Befähigung der Frau zum wissenschaftlichen Studium und Beruf". Dennoch erlaubte er ausnahmsweise Lise Meitner die Teilnahme an seinen Vorlesungen. Dabei lernte sie den Chemiker Otto Hahn kennen. Gemeinsam arbeiteten sie als „unbezahlter Gast" im Chemischen Institut der Berliner Universität. Allerdings durfte sich Lise Meitner nur in der „Holzwerkstatt" im Souterrain bewegen, denn der Institutsdirektor verweigerte ihr als Frau den Zugang zu den anderen Räumen. Glücklicherweise gab es eine Hintertür, die Zugang zum Chemischen Institut bot und durch die Lise Meitner in die Holzwerkstatt gelangen konnte. Allerdings, wenn sie zur Toilette wollte, dann musste sie in eine Gastwirtschaft gehen. Erst, nachdem 1908 endlich auch Frauen in Preußen das Recht zu studieren bekommen hatten, konnte sich Lise Meitner wissenschaftlich freier entfalten.

1909 entdeckte Otto Hahn den radioaktiven Rückstoß und mit Lise Meitner zusammen verschiedene radioaktive Nuklide. Dadurch machte sich Lise Meitner einen Namen, lernte Albert Einstein (siehe ➤ Albert-Einstein-Ring, in Bd. 3 online**) und Marie Curie kennen und wurde Max Plancks' inoffizielle Assistentin.

Doch Lise Meitner stand immer im Hintergrund: Sie „war ruhig, zurückhaltend und bescheiden, Otto Hahn lebhaft. So kam es, daß er immer im Vordergrund stand, sie dagegen die Rolle seiner ‚Mitarbeiterin' übernahm. Auch bei Arbeiten, die Lise Meitner weitgehend alleine gemacht hatte, setzte er seinen Namen als Autor mit auf die Veröffentlichung. Allerdings merkte sie später an: ‚Er war ja soviel bekannter als ich', und sie glaubte: ‚Es war kein schlechter Wille bei ihm, es war Gedankenlosigkeit.' (…) Erst mit zunehmendem Alter wurde Lise Meitner bewußt, daß sie Nachteile durch ihr Geschlecht wie durch das forsche Auftreten ihres Kollegen Hahn erlitten hatte."[29]

Ab 1912 arbeitete Otto Hahn nun gegen Entgelt in der von ihm aufgebauten Forschungsabteilung Radioaktivität des Kaiser-Wilhelm-Instituts für Chemie der Kaiser-Wilhelm-Gesellschaft in Berlin-Dahlem. Lise Meitner arbeitete zunächst noch unbezahlt in Hahns Abteilung weiter. Als sie 1914 „von der Prager Universität das Angebot einer festen Anstellung mit der Aussicht auf eine spätere Professur [erhielt], wurde in Anerkennung ihrer Leistungen auch für sie am Kaiser-Wilhelm-Institut für Chemie eine bezahlte Stelle als wissenschaftliches Mitglied geschaffen."[30]

Als der Erste Weltkrieg begann, war Lise Meitner – wie auch ihre Kollegen – begeistert und beglückwünschte Otto Hahn zu seinen Entwicklungen des Chlorgaseinsatzes in der Zweiten Flandernschlacht.

1917 entdeckten Hahn und Meitner das chemische Isotop Protactinium 231. Ein Jahr später bekam Lise Meitner eine ihrem Können entsprechende Stelle und ein angemessenes Gehalt: sie wurde Leiterin der physikalisch-radioaktiven Abteilung des Kaiser-Wilhelm-Instituts für Chemie. 1922 habilitierte sie sich, durfte nun als Dozentin arbeiten und wurde 1926 außerordentliche Professorin für experimentelle Kernphysik an der

** Band 3 online unter: www.hamburg.de/maennerstrassennamen

29) Jeanne Rubner: Das 91. Element: Lise Meitner, in: Cathrin Kahlweit (Hrsg.): Jahrhundertfrauen. Ikonen,

Idole, Mythen. München 1999, S. 199 f.
30) Werner Stolz: Otto Hahn/Lise Meitner. Leipzig 1983, S. 26. (Biographien hervorragender Naturwissenschaftler, Techniker und Mediziner,

Bd. 64)

Universität Berlin – und damit die erste deutsche Professorin für Physik.

Nach der Machtübernahme durch die Nationalsozialisten wurde Lise Meitner gemäß dem Gesetz zur Wiederherstellung des Berufsbeamtentums wegen ihrer jüdischen Herkunft die Lehrbefugnis entzogen. Am Kaiser-Wilhelm-Institut durfte sie jedoch noch ihre Arbeit weiter fortsetzen.

1938 konnte Lise Meitner durch Hilfe von Otto Hahn Deutschland illegal verlassen und kam nach Schweden. Dort arbeitete sie am Nobel-Institut unter schlechten Arbeitsbedingungen und gegen geringen Lohn. Entsprechend waren ihre Lebens- und Wohnverhältnisse. „Erst im Mai 1939 konnte sie gemeinsam mit ihren ebenfalls emigrierten Geschwistern in Stockholm eine kleine Wohnung mieten. Endlich stand ihr ein bescheidenes Leerzimmer zur Verfügung. In zähen Verhandlungen mit den Nazibehörden ließ unterdessen Otto Hahn in Berlin nichts unversucht, die Genehmigung zur Nachsendung ihrer Einrichtungsgegenstände und Bücher zu erwirken. In ihrer verzweifelten Lage schrieb Lise Meitner am 10. April 1939 an ihn: ,Heute hat mir ein Rechtsanwalt, den ich vor 14 Tagen mit der Bitte aufgesucht habe, mir doch etwas behilflich zu sein, meine Sachen endlich zu bekommen, telephonisch angeboten, mir ein Bett und Bettzeug zu leihen. Ich habe es also nach mehr als 30jähriger Arbeit immerhin so weit gebracht, daß mir ein wildfremder Mensch ein Bett leiht.'

Otto Hahn antworte ihr: ,Es wird zwar keine Beruhigung für Dich sein, aber Du kannst mir

Lise Meitner

glauben, daß mich der Skandal mit Deinem Umzug mehr Nerven kostet als alle Trans-Urane und sonstigen nicht immer angenehmen Dinge zusammengenommen.'

Schließlich erlangte er doch die Erlaubnis, Teile des Hab und Guts der ,Nicht-Arierin' Lise ,Sarah' Meitner nach Schweden zu senden. (…)

Die ausgesprochen ungünstigen Arbeitsbedingungen am neugegründeten Nobel-Institut für Physik waren für die sechzigjährige Wissenschaftlerin in höchstem Maße deprimierend. (…) ,Mir geht es sehr wenig gut. Ich habe hier eben einen Arbeitsplatz und keinerlei Stellung, die mir irgendein Recht auf etwas geben würde. Versuche Dir einmal vorzustellen, wie das wäre, wenn Du statt Deines schönen eigenen Instituts ein Arbeitszimmer in einem fremden Institut hättest, ohne jede Hilfe, ohne alle Rechte (…).'“[31]

Noch im selben Jahr ihrer Emigration nach Schweden entdeckte Otto Hahn die Kernspaltung. Er ließ Lise Meitner an seinen Forschungen teilhaben und fragte sie um Rat. Lise Meitner interpretierte seine Ergebnisse und überprüfte sie. Gemeinsam mit ihrem Neffen Otto Frisch publizierte sie 1939 die erste theoretische Erklärung der Kernspaltung.

Inzwischen war Lise Meitner zu einer überzeugten Pazifistin geworden. „Gewiss hätten sich ihre Arbeitsbedingungen und Lebensumstände schlagartig verbessert, wenn sie die während des Krieges mehrfach gemachten Angebote angenommen hätte, sich an den Arbeiten der englischen und amerikanischen Physiker zur Schaffung der Atombombe zu beteiligen. Das Ansinnen, mit ihren Kenntnissen die Entwicklung einer furchtbaren Massenvernichtungswaffe zu begünstigen, lehnte sie konsequent ab. (…)

Erst in der Nachkriegszeit verbesserte sich Lise Meitners Lage schrittweise. 1946 wurde sie

31) Werner Stolz, a. a. O., S. 55 f.

für ein halbes Jahr als Gastprofessor an die Katholische Universität in Baltimore berufen. (…)

Im Jahre 1947 verließ sie das Forschungsinstitut für Physik der Schwedischen Akademie der Wissenschaften und übernahm die Leitung eines kleinen Laboratoriums an der Technischen Hochschule in Stockholm. Als Beraterin wechselte sie schließlich 1953 an ein von S. Eklund geleitetes Institut über, an dem im Auftrage der Königlichen Akademie der Ingenieurwissenschaften ein Forschungsreaktor aufgebaut wurde."[32]

Als Lise Meitner 1948 das Angebot erhielt, die Leitung des Otto-Hahn-Instituts in Mainz zu übernehmen, lehnte sie mit folgenden Worten ab. „(…) Jedenfalls glaube ich, daß ich nicht die Stelle in Mainz übernehmen kann. Ich habe wenig Angst vor den ungünstigen Lebensverhältnissen, aber sehr erhebliche Bedenken gegenüber der geistigen Mentalität. Allem, wo ich etwa außerhalb der Physik anderer Meinung sein würde als die Mitarbeiter, würde sicher mit den Worten begegnet werden: Sie versteht natürlich die deutschen Verhältnisse nicht, weil sie Österreicherin ist oder weil sie jüdischer Abstammung ist. (…) Das bedeutet, daß ich nicht mit dem Vertrauen der jüngeren Mitarbeiter rechnen könnte, das ich einmal besessen habe (…). Es würde ein ähnlicher Kampf werden, wie ich ihn in den Jahren 33–38 mit sehr wenig Erfolg geführt habe – und heute ist mir sehr klar, daß ich ein großes moralisches Unrecht begangen habe, daß ich nicht 33 weggegangen bin; denn letzten Endes habe ich durch mein Bleiben doch den Hitlerismus unterstützt. Dieses moralische Bedenken besteht ja heute nicht, aber meine persönliche Situation würde bei der allgemeinen Mentalität nicht sehr verschieden von der damaligen sein und ich würde nicht wirklich das Vertrauen meiner Mitarbeiter haben und daher nicht wirklich von Nutzen sein können (…)."[33]

1966 erhielt sie zusammen mit Otto Hahn und Fritz Strassmann den Enrico-Fermi-Preis für die Entdeckung der Kernspaltung. Der Nobelpreis für Chemie für diese Entdeckung war 1944 allerdings nur an Otto Hahn gegangen. Lise Meitner wurde nicht bedacht. Dazu schrieb sie an ihre Freundin: „Hahn hat sicherlich den Nobelpreis für Chemie voll verdient, da ist wirklich kein Zweifel. Aber ich glaube, dass Frisch und ich etwas nicht Unwesentliches zur Aufklärung des Uranspaltungsprozesses beigetragen haben – wie er zustande kommt und dass er mit einer so großen Energieentwicklung verbunden ist, lag Hahn ganz fern."

Lise Meitner musste auch feststellen, dass „,Hahn (…) in keinem der Interviews, wo er über unsere Lebensarbeit sprach, unsere langjährige Zusammenarbeit oder auch nur meinen Namen erwähnt'. (…) Lise Meitner war ein vornehmer Mensch, und gegenüber Otto Hahn empfand sie noch immer Freundschaft, obwohl ihr Verhältnis nun gespalten war. Nur einmal wehrte sie sich, nachdem sie von einem Artikel und Vortrag erfuhr, in dem sie als langjährige Mitarbeiterin Hahns bezeichnet wurde: ,Versuche, Dich in meine Lage hineinzudenken! Soll mir nach den letzten 15 Jahren (…) auch noch meine wissenschaftliche Vergangenheit genommen werden? Ist das fair? Und warum geschieht es? Was würdest Du sagen, wenn Du auch charakterisiert würdest als der langjährige Mitarbeiter von mir?'"[34]

Im Alter von 82 Jahren ging Lise Meitner in den Ruhestand und zog 1960 zu ihrem Neffen Otto Frisch nach Cambridge, um nicht allein zu sein. Ein Jahr zuvor war in Berlin das Hahn-Meitner-Institut für Kernforschung eingeweiht worden.

Lise Meitner starb wenige Monate nach dem Tod Otto Hahns.

---

32) Werner Stolz, a. a. O., S. 56 f.
33) Werner Stolz, a. a. O., S. 73.
34) Jeanne Rubner, a. a. O., S. 123 f.

Siehe auch ➤ **Albert-Einstein-Ring,** *Bahrenfeld, seit 1990: Prof. Albert Einstein (1879–1955). Begründer der allgemeinen Relativitätstheorie, Nobelpreisträger für seine Forschungen zur Quantentheorie, in Bd. 3 online***.

Lißmannseck

Barmbek-Nord, seit 1929, nach dem Maler **Fritz Lißmann** *(1880–1915) und seinen Eltern, dem Opernsänger* **Friedrich Lißmann** *(1847–1894) und der* **Opernsängerin Marie Lißmann,** *geb. Gutzschbach (22.4.1847 Döbeln/Sachsen–1928)*

Die Sopranistin Anna Marie Gutzschbach war die Tochter eines Pfarrers. 1871 begann sie ihre Bühnenkarriere als Soubrette am Opernhaus in Leipzig. Mit 28 Jahren heiratete sie den Bass-Bariton Friedrich Heinrich Lißmann. Das Paar bekam drei Kinder: Hans (1885–1964), der später ein Bühnen- und Konzerttenor wurde, Eva-Katharina (geb. 1883), die zu einer bedeutenden Konzertsängerin avancierte, und Fritz, der Maler und Holzschneider wurde. 1879 erhielt Anna Marie Lißmann ein festes Engagement am Hamburger Stadttheater. Von 1880 bis 1883 war sie mit ihrem Mann am Stadttheater in Bremen engagiert und von 1883 bis 1893 wieder in Hamburg. 1893 nahm sie von der Bühne Abschied, arbeitete aber weiterhin als Konzertsängerin und Gesangspädagogin in Hamburg.

Loki-Schmidt-Garten

Groß Flottbek, seit 2012, nach **Hannelore (Loki) Schmidt,** *geb. Glaser (3.3.1919 Hamburg– 21.10.2010 Hamburg), in den 1950-er Jahren Lehrerin an der Volksschule Hirtenweg/Schule Othmarscher Kirchenweg, Botanikerin, Begründerin und Ehrenvorsitzende der Stiftung Internationaler Gärtneraustausch, Gründerin der Stif-*

tung Loki Schmidt zum Schutze gefährdeter Pflanzen, Ehrensenatorin der Universität Hamburg, Ehrenbürgerin der Freien und Hansestadt Hamburg

Laut Amtlichem Anzeiger vom 8. Juni 2012 unter der Rubrik „Bekanntmachung, Benennung von Verkehrsflächen" wurde in den Stadtteilen Groß Flottbek und Osdorf der bisher dort inoffiziell als „Neuer Botanischer Garten" bezeichnete Garten der Universität Hamburg als Loki-Schmidt-Garten benannt. Er wird an seiner Nordseite vom Henningstedter Weg, an seiner Ostseite von der Heinrich-Plett-Straße sowie an seiner Südseite von der Ohnhorststraße begrenzt.

Seit dem 1. August 2012 gibt es auch eine Loki-Schmidt-Schule; so heißt nun die Offene Ganztagsschule am Othmarscher Kirchenweg 145.

„Frau Mantel" war der erste Pflanzenname, den die kleine Hannelore Glaser lernte. Der Frauenmantel mit seinen schönen, gezähnten Blättern und den darauf glitzernden Wassertropfen, brachte das kleine Mädchen zum Staunen, noch bevor es richtig sprechen konnte. Als Bilderbücher dienten ihr die Kupferstiche der „Flora von Deutschland".

Im Arbeiterstadtteil Hammerbrook geboren, wuchs Hannelore Glaser mit drei jüngeren Geschwistern in „bescheidenen" Verhältnissen auf. Ihr Vater Hermann Glaser war Betriebselektriker, Mutter Gertrud arbeitete als Näherin. Mit dem Größerwerden ihrer Familie zogen die Glasers aus der Wohnung der Großeltern zunächst nach Borgfelde, dann in einen Neubau für kinderreiche Familien nach Horn.

Als kleines Kind gab sich Hannelore Glaser selbst den Rufnamen „Loki". Ihre außergewöhnliche schulische Bildung entsprach dem Bildungswillen eines Teils der Arbeiterfamilien in den 1920-er Jahren: Ab 1925 besuchte sie die reformorientierte Schule Burgstraße und von 1929 bis 1937 die musisch geprägte Lichtwarkschule am Grasweg in Winterhude (aufgelöst 1937). Dort lernte sie ihren späteren Ehemann Helmut Schmidt kennen. Klassenlehrerin mit dem Fach Biologie war Ida Eberhardt, die 1935 entlassen wurde, weil sie sich gegen den Aushang der NS-Hetzschrift „Der Stürmer" in der Lichtwarkschule ausgesprochen hatte. Ihre zeitweilige Deutschlehrerin Erna Stahl *(siehe* ❯ Erna-Stahl-Ring, *in diesem Band)* gehörte zum Umfeld der Widerstandsgruppe Weiße Rose Hamburg. In beiden Schulen wurde ein partnerschaftliches Verhältnis zwischen Lehrkräften und SchülerInnen gepflegt, selbstständiges Arbeiten der Schülerinnen und Schüler gefördert und eine Beteiligung der Eltern am Schulleben erwartet.

Nach bestandenem Abitur wurde Hannelore Glaser 1937 zum Reichsarbeitsdienst eingezogen. Ihr Wunsch, Biologie zu studieren, scheiterte an den Studiengebühren, die Hannelores Eltern nicht aufbringen konnten.

Von 1938 bis 1940 absolvierte Hannelore eine Ausbildung zur Volksschullehrerin an der von den Nationalsozialisten neu eingerichteten Hochschule für Lehrerbildung und trat im Mai 1940 in den Hamburger Schuldienst ein. Bis zu ihrer Pensionierung 1971 knüpfte sie an die reformpädagogischen Erfahrungen aus ihrer eigenen Schulzeit an. Meist führte sie ihre Grundschulklassen über vier Jahre, um sie zu Lern- und selbstbewussten Sozialgemeinschaften zu entwickeln. Mehr als drei Jahrzehnte unterrichtete sie fächerübergreifend und projektorientiert. So blieb sie zeitlebens eine geschätzte und anregende Gesprächspartnerin auch für jüngere Lehrkräfte.

1942 heirateten Loki Glaser und Helmut Schmidt. Das Paar bekam zwei Kinder. Ihr erstes Kind, geboren 1944, starb im Alter von acht Monaten an Hirnhautentzündung.

Nachdem Helmut Schmidt 1945 aus der britischen Kriegsgefangenschaft entlassen worden war, studierte er bis 1949 Staatswissenschaften und Volkswirtschaftslehre an der Universität Hamburg. Während dieser Zeit sorgte Loki Schmidt allein für den Unterhalt der Familie.

1974 wurde der SPD-Politiker Helmut Schmidt Bundeskanzler. Als er dieses Amt übernahm, gab Loki Schmidt ihm folgenden Satz mit auf den Weg: „Du hast ja wohl einen Vogel, dich irgendwie zu verbiegen." Solche Autonomie im Denken und Handeln blieb Maßstab für beide.

Bis zu seinem Amtsrücktritt 1982 nahm Loki Schmidt vor allem protokollarische Aufgaben als Ehefrau des Bundeskanzlers in der damaligen Bundeshauptstadt Bonn wahr. In seinen Erinnerungen schreibt Helmut Schmidt dazu: „Heute weiß ich, dass ich einen nicht unerheblichen Teil des öffentlichen Ansehens, das mir im Laufe der Zeit zugeflossen ist, Loki zu verdanken habe."[35]

Zurück in ihrer Heimatstadt Hamburg, widmete sich Loki Schmidt der Unterstützung von Schulkindern in schwierigen sozialen Verhältnissen. Auch verstärkte sie ihren bisherigen Einsatz für gefährdete Pflanzen und ließ sich in die Deputation der Behörde für Bezirksangelegenheiten, Naturschutz und Umweltgestaltung in Hamburg wählen. Auf eigene Kosten begleitete sie Forschungsreisen von WissenschaftlerInnen, meistens der Max-Planck-Gesellschaft, beispielsweise zum Nakuru-See nach Kenia, auf die Galapagos-Inseln, nach Ecuador, Malaysia, Nordborneo oder Brasilien. Bereits 1976 hatte sie das Kuratorium zum Schutze gefährdeter Pflanzen gegründet (1979 mit Stiftung Naturschutz Hamburg fusioniert zur heutigen Loki-Schmidt-Stiftung). Die Stiftung vergibt seit 1977 die „Loki-Schmidt-Silberpflanze"; seit 1980 wählt sie auch die Blume des Jahres.

---

35) Helmut Schmidt: „Was ich noch sagen wollte". München 2015. Zitiert nach: Ich hatte eine Beziehung zu einer anderen Frau, in: stern, Nr. 11 vom 5.3.2015, S. 37. Vgl.: Loki Schmidt in Wikipedia sowie Informationen auf den Websites der von ihr initiieren Institutionen, außerdem Reiner Lehberger: Schmidt, Loki, in: Hamburgische Biografie, Band 6, Göttingen 2012, S. 293–296.

Seit den 1970-er Jahren setzte sich Loki Schmidt zudem für den Botanischen Garten in Hamburg und dessen Aufgabe zur Erforschung und Erhaltung biologischer Vielfalt ein. 1986 initiierte sie den internationalen Gärtnertausch, der mit einer von ihr finanzierten Reise von Gärtnern des Hamburger Botanischen Gartens zur Mitbepflanzung des ersten tropischen Gewächshauses in Israel begann. Für einen 1997 veröffentlichten Bildband „Die Botanischen Gärten in Deutschland" recherchierte sie zwei Jahre lang und legte 26 000 Reisekilometer zurück. Noch in ihrem 90. Lebensjahr machte ihr Erinnerungsbuch „Erzähl doch mal von früher" sie zur Bestsellerautorin.

Loki Schmidt

Loki Schmidt starb am 21. Oktober 2010 in ihrem Haus in Langenhorn. Nach einer prominent besetzten Trauerfeier in der Michaeliskirche wurde ihre Urne am 2. November 2010 im schlicht gehaltenen Grab der Familie Schmidt auf dem Hauptfriedhof Hamburg-Ohlsdorf beigesetzt.

Auszeichnungen (Auswahl): 1990 Ernennung zur Ehrensenatorin der Universität Hamburg; zu ihrem 80. Geburtstag 1999: Ehrendoktorwürde der Universität Hamburg des FB Biologie, verliehen für ein „Lebenswerk von herausragender Bedeutung und Engagement in allen Bereichen des wissenschaftlichen und praktischen Naturschutzes"; 2004: Deutscher Umweltpreis der Bundesstiftung Umwelt für ihre Lebensleistung; 2009 ernannte Hamburg sie zur Ehrenbürgerin. Am 30. März 2009 eröffnete das neue Museum für Nutzpflanzen der Universität Hamburg als „Loki-Schmidt-Haus" im Botanischen Garten Klein Flottbek.

Aufsehen erregte drei Jahre nach dem Tod von Loki Schmidt Helmut Schmidts öffentliches „Geständnis", dass er einmal eine Beziehung zu einer anderen Frau gehabt hatte. Diese Äußerung des Alt-Kanzlers wurde von der Presse begierig aufgenommen und war für einige Zeit Tagesgespräch.
Text: Cornelia Göksu

Siehe auch ➤ **Erna-Stahl-Ring,** *in diesem Band.*

Lola-Rogge-Platz

HafenCity, seit 2013, benannt nach **Lola Rogge** *(20.3.1908 Altona–13.1.1990 Hamburg), Tänzerin, Choreografin und Pädagogin*
Ihr Grab befindet sich neben dem Ausgang des Gartens der Frauen auf dem Ohlsdorfer Friedhof.

Dass **Lola Rogge** eine tänzerische Laufbahn einschlagen würde, stand keineswegs von Anfang an fest. Widerstände der Eltern waren zu überwinden, die ihre Tochter in dem für Frauen anerkannten Beruf der Fürsorgerin sahen, und später, während der Ausbildung, Selbstzweifel: Zweifel an der eigenen Begabung und körperlichen Belastbarkeit. Doch ihr kämpferisches und zielstrebiges Naturell ließen sie alle diese Schwierigkeiten überwinden und den Namen Lola Rogge weit über Hamburgs Grenzen hinaus bekannt machen. Begonnen hatte für die Tochter von Christiane Rogge, geb. Schönfelder, und ihrem Ehemann, dem Stadtbaumeister in Altona und Architekten Hans Rudolf Rogge, alles, als sie aufgrund ihres zarten Gesundheitszustandes 1920 aus dem Lyzeum in der Altonaer Chaussee, das sie seit 1914 besuchte, in die jüdische Privatschule von Alice Blömendal umgeschult wurde, wo statt des ihr aus gesundheitlichen Gründen untersagten Sportunterrichts rhythmische und tänzerische Gymnastik auf dem Lehr-

Abb.: picture alliance/dpa

plan stand. Das junge Mädchen war sofort Feuer und Flamme, gern hätte sie auch außerhalb der Schule Tanzunterricht genommen, doch die Eltern waren strikt dagegen. Erst ein Tanzsolo in einer Schulaufführung nach Gedichten aus Goethes „West-östlichem Divan", die Fürsprache einer Lehrerin, die mit Lola und ihren Freundinnen eine Tanzszene in einem Theaterstück für den Handwerkertag in Hamburg eingeübt hatte, und vor allem ihr eigenes tägliches Insistieren führten schließlich dazu, dass die Mutter sich bereit erklärte, an einer Unterrichtsstunde in der Tanzschule des Ungarn Rudolf von Laban zu hospitieren. Der Anblick halb nackter, schwitzender Männer ließ sie entsetzt zurückschrecken. Doch die Tochter gab nicht nach, und beim zweiten Besuch hatte sie Glück. Die feinfühlige Jenny Gertz, die dieses Mal den Unterricht erteilte, begriff die Situation und richtete es so ein, dass keine exzessiven Bewegungen bei den Übungen vorkamen. Lola Rogge hatte es geschafft: Auch wenn die Eltern sich niemals mit der Künstlerlaufbahn ihrer Tochter abfanden, willigten sie in ihre Wünsche ein. 1925 begann Lola Rogge ihre Ausbildung an der Schule „Hamburger Bewegungschöre Rudolf von Laban". Labans Bewegungslehre basierte auf der Überzeugung, dass das gesamte Sein seinen Ursprung im Tanz habe. Daraus ergaben sich alle weiteren Einsichten, dass nämlich in jedem Menschen ein Tänzer stecke, der Gruppentanz die eigentliche adäquate Form und die zwecklose Freude der Tänzerinnen und Tänzer im gemeinsamen Erleben die Zielsetzung des Tanzes sei. Vor diesem Hintergrund ist es auch verständlich, dass Labans Interesse nicht nur der Ausbildung von Profis, sondern vor allem auch der von tanzbegeisterten Laien galt. Aus der Arbeit mit ihnen gingen die Bewegungschöre hervor, deren Übungsstunden zum Pflichtprogramm der Ausbildungsschüler

und -schülerinnen gehörten. Die Lehre Labans musste bei Lola Rogge, die einen besonderen Sinn für Humanität und Toleranz besaß, auf fruchtbaren Boden fallen, auch wenn sie den Schwerpunkt in ihrem eigenen Unterricht später etwas verlagerte. Während es Laban primär um das gesteigerte Ich-Erlebnis in der Gemeinschaft ging, darum, den Menschen aus der Gemeinschaft heraus zu tragen, legte Lola Rogge Wert auf die Durchbildung des Körpers, auf technisches Können. Aus dem Gefühl heraus, selbst keine ausreichende Technik gelernt zu haben, nahm sie nach Abschluss ihrer Ausbildung am Laban-Institut klassischen Tanzunterricht bei Olga Brandt-Knack, der damaligen Ballettmeisterin und Choreographin des Hamburger Stadttheaters. Eine Karriere als Solotänzerin kam für Lola Rogge nicht in Frage. Nach ihrem Examen im Jahre 1927 gründete sie eine eigene Schule in Altona, die „Altonaer Labanschule Lola Rogge", wo sie die ersten Kinderbewegungschöre ins Leben rief. Um für ihre SchülerInnen mit geringem Einkommen den Beitrag erschwinglich zu halten, gründete sie den „Altonaer Bewegungschöre e. V.". Als eingetragenem Verein standen ihm Turnhallen als Trainingsräume zu günstigen Konditionen zur Verfügung. 1931 erweiterte sich ihr SchülerInnenkreis noch einmal erheblich, als sie Gymnastikunterricht über den Rundfunk erteilte. 1934 übernahm Lola Rogge die Laban-Schule am Schwanenwik. Sie war inzwischen nicht mehr allein, denn sie hatte 1931 den Hamburger Kaufmann Hans Meyer geheiratet, der nach der Eheschließung den Namen seiner Frau als zweiten Namen angenommen hatte. Hans Meyer hatte zunächst Pianist werden wollen, schlug aber dann, als sein Vater starb und er für seinen eigenen Lebensunterhalt und den der Mutter sorgen musste, eine kaufmännische Laufbahn ein. Als er Ende der 1920er Jahre mit Einbruch der Weltwirtschaftskrise wie viele andere arbeitslos wurde, besann er sich auf seine musikalische Begabung und wurde zum Begleiter und Berater seiner damaligen Freundin und späteren Ehefrau. Er saß während ihres Unterrichts am Klavier und half ihr bei der Musikauswahl für ihre kleinen Choreographien. Später, bei den großen chorischen Tanzwerken, wurde er zu einem wichtigen musikalischen und dramaturgischen Mitarbeiter, der die Musik und den Stoff auswählte und die dramaturgische Konzeption der Choreographie entwarf. Doch waren beide sich stets bewusst, dass sie die begabtere von ihnen war. Ihren „Prinz-

Lola Rogge

gemahl" nannte sie ihn dann auch. Dieser übernahm allerdings eine sehr zentrale Funktion, als das Ehepaar sich entschloss, die Laban Schule zu kaufen. Hans Meyer-Rogge wurde zum geschäftsführenden Direktor des Instituts. Schon ein Jahr vor der Übernahme der Tanzschule hatte sich Lola Rogge nach ersten kleinen Erfolgen als Choreographin an ein abendfüllendes Programm auf eigene Verantwortung und Kosten gewagt. 1935 führte sie das Stück „Amazonen" mit ihren Bewegungschören im Deutschen Schauspielhaus auf. Das Stück war so erfolgreich, dass es 1935 im Rahmen des deutschen Tanzfestspiels in Berlin gezeigt wurde und 1936 zusammen mit dem Weihespiel Labans „Vom Tauwind und der neuen Freude" für die Eröffnungsfeier der Olympischen Spiele gedacht war. Bei der Generalprobe entschied Goebbels sich jedoch anders. Über Labans chorisches Werk, das sich zunächst so mühelos in die nationalsozialistische Ideologie zu fügen schien, notierte

er in seinem Tagebuch: „Das ist alles so intellektuell. Ich mag das nicht. Geht in unserem Gewande daher und hat gar nichts mit uns zu tun."[36] Als Laban Deutschland 1937 verließ, musste sein Name aus den Titeln aller Labanschulen gestrichen werden. Lola Rogge führte ihre Schule unter der Bezeichnung „Lola-Rogge-Schule" weiter. Auf Grund ihrer Erfolge erhielt Lola Rogge am Schauspielhaus einen Vertrag als Bewegungsregisseurin. Über 20 Jahre, bis zum Ende der Spielzeit 1958/59, arbeitete Lola Rogge neben all ihren anderen Verpflichtungen auch noch am Schauspielhaus. Gleich nach dem Zweiten Weltkrieg erhielt sie von der englischen Besatzungsmacht die nötige Unterrichts- und Auftrittsgenehmigung. Die Tanzschule war bereits 1938 in das Haus Tesdorpfstraße 13 verlegt worden, das das Ehepaar erwarb, als ihm der Mietvertrag für das Haus am Schwanenwik, in dem sich die Tanzschule Laban bis dahin befand, gekündigt wurde. Hier in der Tesdorpfstraße wohnte die Familie auch. Die Zusammenlegung von Wohnung und Arbeitsstätte erleichterte manches, besonders die Betreuung der Kinder, der 1935 geborenen Zwillinge Jan und Klaus und der Töchter Christiane (1944) und Andrea (1948). Zudem gab es eine Hausangestellte, die von frühmorgens bis spätabends für die Kinder da war. 1950 wurde ihr mit der Komponistin Aleida Montijn geschaffenes Werk „Vita Nostra", das auf alttestamentarischen Psalmen basiert, uraufgeführt. Der renommierte Ballettkritiker Christian E. Lewalter wertete das Werk, das die durchlebten Schrecken des Krieges zum Ausdruck brachte, in der „DIE ZEIT" als einzigartiges Werk. Auch das letzte große Werk, das Lola Rogge schuf, hatte einen religiösen Hintergrund und beschäftigte sich mit dem Tod: der „Lübecker Totentanz". Nach dem Tod ihres Mannes am 5. September 1975 gab Lola Rogge die Leitung

Abb.: Aus: Patricia Stöckermann, Lola Rogge, Pädagogin und Choreographin des Freien Tanzes, Wilhelmshaven 1991.

36) zitiert nach: Nils Jockel, Patricia Stöckermann: „Flugkraft in goldene Ferne ..." Bühnentanz in Hamburg seit 1900. Hamburg 1989.

ihrer Schule an ihre Tochter Christiane ab. Die Ausbildung für Tänzerinnen und Tänzer hatte sie bereits 1969 aufgegeben. Lola Rogge konzentrierte sich ganz auf ihr Lieblingskind, den Laientanz. Darin war sie so erfolgreich, dass sie 1972 eine Zweigstelle in dem klassizistischen Gebäude im Hirschpark in Blankenese einrichtete. Bis zu ihrem Tode am 13. Januar 1990 leitete sie einen Laienkurs.

Text: Brita Reimers

Lottestraße

Lokstedt, um 1900. Von der Terraingesellschaft „Jägersche Erben Berlin und Schlesien" angelegt und benannt

Louise-Schroeder-Straße

Altona, seit 1960, benannt nach Louise Schroeder (2.4.1887 Altona–4.6.1957 Berlin), Bürgermeisterin von Berlin, Präsidentin des Deutschen Städtetags, Stadtverordnete in Altona

Louise Schroeder war die Tochter einer Gemüsehändlerin und eines Bauarbeiters, der in der SPD politisch aktiv war.

Sie besuchte bis zu ihrem vierzehnten Lebensjahr die Mittelschule in Altona, ging dann anderthalb Jahre zur Gewerbeschule für Mädchen in Hamburg. 1902 begann sie als kaufmännische Angestellte in einer Versicherung tätig zu werden. 1918 wechselte sie ans Altonaer Fürsorgeamt, dessen Leitung sie zwischen 1923 und 1925 innehatte.

1910 trat sie der SPD bei. Ihre politischen Schwerpunkte lagen bei der Sozialpolitik und der Gleichstellung der Frau. „(…) Seit 1915 arbeitete sie im Ortsvorstand der Partei mit. Erst 1908 war Frauen – zum ersten Mal in der deutschen Geschichte – das Recht gewährt worden, sich in politischen Parteien zu betätigen. Das parlamentarische Wahlrecht wurde ihnen weiterhin vorenthalten. Politisches Engagement von Frauen war damals selbst in Altona und Hamburg, den Hochburgen der Arbeiter- und Frauenbewegung, noch sehr umstritten."[37]

Von 1919 bis 1933 war Louise Schroeder Stadtverordnete in Altona, von 1919 bis 1920 gehörte sie zu den ersten 41 weiblichen Abgeordneten der Verfassung gebenden Nationalversammlung in Weimar. 1919 wurde sie Mitbegründerin der Arbeiterwohlfahrt (AWO). Louise Schroeder arbeitete auch als Dozentin an der Schule der Arbeiterwohlfahrt in Berlin und an der Deutschen Hochschule für Politik.

Von 1920 bis 1933 war sie Mitglied des Deutschen Reichstags. „Viele altgediente Parlamentarier versuchten, ihre Kolleginnen zu verunsichern. Ein Beispiel schildert die damalige Abgeordnete der Demokratischen Partei und spätere FDP-Abgeordnete Marie-Elisabeth Lüders. Gegen den Willen des Finanzministers und vieler moralisch empörter Kollegen war es Louise Schroeder gelungen, gemeinsam mit Christine Teusch von der Zentrumspartei eine finanzielle und gesetzliche Besserstellung für unverheiratete Mütter durchzusetzen. Lüders berichtet: ‚Der Wettlauf dieser beiden Frauen um die Gewährung von Unterstützung auch für das zweite uneheliche Kind ging schließlich dem widerstrebenden Reichsfinanzminister so auf die Nerven, dass er sich zu der Erklärung verstieg: ‚Meine Damen und Herren, die Reichsregierung ist bereit, der Kollegin Teusch auch noch das zweite uneheliche Kind zu bewilligen.' (…)

Louise Schroeder lässt sich nicht einschüchtern. Das erste Mutterschutzgesetz ist wesentlich von ihr geprägt und wird zuweilen ‚Lex Schroeder' genannt."[38]

---

37) Louise Schroeder Schule Hamburg: Louise Schroeder. Ein Leben für Demokratie, soziale Gerechtigkeit und Völkerverständigung. Aufl. 12/2009, S. 7.
38) Ursula Trüper: „Louise! Louise!"

Am 12. Mai 1949 versammeln sich Hunderttausende Westberliner vor dem Schöneberger Rathaus, in: Berliner Morgenpost vom 3.6.2007.

Am 23. März 1933 verweigerte Louise Schroeder ihre Zustimmung zum Ermächtigungsgesetz. Die Folge: Verbot des politischen Wirkens, Berufsverbot, unter Polizeiaufsicht gestellt, tägliche Meldepflicht auf dem Revier, mehrmals zu Verhören vorgeladen, keine Arbeitslosenunterstützung.

Louise Schroeder zog von Altona nach Hamburg und versuchte sich dort eine bescheidene Existenz mit einem Bäckerladen aufzubauen. Sie verweigerte den Hitlergruß „und das Hissen der Hakenkreuzfahne an Festtagen. Das kleine Geschäft lief schlecht, die neuen Machthaber boykottierten es. Immer weniger Menschen wagten dort einzukaufen".[39]

1938 suchte sie in Berlin Zuflucht. Hier mietete sie sich eine Hinterhofwohnung, wurde arbeitslos, arbeitete später als Sekretärin und dann als Sozialbetreuerin in einem Bauunternehmen. Während des Zweiten Weltkrieges wurde sie viermal ausgebombt.

Gleich nach Kriegsende wurde Louise Schroeder politisch wieder aktiv, gehörte zu den NeubegründerInnen der SPD und AWO. 1945 wurde sie in den Vorstand der Berliner SPD und 1946 in die Stadtverordnetenversammlung von Berlin gewählt. Im Dezember 1946 wurde sie Bürgermeisterin von Berlin und blieb dies bis 1951. Außerdem wurde sie 3. Stellvertreterin des Oberbürgermeisters von Berlin, Dr. Ostrowski (SPD). Nachdem dieser im Mai 1947 hatte zurücktreten müssen, weil er ohne Rücksprache mit seiner Partei versucht hatte, sich mit der SED zu arrangieren, wählte die Stadtverordnetenversammlung im Juni Ernst Reuter (SPD) zu seinem Nachfolger. Doch die Vertreter der sowjetischen Besatzungsbehörde versagten dem entschiedenen Gegner der Sowjetunion ihre Zustimmung. „Es war selbstverständlich, daß unter den drei Bürgermeistern nicht der CDU-Mann Friedensburg,

nicht der SED-Mann Acker, sondern die Sozialdemokratin Schroeder die Amtsgeschäfte des gewählten sozialdemokratischen Oberbürgermeisters übernehmen mußte."[40] So amtierte die damals 61-jährige Louise Schroeder vom Juni 1947 bis Dezember 1948 als Oberbürgermeisterin von Berlin. Doch „Ernst Reuter macht kein Geheimnis daraus, dass er sein Amt auszuüben gedenkt. Bei wichtigen Entscheidungen konsultieren die West-Alliierten ihn, nicht die amtierende Oberbürgermeisterin. Und Reuter zeigt sich nach solchen internen Gesprächen oft wenig mitteilsam, was Louise Schroeders Amtsführung nicht gerade erleichtert."[41]

Dennoch übernahm sie loyal und zuverlässig ihre Amtsaufgaben. „In dieser Stellung ist sie (…) im Jahre 1948 in den Tagen der internationalen Hochspannung im Zeichen der ‚Blockade Berlins' weltbekannt geworden."[42] Die New York Times schrieb im Mai 1948: „Wenn es in der Welt eine Aufgabe gibt, deren Lösung einen ‚ganzen Mann' benötigt, so ist es sicher die, die zerstörte, hungrige Stadt Berlin zu regieren. Niemals hat bis jetzt eine deutsche Frau eine so wichtige Stellung innegehabt, noch wurde jemals eine Stadt von vergleichbarer Größe irgendwo in der Welt von einem Mitglied des ‚zarten Geschlechts' verwaltet (…). Da, wo Männer aller Parteien Fehlschläge erlitten, gelang es ihr, Erfolge zu erzielen. (…) Ihre außerordentliche Gemütsveranlagung ist von solcher Art, daß sie fähig ist, mit fast jedermann fertig zu werden (…) unter welchen Umständen dies auch immer sein mag. (…) Frau Schroeders materielle Lage besserte sich nicht erheblich mit ihrer De-facto-Erhöhung zur Oberbürgermeisterin. Tatsächlich besitzt dieser Verwaltungschef einer der größten Städte der Welt noch keine eigene Wohnung. Sie wohnt in einem Zimmer als Untermieterin bei einer Freundin."[43]

---

39) Louise Schroeder Schule, a. a. O., S. 10.

40) Antje Dertinger: Frauen der ersten Stunde. Aus den Gründerjahren der Bundesrepublik. Bonn 1989, S. 172 f.

41) Ursula Trüper, a. a. O.

42) Ruth Schüler zum 10. Todestag Louise Schroeders, in: Die Jarrestadt, Kommunales Mitteilungsblatt der SPD, Juni 1967.

43) Zitiert nach Ruth Schüler, a. a. O.

Mangelernährung und die immens starke Arbeitsbelastung blieben nicht ohne Folgen. Während der Berlin-Blockade erkrankte Louise Schroeder im August 1948 so schwer, dass sie mit einem „Rosinenbomber" aus Berlin nach Hamburg ausgeflogen werden musste, um sich im Hamburg medizinisch versorgen zu lassen; ihr Herz war schwer geschädigt.

Trotz ihrer politischen Erfolge blieb Louise Schroeder nur bis Dezember 1948 amtierende Oberbürgermeisterin. Dann erfolgte eine abermalige Wahl Reuters zum Oberbürgermeister, und Louise Schroeder wurde zu seiner Stellvertreterin gewählt – auch mit den Stimmen der SED-Stadtverordneten. „Das ist bemerkenswert; denn Louise Schroeder hatte sich vehement der durch die sowjetische Besatzungsmacht betriebenen Zusammenführung von SPD und KPD entgegengesetzt: ‚Nein, das kann nicht unser Weg sein! Ich bleibe der alten Sozialdemokratie, den Idealen von demokratischer Freiheit treu!'"[44]

Als die Berlin-Blockade am 12. Mai 1949 aufgegeben wurde, versammelten sich Hunderttausende WestberlinerInnen vor dem Schöneberger Rathaus. „Politische Prominenz aus dem Westen ist angereist, darunter der künftige Bundeskanzler Konrad Adenauer [siehe ➤ **Adenaueralle,** *in Bd. 3 online**].* Auch der neue Oberbürgermeister Ernst Reuter spricht. Dann sind die Reden eigentlich zu Ende. Doch plötzlich brechen Sprechchöre los ‚Louise! Louise!' Die Sprechchöre verlangten Louise Schroeder, die nicht als Rednerin vorgesehen war."[45] Doch die Bevölkerung wusste genau, was diese Frau für die Menschen geleistet hatte. Und deshalb gehörte Louise Schroeder auch zu den beliebtesten PolitikerInnen Deutschlands.

Zwischen 1948 und 1949 amtierte Louise Schroeder auch als Präsidentin des Deutschen Städtetages und war von 1948 bis 1956 Mitglied des SPD-Parteivorstandes.

„1949 legte sie ihre Berliner Ämter nieder, nachdem sie als Vertreterin Berlins in den Deutschen Bundestag gewählt worden war. Ihm gehörte sie bis zu ihrem Tod 1957 an.

Der Stadtrat von Paris verlieh Louise Schroeder Mitte Juni 1949 die Plakette der Stadt Paris. Sie gehörte auch im gleichen Jahr der deutschen Delegation des Vorbereitenden Europarates in Brüssel an und war bis Januar 1957 im Europarat in Straßburg als deutsches Mitglied tätig."[46]

Zu ihrem 70. Geburtstag erhielt Louise Schroeder als erster Frau in der Geschichte Berlins die Ehrenbürgerschaft der Stadt verliehen. Sie bekam auch das Große Bundesverdienstkreuz mit Stern und Schulterband. Ihr Engagement galt besonders den Frauen. Sie stritt für eine Liberalisierung des Paragraphen 218, für die soziale Besserstellung lediger Mütter, Landfrauen etc. und war Landesvorsitzende der Arbeiterwohlfahrt Schleswig-Holstein.

Louise Schroeder

Louise Schroeder wurde nach ihrem Tod auf dem Friedhof Hamburg-Altona beigesetzt.

1998 wurde auf Anregung von Parlamentarierinnen des Abgeordnetenhauses von Berlin die Louise-Schroeder-Medaille gestiftet. Sie wird jährlich zum Geburtstag von Louise Schroeder durch die/den PräsidentIn des Abgeordnetenhauses von Berlin verliehen. Damit „soll eine Persönlichkeit oder eine Institution geehrt werden, die dem politischen und persönlichen Vermächtnis Louise Schroeders in herausragender Weise Rechnung trägt".[47]

Siehe auch ➤ **Jeanette-Wolff-Ring,** *in diesem Band.*

**   **Band 3 online** unter: www.hamburg.de/maennerstrassennamen

47) www.parlament-berlin.de/de/Das-Parlament/Louise Schroed...

44) Antje Dertinger, a. a. O., S. 172.
45) Ursula Trüper, a. a. O.
46) Ruth Schüler, a. a. O.

Siehe auch ➤ **Adenauerallee**, *St. Georg, seit 1971: Konrad Adenauer (1876–1967), Bundeskanzler, in Bd. 3 online**.*

Lucie-Suhling-Weg

Bergedorf, seit 1985, benannt nach Lucie Suhling, geb. Wilken (20.6.1905 Bochum– 28.10.1981 Hamburg), Widerstandskämpferin, Mitglied der KPD, Kaufmännische Angestellte

Nach dem Besuch der Volks- und Handelsschule absolvierte Lucie Suhling eine Lehre als kaufmännische Angestellte. Ab 1927 war sie Mitarbeiterin der Internationalen Arbeiterhilfe in Essen, später Mitarbeiterin der KPD, Bezirk Ostpreußen, und freie Mitarbeiterin der Partei-Zeitung in Königsberg. 1932 heiratete sie und arbeitete dann bei der „Hamburger Volkszeitung" bis zum endgültigen Verbot der kommunistischen Zeitungen und der KPD. Ab 1933 war sie erwerbslos. Im September 1933 wurde ihre Tochter geboren; 1940 und 1942 kamen noch zwei Söhne auf die Welt.

Lucie Suhling und ihr Mann Carl waren Mitglieder der KPD. Ihre illegale Tätigkeit bestand u. a. darin, Personalunterlagen von KPD-Mitgliedern in ihrem Siedlungshaus in Hamburg-Langenhorn zu verstecken. Nachdem Carl Suhling 1933 drei Monate in Haft gesessen hatte und mehrere Hausdurchsuchungen durchgeführt worden waren, vernichtete das Ehepaar Suhling die Dokumente.[48]

Von 1934 bis 1936 war Lucie, 1933 und 1934 bis 1937 war Carl inhaftiert. Nach ihrer Entlassung führten Lucie und Carl in kleinerem Umfang illegale Tätigkeiten aus, da der Kontakt zu alten Freunden weitestgehend abgebrochen war. Die beiden arbeiteten nun meist allein. Mit dem Kinderdruckkasten ihrer Tochter stellten sie Flugblätter mit der Aufschrift: „Wehrt Euch! Es gibt Krieg" her. Außerdem malten sie mit einem befreundeten Ehepaar Parolen an Häuserwände.

Das Ehepaar Suhling wohnte bei Lucies Schwiegereltern. Da diese fürchteten, ebenfalls verhaftet zu werden, mussten sich Lucie und Carl eine andere Bleibe suchen. Sie zogen 1938 mit ihrer Tochter zu Katharina Hochmuth (*siehe* ➤ Katharina-Jacob-Weg, *in diesem Band*), der späteren Frau von Franz Jacob.[49] Dort traf man sich mit anderen KommunistInnen zu geselligen Abenden und diskutierte über politische Ereignisse. Am 30. Dezember 1938 wurden Lucie und Carl wieder festgenommen und im KZ Fuhlsbüttel inhaftiert. Die Tochter kam ins Waisenhaus. 1943 kam Carl Suhling in das berüchtigte Strafbataillon 999. Er kehrte nicht zurück. Lucie Suhling überlebte, war nach der Befreiung aktiv in der Partei und im VVN/Bund der Antifaschisten tätig. Sie berichtete als Zeitzeugin an Schulen und an der Universität über ihre Erfahrungen während der Nazizeit. In ihren letzten Lebensjahren schrieb sie ihre Erinnerungen auf. „Der unbekannte Widerstand" erschien 1980 und in 2. Auflage 1998.

Lucie Suhling

Siehe auch ➤ **Anita-Sellenschloh-Ring, Helene-Heyckendorf-Kehre, Katharina-Jacob-Weg,** *in diesem Band.*

Lucy-Borchardt-Straße

HafenCity, seit 2013, benannt nach Lucy Borchardt, geb. May (10.12.1877 Breslau–4.2.1969 London), jüdische Reederin und Eigentümerin der 1905 in Hamburg gegründeten Fair-Play

Abb.: Privatbesitz Ulla Suhling

**   **Band 3 online** unter: www.hamburg.de/maennerstrassennamen

48) Vgl. Gerda Zorn: Frauen gegen Hitler. Frankfurt am Main 1974.
49) Vgl. Andreas Klaus: Gewalt und Widerstand in Hamburg-Nord während der NS-Zeit. Hamburg 1986.

Schleppdampfschiffs-Reederei Richard Borchardt bis zur Enteignung 1938, Emigration nach London; Verfolgte des Nationalsozialismus

Lucy Bochardt, geb. May, entstammte einer jüdischen Arztfamilie. 1902 heiratete sie den Hamburger Kaufmann und Reeder Richard Borchardt (1875–1930). Vor ihrer Heirat war sie fünf Jahre als Lehrerin, hauptsächlich an der Emilie-Wüstenfeld-Schule, tätig gewesen. Das Paar bekam fünf Kinder und wohnte in einem Haus am Rainweg in Hamburg-Eppendorf. Richard Borchardt arbeitete zum Zeitpunkt seiner Heirat als Kaufmann in einer Hamburger Stauerei. „1905 wurde er Direktor der neugegründeten Schleppdampfschiffs-Reederei Carl Tiedemann und Plaus & Blohm AG. Im Jahre 1909 wurde Richard Borchardt persönlich haftender Gesellschafter des in eine Kommanditgesellschaft umgewandelten Unternehmens. Als er 1915 zur Marine eingezogen wurde, bestimmten er und seine Kommanditisten Mitreeder seine Frau zur Prokuristin."[50]

Nach dem Tod ihres Mannes im Jahre 1930 wurde Lucy Borchardt alleinige Eigentümerin und Geschäftsführerin der Fairplay Reederei und damit die einzige jüdische Reederin der Welt. Nach der Machtübernahme durch die Nationalsozialisten erkannte Lucy Borchardt die Gefahr für die jüdische Bevölkerung und „eröffnete zahlreichen Hamburger Juden Wege zur Flucht aus Deutschland. Dazu bot die Schleppertätigkeit der Fairplay gute Möglichkeiten zur illegalen Emigration. Auf legalem Wege vermittelte sie bis Mai 1938 wenigstens 38 jüdischen Jugendlichen eine seemännische Berufsausbildung auf ihren Schiffen, die auf diese Weise die Zertifikatsvoraussetzungen für eine Einwanderung nach Palästina erfüllen konnten."[51]

„Zwischen 1934 und 1941 bemühte sich die zionistische Bewegung Hechaluz (Pionier) um die Auswanderung von Juden, um „(…) die Besiedlung Palästinas durch Einwanderung der Juden (…) und durch gezielte Berufsausbildung (hebr. Hachschara) zu fördern",[52] so die Historikerin Ina Lorenz. Die britische Regierung, die die Mandatsmacht über Palästina hatte, verfolgte eine restriktive Einwanderungspolitik. Sie wollte das Entstehen einer „Arbeitslosenklasse" in Palästina verhindern. Deshalb mussten die Einwandernden entweder über Kapital verfügen, ein Handwerk nachweisen oder zwischen achtzehn und 25 Jahre alt und arbeitsfähig sein. Jedoch erfüllten nur die wenigsten Juden diese Voraussetzungen. Sie hatten meist in anderen Berufen gearbeitet, so z. B. als Kaufleute, Juristen oder Mediziner. Deshalb war eine schnelle Umschulung in handwerkliche Berufe notwendig. Hier sprang Lucy Borchardt als Inhaberin der Fairplay Schlepperdampfschiffs-Reederei Richard Borchardt ein. Zusammen mit dem Zionisten Naftali Unger – auch Lucy Borchardt war Zionistin –, der 1934 als Abgesandter der Gewerkschaft von Palästina nach Deutschland gekommen war, organisierte sie die Ausbildung von Juden in der Seefahrt. Die Ausbildung junger Juden auf den Schiffen der Fairplay-Reederei zum Zwecke der Auswanderung nach Palästina wurde von den NS-Behörden anerkannt. Gleichzeitig wurde, ohne dass die Behörden es merkten, eine jüdische Handelsflotte für Palästina aufgebaut. Dorthin war Lucy Borchardts ältester Sohn Jens (1903–1987) 1934 ausgewandert und hatte in Haifa zunächst eine Schiffsmaklerfirma gegründet. Später baute er zusammen mit dem Londoner Geschäftspartner der Fairplay-Reederei, Schiffsmaklerei und Agentur Barnett Brothers in Palästina eine gemeinsame Reederei auf. Viele der Seemänner, die bei Fairplay gelernt hatten, konnten nach ihrer Auswanderung nach Palästina bei der sich im Aufbau befindenden jü-

50) Ina Lorenz: Seefahrts-Hachschara in Hamburg (1935–1938). Lucy Borchardt: „Die einzige jüdische Reederin der Welt", in: Zeitschrift des Vereins für Hamburgische Geschichte. Bd. 83/1. Hamburg 1997.

51) Ina Lorenz: Lucy Borchardt, in: Das jüdische Hamburg. Göttingen 2006, S. 40.
52) Ebenda.

dischen Handelsflotte weiter beschäftigt werden. Aus diesem Grunde wurde Lucy Borchardt später auch als „Mutter der jüdischen Seefahrt" bezeichnet. 1938 verschärfte sich die wirtschaftliche Lage für jüdische Firmen. Die „Entjudung der deutschen Wirtschaft" stand auf dem Plan der NS-Herrschaft. Lucy Borchardt erkannte, dass sie Deutschland verlassen musste. Ihr Steuerberater

Lucy Borchardt

erreichte, dass das Vermögen in eine Stiftung umgewandelt wurde. Einen Teil des Betriebsvermögens, den Frachtdampfer „Lucy Borchardt" und die Schleppdampfer „Fairplay X, XIV und XV" durfte Lucy Borchardt bei ihrer Emigration nach London im Jahre 1938 mitnehmen. Das ungewöhnliche Entgegenkommen der NS-Regierung beruhte wahrscheinlich darauf, dass die Reederei Fairplay im Ausland großes Ansehen genoss und die Naziherrschaft es vermeiden wollte, dass „(...) in ausländischen Schifffahrts- und Wirtschaftskreisen ein zwangsweises Vorgehen bekannt und zum Gegenstand der im NS-Jargon sogenannten Auslandshetze wurde".[53] Lucy Borchardts zweiter Sohn Kurt setzte sich nach Rotterdam ab. Ihre beiden Töchter waren bereits 1933 nach Palästina bzw. nach London ausgewandert. Die Fairplay-Reederei wurde in eine so genannte arische Stiftung umgewandelt, die Betriebsführung übernahm das NSDAP-Mitglied und frühere Mitglied des Vertrauensrats der Reederei, Herr Allgermissen. Glücklicherweise handelte er nicht linientreu, sondern im Sinne der Reederei. 1948 bekam Lucy Borchardt ihr Vermögen zurückerstattet. Bis kurz vor ihrem Tod im Jahre 1969 arbeitete sie noch im Management der Reederei mit.

**   **Band 3 online** unter: www.hamburg.de/maennerstrassennamen

53) Ina Lorenz: Seefahrts-Hachschara ..., a. a. O.

Luisenhofstieg

Billstedt, seit 1948. Früher Louisenweg. Benannt nach dem Öjendorfer Freihof, der nach der Tochter des Besitzers Wöhler „Luisenhof" hieß. Der 94 ha umfassende Hof wurde 1920 parzelliert

Luisenstraße

Marienthal, vor 1938. Motiv unklar, wahrscheinlich frei gewählter Name

Luisenweg

Hamm-Mitte, seit 1865, benannt nach Julie Luise (geb. 1848), der Tochter des Senators P. H. W. Großmann aus Hamm

> *Siehe auch* ▶ **Zweite Luisenbrücke**, *in diesem Band.*

> *Siehe auch* ▶ **Großmannstraße**, *Rothenburgsort, seit 1893: P. H. W. Großmann (1807–1886), Senator, in Bd. 3 online**.*

Luise-Otto-Peters-Weg

Bergedorf, seit 1985, benannt nach Luise-Otto-Peters, Pseudonym: Otto Stern (26.3.1819 Meißen –13.3.1895 Leipzig), Schriftstellerin, Frauenrechtlerin der bürgerlichen Frauenbewegung

Luise Otto hatte vier ältere Schwestern und war die Tochter von Charlotte Otto und ihrem Ehemann, dem Gerichtsdirektor Fürchtegott Wilhelm Otto. Luise Otto begeisterte sich für die Bewegung „Junges Deutschland". Die Schule durfte sie nur bis zu ihrem 14. Lebensjahr, also bis zur Konfirmation, besuchen. „Diese Zurücksetzung ihres Geschlechts empfand sie früh als Unrecht. Hier lagen die Wurzeln ihres unermüdlichen frauenemanzipatorischen Wirkens, denn von Anfang an verband O. Forderungen nach rechtlicher Gleichstellung von Frau und Mann mit dem not-

Abb.: Aus: Traute Hoffmann, Der erste deutsche ZONTA-Club, Auf den Spuren außergewöhnlicher Frauen, Hamburg 2002, S. 63. | bpk – Nr. 20003466 (Holzschnitt Adolf Neumann, um 1880, Ausschnitt)

wendigen Zugang der Mädchen und Frauen zu Bildung."[54]

Im Alter von sechzehn Jahren wurde Luise Otto Vollwaise. Sie suchte sich selbst ihren Vormund und begann, sich der Schriftstellerei zuzuwenden. Ihren Lebensunterhalt bestritt sie hauptsächlich aus ihrer Erbschaft und später auch aus ihrer schriftstellerischen und publizistischen Tätigkeit.

Luise Otto reiste durch viele deutsche Länder, sah im Erzgebirge und in Schlesien das Elend und die Not der Arbeiterschicht. „1840 kam sie bei einem Besuch in Oederan erstmals mit dem Elend des Industrieproletariats in Berührung, was ihre soziale Einstellung lebenslang prägte. Ein weiterer tiefer Lebenseinschnitt war 1841 der Tod ihres ersten Verlobten Gustav Müller. O. konzentrierte sich nun verstärkt auf ihre Studien und schriftstellerischen Fähigkeiten."[55] 1846 veröffentlichte sie den sozialkritischen Roman „Schloß und Fabrik", dessen zweiter und dritter Teil beschlagnahmt wurden. Sie setzte die Veröffentlichung beim sächsischen Kultusminister durch, indem sie Überarbeitungen vornahm.

Luise Otto setzte sich nicht nur für die Rechte der Arbeiterschaft ein, sondern auch für die der Frauen. 1847 publizierte sie politische Lyrik, so z. B. die „Lieder eines deutschen Mädchens". Im selben Jahr „erschien in [Robert] Blums ‚Vorwärts. Volkstaschenbuch für das Jahr 1847' O.s grundlegender Artikel ‚Über die Theilnahme der Frauen am Staatsleben'. Darin entwickelte sie programmatische Ideen für eine Frauenbewegung, v. a. die Forderung nach Bildungsmöglichkeiten für Frauen. Daneben warb sie in ihren Artikeln vehement für die Verbesserung der Lage der Arbeiterinnen und Arbeiter sowie für ein geeintes Deutschland".[56]

In Zeitungen veröffentlichte Luise Otto zunächst unter dem Pseudonym „Otto Stern".

Während der Märzrevolution 1849 gab Luise Otto in Meißen die politische „Frauen-Zeitung" heraus, die von Frauen des Mittelstandes gelesen wurde. Das Motto der Zeitung lautete „Dem Reich der Freiheit werb ich Bürgerinnen." Luise Otto forderte Demokratie und einen Bürgerinnenstatus mit allen Rechten und Pflichten. Gleichzeitig empörte sie sich in ihrer „Frauen-Zeitung" über die in Berlin lebende Luise Aston, die das Recht der Frauen auf eine freizügige Sexua-

Luise Otto-Peters

lität forderte. In Luise Ottos Augen waren dies unmoralische Forderungen, durch die das Verlangen nach Gleichstellung der Frau in Verruf geraten würde. Ende 1850 wurde die „Frauen-Zeitung" verboten. Um dieses Verbot durchführen zu können, war zuvor extra das sächsische Pressegesetz (Lex Otto) geändert worden. Nun war in Sachsen Frauen die Herausgabe von Zeitungen untersagt. Luise Otto wurde polizeilich observiert und verhört. Zusätzlich wurden Hausdurchsuchungen durchgeführt und auch die von ihr mitgegründeten Dienstboten- und Arbeiterinnenvereine auf Grund des preußischen Vereinsgesetzes von 1851 verboten.

Luise Otto ging zwar mit ihrer Redaktion nach Gera, um dort die Zeitung weiterhin herausgeben zu können. Aber auch dort ereilte sie bald das endgültige Verbot durch ein 1852 erlassenes, ähnlich reußisches Gesetz.

Luise Otto war mit dem Schriftsteller und Journalisten August Peters liiert. Ihn hatte sie 1849 in Oederan kennengelernt. Als Teilnehmer an der bürgerlichen Revolution 1848/49 musste er sieben Jahre lang eine Kerkerhaft verbüßen. Das Paar verlobte sich im Gefängnis. 1858 fand

54) Johanna Ludwig: Otto-Peters, Louise (Pseudonyme: Otto Stern, Malwine von Steinau), in: Sächsische Biografie, hrsg. vom Institut für Sächsische Geschichte und Volkskunde e. V., bearb. Von Martina Schattkowsky, Online-Ausgabe: http://www.isgv.de /saebi/(7.3.2015)
55) Ebenda.
56) Ebenda.

die Hochzeit statt und das Ehepaar Otto-Peters zog nach Leipzig. Dort gab es bis zum Tod August Peters im Jahre 1864 die „Mitteldeutsche Volks-Zeitung" heraus, deren Feuilleton Luise Otto-Peters leitete.

Luise Otto-Peters gehörte neben Auguste Schmidt *(siehe* ➤ Auguste-Schmidt-Weg, *in diesem Band)* und Henriette Goldschmidt zu den Gründerinnen des Leipziger Frauenbildungsvereins. „O. wurde Vorsitzende und verantwortlich für die Organisation der ersten gesamtdeutschen Frauenversammlung in Leipzig (15.–18.10.1865), die mit der Gründung des Allgemeinen Deutschen Frauenvereins (ADF) endete. Dieses Ereignis markierte den Beginn der organisierten deutschen Frauenbewegung."[57] Luise Otto-Peters war 30 Jahre lang dessen Vorsitzende. Ziel dieses Vereins war u. a. die ökonomische Unabhängigkeit der unverheirateten Frau, das Recht der Frau auf Bildung und Erwerbsarbeit sowie der Zugang zum Universitätsstudium.

Bis zu ihrem Tod war Luise Otto-Peters Mitherausgeberin der Zeitschrift „Neue Bahnen", dem Vereinsorgan des Allgemeinen Deutschen Frauenvereins. 1866 erschien ihre Schrift „Das Recht der Frauen auf Erwerb".

Siehe auch ➤ Auguste-Schmidt-Weg, *in diesem Band.*

Siehe auch ➤ Robert-Blum-Straße, *Niendorf, seit 1948: Robert Blum (1807–1848), Mitglied der Frankfurter Nationalversammlung, Führer der demokratischen Linken, Teilnehmer am Oktoberaufstand, standrechtlich erschossen, in Bd. 3 online**.*

Luxweg

Billwerder, seit 1956, benannt nach Frieda Lux *(8.1.1890–9.2.1953). Sie war nach 1913 in der Frauenbewegung in Billwerder tätig. Mitglied des Elternrats, nach 1945 Leiterin der Arbeiterwohlfahrt*

Lydiastraße

Wandsbek, seit 1884, benannt nach Lydia Morewood *(15.12.1818 Wandsbek–28.8.1904 Wandsbek), Tochter des Kaufmanns und Grundstückbesitzers Joseph Morewood*

Lydia Morewood war die Tochter von Sophie Margarethe Morewood, geb. Dallmer (1778–1865), und Joseph Morewood (1757–1841). Sie hatte noch elf Geschwister, von denen sie und ihre Schwester Nelly (Helene) (1807–1883) unverheiratet blieben. Beide Schwestern, so heißt es in den Chroniken über die Familie Morewood, sollen sich nichts aus Männern gemacht haben, obwohl sie sicherlich einen Mann „abbekommen" hätten, waren sie doch eine „gute Partie".

Im Alter von 77 Jahren machte Joseph Morewood 1834 sein Testament, um seine Witwe und die beiden unverheirateten Töchter finanziell abzusichern. Seine Frau, die damals 56 Jahre alt war, setzte er als Universalerbin seines Vermögens ein, das in erster Linie aus Grundeigentum bestand. Nach dem Tod seiner Frau sollte das Grundeigentum an die „unversorgten" ledigen Töchter gehen.

So geschah es dann auch. Nachdem ihre Mutter 1865 gestorben war, erbten die beiden Töchter ein großes Vermögen. Um 1870 entsprachen sie einem Wunsch ihres Vaters und ließen den schlichten Backsteinbau an der Böhmestraße 20 in Hamburg Wandsbek errichten, um dort die Morewood-Stiftung einzurichten. „In einem Erbvertrag und der angeschlossenen Stiftungsurkunde setzten Helene und Lydia Morewood sich zunächst gegenseitig für Lebzeiten als alleinige Erben des verbliebenen Vermögens ein, soweit es nicht durch die Stiftung festgelegt würde. (…) In der eigentlichen Stiftungsakte heißt es dann wörtlich: ,Demnach unser in Gott entschlafener Vater Joseph Morewood, als er vor

---

** Band 3 online unter: www.hamburg.de/maennerstrassennamen

57) Ebenda.

vielen Jahren nach Hamburg übersiedelte, das Gelübde geleistet hat, daß, wenn die Vorsehung ihn mit irdischen Gütern segnen sollte, er solche zum Besten seiner hilfebedürftigen Mitmenschen verwenden werde, und da wir durch günstige Veräußerungen des nachgelassenen Grundbesitzes in den Stand gesetzt worden sind, in seinem Geiste zu verfahren, so fühlen wir uns verpflichtet, diesen Segen zum größten Teile zum Besten unserer Mitmenschen zu verwenden, und nunmehr in dankbarer Erinnerung an unseren Vater dasjenige auszuführen, was ihm zu verwirklichen nicht beschieden war. Wir genannten beiden Schwestern ordnen an und begründen demnach unter Vorbehalt Landesherrlicher Genehmigung aus dem uns nach dem Testamente unseres seligen Vaters erb- und eigentümlich angefallenen und uns gerichtlich zugeschriebenen Grundbesitz zu Wandsbek mit Zubehörungen unter dem Namen: Das Morewoodsche Stift eine immerwährende Stiftung und milde Anstalt zu dem Zwecke der Unterstützung bedürftiger Mitmenschen mit freier Wohnung und bestimmten Revenuen (Einkünften) in der Weise, daß, wenn bedürftige Nachkommen in direkter Linie von unsern Eltern Joseph Morewood und Sophia Margaretha Morewood geborene Dallmer vorhanden sind, diese vor anderen die Anwartschaft auf Beteiligung an dieser Stiftung haben sollen und treffen für diese Stiftung folgende nähere Bestimmungen. (…) Vorbedingung für Personen, die in das Morewood-Stift aufgenommen oder aus derselben Unterstützung genießen wollen, sind Würdigkeit und Hilfsbedürftigkeit. Wenn keine Aspiranten (Anwärter) aus der Morewoodschen Familie vorhanden sind, so sollen die Wohnungen und Einkünfte aus der Stiftung anderen Hilfsbedürftigen der Stadt Wandsbek gegeben werden und zwar namentlich Witwen und unverheirateten Töch-

tern aus der Familie von Predigern, Lehrern, Ärzten, Juristen, Kaufleuten, Fabrikanten oder ähnlichen Ständen. Sollten sich im Laufe der Zeit nicht immer genügend Anwärter zum Genuß der Stiftung finden, so ist es den Direktoren der Stiftung freigestellt, aus den erübrigten Mitteln ein Stipendium für Studierende und Künstler aus Wandsbeker Familien zu begründen.' (…)

Zur Aufnahme der Bedürftigen wurde in der früheren Stiftstraße ein besonderes Gebäude errichtet, das 8 kleine Wohnungen enthält, den Insassen außerdem eine jährliche Unterstützung gewährt und ein Stück Gartenland zur Verfügung stellt."[58]

1991 überließ der Stiftungsvorstand das Gebäude dem Wandsbeker Heimatverein, der in dem Haus sein Heimatmuseum errichtete.

Siehe auch ➤ Josephstraße, *Wandsbek, vor 1938, und* Morewoodstraße, *Wandsbek, um 1843: Joseph Morewood (1757–1841), Kaufmann, in Bd. 3 online**.*

**   Band 3 online unter: www.hamburg.de/maennerstrassennamen

58) Familie Morewood, in : Der Wandsbeker. Zeitschrift des Bürgervereins Wandsbek von 1848 e. V., Heft 11, November 1963.

Maetzelweg

Volksdorf, seit 1960, benannt nach Emil Maetzel
*(1877–1955), Maler und Baudirektor, und seiner
Ehefrau* Dorothea Maetzel, *geb. Johannsen
(6.2.1886 Lensahn/Holstein–8.2.1930 Hamburg),
Malerin*

Ohlsdorfer Friedhof, Grab Nr. S 12, 139–140.

„Wie man immer wieder inwendig gezwungen
wird, sich von allem loszumachen, weil man
doch wieder ein Stückchen schaffen möchte,
ehe man ganz fortgeht."[1] Auf eine prägnantere
Formel als diese von ihr selbst in einem Brief
gewählte kann man das Leben der Malerin, Ehefrau und vierfachen Mutter Dorothea Maetzel-Johannsen kaum bringen. Spricht aus ihr doch nicht
nur der immer neu zu bewältigende Interessenskonflikt zwischen Leben und Kunst, sondern
auch die ungeheure Energie und Spannkraft, die
diese Malerin auszeichnete, die ihr umfangreiches Werk im Wesentlichen in einem einzigen
Jahrzehnt, zwischen 1919 und 1929, schuf.

Dorothea Maetzel-Johannsen wurde am
6. Februar 1886 als fünftes von sechs Kindern in
Lensahn in Holstein geboren. Die Eltern, der
Amtmann Christian August Johannsen und
seine Ehefrau Friederike Auguste, geb. Körner,
nannten die Tochter Dora. Den Namen Dorothea
legte sich das Mädchen selbst zu, als es entdeckte, dass sein Geburtstag, der 6. Februar, Dorothea, der Schutzheiligen der Gärtner, geweiht
ist. „Die Natur ist mir eine holde Freundin, die
mich versenkt in einen schönen Traum. Mehr,
sie gibt mir zuzeiten das Gefühl einer grenzenlosen Wollust, in dem ich vollkommen versin

ken kann. Ich spüre, daß es heute noch so stark
ist wie in der Kindheit und daß es wohl stets so
bleiben wird. Und daß es einfach für mich lebensnotwendig ist, zuzeiten mich dem Gefühl
hinzugeben. Was natürlich die Gefahr in sich
schließt, daß es das eingeborene Hinneigen zur
Inaktivität (sagen wir ruhig Faulheit) unterstützt",[2] wird Dorothea Maetzel-Johannsen später schreiben. Und die Natur ist es auch, die sie
in ihren Bildern zu fassen sucht: „Man sieht die
Unmöglichkeit, das Vibrierende, das fortwährend sich Wandelnde zu geben, daß die Natur
eigentlich unfaßlich ist. Man möchte ein Gleichnis dafür finden, und das ist so schwer. Und
doch muß mans können oder man soll die Finger davon lassen."[3]

Dora war schon als Kind von zarter Gesundheit. Die damals übliche Behandlung ihres
Gelenkrheumatismus mit Arsen führte zu einem
lebenslänglichen Herzleiden, an dem sie im
Alter von nur 44 Jahren starb. Dora besuchte
keine öffentliche Schule, sondern wurde von
einer Hauslehrerin unterrichtet. Sehr früh begann sie zu malen und zu zeichnen. Von 1906
bis 1909 besuchte sie die Gewerbeschule für
Mädchen in Hamburg in der Brennerstraße, um
Zeichenlehrerin zu werden. Mehr konnte sie
sich zunächst offenbar nicht vorstellen. Als aber
der Maler Kuchel ihre Arbeiten ansah, berichtete
sie stolz und voller Sehnsucht nach einer Ausbildung als Malerin an die Schwester: „Der
Maler K. war hier und sah sich auch meine Arbeiten an. Er sagte, ich solle doch sehen, eine
Zeitlang in Berlin bei einem Maler, den er mir
nannte, zu arbeiten. Ja, er hat gut reden! Papa

1) Der Kreis. Zeitschrift für künstlerische Kultur. Hrsg. v. d. Hamburger
Bühnen. Nr. 8 1931.
2) Ebenda.
3) Ebenda.

werde ich aber nichts davon sagen. Er kann es doch nicht, und es würde ihn nur traurig machen. Ich freue mich aber doch, daß K. meine Sachen mal richtig kritisiert hat. Nun weiß ich jedenfalls, daß ich etwas kann. Oh, wenn ich doch mal so ordentlich lernen könnte, wie ich möchte, wie wäre das herrlich."[4]

Dass sie „etwas kann", bemerkte auch jemand anderes, der spätere Oberbaurat und Leiter der Städtebauabteilung der Hansestadt unter Fritz Schumacher Emil Maetzel, der selbst gern Malerei studiert hätte, auf Wunsch des Vaters aber einen bürgerlichen Beruf ergriff, Architekt wurde und – malte. Er sah bei Freunden eine aquarellierte Zeichnung der 19-jährigen Dorothea Johannsen, die ihn so beeindruckte, dass er wusste: Die muss ich kennenlernen! Er klemmte sich hinter seine Schwester. Sie riet ihm ab. Eine Frau, die Malerin werden wolle, könne bestimmt nicht kochen. Das war ihm, der sich vier Kinder wünschte, ganz egal. Hauptsache, sie war begabt!

Als die beiden sich kennenlernten, muss es wie ein Blitz- und Donnerschlag bei beiden gewesen sein, erzählt Monika Maetzel, die jüngere Tochter des späteren Ehepaares. Doch während er zur Ehe drängte, wollte sie nicht nur ihr Examen machen, sondern zumindest noch eine zeitlang als Zeichenlehrerin arbeiten. Dieses Bedürfnis nach Freiheit, das sie schon in dem eingangs zitierten Brief als Grundbedingung ihres Schaffens nennt, formulierte sie immer wieder: „Ich könnt mir denken, daß es Dir zuweilen geht wie mir, wenn man der Menschen überdrüssig ist und mal ganz alleine sein möchte. Von rechtswegen darf keiner wissen, wo man ist. So hab ich mir immer schon als Kind eine heimliche Laube gebaut ins grüne Gebüsch. Der Mensch ist wohl ein Tier, das gern Verstecken spielt."[5] Und an anderer Stelle: „Ich glaube, die schönsten Stunden kann man nur alleine erle-

ben. Ist es bitter oder süß?"[6] Nicht ohne eine gewisse Traurigkeit erzählt auch Tochter Monika Maetzel: „Im Grunde wollte sie frei sein. Sie liebte ihre Kinder, aber im Grunde wollte sie ungebunden sein."

Nach kurzer Lehrerinnentätigkeit in Schleswig begann mit der Heirat im Frühjahr 1910 für das Paar jedoch zunächst eine Zeit intensivsten gemeinsamen Lebens und Arbeitens: „Vom Künstlerischen gebildet hat mein Vater sie." Immer wieder betont die Tochter Monika im Gespräch, dass der Vater anerkannt habe, dass die Mutter die Begabtere von beiden gewesen sei, sie aber dennoch enorm

Dorothea Maetzel

gefördert habe, da sie sehr wenig von moderner Kunst gewusst, er ihr den Expressionismus erst nahe gebracht habe. „Sie war natürlich emanzipiert in ihrer Art. Aber sie wäre es ohne die anfängliche Unterstützung meines Vaters nicht so geworden. Sie wäre sicher auch eine sehr gute Malerin geworden, aber wer weiß, ob sie diesen Durchbruch geschafft hätte ... das fragen wir uns oft." An dieser innigen Verbindung des Ehepaares änderten weder der Ausbruch des Ersten Weltkrieges noch die Geburt der vier Kinder (Ruth 1911, Bogumil 1913, Peter 1915, Monika 1917) etwas. Dorothea Maetzel-Johannsen war oft bei ihrem Mann in Berlin, wo er als Offizier in einem Eisenbahner-Ersatz-Bataillon stationiert war. Gemeinsam besuchten sie Abendaktkurse und zogen durch die Kneipen, um zu zeichnen. „Aus den Berliner Jahren gibt es phantastische Skizzenbücher. Da haben sie in Kneipen gesessen und Typen gezeichnet, einfach doll!" erzählt Monika Maetzel. Sie selbst und

Abb.: Aus: Dagmar Lott-Reschke, „Dies ist mein Morgen, der Tag hebt an ..." Zu Aufbruch und Weiblichkeit im Werk von Dorothea Maetzel-Johannsen, in: Künstlerinnen der Avantgarde in Hamburg zwischen 1890 und 1933, Band 2, Hamburger Kunsthalle, S. 16.

4) Zitiert nach: Mathias F. Hans (Hrsg.): Dorothea Maetzel-Johannsen 1886–1930. Monographie und kritischer Werkkatalog. Hamburg 1986.
5) Der Kreis, a. a. O.
6) Ebenda.

ihre Geschwister waren bald in Berlin unter der Obhut einer Tante, bald wurden sie mit einem Schild um den Hals auf die Bahn gesetzt – Richtung Lensahn zu den Großeltern und Tanten: „Das nahm man nicht so kompliziert, wir Kinder wuchsen so nebenher auf. Also an sich ein bißchen schlimm." In dieser Berliner Zeit hatte Dorothea Maetzel-Johannsen auch eine Weile Unterricht bei Lovis Corinth *(siehe ➤ Corinthstraße, in Bd. 3 online**).*

Nach Kriegsende bezog die Familie eine geräumige Wohnung am Erlenkamp 20. Das Ehepaar arbeitete zusammen und war sich dabei so nahe, dass man oft nicht unterscheiden kann, ob ein Bild von ihr oder von ihm stammt. In dieser Zeit zwischen 1919 und 1921 entstanden Dorothea Maetzel-Johannsens großformatige expressionistische Kompositionen, die sie, ebenso wie ihr Mann Gründungsmitglied der Hamburgischen Sezession, auf den ersten Sezessionsausstellungen zeigte. Doch dann kam wieder der Freiheitsdrang. Beide mieteten sich jeweils ein eigenes Atelier, einige Minuten von der Wohnung entfernt.

1923 erhielt Dorothea Maetzel-Johannsen von Gustav Pauli, dem damaligen Direktor der Kunsthalle, den Auftrag, vier große, gerahmte Supraporten in Öl für den Vorraum zum großen Vortragssaal der Kunsthalle zu malen. Sie entstanden in den Jahren 1923 und 1924 und sind nur dank der mutigen Tat eines Museumstischlers erhalten, der sie in einer Zwischenwand versteckte, als sie als entartete Kunst entfernt werden sollten. 1925 dann eine Zäsur.

Der Expressionismus neigte sich zum Ende. Emil Maetzel wendete sich der Neuen Sachlichkeit zu, malte Bilder, die seine Frau nicht sehr schätzte, sie suchte eigene Wege ... er redete ihr zu, nach Paris zu gehen. Wie feinfühlig Emil Maetzel damit die Existenz seiner Frau begriff,

verrät ihre „Reise nach Paris", vom biographischen Standpunkt ein Schlüsselbild. Kleinformatig, nur 27 x 23 cm groß, zeigt das Bild eine nackte Frau, die ihren Kopf an den rückwärtsgewandten des Rehes schmiegt, auf dem sie einem offenen Tor entgegenreitet. Die Sonne begleitet sie auf ihrem Weg.

Dorothea Maetzel-Johannsen blieb ein halbes Jahr in Paris, malte den Pont Neuf, Häuser an der Seine, den Pont Michel und Notre Dame. Die Farben und Konturen ihrer Bilder wurden weicher.

Nach ihrer Rückkehr bezog die Familie 1926 das von Emil Maetzel entworfene Haus in Volksdorf. Sie behielt ihr Atelier in der Stadt. Ende 1926 malt sie überlebensgroße figürliche Kompositionen an zwei Wände eines Kinderheimes in Lüneburg, im Winter 1927/28 drei große Bilder für die Ausstellung „Raumgestaltung" des Architekten Karl Schneider.

Mit der künstlerischen Trennung von ihrem Mann lockerte sich auch die menschliche Beziehung. Für die Kinder machte das freilich keinen Unterschied. Sie hatten eigentlich nie mit den Eltern zusammengelebt: „Wir hatten eine Henny, die alles machte, und die wir alle sehr liebten, aber sie war eben ganz einfach. Wir aßen nie mit unseren Eltern. Wir aßen mit Henny. Mein Vater behauptete immer, Kinder müßten aufwachsen wie das Unkraut", erzählt Monika Maetzel, nicht ohne hinzuzufügen, dass sie das rückblickend für falsch hält, dass sie vieles später hätten mühsam nachholen müssen, was andere Kinder spielerisch erlernten.

Im September 1929 brach Dorothea Maetzel-Johannsen zu einer letzten Reise nach Visby auf Gotland auf. Trotz ihrer angeschlagenen Gesundheit stellte sie sich dem rauen, stürmischen Klima und malte. „Es donnert und blitzt den ganzen Tag (...) das erstemal in den Wochen,

**   Band 3 online unter: www.hamburg.de/maennerstrassennamen

und ich finde das Gewitter herrlich. Als es von neuem begonnen, bin ich in die Kathedrale, die geliebte, gegangen und hab vor dem schönen Fenster gesessen. Dem Fenster, das manchmal wie weiche blaue Seide ist, manchmal jauchzend wie Gesang der Engel, und heute, in der düsteren Kirche, mit den Blitzen dahinter, geheimnisvoll, ich weiß nicht wie. Ich glaube, wenn ich sterbe, dann sehe ich diese Fenster vor mir. Man ist hier den Dingen so nahe, und doch behalten sie ihre Größe und Würde und ihr Geheimnis – ich werde Sehnsucht nach der Kathedrale haben, sie ist mir fast wie eine Heimat.".[7]

Dorothea Maetzel-Johannsen starb am 8. Februar 1930, wenige Monate nach ihrer Rückkehr von Gotland. Das für die Wandelhalle des Planetariums entworfene Deckengemälde konnte sie nicht mehr selbst ausführen. „Und ich bin doch nun mal so vergnügungssüchtig, daß ich am liebsten einen langen Spaziergang mit Dir machte. Also auf Wiedersehen in einer etwas rosigeren Welt (...)",[8] schreibt sie an den Bildhauer Friedrich Wield, der ebenfalls Gründungsmitglied der Hamburgischen Sezession war und der 1931 für Dorothea Maetzel-Johannsen eine Gedächtnisausstellung im Kunstverein organisierte, in der 120 ihrer Werke zusammen mit seinen gezeigt wurden.

Text: Brita Reimers

Der Maetzelweg könnte auch nach Monika Maetzel (12.2.1917 Hamburg–18.10.2010 Hamburg), der Tochter des Ehepaares Maetzel mit benannt werden.

Monika Maetzel war Keramikmeisterin, -malerin, -bildhauerin und -lehrerin und langjährige Obermeisterin der Hamburger Innung für das Töpfereihandwerk. Sie wohnte lange im elterlichen Haus am Langenwiesen 15, wo sie auch ihre Werkstatt betrieb, später am Bornkamps-

weg 39 in Ahrensburg auf Gut Wulfsdorf (heutige Adresse der Werkstatt, die 2009 von Birgit Best übernommen wurde).

Geboren wurde Monika Maetzel als viertes und jüngstes Kind des Hamburger Künstler-Ehepaares Emil Maetzel und Dorothea Maetzel-Johannsen. Seit den 1940-er Jahren setzte Monika Maetzel ihren eigenen Weg durch: Als Töpfermeisterin erwarb sie Beachtung und Anerkennung und entwickelte einen bis heute gültigen Stil. Von 1947 bis 2003 leitete sie ihre Keramikwerkstatt im Volksdorfer Elternhaus.

Die Geschichte des Künstlerhauses Volksdorf liest sich kurios: „Das ‚Paradies' war ein feuchtes Waldgrundstück, das Monikas Vater Emil Maetzel (1877–1955) vor 100 Jahren von einem kleinen Erbe erworben hatte – was dessen Mutter nach der Erstbesichtigung schockierte: ‚Ach mein Junge, jetzt hast du das schöne Geld in den Sumpf geschmissen', soll sie geklagt haben. Doch der Architekt Emil Maetzel (...) hatte eine Vision. Für seine Familie (...) baute er im Eichenwald 1924 ein Sommerhaus und verband dieses 1926 mit einem Wohnhaus. Auf einer Lichtung dahinter war schon vorher zur Entwässerung ein kreisförmiger Teich entstanden, den Maetzel wegen der Himmelsspiegelungen auf der Oberfläche ‚das Auge Gottes' nannte."[9]

So wurde der Garten in den 1920er-Jahren zum Ausflugsziel der Hamburgischen Sezession, die sich als „vitale expressionistische Künstlergruppe" – nicht unähnlich der späteren Hippiekultur – in Hamburg organisiert hatte. Emil Maetzel war zeitweise ihr Vorsitzender.

Mit sechzehn Jahren begann „Monja", wie die Jüngste gerufen wurde, eine pädagogische Ausbildung. Auf ein anschließendes Praktikum bei dem Bauplastiker Richard Küöhl folgten drei Jahre Studium von 1936 bis 1938 bei dem Kera-

---

7) Zitiert nach: Mathias F. Hans (Hrsg.), a. a. O.
8) Ebenda.
9) Lutz Wendler: Das bedrohte Paradies in Volksdorf: Wo Sezessionisten baden gingen und Gebrauchs-

keramik für Generationen entstand, in: Hamburger Abendblatt vom 7.7.2006. Vgl.: maetzel-keramik.de und gutwulfsdorf.de/keramikwerkstatt. kuenstlerhaus-maetzel.de Vgl.: Karin von Behr: „Maetzel, Mo-

nika", in: Hamburgische Biografie, Personenlexikon. Hrsg. v. Franklin Kopitzsch und Dirk Britzke, Band 6, Göttingen 2012, S. 203–204 sowie dort angegebene weiterführende Literatur.

miklehrer Max Wünsche an der Hamburger Landeskunstschule am Lerchenfeld. Nach dem frühen Tod der Mutter Dorothea 1930 und den Sanktionen der Nationalsozialisten an ihrem Vater (er erhielt Malverbot und wurde als Oberbaurat von seinem Posten suspendiert) wurde es still um das Künstlerhaus Maetzel.

Die erste Kunstreise mit ihrem Bruder Peter zur Ausstellung „Entartete Kunst" 1937 nach München ließ in Monika Maetzel einen Entschluss reifen: Gegen den Willen ihres Vaters setzte sie ihr Studium der Keramik und Bildhauerei an der Akademie der Angewandten Künste in München fort. 1940 bestand sie die Gesellenprüfung als Töpferin; auf drei Werkstattjahre bei Helma Klett in Fredelsloh im Solling folgte vier Jahre später ihre Meisterprüfung vor der Handwerkskammer in Hildesheim.

Im März 1947 eröffnete die junge Meisterin in dem von ihrem Vater umgebauten Elternhaus im Stadtteil Volksdorf ihre Töpferwerkstatt. Die Aufbaujahre nach den Zerstörungen des Zweiten Weltkriegs, die regelmäßige Teilnahme an den Frankfurter Frühjahrs- und Herbstmessen und an der Hamburger Jahresmesse des Norddeutschen Kunsthandwerks im Museum für Kunst und Gewerbe sowie eigene Atelierausstellungen machten sie bekannt und sicherten den Absatz von formschönen, charmanten Geschirren, Gebrauchsgeräten, Vasen, Schalen, Fliesen, Deckeldosen oder erzählender Kleinplastik mit Motiven aus ihrem paradiesischen Garten wie Gräser, Blätter, Früchte, Vögel.

Dass die von ihr entwickelten Rezepturen alle Trends bis zum aktuellen „Landhaus-Stil" überstanden, war auch einem „Kniff" zu verdanken. Nicht exklusive Unikate waren Monika Metzels Ziel: Die Formen sollten so gebildet sein, dass sie Abweichungen vertrugen. Das ermöglichte Auszubildenden und Mitarbeitenden die Möglichkeit eigener Erfahrungen und der Werkstatt eine höhere Auslastung. In ihrer besten Zeit belieferte sie mehr als 150 Fachgeschäfte.

Monika Maetzel war auch eine der wenigen Keramikmalerinnen ihrer Zeit. Im Laufe ihres rund 50-jährigen Schaffens bildete Hamburgs „dienstälteste Keramikerin" 45 Lehrlinge aus. Als Obermeisterin der Hamburger Töpferinnung nahm sie 35 Jahre lang Prüfungen ab und wurde 1955, im Todesjahr ihres namhaften Vaters, auf der internationalen Keramikausstellung im italienischen Faenza mit der Silbermedaille ausgezeichnet. 1982 erhielt sie den Justus-Brinckmann-Preis. Zwischen 1955 und 1992 nahm sie an 21 Ausstellungen von Hamburg bis Birmingham, von Darmstadt bis Hyogo (Japan) teil.

Exponate von ihrer Hand und aus ihrer Werkstatt befinden sich in öffentlichen Sammlungen.

Zu den Hinterlassenschaften der Töpferin, die am liebsten Bildhauerin geworden wäre, gehört auch das einzige erhaltene Künstlerhaus der 1920er-Jahre in Hamburg, das von ihr gepflegt und bewahrt wurde. Der 2003 gegründete „Freundeskreis Künstlerhaus Maetzel" bemüht sich um Erhalt und Nutzung des unter Natur- und Denkmalschutz stehenden Künstlerhauses.

Die Keramikmeisterin Birgit Best betreibt mit ihrer Werkstatt die Tradition der Werkstatt von Monika Maetzel weiter.

Zusammengestellt von Cornelia Göksu

> Siehe auch ➤ Rosa-Schapire-Weg, *in diesem Band.*

> Siehe auch ➤ Corinthstraße, *Othmarschen, seit 1950: Lovis Corinth (1858–1925), Maler, Graphiker, in Bd. 3 online***.*

Magdalenenstraße

Rotherbaum, seit 1860, benannt nach Catharina Magdalena, *geb. Kalckbrenner (getauft*

**   Band 3 online unter: www.hamburg.de/maennerstrassennamen

26.2.1777 Hamburg–17.11.1864 Hamburg), Ehefrau des Oberalten, Gärtnerei- und Geländebesitzers Johann Heinrich Böckmann

Siehe auch ➤ **Böckmanstraße,** St. Georg, seit 1841: J. H. Böckmann (1767–1854), Grundeigentümer, Oberalter, in Bd. 3 online**.

Maike-Harder-Weg

Poppenbüttel, seit 1984. Gestalt aus einem Werk des niederdeutschen Dichters Hermann Boßdorf

Richtige Schreibweise bei Hermann Boßdorf (siehe ➤ **Boßdorfstraße,** in Bd. 3 online**) „Meike". „Einzige tragende weibliche Figur in Hermann Boßdorfs (1877–1921) Hallig-Schwank ‚De rode Ünnerrock' – vom Autor selbst als ‚Volkskomedi' bezeichnet, ein Klassiker der niederdeutschen Bühnenliteratur. (Uraufführung 26. November 1921, Niederdeutsche Bühne Hamburg.)

Als ‚Wittfru' von ungefähr 40 Jahren bleibt die Bühnenfigur Meike Harder oberflächlich im Gegensatz zu den Männerrollen, die eher durchgestaltet sind. Boßdorf gelingt es nicht, die Figur der Meike Harder so differenziert anzulegen, daß hier von einem Charakter gesprochen werden könnte. Die Figur gehorcht einem bloß äußeren Pragmatismus (‚Nod brickt Keden') – im Verständnis des Autors Ausdruck einer spezifisch niederdeutschen Lebenshaltung und Grund mit dafür, dass auch heute noch der Schwank als vermeintliche ‚Charakterkomödie' etikettiert wird. Das Motiv der ‚getrösteten Witwe' ist in vielerlei Varianten ein ubiquitäres Schwankmuster."[10]

Als vor Jahren die Niederdeutsche Bühne das Stück „de rode Ünnerrock" im Theater am Meer in Wihelmshaven aufführte, berichtete das Jeversche Wochenblatt darüber wie folgt: „(...) ‚De rode Ünnerrock', niederdeutsche Volkskomödie, wer das hört, erwartet zunächst ein unbeschwertes Lustspiel, vielleicht sogar einen Schwank. Wer denkt da nicht an ein delikates Corpus delicti, das, im Hotelzimmer versehentlich liegengelassen, von einer eifersüchtigen Ehefrau entdeckt, zum Angelpunkt einer turbulenten Verwechslungsgeschichte französischen Einschlags wird? Weit gefehlt. Als Boßdorf seine Komödie plante, hatte er am Anfang nur den Titel ‚De rode Ünnerrock'. Dies Kleidungsstück sollte darin aber eine ganz andere Rolle spielen als in der jetzt vorliegenden Hallig Komödie; es sollte geradezu ein treibender Faktor der Handlung sein. Der Dichter wollte eine Dorfklatschgeschichte in den Mittelpunkt stellen. Doch dann kam ihm eines Tages, ‚wie ein Blitz' die Idee: ‚Vier Männchen, ein Weibchen. Halligdöns.' Und es entstand eine Komödie, die eine gewisse Spannung beinhaltet und einen Schluß parat hält, der für viele Zuschauer überraschend verläuft. Das Stück führt uns in eine Welt, die der Dichter aus eigener Anschauung nicht kannte. Einsam und allein wohnen die beiden Brüder Rickmers auf einer Hallig. Draußen ist diesiges Wetter. Sie sitzen in der Stube und sprechen in abgerissenen Sätzen von der toten, guten Mutter. Und schließlich bekennen beide gleichzeitig: es muß wieder eine Frau auf die Hallig. Während sie noch reden, kommt ihr Ohm, der reiche Bauer Wessels, ein noch stattlicher Witwer von allerdings schon sechzig Jahren. Er hat den beiden ‚Walroßküken' allerlei mitgebracht: vor allen Dingen guten Rum und einen roten Unterrock. Für dieses Kleidungsstück haben die beiden aber keinerlei Verwendung; jedoch beim Grog klärt er die Jungen auf: er hat eine Haushälterin bestellt, und die soll den Rock als Geschenk haben. Allerdings schildert er diese Person als ein altes, häßliches, puckeliges, schielendes Weib, das schon vier Männer zu Tode geärgert hat. Und so erscheint die junge Witwe Maike Harder, (...), auf der kleinen Hallig. Sie verwirrt nicht

---

10) Auskunft von Ulf-Thomas Lesle, Institut für niederdeutsche Sprache.

nur die beiden Rickmers Brüder Bohle und Jülf, (…), sondern auch dem Halligpaster (Clans Miehlke) den Kopf. Aber auch der reiche Bauer Wessels (…) führt irgendetwas im Schilde. Die Ereignisse auf dem Eiland spitzen sich zu. Schier unerträglich wird die Situation auf der Hallig, als Maike ein Kind erwartet. Doch wer ist der Vater? Bohle, der ohne sie nicht mehr leben kann, oder Jülf der fast vor Liebe nach ihr vergeht. Vielleicht ist es auch der Paster, der bereits sechs Kinder hat und Witwer ist. Und da ist noch Ohm Bauer Wessels, der dringend einen Erben braucht für seinen Hof. Die Spannung bleibt bis zuletzt, dank der hervorragenden schauspielerischen Leistungen der Darsteller, bestehen. Die Aufführung hat ein Ende, das keiner erwartet!"[11]

Siehe auch ➤ *Boßdorfstraße, Eimsbüttel, seit 1922: Hermann Boßdorf (1877–1921), Dichter, niederdeutscher Schriftsteller, in Bd. 3 online**.*

Mania-Altmann-Weg

Schnelsen, seit 1992, benannt nach Mania Altmann, fünf Jahre alte Polin aus Radom. Opfer des Nationalsozialismus. Kindermord in der Schule am Bullenhuser Damm

Mania Altmann

Manias Vater wurde im KZ Mauthausen ermordet. Bevor Mania und ihre Mutter nach Auschwitz deportiert wurden, waren sie in verschiedenen anderen Lagern gewesen. Die Mutter überlebte das Lager, sie starb 1971. Sie hat nie erfahren, was mit Mania geschah, nachdem man ihr das Kind in Auschwitz weggenommen hatte.

Siehe auch ➤ *Geschwister-Witonski-Straße, Jacqueline-Morgenstern-Weg, Lelka-Birnbaum-Weg, Riwka-Herszberg-Stieg, Wassermannpark, Zylberbergstieg, Zylberbergstraße, in diesem Band.*

Siehe auch ➤ *Brüder-Hornemann-Straße, Schnelsen, seit 1993: Alexander und Eduard Hornemann, acht und zwölf Jahre alt, niederländische Opfer des Nationalsozialismus, in Bd. 3 online**.*

Siehe auch ➤ *Eduard-Reichenbaum-Weg, Schnelsen, seit 1993: Eduard Reichenbaum (1934–1945), zehnjähriges polnisches Kind, Opfer des Nationalsozialismus, in Bd. 3 online**.*

Siehe auch ➤ *Georges-André-Kohn-Straße, Schnelsen, seit 1992, zwölfjähriges Opfer des Nationalsozialismus, in Bd. 3 online**.*

Siehe auch ➤ *Jungliebstraße, Schnelsen, seit 1995, zwölfjähriger Jugoslawe, Opfer des Nationalsozialismus, in Bd. 3 online**.*

Siehe auch ➤ *Marek-James-Straße, Schnelsen, seit 1995: Marek James, sechs Jahre alter Pole, Opfer des Nationalsozialismus, in Bd. 3 online**.*

Siehe auch ➤ *Marek-Steinbaum-Weg, Schnelsen, seit 1993: Marek Steinbaum, zehn Jahre alter Pole, Opfer des Nationalsozialismus, in Bd. 3 online**.*

Siehe auch ➤ *Roman-Zeller-Platz, Schnelsen, seit 1995: Roman Zeller, zwölfjähriger Pole, Opfer des Nationalsozialismus, in Bd. 3 online**.*

Siehe auch ➤ *Sergio-de-Simone-Stieg, Schnelsen, seit 1993: Sergio-de-Simone, sieben Jahre alter Italiener. Opfer des Nationalsozialismus, in Bd. 3 online**.*

Siehe auch ➤ *Günther-Schwarberg-Weg, Schnelsen, seit 2013: Günther Schwarberg (1926–2008), Autor, Journalist, recherchierte und schrieb über das Schicksal der 20 jüdischen Kinder, die am 20.4.1945 in der Schule Bullenhuser Damm ermordet wurden, in Bd. 3 online**.*

Abb. v.l.n.r.: KZ-Gedenkstätte Neuengamme/Sammlung Schwarberg | Stadtteilarchiv Ottensen/Familie Grove

**   **Band 3 online** unter: www.hamburg.de/maennerstrassennamen

11) www.theater-am-meer.de/29-archiv/archiv/407-de-roode-uennerrock

Margarete-Mrosek-Bogen

Bergedorf/Allermöhe, seit 1995, benannt nach *Margarethe (Margarete) Mrosek,* *geb. Schram (25.12.1902–21.4.1945 KZ Neuengamme), Gegnerin des Nationalsozialismus. Hausfrau Stolperstein vor dem Wohnhaus Up de Schanz 24.*

Margarethe Schram kam 1902 in Gablonz an der Lausitzer Neiße im nordöstlichen Böhmen im heutigen Tschechien als Tochter von Karl und Camilla Schram, geborene Pan, zur Welt. Ihre Mutter war Jüdin. 1911 wurde ihr Bruder Walter geboren. 1928 starb der Vater.[12]

Während des Zweiten Weltkriegs lebte Margarethe Mrosek als Hausfrau mit ihrem nichtjüdischen Ehemann Alois Mrosek zur Miete in Hamburg-Nienstedten, Up de Schanz 24 b. Ihr Mann war als Abteilungsleiter bei einer Versicherung tätig.

Noch war Margarethe Mrosek durch die „privilegierte Mischehe" vor der Deportation geschützt. Sie wurde aber zur Zwangsarbeit in der Parfum- und Seifenfabrik Dralle in Altona-Ottensen verpflichtet.

Anfang Oktober 1943 nahm das Ehepaar Mrosek vorübergehend die befreundete Familie Zill nach deren Ausbombung im Juli auf, bevor diese Mitte November 1943 in die Blankeneser Landstraße 9 zog. Johannes Paul und Emma Zill und ihre Tochter Dorothea waren mit der jüdischen Familie Leipelt bekannt. Um Käthe und Konrad Leipelts Kinder Hans und Maria Leipelt (siehe ➤ Leipeltstraße, *in Bd. 3 online***) hatten sich regimekritische Freunde versammelt. Dieser Widerstandskreis wurde nach dem Zweiten Weltkrieg als „Hamburger Zweig der Weißen Rose" bezeichnet. Die Freunde lasen und diskutierten verbotene Literatur. Insbesondere Dorothea Zill war mit Hans Leipelt befreundet, der in

München studierte und der Weißen Rose nahestand, der Widerstandsgruppe der Geschwister Scholl (siehe ➤ Geschwister-Scholl-Straße, *in diesem Band*). Dort wurden zwischen Juni 1942 und Februar 1943 sechs Flugblätter verfasst und verbreitet, die zum passiven Widerstand aufriefen. Auch in den Hamburger oppositionellen Kreisen kursierten diese verbotenen Flugblätter. Maria Leipelt tippte sie in ihrer Sprachschule ab und wirkte so aktiv an der Vervielfältigung und Verbreitung mit.

Dorothea Zills jüngerer Bruder Hans Bernhard, Jahrgang 1926, war damals als Flakhelfer eingesetzt und daher nur manchmal bei seiner Familie im Hause Mrosek zu Besuch. Grete Mrosek schildert er als eine „liebenswerte Person". Die älteren Jugendlichen, so erinnert er sich, trafen sich bis Juli 1943 im Zimmer seiner Schwester in der Conventstraße 6 in Eilbek, wo die Zills bis zu ihrer Ausbombung wohnten. Sie hörten Musik oder musizierten selbst, lasen verbotene Bücher, interessierten sich für MalerInner und Bildhauer, deren Werke inzwischen als „entartete Kunst" galten. Hans und Dorotheas Väter warnten ihre Kinder, dass dies gefährlich sei, doch die Jugendlichen wollten sich in ihrer Freiheit nicht einengen lassen. Die allgegenwärtige nationalsozialistische Ideologie und Gewalt bedrückte sie.

Margarethe Mrosek

Im Februar 1943 wurden die Geschwister Scholl nach ihrer spektakulären Flugblattaktion an der Münchener Universität verhaftet. Ihr letztes Flugblatt wurde in Hamburg mit dem Zusatz „Ihr Geist lebt weiter!" nachgedruckt und verteilt. Nachdem die Münchener Beteiligten in

**   Band 3 online unter: www.hamburg.de/maennerstrassennamen

12) Für den gesamten Text zu Mrosek: Hamburger Jüdische Opfer des Nationalsozialismus. Gedenkbuch,

Veröffentlichung aus dem Staatsarchiv Hamburg Bd. XV, bearbeitet von Jürgen Sielemann unter Mitarbeit von Paul Flamme, Hamburg 1995; Ursel Hochmuth, Gertrud Meyer: Streiflichter aus dem Hamburger Widerstand

1933–1945, Frankfurt a. M. 1980; Gedenkbuch KOLA-FU; aus den Unterlagen von Holger Martens: Vortrag am 9.2.1946 und Abschrift handschriftlicher Notizen von Johannes Paul Zill, Privatbesitz H.B. Zill; Mathias Ku-

einem Schnellverfahren verurteilt und hingerichtet worden waren, kam die Gestapo auch auf
die Spur der Hamburger regimefeindlichen Kreise. Anfang Oktober 1943 wurden Hans Leipelt
in München und am 9. November die siebzehnjährige Maria Leipelt in Hamburg festgenommen. Weitere Verhaftungen aus dem Kreis des
Hamburger Zweigs der Weißen Rose folgten,
insgesamt wurden 25 Personen bis zum März
1944 festgenommen.

Margarethe Mrosek hatte sich mit der Familie Leipelt angefreundet, besonders mit Katharina Leipelt, die ebenfalls als Jüdin galt. Beide
standen unter der Bedrohung der Nürnberger
Rassegesetze. Das wird deutlich aus handschriftlichen Notizen von Johannes Zill: „Sie lernte
Leipelt bei mir kennen, war aus gemeinsamem
Schicksal heraus öfter mit ihr bei uns zusammen, telefonierte auch öfter mit ihr. Ich nehme
an, daß der (Gestapo-)Sachbearbeiter Reinhardt
der kleinen Maria Leipelt auferlegt haben wird,
alle ihre Bekannten aufzuschreiben. So ist auch
Grete Mrosek mit in den Kreis geraten."

Johannes Zill erklärte 1951 in einem Schreiben an das Amt für Wiedergutmachung:

„Margarethe Mrosek war Jüdin. Sie wurde
am 14. Dezember 1943 morgens von den Gestapobeamten Voigt und Konrad in ihrer Wohnung
verhaftet. Am nächsten Tag wurden meine Frau
und ich verhaftet. Ich kann bestätigen, daß Frau
Mrosek mit uns zusammen zunächst bis 7.1.44
in der Jugend-Arrest-Anstalt Bergedorf, [denn
zu dem Zeitpunkt soll Flecktyphus in Fuhlsbüttel geherrscht haben], anschließend in Fuhlsbüttel in Schutzhaft gewesen ist, und zwar mindestens bis Oktober 1944, zu welchem Zeitpunkt
die übrigen Teilnehmer an diesem Verfahren ins
Untersuchungsgefängnis überführt und nach
kurzer Zeit – ein Teil der Männer nach Stendal,
der Frauen nach Cottbus – weitergeschickt wur-

den. Es fiel damals auf, daß Frau Mrosek nicht
mit ins UG bzw. nach Cottbus kam wie die anderen weiblichen Gefangenen."

Margarethe Mrosek saß ab dem 8. Januar
1944 in Fuhlsbüttel ein. Zwei Tage später wurde
auch das Ehepaar Zill dort inhaftiert. In einem
Prozess wegen Vorbereitung zum Hochverrat
wurde den Zills das Abhören ausländischer
Rundfunksender, die Verteilung von Flugblättern
und das Sammeln von Geld für die Witwe des
in München hingerichteten Professors Kurt
Huber zur Last gelegt. Auch die Tochter Dorothea Zill wurde im Januar 1944 verhaftet.

Margarethe Mrosek hatte von den Flugblättern der Weißen Rose und den politischen Aktivitäten des Kreises um die Leipelts vermutlich
keine Ahnung. Das Belastungsmaterial reichte
offenbar auch nicht aus, um sie vor ein Gericht
zu stellen. In der Anklageschrift des Hochver-
ratsprozesses gegen „Kucharski, Leipelt und Genossen" ist ihr Name nicht enthalten.

Alois Mrosek bezeugte nach dem Krieg vor
dem Amt für Wiedergutmachung:

„Meine arme Frau geriet am 14.12. gemeinsam mit der ihnen schon bekannten Familie Zill
wegen angeblichen Hochverrats in Schutzhaft.
Obwohl die Haltlosigkeit der Anklage bald erwie-
sen sein musste, wurde sie nicht mehr entlassen,
weil sie das Kind jüdischer Eltern war. (…) Ich
selbst wurde wegen meiner so genannten Mischehe drangsaliert und das letzte halbe Jahr vor
dem Zusammenbruch zur Zwangsarbeit für das
Aufräumungsamt Hamburg dienstverpflichtet."
Ende Oktober 1944 leistete er Zwangsarbeit als
„jüdisch Versippter" zusammen mit „Mischlin-
gen" und italienischen und polnischen Kriegsgefangenen und wurde zum Kohletrimmen im
Elektrizitätswerk Neuhof und zu Kanalisierungs-
und Trümmeraufräumarbeiten eingesetzt, unter
anderem bei der Tiefbaufirma Erich Möller.

schinski, Emma Zill, und Henrike Göhl,
Johannes Paul Zill, www.politisch-ver-
folgte.de, Zugriff 28.8.2007; Staatsarchiv Hamburg 351-11 Amt für Wiedergutmachung, 15275 Mrosek, Alois:
Gepräch mit Hans Bernhard Zill, Sohn
von Johannes Zill, am 20.9.2007.

Am 18. April 1945, zwei Wochen vor dem Einrücken der Engländer, wurde Margarethe Mrosek zusammen mit zwölf Frauen und 58 Männern aus dem Polizeigefängnis Fuhlsbüttel in das schon fast geräumte Lager Neuengamme überführt. Da den Frauen kein Prozess gemacht worden war, ahnten sie nicht, was ihnen bevorstand. Sie dachten, sie würden entlassen. Doch alle standen auf einer Liquidationsliste der Gestapo und wurden in den Nächten vom 21. bis 23. April umgebracht. Margarethe Mrosek wurde mit den anderen Frauen am 21. April 1945 gehenkt.

Text: Birgit Gewehr, entnommen: www.stolpersteine-hamburg.de

> *Siehe auch* ➤ **Annemarie-Ladewig-Kehre, Elisabeth-Lange-Weg, Erika-Etter-Kehre, Erna-Behling-Kehre, Geschwister-Scholl-Straße, Hanne-Mertens-Weg, Helene-Heyckendorf-Kehre, Margit-Zinke-Straße,** *in diesem Band.*

> *Siehe auch* ➤ **Leipeltstraße,** *Wilhelmsburg, seit 1964: Hans Leipelt (1921–1945), Student, Mitglied des nach der Zeit des Nationalsozialismus bezeichneten Hamburger Kreis der Widerstandsgruppe „Weiße Rose", in Bd. 3 online**.*

Margaretenhof

Lehmsahl-Mellingstedt, seit 1946. Bezeichnung des an diesem Wege gelegenen Bauernhofs

Margaretenstraße

Eimsbüttel, seit 1870, vermutlich benannt nach Margaretha Auguste, geb. Ahlff (1.2.1815–27.6.1890), Ehefrau des Geländevorbesitzers Heinrich Jacob Fett

> *Siehe auch* ➤ **Fettstraße,** *Eimsbüttel, seit 1870: H. J. Fett (1817–1894), Grundeigentümer, Bauunternehmer, in Bd. 3 online**.*

** **Band 3 online** unter: www.hamburg.de/maennerstrassennamen

Margaretha-Rothe-Weg

Niendorf, seit 1982, benannt nach Margaretha Rothe (13.6.1919 Hamburg–15.4.1945 Leipzig), Gegnerin des Nationalsozialismus. Studentin der Medizin. Motivgruppe: Opfer des Nationalsozialismus

Stolpersteine vor dem Wohnhaus Heidberg 64 und vor dem Hauptgebäude der Universität Hamburg, Edmund-Siemers-Allee 1; Erinnerungsstein für Margaretha Rothe im Garten der Frauen auf dem Ohlsdorfer Friedhof; 1988 wurde eine Schule nach Margaretha Rothe benannt: Margaretha-Rothe-Gymnasium. Seit 1987 heißt ein Gebäude auf dem Gelände des Universitätskrankenhauses Eppendorf (UKE) Rothe-Geussenhainer-Haus; Mahnmal: Tisch mit 12 Stühlen (siehe dazu bei ➤ **Georg-Appel-Straße,** *in Bd. 3 online**).*

Margaretha Rothe war Lichtwarkschülerin, später Medizinstudentin an der Universität Hamburg. In der Zeit des Nationalsozialismus traf sie sich mit anderen ehemaligen LichtwarkschülerInnen bei der bis zu ihrer Versetzung 1935 an der Lichtwarkschule tätig gewesenen Lehrerin Erna Stahl *(siehe* ➤ **Erna-Stahl-Ring,** *in diesem Band),* wo sie politische Themen diskutierten und die von den Nationalsozialisten verbotene Literatur und Malerei kennenlernten.

Margaretha Rothe schloss sich dem antifaschistischen Kreis ihres Schulkameraden Heinz Kucharski an. Zusammen mit ihm verbreitete sie auf Flugblättern die Sendezeiten und die Wellenlänge des „Deutschen Freiheitssenders". Durch ihr Studium lernte sie auch den Ordinarius für Kinderheilkunde, Prof. Rudolf Degkwitz, kennen, der ihre antinazistische Haltung teilte und sie darin bestärkte. 1941/42 erweiterte sich der Freundeskreis, zu ihm stieß auch der Chemiestudent Hans Leipelt *(siehe* ➤ **Leipeltstraße,** *in Bd. 3 online**).* Margaretha Rothe war durch

Heinz Kucharski mit Reinhold Meyer *(siehe* ➤ Reinhold-Meyer-Straße, *in Bd. 3 online**),* dem Juniorchef der am Jungfernstieg 50 gelegenen Buchhandlung „Agentur des Rauhen Hauses Jos. P. Meyer", bekannt geworden. (Die Buchhandlung wurde von Reinhold Meyers Schwester Anneliese Tuchel bis zu deren Tod im Jahre 2000 unter dem Namen „Buchhandlung Anneliese Tuchel" geführt.) Reinhold Meyer, der gleichzeitig auch Germanistikstudent war, befreundete sich mit Margaretha Rothe. Sie trafen sich nachts mit Heinz Kucharski und dem Medizinstudenten Albert Suhr im Keller der Buchhandlung, um,

Margaretha Rothe

wie Anneliese Tuchel schreibt, „die verbotene Literatur zu lesen und zu diskutieren. Wir ahnten, daß Reinhold etwas Gefährliches tat, aber keiner fragte danach. Denn sein Freundeskreis setzte sich ja zusammen aus Leuten, von denen wir wußten, das sind alles Nazigegner. Es verband diese ganze Gruppe vor allem der Zorn gegen die geistige Unfreiheit. Das Wort ‚Widerstandskämpfer' ist hier sicher nicht angebracht, das ist besetzt durch Leute wie Stauffenberg. Diese jungen Menschen haben gekämpft für die Freiheit des Geistes, indem sie Texte abschrieben, verbreiteten und auch über die Zeit nach dem ‚Dritten Reich' diskutierten. (...) Der Freundeskreis begann nach der Hinrichtung der Scholls aktiv zu werden".[13]

Traute Lawrenz, Medizinstudentin und Freundin von Margaretha Rothe, und Hans Leipelt „brachten zumindest das letzte Flugblatt der Weißen Rose nach Hamburg. Das wurde gemeinsam gelesen und solche Texte wie von Erich Kästner: ‚Ihr und die Dummheit zieht in Viererreihen in

die Kasernen der Vergangenheit.' Die wurden abgeschrieben mit der Maschine und weiterverteilt. (...) Sie haben ein Netz gesponnen. Und davor hatte die Gestapo am meisten Angst. (...) Leider ließ man ihnen nicht viel Zeit. Ihre Treffen flogen auf durch Verrat," so Anneliese Tuchel[14].

Am 9. November 1943 wurden Margaretha Rothe, Heinz Kucharski und Marie Leipelt verhaftet. Im November 1944 wurde Margaretha Rothe aus dem Gestapo-Gefängnis Fuhlsbüttel über Berlin nach Cottbus transportiert. Seit dem 10. Februar 1945 befand sie sich im Frauengefängnis Leipzig-Kleinmeusdorf. Als sie dort ankam, war sie bereits schwer erkrankt und wurde deshalb am 18. Februar 1945 ins Gefängnislazarett und von dort am 6. März 1945 ins Städtische Krankenhaus St. Jacob gebracht. Dort starb sie am 15. April 1945 an den Folgen einer Lungentuberkulose. Zur Todesursache schrieb ihre Schwester Ingeborg Staudacher-Rothe am 13. Juni 1989 in ihrem „In memoriam" (befindlich im Staatsarchiv Hamburg). Sie starb „an den Krankheiten, die sie sich während der Haft zugezogen hatte und für die sie zum Teil von klein auf eine Disposition zeigte. Gretha verbrachte die letzten 5 Wochen ihres kurzen Lebens als Privatpatientin in dem o. g. Krankenhaus bei optimaler Pflege und erfuhr hier große menschliche Zuwendung seitens des Personals und einer Mitpatientin. Alle anderen Darstellungen ihres Todes und Sterbeortes, wie sie erst kürzlich noch trotz vorherigen Hinweises auf die Unrichtigkeit publiziert wurden, entsprechen nicht der Wahrheit." Margaretha Rothe selbst schrieb am 9. März 1945 aus dem Städtischen Krankenhaus St. Jacob: „Ich liege als Privatperson!!!!! Abteilung BG. Kein Brief geht durch die Zensur, solange ich hier bin! Ohne Alarme wäre es ein Paradies! Warum muß es nur so weit von Hamburg entfernt sein?!"[15]

Abb.: Aus: Ursel Hochmuth, Gertrud Meyer, Streiflichter aus dem Hamburger Widerstand 1933–1945, Berichte und Dokumente, Frankfurt/Main 1969, S. 609, Nr. 93.

**   Band 3 online unter: www.hamburg.de/maennerstrassennamen

13) Anneliese Tuchel: Der braucht keine Blumen. Erinnerungen an Reinhold Meyer. Hamburg 1994.

14) Anneliese Tuchel, a. a. O.
15) Angela Bottin: Enge Zeit. Berlin, Hamburg 1992, S. 85.

Der Freundeskreis um Margaretha Rothe, Reinhold Meyer, Heinz Kucharski etc. wurde nach dem Krieg „Hamburger Zweig der Weißen Rose" benannt.

Siehe auch ➤ **Elisabeth-Lange-Straße, Erna-Stahl-Ring, Geschwister-Scholl-Straße, Margarete-Mrosek-Bogen,** *in diesem Band.*

Siehe auch ➤ **Felix-Jud-Ring,** *Bergedorf/Allermöhe, seit 1995: Felix Jud (1899–1985), Buchhändler, Widerstandskämpfer, in Bd. 3 online**.*

Siehe auch ➤ **Kurt-Ledien-Weg,** *Niendorf, seit 1982: Dr. Kurt Ledien (1893–1945), Richter, Mitglied des Hamburger Zweiges der Weißen Rose, in Bd. 3 online**.*

Siehe auch ➤ **Leipeltstraße,** *Wilhelmsburg, seit 1964: Hans Leipelt (1921–1945), Student, Mitglied des nach der Zeit des Nationalsozialismus bezeichneten Hamburger Zweigs der Widerstandsgruppe „Weiße Rose", in Bd. 3 online**.*

Siehe auch ➤ **Reinhold-Meyer-Straße,** *Niendorf, seit 1982: Reinhold Meyer (1920–1944), Student, Juniorchef der Evangelischen Buchhandlung des Rauhen Hauses am Jungfernstieg 50, Widerstand gegen den Nationalsozialismus, in Bd. 3 online**.*

Margaretha-Treue-Weg

Ohlsdorf, seit 2007, benannt nach Margaretha Treue *(4.8.1876 Elbing–2.4.1962 Hamburg), von 1920 bis 1933 Direktorin der Sozialen Frauenschule und des Sozialpädagogischen Instituts in Hamburg, 1933 entlassen, 1946 Mitbegründerin des Hamburger Frauenringes, 1949 Mitinitiatorin zur Bildung der Arbeitsgemeinschaft Hamburger Frauenorganisationen*

Ein Erinnerungsstein steht im Garten der Frauen auf dem Ohlsdorfer Friedhof.

„Ich bin gebürtige Westpreußin. Meine Eltern habe ich früh verloren. Aber wir drei Kinder erhielten bei Verwandten eine liebevolle und sorgfältige Erziehung", erzählte Margaretha Treue an

** **Band 3 online** unter: www.hamburg.de/maennerstrassennamen

ihrem 80. Geburtstag. Als Dreizehnjährige kam sie mit ihren Geschwistern zu ihrem Großvater nach Marienburg, ging auf die Höhere Handelsschule, besuchte das Lehrerinnenseminar, erwarb die Lehrbefähigung an Mädchenschulen und absolvierte eine dreijährige Berufsausbildung, um die Befähigung zum Studium zu bekommen. Mittlerweile 23 Jahre alt, ging sie mit ihrem 20-jährigen Bruder nach Berlin zum Studieren. Dort belegte sie – formal getrennt von der Universität – in Oberlehrerinnenkursen die Fächer Geschichte, Deutsch und Philosophie. Nach dem Staatsexamen wurde sie 1904 Lehrerin an einem Berliner Lyzeum und unterrichtete nebenamtlich an der Frauenschule von Alice Salomon.

Margaretha Treuge schloss sich dem ADLV (Allgemeiner Deutscher Lehrerinnenverein) an und war von 1910 bis 1921 Schriftleiterin der Verbandszeitschrift „Die Lehrerin".

Für die vom ADF (Allgemeiner Deutscher Frauenverein) 1909 herausgegebene Publikation „Politisches Handbuch für Frauen" schrieb Margaretha Treuge umfangreiche Abhandlungen zu den Themen „Verfassung in Gemeinde, Staat und Reich" und „Die deutschen politischen Parteien". Außerdem veröffentlichte Margaretha Treuge im selben Jahr eine „Einführung in die Bürgerkunde – ein Lehrbuch für Frauenschulen", welches zu einem Standardwerk wurde. Margaretha Treuge wollte in ihren Publikationen weder sozialdemokratischen noch konservativen Parteien das Wort reden. Den Schwerpunkt legte sie auf die Darstellung der kommunalen Selbstverwaltung. Denn sie war der Überzeugung, die Betätigung auf dieser untersten politischen Ebene sei für Frauen, die sich gerade erst politisierten, angemessen – zumal auf dieser Ebene die Arbeit im sozialen Bereich im Vordergrund stand, wofür nach damaliger Geschlechtsrollenzuweisung Frauen besonders geeignet schienen.

Gerade in Zeiten des Krieges erhielt die soziale Arbeit eine neue Wichtigkeit. Und so begrüßten es auch die Vertreter der Stadt Hamburg, dass im Kriegsjahr 1917 die Doppellehranstalt Soziale Frauenschule und Sozialpädagogisches Institut gegründet wurde. An dieser Doppellehranstalt wurde Margaretha Treuge Oberlehrerin für Geschichte und Bürgerkunde.

Als 1919/1920 die Schulleiterinnen Gertrud Bäumer (siehe ❯ Gertrud-Bäumer-Stieg, *in diesem Band*) und Dr. Marie Baum Hamburg verließen – Gertrud Bäumer wurde 1920 als erste Frau Deutschlands Ministerialrätin in Berlin und Dr. Marie Baum ging 1919 als Referentin für Wohlfahrtspflege in das badische Arbeitsministerium –, übernahm die 44-jährige Margaretha Treuge die Leitung der Sozialen Frauenschule. Im selben Jahr wurde die Schule als Wohlfahrtsschule staatlich anerkannt, was bedeutete, dass die Schülerinnen nun die Qualifikation einer staatlich geprüften Wohlfahrtspflegerin erwerben konnten. Margaretha Treuge betrachtete diese Entwicklung zur Verstaatlichung mit gemischten Gefühlen, denn sie befürchtete eine allzu starke Schematisierung und Routine in der Ausbildung. Am 1. April 1923 wurde die Schule verstaatlicht und war damit die erste deutsche Wohlfahrtsschule unter staatlicher Leitung.

Als der Hamburger Senat 1926 Nachschulungslehrgänge für männliche Angestellte der Wohlfahrtsbehörde beschloss, weil die meisten der männlichen Angestellten nach den Lehrsätzen der alten Armenpflege arbeiteten, bedeutete dies für das Sozialpädagogische Institut, Lehrgänge auch für Männer einzurichten. Das fiel Margaretha Treuge und ihren Mitarbeiterinnen schwer. Für sie galt das Berufsfeld Sozialpädagogik als ein typisch weibliches, das die den Frauen „angeborene Mütterlichkeit", die sich in Pflege und Hege ausdrücke, professionalisierte.

Margaretha Treuges Vorbehalte, die „berufsethische Vertiefung" könne durch die Koedukation beeinträchtigt werden und der gesamte Unterricht verflachen, fand in den verantwortlichen Kreisen kein Gehör. Und so musste Margaretha Treuge Ostern 1930, nachdem Preußen 1927 bereits die staatliche Anerkennung männlicher Wohlfahrtspfleger geregelt hatte, fünf bis zehn männliche Schüler in die Unterklasse des Sozialpädagogischen Instituts aufnehmen.

Im Herbst 1933 wurde Margaretha Treuge, die 1918 der Deutschen Demokratischen Partei beigetreten war und ihre Vorstellungen von einem demokratischen Staat weiterhin öffentlich vertrat, von den Nationalsozialisten ihres Amtes enthoben. Margaretha Treuge wurde an eine Volksschule strafversetzt und ein Jahr darauf vorzeitig in den Ruhestand entlassen. Während der Zeit des Nationalsozialismus hielt sie in Privathäusern Kurse zu Literatur, Geschichte, Frauenbewegung und Nationalökonomie ab. Während des Krieges wurde ihre Wohnung ausgebombt und sie verlor ihre Schwester.

Margaretha Treuge

Nach 1945 arbeitete die nun über 70-Jährige noch kurze Zeit erneut als Dozentin am Sozialpädagogischen Institut. 1946 gehörte Margaretha Treuge zu den Mitbegründerinnen des Hamburger Frauenringes e. V., dessen Presseausschuss sie leitete. 1949 initiierte sie mit anderen die Bildung der Arbeitsgemeinschaft Hamburger Frauenorganisationen. Außerdem war Margaretha Treuge aktive Mitarbeiterin der WOMAN.[16]

Siehe auch ❯ Gertrud-Bäumer-Stieg, *in diesem Band.*

---

16) Vgl. Helmuth Stubbe-da Luz: Die Stadtmütter: Ida Dehmel, Emma Ender, Margaretha Treuge. Hamburgische Lebensbilder in Darstellungen und Selbstzeugnissen. Hrsg. vom Verein für Hamburgische Geschichte. Bd. 7, Hamburg 1994.

Margit-Zinke-Straße

Bergedorf/Allermöhe, seit 1995, benannt nach
Margit Zinke (18.1.1914 München–21.4.1945 KZ
Neuengamme), Mitglied der Widerstandsgruppe
Bästlein-Jacob-Abshagen, Hausfrau
Stolperstein vor dem Wohnhaus Falkenried 26.

Margit Zinke wurde von dem Offizier Woldemar
Emil Fleischner und seiner Ehefrau Martha, geb.
Eha, adoptiert, wovon sie wahrscheinlich erst
im Alter von siebzehn Jahren erfuhr. 1919 schied
Woldemar Fleischner aus dem Militärdienst aus.
Es ist nicht genau geklärt, ob gesundheitliche
Gründe oder Woldemar Fleischners antinazistische Einstellung dafür ausschlaggebend gewesen
waren. Die Familie zog nach Hamburg und bewohnte eine großbürgerliche Wohnung im Jungfrauenthal. Die sportliche Margit Zinke besuchte
die katholische höhere Mädchenschule am Holz-
damm; später ging sie in ein Internat nach Eutin.

Als sie sich in einen drei Jahre älteren Poli-
zeiwachtmeister verliebte, der ihren Eltern nicht
standesgemäß erschien, kam es zu einem großen
Streit. Kurz darauf, im Jahre 1934, starb der Vater. Die Mutter gab der Tochter eine Mitschuld.
Margit zog aus dem Elternhaus aus, die Mutter
kehrte nach Süddeutschland zurück und der
Kontakt zwischen Mutter und Tochter brach ab.

Ein Jahr später heiratete Margit ihren Poli-
zeiwachtmeister und wohnte mit ihm, der 1933
aus dem Polizeidienst ausgeschieden war und
nun im Hafen arbeitete, in sehr bescheidenen
Verhältnissen. 1936 wurde das erste Kind geboren, welches wegen der beengten Verhältnisse
bei Margit Zinkes Schwiegermutter aufwuchs.
1937 und 1939 wurden die beiden Söhne geboren. 1941 ließ sich das Ehepaar scheiden.

Margit Zinke zog mit ihren Söhnen in den
Falkenried 26, Haus 10, und lernte dort ca. 1942

den Elektriker Paul Zinke kennen und lieben. Er
war KPD-Mitglied und beteiligte sich nach 1933
am illegalen Widerstand. Dafür saß er 1935/36
für zehn Monate im Gefängnis. Nach seiner Entlassung arbeitete er auf der Stülkenwerft, auf der
sich während des Krieges kommunistische Widerstandsgruppen organisiert hatten, die der
Widerstandsorganisation Bästlein-Jacob-Abshagen angehörten. Auch um Paul Zinke und das
Ehepaar Fiering *(siehe* ➤ Marie-Fiering-Weg, *in die-*
sem Band) bildete sich eine Widerstandsgruppe,
deren Haupttreffpunkt die Kellerwohnung der
Fierings war. 1943 wurde Paul Zinke als politisch
Vorbestrafter zum Bewährungsbatallion 999 eingezogen. Im selben Jahr half Margit Zinke dem
kommunistischen Widerstandskämpfer Hans
Hornverger (ohne Gerichtsurteil 1944 im KZ
Neuengamme gehenkt) unterzutauchen. Am 23.
April 1944 wurde Paul Zinke aus dem Bewäh-
rungsbatallion entlassen.

Am 1. Juli 1944 heirateten
Margit und Paul Zinke.
Im selben Jahr kam ihre
Tochter auf die Welt. Am
27. November 1944 wur-
de Paul Zinke und zwi-
schen dem 3. und 8. Fe-
bruar 1945 Margit Zinke
verhaftet und ins Gestapogefängnis Fuhlsbüttel ge-
bracht. Die Kinder kamen

Margit Zinke

in ein Kinderheim nach Reinbek und wurden
von dort auf verschiedene Pflegestellen verteilt.
Margit Zinke gehörte zu den 13 Frauen, die ohne
Urteil im KZ Neuengamme in den Nächten vom
21. bis zum 24. April 1945 erdrosselt wurden.

Recherchen zu Margit Zinke, erstellt von dem
Namensausschuss der Gesamtschule Bergedorf,
der über Margit Zinke eine kleine Biographie
geschrieben hat.

Abb.: v.l.n.r.: Aus: Helmut Stubbe-da Luz, Die Stadtmütter Ida Dehmel, Emma Ender, Margarete Treuge, Verein für Hamburgische Geschichte (Hrsg.), Bd. 7, Hamburg 1994 | Privatbesitz

Siehe auch ➤ **Annemarie-Ladewig-Kehre,**
Catharina-Fellendorf-Straße, Erika-Etter-Kehre,
Erna-Behling-Kehre, Gertrud-Meyer-Straße,
Hanne-Mertens-Weg, Helene Heyckendorf-Kehre,
Katharina-Jacob-Weg, Lisbeth-Bruhn-Stieg,
Margarete-Mrosek-Bogen, Marie-Fiering-Kehre,
Thüreystraße, Tennigkeitweg, *in diesem Band.*

Siehe auch ➤ **Ernst-Mittelbach-Ring,** *Niendorf,*
seit 1982: Ernst Mittelbach (1903–1944),
Gewerbeoberlehrer, Widerstandskämpfer gegen
den Nationalsozialismus, und **Ernst-Mittel-**
bach-Stieg, *Niendorf, seit1987, in Bd. 3 on-*
line**.

Siehe auch ➤ **Karl-Kock-Weg,** *Wilstorf, seit*
1988: Karl Kock (1908–1944), Gummifachar-
beiter aus Harburg, Kommunist, Widerstands-
kämpfer gegen den Nationalsozialismus, in
Bd. 3 online**.

Siehe auch ➤ **Kurt-Schill-Weg,** *Niendorf, seit*
1982: Kurt Schill (1911–1944), KPD-Wider-
standskämpfer gegen den Nationalsozialismus,
in Bd. 3 online**.

Siehe auch ➤ **Rudolf-Klug-Weg,** *Niendorf, seit*
1982: Rudolf Klug (1905–1944), Lehrer, kom-
munistischer Widerstandskämpfer gegen den
Nationalsozialismus, in Bd. 3 online**.

Siehe auch ➤ **Werner-Schroeder-Straße,** *Aller-*
möhe, seit 2002: Werner Schroeder (1916–
1993), Bäcker, Kommunist, Widerstandskämp-
fer gegen den Nationalsozialismus, in Bd. 3
online**.

Maria-Louisen-Brücke

Winterhude, seit 1904. In Anlehnung an die
Maria-Louisen-Straße

Siehe auch ➤ **Agnesstraße, Dorotheenstraße,**
Klärchenbrücke, Klärchenstraße, Maria-Loui-
sen-Stieg, Maria-Louisen-Straße, *in diesem*
Band.

Siehe auch ➤ **Andreasstraße,** *Winterhude, seit*
1866, benannt nach Andreas Meyer (?–?), dem
Freund und Helfer des Grundstücksbesitzers
Herrn Sierich, in Bd. 3 online**.

Siehe auch ➤ **Sierichstraße,** *Winterhude, seit*
1863: Adolph Sierich (1826–1889), Grundei-
gentümer, in Bd. 3 online**.

Maria-Louisen-Stieg

Winterhude, seit 1953. In Anlehnung an die
Maria-Louisen-Straße

Siehe auch ➤ **Agnesstraße, Dorotheenstraße,**
Klärchenbrücke, Klärchenstraße, Maria-Loui-
sen-Brücke, Maria-Louisen-Straße, *in diesem*
Band

Siehe auch ➤ **Andreasstraße,** *Winterhude, seit*
1866, benannt nach Andreas Meyer (?–?), dem
Freund und Helfer des Grundstücksbesitzers
Herrn Sierich, in Bd. 3 online**.

Siehe auch ➤ **Sierichstraße,** *Winterhude, seit*
1863: Adolph Sierich (1826–1889), Grundei-
gentümer, in Bd. 3 online**.

Maria-Louisen-Straße

Winterhude, seit 1863, benannt nach **Maria-**
Louise, *geb. Lembcke (19.2.1835–8.3.1863),*
erste Ehefrau des Grundeigentümers Adolph
Sierich, Besitzer des Geländes

Siehe auch ➤ **Agnesstraße, Dorotheenstraße,**
Klärchenbrücke, Klärchenstraße, Maria-Loui-
sen-Brücke, Maria-Louisen-Stieg, *in diesem*
Band.

Siehe auch ➤ **Andreasstraße,** *Winterhude, seit*
1866, benannt nach Andreas Meyer (?–?), dem
Freund und Helfer des Grundstücksbesitzers
Herrn Sierich, in Bd. 3 online**.

Siehe auch ➤ **Sierichstraße,** *Winterhude, seit*
1863: Adolph Sierich (1826–1889), Grundei-
gentümer, in Bd. 3 online**.

Mariannenweg

Fuhlsbüttel, seit 1946. Frei gewählter Name

Marianne-Wolff-Weg

Barmbek-Nord, seit 1930, benannt nach **Marian-**
ne Wolff, *geb. Niemeyer (8.9.1819 Magdeburg–*
17.2.1886 Hamburg), Witwe des Dichters Karl
Immermann. Sie gab dem geselligen, musikali-
schen Leben Hamburgs Anregungen

**   **Band 3 online** unter: www.ham-
burg.de/maennerstrassennamen

Marianne Niemeyer wurde in Magdeburg als älteste Tochter des Kreisphysikus Carl Eduard Niemeyer und seiner Frau Lotte, geb. Nitze, geboren. Sie starb, als Marianne sechs Jahre alt war. Mariannes Großmutter sorgte dafür, dass ihr Sohn nicht „unbeweibt" blieb. Dazu schreibt Marianne Wolff: „Die Großmutter wünschte nach dem Tode seiner Lotte ihm das Leben so leicht als möglich zu machen, und da er zu seiner Schwester Karoline eine ganz besondere Liebe hatte, so gestattete sie derselben, zu dem Bruder zu gehen, obgleich sie erst 16 Jahre alt (…) war. Sie war nicht reif genug für die Erziehung der Kinder und die Führung eines größeren Hauswesens; wir wurden in der ungebundensten Freiheit gelassen. Es sorgte niemand für meine Arbeiten, ich trieb mich im Garten, vor der Tür, auf dem Fürstenwall ausschließlich mit wilden Knaben umher. Die Delbrücksche Familie, die den ersten Stock des väterlichen Hauses bewohnte, war kinderreich. Mehrere Söhne standen mir im Alter nah, (…). Ein wildes Mädchen muß ich gewesen sein. Klettern war meine Passion; mein liebster Aufenthalt war auf der Gartenmauer, von der ich alle Nachbargärten übersah. Ich kam mir erhaben vor über das gewöhnliche Leben und baute einen Märchenpalast um mich, las mit früh erwachter Leidenschaft. Lernte meine Aufgaben oder weinte auch wohl über das Geschick, wenn wieder einmal das Kleid hängengeblieben war, und ein trauriger Riß mir Schelte verhieß."[17]

Zwei Jahre blieb die Schwester von Mariannes Vaters bei ihren Neffen und Nichten, dann heiratete sie, und Mariannes Vater „musste daran denken, sich wieder eine Häuslichkeit zu schaffen. Er hatte noch bei Lebzeiten meiner Mutter eine Verwandte unserer Hausgenossen Delbrück, Julie Göschen, (…) kennengelernt (…) ganz überlegt ging er zu Werke, besprach seine Wünsche mit der Mutter der Erwählten (…). Im

Oktober 1827 wurde in Göttingen Hochzeit gefeiert".[18]

Mit dreizehn Jahren ging Marianne bereits von der Töchterschule ab, weil der Vater der Meinung war, dass Mädchen nicht viel zu lernen bräuchten. Sie sollte sich von nun an selbst beschäftigen und ein wenig Französisch lernen.

Nach dem Tod des Vaters 1837 zog Marianne, dem Wunsche ihres Vaters folgend, zu ihrer Großmutter nach Halle. Die jüngeren Schwestern kamen aufs Land. Da es dort aber keine Schule gab, holte Marianne ihre Schwestern zu sich nach Halle und unterrichtete sie dort. „Ich sorgte für die Schwestern und war mehr die strenge als die liebevolle Schwester."[19]

Die Vormundschaft über die Kinderschar hatte der Lehrer Ferdinand Immermann übernommen. In seinem Haus lernte Marianne Wolff 1838 bei einem Familientreffen den 23 Jahre älteren Dichter Karl Immermann (1796–1840) *(siehe ▶ Immermannstraße, in Bd. 3 online**)*, Bruder von Ferdinand Immermann, kennen. Sie verliebten sich ineinander und er trennte sich ihretwegen von seiner langjährigen Freundin, der Gräfin Elise von Ahlefeldt (1788–1855). In der Brautzeit schrieben sich beide viele Briefe. Dazu Marianne Wolff in ihren Erinnerungen: „Immermanns Briefe an mich enthalten wohl mehr wie alles, was er geschrieben, den Vollgehalt seines Wesens. Was ihm das Leben geschenkt an Wissen und Erfahrung, was sein forschender Geist sich angeeignet auf den verschiedensten Gebieten, was sein

Marianne Wolff, 1854

Gemüt ergriffen und seine Phantasie gestaltet, was Gott ihm im Glauben offenbart, damit wollte

Abb.: Aus: F. Wolff, Auf dem Berliner Bahnhof (nach einer Zeichnung von Wilhelm Camphausen)

** Band 3 online unter: www.hamburg.de/maennerstrassennamen

17) Felix Wolff (Hrsg.): Marianne Wolff, geborene Niemeyer, die Witwe Karl Immermanns. Leben und Briefe. Hamburg 1926, S. 13f.
18) Felix Wolff, a. a. O., S. 14.
19) Felix Wolff, a. a. O., S. 25.

er die künftige Gefährtin seines Lebens berei-
chern, vor der er auch seine Fehler und Irrthü-
mer mit hohem Vertrauen aussprach. Bald erzog
er sein bräutliches Kind, wie er mich gern nannte, in ernster väterlicher Rede, bald trat er zu mir
mit jugendlich hingerissenen Gefühlen, die Kluft
der Jahre vergessend (…).“[20]

1839 wurde geheiratet. Das junge Ehepaar
zog nach Düsseldorf. „Nun sollte ich eintreten in
den Kreis, dessen geistigen Ansprüchen ich mich
wenig gewachsen fühlte, dessen Atmosphäre
mich ganz anders umgab als die gewohnte; aller
Augen waren auf mich gerichtet, die junge Frau,
um derentwillen der Dichter sich von der langjährigen Freundin getrennt hatte, dem bisher die
Jugend und manche der Frauen sich nur schüchtern genaht hatten. Immermann ermahnte mich,
nicht anders sein zu wollen wie bisher, bescheiden und ohne Ansprüche den Menschen unbefangen und vertrauensvoll entgegenzutreten, zu
denen er durch mich erst ein rechtes Verhältnis
gewonnen, und versicherte mich, daß ich auch
in Düsseldorf einfache und wohlwollende Leute
finden würde.“[21] Marianne Wolff war damals
zwanzig Jahre alt und hatte, wie sie selbst feststellte, nur als Immermanns Frau eine gesellschaftliche Stellung. Über ihrer Einführung in die
Düsseldorfer „Gesellichkeit“ schreibt sie: „Bis dahin hatte ich zu den jungen Leuten gehört, nun
rückte ich in die Sphäre der älteren auf; die jungen
Männer, unter denen ich nachher meine Freunde
fand, saßen beim Theetisch am anderen Ende,
und zu Tisch führten mich nur die älteren Herren, was zwar sehr ehrenvoll war; aber es hätte
mich doch auch amüsiert, wenn ich mit meinen
20 Jahren auch einmal mich mit einem jüngeren
Herrn unterhalten hätte, und ich glaube, ich erschien im Abglanz meines Mannes ganz dieser
Sphäre entrückt, hatte nur als Immermanns Frau
meine Stelle, gar nicht mehr als ich selbst.“[22]

Am 12. August 1840 gebar Marianne eine
Tochter. Zur gleichen Zeit erkrankte Karl Immermann an einer Lungenentzündung und starb
knapp zwei Wochen nach der Geburt des Kindes.
Nun begann eine schwere Zeit für die Witwe
Immermann. Um sich mit ihrem Kind finanziell
über Wasser zu halten, unterrichtete sie Töchter
befreundeter Familien. Außerdem ordnete sie
den Nachlass ihres Mannes und verhandelte mit
Verlegern.

Als 1847 ihre Tante starb, ging die 28-jähri-
ge Marianne Wolff mit ihrer Tochter nach Hamburg, um ihrem 44-jährigen Onkel Julius Guido
Wolff (1803–1880) und seinen sechs Kindern
den Haushalt zu führen. Acht Monate später heiratete der Direktor der 1846 eröffneten Eisen-
bahnlinie Berlin-Hamburg, Guido Wolff, die junge Witwe.

Julius Guido Wolff bekleidete viele Ehren-
ämter und genoss hohes Ansehen in Hamburg.
Der strenggläubige Mann war Mitglied des Kirchenvorstandes der St. Katharinen-Kirche, Ver-
waltungsratsmitglied des Rauhen Hauses, damals
unter der Leitung von Johann Hinrich Wichern
(siehe ▶ Wichernsweg, in diesem Band), und widmete sich den Aufgaben der Inneren Mission.

„Seine Klugheit ließ ihn ohne Eifersucht
seine geliebte Frau ihre eigenen Wege gehen, wo
sie solche dank ihrem früheren Leben suchte
und fand. (…) Wie auch Mariannes innerer
Reichtum sie erfüllte, so gingen doch die Pflichten der Hausfrau und Mutter ihr allem anderen
vor.“[23] Zu den sieben Kindern (sechs Kinder
von Guido Wolff, ein Kind aus Mariannes erster
Ehe) gesellten sich im Laufe der Zeit vier weitere
aus der Verbindung von Guido und Marianne
Wolff. 1855 fand auch noch eine zehnjährige
Verwandte Aufnahme im Hause Wolff. Neben
der Erziehung dieser zwölf Kinder musste Marianne Wolff auch noch dem großen Haus vor-

20) Felix Wolff, a. a. O., S. 30 f.
21) Felix Wolff, a. a. O., S. 37.
22) Felix Wolff, a. a. O., S. 39.
23) Felix Wolff, a. a. O., S. 43 f.

stehen. Die Familie wohnte in der großen, mit vielen Zimmern ausgestatteten Amtswohnung im Dienstgebäude des Berliner Bahnhofes.

Marianne Wolff war – wie so viele Mütter und Hausfrauen dieser Welt – eine Multitasking-Person. So schreibt denn auch ihr Biograph zu einer Zeit, als der Begriff Multitasking in Deutschland noch gar nicht bekannt war: „Das aber war eine wunderbare Gabe Mariannes, daß sie viele Dinge auf einmal besorgen konnte, ohne dabei eins zu vernachlässigen. Sie pflegte wohl in (…) [einem] Zimmer zu sitzen, hatte eine Flickarbeit oder ein Strickzeug in der Hand, las mit vollem Verständnis ein vor ihr liegendes Werk ernsten Inhalts und beaufsichtigte dabei die um sie herum sitzenden Kinder bei ihren Schul- und Handarbeiten. Alles das hinderte sie aber nicht, den Arbeitstag damit einzuleiten, daß sie das Wirtschaftsbuch führte und dann bei immer sich wiederholenden Anfragen der Köchin genau zu bestimmen, was und wie das Essen zu bereiten und was einzukaufen sei. Mehr als einmal entschuldigte sie die angebliche Nachlässigkeit eines Briefes damit, daß sie ihr Baby auf dem Schoß habe."[24]

Neben ihren umfangreichen hausfraulichen und mütterlichen Pflichten übernahm Marianne Wolff auf Wunsch von Amalie Sieveking (siehe ➤ Amalie-Sieveking-Weg, in diesem Band) zwei Jahre lang den Unterricht einer Reihe junger Mädchen. Außerdem erzog sie in ihrem Haus, welches im Ruf stand, ein mit christlichem Geist erfülltes Haus ohne Engherzigkeit zu sein, eine Anzahl junger Baslerinnen und Engländerinnen. Ferner „entfaltete sich [in dem Haus] mit der Zeit eine Geselligkeit, die bei größter Einfachheit der Bewirtung von geistigem und künstlerischem Geiste erfüllt war, und niemals stand die stattliche Anzahl der Gastzimmer leer, in denen jederzeit der Unterstützung oder Belehrung Bedürf-

tige von auswärts und mancher Träger klangvollen Namens Unterkunft fanden."[25]

Marianne Wolff galt als sehr klug und hilfsbereit. Sie half bei Konflikten und Eheschwierigkeiten, gab werdenden Müttern Ratschläge, nahm Menschen mit Eheproblemen für einige Zeit auf, half in seelischen Nöten. Gleichzeitig hatte sie noch Zeit, ein Buch zu schreiben: „Karl Immermann und seine Werke" (1870) und Briefkontakte z. B. zu den Dichtern Ludwig Tieck (siehe ➤ Tiecksweg, in Bd. 3 online**), Emanuel Geibel (siehe ➤ Geibelstraße, in Bd. 3 online**) und Paul Heyse (siehe ➤ Heysestraße, in Bd. 3 online**) zu führen.

Im Laufe der Jahre erlitt ihr Mann mehrere kleine Schlaganfälle, wodurch er immer weniger am geistigen Leben teilnehmen konnte. Er starb am 14.5.1880. Marianne Wolff zog in ein kleineres Haus in einem Hamburger Vorort. Für längere Zeit sorgte sie noch für den nach jahrelanger Abwesenheit heimgekehrten ältesten Sohn. Am 17.2.1886 starb sie nachmittags, in ihrem Lehnstuhl sitzend.

Siehe auch ➤ Amalie-Sieveking-Weg, Wichernsweg, in diesem Band.

*Siehe auch ➤ Geibelstraße, Winterhude, seit 1888: Emanuel Geibel (1815–1884), Schriftsteller, in Bd. 3 online**.*

*Siehe auch ➤ Heysestraße, Bergedorf, seit 1949: Paul Heyse (1830–1914), Dichter, in Bd. 3 online**.*

*Siehe auch ➤ Immermannstraße, Altona-Nord, seit 1910: Karl Immermann (1796–1840), Dichter, Dramaturg, in Bd. 3 online**.*

*Siehe auch ➤ Tiecksweg, Eilbek, seit 1904: Ludwig Tieck (1773–1853), Dichter, Dramaturg, in Bd. 3 online**.*

Maria-Terwiel-Kehre

Bergedorf, seit 1987, benannt nach Maria Terwiel (7.6.1910 Boppard–5.8.1943 hingerichtet Berlin-

---

** **Band 3 online** unter: www.hamburg.de/maennerstrassennamen

24) Felix Wolff, a. a. O., S. 45.
25) Felix Wolff, a. a. O., S. 47.

Plötzensee), Widerstandskämpferin gegen den Nationalsozialismus. Motivgruppe: Verdiente Frauen

Maria Terwiel war die Tochter des Vizepräsidenten beim Oberpräsidenten der Provinz Pommern, Johannes Terwiel, und dessen Ehefrau Rosa Terwiel.

1929 machte Maria Terwiel Abitur und begann in Freiburg und München das Studium der Rechtswissenschaften. Da ihre Mutter jüdischer Herkunft war, wurde sie nicht zum Referendarexamen zugelassen. Ihr Vater – Sozialdemokrat und Katholik – wurde 1933 in Stettin seines Amtes enthoben.

Während des Studiums in Freiburg lernte Maria Terwiel Helmut Himpel kennen und lieben. Sie verlobten sich, doch durften sie wegen der von den Nationalsozialisten erlassenen Nürnberger Rassegesetze nicht heiraten.

Helmut Himpel eröffnete 1937 in Berlin eine Zahnarztpraxis in der Lietzenburger Straße 6.

Maria Terwiel

Maria Terwiel und er lebten zusammen und gaben in ihrer Freizeit – Maria war eine gute Pianistin – Hauskonzerte.

Maria Terwiel arbeitete nun als Sekretärin in einem französisch-schweizerischen Textilunternehmen. Als der Zweite Weltkrieg ausbrach und der französische Firmenleiter als Kriegsgefangener behandelt wurde, setzte Maria Terwiel durch, dass er seine Zwangsarbeitsstunden in seiner Firma ableisten durfte.

Die überzeugte Katholikin nahm Kontakt zu der Widerstandsgruppe Rote Kapelle um den Hauptmann Schulze-Boysen auf und nutzte deren Beziehungen zur Verbreitung der Predigten des Bischofs von Galen und zur Beschaffung von Pässen und Lebensmittelkarten für gefährdete Jüdinnen und Juden.

Im September 1942 wurde Maria Terwiel verhaftet und im Januar 1943 zusammen mit ihrem Lebenspartner Helmut Himpel vom Reichskriegsgericht zum Tode verurteilt. Das Urteil wurde am 5. August 1943 vollstreckt. Maria Terwiel wurde durch das Fallbeil im Strafgefängnis Berlin-Plötzensee hingerichtet.

Siehe auch ❯ Elisabeth-von-Thadden-Kehre, *in diesem Band.*

Siehe auch ❯ Bittcherweg, *Wilstorf, seit 1984: Herbert Bittcher (1908–1944), Mitglied der SPD, Widerstandskämpfer gegen den Nationalsozialismus, in Bd. 3 online**.*

Marie-Fiering-Kehre

Bergedorf, seit 1985, benannt nach Marie Fiering *(28.9.1897 Hamburg–21.4.1945 KZ Neuengamme), Widerstandskämpferin gegen den Nationalsozialismus. Mitglied der KPD, Hausfrau*

Stolperstein vor dem Wohnhaus St. Georgs Kirchhof 26.

Das Ehepaar Ernst (1887–21./23.4.1945 KZ Neuengamme) und Marie Fiering gehörte als Mitglieder der KPD der illegalen Widerstandsorganisation Bästlein-Jacob-Abshagen an (BJA). Marie Fiering war Hausfrau, Ernst Fiering arbeitete als Elektriker auf der Stülcken-Werft und hatte dort mit Franz Reetz eine Zelle der Widerstandsorganisation aufgebaut, welche auch Verbindungen zu Zwangsarbeitern aus Osteuropa unterhielt. Nachdem im Herbst 1942 ein Großteil der BJA-Gruppe durch die Gestapo zerschlagen wurde, setzten einige der nicht Festgenommenen, darunter das Ehepaar Fiering, die Widerstandstätigkeit fort, bis sie ungefähr ein Jahr später dasselbe Schicksal ereilte wie zuvor ihre MitkämpferInnen. In ihren Fällen kam es zu kei-

Abb. v.l.n.r.: Annedore Leber, Das Gewissen steht auf, 64 Lebensbilder aus dem deutschen Widerstand 1933–1945, Berlin, Frankfurt/Main 1956, S.115 | Staatsarchiv Hamburg

ner Gerichtsverhandlung mehr, Ernst und Marie Fiering wurden zusammen mit 69 anderen Männern und Frauen des politischen Widerstands noch zwei Wochen vor Kriegsende im KZ Neuengamme gehenkt.

Text: Benedikt Behrens

Siehe auch ❯ **Catharina-Fellendorf-Straße, Erna-Behling-Kehre, Gertrud-Meyer-Straße, Helene-Heyckendorf-Kehre, Lisbeth-Bruhn-Stieg, Katharina-Jacob-Weg, Margit-Zinke-Straße, Thüreystraße,** *in diesem Band.*

Siehe auch ❯ **Ernst-Mittelbach-Ring,** *Niendorf, seit 1982: Ernst Mittelbach (1903–1944), Gewerbeoberlehrer, Widerstandskämpfer gegen den Nationalsozialismus, und* **Ernst-Mittelbach-Stieg,** *Niendorf, seit 1987, in Bd. 3 online**.*

Siehe auch ❯ **Karl-Kock-Weg,** *Wilstorf, seit 1988: Karl Kock (1908–1944), Gummifacharbeiter aus Harburg, Kommunist, Widerstandskämpfer gegen den Nationalsozialismus, in Bd. 3 online**.*

Siehe auch ❯ **Rudolf-Klug-Weg,** *Niendorf, seit 1982: Rudolf Klug (1905–1944), Lehrer, kommunistischer Widerstandskämpfer gegen den Nationalsozialismus, in Bd. 3 online**.*

Siehe auch ❯ **Werner-Schroeder-Straße,** *Allermöhe, seit 2002: Werner Schroeder (1916–1993), Bäcker, Kommunist, Widerstandskämpfer gegen den Nationalsozialismus, in Bd. 3 online**.*

Marie-Henning-Weg

Bergedorf/Allermöhe, seit 1995, benannt nach Marie Henning, *geb. Mancke, verwitwete Rohde, verwitwete Henning (26.12.1895 Nossentiner Hütte–5.1.1948 Hamburg), Mitglied (KPD) der Hamburgischen Bürgerschaft, Gegnerin/Opfer/ Verfolgte des Naziregimes*

Marie Henning war seit 1913 mit dem KPD-Bürgerschaftsabgeordneten Ernst Henning *(siehe ❯* Ernst-Henning-Straße, *in Bd. 3 online**)* verheiratet. Das Paar hatte drei Kinder. Nach der Ermor-

dung ihres Mannes durch SA-Männer am 14. März 1931 war Marie Henning, die seit 1920 ebenfalls der KPD angehörte und u. a. in der frauenpolitischen Arbeit der KPD-Bezirksleitung Wasserkante tätig war, von 1931 bis zur Machtübernahme durch die Nationalsozialisten 1933 ebenfalls Mitglied (KPD) der Hamburgischen Bürgerschaft.

1936 heiratete sie den ehemaligen Reichsbannerführer Carl Rohde, der 1944 bei der Explosion einer Panzerfaust tödlich verunglückte.

Marie Henning

Marie Henning wohnte mit ihren drei Kindern in Hamburg-Bergedorf in der Hassestraße 11. Während der NS-Zeit wurde sie mehrfach von der Gestapo inhaftiert, so von Mai bis Juni 1933, im März 1936 und von August bis Ende September 1944.

Nach der Befreiung vom Nationalsozialismus war Marie Henning bis zu ihrem Krebstod im Komitee ehemaliger politischer Gefangener in Hamburg-Bergedorf aktiv.[26]

Siehe auch ❯ **Boldtstraße,** *Bergedorf, seit 1949: Carl Boldt (1887–1945), Maschinenschlosser, Mitglied der SPD, später der USPD und dann der KPD, Widerstandskämpfer, KZ-Häftling, in Bd. 3 online**.*

Siehe auch ❯ **Ernst-Henning-Straße,** *Bergedorf, seit 1949: Ernst Henning (1892–1931), kommunistischer Bürgervertreter, NS-Opfer, Gegner der NSDAP, von SA-Leuten erschossen, in Bd. 3 online**.*

Siehe auch ❯ **Ernst-Thälmann-Platz,** *Eppendorf, seit 1985: Ernst Thälmann (1886–1944), Hafenarbeiter, Bürgerschaftsabgeordneter, KPD-Vorsitzender, Gegner und Opfer des Nationalsozialismus, in Bd. 3 online**.*

Siehe auch ❯ **Rudolf-Roß-Allee,** *Horn, seit 1959: Rudolf Roß (1872–1951), Bürgermeister von Hamburg, in Bd. 3 online**.*

**   **Band 3 online** unter: www.hamburg.de/maennerstrassennamen

26) Vgl: wikipedia.org/wiki/ Marie_Henning (Stand: 12.4.2015)

Siehe auch ▶ **Wiesnerring**, *Bergedorf, seit 1960: Wilhelm Wiesner (1867–1934), Bürgermeister in Bergedorf, Bürgerschaftsabgeordneter, in Bd. 3 online***.

Marie-Jonas-Platz

*Eppendorf, seit 2009, benannt nach **Dr. Marie-Anna Jonas**, geb. Levinsohn (12.1.1893 Fischhausen/Ostpreußen– 1944; Deportation, Todesdatum unbekannt), jüdische Ärztin, Ehefrau von Dr. Alberto Jonas, dem letzten Leiter der Mädchenschule der Deutsch-Israelitischen Gemeinde in Hamburg; wie ihr Mann Opfer des Nationalsozialismus Stolperstein vor dem Wohnhaus Woldsenweg 5.*

Dr. Marie-Anna Levinsohn war das dritte von insgesamt vier Kindern des liberal-jüdischen Ehepaares Levinsohn. Der Vater betrieb die Apotheke am Ort. Ab 1895 wohnte die Familie in Königsberg, wo **Marie-Anna** die höhere Mädchenschule mit angeschlossenem Lehrerinnenseminar besuchte. Als Marie-Anna fünfzehn Jahre alt war, starben ihre Eltern.

Nachdem sie mit achtzehn Jahren die Lehrerinnenprüfung bestanden hatte, ging sie für zwei Jahre nach England und Frankreich, um sich weiterzubilden. 1914 kehrte sie nach Deutschland zurück und war gemeinsam mit ihrer älteren Schwester im Ersten Weltkrieg als Rote-Kreuz-Schwester tätig. Ab September 1917 begann sie sich auf das Abitur vorzubereiten, was sie Ostern 1919 bestand. Nun studierte sie an der Universität Königsberg Medizin und promovierte 1922 über Komplikationen bei eitriger Mittelohrentzündung. 1923 erfolgte ihre Approbation, im selben Jahr heiratete sie Dr. Alberto Jonas, einen vier Jahre älteren Altphilologen, der Oberlehrer an der traditionsreichen Hamburger Talmud Tora Schule war. Die beiden hatten sich bei einer Zugfahrt nach Bad Harzburg kennengelernt.

**   Band 3 online unter: www.hamburg.de/maennerstrassennamen

Als Dr. Alberto Jonas 1924 Direktor der Israelitischen Töchterschule in der Karolinenstraße 35 wurde, übernahm Dr. Marie-Anna Jonas die Stelle der Schulärztin. Am 13. März des Jahres wurde das einzige Kind Esther geboren. Bis 1929 wohnte die Familie in der Grindelallee 12 und zog dann nach Eppendorf in den Woldsenweg 5.

Ihre Tochter Esther beschrieb ihre Mutter als sehr sanft, zärtlich und liebevoll. War ihre Tochter erkrankt, blieb die Mutter zu Hause. Dr. Marie-Anna Jonas liebte Mozarts „Kleine Nachtmusik", ging gern und häufig ins Theater und in die Oper, besuchte Konzerte und hatte viele Freundinnen und Freunde, die sie einmal wöchentlich zum Essen zu sich nach Hause einlud.

Marie-Anna Jonas war sehr stolz auf ihren Werdegang. Sie legte Wert darauf, dass der akademische Titel ‚Frau Dr. Jonas' Ergebnis ihrer eigenen Leistung und nicht durch Eheschließung erworben war. In ihrem sozialen Engagement orientierte sie sich nicht an der Haltung ihres Gatten, der vehement jede innerjüdisch-politische Positionierung ablehnte. Nach Aussagen ihrer Tochter gehörte sie der WIZO (Women's International Zionist Organisation) an und ließ sich zur Gruppenvorsitzenden wählen. Das Israelitische Familienblatt verzeichnete sie im Oktober 1938 sogar als Vorstandsmitglied des Hamburger Zionistischen Ortsverbandes. Gemeinsam mit ihrem Mann gehörte sie außerdem der Henry-Jones-Loge an. Schon im Ersten Weltkrieg war Marie-Anna Jonas massivem Antisemitismus von Soldaten begegnet, die sich nicht von jüdischen Rote-Kreuz-Schwestern behandeln lassen wollten. Obwohl sie für diese Tätigkeit 1934 das „Ehrenkreuz" verliehen bekam, war sich Marie-Anna Jonas früh der Gefahr für die Juden bewusst, die der Machtantritt der Nationalsozialisten bedeutete. Sie drängte zur Auswanderung, wollte nach Palästina, was für ihren Mann jedoch nicht zur Debatte stand.

Ihre Arbeit als Schulärztin hatte Marie-Anna Jonas verloren: Seit Mai 1932 konnten verbeamtete verheiratete Frauen aus dem Staatsdienst entlassen werden, wenn das Familieneinkommen anderweitig gesichert war. Sie wirkte ehrenamtlich, zunächst am Universitätskrankenhaus Eppendorf, dann am Israelitischen Krankenhaus in der Simon-von-Utrecht-Straße. Als dann 1938 jüdischen Ärzten und Ärztinnen die Approbation entzogen wurde, war sie als Krankenpflegerin tätig und versorgte – insbesondere nachts – alte Menschen. In den Räumen der Israelitischen Töchterschule unterrichtete sie Biologie und Gesundheitslehre. Ihre Schülerinnen und Schüler waren jugendliche Teilnehmende an Berufslehrgängen zur Vorbereitung der Auswanderung, darunter auch ihre Tochter Esther.

Marie Jonas mit Tochter Esther

Für Familie Jonas gab es kein Entkommen; viel zu spät war ein Ausreiseantrag in die USA gestellt worden. Im Frühjahr 1942 musste sie die Wohnung am Woldsenweg räumen und in ein so genanntes Judenhaus am Laufgraben 39 ziehen. Am 19. Juli 1942 wurde Marie-Anna Jonas mit ihrem Mann und ihrer Tochter nach Theresienstadt deportiert. Sechs Wochen später starb Dr. Alberto Jonas an Hirnhautentzündung.

Marie-Anna Jonas begann, im Ghetto als Ärztin zu arbeiten. Sie hatte kaum Medikamente, konnte aber, so ihre Tochter, „den Leuten ein gutes Wort geben und nett zu ihnen sein". Vergebens versuchte sie Anfang Oktober 1944, Esther, die in Theresienstadt geheiratet hatte, daran zu hindern, ihrem Mann (einem Aufruf der Lagerleitung folgend) in ein vermeintliches Arbeits-

Abb.: Privatbesitz Esther Bauer

lager nachzureisen. Es war ein Transport nach Auschwitz. Esther überlebte. Marie-Anna Jonas wurde am 12. Oktober 1944 nach Auschwitz deportiert und dort ermordet.
Text: Stadtteilarchiv Eppendorf

Siehe auch ➤ **Mary-Marcus-Kehre,** *in diesem Band.*

Marienhöhe

Blankenese, seit 1928. 1906 erwarb die neu gegründete Blankeneser-Marienhöhe-Terrain-A. G. zu Hamburg von den Erben des Vorbesitzers von Heeren das Gut Marienhöhe. Seit ca. 1872 wird das Gut Marienhöhe genannt

Im Jahre 1800 wurde das Gut gegründet. 1871 kaufte es der Kaufmann Simon von Heeren und nannte es Marienhöhe. Woher der Name kommt ist nicht nachgewiesen. 1921 erwarb der jüdische Kaufmann im Im- und Export, Julius Asch (1875–Suizid 1939), das Gelände. „Er ließ das Herrenhaus umbauen, das umliegende Gelände aufforsten und die Parkanlage verschönern. Jeden Sommer öffnete er das Gut für jüdische Kinder. Julius Asch war Mitglied der Hochdeutschen Israeliten-Gemeinde in Altona, die zum Zentrum für die vermehrt aus dem Osten kommenden Juden wurde. Überlebende Juden erinnerten sich noch Jahrzehnte später an die idyllischen Ferienlager in Marienhöhe."[27]

In der Hoffnung, aus Nazi-Deutschland emigrieren zu können, verkaufte Julius Asch 1938 das Gut Marienhöhe an den damaligen Präses der Handelskammer Bremen, Gustav Scipio.[27a]

Marienhof

Poppenbüttel, umbenannt, 1950, benannt nach **Marie Henneberg.** *Ehefrau des Gutsbesitzers Albert Cäsar Henneberg (1835–20.11.1906)*

---

27) Lars Ole: Vita über Julius Asch, unter www.stolpersteine-hamburg.de
27a) Ebenda.

Albert Cäsar Henneberg ließ im Park Marienhof die Burg Henneberg erbauen und den Park im Stil eines englischen Landschaftsgartens anlegen.

Marienring

Marienthal, vor 1938. Benennung unklar, wahrscheinlich in Anlehnung an den Stadtteilnamen Marienthal

> Siehe dazu unter ➤ Marienthaler Straße und Marienhöhe, in diesem Band.

Marienstraße

Harburg, seit 1860, vielleicht benannt nach dem 1844 eröffneten Krankenhaus „Marienstift" (Leitung: Ludolph Gazert) (siehe ➤ Gazertstraße, in Bd. 3 online**) an der Bremer Straße, das nach der Ehefrau des späteren Königs Georg V. von Hannover benannt wurde

Prinzessin Marie von Sachsen-Altenburg (14.4.1818 Hildburghausen–9.1.1907 Gmunden/Oberösterreich) lernte im Alter von 21 Jahren den blinden Kronprinzen und späteren König Georg V. von Hannover kennen. Vier Jahre später im Jahr 1843, heiratete das Paar und Marie von Sachsen-Altenburg wurde durch diese Heirat die letzte Königin von Hannover (von 1851 bis 1866).

König in Marie von Hannover, die mit ihrem Gatten drei Kinder hatte, war Anhängerin des Pietismus. 1859 stiftete sie das in Hannover gelegene evangelisch-lutherische Diakonissenmutterhaus mit angeschlossenem Krankenhaus (Henriettenstiftung).

> Siehe auch ➤ Gazertstraße, Harburg, seit 1950: Dr. med. L. Friedrich Gazert (1813–1892), Arzt, Armenarzt, Direktor des Krankenhauses Harburg, in Bd. 3 online**.

Marienterrasse

Uhlenhorst, seit 1863, vermutlich benannt nach Maria, geb. Wollmer, der Ehefrau des Grundeigentümers Söllner

Marienthaler Straße

Hamm-Nord, seit 1899, benannt nach dem Stadtteil Marienthal. Ein von der Baronin von Kielmannsegg als Witwensitz erbautes Haus gab dem Ort den Namen

So lautet die offizielle Erläuterung zur Straßenbenennung. Nach neuesten Forschungen erklärt sich der Ursprung des Namens für den Stadtteil Marienthal wohl anders: Zwar heißt es unter wikipedia zum Stadtteil Marienthal: „1857 erwarb der Grundstücksspekulant Johann Anton Wilhelm von Carstenn das Gut Wandsbeck von Schimmelmanns Nachfahren. Carstenn ließ 1861 das intakte Schloss abreißen und parzellierte das gesamte Gebiet, um die Grundstücke gewinnbringend zu verkaufen. Auf diese Weise wurde der Bereich erschlossen, es entstand eine Villenbebauung, ein Villenvorort Wandsbeks. Ebenfalls 1861 beantragte Carstenn, das gesamte Gebiet Marienthal zu benennen. Er erhielt die Genehmigung und der Ort den gewünschten neuen amtlichen Namen. Er geht auf die Freifrau Maria von Kielmannsegg (1643–1709) zurück, deren Ehemann Friedrich Christian von Kielmannsegg 1684 ganz in der Nähe, am Wandsbeker Mühlenteich, einen Witwensitz für seine Ehefrau errichten ließ."

Doch die Freifrau soll den 1684 erbauten Witwensitz nie bewohnt haben, schreibt Tatjana Ceynowa in ihrem Buch „Das Wandsbeker Herrenhaus des Heinrich Rantzau", Kiel 2004. Und der Autor Alfred Pohlmann äußert: „Über das Haus Marienthal schrieb im Jahre 1773 der

Gutsverwalter Richter: ‚Das Haus Marienthal allda war an Gastwirte vermietet, welche ein heilloses Handwerk daraus machten, jungen unbändigen Leuten Gelegenheiten zu geben, Gesundheit, Vermögen und Ehre bei liederlichen Metzen aufzuopfern.'"[28]

Nach Pohlmann soll der „heutige Ortsteil Marienthal (…) mit diesem Haus Marienthal nicht das geringste zu tun" haben. In dem von Michael Pommerening verfassten Buch „Wandsbek. Ein historischer Rundgang" aus dem Jahre 2000 heißt es, „dass die Namensgebung zumindest offiziell [Antrag Carstenns zur Namensänderung vom 18. März 1861: ‚Unter diesen Umständen und da ich selbst statt der Bewohnung des Schlosses schon im vorigen Jahre den Neubau eines bürgerlichen Wohngebäudes für mich vorgezogen habe, glaube ich meinen Wunsch wohl motiviert zu haben, indem ich für den neuen und völlig umgeschaffenen sogenannten Privat Antheil eine neue Benennung untertänigst vorschlage und solche nach dem Namen meines ältesten Kindes wähle.'] nach der ältesten Tochter Carstenns [Marie Henriette Martin, geb. Carstenn] erfolgte. (…) Vermutlich liegt aber dennoch eine Anlehnung an den in Wandsbek wohlbekannten Namen des Witwensitzes vor."[29]

Siehe auch ❯ **An der Marienanlage, Marienring,** *in diesem Band.*

<hr>

Marta-Damkowski-Kehre

Bergedorf, seit 1986, benannt nach Marta Damkowski (16.3.1911 Stade–11.8.1982 Hamburg), Politikerin, Widerstandskämpferin, SPD-Bürgerschaftsabgeordnete

Marta Damkowski entstammte einer sozialdemokratischen Arbeiterfamilie. Im Alter von zwölf Jahren trat sie den „Kinderfreunden" bei, später wurde sie Mitglied der Sozialistischen Arbeiter Jugend (SAJ) und trat mit etwa siebzehn Jahren (1928) dort wieder aus, weil sie sich an der Belegung der Kredite für den „Panzerkreuzer A" (später: „Deutschland") nicht beteiligen wollte. Als Folge einer früheren Begegnung mit dem sozialistischen Philosophen Leonhard Nelson trat sie 1925 dem Internationalen Sozialistischen Kampfbund (ISK) bei, der die „Anpassungspolitik" der SPD ablehnte. Von 1929 bis 1932 war Marta Damkowski Hörerin an der Philosophisch-Politischen Akademie des ISK in Melsungen. Ab 1933 steuerte der ISK seine Arbeit zunächst vom Ausland aus. Marta blieb in Deutschland und arbeitete

Marta Damkowski

in der Illegalität. Sie musste in diesen Jahren viel reisen und innerhalb Deutschlands oft umziehen – von einer illegalen Anlaufstelle zur nächsten.

Damit ihre Arbeit nicht aufflog, musste sie der Gestapo jeden politischen Freund als ihren neuesten Liebhaber ausgeben. Deshalb galt sie dort als Hure und wurde später während ihrer Haftzeit oft unflätig beschimpft.

1937/38 initiierten die Nationalsozialisten eine große Verhaftungswelle. Trotz einer verschlüsselten Warnung konnte Marta Damkowski, die sich damals in Bremen aufhielt, nicht mehr rechtzeitig fliehen. Sie, ihr Bruder und auch ihr späterer Mann – beide Männer gehörten der SAJ an – wurden verhaftet. Der Volksgerichtshof verurteilte Marta Damkowski 1938 zu einer einjährigen Gefängnisstrafe wegen „Vorbereitung zum Hochverrat". Da sie keine Aussagen machte, wurde sie wochenlang in Dunkelhaft gehalten. 1940, gleich nachdem Marta Damkowski und ihr Freund aus der Haft entlassen worden waren, heirateten sie. 1941 kam ihr Sohn zur Welt. Ihr

28) Alfred Pohlmann: Unser Wandsbek. Hamburg 1975, S. 41.
29) Michael Pommerening: Wandsbek. Ein historischer Rundgang. 2. erweiterte u. vollständig überarbeitete Auflage. Hamburg (1. Auflage 2000), 2. Aufl. o. J., S. 66.

Abb.: Staatsarchiv Hamburg

Mann wurde 1944 als Soldat getötet. Nach Kriegsende trat Marta Damkowski der SPD bei. Von 1946 bis 1949 arbeitete sie als Frauensekretärin der Hamburger Landesorganisation der SPD. Später war sie als Verwaltungsangestellte der Gefängnisbehörde tätig und leitete bis 1958 die Frauenstrafanstalt Hamburg. Sie war auch wesentlich am Aufbau von „pro familia" und dem Referat „Familienförderung" in der Sozialbehörde beteiligt und arbeitete in der Arbeitsgemeinschaft Hamburger Frauenorganisationen mit. Von November 1946 bis Oktober 1953 gehörte sie der Hamburgischen Bürgerschaft an und setzte sich dort immer wieder für eine grundlegende Reform des Paragraphen 218 ein. Auch stritt sie im Nachkriegsparlament für eine bessere Nahrungszuteilung für Säuglinge. Neben ihrer parlamentarischen Arbeit war Marta Damkowski in der Zeit von 1947 bis 1953 Mitglied im Bundesfrauenausschuss, im Parteirat der SPD und arbeitete mit am Godesberger Programm (Frau und Familie). Noch im Alter war Marta Damkowski im Vorstand der Arbeitsgemeinschaft sozialdemokratischer Frauen Altona, im Distriktsvorstand Sülldorf-Rissen und im Landesverband der Arbeiterwohlfahrt Hamburg tätig.[30]

Siehe auch ➤ **Curt-Bär-Weg**, *Bergedorf/Allermöhe, seit 1995: Curt Bär (1901–1981), Lehrer, Mitglied des Internationalen Sozialistischen Kampfbundes (ISK), Widerstandskämpfer gegen den Nationalsozialismus, in Bd. 3 online**.*

Siehe auch ➤ **Schärstraße**, *Bergedorf/Lohbrügge, seit 1964: Alfred Schär (1887–1937), Lehrer an der Taubstummenschule in Hamburg, Gegner und Widerständler gegen den Nationalsozialismus, in Bd. 3 online**.*

Martha-Muchow-Weg

Uhlenhorst, seit 2010 , benannt nach **Dr. Martha Muchow** *(25.9.1892 Hamburg–29.9.1933 Hamburg), Volksschullehrerin, Psychologin, promo-*

vierte 1923 mit einer Arbeit über Studien zur Psychologie des Erziehers, gilt als Pionierin der ökologischen Psychologie, nach Entlassung ihres Lehrers Prof. Wilhelm Stern wurde sie 1933 denunziert und ihrer Ämter enthoben, zwei Tage nach einem Suizidversuch daran verstorben. Motivgruppe: Verfolgte des Nationalsozialismus

Stolpersteine vor dem Wohnhaus Bundesstraße 74 und vor dem Hauptgebäude der Universität Hamburg, Edmund-Siemers-Allee 1. Die Bibliothek der Fakultät 4 Erziehungswissenschaft, Psychologie und Bewegungswissenschaft der Universität Hamburg, Binderstraße 40, heißt Martha-Muchow- Bibliothek. An der Außenwand der Bibliothek zum Joseph-Carlebach-Platz hin befindet sich ein Graffiti des Portraits von Martha Muchow. Seit 2010 gibt es auch die Martha-Muchow-Stiftung. Sie dient der wissenschaftlichen Forschung mit Schwerpunkt zwischen Kindheitsforschung und Schulpädagogik.

Erinnerungsstein im Garten der Frauen auf dem Ohlsdorfer Friedhof.

Martha Muchow war die Tochter von Dorothee Muchow, geb. Korff, und ihres Ehemannes, des Zollinspektors Johannes Muchow. Das Ehepaar hatte noch ein weiteres Kind. Nachdem Martha Muchow 1912 das Abitur gemacht hatte, absolvierte sie eine einjährige Lehrerinnenausbildung. Danach war sie zwei Jahre in Tondern an einer Höheren Mädchenschule tätig. In ihrer Freizeit besuchte sie Vorlesungen von William Stern (geboren als Wilhelm Louis Stern) *(siehe* ➤ **Sterntwiete**, *in Bd. 3 online**)* am Hamburgischen Kolonial-Institut (erste staatliche Hochschule vor Gründung der Universität Hamburg). Das Interesse für Psychologie erwachte, als sie sich ab 1917 an der Ausarbeitung von Beobachtungsbögen für Intelligenzprüfungen an Schulen beteiligte. 1919 nahm sie ihr Studium der Psychologie,

**   **Band 3 online** unter: www.hamburg.de/maennerstrassennamen

30) Frauen im Faschismus. Frauen im Widerstand, Hamburger Sozialdemokratinnen berichten. Hrsg. von der

AsF Hamburg 1983, S. 25 ff.

Philosophie, der deutschen Philologie und Literaturgeschichte an der frisch gegründeten Hamburger Universität auf. In den Jahren davor hatte sie bereits im Hamburger Schuldienst als Volksschullehrerin gearbeitet. William Stern, Professor für Psychologie, wurde schnell auf die Studentin aufmerksam und erwirkte schon ein Jahr, nachdem Martha Muchow mit dem Studium begonnen hatte, bei der Schulbehörde ihre Beurlaubung aus dem Schuldienst, um sie als wissenschaftliche Hilfsarbeiterin am psychologischen Laboratorium der Universität einzustellen. 1923 promovierte Martha Muchow mit einer Arbeit über „Studien zur Psychologie des Erziehers". Die Forschung auf dem Gebiet der Psychologie hatte in dieser Zeit eine große Wandlung genommen – weg von der zergliederten, von naturwissenschaftlich-experimentellen Methoden beeinflussten Forschung in Einzeldisziplinen hin zu einer Betrachtung des Menschen in seiner Gesamtheit. Zudem gewann William Sterns kinder- und jugendpsychologischer Forschungsschwerpunkt immer mehr an Bedeutung.

Beeinflusst von all diesen Forschungsansätzen arbeitete Dr. Martha Muchow u. a. darauf hin, dass in der Lehrerinnen- und Lehrerbildung ein sozialpädagogisches Praktikum eingeführt wurde. „Seit 1926 war Martha Muchow ständige Mitarbeiterin der renommierten Fachzeitschrift ‚Kindergarten'. Parallel dazu hatte sie engen Kontakt zur Fröbel-Bewegung und zum Hamburger Fröbel-Seminar, wo sie Psychologie unterrichtete."[31]

Während ihrer Tätigkeit am Psychologischen Institut erhielt Dr. Martha Muchow die Gelegenheit, in den USA die amerikanischen Methoden der psychologischen Forschung kennenzulernen und dort in verschiedenen Großstädten über ihre eigene Arbeit zu berichten. Sie bekam mehrere Angebote, in den USA zu bleiben und dort zu forschen. So schrieb sie im November 1930 aus Washington: „Wenn ich nicht so tief in meiner Arbeit verwurzelt wäre, könnten mich vielleicht einige Angebote verlocken, hier zu bleiben, wenigstens für ein paar Jahre. Aber gerade hier merke ich doch, wie sehr kultur- und schicksalsverwachsen ich im Grunde bin, so daß selbst ungeahnte Mittel für ungeahnte Forschungsarbeiten mir nichts sagen können; meine ganzen Arbeitspläne für die kommenden Jahre sind unverpflanzbar (...)."[32]

Als Dr. Martha Muchow nach Hamburg zurückkehrte, musste sie mit Schrecken die Machtübernahme durch die Nationalsozialisten miterleben: Die Freiheit der Lehre und Forschung gab es nicht mehr, und die politische Entwicklung wirkte sich zunehmend bedrohlich und damit negativ auf die Arbeit am Psychologischen Institut aus. Es kam zu diversen Zusammenstößen mit der Landesunterrichtsbehörde, da Dr. Martha Muchow die von den Nationalsozialisten geforderten Erziehungsmethoden aus humanistischen Gründen

Martha Muchow-Büste, Universität Hamburg

nicht mittragen wollte. Ihr physischer und psychischer Zustand wurde immer schlechter; sie war überarbeitet, gönnte sich jedoch keine Erholungspause. Als dann am 9. April 1933 auch noch ihre Mutter starb, fühlte sie starke Verzweiflung und war am Ende ihrer Kräfte. Doch zur Trauer und zum Rückzug hatte sie keine Zeit, keine Möglichkeit. Täglich kamen verzweifelte Menschen zu ihr, Verfolgte und Geächtete.

„Als nach der Machtübernahme der Nationalsozialisten ihr Lehrer William Stern entlassen wurde, denunzierte man sie in einem Brief vom

31) wikipedia: Martha Muchow, Stand: 6.8.2011.
32) Angela Bottin: Enge Zeit, Spuren Vertriebener und Verfolgter der Hamburger Universität. Berlin 1992, S. 43.

Abb.: Martha-Muchow-Bibliothek der Universität Hamburg, Künstlerin: Karin Bohrmann

10. Juli 1933 als ‚Judengenosse': ‚Fräulein Dr. Muchow, die engste Vertraute von Prof. Stern, die ihn auch heute täglich besucht und mit ihm alle Pläne ausarbeitet, ist die gefährlichste. Sie war aktives Mitglied des marxistischen ‚Weltbundes für Erneuerung der Erziehung' (…). Ihr Einfluß ist unheilvoll und einer deutschen Staatsauffassung direkt zuwiderlaufend.'"[33]

Zu ihrem 41. Geburtstag am 25.9.1933 erhielt Martha Muchow den Bescheid, das Institut, in dem sie als wissenschaftliche Rätin tätig war, zu verlassen und in den Schuldienst zurückzukehren. Zutiefst erschüttert äußerte sie zwar noch den Wunsch, eine Anfängerklasse zu übernehmen – aber in Wahrheit sah sie wohl keine Perspektiven mehr für sich. Zwei Tage nach ihrer Suspendierung wurde sie bewusstlos in ihrer Wohnung in der Bundesstraße 78 aufgefunden. Sie starb zwei Tage später im Jerusalem-Krankenhaus an den Folgen ihres Versuches, sich das Leben zu nehmen.

Siehe auch ➤ Sterntwiete, *Bergedorf/Lohbrügge, seit 1964: Prof. Dr. William Stern (1871–1938), Mitbegründer der Universität Hamburg. Verfolgter des Nationalsozialismus. Siehe in Bd. 3 online**.*

Marthastraße

Eimsbüttel, seit 1870, vermutlich benannt nach einer dem Geländebesitzer Adolph Hermann Meißner nahestehenden Person

Siehe auch ➤ Meißnerstraße, *Eimsbüttel, seit 1867: Adolf Hermann Meißner (1816–1880), Grundeigentümer, in Bd. 3 online**.*

Mary-Marcus-Kehre

Bergedorf, seit 1985, benannt nach Marianne Marcus (16.8.1844 Hamburg–22.4.1930), Direktorin der Israelitischen Töchterschule. Motivgruppe: Verdiente Frauen

Mary Marcus wuchs in finanziell bescheidenen Verhältnissen auf. Schon als Kind musste sie die Benachteiligung und Zurücksetzung als Jüdin, als Mädchen und als Kind armer Eltern erleben, schreibt Ursula Randt.[34]

Mary Marcus' schulische und pädagogische Laufbahn verlief wie folgt: 1851 bis 1859 Besuch der Töchterschule von Fräulein Johanna Lenning und zusätzlicher Besuch des Seminarkurses von Herrn Voß. Von Oktober 1859 bis März 1862 unterrichtete sie an der höheren Töchterschule von Fräulein Minna Samson. Zwischen 1862 und 1868 Erzieherin bei der Familie S. Spitz in Brünn. Ab April 1868 Schulvorsteherin der Israelitischen Mädchenschule von 1798. Ab 1. April 1884 zusammen mit Mathilde Lippmann Direktorin der zur selben Zeit eröffneten Israelitischen Töchterschule der Deutsch-Israelitischen Gemeinde in Hamburg. Die Schule in der Karolinenstraße 35 setzte sich aus der israelitischen Mädchenschule von 1798 und der Armen-Mädchenschule der Deutsch-Israelitischen Gemeinde von 1818, von der Mathilde Lippmann kam, zusammen.

Das Amt einer Schulvorsteherin war damals etwas Besonderes. Denn die Leitung staatlicher Schulen hatten ausschließlich Männer. Ursula Randt schreibt: „Die Israelitische Töchterschule war von den 113 Schulen, die der Aufsicht der II. Sektion der Oberschulbehörde unterstellt waren, nach Klassen- und Schülerinnenzahl die umfangreichste."[35] Auf die neue Schule gingen mehr als 500 Schülerinnen, die zwischen sechs und vierzehn Jahre alt waren und aus der ärmeren Bevölkerungsschicht kamen. Mary Marcus strebte eine gründliche Ausbildung der Mädchen an, denn nur so sah sie eine Chance für diese, aus ihrer sozialen Schicht aufzusteigen. Mary Marcus zeichnete Strenge, Korrektheit, aber auch Zartgefühl und Behutsamkeit aus. Neuen Unterrichtsmethoden stand sie aufgeschlossen gegen-

Abb.: Gedenk- und Bildungsstätte Israelitische Töchterschule, Dr. Alberto-Jonas-Haus

** Band 3 online unter: www.hamburg.de/maennerstrassennamen

33) wikipedia: Martha Muchow, Stand: 6.8.2011 und zitiert nach: Karl-Heinz Hitze: Martha Muchow und ihr Beitrag zur Erforschung der frühkindlichen Sozial-, Denk- und Bewusstseinsentwicklung. Unveröffentlichte Diplomarbeit. München 2001, S. 197. 34) Vgl. Ursula Randt: Carolinenstraße 35. Geschichte der Mädchenschule der Deutsch-Israelitischen Gemeinde in Hamburg 1884–1942. Hamburg 1996. 35) Ursula Randt, a. a. O.

über. Besonderen Wert legte sie auf freies und fließendes Sprachvermögen der Kinder. Der Lehrplan reichte über den der staatlichen Hamburger Volksschulen hinaus. Neben Hebräisch wurde Englisch und Literatur und als Wahlfach Französisch gelehrt. 1930 erfolgte die offizielle

Mary Marcus

Anerkennung als Realschule. Nach dem Tod von Mathilde Lippmann leitete Mary Marcus die Schule allein weiter. Sie trat erst im Alter von 80 Jahren, 1924, in den Ruhestand. Ihr Nachfolger wurde Dr. Alberto Jonas (siehe ➤ Marie-Jonas-Platz, in diesem Band).

Zu ihrem Abschied erhielt sie die Urkunde einer „Mary-Marcus-Stiftung", die, wie Ursula Randt schreibt, „aus Beiträgen des Schulvorstandes, ehemaliger Lehrer, Schülerinnen und Freunde der Jubilarin hervorgegangen war; das Geld war für die berufliche Fortbildung von Schülerinnen der Israelitischen Töchterschule nach dem Schulabschluß bestimmt".[36]

Siehe auch ➤ Marie-Jonas-Platz, *in diesem Band.*

Mathildenstraße

St. Pauli, seit 1865, wahrscheinlich benannt nach der Schwägerin oder der Nichte des Grundeigentümers Eduard Buhbe

Mechthildweg

Niendorf, umbenannt 1948. Früherer Name: Quellental, benannt nach Mechtildis, Bäuerin in Niendorf vor 1347. Mechthild ist vermutlich eine der ältesten Niendorfer Hufnerinnen. Weit vor 1347

vermachten die Niendorfer Bauern Ulfer und Sigfrid der Eppendorfer Kirche eine Geldrente zum Andenken an ihre Eltern Ulfer und Mechthild

Meckelburgsweg

Veddel, seit 1922, benannt zu Ehren des Veddeler Brauereibesitzers Johann Andreas Paul Meckelburg und seiner Schwester Margarete, die 1882 ein nicht unbedeutendes Vermögen stifteten, damit aus den Zinsen unbescholtene, unverschuldet in Not geratene oder arbeitsunfähige Personen, die auf dem Stadtdeich, in der anliegenden Straße und auf der Veddel wohnten, unterstützt wurden

Meriandamm

Billstedt, seit 1948, benannt nach dem Radierer und Kupferstecher Matthäus Merian. 2001/2002 ergänzt um die ebenso bedeutende Tochter Maria Sibylla Merian. Neuer Erläuterungstext: benannt nach Matthäus M. (1593–1650), Kupferstecher, Verleger und Schöpfer zahlreicher Stadtansichten, und dessen Tochter Maria Sibylla M. (2.4.1647 Frankfurt a. M.–13.1.1717 Amsterdam), Forscherin, Blumen- u. Insektenzeichnerin, Herausgeberin, Autorin und Illustratorin von Büchern über Insekten

Bekannt als Naturforscherin wurde die Tochter des berühmten Kupferstechers und Verlegers Matthäus Merian der Ältere und seiner Frau Johanna Catharina Sibylla Heim durch die Veröffentlichung ihres Werkes „Der Raupen wunderbare Verwandlung und sonderbare Blumennahrung" im Jahre 1679 (Teil 1) und 1683 (Teil 2).

Maria Sibylla, deren Vater starb, als sie drei Jahre alt war, erhielt ersten Malunterricht von ihrem Stiefvater, dem Stilllebenmaler J. Marell. Dieser betrieb in Utrecht noch einen Kunsthandel und hielt sich deshalb wenig in Frankfurt auf, wo Sibylla mit ihrer Mutter lebte.

---

36) Ursula Randt, a. a. O.

Sibyllas Mutter unterstützte die künstlerische Begabung ihrer Tochter nicht. Deshalb kopierte Sibylla oft heimlich in einer Dachkammer Kunstblätter und bildete sich so selbst weiter fort. Künstlerischen Unterricht erhielt sie später von einem Schüler ihres Stiefvaters.

Sibylla begann, Seiden- und andere Raupen zu züchten. Sie malte Raupen, Käfer und Schmetterlinge und ergänzte z. B. ihre Blumenbilder damit.

Mit achtzehn Jahren heiratete sie den zehn Jahre älteren J. A. Graff, einen Schüler ihres Vaters, zog mit ihm in seine Heimatstadt Nürnberg, bekam zwei Kinder und gründete eine Mal- und Stickschule für Mädchen.

Ihr „als Frau [waren] in der Freien Reichsstadt Nürnberg beruflich enge Grenzen gesetzt. Die ‚Maler-Ordnung' vom Ende des 16. Jahrhunderts erlaubte es nur Männern, mit Ölfarben auf Leinwand zu malen, und sicherte ihnen damit jene Aufträge, die Ansehen und gute Einkünfte versprachen. Frauen durften allenfalls kleine Formate bearbeiten, mit Aquarell- und Deckfarben auf Papier oder Pergament. Zur Haupteinnahmequelle der Familie wurde schließlich der Handel mit Farben, Firnis und Malutensilien, den Maria Sibylla Merian betrieb. Sie übernahm daneben eine Vielzahl von Auftragsarbeiten, stickte zum Beispiel Seidendecken oder bemalte Tafeltücher für die Patrizierhaushalte der Stadt."[37]

Nachdem ihr Stiefvater 1681 gestorben war, zog Maria Sibylla Merian mit ihren zwei Töchtern nach Frankfurt zu ihrer Mutter, um ihr zu helfen und zu unterstützen.

Vier Jahre später trennte sich Maria Sibylla Merian von ihrem Mann und zog mit ihrer Mutter und den Kindern nach Schloss Waltha im niederländischen Westfriesland, wo sie in der Gemeinschaft der pietistischen Labadisten lebten und wo bereits seit einigen Jahren ebenfalls

ihr Stiefbruder Caspar wohnte. Dieser war es auch gewesen, der seine Schwester auf diese Lebens- und Wohngemeinschaft aufmerksam gemacht hatte. „Das Schloss gehörte drei Schwestern des Gouverneurs von Surinam, Cornelis van Aerssen van Sommelsdijk; sie hatten es der frühpietistischen Sekte der Labadisten als Zufluchtsort zur Verfügung gestellt. Die etwa 350 Personen der Kolonie fühlten sich urchristlichen Idealen verpflichtet, jenseits der naturfernen Orthodoxie der Amtskirche. Allerdings hatte sich gerade diese Gruppe unter Leitung ihres Predigers Yvon (…) zu einer strengen, moralisch engherzigen, dabei zu schwärmerischer Übertreibung neigenden Gemeinschaft entwickelt, die Merians Wesen kaum entsprach. Sie nahm denn auch in der Kolonie eine gewisse Sonderstellung ein. Ihren Töchtern vermittelte sie eine umfassende künstlerische Ausbildung, (…) begann allmählich wieder, Schmetterlinge und Blumen zu malen und studierte die Sammlung exotischer Schmetterlinge aus Surinam, die sie in Waltha vorfand. Nach dem Tod ihrer Mutter – ihr Stiefbruder war schon 1686 gestorben – verließ sie die

Maria Sibylla Merian

Gruppe der Labadisten"[38] und zog 1691 mit ihren Töchtern nach Amsterdam, wo sie einen Handel mit gefärbten Stoffen und selbst hergestellten Farben betrieb. Sibylla Merian war 53 Jahre alt, als sie – unterstützt durch die Stadt Amsterdam – mit einer ihrer Töchter nach Surinam segelte. Dort verbrachte sie zwei Jahre mit Sammeln, Präparieren und Zeichnen von Tieren. 1705 veröffentlichte sie ihre Ergebnisse in dem Buch „Metamorphosis Insectorum Surina-

37) http://de.wikipedia.org/wiki/
Maria_Sibylla_Merian (Stand:
4.3.2015)
38) Ebenda.

mensium". Diese erste wissenschaftliche Arbeit über Surinam/Südamerika enthält 60 Kupferstiche. Sibylla Merian wurde zu einer bedeutenden Kupferstecherin und Forscherin.

„1717 im Alter von 69 Jahren [starb sie] in Amsterdam. Zwei Jahre zuvor hatte sie einen Schlaganfall erlitten und konnte sich danach nur noch im Rollstuhl fortbewegen. Im Totenregister wurde sie als ‚unvermögend' bezeichnet, man beerdigte sie in einem Armengrab, das heute nicht mehr aufzufinden ist."[39]

Mestorfweg

Sülldorf, seit 1953, benannt nach Johanna Mestorf (15.4.1828 Bramstedt–20.7.1909 Kiel), „Fräulein Professor", Direktorin des Schleswig-Holsteinischen Museums für vaterländische Altertümer in Kiel

Johanna Mestorf war das vierte von neun Kindern von Anna Maria Sophia Mestorf, geb. Rosen, und des Arztes Jacob Heinrich Mestorf. Der Vater widmete sich mit Leidenschaft der Altertumsforschung, was seine Tochter Johanna sicherlich beeinflusste. Er starb, als Johanna neun Jahre alt war. Johannas Mutter zog mit ihren fünf Kindern nach Itzehoe. Dort besuchte Johanna das Blöckersche Institut und zog mit zwanzig Jahren als Gesellschafterin und Erzieherin nach Schweden zum Grafen Piper-Engsö. Hier lernte sie die Archäologie Germaniens und nordische Sprachen kennen. Wegen ihrer zarten Gesundheit musste sie Schweden nach einigen Jahren verlassen und lebte eine Zeit lang als Begleiterin der Gräfin Falletti di Villa Felletto in Italien. 1859 zog sie mit ihrer Mutter zu ihrem Bruder nach Hamburg. Hier beschäftigte sie sich vornehmlich mit Mythologie und Archäologie und machte sich zur Aufgabe, die archäologische Literatur Skandinaviens durch Übersetzungen dem deutschen Publikum zugänglich zu machen.

Johanna Mestorf war Mitglied der Anthropologischen Gesellschaft und später Gründerin seines Schleswig-Holsteinischen Zweigvereins. Sie nahm 1869 am anthropologischen Kongress in Kopenhagen teil, und der Hamburger Senat schickte sie 1871 als Vertreterin zum Anthropologenkongress nach Bologna. Ihren Lebensunterhalt verdiente sie in dieser Zeit als Sekretärin für die ausländische Korrespondenz bei der Hamburger Lithographischen Anstalt C. Adler.

Da Frauen erst 1900 Zugang zur Universität bekamen, hatte Johanna Mestorf sich ihre archäologischen Kenntnisse autodidaktisch aneignen müssen. Zu Beginn der 1870er-Jahre war ihr wissenschaftliches Ansehen bereits so hoch, dass sie 1873, als 45-Jährige, Kustodin am Museum für vaterländische Altertümer in Kiel wurde. Als ihr Vorgesetzter, Professor Handelmann, 1891 starb, wurde Johanna Mestorf zur Direktorin des Museums ernannt und erhielt im Alter von 71 Jahren den Titel „Professor". Johanna Mestorf war die erste Frau, die in Preußen einen Professorentitel bekam. Sie wurde außerdem von der medizinischen Fakultät der Universität Kiel anlässlich der Vollendung ihres 81. Lebensjahres zum Ehrendoktor ernannt. Weiter besaß sie die ihr von der Kaiserin verliehene silberne Frauenverdienst-Medaille am weißen Bande, die kleine goldene Medaille für Wissenschaft und die schwedische Medaille der Gemahlin König Oskars I.

Neben ihrer Tätigkeit als Direktorin förderte sie die Wissenschaft durch eine umfangreiche literarische Tätigkeit. Neben Übersetzungen der Arbeiten nordischer Gelehrter auf archäologischem und anthropologischem Gebiet lieferte Johanna Mestorf zahlreiche eigene Arbeiten, von denen eine ganze Reihe, namentlich diejenigen über Moorleichen, weit über den Kreis der

[39] Ebenda.

Abb.: De groote Schouburgh, Der Nederlantsche Konstschilders En Konstschilderessen, HET III. Deel, S. 220, Amsterdam 1721/Hamburger Kunsthalle, Kupferstichkabinett.

Fachgelehrten hinaus Aufsehen erregten, so z. B. ihre Werke „Urnenfriedhöfe in Schleswig-Holstein" und „Vorgeschichtliche Altertümer aus Schleswig-Holstein".

Eigene Ausgrabungen führte Johanna Mestorf nicht durch. Neben ihren wissenschaftlichen Veröffentlichungen schrieb sie im Alter von 39 Jahren einen Roman mit dem Titel „Wiebeke Kruse, eine holsteinische Bauerntochter". Erst drei Monate vor ihrem Tod, im Juli 1909, trat sie von ihrem Amt als Direktorin des Museums zurück.

In einem Nachruf brachte der Hamburgische Korrespondent vom 22. Juli 1909 Johanna Mestorf in Beziehung zur modernen Frauenbewegung bzw. grenzte sie davon ab: „Mit ihr ist eine Frau dahingegangen, die, der modernen Frauenbewegung fernstehend, durch ihren Geist und ihre unermüdliche Tatkraft gezeigt hat, daß die wirklich talentierte, ernst schreibende Frau zu den höchsten Leistungen befähigt ist auch auf solchen Gebieten, die sonst den weiblichen Interessen im allgemeinen fernliegen."

Auch ihr Mitarbeiter und Nachfolger, Dr. Friedrich Knorr meinte wohl, seine Kollegin gegen die frauenbewegten Frauen abgrenzen zu müssen. So heißt es in seinem Nachruf über Johanna Mestorf: „Sie hat, abseits stehend von der lauten modernen Gleichberechtigungsbestrebung der Frauen, aus sich heraus ein neues Maß geschaffen für die Beurteilung der Leistungsmöglichkeit ihres Geschlechts."[40]

Johanna Mestorf

40) Nicolaus Dethlefsen: Johanna Mestorfs Grab auf dem Ohlsdorfer Friedhof in Hamburg, in: Die Heimat, Nr. 9/10. Jg. 82. 1975.

Mette-Harden-Straße

Kirchwerder, seit 1995, benannt nach Mette Harden, Einwohnerin aus Kirchwerder-Sande. 1612 der Zauberei angeklagt und gefoltert, beteuerte standhaft ihre Unschuld

Mette Harden geriet in die Mühlen des Gerichts, als Joachim Witte aus Kirchwerder angeklagt war und während seiner Gerichtsverhandlungen Mette Harden als Zauberin beschuldigte.

Wie kam es dazu? Joachim Witte hatte gegen den Landvogt von Kirchwerder geklagt, weil dieser ihn einen Zauberer, Schelm und Dieb genannt hatte. Im Laufe des Prozesses wurde der Ankläger Witte jedoch selbst zum Angeklagten, denn der Landvogt konnte seine einst gegen Witte vorgetragenen Beschuldigungen glaubhaft machen. Unter der Folter gestand Witte, Viehverzauberungen begangen zu haben, und beschuldigte drei Frauen der Zauberei, unter ihnen Mette Harden. Nach seinen Aussagen hatte sie ein Strohbündel als Zaubermittel benutzt, welches Joachim Witte auf ihr Verlangen hin auf das Land des Landvogts gelegt hatte. Den Grund für Mettes Schadenszauber gegen den Landvogt lieferte Witte gleich mit: Mettes Sohn hatte vor einigen Jahren den Bruder des Landvogts totgeschlagen und wurde seitdem vom Landvogt verfolgt. Mette Harden wollte sich dafür rächen.

Den der Zauberei beschuldigten Frauen wurde der Prozess gemacht. Die Frauen blieben jedoch unter der Folter standhaft und beteuerten immer wieder ihre Unschuld. Daraufhin wandte sich der Amtmann an das Lübecker Gericht und bat um weitere Instruktionen. Das Gericht untersuchte den Fall und stieß auf eine Ungeheuerlichkeit: Ohne Indizien und ohne wohlbeleumdete Zeugen angehört zu haben, war es zu den Folterungen gekommen. Da das Gericht niemals nur allein dem Ankläger hätte glauben dürfen,

Abb.: Archäologisches Landesmuseum Schloss Gottorf

wurden die drei Frauen freigelassen. Aber damit war die Sache noch nicht erledigt. Selbst als der alte Witte seinen Tod nahen fühlte, blieb er bei seinen Beschuldigungen gegen die drei Frauen. Diese Standhaftigkeit angesichts des Todes war für Bürger und Landleute der Beweis, dass die drei Frauen doch schuldig sein müssten. Die Stimmung in der Bevölkerung war aufgewühlt und man stachelte sich gegenseitig auf. Als die Frauen aus dem Gefängnis entlassen werden sollten, schalten die Landleute die Frauen „Zaubersche" und bedeuteten ihnen, dass sie im Land unerwünscht seien. Selbst die Androhung einer Geldstrafe seitens der Obrigkeit konnte die Landleute nicht davon abhalten, mit ihren Beschuldigungen aufzuhören. Der Zorn gegen die Frauen war so massiv, dass der Amtmann sich gezwungen sah, die Frauen weiterhin gefangen zu halten. Doch die Obrigkeit bestand darauf, die Frauen freizulassen. Die Landleute hingegen forderten einen neuen Scharfrichter, der die Frauen befragen sollte. Die Gerichtsbarkeit ließ sich jedoch nicht beirren und entließ die Frauen aus dem Gefängnis. Es kam zum Tumult.

Die Landleute wandten sich nun selbst an die Lübecker Obrigkeit und verlangten eine erneute Inhaftierung und peinliche Befragung der Frauen oder deren Landesverweis. Doch die Lübecker Obrigkeit blieb hart, denn hätte sie solch einem Begehren stattgegeben, wäre ihre Autorität untergraben gewesen und ihre Beamten hätten in Zukunft ihrer Pflicht nach Ausführung der von der Gerichtsobrigkeit erlassenen Rechte nicht mehr nachkommen können. Die aufrührerischen Landleute mussten empfindliche Geldstrafen zahlen.

Katherina Hane war die erste urkundlich überlieferte wegen Zauberei verurteilte Hamburgerin. Sie wurde 1444 auf dem Scheiterhaufen verbrannt. Cillie Hempels war die letzte bekann-te wegen Zauberei angeklagte Hamburgerin. Sie wurde am 22.8.1642 zum Tod durch das Feuer verurteilt.

Zwischen 1444 und 1642 wurden in Hamburg mindestens 40 Frauen durch das städtische Gericht wegen Schadenzauber bzw. Teufelspakt verurteilt.

Die systematische Hexenverfolgung begann Ende des 15. Jahrhunderts mit der Verbreitung des Hexenhammers (1487). In den auf Denunziation und Folter beruhenden Prozessen wurden den Angeklagten neben dem Schadenzauber der Pakt und der Beischlaf mit dem Teufel, der Hexenflug und der als Hexensabbat bezeichnete Tanz mit anderen „Hexen" vorgeworfen.

In Mitteleuropa fanden 50 000 bis 60 000 „Hexen" und „Zauberer" im 16. und 17. Jahrhundert den Tod. Das Heilige Römische Reich bildete das Zentrum der Verfolgung; hier wurden zwischen 20 000 und 30 000 Menschen hingerichtet. Die meisten Opfer waren Frauen.

Heute erinnern diverse Ortschaften und Städte in Deutschland an die unschuldig hingerichteten Opfer der Hexenprozesse. Dort ist eine Rehabilitation der als so genannte Hexen hingerichteten Frauen durch die Stadtverordnetenversammlung und durch Kirchen erfolgt. Der Verein Garten der Frauen gedenkt seit Juni 2015 mit einem im Garten der Frauen auf dem Ohlsdorfer Friedhof aufgestellten Erinnerungsstein der in Hamburg als Hexen beschuldigten und getöteten Frauen.

Frauen wurden als Hexen beschuldigt, weil sie als Sündenziegen für Alltagsängste und gesellschaftliche Missverhältnisse in einer patriarchal strukturierten Gesellschaft herhalten mussten. In solch einer Gesellschaft ist es nicht verwunderlich, dass allen Frauen von Natur aus der Hang zum Bösen nachgesagt wurde, so wie es die beiden deutschen Dominikanermönche in ihrem 1486 verfassten Hexenhammer verbreiteten. Schließlich seien die Frauen Töchter Evas, die sich im Paradies von der Schlange hatte verführen lassen. Daher seien die Frauen auch für den Einfluss des Teufels und damit der Hexerei besonders empfänglich.

Vor diesem Hintergrund galt die Frau an sich als die Wurzel vieler Übel. Und so konnten Männer in ihrer Angst, die Macht über die Frauen zu verlieren, diese leicht der Hexerei beschuldigen. So wurden zum Beispiel Frauen, sobald die wachsende Rivalität zwischen männlichen und weiblichen Tätigkeiten als bedrohlich erlebt wurde, schnell als zerstörerische Wesen gebrandmarkt. Davon betroffen waren tüchtige Geschäftsfrauen, die Männern Konkurrenz machten, oder heilkundige, mit speziellem Wissen ausgestattete Frauen.

Zahlreiche der Hexerei beschuldigte Frauen in Europa waren unverheiratet oder Witwen, lebten allein, isoliert von der patriarchalen Gesellschaft und waren deshalb extrem gefährdet, wenn sie aus der Norm fielen. Aber auch Frauen nach der Menopause, sehr arme, sehr reiche, sehr schöne oder rothaarige sowie zugezogene Frauen, deren fremde Sitten und Gebräuche oft als befremdlich empfunden wurden, – kurzum eigentlich jedes weibliche Wesen, das die vorgeschriebenen Verhaltensnormen im Allgemeinen und die Regeln sexueller Kontrollierbarkeit im Besonderen überschritt, war gefährdet, als Hexe beschuldigt zu werden.

Die Strategie, die Frauen der gesellschaftsbedrohenden Hexerei zu beschuldigen, wurde im frühen Europa oft schematisch auf von der Norm „abweichende" Frauen angewandt – ein Mechanismus, der in verschiedenen anderen Gesellschaften bis heute lebendig ist.

Im Zentrum der überlieferten Hamburger Prozesse stand der Schadenzauber, der als Erklä-

rungsmodell herangezogen wurde, um Unglücksfälle und Konflikte in der Nachbarschaft zu deuten. Häufig wurden heilkundige Frauen beschuldigt; zu ihnen gehörte Katherina Hane. Auch der evangelische Reformator Bugenhagen (siehe ➤ Bugenhagenstraße, in Bd. 3 online**), der 1528 nach Hamburg gezogen war, kam dort mit den damaligen Hexenverfolgungen ins Gehege, denn seine Köchin wurde der Hexerei beschuldigt.

Abelke Bleken (siehe ➤ Abelke-Bleken-Ring, im Nachtrag dieses Bandes) aus Ochsenwerder wurde am 18. März 1583 als Hexe verbrannt. Sie soll ein Viehsterben auf dem Landsitz des Hamburger Ratsherrn Johann Huge sowie Krankheiten und einen Todesfall im Haus des Ochsenwerder Vogts Dirick Kleater verursacht haben. Abelke hatte ihr Hab und Gut an die Geschädigten abgeben müssen und sich – in den Augen der Zeitgenossen – für ihre Not gerächt.

Metke Poleuer wurde im Januar 1591 zum Tod durch Verbrennen verurteilt, obwohl sogar angesehene Stadtbewohner bei ihr Rat gesucht hatten.

Lemke Meyer wurde wegen Weiden- und Viehzauber im November 1594 zum Feuertod verurteilt.

Im Jahre 1606 verurteilte das städtische Gericht Engel Reimers zum Feuertod. Die der Hexerei Angeklagte Anneke Petersen starb 1610 in der Fronerei, dem Hamburger Untersuchungsgefängnis, vermutlich an den Folgen der Folterungen. Dennoch sollte die Leiche „zum Abscheu und zum Exempel" verbrannt werden. Von Anneke weiß man, dass sie Ilsabe Duckers einen Beutel Rattengift verschafft hatte. Ilsabe soll damit vorgehabt haben, die Ehefrau ihres Geliebten aus dem Weg zu räumen.

Das letzte Hamburger Prozessopfer war Cillie Hempels. Sie hatte ein unglückliches Eheleben geführt und war 1642 in diesem Zusammenhang der Zauberei beschuldigt und hingerichtet worden.

Wesentliche Informationen von Roswitha Rogge

> *Siehe auch ➤* **Hexenberg, Hexenstieg, Hexentwiete**, *in diesem Band und* **Abelke-Bleken-Ring** *im Nachtrag.*

> *Siehe auch ➤* **Bugenhagenstraße**, *Altstadt, seit 1909: Prof. Dr. Johannes Bugenhagen (1484–1558), Theologe, Freund Luthers, Reformator, in Bd. 3 online**.*

> *Siehe auch ➤* **Teufelsbrück**, *in Bd. 3 online**.*

Modersohnstraße

Wilhelmsburg, seit 1951, benannt nach Paula Modersohn-Becker *(8.2.1876 Dresden–20.11. 1907 Worpswede), Malerin. Motivgruppe: Worpsweder Künstlerkreis*

Das Gesamtwerk von Paula Modersohn-Becker umfasst rund 750 Gemälde, mehr als 1000 Handzeichnungen und 13 Radierungen. Doch zu ihren Lebzeiten konnte sie nur ein einziges Bild verkaufen.

Paula Becker entstammte bürgerlichen, aber nicht wohlhabenden Verhältnissen. Ihr Vater Carl Woldemar Becker war Ingenieur, ihre Mutter Mathilde kam aus der thüringischen Adelsfamilie von Bültzingslöwen. Das Ehepaar Becker hatte sieben Kinder; Paula war das dritte.

Weil ihr Onkel Oskar Becker, der Bruder ihres Vaters, 1861 ein Attentat auf den damaligen König Wilhelm von Preußen verübt hatte, verlor Paulas Vater seine Beamtenstelle. Die Familie zog daraufhin 1888 nach Bremen, wo Carl Woldemar Becker eine Anstellung als Baurat erhielt. Die Familie wohnte in einem Haus an der heutigen Schwachhauser Heerstraße (damals Hausnummer 23). Dort hatte Paula auch ihr erstes Atelier.

** **Band 3 online** unter: www.hamburg.de/maennerstrassennamen

Über Paulas Mutter bestanden freundschaftliche Kontakte zu Künstlerkreisen. Paula beschloss im Alter von sechzehn Jahren, nachdem sie 1892 in Bremen Zeichenunterricht genommen und 1892/93 während eines Aufenthaltes bei ihrer Tante in London die School of Arts besucht hatte, ein eigenständiges Leben als Künstlerin zu führen. Doch besonders ihr Vater wollte, dass sie zuerst einmal in Bremen das Lehrerinnenseminar absolvierte, damit sie sich selbst ernähren könne. Nach Abschluss des Lehrerinnenexamens im Jahre 1895 studierte Paula von 1896 bis 1897 in Berlin an der Zeichen- und Malschule des Berliner Künstlerinnenvereins, da an staatlichen Akademien keine Frauen zugelassen waren.

1897, als sich die finanzielle Situation des Vaters verschlechtert hatte, bat er seine Tochter, eine Gouvernantenstelle anzunehmen. Doch Paula Becker hatte Glück: sie brauchte solch eine Stelle nicht anzutreten, denn sie erhielt eine kleine Erbschaft und von einem Onkel einen finanziellen Zuschuss für drei Jahre. Damit waren die nächsten Jahre finanziell gesichert. So nahm Paula Becker 1898 in Worpswede Unterricht bei Fritz Mackensen. Die Werke der Worpsweder Maler hatte sie bereits drei Jahre zuvor kennengelernt, als diese in der Bremer Kunsthalle ausgestellt worden waren.

Paula Becker war fasziniert von der Worpsweder Landschaft mit seinen Birken, dem Moor, den Weiden, und angetan von der ärmlichen bäuerlichen Bevölkerung, so dass sie im Herbst 1898 ganz nach Worpswede zog. Dort gab es bereits einige Frauen, die der Malkunst nachgingen. Verächtlich wurden sie „Malweiber" genannt. „Die männlichen Künstler schätzen die Einnahmen durch Schülerinnen und wissen das Angebot an Heiratskandidatinnen zu nutzen. An das Talent der Frauen glauben nur wenige. Auf Anraten Heinrich Vogelers *[siehe ➤* Vogelerstraße, *in*

Bd. 3 online**], jedoch ohne Erfolg, beteiligt Paula sich an Wettbewerben und fertigt Werbegrafiken im Jugendstil an. Zuspruch erhält sie auch durch Otto Modersohn, dessen junge Frau an Tuberkulose erkrankt ist, und durch den Museumsdirektor Gustav Pauli, der im Dezember 1899 drei ‚Schülerinnen' aus Worpswede, Marie Bock, Clara Westhoff und Paula Becker, in der Bremer Kunsthalle präsentiert",[41] heißt es in einem sehr lesenswerten Comic über Paula Beckers weiteren künstlerischen Werdegang.

Die Kunstwerke, die die drei Frauen in Bremen ausstellten, erhielten durch den Maler und Kunstkritiker Arthur Fitger *(siehe ➤ Fitgerstraße, in Bd. 3 online**)* eine vernichtende Kritik. Wenige Stunden nach dem Erscheinen der Kritik in der Weser-Zeitung, hängte Paula ihre Bilder in der Kunsthalle ab und nahm sie mit nach Hause.

Doch Paula Becker gab nicht auf. Sie reiste nach Paris, um sich künstlerisch weiterzubilden. Dort wartete schon Clara Westhoff (1878–1954), mit der Paula Becker befreundet war, auf sie, und dort lernte sie auch den Bauernsohn Emil Hansen kennen, den späteren „Nolde" *(siehe ➤ Noldeweg, in Bd. 3 online**)*. Er „nimmt Paula und Clara nur als ‚zwei seltsame Mädchen wahr'".[42]

Nach der Rückkehr aus Paris, traf Paula Otto Modersohn als Witwer vor, der schon bald nach dem Tod seiner Frau wieder auf Brautschau ging. „Otto Modersohn feilt eifrig an seiner Strichliste möglicher Ehekandidatinnen. Aber auch der auf Besuch in Worpswede weilende Dichter Rainer Maria Rilke *[siehe ➤ Rilkeweg, in Bd. 3 online**]* schwärmt plötzlich nicht ganz realitätsnah von ‚den beiden Schwestern', von ‚der blonden (Paula) und der dunklen Malerin' (Clara) (…)"[43], heißt es weiter in dem oben bereits vorgestellten Comic.

Paula, deren Erbe aufgebraucht war, heiratete im Mai 1901 den gut verdienenden Maler Otto Modersohn. Nun hatte sie die Pflichten einer Hausfrau und Mutter für Modersohns Tochter zu übernehmen. Gleichzeitig behielt sie ihr Atelier bei Brünjes in Ostendorf bei Worpswede und arbeitete dort täglich bis zu acht Stunden. „(…) denn daß ich mich verheirate, soll kein Grund sein, dass ich nichts werde", war ihr fester Wille und Entschluss.

Ihre Eltern rieten ihr, einen Kochkurs in Berlin zu besuchen, was Paula auch tat. Dort traf sie sich mit Rilke, der nach der Verlobung von Paula mit Otto Modersohn im Jahre 1900 überstürzt Worpswede verlassen hatte und zu einer Freundin nach Berlin gezogen war. Auch die Bildhauerin Clara Westhoff besuchte Paula und traf auf Rilke. Das Ergebnis: Clara Westhoff und Rilke heirateten und bekamen eine gemeinsame Tochter. Später trennte sich das Paar, und Clara Westhoff zog nach Fischerhude in die Straße In der Bredenau 81, wo sie auch ihr

Paula Modersohn-Becker

Atelier hatte. Heute befindet sich in ihrem Haus ein Café, benannt nach Rilke, der dort allerdings nie gelebt hat.

Über die Ehe zwischen Paula Becker-Modersohn und Otto Modersohn schreibt Willi Blöß in seinem bezaubernden Comic „Paula Modersohn-Becker und von Worpswede sei die Rede": „Es ist eine seltsame Ehe. (…) Da eine Schwangerschaft ihre Arbeit gefährden würde, bittet sie Otto über Jahre um Keuschheit. Ablenkung bieten Reisen. (…) Über Jahre zieht sich das zermürbende Wechselspiel aus Necken und Hinhalten hin. Paula berichtet freimütig von ihren Flirts mit bulgarischen Kunststudenten in Paris. Auch

---

**   Band 3 online unter: www.hamburg.de/maennerstrassennamen

41) Willi Blöß: Comic-Biographie. Paula Modersohn-Becker und von Worpswede sei die Rede. 12. Aufl. Lü-

denscheid 2010, S. 12f.
42) Willi Blöß, a. a. O., S. 14.
43) Willi Blöß, a. a. O., S. 16.

beim Nacktturnen lässt sie sich von Otto zeichnen. Als Ottos Nerven nach fünf Jahren endgültig zerrüttet sind, beklagt Paula sich über ihr nicht vorhandenes Liebesleben bei Clara Westhoff (…).„[44]

In der ersten Ehezeit hatte Otto Modersohn die künstlerische Arbeit seiner Frau noch bewundert: „„Mich interessiert tatsächlich nicht einer hier in Worpswede auch nur annähernd so wie Paula. (…) sie hat einen prächtigen Farbensinn und Formensinn. (…) Wundervoll ist dies wechselseitige Geben und Nehmen; ich fühle, wie ich lerne an ihr und mit ihr', notiert er im Juni 1902 in sein Tagebuch. Jedoch schon weit weniger begeistert schreibt er im September 1903: ‚Geistige Interessen hat Paula mehr als irgendeine. Sie malt, liest, spielt etc. Der Haushalt geht auch ganz gut – nur das Familiengefühl und Verhältnis zum Hause ist zu gering. Ich hoffe, daß das noch besser wird. Paula haßt das Konventionelle und fällt nun in den Fehler, alles lieber eckig, hässlich, bizarr und hölzern zu machen. Die Farbe ist famos – aber die Form? Der Ausdruck?'"[45]

Da auch Paulas Mann ihre künstlerischen Leistungen nicht genügend anerkannte, wurde es ihr in Worpswede zu eng. 1903 ging sie erneut für einige Monate nach Paris und lernte dort die Malerei Cezannes, van Goghs und Gauguins kennen. Durch Rilke wurde sie mit Rodin bekannt.

Dass sie eine außergewöhnliche Künstlerin war, die sich aus der Masse anderer Künstlerinnen hervorhob, machen die folgenden Zeilen deutlich, die Paula Modersohn-Becker am 23. Februar 1905, als sie wieder einmal für einige Zeit in Paris weilte, an ihren Mann Otto Modersohn schrieb: „Im Atelier [der Académie Julian] ist es komisch, lauter Französinnen, die sehr amüsant sind (…). Sie malen aber wie vor hundert Jahren, als ob sie die Malerei von Courbet an nicht

miterlebt hätten. (…) Meine Malerei sehen sie sehr misstrauisch an, und in der Pause, wenn ich den Platz vor meiner Staffelei verlassen habe, stehen sie mit sechsen davor und debattieren darüber. Eine Russin fragte mich, ob ich denn das auch wirklich so sähe, wie ich das mache, und wer mir das beigebracht hätte. Da log ich und sagte stolz: ‚Mon mari'. Darauf ging ihr ein Talglicht auf und sie sagte erleuchtet: ‚Ach so, Sie malen wie Ihr Mann malt.' Daß man so malt wie man selber, vermuten sie nicht."[46]

1906 malte sie in Paris „den wohl ersten Selbstakt einer Frau in der Kunstgeschichte. (…) Dass sie dem Akt einen hohen Stellenwert beimisst, muss sicherlich in dem Zusammenhang gesehen werden, dass sie zur ersten Künstlerinnengeneration gehört, die überhaupt die Möglichkeit erhält, an dem ursprünglich männlichen Privileg teilzunehmen. (…)."[47]

In dieser Zeit entschloss sich Paula Becker-Modersohn, sich von ihrem Mann zu trennen, und teilte ihm dies auch mit. Sie wollte sich ausschließlich ihrer Kunst widmen. Otto Modersohn reiste ihr – gegen ihren Willen – nach, um sich mit ihr auszusprechen und blieb den Winter 1906/07 in Paris. Da er ihr ein eigenes, großes Atelier versprach und sie darüber hinaus feststellen musste, dass sie von ihren Bildern allein finanziell nicht leben konnte, kehrte sie mit ihm im März 1907 nach Worpswede zurück; da war sie bereits seit kurzem schwanger. Am 2. November kam ihre Tochter auf die Welt. Achtzehn Tage nach der Geburt starb die 31-jährige Paula Modersohn-Becker an einer Embolie.

Siehe auch ➤ **Fitgerweg,** *Wilhelmsburg, seit 1951: Arthur Fitger (1840–1909), Schriftsteller, Maler, Kunstkritiker, in Bd. 3 online***.

Siehe auch ➤ **Noldering,** *Steilshoop, seit 1962: Emil Nolde (1867–1956), Maler, Graphiker, in Bd. 3 online***.

** **Band 3 online** unter: www.hamburg.de/maennerstrassennamen

44) Willi Blöß, a. a. O., S. 18f.
45) Bärbel Schönbohm: Paula Modersohn-Becker, in: Alice Gudera, Donata Holz, Birgit Nachtwey, Bärbel Schönbohm: … und sie malten doch! Geschichte der Malerinnen. Worpswede, Fischerhude, Bremen. Hrsg. von der Lilienthaler Kunststiftung Monika und Hans Adolf Cordes. Bremen 2007, S. 85.
46) Zitiert nach Bärbel Schönbohm, a. a. O., S. 82.
47) Bärbel Schönbohm, a. a. O., S. 87.

Siehe auch ➤ **Rilkeweg,** *Groß Flottbek, seit 1950: Rainer Maria Rilke (1875–1926), Dichter, in Bd. 3 online***.

Siehe auch ➤ **Vogelerstraße,** *Heimfeld, seit 1950: Heinrich Vogeler (1872–1942), Maler, in Bd. 3 online***.

Monikastraße

Eilbek, seit 1957. Frei gewählter Name

Münterweg

Billstedt, seit 1971, benannt nach Gabriele Münter (19.2.1877 Berlin–19.5.1962 Murnau), Malerin. Motivgruppe: Moderne Maler

Die Ausbildung zur Malerin wurde von Gabriele Münters deutsch-amerikanischen Eltern unterstützt. Nach deren frühem Tod erhielt sie 1897 privaten Zeichenunterricht an einer Düsseldorfer Damen-Kunstschule. Danach unternahm sie eine zwei Jahre dauernde Reise nach Amerika. 1901 begann sie – da es damals für Frauen nicht möglich war, einen Studienplatz an einer Kunstakademie zu bekommen – ein Studium an der Schule des Künstlerinnenvereins in München und besuchte danach die private „Phalanx-Schule" des Malers Wassily Kandinsky *(siehe ➤ Kandinskystraße, in Bd. 3 online**)*. Der verheiratete Kandinsky blieb nicht nur ihr Lehrer, sondern wurde auch ihr Geliebter. Die beiden unternahmen zwischen 1904 und 1908 viele Reisen, so nach Tunis und Paris.

Gabriele Münter interessierte sich für den gesellschaftlichen Aufbruch, las Texte von Franziska von Reventlow, besuchte Club-Abende der Damenakademie, hörte Vorträge über Frauenemanzipation.

1909 kaufte sie in Murnau ein Haus, in dem sie die Sommermonate verbrachte. Dieses so genannte „Russenhaus" entwickelte sich zum Treff-punkt der „Neuen Künstlervereinigung München", die Gabriele Münter mitbegründet hatte, in Opposition zur „Münchner Secession".

Ab 1911 stellte sie mit der von Wassily Kandinsky und Franz Marc *(siehe ➤ Franz-Marc-Straße, in Bd. 3 online**)* initiierten Künstlergruppe „Blauer Reiter" aus. Das war ihr künstlerischer Durchbruch.

Als der Erste Weltkrieg begann, musste Kandinsky Deutschland verlassen und zog nach Russland. Um ihm näher zu sein, lebte Gabriele Münter zwischen 1915 und 1920 in Skandinavien. Kandinsky heiratete 1917 zum zweiten Mal, ohne Gabriele Münter davon in Kenntnis zu setzen. Als sie davon Jahre später erfuhr, war es ihr, „als wenn Sand gestreut worden wäre. – Asche – und eine dicke Schicht auf meinem Leben und meinen Gefühlen läge (…). Jemand muß kommen und aufkratzen und wegschaufeln (…)."[48]

Nach der endgültigen Trennung von Kandinsky lernte sie 1927 Johannes Eichner kennen, einen kunstinteressierten Privatgelehrten, der ihr Lebensgefährte wurde, ihre Pressearbeit übernahm und Ausstellungen organisierte.

Während der Zeit des Nationalsozialismus galt die Kunst von Münters Freunden und Gefährten als „entartet", ihre Kunst hingegen nicht, „d. h. sie wurde auch nicht verfolgt und durfte an Ausstellungen teilnehmen, aber sie wurde auch nicht mehr zur Avantgarde oder den Wegbereitern der Moderne gezählt".[49]

In ihrem Haus in Murnau versteckte sie Werke Kandinskys.

1949 präsentierte sie sich „mit der Gedächtnisausstellung ,Der Blaue Reiter in München' wieder der Öffentlichkeit (…) [und konnte sich] mit darauffolgenden Ausstellungen aus dem Schatten Kandinskys lösen. 1926 noch hatte sie enttäuscht festgestellt: ,Ich war in vieler Augen doch nur eine unnötige Beigabe zu Kandinsky.

** **Band 3 online** unter: www.hamburg.de/maennerstrassennamen

48) Susanne Gretter: Gabriele Münter, in: Susanne Gretter, Luise F. Pusch (Hrsg.): Berühmte Frauen 2.

Dreihundert Porträts. Frankfurt a. M. 2001, S. 211.
49) Hildegard Möller: Malerinnen und Musen des „Blauen Reiters". München Zürich 2007, S. 108 f.

Daß eine Frau ein ursprüngliches, echtes Talent haben und ein schöpferischer Mensch sein kann, das wird gern vergessen.'"[50]

Gabriele Münter

In den 1950er-Jahren wurde sie in diversen Ausstellungen als Malerin geehrt und erhielt 1956 den Kulturpreis der Stadt München für Malerei. „Im Juli 1958 unterzeichnete Gabriele Münter einen Erbvertrag mit der Stadt München, dem zufolge eine Stiftung mit dem Namen ‚Gabriele Münter- und Johannes Eichner-Stiftung'

gegründet wurde. Zu dieser Stiftung gehörte auch das ‚Russenhaus', das ja seit 1936 Eichner gehörte, so wie ihr gesamter künstlerischer Nachlass. In Murnau befanden sich außerdem noch zahlreiche Gemälde Kandinskys, hunderte Bilder Münters aus allen Epochen und sowie zahlreiche Sammelobjekte der Volkskunst."[51]

Siehe auch ➤ Kandinskyallee, Billstedt, seit 1971: Wassili Kandinsky (1866–1944), Maler, in Bd. 3 online**.

Siehe auch ➤ Franz-Marc-Straße, Billstedt, seit 1971: Franz Marc (1880–1916), Maler, in Bd. 3 online**.

N

Neuer Jungfernstieg

Neustadt, um 1825, im Anschluss an den Namen „Jungfernstieg"

Nixenstieg

Marmstorf, umbenannt 1950. Früher Rosenweg. Motivgruppe: Märchengeister

Abb.: bpk/Staatsbibliothek zu Berlin, Nr. 00095360

Germanische Wasserfeen sind seit der Romantik häufiges Motiv in der Literatur. Wasserfrauen, Melusinen, Undinen bewohnen eine Gegenwelt zur Gesellschaft. Sie sind Naturwesen, die erotische Verführung symbolisieren und den Männern den Tod bringen, wenn diese sich aus ihrer christlich-zivilisatorischen Ordnung reißen lassen. Nixen sind Wunsch- und Schreckbilder zugleich.

Siehe auch ➤ Klabautermannweg, Schnelsen, seit 1986, nach der Motivgruppe: Holsteinische Geschichten, Sagen und Märchen, in Bd. 3 online**.

Nonnenstieg

Harvestehude, seit 1870. Benannt nach dem Kloster Harvestehude (1295–1530)

1246 gründete ein Konsortium, darunter Heilwig *(siehe ➤ Heilwigstraße, in diesem Band)*, die Frau des Grafen Adolph des IV. von Holstein *(siehe ➤ Adolphsplatz, in Bd. 3 online**)*, und das Hamburger Domkapitel, in dem bei Hamburg (beim heutigen Stadtteil St. Pauli) gelegenen Dorf Herwadeshude ein Zisterzienserinnenkloster. Die Prosperität des Klosters steigerte sich langsam, wurde aber zeitweilig gebremst, als der kleine Mühlbach, an dem es lag, versiegte.

** **Band 3 online** unter: www.hamburg.de/maennerstrassennamen

50) Susanne Gretter, a. a. O., S. 115.
51) Hildegard Möller, a. a. O., S.115.

Da das Kloster Herwadeshude teilweise innerhalb des Hamburger Weichbilds lag und der Rat der Stadt darauf abzielte, auf diesem Gebiet einen freien Plafond zu schaffen, zog das Kloster 1295 nach Odersfelde an die Oberalster zwischen den heutigen Straßen: Heilwigstraße, Harvestehuder Weg, Jungfrauenthal bis zur Krugkoppelbrücke. Der alte Klostername „Herwadeshude" blieb erhalten.

Das Kloster erwarb große Besitzungen, so Hof Heimischhude sowie Odersfelde, Eppendorf, Winterhude, Alsterdorf, Groß-Borstel, Niendorf, Lokstedt, Ohlsdorf, Eimsbüttel, Bahrenfeld, Ottensen, Othmarschen und Rissen. Fast alle diese Ländereien gingen im 19. Jahrhundert in den Besitz der Stadt Hamburg über.

Obwohl dem Frauenkloster Herwadeshude eine gewählte Äbtissin vorstand, wurden die Nonnen in wichtigen religiösen, rechtlichen und ökonomischen Angelegenheiten durch Männer vertreten. Die Äbtissin war nicht frei in ihren Entscheidungen, sondern durch Eid dem Erzbischof von Bremen verpflichtet. Ein von der Äbtissin und ihrer Stellvertreterin, der Priorin, gewählter Praepositus (Propst), stand dem Gottesdienst vor, da Frauen in der katholischen Kirche von der Durchführung des Gottesdienstes ausgeschlossen waren und heute noch sind. Daneben ordnete der Probst auch die geschäftlichen Angelegenheiten des Klosters. Er gehörte meist dem weltlichen Stand an und war häufig durch verwandtschaftliche Beziehungen mit einigen Frauen des Klosters verbunden. Ein Advocatus (Kirchenvogt) war zuständig für die Verwaltung der Sach- bzw. Geldwerte und der Ländereien.

Wollte das Kloster Land kaufen, übernahm der Rat der Stadt Hamburg, dessen Mitglieder dem Kloster ebenfalls durch verwandtschaftliche Beziehungen nahestanden, die Schirmherrschaft. Er übte darüber hinaus die Jurisdiktion für das Kloster aus und übernahm seine Landwehrpflicht.

Die meisten Nonnen stammten aus angesehenen Hamburger Bürgerfamilien, wobei der Eintritt in das Kloster selten aus freiem Entschluss der Töchter erfolgte. Häufig stand gezielte Familien- oder Erbschaftspolitik dahinter. Andererseits bildete das Klosterleben eine Alternative zum Eheleben, da es den Frauen ermöglichte, ledig zu bleiben und trotzdem gesellschaftliches Ansehen und wirtschaftliche Absicherung zu genießen.

Das Ordensrecht bestimmte, dass die Nonnen keinen Privatbesitz zu haben hätten, – was auch bedeutete, dass die Nonnen von ihren Familien nichts erben durften. Dies war ein wesentlicher Grund, warum viele Bürgerfamilien ihre Töchter ins Kloster steckten. Dadurch konnte ein Familienvater, der mit einer großen Töchterschar gesegnet war, eine Aufsplittung seines zu vererbenden Vermögens verhindern.

Da das Nonnenkloster Harvestehude, das durchschnittlich aus ca. 40 Mitgliedern bestand, hauptsächlich eine Versorgungs- und Erziehungseinrichtung für Hamburger Bürgertöchter war, schienen die so „berufenen" Nonnen nicht gerade prädestiniert für ein Leben nach den strengen Klosterregeln, die da lauteten: Armut, Keuschheit und Gehorsam. Darüber hinaus war das Leben im Kloster stark reglementiert durch Gottesdienste, Gebetsstunden, Arbeiten beim Ackerbau und Kultivieren des Ödlandes sowie durch standesgemäße Arbeiten wie Verwaltungsangelegenheiten, Handarbeiten und Unterrichten von Töchtern aus reichen Bürgerfamilien.

Es entwickelte sich bald ein eher bürgerlicher Lebensstil, und es gab manche Annehmlichkeit im täglichen Nonnendasein. So ignorierten die Nonnen z. B. die Anordnung nach gemeinsam eingenommenen Mahlzeiten und aßen lieber für sich allein. Auch die Anforderungen an die Küche wuchsen, so dass 1460 das Brauhaus und 1462 die Küche erweitert werden mussten.

Für die Hausarbeit und Landwirtschaft wurden Hilfskräfte eingestellt. Die übrigen täglichen Arbeiten wie Kochen, Putzen, Waschen, Gartenarbeit und Viehhaltung besorgten so genannte Laienschwestern – meist Frauen aus der Unter- oder Mittelschicht. Sie waren aus dem Wunsch heraus, Gott zu dienen, oder, weil sie unverheiratet blieben oder bleiben, aber dennoch finanziell existieren wollten, ins Kloster eingetreten. Da die Laienschwestern keine eigenen Einkünfte besaßen, waren sie vom Kloster finanziell abhängig. Die Folge war: sie mussten die „unteren" Tätigkeiten verrichten.

Im 15. Jahrhundert legten die Nonnen ihre durch Landwirtschaft, Memorienlesungen, Erbfall und Nonnenausstattungen erworbenen Gelder auf dem städtischen Rentenmarkt an, liehen gegen die Nutzung aus Grundstücken Geld an Hamburger Bürger und wurden die größten geistlichen Geldgeberinnen auf dem Hamburger Kapitalmarkt. Sie erwirtschafteten jährlich Beträge, die dem 4–10-fachen des Einkommens der reichsten Hamburger Großkaufleute entsprachen.

1530 wurde das Kloster im Zuge der Reformation gegen den Willen der Nonnen aufgelöst (siehe ➤ Cäcilienstraße, in diesem Band).

> Siehe auch ➤ Abteistraße, Cäcilienstraße, Elebeken, Frauenthal, Heilwigbrücke, Heilwigstraße, Innocentiastraße, Jungfrauenthal, in diesem Band.

> Siehe auch ➤ Adolphsplatz, in Bd. 3 online**.

Nornenweg

Rahlstedt, seit 1946. Altnordische Schicksalsgöttinnen

„Die Edda-Dichtung erwähnt sie als ‚drei geheimnisvolle Wesen', die die Geheimnisse des Universums enthüllten und das Buch des Schicksals schrieben. Die älteste Norne war Mutter Erde, Ertha, Urth, die das Schicksal und das Schöpfungswort verkörpert. Die Nornen lebten in der Höhle, am Grund des Lebensquells, in Urdabrunn, dem kosmischen Mutterleib unter der Wurzel des Weltbaumes. Sie waren älter als der älteste ‚himmlische Vater' und hatten Macht über jeden Gott. Die Todesnorne Skuld war eine Variante von Skadi, der namensgebenden Mutter Skandinaviens, die eine typische Zerstörergöttin war. Es hieß, daß Skuld am Jüngsten Tag das ganze Universum mit dem Todesfluch belegen würde. Skuld zerschnitt, wie die dritte der Moiren, den Lebensfaden aller Geschöpfe. In der Erzähltradition heidnischer Balladen wurden die Nornen zu Feen."[1]

Nymphenweg

Wilstorf, seit 1935. Märchenmotiv

Wesen aus der griechischen Mythologie, die das Band zwischen Göttern und Menschen knüpfen. „Die unerschöpfliche Dichtungskraft der Alten schuf sich Wesen, wodurch die Phantasie die leblose Natur beseelte. Die Quellen, die Berge, die Wälder, die einzelnen Bäume hatten ihre Nymphen. Man knüpfte gern die Idee von etwas Göttlichem an das Feste und Bleibende, was die einzelnen Menschengeschlechter überlebt, an den festgegründeten Berg, den immerströmenden Quell und die tausendjährige Eiche. Alle diese Dichtungen aber waren gleichsam nur der Widerschein vom Gefühl erhöhter Menschlichkeit, der sich aus dem Spiegel der ganzen Natur zurückwarf und wie ein reizendes Blendwerk über der Wirklichkeit gaukelnd schwebte.

So schweifte die Oreade auf den Bergen umher, um mit ihren Schwestern im Gefolge der

---

** Band 3 online unter: www.hamburg.de/maennerstrassennamen

1) Barbara G. Walker: Das geheime Wissen der Frauen. Ein Lexikon, Frankfurt a. M. 1993, S. 796f.

Diana die Spur des Wildes zu verfolgen, jeder zärtlichen Neigung ihr Herz verschließend, so wie die strenge Göttin, die sie begleitete.

Mit ihrem Wasserkruge saß in der einsamen Mittagsstunde die Najade am Quelle und ließ mit sanftem Murmeln des Baches klare Flut hinströmen. Gefährlich aber waren die Liebkosungen der Najaden; sie umarmten den schönen Hylas, des Herkules Liebling, als er Wasser schöpfte, und zogen ihn zu sich in den Brunnen herab. Vergebens rief Herkules seinen Namen, nie ward sein Liebling mehr gesehen.

Im heiligen Dunkel des Waldes wohnten die Dryaden; und die Hamadryade bewohnte ihren einzigen Baum, mit dem sie geboren ward und starb. Wer einen solchen Baum erhielt, dem dankte die Nymphe ihr Leben.

So ward selbst die leblose Natur ein Gegenstand des teilnehmenden Wohlwollens der Sterblichen."[2]

Nyswanderweg

*Eidelstedt, seit 1994 benannt nach **Dr. Marie Nyswander** (13.3.1919 Reno/Nevada–1986 New York), amerikanische Spezialistin für die Behandlung Drogenabhängiger, Mitentwicklerin der Methadontherapie*

Marie Nyswander war die Tochter der in den USA bekannten Gesundheits-Erzieherin Dorothy Bird Nyswander (1898–1998) und eines Mathematikprofessors. Kurz nach der Geburt von Marie ließen sich die Eltern scheiden. Marie wuchs bei ihrer Mutter auf.

Nach dem Schulabschluss studierte Marie Nyswander Medizin und versuchte nach dem Studium während des Zweiten Weltkriegs als Chirurgin bei der US-Navy zu arbeiten. Da ihr dies nicht gelang, begann sie eine Tätigkeit an

einer Klinik für Drogenabhängige. Auf Grund ihrer dort gemachten Erfahrungen mit der Behandlung von Drogenabhängigen begann Marie Nyswander ein Psychologiestudium, um später Drogenabhängigen mittels Psychotherapien helfen zu können. Zwischenzeitlich war sie kurz mit einem Anatomie-Dozenten verheiratet.

Marie Nyswander

Nach dem Psychologiestudium praktizierte sie ab 1953 als Psychotherapeutin und Ärztin.

In dieser Zeit war Marie Nyswander mit dem Psychoanalytiker Leonard Robinson verheiratet. Das Paar ließ sich 1965 scheiden.

1955 war sie Mitbegründerin des Narcotic Addiction Research Project in New York. In ihrem 1956 erschienenen Buch „The Drug Addict as a Patient" beschreibt sie Drogenabhängigkeit als eine Krankheit.

Da Marie Nyswander feststellen musste, dass Psychotherapien bei der Behandlung von Drogenabhängigen allein nichts nützen, suchte sie nach weiteren Therapieformen. Zusammen mit ihrem dritten Ehemann, dem Internisten und Leiter einer Kommission für die Behandlung Drogenabhängiger, Dr. Vincent Dole, stieß sie in den 1960-er Jahren auf den Wirkstoff Methadon, welcher gegen Ende des Zweiten Weltkrieges von deutschen Wissenschaftlern der Firma Hoechst entwickelt worden war und unter dem Namen „Dolorphine" als Schmerzmittel eingesetzt werden sollte. Während Marie Nyswander die Arbeit mit den Patienten übernahm, führte Dr. Vincent Dole die Gespräche und Verhandlungen mit Behörden und Institutionen.

Abb.: Thomas Kosten, Images in Psychiatry, Marie Nyswander, 1919–1986, The American Journal of Psychiatry 12, 1998

2)   Karl Philipp Moritz: Götterleben oder Mythologische Dichtungen der Alten, in: Karl Philipp Moritz: Werke. Hrsg. von Horst Günther. 2. Aufl. Bd. 2. Frankfurt a. M. 1993.

Auf die Idee, eine Straße nach Marie Nyswander zu benennen, kam der Arzt Dr. Josh von Soer, der Koordinator der „Palette I", der Initiative für humane Hilfe Drogenabhängiger in Hamburg (IHHD). Es ist die erste Straße in der Welt, die nach Marie Nyswander benannt wurde.

O

Ortrudstraße

Barmbek-Süd, seit 1904. Gestalt aus Richard Wagners Oper „Lohengrin", 1850

Im „Lohengrin" stehen sich in einem Erbfolgestreit zwei Fürstinnen gegenüber, die als Prototypen idealer und gefürchteter Weiblichkeit konstruiert wurden: die Herzogstochter Elsa von Brabant, die den Ritter Lohengrin hingebungsvoll liebt, und ihre Gegenspielerin Ortrud, Nachfahrin eines Friesenfürsten und Gattin des Friedrich von Telramund, für den sie die Herrschaft über Brabant beansprucht. Mithin ist Ortrud die als gefährlich, intrigant und zauberisch gezeichnete Gegnerin Lohengrins, die noch die alten „entweihten Götter" Wotan und Freia anruft. Wagner schildert Ortrud als Drahtzieherin des Komplotts gegen Elsa, gestaltet sie als unkontrollierbar rachsüchtig und dämonisch – Aspekte, die Frauen zugewiesen werden, wenn sie machtbewusst und dominant eigene Interessen verfolgen. Wagner charakterisierte Ortrud 1852 in einem Brief an Franz Liszt *(siehe ▶ Lisztstraße, in Bd. 3 online)*: „Ihr Wesen ist Politik. Ein politischer Mann ist widerlich, ein politisches Weib aber ist grauenhaft: diese Grauenhaftigkeit hatte ich darzustellen. Ihre ‚Liebe' kann sich nur als Haß gegen alles Lebende, wirklich Existierende äußern. Beim Manne wird solche Liebe lächerlich, bei dem Weibe aber furchtbar, weil das Weib – seinem natürlichen starken Liebesbedürfnisse – etwas lieben muß und der Ahnenstolz, der Hang zum Vergangenen, somit zum mörderischen Fanatismus wird. Wir kennen in der Geschichte keine grausameren Erscheinungen als politische Frauen. (…) Mit der ganzen Wucht eines – eben nur verkümmerten, unentwickelten, gegenstandslosen – weiblichen Liebesverlangen nimmt diese Leidenschaft sie ein: und daher ist sie furchtbar großartig. Nicht das mindeste Kleinliche darf daher in ihrer Darstellung vorkommen; niemals darf sie etwa nur maliziös oder pikiert erscheinen; jede Äußerung ihres Hohnes, ihrer Tücke, muß die ganze Gewalt des entsetzlichen Wahnsinns durchblicken lassen, der nur durch die Vernichtung anderer oder – durch die eigene Vernichtung zu befriedigen ist.'"[1]
Text: Birgit Kiupel

> *Siehe auch* ▶ **Lisztstraße,** *Ottensen, seit 1929: Franz Liszt (1811–1886), Komponist, Pianist, in Bd. 3 online**.*

> *Siehe auch* ▶ **Lohengrinweg,** *Rissen, seit 1945: Gralsritter, Hauptheld, Sohn Parzivals, mittelhochdeutsches Gedicht, in Bd. 3 online**.*

Ottilie-Baader-Straße

Bergedorf, seit 1985, benannt nach Ottilie Baader (30.5.1847 Raake/Kreis Oels, Reg.-Bez. Breslau–23.7.1925 Berlin), führend in der proletarischen Frauenbewegung

---

** **Band 3 online** unter: www.hamburg.de/maennerstrassennamen

1) Eva Rieger: „Leuchtende Liebe, lachender Tod". Richard Wagners Bild der Frau in der Musik. Düsseldorf 2009, S. 81.

Als Ottilie Baader sieben Jahre alt war, starb ihre Mutter, die von Beruf Näherin gewesen war, an Tuberkulose. Bereits in diesem jungen Alter hatte sich Ottilie fortan um den kranken Vater Gustav Baader, einem Zuckerscheider (1812–1897) und ihre drei jüngeren Geschwister zu kümmern.

Zwischen Tochter und Vater entstand eine enge Beziehung. „Sie hatte Verantwortung im Haushalt noch bevor sie in die Schule kam. Drei Jahre nur dauerte der Schulbesuch; trotzdem schaffte sie es, sich eine relativ gute Ausbildung zu erwerben. Der Vater hatte nicht wieder geheiratet und gab seiner Tochter an Abendstunden Unterricht, wozu ihm seine gute Schulbildung und die Erfahrungen eines Facharbeiters befähigten.“[2]

Nachdem Ottilie mit ihrem Vater und den Geschwistern nach Berlin gezogen war, musste sie bereits als Dreizehnjährige „als Handnäherin in einer Weißnäherei in der Berliner Neanderstraße, der heutigen Heinrich-Heine-Straße“[3] arbeiten.

„In der Zeit des Sozialistengesetzes schloss sie sich zunächst dem bürgerlichen Arbeiterinnenverein Lina Morgensterns an. Eine Reihe schlecht bezahlter Anstellungen hatten ein unerschütterliches Klassenbewusstsein in ihr hervorgerufen.“[4]

1866 nahm Ottilie Baader am Kampf der Berliner Mantelnäherinnen gegen eine drohende Erhöhung der Nähgarnzölle teil und erreichte 1870/71 „gemeinsam mit 50 streikbereiten Nähmaschinennäherinnen der Berliner Kragen- und Manschettenfabrik (…), dass die vorgesehene Lohnreduzierung um die Hälfte zurückgenommen wird.“[5]

„Über ihre gewerkschaftliche Arbeit und durch den Eintritt in die freireligiöse Gemeinde Berlin im Jahr 1877 näherte sie sich der SPD an.“[6]

„Der Vater, selbst ein Anhänger der Sozialdemokratie, konnte sich nur schwer an den Gedanken gewöhnen, daß die Tochter zu Versammlungen ging. Vorbehalte gegen eine politische Betätigung der Frauen gab es auch unter den Arbeitern.

Ottilie Baaders erste Rede in einer Versammlung von Schäftearbeiterinnen im Jahre 1879 schaffte der Heimarbeiterin den Durchbruch in die Öffentlichkeit und stellte den Vater vor vollendete Tatsachen.“[7]

Ottilie Baader

„Ab 1885 engagierte sie sich [in der SPD] für die sozialen und politischen Rechte von Frauen und wurde in den folgenden Jahren zu einer anerkannten Vertreterin der Berliner Arbeiterinnen. Seit 1891 war sie auch im Vorstand der Berliner Arbeiterbildungsschule tätig.

Nach dem Verbot aller sozialdemokratisch geprägten Frauenvereine, in Preußen war es Frauen grundsätzlich verboten, sich politisch zu organisieren, gründete die SPD 1891 Frauenagitationskommissionen, um Frauen trotz des Vereinsgesetzes politische Tätigkeit zu ermöglichen, jedoch wurden auch diese im Jahr 1895 verboten. In dieser Zeit unterlag Baader beständigen Schikanen der Polizei, erhielt Anklagen und Verurteilungen.“[8]

„Das politische Vereins- und Versammlungsrecht billigte in den meisten deutschen Ländern den Frauen noch nicht einmal das Recht zu, sich politisch zu organisieren. Sie durften in der Regel noch nicht einmal schweigend an Veranstaltungen derartiger Organisationen teilnehmen, eine Parteimitgliedschaft war bei Strafe verboten (…), wirklich betroffen waren davon aber nur die Linken, denn die bürgerliche Frauenbewegungen, ausgenommen ihr radikaler Flügel, konnte ungehindert Politik treiben. (…)

Abb.: Archiv der sozialen Demokratie (AdsD) der Friedrich-Ebert-Stiftung

2)   Roswitha Freude: Ottilie Baader – ein biographischer Beitrag zur Geschichte der deutschen Frauenbewegung. Diss. 1985, S. 3 unter: www.roswitha-freude.de/baader/Baader-biographie.pdf

3)   Roswitha Freude, a. a. O.
4)   Claudia Sucker: Ottilie Baader, unter: http://archiv.spd-berlin.de/geschichte/personen/a-k/baader-ottilie/
5)   Wikipedia: Ottilie Baader, Stand: 16.6.2014.

6)   Ottilie Baader, in: hpd Humanistischer Pressedienst, unter: http://hpd.de/node/5001
7)   Roswitha Freude, a. a. O.
8)   Ottilie Baader, in: hpd Humanistischer Pressedienst, a. a. O.

Ottilie Baader warnte wiederholt die proletarischen Frauen sich von den bürgerlichen Frauenorganisationen fernzuhalten, damit vertrat sie eine andere Meinung als Lily Braun *(siehe ❯ Lily-Braun-Straße, in diesem Band)*, die Ottilie Baader später vorwarf, nur das Sprachrohr Clara Zetkins zu sein."[9]

„Um den sozialdemokratischen Frauen Organisationsformen zu schaffen, die nicht dem Vereinsgesetz unterlagen, entstand die Funktion der ‚Vertrauensperson', die in jedem Wahlkreis für die politische und gewerkschaftliche Agitation unter den Arbeiterinnen zuständig war."[10] Ottilie Baader wurde 1894 solch eine Vertrauensperson, von 1900 bis 1908 sogar die „Zentralvertrauensperson" der Frauen in der SPD und ab 1904 die erste besoldete Funktionärin der SPD.

Ottilie Baader gehörte zu den wichtigsten Kämpferinnen für das Frauenwahlrecht in Deutschland und war z. B. auf Großkundgebungen gemeinsam mit August Bebel *(siehe ❯ Bebel-allee, in Bd. 3 online**)*, Wilhelm Liebknecht und Emma Ihrer aufgetreten, um das Frauenwahlrecht zu fordern.

1908 beschloss der Reichstag ein neues Vereins- und Versammlungsrecht. Von nun an konnten Frauen in Parteien und Gewerkschaften für ihre Rechte eintreten. Und so setzte sich Ottilie Baader „auch für die Gleichstellung von Frauen innerhalb der SPD ein. Auf ihre Initiative geht zurück, dass die SPD 1909 für die Parteivorstände eine erste Quotenregelung beschloß."[11]

1911 heiratete sie den sozialdemokratischen Gastwirt August Dietrichs. 1914 zog sie sich aus der aktiven Parteipolitik zurück. 1921 veröffentlichte sie ihre Memoiren: „Ein steiniger Weg".

Siehe auch ❯ Lily-Braun-Straße, in diesem Band.

Siehe auch ❯ Bebelallee, Alsterdorf, seit 1945: August Bebel (1840–1913), Reichstagsabgeordneter, Führer der Sozialdemokratie, und **August-Bebel-Park,** *St. Georg, seit 2006 sowie* **August-Bebel-Straße,** *Bergedorf, seit 1927, in Bd. 3 online***

P

Paula-Karpinski-Platz

Neustadt, seit 2012, benannt nach Paula Karpinski (6.11.1897 Hamburg–8.3.2005 Hamburg), seit 1913 Mitglied der SPD, 1928 Mitglied des SPD-Parteivorstandes, 1931–1933 Abgeordnete der Hamburgischen Bürgerschaft, 1946–1949 Aufbau der Arbeitsgemeinschaft sozialdemokratischer Frauen, 1946–1953 und erneut 1957–1961 Jugendsenatorin, bundesweit erste Frau in einer Landesregierung nach dem Kriege, 1954–1957 und erneut von 1961–1968 Abgeordnete der Hamburgischen Bürgerschaft

Paula Karpinski, geb. Thees, war Hamburgs erste Senatorin. Bereits im Alter von vierzehn Jahren trat sie in den „Arbeiterjugendbund" und mit sechzehn Jahren in die SPD ein. Ihre Eltern – Vater: Hafenarbeiter, Mutter: vor der Heirat Dienstmädchen – waren Sozialdemokraten.

Nach dem Handelsschulabschluss arbeitete Paula Karpinski von 1913 bis 1925 als Kontoristin, Stenotypistin und Buchhalterin. Von 1925 bis 1927 besuchte sie das Sozialpädagogische Institut, absolvierte ein einjähriges Praktikum in der Berufsberatung beim Arbeitsamt und schloss

---

** Band 3 online unter: www.hamburg.de/maennerstrassennamen

9) Claudia Sucker, a. a. O.
10) Ottilie Baader, in: hpd Humanistischer Pressedienst, a. a. O.

11) Ebenda.

ihre Ausbildung als staatlich geprüfte Wohlfahrtspflegerin ab. Ein Jahr später begann ihre politische Karriere in der SPD. Paula Karpinski war zu diesem Zeitpunkt schon acht Jahre mit einem Architekten verheiratet. Er, ebenfalls Sozialdemokrat, unterstützte sie in ihrem Engagement. 1928 wurde Paula Karpinski Mitglied des Hamburger Parteivorstandes der SPD und des Frauenaktionsausschusses. Von 1931 bis 1933 war sie Mitglied der Hamburgischen Bürgerschaft und arbeitete vor allem in der Behörde für Jugend mit. Im Juni 1933 wurde sie zusammen mit dem Parteivorstand und dem Parteiausschuss verhaftet – nach einigen Tagen aber wieder freigelassen. Von 1933 bis 1945 stand sie in ständiger Verbindung mit illegalen Gruppen. Nach dem Attentat auf Hitler am 20. Juli 1944 war sie sieben Wochen im KZ Fuhlsbüttel inhaftiert. Nach Kriegsende beteiligte sich Paula

Paula Karpinski

Karpinski am Wiederaufbau der SPD. Sie wurde in den Parteivorstand berufen und später offiziell gewählt. Sie war Mitglied des Parteiausschusses für die Westzonen. Im April 1946 trat sie als eine der Rednerinnen auf der Gründungsversammlung des „Hamburger Frauenrings e. V." auf. Sie baute die „Arbeitsgemeinschaft sozialdemokratischer Frauen"

(AsF) mit auf, deren Vorsitzende sie von 1946 bis 1949 war.

1946 wurde sie als erste Frau in Hamburgs Geschichte Senatorin. Paula Karpinski übernahm die Jugendbehörde. Dieses Amt hatte sie zunächst bis 1953 inne und von 1957 bis 1961 dann noch einmal.

In einem Interview, das Rita Bake 1994 mit der damals 96-Jährigen führte, sagte Paula Karpinski: „Wir waren das erste Ehepaar, welches als Bürgerschaftsabgeordnete tätig war. Mein Mann arbeitete auf dem Gewerkschaftssektor und war erster Vorsitzender beim Bund Deutscher Architekten. Bei uns zu Hause arbeitete eine Hauswirtschafterin, die für alles sorgte. Das geht nicht anders, wenn zwei Menschen voll erwerbstätig sind. Außerdem hatten wir ja auch noch einen Sohn. Unser Privatleben fand nur sonntags oder spätabends statt. In der Zeit, in der ich auch noch die Leitung des Sportamtes übernommen hatte (von 1951 bis 1953), waren selbst die Sonntage nicht immer für die Familie frei. Denn oft musste ich zu Sportveranstaltungen, die nun mal üblicherweise am Sonntag stattfinden. Mein Sohn war während meiner Senatorinnen-Tätigkeit schon Jugendlicher, 1930 geboren. Ein siebzehnjähriger Sohn hat viele Interessen, so dass er von der Mutter nicht mehr so intensiv betreut zu werden braucht. Außerdem wurde er ja versorgt. Mittags, wenn er aus der Schule kam, erhielt er sein Essen, und er kam trotzdem zu uns, wenn er irgendetwas auf dem Herzen hatte. Abends waren wir ja zusammen.

Ein schwieriges Unterfangen war die Errichtung der Jugendherberge auf dem Stintfang. Im Senat saßen damals Dudek [Finanzsenator] *[siehe* ❯ Walter-Dudek-Brücke, *in Bd. 3 online**]*, Schiller [Wirtschaftssenator] und Brauer [Bürgermeister] *[siehe* ❯ Max-Brauer-Allee, *in Bd. 3 online**]*. Sie alle waren gegen diesen Standort. Brauer zum Beispiel, weil er überzeugt war, dass an dieser wichtigen Stelle ein Hotel stehen sollte. Ich rief die Jugendverbände zusammen und bat sie: ‚Also, Kinder, jetzt müsst ihr mir helfen.' Dann warb ich Nevermann *[siehe* ❯ Paul-Nevermann-Platz, *in Bd. 3 online**]* und begründete diesen Standort mit den Worten: ‚Die Jugendherberge ist der

Abb. v.l.n.r.: Aus: Inge Grolle, Rita Bake, „Ich habe Jonglieren mit drei Bällen geübt". Frauen in der Hamburgischen Bürgerschaft, Hamburg 1995, S. 64, Heinz Fremke | Staatsarchiv Hamburg

Ort, zu dem viele junge Menschen aus allen Städten, ja sogar aus allen Ländern kommen. Sie sehen auf den Hafen, erblicken dieses rege Leben dort und sind begeistert. Wenn sie älter werden, erinnern sie sich und kommen wieder und sind dadurch für Hamburg ein Wirtschaftsfaktor.' Damit konnte ich die Herren überzeugen."[1]

1961 schied Paula Karpinski aus dem Senat aus und übernahm ihr Bürgerschaftsmandat bis 1968. Dann schied sie auch dort aus und war fortan ehrenamtlich tätig. So war sie z. B. Vorsitzende der Deutschen Hilfsgemeinschaft. 1967 erhielt Paula Karpinksi vom Senat die Bürgermeister-Stolten-Medaille verliehen. Die SPD-Bürgerschaftsfraktion verleiht alle zwei Jahre den Paula-Karpinski-Preis. Damit fördert die Fraktion beispielhafte Projekte der Jugendhilfe.

Siehe auch ➤ **Max-Brauer-Allee,** *Altona-Altstadt/Altona-Nord, seit 1975, und* **Max-Brauer-Kai,** *Kleiner Grasbrook, seit 1984: Max Brauer (1887–1973). Erster Bürgermeister von Hamburg, in Bd. 3 online**.*

Siehe auch ➤ **Paul-Nevermann-Platz,** *Altona-Altstadt, seit 1984: Paul Nevermann (1902–1979), Erster Bürgermeister von Hamburg, in Bd. 3 online**.*

Siehe auch ➤ **Walter-Dudek-Brücke,** *Harburg, seit 1985: Walter Dudek (1890–1976), Oberbürgermeister von Harburg, Senator in Hamburg, in Bd. 3 online**.*

Paula-Westendorf-Weg

Ohlsdorf, seit 2007, benannt nach **Paula Westendorf,** *geb. Gühlk (26.10.1893 Hamburg– 3.10.1980 Hamburg), von 1946 bis 1953 SPD-Abgeordnete in der Hamburgischen Bürgerschaft Ihr Grabstein steht im Garten der Frauen auf dem Ohlsdorfer Friedhof.*

1917, im Alter von 24 Jahren, heiratete Paula Gühlk und bekam vier Söhne (geb. 1918, 1922, 1923,

1925). Später ließ sie sich scheiden und wurde 1949 wieder berufstätig. Schon vorher war Paula Westendorf politisch tätig gewesen. So wurde sie 1947 Beisitzerin des Verwaltungsgerichts, Deputierte der Kulturbehörde (1947, 1953) und der Baubehörde (1948) und außerdem stellvertretendes Mitglied des beratenden Ausschusses für das Pressewesen (1949).

Bereits in der ersten Wahlperiode (ab 30. November 1946) nach dem Zweiten Weltkrieg saß sie bis 1953 als SPD-Abgeordnete im Hamburger Parlament. Als Mitglied der Bürgerschaft brachte Paula Westendorf 1947 einen ergänzenden SPD-Antrag zum KPD-Antrag von Magda Langhans zur Einstellung der Strafverfahren bei Verstoß gegen den Paragraphen 218 ein. Sie forderte die Einrichtung öffentlicher Ehe- und Sexualberatungsstellen und setzte sich für die soziale Indikation ein. In

Paula Westendorf

diesen Beratungsstellen wollte sie das Thema des Schwangerschaftsabbruchs nicht biologisch behandelt wissen, sondern im Zusammenhang mit der „Menschheitsfrage", aus Ehrfurcht vor dem Leben im Sinne Albert Schweitzers (*siehe* ➤ **Albert-Schweitzer-Ring,** *in Bd. 3 online***) und im Gegensatz zu den „menschheitszerstörenden Praktiken der Nazis". Als einseitigen Machtausdruck des Staates lehnte sie Strafverfolgung wegen Abtreibung ab und gab grundsätzlich zu bedenken, dass Verbote die Menschheit nicht erzögen, weil Moral nicht befohlen werden könne.

Paula Westendorf versicherte dem Parlament, dass die Beratungsstellen nicht leichtfertig Schwangerschaftsabbrüche anempfehlen, sondern das Verantwortungsbewusstsein dem Leben

---

**   **Band 3 online** unter: www.hamburg.de/maennerstrassennamen

1)   Inge Grolle und Rita Bake: „Ich habe jonglieren mit drei Bällen geübt". Frauen in der Hamburgischen

Bürgerschaft 1946 bis 1993. Hamburg 1995, S. 631.

gegenüber stärken würden. Trotz lebhaften Beifalls war die Reaktion der Männer im Parlament hinhaltend. Der Gesundheitsausschuss verwarf aus juristischen Gründen den Antrag der KPD. Erfolg hatte nur Paula Westendorfs ergänzender Antrag. Und so wurde in den Räumen des Gesundheitsamtes eine öffentliche Ehe- und Sexualberatungsstelle eingerichtet, die als erste ihrer Art in den Westzonen im August 1948 ihre Arbeit aufnahm.

Auch Paula Westendorfs Einsatz zur Freigabe des Vertriebes von Verhütungsmitteln hatte Erfolg. Am 1. Juni 1948 gab der Senat bekannt, dass die Polizeiverordnung des früheren Reichsinnenministers vom Juni 1941 über „Verfahren, Mittel und Gegenstände zum Schwangerschaftsabbruch" aufgehoben sei.

Siehe auch ❯ Albert-Schweitzer-Ring, *in Bd. 3 online**.*

Paulinenallee

Altona, seit 1863, benannt nach Pauline Edelhein, *geb. Arnthal (23.3.1843–28.12.1905), Schwägerin des Geländebesitzers Samuel Ephraim*

Im Heckengarten-Freilichtmuseum auf dem Ohlsdorfer Friedhof steht eine über zwei Meter hohe Steinvase. Sie trägt die Inschrift „Pauline". Der Weg, an dem sie einst stand, wurde Paulinenallee genannt.

Siehe auch ❯ Sophienallee, *nach dem Vornamen der Ehefrau von Samuel Ephraim, in diesem Band.*

Siehe auch ❯ Eduardstraße, *Eimsbüttel, seit 1868: nach dem 1867 geborenen Sohn Eduard des Grundeigentümers Samuel Ephraim und seiner Frau Sophie, in Bd. 3 online**.*

Siehe auch ❯ Löwenstraße, *Hoheluft-Ost, seit 1879: Samuel Ephraim, Grundeigentümer, in Bd. 3 online**.*

Paulinenplatz

St. Pauli, seit 1869. In Anlehnung an die Paulinenstraße

Paulinenstraße

St. Pauli, seit 1860. Frei gewählter Name

Poppenpriel

Finkenwerder, seit 1933. Hier befand sich beim Haus einer alten Frau namens Meta Popp *ein Wasserloch, im Volksmund genannt: Meta Poppen ehr Lock*

R

Rahel-Varnhagen-Weg

Bergedorf, seit 1984, benannt nach Rahel (Antonie Friederike) Varnhagen von Ense, *geb. Levin (19.5.1771 Berlin–7.3.1833 Berlin), 1810 umbenannt in Rahel Robert, Autorin literarischer Briefe und Tagebücher, Kritikerin und Salonnière,* bedeutendste Vertreterin der Romantik. Motivgruppe: Verdiente Frauen

Rahel Varnhagen ist eine der bekanntesten Berliner Jüdinnen des 19. Jahrhunderts. Sie war die älteste Tochter des jüdischen Juwelenhändlers und

Bankiers Markus Levin und seiner Frau Chaie Levin. Die Familie lebte in Berlin. Nach dem Tod ihres Vaters 1790 übernahm Rahel Levin die Erziehung ihrer Geschwister und führte zwischen 1790 und 1806 in der Dachstube des elterlichen Hauses in der Jägerstraße 54 einen Salon. Es war der erste Salon einer unverheirateten Frau. Ihre Bildung hatte sie als Autodidaktin durch Lesen erworben.

In Rahels erstem Salon, für den – bedingt durch den Tod ihres Vaters – die finanziellen Mittel fehlten, um großen gastgeberischen Aufwand zu betreiben, verkehrten in den 1790er Jahren u. a. Prinz Louis Ferdinand von Preußen, Friedrich Schlegel (siehe ➤ Schlegelsweg, in diesem Band), Jean Paul, die Brüder Humboldt (siehe ➤ Humboldtstraße und Humboldtbrücke, in Bd. 3 online**), F. Schleiermacher, die Brüder Tieck (siehe ➤ Tiecksweg, in Bd. 3 online**), Clemens von Brentano (siehe ➤ Brentanostraße, in Bd. 3 online**) u. a. Die gelehrten Männer schätzten nicht nur den Charme Rahel Varnhagens, sondern auch ihre große Bildung, die gerne als „männlicher Geist" bezeichnet wurde.

Edda Ziegler schreibt über den Salon Rahel Lewins, der in Konkurrenz zu Henriette Herz's (siehe ➤ Henriette-Herz-Ring, in diesem Band) Salon stand und in dem es prunkvoller zuging: „Bei ihr verkehrt eine provokativ gemischte Gesellschaft christlicher wie jüdischer Herkunft. Hier mischt sich die ortsansässige Intelligenz mit Hochadel und Diplomatie. (…) Diese außergewöhnliche gesellschaftliche Mischung, die Standes- und Religionsgrenzen bewusst überschreitet, soll – so Rahels Wunsch und Intention – neue Kräfte freisetzen, künstlerische Kreativität ebenso wie die Kritik der gesellschaftlichen Zustände. So entsteht in der Dachstube der Rahel Levin eine europaweit gerühmte ‚Republik des freien Geistes'."[1]

Rahel Varnhagen hatte zwei große Lieben: die zu dem Grafen Karl von Finckenstein; ihr Verlöbnis scheiterte 1800, und die zu dem spanischen Gesandschaftssekretär Don Rafael de Urquijo, mit dem sie 1804 eine Liebesbeziehung einging, die aber auch in die Brüche ging.

Über die Liebe zwischen Rahel und Finckenstein schreibt Werner Liersch in seinem Buch „Dichterland Brandenburg": „Der Graf und die Jüdin lernten sich in Berlin des Jahres 1796 kennen und Rahel hegt Hoffnungen, die der Adelige meint, weder erfüllen noch auf sie verzichten zu können. Eine Geschichte, wie sie Fontane im nächsten Jahrhundert noch immer schreiben kann. Auch die geht so, dass der Graf immer wieder neu seine Liebe beteuert, während die Unebenbürtige einfach liebt, und dass es der Graf in diesem Zustand sehr viel besser aushält als Rahel, denn eine Geliebte zu haben ist keine Schande, wohl aber eine zu sein. (…) Es ist Rahel, die den Schlusstrich zieht. (…) Rahel schreibt Karl Finckenstein im Februar 1800, dass sie den Wunsch habe, von nun an unbekannt mit ihm zu sein. Rahel hat diese Liebe, die nie aufhört und darum zur nie enden wollenden Ablehnung des anderen wird. Karl dagegen kann sie unbefangen einen Tag nach ihrem vierzigsten Geburtstag, 19. Mai 1811, treffen und ihr von seiner Karriere (…) und der Gattin auf dem Sofaplatz neben ihr erzählen. Er hat keine Fantasie für die Kränkungen einer vertanen Liebe. Scheinbar ruhig auch sie. ‚Dein Mörder! Dachte ich und blieb sitzen. Tränen kamen mir in den Hals und zu den Augen, daß ich ihn ganz ruhig, ganz beruhigt über mich, sitzen sah. Wie eine ihm zugestandene Kreatur fühlte ich mich; er hat mich verzehren dürfen', steht in ihrem Tagebuch."[2]

Als Preußen 1806 von Frankreich besetzt wurde, geriet Rahel Varnhagen in wirtschaftliche

**   Band 3 online unter: www.hamburg.de/maennerstrassennamen

1)   Edda Ziegler: Heinrich Heine. Der Dichter und die Frauen. Düsseldorf 2005, S. 135.

2)   Werner Liersch: Dichterland Brandenburg. Literarische Entdeckungen zwischen Havel und Oder. Berlin 2012, S. 78 f.

Bedrängnis und es ging mit dem Salon zu Ende, denn „jüdische Salons sind nun – im Zeichen eines neu erwachten Nationalgeistes – nicht mehr gefragt".[3] In dieser Zeit intensivierten sich Rahels Frauenfreundschaften, wie z. B. zu der ehemaligen Geliebten Louis Ferdinands, Pauline Wiesel. Zu Rahels männlichen Gesprächspartnern gehörte ab 1808 auch der vierzehn Jahre jüngere Student Karl August Varnhagen von Ense (1785–1858), der sie verehrte und unterstützte. Ihn hatte sie schon in ihrem Salon in der Berliner Jägerstraße kennengelernt. Darüber schrieb

Rahel Varnhagen

er: „Rahel wohnte damals in der Jägerstraße (…) in Obhut und Fürsorge der trefflichen Mutter (…). Noch heute ist mir Rahel das Neueste und Frischeste meines ganzen Lebens; in ihrer Gegenwart hatte ich das volle Gefühl, einen ächten Menschen vor mir zu haben, überall organisches Gebild, zuckende Faser, mitlebender Zusammenhang für die ganze Natur, überall originale und naive Geistes- und Sinnesäußerungen, großartig durch Unschuld und durch Klugheit, und dabei in Worten wie in Handlungen die rascheste, gewandteste, zutreffendste Gegenwart. Das alles war durchwärmt von der reinsten Güte, der schönsten, stets regen und thätigen Menschenliebe, der zartesten Achtung für jede Persönlichkeit, der lebhaftesten Theilnahme für fremdes Wohl und Weh. (…) Hier fand ich das Wunder anzustaunen, daß Rahel in gleichem Maße, als Andere sich zu verstellen suchen, ihr wahres Innere zu enthüllen strebte, von ihren Begegnissen, Leiden, Wünschen und Erwartungen, mochten ihr dieselben auch als Gebrechen und Fehl erscheinen, mit eben solcher Unbefangenheit und tiefen Wahrheit sprach, als hätte sie nur Günstiges und Schmeichelhaftes anzuführen."[4]

1814 heiratete die damals 43-Jährige den 29-jährigen Karl August. Kurz vor der Heirat hatte sich Rahel Varnhagen von Ense evangelisch taufen lassen und ihren jüdischen Namen abgelegt. Sie hieß nun Antonie Friederike Varnhagen von Ense.

Karl August Varnhagen war als Diplomat tätig. Das Ehepaar lebte in Frankfurt a. M., Wien und Karlsruhe und kehrte 1819 nach Berlin zurück. Dort eröffnete Rahel Varnhagen von Ense in ihrer Wohnung in der Französischen Straße ihren zweiten Salon, der zum Treffpunkt der Romantiker und des Jungen Deutschland wurde. Dort trafen sich u. a. Bettina von Arnim *(siehe ➤ Bettinastieg, in diesem Band)*, deren Freundin Rahel wurde, Heinrich Heine *(siehe ➤ Heinrich-Heine-Weg, in Bd. 3 online**)*, Grillparzer *(siehe ➤ Grillparzerstraße, in Bd. 3 online**)*, Hegel, Mendelssohn-Bartholdy, Fanny Hensel *(siehe ➤ Geschwister-Mendelssohn-Stieg, in diesem Band)*, Schelling *(siehe ➤ Schlegelsweg, in diesem Band)* und Ludwig Börne *(siehe ➤ Börnestraße, in Bd. 3 online**)*.

Die Schauspielerin Karoline Bauer (1807–1877) schrieb über Rahel und ihren Salon: „Rahel war enthusiastisch bis zum Exzeß. Alles, was ihr gefiel: Menschen, Briefe, Bücher, Kleider – war himmlisch, göttlich, feenhaft! (…) Einst aßen wir zum Tee geröstete Kastanien. Das war ein olympisches Götteressen! – Sooft ich späterhin Austern sah, musste ich an Rahels Ausspruch denken: ‚In Austern kann man sich tiefsinnig essen!'"[5]

In Heinrich Heine hatte Rahel einen geistigen Verbündeten. Zum ersten Mal begegneten sie sich 1821 in Berlin. Ihre Verbindung hielt bis zu Rahel Varnhagens Tod 1833. „In Rahel Varn-

---

** **Band 3 online** unter: www.hamburg.de/maennerstrassennamen

3) Edda Ziegler, a. a. O., S. 136.
4) Walther G. Oschilewski (Hrsg.): Frauen in Berlin. Berlin 1959, S. 23f.

5) Karoline Bauer: Geist und Phantasie: Rahel, in: Walther G. Oschilewski, a. a. O., S. 21.

hagen begegnet Heine einer Frau, die das Korsett der geltenden gesellschaftlichen Konventionen sprengt. Sie lebt die Idee der Emanzipation – sei es in der Gleichheit der Geschlechter, sei es in der Religion – in ihrer eigenen Existenz vor, einschließlich der damit verbundenen Anfeindungen. Und er begegnet in Rahel Varnhagen zugleich einer Frau, deren Nähe und Umgang ihm Ersatz bietet für die familiären Defizite, denen er sich ausgesetzt fühlt."[6]

Rahel Varnhagen von Ense plädierte für die freie Liebe und setzte sich für die Gleichberechtigung von Frau und Mann sowie der Jüdinnen und Juden ein. Ihre umfangreiche Korrespondenz publizierte sie seit 1812 anonym in Zeitschriften.

Doch „Zeit ihres Lebens litt Rahel an den ihr als Jüdin und Frau auferlegten Grenzen und sah darin die Ursache ihrer vielen Krankheiten."[7]

Nach ihrem Tod veröffentlichte ihr Mann ihre Briefsammlung in drei Bänden unter dem Titel „Rahel. Ein Buch des Andenkens für ihre Freunde".

Siehe auch ➤ Bettinastieg, Geschwister-Mendelssohn-Stieg, Henriette-Herz-Garten, Henriette-Herz-Ring, Schlegelsweg, *in diesem Band.*

Siehe auch ➤ Börnestraße, *Eilbek, seit 1866: Ludwig Börne (1786–1837), Schriftsteller, in Bd. 3 online***.

Siehe auch ➤ Brentanostraße, *Osdorf, seit 1941: Clemens Brentano (1778–1842), Dichter, Bruder von Bettina von Arnim, in Bd. 3 online***.

Siehe auch ➤ Goetheallee, *Altona-Altstadt, seit 1928: Johann Wolfgang von Goethe (1749–1832), Dichter, und* Goethestraße, *Altona-Altstadt, seit 1867, in Bd. 3 online***.

Siehe auch ➤ Heinrich-Heine-Straße, *Wilstorf, seit 1945: Heinrich Heine (1797–1856), Dichter, Schriftsteller, und* Heinrich-Heine-Weg, *Bergedorf, seit 1945, in Bd. 3 online***.

Siehe auch ➤ Humboldtbrücke, *Uhlenhorst, seit 1970: Alexander von Humboldt (1769–1859), Gelehrter, Naturforscher, und* Humboldtstraße, *Barmbek-Süd, seit 1859, in Bd. 3 online***.

Siehe auch ➤ Schellingstraße, *Eilbek, seit 1866: Friedrich Wilhelm Joseph Schelling (1775–1854), Philosoph, Text siehe unter Schlegelsweg, in diesem Band.*

Siehe auch ➤ Tiecksweg, *Eilbek, seit 1904: Ludwig Tieck (1773–1853), Dichter, Dramaturg, in Bd. 3 online***.

Rautendeleinweg

Billstedt, seit 1952, Märchenmotiv

Rautendelein ist eine Wasserfee mit langem, rotgoldenem Haar, die Schwester von Undine und Melusine, bekannt aus der antiken griechischen Mythologie. Ein Denkmal gesetzt hat ihr der Dramatiker Gerhart Hauptmann *(siehe* ➤ Gerhart-Hauptmann-Platz, *in Bd. 3 online***). Der als Revolutionär, später als Volksdichter Gefeierte verewigte die Meerjungfrau Rautendelein in seinem Märchendrama „Die versunkene Glocke": Der Glockengießer Heinrich ist untröstlich über den Verlust der von ihm gegossenen Glocke. Schuld sind die Waldgeister. Sie vereitelten den Transport der Glocke zu einer Kapelle in den Bergen, indem sie den Transport zum Umstürzen brachten. Dabei versank die Glocke im Bergsee und der Glockengießer verletzte sich schwer.

Als die Fee Rautendelein den Schwerverletzten im Wald liegen sieht, rettet sie ihm das Leben und verliebt sich gleichzeitig in den Familienvater.

Vor Kummer über den Verlust der Glocke depressiv geworden, erliegt Heinrich den Einflüsterungen der Erdgeister und plant, ein Glockenspiel für einen heidnischen Tempel zu gießen. Dabei plagen ihn trotz seiner Verblendung heftige Gewissensbisse.

** Band 3 online unter: www.hamburg.de/maennerstrassennamen

6) Edda Ziegler, a. a. O, S. 134.
7) Gabriele Koch: Rahel Varnhagen von Ense, in: Susette Gretter, Luise F.

Als Heinrich seine versunkene Glocke aus der Tiefe tönen hört, verkünden ihm seine beiden Söhne im Traum, seine Frau habe sich vor Kummer im See ertränkt. Ernüchtert wacht Heinrich auf und stößt die Nixe Rautendelein von sich. Diese muss nun dem Nickelmann in die Unterwasserwelt folgen und der Tempel geht in Flammen auf.

Noch einmal steigt Rautendelein aus dem Brunnen zu Heinrich hinauf. Dieser möchte nicht mehr leben und bittet Rautendelein um einen Zaubertrank. Nachdem sie ihm diesen Trunk gegeben hat, stirbt ihr geliebter Heinrich bei Sonnenaufgang in ihren Armen.

„Rautendelein" wurde in zweierlei Fassungen in Hamburg uraufgeführt: das Drama 1896 am Deutschen Schauspielhaus, die gleichnamige Oper von Ottorino Respighi 1927 an der Staatsoper.
Text: Cornelia Göksu

Siehe auch ➤ Gerhart-Hauptmann-Platz, Altstadt, seit 1946: Gerhart Hauptmann (1862–1946), Schriftsteller, in Bd. 3 online**.

Rebeccaweg

Marienthal, seit 1970, benannt nach Anna Rebecca Claudius, geb. Behn (1754 Wandsbek–26.7.1832 Wandsbek), Ehefrau von Matthias Claudius

Anna Rebecca war die älteste Tochter des Zimmermeisters Joachim Friedrich Behn und seiner Frau Ilsabe Martens. Matthias Claudius *(siehe ➤ Claudiusstieg, Claudiusstraße, Asmusweg, in Bd. 3 online**)*, der Redakteur des „Wandsbecker Bothen", lernte seine Rebecca kurz vor Weihnachten 1770 kennen, als er sich die Haustürschlüssel für sein zu mietendes Haus am Lübecker Steindamm in Wandsbek beim örtlichen Zimmermann Behn abholen wollte. Die damals sechzehnjährige Anna Rebecca war allein zu Hause und versuchte gemeinsam mit Claudius, den verschlossenen Wandschrank zu öffnen, in dem sich die Schlüssel befanden. Die beiden verliebten sich ineinander.

Am 15. März 1772 heiratete Rebecca den vierzehn Jahre älteren Claudius und wurde „sein Bauernmädchen" sowie Adressatin vieler seiner Gedichte und Ruhepol, an dem er Halt und Frieden fand. Sechs Monate nach der Hochzeit, im September 1772, wurde ihr Sohn Matthias zu früh geboren. Er starb wenige Stunden nach der Geburt. Im Laufe der Jahre kamen noch elf weitere Kinder auf die Welt – Fehlgeburten nicht mitgerechnet: 1774 Karoline, 1775 Christiane, 1777 Anna, 1779 Auguste, 1781 Henriette (Claudius wünschte sich nun sehnlichst einen Jungen), 1783 Johannes, 1784 Rebekka, 1786 Matthias (starb im Alter von zwei Jahren), 1789 Friedrich, 1792 Ernst, 1794 Franziskus.

Wegen der ständigen Geldsorgen nahm Matthias Claudius, der hin und wieder Lotto spielte, in der Hoffnung, damit Geld zu gewinnen, 1776 eine Stelle in Darmstadt als Beamter bei der Land-Commission und als erster Redakteur der Hessen-Darmstädtischen privilegirten Land-Zeitung an. Doch das Ehepaar wurde krank vor Heimweh und kehrte 1777 nach Wandsbek zurück. Dort lebte es mit seinen Kindern in einer kleinen Idylle. Der Dichter Johann Heinrich Voß *(siehe ➤ Voßweg, in Bd. 3 online**)*, der zwischen 1775 und 1778 mit seiner Frau Ernestine in Wandsbek wohnte und mit Rebecca und Matthias Claudius befreundet war, beschreibt ein sonniges Gartenidyll bei Claudius in Wandsbek: „Wir sind den ganzen Tag bei Bruder Claudius und liegen gewöhnlich bei seiner Gartenlaube auf einem Rasenstück im Garten und hören den Kuckuck und die Nachtigall. Seine Frau liegt mit ihrer kleinen Tochter im Arm neben uns (…). So trinken wir Kaffee oder Thee, rauchen ein Pfeifchen dabei, und schwatzen oder dichten (…)."[8]

**   Band 3 online unter: www.hamburg.de/maennerstrassennamen

8)   Abraham Voß (Hrsg.): Briefe von Johann Heinrich Voß. Halberstadt 1829, S. 192

Diese Inszenierung der ländlichen poetischen Idylle war ohne die im Hintergrund stattfindende unermüdliche Arbeit Rebeccas nicht möglich. Rebecca Claudius, die sich aufrieb zwischen Hausarbeit, Schwangerschaften, Niederkünften und Kindererziehung und als Hilfe nur eine Magd hatte, „konnte keine geistige (nur physische) Zuarbeit für die literarische Karriere des Mannes leisten; sie half ihm nicht bei der literarischen Korrespondenz, und sie stand bei Claudius' adeligen und literarischen Freundschaften abseits (als liebenswerte Gattin) (…).

Matthias war wohl auch nicht an der geistigen Förderung und eigenständigen Entwicklung Rebeccas interessiert; seine verhüllende, gleichsam oblique Darstellung des Ehe- und Familienglücks läßt auch auf fehlende Wahrnehmung der Ehefrau als Person (…) schließen".[9]

Freundschaftlichen Kontakt pflegte das Ehepaar Claudius auch mit Margarethe Milow, geb. Hudtwalcker, und ihrem Mann Johann Milow, Pastor in Wandsbek. *(Siehe zu Margarethe Milow bei* > Hudtwalckerstraße, *in Bd. 3 online**.)*

Claudius hatte nur einen schmalen Ertrag aus seinen Werken und Übersetzungen. So unterrichtete er nebenbei Kinder, die Rebecca und er in Pension nahmen. Daneben gab es noch einige adlige Gönner, die ihn finanziell unterstützten.

Mit der Zeit reichten die gemieteten Räumlichkeiten am Lübecker Steindamm nicht mehr aus, und Matthias Claudius kaufte 1782 ein Haus an der Lübecker Straße. Die Weide hinterm Haus hatte das Ehepaar Claudius unentgeltlich von Gräfin Caroline Tugendreich von Schimmelmann bekommen, dazu noch eine Kuh, die dort weiden konnte. Den Hauskauf finanzierten Freunde.

Als Matthias Claudius 1788 eine Bankrevisorstelle bei der Schleswig-Holsteinischen Speciesbank in Altona erhielt, gab dies mehr materielle Sicherheit. Doch die finanzielle Situation

blieb angespannt. Noch 1810, als Rebecca 56 Jahre und Matthias 70 Jahre alt waren, mussten sie für vier Söhne das Studium finanzieren und drei Töchter unterhalten, da diese noch nicht durch Heirat versorgt waren. Diese Töchter (damals 31 Jahre, 29 Jahre und 26 Jahre alt) lebten im elterlichen Haushalt und gingen zeitweise zu ihren zwei verheirateten Schwestern als „Tanten", um dort bei der Kinderpflege zu helfen. Der Musikwissenschaftler Martin Geck schreibt in seiner Biographie über Matthias Claudius: „Dem Denken der Zeit gemäß ist es für Claudius eine reine Selbstverständlichkeit, dass die Töchter seiner Gattin bei der Versorgung der Söhne zu helfen haben. Gleichwohl wachsen sie nicht bildungslos auf: Zum einen versteht sich das Wandsbeker Haus

Rebecca Claudius

als ein permanentes Erziehungsinstitut; zum anderen tragen die Eltern Sorge, dass ihre Töchter in gebildeten Kreisen verkehren und am gesellschaftlichen Leben teilhaben, soweit es dort gesittet zugeht. Da spielt die Musik eine große Rolle: Sowohl im kleinen Wandsbek als auch im großstädtischen Hamburg gehen die Claudius-Töchter nicht nur in Konzerte, wirken vielmehr beim Singen und Musizieren aktiv mit."[10]

Haushalt und Kinder zehrten an Rebeccas Kräften. Sie litt an chronischen Kopfschmerzen und wurde mehrmals von lebensbedrohlichen Erkrankungen heimgesucht. Ihr Mann machte sich große Sorgen, und so schrieb er an seinen Sohn Franz im Februar 1810: „Gott erhalte uns die Mama, wir finden so eine nicht wieder."[11]

Damit sich Rebecca auch von den kräftezehrenden Entbindungen erholen konnte, unter-

Abb.: Hamburg Museum (Ölgemälde von Friederike Leisching, um 1797)

**   Band 3 online unter: www.hamburg.de/maennerstrassennamen

9)   Barbara Becker-Cantorino: Rebecca Claudius. Zur sozial-geschichtlichen Realität des „Bauernmäd-

chen", in: Jörg-Ulrich Fechner (Hrsg.): Matthias Claudius: 1740–1817: Leben, Zeit, Werk. Tübingen 1996, S. 90. (Wolfenbütteler Studien zur Aufklärung, Bd. 21.)
10) Martin Geck: Matthias Claudius.

Biographie eines Unzeitgemäßen. München 2014, S. 242.
11) Martin Geck, a. a. O., S. 243.

nahm das Ehepaar Claudius Kuraufenthalte – zum ersten Mal im Sommer 1792 nach der Geburt des zweitjüngsten Sohnes Ernst. Es ging nach Bad Pyrmont. Solche Kuraufenthalte konnte sich das Ehepaar nur leisten, weil Freunde Reisegeld dazugaben.

Nach dem Tod ihres Mannes stand Rebecca Claudius fast mittellos da. Finanziell unterstützt wurde sie von ihrem Schwiegersohn Friedrich Perthes (siehe ▶ Perthesweg, in Bd. 3 online**). Auch die Wintermonate verbrachte die kranke und gebrechliche Witwe bei ihm und ihrer Tochter Caroline, verheiratete Perthes, am Jungfernstieg und nicht in ihrem kaum beheizbaren Haus in Wandsbek. Im Sommer übernahm Rebecca Claudius gerne Omapflichten und ließ ihre Enkel zu sich kommen. Auch unternahm sie – finanziert von ihrem Schwiegersohn – Reisen zu ihrer verheirateten Tochter Anna nach Düsseldorf. Betreut wurde Rebecca Claudius im Alter von einer ihrer ledigen Töchter. Rebecca Claudius starb siebzehn Jahre nach dem Tod ihres Mannes. Ihre Gräber befinden sich auf dem ehemaligen Friedhof hinter der evangelisch-lutherischen Christuskirche in Wandsbek.

Siehe auch ▶ Asmusweg, Marienthal, seit 1950, Claudiusstieg, Marienthal, seit 1951, und Claudiusstraße, Marienthal, seit 1890: Matthias Claudius, Dichter, der auch unter dem Pseudonym Asmus schrieb, in Bd. 3 online**.

Siehe auch ▶ Hudtwalckerstraße, Winterhude, seit 1899: Martin H. und Johann Michael Hudtwalcker, Senatoren, in Bd. 3 online**. Hier: Margarethe Milow, geb. Hudtwalcker, befreundet mit Rebecca und Matthias Claudius.

Siehe auch ▶ Perthesweg, Hamm-Nord, seit 1929: Friedrich Christoph Perthes (1772–1843), Buchhändler, in Bd. 3 online**.

Siehe auch ▶ Voßweg, Uhlenhorst, seit 1914: Johann Heinrich Voß (1751–1826), Dichter, Übersetzer der Werke von Homer, in Bd. 3 online**.

**   Band 3 online unter: www.hamburg.de/maennerstrassennamen

Reginenstraße

Rothenburgort, seit 1870. Unbekanntes Benennungsmotiv

Reichardtstraße

Bahrenfeld, seit 1929, benannt nach Johann Friedrich Reichardt. 2001/2002 ergänzt um die ebenso bedeutende Tochter Caroline Luise Reichardt. Neuer Erläuterungstext: benannt nach Johann Friedrich R. (1752–1814), Komponist und Musikschriftsteller, und dessen Tochter Caroline Luise R. (11.4.1779 Berlin–17.11.1826 Hamburg), Sängerin, Musikpädagogin und Komponistin, zuletzt in Hamburg

Louise Reichardt war die älteste Tochter des preußischen Hofkapellmeisters, Komponisten und Wegbereiters romantischer Liedkunst, Johann Friedrich Reichardt und der Sängerin und Komponistin Juliane Benda. In Hamburg gründete sie zusammen mit dem Pianisten und Komponisten Johann Hermann Clasing (1779–1829) (siehe ▶ Clasingstraße, in Bd. 3 online**) den „Musikalischen Verein für geistliche Musick", wo sie die Einstudierung des Chores übernahm. Sie führten oratorische Werke auf, vor allem von Georg Friedrich Händel (siehe ▶ Händelstraße, in Bd. 3 online**), Wolfgang Amadeus Mozart (siehe ▶ Mozartstraße, in Bd. 3 online**) und italienischen Komponisten. Im norddeutschen Raum organisierten sie „Geistliche Musikfeste", 1817 und 1818 in Hamburg und Lübeck. Mit rund 500 Mitwirkenden vor rund 5000 Besuchenden wurden im Hamburger „Michel" Händels „Messias" und Mozarts „Requiem" aufgeführt. Dieser „Musikalische Verein" gilt als Vorläufer der 1819 gegründeten Hamburger Sing-Akademie, in der allerdings weder Reichardt noch Clasing wichtige Rollen eingeräumt wurden. Auch hier vermochte

die Macht der Musik menschliche Konkurrenz-
kämpfe nicht zu mildern.

1809 war die ledige Louise Reichardt nach
Hamburg gekommen, um sich eine Existenz als
Gesangs- und Musiklehrerin aufzubauen. Nach
dem frühen Tod ihrer Mutter 1783 hatte ihr Vater
die verwitwete Hermina Hensler, geb. Alberti,
geheiratet. Deren Vater war der berühmte auf-

Louise Reichardt

klärerische Prediger Julius Gustav Alberti (1723–
1772), ein Gegner Johann
Melchior Goezes (1717–
1786). Die Familie wuchs,
und Louise musste bereits
im Alter von fünfzehn
Jahren mit ihren beiden
älteren Stiefschwestern die
Haushaltung führen. Der
Vater war als königlicher
Kapellmeister ohne Pen-
sion entlassen worden, da er mit der französischen Revolution sympathisierte. Er zog mit der
Familie nach Giebichenstein bei Halle, wo er das
Kestnersche Kossätengut gekauft hatte und ab
1794 als Salinendirektor amtierte. Das Haus
wurde zur legendären „Herberge der Romantik",
hier trafen sich Ludwig Tieck *(siehe* ➤ Tiecksweg,
in Bd. 3 online**), Clemens Brentano *(siehe* ➤
Brentanostraße, *in Bd. 3 online**)*, Novalis *(siehe* ➤ Novalisweg, *in Bd. 3 online**)*, Achim von
Arnim *(siehe* ➤ Arnimstraße, *in Bd. 3 online**)*,
Friedrich Schleiermacher, Henrik Steffens etc.
Für das Wohl dieser romantischen Geselligkeit
waren Louise und ihre Schwestern unermüdlich
tätig, die allerdings auch auf diese Weise von
Diskussionen, Lesungen und Konzerten profi-
tierten – und zu eigener Produktivität angeregt
und ermuntert wurden. Insbesondere Louise
wurde wegen ihres Gesangs und ihrer Kompositionen gelobt und knüpfte Freundschaften,

etwa zu Achim von Arnim und Clemens Brentano.

Louise blieb unverheiratet, ihr erster Verlobter, der Dichter Friedrich August Eschen (1776–
1800), verunglückte in den Schweizer Alpen,
und ihr zweiter Verlobter, der Maler Franz Gar-
eis (1775–1803), starb kurz vor der Eheschließung an Ruhr. Zur Sicherung ihres Lebensunter-
haltes zog sie 1809 nach Hamburg, in das
Umfeld ihrer Stiefmutter, um dort als Gesangs-
und Musiklehrerin zu arbeiten. Doch musste
diese Erwerbstätigkeit vor dem Vater geheim gehalten werden, da sie dem bürgerlichen Frauenbild widersprach. Unterstützt wurde Louise Reichardt von der Familie Sillem (Sillemstraße in
Hamburg Eimsbüttel seit 1903, benannt nach
der Familie Sillem). Sie unterrichtete bald viele
Musikschülerinnen aus angesehenen Familien.
Fünf Jahre später eröffnete sie, wohl als eine
Pionierin auf diesem Gebiet, eine private Musik-
und Singschule für Frauen und Mädchen, und
gründete einen Frauenchor. Doch nach einiger
Zeit machte ihr Vorbild Schule, die Konkurrenz
der Lehrenden wuchs, und sie hatte Mühe, ihr
Auskommen zu erwirtschaften.

Neben ihrer pädagogischen Tätigkeit wirkte
Louise Reichardt auch als Komponistin. Ca. 90
Lieder sind von ihr bekannt.

Louise Reichardt leistete für die Entwicklung eines bürgerlichen Musiklebens in Hamburg einen wichtigen und bis heute unterschätz-
ten Beitrag.[12]

Text: Birgit Kiupel

> Siehe auch ➤ Klopstockstraße, Königskinder-
> weg, *in diesem Band.*

> Siehe auch ➤ Arnimstraße, *Osdorf, seit 1941:*
> *Achim von Arnim (1781–1831), Dichter, in*
> *Bd. 3 online**.*

> Siehe auch ➤ Bachstraße, *Uhlenhorst, seit*
> *1860: ursprünglich nach altem Weg im Tal der*
> *Osterbek. Benennungsmotiv geändert 1965.*

**   Band 3 online unter: www.ham-
burg.de/maennerstrassennamen

12) http://mugi.hfmt-hamburg.de/
Artikel/Louise_Reichardt

Seitdem heißt die Straße nach Johann Sebastian Bach (1685–1750), in Bd. 3 online**.

Siehe auch ➤ **Brentanostraße**, *Osdorf, seit 1941: Clemens Brentano (1778–1842), Dichter, Bruder von Bettina von Arnim, Bd. 3 online**.*

Siehe auch ➤ **Clasingstraße**, *Eimsbüttel, seit 1911: Johann Heinrich Clasing (1779–1829), Dirigent und Mitbegründer der Singakademie, in Bd. 3 online**.*

Siehe auch ➤ **Novalisweg**, *Winterhude, seit 1928: richtiger Name Freiherr Georg Philipp Leopold von Hardenberg (1772–1801), „Künstlername": Novalis, Dichter, in Bd. 3 online**.*

Siehe auch ➤ **Tiecksweg**, *Eilbek, seit 1904: Ludwig Tieck (1773–1853), Dichter, Dramaturg, in Bd. 3 online**.*

Reimarusstraße

Neustadt, seit 1902, benannt nach **Hermann Samuel Reimarus** *und* **Johann Albert Reimarus**. *2001/2002 ergänzt um die ebenso bedeutende Tochter und Schwester* **Elise Reimarus**.

Neuer Erläuterungstext: benannt nach Hermann Samuel R. (1694–1768), Professor am Hamburger Akademischen Gymnasium, dessen Sohn Dr. Johann Albert Heinrich R. (1729–1814), Professor ebenda und Arzt, und deren Tochter bzw. Schwester Margaretha Elisabeth, genannt Elise R. (22.1.1735 Hamburg–2.9.1805 Hamburg), Erzieherin, Schriftstellerin und zentrale weibliche Persönlichkeit der Aufklärung in Hamburg

Die Familie **Reimarus** lebte im 18. Jahrhundert in der Hamburger Fuhlentwiete 122. Diese ehemals zum Rödingsmarkt führende Straße heißt heute in ihrem unteren Abschnitt Stadthausbrücke, und hier, etwa auf der Höhe des Gebäude, wo bisher die Hamburger Baubehörde untergebracht war, muss einst das Haus mit der Hausnummer 122 gestanden haben. Der Hausherr war Hermann Samuel Reimarus (1694–1768), Professor

für orientalische Sprachen am Akademischen Gymnasium, seine Frau Johanna Friderica, geb. Fabricius, die ebenfalls einer Gelehrtenfamilie entstammte, aber anscheinend keine besondere Bildung erhalten hatte. Von ihren drei Kindern, Johann Albert Hinrich, Margaretha Elisabeth (Elise) und Hanna Maria blieb die unverheiratete Elise (22.1.1735 Hamburg–2.9.1805 Hamburg) im Elternhaus. Und auch der Sohn, der Arzt und Naturforscher Johann Albert Heinrich, kehrte mit seiner zweiten Frau Sophie 1770 in die Fuhlentwiete zurück, nachdem der Vater zwei Jahre zuvor gestorben war.

Man führte ein offenes Haus, dessen Mittelpunkt die Frauen Elise und Sophie Reimarus, geb. Hennings (14.4.1742 Pinneberg–30.9.1817 Hamburg), waren. Ihr Theetisch bildete bald einen weit über die Grenzen der Stadt hinaus berühmten Ort der Hamburger Aufklärung.

Elise Reimarus hatte eine umfangreiche Bildung genossen, und als die erste Frau ihres Bruders, Johanna Maria, geb. Thorbecke, 1762 im dritten Kindbett starb, übernahm Elise im elterlichen Haus die Pflege und Erziehung des dreijährigen Neffen Hermann Dietrich und seiner ein Jahr jüngeren Schwester Johanna Margaretha, gen. Hannchen, *(siehe* ➤ **Sievekingdamm**, *in Bd. 3 online**)* während der Vater der Kinder zunächst weiter bei seinen Schwiegereltern wohnte. Später unterrichtete sie auch an der 1787 von ihrer Freundin Caroline Rudolphi (1754–1811) *(siehe* ➤ **Rudolphiplatz**, *in diesem Band)* in der Hammer Landstraße 75 gegründeten „Erziehungsanstalt für junge Demoiselles" von sechs bis 21 Jahren.

Zu der praktischen pädagogischen Arbeit gesellte sich ein schriftstellerisches Werk. Zwischen 1764 und 1766, als gute Kinderliteratur noch Mangelware war, schrieb die einem aufklärerischen Bildungsideal verpflichtete Elise Reimarus Texte für Kinder – meist in Dialogform oder als kleine Bühnenstücke mit genauen Altersangaben für die Hauptpersonen. Wie kindgerecht diese Stücke waren, zeigt sich darin, dass der Schriftsteller und Pädagoge Joachim Heinrich Campe sie später in seine „Kleine Kinderbibliothek" (Hamburg 1778–1785) aufnahm. In seinem Almanach erschienen nur Beiträge, die vorher mit Kindern erprobt worden waren. Zwei die Kindererziehung theoretisch fundierende Stücke von Elise Reimarus ließ Campe 1778 in den vom Dessauischen Philanthropinum herausgegebenen „Pädagogischen Unterhandlungen" drucken. Auch das bisher unveröffentlichte Manuskript „Die Freundschaft auf der

Elise Reimarus

Probe", die in Gegensatzpaaren konstruierte rührende Geschichte zweier Freunde, die sich an Edelmut und Treue überbieten, gehört in den Bereich der didaktischen Literatur, wie schon die ersten Sätze der Erzählung zeigen: „In einer von den Sittenschulen, die die englische Jugend besucht, die Pflichten des Menschen und Bürgers zu erlernen, ihren Geist aufzuklären und ihr Herz zu veredeln, waren Nelfon und Blanford durch eine Freundschaft bekannt, die der ältesten Zeiten würdig war. Nach geendigten Studien, ergriff jeder den Stand, dazu ihn die Natur berief. Blanford, thätig, stark und muthvoll, entschied sich für die Waffen und den Seedienst. Reisen wurden eine Schule. Abgehärtet zu den Beschwerden, durch Gefahren unterrichtet, stieg er, von Stufe zu Stufe, bis zum Commando eines Schiffes. Nelfon, mit einer männlichen Beredsamkeit und einem klugen tiefdenkenden Geiste begabt, war Mitglied jener Deputirten, aus denen die Nation ihren Rath besetzt; und in kurzer

Zeit machte er sich bey denselben berühmt. Also diente jeder von ihnen seinem Vaterlande, glücklich durch das Gute was er ihm erwies."

Mit ihren Übersetzungen von Dramen aus dem Englischen und Französischen bereicherte Elise Reimarus das damals noch dürftige Repertoire deutscher Bühnenstücke und trug zum Spielplan des 1779/80 in eine Krise geratenen Stadttheaters bei. Über ihre Übersetzung des „Cato" von Joseph Addison führte sie mit Lessing *(siehe* ❯ *Lessingstraße, in Bd. 3 online**),* mit dem sie seit seiner Hamburger Zeit freundschaftlich verbunden war, einen Briefwechsel. Voller Vertrauen in ihr schriftstellerisches Talent ermunterte er sie, das Stück in die damals beliebten Blankverse zu übertragen. Seinerseits bat er sie fast ängstlich um ihr Urteil zu seinem „Nathan": „Nötig hätt ichs wohl, daß Sie ein wenig gut davon urteilten, um mich wieder mit mir selbst zufrieden zu machen." (Brief vom 14.5. 1779). Neben Lessing waren Männer wie Moses Mendelssohn *(siehe* ❯ *Moses-Mendelssohn-Brücke, in Bd. 3 online**)* und Friedrich Heinrich Jacobi Elise Reimarus' Briefpartner.

Ebenso bedeutend war Elise Reimarus' jüngere Schwägerin Sophie, die allgemein nur „die Doktorin" genannt wurde. Leider ist nach ihr die Reimarusstraße nicht mit benannt worden. Sophie war dem aufklärerischen Gedankengut von Vernunft und Toleranz verpflichtet. „Hier kommt und geht, wer will, und denkt auch, was er will, und sagt es ziemlich dreist, und niemand kümmert sich darum"[13], beschrieb sie einmal ihren Theetisch, der einer der zentralen Orte der Hamburger Aufklärung und Anziehungspunkt für zahlreiche fremde Besucher der Stadt war. Hier herrschte Offenheit, Herzlichkeit und ein ganz auf geistige Genüsse gerichteter Sinn. Mehr als einen Tee hatten die Besucherinnen und Besucher kaum zu erwarten. Der Archäologe, Altphilo-

** Band 3 online unter: www.hamburg.de/maennerstrassennamen

der französischen Revolution. Kapitel VII. Berlin 1913.

13) Zit. nach: Georg Heinrich Sieveking: Lebensbild eines Hamburgischen Kaufmanns aus dem Zeitalter

loge und Schriftsteller Karl August Böttiger nannte die Familie Reimarus den „Licht- und Mittelpunkt des geistigen Hamburg", und weiter: „Nichts ist in der That fröhlicher und genußreicher als eine Theetischconversation im Kreise dieser Familie, zu der ich während meines Aufenthaltes in Hamburg so oft eilte, als ich mich anderswo wegschleichen konnte. Während Vater Reimarus im Kaftan und mit Pfeife bald mit einsitzt, bald in dem benachbarten Zimmer Arzneien zubereitet, aber auch von daher durch die geöffnete Thür den Faden des Gesprächs festhält und oft seine Bejahung oder Verneinung mit vorgestrecktem Kopfe hereinruft, sitzt die Mutter Reimarus am dampfenden Theeständer, ihr zur Seite die ehrwürdige Elise und zwei unverheiratete Töchter des Doctors."[14] Die Hamburger Caspar Voght (siehe ➤ Caspar-Voght-Straße, in Bd. 3 online**), Johann Georg Büsch, Friedrich Gottlieb Klopstock (siehe ➤ Klopstockstraße, in diesem Band) und Gotthold Ephraim Lessing (siehe ➤ Lessingstraße, in Bd. 3 online**) in seiner Hamburger Zeit gingen hier ebenso ein und aus wie durch Hamburg reisende Gelehrte und Schriftsteller wie Adolph Freiherr von Knigge, Karl Leonhard Reinhold oder Karl August Böttiger.

Sophie Reimarus war die Tochter des Pinneberger Staatsrats Martin Hennings, der ihr eine ausgezeichnete Ausbildung angedeihen ließ. Schwester des bedeutenden Aufklärers August Hennings, zweite Ehefrau des nicht weniger angesehenen Arztes und Gelehrten Johann Albert Heinrich Reimarus, Schwägerin der klugen und gebildeten Elise Reimarus, Stiefmutter von Hannchen Sieveking (siehe ➤ Sievekingdamm, in Bd. 3 online**), die ein großes Haus und nach dem Tod des Ehemannes eine Zeitlang auch sein Handelshaus führte.

Sophie Reimarus wurde von ihren Zeitgenossen als geistvolle und lebhafte Gesprächspartne-rin beschrieben. Wilhelm von Humboldt rühmte 1796 in seinem Reisetagebuch ihren „in hohem Grade gebildeten Verstand, und eine sehr angenehme und heitere Laune im Umgang" und notierte weiter: „Sie soll ein außerordentliches Talent zu der leichten Gattung des Stils haben, und über die Vortrefflichkeit ihrer Briefe herrscht nur eine Stimme."[15] Ein Blick in ihre Briefe an den Bruder August Hennings bestätigt das. Es sind gescheite und schlicht formulierte Dokumente ihrer Gedanken zu Politik, Philosophie und Literatur. In ihren Berichten von den Teegesellschaften zeichnet sie mit wenigen Sätzen plastische Portraits der Besucher. Immer sind ihre Ansichten und Urteile geprägt von Vernunft und Maß. Schwärmerei und romantischen Tendenzen steht sie voller Skepsis gegenüber, hier können ihre Urteile auch einmal hart und scharf ausfallen. So mokiert sie sich beispielsweise in drastischer Form über Caspar Voghts Eitelkeit, als er sich mit dem Etatsratstitel, dem Eintrittsbillet in den Adel, schmückte. Und in einem Brief an den Kaufmann Sulpiz Boesserée fragte sie: „Aber auf welche Universität wollen Sie dann ziehen? Jena hat seit einiger Zeit seine berühmtesten Männer verlohren und unter den bösen Phenomenen der Schellingschen Philosophie (siehe ➤ Schellingstraße, in Bd. 3 online** und Schlegelsweg, in diesem Band) gehört auch wohl diese Gährung. Wenn nun diese ledigen Lehrstühle mit den Schlegeln und Tieck (siehe ➤ Tiecksweg, in Bd. 3 online**) besetzt, und von Jacob Böhme beschützt werden, wird es vollends junge Köpfe verdrehen. Seit Kurzem sind uns 3 Junge Herren vorgekommen, die halbtot, wenigstens zu allem nützlichen verdorben waren."[16] Und auch die anfängliche Revolutionsbegeisterung – ausführlich hatte Sophie ihrem Bruder von der Revolutionsfeier bei Sievekings berichtet und sich später begeistert über den

** Band 3 online unter: www.hamburg.de/maennerstrassennamen

14) Karl August Böttiger: Literarische Zustände und Zeitgenossen. In: Schilderungen aus Karl Böttigers handschriftlichem Nachlasse. Hrsg. von Karl Wilhelm Böttiger. Bd. 2. Leipzig 1838.
15) Zit. nach: Franz Schultz: Ein Urteil über die „Braut von Messina". Aus ungedruckten Briefen von Sophie Reimarus an Sulpiz Boisserée. In: Euphorion, 12 [1905].
16) Zit. nach: Franz Schultz, a. a. O.

Mainzer Jakobinerklub geäußert – schlug bald um. Mitte Dezember 1792 schrieb sie in einem Brief an den Bruder: ‚Nein, die Franzosen sind keine Nation, mit der man sich brüderlich verbinden kann! (…) Gute Freiheit, warum bist du nicht in andere Hände gefallen!'"[17] Und in einem Gedicht pries sie wie viele von der Revolution enttäuschte ZeitgenossInnen den Rückzug ins Private, Überschaubare, Geordnete:

„(…) Ein grauenvolles Zeitungslesen
Zerstört oft unser ganzes Wesen,
(…)

Was gute Menschen kaum begannen
Sinkt schrecklich hin durch VolksTyrannen,
(…)

Hinweg denn mit dem großen Traume
Die Freiheit haußt im engen Raume
Wohnt in der Brust der Redlichkeit
Sie wohnt in unserm kleinen Zimmer
Und unser Theetisch sey ihr immer
Zum bleibenden Altar geweiht."[18]

Sophie Hennings hatte im Alter von 28 Jahren, am 8.6.1770, den Arzt, Naturforscher und Philosophen Johann Albert Heinrich Reimarus geheiratet. Sie hatte ihn kennengelernt, als sie von Pinneberg nach Hamburg gereist war, um sich der von ihm in Hamburg eingeführten Pockenimpfing zu unterziehen. Zu Hannchen, der Tochter aus der ersten Ehe ihres Mannes, gesellten sich 1771 die Tochter Christine, (1771–1815), die später (1786) den französischen Gesandten in Hamburg, Karl Reinhard heiratete und einen umfänglichen Briefwechsel mit Wilhelm von Humboldt führte, und 1774 der Sohn Hermann, der Kaufmann wurde.

Der Tagesablauf im Hause Reimarus, den Piter Poel (siehe > Poelsweg, in Bd. 3 online**) beschreibt, bestätigt noch einmal die geistige Beweglichkeit und Bildung Sophie Reimarus': „Der Theetisch vereinigte die Gatten früh morgens,

dann im Laufe des Vormittags, wenn der Mann sich ein halbes Stündchen von seinen Patienten abmüßigen konnte und nach dem Abendessen, selbst wenn sie erst spät aus der Abendgesellschaft nach Hause gekommen waren. Dann hatte sie immer Journale in Bereitschaft mit den angemerkten Stellen, die ihn der Mühe überhoben, das Ganze durchzulesen, oder sie trug mündlich ihm vor, was ihn auf andre Weise erfreuen konnte."[19]

Wie sehr sich ihre Wesensart von der ihrer Stieftochter Hannchen unterschied, die die Seele eines anderen namhaften gesellschaftlichen Treffpunkts in Hamburg jener Zeit war, zeigt die folgende Begebenheit: Als das Sievekingsche Handelshaus 1811 Konkurs gemacht hatte, bat Hannchen ihren Vater ins Elternhaus zurückkehren zu dürfen: „Ich will mein Kinderleben wieder anfangen, will Papa mich bei sich aufnehmen?" Sophie Reimarus Antwort: „Gutes Kind. Du hast nie aufgehört, es zu führen; denn rein und kindlich ist dein Leben immer gewesen."[20] Diese kindliche Liebe sollte Sophie Reimarus in besonderem Maße zuteil werden, als sie bettlägerig wurde und Hannchen sie aufopfernd bis zu ihrem Tode pflegte. Sophie Reimarus starb drei Jahre nach dem Tode ihres Mannes, am 30. September 1817.

Text: Brita Reimers

Siehe auch > **Klopstockstraße, Rudolphiplatz, Schlegelsweg,** *zu Schelling: siehe unter* **Schlegelsweg,** *in diesem Band.*

Siehe auch > **Baron-Voght-Straße,** *Groß Flottbek, seit 1928: Baron Caspar Voght (1752–1839), Kaufmann, machte seinen Besitz in Flottbek zu einem landwirtschaftlichen Musterbetrieb, und* **Caspar-Voght-Straße,** *Hamm-Nord, seit 1916, in Bd. 3 online**.*

Siehe auch > **Lessingstraße,** *Hohenfelde, seit 1863: Gotthold Ephraim Lessing (1729–1781), Dichter, Schriftsteller, in Bd. 3 online***

** **Band 3 online** unter: www.hamburg.de/maennerstrassennamen

17) Zit. nach: Inge Stephan: Aufklärer als Radikale? Literarische und politische Opposition in Hamburg und Altona am Ende des 18. Jahrhunderts. In: Inge Stephan, Hans-Gerd Winter (Hrsg.): Hamburg im Zeitalter der Aufklärung. Berlin, Hamburg 1989. 18) Zit. nach: Franklin Kopitzsch: Grundzüge einer Sozialgeschichte der Aufklärung in Hamburg und Altona. 2. Aufl. Hamburg 1990. 19) Gustav Poel: Bilder aus vergangener Zeit nach Mitteilungen aus großenteils ungedruckten Familienpapieren. Teil II. Kapitel I. Hamburg 1887.

Siehe auch ▶ **Moses-Mendelssohn-Brücke,** *Harburg, seit 1998: Moses Mendelssohn (1792–1786), Philosoph, in Bd. 3 online**.*

Siehe auch ▶ **Poelsweg,** *Hamm, seit 1929: Piter Poel (1760–1837), Schriftsteller, Herausgeber des altonaischen Mercurius, in Bd. 3 online**.*

Siehe auch ▶ **Sievekingdamm,** *Hamm, seit 1945: Dr. Karl Sieveking (1787–1847), Senatssyndicus. Hier Text zu seiner Mutter Hannchen Sieveking.*

Siehe auch ▶ **Tiecksweg,** *Eilbek, seit 1904: Ludwig Tieck (1773–1853), Dichter, Dramaturg, in Bd. 3 online**.*

Reinheimerweg

Iserbrook, seit 1953, benannt nach **Sophie Reinheimer** *(20.7.1874 Brüssel–9.10. 1935 Hofheim/ Taunus), Kindergärtnerin, Kinderbuchautorin. Erste Autorin des neugegründeten Kinderbuchverlages Friedrich Schneider*

Ihr Vater Josef Adolph Christian Reinheimer (1842–1910), von Beruf Kunstmaler, besaß eine Fabrik zur Produktion von Brüsseler Spitzen. Verheiratet war er mit der Frankfurterin Sofie Elise van der Heyden (1850–1915), Tochter eines Mode-Kaufmannes und Perückenmachermeisters. 1878 zog die Familie nach Leipzig, zehn Jahre später nach Frankfurt am Main.

In Leipzig hatte sich Sophie Reinheimer, die noch eine zwei Jahre jüngere Schwester hatte, mit den Töchtern des Verlagsbuchhändlers Carl Reissner angefreundet. Dieser gab einen der Briefe von Sophie, die sie an seine Kinder geschrieben hatte und dessen Inhalt von Puppen und Spielen handelte, in einer Zeitschrift heraus – das erste Gedruckte von Sophie Reinheimer, die von Geburt an kränkelte. Sie selbst beschrieb sich einmal als „armes, gebrechliches Großstadtkind".[21]

Sophie Reinheimer liebte Vögel, Blumen, Bäume, Sonne, Natur. „Ihre wahren Seelenver-wandten sieht [sie] in den Kindern, die gleich ihr in einer Welt leben, ‚in der es noch Einfalt, frische, rosa Brillen und fröhliche Märchengläubigkeit‘ gibt."[22]

Sophie Reinheimers Berufswunsch lag nahe: Sie wollte Kindergärtnerin werden. Ihre Eltern hatten wegen der zarten Konstitution ihrer Tochter jedoch starke Bedenken. Dennoch setzte Sophie Reinheimer ihren Berufswunsch durch und begann 1898 eine Kindergärtnerinnenausbildung am Fröbelschen Kindergärtnerinnen-Seminar in Frankfurt am Main. Nach dem Ausbildungsabschluss arbeitete sie einige Jahre im Seminar und in Privathaushaltungen. Aber ihre körperliche Konstitution ließ dies nicht lange zu. Es folgten zahlreiche Kuraufenthalte, bis die 28-jährige Sophie Reinheimer sich schließlich – unter einer rheumatischen Erkrankung leidend und wegen ihres labilen psychischen Gesundheitszustands – in die Kurklinik von Sanitätsrat Dr. Max Schulze-Kahleyß in Hofheim am Taunus begab.

1907 erschien ihr erstes Kinderbuch „Von Sonne, Regen, Schnee und Wind und anderen guten Freunden". 1913 begann die langjährige Zusammenarbeit mit dem Franz Schneider Verlag, dessen Ziel es war, Kindern kindgerechte Bücher anzubieten. Sophie Reinheimer schrieb märchenhafte Erzählungen. Durch sie sollte dem kleinbürgerlichen Stadtkind des Industriezeitalters die Natur nahegebracht werden. Insgesamt erschienen von ihr ca. 40 Bücher in einer Gesamtauflage von mehr als fünf Millionen Exemplaren. Besonders in den 1920er- und 1930er-Jahren waren ihre Kinderbücher sehr beliebt.

Wegen ihrer Erkrankung konnte Sophie Reinheimer keine weiten Reisen unternehmen und keine großen Gesellschaften abhalten. Sie hatte aber einige beste Freundinnen.

**   **Band 3 online** unter: www.hamburg.de/maennerstrassennamen

20) Zit. nach: Georg Heinrich Sieveking, a. a. O.
21) Reinheimer 1924, Bl. 11, zitiert nach: Blumenhimmel – Alltagsfreuden. Sophie Reinheimer 1874–1935. Eine Ausstellung im Stadtmuseum Hofheim am Taunus 23. September – 5. November 1995. Stadtmuseum Hofheim am Taunus. Institut für Ju-gendbuchforschung der Johann-Wolfgang Goethe-Universität Frankfurt am Main. Frankfurt/Main 1995, S. 11.
22) Reinheimer 1924, Bl. 13, zitiert nach: Blumenhimmel – Alltagsfreuden, a. a. O., S. 12.

Nach dem Tod der Eltern gerieten die beiden Schwestern Sophie und Marie, die zusammen lebten, in finanzielle Schwierigkeiten und mussten einen Teil ihres geerbten Besitzes verkaufen.

Ihre letzten Lebensjahrzehnte verbrachte Sophie Reinheimer mit ihrer Schwester in Hofheim. Dort lebten sie seit 1924 in einer Dachstube im Alten- und Pflegeheim Marienheim, betreut von den dortigen Schwestern. 1925 schloss die Stadt Hofheim mit den Schwestern Reinheimer einen Versorgungsvertrag. Danach übernahm die Stadt die Versorgung der Schwestern und erhielt als Gegenleistung deren Besitz.

Sophie Reinheimer

1926 wurde Margarete Hilsboe Sophie Reinheimers Reisebegleiterin. Gemeinsam mit der Schwester Marie unternahmen die drei trotz Sophie Reinheimers Gebrechlichkeit beispielsweise Fahrten in den Schwarzwald und in den Rheingau. Sophie Reinheimer besuchte Veranstaltungen und Jahrmärkte und besonders Radrennen. Auch nahmen die Schwestern noch die Strapazen eines Umzuges aus dem Marienheim in eine Wohnung in der Hofheimer Mainstraße auf sich.

Befreundet war Sophie Reinheimer auch mit der Puppenherstellerin Käthe Kruse, von der sie auch zwei Puppen besaß.

Als ihre Erkrankung es ihr immer weniger erlaubte, das Haus zu verlassen, pflegte Sophie Reinheimer noch weiter Kontakte und Freundschaften. So wurde sie von Mädchengruppen besucht, denen sie Geschichten erzählte. Als Gegenleistung spielten die Mädchen der Schriftstellerin Kaspertheater vor. Nachbarjungen führ-

ten den Hund Gassi und erledigten für einige Bonbons kleine Besorgungen.

Nach dem Tod von Sophie Reinheimer wurde die Mainstraße nach ihr umbenannt. Die Schwester Marie zog nach Frankfurt am Main, wo sie 1952 verstarb.

„Die letzte Veröffentlichung von Sophie Reinheimers Märchen erscheint 1990 im Schneider-Verlag mit dem Titel ‚Meine Märchenwelt‘. Aufgrund fehlender Nachfrage gibt es jedoch keine weiteren Auflagen mehr."[23]

Reitzeweg

Groß Borstel, seit 1951, benannt nach Johanne Caroline Agnes Reitze, geb. Leopolt (16.1.1878 Hamburg–22.2.1949 Hamburg), SPD-Reichstagsabgeordnete, führende Funktionärin der sozialdemokratischen Frauenbewegung
Ihr Grabstein steht im Garten der Frauen auf dem Ohlsdorfer Friedhof.

Johanne Reitze entstammte einer Arbeiterfamilie. So war ihr Bildungsweg vorprogrammiert: Volksschule, Arbeit als Dienstmädchen, später als Arbeiterin. Johanne Reitze war in einer Druckerei tätig. Dort lernte sie Kollegen und Kolleginnen kennen, die sie mit der Arbeiterbewegung vertraut machten, so dass sie 1902 den Entschluss fasste, in die SPD einzutreten.

Zwei Jahre zuvor hatte sie den sozialdemokratischen Journalisten Johannes Carl Kilian-Reitze geheiratet. Auch er wird ihren politischen Weg beeinflusst haben. Zusammen mit ihm ging sie 1904 für ein halbes Jahr auf die Parteischule nach Berlin.

Von 1916 bis 1919 war sie Vorstandsmitglied im Landesvorstand der Hamburger SPD und bis 1931 regelmäßig Delegierte bei den SPD-Frauenkonferenzen und SPD-Parteitagen auf Reichs-

Abb.: Stadtarchiv Hofheim am Taunus, Monika Gellert-Benner

23) Reinheimer 1924, Bl. 13, zit. nach: Blumenhimmel – Alltagsfreuden, a. a. O., S. 24.

ebene. So war sie sicherlich daran beteiligt, als im April 1918 erstmals eine gemeinsame Kundgebung der bürgerlichen und sozialdemokratischen Frauen für das Frauenstimmrecht im Hamburger Gewerkschaftshaus stattfand. Die Zusammenarbeit zwischen bürgerlichen und sozialdemokratischen Frauen war durch die schon während des Ersten Weltkrieges zustande gekommene Kooperation auf dem Gebiet der Kriegshilfe entstanden. Der Anstoß für die Zusammenarbeit in der Kriegshilfe war vom SPD-Parteivorstand und der Generalkommission der freien Gewerkschaften ausgegangen. Sie riefen, nachdem „die sozialdemokratische Reichstagsfraktion für die Bewilligung der Kriegskredite gestimmt hatte, die Genossinnen (...) zu einer ‚allgemeinen Hilfsaktion' auf. Um eine Zersplitterung der Kräfte in der Kriegsfürsorge zu vermeiden, sollten sie gemeinsam mit den bürgerlichen Frauen im Nationalen Frauen Dienst tätig werden. Diese Aufforderung entsprach der Burgfriedenspolitik, die die Mehrheit in der SPD-Führung [so auch Johanne Reitze] seit Kriegsbeginn in dem Glauben betrieb, daß Deutschland einen ‚Verteidigungskrieg gegen den russischen Despotismus' führe".[24]

Johanne Reitze

Neben dieser Tätigkeit in der Kriegshilfe war Johanne Reitze auch Beiratsmitglied des Hamburger Kriegsversorgungsamtes und des Speiseausschusses der Kriegsküchen und arbeitete für die Kriegsfolgehilfe und die Kriegshinterbliebenenfürsorge.

Von 1919 bis 1921 war sie Mitglied der Hamburgischen Bürgerschaft und von 1919 bis 1933 Mitglied des reichsweiten SPD-Parteiausschusses.

24) Karen Hagemann, Jan Kolossa: Gleiche Rechte, Gleiche Pflichten?, Hamburg 1990.

Ein Höhepunkt ihrer Parteikarriere stellte die 1919 erfolgte Wahl in die Nationalversammlung dar. 310 Frauen waren für die Wahl aufgestellt worden. Das war sehr viel und lag daran, dass nach der Novemberrevolution auch die bürgerlichen Parteien, die sich bis dahin gegen die staatsbürgerliche Gleichstellung der Frauen gewehrt hatten, die Frauen „entdeckt" hatten – schließlich waren diese potenzielle Wählerinnen. Allerdings wurden nur 36 Frauen in die Nationalversammlung gewählt, drei rückten nach. Damit machten die Parlamentarierinnen 9,6 % aller ParlamentarierInnen in der Nationalversammlung aus. Unter ihnen war Johanne Reitze lange Zeit die einzige weibliche Abgeordnete aus dem Wahlkreis Hamburg.

Das Hauptbetätigungsfeld der Politikerinnen waren die „angestammten" so genannten Frauenbereiche wie Sozialpolitik, Wohlfahrtspflege, Jugend-, Gesundheits- und Schulpolitik. Dadurch war es den Politikerinnen nicht möglich, in allen Politikfeldern die Interessen der Frauen einzubringen. Die „Große Politik" richtete sich weiter nach den Interessen der männlich dominierten Gesellschaft.

Über das Wirken Johanne Reitzes während der NS-Zeit ist kaum etwas bekannt. 1944 wurde sie von der Gestapo verhaftet und kam in „Schutzhaft".

Nach dem Zweiten Weltkrieg war sie am Wiederaufbau der Arbeiterwohlfahrt beteiligt.

Siehe auch ➤ **Johanne-Reitze-Weg,** *in diesem Band.*

Ricarda-Huch-Ring

Bergedorf, seit 1985, benannt nach **Ricarda Huch,** *Pseudonym: Richard Hugo (18.7.1864 Braunschweig–17.11.1947 Schönberg/Taunus), Erzählerin, Lyrikerin, Schriftstellerin und Historikerin*

Ricarda Huch wurde als jüngstes von drei Kindern einer Braunschweiger großbürgerlichen Kaufmannsfamilie geboren. Die Ehe der Eltern war zerrüttet, der Vater trieb die Familie in den finanziellen Ruin. Er kümmerte sich mehr um Literatur und Kunst als um Geschäfte. Im Alter von sechzehn Jahren verliebte sich Ricarda unglücklich in ihren Vetter Richard, der Ricardas ältere Schwester Lilly geheiratet hatte. In dieser Situation des familiären Untergangs ging Ricarda Huch 1886 nach Zürich, wo sie das Abitur nachholte und dort Geschichte, Philosophie und Philologie zu studieren begann. Frauen durften damals in Deutschland noch nicht studieren. 1892 promovierte sie in Zürich als eine der ersten deutschen Frauen an der dortigen philosophischen Fakultät.

In Zürich befreundete sich Ricarda Huch mit der späteren Sozialpolitikerin Marie Braun, über die sie 1950 eine Biographie verfasste (Leuchtende Spur).

Bereits während ihres Studiums hatte Ricarda Huch eine Anstellung als unbezahlte Hilfskraft an der Züricher Stadtbibliothek angenommen. Ab 1891 arbeitete sie dort als bezahlte Bibliothekarin. Der Beruf sagte ihr wenig zu; 1894 kündigte sie. In dieser Zeit hatte Ricarda Huch schon einiges veröffentlicht. Gleichzeitig begann sie als Lehrerin an einer Töchterschule tätig zu werden. Und sie traf sich wieder mit Richard, den sie heimlich immer noch liebte und den sie in ihren Gedanken zu einem Ideal stilisiert hatte. „Richard jedoch flieht, von den übersteigerten Ansprüchen Ricardas und der eigenen Courage in panischen Schrecken versetzt, mit einer melodramatischen Geste zurück in die Arme seiner Ehefrau nach Braunschweig", so Inge Stephan in ihrer Kurzbiographie über Ricarda Huch in dem 1990 von Hans Jürgen Schultz herausgegebenen Buch „Frauen, Porträts aus zwei Jahrhunderten". Ricarda stürzte sich daraufhin in eine neue Beziehung, in der sie aber kaum geistige Berührungspunkte fand. Dennoch heiratete sie, die seit 1897 in Wien lebte, 1898 den neuen Mann an ihrer Seite – den Zahnarzt Ermanno Ceconi. Zwischen 1898 und 1900 lebte sie mit ihm in seiner Heimatstadt Triest und bekam eine Tochter. 1906 kam es zur Scheidung und zu einer erneuten Annäherung an Richard. Als sich Ricardas Schwester Lilly von

Ricarda Huch

Richard scheiden ließ, heirateten Richard und Ricarda 1907. Aber auch diese Ehe verlief unglücklich, und es kam 1911 zur Scheidung. In dieser Zeit wandte sich Ricarda Huch dem historischen Roman zu. Vorher hatte sie mehr Autobiographisches in ihre Romane einfließen lassen. Nun, nach den vielen zwischenmenschlichen Enttäuschungen, begann sie sich durch ihre historischen Romane, „mit den großen männlichen Helden zu identifizieren. (...) Die historischen Romane und Biographien halfen ihr, die persönliche Misere zu transzendieren", so Inge Stephan. Ricarda Huch schrieb u. a. über Wallenstein, Luther und Bakunin.

Viele Jahre lebte Ricarda Huch in München (1912–1916 und 1918–1927). Hier lernte sie auch Katia Mann und Gertrud Bäumer *(siehe ➤ Gertrud-Bäumer-Stieg, in diesem Band)* kennen und kam in Kontakt mit der damaligen Frauenbewegung.

Zwischen 1927 und 1932 lebte sie mit ihrer Tochter Marietta in Berlin. 1931 erhielt sie den Goethepreis der Stadt Frankfurt am Main. 1933 sollte sie eine von den Mitgliedern der Preußischen Akademie der Künste verlangte Loyalitätserklärung gegenüber dem NS-Regime unterschreiben. Sie tat es nicht und trat aus Protest gegen die Judenverfolgung und gegen den Ausschluss von Käthe Kollwitz *(siehe* ➤ Kollwitzring, *in diesem Band)* und Alfred Döblin als erstes Mitglied aus der Preußischen Akademie der Künste aus, in der sie 1926 Mitglied geworden war. Ihre Haltung gegenüber dem NS-Regime blieb kompromisslos. Ihre Werke wurden deshalb in dieser Zeit kaum verlegt. Dennoch erhielt sie zu ihrem 80. Geburtstag Glückwünsche von Goebbels und Hitler. Die Nationalsozialisten ließen Ricarda Huch wegen ihrer italienischen Verbindungen, die sie in ihrer Zeit in Triest geknüpft hatte, unbehelligt. Damals in Italien hatte sie eine Geschichte über die italienische Einigung unter der Führung von Giuseppe Garibaldi veröffentlicht, die von den italienischen Faschisten sehr gelobt worden war. Ricarda Huch erhielt sogar 1944 den Wilhelm-Raabe-Preis. Selbst lebte sie während der Zeit des Nationalsozialismus in der inneren Emigration. Ihre Wohnung in Jena – dort wohnte sie zwischen 1935 und 1947 bei ihrer Tochter und deren Ehemann – wurde zu einem Treffpunkt von GegnerInnen des Nationalsozialismus.

Nach Kriegsende übernahm Ricarda Huch den Ehrenvorsitz des Kulturbundes in der sowjetisch besetzten Zone und das Ehrenpräsidium des zentralen deutschen Frauenausschusses. Zudem war sie Ehrenpräsidentin des ersten gesamtdeutschen Schriftstellerkongresses nach Kriegsende, der vom 4. bis 8. Oktober 1947 in Berlin stattfand und an dem über 200 Schriftstellerinnen und Schriftsteller aus vielen Ländern teilnahmen, um einen gemeinsamen Standort für den geistigen Wiederaufbau Deutschlands zu finden. Wegen unterschiedlicher ideologischer Standpunkte kam es jedoch zu einer Aufspaltung in ein westliches und ein östliches Lager.

Ricarda Huch fungierte in diesem Ost-West-Konflikt als Integrationsfigur.

1946 begann sie, an einem Buch über den antifaschistischen Widerstand zu schreiben. Kurz vor ihrem Tod im Jahre 1947 übergab sie ihre Aufzeichnungen dem Schriftsteller Günther Weissenborn, der diese in seinem 1953 erschienenen Buch „Der lautlose Aufstand" verarbeitete.

Ricarda Huch war auch Mitglied und Alterspräsidentin der Beratenden Landesversammlung Thüringen. Ein Zitat von ihr schmückt das Foyer des Landtages in Thüringen: „Es sei dem Lande Thüringen beschieden, dass niemals mehr im wechselnden Geschehen ihm diese Sterne untergehen: Das Recht, die Freiheit und der Frieden."

Als ihr Schwiegersohn Franz Böhm 1947 in Hessen Kultusminister wurde, zog sie nach Frankfurt a. M. nach. Doch die Reisestrapazen im ungeheizten Zug verkraftete sie nicht mehr. Sie starb im Gästehaus der Stadt Frankfurt in Schönberg und wurde auf dem Hauptfriedhof Frankfurt begraben.

Siehe auch ➤ Gertrud-Bäumer-Stieg, Königskinderweg, Kollwitzring, *in diesem Band.*

Riwka-Herszberg-Stieg

Schnelsen, seit 1993, benannt nach Riwka Herszberg, sechs Jahre alte Polin aus Zdunska Wola. Opfer des Nationalsozialismus. Kindermord in der Schule am Bullenhuser Damm

Riwka Herszberg

Riwka Herszberg war die Tochter eines Tuchfabrikanten. Auf der Flucht vor den Deutschen wurde die Familie gefangen genommen und nach Auschwitz transportiert. Der Vater wurde in Birkenau ermordet. Die Mutter „überlebte das Lager und ging in die USA. Sie wurde schwer krank, hatte einen Schlaganfall und litt an Depressionen. Als ihr das Foto von Riwka vorgelegt wurde, erkannte sie ihre Tochter nicht."[25]

Siehe auch ➤ **Geschwister-Witonski-Straße, Jacqueline-Morgenstern-Weg, Lelka-Birnbaum-Weg, Wassermannpark, Zylberbergstieg, Zylberbergstraße,** *in diesem Band.*

Siehe auch ➤ **Brüder-Hornemann-Straße,** *Schnelsen, seit 1993: Alexander und Eduard Hornemann, acht und zwölf Jahre alt, niederländische Opfer des Nationalsozialismus, in Bd. 3 online***.

Siehe auch ➤ **Eduard-Reichenbaum-Weg,** *Schnelsen, seit 1993: Eduard Reichenbaum (1934–1945), zehnjähriges polnisches Kind, Opfer des Nationalsozialismus, in Bd. 3 online***.

Siehe auch ➤ **Georges-André-Kohn-Straße,** *Schnelsen, seit 1992, zwölfjähriges Opfer des Nationalsozialismus, in Bd. 3 online***.

Siehe auch ➤ **Jungliebstraße,** *Schnelsen, seit 1995, zwölfjähriger Jugoslawe, Opfer des Nationalsozialismus, in Bd. 3 online***.

Siehe auch ➤ **Marek-James-Straße,** *Schnelsen, seit 1995: Marek James, sechs Jahre alter Pole, Opfer des Nationalsozialismus, in Bd. 3 online***.

Siehe auch ➤ **Marek-Steinbaum-Weg,** *Schnelsen, seit 1993: Marek Steinbaum, zehn Jahre alter Pole, Opfer des Nationalsozialismus, in Bd. 3 online***.

Siehe auch ➤ **Roman-Zeller-Platz,** *Schnelsen, seit 1995: Roman Zeller, zwölfjähriger Pole, Opfer des Nationalsozialismus, in Bd. 3 online***.

Siehe auch ➤ **Sergio-de-Simone-Stieg,** *Schnelsen, seit 1993: sieben Jahre alter Italiener. Opfer des Nationalsozialismus, in Bd. 3 online***.

Siehe auch ➤ **Günther-Schwarberg-Weg,** *Schnelsen, seit 2013: Günther Schwarberg (1926–2008), Autor, Journalist, recherchierte und* schrieb über das Schicksal der 20 jüdischen Kinder, die am 20.4.1945 in der Schule Bullenhuser Damm ermordet wurden, in Bd. 3 online***.

Rosa-Schapire-Weg

*Bergedorf, seit 1989, benannt nach **Dr. Rosa Schapire** (9.9.1874 Brody–1.2.1954 London), Kunsthistorikerin und Übersetzerin, Sammlerin expressionistischer Kunst. Förderin des Malers Karl Schmidt-Rottluff*

Rosa Schapire wurde als viertes von fünf Kindern einer angesehenen jüdischen Familie in Ostgalizien geboren. Sie studierte als eine der ersten Frauen Kunstgeschichte. Da es damals noch sehr ungewöhnlich war, dass Frauen studierten, erfuhr sie immer wieder Repressalien und Missachtung. So war dann auch das Thema ihrer ersten nachweisbaren Veröffentlichung als Studentin nicht zufällig gewählt. Der Titel: „Ein Wort zur Frauenemanzipation" (1897). „Wortgewaltig plädiert sie für freie Berufswahl und gerechte Bezahlung, will die Kindererziehung dem Staat übertragen und fordert die Gemeinschaftsküche. Radikal räumt sie auf mit allen verklärenden Hausfrau- und Mutter-Allüren, wohl wissend, dass die selbstverantwortlich lebende Frau nicht nur frei, sondern auch einsam sein wird. (…) ,Selbstständigkeit im Urteil' ist für Schapire die Qualität der emanzipierten Frau und Partnerin. In der bürgerlichen Gesellschaft sieht sie die Frauenfrage zur Damenfrage verkommen. Deshalb gibt es im kapitalistischen Staat keine Lösung, allein die sozialistische Partei ermöglicht eine freiheitliche Gesellschaft, ,in der der Mensch den Beruf, nicht aber der Beruf den Menschen hat'."[26]

Rosa Schapire verdiente sich ihr Studium mit Übersetzungen und Sprachunterricht und

Abb.: KZ Gedenkstätte Neuengamme/Sammlung Schwarberg

**   Band 3 online** unter: www.hamburg.de/maennerstrassennamen

25) Günther Schwarberg: Straßen der Erinnerung. Hamburg, 1992.
26) Sabine Schulze: Rosa. Eigenartig grün …, in: Sabine Schulze (Hrsg): Rosa, eigenartig grün. Rosa Schapire und die Expressionisten. Publikation zur Ausstellung: Rosa. Eigenartig grün im Museum für Kunst und Gewerbe Hamburg vom 28. August – 15. November 2009. Ostfildern 2009, S. 13.

promovierte in Heidelberg. Sie wurde passives Mitglied der Künstlergruppe die „Brücke", die 1905 von Ernst Ludwig Kirchner *(siehe ▸ Kirchnerweg, in Bd. 3 online**)*, Erich Heckel, Karl Schmidt-Rottluff *(siehe ▸ Schmidt-Rottluff-Weg, in Bd. 3 online**)* und Fritz Bleyl gegründet worden war. „Ihre sozialutopische Haltung teilt sie mit Karl Schmidt-Rottluff und den meisten Künstlern der Brücke (…)."[27]

Auch Emil Nolde *(siehe ▸ Noldeweg, in Bd. 3 online**)* gehörte der Gruppe an. Rosa Schapire hielt 1908 den Einführungsvortrag bei der ersten in Schleswig-Holstein veranstalteten Nolde-Ausstellung in Hadersleben. Nolde war begeistert von Rosa Schapire und ihrer Art, seine Kunst zu interpretieren. Allerdings kam es zwischen den beiden bald zu einer Entfremdung, was zeitgleich mit Noldes Austritt aus der „Brücke" geschah. „Der überempfindliche Nolde verlangte in gleichem Maße die Wertschätzung seiner Kunst wie auch seiner Person und nahm es übel, wenn hier ein Missverhältnis entstand. Als 1910 in der Galerie Commeter neben Nolde auch Arbeiten von Schmidt-Rottluff gezeigt wurden, entbrannte ein Streit um die Verteilung der Ausstellungsräume, bei dem sich Schapire für Schmidt-Rottluff eingesetzt hatte. Nolde sah in diesem Verhalten ‚Machenschaften' und ‚(schleichendes) Unterminierungswerk', sodass Ada Nolde am 18. Januar 1910 an Schiefler schrieb: ‚Schapire ist für uns erledigt.' Hinzu kam später Noldes antisemitische Haltung, die, auf Rosa Schapire bezogen, 1934 in seinem Erinnerungsband Jahre der Kämpfe nachzulesen ist: ‚In der Kunst war es meine erste bewusste Begegnung mit einem Menschen, anderer Art als ich es war. (…) Juden haben viel Intelligenz und Geistigkeit, doch wenig Seele und wenig Schöpfergabe. (…) Juden sind andere Menschen als wir es sind.'"[28]

1908, nach einigen unruhigen Wanderjahren, die Rosa Schapire auch nach England gebracht hatten, hatte sie sich in Hamburg niedergelassen und war in den dritten Stock der Osterbekstraße 43 gezogen. Dort ließ sie 1921 zwei Räume von Schmidt-Rottluff gestalten. „Möbel und Accessoires bildeten mit den starkfarbigen Wänden und Bildern ein expressives Ensemble. Die Wände waren in stumpfem Grün gestrichen, die Möbel in Gelb, Braun und Blau. Jack Goldschmidt, Tischler und Innenarchitekt, hatte sie nach Zeichnungen Schmidt-Rottluffs gebaut: einen kastenförmigen Tisch und drei Hocker, verschiedene Kästen, einfache Schränke, einen Bücher- und Grafikschrank, ein Büchergestell und eine Heizungsverkleidung (Ofenschirm). Dazu kam eine Holztruhe von 1911. Alles wurde bemalt, auch die Kokosteppiche und Kissen."[29]

Rosa Schapire wurde zur großen Förderin Schmidt-Rottluffs. 1910 besaß sie bereits eine vollständige Sammlung seiner Grafik. Schmidt-Rottluff portraitierte sie mehrere Male.

1913 löste sich die „Brücke" auf. Rosa Schapire, obwohl hauptsächlich mit Schmidt-Rottluff beschäftig, setzte sich auch für die anderen Mitglieder der „Brücke" ein. Als Schmidt-Rottluff und andere Künstler in den Ersten Weltkrieg zogen, ergriff Rosa Schapire 1916 die Initiative zur Gründung des Deutschen Frauenbundes zur Förderung deutscher bildender Kunst. Dieser Frauenbund, zu dem auch Ida Dehmel gehörte und der in anderen deutschen Städten Zweigvereine besaß, hatte sich ein ähnliches Ziel wie die „Brücke" gesetzt. Er wollte „Brücken zwischen Schaffenden, Genießenden und Museen" errichten: „Die Hauptaufgabe der Organisation besteht darin, Gemälde und plastische Werke anzukaufen und sie deutschen Museen, die moderne Kunst sammeln, als Geschenk anzubieten, um

Abb.: Birgit Ahrens, „… hat selbst vorausschauend Geschichte gemacht" – Zur Rezeption von Rosa Schapire, in: Rosa, Eigenartig Grün, Rosa Schapire und die Expressionisten, Sabine Schulze (Hrsg.), genie Reinsdorf, Kuratorin, Ausstellungskatalog, Museum für Kunst und Gewerbe, Hamburg 2009, S. 39.

**   **Band 3 online** unter: www.hamburg.de/maennerstrassennamen

27) Ebenda.
28) Birgit Ahrens: „… Hat selbst vorausschauend Geschichte gemacht" –

Zur Rezeption von Rosa Schapire, in: Sabine Schulze (Hrsg.), a. a. O., S. 46.
29) Maike Bruhns: Rosa Schapire: Freie Kunsthistorikerin in Hamburg – Beruf und Berufung, in: Sabine

Schulze (Hrsg.), a. a. O., S. 224.

Kunstwerke der Gegenwart rechtzeitig ihren Platz in jenen Stätten anzuweisen, die die edelsten Werke der Vergangenheit aufbewahren."[30] Mit Hilfe dieser Vereinigung erreichte Rosa Schapire, dass in der Hamburger Kunsthalle Sonderausstellungen moderner Kunst durchgeführt wurden, bei denen auch die Werke Schmidt-Rottluffs gezeigt wurden. 1917 kaufte der Frauenbund ein Bild von Schmidt-Rottluff und schenkte es der Hamburger Kunsthalle. Nach

Rosa Schapire

dem Ersten Weltkrieg sah Rosa Schapire, bedingt durch die neuen politischen Verhältnisse, bessere Möglichkeiten für die Durchsetzung und Anerkennung der modernen Kunst.

Wie kann sich die Nachwelt diese engagierte Frau vorstellen? Die Kunsthistorikerin Maike Bruhns beschreibt Rosa Schapire als „kleine, zierliche Frau", die „den extravaganten Aufzug in leuchtenden Farben"[31] liebte. Und Sabine Schulze porträtiert Rosa Schapire wie folgt: „Fräulein Dr. Rosa Schapire ist als Frau eine Ausnahmeerscheinung im expressionistischen Milieu. Weder als Muse noch als Modell tätig, hat sie keinen Platz in der erotisch aufgeladenen Arbeitssituation der Wohnateliers. Auch die Rolle der liebend einfühlsamen Ehefrau fällt ihr nicht zu. Sie steht den Künstlern unabhängig und aktiv gegenüber, sie interpretiert die Kunstwerke der von ihr geschätzten Maler, sucht nach Ausstellungsflächen, Käufern und Mäzenen. Berufliches Interesse verwandelt sich in Freundschaft, ihr Engagement wird durch Geschenke belohnt. Grafiken, Bilder und Schmuck werden ihr als Anerkennung für ihre Vermittlungsarbeit übergeben, bis sie 1939 eine

respektable Sammlung von mehr als sechshundert Werken besitzt."[32]

Rosa Schapire, die über kein finanzielles Vermögen verfügte, keinen reichen Mann an ihrer Seite hatte, um sich Kunst zu kaufen, lebte allein für die Kunst und die Kunstvermittlung. „Das war den Herren Kunsthistorikern suspekt und gern spotteten sie über die Frau, die so leidenschaftlich für die neue, junge expressionistische Kunst und vor allem für Schmidt-Rottluff stritt. Aby Warburg nannte sie ‚Anregungs-Masseuse' und befand, sie sei ‚eigenartig grün', andere sahen in ihr eine ‚Kunsthetäre'."[33]

Als Mitglied der Hamburgischen Sezession und als Mitglied der Gedok war Rosa Schapire noch mit vielen anderen modernen Künstlern und Künstlerinnen bekannt und befreundet, so z. B. auch mit Anita Rée *(siehe* ▶ **Anita-Rée-Straße,** *in diesem Band)*, Gretchen Wohlwill *(siehe* ▶ **Gretchen-Wohlwill-Platz,** *in diesem Band)*, Alma del Banco *(siehe* ▶ **Del-Banco-Kehre,** *in diesem Band)* und Dorothea Maetzel-Johannsen *(siehe* ▶ **Maetzelweg,** *in diesem Band)*.

Ihren Lebensunterhalt verdiente sie durch Vorträge, Museumsführungen und Kunst- und Sprachkurse an der Hamburger Volkshochschule. Eine feste Anstellung hatte sie nie. Dazu Maike Bruhns: „Unabhängigkeit war ihr wichtig, aber nicht ihre freie Wahl, wie die Literatur kolportiert. Ein handschriftlicher Vermerk ihrer Freundin Agnes Holthusen informiert: ‚Rosa Schapire war an der Kunsthalle nicht angestellt, sondern freie Mitarbeiterin und bemüht, Direktor Gustav Pauli den Expressionismus nah zu bringen.' (…)

Als freie Kunsthistorikerin war sie auf mühevollen Broterwerb angewiesen. Neben Aufsätzen und Artikeln für Zeitschriften und Zeitungen schrieb sie laufend Buchrezensionen und besprach Avantgarde-Ausstellungen. Dreisprachig

30) Rosa Schapire: Der Frauenbund zur Förderung deutscher bildender Kunst, in: Die literarische Gesellschaft 4., Hamburg 1918.
31) Maike Bruhns, a. a. O., S. 218.
32) Sabine Schulze, a. a. O., S. 11.

33) Ute Baier: Man nannte sie Anregungs-Masseuse. Hamburg rekonstruiert das Werk der jüdischen Kunsthistorikerin Rosa Schapire, in: Die Welt vom 8.9.2009.

aufgewachsen mit Polnisch, Französisch und Russisch, leitete sie Sprachkurse, übernahm Übersetzungen (Balzac, Zola, Mauclair) und Herausgaben. (...) Ob sie in der NS-Zeit anonym veröffentlichte, war nicht festzustellen."[34]

In den 1920er-Jahren, als es in der Hamburger Gesellschaft en vogue war, kleine Gesellschaften zu geben, bei denen WissenschaftlerInnen zu bestimmten Themen sprachen, war Rosa Schapire auch dort eine gern gesehene Referentin.

Über die Zeit des Nationalsozialismus schreibt Maike Bruhns: „Mit der Machtübernahme der Nationalsozialisten sah sich die Kunsthistorikerin als Protagonistin der Moderne, speziell des verfehmten Schmidt-Rottluff, wie auch durch ihre jüdische Abstammung gefährdet. Ausgrenzungen folgten sukzessive. Hatte Bürgermeister Krogmann zunächst verfügt, dass sie die Kunsthalle jederzeit betreten durfte, war dies auf die Dauer nicht durchzuhalten. Als Wolf Stubbe, Kustos im Kupferstichkabinett, sie bat, künftig wegen der Nazis unter den Angestellten von weiteren Besuchen der Bibliothek abzusehen, empfand sie das als Rauswurf. (...)

Weil sie nicht angestellt und willkürlich aus einem Amt zu entfernen war, konnte sie ihre Vorträge zunächst noch öffentlich fortsetzen (...). Bald konnte sie nur noch vor privaten Hörerkreisen sprechen (...). Mit der Zeit blieben die Zuhörer wegen des Risikos, denunziert zu werden, mehr und mehr aus, sodass sich Rosa Schapires Einkünfte auf weniger als die Hälfte minderten. Sie engagierte sich nun im Jüdischen Kulturbund Hamburg (...)"[35]

1939 nutzte sie die Chance zur Emigration nach London. Ihr Hab und Gut wurde in einem Liftvan im Hamburger Hafen eingelagert. „In ihm befanden sich neben dem Hausrat Teile der Schmidt-Rottluff-Einrichtung, drei Mappen mit Grafik von Nolde, Kirchner, Heckel, Pechstein, Otto Mueller, Felixmüller, Gothein, Nesch, Kluth, Grimm und Fiedler, die Brücke-Publikationen und 500 Bücher (...).

Die deutschen Behörden raubten alles. In einer groß angelegten Aktion wurde der Liftvan im September 1941 als ‚Judengut' von der Gestapo beschlagnahmt und aufgebrochen, sein Inhalt in einer amtlichen Auktion an der Drehbahn am 30. und 31. Oktober 1941 versteigert. Der Erlös war gering."[36]

Außer ihrer Schmidt-Rottluff-Sammlung und ihre Sammlung von Künstler-Postkarten hatte Rosa Schapire nichts in die Emigration mitnehmen dürfen. In London lebte sie sehr bescheiden in einem Zimmer, die Schmidt-Rottluff-Bilder gaben ihr ein Gefühl von Heimat, doch sie litt dennoch an Heimweh. Ihren kargen Lebensunterhalt verdiente sie sich mit Übersetzungen.

Nach dem Zweiten Weltkrieg blieb sie in England, wollte nicht nach Hamburg zurückkehren. Ab 1950 schrieb sie in „Eidos" und „Connoisseur" über wichtige Ereignisse in der gegenwärtigen deutschen Kunst und Literatur. Rosa Schapire starb am 1.2.1954 in der Londoner Tate-Gallery, in dem Museum, dem sie ihre Schmidt-Rottluff-Sammlung als Dank für die ihr in London entgegengebrachte Gastfreundschaft geschenkt hatte.

Siehe auch ➤ Anita-Rée-Straße, Del-Banco-Kehre, Gretchen-Wohlwill-Platz, Maetzelweg, *in diesem Band.*

Siehe auch ➤ Kirchnerweg, *Billstedt, seit 1971: Ludwig Kirchner (1880–1938), Maler, Graphiker, in Bd. 3 online***.

Siehe auch ➤ Noldering, *Steilshoop, seit 1962: Emil Nolde (1867–1956), Maler, Graphiker, in Bd. 3 online***.

Siehe auch ➤ Schmidt-Rottluff-Weg, *St. Pauli, seit 1987: Karl Schmidt-Rottluff (1844–1976), Maler, Graphiker, in Bd. 3 online***.

**   Band 3 online unter: www.hamburg.de/maennerstrassennamen

34) Maike Bruhns, a. a. O., S. 219.
35) Maike Bruhns, a. a. O., S. 235f.
36) Maike Bruhns, a. a. O., S. 243.

Rosenrotweg

Billstedt, seit 1952. Motivgruppe: Märchengestalten

Zwei hübsche, fromme, arbeitsame und gute Töchter einer armen Witwe lernen im Wald einen Bären kennen, mit dem sie herumtollen. Als es Frühjahr wird, verlässt er sie, um seine Schätze vor diebischen Zwergen in Sicherheit zu bringen. Die beiden Schwestern haben unterdessen dreimal eine Begegnung mit einem dreisten Zwerg, der jedes Mal einen Sack voller Schätze bei sich hat. Der Bär entdeckt den Zwerg und tötet ihn. In diesem Moment fällt sein Bärenfell ab, und ein schöner Königssohn steht vor den Schwestern. Schneeweißchen wird seine Frau. „Bruno Bettelheim sah den Märchentypus Tierbräutigam für gegeben an und die Protagonisten in je zwei Figuren gespalten: einmal die rettenden Mädchen, zum anderen der freundliche Bär, der garstige Zwerg (anziehende und abstoßende Natur des Sexualpartners)."[37]

Rotkäppchenweg

Billstedt, seit 1952. Motivgruppe: Märchengestalten

Als Rotkäppchen ihre Großmutter in deren Waldhütte besuchen will, findet sie in Großmutters Bett einen Wolf vor, der sich als ihre Großmutter verkleidet hat. Der Wolf frisst Rotkäppchen. „Im Zuge der Zivilisation wurde diese Wolfsfigur immer mehr verharmlost, wie auch Rotkäppchen zunehmend braver, kleiner, unerotischer gehandelt wurde. Romanisten wie Felix Karlinger sahen im Argotausdruck ‚rotes Käppchen' die Monatsblutung gekennzeichnet. Psychoanalytiker wie Erich Fromm interpretierten es analog, als Erreichen der weiblichen Reife, und deuteten

das wölfische Hinunterschlingen als kannibalisch sich vollziehenden Geschlechtsakt, die Steine (die Rotkäppchen dem erschossenen Wolf in den Bauch gelegt hat) hingegen (Symbole der Sterilität) als vergeltende Bestrafung."[38]

Rudolphiplatz

Barmbek-Nord, seit 1930, benannt nach Caroline Rudolphi (24.8.1754 Magdeburg–15.4.1811 Hamburg), Pädagogin und Gründerin einer Erziehungsanstalt im Stadtteil Hamm

In der zweiten Hälfte des 18. Jahrhunderts entstanden die ersten Institute, wie das der Hamburgerin Caroline Rudolphi, die den Mädchen ebenso das Recht auf Bildung zugestanden wie Jungen. Die Pädagogin Caroline Rudolphi hatte 1787 an der Hammer Landstraße 75 eine „Erziehungsanstalt für junge Demoiselles" von sechs bis 21 Jahren gegründet. Ihr Vater, der sehr früh starb, war Lehrer am Potsdamer Militärwaisenhaus gewesen. „Caroline musste durch Handarbeiten zum Broterwerb der Familie beitragen und konnte sich nach dem Elementarunterricht nur autodidaktisch weiterbilden. Ihre in empfindsamem Stil verfassten Gedichte wurden von dem Komponisten Johann Friedrich Reichardt *[siehe ➤ Reichardtstraße, in diesem Band]* veröffentlicht und fanden viel Beachtung."[39]

In Potsdam hatte Caroline auch ihre einzige Liebesaffäre mit einem adligen Offizier. Zu einer Ehe kam es aber nicht.

„Caroline wurde Gouvernante auf einem Rittergut bei Neubrandenburg, wo sie ihre pädagogische Begabung entfaltete. Als sie die Stellung wechseln wollte, baten die Eltern sie, ihre vier Töchter zur weiteren Erziehung mit sich zu nehmen. Sie zog mit ihnen zunächst nach Trittau, wo ihr Bruder Ludwig (...) als Hauslehrer bei

---

37) Ulf Diederichs: Who's who im Märchen. München 1995.
38) Ulf Diederich, a. a. O.
39) Inge Grolle über Caroline Rudolphi, in: Hamburgische Biografie. Hrsg. von Franklin Kopitzsch und Dirk

Brietzke, Bd.1. Hamburg 2001, S. 260f.

dem Pädagogen Joachim Heinrich Campe wirkte. In Campes ‚Kinderbibliothek' hatte Caroline Rudolphi bereits Gedichte und Artikel veröffentlicht. Von der Nähe zu ihm versprach sie sich Anregung und Hilfe. Tatsächlich kann das von ihr 1785 gegründete Erziehungsinstitut für junge Demoiselles als weibliches Pendant zu Campes pädagogischer Anstalt betrachtet werden", schreibt Inge Grolle.40)

Caroline Rudolphi hatte nun in der Hammer Landstraße ihre Anstalt, in der auch Elise Reimarus unterrichtete *(siehe ➤ Reimarusstraße, in diesem Band)*. Das Haus hatte Georg Heinrich Sieveking zur Verfügung gestellt.

Caroline Rudolphi

In ihrer Erziehungsanstalt waren oft bis zu 24 junge Mädchen zwischen sechs und 21 Jahren untergebracht. „In ihrem Lehrplan nahm die Handarbeit eine wesentliche Stelle ein, denn diese Seite der Schultätigkeit gehörte damals zur ‚modernen' Pädagogik. Aber auch in diesen Arbeitsstunden wird aus Reisebeschreibungen, geschichtlichen und historischen Werken stets vorgelesen. Sie hatte auch eine ausgesprochene Abneigung gegen sogenannte Kinderbücher (…). Sie hielt ferner in ihrem Institut auf ein gutes, reines, dialektfreies Deutsch. (…) Mit wenig Strafmitteln regierte die Rudolphi ihren kleinen Staat. (…) ein großes Erziehungsmittel [bestand] darin, mehr oder weniger bereit zu sein, Beweise der kindlichen Liebe anzunehmen. Wer sich beim Essen unschicklich benahm, musste in einem besonderen Zimmer essen. Mitunter steckte sie eine vor dem Abendessen mit einem trockenen Kringel ins Bett. Ueble Laune bei den Kleinen wurde ernsthaft als Krankheit behandelt und mit Rha-

barber kuriert, was oft große Wirkung hervorgerufen haben soll. Caroline lobte nur hinter dem Rücken, da sie genau wußte, daß es die Betreffende doch erfuhr."41) Die über 15-jährigen Mädchen halfen beim Haushalt und auch beim Unterricht der Kleinen. Caroline Rudolphis Bruder Ludwig, ein Botaniker, leitete den wissenschaftlichen Teil des Unterrichts, starb aber bereits 1798, und Caroline gewann als seinen Nachfolger den als Physiker bekannten Professor Benzenberg *[siehe ➤ Benzenbergweg, in Bd. 3 online**]*, der später Direktor der Düsseldorfer Sternwarte wurde.

An Unterricht gab es u. a. Zeichnen, Tanzen, Englisch, Klavierspiel, Religion. Zum Tanzunterricht lud sie manchmal Jungen aus benachbarten Familien ein. Auch wenn sie mit ihren Mädchen nicht auf Bälle ging, um nicht ihre Eitelkeit zu wecken, hielt sie es dennoch für grundfalsch, wenn die Mädchen nicht in Berührung mit Jungen kamen, weil sonst ein unnatürliches Benehmen gegenüber dem anderen Geschlecht die Folge sein würde.

Caroline Rudolphi „vertrat eine geschlechtsspezifische Bildung: Ihrer Meinung nach sollte alle Verstandeskultur vom Manne ausgehen, die Entwicklung des eigentlich weiblichen Charakters, des Zartgefühls, hingegen Aufgabe von Frauen sein",42) so Inge Grolle weiter.

„Caroline Rudolphi gehörte zum Hamburger Campe-Reimarus-Sieveking'schen Kreis und war u. a. befreundet mit der späteren Senatorin Westphalen, Elise v. d. Recke und mit Amalia v. Ompteda."43) Letztere war mit dem Grafen von Münster-Meinhövel verheiratet und verbrachte oft längere Zeit bei Caroline Rudolphi in Hamm. Als das Haus in Hamm verkauft werden sollte, kaufte der Graf das Haus, ohne seinen Namen zu nennen und stellte eine Schenkungsurkunde aus, worin er Caroline Rudolphi das Haus zur lebenslangen Nutzung mietfrei überließ.

40) Ebenda.
41) Hamburgischer Correspondent vom 11.3.1903.
42) Inge Grolle, a. a. O.
43) Hamburgischer Correspondent, a. a. O.

Der Philosoph Professor Reinhold aus Kiel hatte ein Seelenbündnis mit Caroline Rudolphi geschlossen. Er pflegte sie als den „weiblichen Sokrates" zu bezeichnen, und diese Bezeichnung wurde unter ihren Freunden allgemein üblich. Er selbst schrieb über sie: „Wir haben uns einander unsere Herzen geöffnet, oder vielmehr sie gegen einander ausgetauscht, würde ich sagen, wenn es nicht unbescheiden wäre, von diesem weiblichen Sokrates zu denken, daß er mit dem meinigen vorlieb nehmen könnte. (…)

Den Dichter Klopstock [siehe ❯ **Klopstockstraße,** in diesem Band] hatte Caroline Rudolphi seit Jugend verehrt. Ueberaus glücklich war sie daher, ihn nunmehr persönlich kennen zu lernen. Nirgends in Hamburg verweilte der Dichter auch lieber als in Hamm, wohin er seine Spazierritte bis kurz vor seinem Tode zu dem Gartenhaus der Rudolphi und ihrem Mädchen-Institut lenkte. Sah sich der Dichter doch am liebsten von Jugend und Schönheit umgeben, und des ihm gespendeten Weihrauchs wurde er nicht so leicht überdrüssig."[44]

„Jenes aufgeklärte rationalistische Zeitalter am Ende des 18. Jahrhunderts schätzte bei der Frau Geist höher als Schönheit. Und schön war Caroline Rudolphi nicht. Sie war klein und verwachsen, einäugig, ihre Gesichtszüge waren herb", heißt es in den Norddeutschen Nachrichten vom 3.9.1954.

Bekannt war Caroline Rudolphi auch mit dem Dichter Matthias Claudius (siehe ❯ **Claudiusstraße,** in Bd. 3 online**), mit Johann Heinrich Voß (siehe ❯ **Voßweg,** in Bd. 3 online**), Gleim, Jakobi, Arnim (siehe ❯ **Arnimstraße,** in Bd. 3 online**) und Brentano (siehe ❯ **Brentanostraße,** in Bd. 3 online**).

1803 verließ Caroline Rudolphi Hamburg aus finanziellen Erwägungen und zog mit ihrer Erziehungsanstalt nach Heidelberg.

Siehe auch ❯ **Klopstockstraße, Reichardtstraße, Reimarusstraße,** *in diesem Band.*

Siehe auch ❯ **Arnimstraße,** *Osdorf, seit 1941: Achim von Arnim (1781–1831), Dichter, in Bd. 3 online**.*

Siehe auch ❯ **Asmusweg,** *Marienthal, seit 1950: Matthias Claudius (1740–1815), Dichter, der auch unter dem Pseudonym Asmus schrieb,* **Claudiusstieg** *und* **Claudiusstraße,** *in Bd. 3 online**.*

Siehe auch ❯ **Benzenbergweg,** *Barmbek-Nord, seit 1930: Johann Friedrich Benzenberg (1777–1845), Physiker, in Bd. 3 online**.*

Siehe auch ❯ **Brentanostraße,** *Osdorf, seit 1941: Clemens Brentano (1778–1842), Dichter, Bruder von Bettina von Arnim, in Bd. 3 online**.*

Siehe auch ❯ **Voßweg,** *Uhlenhorst, seit 1914: Johann Heinrich Voß (1751–1826), Dichter, Übersetzer der Werke von Homer, in Bd. 3 online**.*

** **Band 3 online** unter: www.hamburg.de/maennerstrassennamen

44) Ebenda.

S

Sapperweg

Iserbrook, seit 1953, benannt nach Agnes Sapper, geb. Brater (12.4.1852 München–19.3.1929 Würzburg), Kinder- und Jugendbuchautorin, Erziehungsschriftstellerin

Agnes Brater war die Tochter von Pauline Brater, geb. Pfaff, und des Juristen, Politikers und Gründers der Süddeutschen Zeitung, Karl Brater. Erzogen wurde sie vom Vater liberal, von der Mutter fränkisch-protestantisch. Agnes Sapper genoss die Bildung einer „höheren Tochter", bekam Privatunterricht und arbeitete zunächst als Privatlehrerin. 1875 heiratete sie den fünfzehn Jahre älteren und späteren Gerichtsnotar und Lokalpolitiker Eduard Sapper (1837–1898). Fünf Kinder wurden geboren, von denen zwei im Kleinkindalter verstarben. Die Familie lebte zuletzt in Calw.

1882, ermuntert durch ihren Ehemann, begann Agnes Sapper mit ersten schriftstellerischen Tätigkeiten. Es entstanden kleine Erzählungen für Kinder und populärwissenschaftliche Erziehungsbücher, aus denen ihre Erfahrungen als Lehrerin in einer Sonntagsschule mit hinein flossen.

Als sie mit 46 Jahren Witwe wurde, zog Agnes Sapper zu ihrer Mutter; die Schriftstellerei wurde zu ihrem Broterwerb – und sie hatte damit großen Erfolg. Agnes Sapper wurde eine der erfolgreichsten und meistgelesenen deutschsprachigen Jugendbuchautorinnen des frühen 20. Jahrhunderts. Allein von ihrem bekanntesten Roman „Die Familie Pfäffling" – ein dreibändiges Werk, welches erstmals 1907 erschien – wurden bis zur Neuauflage 2002 etwa 800 000

Exemplare verkauft. Agnes Sapper widmete dieses Buch ihrer Mutter, die in dem Roman die Mutter Pfäffling ist. Die Geschichte der „Familie Pfäffling" ist ein Loblied auf die kinderreiche, bürgerliche, deutsche Familie. Die Botschaft der Geschichte lautet: hält man als Familie zusammen, dann ist es auch möglich, trotz materieller Not zufrieden und glücklich zu sein.

Agnes Sapper, 1914

Agnes Sapper schrieb z. B. auch die Bücher: „Die Mutter unter ihren Kindern. Ein Büchlein für Mütter" (1895); „Das erste Schuljahr. Erzählung für Kinder von sieben bis zwölf Jahren" (1895) und „Das kleine Dummerle und andere Erzählungen" (1904). Während des Ersten Weltkriegs veröffentlichte sie zwei „deutsch-nationale bis zum Chauvinismus"[1] hin geprägte Kriegsbücher für Kinder, eins davon hieß „Kriegsbüchlein für unsere Kinder" (1914).

In einigen ihrer Werke werden aber „auch sozialkritische Töne laut. Aus ihrem Engagement für strafgefangene Frauen entstand die Geschichte von Regine Lenz, in der sich die Tochter einer Strafgefangenen gegen Anfeindungen und Verdächtigungen behaupten muss, was ihr mit Hilfe eines wohlwollenden Pfarrers auch gelingt. Auch die Erzählung ‚Im Thüringer Wald' weist beträchtlichen sozialkritischen Gehalt auf. Agnes Sapper schildert darin die Not der Spielzeugmacher-Familien. (...) Aber was wie eine

Abb.: Agnes Herding-Sapper, Agnes Sapper – Ihr Weg und ihr Wirken, Stuttgart 1932, S. 145.

---

1) Dorothea Keuler: Agnes Sapper, in: fembio. www.fembio.org/biographie.php/frau/biographie/agnes-sapper/

gut recherchierte Sozialreportage beginnt, endet mit einem Ausweg, für den ein gütiges Schicksal, Gottes Hilfe und ein glücklicher Zufall verantwortlich sind".[2]

„Frau Sappers Tugendkatalog heißt: Pflichtbewusstsein, Fleiß, Aufrichtigkeit, Hilfsbereitschaft, Verlässlichkeit, Anstand und gutes Benehmen. Und immer wieder Gehorsam. (…) Kinderbuchexperten von heute würdigen ihre Sensibilität für soziale Probleme, ihr einfühlendes Verständnis für das, was in einer Kinderpsyche vorgeht. Eine Anwältin des Kindes ist sie bei aller Liebe dennoch nicht. Ihre Erzählungen stärken die Autorität der Eltern. Auf kindliche Bedürfnisse und Erfahrungen eingehend, bringt sie ihren Lesern den Elternstandpunkt nahe,"[3] schreibt Dorothea Keuler.

Einen Teil ihres Honorars aus der Veröffentlichung von „Die Familie Pfäffling" stiftete Agnes Sapper für ein Altenheim in Würzburg, aus dem heute ein Wohnheim für psychisch Kranke entstanden ist.

Schlegelsweg

Eilbek, seit 1904, benannt nach den Dichterbrüdern August Wilhelm und Friedrich Schlegel.
2001/2002 ergänzt um die ebenfalls bedeutende Ehefrau von August Wilhelm Schlegel, Caroline Schlegel-Schelling. Neuer Erläuterungstext: benannt nach den Dichterbrüdern August Wilhelm Sch. (1767–1845) und Friedrich Sch. (1772–1829) und der Ehefrau des ersteren 1796–1803, Caroline Schl.-Schelling, geb. Michaelis, verw. Böhmer, gesch. Schlegel, verh. Schelling (2.9.1763 Göttingen–7.9.1809 Maulbronn), Schriftstellerin, Übersetzerin, Redakteurin

Sie war attraktiv, lebenslustig, gut gebildet, literarisch begabt, politisch engagiert – und bekam

die Vorurteile und Enge der bürgerlichen Gesellschaft zu spüren: Caroline Schlegel-Schelling, geb. Michaelis, Tochter von Louise Philippine Antoinette Michaelis, geb. Schröder, der zweiten Frau von Carolines Vater Professor Johann David Michaelis, Orientalist und Theologe an der Universität Göttingen.

Die Ehe der Eltern beruhte nicht auf einer Liebesheirat. Carolines Mutter, Tochter eines Oberpostcommissarius war 22 Jahre jünger als der Vater und hatte Vermögen in die Ehe mitgebracht. Sie bekam neun Kinder und soll sehr streng, sehr ordnungsliebend und depressiv gewesen sein. „Die nervenschwache (…) Mutter und der leicht aufbrausende Vater (…) arrangierten ihr Zusammenleben einschließlich Kindern, Hauswirtschaft und Lehrbetrieb so, dass die Lebensbereiche völlig getrennt waren (…)."[4] Die Familie bewohnte ein großes Haus, in dem Studenten und Gelehrte ein- und ausgingen, so Lessing *(siehe ➤ Lessingstraße, in Bd. 3 online**)* und Goethe *(siehe ➤ Goetheallee, in Bd. 3 online**)*. Caroline wurde von Privatlehrern unterrichtet und bekam eine ausgezeichnete Bildung. „Da sie von den Kindern aus der zweiten Ehe ihres Vaters die Älteste war, lief ihre Rolle hier naturgemäß eher auf Führung und Vorleben, auf Verantwortung hinaus. Sie musste früh mit sich selbst klarkommen (…). Eine sorglose und ausgedehnte Kindheit war das wohl kaum, eher ein frühes, allzu frühes Erwachsenwerden. Auffällig ist eine erstaunliche Abgeklärtheit bei der noch kindlichen Caroline, und andererseits ihre lebenslang erhaltene natürliche Art. (…) Sie lebte aus einer inneren Mitte heraus, und das blieb auch ihr Kraftquell (…)."[5]

Mit ihrer Belesenheit konnte Caroline aber kein Geld verdienen. Auch für diese gebildete Frau galt: um versorgt zu sein, musste sie eine gute Partie machen. So heiratete sie in erster Ehe

**   Band 3 online unter: www.hamburg.de/maennerstrassennamen

2)   Ebenda.
3)   Ebenda.
4)   Sabine Appel: Caroline Schlegel-Schelling. Das Wagnis der Freiheit. Eine Biographie. München 2013, S. 8.
5)   Ebenda.

den zehn Jahre älteren Nachbarssohn Johann Franz Wilhelm Böhmer. Mit Böhmer, der als Arzt arbeitete, bekam sie drei Kinder, von denen nur die Tochter Auguste das Teenager-Alter erreichte. Der Gemahl war zwar liebevoll, aber die gebildete Hausfrau langweilte sich: ihr Geist wurde in der Ehe nicht gefordert. Böhmer verstarb 1788 nach wenigen Ehejahren an einer Wundinfektion, und Caroline wurde mit 24 Jahren Witwe. Sie zog von Clausthal-Zellerfeld, wo sie mit Böhmer gelebt hatte über Göttingen, wo sie einige Zeit wieder bei den Eltern lebte, und Marburg a. d. Lahn nach Mainz zu ihrer Freundin Therese, geb. Heyne, die dort in unglücklicher Ehe mit dem Naturforscher und Jakobiner Georg Forster lebte, der die Universitätsbibliothek leitete.

Zuvor hatte Caroline in Göttingen Georg Ernst Tatter kennengelernt, aus der unteren Mittelschicht stammend, aber durch seine Beziehungen zum kurhannoverschen Hof zum britisch-hannoverschen Legationsrat aufgestiegen. Als sich die beiden näher kamen, war Caroline zwar schon Witwe, doch hochschwanger mit ihrem dritten Kind. „Dass sich zweimal mehrere Männer in diesem Zustand in sie verliebten, in dem eine Frau sich normalerweise nicht unbedingt auf der Höhe ihrer Attraktivität fühlt (…) ist vielleicht nicht ganz zufällig und deutet möglicherweise auf ein Wesensmerkmal Carolines hin, eine Eigenart, eine Ausstrahlung als Frau, die ihre diversen Chronisten (…) in ein stellenweise esoterisch anmutendes Vokabular tauchen. Dass sie etwas Mütterliches und Bergendes an sich hatte, Weiblichkeit, gepaart mit einer gewissen Erdung und intuitiven Sicherheit, die besonders für den suchenden Typ Mann, der mit sich und der Welt hadert, ungemein anziehend war, dafür gibt es wohl doch einige Hinweise",[6] schreibt Sabine Appel in ihrem lesenswerten Buch über Caroline Schlegel-Schelling. Doch Caroline beendete die Liebesbeziehung. „Die Witwe Böhmer hatte Geschmack an der Freiheit gefunden, und dieses Lebensgefühl, zusammen mit dem Entschluss, kein Gefühl zu nähren, das ihr Qualen bereitete, überwog zeitweise ihre Leidenschaft für Georg Ernst Tatter."[7]

Nachdem Caroline über zwei Jahre bei ihren Geschwistern in Marburg gelebt hatte, zog sie mit ihrer Tochter Auguste (die beiden anderen Kinder waren schon verstorben) 1792 zu ihrer Freundin Therese Forster, um hier ein unabhängiges Leben zu führen. Finanziell versuchte sie mit Halstüchernähen und Übersetzungen aus dem Französischen ihre nicht üppige Witwenrente aufzubessern.

Caroline wurde eine Anhängerin der französischen Revolution und unterstützte die Ideen der Mainzer Republik. Sie trat ein für die Emanzipation des Volkes sowie für das Recht auf weibliche Selbstbestimmung und verliebte sich in den französischen Offizier Jean-Baptiste de Crancé. Weiterhin wohnte sie bei ihrer Freundin Therese Forster, und als diese ihren Mann verließ (nach dessen Tod verheiratete sich Therese erneut und wurde als Therese Huber eine bekannte Schriftstellerin), blieb Caroline weiter bei Forster wohnen – ein unschicklicher Akt in dieser Zeit, über den getuschelt wurde.

In Folge der kriegerischen Auseinandersetzungen und Intrigen wurde Caroline als Unterstützerin der Revolution mit ihrer damals achtjährigen Tochter für drei Monate in der Festung Königstein im Taunus mit fünf weiteren Frauen in einer Zelle, in der es nur Holzbänke gab, inhaftiert und später in Kronberg im Taunus unter Hausarrest gestellt. Von den Frauen wollte man deren Beziehungen zu führenden Jakobinern erfahren. Caroline kam „aber mit der Zeit zu der Auffassung, dass sie und die anderen Frauen als Geiseln gehalten wurden, da ja ‚von persönlicher

Abb.: Gisela Horn, „Mir kann nicht genügen an dieser bedingten Freiheit ...": Das Leben der Caroline Michaelis-Böhmer-Schlegel-Schelling, in: Romantische Frauen, Rudolstadt 1996, S. 9.

6) Sabine Appel, a. a. O., S. 59.
7) Sabine Appel, a. a. O., S. 66.

Schuld nicht die Rede sein konnte'. Allerdings hielt man sie, wie sie wohl wusste, für Forsters Geliebte. ‚Allein meine Verbindung mit Forster in Abwesenheit seiner Frau, die eigentlich nur das Amt einer moralischen Krankenwärterin zum Grunde hatte, konnte von der sittlichen und politischen Seite allerdings ein verdächtiges Licht auf mich werfen, um das ich mich zu wenig bekümmerte, weil ich selten frage, wie kann das andern erscheinen?‘"[8]

Caroline Schlegel

Aber ihre Lage war nicht nur als Revolutionärin prekär – die junge Witwe war auch noch von dem jungen französischen Offizier unehelich schwanger geworden – das Ergebnis einer leidenschaftlichen Liebesnacht. Mehrere Freunde, besonders ihr jüngerer Bruder, setzten sich für ihre Freilassung ein, die noch rechtzeitig vor der Geburt des Kindes erfolgte. Vorsorglich hatte sie eine Selbsttötung in Erwägung gezogen, so Scham besetzt war ihre gesellschaftliche Situation. Wäre ihre uneheliche Schwangerschaft entdeckt worden, hätte sie nicht nur ihr Ansehen verloren, auch wäre ihr ihre Witwenrente nicht mehr gezahlt und ihr die Tochter weggenommen worden.

Beigestanden in diesen schweren Zeiten hatte ihr der Literaturhistoriker, Übersetzer und Philosoph August Wilhelm Schlegel, der in jungen Jahren schon einmal in sie verliebt gewesen war, den sie damals aber hatte abblitzen lassen. Ihn hatte sie 1793 in ihrer Not angeschrieben, und er kam und half. Er brachte sie an einen verschwiegenen Ort, wo sie heimlich entbinden konnte, und gab sie in die Obhut seines Bruders Friedrich Schlegel, weil er selbst nicht bleiben

konnte. Hier in Lucka verliebte sich der damals 21-jährige Friedrich Schlegel in die kurz vor ihrer Niederkunft stehende Caroline. In seinem späteren Roman „Lucinde" setzte er ihr ein Denkmal als „Frau, die einzig war und die meinen Geist zum ersten Mal ganz und in der Mitte traf".

Sabine Appel charakterisiert Friedrich Schlegel und die damalige gesellschaftliche Situation wie folgt: „Friedrich war verhältnismäßig vorurteilsfrei, gerade ein ‚neuer Mann', und sein Bruder nicht minder. Nicht zuletzt auch die Möglichkeit eines kameradschaftlichen Verhältnisses zwischen Männern und Frauen ist ja ein Signum für Gleichrangigkeit der Geschlechter in einer aufgeklärten, modernen Gesellschaft (…). Der Jenaer Romantikerkreis [dazu weiter unten] um die Schlegel-Brüder und ihre Frauen war es dann auch, der alles das auslebte, was Goethe in seinem Werk [Wahlverwandtschaften] lediglich anklingen ließ: freies Zusammenleben und ‚Ehen zu dritt' oder zu viert, freie Liebe, Scheidungen, Trennungen, da Menschen und Verhältnisse sich einfach verändern und dem infolgedessen Tribut zollen müssen, wenn sich die Liebe bedauerlicherweise nicht lebenslang halten lässt, offene Zweierbeziehungen, Wohngemeinschaften, experimentelle Lebensformen (…) und die gelebte Wahlverwandtschaft, die über den ‚Ehestand' steht, über der bürgerlichen Moral, über den Segen der Kirche oder den familiären Beziehungen. Die Zeit zwischen Empfindsamkeit und Romantik hat in den gebildeten Schichten ein neues Selbstverständnis und Selbstbewusstsein des ‚inneren Menschen' bewirkt, da auch Männer ihre femininen Anteile sehr stark ausleben konnten. Im bürgerlichen 19. Jahrhundert wurde das alles wieder zurückgefahren, denn es kamen wieder alle die Dinge ins Spiel, die solche Tendenzen aushebeln und den alten Rollenbildern ihre Wirksamkeit zurück-

8)   Sabine Appel, a. a. O., S. 120.

geben: Militarismus und Nationalismus, eine zunehmend enger werdende bürgerliche Moral als Fluchtmoment vor den großen Veränderungen, Konservatismus und Reaktion, Kriegsstimmung, krude Versachlichung durch den Boom der Naturwissenschaften bis hin zum Chauvinismus der Kaiserzeit nach Bismarcks Reichsgründung, Entwicklungen, die natürlich auch (…) Gegenbewegungen auslösten. Carolines Lebenszeit aber, die Jahre um, vor und nach der Französischen Revolution, war eine Phase des Experiments, unschuldig noch, wie alles Neue. Dergleichen ist, auf der privaten Ebene, immer nur elitär, eine Sache für wenige, die den herrschenden Meinungen trotzen und es in Kauf nehmen, dafür im Abseits zu stehen."[9]

Die Geburt des „Kindes der Glut und Nacht" wie Caroline ihr „Franzosenkind" nannte, verlief problemlos, ein kleiner Sohn wurde geboren. Da niemand von Carolines Niederkunft hatte wissen dürfen, musste sie ihr Baby in Pflege geben, wollte es aber so bald wie möglich zu sich holen. Doch der Säugling starb nach einigen Monaten.

Mit ihrer Tochter reiste Caroline zu Freunden nach Gotha, doch diese bekamen Schwierigkeiten, als sie Caroline aufnehmen wollten – niemand wollte mehr mit ihnen verkehren, solange Caroline bei ihnen wohnte. Auch in Göttingen und Dresden stand sie vor verschlossenen Stadttoren: Caroline war zu einer Persona non grata abgestempelt, musste die gesellschaftliche Ächtung spüren.

In dieser Situation halfen wieder die Brüder Schlegel. Friedrich Schlegel, der eine vierköpfige Familie nicht hätte ernähren können, bedrängte seinen Bruder August Wilhelm, Caroline zu heiraten. Und dieser tat es, verehrte er Caroline doch noch immer. So ging Caroline 1796 ihre zweite Vernunftehe ein. Damit war Carolines „Ehre" gesellschaftlich wieder hergestellt.

Das Paar lebte in Jena in einer Wohnung am Löbdergraben. Auch Schlegels Bruder Friedrich zog nach.

Caroline Schlegel half ihrem Mann, der an der Zeitschrift „Die Horen" und an der „Allgemeinen Literatur-Zeitung" mitarbeitete, bei Übersetzungen von Shakespeare-Stücken und bei der Herausgabe der Zeitschrift „Athenaeum". Als scharfe Beobachterin der aktuellen Literaturszene verfasste sie auch Literaturkritiken und sezierte in Briefen Texte prominenter Dichter.

Heftige Diskussionen über Literatur, Ästhetik und Philosophie wurden in diversen Zeitschriften ausgetragen, zwischen Kontrahenten, die sich oft persönlich kannten und entsprechend verletzen konnten. So brach Friedrich Schiller (siehe ▶ Schillerstraße, in Bd. 3 online**) nach kurzer Zeit die Zusammenarbeit mit August Wilhelm Schlegel ab, weil sein Bruder Friedrich Schlegel Schiller in einem Artikel dessen „Musenalmanach auf das Jahr 1796" kritisiert hatte, worauf Schiller eine ebenfalls verletzende Replik publizierte.

„Schlegels Polemik betraf Schillers Gedicht: ‚Würde der Frauen', eine wirklich unsägliche Produktion, was die aneinandergereihten Weiblichkeitsklischees und die spießbürgerliche Idylle betrifft",[10] so Sabine Appel.

In diesen Netzwerken von konkurrierenden Literaten und Literatinnen spielten auch Vorstellungen über die Autorenschaft von Frauen und vorbildlicher Weiblichkeit eine wichtige Rolle. So ist bekannt, dass im Umfeld von Schiller und seinen Unterstützerinnen über Caroline nur als der „Dame Luzifer" oder dem „Übel" die Rede war. Caroline wurde diffamiert als „Intrigantin und eine Blenderin, eine mit wechselnden Männerbeziehungen (unausgesprochen ja auch eine revolutionäre Sympathisantin) und eine Pseudo-Muse für arme, verblendete Männer, die ihre

**   Band 3 online unter: www.hamburg.de/maennerstrassennamen

9) Sabine Appel, a. a. O., S. 136f.
10) Sabine Appel, a. a. O., S. 157.

Falschheit und ihre Gefahr nicht bemerkten, auf jeden Fall eine Frau mit viel zu viel Einfluss, was offenbar immer verderblich ist. Das passt ganz zum Diktum der ‚Dame Luzifer', das Schiller und seine Frau später in Umlauf brachten. Schiller kam aus kleinen Verhältnissen. Der leicht provinzielle Hauch, der ihn immer umwehte, wurde vielleicht durch ein unmäßiges Pathos überkompensiert (…)."[11]

Caroline hatte, wie viele ihrer Freunde und Freundinnen, Goethe und seine Dichtungen mehr geschätzt als Schiller, dessen Texte vielen Romantikerinnen und Romantikern als zu pathetisch und idealistisch erschienen. Plastisch läßt sich diese Kritik an Carolines Rezeption von Schillers 1799 veröffentlichtem „Lied von der Glocke" zeigen, in dem Schiller nicht nur Recherchen zur Herstellung von Glocken verarbeitet hatte, sondern auch als rückschrittlich empfundene Geschlechterrollen propagierte:

„(…) Die Frucht muß treiben.
Der Mann muß hinaus
In's feindliche Leben,
Muß wirken und streben
Und pflanzen und schaffen, (…)

Die Bäume wachsen,
es dehnt sich das Haus.
Und drinnen waltet
Die züchtige Hausfrau,
Die Mutter der Kinder,
Und herrschet weise
Im häuslichen Kreise,
Und lehret die Mädchen
Und wehret den Knaben,
Und reget ohn' Ende
Die fleißigen Hände, (…)"

Caroline Schlegel und ihr Jenaer-Kreis wurden von diesem Lied, von der Glocke, das später zu den bekanntesten und am meisten persiflierten deutschen Gedichten zählen sollte, nachvollziehbar irritiert, wie sie in einem Brief schrieb:

„Die Glocke hat uns an einem schönen Mittag mit Lachen vom Tisch weg fast unter den Tisch gebracht. Die ließe sich herrlich parodieren."[12]

Mit Caroline und Wilhelm lebten nun auch Friedrich Schlegel und Dorothea Veit *(siehe zu ihr weiter unten)* dazu Carolines Tochter Auguste und Dorotheas Sohn Philipp aus erster Ehe unter einem Dach am Löbdergraben. „Caroline waltete hier (…) als ‚tüchtige Hausfrau', wenn etwa manchen Tags zehn bis zwanzig Personen zum Mittagessen erschienen. (…) Dorothea wohnte mit Philipp im Erdgeschoss, Wilhelm, Auguste und Caroline im ersten Stock und Friedrich, der ringende Dichter, allein unterm Dach. (…) Der gastfreundliche Haushalt, in dem regelmäßig vor allem Novalis [siehe ➤ Novalisweg, *in Bd. 3 online***], Ludwig Tieck [siehe ➤ Tiecksweg, *in Bd. 3 online***]* mit Ehefrau und der junge Philosoph Schelling verkehrten, wurde vermutlich zu größeren Teilen von Wilhelms Ersparnissen sowie seinen gegenwärtigen Tätigkeiten [Professur] bestritten."[13]

Dorothea Veit und Caroline kamen zwar klar miteinander, aber Dorothea verhielt sich skeptisch gegenüber Caroline.

Hier im Jenaer Kreis verliebte sich Caroline Schlegel in den zwölf Jahre jüngeren Philosophen F. W. J. Schelling *(siehe ➤ Schellingstraße, in Bd. 3 online***).* Wieder ein Skandal. Schiller war empört, ebenso Carolines Freundin Therese Forster und Friedrich Schlegel, nicht dagegen Carolines Gatte August Wilhelm Schlegel, hatte er doch schon seit längerer Zeit immer wieder Liebschaften, besonders zu Schauspielerinnen gepflegt, die von Caroline absolut toleriert wurden.

Dieses Dreierverhältnis hätte also gut und gerne noch weiter bestehen können, doch die Situation eskalierte. „Im März 1800 wurde Caroline sehr krank. Hintergrund dieser Erkrankung, die diffus als ‚Nervenfieber' bezeichnet

**   Band 3 online unter: www.hamburg.de/maennerstrassennamen

11) Ebenda.
12) Caroline Schlegel: Briefe aus der Frühromantik. Nach Georg Waitz ver-

mehrt hrsg. von Erich Schmidt. Leipzig 1913, S. 592.
13) Sabine Appel, a. a. O., S. 188.

wurde, ist vermutlich ihre emotionale Situation und die ungeklärte Beziehung mit Schelling. Dorothea (…) war sich dieser Zusammenhänge sicher bewusst. Aber da war wenig Mitgefühl."[14] Dorothea „lebte in ihrem Hass auf Caroline, der jetzt unverkennbar zutage trat, so etwas wie ihre eigenen Schuldgefühle aus. Caroline wurde ihrem Ehemann untreu, jedenfalls emotional. Dass sie ihn nie geliebt hatte, stand für Dorothea zweifellos fest, und das warf sie ihr vor, verbunden mit dem Vorwurf der Kälte und eines oberflächlichen, manipulativen Charakters. (…)"[15] Sie „bezichtigte [Caroline] ihre Ehe zerstört und den Dritten im Bunde, nämlich ihren göttlichen Friedrich, der sie nur wieder auf die richtige Spur bringen wollte, im Sinne seines armen, betrogenen Bruders, mit böser Undankbarkeit behandelt zu haben. (…) Einiges spricht dafür, dass Friedrich der Urheber des totalen Zerwürfnisses war (…). Natürlich setzte er sich für seinen Bruder ein (…). Auch dass die ehemalige schöne Dreieinigkeit, die eine so wesentliche Grundlage war für den Jenaer Dichter- und Philosophenkreis, durch das neue Element Schelling auf dem Spiel stand, wird man ihm als Sorge gut abnehmen können. Der abgrundtiefe Hass, den er aber im Zuge der Ereignisse auf Caroline entwickelte (…), lässt sich, abgesehen von seinem wissenschaftlichen Konkurrenzverhältnis mit Schelling an der Jenaer Universität, nur durch eines erklären: Er selbst hatte dereinst seiner Liebe zu Caroline entsagt, und zwar zugunsten seines Bruders. (…) Und nun ‚betrog‘ sie Wilhelm, und damit ihn selbst."[16]

1803 ließen sich die Eheleute August Wilhelm und Caroline Schlegel einvernehmlich scheiden, und die 40-jährige Caroline heiratete nach dem tief betrauerten Tod ihrer über alles geliebten Tochter Auguste F. W. J. Schelling, (1812 geadelt): ihre erste Liebesheirat. Das Paar zog zunächst nach Würzburg und 1806 nach München, wo Schelling eine Professur erhielt. Weiterhin waren sie üblen Nachreden und Diffamierungen ausgesetzt, die sich auch auf Carolines Zeit in Mainz und ihre Inhaftierung bezogen. Von der Aufbruchsstimmung der romantischen Zirkel war wenig übrig geblieben. Caroline versuchte die an sie permanent herangetragenen Ansprüche an ein gelungenes Frauenleben zu erfüllen. Nun leistete sie auch für Schelling unermüdlich die Arbeit einer Sekretärin und wissenschaftlichen Assistentin: „Fast alles, was bei Cotta jetzt unter der Presse ist, ist von meiner Hand", schrieb sie an ihre alte Freundin Louise Gotter. Und die Literaturwissenschaftlerin Barbara Becker-Cantarino fasst überzeugend zusammen: „Caroline Schlegel-Schellings ‚Werk‘ sind zunächst ihre Briefe, wie die zahlreichen Interpreten immer wieder betonen. (…) Ihre ausführlichen, oft ironischen Schilderungen in ihrem ‚Briefwerk‘ sind mit ‚literarischen Kleinformen‘ wie Anekdote, Parodie und Paradoxie verglichen worden. Ihr ‚Werk‘ ist aber auch ihre geistige Zuarbeit, die jedoch als individuelles Werk vom Leistungsbegriff der Literaturwissenschaft aus gesehen nicht greifbar ist: Sie half bei Übersetzungen (insbesondere August Wilhelm Schlegels Shakespeare-Übersetzung), las Korrekturen, schrieb Manuskripte ab, lieferte Ideen, Briefmaterial und Exzerpte (für den Schwager Friedrich und den Ehemann August Wilhelm Schlegel, dann für Schelling) und ließ ihre Theaterkritiken, Rezensionen und Übersetzungen (aus dem Französischen und Italienischen) von Schelling für die Publikation umarbeiten. (…) Wie die meisten Frauen, die zwischen 1790 und 1820 enge persönliche Beziehungen zu einem prominenten Literaten oder Intellektuellen hatten, unterlag Caroline als Frau der privaten und öffentlichen ‚Geschlechtsvormundschaft‘."[17]

14) Sabine Appel, a. a. O., S. 221f.   2000, S. 60f.
15) Ebenda.
16) Ebenda.
17) Barbara Becker-Cantarino: Schriftstellerinnen der Romantik. Epoche-Werke-Wirkung. München

Kontakt hatte das Paar weiterhin zu Clemens und Bettine Brentano *(siehe* ➤ Bettinastieg, *in diesem Band)* sowie zu Ludwig Tieck.

1809, im Alter von 46 Jahren, starb Caroline an der Ruhr oder an Typhus. Pauline Gotter (1786–1854), Tochter von Carolines Freundin Louise Gotter, heiratete 1812 den elf Jahre älteren verwitweten F. W. Schelling. Eine ihrer Töchter erhielt in Erinnerung an seine erste Frau den Namen Caroline.

Friedrich Schlegel (1772–1829) heiratete 1804 Dorothea (1764–1839), geschiedene Veit, geborene Mendelssohn. Auch nach ihr müsste der Schlegelsweg mit benannt werden, war Dorothea Schlegel doch eine bedeutende Literaturkritikerin und Schriftstellerin der Romantik gewesen.

Friedrich Schlegel hatte Dorothea 1797 im Berliner Salon von Dorotheas Freundin Henriette Herz *(siehe* ➤ Henriette-Herz-Garten, *in diesem Band)* kennengelernt. Damals war die Tochter des Berliner Philosophen Moses Mendelssohn und seiner Frau Fromet, geborene Gugenheim noch verheiratet und hieß mit Vornamen Brendel. Ihr Vater hatte sie 1778 mit dem Bankier Simon Veit (1754–1819) verlobt und 1783 mit ihm verheiratet. Das Paar bekam vier Söhne; zwei starben im Kindesalter.

Dorothea und Friedrich verliebten sich ineinander. Henriette Herz und der protestantische Theologe Friedrich Schleiermacher setzten sich für das Liebespaar ein und Henriette unterstützte Dorotheas Scheidungsabsichten. Zwei Jahre später, 1799, ließ sich Dorothea dann auch scheiden. Sie musste sich verpflichten, nie wieder zu heiraten, sich nicht taufen zu lassen und auch ihre Kinder zum christlichen Glauben zu bewegen.

Dorothea und Friedrich Schlegel stießen nun alle Konventionen über Bord, lebten in „wilder Ehe". Nach der Scheidung zog das Paar mit Dorotheas jüngstem Sohn nach Jena ins Haus von August Wilhelm Schlegel und dessen Frau Caroline. Dort, im Zentrum der literarischen Romantik, lebten die beiden Paare in einer Art Wohn- und Arbeitsgemeinschaft zusammen. Friedrich Schlegel verarbeitete diese, für damalige Verhältnisse ungewöhnliche und skandalträchtige, Liebesbeziehung in seinem Roman „Lucinde", in dem er für die romantische Liebe und die Liebesheirat eine Lanze bricht.

Doch so sehr sich Friedrich Schlegel auch in Liebesdingen, die sein Herz angingen, revolutionär gab und alle gesellschaftlichen Konventionen und Rollenerwartungen über Bord warf, so blieb er doch den althergebrachten Geschlechtsrollenmustern verhaftet, wenn es um seinen eigenen beruflichen Vorteil und sein Fortkommen ging.

So gab er zwar Dorotheas ersten Band ihres Romans „Florentin" – erschienen 1801 – heraus, allerdings ohne Nennung der Autorin. Und auch ihre Übersetzungen von Memoiren, Rittergeschichten und Germaine de Staels Roman „Corinna oder Italien" aus dem Französischen, erschienen nur unter dem Namen ihres Mannes als Übersetzer und Herausgeber. „Diese und andere Arbeiten seiner Ehefrau nahm Schlegel sogar in seine Werke auf. Dem herrschenden Frauenbild ihrer Zeit entsprechend, legte [Dorothea allerdings] keinen Wert darauf, öffentlich zu wirken; sie verstand sich als Zuarbeiterin ihres Mannes: ‚Friedrich, sein Geselle zu werden' und seine Einnahmen aufzubessern, war ihr Ziel."[18]

1802 waren Dorothea und Friedrich nach Paris gezogen, wo sie 1804 heirateten, Dorothea zum evangelischen Glauben übertrat und sich fortan Dorothea und nicht mehr Brendel nannte.

In selben Jahr zogen sie nach Köln, wo Schlegel eine Dozentur bekam. Beide traten dort zum Katholizismus über; auch ihre beiden Söhne, die später Maler wurden, ließ Dorothea katholisch taufen.

18) Carola Stern: „Schlegel, Dorothea Friederike" in: Neue Deutsche Biographie 23 (2007), S. 42–43 [Onlinefassung]; URL: http://www.deutsche-biographie.de/ppn118607979.html

Später zog das Paar nach Wien, wo Schlegel eine Stelle als Hofsekretär bekam. Nach dem Tod ihres Mannes lebte Dorothea bei ihrem ältesten Sohn Philipp Veit in Frankfurt a. M., wo er Direktor des Städelschen Kunstinstituts war.

Befreundet war Dorothea Schlegel u. a. mit Henriette Herz *(siehe* ➤ Henriette-Herz-Ring *in diesem Band)* und Rahel Varnhagen *(siehe* ➤ Rahel-Varnhagen-Weg *in diesem Band).*

Text: Birgit Kiupel, Rita Bake

> *Siehe auch* ➤ Bettinastieg, Droste-Hülshoff-Straße, Henriette-Herz-Ring, Rahel-Varnhagen-Weg, *in diesem Band.*

> *Siehe auch* ➤ Gotheallee, *Altona-Nord, seit 1928, in Bd. 3 online**. Goethes Verhältnis zu Caroline Schlegel-Schelling, siehe unter wikipedia.*

> *Siehe auch* ➤ Moses-Mendelssohn-Brücke, *Harburg, seit 1998: Moses Mendelssohn (1729–1786), Philosoph, Vater von Brendel, später Dorothea Schlegel, in Bd. 3 online**.*

> *Siehe auch* ➤ Novalisweg, *Winterhude, seit 1928: Freiherr Georg Philipp Leopold von Hardenberg (1772–1801), Dichter, in Bd. 3 online**.*

> *Siehe auch* ➤ Schellingstraße, *Eilbek, seit 1866: Friedrich Wilhelm Joseph Schelling (1775–1854), Philosoph, in Bd. 3 online**. Text siehe unter Schlegelsweg.*

> *Siehe auch* ➤ Schillerstraße, *Altona-Altstadt, seit 1859 und 1950: Friedrich von Schiller (1759–1805), Dichter, in Bd. 3 online**.*

> *Siehe auch* ➤ Tiecksweg, *Eilbek, seit 1994, in Bd. 3 online**.*

Schneewittchenweg

Billstedt, seit 1952. Motivgruppe: Märchengestalten

Schneewittchen und die sieben Zwerge *(siehe* ➤ Zwergenstieg, *in Bd. 3 online**).*

> „Die propere, sanftmütige, eher passive ‚Snow White' entwickelte sich zum weiblichen Idol. In der Nachkriegszeit nahm diese mediengestützte

Entwicklung zu – was wiederum Psychologen und Kulturanthropologen beschäftigte. Hedwig von Beit sah die Vergiftungsepisode in neuem Licht: ‚Diese Vergiftung geschieht mit Gegenständen weltlicher Eitelkeit und Putzsucht und hierin, besonders aber in dem Umstand, daß sich Schneewittchen davon verlocken läßt, liegt der Beweis ihrer Zusammengehörigkeit mit der eitlen Stiefmutter. Es ist ihre eigene weltlich-ehrgeizige Schattenseite, von der sie eingeschnürt wird.' Bruno Bettelheim untersuchte später die verschiedenen Bedeutungsebenen, etwa die sexuelle Beimischung der Farbsymbole, die im vorödipalen Bereich anzusiedelnden Zwerge, das Sargstadium als Vorbereitung zur Reife."[19]

> *Siehe auch* ➤ Zwergenstieg, *Billstedt, seit 1952, Märchenmotiv, in Bd. 3 online**.*

Schopenhauerweg

Ottensen, seit 1945, benannt nach Arthur Schopenhauer. *2001/2002 ergänzt um die ebenso bedeutende Mutter* Johanna Schopenhauer. *Neuer Erläuterungstext: benannt nach Arthur Sch. (1788–1860), Philosoph, und dessen Mutter Johanna Schopenhauer, geb. Trosiener (9.7.1766 Danzig–16.4.1838 Jena), Schriftstellerin*

Im April 1805 stürzte sich der Ehemann von Johanna Schopenhauer aus dem Speicher seines Wohn- und Geschäftshauses am Hamburger Neuen Wandrahm 92 zu Tode. Ob es sich dabei um einen Unfall handelte oder um eine Verzweiflungstat des gemütskranken Mannes, blieb ungeklärt.

Nach Hamburg war das republikanisch gesinnte Ehepaar mit seinem Sohn Arthur 1793 gekommen, als Danzig, die Geburtsstadt Johanna Henriette Schopenhauers, in der sie auch ihren um zwanzig Jahre älteren, reichen und welter-

---

19) Ulf Diederichs: Who's who im Märchen. München 1995.

fahrenen Mann kennengelernt hatte, von Preußen annektiert wurde. Doch nach dem Tod ihres Ehemannes hielt sie nichts mehr hier. Befreit von einer unglücklichen Ehe und ausgestattet mit einem beträchtlichen Erbe, zog es Johanna Schopenhauer mit ihrer Tochter Adele (12.6. 1797 Hamburg–25.8.1849 Bonn) nach Weimar. Dass Thüringen zu diesem Zeitpunkt Kriegsschauplatz war und viele Weimarerinnen und Weimarer daran dachten, die Stadt zu verlassen, schreckte sie nicht. Durch diese „Feuertaufe" wurde sie, wie Goethe *(siehe ▶ Goetheallee, in Bd. 3 online**)* anerkannte, zur „Weimarerin". Dass ihr Haus schnell zu einem geselligen Mittelpunkt der Stadt wurde, hatte weitere Gründe. Johanna Schopenhauer, die zeitlebens einen Widerwillen gegen den Gedanken hegte, „für ein gelehrtes Frauenzimmer zu gelten",[20] war eine weitreichend gebildete und gewandte Frau. Vor der eigenen Muttersprache lernte das Kind von der kaschubischen Kinderfrau die polnische Sprache, weil der Vater, der Kaufmann Christian Heinrich Trosiener, der Überzeugung war, dass deren schwere Aussprache den Zugang zu anderen Fremdsprachen erleichtere. Es folgten die Anfänge der französischen Sprache, in die die Mutter Chodowieckis die Drei- oder Vierjährige in ihrer Kleinkinderschule einführte. Als der Sohn zu Besuch kam, entdeckte Johanna ihre Liebe zur Malerei. Ihr großes Vorbild wurde die Malerin Angelika Kauffmann, die ein selbstständiges Leben führte. Die weitere Ausbildung des Kindes nahmen der lutherische Theologe Kuschel und der anglikanische Geistliche Dr. Jameson in die Hand. Lernte sie bei ersterem Deutsch, Geschichte und Geographie, so unterrichtete Letzterer sie in der englischen Sprache und brachte ihr die englische Literatur nah. Dem Wunsch ihrer Lehrer, ihr Griechischunterricht zu erteilen, widersetzte sie sich schweren Herzens,

hatte sie doch schon wegen des Englischunterrichts den Spott ihrer Umgebung zu erdulden. Ab dem neunten Lebensjahr ergänzte der nachmittägliche Unterricht in weiblichen Tugenden und Arbeiten bei Mamsell Ackermann die Ausbildung. Das alles prädestinierte Johanna Schopenhauer zur Gesellschafterin der britischen Bankierstochter Sally Cramp im Hause des russischen Gesandten in Danzig. Aber auch in Weimar wird es dazu beigetragen haben, dass in Reisebüchern ihr Haus bald als besuchenswerte „Merkwürdigkeit" erwähnt wurde. Um Johanna Schopenhauers Theetisch versammelten sich Goethe und Wieland *(siehe ▶ Wielandstraße, in Bd. 3 online**)*, der Verleger Friedrich Justin Bertuch, der Kunstschriftsteller Carl Ludwig Fernow, der Schweizer Johann Heinrich Meyer – der so genannte Kunschtmeyer –, der Gymnasialprofessor und Bibliothekar Friedrich Wilhelm Riemer u. a.

Als Johanna Schopenhauer und ihre Tochter Adele 1819 durch den Zusammenbruch eines Danziger Bankhauses einen großen Teil ihres Vermögens verloren, musste Johanna ihre schriftstellerische Tätigkeit zum Broterwerb machen. Bis dahin hatte diese neben kleinen Arbeiten für Journale lediglich in einer Biographie über den Freund Carl Ludwig Fernow (1810) und den Erinnerungen an eine „Reise durch England und Schottland" (1813/14) bestanden.

Schon ihr erster Roman „Gabriele" (1819–1821), der der Heldin Opfer und Entsagung auferlegt, wurde ein großer Erfolg. Goethes Kritik charakterisiert zugleich die Autorin und zeigt, zu welchen Gesprächen der Roman anregte: „Gabriele setzt ein reiches Leben voraus und zeigt große Reife einer daher gewonnenen Bildung. Alles ist nach dem Wirklichen gezeichnet, doch kein Zug dem Ganzen fremd (...). Epische, halbepische Dichtung verlangt eine Hauptfigur,

**   Band 3 online unter: www.hamburg.de/maennerstrassennamen

20) Johanna Schopenhauer: Jugendleben und Wanderbilder. Hrsg. von W. Drost, Barmstedt (Holst.) 1958.

die bei vorwaltender Thätigkeit durch den Mann, bei überwiegendem Leiden durch die Frau vorgestellt wird. Diesmal ist einem anziehenden weiblichen Wesen die schwerste Rolle zugetheilt, die sich mit höchster Zartheit und Anmuth durch unerträgliche Leiden durchführt. (...) Als ich in diesem Sinne vor einer gebildeten Gesellschaft redete, fragte eine sorgsame Mutter:

Johanna
Schopenhauer

ob sie dieses Buch mit ihren Töchtern lesen könne? Dabei kam Folgendes zur Sprache: Erziehung heißt: die Jugend an die Bedingungen gewöhnen, zu den Bedingungen bilden, unter denen man in der Welt überhaupt, sodann aber in besondern Kreisen existiren kann. Der Roman hingegen stellt das Unbedingte als das Interessanteste vor, gerade das gränzenlose Streben, was uns aus der menschlichen Gesellschaft, was uns aus der Welt treibt, unbedingte Leidenschaft; für die dann bei unübersteiglichen Hindernissen nur Befriedigung im Verzweifeln bleibt, Ruhe nur im Tod. Dieser eigenthümliche Charakter des tragischen Romans ist der Verfasserin auf schlichtem Wege sehr wohl gelungen, sie hat mit einfachen Mitteln große Rührung hervorzubringen gewußt; wie sie denn auch im Gang der Ereignisse das Natürlich-Rührende aufzufassen weiß, das uns nicht schmerzlich und jammervoll, sondern durch überraschende Wahrheit der Zustände höchst anmuthig ergreift (...).“[21]

Johanna Schopenhauer gehörte nicht zu der Vielzahl von Frauen, deren Werke ignoriert oder geschmäht wurden, weil sie aus der Feder einer Frau stammten. Vielleicht kann sie auch deshalb ihre Geschlechtsgenossinnen unparteiischer be-

urteilen. In einem Brief vom 2. Dezember 1821 an einen Geheimrat in Leipzig heißt es: „Erlauben Sie mir dagegen auch zu bemerken, daß in unsern Tagen eine gar zu große Sucht durch schriftstellerische Arbeiten sich auszuzeichnen unter meinem Geschlecht eingerissen ist. Viele welche weit besser täten, in dem ihnen von der Natur sowohl als durch Sitte und Erziehung angewiesenen Kreise zu bleiben, führen jetzt die Feder statt der Nadel, und überschwemmen Tageblätter und Taschenbücher mit wäßrigen Produkten aller Art. Nur wenige, durch Umstände und ausgezeichnetes Talent begünstigte Frauen, sollten es wagen, auf diese Weise in die Reihen der Männer zu treten, und diese könnten dann auch gewiß einer bessern Aufnahme sich erfreuen, so wie das in vergangenen Zeiten der Fall war, wo die seltnen Frauen, welche außerhalb ihrer eigentlichen Sphäre bedeutend auftraten, überall mit Ruhm und Ehre gekrönt wurden, und kein gallichter Rezensent daran dachte ihnen diese schmälern zu wollen.“[22]

1829 waren Johanna und Adele Schopenhauer an den Rhein gezogen, kehrten aber acht Jahre später auf Einladung des Großherzogs Carl Friedrich von Sachsen-Weimar nach Thüringen zurück. Johanna Schopenhauer starb 1838 in Jena, unversöhnt mit ihrem Sohn Arthur, von dem sie zeitlebens ein schwieriges Verhältnis getrennt und den sie nach dem Bruch im Mai 1814 nie wieder gesehen hatte.

Louise Adelheid, gen. Adele, Schopenhauer, Schriftstellerin

Neun Jahre alt war die um neun Jahre jüngere Schwester Arthur Schopenhauers, als sie nach dem Tod des Vaters mit der Mutter von Hamburg nach Weimar zog. Hier wuchs Adele Schopenhauer in der besonderen Atmosphäre des mütterlichen Hauses auf, in dem sich don-

Abb.: Staatsarchiv Hamburg

** **Band 3 online** unter: www.hamburg.de/maennerstrassennamen

21) Goethes Werke. Hrsg. i. A. d. Großherzogin Sophie von Sachsen. 1. Abt. Goethes Werke 41. Bd. 2. Abt.

Weimar 1903, München 1987.
22) Zit. nach: Frauen der Goethezeit in ihren Briefen. Hrsg. von Günter Jäckel. Berlin o. J.

nerstags und sonntags die interessantesten Persönlichkeiten der Stadt trafen und wo auch der um vierzehn Jahre jüngere Freund ihrer Mutter, der Jurist Müller von Gerstenbergk, zeitweise lebte. Mit Goethes Schwiegertochter Ottilie befreundet, war Adele auch in Goethes Haus am Plan ein häufiger Gast. Doch trotz der zahlreichen Gelegenheiten, Menschen kennen zu lernen, erfüllten sich ihre Hoffnungen auf die Verwirklichung einer großen Liebe nicht. Als die einsame junge Frau 1828 in Köln die vermögende Kunstsammlerin und sechsfache Mutter und Ehefrau Sibylle Mertens-Schaaffhausen kennenlernte, sah sie in der Freundschaft zu ihr einen Ersatz. Sie drängte die Mutter, an den Rhein überzusiedeln, wobei sie die finanziell günstigeren Lebensbedingungen als Argument in den Vordergrund stellte. 1837 kehrte sie mit der Mutter nach Thüringen zurück, wo Johanna Schopenhauer im folgenden Jahr starb.

Adele richtete mit großer Energie ihr Leben neu ein. Sie suchte einen Verleger für die unvollendeten Memoiren ihrer Mutter, deren 24 bändige Schriften 1830/31 erschienen waren, und nahm Malunterricht.

„Um die Resonanz der literarischen Arbeiten Adele Schopenhauers war es schon zu deren Lebzeiten schlecht bestellt, allerdings waren ihre literarischen Ambitionen über das Verfassen von Gelegenheitsversen hinaus nie besonders ausgeprägt oder mussten sich – was wahrscheinlicher ist – von Anfang an denen der Mutter unterordnen. Erst 1838, nach dem Tod der Mutter, begann Adele Schopenhauer eine eigene literarische Produktion, die als solche erkennbar ist. Wiederum spielte der finanzielle Aspekt eine Rolle, aber ihr Schreiben verfolgte auch selbsttherapeutische Absichten: Literarische ‚Produktivität [sei] ein Schutz gegen den Andrang des Lebens‘, bekannte sie im Juni/Juli 1841 Annette

von Droste-Hülshoff (siehe ➤ **Droste-Hülshoff-Straße**, in diesem Band) gegenüber. Dabei musste sie sich auch immer wieder von Freunden motivieren lassen, ihre größer werdende Distanz zum vormärzlichen Literaturbetrieb zu überwinden.

Nur zögernd entschloss sich Adele Schopenhauer zur Publikation eigener Arbeiten. 1844 erschienen ihre Haus-, Wald- und Feldmärchen, 1845 folgte der Roman Anna, und 1848 publizierte sie noch einen weiteren Roman mit dem Titel Eine dänische Geschichte.“[23]

1840 hatten sich bei ihr erste Anzeichen einer Krebserkrankung bemerkbar gemacht. Mitte der 1840-er Jahre zog sie nach Italien, wo sie, finanziell unterstützt von der Freundin Sibylle, mit Unterbrechungen bis ein Jahr vor ihrem Tod verweilte.

Text im Wesentlichen: Brita Reimers

Siehe auch ➤ **Droste-Hülshoff-Straße, Geschwister-Mendelssohn-Stieg,** *in diesem Band.*

Siehe auch ➤ **Goetheallee,** *Altona-Nord, seit 1928, in Bd. 3 online**.*

Siehe auch ➤ **Wielandstraße,** *Eilbek, seit 1866, in Bd. 3 online**.*

Schottmüllerstraße

Eppendorf, seit 1937, benannt ursprünglich nach **Prof. Dr. Hugo Schottmüller** *(1867–1936), Direktor am Universitätskrankenhaus. Umwidmung des Namens Ende 2014 nach der Widerstandskämpferin* **Oda Schottmüller** *(9.2.1905 Posen-hingerichtet am 5.8.1943 in Berlin-Plötzensee) wegen der NS-Belastung des Arztes Schottmüller. Schottmüller, seit 1933/34 Dekan der Medizinischen Fakultät und 1935 emeritiert, zählte im November 1933 zu den Unterzeichnern des „Bekenntnisses der deutschen Professoren zu Adolf Hitler und dem nationalsozialistischen Staat“. Als einer der ersten Hamburger Professoren trat*

** **Band 3 online** unter: www.hamburg.de/maennerstrassennamen

23) Bode Plachta: Johanna und Adele Schopenhauer. Von der Weimarer Klassik zum Biedermeier in Weimar. In: Autorinnen in der Literaturgeschichte. Kongressbericht der 2. Bremer Tagung zu Fragen der literarischen wissenschaftlichen Lexikographie. 30.9.–2.10.1998 in Bremen, S. 160.

Schottmüller der NSDAP nach deren „Machtergreifung" bei und sah die Politisierung der Universitäten im Sinne des Nationalsozialismus unkritisch. Siehe dazu auch in Bd. 1 im Kapitel Straßennamen als Spiegel der Geschichte. Der Umgang mit der nationalsozialistischen Vergangenheit.

Oda Schottmüller war die Tochter von Dorothea Schottmüller, geb. Stenzler und des Archivars Dr. Kurt Schottmüller. Als Oda zwei Jahre alt war, musste ihre Mutter wegen eines schweren Nervenleidens mehrere Jahre in einem Sanatorium verbringen, aus dem sie erst fünf Jahre später, 1912, entlassen wurde und zu ihrer Ursprungsfamilie nach Berlin zurückkehrte.

Oda wuchs allein bei ihrem Vater in finanziell bescheidenen Verhältnissen auf, da er für seine Ehefrau Unterhalt zahlen musste; hinzu kamen die finanziellen Auswirkungen des Ersten Weltkriegs. Als Oda vierzehn Jahre alt war, starb ihr Vater 1919 an einem Herzinfarkt. „Oda geriet daraufhin zwischen die Fronten ihrer väterlichen und mütterlichen Familie. Ihre Tante Frida Schottmüller (1872–1936), eine Schwester von Kurt, war gerade zur Professorin ernannt und Kustodin am Kaiser-Friedrich-Museum in Berlin (...) geworden und beantragte die Vormundschaft für ihre Nichte. Odas Mutter wollte ihre Tochter aber selbst erziehen. Das Mädchen zog nach Berlin"[24] und machte dort 1921 die Mittlere Reife.

Da Oda in den Augen ihrer Familie als labil galt, befürchtete sie, dass Oda auf einer staatlichen Schule das Abitur nicht bestehen würde. So kam Oda auf die Odenwaldschule, an der ihre Tante Gerda Schottmüller arbeitete.

Oda besuchte die Schule von 1922 bis 1924. Dort lernte sie auch den späteren Schriftsteller Klaus Mann kennen und befreundete sich mit ihm. Klaus Mann beschrieb Oda in seiner Autobiographie als: „Kind dieser Zeit": „(...) grotesk und hochbegabt, mit einem merkwürdig kurzen mongolischen Gesicht, die pittoresk in sich zusammengeduckt auf Schränken oder Fenstersimsen zu hocken liebte. Sie konnte phantastische und krasse Tänze aufführen; ebenso phantastisch und kraß konnte sie zeichnen und malen. Auf ihren Blättern hoben sich Gespenster aus Flaschen, Schlangen kringelten sich um verkrümmte Bäume (...). Oda war gedrungen, von einer barocken, überraschenden Grazie; (...) oft von stummer Traurigkeit, oft von hopsender Tanzlust (...)".[25]

Nach dem Abitur absolvierte sie zwischen 1924 und 1927 eine kunsthandwerkliche Ausbildung, weil ihre Familie ihrem Wunsch, Tänzerin und Bildhauerin zu werden, nicht nachkam.

1928, Oda war volljährig, begann sie eine Ausbildung zur Tänzerin bei Vera Skoronel in deren Berliner Schule für modernen künstlerischen Tanz. Ab 1929 besuchte sie die Bildhauerklasse für Frauen des Vereins der Berliner Künstlerinnen.

Nachdem Oda Schottmüller 1931 die Prüfung in Gymnastik und Körperbildung abgeschlossen hatte, trat sie als Tänzerin u. a. an der Volksbühne Berlin auf. Gleichzeitig hatte sie ein eigenes Bildhaueratelier in der Kunstschule des ehemaligen Bauhäuslers Johannes Itten. Die Verbindung zwischen Tanz und Bildhauerei „entdeckte sie [im] Maskentanz für sich. [In ihrem Atelier] entwarf sie ihre ersten Masken und Kostüme, die sie später für ihre Tänze benutzte, und hier begann sie, sich selbst als eine Art Gesamtkunstwerk zu inszenieren".[26]

Mit der Machtübernahme durch die Nationalsozialisten war auch der experimentelle, individuelle und expressive Ausdruckstanz der Weimarer Republik nicht mehr erwünscht. Er-

24) SK Stiftung Kultur-Deutsches Tanzarchiv Köln: Oda Schottmüller unter: www.sk-kultur.de/tanz/schottmueller.htm
25) Ebenda.
26) Ebenda.

laubt war zwar weiterhin der moderne Tanz, aber nur, wenn er völkische Themen umsetzte und den individuellen Ausdruck aufgab. Oda Schottmüller ignorierte diese Forderungen und trat auch nicht der von den Nationalsozialisten gegründeten Reichskulturkammer bei.

Um 1935 schloss sie sich durch die Bekanntschaft mit dem kommunistischen Bildhauer Kurt Schumacher dem Widerstandskreis um Harro Schulze-Boysen an.

Auch während der NS-Zeit trat Oda Schottmüller als Tänzerin auf. Ihre Themen veränderten sich. „Statt der Fabelwesen ihrer Anfangszeit schuf sie nun mythologische Figuren, die gesellschaftspolitische Fragen aufwarfen."[27]

Um Geld zu verdienen, wurde sie dann doch noch Mitglied der Reichskulturkammer und trat mit „leichter" Tanzkost – auch auf Wehrmachtstourneen – auf. Dennoch blieb sie ihrer Gesinnung treu und führte z. B. 1941 einen öffentlichen Soloabend durch, auf dem sie mit ihrer Choreographie „Der Letzte" den Kriegstod anklagte.

Im Spätsommer 1942 verhaftete die Gestapo im Rahmen des Fahndungskomplexes „Rote Kapelle" über 120 Personen aus dem Umkreis des Freundes- und Widerstandskreises um Harro Schulze-Boysen und Arvid Harnack (siehe ➤ Harnackstraße, in Bd. 3 online**), darunter auch Oda Schottmüller. Ihr wurde vorgeworfen, ihr Atelier für Funkversuche nach Moskau zur Verfügung gestellt zu haben. Obwohl man ihr dies nicht nachweisen konnte und sie dies auch vehement bestritt, wurde sie wegen „Beihilfe zur Vorbereitung eines hochverräterischen Unternehmens und Feindbegünstigung" zum Tode verurteilt."[28]

Der „Hauptankläger" wurde nach dem Krieg freigesprochen, weil er sich auf seine damalige „Dienstpflicht" berufen hatte und konnte unbescholten als Anwalt weiter praktizieren.

Geertje Andresen verfasste 2005 eine fundierte Biographie über Oda Schottmüller unter dem Titel „Die Tänzerin, Bildhauerin und Nazigegnerin Oda Schottmüller 1905–1943." 2012 gab sie das Buch „Wer war Oda Schottmüller? Zwei Versionen ihrer Biographie und deren Rezeption in der alten Bundesrepublik und in der DDR" heraus. In der Ankündigung zu diesem Buch heißt es: „Basierend auf der Gestapo-Lüge, der Kreis um Harro Schulze-Boysen sei Teil der sowjetischen Auslandspionage gewesen, wurde er in der Bundesrepublik bis Mitte der 1980er Jahre aus dem offiziellen Gedenken an den Widerstand gegen das NS-Regime ausgegrenzt. Oda Schottmüller galt als ‚Agentenflittchen'. In der DDR hingegen deutete das MfS die ‚Rote Kapelle' systematisch zur ‚Kundschaftsorganisation für die Sowjetunion' um und popularisierte dieses ebenfalls entstellende Geschichtsbild. Geheimdienstmitarbeiter versuchten gar, eine dazu passende Biographie Oda Schottmüllers zu erfinden."

Greetje Andresen schreibt über Oda Schottmüllers oppositionelle Arbeit in der NS-Zeit: „Was wir (…) über die Nazigegnerin Oda Schottmüller wissen, ist folgendes: Sie war befreundet mit Kurt Schumacher und Harro Schulze-Boysen und umgab sich mit Menschen, die sich mit den ihnen zur Verfügung stehenden Mitteln der NS-Diktatur widersetzten. Sie bewahrte selbstverständlich ihre Freundschaften zu rassisch Verfolgten und half politisch Verfolgten, Deutschland zu verlassen. Sie gab in ihrem Freundeskreis Flugschriften von Harro Schulze-Boysen weiter. Vor allem aber bewahrte sie sich im Umgang mit anderen Hitlergegnern ihre innere Freiheit, die sie brauchte, um sich auf ihre Art, nämlich im Tanz, zu äußern. Mutig und auch stolz bezog sie in ihren Tänzen sogar öffentlich Stellung gegen die Nazi-Diktatur. Dafür wurde sie

** Band 3 online unter: www.hamburg.de/maennerstrassennamen

27) Ebenda.
28) Ebenda.

aber nicht verfolgt. Oda Schottmüller wurde wegen einer unbewiesenen Behauptung am 5. August 1943 in Plötzensee ermordet."[29]

*Siehe auch ➤ **Harnackring,** Bergedorf/Lohbrügge, seit 1964: Ernst von Harnack (1888–1945), Regierungspräsident, Widerstandskämpfer gegen den Nationalsozialismus, in Bd. 3 online***.

Schumannstraße

*Barmbek-Süd, seit 1876, benannt nach dem Pianisten und Komponisten **Robert Schumann.** 2001/2002 ergänzt um die ebenso bedeutende Ehefrau **Clara Schumann.** Neuer Erläuterungstext: benannt nach dem Musikerehepaar Clara Sch. (13.9.1819 Leipzig–20.5.1896 Frankfurt a. M.), Pianistin und Komponistin, Herausgeberin der Werke ihres Mannes, und Robert Sch. (1810–1856), Pianist, Musikschriftsteller und Komponist*

Clara Wieck, später verheiratete Schumann, erhielt bereits im Alter von fünf Jahren durch ihren Vater, einen bekannten Leipziger Klavierpädagogen, der mit Klavieren handelte, eine Musikalien-Bibliothek unterhielt und ein Internat für Musikschüler betrieb, eine Ausbildung zur Pianistin. Im selben Jahr trennten sich die Eltern. Clara und ihre beiden älteren Brüder blieben beim Vater. Die Mutter zog mit dem ihr noch verbliebenen Sohn und dessen Vater nach Plauen.

Vater Wieck konzentrierte „sein ganzes Lehrtalent auf Clara, die das Ebenbild seiner geschiedenen Frau war (...)".[30]

Als Clara neun Jahre alt war, hörte sie der damals 18-jährige **Robert Schumann** in einem Hauskonzert spielen. Schumann, Student der Rechtswissenschaft und „eine äußerst sensible, gespaltene Persönlichkeit, die zwei Seelen in der Brust trug, denen er die Namen ‚Eusebius' und ‚Floretan' gegeben hatte, [war] frustriert vom Studium der Jurisprudenz [und] beschloß (...), Musikunterricht bei Vater Wieck zu nehmen".[31]

Clara trat als Wunderkind bereits ab ihrem elften Lebensjahr im Leipziger Gewandhaus auf. Sie schrieb eigene Kompositionen, machte Konzertreisen durch Deutschland und spielte auch vor Goethe *(siehe ➤ **Goetheallee,** in Bd. 3 online****)* in Weimar, der sie mit den Worten lobte: „Dies Mädchen hat mehr Kraft als 6 Knaben zusammen!"[32]

Clara betrachtete Robert Schumann als großen Bruder und er sie als Schwester – bis er sich mit der Wieck-Schülerin Ernestine von Fricken verlobte, die damals 16-jährige Clara Wieck eifersüchtig darauf reagierte und Schumann dadurch in ein Gefühlschaos geriet. Jetzt erkannten Clara und Robert ihre Liebe zueinander. Schumann löste die Verlobung, und als Clara volljährig wurde, heiratete das Paar 1840 – allerdings gegen den Willen des Vaters. Er, der seine Tochter als sein Kunstwerk betrachtete, befürchtete, dass Schumann es zerstören würde.[33]

Sieben Jahre vor der Hochzeit hatte Schumann einen psychischen Zusammenbruch erlitten, wobei ihn das Gefühl übermannte, „den Verstand zu verlieren". Er schrieb damals in sein Tagebuch: „(...) damals lief ich denn auch (...) zu einem Arzt und sagte ihm alles, daß mir die Sinne oft vergingen, daß ich nicht wüßte, wohin vor Angst, ja, daß ich nicht dafür einstehen könnte, daß ich in so einem Zustand der äußersten Hilflosigkeit Hand an mein Leben lege (...). Der Arzt tröstete mich liebreich und sagte endlich lächelnd: ‚Medizin hülfe hier nichts: suchen Sie sich eine Frau, die kuriert'".[34]

Die Liebe zu Clara schien zu helfen. Nun von Angst befreit, glücklich verliebt, schuf Schumann allein im ersten Ehejahr hundert Lieder und beide, Clara und er, vertonten zwölf Gedichte. Doch: „Mit der Zeit brachte der Alltag für zwei so aus-

** **Band 3 online** unter: www.hamburg.de/maennerstrassennamen

29) Zitiert nach: ebenda.
30) Hans-Peter Rieschel: Komponisten und ihre Frauen. Düsseldorf 1994,

S. 99.
31) Hans-Peter Rieschel, a. a. O., S. 100f.
32) Hans-Peter Rieschel, a. a. O., S. 101.
33) Vgl.: Hans-Peter Rieschel, a. a.

O., S. 103.
34) Hans-Peter Rieschel, a. a. O., S. 107f.

geprägte Künstlernaturen außergewöhnliche, aber verständliche Probleme. ‚Wenn Robert komponierte, schloß er sich ein, war nicht ansprechbar, gereizt und einsilbig.' Und Clara konnte nicht üben, da die Wände zu hellhörig waren."[35]

Das Paar bekam im Laufe ihrer Ehezeit acht Kinder. Neben der vielen anfallenden Haus- und Mütterarbeit gab Clara weiterhin Konzerte, organisierte Tourneen durch Deutschland und komponierte zahlreiche Lieder, ein Klaviertrio, Klavierstücke und Romancen.

Schumann begleitete sie oft auf ihren Tourneen. Wurde er jedoch dabei nicht genügend beachtet und stand im Schatten seiner Ehefrau, reiste er unverzüglich ab. Nach solch einem Vorfall schrieb er ihr einmal: „Soll ich denn mein Talent vernachlässigen, um Dir als Begleiter auf der Reise zu dienen? Und Du, sollst Du Dein Talent ungenutzt lassen, weil ich nun mal an Zeitung und Klavier gefesselt bin? Wir haben den Ausweg getroffen. Du nahmst eine Begleiterin, ich kehrte zum Kind zurück und zu meiner Arbeit."[36]

Clara Schumann

Doch ohne Clara konnte Schumann nicht schöpferisch wirken, nicht komponieren und verfiel in Trübsinn. Nur Clara vermochte ihn da heraus zu holen, pflegte ihn, wenn er wieder an seinem Nervenleiden erkrankte und wollte ihn, den Künstler – wie sie schreibt: „verschonen von aller Prosa, wie sie nun doch einmal im ehelichen Leben nicht ausbleibt".[37]

Clara nahm sich als Künstlerin zurück. Im Vordergrund stand für sie, ihrem Ehemann ein seiner „Kunst geweihtes Leben [zu] schaffen".[38] Und er? Er erkannte zwar, „daß Clara zu wenig

Gelegenheit hatte, um ihre technischen Übungen am Klavier zu machen, da sie auf sein Komponieren Rücksicht nahm, doch wollte er daran auch nicht rütteln: ‚Daran bin ich schuld, und kann es doch nicht ändern. Clara sieht das auch ein, daß ich mein Talent zu pflegen habe (…)'".[39]

Die Geldsorgen, die die junge Familie Schumann oft plagten, wurden gelindert, als Robert Schumann 1842 eine Anstellung als Lehrer für Komposition, Klavier und Partitur Spielen am Leipziger Konservatorium bekam, das auf Betreiben von Felix Mendelssohn (siehe ➤ Geschwister-Mendelssohn-Stieg, *in diesem Band*) errichtet worden war.

Wenige Monate nach der Geburt der zweiten Tochter – die Säuglinge wurden einer Amme übergeben – bereitete Clara eine Tournee mit Robert durch Russland vor. „Während Clara, von ihren Erfolgen getragen, aufblühte, (…) erkrankte Robert (…). Wiederum litt er darunter, im Schatten seiner bewunderten und vielbeachteten Frau stehen zu müssen. (…) Schumann konnte in der Hektik dieser Reise natürlich nicht komponieren, dafür fand er viel Zeit und Anlaß, sich gekränkt zu fühlen. Er litt an Angstzuständen und Depressionen."[40]

Doch bald wendete sich das Blatt: Zurück in Deutschland, zog das Paar 1844 nach Dresden. „Während Clara feststellen musste, daß bei ihren Konzerten in Berlin, Wien und Dresden das gewohnte große Echo ausblieb (…), begann für Robert eine äußerst schöpferische Phase. (…) Durch ihren hingebungsvollen Einsatz förderte Clara das Schaffen ihres Mannes. (…)

Auch die Familie wuchs in dieser Zeit: vier Kinder kamen in Dresden [zwischen 1845 und 1849] zur Welt. (…) In seiner freien Zeit war Robert ein liebevoller ‚Kindervater'. Er ging auf seine Kinder ein, spielte mit ihnen alle möglichen Spiele (…).

35) Hans-Peter Rieschel, a. a. O., S. 108.

36) Zit. nach: Hans-Peter Rieschel, a. a. O., S. 109.

37) Zit. nach Hans-Peter Rieschel, a. a. O., S. 110.

38) Ebenda.

39) Hans-Peter Rieschel, a. a. O., S. 111.

40) Hans-Peter Rieschel, a. a. O., S. 113.

Clara war inzwischen 30 Jahre alt geworden. Die häufigen Schwangerschaften konnten ihrer Vitalität offensichtlich nichts anhaben, sie machten sie für ihren Mann und die Kinder häuslich. Aber der äußere Eindruck vom Glück der kinderreichen Familie täuschte, denn innerlich vollzog sich in Clara eine Wandlung. Der Egoismus des Künstlers und Menschen Robert Schumann – er knüpfte Beziehungen zu Jünglingen an, trank und forderte von Clara, daß sie ihr Kindermädchen und eine Köchin entließ, weil er sie nicht ausstehen konnte – verletzte sie tief."[41]

1854 wurde Robert Schumann in eine Nervenheilanstalt eingeliefert. Hilfreich zur Seite stand Clara damals der Musiker Johannes Brahms (siehe ➤ Johannes-Brahms-Platz, in Bd. 3 online**), der mit Clara eine Hausgemeinschaft bildete, denn er war im Alter von 21 Jahren zu den Schumanns nach Düsseldorf gekommen. Ging sie auf Tournee, hütete Brahms das Haus und die Kinder, die damals zwischen dreizehn und einem halben Jahr alt waren, und besuchte Robert Schumann in der Heilanstalt. „Das Erscheinen des jungen Brahms und Claras Beziehung zu ihm bedeutete den Bruch in der Ehe (...)."[42]

Am 29. Juli 1856 starb Robert Schumann. Clara reiste mit zweien ihrer Söhne – in Begleitung von Johannes Brahms und seiner Schwester Elise – an den Vierwaldstädter See. „Ein Sommerurlaub, wie ihn sich der liebende Brahms mit der geliebten Clara vorstellte, wurde es nicht. Der Tod Schumanns hatte die Gedanken und Gefühle in andere Richtungen gelenkt. Clara schrieb an ihre Freundin Emilie Liszt (...): ‚Ich finde nur Mut in dem Gedanken, nach seinem Sinn zu leben! Mein Unglück ist so schwer und groß, aber ich fühle auch mit ganzem Herzen das Glück, das Gott mir in der Kunst, den Kindern und meinen Freunden verliehen.'

Zwischen Clara Schumann und Johannes Brahms gab es nicht den Brückenschlag, den er sich wohl gewünscht hatte, nur eine geistig-seelische Übereinstimmung, keinen Ehebund. (...) Tatsächlich war es das Ende einer Liebesromanze, nicht aber das Ende einer lebenslangen Freundschaft."[43]

Nach dem Tod von Robert Schumann musste Clara den Lebensunterhalt für sich und ihre zahlreichen Kinder selbst bestreiten. 1862 kaufte sie ein Haus bei Baden-Baden, in dem all ihre Kinder, damals im Alter zwischen 22 und neun Jahren, die bisher wegen Claras Tourneen teils bei Freundinnen, befreundeten Ehepaaren oder in Internaten gelebt hatten, nun ein gemeinsames Zuhause erhalten sollten.

Clara Schumann trat weiterhin auf – trotz Rheumaanfällen in der rechten Hand und im rechten Arm. 1873 zog sie mit zwei Kindern nach Berlin und 1878 schließlich nach Frankfurt am Main, wo sie eine Professur für Klavier am Hoch'schen Konservatorium bekommen hatte. Unterstützt wurde sie von ihren beiden Töchtern Eugenie und Marie. Eugenie (1851–1938), die als Musikschriftstellerin tätig war, brachte ihre Lebensgefährtin, die Sängerin Marie Fillunger, mit in den Haushalt ihrer Mutter. Diese lebte dort elf Jahre, bis es zu einem Konflikt zwischen Clara Schumann und ihr kam, in Folge dessen Marie Fillunger nach London zog und Eugenie verzweifelt in Frankfurt zurückblieb. (Später fand das Paar Marie Fillunger und Eugenie Schumann wieder zueinander.)

1888, als Clara Schumann 69 Jahre alt war, trat sie zum letzten Mal öffentlich auf. Mit Unterstützung Johannes Brahms' gab sie nun den Nachlass ihres Mannes heraus.

Clara musste der Tod einiger ihrer Kinder beklagen. Nach dem Tod ihres Sohnes Ferdinand, nahm sie ihren Enkel Ferdinand in ihren

---

**   Band 3 online unter: www.hamburg.de/maennerstrassennamen

41) Hans-Peter Rieschel, a. a.O., S. 114 ff.

42) Hans-Peter Rieschel, a. a. O.,

S. 125.

43) Hans-Peter Rieschel, a. a. O., S. 130.

Haushalt auf. Er hatte das musikalische Talent der Schumanns geerbt. Claras Töchter Eugenie und Marie sorgten für die Mutter und den Enkel.

1892 gab Clara Schumann ihre Position am Konservatorium auf. Sie hörte immer schlechter und das Rheuma machte ihr sehr zu schaffen. Im März 1896 erlitt sie in kurzen Abständen zwei Schlaganfälle, an denen sie im Mai verstarb.

Clara Schumann hinterließ ein Werk von 25 Opus-Zahlen: Klaviermusik, Lieder und ein Klavierkonzert. Sie war eine der bedeutendsten Vertreterinnen der musikalischen Romantik in Deutschland. Zehn Monate nach ihrem Tod verstarb auch Johannes Brahms.

Siehe auch ➤ Bettinastieg, Droste-Hülshoff-Straße, Geschwister-Mendelssohn-Stieg, *in diesem Band.*

Siehe auch ➤ Brahmsallee, *Harvestehude, seit 1899: Johannes Brahms (1833–1897). Musiker, in Bd. 3 online**.*

Sentastraße

Barmbek-Süd, seit 1904. Gestalt aus Richard Wagners Oper „Der Fliegende Holländer" (1843)

„Senta ist die Erlöserin, die zu grenzenloser Hingabe und zum Liebestod bereite Frau. Als die Tochter des norwegischen Seemanns Daland dem sagenhaften Holländer gegenübertritt, ist sie ihm schon im Traum begegnet und fühlt sich seit langem ihm zugehörig. Sie verspricht ihm Treue bis in den Tod und stürzt sich ins Meer, als er an ihr zweifelt."[44]

Die norwegische Seefahrertochter Senta wurde von Wagner als „rettender Engel" angelegt, als Ideal einer Frau, die treu, unbeirrbar, selbstlos und hingebungsvoll liebt, jedes Opfer für den „bleichen Seemann" zu geben bereit ist – und ihn so erlöst. Franz Liszt *(siehe* ➤ Lisztstraße, *in Bd. 3 online**)* hatte den „Lohengrin" *(siehe* ➤

Lohengrinweg, *in Bd. 3 online**)* in Weimar dirigiert und geschrieben: „Sein (des Holländers) mit Bitterkeit getränkter Hauch seines klagenden Gesanges weckt unser Mitleid und lehrt uns verstehen, wie ein Weib sich berufen fühlen kann, ihr Leben zu opfern, um sein Heil zu erringen. Ebenso läßt das hochherzige Walten, die hehre Art Lohengrins uns fühlen, daß einer Frau (wie Elsa) nur zu sterben übrig bleibt, wenn sie den lichtstrahlenden Helden (…) verloren hat. Wer zweifelt an Senta, an einem weiblichen Wesen, welches, um eine große Seele von schwerster Strafe zu erlösen, das eigene Leben opfert?"[45] Liszt feierte Senta als „eines der herrlichsten Frauenbilder, die je von der Kunst geschaffen oder von der Poesie geschildert wurden!"[46]

Siehe auch ➤ Lisztstraße, *Ottensen, seit 1929: Franz Liszt (1811–1886), Komponist, Pianist, in Bd. 3 online**.*

Siehe auch ➤ Lohengrinweg, *Rissen, seit 1945: Gralsritter, Hauptheld, Sohn Parzivals, mittelhochdeutsches Gedicht, in Bd. 3 online**.*

Siebenschön

Lokstedt, umbenannt 1948. Früher Lindenallee. Märchengestalt aus: Karl Müllenhoff [siehe: Müllenhoffweg, in Bd. 3 online**]: Sagen, Märchen und Lieder. 1845. Motivgruppe: Holsteinische Geschichte, Sagen und Märchen

Siebenschön, Tochter armer Dorfleute, ist schöner als jedes andere Mädchen, arbeitsam, geschickt und sittsam. Wenn sie sonntags zum Gottesdienst geht, trägt sie als Zeichen ihrer Sittsamkeit einen Schleier vor dem Gesicht. Das weckt die Neugierde des Königssohns. Nachdem er ihr dreimal Geschenke geschickt hat, treffen sich beide jeden Abend bei der großen Eiche. Als der König von der nicht standesgemäßen Liebesbeziehung erfährt, lässt er Siebenschöns Elternhaus in Brand

** Band 3 online unter: www.hamburg.de/maennerstrassennamen

44) Annemarie und Wolfgang van Rinsum: Lexikon literarischer Gestalten, Stuttgart 1988.

45) Eva Rieger: „Leuchtende Liebe, lachender Tod". Richard Wagners Bild der Frau in der Musik. Düsseldorf 2009, S. 53.
46) Ebenda.

setzen. Dabei kommen Siebenschöns Eltern um. Siebenschön kann sich retten und nimmt in Mannskleidung unter dem Namen „Unglück" eine Stellung als Diener am Hofe an. Der Königssohn, nun ohne seine Siebenschön, erwählt eine standesgemäße Braut. Als es zur Brautfahrt geht, an der alle Bediensteten teilnehmen müssen, singt Unglück: „Siebenschön bin ich genannt. Unglück ist mir wohlbekannt." Der Prinz erkennt daraufhin Siebenschön. Es kommt zwischen den beiden zu einem Happy End.

*Siehe auch ➤ **Müllenhoffweg**, Groß Flottbek, seit 1950: Prof. Karl Viktor Müllenhoff (1818–1884), Germanist, Herausgeber der Sagen, Märchen und Lieder der Herzogtümer Schleswig-Holstein und Lauenburg, in Bd. 3 online**.*

Siegrunweg

Rissen, seit 1960. Siegrun, Gestalt aus der Nibelungensage

Schreibweise in der Nibelungensage: Sigrun. Eine Walküre, die Helgi, der Sohn Sigmunds und Sigyns, im Kampf gegen Hödbrodd als Gattin erkämpft. Sigrun stirbt aus Gram, nachdem ihr Bruder Dag an Helgi Blutrache verübt hat, weil dieser Dags Vater getötet hatte.

*Siehe auch ➤ **Brunhildstraße, Kriemhildstraße, Uteweg**, in diesem Band.*

*Siehe auch ➤ **Alberichstieg**, Rissen, seit 1951: Gestalt aus der Nibelungensage, in Bd. 3 online**.*

*Siehe auch ➤ **Gernotstraße**, Rissen, seit 1949: Gernot, Gestalt aus der Nibelungensage, in Bd. 3 online**.*

*Siehe auch ➤ **Hildebrandtwiete**, Rissen, seit 1951: Gestalt aus dem Nibelungenlied, in Bd. 3 online**.*

*Siehe auch ➤ **Rüdigerau**, Rissen, seit 1949: Motiv aus der Nibelungensage, in Bd. 3 online**.*

*Siehe auch ➤ **Siegfriedstraße**, Rissen, seit 1933: Gestalt aus dem Nibelungenlied, in Bd. 3 online**.*

---

*Siehe auch ➤ **Volkerweg**, Rissen, seit 1949: Volker von Alzey Nibelungensage, in Bd. 3 online**.*

Slamatjenbrücke

Neustadt, seit 1960, Matjen = Mädchen; slam = Slum, unsauber. „Unsaubere" Mädchen/Wäscherinnen

Für diesen Straßennamen gibt es verschiedene Deutungen:

1.) In der Nähe der Brücke, die an einer Stelle der Ost-West-Straße über das Alsterfleet führt, soll sich ein Bordell befunden haben.

2.) Auf dieser Brücke haben sich die Frauen getroffen, um dort im Wasser die schmutzige Wäsche zu spülen. Die Brücke wurde in den Hamburg Chroniken bereits im 17. Jahrhundert erwähnt.

Sophie-Dorothea-Stieg

*Wilhelmsburg, seit 1997, benannt nach **Sophie Dorothea** (15.9.1666–23.11.1726), Gräfin von Wilhelmsburg, Tochter des Herzogs Georg Wilhelm in Celle, des Gründers und Namengebers der Herrschaft Wilhelmsburg 1672*

Im Alter von sechzehn Jahren wurde **Sophie Dorothea** von ihren Eltern Eleonore d'Olbreuse *(siehe ➤ **Eleonorenweg**, in diesem Band)* und Herzog Georg Wilhelm *(siehe ➤ **Georg-Wilhelm-Straße**, in Bd. 3 online**)* mit ihrem damals 20-jährigen Cousin Georg Ludwig zwangsverheiratet. Durch diese Heirat wurden die Fürstentümer Hannover und Lüneburg verbunden. Ein Jahr nach der Zwangsverheiratung bekam Sophie einen Sohn und vier Jahre später eine Tochter.

Georg Ludwig sah die Ehe mit Sophie Dorothea als Opfer an der Staatsräson. Nachdem seine Frau zwei Kinder geboren und er damit seine Pflicht erfüllt hatte, für den Fortbestand seiner Dynastie zu sorgen, wandte er sich offen seiner Hofdame, Fräulein von Schulenburg, und weiterer Mätressen zu.

Sophie Dorothea fühlte sich vernachlässigt und einsam. Als der ein Jahr ältere Philipp Königsmarck, den sie als Kind in Celle kennengelernt hatte, 1689 als Offizier nach Hannover kam, befreundeten sich die beiden miteinander, und Sophie Dorothea klagte ihm ihr Leid. Aus Freundschaft wurde Leidenschaft und Liebe. Nachts schlichen sie zueinander, trafen sich heimlich und schrieben sich chiffrierte Briefe, weil sie in der Angst lebten, entdeckt zu werden.

Schließlich hielt Sophie Dorothea dieses Versteckspiel nicht mehr länger aus und bat ihren Geliebten, mit ihr zu fliehen. Dazu fehlte Königsmarck aber eine finanziell gesicherte Existenz, ohne die er seine Geliebte nicht hätte standesgemäß versorgen können.

Als er 1694 das Angebot erhielt, Kommandant der Garde bei Kurfürst Friedrich August von Sachsen zu werden, was ihn finanziell auf sichere Beine gestellt hätte, reifte der Entschluss, gemeinsam zu fliehen. Kurz vor seiner Abreise zur Garde, stattete er Sophie Dorothea einen Besuch ab. Doch nachdem er das Schloss verlassen hatte, wurde er ermordet.

Seine Schwester, die damals 32-jährige Aurora von Königsmarck (1662–1728), die zu der Zeit in Hamburg lebte und Opernlibretti schrieb, stellte sofort Nachforschungen an. Doch sie stieß auf eine Mauer des Schweigens; niemand wollte sich zu dem Vorfall äußern. Deshalb bat sie einen Jugendfreund ihres Bruders, den Kürfürsten von Sachen und König von Polen, Friedrich August (den Starken), um Hilfe. Der verliebte sich in Aurora und machte sie zur offiziellen Mätresse en titre (Gattin zur linken Hand).

Sophie Dorothea hingegen wurde von ihrem Gatten geschieden. Alle Versöhnungsversuche von Seiten des Gerichtspräsidenten schlugen fehl. Sophie Dorothea wollte nicht zu ihrem Mann zurückkehren. So wurde sie schuldig geschieden, was bedeutete: sie durfte nicht wieder heiraten.

Aber damit nicht genug: ihr Vater und Schwiegervater, ganz dem patriarchalen Gedankengut verhaftet, kritisierten Sophie Dorotheas „Seitensprung", nicht jedoch die vielen testosterongesteuerten Amouren des Gatten Georg Ludwig und ließen Sophie Dorothea auf das Schloss Ahlden verbannen. Bis zu ihrem Tod durfte sie weder das Schloss verlassen noch ihre beiden Kinder wiedersehen. Ihr Vater wandte sich von ihr ab, nur ihre Mutter kam noch zu Besuch und erhielt von ihrer

Sophie Dorothea

Tochter hin und wieder Briefe, die durch Beamte zu ihr geschmuggelt wurden.

Finanzielle Not hatte Sophie Dorothea in Ahlden nicht zu leiden. Sie besaß einen Hofstaat, bestehend aus einem Oberhofmeister, einem Kammerherrn, einer Kammerfrau, zwei Pagen, zwei Lakaien, drei Köchen, einem Bäckermeister, einem Konditor, einem Kellermeister, einem Hausmeister, einem Kutscher und einigen Dienstmädchen. Dazu gesellte sich zu ihrer Bewachung noch eine Wache aus zwei Offizieren, zwei Unteroffizieren und 24 Mann. Sie alle passten auf, dass sich Sophie Dorothea nicht weiter als dreieinhalb Kilometer vom Schloss entfernte. Ihre Post wurde zensiert; Menschen, die sie besuchen wollten, mussten sich vorher von Sophie Dorotheas Vater (Georg Wilhelm) oder dem Onkel (Ernst August) die Erlaubnis dazu einholen.

Abb.: Hermann Kesenberg, Wilhelmsburg in Wort und Bild, Verein für Heimatkunde in Wilhelmsburg e. V. (Hrsg.), Original Bomann Museum Celle

Sophie Dorothea gab die Hoffnung nie auf, aus der Verbannung entlassen zu werden. Nachdem ihr Onkel und Schwiegervater verstorben war, schrieb sie an den neuen Kurfürsten, ihren ehemaligen Ehemann, und bat vergeblich um Amnestie. Als ihr Exmann König von England wurde, versuchte sie es noch einmal. Doch niemals erhielt sie eine Antwort.

Sophie Dorothea wurde später als die „Mutter der Könige" bezeichnet: Ihre Tochter Sophie Dorothea heiratete den Soldatenkönig Friedrich Wilhelm I. und wurde die Mutter Friedrichs des Großen. Dorotheas Sohn Georg-Ludwig wurde 1727 König Georg II. von Großbritannien (gleichzeitig auch Kurfürst von Hannover). Dieser Sohn verbot nach dem Tod der Mutter die vom Ministerium in Hannover angeordneten Trauerfeierlichkeiten. Er – ganz Sohn seines Vaters – wollte seine Mutter am Ort ihrer Verbannung beerdigen lassen, was wegen des damals hohen Wasserstands im morastigen Grund jedoch nicht möglich war. Sophie Dorothea wurde ohne jede Feierlichkeit in der herzoglichen Gruft der Stadtkirche von Celle beigesetzt.

Siehe auch ➤ **Eleonorenweg**, *in diesem Band.*

Siehe auch ➤ **Georg-Wilhelm-Straße**, *Wilhelmsburg, seit 1947: Herzog Georg Wilhelm von Braunschweig-Lüneburg (1665–1705), in Bd. 3 online**.*

Sophie-Kloers-Weg

Jenfeld, seit vor 1938, benannt nach **Sophie Kloerß**, *geb. Kessler, Pseudonym Wilhelm von der Mühle (5.1.1866 Wandsbek–31.1.1927 Hamburg), Wandsbeker Schriftstellerin. In einschlägigen Lexika wird sie Kloerß geschrieben*

Als **Sophie Kessler** noch ein Kind war, starben ihre Eltern (Vater Kaufmann). 1887, im Alter von 21 Jahren, veröffentlichte sie ihr erstes Buch, das

für die nächsten zwanzig Jahre auch ihr einziges bleiben sollte, denn, nachdem sie 1895 nach langem Brautstand den Altphilologen und Lehrer Heinrich Kloerß geheiratet hatte, musste sie sich um den Haushalt und die gemeinsamen Kinder kümmern – Zeit zum Schreiben fand sie dabei kaum. Das Paar lebte mit seinen Kindern von 1898 bis 1903 in Rostock, später in Schwerin.

Sophie Kloerß schrieb auch Bücher für heranwachsende Knaben, was damals für eine Frau nicht selbstverständlich war. Deshalb erschien ihr 1923 in der Kamerad-Bibliothek veröffentlichtes Buch „Hein Hannemann. Eine Geschichte von der Waterkant" unter Sophie Kloerß' männlichem Pseudonym Wilhelm von der Mühle.

Dieses Buch erfuhr gut 80 Jahre später eine Renaissance; es wurde 2006 neu aufgelegt und ist seitdem u. a. Grundlage für szenisch-musikalische Lesungen in Rostock und Umgebung. Der Protagonist des Buches, Hein Hannemann, wurde zu einem Sympathieträger für Rostock und zu einem Tom Sawyer der Ostsee. So heißt es in der Ankündigung einer Lesung in der Kleinen Komödie Warnemünde für Januar 2015: „1923 veröffentlichte Sophie Kloerß unter dem Pseudonym Wilhelm von der Mühle den Roman HEIN HANNEMANN, in dem sie die Geschichte des jüngsten Sohns eines Rostocker Kaufmannes erzählt. Hein ist ein lebenslustiger, frecher, durchaus mutiger Bursche. Aus der Warnow rettet er kühn einen jungen Hund – Rüpel wird ihm von da an ein treuer Gefährte auf seinen zahlreichen Abenteuern. Mit ihm und gleichaltrigen Freunden durchstreift Hein die Stadt – vom Elternhaus in der Schnickmannstraße mit den Speichern voller Rosinensäcke und Buttertonnen, den großen Lagern von Äpfeln und getrockneten Pflaumen, Mehlsäcken und Kisten voll Reis und Berge von Seife, wo die Jungen heimlich Burgen aus Heringsfässern und Pfeffersä-

**   Band 3 online unter: www.hamburg.de/maennerstrassennamen

cken bauen, um sie im heldenhaften Kampf zu verteidigen, bis nach Warnemünde. In diesem Paradies, wo sein Großvater Lotsenkommandant ist, träumt er davon, zur See zu fahren. Hier erlebt er die große Sturmflut von 1871. In Rostock und seiner Umgebung, in der Heide, in Rövershagen und Doberan erkundet er auf zahllosen Abenteuern seine kleine Welt. Und am Ende geht es für Hein doch hinaus auf die weite See, in das große und neue Leben des echten Rostocker Sympathieträgers."

Einige Werke von Sophie Kloerß: Hamburger Blut (Erzählung, 1909), Lieder und Balladen (1909), Vaterland und Vaterhaus (1915), Jungmädelgeschichten (1918), Jan Feuerkopf (1920), Der neue Geist (Roman, 1922), Hille Hadersen (Roman, 1925), Sturm in Schmalebek (Roman, 1926), Die verhexten Sparten, Geschichten von kleinen Leuten (1928), Die silberne Orgel, Geschichten von der Insel Sylt (1931).

Sophienallee

Eimsbüttel, seit 1863, benannt nach Sophia, geb. Arnthal (26.3.1837–27.10. 1895 Hamburg), Frau des jüdischen Grundeigentümers Samuel Ephraim

Im Wege der Umbenennung jüdischer Straßennamen während der NS-Zeit machten das Ingenieurwesen und das Staatsamt 1936/37 den Vorschlag, die Allee in Drägerstraße umzubenennen. Zu Dräger wurde erklärt: „Bernhard Dräger, gest. 12.1.1928, dem bahnbrechenden Ingenieur auf vielen Gebieten der Technik; hier sind zu nennen die bahnbrechenden Erfindungen für die Verwendung der Stahlflaschen für hohen Druck von Gasen; die von ihm herausgebrachten Sauerstoff-Atmungsgeräte; die von ihm gebauten Gasschutzgeräte und Groß-Gasschutz-

geräte usw. Sein Schaffen hat sich besonders segensreich im Kriege ausgewirkt."

Eine Umbenennung in Drägerstraße erfolgte zwar nicht, allerdings wurde dem Hamburger Adressbuchverlag mitgeteilt, dass in den Erläuterungen zum Straßennamen der Hinweis auf den jüdischen Ursprung zu unterbleiben habe.

> *Siehe auch* ➤ Paulinenallee, *in diesem Band.*

> *Siehe auch* ➤ Eduardstraße, *Eimsbüttel, seit 1868: nach dem 1867 geborenen Sohn Eduard des Grundeigentümers Samuel Ephraim, in Bd. 3 online**.*

> *Siehe auch* ➤ Löwenstraße, *Hoheluft-Ost, seit 1879: Samuel Ephraim Grundeigentümer, in Bd. 3 online**.*

Sophienstraße

Wilstorf, seit 1922, benannt nach Sophie Juliane Wilhelmine, geb. Oneken. Mutter des Syndikus Tilemann

> *Siehe auch* ➤ Tilemannhöhe, *Wilstorf, seit 1955: Julius Tilemann (1866–1930), Harburger Senator und Stadtsyndicus, in Bd. 3 online**.*

Sophienterrasse

Harvestehude, seit 1861, vermutlich benannt nach Maria Sophia Friederica, geb. Goldmann (28.10.1825 St. Thomas/Westindien–17.12.1918 Hamburg), Ehefrau des Geländebesitzers J. F. W. Reimers

Sophie-Schoop-Weg

Bergedorf/Allermöhe, seit 1995, benannt nach Sophie Schoop (12.12.1875–3.1.1945 KZ Auschwitz), jüdisches Opfer des Nationalsozialismus. Setzte sich für französische und sowjetische Kriegsgefangene ein

Stolperstein vor dem Wohnhaus Poßmoorweg 45.

**   Band 3 online unter: www.hamburg.de/maennerstrassennamen

Sophie und Ernst Schoop wohnten in der Lagerstraße 2, der heutigen Gaußstraße, in Altona, als ihre Tochter Renate am 12. August 1904 geboren wurde.

„Renate Schoop machte später eine Ausbildung zur Verkäuferin und arbeitete als Kontoristin. Sie wohnte zuerst in der Meerweinstraße und später im Poßmoorweg 45. Am 29. März 1934 schied sie aus der Jüdischen Gemeinde aus und wurde evangelisch-lutherisch. Renate Schoop wanderte 1938 in die USA aus. (…)

Ihre Eltern zogen mehrmals um. Sie wohnten u. a. am Kohlhöfen 19 und in der Alsterdorfer Straße 197, bis sie in den Poßmoorweg 45 zogen.

Das Ehepaar lebte sehr zurückgezogen, und so wusste nur die nächste Nachbarschaft, dass Sophie Schoop Jüdin war",[47] schreibt Maike Bruchmann in ihrer Biographie über Sophie Schoop in der Publikation „Stolpersteine in Hamburg-Winterhude. Biographische Spurensuche".

Nach den Bombenangriffen auf Hamburg im Jahre 1943 meldete sich Sophie Schoop freiwillig zum Kartoffelschälen in der Notküche am Poßmoorweg. Da in der Gegend auch Kriegsgefangenenbaracken standen, sah Sophie Schoop das dortige Elend. Sie wies mutig auf die Missstände hin und gab den Kriegsgefangenen manche Zigarette und Brot. Als ein in der Notküche zum Helfen eingeteilter Kriegsgefangener beschimpft wurde, stand sie ihm zur Seite und äußerte spontan: „Russen sind auch Menschen." Dieser Satz wurde Sophie Schoop zum Verhängnis. Am nächsten Tag (29. August 1943) wurde sie von der Gestapo verhaftet. Ihr Mann erfuhr nur durch Zufall, wohin seine Frau gebracht worden war.

Sophie Schoop war fünf Monate im Gestapogefängnis Hamburg-Fuhlsbüttel inhaftiert und wurde am 23. Januar 1944 ins KZ Auschwitz deportiert. Ein Jahr nach ihrer Verhaftung erhielt

ihr Mann aus dem KZ Auschwitz die Sterbeurkunde seiner Frau.

Ihren beiden Denunziantinnen wurde zwar nach dem Krieg der Prozess gemacht. Sie wurden jedoch mangels Beweisen freigesprochen.

St. Annenbrücke

HafenCity, seit 1881. Die Brücke führt über das St.-Annen-Fleet.

> *Siehe auch* ▶ Bei St. Annen, St. Annenplatz, St. Annenufer, *in diesem Band.*

St. Annenplatz

HafenCity seit 2013, in Anlehnung an das St. Annenfleet und die Straße bei St. Annen

> *Siehe auch* ▶ Bei St. Annen, St. Annenbrücke, St. Annenufer, *in diesem Band.*

St. Annenufer

HafenCity, seit 1890. Benennung als nach der Straße „Bei St. Annen" führende Uferstraße am St. Annenfleet

Die Heilige Anna ist die Mutter Marias *(siehe* ▶ Am Mariendom, *in diesem Band).* Bereits im Jahre 550 wurde ihr zu Ehren eine Kirche in Konstantinopel erbaut. Das Fest St. Annas wird seit 1558 gefeiert und am 26. Juli begangen. St. Anna ist der Inbegriff der Mütterlichkeit. Sie ist die Patronin der Bergleute und der Mütter und wird besonders bei einem Kinderwunsch angerufen.

Die Geschichte der Heiligen Anna: Anna und Joachim aus dem königlichen Geschlecht Davids bekamen keine Kinder. Sie gelobten schließlich, wenn ihnen Gott ein Kind schenken würde, würden sie es ihm und seinem Dienst weihen. Die Hohepriester nahmen jedoch die Opfergabe des Ehepaares nicht an. Daraufhin

47) Maike Bruchmann: Sophie Schoop, in: Ulrike Sparr: Stolpersteine in Hamburg-Winterhude. Biographische Spurensuche. Hamburg 2008, S. 236 ff.

floh Joachim ins Gebirge. Nach zwanzig Jahren erschien ihm in der Wüste und der weinenden Anna in deren Kammer zur selben Stunde ein Engel mit der Botschaft, dass Gott sie erhört habe. Maria wurde geboren. Die ersten drei Lebensjahre blieb das Kind bei den Eltern, dann gaben sie ihr Kind schweren Herzens in den Tempel von Jerusalem.

Siehe auch ➤ Am Mariendom, *in diesem Band.*

Sterntalerstraße

Billstedt, seit 1952. Motivgruppe: Märchengestalten

Ein armes, elternloses, kleines Mädchen besitzt nichts weiter außer seiner Kleidung auf dem Leib und einem Stück Brot. Dies wenige verschenkt sie auch noch an arme Menschen. Schließlich steht sie nackt da. Und plötzlich fallen Sterne vom Himmel, die, sobald sie auf die Erde gefallen sind, zu Goldtalern werden. Das Mädchen, nun plötzlich wieder mit einem Hemdchen bekleidet, sammelt die Taler dort hinein.

Sterntaler war das einzige Märchenmotiv auf deutschen Banknoten (Tausend-DM-Schein). „Nach altem Volksglauben sind Sternschnuppen ein Glückszeichen, hier verknüpft mit der Idee einer Belohnung für christliche Nächstenliebe."[48]

Susannenstraße

Sternschanze, seit 1860 und wieder seit Oktober 1945, vermutlich benannt nach der ältesten Tochter des Grundeigentümers Clas Julius Bieber. Zwischen dem 30.1.1934 und Oktober 1945 benannt nach dem SA-Truppführer Heinrich-Dreckmann-Straße

Siehe auch ➤ Juliusstraße, *Sternschanze, seit 1860: Claus Julius Bieber (1804–1852), Vorbesitzer des Geländes,* in Bd. 3 online**.

**   Band 3 online unter: www.hamburg.de/maennerstrassennamen

48) Ulf Diederichs: Who's who im Märchen. München 1995.

Susettestraße

Ottensen, umbenannt 1950. Früher Ohlendorffs Allee, benannt nach Susette Gontard, geb. Borkenstein. (6.2.1769 Hamburg–22.6.1802 Frankfurt am Main), Geliebte Hölderlins, seine „Diotima"

Susette Borkenstein war das älteste von fünf Kindern der Susanne Borkenstein, geb. Brugier, eine Freundin von Klopstock *(siehe ➤* Klopstockstraße, *in diesem Band)* und des Kommerzienrats und Lustspieldichters Heinrich Borkenstein aus Hamburg. 1786 heiratete die damals 17-Jährige Susette den fünf Jahre älteren Frankfurter Bankier Jacob Gontard (1764–1808) und zog mit ihm nach Frankfurt. Zeitweilig besaß sie auch eine Sommerwohnung in Ottensen. Das Paar bekam vier Kinder: Henry (1787–1816), Henriette (1789–1830), Johanna Helene (1791–1820), Friederike Amalie (1791–1832).

1795 erhielt der damals 26-jährige Hölderlin *(siehe ➤* Hölderlinsallee, *in Bd. 3 online**)* eine Hauslehrerstelle bei den Gontards, um den Sohn Henry zu unterrichten. Susette Gontard und Hölderlin verliebten sich ineinander. Diese Liebe wurde für Hölderlin zum zentra-

Susette Gontard

len Ereignis seines Lebens und Susette wurde die „Diotima" seines „Hyperion". Seine Beziehung zu Susette empfand er als „eine ewige fröhliche heilige Freundschaft mit einem Wesen, das sich recht in dies arme, geist- und ordnungslose Jahrhundert verirrt hat". Susette Gontard schrieb an Hölderlin: „Wenige sind wie Du! und was auch jetzt nicht würckt, bleibt sicher für künftige Zeiten." Zwischen Hölderlin und Susettes Mann kam es wegen dieser Liebesverbindung zu einer Auseinandersetzung, woraufhin Hölderlin 1798 Hausverbot bekam, die Familie Gontard verlassen musste und ins benachbarte Homburg zog.

Die beiden Liebenden konnten sich noch einige Male heimlich treffen. Als auch dies nicht mehr möglich war, verabredeten sie einen Tag im Monat, an dem Hölderlin von Homburg nach Frankfurt am Main wanderte und sich „an der Ecke zum Hirschgraben kurz seiner am Fenster im oberen Stockwerk wartenden Geliebten [zeigte] und [ihr] (…) dann einen Brief in ein unteres Fenster [legte], wofür er ein Schreiben von ihrer Hand vorfand. Im Sommer, wenn die Familie Gontard auf dem Adlerflychthof im Oeder Weg lebte, kommunizierten die beiden ‚durch die Hecke‘ vor dem Garten miteinander, wo sie ihre Briefe und ganz selten ein paar flüchtige Worte wechselten, ohne einander dabei sehen zu können. Am 7. November 1799 übergab Hölderlin seiner ‚Diotima‘ den gerade erschienenen zweiten Band des ‚Hyperion‘ mit der Widmung: ‚Wem sonst als Dir‘.

Angesichts des ständigen Ringens um ihr seelisches Gleichgewicht entschloss sich Susette im Frühjahr 1800 zur völligen Trennung von Hölderlin. Sie entsagte auch, weil sie an ihn als Dichter glaubte und mit ihrer Liebe seiner Karriere nicht hinderlich sein wollte. Am 8. Mai 1800 übergab Susette dem Geliebten am Adlerflychthof ihren von Tränen benetzten Abschiedsbrief. Hölderlin musste geloben, nie mehr zurückzukehren. Kurz nach diesem letzten Treffen verließ er Homburg.“[49]

1802 erkrankte Susette Gontard, die seit längerem lungenleidend war, bei der Pflege ihrer an Röteln erkrankten Kinder und verstarb im Juni 1802. „Im Juli (..) erfuhr Hölderlin durch einen Brief seines Homburger Freundes Sinclair von Susettes Tod. Diese Nachricht gilt in der Forschung als Auslöser für das Abgleiten des Dichters in die Verwirrung. Nach fast 20-jähriger geistiger Umnachtung starb Hölderlin am 7. Juni 1843 in Tübingen. In seinen Papieren fand man Susettes Briefe, die er sorgfältig aufbewahrt hatte.“[50]

Siehe auch ➤ Hölderlinsallee, *Winterhude, seit 1928, und* Hölderlinstraße, *Groß Flottbek, seit 1928: Johann Christian Friedrich Hölderlin (1770–1843), Dichter, in Bd. 3 online**.*

Suttnerstraße

Altona, umbenannt 1950. Früher Wielandstraße, benannt nach Bertha Freifrau von Suttner, *geb. Gräfin von Kinsky. (9.6.1843 Prag–21.6.1914 Harmannsdorf bei Wien), österreichische Pazifistin und Schriftstellerin. Erhielt 1905 den Friedensnobelpreis*

„Bertha von Suttner war vor dem Ersten Weltkrieg international bekannt. (…). Von ihren Freunden als Schriftstellerin gefeiert, als Vorkämpferin der Friedensidee verehrt und als gütiger hilfsbereiter Mensch geliebt, wurde sie von ihren Gegnern auf das Schärfste bekämpft, von ihren Feinden als Suffragette des Friedens, als ‚Gschaftelhuberin‘ der Politik verlacht und in bösen Karikaturen als Palmwedel schwingende Friedensbertha verspottet.“[51]

Geboren wurde Bertha als Tochter des Grafen Franz Joseph Kinsky von Chinic und Tettau, einem pensionierten k.k. Feldmarschall-Lieutenant, und der wesentlich jüngeren Sophia Wilhelmine, geb. von Körner. Graf Franz Joseph Kinsky von Chinic und Tettau starb noch vor der Geburt seiner Tochter Bertha.

Seine Witwe Sophia Wilhelmine, geb. von Körner reiste mit ihren beiden Kindern nach Venedig, Rom, Paris – bis sie ihr Vermögen durch

** Band 3 online unter: www.hamburg.de/maennerstrassennamen

49) Sabine Hock: Zum 200. Todestag von Susette Gontard, in: Wochendienst, hrsg. v. Presse- und Informationsamt der Stadt Frankfurt am Main, Nr. 21 vom 4.6.2002.

50) Ebenda.

51) Beatrix Kempf: Bertha von Suttner – Biographische Notizen, in: Die Waffen nieder! Bertha von Suttner und andere Frauen der Friedensbewegung. Hrsg. von der Bibliothek der Vereinigten Nationen im Genfer Völkerbundarchiv. Genf 1994, S. 1.

ihre Spielleidenschaft verloren hatte. Fortan konnte sie nur noch von ihrer immerhin ausreichenden Apanage leben.

Contesse Bertha beherrschte einige Sprachen, besaß eine musikalische Ausbildung und Literaturkenntnisse. Und so begann sie als Hauslehrerin in der Familie Suttner zu arbeiten. Dort verliebte sich der jüngste Sohn Arthur in die sieben Jahre ältere Bertha, die deshalb ihre Stellung dort aufgeben musste, weil die Familie für den Sohn eine passendere Partie wünschte. Bertha verließ den Haushalt Suttner; die Liebe zwischen Arthur und Bertha blieb aber bestehen.

Zur selben Zeit suchte ein reicher, älterer, hochgebildeter in Paris lebender Herr per Annonce eine Sekretärin und Haushälterin. Dieser Herr war der schwedische Millionär und Dynamitkönig Alfred Nobel. Bertha übernahm die Stelle und zwischen den beiden entwickelte sich eine lange und intensive Freundschaft.

1876 kam es zur heimlichen Vermählung zwischen Bertha Gräfin Kinsky und Arthur Gundacar Baron Suttner. Das Paar zog in den Kaukasus, wo sich Baron Suttner erfolgreich als Kriegsberichterstatter über den Krieg zwischen Russland und der Türkei versuchte. Auch Bertha begann erfolgreich zu schreiben. Es entstanden Romane und feuilletonistische Beiträge. Aber sie informierte sich auch schon damals über die Kriegsgeschehnisse, sah das menschliche Leid in den Schützengräben und das Elend der verwundeten Soldaten, und in ihr reifte die Abneigung gegen den Krieg. Nach neun entbehrungsreichen Jahren im Kaukasus kehrte das Paar nach Österreich zurück.

1887 hörte Bertha von Suttner von der britischen Friedensbewegung. Damit begann ihr Einsatz gegen den Militarismus. Zwei Jahre später erschien ihr Antikriegsroman „Die Waffen nieder", der seither in viele Sprachen übersetzt

wurde und die Friedensidee populär machte. 1891 gründete sie die Österreichische Gesellschaft der Friedensfreunde und 1892 wurde sie Mitbegründerin der Deutschen Friedensgesellschaft. Zwischen 1892 und 1899 gab sie die Zeitschrift heraus, die den Namen ihres Romans trug und erhielt 1905 als erste Frau für ihre Friedensarbeit und für ihr Buch „Die Waffen nieder" den Friedensnobelpreis.

Mit dem Stifter des Friedensnobelpreises, Alfred Nobel, stand Bertha von Suttner stets in freundschaftlicher und brieflicher Verbindung. In ihren Briefen „beschwört [sie] Nobel, sich aktiv für die Friedensbewegung zu engagieren. Nobels Antworten sind wohlwollend, er schlägt keine Bitte um Geld zur Unterstützung eines speziellen Projektes ab".[52]

Bertha von Suttner

„Sowohl Nobel als auch Suttner waren der festen Überzeugung, daß der Fortschritt der Wissenschaft die Menschheit in einer vom Krieg befreiten Welt auf eine höhere Stufe bringen werde. Suttner glaubt, die Tätigkeit der Friedensgesellschaften könne diesen glücklichen Tag früher herbeiführen. Nobel stimmt mit dem Ziel überein, bleibt aber skeptisch hinsichtlich der Friedensgesellschaften. Grundsätzlich bleibt er jedoch offen."[53] Er lässt Suttner „im Unklaren darüber, ob er aus reiner Freundschaft oder aus Überzeugung handelt. Die Folge jedoch war der von ihm ausgesetzte Friedenspreis".[54]

Bertha von Suttner „war keine aktive Frauenrechtlerin, im Grunde interessierten sie die Probleme der Frauenemanzipation nur am Rande, obwohl sie selbst oft als einzige Frau an exponierter Stelle stand. Sie war Aristokratin durch

52) Irwin Abrams: „Chère Baronne et Amie ..." Briefe von Alfred Nobel und Bertha von Suttner, in: Beatrix Kempf, a. a. O., S. 9.
53) Beatrix Kempf, a. a. O., S. 11.
54) Beatrix Kempf, a. a.O., S. 9.

und durch und übte doch schärfste Kritik an ihren Standesgenossen. Sie erkannte die Bedeutung des Sozialismus, der Sozialdemokratie, sympathisierte mit ihr, glaubte aber auch ihre Grenzen genau zu sehen".[55]

„Sie war zutiefst von der Gleichberechtigung aller Menschen, ob Männer oder Frauen, überzeugt, und aus dieser Überzeugung (…) konnte es für sie nur ein ‚menschliches', (…) Arbeiten geben (…). Dabei kam es ihr nicht in den Sinn, den Frauen besondere, quasi angeborene Friedensliebe zuzuschreiben, wie es viele ihrer ‚Schwestern' so gerne taten (…). Im Gegenteil: Die Suttner kritisierte heftig dieses Klischee der friedlichen Frau und beschränkte sich nicht darauf, kriegerische Gesinnung allein bei Männern anzuprangern. (…)

In demselben Jahren, als sie endlich internationale Anerkennung, ja Berühmtheit gewann [durch den Friedensnobelpreis 1905], (…) wirkte der Name Suttner in der Heimat wie ein ‚rotes Tuch beim Stier'. Der Nationalismus und mit ihm kriegerische Gesinnung griffen mehr und mehr auch in den Frauenverbänden um sich, etwa im Deutschen Reich, wo Gertrud Bäumer [siehe ➤ Gertrud-Bäumer-Stieg, in diesem Band] den nationalen deutschen Flottenverein unterstützte, nationale Parolen verkündete und damit das weibliche Friedensideal Lügen strafte."[56]

Nach dem Tod ihres Ehemannes 1902 bezog Bertha von Suttner eine Wohnung in Wien. Ihr „Tod erreichte Bertha von Suttner wenige Tage vor dem Attentat in Sarajevo. So blieb ihr die furchtbare Gewissheit eines Krieges erspart. Sie hatte allerdings nicht mit einem dauernden Frieden in Europa gerechnet".[57]

Siehe auch ➤ Gertrud-Bäumer-Stieg, Kollwitzring, Vera-Brittain-Ufer, *in diesem Band.*

T

Tennigkeitweg

Poppenbüttel, seit 1985, benannt nach Käthe und Richard Tennigkeit. Käthe Tennigkeit, geb. Schlichting (2.4.1903–20.4.1944 Gefängnis Hamburg-Fuhlsbüttel) und Richard Tennigkeit (5.9. 1900–12.12. 1944 KZ Neuengamme), Widerstandskämpfer, Mitglieder der Widerstandsgruppe Bästlein-Jacob-Abshagen Stolperstein vor dem Wohnhaus Moschlauer Kamp 24.
Erinnerungsstein im Garten der Frauen auf dem Ohlsdorfer Friedhof.

Die Eltern von Richard Tennigkeit ließen sich vor 1895 in Stettin nieder, wo Richards Vater Christoph (geb. 1871 im Kreis Tilsit) auf der Vulkan-Werft Arbeit als Schmied fand. Ursprünglich lautete der Familienname Tenekait und deutet auf ostpreußische und baltische Wurzeln der Familie hin. Die Mutter von Richard Tennigkeit, Anna, geb. Schwentorus (1871–1937), sprach noch die lettische Sprache. 1911 zog Christoph Tennigkeit ins damals preußische Wilhelmsburg (Köhlbrandstraße 7), wo er ebenfalls auf der Vulkan-Werft arbeitete. Seine politische Orientierung ist nicht bekannt, dürfte aber SPD-nah gewesen sein. Die fünfköpfige Familie wurde schrittweise

---

55) Beatrix Kempf, a. a. O., S. 1.
56) Brigitte Hamann: „Weibliches Wesen ist nicht identisch mit Pazifismus." Bertha von Suttner, die Mahnerin für den Frieden, in: Beatrix Kempf, a. a. O, S. 6 und S. 8.

57) Beatrix Kempf, a. a. O., S. 5.

in Wilhelmsburg ansässig, sie scheint anfangs in Eimsbüttel gelebt zu haben. Richard Tennigkeit besuchte zunächst von August 1914 bis März 1915 die Volksschule in der Bismarckstraße 83. Wahrscheinlich nach Abschluss der neunjährigen Volksschule zog auch er nach Wilhelmsburg. Er und sein jüngerer Bruder Bruno (geb. 1903) erlernten das Metallhandwerk und wurden Dreher. Im März 1920 trat Richard Tennigkeit dem Metallarbeiterverband bei.[1]

Zu diesem Zeitpunkt war auf dem Gelände des ehemaligen Gutes Berne die genossenschaftliche Gartenstadtsiedlung Berne gegründet worden. Sie zog viele organisierte Arbeiter aus dem Hafen an, darunter auch Familie Tennigkeit. Dort konnten die Familien sich durch Obstbäume und eigenen Gemüseanbau und die Haltung von Kleintieren in Teilen selbst versorgen. Die Mehrheit der Bewohner war sozialdemokratisch orientiert. In den beiden Haushälften Moschlauer Kamp 22 und 24 lebten die verschwägerten Familien um Christoph und Anna Tennigkeit (Nr. 24) und Bernhard und Luise Pürwitz (Nr. 22) seit September 1926 Wand an Wand. Anna Tennigkeit und Luise Pürwitz waren Schwestern, die bereits in Stettin und Wilhelmsburg beieinander gewohnt hatten.

Richard Tennigkeit, der die Berge liebte, hatte sich im April 1922 nach Lüneburg abgemeldet, um sich als Handwerker auf Wanderschaft zu begeben. Von Juli 1922 bis Mai 1923 lebte er in Darmstadt. Über Stuttgart zog er weiter Richtung Österreich und Balkan. Den Sichtvermerken in seinem Reisepass ist zu entnehmen, dass er sich zwei Monate in Salzburg und zwei Monate in Serbien aufhielt. Von März 1924 bis Oktober 1926 lebte er erneut in Österreich (u. a. in Klagenfurt) und trat dem dortigen Metallarbeiterverband bei.

Im Oktober 1926 kehrte er über Thüringen nach Norddeutschland zurück und ließ sich in der beschaulichen Gartenstadtsiedlung im Nordosten Hamburgs nieder. Dort hatte sich ein reges kulturelles und politisches Leben entfaltet. Richards Bruder Bruno, Dreher bei Kampnagel, spielte Mandoline und sang im „Berner Volkschor e. V.“, der 1924 gegründet worden war und seit 1925 im Clubzimmer der Konditorei Palm probte. Der rund 80 Sänger umfassende Chor gehörte zum Dachverband des „Arbeitersängerbundes“ und trat bei Maifeiern, bei Banner- und Jugendweihen sowie Schul- und Siedlungsfesten auf. Er löste sich 1939 auf. Um 1930 unterhielten der Freie Turn- und Sportverein Berne (FTSV), die KPD und das Reichsbanner eigene Spielmannszüge. Nachdem sich Ende 1931 die Eiserne Front als sozialdemokratisch dominierte paramilitärische Organisation gegründet hatte, gab es beim FTSV Berne eine Schutzsportgruppe.

Richard Tennigkeit und Käthe Schlichting lernten sich Anfang der 1930er Jahre bei Gewerkschaftskursen kennen. Richard war Mitglied im nicht parteipolitisch gebundenen Metallarbeiterverband, Käthe war im Transportarbeiterverband organisiert. Sie stammte aus einer sozialdemokratisch geprägten Familie. Ihr Vater, der Malermeister Heinrich Schlichting, kam aus Lübeck, die Mutter Anna Auguste, geb. Casper (gestorben 1962), aus Kappeln an der Schlei. Die Familie wohnte u. a. 1903 am Barmbeker Markt 8, Haus 3. Käthe besuchte im Stadtteil Winterhude von 1909 bis 1917 die Volksschule in der Barmbekerstraße 30. Sie und ihre Schwester Martha waren in jungen Jahren der Sozialistischen Arbeiterjugend (SAJ) (heute: Die Falken) beigetreten. Der Bruder Friedrich Schlichting starb nach dem Ende des Ersten Weltkriegs an den Spätfolgen einer Verletzung, die er als Soldat erlitten hatte.

Die Ideen der im April 1917 von der SPD abgespaltenen USPD interessierten auch Käthe Schlichting. Der USPD-Kreisverein Hamburg-Al-

---

1)   Für den gesamten Beitrag Tennigkeit: Staatsarchiv Hamburg (StaH) 221-11 (Entnazifizierung), Z 8005 (Rudolf Habedank); StaH 332-5 (Standesamt), 4480 u. 4/104 (Sterberegister 1935); StaH 332-5 (Standesamt), 4514 u. We 307 (Sterberegister 1946); StaH 332-8 (Meldebücher- u. Karteien Wilhelmsburg, 1892–1927), Bruno, Richard und Christof Tennigkeit; StaH 332-8 (Hausmeldekartei), Film 2549 (Moschlauer Kamp); StaH 351-11 (AfW), 050900; StaH 351-11 (AfW), 061035; Hamburger Anzeiger 26.4.1944 (Mikrofilm im StaH 741-4, Sign. S 12611); AB 1903, 1920 (Heinrich Schlichting); FZH/WdE 99 (Gertrud Eke); Stadtarchiv Darmstadt,

tona war von fachlich oft gut qualifizierten Arbeitern aus dem Metall- und Werftbereich geprägt. Insbesondere die Vulkan-Werft bildete ein Zentrum der USPD. Im Metallarbeiterverband

Käthe Tennigkeit

wurde zwischen Mehrheitsgewerkschaftsrichtung und USPD-Anhängern heftig gestritten.

Wann genau Käthe Schlichting in die im Dezember 1918 gegründete KPD eintrat, ist unbekannt. Sie besuchte die Handelsschule, arbeitete als Kontoristin, zog um 1925 mit einer Freundin für zwei bis drei Jahre nach Nürnberg und war Anfang der 1930er Jahre bei der im Allgemeinen Deutschen Gewerkschaftsbund (ADGB) organisierten Bäckergewerkschaft beschäftigt und organisierte dort die Frauenarbeit. Nebenberuflich war sie als Gymnastikleiterin u. a. bei der PRO (Konsumgenossenschaft Produktion) in Hamburg-Berne tätig, die u. a. sportliche Freizeitangebote machte. Hierfür hatte sie im April 1929 eine Prüfung als Turn- und Schwimmlehrerin abgelegt und im September 1930 ergänzend die „Befähigung als Lehrerin der vorbeugenden und ausgleichenden Leibesübungen" erworben.

Auch Richard Tennigkeit war mittlerweile Mitglied der KPD. Um 1930 saß er für die KPD im SPD-dominierten Gemeinderat von Farmsen-Berne, wo Jonny Birckholtz (1877–1937) *[siehe ▶ Birckholtzweg, in Bd. 3 online**]* von der SPD als Gemeindevorsteher den Vorsitz führte und Jonny Schacht (SPD) Gemeinderat war. Bei Wahlen erreichte die SPD in Berne rund 70 Prozent, die KPD 15 bis 20 Prozent.

Richard Tennigkeit hatte 1929 den „Rotsport" – Sportverein Fichte Eppendorf mitbegründet, wo er in der Herren-Mannschaft Großfeldhandball spielte. Sofort nach der „Machtergreifung" der NSDAP am 30. Januar 1933 wurden Richard Tennigkeit und seine beiden Brüder, der Tischler Otto Tennigkeit (1905–1980) und der Dreher Bruno Tennigkeit (1903–1981), von einem Greiftrupp aus Polizei und SA verhaftet, allerdings bald wieder freigelassen. Konkrete Vorwürfe gegen sie hatte es nicht gegeben. 1933 wurden KPD und SPD verboten und die Sportvereine Fichte Eppendorf und FTSV Berne aufgelöst. Ebenfalls verboten wurde die SPD-Tageszeitung „Hamburger Echo"; die „Roten Blätter" konnten 1933/34 nur unter hohem Verfolgungsrisiko in der Illegalität in Eilbek gedruckt werden.

Die Gewerkschaftshäuser wurden am 2. Mai 1933 von SA und SS besetzt und das Gewerkschaftsvermögen beschlagnahmt. Der „Gaubetriebszellenleiter und Beauftragte der N.S.B.O." Rudolf Habedank, Leiter der Besetzungsaktion gegen das Hamburger Gewerkschafts- und das Vollksfürsorgehaus und zuständig für die Abwicklung der Gewerkschaften, schrieb Käthe Schlichting am 16. Mai 1933: „Mit Rücksicht auf die erforderliche Umstellung der Verwaltung der Gewerkschaften kündige ich Ihnen vorsorglich Ihr Angestelltenverhältnis zum nächstmöglichen Termin." Habedank (geb. 1893 in Mecklenburg), vordem selbstständiger Elektromeister, war 1929 in die NSDAP-Sektion Eppendorf eingetreten und seit 1931 hauptberuflicher Leiter der Nationalsozialistischen Betriebs-Organisation (N.S.B.O.) in Hamburg.

Ab 1933 gehörte er dem Stab des NS-Gauleiters Karl Kaufmann an. In dieser Position eignete er sich einen Teil des geraubten Vermögens missliebiger Organisationen an. Das Einkommen von Rudolf Habedank stieg nach 1933 auf das Zweieinhalbfache seines früheren Verdienstes. Innerhalb weniger Monate waren die alten Struk-

Abb.: Aus: Gedenkbuch Kola-Fu, Für die Opfer aus dem Konzentrationslager, Gestapogefängnis und KZ-Außenlager Fuhlsbüttel, Hamburg 1987.

Melderegisterblatt (1922/23); Herbert Diercks: Gedenkbuch Kola-Fu, Hamburg 1987, S. 12, 40 (m. Abb.), 41; Claudia Müller-Ebeling: Berne damals, Hamburg 1994, S. 110, 111, 116, 118, 120–121 (m. Abb.); Ursel Hoch-muth/Gertrud Meyer: Streiflichter aus dem Hamburger Widerstand 1933–1945, Frankfurt/Main 1969, S. 107, 351 (Fußnote 20), 353 (Flugblatt), 359f., 371f. (Bruhn), 374–375 (Helms, Gestapo), 384, 385, S. 386 (Heyckendorf); Ursel Hochmuth: Illegale KPD und Bewegung „Freies Deutschland" in Berlin und Brandenburg 1942–1945, Berlin 1998, S. 45–46, 52, 72; VVN/BdA Fuhlsbüttel-Langenhorn-Norderstedt: Gestapo-

turen der NS-Gegner zerschlagen. In der Wache der Freiwilligen Feuerwehr Berne war eine provisorische Polizeiwache eingerichtet und am Rand der Berner Gartenstadtsiedlung wurde 1934 im ehemaligen Gutshaus eine SS-Motorradschule stationiert.

Im Juni 1933 heirateten Richard Tennigkeit und Käthe Schlichting. 1935 wurde ihr Sohn geboren. „Sowohl mein Vater als auch meine Mutter haben mir Freude am Lernen vermittelt und meinen Lerneifer durch stetes Lob für gute schulische Leistungen angeregt. Auch haben sie weit über die Hilfe bei Verrichtungen der Hausaufgaben hinaus mir schulisches Wissen durch gemeinsames Rechnen, Lesen und Schreiben vermittelt. Ihr Wunsch war, mir eine höhere Schulbildung zu ermöglichen. Meine Eltern haben mir immer wieder gesagt, daß nur ein kluger Mensch davor geschützt sei, den Irrlehren eines Hitlers zu begegnen (…)", erinnerte sich der Sohn rund 20 Jahre später. Als mögliches Berufsziel hatten die Eltern für ihn den Lehrerberuf ins Auge gefasst, eine Berufsgruppe, die während des Nationalsozialismus die Indoktrination der Schulkinder mit der nationalsozialistischen Ideologie zu übernehmen hatte. Sich den Sohn als künftigen oppositionellen Lehrer vorzustellen, gibt Aufschluss über die Lebenshaltung des Ehepaares Tennigkeit.

Wanderungen am Wochenende, bei denen Richard Tennigkeit die Geige mitnahm, und Urlaub in der freien Natur bildeten weiterhin das Zentrum der Erholung und des Austauschs. Die obligatorische Kleidung für Wanderungen und Ausflüge waren bei Richard Tennigkeit die dreiviertellangen Knickerbocker-Hosen. Daneben gab es Kontakte zu ehemaligen Mitgliedern der mittlerweile verbotenen Naturfreunde, bei denen viele Bewohnerinnen und Bewohner der Gartenstadtsiedlung aktiv gewesen waren. Auch unternahmen die Tennigkeits Fahrten mit dem damals populären und naturnahen Faltboot („Flusswandern") und zelteten an der Ostsee. Mitunter fuhren sie mit dem Fahrrad nach Rahlstedt, um dort vegetarische Kost im Reformhaus Friedrich Bein einzukaufen, da der Berner PRO-Laden solche Produkte nicht anbot.

Die Tennigkeits arbeiteten für den kommunistischen Widerstand und beteiligten sich an Sammelaktionen der „Roten Hilfe" der KPD, die illegale Widerständler unterstützte. Die Nationalsozialisten versuchten insbesondere in Arbeitervierteln mit abschreckenden Aktionen eine Atmosphäre der Angst und Passivität zu erzeugen, so auch in Berne. Dort wurde der schwerkranke Jonny Birckholtz (SPD) 1933 auf einer Trage zum Verhör abgeholt, seine Wohnung wurde von der Gestapo durchsucht. Im November 1933 wurde das Siedlungshaus von Ernst Ehrenpfordt (SPD) in einer nächtlichen Aktion von SA-Leuten umstellt. Die Tür wurde eingetreten und das Haus von mehreren Polizeibeamten durchsucht. Im November 1934 wurde die 20-jährige Gertrud Eke, seit 1928 Mitglied der SAJ mit Tendenzen zur KPD und seit 1926 Bewohnerin der Gartenstadtsiedlung, verhaftet. Sie wurde sechs Wochen interniert und wiederholt verhört. Da sie eine fiktive Person als Kontaktpartner angab und bei ihren Aussagen blieb, wurde sie wieder entlassen. Sie hatte auch Kontakt zu Richard Tennigkeit, der ihr politische Bücher und Hefte lieh. Im März 1935 wurden neun SPD-Genossen aus der Berner Gartenstadtsiedlung verhaftet (von denen zwei im Moschlauer Kamp wohnten) und wegen „Vorbereitung zum Hochverrat" zu mehrjährigen Haftstrafen verurteilt.

Im Mai 1935 wurde die illegale SPD in Farmsen aufgedeckt und zerschlagen. Tennigkeits versteckten Gefährdete wie Max Heyckendorf und Adolf Kummernuß, vermutlich in einer

Gefängnis Fuhlsbüttel, Hamburg 1983, S. 46, 68; ötv Bezirksverwaltung Hamburg: Dokumentation Stadthaus in Hamburg, Hamburg 1981, S. 17–18 , 19–21; Werner Johe: Neuengamme – Zur Geschichte der Konzentrationslager in Hamburg, Hrsg. Landeszentrale für politische Bildung Hamburg, Hamburg 1986, S. 76–80; Ulrike Sparr: Stolpersteine in Hamburg-Winterhude. Biographische Spurensuche, 2008, S. 44–49, 116–121; Carmen Smiatacz: Stolpersteine in Hamburg-Barmbek und Hamburg-Uhlenhorst. Biographische Spurensuche, 2010, S. 46–48; Projektgruppe Arbeiterkultur Hamburg: Vorwärts – und nicht vergessen,

Kammer oder Abseite auf dem Dachboden im Moschlauer Kamp. Adolf Kummernuß (1895–1979), bis 1933 Mitglied der SPD und des Transportarbeiterverbandes, war der Verbindungsmann zwischen den mittlerweile illegalen Arbeiterparteien SPD und KPD, er wurde im Juni 1935 verhaftet und im Stadthaus, der Zentrale der Hamburger Gestapo, gefoltert. Anschließend brachte man ihn ins Konzentrationslager Fuhlsbüttel, wo er erneut gefoltert und rund ein Jahr in Einzelhaft gefangen gehalten wurde.

Auch Gustav Bruhn (1889–1944), Funktionär der KPD-Bezirksleitung Wasserkante, fand zeitweilig Unterschlupf bei den Tennigkeits. Er war, wie Richard und Käthe Tennigkeit und Max Heyckendorf, Mitglied der im November 1941 gebildeten Jacob-Bästlein-Abshagen-Gruppe und dort zuständig für die Werften; er wurde durch den V-Mann Alfons Pannek Ende 1943 an die Gestapo ausgeliefert und am 14. Februar 1944 im KZ Neuengamme gehenkt. Es bestand auch Kontakt zu Gertrud Meyer [siehe ➤ Gertrud-Meyer-Straße, in diesem Band] (SAJ- und später KPD-Mitglied), die Anfang 1944 verhaftet wurde. Im Juni 1942 verteilte die Gruppe in mehreren hundert Exemplaren das „Merkblatt für Bauarbeiter" an Arbeiter, die durch die Organisation Todt zwangsverpflichtet waren.

Nach Beginn des Zweiten Weltkrieges wurde Richard Tennigkeit nicht zur Wehrmacht eingezogen, da er als Dreher im Hamburger Hafen in kriegswichtiger Produktion eingesetzt war und damit als „unabkömmlich" galt. Seit August 1936 arbeitete er im Spillingwerk (Werftstraße 5 beim Reiherstieg), einer Reparaturfirma für Dampfmaschinen und Wendegetriebe. Die Widerstandstätigkeit der Jacob-Bästlein-Abshagen-Gruppe konzentrierte sich hauptsächlich auf Unternehmen aus der Werftindustrie und der Metallbranche. Hier wurde seit Anfang 1942 mit einem Netz

aus Unterstützern eine „Betriebszellen-Organisation" aufgebaut. Ziel war die politische Schulung und Aufklärung der Widerständler sowie die Sabotage in einigen der kriegswichtigen Betriebe. Es gab Kontaktleute bei Blohm & Voss (u. a. der Tischler Jonny Stüve), den Howaldt-Werken, der Stülcken-Werft, der Deutschen Werft, bei der Werkzeugmaschinenfabrik Heidenreich & Harbeck in Barmbek (u. a. Helmut Heins, Hans Stender), der Maschinenfabrik Gall & Seitz (Max Heyckendorf) im Hafengebiet, ganz in der Nähe des Betriebes von Richard Tennigkeit, Kampnagel AG in Winterhude, der Wandsbeker Baufirma Arthur Crone & Co. (Karl Eke, Robert Abshagen, Hein Brettschneider 1904–1944, Hans Christoffers 1905–1942), den Holsatia-Möbelfabriken in Altona-Ottensen sowie Valvo (u. a. Gertrud Meyer).

Im Oktober 1942 gelang es der Hamburger Gestapo in einer großangelegten Verhaftungsaktion, Abshagen, Bästlein und rund 90 weitere Mitglieder der Widerstandsgruppe festzunehmen. Die Tennigkeits blieben zunächst verschont. Von den rund 200 Mitgliedern der Gruppe wurden ungefähr 150 verhaftet, von denen etwa 100 hingerichtet oder erschlagen wurden. Mit Hilfe eines eingeschleusten Spitzels war es der Gestapo Hamburg gelungen, einen Großteil der Gruppe zu ermitteln.

Ein befreundeter Elektriker, der in derselben Straße in Berne wohnte, half, einen überdimensionierten „Blitzableiter" auf dem Dach des Hauses Moschlauer Kamp 24 zu montieren, der mittels eines Umschalters als Antenne zum Empfang ausländischer Sender genutzt werden konnte. Auf diese Weise konnten Tennigkeits politische Freunde mit abweichenden Informationen zur Kriegslage versorgen.

Möglicherweise infolge einer Denunziation führte die Gestapo am 24. Februar 1944 bei Tennigkeits im Moschlauer Kamp 24 eine Haus-

Arbeiterkultur in Hamburg um 1930, Hamburg 1982, S. 192–193, S. 206; Klaus Bästlein: „Hitlers Niederlage ist nicht unsere Niederlage, sondern unser Sieg!" Die Bästlein-Organisation. Zum Widerstand aus der Arbeiterbewegung in Hamburg und Nordwestdeutschland während des Krieges (1939–1945), in: Beate Meyer/ Joachim Szodrzynski (Hrsg.), Vom Zweifeln und Weitermachen. Fragmente der Hamburger KDP-Geschichte, Hamburg 1988, S. 44–101; Werner Skrentny (Hrsg.): Hamburg zu Fuß – 20 Stadtteilrundgänge durch Geschichte und Gegenwart, Hamburg 1987, S. 266/267; Volker Ullrich: Die USPD in Hamburg und im Bezirk Was-

durchsuchung durch. Zwei Männer in schwarzen Ledermänteln in einem schwarzen Auto Marke Wanderer hielten vor dem Haus, was damals in der ländlichen Berner Gartenstadtsiedlung ungewöhnlich war. Nach kurzer Zeit wurde der Sohn, der auf der Straße Fußball gespielt hatte, von seiner Mutter ins Haus gerufen. Dort stapelten sich im Wohnzimmer bereits Bücher und Papiere auf dem Tisch. Auch Radioapparat, Kleidung/Wäsche und Schmuck wurden beschlagnahmt. Die Gestapo befragte auch den Sohn zum Aufenthalt von Max Heyckendorff, der aber die bedrohliche Stimmung wahrnahm und auf die Fragen lediglich „weiß ich nicht" antwortete. Der Sohn wurde zu den Nachbarn geschickt, die Mutter musste ins Auto der beiden Gestapo-Männer steigen.

Ob bei dieser Verhaftung auch der Kriminalsekretär der Gestapo, Henry Helms, beteiligt war, lässt sich nicht nachweisen; er wird jedoch in der Akte des Amts für Wiedergutmachung erwähnt. Richard Tennigkeit wurde auf seiner Arbeitsstelle im Hamburger Hafen verhaftet. Beide wurden ins Polizeigefängnis Fuhlsbüttel eingeliefert. Die Gestapo wollte Aussagen erpressen, so z. B. den Aufenthaltsort des untergetauchten Max Heyckendorf. Gedroht wurde mit der Heimeinweisung des Sohnes.

Zwei Monate später, am 20. April 1944, wurde Käthe Tennigkeit erhängt in ihrer Zelle im Polizeigefängnis Fuhlsbüttel aufgefunden. Als offizielle Todesursache wurde Selbstmord angegeben, der Wahrheit näher käme wohl „in den Tod getrieben". Es ist aber auch möglich, dass es sich um einen gewaltsamen Tod in Folge eines „Verhörs" handelte, der als Selbstmord dargestellt wurde. Die Schwester Martha Schlichting und die Eltern durften die tote Käthe Tennigkeit noch einmal im Hafenkrankenhaus sehen. Eine Todesanzeige im gleichgeschalteten „Hamburger Anzeiger" informierte über ihren Tod. Zur Bei-

setzung kamen nicht nur Familienangehörige, sondern auch Arbeitskollegen von Richard Tennigkeit aus dem Spillingwerk. In der Kondolenzliste finden sich ferner die Namen Heyckendorff und Dahrendorff.

Die „Lagerverordnung" im Polizeigefängnis Fuhlsbüttel gestattete den Häftlingen lediglich, zwei Briefe pro Monat zu schreiben und zu empfangen. Die Post wurde zensiert und bei unerlaubten Briefthemen oder schlecht lesbarer Schrift vernichtet. Am 20. Mai 1944 schrieb Richard Tennigkeit aus „II Saal 6 Fuhlsbüttel" einen Brief an seine Schwiegereltern: „Endlich kann ich Euch wieder schreiben. Durch meine Verlegung auf einen Saal kann ich immer am 20. jeden Monats schreiben. Eure Briefe habe ich dankend erhalten. Allmählich bekomme ich mein Gleichgewicht wieder, doch ein Leben ohne Käte kann ich mir immer noch nicht vorstellen." Saal II war ursprünglich mit 48 Betten ausgestattet aber 1942/43 ständig überbelegt, sodass Häftlinge auf dem Boden oder auf Bänken liegen mussten.

Anfang Juni 1944 wurde Richard Tennigkeit nach rund dreieinhalb Monaten im Polizeigefängnis Fuhlsbüttel ins Konzentrationslager Neuengamme überstellt, wo er die Häftlingsnummer 35943 erhielt. Am 13. August 1944 bat er seine Schwiegereltern um Briefmarken, „denn ich darf jetzt öfter schreiben. Beachtet bitte meine neue Nummer". Zwei Wochen später stand in einem Brief an seine Schwiegereltern zu lesen: „Ich bin jetzt Schutzhaftgefangener und wohl bis Kriegsende hier konzentriert. Einen Prozeß werde ich bis dahin wohl auch nicht bekommen. Mir geht es gesundheitlich gut, bin jetzt hier als Dreher beschäftigt ..."

Möglicherweise arbeitete er als KZ-Häftling bei der Rüstungsfirma „Mauser-Werke AG". Aus einem Brief vom 20. November 1944 ging erst-

serkante 1917/18, in: Zeitschrift des Vereins für Hamburgische Geschichte, Band 79, Hamburg 1993, S.133–162; Karl Ditt: Sozialdemokraten im Widerstand, Hamburg in der Anfangsphase des Dritten Reiches, Hamburg 1984, S. 88; www.garten-der-frauen.de/frauen; Gespräche mit W. T., September 2009 und Juli 2010.

mals andeutungsweise sein schlechter gesundheitlicher Zustand hervor: „Schickt mir kein schwarzes Brot, ich kann es schlecht vertragen", schrieb er an seine Schwiegereltern. Vermutlich litt er zu diesem Zeitpunkt bereits an einer Magen-Darm-Erkrankung. Am 12. Dezember 1944 starb Richard Tennigkeit nach einem halben Jahr im Konzentrationslager Neuengamme. Als offizielle Todesursache wurde Typhus angegeben. Im Bericht des SS-Standortarztes über den Krankenstand im Konzentrationslager Neuengamme für den Zeitraum 26. Dezember 1944 bis 25. März 1945 wurde Typhus nicht ausdrücklich erwähnt, dessen Ursache verseuchte Lebensmittel gewesen sein dürften. Stattdessen wurde allgemein von „Magen- u. Darmerkrankungen" geschrieben.

Der achtjährige Sohn konnte nach der Verhaftung seiner Eltern noch sechs Monate zusammen mit den Untermietern in dem Berner Siedlungshaus bleiben. Danach zog er zu Onkel und Tante nach Rahlstedt; der Onkel übernahm auch die Vormundschaft. Der Vorstand der Gartenstadt-Genossenschaft, der für die Wohnungsbelegung zuständig war und 1933 seine Gremiumsmitglieder auswechseln musste und dessen neuer Vorstand nun in der NSDAP organisiert war, genehmigte den Erhalt des Wohnrechts an dem Siedlungshaus für den Sohn von Richard und Käthe Tennigkeit.

An Käthe und Richard Tennigkeit erinnert seit Ende der 1940er Jahre eine Plakette am Haus, die von der VVN gestiftet wurde.
Text: Björn Eggert, entnommen aus:
www.stolpersteine-hamburg.de

> *Siehe auch* ▶ Catharina-Fellendorf-Straße, Erna-Behling-Kehre, Gertrud-Meyer-Straße, Helene-Heyckendorf-Kehre, Katharina-Jacob-Weg, Lisbeth-Bruhn-Stieg, Margit-Zinke-Straße, Thüreystraße, *in diesem Band.*

> *Siehe auch* ▶ Birckholtzweg, *Farmsen-Berne, seit 1967: Jonny Birckholtz (1877–1937), Ge-*

meinderat in Farmsen, in Bd. 3 online**.

> *Siehe auch* ▶ Ernst-Mittelbach-Ring, *Niendorf, seit 1982: Ernst Mittelbach (1903–1944), Gewerbeoberlehrer, Widerstandskämpfer gegen den Nationalsozialismus, und* Ernst-Mittelbach-Stieg, *Niendorf, seit 1987, in Bd. 3 online**.*

> *Siehe auch* ▶ Karl-Kock-Weg, *Wilstorf, seit 1988): Karl Kock (1908–1944), Gummifacharbeiter aus Harburg, Kommunist, Widerstandskämpfer gegen den Nationalsozialismus, in Bd. 3 online**.*

> *Siehe auch* ▶ Kurt-Schill-Weg, *Niendorf, seit 1982: Kurt Schill (1911–1944), KPD-Widerstandskämpfer gegen den Nationalsozialismus, in Bd. 3 online**.*

> *Siehe auch* ▶ Rudolf-Klug-Weg, *Niendorf, seit 1982: Rudolf Klug (1905–1944), Lehrer, kommunistischer Widerstandskämpfer gegen den Nationalsozialismus, in Bd. 3 online**.*

> *Siehe auch* ▶ Werner-Schroeder-Straße, *Allermöhe, seit 2002: Werner Schroeder (1916–1993), Bäcker, Kommunist, Widerstandskämpfer gegen den Nationalsozialismus, in Bd. 3 online**.*

Therese-Giehse-Bogen

Bergedorf, seit 1985, benannt nach Therese Gift, Künstlerinnenname: Giehse (6.3.1898 München–3.3.1975 München), Schauspielerin

Therese Gift war die jüngste Tochter von Gertrude Gift, geb. Heinemann und des Textilkaufmanns Salomon Gift. Das jüdische Ehepaar hatte noch weitere vier Kinder.

Als sich Therese nach dem Ersten Weltkrieg entschied, Schauspielerin zu werden, riet die Familie ihr deshalb ab, weil man sie nicht für schön genug hielt. Therese Gift, die 1920 den Künstlerinnennamen Giehse annahm, soll dazu geäußert haben: „Ich will ja nicht schön sein. Ich will bloß zum Theater."

Zwischen 1918 und 1920 nahm sie Schauspielunterricht in München. Die Ausbildung finanzierte sie mit dem Geld, das sie in einer amtlichen Kohlenkartenstelle verdiente.

Therese Giehse erhielt ab 1920/21 Engagements in Siegen, Gleiwitz, Landshut, an der Bayerischen Landesbühne und am Schauspielhaus München. Von 1926 bis 1933 hatte sie ein Engagement an den Münchener Kammerspielen bei Otto Falkenberg. Dort profilierte sie sich als großartige Menschenbildnerin.

Gemeinsam mit ihrer Freundin Erika Mann (siehe ➤ Erika-Mann-Bogen, in diesem Band) und deren Bruder Klaus Mann eröffnete sie am 1. Januar 1933 in der Münchner „Bonbonniere" am Hofbräuhaus – und damit in der Nähe der Münchner Kammerspiele, wo sie weiterhin engagiert war – das literarisch-politische Kabarett „Pfeffermühle". Erikas Vater, Thomas Mann, (siehe ➤ Thomas-Mann-Straße, in Bd. 3 online**) hatte Therese Giehse 1927 bei der Premiere „Das gastliche Haus" von Heinrich Mann kennengelernt. Es entwickelte sich eine Freundschaft, und Therese Giehse wurde zu den Familienfesten der Manns eingeladen. Zwischendurch ergab sich für kurze Zeit auch eine homosexuelle Beziehung zu Erika Mann.

Über das Privatleben von Therese Giehse wissen wir kaum etwas. Sie lebte stets allein und sie brannte für ihre Arbeit, für diese existierte sie. Ihre Wertvorstellungen waren: Freiheit, Autonomie, Individualität, Solidarität, Humanität.

Nach der Machtübernahme durch die Nationalsozialisten flüchtete Therese Giehse im März 1933 in die Schweiz und eröffnete dort in Zürich im Hotel Hirschen am 30. September 1933 die „Pfeffermühle" neu. Gleichzeitig war sie auch am Züricher Schauspielhaus „Am Pfauen" engagiert.

Zwischen 1934 und 1936 begab sich Therese Giehse mit dem antifaschistischen Programm der „Pfeffermühle" auf Europatournee.

** Band 3 online unter: www.hamburg.de/maennerstrassennamen

Zwischendurch heiratete die frauenliebende Schauspielerin 1936 den homosexuellen Schriftsteller John Hampson-Simpson (gestorben 1955), um einen britischen Pass zu bekommen, den er ihr zur Hochzeit schenkte.

Überall in Europa wurde die politische Kabarett-Truppe „Pfeffermühle" gefeiert, nur nicht in den USA, wohin sie mit ihrem antifaschistischen Programm gereist waren.

Therese Giehse, 1958

Nach den erfolglosen Aufführungen der „Pfeffermühle" in Amerika im Jahre 1937 kehrte Therese Giehse noch im selben Jahr ans Schauspielhaus in Zürich zurück und löste die „Pfeffermühle" auf.

1937 wurde sie am Züricher Schauspielhaus festes Ensemblemitglied. Dieses Theater war in der NS-Zeit die einzige bedeutende freie Bühne im deutschsprachigen Raum. Hier ließ auch Bertold Brecht, den Therese Giehse 1929 bei den Endproben zur „Dreigroschenoper" kennengelernt hatte und der während der NS-Zeit im Exil in den USA lebte, seine Stücke aufführen.

Therese Giehse spielte wichtige Rollen in den Züricher Brecht-Uraufführungen, so die Titelgestalt in Brechts Theaterstück „Mutter Courage und ihre Kinder" (UA 1941).

Von 1949 bis 1952 trat sie an Brechts „Berliner Ensemble" am Schiffbauerdamm in Ost-Berlin auf und spielte von 1949 bis 1966 auch wieder an den Münchner Kammerspielen. Dort, in München wohnte sie wieder seit 1954 und zwar in einer Zweizimmerwohnung in der Wurzerstraße.

Zur Zeit der APO (Außerparlamentarische Opposition) bekam Therese Giehse Kontakt zu jungen politischen Regisseuren, Schriftstellern und SchauspielerInnen, so z. B. zu Franz Xaver Kroetz, Peter Weiss, Peter Stein, Peter Zadek, Rainer Werner Fassbinder, Bruno Ganz, Otto Sander. In Helmut Dietls „Münchner Geschichten" war sie wöchentlich im Fernsehen zu sehen.

In den Zeiten des Vietnam Krieges engagierte sie sich für Abrüstung und Frieden und trat mit entsprechenden Lesungen auf. 1970 verkörperte sie aus Sympathie für Peter Stein und sein Kollektiv-Theater bei der Neueröffnung der Berliner Schaubühne am Halleschen Ufer die Titelrolle in Gorki/Brechts Stück „Die Mutter".

Ab 1966 trat sie solo mit eigenen Brechtprogrammen auf.

Friedrich Dürrenmatt schrieb für sie sein Theaterstück „Der Besuch der alten Dame". Gastspiele führten sie auch nach Hamburg.

Auch in Filmrollen war Therese Giese zu sehen, so spielte sie z. B. in dem Film „Mädchen in Uniform". 1955 erhielt sie den Bundesfilmpreis.

Therese Giehse starb an den Folgen ihrer Diabetiserkrankung und wurde auf dem Friedhof Fluntern in Zürich begraben.

Siehe auch ➤ **Erika-Mann-Bogen,** *in diesem Band.*

Siehe auch ➤ **Thomas-Mann-Straße,** *Bramfeld, seit 1961: Thomas Mann (1875–1955), Schriftsteller, in Bd. 3 online**.*

Theresenweg

Nienstedten, seit 1932. Frei gewählter Name

Theresienstieg

Uhlenhorst, seit 1846, benannt nach **Conradine Therese,** *geb. Sievert (1805–1874), Ehefrau des Miteigentümers der Uhlenhorst, Dr. August Abendroth*

Therese Sievert war eine reiche Kaufmannstochter – Vater Präses der Hamburger Handelskammer. 1823, im Alter von achtzehn Jahren, heiratete sie August Abendroth *(siehe* ➤ **Abendrothsweg,** *in Bd. 3 online**)* und brachte ein beträchtliches Vermögen in die Ehe ein.

Conradine Therese Abendroth

Ein Jahr nach der Heirat wurde das erste Kind geboren. Weitere Geburten folgten: 1825, 1827, 1830, 1833 und 1837. Das Paar hatte sechs Töchter.

Gemeinsam mit ihrem Ehemann gründete Therese Abendroth 1848 den Abendrothschen Frauenverein.

Siehe auch ➤ **Abendrothsweg,** *Hoheluft-Ost, seit 1864, und* **Auguststraße,** *Uhlenhorst, seit 1845, Dr. August Abendroth (1796–1867). Unternehmer, Mäzen und Bodenspekulant, beteiligt an der Aufschließung der Uhlenhorst, Mitbesitzer der Uhlenhorst, in Bd. 3 online**.*

Thüreystraße

Niendorf, seit 1982, benannt nach **Magda,** *geb. Bär (4.3.1899 Hamburg–17.7.1945 Hamburg) und* **Paul Thürey** *(16.7.1903–26.6.1944, enthauptet im Untersuchungsgefängnis Hamburg). Magda Thürey: Lehrerin, Politikerin (KPD), Mitglied der Widerstandsgruppe Bästlein-Jacob-Abshagen. Motivgruppe: Opfer des Nationalsozialismus Stolperstein vor dem Wohnhaus Emilienstraße 30. Mahnmal: Tisch mit 12 Stühlen (siehe dazu unter* ➤ **Georg-Appel-Straße,** *in Bd. 3 online**).*

Magda Bär verbrachte ihre Kindheit mit ihrem Bruder Curt (geb. 1901) im Hamburger Stadtteil Harvestehude und besuchte das Emilie-Wüsten-

Abb. v.l.n.r.: Staatsarchiv Hamburg | Gedenkstätte Ernst Thälmann

feld-Lyzeum. Die Mutter entstammte einer Großkaufmannsfamilie, der Vater einer Arbeiterfamilie, arbeitete als Kapitän und verstarb kurz vor Ausbruch des Ersten Weltkrieges.

Von 1914 bis 1919 besuchte Magda Bär das Lehrerseminar Hohe Weide im Stadtteil Eimsbüttel. Sie war auch künstlerisch interessiert und schloss sich in der Studienzeit bohèmeartigen Kreisen junger Menschen mit kommunistischen Ideen an. Außerdem arbeitete sie in der Wandervogelbewegung und der Freideutschen Jugend mit. Anfang der 1920er trat Magda Bär in die KPD ein und war kurz vor 1933 zeitweilig für ihre Partei in der Hamburgischen Bürgerschaft als Spezialistin für Schulfragen tätig.

In den Jahren von 1919 bis 1933 unterrichtete sie Volksschulklassen an den Schulen Lutterothstraße 80 und Methfesselstraße 28 (ab 1930) im Arbeiterviertel Eimsbüttel.

Sie nahm ihre Arbeit sehr ernst, orientierte sich an den Erziehungsidealen Pestalozzis und kümmerte sich gerade um die ärmsten Kinder. Außerdem trat sie der Gesellschaft der Freunde des vaterländischen Schul- und Erziehungswesens bei, aus der später die Gewerkschaft Erziehung und Wissenschaft (GEW) hervorging.

1933 wurde sie von den Nationalsozialisten sofort ohne jeglichen finanziellen Ausgleich aus dem Schuldienst entlassen. Als Begründung diente den Machthabern das „Gesetz zur Wiederherstellung des Berufsbeamtentums", dessen Paragraph 2 den BeamtInnen eine Mitgliedschaft in der KPD verbot.

Magda Bär heiratete ihren langjährigen Freund Paul Thürey, der damals bereits arbeitslos war, so dass die Eheleute nun, um sich eine Existenz aufzubauen, von ihren Ersparnissen ein Seifengeschäft in der Osterstraße im Stadtteil Eimsbüttel kauften, welches sie später in die Eimsbüttler Emilienstraße 30 verlegten.

Als Paul Thürey 1939 in den Conz-Elektromotoren-Werken, einem Rüstungsbetrieb, Arbeit fand, führte Magda den Laden allein weiter.

Der Seifenladen war von vornherein nicht nur als Erwerbsquelle gedacht gewesen, sondern diente gleichzeitig als Treffpunkt für die illegale KPD. Nach dem Beginn des Zweiten Weltkrieges fungierte der Laden insbesondere als wichtige Verbindungsstelle für die kommunistische Bästlein-Jacob-Abshagen-Widerstandsgruppe. In Seifenkartons wurden Flugblätter und illegale Druckschriften versteckt; es fanden Treffs statt, bei denen Informationen ausgetauscht und neue Aktionen geplant wurden.

1942 nahm die Hamburger Gestapo Paul Thürey fest. 1944 wurde er bei den Hamburger Kommunistenprozessen zum Tode verurteilt und am 26. Juni 1944 im Alter von 41 Jahren im Hamburger Untersuchungsgefängnis enthauptet.

Die 44-jährige Magda Thürey war von der Gestapo am 30. Oktober 1943 in „Schutzhaft" genommen und ins Gefängnis Fuhlsbüttel gebracht, der Seifenladen von der Gestapo zu einer Falle umfunktioniert worden, so dass es zu weiteren Verhaftungen kommunistischer Widerstandskämpfer und -kämpferinnen kam.

Magda und Richard Thürey

Durch die Haftbedingungen verschlechterte sich Magda Thüreys Gesundheitszustand rapide – sie litt seit ihrem 31-sten Lebensjahr an multipler Sklerose. Aber erst nachdem sie fast völlig bewegungsunfähig geworden war, wurde sie 1944 in das Krankenhaus Langenhorn auf die Station für Nervenkranke verlegt. Auch dort erhielt sie nicht die notwendige medizinische Ver sorgung. Magda Thüreys Bruder, ein Lehrer, der ebenfalls 1933 von den Nationalsozialisten aus dem Schuldienst entlassen worden war, konnte sie erst nach Ende des Zweiten Weltkriegs aus der Gefangenschaft holen. Kurze Zeit später, am 17. Juli 1945, starb Magda Thürey im Alter von 46 Jahren an den Folgen der Gestapo-Haft.

Ihr Begräbnis wurde die erste und einzige große Einheitskundgebung der linken Arbeiterparteien in Hamburg. Über ihrem Grab reichten sich die Vertreter der SPD (Karl Meitmann) und KPD (Fiete Dettmann) symbolisch die Hände und versprachen „den Bruderkampf niemals wieder aufleben zu lassen".

Text: Ingo Böhle

Siehe auch ➤ **Catharina-Fellendorf-Straße, Erna-Behling-Kehre, Gertrud-Meyer-Straße, Helene-Heyckendorf-Kehre, Käte-Laske-Weg, Katharina-Jacob-Weg, Lisbeth-Bruhn-Stieg, Margit-Zinke-Straße, Marie-Fiering-Kehre, Tennigkeitweg,** *in diesem Band.*

Siehe auch ➤ **Ernst-Mittelbach-Ring,** *Niendorf, seit 1982: Ernst Mittelbach (1903–1944), Gewerbeoberlehrer, Widerstandskämpfer gegen den Nationalsozialismus, und* **Ernst-Mittelbach-Stieg,** *Niendorf, seit 1987, in Bd. 3 online**.*

Siehe auch ➤ **Karl-Kock-Weg,** *Wilstorf, seit 1988: Karl Kock (1908–1944), Gummifacharbeiter aus Harburg, Kommunist, Widerstandskämpfer gegen den Nationalsozialismus, in Bd. 3 online**.*

Siehe auch ➤ **Kurt-Schill-Weg,** *Niendorf, seit 1982: Kurt Schill (1911–1944), KPD-Widerstandskämpfer gegen den Nationalsozialismus, in Bd. 3 online**.*

Siehe auch ➤ **Rudolf-Klug-Weg,** *Niendorf, seit 1982: Rudolf Klug (1905–1944), Lehrer, kommunistischer Widerstandskämpfer gegen den Nationalsozialismus, in Bd. 3 online**.*

Siehe auch ➤ **Werner-Schroeder-Straße,** *Allermöhe, seit 2002: Werner Schroeder (1916–1993), Bäcker, Kommunist, Widerstandskämpfer gegen den Nationalsozialismus, in Bd. 3 online**.*

**   Band 3 online unter: www.hamburg.de/maennerstrassennamen

Thusneldastraße

Stellingen, seit 1929, benannt nach Thusnelda (14 nach Christus), Tochter des Cheruskerhäuptlings Segestes, Gattin des Cheruskerfürsten Arminius

Thusnelda war die Tochter des Cheruskerfürsten Segestes und wurde von Arminius *(siehe* ➤ Arminiusstraße, *in Bd. 3 online**)* aus der Burg ihres Vaters entführt – man vermutet, mit ihrem Einverständnis. Das Paar heiratete. Doch Thusneldas Vater konnte sich damit nicht abfinden. Er hasste Arminius dafür, dass dieser gegen seinen Willen seine Tochter geheiratet hatte. Und so raubte Segestes, ein Jahr nach der Hochzeit seiner Tochter mit Arminius, diese wieder zurück.

Arminius, der bei der Entführung seiner schwangeren Frau durch ihren Vater abwesend gewesen war, belagerte nun die Burg Segestes, um seine Ehefrau Thusnelda zurückzuholen.

Daraufhin rief Segestes, ein Freund der Römer, Gemanicus zur Hilfe. Die Römer zwangen Arminius, sich zurückzuziehen und befreiten Segestes, der als Dank dafür seine Tochter den Römern als Geisel auslieferte.

Thusnelda gebar in römischer Gefangenschaft ihren Sohn und wurde als Trophäe mit ihrem Säugling im Triumphzug der Römer mitgeführt. Ihr Vater wohnte diesem Schauspiel bei. Thusneldas weiteres Schicksal ist unbekannt.

In wikipedia unter Thusnelda ist folgendes zu lesen: „Thusneldas Name, der im 19. Jahrhundert noch positiv besetzt war, wurde im 20. Jahrhundert umgedeutet. Mitverantwortlich war mit Sicherheit Kleists Hermannsschlacht, Schullektüre etlicher Generationen. Thusnelda wurde zur Bezeichnung für nervige Ehefrauen und weibliche Dienstboten. Daraus entstanden die Tusnelda, das Kosewort Tusschen und schließlich die Tussi, als Schimpfwort für Frauen bzw. mehr noch als Klischee eines oberflächlichen, eitlen Dummchens." (wikipedia: Stand 25.10.2014)

Siehe auch ➤ *Arminiusstraße, Stellingen, seit 1928: Arminius/Hermann der Cheruskerr (um 17 v. u. Z.–21 nach Chr.), Altgermanischer Fürst, in Bd. 3 online**.*

Tonistraße

Eilbek, umbenannt 1887. Früher Jungmann-straße, benannt nach Toni Schomburgk *(1847 Hamburg–1895 Heiligenstadt), Mitglied der Familie von Carl Schomburgk (1815–1874), dessen Erben die Straße als Privatstraße anlegten*

Es handelt sich hier vermutlich um Sidonie Schom-burgk, die Schwester des Architekten Schonburgk.

Traunweg

Neuland, seit 1942, benannt nach Christian Justus Friedrich Traun. *Ergänzt (2001/2002) um die ebenso bedeutende Ehefrau* Bertha Traun. *Neuer Erläuterungstext: benannt nach dem Ehepaar (verh. v. 1818–1850) Christian Justus Friedrich T. (1804–1881), Fabrikant, Mitbegründer der unmittelbar westlich benachbarten späteren „New-York-Hamburger Gummiwaren Compagnie", und Bertha T. (25.4.1818–18.4.1863 Frankfurt a. M.), Vorkämpferin der Hamburger Frauenbewegung, Mitbegründerin diverser Frauenorganisationen*

Bertha Traun war die zweitälteste Tochter von elf Kindern des reichen Stockfabrikanten Heinrich Christian Meyer *(siehe* ➤ Stockmeyerstraße, *in Bd. 3 online**)* und seiner Ehefrau Agathe Margarethe, geb. Beusch (gest. 1833).
Bertha Trauns Brüder waren Heinrich Adolph *(siehe* ➤ Charitas-Bischoff-Treppe, *in diesem Band)* und Heinrich Christian Meyer jr. *(siehe* ➤ Meyer-straße, *in Bd. 3 online**).*

Bertha Traun war verheiratet mit dem Kompagnon ihres Vaters, Christian Justus Traun, dem Mitbegründer der Harburger Gummi-Kamm-Comp. Das Ehepaar wohnte mit seinen sechs Kindern – ein Kind starb im Alter von elf Jahren – in der Straße Neue Burg 13 bei der St. Nicolaikirche.

Bertha Traun gehörte zum Freundinnenkreis um Emilie Wüstenfeld. Sie lernten sich über die Geschäftsbeziehungen ihrer Ehemänner kennen, deren Kontore nebeneinanderlagen.

1846 gründeten die beiden Frauen mit noch weiteren 30 Frauen den Frauenverein zur Unterstützung und Förderung der Deutschkatholiken. Damit wollten die Frauen der freikirchlichen Gemeinde der Deutschkatholiken helfen, die Miete für ein Lokal, in dem die Predigten und Versammlungen abgehalten werden konnten, und die Besoldung eines Predigers zu finanzieren. Die Deutschkatholiken propagierten ein nicht an eine Konfession gebundenes, demokratisches Gemeindeleben. Die Prediger wurden von der Gemeinde gewählt. Auch Frauen erhielten Wahl- und Mitspracherecht, woran in den Amtskirchen nicht zu denken war. An exponierter Stelle stand der exkommunizierte Priester Johannes Ronge, der von Bertha Trauns fortschrittlich gesinntem Vater protegiert wurde. Ronge trat auch für die Emanzipation der Frau ein. Er wollte, dass sich die Frauen aus ihren oft unwürdigen Verhältnissen, in denen sie lebten, befreiten. „Die Geschichte dieses Vereins ist zugleich die Geschichte der praktischen Einübung von Hamburger Frauen in Demokratie. Ihre Hilfestellung für die deutschkatholische Gemeinde verstanden sie als bescheidene aber nicht minder wichtige Parallele zu den reformerischen politischen Aktionen der Männer."[2]

Der Frauenverein zur Unterstützung der Deutschkatholiken sammelte aber nicht nur Geld: „Außer der finanziellen Unterstützung der Ge-

** Band 3 online unter: www.hamburg.de/maennerstrassennamen

2) Ingeborg Grolle: Demokratie ohne Frauen in Hamburg um 1848? Hamburg 1988. Und: Ingeborg Grolle:

Demokratie ohne Frauen? Fraueninitiativen in Hamburg um 1848, in: Inge Stephan, Hans-Gerd Winter (Hrsg.): „Heil über dir, Hammonia" Hamburg im 19. Jhd. Hamburg 1992.

meinde bemühte sich der Frauenverein um deren Anerkennung durch den Hamburger Senat, denn ohne Legalisierung blieben die in der deutschkatholischen Gemeinde vorgenommenen Taufen und Eheschließungen ohne bindende Rechtskraft. Verbieten wollte der Senat die Gemeinde nicht, weil sie die Sympathie angesehener Bürger besaß. Aber seine zermürbende Hinhaltetaktik stellte die Gemeinde und den ständig für sie intervenierenden Frauenverein auf eine harte Geduldprobe, bis endlich unter dem Druck des Revolutionsgeschehens im März 1848 die Anerkennung erfolgte. Die Frauen sahen damit den ursprünglichen Zweck ihres Vereins weitgehend erfüllt. Sie konnten ihren Aufgabenbereich erweitern und nannten sich nun ‚Frauenverein zur Unterstützung der Deutschkatholiken und anderer humaner Zwecke'.“[3]

Der Frauenverein setzte sich auch massiv für die Überwindung der Standesschranken ein. Durch die Einführung von Dienstmädchenkursen, in denen die Mädchen in den Elementarfächern wie Deutsche Sprache, Schreiben und Rechnen unterrichtet wurden, versuchte der Frauenverein, eine bessere Bildung für Frauen aus der Unterschicht zu erwirken. Ebenfalls wurde als Hilfe zur Selbsthilfe eine Arbeitsvermittlung eingerichtet.

Bertha Traun war auch Gründungsmitglied des Sozialen Vereins zur Ausgleichung konfessioneller Unterschiede. Durch die 48er Revolution erhofften sich liberale Kreise des Bürgertums, „den trennenden Einfluß confessioneller Verschiedenheit auf das politische und soziale Leben zu beseitigen“.[4] Gerade zwischen den christlichen und jüdischen Frauen gab es eine große gesellschaftliche Kluft, während die christlichen und jüdischen Männer, bedingt durch das Geschäftsleben, schon eher Kontakt zueinander hatten. Doch wie sollte die Angleichung geschehen? Die Frauen sahen in einer freiheitlichen Kindererziehung die Chance, die konfessionellen Schranken zu beseitigen. Deshalb entwickelte der Verein zur Ausgleichung der konfessionellen Unterschiede ein Kindergartenprojekt, welches nach den Vorstellungen von Friedrich Fröbel *(siehe* ➤ Fröbelstraße, *in Bd. 3 online**)* arbeiten sollte.

Auch am Zustandekommen der von Emilie Wüstenfeld gegründeten Hochschule für das weibliche Geschlecht am Holländischen Brook war Bertha Traun maßgeblich beteiligt. Eine Privatangelegenheit sollte allerdings die Hochschule in erheblichen Misskredit bringen: Emilie Wüstenfeld trug sich mit Scheidungsabsichten, und Bertha Traun, die sich von ihrem Mann nicht geliebt fühlte, weil er einer verflossenen Liebe nachweinte, und sich als Ehefrau und Mutter nicht ausgefüllt sah, ließ sich scheiden, um den Prediger der Deutschkatholiken Johannes Ronge zu heiraten. Er

Bertha Traun

erwiderte ihre Liebe und vertrat die gleichen Ansichten von der Emanzipation der Frau wie sie. Die Scheidung Bertha Trauns war in Hamburg ein gesellschaftlicher Skandal und Amalie Sieveking *(siehe* ➤ Amalie-Sieveking-Weg, *in diesem Band)* war darüber so empört, dass sie alles daran setzte, damit die Hochschule für das weibliche Geschlecht, die von – in ihren Augen – Damen geleitet wurde, die eine unmoralische Haltung zur Ehe hatten – finanziell nicht mehr unterstützt wurde.

1851 heirateten Bertha Traun und Johannes Ronge (1813–1887) in London, wohin sie mit dreien von Berthas sechs Kindern gezogen wa-

---

3)   Ingeborg Grolle: Demokratie ohne Frauen? in: Inge Stephan, a. a. O., S. 324f.

4)   Ingeborg Grolle: Demokratie ohne Frauen in Hamburg um 1848?, a. a. O.

Abb.: Aus: Elke Kleinau, Claudia Opitz (Hrsg.), Geschichte der Mädchen- und Frauenbildung, Bd. 2, Vom Vormärz bis zur Gegenwart, Frankfurt/Main, New York, 1996, S. 77.

ren, nachdem sich in Deutschland der Druck der Reaktion auf die freien Gemeinden verstärkt hatte. Zwei Monate nach ihrer Hochzeit wurde ihre Tochter geboren.

In London richtete Bertha Ronge einen Kindergarten ein. Theodor Fontane *(siehe ➤ Fontane-straße, in Bd. 3 online**)*, der damals mit seiner Familie in London lebte, schickte seinen ältesten Sohn in die „Schule von Johannes Ronge" und schrieb darüber: „Ein sogenannter Kindergarten spielt die Hauptrolle, in dem, glaube ich, viel Rad geschlagen und wenig gelernt wird. Kopf stehn ist die einzige Kopfarbeit. Ich bin nicht traurig darüber. George lernt bei uns vollkommen genug, und der Kindergarten wird das Gute haben, daß der Junge seine Schüchternheit verliert."

Nach der Übersiedlung des Paares 1857 nach Manchester gründete es das Manchester Fröbel Committee zur Verbreitung des Kindergartens und eine Ausbildungsstätte für Kindergärtnerinnen.

1861 kehrten die Ronges nach Deutschland zurück und zogen nach Breslau. Im selben Jahr initiierte Bertha Ronge dort eine Versammlung von Frauen, auf der sie die pädagogischen Vorstellungen Fröbels darlegte. Resultat dieser Versammlung war: es wurde ein Verein gegründet, der die finanziellen Mittel für die Einrichtung von Kindergärten beschaffen wollte. Doch die Behörden verweigerten die Konzession für einen solchen Kindergarten, in dem so viel „Unfug" wie Radschlagen und Spielen betrieben wurde. Daraufhin entschloss sich Frau Ronge, eine Bildungsanstalt für Kindergärtnerinnen zu errichten.

1863 zog des Ehepaar Ronge nach Frankfurt am Main. Dort verstarb Bertha Ronge zwei Jahre später, in den letzten Lebenswochen gepflegt von ihrer Freundin Emilie Wüstenfeld.

Bertha Ronge wurde auf dem Hamburger Friedhof zu St. Petri neben ihrem ehemaligen Schwiegervater beerdigt. Auch ihr erster Ehemann, der achtzehn Jahre nach Bertha Ronges Tod ebenfalls in Frankfurt am Main starb, erhielt seine letzte Ruhestätte neben seinem Vater und Bertha Ronge.

Als Bertha Ronges Sohn aus erster Ehe, der Senator Dr. Heinrich Traun *(siehe ➤ Heinrich-Traun-Platz und Heinrich-Traun-Straße, in Bd. 3 online**)*, 1907 eine Grabstelle auf dem Ohlsdorfer Friedhof kaufte, ließ er 1908 seinen Großvater, seine Mutter und seinen Vater, den Ex-Ehemann von Bertha Ronge, dorthin umbetten.

Siehe auch ➤ Amalie-Schoppe-Weg, Amalie-Sieveking-Weg, Charitas-Bischoff-Treppe, *in diesem Band.*

Siehe auch ➤ Fontanestraße, *Osdorf, seit 1928/29: Theodor Fontane (1819–1898), Dichter, in Bd. 3 online**.*

Siehe auch ➤ Fröbelstraße, *Rotherbaum, seit 1892: Friedrich Fröbel (1782–1852), Pädagoge, Kleinkindpädagogik, in Bd. 3 online**.*

Siehe auch ➤ Heinrich-Traun-Platz, *Fuhlsbüttel, seit 1910, und* Heinrich-Traun-Straße, *Fuhlsbüttel, seit 1910: Dr. Heinrich Traun (1838–1909). Senator, Inhaber der Harburger Gummikamm Co., Sohn von Bertha Ronge, geschiedene Traun, in Bd. 3 online**.*

Siehe auch ➤ Meyerstraße, *Heimfeld, seit 1890: Heinrich Christian Meyer (1832–1886), Stockfabrikant (Stuhlrohr- und Spazierstockfabrik), Sohn von Heinrich Christian Meyer, Bruder von Bertha Ronge, geschiedene Traun, geborene Meyer, Bruder von Heinrich Adolph Meyer, in Bd. 3 online**.*

Siehe auch ➤ Stockmeyerstraße, *HafenCity, seit 1854: Heinrich Christian Meyer (1797–1848), genannt Stockmeyer. Stockfabrikant, Vater von Bertha Ronge, geschiedene Traun, geborene Meyer, in Bd. 3 online**.*

Auch nach Antonie Wilhelmine Traun, geb. Westphal (6.12.1850 Hamburg–28.10.1924 Hamburg), der Schwiegertochter von Bertha Traun müsste der Traunweg mit benannt werden. Genausogut könnte aber auch die Straße Westphalufer nach Antonie Traun mit benannt werden, denn diese Straße wurde nach ihrem Bruder Otto Eduard Westphal (1853–1919) benannt. Antonie Traun war die Gründerin des Vereins „Die Sozialen Hilfsgruppen", Mitbegründerin des „Bundes Hamburgischer Hausfrauen" und des „Stadtbundes Hamburgischer Frauenvereine".

Ihr Grabstein steht heute im Garten der Frauen auf dem Ohlsdorfer Friedhof.

Antonie Westphal war die älteste Tochter von Carl Wilhelm Ludwig Westphal, Kaufmann und Mitinhaber der Firma G. W. A. Westphal Sohn & Co. Einer ihrer fünf Geschwister war der Senator Otto Westphal (Wirtschaft und Verkehr) *(siehe* ➤ *Westphalufer, in Bd. 3 online**)*. Im Alter von 21 Jahren heiratete Antonie Westphal 1871 den acht Jahre älteren Kaufmann und Harburger Fabrikanten Otto Traun, dessen Mutter Bertha Traun, geb. Meyer war.

Durch ihren Onkel Adolf Meyer kam Antonie Traun mit der Politik in Berührung. Er nahm sie zu den ersten Reichstagssitzungen mit. Antonie Traun wurde glühende Bismarck-Verehrerin. Sie war konservativer Gesinnung und gleichzeitig aufgeschlossen für das Neue.

So politisiert, schloss sie sich zuerst einmal der von ihrem Schwager, dem Inhaber der Hamburger Gummiwerke und Senator, Dr. Heinrich Traun *(siehe* ➤ *Heinrich-Traun-Platz und Heinrich-Traun-Straße, in Bd. 3 online**)*, geschaffenen Hamburger Volksheime an, „die nicht Wohltätigkeit, sondern Annäherung der Klassen, menschliche Berührung und Beziehung wollten."[5] Dieser Bewegung gehörte Antonie Traun lange mitarbeitend an, „schon damit über die konventionelle Wohltätigkeitsverpflichtung der guten Gesellschaft hinauswachsend."[6]

Wie ihre Schwiegermutter wurde Antonie Traun auch Anhängerin und Aktivistin der bürgerlichen Frauenbewegung. Die Frauenrechtlerin der bürgerlichen Frauenbewegung, Helene Lange *(siehe* ➤ *Helene-Lange-Straße, in diesem Band)*, schrieb über Antonie Trauns Weg zur Frauenbewegung: „Es ist nicht leicht, aus einem in den alten – z. T. zeitgebundenen, z. T. aber auch ewigen Formen des Frauen- und Familienlebens, noch dazu in der durch Tradition besonders stark bestimmten Oberschicht einer Hansestadt diesen Weg zu gehen. Schwer, vielleicht noch nicht einmal so sehr durch den Widerspruch nach außen, wie durch die innere Auseinandersetzung. Für Menschen, die lose und flach im eigenen Boden wurzeln, ist es leicht, sich Neuem hinzugeben. Ganz anders für solche, die aus persönlichem Wesen und Tradition mit ihren Lebensordnungen fest verwachsen sind und Überzeugungen bis zum Letzten ernst nehmen. Wenn Frau Traun zur Frauenbewegung kam, so war ihr innerer Weg dazu der eines ganzen und aufrichtigen Menschen, der sich für gewonnene Einsicht und neu gesteckte Lebensziele dann aber auch bis zum Äußersten einsetzte."[7] Und Helene Bonfort schrieb zur Motivation Antonie Trauns, sich der bürgerlichen Frauenbewegung zu verschreiben: „Diese Bewegung entsprach ihrer selbständigen Natur, ihrer Freude an gestaltender Betätigung und dem Zuge zu jeder geistigen Befreiung."[8] Als sie mit 48 Jahren Mitglied des „Allgemeinen Deutschen Frauenvereins" wurde, hatte sie in 26 Jahren sechs Kinder geboren, von denen eins im Alter von einem Jahr gestorben war. „Bei der ersten Tagung des Bundes Deutscher Frauenvereine in Hamburg 1898 trat sie durch Einfluß und Arbeitsleistung maßgebend hervor. Von nun an übte sie im Vorstand des Allgemeinen Deutschen Frauenvereins, Ortsgruppe Hamburg, entscheidenden Einfluß aus und stützte die Vorsitzende über zwei Jahrzehnte lang durch ihr vorausschauendes Erfassen der schnell wach-

---

**   Band 3 online unter: www.hamburg.de/maennerstrassennamen

5)   Aus: „Die Frau", Monatsschrift für das gesamte Frauenleben unserer Zeit. Hrsg. vom Bund deutscher Frauenvereine, Dez. 1920.
6)   Ebenda.
7)   Ebenda.
8)   Aus: „Die Frau", Jan. 1925.

senden Aufgaben, durch ihre gesellschaftlichen Beziehungen, durch Geldmittel und am kraftvollsten durch ihre emsige, unermüdliche Arbeitsleistung."[9] 1900 schuf Antonie Traun aus einer Arbeitsabteilung des Vereins den selbstständigen Zweigverein „Die sozialen Hilfsgruppen". Damals waren Antonie Trauns jüngere Kinder 19, 17 und 11 Jahre alt. Ihr ältestes Kind war bereits verheiratet und hatte sie schon zur Großmutter gemacht. Das Ziel der „Sozialen Hilfsgruppen" war: Frauen und Mädchen der Oberschicht zur Mitarbeit in sozialen Einrichtungen zu gewinnen, damit sie gesellschaftliches und staatsbürgerliches Verantwortungsbewusstsein erlernen. Durch diese gemeinnützige Tätigkeit sollten die weiblichen Vereinsmitglieder auch eine Bereicherung des eigenen, oft unausgefüllten Lebens und innere Befriedigung erlangen.

Antonie Traun gründete zur Zusammenfassung der Frauen in sozialen Ehrenämtern den „Verband für Waisenpflege, Armenpflege und Vormundschaft". „Hinter allen bahnbrechenden Bewegungen der nächsten Jahre: für Anstellung weiblicher Fabrikinspektoren, weiblicher Schöffen beim Jugendgericht, für Fortbildungsschulpflicht weiblicher Gewerbetreibender, Organisation und Schutz der Heimarbeiterinnen stand Frau Trauns sichere Hand und ihr weiter Blick.

Sie baute das Bildungswesen für Frauen aus durch Vorträge, die zugleich als Werbung für die Vereine dienten, und durch die regelmäßigen Kurse für Wohlfahrtspflege, die zur Grundlage für unsere Soziale Frauenschule geworden sind. Frau Trauns persönlicher Beziehung zu Dr. [Gertrud] Bäumer *[siehe ▸ Gertrud-Bäumer-Stieg, in diesem Band]* ist es zu verdanken, daß diese zur Leiterin der Anstalt gewonnen werden konnte.

Nachdem die Heranziehung der Frauen zum Dienst am Volkswohl in Hamburg in Fluß gebracht war, ergab sich die Ausbreitung auf andere und besonders die kleineren Orte Norddeutschlands sowie deren geistige Verbindung mit unserem nationalen Mittelpunkt, dem Bund Deutscher Frauenvereine. Zu diesem Zweck wurde 1902 der Norddeutsche Verband begründet, als dessen Schriftführerin Frau Traun unermeßliche Kleinarbeit jahraus, jahrein geleistet hat. Bis hinauf zur dänischen Grenze fand sie die geeigneten Menschen und wußte Fäden zu spannen (…)."[10]

1907, ein Jahr nach dem Tod ihres Ehemannes, wurde Antonie Traun Mitglied des Hauptvorstandes des „Allgemeinen Deutschen Frauenvereins".

Als 1914 der Erste Weltkrieg ausbrach, begeisterte sie die Frauen der bürgerlichen Frauenbewegung zum Dienst in der Kriegshilfe. Ein Jahr später schuf sie gemeinsam mit Nanny Goldschmidt den „Bund Hamburgischer Hausfrauen", „die erste große Wirtschaftsorganisation der Frauen, die schnell Tausende von Mitgliedern gewann, weil sie den nagenden Übeln der Hauswirtschaft im Kriege trotz schwerster Hemmungen mit Erfolg entgegentrat. Was die beiden Leiterinnen und der ihnen mit tiefer Verehrung anhängende Vorstand bis zum Kriegsende für die Volksernährung, für Garten- und Gemüsebau, für erholungsbedürftige Kinder und später für weitgesteckte Ziele wirtschaftlicher und politischer Art geleistet haben, das ergibt ein Bild breitester Kraftanwendung."[11] Ziel des Hausfrauenbundes war die Vertretung der volkswirtschaftlichen Interessen der Hausfrauen als Konsumentinnen und Produzentinnen. Der Bund wollte die Arbeit der Hausfrau mit der Tätigkeit in anderen Berufen gleichsetzen. Dieser Passus wurde jedoch 1918 gestrichen, denn gegen Ende des Ersten Weltkriegs entwickelten sich die Hausfrauenvereine immer mehr zu nationalistischen, konservativen Frauenvereinigungen.

---

9) Ebenda.
10) Ebenda.
11) Ebenda.

Die Ausdehnung des Ersten Weltkrieges machte es für die bürgerlichen Frauenverbände notwendig, ihre losen Verbindungen in eine straffe Zusammenfassung aller Hamburgischen Frauenvereine umzuwandeln. Deshalb wurde der „Stadtbund Hamburgischer Frauenvereine" gegründet, dessen Ziel es war, die gemeinsamen Interessen der angeschlossenen Frauenvereine zu vertreten und zu stärken.

Antonie Traun starb acht Jahre, nachdem sie den Stadtbund mitbegründet hatte, im Alter von 73 Jahren. Helene Bonfort und Emma Ender fassten in ihren Gedächtnisreden bei der Feier am 6. Dezember 1924 zum Tode von Antonie Traun ihren Charakter wie folgt zusammen: „Mit nie wankender Entschlossenheit hat sie ihre in ernster Arbeit errungenen Überzeugungen vertreten, ohne Zögern vor Widersprüchen, Widerständen, ja Anfeindungen, über die sie wortlos, in stolzer Zurückhaltung hinwegging.

Ihr Ziel war Bildung im edlen Sinne, Streben und Beseelung zu wecken, den nächsten und den weiteren Kreis, dem sie angehörte, zu vergeistigen, reines, wahres Menschentum zu bilden. Niemals haben wir sie erregt gesehen um eines persönlichen Gegensatzes willen. Aber ihr starkes, leidenschaftsfähiges Herz bäumte sich auf und ein heilsamer Zorn erfüllte sie, wo sie auf Unwahrhaftigkeit traf, auf Eitelkeit und flachen Ehrgeiz, die das Reine und Wahre entstellten und herabzogen. (...)

Wie strahlend freundlich trat sie einem entgegen, wenn man zu ihr kam, fern von der gesellschaftlich-äußeren Höflichkeit, sondern mit dem belebenden Blick und Ton, der von ihrer strömenden Güte und Menschenliebe aus jeden Einzelnen in seiner Besonderheit erfaßte."[12]

Siehe auch ➤ **Helene-Lange-Straße, Gertrud-Bäumer-Stieg,** *in diesem Band.*

Siehe auch ➤ **Heinrich-Traun-Platz,** *Fuhlsbüttel, seit 1910, und* **Heinrich-Traun-Straße,** *Fuhlsbüttel, seit 1910: Dr. Heinrich Traun (1838–1909). Senator, Inhaber der Harburger Gummikamm Co., Sohn von Bertha Ronge, geschiedene Traun, in Bd. 3 online**.*

Siehe auch ➤ **Westphalufer,** *Steinwerder, seit 1980: Otto Eduard Westphal (1853–1919), Senator, Bruder von Antonie Traun, in Bd. 3 online**.*

U

Unzerstraße

Altona, seit 1867, benannt nach **Johann August Unzer** *(1727–1799), Arzt und Schriftsteller und seiner Frau* **Johanna Charlotte Unzer** *(27.11.1725 Halle an der Saal–29.1.1782 Altona), Dichterin, und nach* **Johann Christoph Unzer** *(1747–1809), Arzt, Stadtphysikus, Dichter, und nach* **Heinrich Friedrich Unzer** *(1783–1814), Arzt*

Charlotte Unzer wurde in Halle an der Saale als Tochter des Organisten und Musikdirektors Johann Gotthilf Ziegler und seiner Frau Anna Elisabeth, geb. Krüger geboren. 1747 starb der Vater. Nach dem Tod ihrer Mutter heiratete Charlotte Ziegler 1751 den Arzt Johann August Unzer. Die beiden kannten sich von Kindheit an. Johann August, ebenfalls aus Halle stammend und 1750 nach Hamburg und im selben Jahr noch nach

---

**   **Band 3 online** unter: www.hamburg.de/maennerstrassennamen

12) Ebenda.

Altona gezogen, wo er sich als praktischer Arzt und Psychologe niederließ, hatte bei Charlottes Vater Musikunterricht erhalten.

Noch im Jahr ihrer Heirat veröffentlichte Charlotte Unzer unter ihrem Namen und mit einem Vorwort ihres Onkels Johann Gottlob Krüger ihr Werk „Grundriss einer Weltweisheit für das Frauenzimmer".

Das Ehepaar bekam Zwillinge. Diese starben jedoch kurz nach der Geburt.

Zu ihrem 13. Hochzeitstag widmete ihr Mann ihr ein zärtliches Gedicht: „Schon dreyzehn Jahre sind vergangen. Da Dich mein Arm zuerst umfing. Da ich mit zärtlichem Verlangen an Deinem treuen Busen hing (…)."

Charlotte Unzer war eine Vertreterin der Aufklärung, setzte sich für Frauenbildung ein, durchschaute die patriarchalen Mechanismen ihrer Zeit und wollte mit ihren Schriften die damalige Philosophie einem breiten – nicht nur gelehrten – Publikum, besonders aber den Frauen, zugänglich machen. Sie verstand die Philosophie als „Weltweisheit". Ganz im Sinne der Aufklärung sollten alle von ihr partizipieren dürfen.

Charlotte Unzer beklagte die Einschränkung der weiblichen Bildung, kritisierte die „eingeschränkte" Lage der Frau als Dichterin, die nach langläufiger Meinung nur in „erhabener Art" dichten sollte. Damals wurde von den schriftstellerisch tätigen und dichtenden Frauen ein zärtlicher, rührender und ergebener Ton verlangt. Witzige und ironische Töne waren das Privileg einer männlichen Schreibweise.[1] Verstießen dichtende Frauen gegen dieses patriarchale Diktat, waren sie dem Spott und den abfälligen Urteilen der sich als Kenner der literarischen Materie ausgebenden dichtenden Männer ausgesetzt. Charlotte Unzer versuchte deshalb in ihrer anonym herausgegebenen Schrift „Versuch in Scherzgedichten" den Kritikern mit einer vorrangehenden,

verteidigenden „Vorerinnerung" den Wind aus den Segeln zu nehmen. Sie schreibt: „Ich würde wegen dieser Gedichte gar nichts zu erinnern haben, wenn ich nicht ein Frauenzimmer wäre. Eine Mannsperson hat die Freyheit, von Liebe und Weine zu scherzen, ohne befürchten zu dürfen, dass man es ihm übel auslegen werde. Unser Geschlecht ist hierinnen weit mehr eingeschränkt: und ich sehe es für ganz nothwendig an, mir hier eine Vertheidigung im voraus zu machen."

Charlotte Unzer

Charlotte Unzer rebellierte gegen das Diktat der Männer, Frauen dürften nicht witzig, und scherzhaft-ironisch schreiben: „(…) so sehe ich nicht ab, warum unser Geschlecht diese Sprache nicht eben so sollte reden dürfen, als sie Mannspersonen reden".[2]

Unter dem Begriff Witz wurden im 18. Jahrhundert sinnreiche und kluge Einfälle, die auch Spott beinhalten können, verstanden. So die Welt zu erklären oder über sie zu schreiben sollte – wenn es nach den Männern ging – für Frauen tabu sein. Und so strafte der Dichter und Philosoph Christoph Martin Wieland *(siehe ▶ Wielandstraße, in Bd. 3 online**)* auch die gegen diese patriarchalen Regeln aufbegehrende Charlotte Unzer mit, wie er sagte, „Gleichgültigkeit". Sie war es in seinen Augen nicht wert, dass man sich mit ihren Werken beschäftigte.

Als Charlotte mit den Jahren immer fülliger wurde, nutzte Wieland diesen Umstand, um sie bloßzustellen und machte sie 1771 in seiner komisch-satirischen Dichtung „Der neue Amadis" zur Zielscheibe seines Spottes. Doch Charlotte Unzer ließ sich davon nicht beeindrucken bzw.

**   **Band 3 online** unter: www.hamburg.de/maennerstrassennamen

1)   Isabelle Stauffer: Weibliche Dandys, blickmächtige Femmes fragiles. Ironische Inszenierungen des Ge-

schlechts im Fin de Siècle. Köln 2008, S. 52.
2)   Ebenda.

erschüttern. Sie war Ehrenmitglied der Deutschen Gesellschaften in Helmstedt und Göttingen und erhielt 1753 den kaiserlich privilegierten Titel einer Poeta laureata verliehen.

Selbst noch gut hundert Jahre nach Charlotte Unzers Ableben wurden ihre Werke und ihre teilweise recht anzüglichen Gedichte, die jedoch alle ein großes positives Echo unter der Leserinnenschaft fanden, kritisiert. Ganz dem patriarchalen Frauenbild folgend, verriss 1895 die als erstrangiges Nachschlagewerk geltende Allgemeine Deutsche Biographie (ADB) in ihrem 39. Band das literarische Schaffen Charlotte Unzers: „Bei jeder geschlossenen Gedankenreihe wird's der Verfasserin unbehaglich; die ‚mathematische' Methode Wolff's, überhaupt das abstracte Denken, überläßt sie getrost ‚den allerdüstersten Männern'; sie greift statt zu strengen Beweisen lieber zu hübschen Geschichten aus dem Spectator (…). Griechisch und Latein kann sie nicht; Baumgarten's Metaphysik hat ihr ein guter Freund übersetzt; den Ixion verwechselt sie mit dem Prometheuse (…). Diese harmlose Unwissenheit hindert sie nicht, über Plato's Ideenlehre (…) kritisch oder scherzend sich aufzuhalten. Aber solche Unbescheidenheit steht ihr, eben weil sie naiv frauenzimmerlich auftritt. (…) Von eigenen Gedanken ist natürlich nicht die Rede, an groben, auch logischen Schnitzern fehlts nicht. Aber das Ganze plaudert so unschuldig fröhlich dahin, daß mans sich gern gefallen läßt. Leider machte der Erfolg unserer gelehrten Freundin den Kamm schwellen. In ihrem ‚Grundriß einer Natürlichen Historie und eigentlichen Naturlehre für das Frauenzimmer' (Halle 1751), den sie nun schon ohne Onkel Krüger's Hilfe herausgibt, will sie bereits eine Lehrerin ihres Geschlechts werden. (…) Die U. hält es (…) für ihr Menschenrecht, gleich den Männern von Wein und Liebe zu singen (…). Sie befehdet Gleim grollend, weil er alle Mädchen für Puppen erklärt hat, (…), ja sie lehrt: ‚Lernet mit den Männern zechen!' (…)."

Als Charlotte Unzer 1782 in Altona mit erst 57 Jahren starb, wurde sie allenthalben tief betrauert.

Johann August Unzer legte 1769 seine medizinische Praxis nieder, um sich ganz seinen Forschungen widmen zu können. Er kämpfte gegen den Alkohol, schrieb u. a. über Sterndeutung, Seelenwanderung und den Gebrauch des Kölnisch Wassers.

Johann Christoph Unzer, Neffe von Johann August Unzer, praktischer Arzt und Romandichter, schrieb dramatische Dichtungen und beschäftigte sich literarisch auch mit Frauenkrankheiten. 1778 hatte er die Schauspielerin Dorothea Ackermann (1752–1821) (siehe ❯ Ackermannstraße, in diesem Band) geheiratet. Das Paar ließ sich 1790 scheiden. Vor seiner Verbindung mit Dorothea Ackermann war er in deren Schwester Charlotte (1757–1775) verliebt gewesen (siehe ❯ Ackermannstraße, in diesem Band). Durch diese war Johann Christoph Unzer in den Theaterkreis um Lessing (siehe ❯ Lessingstraße, in Bd. 3 online**) aufgenommen worden.

Siehe auch ❯ Ackermannstraße, *in diesem Band.*

Siehe auch ❯ Lessingstraße, *Hohenfelde, seit 1863: Gotthold Ephraim Lessing (1729–1781). Dichter, Schriftsteller, in Bd. 3 online**.*

Siehe auch ❯ Wielandstraße, *Eilbek, seit 1866: Christoph Martin Wieland (1733–1813), Dichter, in Bd. 3 online***

Ursula-Falke-Terrassen

Wilhelmsburg, seit 2012, benannt nach Ulla F. (1937–2008), vielfältig engagiert in und verdient um Wilhelmsburg u. a. als Kirchenvorstand in St. Raphael, Mitinitiatorin der Wilhelmsburger Tafel, Organisatorin von Stadtteilfesten, ab 1991

** Band 3 online unter: www.hamburg.de/maennerstrassennamen

im Vorstand des Vereins für Heimatkundler, Mitarbeiterin in der Redaktion des „Inselrundblicks" und Stadtteilführerin

Ursula Falke galt als lebensfrohe, sehr engagierte Frau, die sich für „ihr Wilhelmsburg" mit großer Energie einsetzte. Geboren 1937 auf der Elbinsel, hatte sie bis zu ihrer schweren Erkrankung und ihrem Tod im Jahr 2008 im Haus ihrer Eltern am Wülfkenweg gelebt.

Ursula Falke war gerade in der Schule Buddestraße eingeschult worden, als sie mit ihrer Mutter und ihrem Bruder 1943 vor den Bombenangriffen aufs Land fliehen musste. Ein Jahr später verstarb ihr Vater. Da kurz vor Kriegsende ihr Haus ausgebombt worden war, konnte die Familie erst 1947 in ein Behelfsheim auf ihrem Grundstück nach Wilhelmsburg zurückkehren. Die Mutter baute mühsam das Haus wieder auf.

Nach dem Schulabschluss und einer Ausbildung zur Kinderpflegerin arbeitete Ursula Falke in Hamburg und leitete später einen Kindergarten in Cuxhaven.

Nach einer Ausbildung zur Polizistin begann sie im Alter von 29 Jahren als Polizistin auf der Davidwache in St. Pauli zu arbeiten, heiratete und bekam 1971 ihren Sohn Andreas.

1984 verknüpfte sie ihre beiden erlernten Berufe und wurde Hamburgs erste Polizeiverkehrslehrerin. Bis zu ihrer Rente arbeitete sie mit Kindern an Vorschulen und Schulen in St. Pauli, im Schanzen- und Karolinenviertel.

Auch engagierte sie sich für und in ihrem Stadtteil. So war sie Mitglied des Kirchenvorstandes der Gemeinde St. Raphael, gehörte zu den Initiatorinnen der Wilhelmsburger Tafel, organisierte Stadtteilfeste mit, arbeitete ab 1991 im Vorstand des Vereins Museum Elbinsel Wilhelmsburg, machte Führungen im Museum, bereitete die Feier zum 100-jährigen Bestehen des Vereins

Abb.: Privatbesitz Peter Falke

und die 325-Jahresfeier Wilhelmsburgs vor, arbeitete in der Redaktion des „Inselrundblicks" und initiierte und begleitete als Stadtteilführerin Barkassenfahrten, die vom Jungfernstieg aus nach Wilhelmsburg führen. Auf ihre Anregung hin geschah die Wiedererrichtung des ersten Anlegers auf Wilhelmsburg am Ernst-August-Kanal. Auch kämpfte Ursula Falke entschieden gegen die 1993 vom Hamburger Senat im Bereich Neuhof geplante Müllverbrennungsanlage. Sie organisierte mit Gleichgesinnten Arbeitskreise, Veranstaltungen und Demonstrationen unter dem Motto „Wilhelmsburg braucht Stadtentwicklung, keine Müllverbrennung" und hatte Erfolg damit. Aus diesen Initiativen gründete sich das „Forum Wilhelmsburg", später der Verein „Zukunft Elbinsel Wilhelmsburg e. V.", der sich für ein friedliches Zusammenleben der Menschen aus vielen Nationen und eine zukunftsweisende Stadtteilentwicklung Wilhelmsburgs einsetzt.

Ursula Falke

Im Zuge der Gartenbauausstellung bekam der neue Barkassenanleger am Wilhelmsburger Rathaus den Namen „Ursula-Falke-Terrassen".[3]
Text: Maria Koser

Ursula-Querner-Straße

Bergedorf, seit 1985, benannt nach Ursula Querner (10.5.1921 Dresden–23.6.1969 Hamburg), Bildhauerin. Motivgruppe: Verdiente Frauen

Betritt man das Gelände von Planten un Blomen vom Fernsehturm aus, so sind es nur wenige Schritte die Stufen hinunter, und man steht ne-

3) Interview mit Peter Falke; Ulla Falke: „Bis zur großen Sturmflut war mir nicht bewusst, dass ich auf einer Insel lebe", in: Geschichtswerkstatt Wilhelmsburg (Hrsg.): Wilhelmines Gedächtnis, Hamburg 2002.

ben der Göttin der Morgenröte: ein schmaler Mädchenkopf mit Pferdeschwanz, ein kräftiger, jugendlicher Leib, der in noch kräftigere, beinahe stromlinienförmige Beine übergeht, die an die göttliche Herkunft der Gestalt erinnern mögen. „Mit Rosenfingern den Schleier der Nacht aufhebend",[4] wie Karl Philipp Moritz in seiner „Götterlehre" erzählte, hat auch diese Aurora um Po und geöffnete Arme und Hände locker einen Schleier geschlungen, den Blick nach Osten dem Sonnenaufgang zugewandt.

Bei der 1953 für die IGA geschaffenen Plastik stand die Bildhauerin Ursula Querner noch ganz unter dem Einfluss ihres Lehrers an der Landeskunstschule in Hamburg, Edwin Scharff *(siehe ➤ Edwin-Scharff-Ring, in Bd. 3 online**)*. Nach Jah-

Ursula Querner

ren der durch Kriegsumstände bedingten Stagnation ihrer künstlerischen Entwicklung und Tätigkeit war sie 1946 seine Schülerin geworden. Glücklich und voller Anspannung schrieb sie am 1. Oktober 1946 in ihr Tagebuch: „Seit dem heutigen Tag bin ich ‚Kunstjüngerin' an der Landeskunstschule zu Hamburg. (…) Ich mußte mich anmelden für das Studium, es war für mich höchste Zeit, daß ich wieder zu einem wirklich intensiven und konzentrierten Lernen komme, daß meine Arbeiten einer ständigen, strengen Kritik unterstehen (die letzte Zeit in Eutin war schlimm, vor all den vielen Erledigungen kam ich zu keinem regelmäßigen Arbeiten mehr, vor allem fehlte mir so ganz das Alleinsein können. Nun bin ich Freiherrin – ja, lange habe ich nicht mehr dies freie gelöste gespürt, das mich heute bis in die Fingerspitzen erfüllt.) Wie möchte ich diese herrliche kostbare Zeit nützen, um weiterzukom-

men, künstlerisch und menschlich – ich bin nun so ganz offen für alles und bereit, aufzunehmen, ganz in mich selbst alles zu nehmen, was ich sehe, was ich arbeite, was erlebe!) Alles ist so voller Spannung, voll inneren Lebens, dieser dumpfe reglose Zustand in Eutin war wie eine Talsperre und nun stehe ich kurz vorm Wehr und der Druck ist fast unerträglich – – – wird es geöffnet werden und alles in Fließen geraten?"[5]

Trotz der kurzen Lebenszeit, die Ursula Querner bemessen war, schuf sie eine große Anzahl von Werken, wobei ihre Hauptauftragsfelder „Kunst am Bau" und Kirchenausstattungen waren. Vom „Eselsreiter" (1956/57) im Park der Grindelhochhäuser, über „Daphnis und Cloe" (1957) an der Goethestraße, den Brunnen „Drei Knaben" (1958) an der Berner Au und „Orpheus und Eurydike" (1958) in der Parkanlage Alstervorland in Harvestehude entwickelte die Bronzebildhauerin eine eigene Formensprache.

Ihre Themenwahl aus der antiken Mythologie basiert zum einen auf einer allgemeinen internationalen Tendenz nach dem Zweiten Weltkrieg. Da die Avantgarde der 1920-er Jahre gescheitert war, der Faschismus Thematisches und Formales unmöglich gemacht hatte, suchte man Inspiration bei den Werken der Antike. Diese Neigung erklärt sich wohl aber auch aus einer glücklichen persönlichen Anlage der Künstlerin, die die Heiterkeit in Werken der Antike unmittelbar empfand. Von einer Studienreise nach Italien und Griechenland schrieb sie am 27. April 1957 an ihre Mutter, Annemarie Querner: „(…) dann die Akropolis – ganz anders, als man es nach all den Fotos erwartet, gar nicht ‚erhabene Klassik', gar keine ‚edle Einfalt', es packt einen wirklich ganz unmittelbar und mit solcher Gewalt, wie ich's bisher nur bei ganz expressiven Dingen der Kunst erlebt habe. Alles ist Plastik, jeder Säulentorso, jedes Kapi-

**   Band 3 online unter: www.hamburg.de/maennerstrassennamen

4)   Karl Philipp Moritz: Götterlehre, hrsg. von Horst Günther. Frankfurt a. M. 1999.

5)   Zit. nach: Die Bildhauerin Ursula Querner 1921–1969. Mit Beiträgen von Gottfried Sello und Helga Jörgens-Landrum. Hamburg 1991.

tell, das wie zufällig daliegt, jeder behauene, verwitterte, patinierte Stein des Mauerwerks, es ist alles ganz gegenwärtig (...) was mich immer wieder frappiert, ist die wundervolle Sensibilität, die Zartheit bis ins kleinste Detail und diese große Heiterkeit, die von allen Plastiken, auch wenn sie nur in Bruchstücken da sind, ausstrahlt."[6] Für den Kunsthistoriker Gottfried Sello, der sie gut kannte, gehörte Ursula Querner „zu den glücklichsten Menschen, denen ich begegnet bin."[7] So gelang es der seit 1953 mit dem Glasmaler Claus Wallner verheirateten Ehefrau und Mutter zweier Töchter auch einigermaßen problemlos, das Leben einer Künstlerin mit der klassischen Rolle einer Frau zu vereinbaren.

Während eines Aufenthalts in der Villa Massimo in Rom lernte Ursula Querner das Arbeiten mit Wachs kennen. Auf Grund seiner weichen und gleichzeitig festen Beschaffenheit kann Wachs, anders als Ton, der auf ein stützendes Gerüst aufgetragen werden muss, von innen heraus modelliert werden. Zudem erlaubt es andere Möglichkeiten der Modellierung der Oberflächenstruktur. „Vormittags liegende Figur in Wachs geformt, sehr schönes Gefühl, die Form so von innen nach außen zu treiben. Kommt meinem Empfinden sehr entgegen",[8] notierte sie am 3. April 1959 in ihr Tagebuch. Wachs wurde „das Material, in dem sie ihre skulpturalen Vorstellungen am besten realisieren konnte",[9] urteilte Claus Wallner. Auch große Arbeiten baute sie in Wachs auf und ließ sie im Wachsausschmelzverfahren gießen. Arbeiten im öffentlichen Raum, die unter dem Eindruck ihres Aufenthalts in Rom standen, sind Plastiken wie „Zwei Faune" (1961) in der Straße Fahrenort, „Pan" (1962) in der Gartenanlage Schüslerweg, „Ceres" (1961) bei der ehemaligen Frauenklinik Finkenau, „Ballonmann I" (1961/62) bei der Schule Schierenberg in Hamburg-Berne und „Zwei Mädchen mit Tuch" (1965) in der Steinickestraße.

1961 ließ sich das Ehepaar Querner/Wallner in Italien auf einem der Insel Ponza vorgelagerten Felsen ein Sommeratelier bauen. Hier beschäftigte sich Ursula Querner mit Felsformationen und entdeckte die Unterwasserwelt: „Für mich ist Italien der Inbegriff der Plastizität. Wo ich hingucke, hier in Ponza, ob ich eine Höhle, einen Felsen oder einen Hügel sehe, alles ist Plastik. – Auch der Mensch ist hier viel mehr Plastik, finde ich. (...) Ich sah diesen Menschen, der sich, wenn er die Maske aufsetzt, verwandelt, anonym wird, ins Wasser geht und dann ein völlig anderes Wesen wird; und ich habe versucht, das darzustellen, erst statisch noch, und dann aber, als ich selbst begann zu tauchen, habe ich diese ganze neue Atmosphäre, das Schwebende, in die andere Atmosphäre gehende, versucht, darzustellen. (...) Es ist im Grunde das alte Symbol der Maske – da schließt sich der Kreis, die antike Welt ist hier genau so lebendig für mich wie die moderne."[10] Ein Beispiel aus dieser Phase ist der „Oceanaut" (1965) im Freizeitbad Hamburg-Niendorf.

Ursula Querners Orientierung an Marino Marini, über den sie bereits 1953 in einem Brief an ihren Mann schrieb, dass er derjenige sei, der ihr am meisten imponiere, und an Alberto Giacometti ist an ihren Arbeiten im Umkreis der Zeit in der Villa Massimo besonders deutlich zu spüren. Später meint man auch den Einfluss von Henry Moore zu erkennen, wie bei der „Gruppe der fünf Sitzenden" (1966/67) im Sonnenland in Hamburg-Billstedt. Aber auch wenn sich die Künstlerin mit abstrakten Darstellungsformen und abstrakten, plastischen Kategorien des Raumes und mit Oberflächenstrukturen beschäftigte, wie sie für die informelle Malerei von Bedeutung waren, blieb sie eine Bildnerin figuraler Skulpturen.

Text: Brita Reimers

---

6) Zit. nach: Die Bildhauerin Ursula Querner, a. a. O.

7) Zit. nach: Die Bildhauerin Ursula Querner, a. a. O.

8) Zit. nach: Die Bildhauerin Ursula Querner, a. a. O.

9) Karl Philipp Moritz, a. a. O.

10) ZDF-Interview vom 20.11.1966.

Siehe auch ➤ **Edwin-Scharff-Ring,** *Steilshoop, seit 1971, nach dem Bildhauer Edwin Scharff (1887–1955). Motivgruppe: Personen, die sich um das kulturelle Leben Hamburgs in der ersten Hälfte des 20. Jahrhunderts verdient gemacht haben, in Bd. 3 online**.*

Uteweg

Rissen, seit 1951. Gestalt aus dem Nibelungenlied

Ute ist die Mutter Kriemhilds *(siehe* ➤ **Kriemhildstraße,** *in diesem Band)* und der Burgunderkönige Gunther, Gernot *(siehe* ➤ **Gernotstraße,** *in diesem Band)* und Gieselher. Sie ist eine Seherin und Traumdeuterin. „Sie warnt ihre Kinder vergeblich vor den Folgen ihrer Handlungen; sie vermag die Träume, in denen sich die drohenden Gefahren ankündigen, zu deuten."[11]

Siehe auch ➤ **Brunhildstraße, Kriemhildstraße, Siegrunweg,** *in diesem Band.*

Siehe auch ➤ **Alberichstieg,** *Rissen, seit 1951: Gestalt aus der Nibelungensage, in Bd. 3 online**.*

Siehe auch ➤ **Gernotstraße,** *Rissen, seit 1949: Gernot, Gestalt aus der Nibelungensage, in Bd. 3 online**.*

Siehe auch ➤ **Hildebrandtwiete,** *Rissen, seit 1951: Gestalt aus den Nibelungenlied, in Bd. 3 online**.*

Siehe auch ➤ **Mimeweg,** *Rissen, seit 1951: Mime der weise Schmied im Nibelungenlied, in Bd. 3 online**.*

Siehe auch ➤ **Rüdigerau,** *Rissen, seit 1949: Sagenmotiv aus der Nibelungensage, in Bd. 3 online**.*

Siehe auch ➤ **Siegfriedstraße,** *Rissen, seit 1933: Gestalt aus dem Nibelungenlied, in Bd. 3 online**.*

Siehe auch ➤ **Tronjeweg,** *Rissen, seit 1985: Hagen von Tronje, Gestalt aus der Gudrun- und Nibelungensage, in Bd. 3 online**.*

Siehe auch ➤ **Volkerweg,** *Rissen, seit 1949: Volker von Alzey Nibelungensage, in Bd. 3 online**.*

V

Venusberg

Neustadt, seit Mitte des 17. Jahrhunderts, nach den dort gelegenen Bordellen, nicht nach Venus, der römischen Göttin der Liebe und des erotischen Verlangens oder nach dem Planeten Venus. Auch nicht hergeleitet von Fendsberg in der Bedeutung von Feindesberg.

Noch heute heißen viele Bordelle in Deutschland nach der Göttin Venus.

Seinen Geschlechtstrieb bei einer Prostituierten „auszuleben" galt damals für Männer als legitim. Gleichzeitig wurden aber Prostituierte wegen ihrer Tätigkeit bestraft.

Dazu stand an dem belebten Marktplatz Meßberg in der Hamburger Altstadt ein vierstöckiger Turm, allgemein Roggenkiste genannt. Dort mussten so genannte liederliche Weibspersonen bei Wasser und (Roggen-)Brot acht bis vierzehn Tage in einer winzig engen Zelle sitzen und sollten ihr unmoralisches Leben bereuen. Diese Frauen waren der Prostitution nachgegangen – einer Erwerbsarbeit, die offiziell zwar verboten, inoffiziell jedoch geduldet war.

** **Band 3 online** unter: www.hamburg.de/maennerstrassennamen

11) Annemarie und Wolfgang van Rinsum: Lexikon literarischer Gestalten. Stuttgart 1988.

Deshalb wurden auch nicht alle Prostituierten inhaftiert. Doch wer von ihnen wurde bestraft? Die, deren Marktwert als gering eingestuft wurde, oder erwischte es den „Überschuss", wenn die Nachfrage gedeckt war? Darüber lässt sich nur spekulieren. Sicher scheint hingegen: Von einem Mangel an Prostituierten war nie die Rede.

Nicht nur moralische Prinzipien führten zu einem offiziellen Verbot der Prostitution, auch die Angst vor der so genannten Lustseuche Syphilis, die sich seit dem 17. Jahrhundert enorm ausgebreitet hatte, spielte eine entscheidende Rolle. Die Strafmaßnahmen gegen Prostituierte wurden immer schärfer – galten sie doch als die eigentlichen Verbreiterinnen der Sittenlosigkeit und der Syphilis.

Es gab ein gestaffeltes Strafsystem. Hamburger Prostituierte, die zum zweiten Mal aufgegriffen worden waren, wurden, nachdem sie erneut für einige Wochen in der Roggenkiste hatten zubringen müssen, „auf einem des Endes auf dem Pferde = Markt [heute: Gerhart-Hauptmann-Platz] zu erbauenden etwas erhabenen Gerüste zu zweyen malen ins Halseisen [geschlossen] und mussten daselbst mit unverdecktem Gesichte, und auf die Brust gehefteten, mit ihrem Vor- und Zunamen deutlich bezeichneten Brette, jedesmal eine Stunde stehen, und [wurden] darauf aus dieser Stadt und deren Gebiete (…) auf 10 Jahre verw[iesen]."[1] Andere Prostituierte wurden nach dem Zurschaustellen auf dem Marktplatz für ein bis zwei Jahre ins Spinnhaus [Gefängnis an der heutigen Ferdinandstraße/Alstertor] gesteckt.

Die Freier hingegen konnten mit ihren sexuellen Abenteuern prahlen und sie sogar lukrativ vermarkten mit so genannten Sittengemälden über Städte, in denen die Autoren über das „Treiben" der Frauen in „ordentlichen Hurenwirtschaften" schwadronierten.

Aus Berufung oder aus „angeborener Geilheit" werden Frauen nur selten als Prostituierte gearbeitet haben, auch wenn Skandalchronisten dies ihren Lesern weismachen wollten. Denn die meisten Prostituierten kamen aus der Armutsschicht. Ein kritischer Beobachter des menschlichen Elends ließ um 1780 eine arme Zeitgenossin sprechen: „Alle Arbeiten, die für die Weibsen gehören, haben ja die Männer an sich gerissen, und das, was ein Weibsen noch arbeiten kann, wird so erbärmlich bezahlt, daß man nicht das Salz daran hat."[2]

Vera-Brittain-Ufer

Hammerbrook, seit 2014, benannt nach Vera Brittain (29.12.1893 Newcastle-under-Lyme– 29.3.1970 Wimbledon), englische Schriftstellerin, Pazifistin und Feministin; hat während des Zweiten Weltkriegs in Großbritannien gegen die Flächenbombardements der deutschen Städte protestiert und insbesondere die Zerstörung Hamburgs angeprangert

„Ähnlich wie Käthe Kollwitz *(siehe* ➤ Kollwitzring, *in diesem Band)* setzte sich Vera Brittain für den Frieden ein. In ihren autobiographischen Schriften, besonders im ‚Testament of Youth', 1933, vermittelt sie ihrer eigenen und späterer Generationen ein Bild der Qual und des Schreckens des Krieges. In ihrem lebenslangen Kampf für die Ausschaltung des Krieges half Vera Brittain durch ihre Werke und Vorträge nicht nur der Bildung der englischen pazifistischen Bewegung [nach dem Ersten Weltkrieg], sondern sie war auch Vorsitzende der Peace Plegde Union (1945–1951) [Friedensschwur-Union, der sie 1937 beigetreten war. Im selben Jahr trat sie auch in die anglikanische Pazifistenbewegung ein] und nahm an den Kundgebungen [und Demonstrationen] der

1)   Zit. nach: Alfred Urban: Staat und Prostitution in Hamburg. Hamburg 1927, S. 14.
2)   Christian Gotthilf Salzmann: Carl von Carlsberg oder über das menschliche Elend, 2. Theil. Leipzig 1784, S. 87.

Kernwaffengegner der fünfziger Jahre [gegen die atomare Aufrüstung] teil. Zusammen mit ‚Die Waffen nieder!' *[von Bertha von Suttner, siehe* ➤ Suttnerstraße, *in diesem Band]* steht ‚Testament of Youth' (eine auf Fakten beruhende Autobiographie im Gegensatz zu Suttners fiktiver Darstellung) in der Reihe der einflussreichsten Antikriegsliteratur."[3]

Vera Brittain

Vera Brittain entstammte der britischen upperclass – ihre Familie besaß Papierfabriken in Hanley und Cheddleton. Gemeinsam mit ihrem Bruder verbrachte sie eine behütete Kindheit. Als sie dreizehn Jahre alt war, kam sie in das Internat St. Monica's in Kingswood (Surrey), das von ihrer Tante geleitet wurde. Nach dem Schulabschluss studierte sie englische Literatur am Sommerville College in Oxford. Doch bevor sie dort ihren Abschluss machte, begann der Erste Weltkrieg und Vera Brittain nahm an ihm als Krankenschwester teil. Ihr Verlobter und ihr Bruder sowie einige ihrer Freunde wurden als Soldaten im Krieg getötet.

Nach dem Krieg begann Vera Brittain ein Geschichtsstudium in Oxford, gleichzeitig entwickelte sich zwischen ihr und der Schriftstellerin und Journalisten Winifred Holtby eine tiefe Freundschaft. Dadurch kam auch Vera Brittain dazu, sich schriftstellerisch zu betätigen.

Mit 32 Jahren heiratete Vera Brittain 1925 den Politikwissenschaftler und Philosophen George Catlin (1896–1979). Das Paar bekam einen Sohn, der später Maler, Autor und Geschäftsmann wurde, und eine Tochter, die später zur Politikerin und Ministerin (Liberal Democrats) avancierte.

Neben dem bereits erwähnten „Testament of Youth" schrieb Vera Brittain, die ihren ersten Roman „The Dark Tide" 1923 herausgeben hatte, 1940 „Testament of Friendship", 1944 gab sie das Heft „Massacre by Bombing" heraus und 1957 „The Testament of Experience".

In ihrem „Massacre by Bombing" prangerte sie die Flächenbombardements deutscher Städte an, wofür sie in England harte Kritik einstecken musste. Doch ihre konsequente pazifistische Einstellung erlaubte es ihr nicht, Unterschiede zwischen „berechtigten" und „unberechtigten" Bombardements herzustellen.

Im Vorwege dieser Straßenbenennung kam es zu heftigen Diskussionen darüber, inwiefern es sich mit dieser Benennung nicht um Geschichtsrevisionismus handele. „Kritiker witterten eine revisionistische Agenda und fürchteten, dass Hamburg sich einen neuen Aufmarschplatz für die NPD schafft."[4] Denn: „die rechtsextreme National-Zeitung (…) feierte sie [Vera Brittain] für ihre Bombenkritik [Bombardierung Hamburgs 1943] als ‚Leuchtturm der Menschlichkeit'. Der Sohn des verstorbenen DVU-Vorsitzenden Gerhard Frey nannte sie seine historische ‚Lieblingspersönlichkeit'. Im Juni lobte zudem die in Hamburg herausgegebene Preußische Allgemeine Zeitung (…) die Benennung des Vera-Brittain-Ufers und geißelte zugleich das geplante Denkmal für Wehrmachtsdeserteure", so Oskar Piegsa in seinem Artikel: „Kampf am Kanal. Eine Straße wird nach einer britischen Pazifistin benannt. Ist das Geschichtsrevisionismus?" Der Autor endet seinen Artikel mit dem Satz: „Es bleibt der Eindruck, dass Geschichte nicht vergessen ist, solange wir über sie streiten. Und die Hoffnung, dass etwas hängen bleibt, wenn in Zukunft mehr Hamburger Neonazis die Texte der britischen Pazifistin lesen."[5]

Siehe auch ➤ Kollwitzring, Suttnerstraße, *in diesem Band.*

Abb.: Aus: Alan Bishop, Chronicle of Youth, Great War Diary 1913–1917, Vera Brittain, London 1981, Bildteil.

---

3) Bibliothek der Vereinten Nationen, Genf. Völkerbundarchiv: Die Waffen nieder! Bas les armes – Lay down your arms. Bertha v. Suttner und andere Frauen der Friedensbewegung. Genève 10, S. 22.

4) Oskar Piegsa in seinem Artikel: Kampf am Kanal. Eine Straße wird nach einer britischen Pazifistin benannt. Ist das Geschichtsrevisionismus?, in: Die Zeit Hamburg vom 3. Juli 2014 S. 10.

5) Ebenda.

W

Wassermannpark

H. Wassermann

Schnelsen, seit 2003, be-
nannt nach *H. Wasser-
mann,* achtjährige Polin.
Opfer des Nationalsozia-
lismus. Kindermord in der
Schule am Bullenhuser
Damm

Siehe auch ➤ Geschwister-Witonski-Straße,
Jacqueline-Morgenstern-Weg, Lelka-Birnbaum-
Weg, Riwka-Herszberg-Stieg, Zylberbergstieg,
Zylberbergstraße, *in diesem Band.*

Siehe auch ➤ Brüder-Hornemann-Straße,
*Schnelsen, seit 1993: Alexander und Eduard
Hornemann, acht und zwölf Jahre alt, nieder-
ländische Opfer des Nationalsozialismus, in
Bd. 3 online**.*

Siehe auch ➤ Eduard-Reichenbaum-Weg,
*Schnelsen, seit 1993: Eduard Reichenbaum
(1934–1945), zehnjähriges polnisches Kind,
Opfer des Nationalsozialismus, in Bd. 3 on-
line**.*

Siehe auch ➤ Georges-André-Kohn-Straße,
*Schnelsen, seit 1992: zwölfjähriges Opfer des
Nationalsozialismus, in Bd. 3 online**.*

Siehe auch ➤ Jungliebstraße, *Schnelsen, seit
1995: zwölfjähriger Jugoslawe, Opfer des Nationalsozialismus, in Bd. 3 online**.*

Siehe auch ➤ Marek-James-Straße, *Schnelsen,
seit 1995: Marek James, sechs Jahre alter Pole,
Opfer des Nationalsozialismus, in Bd. 3 on-
line**.*

Siehe auch ➤ Marek-Steinbaum-Weg, *Schnelsen, seit 1993: Marek Steinbaum, zehn Jahre
alter Pole, Opfer des Nationalsozialismus, in
Bd. 3 online**.*

Siehe auch ➤ Roman-Zeller-Platz, *Schnelsen,
seit 1995: Roman Zeller, zwölfjähriger Pole,
Opfer des Nationalsozialismus, in Bd. 3 on-
line**.*

Abb.: KZ-Gedenkstätte Neuengamme/Sammlung Schwarberg

**   **Band 3 online** unter: www.ham-
burg.de/maennerstrassennamen

Siehe auch ➤ Sergio-de-Simone-Stieg, *Schnelsen, seit 1993: sieben Jahre alter Italiener. Opfer
des Nationalsozialismus, in Bd. 3 online**.*

Siehe auch ➤ Günther-Schwarberg-Weg, *Schnelsen, seit 2013: Günther Schwarberg (1926–
2008), Autor, Journalist, recherchierte und
schrieb über das Schicksal der 20 jüdischen Kinder, die am 20.4.1945 in der Schule Bullenhuser
Damm ermordet wurden, in Bd. 3 online**.*

Werfelring

Bramfeld, seit 1961, benannt nach Franz Werfel.
2001/2002 ergänzt um die berühmte Ehefrau
Alma Maria Mahler-Werfel. *Neuer Erläuterungstext: benannt nach dem Ehepaar (verh. v. 1929–
1945) Franz W. (1890–1945), Schriftsteller, und
Alma Maria Mahler-W. (1879–1964), geb. Schindler, Komponistin und Musikschriftstellerin*

Es bräuchte einen Straßenschilderwald, um die
Vernetzungen und Verbindungen von Alma Mahler-Werfel (31.8.1879 Wien–11.12.1964 New York)
zu veranschaulichen. Ihr Lebensweg war Anlass
für viele mythische Schilderungen zwischen
Femme fatal und Muse. Sie war eine umschwärm-
te Frau, die begabte und erfolgreiche Männer
begehrte und förderte, selbst kreativ war – und
doch in traditionellen Rollenzuweisungen gefangen blieb.

In einem künstlerischen Umfeld aufgewachsen – der Vater war der Wiener Maler Emil Jakob Schindler – wurde Almas musikalische Begabung gefördert, aber nicht im Hinblick auf
eine ernsthafte Berufsoption. Ab 1900 erhielt sie
Klavier- und Kompositionsunterricht bei dem
Komponisten und Pianisten Alexander von Zem-

linsky, der insbesondere ihre Liedvertonungen schätzte und mit dem sie eine erotisch aufgeladene Lehrer-Schülerin-Beziehung verband. Hier zeigte sich ein lebenslanges Dilemma: die junge, schöne Frau wurde von Männern umschwärmt. Ihre Kunst galt eher als ein standesgemäßer Zeitvertreib als eine auch die Gesellschaft herausfordernde Profession. Wie sollte eine junge Frau wie Alma da konzentriert den eigenen Weg und das Selbstvertrauen in die eigene Schaffenskraft finden? 1902 heiratete Alma Schindler den neunzehn Jahre älteren Komponisten und Dirigenten Gustav Mahler *(siehe ▶ Gustav-Mahler-Platz, in Bd. 3 online**)*, der den gesellschaftlichen Aufstieg

Alma Mahler-Werfel

geschafft hatte als Artistischer Direktor der Königlich-Kaiserlichen Hofoper in Wien. Das Paar bekam zwei Kinder: Maria Anna (1902–1905), die im Alter von vier Jahren an Scharlach und Diphterie starb, und Anna Justine Mahler (1904–1988), Bildhauerin. Bereits in der Verlobungszeit hatte Mahler Alma das Komponieren verboten, eine verletzende Entmutigung. Nur wenige Liedkompositionen ließ Alma Mahler-Werfel später drucken; viele ihrer Werke (Lieder und Klaviermusik) blieben ungedruckt oder sind verschollen. Und so spielt die Komponistin Alma Mahler-Werfel heutzutage nur eine Nebenrolle.

„Erst nach dem Tod von Gustav Mahler wurde Alma Mahler zur Frau mit vielen Männern – und dies in einem solchen Geflecht von Überschneidungen, dass die Aufeinanderfolge ihrer Verheiratungen mit Gustav Mahler (1902 bis zu dessen Tod 1911), Walter Gropius (1915 bis zur Scheidung 1920) *[siehe ▶ Gropiusring, in Bd. 3 online**]* und Franz Werfel (1929 bis zu dessen Tod 1945) auf eine falsche Fährte führt. Mehr als ein Jahrzehnt nach Gustav Mahlers Tod fand Alma Mahler aus der Simultanität zwischen ihren Erinnerungen an Mahler, ihrer komplizierten Bindung an Walter Gropius, ihrer glutvollen Beziehung mit Oskar Kokoschka und ihres von Franz Werfel Gebanntseins nicht heraus."[1]

Ein Beispiel dafür ist ihre Reaktion auf das Gedicht „Der Erkennende" von Franz Werfel, das sie 1915 in Berlin in der Zeitschrift „Die Weißen Blätter" entdeckte, als Walter Gropius Fronturlaub hatte: „Das Gedicht schlug über mir zusammen (…) ich war vollkommen gebannt und der Seele Franz Werfels ausgeliefert. Das Gedicht gehört zu dem schönsten, was ich überhaupt kenne. Ich habe, auf den Semmering zurückgekehrt, das Gedicht komponiert."[2]

Weinend, allein in seelischen Abgründen, hier schien Alma Mahler-Gropius ihre eigene Situation wiederzuerkennen. Und Rettung aus solchen Nöten schien auch eine Eheschließung mit dem Dichter Franz Werfel nicht zu garantieren, den sie bereits 1917 auf einer ihrer Abendgesellschaften persönlich kennengelernt hatte und den sie schließlich 1929 heiratete. So schrieb sie an den Komponisten Alban und dessen Frau Helene Berg, ihre langjährige Freundin: „Es ist nicht so herrlich – wie Ihr Euch das vorstellt. Für mich ist die Ehe – ja – jede Ehe heute schon als Idee ein unerträglicher Zwang und ich habe lediglich äußerer Dinge wegen, diesen für mich vollkommen sinnlosen Schritt getan! (…)"[3]

Während der Zeit des Nationalsozialismus emigrierte das Paar 1938 über Frankreich und Spanien in die USA. Nach dem Tod von Franz Werfel im Jahre 1945 übernahm Alma Mahler-Werfel die Verwaltung des künstlerischen Nachlasses Werfels. Sie setzte sich ebenfalls für das Werk von Gustav Mahler ein und publizierte Briefe und Erinnerungen.

Abb.: bpk – Nr.: 10007970

**   **Band 3 online** unter: www.hamburg.de/maennerstrassennamen

1)   Susanne Rode-Breymann: Alma Mahler-Werfel. Muse Gattin Witwe. München 2014. S.172 f.

2)   Susanne Rode-Breymann, a. a. O., S. 174.

3)   Ebenda.

Am Beispiel dieser beiden Ehemänner läßt sich Alma Mahler-Werfels ambivalente, diskriminierende Haltung zu Menschen jüdischer Herkunft ablesen. Gustav Mahler konvertierte zum Katholizismus und ließ sich 1897 in Hamburg im Kleinen Michel taufen. Franz Werfel stammte ebenfalls aus einer jüdischen Familie.

„Alma und Franz Werfel verfolgten verschiedene Lebenskonzepte in diesen Jahren [Anfang der 1930-er Jahre; d. Verf.], waren politisch verschiedener Überzeugungen und führten darüber heftige Debatten, ja gerieten immer wieder in erbitterten Streit über ihre unterschiedlichen Überzeugungen, die sich auf beiden Seiten radikalisierten. Im Zuge dieser Radikalisierungen zog es beide zu ihrer Herkunftsreligion zurück, Alma Mahler-Werfel zum Katholizismus, Franz Werfel zum Judentum."[4]

Alma Mahlers Lebenserinnerungen, erstmals 1958 publiziert unter dem Titel „And the bridge is love", wurden heftig kritisiert, u. a. wegen antisemitischer Äußerungen.

Text: Birgit Kiupel

Siehe auch ❯ Gropiusring, *Steilshoop, seit 1972: Prof. Walter Gropius (1883–1969), Architekt in Bd. 3 online**.*

Siehe auch ❯ Gustav-Klimt-Weg, *Billstedt, seit 1976: Gustav Klimt (1862–1918), Maler, in Bd. 3 online**.*

Siehe auch ❯ Gustav-Mahler-Platz, *Neustadt, seit 1990: Gustav Mahler (1860–1911), Komponist, Dirigent am Hamburger Stadttheater, in Bd. 3 online**.*

Wichernsweg

Hamm-Mitte, seit 1890, benannt nach dem Theologen Johann Hinrich Wichern, *ergänzt 2001/2002 um die ebenso bedeutende Ehefrau* Amanda Wichern. *Neuer Erläuterungstext: benannt nach dem Ehepaar Johann Hinrich W. (1808–1881), Theologe, Gründer des Rauhen*

Hauses, und Amanda W. (1810–1888), Leitende Mitarbeiterin ihres Mannes
Das Rauhe Haus fungierte als Rettungshaus für „verwahrloste" „Unterschichtkinder".

Johann Hinrich Wichern: geboren in Hamburg als ältestes von acht Kindern in einem christlichen Elternhaus. Der Vater Johann Heinrich hatte sich vom Kutscher zum Notar hochgearbeitet. Die Mutter, Caroline Maria Elisabeth, geb. Wittstock, wird als energisch, fromm und praktisch beschrieben.

Wichern besuchte eine Privatschule und wurde dort nach den Lehren des Pädagogen Pestalozzis unterrichtet. Später kam Johann Hinrich Wichern auf das Johanneum.

Als Wichern fünfzehn Jahre alt war, starb der Vater, und Wichern musste für den Lebensunterhalt der Familie mit aufkommen. Er gab Nachhilfe; seine Mutter vermietete Zimmer und handelte mit Wolle.

Noch vor dem Abitur verließ Wichern die Schule und wurde Erzieher in einer christlichen Erziehungsanstalt. Hier entwickelte sich auch sein Selbstverständnis als Christenmensch. Er holte sein Abitur nach, studierte Theologie in Göttingen, später in Berlin – finanziert u. a. von Amalie Sieveking (*siehe* ❯ Amalie-Sieveking-Weg, *in diesem Band*) – und wandte sich der christlichen Erweckungsbewegung zu.

Nach dem Examen kehrte er nach Hamburg zurück und wurde 1832 Oberlehrer und Leiter der u. a. von Johann Wilhelm Rautenberg (*siehe* ❯ Rautenbergstraße, *in Bd. 3 online***) initiierten Sonntagsschule der Evangelischen Kirchengemeinde im damaligen Armenviertel St. Georg. Wichern betreute rund 400 Kinder und Jugendliche, die „wegen der Armut ihrer Eltern oder Pflegeeltern die Wochenschule nur sparsam und zu Zeiten gar nicht besuchten". Nach Wicherns

---

**   Band 3 online unter: www.hamburg.de/maennerstrassennamen

4)   Susanne Rode-Breymann, a. a. O., S. 243f.

Auffassung lag die Hauptursache der Armut im „zunehmenden Sittenverderben des Volks, das einzig und allein aus der herrschenden Irreligiösität, der Verachtung des wahren Christentums und dem gottlosen Unglauben entsteht".[5] Eine weitere Ursache der Armut sah Wichern in den zerrütteten Familienverhältnissen des Proletariats.

Als Wichern älter wurde, empfand er den Sozialismus und die Arbeiterbewegung als eine Gefahr, denn er hielt beides für zu materialistisch ausgerichtet und gottesfeindlich.

1833 gründete Johann Hinrich Wichern in Hamburger Vorort Horn die Anstalt „zur Rettung verwahrloster und schwer erziehbarer Kinder" (Rauhes Haus). Der Hamburger Syndikus Karl Sieveking (siehe ▶ Sievekingdamm, in Bd. 3 online**) hatte ihm hierfür ein Bauernhaus mit Grundstück überlassen. Im Laufe der Zeit kamen weitere Gebäude hinzu, dazu auch Landwirtschaft und Werkstätten. Im Rauhen Haus sollten so genannte verwahrloste Kinder bis zur Konfirmation „Zuflucht finden und Erziehung bekommen, die durch die Eltern nicht geleistet werden konnte". Die Kinder lebten in Gruppen, wurden von einem Gehilfen, bzw. einer Gehilfin (Bruder/Schwester) betreut und christlich erzogen. Sie erlernten Rechnen, Lesen und Schreiben und wurden auch an Handwerke bzw. häusliche Dienste herangeführt und so auf eine Lehre vorbereitet.

Nachdem Johann Hinrich Wichern 1833 mit seiner Mutter und seiner Schwester ins Rauhe Haus gezogen war, die ersten zwölf Jungen hier untergebracht worden waren und ein Jahr später bereits ein weiteres Haus gebaut worden war, wurden ab 1835 auch Mädchen im Rauhen Haus aufgenommen. Im selben Jahr heiratete Johann Hinrich Wichern Amanda Böhme. Er hatte die junge Frau in der Sonntagsschule von Pastor Rau-

tenberg, wo sie als Sonntagsschullehrerin tätig war, kennen und lieben gelernt.

Amanda Böhme, geboren am 12. September 1810 in Hamburg, hatte mit ihren Eltern – ihr Vater war Direktor der hamburgischen Feuerversicherungskasse – und Geschwistern am Besenbinderhof gewohnt. Als Amanda dreizehn Jahre alt war, starb ihre Mutter. Amanda, dunkelhaarig und klein von Statur, sanftmütig und gelassen, übernahm die Erziehung ihrer jüngeren Geschwister – und damit war der Grundstock für ihre weitere Lebenslaufbahn gelegt.

Im Rauhen Haus wohnte das junge Paar mit Wicherns Mutter Caroline im Mutterhaus. Amanda ging der Schwiegermutter bei der Haushaltsführung zur Hand und wollte es der Schwiegermutter recht machen. Doch es gab Konflikte und so manche heimlich vergossene Träne, bis der Gatte es eines Tages bemerkte und eine Aussprache mit seiner Mutter führte. Danach übergab er seiner Frau einen Teil seiner Geldgeschäfte und stellte für die Hilfe im Haushalt eine Küchen- und eine Wäschefrau ein. Damit schien der Konflikt zwischen Schwiegertochter und Schwiegermutter bereinigt gewesen zu sein.

1836 kam Amanda Wicherns erstes Kind zur Welt. Dazu gesellten sich im Laufe der nächsten Jahre noch weitere acht Kinder. Ein Kind starb bereits im Kindesalter, ein weiteres wurde im Alter von 22 Jahren als Soldat im Krieg getötet.

Die Arbeit im Rauhen Haus reichte Wichern nicht, er wollte solche „Werke rettender Liebe" in ganz Deutschland anregen. Deshalb unternahm er viele Vortragsreisen. Als 1848 die bürgerliche Revolution ausbrach, verurteilte er diese als Erhebung gegen die von Gott eingesetzte Obrigkeit. Er hatte die Vorstellung, dass die Gesellschaft nur durch christliche Liebe, die sich in der inneren Mission zeige, gerettet werden könne. „Im September 1848 versammelten sich

**   Band 3 online unter: www.hamburg.de/maennerstrassennamen   Bd. 4/1, S. 205.

5)   Peter Meinhold u. Günther Brakelmann: Johann-Hinrich Wichern: Sämtliche Werke, Berlin 1958,

rund 500 Männer der evangelischen Kirche, der Universitäten und kirchlich interessierte Bürger in Wittenberg (…). Getragen war die Zusammenkunft von dem Wunsch, die verschiedenen Strömungen des Protestantismus und die verschiedenen protestantischen Landeskirchen in einem Kirchenbund zu vereinigen und damit den politischen Forderungen nach deutscher Einheit auf kirchlichem Gebiet zu folgen. Auch Wichern nahm an dieser (…) Versammlung teil und hielt (…) eine entscheidende Rede (…). Er rief (…) dazu auf, die innere Mission endlich als große, gemeinsame Aufgabe der evangelischen Kirche anzuerkennen."[6]

„Wicherns christlicher Ethos floss auch in die Geschichte des politischen Liberalismus. Einer seiner Bewunderer war Friedrich Naumann *[siehe ➤ Friedrich-Naumann-Straße, in Bd. 3 online**]*."[7]

In Hamburg gründete Wichern die erste deutsche „Innere Mission", die in Hamburg „Stadtmission" hieß. Die HelferInnen besuchten arme Familien, boten christlichen Lesestoff, Rat und Hilfe bei der Erziehung und bei der Pflege von Wöchnerinnen an und unterrichteten arme Kinder.

Während Johann Hinrich Wichern auf Reisen war, übernahm seine Ehefrau die vielfältigen administrativen Arbeiten für den Geschäftsbetrieb des Rauhen Hauses. Sie war nicht nur – obwohl auch dies schon erheblich war – Mutter und Hausfrau, sie war auch Verwalterin und Managerin des Rauhen Hauses und leitete das Haus in Abwesenheit ihres Mannes. Auch war sie für die im Rauhen Haus aufgenommenen Mädchen und deren Arbeitsgebiete zuständig.

Zum Rollenverständnis zwischen Mann und Frau äußerte sich Johann Hinrich Wichern wie folgt: „Mutter zu sein, ist der erste Beruf einer Frau. Ihr Wirkungskreis ist das Haus. Als Organ, als Diakon Gottes, dient sie dem Tisch, wie der

Mann dem Worte dient. Der Dienst bei Tische ist dem Dienst des Mannes am Wort nicht untergeordnet, sondern nebengeordnet. Über diese Trennung jedoch darf kein Zweifel bestehen. Die Frau hat sich nicht in den lärmenden Streit der Männer zu mischen, und in der Kirche hat sie zu schweigen. Mann und Frau gehören zueinander wie die Räder einer Achse. Sie helfen sich gegenseitig, fortzukommen. Ich bin der Außenminister des Rauhen Hauses und Du der Finanzminister."

Amanda Wichern

Als in den 1850-er Jahren das Preußische Gefängniswesen reformiert werden sollte, wurde auch Wicherns Hilfe benötigt. Er wandte sich gegen Zuchthausdrill und dortige Misshandlungen sowie Massenunterbringung und plädierte stattdessen für Einzelhaft. In seiner Funktion als Vortragender Rat für die Strafanstalten und das Armenwesen im Innenministerium gründete Wichern, der neben dieser Arbeit weiterhin die Leitung des Rauhen Hauses innehatte, 1858 in Berlin das Brüderhaus Johannisstift u. a. zur Ausbildung von Gefangenenaufsehern auf christlicher Grundlage. „Allerdings lehnten viele Experten und die liberale Mehrheit des Preußischen Abgeordnetenhauses die Ausbildung des Gefängnispersonals nach Wicherns Vorstellungen ab. Sie befürchteten Indoktrination der Gefangenen durch eine christliche Aufseherschaft."[8] Nach der Abdankung des Königs wurde die Gefängnisausbildung nicht verlängert; Wichern war tief enttäuscht.

1856 waren Amanda Wichern und zwei ihrer Töchter ihrem Mann nach Berlin gefolgt. Die anderen Kinder waren entweder in einem Internat

**   Band 3 online unter: www.hamburg.de/maennerstrassennamen

6)   Johann Hinrich Wichern. Gründer der Diakonie. Eine Ausstellung der Diakonie Hamburg. Ausstellungskatalog. Hamburg o. J.
7)   Johann Hinrich Wichern. Gründer der Diakonie, a. a. O.
8)   Johann Hinrich Wichern. Gründer der Diakonie, a. a. O.

untergebracht, absolvierten eine Lehre oder lebten bei der Großmutter, um in Hamburg weiterhin zur Schule gehen zu können.

Im Laufe der Jahre bekam Johann Hinrich Wichern mehrere Schlaganfälle, seinen ersten 1866. Nach seinem zweiten Schlaganfall 1871 wurde er vom Staatsdienst beurlaubt, und das Ehepaar Wichern kehrte ganz nach Hamburg ins Rauhe Haus zurück. Wichern begann an Depressionen zu leiden. 1873 übernahm sein Sohn Johannes das Vorsteheramt. 1874, nach seinem dritten Schlaganfall, schied Johann Hinrich Wichern aus dem preußischen Staatsdienst aus.

Sieben Jahre bis zu seinem Tod pflegte Amanda aufopferungsvoll ihren Mann. Am 7. April 1881 wurde die Achtzigjährige Witwe. Fünf Jahre später erblindete sie und starb zwei Jahre darauf am 7. Mai 1888.

Wicherns älteste Tochter Amanda Caroline (13.9.1836–22.3.1906) hatte mit ihrem Vater in engster Gemeinschaft gestanden. Sie war musikalisch sehr begabt und half ihrem Vater bei der Herausgabe nicht nur der ersten, sondern auch weiterer Auflagen des weit verbreiteten Rauh-Häusler-Liederbuches, so dass sie schließlich selbst die Herausgeberin diese Sammlung deutscher und volkstümlicher Lieder wurde. Sie trat mit Liedern auf und gab Gesangsunterricht. 1881 folgte sie einem Ruf in ein College in Manchester, 1896 kehrte sie nach Hamburg zurück und gab bis zuletzt im Rauhen Haus Gesangsunterricht.

Siehe auch ➤ Amalie-Sieveking-Weg, Elise-Averdieck-Straße, Marianne-Wolff-Weg, *in diesem Band.*

Siehe auch ➤ Friedrich-Naumann-Straße, *Heimfeld, seit 1929: Dr. Friedrich Naumann (1860–1919), Mitbegründer der DDP, Mitglied der Weimarer Nationalversammlung, Reichstagsabgeordneter, in Bd. 3 online**.*

Siehe auch ➤ Rautenbergstraße, *St. Georg, seit 1899: Johann Wilhelm Rautenberg (1791–1865), Pastor, in Bd. 3 online**.*

** Band 3 online unter: www.hamburg.de/maennerstrassennamen

Siehe auch ➤ Sievekingdamm, *Hamm, seit 1945: Dr. Karl Sieveking (1787–1847), Senatssyndikus, in Bd. 3 online**.*

Siehe auch ➤ Wicherns Garten, *Hamm-Mitte, seit 1930: Johann Hinrich Wichern (1808–1881), in Bd. 3 online**.*

Wiebkestieg

Rahlstedt, seit 1958. Wiebke Pogwisch: Gedicht von Detlev von Liliencron (siehe ➤ Liliencronstraße, *in Bd. 3 online**). Motivgruppe: Liliencron und Gestalten aus seinem Werk „Das Haupt des heiligen Johannes auf der Schüssel"*

Dei gratia Domina,
Wiebke Pogwisch, Abbatissa,
Thront auf ihrem Fürstenstuhle
Vor dem adlichen Convent.

Heilwig Qualen, Mette Tynen,
Abel Rantzow, Geesche Ahlfeldt,
Barbe Wohnsfleth, Drud Rugmooren,
Benedicte Reventlow.

Diese Klosterfräulein lauschen
Sehr andächtig der Äbtissin,
Der Äbtissin Wiebke Pogwisch,
Dei gratia Domina.

Vor den Schwestern auf der Schüssel,
Und die Schüssel war von Golde,
Liegt das Haupt Johanns des Täufers,
Schauderhaft aus Holz geschnitzt.

Eine Stiftung Isern Hinnerks,
Sohn von Geert, dem Großen Grafen.
Als er fromm geworden, schenkte
Isern Hinnerk diesen Kopf.

Doch er machte zur Bedingung,
Jedes Fräulein, das zur Nonne
Werden wollte, werden mußte,
Sollte küssen diesen Kopf.

Außerdem noch, wenn die Nonnen
Diesen Kopf behalten wollten,

Gab er sieben große Dörfer
An den adlichen Convent.

Anfangs sträubten sich die Schwestern,
Gar zu scheußlich war das Schnitzwerk;
Doch die Schüssel ist von Golde,
Und die Dörfer bringen Zins.

Vor der Schüssel, vor den Frauen,
Auf den Marmorfliesen knieend,
Betet unter heißen Schauern,
Betet Caja von der Wisch.

Ihre jungen blauen Augen
Streifen jenes Haupt mit Grauen,
Und sie kann sie nimmer küssen,
Diese blutbemalte Stirn.

Immer lebt in ihr der Abend,
Als im Wald die Vögel sangen,
Als die holden blauen Augen
Küßte Detlev Gadendorp.

Wiebke Pogwisch, die Äbtissin,
Spricht zuerst mit milden Worten,
Redet dann in strengen, harten,
Hält ihr vor das Kruzifix.

Und mit totenblassem Antlitz,
Zögernd langsam geht das Mädchen,
Neigt den kleinen Mund zum Kuss,
Schallend klingt im Hof ein Huf.

Sporen klirren, Türen fallen,
Und die Treppe stürmt ein Ritter,
Vor den Schwestern beugt die Knie
Lächelnd Detlev Gadendorp.

Hat das Mädchen rasch im Arme,
Und zwei Ärmchen schlagen hastig
Sich um seinen starken Nacken –
Frei! Im Sattel ruht sie schon.

Steinerstarrt in ihren Sesseln
Sitzen stumm die Klosterfräulein,
Steinerstarrt auch die Äbtissin,
Dei gratia Domina.

Doch wie stets es noch gewesen,
Neugier macht ein Weib lebendig;

Um das Bogenfenster drängen
All die lieben Nönnelein.

Schauen in die Frühlingsfelder,
Hören, wie die Lerchen singen,
Fern am Waldesrand ein Hufblitz
Sendet letzten Gruß zurück.

Siehe auch ➤ Liliencronstraße, *Rahlstedt, seit 1950:* Detlev Freiherr von Liliencron *(1844–1909), preußischer Offizier, Schriftsteller, in Bd. 3 online**.*

Wilhelmine-Hundert-Weg

Bergedorf/Allermöhe, seit 1995, benannt nach Wilhelmine Hundert *(4.7.1896–am 8.5.1945 für tot erklärt), Widerstandskämpferin gegen den Nationalsozialismus, Mitglied der Hamburger Widerstandsgruppe „Etter-Rose-Hampel-Gruppe"* (siehe ➤ Erika-Etter-Kehre, *in diesem Band*)

Wilhelmine Hundert, die wie auch ihr Patenkind Barbara Dollwetzel dem Widerstandskreis der „Etter-Rose-Hampel-Gruppe" angehörte, wurde am 16. Juni 1943 gemeinsam mit ihrem Patenkind Barbara Dollwetzel, deren Mutter und deren Stiefvater verhaftet. Vom Polizeigefängnis Fuhlsbüttel wurde sie in das KZ Ravensbrück überstellt, dann auf Betreiben der Hamburger Gestapo im April 1945 aus dem Frauenkonzentrationslager Ravensbrück in ein Arbeitskommando nach Oranienburg gebracht und dort getötet.

Siehe auch ➤ Erika-Etter-Kehre, Liesbeth-Rose-Stieg, *in diesem Band.*

Wilhelminenbrücke

HafenCity, seit 1976

Die Brücke führt über das Kehrwiederfleet zur Straße „Am Sandtorkai" und wurde benannt in Anlehnung an den früheren Wegnamen „Wilhelminenplatz".

** Band 3 online unter: www.hamburg.de/maennerstrassennamen

Wohlwillstraße

St. Pauli, seit 1948, benannt nach Anna Wohlwill (20.6.1841 Seesen/Harz–30.12.1919 Hamburg), langjährige Leiterin der Schule des Paulsenstiftes Ihr Grabstein steht im Garten der Frauen auf dem Ohlsdorfer Friedhof.

Geboren wurde Anna Wohlwill als viertes von fünf Kindern des Lehrers an der Hamburger Stiftungsschule, einer jüdischen Stiftung, und späteren Direktors der Jacobsen-Schule in Seesen, Dr. Immanuel Wohlwill, und seiner Ehefrau Friedrike Reichel Warburg *(siehe ➤ Warburgstraße, in Bd. 3 online**)*.

Der Vater starb, als Anna Wohlwill sechs Jahre alt war. Frau Wohlwill zog daraufhin mit ihren Kindern nach Hamburg zurück, wohnte mit ihnen an der Alsterchaussee und wurde von der mit ihr verwandten Bankiersfamilie Warburg finanziell unterstützt.

Anna Wohlwill besuchte die Privatschule von Herrn Kröger. Dann erhielt sie mit einigen anderen Altersgenossinnen zwei Jahre Privatunterricht in Geschichte, Deutsch, Literatur, Naturwissenschaften und Mathematik. Außerdem wurde sie von ihren Brüdern Emil Wohlwill, dem späteren Naturwissenschaftler, der die „Norddeutsche Affinerie" zu einem bedeutenden Unternehmen entwickelte, und Adolf Wohlwill, dem späteren Professor für Geschichte, unterrichtet.

Als ihr Bruder Emil Wohlwill später heiratete und Vater von Gretchen Wohlwill *(siehe ➤ Gretchen-Wohlwill-Platz, in diesem Band)* wurde, wurde Anna Wohlwill die Tante dieses Kindes, das später eine bedeutende Malerin wurde.

Nach ihrer Schulausbildung wollte Anna Wohlwill Lehrerin werden. Da es zu ihrer Zeit aber noch keine Lehrerinnenbildungsanstalten in Hamburg gab, stand sie, ohne jemals eine Prüfung abgelegt zu haben, seit ihrem fünfzehnten Le-

bensjahr vor den Kindern, die Johanna Goldschmidt und Amalie Westendarp im Fröbelverein und im späteren Paulsen-Stift aufnahmen, um ihnen eine gute Erziehung und Elementarkenntnisse zu vermitteln. Es waren die Kinder der Armen, für die es damals keine staatliche Schule gab.

Als Anna Wohlwill am 3. November 1866, erst 25 Jahre alt, mit der Leitung der Schule des Paulsenstiftes betraut wurde, stellte sie ihre ganze Kraft in den Dienst der Anstalt, die von nun an eine Entwicklung von der Armenschule bis zur zehnstufigen höheren Mädchenschule durchmachte. Die Schule war bereits 1866 keine reine Armenschule mehr. Zu den aus den Kursen übernommenen Fächern kamen naturwissenschaftlicher Anschauungsunterricht und Englisch hinzu, 1867 Gymnastikunterricht, 1868 Pflichtenlehre, 1869 Maschinennähen und 1870 Französisch. Schon 1866 und 1867 wurden die Lehrerinnenbücherei, die Zeitschriftensammlung und die Schülerinnenbücherei angelegt. Als der Staat 1871 siebenstufige Mädchen-Volksschulen errichtete, verfolgte er einfachere Lehrziele als die der Schule des Paulsenstifts. 1880 hatte diese acht Klassen mit 369 Kindern. Durch stete Verbesserung der Lehrweise erfüllte die Schule in acht Jahren die Anforderungen der damaligen neunjährigen höheren Mädchenschule. 1881 verfügte die Oberschulbehörde, dass die Schule in die Sektion für höhere Schulen aufgenommen wurde. Die endgültige Anerkennung als höhere Mädchenschule erhielt die Schule 1893, als sie aus Platzmangel in die Bülaustraße 20 auf ein staatliches Grundstück gezogen war. Mit der Anerkennung als höhere Mädchenschule wurde die Schule des Paulsenstiftes „halböffentlich" – sie diente nun als Ersatz für eine fehlende staatliche höhere Mädchenschule. Auch wurde eine Freistellenstiftung für begabte Kinder aus ärmeren Familien gegründet. Die Stiftung vergab 20 ganze

---

**   Band 3 online unter: www.hamburg.de/maennerstrassennamen

und 50 halbe Freistellen. 1906 bekam sie anlässlich des 40. Dienstjubiläums von Anna Wohlwill 25 000 MK aus den Schulersparnissen. Zugleich erhielt sie den Namen Anna-Wohlwill-Stiftung.

Ostern 1894 war die Schule eine neunstufige Anstalt mit 562 Schülerinnen in vierzehn Klassen; zwei Jahre später, 1896, hatte sie in siebzehn Klassen 760 Schülerinnen. 1908 konnte das zehnte Schuljahr „eingeweiht" werden.

Von Anfang an kümmerte sich die Schule um die Ferienerholung ihrer stärkungsbedürftigen und armen Schülerinnen. Man suchte für sie Unterkünfte bei Bauern in der Umgebung Hamburgs und zahlte das Entgelt dafür. 1882 wurde für diese Zwecke die Ferienstiftung der Schule des Paulenstiftes gegründet. 47 Schülerinnen fuhren nach vorheriger ärztlicher Untersuchung zur Erholung aufs Land. Da jedoch nicht jede Unterkunft bei einem Bauern vorbildlich war, wollte die Schule ein eigenes Heim gründen. Am 7. Juni 1896 konnte dieser Plan realisiert werden, denn Laura Beit, nach deren Sohn der Alfred-Beit-Weg *(siehe* ➤ **Alfred-Beit-Weg,** *in Bd. 3 online**)* benannt wurde, hatte dem Paulenstift ein Ferienerholungsheim am Timmendorfer Strand gestiftet. Es wurde „Olgaheim" genannt nach der verstorbenen Tochter der Stifterin. 1906, anlässlich ihres 50-jährigen Lehrerinnenjubiläums, verlieh der Senat Anna Wohlwill eine goldene Denkmünze, die damit zum ersten Mal einer Frau zuteil wurde. Am 1. April 1911 wurde Anna Wohlwill im Alter von 70 Jahren pensioniert und übergab die Leitung der Schule an Hanna Glinzer. Obwohl sie erblindet war, blieb Anna Wohlwill im Schulvorstand und erteilte weiterhin Unterricht in sozialer Hilfstätigkeit. Außerdem förderte sie die Waldschulidee und richtete zusammen mit ihrer Freundin Agnes Wolffson *(siehe* ➤ **Agnes-Wolffson-Straße,** *in diesem Band)* in der ersten Woche nach Ausbruch des Ersten Weltkrieges eine Kriegsküche im Keller des Schulhauses ein.

Nach dem Tod von Anna Wohlwill wurde die an der Lehrerfortbildungsanstalt entlangführende Straße nach ihr benannt. Als 1936/37 das Staatsamt und das Ingenieurwesen Vorschläge zur Umbenennung der nach Juden und Marxisten benannten Straßen machen sollten, schlugen sie Johann-Klefeker-Straße vor. Dazu ihre Erklärung: „Nach ihm war früher (1801) eine Straße benannt

Anna Wohlwill

worden, die aber in einen üblen Ruf kam durch die Ansiedlung von Dirnen; später (1922) wurde sie umbenannt in ‚Mauerstraße'. Vor kurzem hat nun ein unmittelbarer Nachkomme von Johann Klefeker, der Oberst Professor S. Klefeker, Direktor der Deutschen Heeresbücherei in Berlin und Schöpfer des Büchereiwesens des Reichsheeres, den Antrag gestellt, den Namen Johann Klefeker durch Benennung einer Straße nach ihm wieder zu Ehren zu bringen. Da der Syndikus Johann Klefeker sich seinerzeit um Hamburg sehr verdient gemacht hat, und zwar im diplomatischen Dienst als Leiter der auswärtigen Angelegenheiten, soll dieser Bitte entsprochen werden." Der Bitte wurde nicht entsprochen: „Auf Grund des Erlasses des Reichsministers des Inneren vom 27. Juli 1938 über jüdische Straßennamen" wurde die Anna-Wohlwill-Straße in Felix-Dahn-Straße umbenannt. *(Siehe weiteres dazu im Band 1 im Kapitel „Der Umgang mit der nationalsozialistischen Vergangenheit".)*

Drei Jahre nach dem Zweiten Weltkrieg wurde nach Anna Wohlwill wieder eine Straße benannt, diesmal im Stadtteil St. Pauli.

Abb.: Staatsarchiv Hamburg

Siehe auch ➤ **Agnes-Wolffsohn-Straße, Gret-chen-Wohlwill-Platz,** *in diesem Band.*

Siehe auch ➤ **Alfred-Beit-Weg,** *Harvestehude, seit 1962: Alfred Beit (1853–1906), Geländebe-sitzer, verdient im gemeinnützigen Bereich, in Bd. 3 online**.*

Siehe auch ➤ **Warburgstraße,** *Rotherbaum, seit 1947: Max Warburg (1867–1946), Bankier, in Bd. 3 online**.*

Wuthenowstraße

Jenfeld, seit 1947, benannt nach **Alwine Wuthe-now,** *geb. Balthasar, Pseudonym: Annmariek Schulten (16.9.1820 Neuenkirchen b. Greifswald–8.1.1908 Greifswald), niederdeutsche Schriftstel-lerin aus Pommern*

Alwine Balthasar wuchs in einer Pastorenfamilie auf. Der Vater Johann Carl Balthasar war Super-intendent in Gützkow, die Mutter Ida Johanna Dorothea, geb. Otto, entstammte ebenfalls einer Pfarrersfamilie.

Fast ihr ganzes Leben litt Alwine an einer, wie es damals hieß, Geisteskrankheit, die sich zeitweilig in Zwangsvorstellungen und Angstzu-ständen äußerte, was zu mehrfachen Aufenthal-ten in „Nervenheilanstalten" führte. Die ersten Angstzustände waren nach dem Tod der Mutter aufgetreten – Alwine war damals sieben Jahre alt gewesen und so handelte es sich hier wohl um ausgeprägte Verlassenheitsängste.

Nach dem Tod der Mutter heiratete der Vater erneut, aber auch die Stiefmutter, die sich liebe-voll um Alwine kümmerte, konnte ihr nicht helfen.

Zwecks einer schulischen Ausbildung kam Alwine in Pension zu dem Greifswalder Profes-sor Hornschuh. Im Alter von sechzehn Jahren wurde sie in eine „Heilanstalt" eingewiesen. Dort begann sie zu schreiben. Sie verfasste Ge-dichte auf Platt und brachte Naturbetrachtungen

sowie heitere und religiöse Gedanken aufs Pa-pier. Nach zwei Jahren wurde sie entlassen und lernte bei einem Fest ihren zukünftigen Ehe-mann, den Juristen Ferdinand Wuthenow ken-nen. Sein Freund und auch der Pastor rieten ihm von einer Ehe mit Alwine ab. Doch Ferdinand Wuthenow ließ sich nicht beirren, und so fand 1843 die Hochzeit zwischen Alwine Balthasar und Ferdinand Wuthenow, der zum Bürgermeis-ter von Gützkow avanciert war und später Kreis-richter wurde, statt. Fortan traten Alwines Angst-zustände nicht mehr auf, denn nun hatte sie wieder eine Heimat, eine enge Bezugsperson. Das Paar bekam fünf Kinder.

„Im Jahre 1848 schwappte die Welle der Re-volution [gemeint ist die bürgerliche Revolution von 1848, die demokratische Reformen forderte] auch nach Pommern. Pastor Balthasar als geist-liches Haupt des Städchen Gützkow wurde wie sein Schwiegersohn, der Bürgermeister Wuthe-now, vom rasenden Pöbel bedroht, Wuthenow sogar für abgesetzt erklärt. Er konnte durch sein mutiges, besonnenes Auftreten verhindern, dass ihm und seiner Familie ein Leid zugefügt wurde – seine größte Sorge galt Alwine, die kurz vor der Niederkunft stand und um das Leben ihres Mannes und ihres Kindes zitterte. (...) Als sich die Wogen wieder geglättet und weder Pastor noch Bürgermeister ernstlichen Schaden erlitten hatten, schwanden auch Alwines Ängste.

Ein Jahr später wurde Wuthenow ans Greifs-walder Kreisgericht versetzt. Hier kamen bei Al-wine plötzlich die alten Zwangsvorstellungen in so heftiger Weise wieder, dass sie erneut in eine Heilanstalt gebracht werden musste. Gesund ist sie nie wieder geworden. Viele Jahre musste sie in Anstalten verbringen; die Aufenthalte bei ih-rem Mann und ihren später fünf Kindern waren nur von kurzer Dauer, aber Ferdinand stand treu zu ihr.

Sobald die schlimmsten Zustände vorüber waren, griff Alwine zur Feder,"[9] heißt es in einer Biographie über Alwine Wuthenow, veröffentlicht im Kulturportal West-Ost der Stiftung deutsche Kultur im östlichen Europa – OKR.

Alwine Wuthenow veröffentlichte 1855 und 1856 in Fritz Reuters (siehe ➤ Fritz-Reuter-Straße, in Bd. 3 online**) Unterhaltungsblatt plattdeutsche Gedichte. 1858 gab er, der mit Alwine Wuthe-

Alwine Wuthenow

nows Ehemann befreundet war, auch den ersten selbstständigen Band ihrer Gedichte heraus. Diese erschienen unter einem Pseudonym. „(…) die einfachen Worte (…) trafen die Leser ins Herz. Briefe von Bewunderern flatterten in die Heilanstalt, und Alwine war fast glücklich. Schnell war das Buch vergriffen, und 1860 erschien eine zweite Auflage. Im Jahr darauf gab Reuter eine weitere Gedichtsammlung Alwines heraus, die den Titel trug: ‚Nige Blomen ut Annmariek Schulten ehren Goren von A. W.' Alwine selbst übernahm 1862 die

Herausgabe ihrer hochdeutschen Gedichte, die auch gern gelesen wurden, hinter den plattdeutschen aber zurückstehen. Eine dritte Auflage der Blomen wurde nötig; 1896 erschien eine neue Sammlung, die ihre besten Gedichte und einige noch unveröffentlichte enthielt".[10]

Auch der Dichter Klaus Groth (siehe ➤ Klaus-Groth-Straße, in Bd. 3 online**) schätzte die Werke der Autorin.

Trotz ihres literarischen Erfolges konnte Alwine jahrelang nur kurz die „Anstalt" verlassen. Erst 1874, sie war 54 Jahre alt, durfte sie für immer nach Hause zurückkehren, ohne als geheilt angesehen zu werden. „Acht glückliche Jahre konnte sie an der Seite ihres Mannes verbringen, bis er 1882 starb. Alwine erholte sich nur langsam von dem schweren Verlust, aber auch diese Situation bewältigte sie, indem sie schrieb. 26 Jahre blieben ihr noch, in denen sie bei ihrer jüngsten Tochter in Greifswald lebte, ihre Kraft im Gebet fand und dichtete."[11]

Siehe auch ➤ Fritz-Reuter-Straße, *Bramfeld, seit 1890: Fritz Reuter (1810–1874), Schriftsteller, in Bd. 3 online**.*

Siehe auch ➤ Klaus-Groth-Straße, *Borgfelde, seit 1899: Klaus Groth (1819–1899), niederdeutscher Dichter, in Bd. 3 online**.*

Y

Yvonne-Mewes-Weg

Alsterdorf, seit 1985, benannt nach Yvonne Mewes *(22.2.1900 Karlsruhe–6.1.1945 im Frauenkonzentrationslager Ravensbrück) Lehrerin, leistete, ohne einer Widerstandsgruppe anzugehören, Widerstand. Motivgruppe: Verfolgte des Nationalsozialismus und Terroropfer*

Stolpersteine vor dem Wohnhaus Meerweinstraße 1 und vor der Wirkungsstätte Heilwiggymnasium Isestraße 146.
Ihr Grabstein steht im Garten der Frauen auf dem Ohlsdorfer Friedhof.

Yvonne Mewes stammte aus einer bürgerlichen gebildeten Familie. Sie war die erste von vier

** Band 3 online unter: www.hamburg.de/maennerstrassennamen

9) http://kulturportal-west-ost.eu/biographien/wuthenow-alwine-2

10) Ebenda.
11) Ebenda.

Töchtern des Ehepaares Dr. Wilhelm Mewes und Hermine Mewes. Wilhelm Mewes war Zahnarzt, er hatte in Hamburg in der Gelehrtenschule Johanneum das Abitur abgelegt, sein Enkel Harry berichtet, dass er viel las, u. a. Werke in lateinischer Sprache.[1]

Yvonne Mewes wurde in Karlsruhe geboren. Bis 1919 lebte die Familie in Straßburg im Elsass. Im Zusammenhang mit den Auswirkungen des Versailler Vertrags verließen sie, wie Harry Mewes schrieb, „als patriotische Deutsche" das Elsass und zogen nach Hamburg. Hier bewohnten sie eine Villa am Grindelberg 42. Wilhelm Mewes praktizierte in der ersten Etage und hatte ein kleines Labor. Seine Ehefrau oder seine Töchter gingen ihm zur Hand.

Yvonne Mewes studierte von 1920 bis 1925 Philologie in Hamburg und München. Sie legte 1925 das Staatsexamen ab und 1927 die Lehramtsprüfung.

Ihre jüngere Schwester Gertrude, geboren 1904, ging in die Lehre bei einer Hutmacherin. Sie verliebte sich in Imre Szanto, einen jungen Ungarn jüdischer Herkunft, Geschäftsmann und Sohn eines Rechtsanwalts. Als Gertrude Mewes schwanger wurde, erlaubten seine Eltern nicht, dass er sie heiratete. Als Gründe gaben sie seine Jugend an und dass die Verbindung „außerhalb seiner Religion" sei. 1923 wurde Harry als uneheliches Kind geboren. Er wuchs auf im Haus seiner Großeltern und Tanten. Eine enge Beziehung hatte er zu seiner Tante Yvonne.

1928 erhielt Yvonne Mewes eine Stelle als Lehrerin in der Heilwig-Schule, die damals noch privat und evangelisch-lutherisch war. Sie unterrichtete die Fächer Englisch und Französisch.

Bei ihr traf sich regelmäßig das „Italienische Kränzchen". Es war aus den Italienisch-Vorlesungen des Dr. Meriggi hervorgegangen, der als „antifaschistisch" galt. Im Laufe der Zeit wurden die Gespräche politisch, die Teilnehmer lasen Hitlers „Mein Kampf". Eine Teilnehmerin wollte eine Frau jüdischer Herkunft ausschließen, Yvonne Mewes setzte sich dafür ein, dass diese in der Gruppe bleiben konnte, die andere verließ das Kränzchen.

Ab 1933 geriet Yvonne Mewes in der Schule unter Druck. Es wurde von ihr erwartet, dass sie der NSDAP beitrat. Sie weigerte sich und verschleierte keineswegs ihre Abneigung gegenüber dem NS-Regime und seiner Ideologie. Diese Haltung hatte zur Folge, dass sie nicht zur Studienrätin ernannt wurde, sondern Studienassessorin blieb. Ihre ehemalige Schülerin Ursula Randt schreibt, dass sie „eine hervorragende Französisch-Lehrerin" gewesen sei. Um dem wachsenden Druck etwas entgegenzusetzen, machte Yvonne Mewes Ausflüge und weite Fahrradtouren und bot damit auch ihrem Neffen Erholung von der ihn belastenden Situation als „Mischling 1. Grades" in der Schule Johanneum. Sie nahm auch Anteil an dem Schicksal der anderen jüdischen und „halbjüdischen" Kinder in der Schule ihres Neffen, und sie war empört über die Bücherverbrennung 1933 und die „Reichskristallnacht" 1938.

1938 wurde Yvonne Mewes auf eigenen Wunsch in den Staatsdienst übernommen. Sie unterrichtete an der Schule Curschmannstraße. Sie weigerte sich aber, in den Kriegsjahren an der Kinderlandverschickung teilzunehmen, weil sie dann ihren Unterricht nicht mehr in ihrem Sinne gestalten könne, sondern unter dem Einfluss der Hitler-Jugend stehe. Als Folge dieser Weigerung wurde sie an die Caspar-Voght-Schule versetzt und 1942 wieder zurück an die Heilwig-Schule, die inzwischen staatlich geworden war.

Der Schulleiter der Heilwig-Schule, Dr. Hans Lüthje, schrieb am 4. Juni 1943 in einem Bericht an die Schulbehörde über Yvonne Mewes: „Ein

1)   Für den gesamten Beitrag Mewes: Harry Mewes Santo: Vom Dritten Reich zur Neuen Welt, Autobiographie (unveröffentlicht, liegt als CD vor); Harry Mewes Santo: Bericht aus New York (wahrscheinlich geschrieben 1945/46); Exponate in der Ausstellung „Die Heilwigschule im ,Dritten Reich' und ihr Neuaufbau nach 1945" vom 21.1.2007 bis 14.2. 2007; Aufzeichnungen von Frau Hagedorn, Aufzeichnung von Dr. Ursula Randt, Bericht des Schulleiters Dr. Hans Lüthje vom 4.6.1943, Begleitschreiben des Schulleiters Dr. Hans Lüthje vom 4.9.1943; Ursel Hochmuth, Hans-Peter de Lorent: Schule unterm Hakenkreuz, Hamburg 1985;

bis zum Fanatismus wahrheitsliebender Mensch, der keine Bindung anerkennt und anerkennen will, sich rücksichtslos gegen alles stemmt, was nach Zwang aussieht, sich mit allen Kräften gegen die notwendigen Anforderungen der Gemeinschaft sträubt. Sie ist alles in allem der Prototyp eines Individualisten, in ihre Ideen verrannt, schwer, wenn überhaupt, belehrbar und anderen Gedanken kaum zugänglich ... Mewes ist in ihrer Sucht, jeglicher Bindung auszuweichen, auch nicht der NSDAP beigetreten."

Ende Juli 1943 wurde ihre Wohnung in der Meerweinstraße durch Bombenangriffe zerstört, ihre Bibliothek und ihre literarischen Texte, Grundlagen ihrer beruflichen Tätigkeit, verbrannten. Sie verließ Hamburg und fand gemeinsam mit ihren Eltern Aufnahme bei ihrer jüngsten Schwester in Passau. Dort begann Yvonne Mewes wieder zu unterrichten und hoffte, von der Hamburger Schulbehörde die Erlaubnis zu bekommen, in Passau bleiben zu dürfen. Ihr Gesuch sandte sie unter Einhaltung des Dienstweges an den Schulleiter Hans Lüthje, der es mit einem Begleitschreiben vom 4. September 1943 an die Schulbehörde weiterleitete. In diesem Schreiben zitierte er seinen vorangegangenen Brief an Yvonne Mewes: Er habe darauf hingewiesen, dass es Lehrern verboten sei, sich selbst eine Stelle zu suchen, und habe ihr verschiedene Möglichkeiten vorgeschlagen: Sie könne ausscheiden aus dem Schuldienst, zurückkehren nach Hamburg „und zwar sofort", bleiben in Passau und an der Jungenschule unterrichten oder in Passau Hamburger Schulkinder unterrichten.

Yvonne Mewes hatte in Passau nach dem Verlust ihrer Wohnung wieder eine Wohnmöglichkeit, eine Stelle an einer Jungenschule, und sie lebte in der Nähe ihrer Schwester und deren Familie, sie hoffte, in dieser neuen Existenz bleiben zu können, aber die Schulbehörde lehnte ihr

Gesuch ab. Sie erhielt den Befehl, bis zum 20. Januar 1944 wieder nach Hamburg zurückzukehren und zu unterrichten. Sie hatte dort keine Wohnung mehr. Die schriftliche Zusage, dass sie zunächst im Nachtwachenzimmer der Heilwig-Schule unterkommen könne, wurde nicht eingehalten. Harry Mewes Santo: „Die Walddörfer Schule für Mädchen, wo sie sich melden soll, hat keine Verwendung für sie. Verärgert umsonst entwurzelt zu sein, um bei einer Schule, die sie nicht braucht, anzutreten, folgt sie dennoch dem Befehl des Schulamts, beim Kinderlandverschickungsheim der Heilwig-Schule in Wittstock an der Dosse zum Dienst anzutreten."

Yvonne Mewes

Ihre ehemalige Kollegin Anni Kuchel erinnerte sich im Jahr 1985, dass Schulleiter Lüthje bemüht gewesen sei, Yvonne Mewes zu „helfen", sie werde „von NS unbehelligt bleiben", wenn sie in Wittstock unterrichte. Er habe ihr eine Wohnmöglichkeit verschafft, wo sie allein leben konnte, und sich eingesetzt, „um die Behörde zu beruhigen". Yvonne Mewes litt unter den Bedingungen und begab sich in Behandlung bei einem Nervenarzt. Sie ließ sich jedoch kein Attest geben, das ihr Dienstunfähigkeit bescheinigt hätte.

Ursula Randt erinnerte sich, dass ihre Lehrerin den Aufenthalt in Wittstock nur „mit großem Widerstreben" ertrug. Sie schilderte eine Situation im Frühsommer 1944. Es war in der Französischstunde im HJ-Heim. Die Fenster standen offen, und die Wittstocker HJ war draußen zum Dienst angetreten, laute Kommandos waren zu hören. „Plötzlich wandte sich Yvonne Mewes brüsk um, schlug die Fenster heftig zu und sagte

Abb.: Aus: Herbert Diercks, Friedhof Ohlsdorf. Auf den Spuren von Naziherrschaft und Widerstand, Hamburg 1992.

Reiner Lehberger: Kinderlandverschickung: „Fürsorgliche Aktion" oder „Formationserziehung", in: R. Lehberger, H.-P. de Lorent (Hrsg.): „Die Fahne hoch", Schulpolitik und Schulalltag in Hamburg unterm Hakenkreuz, Hamburg 1986, S. 370–381; Rita Bake, Brita Reimers: Stadt der toten Frauen, Hamburg 1997, S. 307f; Brief von Anni Kuchel vom 4.6.1985; Edith Oppens: „Sich selber treu", in „Die Welt", 29.8.1950; „Hamburger Abendblatt", Nr. 165, S. 3 vom 18./19. Juli 1998.

dann zornig, zu uns gewandt: Das ist ja nicht zu ertragen! Bei dem Gebrüll dieser sogenannten Führer kann man unmöglich unterrichten!"

Aus den Quellen ist nicht genau zu erkennen, ob Yvonne Mewes plötzlich abreiste, wie eine ehemalige Schülerin meinte beobachtet zu haben, oder ob sie von einem Aufenthalt in Hamburg nicht wieder nach Wittstock zurückkehrte.

Am 15. Juli 1944 schrieb sie ihre Kündigung aus dem Schuldienst. Ihrer Familie teilte sie mit, dass sie nervlich überfordert sei. Ihr Brief endet mit den Worten, die ihr Neffe Harry Mewes Santo in seiner Autobiographie zitiert: „Ich habe alle Anstrengungen gemacht auf rechtliche Weise aus meinem bisherigen Dienstverhältnis freizukommen. Es ist mir nicht geglückt, und ich habe den Eindruck, dass man von Seiten der Behörde darauf wartet, dass ich mich ins Unrecht setze. Wenn ich dies mit dieser Kündigung tue, so ist es meinerseits ein Schritt der Verzweiflung, denn ich kann es mit meinem Gewissen nicht vereinbaren, da versagen zu müssen, wo ich früher etwas leisten konnte." Sie wurde mehrfach in der Schulbehörde verhört. Die Kündigung war keine strafbare Handlung. Da die Schulbehörde ein Exempel statuieren wollte, wurde der Reichsstatthalter Karl Kaufmann eingeschaltet. Erst die Verweigerung eines Arbeitseinsatzes hätte gerichtlich verfolgt werden können. In diese Falle ging Yvonne Mewes nicht, sie kam dem Befehl zum Einsatz in der Flickstube der NS-Frauenschaft nach. Daraufhin übergab die Schulbehörde den „Fall Mewes" der Gestapo. Wesentliches Gewicht hatte bei diesem Vorgehen der Bericht des Schulleiters vom 4. Juni 1943.

Als Yvonne Mewes am 7. September 1944 von der Behörde nicht zurückkam, erfuhr ihr Neffe Harry auf telefonische Nachfrage, dass seine Tante von der Gestapo „in Schutzhaft" ge-

nommen sei und sich im Polizeigefängnis Fuhlsbüttel befinde. Er brachte jeden zweiten Sonnabend ein Paket für sie zum Gefängnis und gab es dort ab, sehen durfte er sie nicht, und auf seine Fragen erhielt er keine Antwort.

„Drei Monate sind schon seit Yvonnes Verhaftung verstrichen, und wir sehen keinerlei Vorwärtskommen. Ich habe mich mit allen an ihrer Schule, der Behörde und dem Gericht, die irgendeinen Einfluss auf den Fall haben könnten, in Verbindung gesetzt und sie gebeten, sich für sie einzusetzen. Zu meinem Erstaunen teilt Herr Heinz, der Anklagevertreter, mir mit, dass das Gericht schon vor einiger Zeit die Klage gegen Yvonne wegen ungenügendem Grund zur Verurteilung eingestellt hat. Das klingt zwar ermutigend, hat aber bisher noch nicht zu ihrer Entlassung geführt. Im Gegenteil habe ich gehört, dass gewisse Leute am Schulamt empfohlen haben, sie für einen weiteren Monat in ein Erziehungslager zu schicken um ihr Gehorsam beizubringen."

Bei einem Gespräch in der Schulbehörde eine Woche vor Weihnachten 1944 gab sein Gesprächspartner zu, dass er auch die lange Haftzeit besorgniserregend fände. Von Seiten der Behörde sei vor zwei Monaten beantragt, sie in ein „Erziehungslager des Arbeitsamtes" zu überführen. Er werde dem Reichsstatthalter nahe legen, sich persönlich der Angelegenheit anzunehmen.

Die Hoffnung auf baldige Entlassung wurde bitter enttäuscht. Am 25. Dezember 1944 erfuhr Harry Mewes Santo, dass Yvonne Mewes nicht mehr in Fuhlsbüttel sei. Auf seine Frage erhielt er nur die Anweisung, sich an die Gestapo zu wenden. Das erschien ihm jedoch zu riskant in seiner Situation als „Mischling 1. Grades".

Die Ungewissheit hatte ein Ende, als im Januar der Briefträger bei ihren Halbschwestern in Altona die Urne mit der Asche von Yvonne Mewes zustellte. In der beigefügten Todesurkunde des Standesamtes von Ravensbrück wurde als Todesursache „Herzschwäche" angegeben.

Im Jahr 1950 fand ein Schwurgerichtsprozess gegen Dr. Hasso von Wedel und Prof. Dr. Ernst Schrewe, die früheren Leiter der Schulbehörde Hamburg, statt. Es wurde 11 Tage lang verhandelt, der Schulleiter Lüthje wurde als Zeuge geladen. Das Verfahren endete mit Freispruch. Ernst Schrewe wurde freigesprochen, da gegen ihn kein Tatverdacht gefunden wurde. Hasso von Wedel wurde freigesprochen, da er nach Erkenntnis des Gerichts im „übergesetz-

lichen Notstand" gehandelt habe. Er habe gewollt, dass Yvonne Mewes in ein Arbeitserziehungslager gebracht werde, habe jedoch „Konzentrationslager" geschrieben.

Im Jahr 1953 folgte der Revision des Staatsanwaltes der zweite Prozess gegen Hasso von Wedel. Eine Zeugin, die mit Yvonne Mewes im Gestapogefängnis Fuhlsbüttel war, sagte aus, dass sie „nicht unaufrichtig" sein konnte. Von Wedel führte an, er fühlte sich durch den „Starrsinn gezwungen, ein Exempel zu statuieren". Das Urteil lautete 8 Monate Haft für von Wedel.
Text: Stolperstein-Initiative Hamburg-Winterhude

Z

Zassenhausweg

Iserbrook, seit 2007, benannt nach Hiltgunt Zassenhaus (10.7.1916 Hamburg–20.11.2004 Baltimore), Dolmetscherin für skandinavische Sprachen, Ärztin, betreute während des Zweiten Weltkrieges in Hamburg zahlreiche skandinavische Kriegsgefangene und genoss in diesen Ländern hohe Anerkennung, seit 1986 Trägerin der Hamburgischen Ehrendenkmünze in Gold, seit 1990 Ehrensenatorin der Universität Hamburg, Gegnerin des Nationalsozialismus

Aufgewachsen in einer Familie aus dem Bildungsbürgertum (der Vater Direktor einer höheren Mädchenschule), ging Hiltgunt Margret Zassenhaus nach dem Abitur 1935 für achtzehn Monate nach Dänemark. Anschließend studierte sie an der Hamburger Universität Skandinavistik und wurde 1938 Diplom-Übersetzerin für skandinavische Sprachen. 1938 bekam sie eine Anstellung bei

der Hamburger Briefprüfstelle. Ihre Aufgabe war es, alle nach Kriegsbeginn ins Ausland gehenden Briefe zu prüfen. So hatte sie Briefe von polnischen Juden aus den Ghettos zu vernichten, wenn darin Bitten um Essen und Kleidung geäußert wurden. Sie schmuggelte jedoch die Briefe heimlich an die Adressaten.

Als norwegische und dänische Gefangene ins Zuchthaus Hamburg-Fuhlsbüttel gebracht wurden, wurde Hiltgunt Zassenhaus als Dolmetscherin zur Besuchsüberwachung und Briefzensur von 1254 norwegischen und dänischen Gefangenen verpflichtet. Sie unterstützte heimlich die Gefangenen, brachte ihnen unter Lebensgefahr Lebensmittel, Briefe und Medikamente ins Zuchthaus und betreute in einem beispiellosen Einsatz „ihre" Gefangenen auch dann noch weiter, als sie in andere Gefängnisse verlegt wurden.

Hiltgunt Zassenhaus, die 1943 mit einem Medizinstudium begann, erarbeitete auch eine

Geheimkartei, die Namen und Informationen von über 1000 dänischen und norwegischen Gefangenen enthielt. Als bei Kriegsende die Gefahr drohte, dass die Gefangenen ermordet werden, übermittelte sie dem schwedischen Roten Kreuz ihre geheime Kartei. Dank dieser Kenntnisse konnte Graf Folke Bernadotte *(siehe ▶ Bernadotte-straße, in Bd. 3 online**)* diese gefangenen Norweger und Dänen in letzter Minute aus Deutschland herausholen.

Nach Kriegsende setzte sie ihr Medizinstudium fort, emigrierte 1952 in die USA und eröffnete eine Praxis in Baltimore.

Ihr Buch „Ein Baum blüht im November", in dem sie ihre Erinnerungen aufzeichnete, ist ein Dokument der Menschlichkeit und Zivilcourage. Es erhielt 1981 den Evangelischen Buchpreis. Anlässlich der Verleihung der Hamburgischen Ehrendenkmünze in Gold an Hiltgunt Zassenhaus am 24. Januar 1986 hielt sie eine ergreifende Rede. „Ich erinnere, wie meine Mutter uns die Worte Albert Schweitzers von der Ehrfurcht vor dem Leben erklärte. Doch fand ich damals die Geschichte von dem Tanz um das goldene Kalb so viel spannender und verstand noch nicht, warum mein Vater uns anschließend gefragt hatte: ‚Seht Ihr nun, dass wir den Mut haben müssen, uns unseres eigenen Verstandes zu bedienen?' (…) Noch etwas bleibt mir unvergessen: Wenn immer ich versuchte zu helfen, wurde mir geholfen: In jenen Jahren erfuhr ich, welch ungeahnte Kräfte in uns wohnen, wenn wir nur klar erkennen, welchen Weg wir gehen müssen. Schon bald nach dem Krieg verließ ich Deutschland, und oft hat man mich gefragt, warum: Ich wollte einen neuen Anfang. Ich musste vergessen, was ich so unmittelbar erlebt hatte an sinnlosem Leid und Sterben, ja – und auch an menschlichem Versagen! Doch bald schon verstand ich, dass meine Lehrzeit nicht zu Ende

war. Ich erfuhr nun, dass Hitler nicht mehr lebte, dass aber sein Geist – oder richtiger – sein Ungeist nicht ausschließlich ein deutsches Phänomen gewesen ist. Man findet es überall in dieser Welt, wo immer wir Herz und Sinn verschließen und Mauern errichten aus Hass, Vorurteilen, Unwissenheit und vor allem aus Gleichgültigkeit. Ich persönlich kann auch heute nur der Stimme meines Gewissens folgen bei der Suche nach einem Weg zur friedlichen Co-Existenz unserer Menschheits-Familie. Ich kam als Deutsche auf die Welt, und jetzt bin ich Amerikanerin, aber die Staatsbürgerschaft meiner Wahl ist es, ein Mensch zu sein.

Hiltgunt Zassenhaus – Gipsmodell, erstellt 2008 von der Bildhauerin Doris Waschk-Balz für das Gymnasium Allee in Hamburg-Altona

Die großen unvergessenen Augenblicke des Lebens sind die, in denen wir zueinander finden. Dazu muss ich Ihnen von einem Erlebnis berichten aus der Zeit, der wir heute hier gedenken. Ich hörte davon an einem Weihnachtstag mitten im Krieg, als ich norwegische Gefangene im Zuchthaus besuchte. Einer der Norweger teilte seine Zelle mit einem anderen Gefangenen; der hatte einen gelben Stern auf seiner Zuchthaustracht, denn er war Jude. Sonst unterschied sie nichts; sie waren von unbestimmbarem Alter, das Gesicht von Hungerödemen geschwollen und die Beine voller Geschwüre, so dass sie kaum gehen konnten.

Es war Heiligabend; sie saßen eingeschlossen in ihrer Zelle und warteten, denn heute an diesem besonderen Tage würde es eine Extra-Scheibe Brot geben! Endlich ging die Klappe he-

**   Band 3 online unter: www.ham-burg.de/maennerstrassennamen

runter, doch hindurch kommen nicht zwei Scheiben, sondern nur eine, und dazu die Stimme des Gefängnisbeamten: ‚Also die ist für Dich, Norweger. Der Jude bekommt nichts. Der hat Deinen Jesus umgebracht!' Die Klappe geht zu – und in der Stille des Heiligabends nimmt der Norweger seine Scheibe Brot, bricht sie in zwei Hälften und teilt sie mit dem Gefangenen mit dem gelben Stern. Der bricht in Tränen aus und fragt: ‚Warum gibst Du mir das?' Der Norweger antwortet: ‚Weil Du mein Bruder bist.'

Ich glaube, das ist der Weg, den wir als Menschen gehen müssen. Es kann dem Staat nicht überlassen bleiben, was in uns selbst wachsen muss. Zu oft glauben wir, dass wir als einzelne machtlos sind, wo ich doch weiß aus eigenem Erleben, dass letztlich unsere Gedanken und unser Tun die Geschichte der Menschheit schreiben. In jedem von uns sind ungeahnte Möglichkeiten zum Guten oder zum Bösen. Es ist an uns zu entscheiden, ob wir sie in den Dienst des Lebens stellen.“[1]

Siehe auch ➤ **Albert-Schweitzer-Ring,** *Tonndorf, seit 1975: Albert Schweitzer (1875–1965), Arzt, Theologe, Kulturphilosoph, in Bd. 3 online**.*

Siehe auch ➤ **Bernadottestraße,** *Ottensen, seit 1948: Folke Bernadotte, Graf von Wisborg (1896–1948 ermordet), Präsident des Schwedischen Roten Kreuzes, Vermittler der Vereinten Nationen in Palästina, in Bd. 3 online**.*

Zweite Luisenbrücke

Hamm-Süd, seit 1930, siehe Luisenweg. Die Brücke führt beim Luisenweg über den Südkanal

Siehe auch ➤ **Luisenweg,** *in diesem Band.*

Siehe auch ➤ **Großmannstraße,** *Rothenburgsort, seit 1893. P. H. W. Großmann (1807–1886), Senator, in Bd. 3 online**.*

Zylberbergstieg

Schnelsen, seit 1992, benannt nach **Ruchla Zylberberg.** *Polin aus Zawichost. Mit neun Jahren Opfer des Nationalsozialismus. Kindermord in der Schule am Bullenhuser Damm*

Ruchla Zylberberg war die Tochter eines Schuhmachers. Dieser flüchtete vor den Deutschen nach Russland und wollte seine Familie nachholen, aber die Einwanderungserlaubnis erreichte die Familie zu spät. Die Mutter wurde mit ihren beiden Töchtern nach Auschwitz deportiert, wo sie und die jüngere Tochter ermordet wurden. Ruchla wurde ins KZ Neuengamme gebracht. Nach dem Krieg suchte der Vater seine Familie. Er wanderte nach Deutschland und dann in die USA aus.

Ruchla Zylberberg

Siehe auch ➤ **Geschwister-Witonski-Straße, Jacqueline-Morgenstern-Weg, Lelka-Birnbaum-Weg, Riwka-Herszberg-Stieg, Wassermannpark, Zylberbergstieg, Zylberbergstraße,** *in diesem Band.*

Siehe auch ➤ **Brüder-Hornemann-Straße,** *Schnelsen, seit 1993: Alexander und Eduard Hornemann, acht und zwölf Jahre alt, niederländische Opfer des Nationalsozialismus, in Bd. 3 online**.*

Siehe auch ➤ **Eduard-Reichenbaum-Weg,** *Schnelsen, seit 1993: Eduard Reichenbaum (1934–1945), zehnjähriges polnisches Kind, Opfer des Nationalsozialismus, in Bd. 3 online**.*

Siehe auch ➤ **Georges-André-Kohn-Straße,** *Schnelsen, seit 1992: zwölfjähriges Opfer des Nationalsozialismus, in Bd. 3 online**.*

Siehe auch ➤ **Jungliebstraße,** *Schnelsen, seit 1995: zwölfjähriger Jugoslawe, Opfer des Nationalsozialismus, in Bd. 3 online**.*

Abb.: KZ-Gedenkstätte Neuengamme /

Sammlung Schwarberg

** **Band 3 online** unter: www.hamburg.de/maennerstrassennamen

1)   Hiltgunt Zassenhaus: Ein Baum blüht im November. 2. Aufl. Hamburg 1982.

Siehe auch ➤ **Marek-James-Straße**, *Schnelsen, seit 1995: Marek James, sechs Jahre alter Pole, Opfer des Nationalsozialismus, in Bd. 3 on-line***.

Siehe auch ➤ **Marek-Steinbaum-Weg**, *Schnelsen, seit 1993: Marek Steinbaum, zehn Jahre alter Pole, Opfer des Nationalsozialismus, in Bd. 3 online***.

Siehe auch ➤ **Roman-Zeller-Platz**, *Schnelsen, seit 1995: Roman Zeller, zwölfjähriger Pole, Opfer des Nationalsozialismus, in Bd. 3 online***.

Siehe auch ➤ **Sergio-de-Simone-Stieg**, *Schnelsen, seit 1993: sieben Jahre alter Italiener.*

*Opfer des Nationalsozialismus, in Bd. 3 on-line***.

Siehe auch ➤ **Günther-Schwarberg-Weg**, *Schnelsen, seit 2013: Günther Schwarberg (1926–2008), Autor, Journalist, recherchierte und schrieb über das Schicksal der 20 jüdischen Kinder, die am 20.4.1945 in der Schule Bullenhuser Damm ermordet wurden, in Bd. 3 on-line***.

Zylberbergstraße

Schnelsen, seit 1992. Siehe Zylberberstieg

Nachtrag: Straßennamen, benannt nach Redaktionschluss

Abelke-Bleken-Ring

Ochsenwerder, seit 2015, benannt nach Abelke Bleken (Geburtsjahr unbekannt, verstorben 1583), Einwohnerin und Hofbesitzerin in Ochsenwerder; wurde im März 1583 vor dem Niedergericht der Zauberei angeklagt, verhaftet, gefoltert und schließlich verbrannt.

Abelke Bleken aus Ochsenwerder wurde am 7. März 1583 durch den Hamburger Büttel gefoltert und am 18. März 1583 als Hexe auf dem Scheiterhaufen verbrannt.

Abelkes Name und Schicksal sind in einer norddeutschen Sage und in einem Folterprotokoll überliefert. Nähere Erkenntnisse zur Grundstückshistorie Ochsenwerders gehen auf die Forschungen von Frau Simone Vollstädt zurück.

Abelke Bleken bewohnte ein ca. 9 ha großes Grundstück am Ochsenwerder Norderdeich. Im Jahre 1577 wurde ihr Hof zusammen mit anderen benachbarten Anwesen dem Hamburger

Ratsherrn Johann Huge überschrieben. Auslöser hierfür waren möglicherweise die Folgen der Allerheiligenflut von 1570 gewesen; diese wohl schwerste Flut des 16. Jahrhunderts hatte schwere Schäden verursacht, sodass in der Folge Abelke und ihre Nachbarn vermutlich nicht mehr in der Lage waren, ihre Grundstücke selbst zu unterhalten und den Deich zu pflegen.

Später pfändete der in Ochsenwerder tätige Landvogt Dirck Gladiator bei einer Deichschau Abelkes Kessel. Ein Kessel war in der Frühen Neuzeit nicht nur ein zentraler Haushaltsgegenstand, sondern unter Umständen ein repräsentatives Erbstück. Abelke sprach bei der Ehefrau des Vogts vor und bat sie – vergeblich – um Rückgabe des Kessels.

In Abelkes Geständnisprotokoll heißt es, dass sie und ihre Nachbarin Gesche Schwormstedt Rache am Ratsherrn Huge nehmen wollten, und dass sie mit einem Stab in aller Teufel Namen Löcher in den Boden gestochen habe –

so viele Löcher wie Ochsen, deren Tod Johann Huge später zu beklagen hatte. Ferner habe Abelke Huges Kälber getötet, indem sie ihnen Rattengift in den Trog gelegt habe.

Auch habe sie sich die Kesselpfändung nicht gefallen lassen wollen und zu dem Vogt Gladiator gesagt, „dass er dies auf dem Bett büßen solle". Daraufhin habe sie ihren Wollgürtel genommen, in aller Teufel Namen Knoten in die beiden Enden geschlagen und Haare des Vogts und Fingernägel der Vögtin hineingebunden. Der Gürtel sei von ihr in den Pferdestall gelegt worden, „damit der Vogt in Krankheit bleiben sollte" – bis der Gürtel gefunden und die Knoten gelöst seien.

Der Vögtin habe sie eine Suppe aus Kohl und Warmbier gegeben, versehen mit dem Hirn einer Katze, die sie in des Vogtes Haus in aller Teufel Namen totgeschlagen habe. Die Vögtin sei am dritten Tag krank geworden und bald danach gestorben.

Die soziale Situation, in der Abelke lebte, war geprägt von der Bedrohung ihrer Lebensgrundlage durch die Natur und von den Konflikten mit den Mächtigen im Ort. Das Motiv der Rache schien in ihrem Fall allzu plausibel. Die Zaubermittel, die Abelke in ihrer Urgicht nennt, galten in der frühneuzeitlichen Gesellschaft als wirksame Praktiken zur Behebung von Alltagsproblemen. Wenn jemand Schaden litt, fiel der Verdacht häufig auf Frauen, da diese für die Versorgung von Mensch und Tier zuständig waren. Im peinlichen Verhör wurde die Angeklagte zur Hexe und bejahte die Fragen nach dem Teufelspakt, der Teufelsbuhlschaft, dem Hexenritt und dem Hexensabbat. Abelke bekannte, dass sie sich in dem Jahr, als die Ochsen starben, dem Satan ergeben und mit diesem Geschlechtsverkehr gehabt habe. Dabei sei ihr Buhle stets kalt gewesen. Auch sei sie mit anderen zum Hexentanz gegangen. Der Satan sei in der Nacht als Pferd zu ihr gekommen, und sie habe sich auf ihn gesetzt ...

Abelke Blekens Schicksal ist prototypisch für viele Frauen, die während der Frühen Neuzeit denunziert, angeklagt und verhört wurden und schließlich gestanden, mit dem Teufel im Bunde zu stehen. Das städtische Recht übernahm im 16. Jahrhundert die von der Kirche entwickelten Vorstellungen von der Frau als Teufelsanhängerin in geltendes weltliches Strafrecht.

Im hamburgischen Stadtrecht stand seit 1270 der Schadenzauber unter Strafe; der Teufelspakt wurde in der Neufassung von 1605 explizit erwähnt. Das hamburgische Niedergericht verurteilte zwischen 1444 und 1642 mindestens 40 Frauen und einige Männer wegen Schadenzauber bzw. Hexerei.

Mit der Frühaufklärung endeten die Hexenprozesse; die sogenannten „Tränke-Köchinnen" und „Wahrsagerinnen" galten nun nicht mehr als reale Bedrohung, sondern als Betrügerinnen. Im Alltag blieb der Begriff der „Zauberin" oder „Hexe" – ebenso wie die Bezeichnung als „Hure" – eine Beschimpfungsformel, um Frauen zu diffamieren.

Text: Roswitha Rogge

Rita Bake

Ein Gedächtnis der Stadt

Nach Frauen und Männern benannte
Straßen, Plätze, Brücken in Hamburg

Band 1   Überblick und Analyse

Landeszentrale
für politische Bildung
Hamburg

Hamburg

*Band 1 gibt einen Überblick über die nach Frauen und Män-
nern benannten Straßen. Sie können wie Seismographen
gelesen werden – für gesellschafts- und gleichstellungspoliti-
sche Bewegungen. In diesem Zusammenhang bedeutsam
ist auch der Umgang Hamburgs mit der Kolonialgeschichte
und mit NS-belasteten Straßennamen. Ferner finden Sie im
Band 1 eine nach Stadtteilen sortierte Auflistung der nach
Frauen und Männern benannten Verkehrsflächen.*